八閩文庫

福建文獻集成

吴格 主编

續編 集部 五八

文獻集成 382

海峽出版發行集團
THE STRAITS PUBLISHING & DISTRIBUTING GROUP
福建人民出版社

本册目次

瓊臺吟史詩初編二十七卷存二十六卷

［清］閩縣劉萃奎撰

福建省圖書館藏稿本

瓊臺吟史詩初編二十七卷存二十六卷，清劉萃奎撰。萃奎（一七八九—一八三六），字薇卿，號瓊臺吟史，閩縣人。早歲就學鼇峰書院，受業於陳壽祺。同時師友皆有詩名，遂好吟詠，與何冠英、劉建庚、葉修昌、符兆倫、何春元、張際亮、姚瑩等人相唱和。道光十四年（一八三四）中舉，十六年赴京會試，卒於道中。

是書首有陳壽祺評，次嘉慶二十五年（一八二〇）李彦章序及題辭，次張際亮序。陳評、張序皆不見於其集，賴此以存。次卷目，有小注云：「自嘉慶乙丑迄道光癸巳，計二十九年，存詩二十七卷。」自嘉慶十年（一八〇五）至道光十三年詩作皆在其中，釐爲采蘭陔集、餐荔社集、浣香榭集、列翠楹集、長安鴻雪集、丁戊鶴雲集、賓蓮塘集、夢石軒集、泖湖寓硯集、申浦寄塵集、文囿掇餘集、樵川賃廡集、絳雪樓集、緑雲館集、歲餘補拙集、春半聯吟集、蒙泉避暑集、老圃尋秋集、鼇江隨筆集、烏石攜尊集、青燈感舊集、彤筆綴談集等二十二集。惟浣香榭集、長安鴻雪集、夢石軒集、絳雪樓集、緑雲館集五集各二卷，其餘集各一卷。

案陳壽祺左海文集卷六劉薇卿詩序曰：「薇卿始從余游鼇峰，嘗示余所爲詩二卷，余既點定而歸之。踰數年，復持其詩乞序，則所增與删者各十之二三矣。」所示二卷，後已積至二十七卷。諦審是書中筆跡，蓋工楷謄寫者，出抄胥之手；行間行書小注及天頭增補各詩，皆劉氏手筆。如卷八贈卓翰堂雲卿即題其詩後其二，「久將詩比王維畫，難得身如杜牧閒」句旁行書小注：「君與蒨甫交好，余由蒨甫始識君也。」乃劉氏手筆。「寄語章臺水楊柳，好吹一笛譜雙鬟」句末有工楷小注：「君與臺妓某善。」與正文皆抄胥謄寫。注後又以行書補寫「嘗有詩」三字，則劉氏手筆。同卷秋曉詩後天頭上，以行書補寫秋曉二首一首，亦出劉氏親筆。其餘各卷皆類此。

劉氏喜吟詠各地風物，舉凡福州古蹟名勝，無不見諸詩中，尤以福州竹枝詞膾炙人口。而卷二七彤筆綴談集有明宫詞近百五十首，兼有史筆，置於程嗣章、史夢蘭諸作中，不遜色也。其抒寫個人際遇，則多侘傺悲愴之辭，故卷首陳壽祺評云：「五言音情頓挫，風格清遒，可謂熟精文選理。七言多渾灝流轉，激壯沈雄，取法少陵，大致於韓蘇爲近。五言近體老當而有餘韻，間出以古調幽情，幾欲合王孟於一手。七言蔥芊緜婉，雅麗清新，縟理有餘，情韻不匱。」其所以如此者，正如陳壽祺序所謂「薇卿十數年以來，緯繣坎壈，疊嬰天倫之慼，又連喪其幼子穉女，奔走衣食，自傷不得力於學以昌其詩，其詩亦稍稍流於噍殺之音矣。於乎，以薇卿之遇之蹇，雖達者惡能强抑其情哉」。林昌彝射鷹樓詩話評其詩亦云：「清新典麗可入長吉古錦囊中。采桑曲一詩，宛轉關生，情韻雙絶。」洵可傳之作。（祖胤蛟）

瓊臺吟史詩評

五古音情頓挫風格清遒可謂熟精文選理七言多渾灝流轉激壯沈雄取法少陵大致於韓蘇為近五言近體老當而有餘韻間出以古調幽情綮欸合王孟為一手七言蔥芊緜婉雅麗清新縟理有餘情詞不遺其詠秋諸作百感茫茫回腸蕩氣衛洗馬之言愁耶江醴陵之賦恨耶至於流覽名區感懷古蹟直可追蹤賓客嗣響義山在集中以七律為最七絕饒有風調含夐邈然如宮詞各詩則又兼史筆矣年甫踰壯擅此雄才樹幟騷壇方日進而未有艾也余又焉能測其所至哉友人陳壽祺校

瓊臺吟史詩序

天衣雲錦法界華嚴洗俗耳之箏琶拆春蕙之紅翠古所稱爲才人之詩者非耶然而湛心山水待永嘉游客之吟彈指樓臺付常建飛仙之語良以聞思香永清角音高具有魁才始成風骨僕曩與薇卿向歲未落龍淵有禮近賢如著紙之香識面於橫經之舍宏正之篤若爲平生阮瞻之琴遂兼密戚每與君倚絃影負呼酒詩談磁砧相投樵蘇不爨見長城之五字揭滄海之一珠固不能測其涯涘也小山一別人海五年綦跡疎於郝王詩筒阻於元白思君筆妙愧我鐙名比歸里門復數晨夕暇日乃辱出全集

屬余商定因得受而卒讀之乃知千辟萬灌而摟橈拾室無藏光也七采九華而徽尾枝斯皆聚琭也蓋君學成麐角慧有犀心曹憲為文選之家公幹乃建安之傑仙人早歲手善參差明月前身品居洗鍊裔成三色玉潤雙流浣腸有篆籀之文出手即童蒙之集至於柳乘鄉貢班彪遠征味辨中泠之泉價貴長安之紙文翁詩境多在舟車李賀新聲半諧絃筦旗亭畫壁高王聚而飛觴氷柱成篇盧孟誦而擲筆既彶計偕之駕仍戴遠遊之冠巾卷相窺江山得助鐔州謫劒幙閣題襟摩崖嶺樹之烟按曲吴舡之雨置身邺壑半臂雲泉載酒江湖兩頭簫管蘆天圓泖暗暗

倠鋏史之詞梅井余山小補眉公之記賷州遂譜井水能歌桂樹蜷枝秋心易引然後返竹林之小院讀柳箧之故書玉泉之墨雨床金石之聲四壁有陸家之自課無謝諫之熱賓六詩則趺蓼循陔三賦則籓籬置筆時來裴迪或和新題每對惠連輒成佳句守風騷為性命計歲月為貧程天國将使之婉而清醇而肆也夫欒城巾箧妙為分紀歲之吟摩詰門庭工寫有聲之畫今見君蚺珠在握获露為通情緒纏綿音均和易往往眉粻瓊蕊索句青燈鍊世味之酸鹹熟詩家之繪素右丞譜出聽水聽風小杜情多傷春傷別裁牋播搖懷人風雨之夭澆酒平原吊古關山之

月錦一囊而隸事雲千里而思家險吟或鬥于叉尖豪氣不除夫湖海帙高於尺籥大為言故能刿鈎星而見雲梁銜山川而拾香草寫之幅紙遠水無波張以天琹衆峯皆響賓奎離索未足喻其清也粉題雨須不欲流於飾也吾閩大雅所扶嗣音漸沫有懷桑学之會誰續滄浪之評今若君之範水模山華聲實義年方過於鄧衮名已馳於孫全飲酒讀騷便稱名士登高能賦可為大夫會將以含譽之星奏歸昌之律合一絲于單紡張九疊之屏風進以鋭銀發其鑫璞僕亦將當鼓旗於管杜繼壇坫于謝曹同道為朋如驂之靳則今日之元家少作先傳秋月諸篇異時

之膳部高名須冠晉安十子
嘉慶二十五年七月既望愚弟李彥章叙於小雪浪齋

瓊臺吟史詩題辭

家世傳來五字城雪車冰柱語尤清建安詩骨蓬萊體要讓劉楨作主盟

天樂琅琅和玉琹搴芳蘭茝有騷音秋江清到芙蓉影字字薰香摘艷心

古竹新編連漫堂落箋初稿繼漁洋朱顏年少論詩事又與詞場接瓣香漫堂古竹圖集漁洋落箋堂稿皆早歲作也王文簡詩誰識朱顏兩年少王揚州與宋黃州正謂此耳

立馬金臺萬柳絲青衫曾記苦吟時寫來摩詰詩中畫抵得江湖載酒詞

一翦淞江好畫圖客窓秋雨詠菰鱸新詩觸我吳船夢夢雁影帆光憶泖湖

蘇門四友託黄秦楊白相從誼益親獨愧寒竽吹易溷輸君長慶是詩人

愚弟李彦彬拜題

瓊臺吟史詩序

劉君薇卿長余十年相知七載南皮話遊西塞憶釣寄書感雁呼酒聽鸝蓋外人能言其蹤跡矣而余之慕君又自有故惟君淵度盅深雅懷蘊藉氣高處下知雄守雌故其於詩如春山獨笑秋風始涼綺靡緣情頫卬託興誰能遣此衛叔寶之言愁僕本恨人江文通之怨別固亦其天性有獨至者爾昔癸酉甲戌之歲君方弱冠貢於成均吳波盪鷁朔雲盤馬弔山後十六州渡江上一千里朝楊夕蘆水流花命關霜河月地慘天涯歷叙羈孤益深恨愴至於今日别裁偽體廣益多師其蒼涼懷古之辭劉亮體物

之什殆極錯采欲碎唾壺視前時詩境又一變焉嗟呼君才自奇君數不偶鄉無楊意孰荐長卿世有仲宣每依劉表痛飲以讀離騷且稱名士掩鼻而詠洛下聊對家人忽忽於茲遂已四十此余之所以為君惜也何況瑯琊故宮甌越瘴海蛟龍晝出鷓鴣夜語悵斜陽之如夢懷幽草而不芳世事遷流年華荏苒余固增慨君應寡懽庶幾擊筑和歌以俟時命而已

建寧愚弟張際亮拜撰

瓊臺吟史詩初編卷目

自嘉慶乙丑迄道光癸巳計二十九年存詩二十七卷

瓊臺吟史詩初編　卷一

采蘭陔集　嘉慶乙丑　　閩縣劉苹奎蘅卿

素心蘭

生本深林裏無人亦自芳與君同臭味知我獨清香紉佩秋懷爽操琴月色涼笙陔歌載采馨絜意毋忘虚室白如水鮮葩開向晨香中先入夢幽絶欵為鄰淡契思君子閒情託美人瑶華枝倘接相賞豈風塵

擬謝康樂登石門最高頂

振策結遐契披雲思隱栖危峯聳石壁絶岸環花溪臨崖闢亭榭活水生堂階苔滑路難踐竹深烟轉迷葱蘢發新

木迴護通寒蹊，俯視鹿麋走，仰聆烏鳥啼，境超物俱適，心愜情匪攜，躋險及藤蔓，尋幽隨蘭蕙，長言謝天代，守道空擠排，余志屬霄漢，行當攀月梯

擬曹顏遠思友人詩

寒飈起庭際，積潦凝階除，露葉歎秋落，霜條驚夕枯，眷言我良友，昔客今何疎，雙飛乏羽翼，一曲傷驪駒，情隨事已往，形隔魂猶俱，太息平生歡，寤言對妹子，聚茲金石交，參以藝文理，一別旋經旬，君言尚在耳，莫為光景馳，祇作歲時侯，翹首浮雲翔，庶幾見所似

擬曹顏遠感舊詩

富族遠仍聚貧居親亦離銅陵世爭慕金穴家忽移烏雀羅寒門鵷鶵辭故枝連鑣與結軫翻作分途馳有容重高義始終能慎儀黃金匪足貴白首還如斯久敬見交善勿傷中道歧

新竹

小書樓下掃塵氛手植琅玕綠二分未化龍鱗先拂水初生鳳尾便凌雲虛心早已陪佳士直節終當讓此君他日碧鮮還玉潤莫忘培養意殷勤

愛筍何須咒莫成抽芽已作凍雷驚出入頭地期青士留我心田種綠卿長日平安須早報少年瀟灑豈虛生旁觀

勿笑纖纖甚豫占東南美利名

春陰 丙寅

纔撲長隄又短隄濃陰吹繞小湖西一村柳色疑將暗滿路花香望欲迷水氣易搖江樹暝雲容如壓海天低葱蘢但見煙蕪綠芳草痕多没馬蹄

淡雲微雨過清明並作春寒一縷輕何處海棠偏着色幾家鵓鴣秖聞聲養花天氣如將雪飛絮風光尚未晴日影模糊人影澹不堪望遠上江城

似帶香風颺軟塵濃拖淡抹夜連晨有時烟雨吹難斷如畫亭臺認不真高卧最宜中酒客遠行偏礙看花人蕭齋

莫把重簾捲坐對爐薰得句頻
濛濛如霧復如烟釀出紅稀綠暗天名士風懷傷寂寞美
人情緒話纏綿沈、香夢迷三月黯、愁痕隔一年何日
園林開霽色笑携酒榼與吟鞭

漢長毋相忘瓦歌

十二銅仙淚痕瀉露盤難護漢天下尋眞集靈都已墟人
間仍見故宮瓦故宮禾黍誰傷神蘭橑杏柱非爲珍萬戶
千門委沙礫當時空自鋪魚鱗少君不來婕妤死恩愛幾
人善終始一曲長門胡可聞百年偕老只如此情多生怨
歡生悲地久天長徒說癡何況功臣被誅戮分封帶礪無

完基兩京四百廿餘載今日屢經變桑海惟有毋忘心最深山河雖改瓦不改吁嗟乎阿房一炬秦宫灰亭長起自田間來置酒未央壯且麗子孫奢侈先朝開老瞞竊漢亦耽樂結搆臨漳號銅雀賣履分香能幾時瓦花寒向硯池落從來儉德堪綿延豈必區區誇瓦全君不見雕牆峻宇古曾戒昌若土階茅茨今猶傳

烏龍江

白馬潮爭赴烏龍水怒號羅星孤塔矗涼雨萬松高南去愁山邐東來望海艘百蠻天地濶霸氣壯江濤

宿峽兜

臨江一投宿日暮江風生看鳥帶帆落聽蛙催月明邨烟
添夜色漁火亂潮聲水驛涼如此明朝趁曉行

題板橋雜記

廿年歌舞霎時更一部烟花百感生多少秦淮題畫舫傷
心賦手讓蘭成

青溪風月白門潮檀板金尊已寂寥二十四樓留六院劫
灰今又換南朝

渡頭桃葉黯如烟扇底飛花淡不鮮誰向江南彈老淚琵
琶聞煞李龜年

金粉飄零逐逝波遺民今亦渺關河不知流水棲鴉冷可

有春風舞燕多

西禪寺

負郭招提入望斜斗車堂轉幾年華寒潮緑到門前路落葉紅于岸上花間聽齋鐘催晚照暫沽村酒醉流霞詩心我亦參禪味留待僧籠滿壁紗

道山月夜

石壁一何峻孤吟當夜分坐看山上月行度樹間雲人語蟲相答秋聲葉早聞天香巖咫尺桂子落紛紛

菜花丁卯

三月東風護遠郊一畦寒色換新痕抽芽亦借春皇力入

把還歸地主恩市客競誇黃壓擔野人曾見綠當門自斸

老圃無能學寒素家常咬此根

似與秋英鬥嫩黃烟苗雨甲占春光銷金地已看新闢饌

主人偏愛薄嘗赤子年來無此色紅丁風過有餘香唫他

富貴花多少怎及臺心味最長

三月廿九夜聞笛

望斷江城欲暮天誰家弄笛畫樓前何當別酒開今夕難

遣春愁是少年燈冷有花初過雨簟涼如水不生烟明朝

又送東風去記取殘聲折柳邊

送春迎

春風來春風去春來自何方春去在何處此去魂銷陌上花再來望斷江南絮

聞客談鼓山之勝惜予未之遊也賦此以記

客有還烏石衣猶帶白雲全閩山最勝絶槪我初聞海氣千峯合泉聲萬壑分不須登大頂已自洗塵氛

昔人曾詠此江月與天風奇境千秋在群山一覽空蠻烟孤島白樵磴夕陽紅便欲尋僧去還須與子同鼓山石刻最多予擬一往搨之

法海寺題壁用趙世顯韻

獨悵空王地曾傳顯宦名詩心曹謝後劫火宋明餘山近

雲痕冷堂深月影虛祇園金散否石筍亦蕭疏寺有金積園諸勝今惟石筍尚存

采蓮曲用陸放翁韻

十五女郎盼且倩采蓮婬殺蓮花面蓮花解語替含羞見妾不同花易見隔浦鴛鴦亦弄羽愁紅醉豔奈何許年〻願祝雙頭開莫向烟波淚如雨

閱晉史作

骨月相殘起禍根南風況又煽宮垣蟇聲戲書公〻家〻蛙火紛投勢利門此塵有人終可惜孔方無德亦稱尊傳家畢竟貽乖厥空詫狼兒與虎孫

長安胡騎夾塵飛，萬里江河舉目非。士卒何功披紫佩，君
臣相對哭青衣。七傳石馬符圖讖，四會銅駝灑涕淚。五十
二年成敗局，九重城又豎降旗。

華亭鶴唳太悲涼，慮禍心難及顧張。誰續貂冠誇滿座，自
營兔窟痛排牆。清談究作蒼生誤，薦辟何勞白望彰。名士
過江空對泣，幾人戮力果勤王。

鯨鯢裂宇逞群凶，姚弋符堅與慕容。負石犧牛曾應象，渡
江獨馬轉成龍。難教元海歸侵地，空歎琅琊混大宗。祖逖
既亡溫嶠老，東南誰與靖狼烽。

尚書枉自詔昌明，百萬淮淝啟戰爭。七月星長徒勸酒，八

公凬起早聞兵神仙遺跡猶呵護嵩洛餘腥未蕩平挂旆
封函全弗念千觴但對美人擎
絶好家居入望連纖兒撞壞有誰憐御牀奸紀稱天子海
島妖祠祀水仙二帝暫延仍劫火十陵重整半荒烟南陽
社樹遺根發又換中朝典午年

晉宮

司馬家兒本暗夫從戎無策失東隅虜庭相繼羞行酒寶
石曾傳説負圖百載陸沈悲社稷卅年天幸靖江湖浴鳥
終古生荊棘遺老何須怨寄奴

宋宮

手斬妖蛇復漢基元嘉亦振舊威儀長城自壞嗟無及土障重新力不支大德空誇宮寺塔老臣難斷弈枰棋如何一綫彭城緒付與螟蛉李道兒

齊宮

墮崖猿子恨悠、旱釀庭闈骨月憂縛袴究為天下僇壞鎗難解席前羞後宮誇麗塗香麝太極聞聲笑禿鶖多少金蓮零落盡可憐趙鬼亦悲秋

梁宮

蘭陵誕異說蒲花有子能文亦足誇所恨晚年敦戒業都忘天火警窮奢龍光聽講仍前轍驥攄與歌豈故家凄絕

南風無處唱金甌破碎亂啼鴉

陳宮

千里難尋馬上郎黄塵依舊汚衣裳花開玉樹春調曲人捲珠簾夜舉觴但覺貂蟬盈隔座誰知燕雀處危堂東南氣盡新聲冷天塹空誇一水長

隋宮

十三鐶帶忽横戈再世繁華笑阿麼綠芰亦貪春不老瓊花猶恨日無多流螢南下光同燼孔雀西飛影成化今日雷塘風雨路玉鈎斜畔鬼能歌

登九仙山作

昔乘赤鯉去湖水生秋烟今踏白雲上山光浮暮天蓬萊不可即遺躅空千年樽酒且頻醉高歌求九仙

餐荔社集 戊辰　　閩縣劉萃奎薇卿

榴花洞歌用陶淵明桃花源韻

東山別有天閱歷幾何世此境知者稀光陰亦長逝名花時或開古洞久將廢誰作桃源尋問津暫流憩言從樵徑來似學種花藝童叟相欵迎請詢駕何税中田環小廬隔水息寒吠自謂避秦人衣冠尚古製春秋成淡忘賓客絶游詣願賦招隱歌與君共清厲惜哉塵[illegible]牽相約且逾歲贈以塗林枝庶幾悟宿慧山凡心總殊從此判雙界回首雲茫〻再來路已蔽榴花殊笑人難脱俗埃外開落三千

年至今罕深契

擬老杜諸將四首

輿圖萬里拓東瀛，百廿年來海鏡清。縱有沙蟲皆化刼，迄今風鶴不聞聲。紅顔忽啟萑苻釁，赤嵌長驅草木兵。鹿港帆檣如櫛列，何時一夕報潮平。

螳臂當車究莫支，眼前商旅已瘡痍。天寬若輩塗膏血，人望重洋泣肉糜。入島田横偏負固，乘船楊僕孰稱奇。征南自有元戎在，不讓封侯靖海施。

李家都尉震滄溟，十載鯨鯢稍斂形。豈料風雲來不測，轉教甲馬嘆無靈。三重樓櫓飛妖燧，五丈旌旗落將星。鐃唱

未聞身已死英雄難禁淚痕零

羽騎紛馳內地來驚聞伏莽欲攻臺八營傳檄籌兵餉五路揚帆遣將才刀影白飛彭島雨礮聲紅吼海門雷將軍下令從天上佇見戈船奏凱回

春日江行遊天寍寺

春柳綠如烟春潮碧接天愛看江上寺閒泛渡頭船帆影孤雲外鐘聲落照邊松風自千古留助客談禪

小西湖春望

花氣濃于雪湖光淡不波流風今宛在佳日我頻過社酒談桑柘人烟隱薜蘿澄瀾高閣迥添入畫圖多

湖有宛在堂今將圯矣

晚登二隱樓

古人今不作，孤館枕岩阿。往日琴尊冷，名山歲月多。泉聲喧壑瀨，嵐翠落庭柯。文字因緣在，還期載酒過。

此地亦人境，超然塵壒間。秋花開不落，暮鳥去仍還。黃葉自成逕，白雲常在山。我非招隱輩，十畝愧長閒。

積翠寺探梅用陸放翁探梅韻

峯峦欲雪凝寒烟，石壁不斷飛泉濺。似與南枝有清約，絳葩開否禪林邊。凝脂將奪紫霞綺，換骨想鎔丹灶鉛。世外祇應伴老衲，人間倘許逢癯仙。孤山高隱自千載，遠刹長歌曾幾年。狂興揭來未消減，祇愁相見無花緣。花神昨夜

報我道索笑莫辭沽酒錢他日春風滿元墓我解行泛江南船

水晶宮

樓臺十步五步絃索千聲五聲如此湖山春老幾經宮殿月明鳳去燕飛誰主鳥啼花落可憐夕陽何處吹笛春水有人刺船

鑑亭觀荷 己巳

風裳水佩本清華點綴林亭更可誇除却鳳凰池面闊滿城無此好荷花 西湖外鳳凰池荷花最多

五月風光羨鑑湖鑑亭今又放紅芙氷華翠蓋都難擬一
色朱闌入畫圖
新添月檻繞雲廊四壁花開趁晚凉何必亭深人始見席
邊秋水早生香
千朵須教插畫盆一篙便足抵金樽多情最是鰲峰月照
徧花痕與酒痕
幾回問字水亭天侵曉花光蘸筆妍吟到託根池上句有
人初日正芳年
雲影天光一鑑開晦翁詩境傍亭臺文章我亦求清趣曾
見芙蓉出水來

五代梁

紛紜推戴笑諸公讀冊稱觴氣象雄豚犬已難成敵手鴟梟何不責當躬紇干雀死多遺恨御座狐升豈善終一十七年傳國寶快心依舊返唐宮

五代唐

渡河策馬掃烽烟清暑樓高欲接天入廟能還三命矢勞軍不散十緡錢優伶共戲金頻賜菩薩雖除鐵更堅淒絕聞言心胆墜千春酒罷起戈鋋

五代晉

蛟龍縱去作鯨吞報德何須割雁門胡騎從茲馳內地宮

鷹不管失中原操戈已自忘爲壻敢飯人猶慰乃孫十萬橫磨秋劍冷可憐望帝哭羈魂

五代漢

鎗劍毛錐各擅奇滿朝意見已紛歧四年神器難延祚五代沙陀並肇基擁鉞權臣更白首踰垣偏將裂黃旗貞觀政要誰持論天遣雄風助雀兒

五代周

寶器含輝碎漢庭守文令主本螟蛉木人首刻農爲重銅像新除佛不靈黑日摩光完浩劫紫雲應兆散奇馨香孩早遂焚香祝逼禪何堪僅七齡

大水行

黑雲下垂海倒立山鬼啾、夜猿泣老蛟怒捲秋河波迸作萬簷飛雨急金虎肆虐金烏逃魚龍上迫重霄高狂飈吹水、衝石但覺四野聲悲號西角地低更愁絕墻崩砌塌屋梁折哀鴻中澤傷流離顔色如灰淚如血傍晚忽聞巖冠來乘虛擄掠相驚猜長官拒水復拒賊水勢洶湧城閑門開東火登陴向南望平空一片勢奔放將軍秖許乘樓船黎庶何辜踏風浪跣足蓬頭呼且奔紛、走避孤城垣充飢爭赴粥糜廠敝濕難尋蓬蓽門自恨身為城外人不如生長城中好高居猶得乾薪焚卑處亦多斗酒勞子室幸邇城東阿堂階三尺如盤渦廚竈生烟亦愁冷室廬被水將奈何却慚未作戶曹椽夢白頭翁來一見又乏鞭陽吹笛功立教霽色洗寒霞傷心但擬祈晴文誅蜈挾蜺神或聞坐使黿鼉斂形迹斯民依舊安耕耘

颶風行

石燕高翔野馬走海天一角黑如斗蒼穹似助箕廉威挾雨扶雲作雷吼白晝晝晦冥神鬼號跋扈將軍何赳赳烏馭倒翻驚折蹳虎門舒嘯正張口陡然掀起蛟龍根鱗甲怒飛若揮帚折樹仍含濁浪腥奔沙似刮浮塵垢萬檣估客皆吞聲鐵索紛紛貫環紐可憐性命飄鴻毛尤恐舳艫

碎鷄首鯨擲鰲呿誰足當大魚人立小魚負燕巢傾跌愁瀕危雁戸歟揚苦難守我屋數椽祇縛茅欹松壓瓦撼窗牖背移篝火防飈吹斜掩柴扉絕人扣大塊噫氣排空來自辰至午復至酉東鄰既報長竿摧西壁又虞老牆朽吁嗟乎爾胡不作河朔風但許吹花與擘柳又胡不作舶䑽風海上靜波拜川后何為狂蕩如石尤時覺打頭莫援手拔木未幾還偃禾農夫垂淚向南畝我將磨我雙寶刀羊角斷紋鵝背剖捧出當空棉襖黃九州衣被感高厚不然圖就朱旛文日月五星燦左右封十八姨羞見藏花前醉偏幾家酒

情望

秋雨落如注西風吹却廻日痕雙塔上雲影數峯開樹老人俱醉帆孤雁共來重陽時節近霽色滿高臺

秋

美人在天末芳草又經秋自别花前月誰登水上樓芙蓉思遠道蘆荻盼歸舟身世原如客何須侈壯游

紀事四首

同在光天化日中無端小醜倏興戎為魚那見眉長赤放雉旋看尾盡紅半夜妖星沈遠島千艘鬼火泣秋風揚么究竟歸駢首黑水洋頭掃穴空

三千三百日頻更半為癰疽養患成小刼十年民已累大
兵一舉寇旋平海疆國本無頭痛節度門猶有膝行多少
地雷兼雪刃投戈齊向受降城
耕犁依舊作良民應悔腥風起海濱
聖世用兵非得已軍門握算果如神魚山夜月消烽火鹿
港秋波洗戰塵元惡既殲餘黨免夷歌並頌我
朝仁
大臣謀畫總高深善後還為屬吏箴賣劍當思龔遂策留
巢莫作巨容心
九重論賞冠飄翠片石銘功字鑄金慚愧書生無鉅筆平

臺紀畧附謳吟

福州竹枝詞

興賢立教振文風名宦今猶祀學宮為溯唐時觀察使李
公而後又常公

鼇頂文光射斗明市橋多少讀書聲巷南巷北喧燈火猶
記東萊詠治城

湖田如罫抱秧栽一歲重逢穲稏開聞道上溪新米到臺
灣又運萬船來

地狹人稠但墾田近來耕種徧山巔低原憂潦高憂旱安
得陰晴雨樣天

冠笄古禮久難遵出幼徧傳十六齡延得道家修醮事此關一過便成人

郎罷年衰因長成娶來新婦望孫生綵輿切忌衝天狗莫帶星光路上行

出閣珠娘錦繡圍囘鸞請壻亦同歸粧奩已罄中人產又到端陽取夏衣

千金縱博少年場終日酣呼醉夢鄉更有時趨好粧束人人都想學蘇杭

小戶由來共信巫大家今亦重浮屠延僧禮懺成常例到底輪迴有與無

踝蹄婆任大江湄風月塲中侑酒時不信空門清淨地留情亦有女沙彌

元旦人家各賀年到門名刺遞紅箋鄉閭亦樂相團拜節假新開第五天

前朝乞土慶城隈太守迎春彩仗來爲卜一年新利市大家都往看牛回

上彩良辰忌火星外家吉語祝添丁料絲燈比玻璨好送子觀音許乞靈

銀花火樹爍迴環車馬喧闐徹夜間轉徧三橋猶未返閩王廟裏看鼇山

燈謎能猜好奉檳裝成故事亦生新忽聞簫鼓聲如沸臺
閣迎來又鬧神
墻間風起紙錢灰年例新正祭墓來留得餕餘分乞食松
楸半檣壓青回
窈九家、各煮糜新鮮棗脯雜餹飴世間總愛除貧好傳
說高陽舊俗遺
中和節居踏青天作臞争嘗野菜鮮今日春臺池館廢花
時不見打鞦韆
上巳西湖酒共携禊遊遺事話桑溪笑看滿路春煙綠齊
菜懸門一色齊

禁烟時節最宜晴豫兆今年米價平揀罷柳枝登粿餌滿

城祀祖作清明

海濵人半捕魚蝦三月腥風繞水涯聞道横山簰信到點

燈猶喚賣黄瓜

禪林浴佛供香花誤認生辰是釋迦誰上鼓山看受戒今

朝盛會本龍華

未必瘟神擅降殃但聞舉國盡如狂長街伐鼓船糊紙請

相還連出海忙

蒲香艾影映門閭繭虎釵符燦佩裾為約同人觀競渡已

時先寫午時書

纔過迎梅與送梅晡時雨信又頻催人家最苦臨河宅溪
水如雲上岸來
笑籠茉莉綰銅絲斜倚筠籃揀荔支記得鼓樓開夜市風
香一路晚涼時
乞巧人將絲線牽穿坐看牛女會團圓近時却少陳瓜菓
蠶豆堆盤泥結緣
中元花果滿僧寮為說盂蘭是此朝更有絲廂糊服飾女
家添送紙衣燒
秋色平分夜月光兒童拜塔繞華堂天風忽送爐烟馥烏
石山頭早進香

年〻重九共登高萸菊香濃薦綠醪近日鄉風猶倣古不
嘗栗粽祇嘗糕
冶南多燠少寒天四序花開直到年怪底秋深砧杵斷冬
衣十月未裝棉
新春白粲待搓丸華燭當筵橘滿盤廚下新娘同洗手也
纏紅袖祝團欒
臘鼓鼕〻擊細腰人家祀灶趁殘宵願君莫笑黃羊乏濁
酒三朝送早朝
燒完火爆已殘年飲罷屠蘇欲曉天兒女何知長夜守但
催壓歲快分錢

瓊臺吟史詩初編　卷三

浣香榭集上 庚午　　閩縣劉萃奎薇卿

擬江文通雜體詩三十首

古離別

萬里與君別迢迢辭故闕死別長已矣生別仍望還君行在何日零露光方團君遠不得見朔風吹地寒相去天之涯思君無時離如見比翼鳥常托連理枝安得君一顧雖死心不移

李都尉陵從軍

日暮登河梁送子開芳宴浮雲去何之雨雪集維霰揮淚

前致詞尊酒為君薦所朂在明德相期以後見歧路重踟
躕顧作雙飛燕

班婕妤詠扇

裁扇以合歡團圓出紈素懷袖微風生皚、障塵霧豈無
新製佳恩眷不如故但愁涼飈至秋聲隱高樹棄之且如
遺何以慰末路

魏文帝丕遊宴

夜行御銅輦游遨臨清池芙蓉一何麗繞水麗離披長條
翳華蓋細草迷秋崖明月出林際衆星光相隨神飈忽駘
蕩雲影交參差神仙有誰得歡樂良不疲百年倘可保此

會及時為置酒當夕陰冠佩紛如林顧言諸賓從曾否知我心

陳思王植贈友

皇佐揚德聲不實連城璧峩峩雙闕間嘉賓宴别宅好善勢常忘有道恩不薄端坐淩清秋白日忽西落歲月久不居涼風滿飛閣滄海出明珠中洲采杜若吾愛親交人文詞炳丹雘抗迹古延陵一劍無宿諾彈冠各有時心比朝陽藿

劉文學楨感遇

松柏本後彫不改歲寒色蓬生麻根中不扶亦自直鳳凰

將來儀先蹻淩霄翼謬荷君王恩清班厠華職文疋何縱横篇章極獎飾坐看涼月明珥筆時在側微臣頑鹵資高深安可測

王侍中祭懷德

嗟予早未遇馳轡東西京世亂歎已極恩眷誰為情崤函與渭水戎馬方縱横書生不得志以待天下清登樓擲餘涙白髮時數莖鵾鶴幸有託匪向秋風零賢主不易覯四海歌清平侍宴樂旨酒環坐皆簪纓華堂炷高會佳話榮都城人生幾朝暮遭際如水萍纍纍託葛藟勿令根本傾願君綏福履元聖同垂名

稽中散康言志

人生貴適志屢憎惟寞塵願與古人處毋為流俗倫雖鴈一何樂舉翼天池濱順時避矯繳得意與關津窮達固有命哀感終傷神曰余雖不敏妙道期自陳元虛託流詠明哲思保身師訓莊與老養素以全真此志合高尚漫云觀國賓孫登古識者為我言酸辛柳惠不去魯直道而事人願將幽憤意特告諸薦紳

阮步兵籍詠懷

仰瞻海鳥遊俯視鷽斯飛俯仰各有得黃鵠將奚歸天地曠如許歲月今已非韜光而歛耀吾景夷與希哀音發鵾

鳩此意知者徽

張司空華離情

西風逗簾幕絡緯鳴前墀佳人怨遲暮守此空牀帷離憂日以遠別淚彈如絲涼月獨延佇蘭室生華滋拊枕不能寐何以寄相思所思勿遐棄願指秋為期

潘黃門岳述哀

時光曾幾何追憶如昨日重泉不可期哀恨何時畢俯仰思其人一朝撤琴瑟憂從中心來想像狀非一如彼秋空月神光忽已失如彼春園花風雨妬芳質長簟鋪空牀夢魂勞寤寐寤寐通幽冥目存疑有形爾形倘可覩豈真李

氏靈駕言自東阜墟墓空留銘白楊與荒草中或含精英

佇立泣如雨路極心未平

陸平原機羇宦

我后克明秀承華欣托身靖端命何速京洛誰為親發軫

度泗淮總轡踰關津永嘆在桑梓遠遊過梁陳崇賢夙矯

迹秘閣同稱臣撫劍感恩紀振纓多秀民伏事匪云淺契

濶垂三年北邁感寒暑南望殊山川御思滞盈掬紆鬱隨

雲烟孤獸指途駛離鳥顧影憐安得忘憂草銷魂休黯然

左記室思詠史

峩、許史宅赫、金張門富貴私壟斷百年勞夢魂張鶱使博望星漢窮其源遇合雖有定任人懷聖恩長沙位何顯定遠封已尊終軍上書策司馬乘高軒卿相非不重所爭在片言餘子亦碌碌空托攀龍門吾愛董夫子三載不窺園

張黄門協苦雨

乳鳩鳴曉林水鶴噪芳渚有渰興祁祁流雲潤繡礎儼符箕畢期還歷春秋序堂有苔衣生竈少桂薪舉行輪不見人晏坐苦無侶孔伋袁辭田於陵聘卻楚固窮良足風覽古獨凝佇

劉太尉琨傷亂

厄運遘陽九神洲起妖霧鄴郡與關中東西互抗據皇晋洵可哀群雄太紛驚啓余軟弱姿忝荷寵榮遇曹及盟未寒澠池兵復舉奸冠妄輈張寔以覆餗故斯亹終莫磨進退失常度拔劍歌扶風顧瞻幽并路骨月傷凋殘功名愧建樹時乎不再來負杖生百慮深仇苟未雪何以慰積素忠孝兩云虧斯罪豈堪數

盧中郎諶感交

有晋振皇綱廟廊儲偉器葳蕤同昔賢英俊列高位伊諶寔陋宗乃與大廷匹清塵奉五稔款眷禮非一申以婚姻親憂危復同恤感存亦念亡歎得不償失李牧鎮邊隅荒

夷己盍謚趙奢正疆埸秦軍不得出我恨駑蹇姿練絲改
素質南望中原遥山河景蕭瑟銜恩匪旻今雪耻勿躭逸
公度如川淵鑒余庶知寔

郭宏農璞遊仙

朝從赤松遊餐霞鍊丹石夕與素娥見入月躡圓魄神仙
何所求靈芝與玉液俯視朱門人真如駒過隙拍掌凌空
蒼高歌向雲碧當途奚足榮我慕山林客自去還自來豈
為世網廹

孫廷尉綽離述

澄心觀泰元奇耦得其兆齊物無或虧分形有壽夭清虛

歸自然津逮何了了有客從鷗游凌空舞自矯魚筌亦既排物化知多少渺渺五千言吾希柱下老天地皆得一相期於大道後起誰能幾傳心若四皓晨采商山芝夕掇鍾山草機械渾俱忘守真方大巧至哉秋水篇閒情狎魚鳥

許真君詢自序

超然塵壒姿不復囿形像天地托藐躬烟霞契真賞扶搖萬里行靈氣自來往采藥南山阿吾神得修養芝華吹郁芬石室見幽敞風水静相遭閒雲趁空漾都忘虛室寛時聽亂泉響莊誦南華經得失脫恒獎尺棰義常伸冥筌心已朗養生何所期澄慮絶時網

殷東陽仲文興矚

蕭晨肅塵軫閒得物外趣秋日景多明仙真倘可遇清音散曉林爽籟響高樹俯瞰晴波澄仰瞻危磴素列莚寄遐契引爵袪俗務貞脆何由標松菌寔所慕從知理化因按候散塵慮

謝僕射琨遊覽

萬物當靜觀駕言巒方盤良遊心所欣登眺出華省都無塵務喧別有心神永白雲照方塘丹霞落高嶺鳴禽翔我前秋月盪斜景思慮雖營營卒復歸于靜美人常悠期遲暮傷素東此意知者希陽春請歌郢

陶徵君潛田居

三徑已就荒循行遍郊陌東皐好種苗、長願堪適荷鋤賦歸來山氣晷方夕摘蔬向園中采菊當籬隙問君何所為不受形神役日出課桑麻日入事蠶績偶聞田水聲更過吾師益

謝臨川靈運遊山

守道神自超覽物理勿欽歷行山水間似為娛人設衆壑幽且深一峯秀殊絶倒影含清暉浮光映明徹終朝何變更萬象互昭晰晨靄紛鬱蒸夕陰暗廻沉曈、初旭升漠、暮雲蔽散彩經岩阿分流入洛汭轉鸞行路迷如覩在

川逝客樹生遠風飛泉吐寒雲仰聆遠鴻音俯探宿猿穴
靈境今常留奇蹤古不滅況乘赤石帆更覩瀛壖溠處順
原有時攝生向誰說

頒特進延之侍宴

帝座居紫微神州拓赤縣儀辰體自尊出震相時見度地
觀陰陽開天建宮殿玉宇軒飛霞瑤空舞流霰山靄句青
蒼林陰轉幽蒨九霄星月明萬態烟雲變皇眷恩鎬京縈
施邁洛宴翠輦下松軒繡幙披蘭甸樂奏靈夔鳴儀張彩
鸞見五等列敦槃三坊佩纓弁禮成佇睿歡歌起邀宸眄
優渥聖恩滋悚惶小臣賤紀恩手珥彤拜命耳充瑱敢矢

叅阿音殊噺華俎薦

謝法曹惠連贈別

我行遲仲春明發向沙汭沙汭水悠、與君從此別、時言在耳別後淚盈袂弭棹阻風波載途歎雨雪雨雪有盡時風波無限思所思在遠道後約寍愆期去、我仍戀行、君勿疑秋泉北澗響春草西堂滋草滋色自若人生幾矍鑠願尋歸夢歡莫效世緣薄眷、子歲音殷、仲由諾長懷莫與同孤緒將誰託所託雖辛勤其如兩地人南瞻嶀嵊嶠東睇瀛壖濱覿面在何許賞心須及辰哲兄誼彌重遊子辭直陳直陳休單學言志聊以遨猶幸風雪齊菁

葱生遠皋知君及此景恢豫之陶〻投贈愧無物匪報多華瑶

王徵君微養疾

瀟湘漾空翠卉木含華滋俯仰日欲暮秋士生遥悲凉月挂羅幌清風動蘭墀高歌輒取瑟穩卧特垂帷瑶艸拾仍豔靈丹成不緇數峯指江上帝子殊難期抱痾謝塵俗為賦槃澗詩

袁太尉淑從駕

宸衷展孝敬睿念通虚元肅駕出枌邑祈穀多豐年大禮在郊禘小臣從涉川雲輝袞繡繪星彩旌旗懸畫幟麗秋

水瑤華明晩山羽林影飛騎仙管聲流淵邠詩採閭里民
數書市廛户頌上丹版衢歌喧彩絃文風浹禹甸武露垂
堯天賞賚重庸服恩膏榮鋪筵幸陪廻輦後奚減披圖前
扈蹕愧簪筆失音奏阿宣

謝光禄莊郊遊

臨郊恣遊覽畫舫行水陰山靄當夕見墟烟垂暮沈紆廻
出林際邐迤還江潯黄葉落仍聚白雲幽且深夜涼見秋
漢月吐光遠岑猿嘯亂崖響鴻飛空野音流泉静鳴玉叢
卉時散金四睇抗遐想百年終道心高歌渺無際露氣休
相侵

鮑參軍照戎行

大夫慨投筆匣劍生寒光伏羲勿狥利無懷寍越鄉悠悠路萬里冬月飛瓊霜獵馬飽芻粟軍人餐駱漿城臯坂在望紆曲如迴腸天陰日將黑野曠雲尤蒼勁草識風疾驚沙迷烟荒撫膺感時物絕目凌津梁龍淵豈淪沒驌驦空悲傷豎子安足為吾以驗沽藏

休上人怨別

涼風起天末秋士心悲哉彼美莫予覯如期胡不來暮雲故縹緲華月同低徊殊覺撫琴嬾遑云將鏡開巫峯倘可即夢裏登瑤臺芳篆掩餘燼蘭帷飛積埃安能作魚素為

寫相思懷

金陵懷古

三百年來鐵碣頽禍根終是厰臣開薰天北寺皆羅織掃地東林有刼灰花月恐添名士淚江山還讓美人才棲鵶流水猶嗚咽不但銅駝側立哀

烟雨樓臺畫不成笙歌如夢散陪京九重好色終傾國四鎮何功尚擁兵小曲南來燈有謎大江東去鼓無聲獨憐閣部衣冠冷鐵骨梅花護墓塋

御溝春盡水迢迢剩粉殘脂亦寂寥兩社文章空有歎六陵魂魄是誰招山河破碎雄心在戎馬悲涼將氣驕太息

莫愁湖畔路年年腸斷往來潮

題天台采藥圖

一萬八千刼神仙時往來天風吹昨夢縹緲上瓊臺我愛餐霞去人誇采藥回劉晨今亦邈生面又誰開欲往竟無路相看惟有圖石梁泉冷淡華頂日模糊賦手興公壯詩情太白孤青羊何日引小住即蓬壺

瓊臺吟史詩初編 卷四

浣香榭集 下 辛未

西峯草堂雜咏

曹曾家世富書倉十笏茅亭半畝塘三百年來吟侶少白頭人尚話滄桑

妙峯山下舊林亭廿首詩傳澗室青又一天然好邱壑半臨城市半郊坰

凉風如水撲窗紗一院梧陰日未斜蝴蝶似知詩境妙春深猶戀故園花

十閭太疋半沈銷緑玉紅雲共寂寥梁苑衣冠王謝宅可

堪風月話前朝

田家雜興

幾代耘耔十畝存農家多剩舊田園桔槔聲斷水過峽耞板人喧雲到門春雨蓑披秧馬路夕陽笛倚稻花村閒來絶少催租吏好把桑麻課子孫

冶春

故人家在綠雲邊撲地楊花欲作棉怪底一春詩夢冷小西湖水白於烟

祓禊清遊上巳辰桑溪又步永和塵東風固是多情物半為名山半美人

游化城寺

短垣圍仄徑古刹傍高峰樓閣花時雨闌黎定後鐘雲霄雙塔直烟火萬家濃笑指鼇頭石榕陰第幾重

鼇峯

雲霞絢爛入吟毫廿四奇峯此最高自古名山傳寶鷲何年仙嶺跨金鼇城環雉堞臨朝旭松捲龍鱗吼暮濤勝蹟於今空寂寞一天風景轉蕭騷

靈秀由來氣所鍾東南望裏曉葱葱仙家形迹無雙地大塊文章第一峰片石分青牽薜荔懸崖綴碧削芙蓉試聽講院披吟夜花外書聲徹幾重

小西湖散步

大夢山頭綠意舒水心亭裡鏡光虛帆來細雨鷺窺舫湖上春潮人賣魚花外鷗家新穩後柳邊鶯子學飛初閒遊吾亦消清福勝讀龜蒙笠澤書

茉莉

水灣疎柳各西東豆架瓜棚半落紅一縷暗香吹不斷第三亭北藕花風

紗廚風透語輕盈別有琉璃傍晚明但許聞香不見面微吟時復繞階行

夏晚

十二迴闌百尺樓陂塘景色記歸遊淡雲過徑不成雨涼月下簾疑已秋蕉葉露光濃翠滴藕花風掠晚紅柔有人高讌芙蓉幙看取荷葢當酒籌

觀文信國遺琴歌

崖山一夕吼風雨砲火雷飛擊樓櫓朱鳥悲歌白雁哀竹如意碎西臺古此琴五百有餘年尚許後人手重撫萬里封疆空寂寥千秋正氣復團聚當時携自溫州來戎馬倥偬事旁午嘗名曾感君恩深抗吟猶覺壯懷吐青原寺夜難成眠獨坐一彈還再鼓老淚愁看雙鬢垂新詩漫向五絃譜白麻重拜戰袍紅太息長安不可覩鴻鵠欲舉將奚

歸櫂歌聊以誌勞苦生平所讀聖賢書仁則曰成義曰取
身世浮沈那足論山河破碎有誰補鼎湖龍遠哀鵑啼豈
必黃冠返鄉土和韻曾偕汪水雲負骸難得張毅甫烏乎
物在人已亡耿、丹心照眉嫵玉帶流傳還幾家金徽零
落歎無主抱幽操後知音希愁絕松風作濤怒不及橋亭
硯一方生前持贈謝皋羽桐君似亦有同心重現海濱小
鄒魯呵護儼然憑鬼神摩挲猶足辨文武君不見九陵秋
草迷荒烟莫盼冬青舊時樹鐵匣珠襦徒渺茫玉魚金椀
亦陳腐又不見半閒多寶月銷沈蟋蟀籠空起妖蠱　曲
杭州胡可聞木棉菴裏血如縷琴兮琴兮德最優恥與王

孫共降虜生氣分明橫壁間餘音彷彿繞梁柱何郎自昔珍家藏搨本傳觀徧寰宇我對斯琴愁且歌龜龍紋斷鶴飛舞

觀韓蘄王甲鏡歌

建炎天子都錢塘枕戈嘗胆言俱忘百戰山河志恢復鄂王以外惟韓王韓王勳業壯南渡忠勇兩字旗竿揚鎖甲錦衣不可見迄今寶鏡猶煌煌鏡圓一面徑三寸紐與鉛稱無低昂其背有文隸深刻大名日月同爭光傳聞獲自武林肆重價購歸東冶黃黃氏珍藏出示客摩挲如觀神騰驤想當擒賊送行在此鏡早已生雄鋩立栅鳴鼙獲字

野奕碁飲酒平蘄陽將軍執旂妾執鼓坐使袍帶驚倉皇
屢䝉不疲戰屢勝奇人奇物洵相當金牌忽召鄂王死王
亦歸老西湖旁涅背書與護心鏡世忠豈遜精忠强西湖
十載足行樂絶口不談軍事忙香雪滿天驢背穩寒雲匝
野鮫函涼悲哉此鏡亦零落想未携付奚童囊天意從兹
不屬宋恭端帝昺相繼亡童謡已聞起白雁浩刼將換隨
紅羊匪獨崖山發悲慟臨安王氣皆蒼茫珠襦早被禿僧
取玉匣羞看胡婦妝此鏡流傳六百載英鋒依舊如干將
文山古琴我曾見今覩寶匳彌愴傷刀血糢糊箭瘢隱土
花慘淡烟痕荒嗚呼金根車鷗波印各有遺臭難貽芳此

鏡遇王亦何幸岳祠銅爵齊馨香

夜闌坐雨

小窗雲色暝晏坐話深更燈冷欲無影竹喧微有聲滴階隨漏盡臨水迫寒生暫擁重衾卧殘詩倚枕成

秋思

十年重話鬓絲盈舊雨虚堂夢易成明日白蘋江上路萬里蟬吟裏聽秋聲

新得畦丁老菜根殘荷釀酒作開樽蓦然一醉忘秋信桐葉數聲時打門

秋意

老盡垂楊色門前三兩峯秋心催落葉霜信在疏鐘白酒涼如夢青衫淚欲濃幾回江上晚愁絶采芙蓉

秋晚

一幅寒山裏雲深别有家葉聲多似雨人影瘦于花獨雁揮殘荻群羊卧淺沙慚非陶靖節酌酒不須賒

閩王廟

開門節度古英雄百二琱戈錫海東拜劍壇幽餘夕照印磚城古又秋風金鑪瑑椀𢭏荒塚石馬銅駞泣故宫獨有修髯遺像在曾傳紫氣壯軍中

華林寺

山痕樹影翠重重，縹緲禪關傍越峯。十里飛花千點雨，半林黃葉一聲鐘。烟寒茶竈歸孤鶴，霜冷蒲團卧老松。吟罷在杭好詩句，冶憧佳氣又葱蘢。

閬風樓晚眺

故址羅城峻，登臨許拍肩。江山曾幾代，樓閣自千年。地豈摧兵火，人猶近市廛。高吟秋水發，鰲頂月如烟。

卜宅鄰茲地，時來醉叵羅。晚潮當檻上，燈火此橋多。蝦菜通漁販，瓶笙雜市歌。憑闌情不已，河漢有橫波。

南臺書感

霸氣縱橫地，滄桑事已差。可憐長夜月，祇照滿江花。幽竹

容千艇樓臺換幾家中流誰砥柱一笑洗繁華

洪山橋即景

豆棚瓜蔓竹籬疏臨水人家半種蔬寒菜一肩新上市萬家積雪曉晴初

橋下征帆橋上村昨宵烟雨送黃昏誰知一醉江花客紅日三竿刹尚閉門（時有友被酒未醒故戲及之）

松風堂懷古

流星燭天赤氣起花石綱開六陵圮寶籙延福成灰塵松風今尚壯江水大江之水何滔、上有忠定虛堂高靈爽千秋不磨滅虬龍日夜生寒濤當手年種此松樹二帝北行宋南渡去位猶存憂國思舉朝竟被主和誤金繒既盡烽烟來胡馬分收殊可哀北斗空言有大將南朝早笑無人才惟公學術本賢聖時論洶、獨持正抗疏先教中國尊問安還使遠人敬設當割地書未成得遂所請金營行亦足氣吞幹離不乘輿何至如青城晚霞射日因天意猶望中興克圖治兩河休棄吾國屏十事須從老臣議當時天下仍可為劉岳張韓皆偉奇倘令分兵出間道以公獨總勤王師内修刑政復外攘穴掃犁庭直反掌車駕佇看北國還山河何止西湖享胡為聽信汪黃言坐見群賊分中原七十二日倏遺黜哀辭誰挽陳東魂孤臣何罪在不赦提舉洞霄亦旋罷抗疏徒承優詔褒沮還轉向敵人謝吁嗟乎英雄至此難成功奸細當朝稱相公武穆被讒世忠去先傳毅魄招閩中閩中本近我公宅垂老仍來作遷客翠柏未看昭武祠白楊重訪芋原驛荒墳風雨今蒼涼海月來薰同湫茫此松如果有生氣可與冬青萬古談滄桑

壽山石歌

庖犧畫破天鴻荒三代以上無印章周官璽節衹通信厥後圖書乃以鈐縹緗民間皆得用金玉龍虎擊紐交輝煌秦時玉璽始專重此外鑄銅封秩分低昂白文朱文字逃

變魏晉而後沿隋唐貞觀開元印俱小內府七印稽明昌
丹泉周子作陶印塑土雕刻工稱良哥窑官窑亦精緻更
有棗心四寸形端方古來名印匯一式印格印譜紛鋪張
山農煮石出最晚其法奚過揚王姜會稽花乳淨如拭瑩
潔尤勝燈明光吾閩壽山崎城北中有珉石同圭璋福州
土産獨首載勝覽曾考方輿詳宋明兩代已樵採旋鑿旋
塞嚴隄防
國初聲價倍增重上者清玩次者追琢蕪章相珊瑚瑇瑁
互雕飾琿珌鞓帶齊嵌鑲摩符鏤篆拯人巧覆手繩紐森
琳瑯後時鑒賞有名字第一艾綠皆田黃其餘俤色象形

競稱絕千狀萬態含精芒由來大地不愛寶珠出赤水玉
崑岡獨嗟茲石利所在日事鏟削供輸將牛山之木昔嘗
美旦旦而伐猶牿亡況聞奇物備珍玩需索安禁官司强
搜巖剔穴不遺力片土從此哀滄桑花坑已漸滅野燒徒
蒼凉百餘年後彌堪傷即令蓄石之家亦復非舊藏我生
也晚見殊罕安得石君有壽如山長

瓊臺吟史詩初編

列翠楹集 壬申

春遣

幾日晴兼雨閒身病與愁風斜禽放燕泥滑厭聞鳩春草

别時夢杳花何處樓池亭烟水濶擬作曲江遊

郊行

信步郊坰近行、日未西風聲春社鼓雨意水田犁楊柳

前無路桃花外有溪還思砭俗耳手酒聽黃鸝

三月三日

幾度風光換物華曾臨綠水眺殘霞今年春事了忘却老

盡湖西無限花

新霽

曉日東窓已放晴，好花疏密列軒楹。一籠鸚鵡春留客，兩部蝦蟆晝打更。詩倦半參中酒意，夢殘多誤賣茶聲。莫嫌門外泥猶滑，畫裡青山著屐行。

題陶舫四首林辰泉先生舊宅，今屬楊筠谿中翰僦居

樸學名齋舊，先生疋韻存。衣冠追荔社，裙屐接蓉園。金石遺文在，詩書夙好敦。後來亦佳士，從此賦高軒。

寄跡仍名勝，藏書有替人。曹倉千卷滿，陸辟兩頭親。別墅開詩境，賢祠近德鄰。一堂蘭話永，翰墨又生新。

蕉硯甘泉瓦遺風此尚留紫籐深巷月香艸對門秋鶴老紫藤花庵香艸舍皆近宅棲巢慣星孤化石幽况當浮翠地暇日約清游

玉尺山前路吟臺別有天辦香傳別館餘韻話前賢觴詠偕千古滄桑已百年主人今好客文字倍流連

落花追和袁簡齋先生韻

分明幻境託韶華半捲湘簾日又斜色豈易衰偏薄命情如可種即名花長歌有恨憐唐主舊夢無緣惜楚娃一十年來空締約人天何處覓津涯

曾綰情絲颺翠池繁華轉瞬正難知六朝金粉銷魂地十里烟波話別時無可奈何風定久那堪恨煞客歸遲傷春

便是尋春者愁絶瑤臺第一枝

軟紅吹檻碧成林豈意芳華寂、沈老去易成三雨徑開

殘未冷一春心情天有客空題夢香國何人為乞陰縈落

一般偏太早連朝振觸轉難禁

離懷怕聽水潺、院落惟餘草色環遺佩宓妃離洛水行

雲神女下巫山思將宿恨難填海參透多情即破關訴與

青皇應亦惜仙姿記否有無間

擬向重闌覓晚香司花何事妬新妝玉樓人去零芳艸金

谷園開已夕陽未度春風先索寞重來芳訊又匆忙綿、

此恨知無限慼斷湘流九曲腸

憐杳屢訊到幽微夙願長年忍遠違消受不曾非福薄紛華如許竟春歸相思祇覺迷歌扇會面何堪認舞衣錦帳羅幃遮未得彩雲先我作團飛

一場濃艷杳茫中轉訝蒼穹判未公紫玉成烟空塞北綠珠和淚墜樓東願留春事過三月誰返香魂到六宮幻夢自知無醒日幾番腸斷鐸鈴風

手種瑤天瑞草莖西風吹老亦神驚雲階有影愁來往月地無痕費送迎顏色縱輸千日好塵埃難汚一心清終朝祇鎖長門寂又聽紅泥屐齒聲

往事何堪仔細論春光一別暗銷魂馬蹄難覓尋芳路牛

背空迴唱晚村買笑已成今歲夢憐香誰感再生恩不如
去作陶公柳尚有濃陰掩里門
遊仙尚未到藍橋一擲芳魂勿浪飄詞客情多緣獨淺美
人壽短淚難消曾遊香海如相識小住紅塵亦可招玉骨
至今何處認斷腸最是暮江潮

前詩未盡再續三章

紅顏從古受人憐偶夢羅浮過十年我亦有情偏後死誰
能無憾便為仙香銷始覺歡場幻春去還嗟造物偏百五
韶光今已矣笛吹樓上尚悠然
間中光景嘆蹉跎其奈紅雲易散何心緒紛縈休計日繁

華一去再隨波當時不惜開先盡到後相思悔已多胡不
托根香世界是空是色悟維摩
懊、惜、伴燈殘風雨連宵釀嫩寒艷冶錯教身後認紛
華須作眼前看詩因腸斷吟偏澁恨到心灰見亦難從此
柴門成冷落不須起早枕屏安

釣龍臺懷古

咸陽宮中火一炬劉季如龍項王鼠長劍斬蛇鬼母啼天
心屬漢不屬楚沛公既上歌風臺兔死狗烹殊可哀一方
割據亦長策何妨垂釣閩江隈閩江東去奔烏龍真龍時
與黿鼉衝神禹後人獨奇杰持竿直引波重、驚波捲日

海颩起投壁斬蛟那足擬壯志欲乘峰頂鰲英風豈跨湖頭鯉巖疆霸氣今蒼涼古廟猶書閩越王我陟斯臺恣遊目靈旗彷彿凌雲翔又聞旁有釣龍井餘善夫人下綸綆此說人間或誤傳兒女英雄一家並空山但覺蟲啾啾芳餌誰向長江投螺渚浪寒虎門冷磬香仍自存金牛烏乎神物千年不復覩子孫繼起亦英武黃蜂曾退百蠻兵白馬尚祠一坏土

夜飲臺江書院

山月淡將夕江風吹又來故人欣倒屣為我快傾杯一夜拚狂醉千秋感霸才明朝各攜筆題徧越王臺

八月十三夜

佳節偏愁雨，今年却喜晴。月餘雲外影，秋在樹間聲。高望碧無際，獨吟涼自生。廣寒如可即，水調試重賡。

詠秋三十首 癸酉

秋風

木落天高酒氣醒，商聲嫋嫋不堪聽。宵圍露氣吹隋苑，葉帶波光下洞庭。天外正思鱸膾美，海邊又起鯉魚腥。一年到此真容易，紈扇誰教感涕零。

秋雨

濕雲如絮逼窗紗，半捲湘簾咽暮鴉。南內梧桐初落葉，西

風籬豆早開花巫山神女魂應冷銀漢天孫淚轉加猶憶
漏長聲滴處有人飄泊怨離家

秋日

小立平原返照中羲輪西去太匆匆魚龍慘淡愁長夜禾
黍迷離泣故宮苦短人驚駒過隙放晴天喜雁排空分明
一樣扶桑照影到寒光轉不紅

秋月

繩河迢遞水漫漫絃管吹開白玉盤露洗色逾常夜皎天
高光帶幾分寒關山有曲心同照世界無雲晝轉難祇恨
擣衣聲又起清輝一片照長安

秋霜

行人跡上板橋西漸覺寒威蹴馬蹄千里晴臯看隼下滿天落月聽烏啼蒼葭有露經宵結紅葉如花到曉齊尚恐凋零成白髮鏡中吹點鬢絲低

秋露

如珠如玉最分明沆瀣三霄氣自清柏葉傾來偏有色桂花濕處轉無聲寒蟬曉起含漿飲警鶴宵涼繞樹鳴漢殿荒涼仙掌冷千秋遺恨說金莖

秋山

極天空翠湧崔巍淨對遙峯碧四圍乍見忽疑形較瘦初

登還欲送將歸烟鬟顯淡霜痕重石骨崚嶒樹影稀如此
嵐光妝入畫笑容睡態比皆非

秋水

繪出長天一色圖茫、白練恰平鋪橫江露影涵牛斗滿
棹風聲戰荻蘆唱晚舟歸彭蠡渡驚波葉落洞庭湖伊人
倘許憑洄溯且向蒹葭訊有無

秋烟

清商入耳忽悲秋烟靄霏微又極眸和雨鎖將空際樹隨
風颺到水邊樓白搖荻絮含痕活紅撲菱花作態柔直到
昏黃無覓處笛聲吹破月當頭

秋帆

長江如練碧涵虚幅、西風飽有餘兩岸分飛人去後半檣斜挂雁來初曾催細雨兼春到又引輕烟破浪徐有客望歸向天外還家無恙好修書

秋林

覩物頻教節候諳霜條搖落亦何堪聲隨飛瀑歸幽澗影漏斜陽見遠嵐曾對丹楓思塞上每從黃葉望江南後凋惟有松和柏常覺遥天翠色參

秋柳

西風吹瘦短長條零落芳魂未許招不斷關河離笛唱漸

多村店酒旗搖迎人已慣舒愁眼垂老何堪折舞腰惟有
秦淮舊時月照他疏影上溪橋

秋花

憔悴朱顏亦可傷春光一別又秋光茶烟我欲參禪味菊
圃人猶愛曉香三月鶯花皆老大六朝金粉已蒼凉多情
尚有黃蝴蝶貪戀餘英到夕陽

秋草

連天碧色黯秋陰從此王孫結恨深人去可能留綠意霜
高原易老紅心黃沙萬里衰如許青塚千秋冷不禁安得
東風吹處、池塘好夢又聯吟

秋雁

銜蘆繫帛趁涼氛陽鳥南翔次第分絕塞一聲吹曉角遥空萬里掃閒雲因霜得信常隨候以水為家亦樂群多少相思在天末稻粱謀食各紛〻

秋鷹

逸氣橫生亦自豪盤空鷙鳥下晴皋書家筆法存筋骨俠士雄心挾羽毛白草已枯雙眼疾青霜先得一身高西風尚遂摩天志此去雲霄孰解縧

秋燕

來時亦伴鳥交〻濕觜銜巢尾對梢春水初生曾帶乳秋

分如客便辭巢空梁眼見風波起故壘心驚歲月抛一別關河無限路明年仍否到衡茅

秋蟬

曾記濃陰暗綠槐號烟飲露共徘徊清齋有夢煩相警落葉何人與訴哀獨抱怨音追變疋能歌秋思亦騷才桑間已歎螵蛸老猶帶商聲破曉來

秋蝶

欲歇還飛不厭頻翩翩仍許見蕭辰五銖衣冷羞仙客六幅裙涼泣美人野菜山花微設色霜叢露葉轉傷神青陵魂魄憑誰弔祇與寒螿話夙因

秋蟲

勞勞終夕話幽窗似聽金鐘到晚撞白露初零聲忽起青絲對吐影成雙關山獨客驚孤枕機杼終宵怨冷釭我有不平鳴未得借他四壁發哀腔

秋螢

前身腐草幻來曾一葉兼看度石層攤到緗編光偶落撲來羅扇影猶凝宮燐化碧寒千斛鬼火飛紅黯六陵慎勿空囊孤負汝涼風留伴讀書燈

秋帘

酒家何處倒金尊笑趁斜風到店門半幅青搖芳草徑一

竿紅颺夕陽村閒招菊友評秋色斜對楓人抹醉痕更有鱸魚江上買蓬窻荻火酌黃昏

秋笳

邊馬嘶鳴向晚過祝家聲比沈家多千營匝柳風如鍊一管吹蘆水始波壯士孤愁添戍塞美人哀怨動關河而今世界烽烟靜秪對山樓擊壤歌

秋笛

清商激響振松杉手弄琅玕趣不凡裂石歌聲寒月度倚樓人影夕陽銜江梅入破愁羌管湘竹吹涼送楚帆猶憶梨花深院裏紫雲横玉舞春衫

秋燈

輕蛾繞燭撲疎簾坐擁銀釭冷藥纖山遠每從無月見夜長猶喜有花占碁枰下子人相對香閣熏篝火又添莫羨淮陰明點、影堂涼意上眉尖

秋杵

何處疎春隔水灣清砧哀怨訴秋山衣如可寄敲心曲石不能言託指環半夜夢驚霜擣後萬家聲度月明間冰燈雪帳誰傳響愁絕征人尚未還

秋稻

又報西成大有年平疇穲稏吐花妍揚州恰種相宜地卯

俗將臨造釀天晚穫新能成白粲早炊舊已識紅蓮寒窓手注瑯琊字我亦欣收一硯田

秋蔬

蒼石初生紫玉釵風霜飽受味偏佳一畦寒色青連圃雙擔肥英綠上街雪藕可能供晚飯露葵曾許折青齋菜根莫厭長年咬尚有吴蓴動客懷

秋夢

一枕西風睡未慵忪惺夢境轉重重家山冷落三千里雲雨蒼茫十二峯仙子黃粱催警鶴才人青管助吟蛩涼衾如水燈如豆却妬膏梁醉太濃

秋吟

零落吟痕到鬢絲，冥搜竟日亦忘疲。蘆花明月登樓地，木葉秋雲下隴時。人惜餘芳聞遺興，天留晚景好催詩。長謠短詠知何限，名士由來總善悲。

瓊臺吟史詩初編卷六

長安鴻雪集上甲戌

閩縣劉萃奎薇卿

舟行雜詩

紅蕉丹荔各成邨，溪水連畨緑到門。看徧縛茆江上屋，幾家紅樹近黃昏。

漁火隨潮上遠汀，溪風吹夢入孤船。別來四月三逢雨，愁倚篷窗對酒聽。

雙溪夜泊和王成渠同年韻

滿棹烟消雨忽稀，推篷起看碧山圍。客中消瘦驚臨鏡，夢裏纏綿說寄衣。采茗人歸雲壓擔，賣薪家近水橫扉。雙溪

一樣雙江月忽照孤雁向北飛

過水吉

荒祠古塔枕江隈嵐翠如烟撲面来爱識水部憑指點貪尋風景費徘徊層闌砌石多新築老樹當門半舊栽此地溪山宜飽看揚舲舟子又頻催

浦城阻雨

卸却征帆離水涯計程還悵道途賒千秋南浦同傷別三月東風最憶家彩筆餞春留驛邸青衫和雨泣琵琶明朝乞放晴林色看徧山行數日花

雨中過仙霞嶺

我從洪江水淶月苦多雨畢宿呼不醒天穿漏難補昨行經漁梁風景頗和煦滿擬仙霞關晴峰快目覩奈何飛鳥過仍作商羊舞萬竹青迷濛片雲白吞吐晝昏沈日輪崖響走雷鼓急點如跳珠斜飄亦成縷豈真僕馬驕翻使蛟龍怒但覺烟蒼茫況當地險阻一丸泥可封千尺磴無數人影紛如猱泉聲大于虎誰憐輿唱哀忽遇僧容古乞火烘衣裳歘茶向庭戶僕夫催出山餘勇尚堪賈詩筆何淋漓天為洗塵土

江山船詞

三衢城外烟長波九姓船頭春水香莫向鄰舟喚艾白儂

家最好是紅艙

郎正來時儂未眠入船姊妹呼同年隔溪亦有同年嫂顏色不如儂可憐

儂身長以水為家儂貌嬌于江上花臨水看花勸郎酒西風吹淚落琵琶

桐廬西去又蘭溪曉起新妝頭髮齊却妬鴛鴦[illegible]夢裡照儂妝鏡一雙栖

願妾常如圓月明願郎長作春潮生潮來潮去載圓月月有色時潮有聲

十日錢塘催去棹一枝柔櫓如花搖生憎江口水楊柳不

綰情絲千萬條

西湖雜詠

鄴館絲箏柏館仙秣陵秋草灞陵烟中興何幸留遺址消受鶯花幾百年

十頃玻瓈換得無水光如鏡恰平鋪同來誰擅雲林筆畫出江山一覽圖

涵碧亭臺映水湄菱花如錦荇如絲漪園好睹宸章煥法雨香雲第二碑

鞾紋波映夕陽西綠上湖山草未齊千古風流雙刺史蘇公隄對白公隄

釵光花影滿湖舟水氣吹涼入酒樓十里香風三竺路名
山也愛美人遊

腸斷棠梨一曲殘孤山花事亦闌姍佳人香塚詩人宅松
柏梅花共歲寒

玲瓏邱壑傍山隈野鶴閒雲自往回遊到名園天未暝桐
花如雨下琴臺

寶相莊嚴擁座間佛天花雨正斕斑年來三月香如海倒
瀉湖南第一山

六一泉名仰大蘇當年秀脉導靈區生平頗有評茶癖爲
乞山僧調水符

不比鳧汀與鶴汀望湖樓上送來青匆匆踏遍吳山路也
抵金人舊畫屏
六橋風物豁吟眸十硯詩篇占上頭我亦小西湖畔客買
山何日往杭州

西湖淨慈寺觀五百羅漢像成長律一章

桂子荷花路中開選佛場青鴛摹瑞像白馬炫華裝此日
來神伯頻年聚法王湖神呵護密釋教衍流長粵自周昭
啟沿乎漢代彰頭陀入東國眼藏出西方諷唄曾傳宋持
齋又迄梁諫空迎骨表贊竭捨身囊遂令三千界同持四
二章談經崇淨土救劫話慈航寺各金銀現功爭土木償

旃檀薰郁、、瓔珞誦琅、、到處森鵝殿隨緣見雁堂西湖
明聖跡南渡中興疆第一峰誰立無雙塔獨昂極天樓影
峻劃地冊封忙運仰萬嶺成丹境通廬賜帛鄉江山歷兵燹歷世感滄桑
熙朝煥民安舊俗康
六龍春駐
蹕萬騎夜騰驤共喜祥輪轉彌增梵宇光貞民寺明、、篆
額
語煌、、歲已寒暄易今猶色相莊犧舟烟雨裏瞻禮水雲
旁紫極排雙牓青雯俯隔牆榱題皆刻鏤翬革欲飛翔素
供筵全設茶資斗可量精藍披丈室紺碧繞重廊但覺低

眉久誰教刮目望螺鬟齊放彩鴿背亦成行府豈羅群玉
園如闢衆香位推迦葉首名並辟支揚乩字捫胸露真形
袒臂將登猶臨鷲嶺卧或踞獅床伏虎容奇偉驂龍勢頡
頏團趺蕉結影合掌絜生怜芒瞥覩毫飛赤尤欣纖映黄
端嚴尊上座肅穆仰
高皇最小乘同悟阿難諦共詳八平工布置七滿極微茫
繡異平原趙描宜蜀水張傳衣人適協鑄狄數相當別有唐海顛和尚肉身尚存
披袈客曾聞縱酒狂肉飛看髣髴户解說荒唐尚阜茅龕
錫仍留蘚井菜井内木頭僧以火照之如故伊蒲連日馥老檜矗霄蒼
我到剛初夏時偏近晚涼十禪收艾孔五戒浴蘭湯作頌時四月八日

京口夜泊

小艸遺茎謁寄奴故宮今已羅丹徒南於
戰壘消烽火壯顧名山入畫圖吳楚地
分天塹險金焦月落海門孤抽帆明
日過揚子料得頻風對渡無

虎邱寺題壁用劉卿韻

古刹花好山橫塢尊前絲言從吳市
來歷偶趁帆度海涌成平田閶闔勝蹟
羞識氣神虎寒劍沒祖龍去霸氣
出入千秋靈區指一處見廢傷古今遊
舊與般若院觀銀杭溪谿憑金地
顧自雲吹遠出紅日照高樹卓朵起
犀岩悠然造眾處仰睇貝繪雲倚
吸花臺露法興今誰傳石頑顯如
投我行秋過此已為微名誤

追蘇軾除董慕太常是何津筏力並使鉢瓶芳夢底窮圖
畫吟邊起劍鋩興闌歸去緩鐘韻度斜陽

吳門舟次

夾岸笙歌倚畫橈一枝檮和一枝簫夜深不為孤鐘警夢
偏紅闌四百橋
綺羅吹出晚風涼不辨花香與酒香船上銀燈江上月照
人偏照到山塘

渡江觀日出歌

大江萬里滄溟通滄溟乃在江之東早起臨江酹神酒水天一
色青迷濛天雞喚醒夜鳥夢鶖背潮落寒江楓十洲三島

渺如髮但見烟霧吹長空萬象忽開混沌界一丸猶匿光
明宫雷聲隱、破昏黑霞彩斑、生曉紅眼底金光疾于
箭低昂摩盪形難窮扶桑花發拒松矗枝葉上捧懸鉦銅
始若車輪大盈尺縱如盤盎擎當中六龍騰驤勢飄瞥乍
離碧澥旋蒼穹樓觀飛丹照四面金焦浮翠凝雙瞳我行
三千數百里多半聽雨欹窓篷此地縱觀海日出如排閶闔
驅霓虹中冷泉好縱難飲大頂峯高毋乃同舟子喜晴說
吉語挂帆安穩天無風大船開頭小船尾況以舴艋隨艨
艟匹練横拖淨如拭波光日影交冲融長江自古擅形勝
名士幾人稱英雄六代鶯花盡銷歇萬家雲樹何龍葱扣

二首
自從隋苑開邦溝天下繁華讓此
粉綠女紅留今澤國玉欄珠楯古迷
樓瓊花老去渾如夢楊柳生來亦
解愁惆悵平陳無限事一迴春水送
千秋

舩擊檝發高詠似有鐵板追坡翁烏乎坡翁一去不復返
我亦身作江南鴻此去更當上岱頂坐看齊烟九點生曈
曨

維揚懷古

瓜步山光入望齊蕪城樹影壓帆低幾人此地誇騎鶴終
古荒臺感鬥雞明月二分空照水輕烟十里尚籠隄可憐
廿四橋邊路歌吹無聲出竹西

樓閣曾經幾刼灰烟花南部委蒿萊六朝覆轍皆天意四
鎮移營豈將才獨有老臣留墓在空教名士過江來衣冠
零落琵琶冷不但蘭成賦可哀

綠揚城郭畚斜暉禅智峰巒接翠微三月鶯花隨水下一天螢火作星飛吟邊人去吹簫咽畫裡臺空載酒稀知有歐蘇餘韻在平山堂下憩征衣

曉發重興集

瓦燈如豆結花小茅店有雞唱月曉我尚貪眠夢天表倌人催起語喧擾披衣仰視星皎、涼露無聲撲領襟兩琖膏粱下餅麨但聞鈴鐸響不了鋏絲籠火光一繚昇出板輿隘且湫氈幕布衣幾重繞車前還恐馬蹄蹻得籠以入若栖鳥縛軛而升若教駣輾轉不勝腰欲裹扶持、尤苦臂難掉豈真聯袂成輕佻如以鞠躳學介紹特或曹騰或清瞭相形都覺顔色愀坐看蟾魄墜林杪昏黑無人徑悄、高柳搖風亂于篠殘燐泣野炯如燎崎嶇詰曲入深窅上下高低盡茫杳顛覆是懼爭毫秋安能平踏閑河湫況當挾策正年少南望白雲海山繞辛苦初嘗比食蓼此行齊魯復燕趙更思雕鶚摩空矯金爵觚稜望縹緲去、長途載征旆遣愁翻為詩魔嬈吁嗟世路一何邈僕夫猶作歌喉梟我來適當孟夏肇卅里棗花見日皦

白溝河

淒涼遺事話徽欽枉使遼人結怨深此錯六州誰鑄鐵當時一寸亦成金山河割據孤臣血淚雲水蒼茫過客心我到

薊門天正暖，不愁匹馬有寒侵。（元劉因詩：匹馬衝寒渡白溝）

景州

隱〻炊烟起，畫甍浮圖高與女牆平。純儒故里傳三策，名宦殘碑訪九城。門第昔曾推漢盛，石窪今幸見河清。百年水患知無事，驛柳如人解送迎。

樓桑村

羽葆童〻偃瑞雲，靈柯早已識三分。千年正統從綱目，天下英雄獨使君。丞相遺祠猶種柏，漢家開社本栽枌。誰從大樹聽鳴鳳，杜宇魂歸黯夕曛。（朱子詩：曆曆鳴時曾一聞）

曉過蘆溝

百尺潮爭萬馬奔雄圖不復話金元我來五月桑乾淺人
到長安地勢尊宦海自分南北轍
清時但見去來轍題橋才筆知多少已近
天閶第一門

瓊臺吟史詩初編　卷七

長安鴻雪集　下　　閩縣劉萃奎薇卿

京寓雜詩

僨廡千緡貴移巢一月多長安居不易滄海夢如何暑氣氷難解時光墨共磨莫從門外望燕市半悲歌

亦有江南客相依老道場（昔玉皇廟同寓有荊溪兩同年）烟花吟去棹風雨話連床柳色春明繪槐陰夏課忙似隨脩煉者經卷誦琅琅

聽說前秋事書生感涕零翠華停宿雨白幟動妖星雷電勅群冦山河護百靈可知天意在就日頌

堯齡

人海喧闐裏三椽寄此身諸公自臺省游子尚風塵豪氣吹長鋏鄉心礪畫輪毛生思捧檄能否慰雙親

槐庭坐雨

重樓夕篆尚氤氳微雨分涼透簟紋夢到雙槐空翠合一天黄雪半牀雲

蘭亭搨本為伊少沂念曾同年題

定武流傳此最真千年玉枕出風塵勝遊在昔偶然事書法至今能幾人佳客不來春又去名山依舊蹟猶新蕭郎賺後荆公賞何必誇他賈氏珍

洗象行用吳梅村題崔蚓畫洗象圖韻

紅旂影閃鼓聲作錦纜離披金絡索神產何年從地來瑤精一夜向天落夙隨輦路儀排鸞曾給豆芻俸分鶴感雷識水何靈奇此物亦受

聖明知金殿早朝肅鴛鷺玉河新浴翻蛟螭是時六月傳洗象畫蓋香車簇步障寶勒紛飛九陌塵珊鞭似引千官仗烏蠻急喚龍開門波影倒吸扶桑根二十四頭屹相向崔巍如覯山崑崙渡河我欲比詩筆徹底截流銳于卒妙悟直將追古人真形不道見今日執金吾道[導]頻摩掌就裏誰供[稱]御陀蹄爪欲隨駭浪捲鼻端如挾殷雷過萬夫雲集

不敢近中有光燄衝天河憶昔象車出漢闕黄門鼓吹駐
涼月身高嘗許越人騎恩重還陪唐苑謁或拜或舞音容
燗豈煩捶杖作縲紲即今洗滌無點塵十頃玻瓈照瑩潔
有若六蚪聲怒號更同萬馬響鳴咽眼星炯、生薰風牙
櫛鱗、噴睛雪俄頃掀騰空際高兩隄士女歎殊絕駕山
鼇伏魂猶驚照水犀燃氣欲奪天吳呌愕烟雲變宛轉廻
翔疾于箭手縛勢疑西域馱尾牽形異楚人戰惜哉崔畫
世難見覩此猶堪鬬生面魏代奚誇虎似斑吳門空詑馬
如練雙眸動盪交迷離好與寫生入銀絹我上長安十二
陌今朝方得覩奇骨錦鞍休沐皆

恩(波)赤罽新裝愈珍惜君不見子喬駕象成飛仙漢武獲象
困蒐畋文单獻象備元會蠻王教象磨金錢境遷事過成
荒烟我
朝貢珍極殊俗百獸率舞萬斯年

茶園曲

琉璃廠内圖書香大柵闌外輪蹄忙畫轂雕鞍日將午行
人逐隊來觀場春臺四喜與三慶(皆部之有名者)菊部未唱先傳揚或動
或靜隨所好但聞鼓吹聲琅琅入門裙屐已雲集我亦叅
坐樓中央(坐臺下者謂之海又云池心)俯視池心若滄海仰瞻屋頂無炎光薰風習習
透三面下有長几環廻廊僮僕摩肩若虎踞主賓抱臂如

龍驤解衣磅礴付傭保臺上旗幟森鋪張代鼓鳴鐃過三
匝高牌記闋東西廂流鶯一聲百囀韻已令聽者魂飛揚
千耳萬目不轉側吽號喝采人如狂須臾嬝娜出簾箔投
袂赴節飄霓裳膚理玉瑩睞粉黛歌喉珠串調笙簧座中
真客謂之潤老
更有潤老在流盼送媚秋波長多半狎優比石虎豈真顧
續軸謂復演三四齣也
曲皆周郎日斜續軸客將散花氣吹上車中裝適子之館
飲我酒嬌羞欲問當壚娘山珍海錯列佳品一食萬錢奚
足償白袷當胸慣末座紅潮上臉疑新妝此地闤闠塵尚嘈
小有餘
雜此時高會猶徜徉何況宴遊出城郭風亭水榭留餘芳
芳在西安門外
傳花遞飲眼星溜擫笛斜吹眉月涼更有臙脂與紗帽櫻

挑街裡飛華觴連宵燈火影如市達旦笙歌音繞梁誰復
吳羹憶鱸鱠祇思鄂被調鴛鴦吁嗟予歟紅塵土固豪貴
汰侈奚可無提防自古四民有常業豈容醉夢酣膏粱我
聞權相夙貪饞（乾隆間有魏長生金堂人住西珠市口）珠市佳麗來金堂炙手冰山倏瓦解燕蘭
小譜愁滄桑人生行樂亦有節春露飄瞥成秋霜富貴幾
人保終始歡娛至極生悲傷江南子弟琵琶慶（三慶部慶齡以琵琶得名）聽我此語
摧肝腸我亦天涯倦將去淚痕吹徧金臺揚

出都偶詠

衣上征塵厭久留厭驢破帽去通州生憎齊化門前柳畫
出天涯萬種秋

津門燈火廣陵潮吳市笙歌越女橈此去翻嫌天氣冷霜
華吹敝黑貂裘
已近西風剝棗天小車催去雨如烟長安剩有泥痕在不
識重來又幾年
亦知水驛愁遲滯其奈歸裝嘆窶貧一曲陽關兩行酒馬
頭聊當送行人沿途彈唱頗多
津門阻雨歌
衛河白河浪接天大沽小沽波如烟滄溟萬里辨一髮析
木直與蓬萊連蓬萊水湧扶桑濕東角黑雲吹海立潛蛟
跳擲老鰍號並作萬檣飛雨急萬檣海賈驚相呼濤聲淵

湃風聲粗黃埃十丈洒將遍碧港三叉看欲無我過此地七月晚昨夜柁樓望秋遠今朝忽作銀潢傾何日能看畫舸返寒鴉叫出雄關開魚龍幻戲成樓臺珊瑚木難炫百貨踏踘擊博紛千堆就中亦有閩南客辛苦長年泛海舶蓁花香裏話昏黃豆子航邊浮大白天涯難得逢鄉音我亦從之沙島深沙島渺茫不可測與君同作思歸吟高吟未已天復雨木葉瀟瀟落無數乘槎犯斗疑張騫碣石導河溯神禹

臨清待閘

一支漯水判雙流待　征篷數自留塔影晨搖烟外檮鐘

聲夜度枕邊樓西風轉漕防瓠子翔雁隨帆下濮州夫惆悵

謝山人已老琵琶寥落又經秋

柳林閘不寐

垂楊如夢辨難清殘月和烟畫不成燈下草蟲蓬背葉水

村容易作秋聲

嶧山道中

立馬西風過嶧陽青山連日送歸裝輕陰著水痕俱白老

樹經秋葉已黃涼意一天催酒醒鄉心萬里逐雲忙關河

綿邈音書斷愁見排空雁數行

邳州曉發

黯、寒烟起寒村濛、細草掩平原板橋跡重知霜意松磴陰疎見燒痕圯上遺書何處讀樓頭豪氣幾人存祇餘宿預荒城柳曾拂青驄過白門

廣陵夜泊

一櫓搖花、已秋玉人簫在水西樓殘星欲沒忽移樹飛雁數聲時近舟夢冷不知霜壓背情多最怕月當頭十年願作揚州客我負揚州已再遊

毘陵驛

一雙鸂鶒掠晴沙漁火江邊有幾家人自北來初見竹樹因秋老競開花春申苑廢馳淮馬季子墳荒咽暮鴉爲間

蘭陵沽酒處到門流水映殘霞

錢江觀潮歌

九月既望秋水清劉郎解纜錢塘行錢塘潮信本有準舟子偏與潮相迎𤢺、西風動笳鼓蕭、落木催船旋潮頭洶湧十餘丈一線遥指來蓬瀛天地青蒼海門白嵗岷屹起高于城舵師屏息不敢語但見二十銀山傾始若飛騰出穴勢縱如怒馬騰空聲龍罷窟蟄魍魑踣冰岸似與沙堆爭擁雪捲雲作雷吼浙濤觸浪迴波生兩軍合圍鼓三匝畫鷁倒退奔長鯨我記會稽石碑論海潮隨為月虛盈即今過此十七八惜未見及中秋明白馬素車近荒誕千

年豈有心難平錢鏐鐵弩亦好事濠塹渠陌疑天成今古茫茫總逝水且看片席乘潮征江山瞬息三百里耳目翻使詩魂驚

烏鎮

畢竟南來秋氣和三叉小港漾微波捕魚竹籪新通茭飼鴨茅籬舊補蘿楓葉日斜人影亂蓼花風起雁聲多迢迢烟水仍如許又負餘杭一日過

桐江

丹楓烏桕繞江湄有客衝烟下釣絲秋水白平湖外路晚風紅出酒邊旂飛龍泉聽深潭響臥鹿雲看古洞垂相有在潭

垂雲等勝我愛睦州山色好落花中酒記來時杜牧詩有中酒落花前之句

重過江山縣

柳外帆尖盪畫檣鱸魚未熟酒先香松腰作碓石偏响崖脊撐舟篙亦忙雙澗泉流纔過雨一溪峯轉有斜陽榜人不管歸心急尚隔清波十里塘

十月望抵里賦遊子吟

南雲常在南一日忽北馳霖雨作未得翻恨歸山遲楊花三月三遊子初歌驪楓葉滿江冷遊子迴征旗關山幾千里來往無定期天風促歸夢獲遂烏鳥私渺渺關河遠颯

、寒颸吹昔出此關日今入此關時既出足還卻將入神
已移近鄰數高柳昔盛今何衰入門即長跽云是遠遊兒
二親愕然異翻以魂夢疑道我倚閭久喜極偏生悲老父
尚健慰無才歸數奇老母執兒手拭淚談別離自汝出門
去長與形影隨昨宵甫入夢神采何其瘦遊子再拜言違
侍親顏怡東華託捧檄反缺高堂糜祿養已難卜咎又奚
所辭歧、弟妹行各、彈愁絲一妹在襁褓今能為兒嬉
妻亦惘然說日夕徙懸帷明月冷房闥愁如風塵飢彼此
並傷念示以所憶詞嗟乎人骨肉譬彼喬木枝連條復附
幹庶克相扶持亦如托巢鳥歡燕同意而翛然去其一毋

乃生欝伊我生不治產已負孫謀貽析薪弗克荷何以人子為讀書粗得志豈遂高門楣屺岵歎行役悠悠勞遠思東坡曾有言識字憂轉滋曷如受百畝躬耕南山陲有米或遠負有月或歸遺承歡祇菽水此外奚所知風雨數椽屋至樂舍我誰人生百年耳駒隙安可追或有從旁笑謂我甘守雌我亦無復辨誦請蘭陔詩

瓊臺吟史詩初編卷八

丁戊鶴雲集　乙亥

閩縣劉萃奎薌卿

新正四日大雪戲作

天公作意散瑤碧六出飛花滿庭白金粉樓臺十二層琉璃世界三千尺同雲連日何漫、朔風如刀吹面寒凍鵲爭鳴暮鴉咽聲、飛撲鳴簾端始而皓素作凝霰繼則晶瑩如曳練古樹微飇柳絮團長空亂舞梨花片一夕不知幾許深羅浮夢裏微香侵開扉起視潔無比芳園隨處皆瑤林今年春較去年早光風未綠江南艸造物若嫌花較遲豫先粧作瓊枝好掃來透砌明重、遙峯欲失青芙蓉半壁玉山隱犀象滿空銀海拏蛟龍天工既妙人工巧點綴乾坤作葩瑤細鉤兔魄返獅魂幻結鹿蹄印鴻爪雕鏤備極禽獸奇晶痕粉暈交迷離混沌不辨天與地剖開一畫皇庖犧我思天地一氣耳相去豈徒幾萬里何為團聚作冰壺上下空明不盈咫蕭齋誰欲繪苞符濃雲如墨偏糢糊吟成半夜高歌句貌出寒江獨釣圖畫中有詩、有畫一卷展開冰玉界醉痕上臉紅不鮮皓腕呵毫白稱快書生無以淨聰明琅箋如絮爭光瑩為數消寒瓣九、梅耶雪耶吾莫名

牡丹

百寶闌前發艷光生平端重壓群芳從來麗色誰傾國幾
个名花敢號王匝地羅綸宮錦貴滿朝袍笏御爐香書生
但解描皮相聲價何能總洛陽
繁華獨占十分春尺深許重臺結換新六代文章多設色一
生富貴不驕人當階芍藥甘為婢出水芙蓉合避塵我欲
為花高位置豈阿所好效時輩
姚黃魏紫各知音仙品仍從絕界尋三月雲霞開易麗九
天雨露受偏深愛君不帶胭脂眼賞我常搜錦繡心擬到
蘂珠宮榜上狀元紅已冠瓊林
自分迂儒一味酸花時也與博豪歡大家體作高華想名

姿宜反側看入畫難兼香與色裁詩並忌瘦和寒酒酣更欲調金粉拚醉楊妃正倚闌

春分

誰把璣衡細測量青皇妙手自平章人心從此趨炎熱天世事何須較短長莢雨漸催三月近花朝曾報二分忙年、百五韶光裏沈醉東風有幾場

清明郊外作

又到江城插柳天湖光山色轉暄妍夢中春水新淘井花底東風乍禁烟紅杏小帘人貰酒白楊荒塚鬼分錢徐郎恐憶銷魂曲宮草萋、四百年

暮春臥病有作

新緑園林雨乍經，落花聲向酒邊聽。窺人白鳥春風蔟，上市黄魚海氣腥。貪訂食單多筍脯，愛臨禊帖有蘭亭。年來未解相如渴，猶向　夢踏青。

訪傳汝舟丁戊山房故址用曹石倉韻

城市藏山深復深，故園喬木尚森森。千秋大疋人何往，一徑幽居客共尋。秋水芙蓉還入畫，春原薜荔亦成陰。更愁眠狗峯前路，白草連天夜雨侵。

少谷墓感懷詩云

後書林山人龍

即用公道

四月廿四夜夢中得一天雲色初開鏡，春在月明何處樓十句，援筆續成

綠酒紅燈話舊遊名山豔夢雨勾留一天雲色初開鏡春在月明何處樓

荔水庄偕李蘭屏彥彬觀荷

面山臨圃漾漣漪古址曾傳六畝池難得有風兼有日豈堪無酒復無詩花開隔水香難辨人過空林午不知肯許集裳入騷賦呼僮為折兩三枝

五月十二日重過西峯草堂即用曹石倉移居西峯社原韻

昔我甫逾冠草堂勤筆耕兩箱下吟榻一面依層城對月緬賢哲停雲懷友生邇來鮮真樂貽累皆浮名窗北暑方

巑峰西涼已成新交載酒茗舊句尋軒榼魚影散還聚槿花枯復榮紅闌映水豔白袷吹風輕良會不多覯浩歌相與并詩痕記此地韻事追前明尚惜聽泉鏡未攄臨賦情明當趁竹醉（上三昔先生亭閣名）坐挹荷珠傾

夜憩松風堂即用李忠定自題原韻

長江抱孤嶺絕頂開禪宮寺僧似相識招我虛堂中虛堂敞三面上有虯髯松年深鬱寒翠夜靜生悲風海月忽流影照見林間峯煩襟亦已解幽趣洵難窮疏鐘韻縹緲高館光玲瓏坐思古遷客曾謫滄溟東青山寄萍跡白髮嗟蓬鬆扶疏綠繞屋猿鶴迎仙翁千年有故物九典無真容

江水自來去，溯洄安可從。振衣發高詠，撫樹凌層空。老成歎凋謝，身世傷遭逢。是松亦何幸，得伴梁溪蹤。想有鬼神護，生意仍葱蘢。靈光出古塚，清植修崇封。大嘉與明極，一例精爽通。我生近桑梓，恭敬邦人同。來薰暢終冬，夕拂披皆公功。來薰亭名

夏至後一日聞蟬

曩歲長安道，淒清游子吟。落梅仍五月，噪柳有餘音。南國憂家室，西風夢杵砧。居高何處樹，時物易傷心。

同此鳴蜩韻，相望又夕暉。江山塵夢破，池館古音稀。口舌爭何補，詩歌肯獨微。且休矜羽化，陰綠豈長依。

以扇索王蒨甫家兾畫并貽以詩

咫尺不常見思君江月明芙蓉起凉露一夕光且瑩樽酒約何日硯田勞半生暫時却塵累來質冰壺清

山房日將暝苔徑生夕陰謂有幽人在相從雲水潯扣門啞然笑對燭言之深乞取米家法勿驚紈扇心

贈卓翰堂雲卿即題其詩後

曾向延津鼓櫂迴江山千里壯懷開詩如匣劍騰光出人是壺冰濯魄來珂月先聲留獨韻浣花後起見奇才君五詔饒有杜意多慚我作蒹葭倚對誦新篇撥舊醅

竭來剪燭語巴山風雨虛齋共往還佳士幸逢生並世斯

才豈合老人間久將詩比王維畫難得身如杜牧閒寄語（君與蓉甫交好余因蓉甫始識君也）章臺水楊柳好吹一笛譜雙鬟（君與臺妓某善嘗有詩）

六月六日諸同人招飲於榕南之竹外樓即席作

大棹舭舭船共拍浮臨河小築冷于秋狂歌此地無行輩豪飲千年幾酒樓一面暖風催唱盞半橋落日認歸舟何妨醉卧荷花下涼葉光邊看月鈎

謁范忠貞祠

畫壁詩成野色昏宋家文正得賢孫百編蒙谷孤臣血六尺貞珉曠代恩慕下風雲扶浩氣海濱星日照忠魂芳馨自有蘋

蘗薦此地還開碧荔園（祖多荔支）

題甌北詩鈔

沃日蒸霞萬象開仙風縹緲湧蓬萊逍遥到死皆詩壽瑰麗如君亦霸才邊檄抽毫為吏去弓衣起草出師回歸田五十餘年裏曾受詞人一揖來

夏杪夜坐

幾日不成雨雲容洗暮天凉生殘月上秋在敗荷先黄酒歡今夕青山夢隔年商量餞餘夏籐角緑如烟

年華自來去〻者返應難有客不能寐中宵起浩嘆露光催鬢重月色追衣寒渺〻星河路空勞一夕看

瓊臺吟史詩初編　卷八　六

涼夜有明星虛窗靜不扃偶因風信過翻作雨聲聽帳破防飢蚋簾疏誤亂螢短檠猶未冷為補品茶經

述懷

飲酒看花尚世情雞壇吾亦愧時名詩書有限隨年減心事無緣逐日生老我光陰多苦境境添人寄慨是秋聲脩然一夕梧桐雨起舞中宵夢不成

中秋朔日招王蒨甫黃則仙其棻飲於碩果軒

又助吟窗數日涼燈紅影裏記連牀酒籌詩鉢無虛晷畫手書名各擅場君子交情原淡泊才人吐屬即文章蕭、落、兼風雨併作秋聲話短長

遊宿猿洞用謝在杭韻

烏石山南石蹲踞夜深山鬼泣秋墓荔支樹死棠梨開古洞仙猿去何處仙猿一去不復歸洞戶深鎖搭垣陲夏果有香出幽逕春花無主傷芬時名流邱壑尚如此奚況苔碣人題詩我來郭外恣吟眺滿壁藤蘿掛夕照小阜縱窺豹一斑懸崖空憶猿三嘯當年主客皆能文七百餘載成烟雲太守篆書亦陳迹哀蟬落葉傷心聞

秋曉

涼漏和風颸畫屏沈、詩夢恰忪惺秋生絡緯心如鐵寒到蘇蘆酒未醒一樹露華微綴白五更燈蘂尚搖青童時

秋曉二首

一簇西風首獨搔殘樓王粲未蕭掃
騷情秋大雁過霧偏冷殘花星斂
天斂高楓樹傷心愁學杜菊花
瘵病擬邀陶寒衣從此當重製怕
有輕霜點綴花

曾讀廬陵賦侵曉教人倚樹聽

九日李蘭屏招遊烏石山

涼意滿天地四山如許青孤雲自來往平野極蒼冥斜日羣巒小西風急酒醒射烏人已遠雁跡亂烟汀

兩度違山約今年倣孟嘉秋光淡萸菊烟水老蒹葭頗覺吟懷健相憐酒興賒題糕吾未就倚石眺飛霞

三十六奇勝捫蘿半失名故山有寒色此日況新晴天際來帆影岩頭作瀑聲坐看暮禽返嵐翠袖邊生

海氣連天遠風聲落木高衆峯合空翠雙髻各蕭騷獨鳥催紅葉殘霞絢綠毫鄰霄臺在望振策跨金鼇

送秋

白帝城邊烟暮鴉一天雁影掠平沙催將別夢和殘雨剩有詩心蘸落霞對酒風情餘蟹菊懷人烟景在蒹葭蕭蕭涼意從頭訴腸斷山巔與水涯

關河何處竚行旌一夕西風容易驚此去白蘋江上路可憐黃葉雨中聲登樓王粲思無限覽鏡潘郎鬢欲盈我亦牽裾談別緒湘蘭沅芷不勝情

待雪

朔風吹上鬢成皤和墨濃雲屋角多一樣寒偏連日暝幾番信獨傍山疎梅已瘦含烟畫凍管還堅乞火呵好約

五更驢背客明朝江晚有漁蓑

聽雪

漫空飛絮任交加密〻窗櫺護碧紗三點五點忽疑雨千聲萬聲中有花隔簾風迅防驚竹幾樹烟寒起噪鴉曾憶人家蘆被臥斷橋深處凍魚叉

掃雪

成團成片積林坰路似曾經似未經挾帚人粘雙屐白開門山失四圍青印泥跡尚留鴻爪煮茗烟方避鶴翎莫笑丫童頻畫地幾重踏碎玉瓏玲

煮雪

評茶天氣正飛瓊不待新泉試一烹石鼎留烟春有跡冰壺貯月夜無聲吹將槐火寒猶積嚼到梅花夢亦清自是陶家風味好緑雲長注小瓶笙

瓊臺吟史詩初編卷九

賓蓮塘集　丙子

送李蘭屏隨侍入吳

津亭執手話如何，篷底青山入棹歌。詩夢早遊香海遠，離愁先上酒杯多。兩年鄉味餘紅荔，二月春江正綠波。料得太湖與元墓人、都解唱黃河（君有太湖元墓諸作極佳）。

蘇州夜月杭州酒，回首遊蹤歷、餘。此去春風千里路，定勞秋水十行書。琴樽茶夢清依舊，吟舫詩情畫不如。況有芙蓉在天末，相思覓便寄雙魚（謂令弟蘭卿）。

江風吹綠上離亭，江草依、繞客船。何日西園看載酒頻

年東郡話趨庭花開鄧尉人曾識棹買橫塘路早經獨悵
薰葭圖畫裡驪歌幾度不堪聽

交遊別跡如雲散我欲從之春水深六代鶯花才子筆十
年杯酒故人心閩中風土期前輩吳下詩篇續舊吟明歲
江南好時節隴梅消息約同尋

寒食訪卓翰堂於烏石山房兼懷王蒨甫

故人耽靜傍山家躡屐來尋路不賒落日微聞孤寺磬東
風已捲滿城花臺連般若僧燒筍節近清明客鬬茶更約
王孫同過訪莫教芳草怨天涯

女兒酒歌

女兒門外春波長女兒門內春醪香越州佳釀甲天下惟有女兒名最芳女兒笑傍若耶曲二八年華美如玉未嫁先誇顏色紅及笄仍掃黛眉綠儂村何地無女兒難得酒熟當芳時柳絮吟邊報好信梨花夢裏談相思東鄰尚有采桑女悄對女桑怨獨處含意欲抽千繭絲合歡誰勸一杯酹何如生長垂甯家尚與鵝兒占歲華開甕便逢桃李節當壚還壓芙蓉花吳興江口我曾到檀板聲中幾樽倒筵前亦盼女持卮醉後都忘人側帽竭來芒角枯腸撐欲飲無酒思飛觥從事督郵且勿辨祇存渴想女兒名麴生知我忽相餉風味初聞意已暢不及纏紅春酒缸還將浮

白美人舫

春草

瞥見窗前綠意蘇，旋看濃翠遶平蕪。烟痕雨力知深淺，水色山光辨有無。三月詩心偏綺旎，六朝香夢總模糊。迢迢一碧情如許，春到江南是畫圖。

綠玉齋觀雨

名山子墨冷蒼苔，剩有危樓眼界開。海氣噓雲當檻上，天風挾雨過牆來。垂簷水急森銀竹，破壁烟濃黯綠槐。明日蕭齋倘新霽，笑吟平遠最高臺。

抄秋十七夜

纚河星轉漏遲，自撥殘香讀杜詩。四序又逢秋盡日，一年幾得月明時。絕無風處搭陰直，漸有霜來菊意知。慚愧流光半虛度，傷心豈獨鬢邊絲。

一片石傳奇

珠襦玉椀在人間，一片江雲自往還。不信墓門封鬣後，貞魂猶自傍家山。

黃陵風雨夢初醒，怎及西山如許青。一曲淒凉人不見，秋雲何處弔湘靈。

戰骨寧如玉骨香，降旛底事出南昌。當年已分非同穴，荒草秋墳自夕陽。

誰覓周官墓太夫江光如鏡繞平蕪愚民也解談忠孝留待才人作畫圖

瑯琊王廟碑歌

紇干山頭雀凍死白馬驛寒鴟鳥起伏節何如供奉孫碭山小民作天子是時割據遍中原閩海猶有偏隅存曷不義旗向東指終身節度稱開門胡為世享國恩厚反對朱三詔拜受袞冕雖同吳越尊衣冠終等薛蘇醜臣綱未立奚足云銘頌歌賛徒紛、拜地空傳躍劍氣脩城早歎寒錢文後來骨肉亦相賊同室操戈可太息建郿兵驅波有聲水晶宮燼月無色翔鼺零落駉駞哀一世英雄安在哉于競此銘奉勅撰鋪張偉烈矜宏才我思　公自有德政節取數端亦起敬蕩寇能完觀察心綏邊久稟將軍令一千餘里民咸康瀕海從茲誇富强八姓雲聯隸圖籍四門霞起標文章古來祀典重功德茂績如王合廟食鴻藻既從唐李徵龜趺還向宋時勒不然龍帳同銷沈鳳去燕飛何處尋遺愛甘棠門新港風雷奚以如人心即今瞻眺慶城下故老猶能說風疋乞土班春看打牛觀碑累日駐行馬

登定光塔

古塔此為最平臨天四圍人烟從地起雁影挾秋飛蒼與渺如髮白雲凉到衣九仙招不到空盼老僧歸

蘆花

商聲吹度滿庭秋零落偏憐假節侯生怕輕霜先水國忽看明月在江樓楊花已老誰青眼葭水相逢又白頭一碧大江南北渡好將涼信問閒鷗

曾向吳楓畫裏行一帆涼雪雜潮生漁歌此地傳雙調蟹火何人話五更春在重衾曾繞夢秋來別館易為聲蓬蓑今尚嗟蕭瑟烟水茫、恨又盈

楊花

驛路休催雨鬢秋垂楊依舊悔封侯花如浮蕩誰家子夢在纏綿何處樓將盡春猶留雪意未歸人尚記年頭臨江

櫻花二首

漫天花作步步盡聲行清
愛東風過一重娛語屬憐垂
老劉萍蹤又欲栽時更全
栽拈去春無影玉笛吹開花
有聲小倚闌干看往家梅
花旨逃此種屋

不及芙蓉采可有衣香伴白鷗

擬陳思王樂府詩四

箜篌引

飲酒樂今夕賓朋相與游炙熊復炰鼈牲膳兼羊牛起坐倚清琴其音清以柔臨淄七萬户户、皆清謳歌今我置高讌列席羅珍羞請行爵無筭交錯同旅酬志士重然諾達人平怨尤卑躬以自牧於世將奚求嘉會苦難再光景如飇流百年曷可保賢否同荒邱自古皆有死惟仁能不憂

美女篇

美女幽且閒徘徊神滸間瓌姿復瑋態迅若驚鴻翩舉頭

見雲髻攘腕垂月鐶雜佩一何麗翠羽兼明玕華裾珥瑤
碧火齊交木難神光倏離合精彩時往還相謔匪贈芍吐
芬如沐蘭將辭不能去令我忘晨餐整服為余說妾家京
城端凌雲閣高聳終日門常關華色正春耀自矜羞李顏
蹇脩縱可託非妾心所安淑女遇君子嘉耦由來難眷言
矢貞亮無作東鄰觀此意知蓋寡深閨生浩歎

白馬篇

白馬銜珠羈邊城驅且馳旁觀莫眙愕生小稱健兒此去
向沙漠平原雲四垂控弦儼月缺鳴鏑如鱗差燕角與荊
幹神臂皆能支青莖亂電影紫塞奔露蹄壹發殪豝兕再

發摧虎螭虜騎忽南下羽書從北移挺身報中國策譽登長隄俯視朔方土有如培塿卑英雄事征戰何用生悲懷匈奴在必克胡婦安可妻不然裹馬革公爾亦忘私志壯猷終破功成身乃歸

名都篇

名都道相望遊獵皆華年出門炫裘馬灼若芙蓉鮮仗劍耻人後彎弧當路間驀然見雙兔樸樕長林前毛額亦足取厥居在中山從容發飛客獲此霜毛連左顧復右盼餘威施跕鳶人生貴適意騁巧如爭妍置酒恣歡樂莫惜黃金千中廚侑賓飲歡掌偕禽蹯親聣炊並集觥觥籌交綺

筵酬歌復起舞蹈戲仍更端白日忽西匿羲御愁難攀浮雲有聚散光景無時還

冬夜懷卓翰堂即寄

卓五風詩神絶憐才輒寄詩窮途知我極世味有君知別作翻疑夢書來每恨遲烏山一輪月曾照兩情怡

補窗

三十六疎牖西風吹有聲聞香鍼刺破畏冷紙糊成䊀綫穿難透梅魂認不清擘箋交卍字長此護寒檠

圍爐

土銼烟如縷壇簾雪乍侵薰煤拚酒力燒柮話冬心綠助

茶鐺煖，紅添芋火深。何人頻送炭，擁地感知音。

炙硯

自笑冬烘腦，年殘鐵尚磨。石交卅載久，火候十分多。烟煖金城地，春生玉海波。江毫花忽放，未許凍齊呵。

擁被

臥雪眠雲裏，蘆花夢又醒。探頭看月白，裹足對燈青。棉絮消長夜，衾裯待小星。黃紬非我分，何必羨氷廳。

題船山詩草

袁洪蔣趙各成編，此集才名壯後先。忠愛性情原杜老，文章游戲即坡仙。西川自古誇詩筆，東越何人結墨緣。集中有送

游嵇田師詩我亦曾窺書畫冊海城南畔拭雲烟（向在友人宅中曾見先生墨蹟）

梅花

閱徧風塵景物饒知君品格獨高超直教鐵石心俱見能使冰霜氣不驕清極何曾矜傲骨閒中彌復賞孤標天生自有真顏色好囑徐熙用白描

開遲開早不須爭都是天心醞釀成纔有花時香便遠絕無人處韻尤清若除松竹誰知己縱老山林亦得名為問幾生脩得到世間且漫詡和羹

豈獨山村與水村有人位置許移根曾居茅舍心原淡偶

入朱門品自尊風勁方知香有骨月明但見夢無痕銅瓶紙帳皆清供倘得栽培亦感恩

最孤高處最清奇世外佳人想見之從古可傳惟逸品此花纔算是仙姿想（相）逢恰向瑶臺見欲落還須玉笛吹更有瓊華誇蕚綠蓬山隔遠已難窺

縱被旁人冷眼看知音有客抱琴彈逢時豈羨傾城笑迎歲何妨徹骨寒三徑風情春在樹一天雪意夜憑欄思量還勝豪家樂貴盡黄金買牡丹

茫茫香海記幽探猶見枝頭蘂半含贈我也曾過隴首與卿俱是客江南故鄉有信憑詩問終夜相思借酒談今日

家國重覿面眠雲臥雪亦清酣

瓊臺吟史詩初編　卷十

夢石軒集　丁丑

閩縣劉苹奎薇卿

荷香亭

竹影梧陰夾道斜，迴欄深護小窗紗。日長看鹿眠芳州，風定聽魚唼落花。池館自饒三月勝，樓臺曾換幾人家。偷閒我亦尋行樂，讀罷葩經試品茶。

春來春去太匆匆，且惜餘香坐落紅。書不耐人看易倦，字當無意寫偏工。移牀慣聽蕉邊雨，舉燭時防竹防外風。差慰此心如水淡，照他虛白室玲瓏。

曉起

苔掩空庭一尺餘綠陰深處閉門居落花不礙客閒步啼鳥似聽人讀書亭影入池人去後簾波垂地日來初披衣尚覺侵晨冷小倚闌干看釣魚

午倦

筆牀吟篋枕當中此地常消竟日功琴韻欲流常近水茶烟自裊不關風都無睡味書偏引略有愁城酒可攻春日遲遲閒始覺商量舊句檢詩囊

屢接李蘭卿札復之以詩

頻頻手札勸加餐我已忘情貢禹冠無累便教行樂易過時深愧讀書難茶防冷胃愁偏飲花恐傷神醉亦看一賦

閒居最惆悵，鏡中今漸老潘安。

夢石軒夜坐

料得花天夢有餘，清華世界碧涵虛。年來領畧懷人味，但寄新詩不寄書。

輕烟吹水白濛濛，得月樓臺罨畫中。閒撥爐薰親試藥，不須扇火只當風。

偶成

十載雕蟲愧壯夫，生涯畫盡硯田區。偶成佳句人先有，為寫離情意轉無。病裏可商惟筆墨，年來漸累到妻孥。求知未必真知我，一笑浮雲總畫圖。

茶香燭冷酒生波塊壘難消俠士歌鍵戶得聞新事少來書深喜故人多年華笑比尻輪轉精力驚隨墨汁磨起視壁間苔銹白珊瑚曾斫幾枝柯

和余溫如同年國琛梅妃故里原韻

多少梅花繞墓門江妃生長水邊村明珠亦怕秋風冷香塚誰憐夜雨昏鸚鵡有情空弄舌鷺鷥無夢為招魂銀甕金棗還鄉骨莫把驪山恨並論

苦雨

三日不窺園衆綠生忽繁廻塘見魚影曲砌迷苔痕此地耐聽雨何人深閉門新茶試未了又覺芭蕉喧

劍遊在洪山橋上作

纔過山巔與水涯綠陰深處片帆斜池蓮半畝白于鷺野稻一畦香勝花作客程途惟計日中年趣味忍離家飢驅莫怨驪歌速暫渡延津五月槎

抵劍州舟次遇雨作

白日忽沈闇江城都晦冥水光吹慘綠山色失遙青蛟鰐驅濤怒魚鰕逆雨腥何時龍劍化題驛苦重經

雨止復作

小艇過殘雨群峯生夕陰潮隨沙鳥落灘作水龍吟近岸見微月穿雲飛遠林風波初定夜聊此滌煩襟

病中夜坐贈黃生秋槎（宗哲）即以賦別

君家在江右我家在閩中龍津有遇合此會將毋同辱我擁太席感君攄寸衷縱談及文字意氣何熊、即若豫章派五家皆文雄精深復華妙首數臨川公餘子縱可取所言多蹈空奇才溯吉水正軌師南豐品學不偏廢庶幾稱大宗至於詩一道爾家推涪翁淵源倘勿墜由此追唐風而況爾天分迥非吳下蒙詞章頗稱善書畫咸見工負此生姿美加之學力充匡廬識真面劃破烟迷濛愛博本無益業勤斯有功正思數晨夕教學相若攻痁疾忽時作鄉心如轉蓬行將別君去臨別言匆、聚散固難定願君今

德崇三秋約不遠千古期無窮

西禪古荔歌用蘇東坡荔枝歌韻

函天野色開毘盧七星無水沙田枯此樹獨留一千載孚空不受風霆驅我來七月凉生襦仙人猶見今完膚底事紅塵走一騎居然碧洞逢雙姝豈真夢有聲則無如嚼水雪當庭隅漉綱漫教老漁伐堆盤誰笑先生粗想當設法散花雨紺園抛下牟尼珠范祠開化亦時植風味遜此清而腴況值遠遊返鄉土飽嘗奚啻松江鱸我期法力永呵護福州擬繪忠州圖

宿白塔寺

仙跡今難覩禪堂晚不扃塔光雙牖白山影一燈青梯古秋橫月壇空夜禮星臥聞清磬動起坐讀遺經

次早遊白雲寺

暫隔紅塵路重尋白社禪松雲扶曉日花雨散晨烟高閣題千佛名山訪九仙含香吾乏侶載酒亦陶然（趙世顯詩何時得共含香侶載酒重來此地遊）

平遠堂偶步

層巒分翠撲城闉烟樹迷濛畫不真細草疎鐘林外寺夕陽歸艇水邊人摩崖姓字羞閹宦結社風流溯薦紳安得安得留繙三百貫青山一角屋為鄰

王蒨甫卓翰堂留飲閬風樓聯句

一掬涼如洗（薇卿）瓊樓最上層（蒨甫）白搖沈水月（翰堂）紅漏隔林燈（薇卿）偶聚身忘客（蒨甫）清談味近僧（翰堂）黃花消瘦未（薇卿）送酒記來曾（蒨甫）

神光寺晚眺

山氣昏將夕，月痕高在天。半林墮秋葉，孤塔生寒烟。塵慮寸無着，詩心老自然。他時嘗孏窟，合証碧雲禪。（舊有碧雲禪窟）

觀宋徽宗行草石碑

端禮門前立片石，景靈宫裏毀遺跡。玉皇徽號安可加，教主崇稱亦奚益。當時花石來江南，黃帊加封間紅碧。搜岩剔蘚何紛紛貽累並憂及圖籍景炎天子空好名欲與書家競筆格烽光已隨胡騎飛蠻箋猶對近臣擘希恩更有梁師成命作殿中文字役御書號令皆手揮在外莫能辨點畫是碑秀逸雖絕倫以贋當真得毋亦七百年來幾刼灰今我摩挲復惋惜太清閣冷壽山頹十萬縑緗委砂磧真符示現皆渺茫神鼎鑄銘屢遷易青城一去不復還寶籙已沈方士册詭造天書嗤蔡攸將傾帝座歎吴革碑乎碑乎爾胡不及岣嶁山千古字青復石赤又胡不及瑯琊王異代謳思再題額徒看屹立閩城隅似為趙家爭地尺苔痕零落烟痕深摹榻猶堪認波磔吾鄉更有松風堂功

德在人嘖頌嘖、此石崚嶒倘可移君臣相與壯山脉奈何哀翰淪荒邱空託星珠與月璧紈扇難同選德書琉杯轉令宮詹謫天心厭宋己可知斷碣流連感游客西臺早去歌烏朱南國猶傳畫鷹白

冬日感懷

今年筆硯更荒蕪彈指真同過隙駒情重友朋貧亦負謀闕衣食禮難拘家無生計添黃口詩有餘哀補絳趺百感叢生何日了衹應終日坐如愚

輕寒漸迫上吟眉涼雪微吹到鬢絲入畫江山秋後夢添愁風雨病中詩生非大任偏憂患身既依人易別離殷浩

書空惟咄咄難將冷思訴心知

思量二十年來事歲月蹉跎不忍論我豈懷才今賈誼世無相士古平原功名難抵分陰價貧賤方知一飯恩獨剔寒檠聽曉漏梅花相對亦消魂

東華曾踏九衢塵依舊天涯橐筆身欲解真愁盃待酒但安小隱便非貧事難如願都由命力不能為且讓人身世蒼茫何足較閒從明月記前因

夢石軒集　戊寅　　閩縣劉萃奎薇卿

次王蒲甫古詩原韻即以寄呈

知音古所希鄒、鍾期琴山水託遐契送抱還推襟吾讀
子敬書諄懇如其人浮雲各千里明月祇一心
緱嶺有仙客驂鸞翠微間招我一同往扶醉看湖山塵緣
奈未了俯仰仍相關再拜謝仙客我無君清閒
蘇李討歸來顏色已就槁潘岳賦閒居忽、漸忘老感君
遠貽書精神善自保百年能幾何寸陰亦宜寶桃花非舊
姿香艸尚盈抱投筆遜班超閉門笑般浩惟有素心人與

談晨夕好

再和菁甫

雨紙詩函擘衍波承詢近況復如何書生氣骨無求貴近世交情節取多顧我敢言深閱歷知君應免作悲歌名山盛事詞人福健筆千秋讓獨摩

花魂

一搦柔魂幾縷芳離離倩女半迷藏休教落魄和殘雨恰好傳神到夕陽三徑已成銷恨地六宮誰覓返生香扶持尚荷東君力笑恁蜂狂與蝶忙

春陰濃護夕陽天勾引香魂上酒邊薄命空迷香世界大

拈偏結月因緣臨風偶夢還飛去隔水相思只黯然是色是空都悟了羣芳仝作小遊仙

冬青樹傳奇

雄心直扶壘雲騰弔古翻令感慨增一代孤臣生並地千秋節義說廬陵

主百餘年趙氏孤崖山一瞥血全枯可憐落葉節菴火空挂昭陽太后圖

漁陽鼙鼓自天來題驛遺詞亦可哀不信受降城外月南朝嬪從尚多才

青燐宿草冷黃昏野老香聲拜墓門襃貶兼持南董筆新

銜學士趙王孫

國破家亡百戰餘傷心天地一穹廬西臺人去無薇蕨落日相江話釣魚

秋色

幾度西來信長空雁影還黃花三徑酒紅葉一房山人境蒼茫外塵懷慘淡間此中有畫意老手問荊關

題卓翰堂竹窓話雨圖

前輩風流嘆逝波故人情重比東坡相逢舊雨還今雨交唱長歌與短歌世事看如塵夢幻知心得自墨緣多凉雲半幅燈光颭同向樽前喚奈何

十從雪棹返山陰賸有相思味最深此地居曾聯綠玉其人諾是重黄金蘋風葦雨三秋夢酒券詩牌十載心今日蕭齋岑寂甚伊誰送抱與推襟

譜入新詞密字環仙郎墨彩共斕斑圖有莆甫夫人題詞一闋書貽水驛山程外人在詩情畫意間一夕足消千載想百年能得幾時閒知君別有生花筆鎮日披圖索笑顏

苦雨

不斷簾纖響都無剝啄喧濕雲穿蘚壁新漲上柴門夢冷秋先借香沈晝易昏湘簾波一桁綠徧舊苔痕

荔水庄晚眺

濃雲吹綠撲簾鈎一角眉峯易感秋天氣未寒先縮手年
華如駛怕回頭野花不辨開多少林鳥無心任去留曾是
詞人清讌地當時吟榻下南州

郊行

十里郊坰緩步行荻蘆風定雨初晴村烟忽破夕陽出野
艇自横秋水生天地蒼凉先草木古今興廢剩江城我來
不過消閒客却悵人間老客情

水淨沙明樹影迴山空木落見崖嵬碧鱸香起不歸去紅
蓼花疎相對開收拾風光容我寫商量詩句待人來頻年
未作名場夢且向江湖賦溯洄

秋江書所見

一棹蘆花盪客舡，延緣古渡復前汀。避人白鳥去仍立，卧水黃牛呼不醒。四五田家環老樹，兩三里路見長亭。松楸壓擔歸來後，添繪秋光上畫屏。

蓮花峯謁閩忠懿王墓

無諸故壘啼昏鴉，千載以後歸瑯琊。王氣蒼凉霸圖冷，秋墳猶傍青蓮花。蓮花峰下賜神道，兔穴漁燈照宿艸。改葬曾從靈岫鄉，鎸碑還記張文寳。當時印璽成家傳，豈意錢文難瓦全。五代弓衣泣寒雨，六宮脂粉埋荒烟。自梁迄今明歷年，月愁被屯田軍發掘。鑿壙首遭神鬼誅，分賍終向官司沒可知靈爽通幽明三十箇人無一生紫面真容進御府紅棺舊制封先塋吾王德政自千古蘋藻至今薦閩土棠港相傳雷劈開松園宛作劍飛舞君不見陳觀察有太平墳撰厥銘者黃參軍歲久亦傷盜發冢後人修繕藏遺文我生也晚不及見感慨滄桑凡幾變玉帶金鑪今已空石馬銅駝淚如霰

歐冶池歌

冶山片石何嵯峩冶池半畝生餘波吾聞地本屬東冶因此歐冶名傳訛在昔越王志報復滅魂轉魄耀霜鏃大刑小刑鑄者誰歐冶子生天使獨天帝飛遣神六丁洪鑪鍛

鍊皆辟靈雷公鼓橐日裝炭下視火色何純青夜半光芒燭天起割雲剖霧日華死銅精紅迸金精黃虹氣白衝電氣紫霜鍔冰刄寒重、當空淬出青芙蓉毫曹巨闕豈足貴伎巧無過純鈎鋒今日純鈎已零落銷沈未免等于鏌我曾數渡延平津不見雙龍向潭躍神物之現非偶然古來地亦因人傳棠溪墨陽各有屬穿鑿附會誰相沿縱說劍光詫奇異刀環得自唐朝寺後先相距千餘年何可牽連入郡志我亦置之語勿叨酒酣拔劍屏山高若耶赤廑査難即但覺秋風怒吼翻鯨鰲

章華臺

高臺形勝壯荆州雄楚千年祇有樓花氣已沈沙市月柳腰仍鎖故宮秋人生得樂誰忘死後世傷亡半好遊雲雨淒凉簫管歇滿天衰草望三休

姑蘇臺

太湖三萬六千頃曾築巍臺壯大觀九曲路邊開第宅百花洲上界胥盤綺羅人去春俱老脂粉香銷水亦寒惟有灣頭明月在采蓮猶作錦帆看

黃金臺

師事當時首郭隗好賢名尚誌燕臺千金不作蛾眉買萬里空傳駿骨來易水昔曾歌壯士長安今更重英才何人

碣石憑南望指點都門土一堆

戲馬臺

鴻溝枉自劃山河西楚臺荒夕照多孺子橋頭曾進履美人帳下又聞歌中原失鹿嗟奚益末路呼騅喚奈何遺跡至今仍戲馬豈徒宋武幾回過

歌風臺

芒山望氣知天子沛邑興歌宴故人西去已成宮殿麗東歸猶見錦衣新九重湯沐留清泗萬里風雲掃戰塵卻悵彭城臺並峙難從父老話情親

越王臺

漢土今無尺地存，羊城尚覩越臺尊。千尋螺道朝京闕，一握瓊杯辨海門。奉詔才難同陸賈，題詩跡欲比虞翻。歌衫舞扇歸何處，獨對春風易斷魂。揚萬里詩有越王歌舞春風地，今日春風獨自來之句

柏梁臺

豈有神君祀内宫，柏梁巍搆比天通。七言詩倡層臺上，十里香聞複道中。珍木力難支漢室，仙人今亦泣秋風。露盤零落霜篪冷，尚得歌傳樂府工。

望思臺

百尺危臺淚萬行，招魂不返恨茫茫。空將堯母名鈎弋，已

見妖男出建章天下原無仙可降人間尚有蠱為殃離宮
恩子嗟何及博望通經豈義方

銅雀臺

高殿嵯峩拱太清阿瞞當日費經營魏陵西望秋無色漳
水東流夜有聲作賦空誇諸子筆分香可記美人情如何
不化鴛鴦去古硯猶傳片瓦名

凌歊臺

殿前玉燭影迷離土木何堪錦繡披儉德不遵袁顗諫高
臺猶入許渾詩摴蒲笑換中朝局麻葛羞看祖室基避暑
無人歌舞罷苔痕緑上遠山碑

越王石樽限酒字五十韻

七閩山水奇分野屬牛斗冶竈荒城移劍池巨浪吼東南鼇頂峰屹立俯培塿煙雨迷亭臺星辰落窗牖有仙山則名蛻骨去之久丹井留金砂白雲滿林阜無諸承漢封寶册築臺受遇合思攀鱗功名歎烹狗偏隅良足安佳節恐相負飲馬盤岡巒釣龍出郊藪偷閒亦自娛九月日有九華宴開層巔英風壯佩綬衣冠聯百寮杖履集羣叟其中置石樽輪廓大如斗旁繪靁雷紋彭腹更張口震虩占仰（環）盂坎孚叶盈缶鵾夷搖脖唇蝃蝀貫腰肘洞豁殊象罍迴解龜紐質非瘿木刳形豈果瓠剖白獸輸渾堅青凫遜深

黝想當酺飲時共洗俗塵垢斑駁容黃嬌拍浮對紅友曲
拳痕鬱蒸虛腕影漓瀏嵐翠吹芳馨泉香挹陳釀漉巾歠
且傞橫槊抖而摟偫虒㦸桓桓叱酋勢赳赳盌須傾燕犀（石名）
杯亦酌鵕鸃量鉅摩其肩興酣戰以悔夕陽明醉鄉人影
互紛糾歸路揚旌旗犒軍散豺牡千燈燃嶺坳萬騎夾車
右爭效侍從臣嵩呼頌我后言遊何地無此樂幾人有歲
月原不居河山豈長守霸圖空渺茫墓木已頹朽隧道狖
猱蹲荒臺麀麌走此樽王所遺何不殉邱首呵護煩山靈
留貽等石缶白六丁難取將千載孰攻掊古璞追敦槃珍
奇比圭卣但隨螺髻呈奚畏馬蹄蹂雨溜皮愈堅雷轟質

彌厚不然硯與爐零落付誰某牛洞藏狐狸龍泉穴鼯鼪
任公池早墟虞寄室難叩獨此巋然存戳琴石與偶我登
平遠臺野意觴傷秋柳搜剔頻凝眸摩挲不釋手或云戒
老饕以我思則否憑眺吟新詩恐為覆醬瓿桑溪傳禊游
今亦忘歆前後間石石無言何時飲樽酒

瓊臺吟史詩初編卷十二

泖湖寓硯集己卯　閩縣劉萃奎薇卿

舟次囦關作

鴻雁謀稻粱，安能供四時。鷦鷯巢遠林，不過尋一枝。士也乏恒產，頻年嗟路歧。出門畏交謫，陟岵增傷悲。情急豈能擇，道長奚所辭。眷言駕行邁，載態滄江湄。江水亦何恨，風波良可危。帆檣薄于紙，性命輕如絲。中夜發浩歎，恐驚蛟與螭。臨深古有戒，奈我貧家兒。

劍津驛

負郭人家巻畫閒，雙、水勢護螺鬟。千秋劍浦猶名驛，一

郡城樓獨倚山此日征程春尚緩當年幕府客初還江湖應識南來意鄉夢模糊話隔關

明翠亭邊樹影分溪光如鏡醮晴紋我來此地曾三度春到花朝已二分寒意釀成蓬背雪離情盼斷嶺頭雲長途遲滯知誰共愁絕鶯聲不忍聞

建寍曉發

一帶嵐光入望連鱗鱗雉堞踞峯巔西風正急起沙鳥墝日將升生水烟燒蓟人初過酒市種茶地半抵山田臨江城外舟如駛屈指征程又幾天

許洲

暝色空濛入眼平微暄天氣卜陰晴渡頭烟白亂人影屋
角燈紅聞碓聲斥堠多年消警燧環村何處喚傳更蕭、
幾點春宵雨一夜篷窗滴到明

觀前曉發

料峭春寒入客艙四圍山色曉蒼、石腰急溜白于雪篷
背微痕青有霜鴻爪猶留重過跡鶯花已作十分香披襟
怯冷情何限但覺鄰雞喚起忙

南浦

遠浦波如拭春風客到門斜陽漁網落淺瀨竹籬喧草碧
遠無路花明知有邨乞將江令筆幾度寫銷魂

仙陽路穩更山迴澗口泉聲
亂響來二月平疇好春水魚
苗已長菜花開

漁梁山行

松陰夾道晚蒼蒼絶磴飛空駕石梁竹裏人家渾不辨斷
橋一水漏斜陽

念八都旅次

桃花亂落柳花飛一帶人家護竹扉貪看好山天欲暝濕
雲如絮點征衣

桃花五里接吴墩山广崎嶇别有邨昨夜杏花春雨過平
隄没却幾沙痕

嚴灘

富春山色鬱崔嵬千載高風拂水隈天子故人誰隱者外

家仙尉亦奇哉羊裘被體原無意魚飯全名豈不才羞煞
後來梁謝朏過江何以對高臺
攀龍附鳳畫圖收惟有先生釣渚留尚志何嘗輕鄧耿見
幾豈止學巢由人成大隱忘莊姓地為高蹤改睦州犯座
客星誰誤指溫公論斷此春秋

和岳廟壁間韻

南朝莫謂竟無人必保勳名耀古今報國天教留碧血鑄
奸地亦怨烏金兩河豪杰揮殘淚半壁江山照片心忠孝
兼全死奚惜史官猶未算知音
劇憐百戰立奇勳墓草萋、黯越雲中國竟沈三字獄泰

山難撼一家軍地因人重尸同祝樹為名汚罪亦分萬古
不磨書涅背豐碑今尚勒遺文
痛飲黃龍快如何恢復中原豈主和萬里長城南渡壞兩
宮荒輦北行多生無他好辭營宅死有同心喚過河從此
西湖明月上為公雪恨到風波
功成唾手復奚愁一名金牌萬事休父老香盆難助力攉
奸穢冢自貽羞騎驢尚幸抽身去叩馬何堪替敵謀石獸
荒凉銅爵冷冬青有樹亦悲秋

韓園

可憐北闕懸書日已近南園上壽辰恩父白頭還好色小

兒黄胖早迎春珍珠但愛纒金粟斧鉞誰知繞玉津多少竹籬兼草舍雞鳴犬吠又何人

葛嶺

似將富貴傲神仙坐踞湖山按管絃燈火照殘孤嶺月亭臺占盡六橋天也知荒塚悲楊柳豈料危菴葬木綿蟋蟀何辜因汝累年年泣訴水雲邊

采桑曲

江南三月天氣新欲雨不雨鳩啼頻早起持筐出門去路旁還恐逢行人行人豈識妾心苦昨夜蠶飢食無數傍屋先愁嫩葉稀何時得盼新絲吐新絲如髮葉如錢葉葉絲

絲相糾纏生怕枝頭喚葉責都羞陌上看絲牽東鄰呼小姑西鄰約阿妹腕弱枝長可奈何待儂歸去喚郎代儂采葉郎采枝風枝霜葉時相思郎采枝儂采葉綠葉青枝日交接願郎情比柔枝長願儂容比桑葉芳葉落莫嫌改顔色枝枯尤易摧肝腸

蠶詞

畫裏桑陰嫩綠含銀瓶挂樹月初三舟愛行亦愛新晴好况值人家正養蠶

飼蠶時節怕蠶飢但願蠶稠葉莫稀聞道瓦樽占吉兆今年蠶勝去年肥

猶記元宵禱一回煎糜登屋内成堆直須待到三蠶老咒鼠真教鼠不來

自從浴種向長溪連日提筐到大堤蠶事關心忙不了四更猶聽子規啼

近箔須防夜氣寒采桑莫趁露華團女兒情性儂知慣室要生温葉要乾

起娘不及巧娘先過了頭眠又二眠安得一年常八熟觸儂心緒更牽纏

蠶市初開葉市喧緾奴个、聘前郎春來不問閒花柳一路桑梯影到門

願郎情比蠶絲長願妾心如蠶繭香煮繭抽絲作彩線與郎相結毋相忘

糠火沈沈獨掩扉繅車軋軋手鳴機如何隔屋少年婦但唱尊前金縷衣

一絲一縷亦人工纂組由來害女紅知否世間蠶織苦綺羅何事鬥春風

吳江道中

吳江春漲碧溶溶酒斾茶檣入眼中十里桃花三尺水一竿斜日半帆風船過但覺漁榔響潮落時看蟹簖通指點鱸鄉亭畔路吟懷蕭瑟對垂虹

抵蘇小住南園李蘭屏招訪滄浪古跡

緋毿幾樹繞牆開斷碣春寒鎖緑苔一片滄浪亭下水

恩波曾被

翠華來

小占城南尺五天雜花修竹弄晴烟歐公詩句蘇公記勝

跡流傳七百年

國初臺榭已重新文采風流有替人留得鴻臚圖畫在瓣

香誰繼宋綿津

故紙難誣往哲心依然城市近山林清風明月元無價不

用銅錢買至今

文長樂圃辟疆園陳迹今無半畝存尚有元璙舊池館天
教鴻爪印泥痕

左傍禪林右泮宮四圍水石更玲瓏怪來詩境凉如洗心
跡雙清入鏡中

虛亭十笏俯苔磯古木千章繞竹扉坐久不聞棋落子鷺
鷥如雪上枰飛

雲影天光到眼明入門魚鳥亦關情此行未把征衫浣先
喚臨流去濯纓

當時仙吏太清狂要乞南園作醉鄉今日詩人更豪宕相
隨孺子唱滄浪

客邸傷心感物華亭臺曾換幾人家此遊便當傳奇看一曲春風弔落花

大雲菴

滿徑香風撲柳條綠雲濃護老僧寮相逢恰有江南客幾縷茶烟話六朝

十池活水戲金魚唼絮銜花樂有餘為問鼠姑開也未隔墻風訊過來初

誅茅結艸古精藍多少遊人共繫驂惟有思家最惆悵清明時節住江南

懷黃則仙

年來踪跡屢分岐望斷江天欲暮時紅豆花開春夢冷綠楊烟重客帆遲故人尺素催加飯旅邸風懷嬾說詩剩有兩枝彤管在擘牋聊以慰相思（臨行君以筆見惠）

欝林石

數百年來物嶙峋翠一拳官聲貞白石祠宇對青天護惜雲根古摩挲墨跡鮮下風甘共拜入笑米家顛

吳趨行

越吟聽且倦齊瑟彈無須四座悉傾耳聆我歌吳趨吳趨亦自古閶闔高城隅浮柱峙游極華蓋傾通衢亭臺挹晨爽水木供夕娛雕欒夾鏤桀榮楯兼層櫨結搆匪能狀似

繪仙靈圖其中溢闤闠列市並鄽都香塵罨長晝蔭映芬葩敷東碕既連閶南濠仍繞郛紅橋四百處虔、琉璃鋪張組復開幌明鏡交流蘇館娃不可覯猶見傾城姝花光簇嶻髻蓮瓣含翠蛈雜佩一何麗木難青珊瑚隨風曳長袖照水寒羅襦金石與絲竹歌喉如貫珠曲終命行酒左綋偕右壺宛轉奪荆豔容窬凌巴歈千金買一笑尋樂空須臾郎遂晚潮去妾愁明月孤晚潮離明月何日還姑蘇坐客悠然嘆謂余言不誣昔稱禮讓國今屬繁華區更北闤闠侈豈徒端委殊貨財固可殖風化誰能扶

將赴青溪與蘭屏話别

數載停雲夢久縈，金閶握手恰清明。江湖閱歷誰知己，文字流連倍入情。別後風懷傷漸減，年來憂患歎同嬰。時蘭屏丁外艱南園小聚聯床話，又促青溪放櫂行。

禪榻花風颺鬢絲，清談未久忽將離。人留北燕南鴻跡，節記榆煙杏雨時。閩海已傳書到早，時家書已接吳淞還悵客歸遲。謂令弟蘭卿何年共遂園林約，繪出滄浪惜別詩。

舟抵青溪

九點芙蓉外，烟波入泖湖。官塘喧雀舫，水國課魚租。花與春俱老，人隨月共孤。斯游當不負，飽啖季鷹鱸。

瓊臺吟史詩初編卷十三

申浦寄塵集己卯　　閩縣劉萃奎薇卿

題春融堂全集

我來公地誦公詩，想見淋漓下筆時。勳業不將文字掩，才名屢受聖明知。投簪尚預耆英宴，磨盾曾書大將旗。聞說漁莊開義塾，瑯琊仍秉舊風規。

歸守江南舊小園，蘭泉蒲褐拭吟痕。九年雁塞文成帙，十里鱸鄉水到門。金石編於垂老刻，江湖詩有幾家存。殘膏剩馥搜羅偏，不但荒祠亦感恩。先生脩陳黃門祠

重午黃渡汎作

畫鼓朱旂夾岸喧白沙翠竹護江村如何此地沿荊俗不
弔春申弔屈原

白鶴江

落梅風緊陸機茸白鶴江頭水氣濃野來樹雲深微辨塔
茅菴人去不聞鐘潮痕過雨平于掌峯影和烟畫幾重一
幅冰綃誰剪取扁舟今日過吳淞

恭謁

孔子衣冠墓

苞符萬古開文章水精之子為素王五老下觀曲阜麟
書虹玉感穹蒼二百餘年魯史彰百二十國書輝煌删定

纂訂垂彝常後有作者誰頡頏餘策不遭秦燄芒壁中絲
竹聞琅琅鄭箋賈疏爭補亡見其禮器登其堂手植檜樹
凌霄長墓留著瑞綿馨香居廬端木傳心喪遺楷亦復分
流芳七十二子東西廊有司歷祀修烝嘗南來吾道迄隋
唐耳孫遊宦勾吳鄉奉厥衣冠瘞宅旁沈淪未議幾滄桑
寒烟蔓草迷山邨時時馬鬣生幽光有宋淳熙僧舍荒發
掘環壁知古裝後聞淫雨潰河防陳陀橋圮驚浮梁居民
負來走且忙砉然有聲喧雷硠是何巨響黃壚藏築未數
尺龜趺帛貫以繩索千鈞強陸離斑駁如奉璋洗而視之
章縫纕吳家筆法豔詞場秦碑漢碣差足當究游闕里承

趨蹌薦紳相與迎於隍華亭恩白牓以礌申夭恍覩燕居
莊
聖祖翠華巡南方
六龍路出由拳岡指點孔陵殊迷茫宿衛繪圖環飛艎
帝曰是宜亟表揚
詔書聯扁懸堂皇化育何分吳魯庠議設博士崇宗祊
天恩聖蹟交汪洋巍樓
宸藻如雲驤願學瞻在圜宮牆宰墩顔井空悵、附會牽
合誰濫觴惜昔驅車嶧山陽葱、孔宅遙相望今來斯土
一葦杭舍舟而徒沿河塘南薰吹我生微凉下視繡壤紛

青黃仰瞻萬仞翬高翔得門而入心徬徨百官宗廟森鋪張峩、碑碣護以磄如斗大字中一行捫蘿剔蘚徐參詳旁注年代凡幾霜更有石刻形端相參乎同也師與商執經問難胥冠裳誰與摹搨珍縹緗顧瞻榱桷猶神傷春秋扵此空薦蘋脩葺安得賢宰良山高、兮水湯、遺徽長與文治昌

過二陸祠懷古

平原遺事話酸辛剩有荒祠傍水濱黃犬空緘餘此恨青蠅作賦定何人千秋妖夢傷車幰幾輩能文歎硯塵不見

當時稽叔夜猶難明哲保其身
薦表空勞話洛都吟魂尚指舊東吳由來才大難為用此
日名傳未可誣春水伊誰聞鶴唳秋風有客羨思鱸祇應
憑弔荒城路斷碣殘碑繞綠蕪

曲水園觀荷

九曲紅闌倒影虛仙源今又放紅蕖花開宿露全擎後人
到朝曦未上初月牖雲廊香隱、風裳水佩韻徐、嵐光
一角知堪借半作聞蟬半釣魚

立秋有作

涼雲擁樹攪啼烏一葉初飄井外梧到眼光陰如水逝闌

立秋有作二首

瑟瑟金飆忽地鳴爐香吹繞竹窗清一園花塢留雲住半簷桐放月明度蝶可能留宿夢吟蛩早已試秋聲離騷篆篆羈人緒偏作閒愁萬種生

心詩夢入秋無花雖冷落香猶賸月為清高影自孤閒向小窗頻試茗沈沈夜漏按銅壺

青溪竹枝詞

人家賀歲趁平明幾日喧傳綵仗迎更作春盤開夜宴不論舊臘與新正

頻年豐歉驗無差別社叢祠鼓亂撾最是元宵前兩夕字婁聲響卜流花

姹紫嫣紅十里遙群芳生日是今朝衣香恰趁春風颺多少花旛繫綵綃

禁烟時節柳如綿摽墓鄉風散紙錢聞道城隍迴駕晚滿

城燈火影連天

乞展花期十日寬如雲士女恣游觀不知誰是傾城笑齊到靈園看牡丹

菖蒲角黍薦芳樽别有靈符好貼門兒束臂絲娘束髻辟邪紅映健人痕

黄梅天氣暖如薫未雨先蒸柱礎雲忙到曝書天貺節滿盤餺飥共流芳

七夕填河事有無家家樓閣綺筵鋪穿鍼不讓他人巧儂有心機勝阿姑

天灸新收露幾卮眉尖額角點如飴兒童笑捧中秋餅一

樣長空月滿時

五樓十閣屋塵稀，祀竈人方送竈歸。赤豆分香一甌粥，冬舂白米雪花飛。

爆竹聲中漏點催，春聯新貼萬門開。誰將炒豆祈投湊，滿地弓痕正畫灰。

陳忠裕祠

秋風吹老富林邨，遺宅今無半畝存。幾社文章留碧血，前朝氣節重黄門。千年馬鬣鄰皇甫，一則騷經絡屈原。平露玉樊誰合傳，蘭泉曾與賦招魂。

八月既望秋雨纏綿感懷三首

一夜風聲急連朝雨意酣故園在天末秋思滿江南歲月
忙塵網音書助茗談短檠寒自照花卜倩誰探

節已過寒露天將釀晚秋關河難斷夢風雨易牽愁名賤
思偕隱時難愧遠遊祥琴今乍撫陟屺淚橫流

薄有寒衣製都無手綫痕淚添南國雨腸斷北堂萱梨嶺
雲應冷楓江水自喧艱辛思老父何以慰晨昏

楊鐵崖墓

公論三朝定遺民一代尊金錢占月夢鐵篴弄花魂度曲
人攜舫徵才詔到門白衣自來往荒艸滿卯園

渺、西湖路人爭唱竹枝青溪秋泛酒白雪夜填詞縹緲

九日二首

傑閣崔嵬上翠微閒雲遠處從

塵飛獨撫通瑤沼波三尺煙遠

長垣碧四圍怯暑秋深霜葉

冷仙煙丹灶雨花飛菜芷漫綠

征人佩紫臨江笑白雁陽

歸安懷古

許翁不作杭州好立馬峰頭入道

時南渡江山偏壯觀西湖花柳為

迷離君王自識新亭泪才子方沈

傳雲海詞閒說安香顏色古九

陵風雨有餘思

飛仙致淒涼老婦辭乞將投海骨千古照江湄

九日登斗姥閣

文到蕭辰九〻涼小西城外暫徜徉仙留苔碣藏中國人聽蒲牢出上方十畝叢林偏近郭萬家新稻早登場當門一稜秋峯好如笠如鬟襯夕陽

十二月十九日李蘭卿招作坡公生日並觀端明遊蹟圖

小雪浪齋紛藤蘿小雪浪石如盤陀主人詩學本内翰辦香曾祝蘇齋過七百餘年見遺像畫圖攜返閩山阿閩山濱海公未到未遣笠屐浮滄波白鶴黃樓不可即雪堂載

酒今如何想公精氣貫牛斗瞻拜已竟還摩挲喦以薦之
柑與荔花豬鱔柱皆蜥螺惟公所欲公且醉聽我作頌怡
顏酡紗縠托生已神異眉山片石高寂、一門詞客擅三
絶况與子由同制科史館簪毫職清要絲綸親被金鑾坡
所嗟才太不能用上疏難挽青苗苛昌化廉永庶遷徙身
宫傷蝎傷同磨忠規讜論自千古碌、餘子空譏訶頌畢
觥籌復交作錯酒龍詩虎紛婆娑蘇齋疋集此重覯矧有
四幀添吟哦赤鯶來兮素娥上一東坡化百東坡更煩李
委擫腰笛仙鶴南飛賡載歌

論詩六首

挽桐廬大雪

我郡乘夜訪戴山陰來又兆灑橋草霓去舜梅埂為扁舟直發富春驛連日桐風塞布桐江隈曉起篷窗一瞥渺無際但見雲山湧出瓊樓臺一似天工幻人作玉戲千岩萬壑崢嶸都失青蔥又如玉宇銀河南注不可即下視十洲三島皆塵埃我聞元晏首名此雲海是花是雪今人相類猜今過此地十月廿六日恍自江南鄭尉看花開羊裘老子垂綸向何處孤舟釣叟時復揚舲櫂偶合同行詩家有詩約招信也奉白戰方奇才怪底昨宵篤依舞流霞細如粟大如滄如盈復早朔風撲面冷千鐵卧看瞑煙吹破朝暾開

王孟高岑各寫情古人機杼一家成從來求味當求（兼）采不在尊韓抱杜名　讀詩

鏡花水月是清才何苦窮搜錦繡堆最好眼前新境界天然觸悟上心來　尋詩

吟成莫厭百回看易稿還求句、安推不如敲爭一字可知此道古來難　改詩

斷句零篇檢點齊續成完璧入囊攜鶯花世界琴尊地爭忍無詩負好題　補詩

滌濫除煩更戒偏有詩火作悔從前何妨割却心頭愛老手傳名只數聯　刪詩

不才羸得苦吟身取次編成或見珍究竟虛名如畫餅千

秋詩卷幾傳人編詩

瓊臺吟史詩初編卷十四

藝苑掇餘集庚辰至甲申

題黃蓮友瑞麟採杏圖用韓昌黎杏花韻

非烟非露吹瑤空長安誰踏香塵紅知是杏花有芳訊馬蹄得意隨春風南華夢境漸拋却今覩是圖將毋同蓮友天才本超絕搓酥剪翠殊人功黃華妙績不可見此筆猶在夢懷中衆香國裡互評賞一枝花報仙人薇仙人消息倩徐畫非閼薰染如丹楓烘霞暈雪信如許偎桃傍柳情無窮江南二月春如海近日仍推青苑東錦字泥緘試先製豈徒開卷迷詩翁

閒居感興

騏驥騁原野，駕馭多驊騮。駑駘亦願試，尾鞶旄頭丶金膏。託鄙意華蓋，矜清游。豈知冀北產難被，天九州增價。恐未必凡馬空，營求所以許。子將不諂陳太邱，擇交貴裁量。道廣何能周。

桃花媚春景，桂樹榮隆冬。草木各有性，嗜好難相從。時來衆所艷，境變誰為容。南山隱文豹，大澤藏神龍。屈伸不可測，氣運關遭逢。風雨倏離合，烟雲生淡濃。百年亦瞬息，對酒開心胸。人生貴曠達，天地皆陶鎔。

開卷

開卷方知羨魏舒，古人經訓即菑畬。但思百歲有窮日，安得十年常讀書。雖食當求千蹠飽，豹窺終愧一斑疏。茫茫學海看何極，恐恐浮漚比不如。

哭亡兒 春禧三歲以瘵瘍適余去年八月喪次未能攜管乃三女知官復于是年十二月以痘殤能無惆然泣下

十年祇有傷心處，一事都無愜意時。磨蝎身宮知此極，連亡父母又亡兒。

也知八字是安排，其奈難舒結轖懷。我比西河增一慟，可憐玉碎與珠埋。

猶憶吳淞寄跡未家言差喜折燈前誰知虛報元衣信枉

費劬勞過幾年
既是彭殤命或殊曇花何苦現須臾累人多少心頭淚直
到西風一夜枯
形骸似汝忒聰明三歲如何了一生想是吾家門祚薄不
應長得掌珠擎
一息懨、兩月多胡香難返汝沉疴猶知臨死呼爺切天
性相關亦奈何
相棺三尺倍酸辛面目依然未喪真猶有一端留恨處衣
衾全未蓋兒身
渺、泉臺夢莫通今年猶是斷腸中何期又抱童烏痛怎

不教人賦惱公
男女都闕舐犢心添花豈料汝歸陰三朝竟把瓊枝碎淒
絕寒更喘息音
生來弱質亦娉婷一夢何為喚不醒今歲轉增前歲感庸
醫無術佛無靈
愛河流出淚滂和燭看來血欲斑兩塊肉分雙個塚招
魂總不到人間
汝母思兒倍可傷故衫怕檢幾層箱老夫亦少觀空法相
對難禁泣數行
探環怕消息怕成空斑管初拈眼已紅不識黃泉聽見未

他生能否作非熊

寒宵風雨緒如麻來歲清明恨更加從此西湖〻上路又添新淚上梨花

題昭文朱貞烈傳

乾隆五十有四年煒管特書朱貞烈貞烈之配方垂髫明經氏秦痛夭折痛夭折成永訣貞烈啼哀幾欲絕在生既未完同衾之死庶幾得同穴堂上將更繫足盟閨中已作捐軀決父兮母兮不我知天只人只向誰說無可說命如絲有可傳筆如鐵展紙吟成畢命辭一行一字一淚血滿城風雨聲蕭〻天地鬼神助悲咽女曰我今死有期死期

恰在重陽節烏乎魂去不復還此去泉臺髮仍結臣殉其
君妻殉夫古今忠義本同轍況當未嫁扶綱常至性至情
更貫徹世或謂其於禮乖從夫從父有區别豈知事得心
所安兩字懷清比霜雪夫鄉請全貞烈名迎喪合殯松楸
烈事聞諸上
上予旌褒從此董濱榮綽楔妾之誼虞山高妾之心琴水
潔虞山琴水偕千秋巾幗鬚眉即豪傑其族夙承慈訓慈
闈中作宦矢冰蘗每思遺範時激昂還恐舊編日殘缺曰
付梓人先開雕或詩或傳代厥舌大千世界皆傳聞何止
幽光徧江浙屈指迄今卅六秋苦衷仍許後人揭梧桐園

外又西風生氣凛然不磨滅貞木詞歌一闋文梓墳立雙
碣後之覽者當自興毋使嶶音讓前哲

通津樓

羅城四十里獨此巋然存河水自潮汐烟霞時吐吞漁燈
紅入市山色翠當門俯仰千秋感雄圖話舊垣

雙門樓

虎節沿河過龍圖治水來還珠師合浦鑿石記閩臺雨道
人烟合三山夜市開藩屏正南面吾景濟時才

鎮海樓

古堞環甌冶危樓跨麗譙穴如騰鳳羽山欲壓龍腰荔雨

千門冷松聲萬壑騎蓬壺身最近醉吸海門潮

新綠

龍池春水鳳城烟又换新痕過一年芳艸淺迷盤馬路垂楊濃繪鬥蛾天鬟梳宮女雲初擾衣染郎君露亦鮮自是瀛洲生意早春風吹暖碧無邊

閩宮詞三十首

閟閣曾看棨戟開甘棠一夕走風雷誰知白馬封疆後又見黄龍入宅來

岩頭失口讖紛紛皂莢重生亦異聞五十三年傳國祚印磚先已作錢文

内助任黃並可誇鳳池改葬又蓮花溪田里第都如錦争
指泉山太启家
波光十頃浸玻瓈春到湖山一碧齊聽説月明如水夜踏
歌聲出子城西
誰把金鈴暗護持妬花風雨太相欺如何往返催回信愜
意低聲問太師
白龜丹井渺雲烟圖籙何曾六十年還説寶皇親授命後
身應作大羅仙
龍躍宮中册禮成元年御諱恰新更綸音傳遍江南客五
色花綾亦改名

甘露堂前發翠柯清人兩樹影婆娑凝粧去作傾筐會采得新芽一掬多

丁錢折米入官漕酒税魚租價更高明日八枚金縷色建州新貢好茶膏

棠梨如雪柳如烟後苑紅飛又一年嘗到兩宮三昧宴畫圖人此如雨花天

正十先生號紫霄三清宮殿鬱岧嶤天家還想仙家樂連日焚香罷早朝

魑魅行妖名女巫禁中仗劍夜書符自從卅六宮人賜閩嶠年年祀靖姑

新妝依舊倚東風舞榭香泥踏落紅祗愛紫薇春不老秋
心誰料感梧桐
夢到烏衣怨綠衣雙棲情緒總依、他年化作鴛鴦樹猶
見花前燕、飛
梳妝樓角月如眉嶺色殷紅貫四時不信麗華沉井後冶
城山亦號胭脂
銀葉傾尊次第須內廷酒令重如山無情最是冬瓜片不
上酡顏上淚顏
香爐空捧誓書來同室操戈亦可哀痴絕西園吟白句人
情咫尺總難猜

院使傳呼李可般鏤金錯采織成文九龍帳裏春如海翠
被餘香蓋鄂君
珠簾繡礎太豪奢粉黛如雲映碧紗受怨較多恩較少春
來聞敘六宮花
燕子來時鳳可憐蛾眉豈肯讓人先君王自爱東華樂忘
却長春玩月天
燈檠紅上酒卮紅頭白冬郎下筆工不是玉鎖珠盡句陳
屏何日返春風
大酺張燈慶上元同携檀版與金尊君臣笑看魚龍戲野
麃先知入郭門

桑溪路接小蘭亭水次衣香泛醁醽如此管絃與絲竹人間能得幾回聽

三十宮人鬥綵舟采蓮湖上水悠、荷花如果嬌能語也解同聲唱樂遊

綺羅叢裏擁釵環夜半宣名去不還底事如花天上女肯隨紅葉落人間

不管廷臣上諫章兩朝一轍棄糟糠嗤他燕翼傳家法早抱宮娥賜福王

千枝龍燭照鰕簾笑抱螺杯喚酒添知是深宮長夜飲春光又令隔屏覘

不怕羊來只怕錢故宮人去艸如烟傷心惟有閩王墅曾見桃林打鼓年

水晶宮殿起秋波賸粉殘胭奈冷何縱作王鈎斜畔看西湖花月亦無多

謁唐觀察使陳公祠

赤地千里荒中原關東流寇如雲屯將軍討賊復留賊旗幟誰與追荊門四載寰區恣荼毒江淮南下趨閩垣惟公伏義出昭武裂眥喋思生吞鼓角一聲下天上九龍軍到鯨鯢奔威名況復震溪洞薦表旋看陳帝闔手揮牙璋作觀察東南半壁歸雄藩潮頭失口亦奇杰相繼為政皆公

恩敦業鄉閭太平里鬼風神雨扶英魂歷年九百出銘右
黃璞所撰文猶存飲井山西號顯應連江演嶼留淵源九
侯靈跡近猶著可見翼子還貽孫自古有功合祀典矧公
懋績光乾坤康熙辛丑歲修葺永〻廟貌如翔鵾我憶當
時破巨憝沙陀吳越名同尊公之生也足鼎峙惠我民分
終難諼我欲招公以朱旛我將奠公以綠尊維桑與梓必
恭敬豈特閩王祠宇香蘋蘩

紅葉

又到橙黃橘綠天滿林紅葉轉爭妍關河從此生寒色風
物如人感暮年斜映半江猶有日高燒遠岫却無烟由來

晚景多留戀，認取丹崖碧嶂邊。

幾經搖落倍鮮明，十里居然抵錦城。石徑飛來霜有色，御溝流出水無聲。烘殘野燒天將暮，繪徧山容夜亦晴。惟有垂楊最惆悵，不堪憔悴問征程。

誰把朝雲伴晚霞，更將秋色鬥春葩。吴江冷已催楓葉，水國疎偏認蓼花。才子餘波留綺麗，美人薄命怨繁華。桃源今亦紅塵隔，莫使漁郎誤泛槎。

曾記江南鼓棹迴，蕭蕭落葉片帆催。無花色亦疑鵑染，有月痕猶認雁來。漁火半分青岸外，人家微辨白雲隈。相思更有雙紅豆，愁絶朱顔映酒杯。

丹翠紛披路幾重遥空忽滅碧芙蓉江山色澤耽秋尤艶

詩酒風情老更濃幾點林鴉添墨跡一鞭驛騎認行踪枯

荷敗葦知多少不及楓人醉後容

瓊臺吟史詩初編卷十五

樵川賃廡集乙酉丙戌　　閩縣劉萃奎薇卿

邵郡東池

一徑入涼翠蘸人池上行地如溪漸曲天與水同清松石日將墜陂塘秋已生誰家在深處時有幽禽聲

晚風從東來荷芰散清馥紅颭疎籬花綠搖夾岸竹觿聲迴隔溪燈影出斜屋途遇山樵歸笑云我行獨

遊光澤作

藍輿又作看山行看徧青山漸近城底事花光紅不斷迴龍高閣夕陽明

席帽披雲入望遙，當年李巽姓名標。我來却恐山靈笑，衣上征塵尚未消。

千年雉堞冷烏洲，鴻爪今看一度游。山水清嘉人物盛，杭川真抵小杭州。

徐仲遺蹤去不還，烏君猶擁翠螺鬟。神仙隱士都無分，只合題詩寄此山。

人家高與女墻齊，半繞群山半繞溪。行徧一條街軟繡，最多燈火是城西。

龍興古寺半荒烟，乞得泉香手自煎。熱惱中人僧不管，蜃樓（張篪仙所構）茶話月明天。（時與江子牧、陳心泉及張篪仙暢談竟夕）

題張睢陽廟壁

百戰仍將白羽揮，七旬難脫赤眉圍。西風殘騎秋聞笛，落日孤城夜煮絺。帳下軍心同誓死，刀頭人肉忍療飢。千秋一道金吾表，迸作睢陽血淚飛。

我曾一謁都天廟，但見靈旂拂水濵。殺賊死原殊厲鬼，保淮今尚祀忠臣。江城雀鼠魂猶悸，澤國魚龍氣亦馴。香火至今及昭武，迎燈節後又迎神。

邵武道中用朱子韻 丙戌

樵溪僅千里，帆到何遲遲。煙水復多滯，風波尤可悲。自吾識字始，憂患今偏滋。不稼亦不穫，硯田成荒畦。頻年事行

役安對妻兒嬉此去更難愬相隨歧路歧欵篷慰夕憩鼓棹催晨炊是計固非得差忘寒與飢凫雛愛依傍燕羽傷差池百歲能幾何輕離吾弗為

春水

東風吹水綠迢迢屈指春來第幾朝與我參觀同面皺送君臨別又魂銷鶯花喚渡催三月烟雨隨波換六朝自笑塵襟猶未浣全家又上木蘭橈

九曲樵溪一葉舟詩心橋影共沉浮人如萍梗踪難定水有桃花夢亦幽客久風波忘小險年來歲月嘆長流鴻泥笑指曾經處蘆葦聲、戰早秋

魚龍變化又何時秖合常鱗伴水湄一片閒情鷗暫狎三分暖意鴨先知麴塵波起濃于酒柳岸風生綠有絲聊當浮家江上去滿篷春色寫新詩

回首春明恰十年此行臨水倍淒然蓬瀛一笑終無分萍絮三生尚有緣舍北舍南邊入畫江花江草渺如烟朝朝秖羨漁家樂放棹高歌鏡裏天

　余前已有咏新綠詩兹客邸遣懷又成二律時同境異彌足傷也

看徧家中又客中園林何處不春風能教物盡留生意每入年來見化工遠浦漸銷冰鏡白空山猶帶燒痕紅忙人

亦管閒花草為嘆浮踪似轉蓬

青袍依舊綠波新辜負韶華入眼頻冶葉逢時偏有色粗枝見賞轉無人空教采采遲終日但覺蓬蓬遠春和雨和烟都不辨且沽村酒祝花神

遊萬峯菴

忽作祇園約尋幽上萬峯溪光迷隔竹日影漏疎松瀹茗談禪課焚香禮梵容寄聲諸老衲一度誌浮蹤

叠嶂重巒裏樵嵐別有天彌空散花雨負郭起人烟小住身原客清游境亦仙菴扁曰仙境山門趺坐久不覺午陰圓

自北關西折登熙春山

吟踪乍叩古禪關，又入熙春路幾灣。一郡江山分虎臂，萬家烟火擁螺鬟。名流在昔多觴咏，客子於今甫往還。如許縱懷良不易，浮雲轉羨老僧閒。

雲閣登臨亦快哉，分明爽氣挹西來。經旬雨止水常落，入徑人稀花自開。置酒欲尋真率會，題詩難覓越王臺。凭闌吾亦行吾樂，囑咐金雞且漫催。

哭趙蘧樓先生

忽訝台星墜，西風淚幾行。先生留面命，弟子服心喪。報稱身仍賤，追思道且長。祇宜真像繪，家祀奠椒漿。

早歲才名著，中年治譜成。歷階崇大吏，敦品勗諸生。法立

羣僚肅風移數省清至今懸想裏嶽色與河聲

曹守愚廣文國治招登奎光閣

學舍毗連一畝宫方塘環碧繚垣紅徑圍竹影都忘日亭傍蕉陰易得風客子尋涼偏爱静儒官行樂不嫌窮門前問字知多少盡在先生引導中

和汪子牧煦生重登詩話樓元韻

往返苕溪已兩年每來此地興悠然澗雷忽吼秋無雨江月初生水有烟境静不辭長日坐樓高恰與好山連能詩更得汪倫筆如許深情繪目前

七百年來景物更偏師曾此駐江城時平漫畫從戎策地

迥先攄慕古情隱釣高風能嗣響論詩舊址幾傳名一龕
香火今猶賸長伴晨鐘暮鼓聲
家山有夢早悲秋況對長江日夜流風雅幾人思抗手年
華如水怕回頭詩心半為謀生減酒力難消作客愁我欲
憑闌向天嘯何時歸隱掉漁舟

秋聲亭

歐陽一夜讀萬古知秋聲此地有遺響孤亭因得名山空
木葉落風定邨烟生別有悟詩處滄浪流水清

謁李忠定祠

城南祠宇連宮牆（在文廟外）五曲流水環其旁古柏參天勢盤

爵福州亦有松風堂松風在昔暢題詠此地尤能起欽敬
俎豆今看媿武鄉於常早已追文正當時天下危如絲花
石竭盡民膏脂外患内奸競蜂起偉哉公以隻字持生平
功業本忠義歌詠文章特餘事首出調和父子情再來力
阻汪黄議陳東歐澈冤誰伸佳士偏稱長腳秦設令隴西
久當國南朝何至虛無人魏公忌才宗公死坐見小人禍
君子抗疏空將十事陳蒙塵孰雪兩宮耻英雄老去滄溟
限天恐中原成刼灰他日厓山激風浪九京猶覺臣心哀
我　朝予祭重封植萬古樵川壯顏色遺墓曾從荒驛尋
崇碑猶向舊祠勒我申一拜酹一壺冠劍如瞻前人模歸

去再詢我公裔梁溪故宅有還無

登丹臺山

層、石磴護烟鬟境在蔥龍紫翠間別有邨墟開竹塢並無車蓋叩松關仙人此去丹爐冷衲子空留草榻閒最好前峯涼雨過推窗靜看四圍山

到處雩壇設禱忙我來恰趁稻花黃峯容一桁含秋色雨氣三分洗夕陽地有叢林翻貝葉人因檀樾誌甘棠金丹乞換凡間骨大錬宗風溯盛唐

登臨且共一樽開傍午松坪緩步來大衆同教瞻寶相此中端合號瑤臺寒畦秋到看挑菜別島年深記種梅欲倩

荊關添畫意片雲頭上又相催

九轉工夫愧未成嵐溪依舊寄浮生除非梅月誰知我脩到神仙豈為名對酒閒吟招隱句凭闌悄聽讀書聲再來好訂重陽日吟遍山南十里城

自鳴鐘

齊政在璇璣周天重玉尺渾儀窺朔南沃漏揆朝夕利瑪竇尤精自鳴鐘特闢時應辰十二歲週度三百毫釐無或差尺寸豈嫌窄內運銅槃青外窺玉鏡白隱含七孔鍼微辨四旁畫樞紐交循環機關乏阻隔迴旋如有神揣測了無迹大扣形奚須暗推理亦或譬如崖滴泉還若水撞石

音異鏗鯨洪境疑棲鴿僻緣磨隨蟻行轉圜趁駒隙似從霜夜聞何慮閏年厄全數符衡平餘分計銖積陰陽原互根造化此為宅巧已奪天工靈還按地脉友人欣見貽詩句促搜索我溯周以來迄今世頻易挈壺雖有句刻漏早非昔葭琯灰飄零蓮花色蕭摵孰憐金秤捐更歎玉碁擲西法今盛行是鐘見㼱獲又聞陶宗儀元氏記庭掖造匱仍藏壺鳴鉦復合拍捧籌玉女忙按節金神役聖殿供趨蹌仙橋度絡繹良工軼漢唐遺製歸僧釋早直聯鳴珂夜行便馳驛軍營覘早昏海市驗潮汐我也將何需得之亦有益琤瑽入耳穿猛省發胸膈濡首懲酒筵警心向經席

偶然壇坫開相與紙箋擘磚影移微遲鉢聲擊未追持此催吟腸勝於限筆格省垣傳鼓樓漏點載圖籍百刻遵守壺千秋感沈璧珍奇多繫思玩好易成癖覩物聊自箴流光足可惜銘鐘曾幾人紉佩永無斁

飲詩話樓汪子牧仍用重登元韻疊韻以酬

異地論交記去年重遊倍覺意欣然攜樽日近中元節作爨人炊卓午烟飛瀑衝腰臨岸斷遠橋啣尾過橋連酒闌相與看明月一角嵐光到檻前

大雅銷沉歲序更層闌仍復壯山城談兵曾是談詩地作客還兼作主情我輩每逢秋易感斯樓直與酒齊名鏡花

水月知誰悟淒絕樵溪九曲聲

十笛西風又早秋鄉心蓬轉逐東流詩無佳句開生面地有傳人據上頭盛事難逢須乞畫知交相見各言愁南來尚得還家訊可許同登李郭舟

獨坐有感

又作樵陽數月留全家踪跡等浮鷗亭皐秋早葉將脫河漢宵深星欲流酒不當花紅易褪詩還似草緑頻抽料知白露蒼葭外多少伊人互唱酬

東關踏月歌

涼宵獨步城東阿乘醉走却諸愁魔舉首寒蟾出山際纖

雲四捲天無波闊山何處缺明月祇照樵嵐青一髮覓路都忘霜葉飛聞香早識嶺梅發延緣古堞仍前溪九曲流水如玻瓈有客剪燈傍船坐誰家吹笛當樓低城中尚有踏歌者低唱淺斟向月下形影踽踽甘孤行笑看山色當妖冶興酣歸去休嫌遲猶約素蛾無了期此夜明年倘相見家園為汝傾瓊巵

除夕作

百感蒼茫裏匆匆度歲華鄉風仍爆竹嶺雪欲飛花逝景同過客殊方暫寄家不知今夜酒多少怨天涯

瓊臺吟史詩初編卷十六

絳雪樓集丁亥

閩縣劉萃奎薇卿

舟次上洋

此地經三宿歸舟已四程市頭喧夜景蓬背聽春聲物產隨墟集潮痕待雨生詰朝須早發安穩劍州行

路遠期難準舟寬夢亦便萍蹤談舊雨米價問新年山市明燈火人家隱市廛蜚溪今四度回首但雲烟

過龍鳳灘

傍午放船僅數里軒然四面大波起黿鼉呿擲蛟螭奔白日冥寞石齒齒萬壑齊爭一港門雷轟電掣快無比舵師

重按船前梢左右中邊極詳視水手暫將雙槳停扁舟直
下捷如矢箭揚欹側洪濤中頃刻關頭繫生死目駭神搖
魂欲飛船篷轉裏浪花裏但聞颯、風濤鳴草木怒號震
人耳性命鴻毛相頡頏蒼黃無語對妻子一灘甫去一灘
來顏色未平汗猶泚出坎須臾還入屯虛言忠信那能恃
存亡悉託諸天公弱女仍呼佛不止竟日連過三四灘忽
憂忽危忽歡喜韭溪以下山最多駭浪崩崖概類是再接
再厲颭輪生大灘應自龍鳳始龍翔鳳躍皆稱雄更有城
門巃差擬前歲我從樵川回涼雨連番漲秋水此行阻淺
還阻風安得春帆勢輕駛又記建州攜棹歸九匡七里角

相犄中惟黷淡行較難稍有疎防即沈底何意西溪九曲來馮夷作態過於彼要且津併且横當途千尺之强落盈咫我欲焚詞投上蒼請詢設險果誰使夸娥可負愚公移否則盍教入鞭捶徒令凡夫愕且貽藐軀付與放頭技上蒼旋還天神言子殆未諳此地理往復平陂皆自然況屬上游勢高峙豬蓄苟非嚴厥防茫茫一瀉乏涯涘從中布置吾頗勞用灌山田護城壘即使片時傷阻艱梢工如鐵船豈紙我聞斯語心境開安慰全家返桑梓

下洋登岸作

兀坐烏篷窓琴樽互相向置書舩几旁轉引睡魔障卅里

經兩天計期益惆悵有時防逆風於此候新漲聽說下洋
邨較此上洋曠林皋迎我前葱翠渺難狀隔岸多人家遮
門半客舫鄰舟何銘三邀我上隄望沙路平可登酒旗晚
猶颺縱步叢篁間白雲界青嶂豁然別有天里許擬仙閬
樓觀殊飛瓊中祀古名將靈旗時動搖環擁羽林仗島嶼
交縈洄烟霞慣依傍西折途蜿蜒行行且相讓豈嫌亂石
紆猶愛惠風暢覓徑來前村忽逢杏花放題糕非及時（此地作糕者頗有名）提榼得初釀微雨吹我歸勝遊豈能忘妻孥亦喜
聞抵作畫圖樣

從西河喚船抵西關作

河流旁折入城西短〻蓬窓窄〻隄差喜朔風吹較緊漲痕新與畫橋齊

半饒野意半人家別有禪林入望斜三十六灣春水滿竹籬深護碧桃花

紅日漸升城市曉白沙將沒海潮來廿年數作還山客此處行舟第二回

移居

幾載巢痕轉徙頻幽居今與好山鄰相傳此地文風盛亦守吾儒本分貧種樹最宜春雨足烹茶先得石泉新笑予未識桃源路已作蟠桃塢畔人烏山有蟠桃塢

全家一棹正南歸抖擻征塵尚滿衣畫裏溪山留夢在去
時門巷隔年非鄉園雖適仍求靜世路多危要見機博得
數椽容膝地暫為雌伏待雄飛
門逕開當小巷深蒔花蓺竹本初心（顏曰蒔花蓺竹之齋）新遷煩費
周人力舊植仍留老樹陰（有石榴株甚茂）一命酒差堪圖主客談
詩便是抵園林杏白（陳京兆一元書靜處）零落搭菴冷（韓處士廷錫林蕙讀書處）
（皆烏山麓）百戰風流幾嗣音
南陔棄養幾年餘每對新居感故居一第艱難慚捧檄半
生勞頓學傭書而今暫息征人轍此後頻聽長者車自署
頭銜浣香史商量詩境近何如

買花

磁石曾供數本蘭時花亦可助清歡拚錢但欲留春住選色如將置妾看笑我空囊連日澁讓卿隙地幾分寬青蛱飛去黃蜂鬧更貰鷫裘醉夜闌

種竹

閒搜白石掃蒼苔乞得琅玕次第栽似帶淇園風並到偏逢蔣宅徑初開心同子弟長年護眼盼鸞凰後日來我與此君長約在移家共住碧雲堆

三月二十夜林犀巖大令經光同吳藻石大令壎家良書茂祺茂才紫園孝廉岱封及余飲於黃莘田

先生之香草齋今犀巖所住宅也

秋江集已豔榕鄉春夜人猶宴草堂前輩百年風韻古使君千里別情長（時藻石將之楚）文星小聚詩緣濶酒陣方酣燭影涼笑指隔窗老籐樹花開猶帶硯池香

夜分燈炧始停斟共訴衷腸語最深他日各脩循吏傳今宵先話故人心銀蟾有影群峯見鐵馬無聲萬籟沈如此高齋能幾會偷閒還上小樓吟

次早偕游積翠寺

薛老峯頭樹接天范公祠畔草如烟秋衫又换春衫薄笑別山僧已兩年（乙酉暮秋曾遊此）

鄰霄翠柏護禪關，蘚磴縈迴路幾灣。齊向石闌干外望，螺江直接虎門山。

佛地仍關數盛衰，當年古剎半蒿萊。誰知重整新香火，得自梅花老福來。有百葉梅一株，最盛，今尚存。

長垣翠擁石盤陀，滿地花開映薜蘿。法界竟成香世界，泥人三月冶游多。

丈室依山闢數楹，安排香篆與茶笙。天花散後瓶花結，如在青蓮宇上行。

名山尚喜近吾家，寶相香城飽看花。祇愧年來塵滿面，新詩何日碧籠紗。

小壺天夜坐有感

別有窺天處，盤陀坐石東。春光圍一席，地勢䐈三弓。月皎窓逾白，花濃酒比紅。燈檠在牆角，料理亂書叢。

作淚天隨宅，旋開庾信園。舊醅留白墮，新筆試黃昏。雨過泉通逕，風來竹叩門。好當三月暮，暫息俗塵喧。

短衖無多地，團欒一聚家。為妻閒檢藥，看女學描花。簾捲初歸燕，庭喧未睡鴉。還聽僮媪輩，辛苦說天涯。

已抱終天恨，追思又愴神。艱難初置宅，貧賤尚依人。跡僅三椽寄，心期五鼎陳。願偕諸弟勉，祖硯墨猶新。

飲石榴花下作歌

我吟先輩榴花詩藻骨蘐音互騰躍日日對花花盛開花有主人我有託靈根不識何人栽濁酒且依孤樹酌飲罷拈毫花亦嬉花酣我醉共歡謔當頭璀璨紛瓊英照眼迷離絢朱蕚瞥如紅露垂簷牙還似赤霜化庭脚四黙軒低霞彩飛五雲車轉電芒作豈真神女披緋衣誰使高僧錬丹藥琥珀烘梳形較同胭脂搽頬色猶薄分光何必誇珊瑚護影未曾借鈴索頓教老屋生光榮併令旁觀動驚愕遊目恍迷羅綺叢寄身疑入芙蓉幕吾聞傳説東山巔滿洞榴花映邱壑千古避秦知者稀一枝贈客語如昨再來仙境殊蒼茫此後塗林已寂寞詎意烏峯吟史家轉成紫

府真人約奚須初夏搖瓊枝先趁殘春綴珠箔滿室同看火齊明鄰翁誤報園乘灼雖云百葉難成陰亦足一時助行樂我酹花神神倘知莫教風雨怨落花

仲夏之朔乃趙蘧樓先生諱日因憶舊年哭輓兩詩猶未罄情再賦四首

去歲熙春捧訃時驚聞元老倏騎箕九重震悼加宮秩四海同聲上輓詩公叔為文傳美謚羣家有後守遺規純儒學問名臣績長與蒼生作口碑

心事焚香早告天家風清白繼前賢恩如冬日人同愛節

比秋霜老愈堅銅鼓百蠻曾撫粵牙璋九月又移滇誰知此去苴蘭路金馬齊迎絳節仙

猶記征程擁八騶鳳凰亭上送旌游科名已慰看他日音問還期寄遠郵師以乙酉未售再三撫慰至當事餞送後仍遣武弁喚余至輿前問仍到郎武否此後景況須寫信寄我情詞懇惻並言汝不必遠送終須一別至今耿耿不忘從此數言銘五內如何一面竟千秋馨香自有名山業我欲招魂向武州

慚愧粗才比石頑龍門清絕獨攀躋賞從牝牡驪黃外約到苔山雲水間師東游閩兵訂余於北行後順途往謁屢試曾蒙眉目許再來深慮鬢毛斑王公同閩時鬢髮半皤而報國之心癢矣生平第一知音感又對南風淚欲潛

辭樵川席有感

不作肥家計，何煩遠道行。天真容我拙，時或忌余名。世路難如許，人心久自明。菜根甘自咬，莫怨事無成。

食指今雖寡，年華去已多。家貧安淡泊，身賤怕蹉跎。儆簏書堪讀，寒鞲劍再磨。二三知己在，載酒許頻過。

曉起

殘月破雲出，明星當曉稀。坐忘鳥夢醒，行見螢光微。穿石草爭坼，隔牆花亂飛。晨風有涼意，吹上幽人衣。

偕周同序瑞圖納涼積翠寺

今年五月聞苦熱，時偏長言踐比鄰約。來乘蕭寺涼，山空

日不到亭午人俱忘且盡一樽酒歸途隨夕陽

哭亡女余家叠遭坎坷憶乙酉夏初客昭武詎澍敏兩女于五六月間均以痾殤相距纔六日耳家言匿不以聞後七月回方悉彼時痛何可言今年又自樵川返里家居談及彌覺泫然雖淚成詩不自禁詞之悲切也

兒亡兩載始成詩非是而翁念忽痴血淚自驚將盡日夢魂猶望再生時連枝並折天何忍尺素空傳我豈知淒絕當年分手處可憐死別即生離

苦憶曇花現九年命名轉悔號瓊仙並無夭相同傷逝別有憨情極愛憐檢字怕看雙管在兒當習字讀詩聯姻愁斷一絲纏王朝竟被庸醫誤汝尚遲行妹在先此首謂尉兒

敏兒生小便聰明三載如珠掌上擎豈料膏肓鬧次姊曾從骨格想亡兒（貌與春禧相似）臨行忽作悲啼狀到後方知死讖成猶記房櫳嬉笑日至今風影誤嬌聲（此首謂敏兒）

今夜思兒恨轉增凄風苦雨閃秋燈半生逢劫吾將老幾度招魂汝不譍賦擬東阿頻嘆逝墳荒西嶺更愁登鍾情莫訝王夷甫悲咽連宵自弗勝

閱松寥山人詩兼懷張亨甫太學（際亮）

不見張衡又一年傳聞裘馬客幽燕能詩况得江山助此集先看姓字傳千首雄才源倒峽半生壯志劍摩天同時瑜亮推何遜遺藁曾經掣淚編（居與光澤何金門茂才長詒交甚篤金門卒後有敏

帚齋詩皆君手定

閱敝帚齋詩集

何郎詩筆獨清遒，天馬行空信不侔。吳清夫徵士贈君有天馬子歌與我同時難一面，讀君遺集定千秋。文星當日沈珠壑，才鬼中年赴玉樓。惆悵徐君山下過，隻雞誰共弔荒邱。余於乙酉夏曾遊光澤

絳雪軒集

閩縣劉苹奎薇卿

送家紫園之郃武

摶沙小聚日無多，明發驪駒又唱歌。此去河梁悲雨雪，邇來世路慎風波。一杯别酒君須盡，九曲寒溪我亦過。同是壯遊非得已，青衫有淚歎蹉跎。

水口帆行又劍州，西溪木葉下悠悠。看雲應作虛堂憶，計日翻添遠道愁。去雁如塵催驛騎，朔風連夜撲征裘。滄浪詩話今猶在，早擘蠻箋寄子由。

盆梅

我生頗有愛花癖手種時花滿山宅春蘭秋菊紛駢羅更把踈篁補石隙所恨狹小如蝸廬除花以外不盈尺貪多務得心何勞欲植寒梅苦地窄人巧誰奪天工高脫胎換骨了無迹如將杞柳為桮棬雖屬矯揉亦有益老幹屈蟠香欝盤獨於低處見高格為君位置磁盆宜林下水邊豈須擇兩美必合物皆然一株紅配一株白有時豔夢催羅浮更比仙姿出姑射縞袂絳裙相對開追陪直與數晨夕酒杯吹上東風脂瓦盎鍊成南雪魄自笑家非銅雀臺二喬深鎖半窓碧從茲索笑巡簷牙亦或助妝點宮額坐看枝梢纖月明底事携鋤向幽僻何人讀易見天心有女同

居象火澤

山茶

海紅都勝句吟陶就裏山茶品最高天下如君真耐久花中有客獨稱豪東風桃李開猶緩南國臙脂染不勞老去臨川誰共賞也從玉茗擱琅毫

豈與群芳鬬艷妍相逢菊後又梅前壓闌千葉色俱活照殿幾株光欲然白玉初雕盤貯月丹砂作鍊鼎生烟尋常兒女休輕擬雖好如花淡不鮮

繁葩附葉又交枝一本能兼兩樣奇香雪白凝宮粉地朶雲紅護寶珠時胚胎十月偏長結顏色三春好豫支別有

曼陀羅巧絶滿天花雨共紛披

消寒雜詠追和蔣心餘先生原韻

寒鐘

九乳砰訇報曉寒黄粱一枕醒邯鄲啼烏落月聞聲到棲鴿留雲破夢殘冷炙怕嘗僧飯後凍泉時亂寺樓端何人猛省當晨起長夜冬釭睡不安

寒岫

開窗遠到最宜人乘興躋攀雪滿身山似睡餘添慘淡木因落盡見嶙峋風霜磨鍊空留骨雲雨蒼涼易愴神惟有蓬壺仙境界長年鶴夢守梅真

寒樵

落木撐藤一徑危，負薪誰肯向人施。碁枰月冷柯初爛，爨火烟涼米正炊。谷口曉霜催短髩，擔頭香雪映吟髭。榴花古洞今零落，老我猶嫌覓路遲。

寒潮

萬古靈胥怒未平，沙堆更與雪堆爭。來看天地青如海，射帶冰霜白滿城。觸浪漁人僵欲避，驅風龍伯凍猶驚。海門自冷孤帆落，疑是松聲是水聲。

寒罾

滿天風緊捕魚遲，鼓棹攸然任所之。日影亂收孤雁落，冰

痕徵劃老狐疑黃麻帶雪千絲綰青箬籠烟一笠披何必
安排待春水孤舟獨釣理漁師

寒帆

千林落葉下危灘百尺輕蒲送急湍飛雪欲隨湘水轉斷
雲曾隔洞庭看涼生篷背驚烏起影落潮頭怖鴿安多少
故人天外望風霜愁說出門難

寒吠

狺狺深巷吠何振如豹聲喧入耳頻跡未升天難忍凍時
當噬雪轉成嗔守門近歲驚心易送信何年望氣馴笑彼
乞憐昏夜冷不愁黃耳惱生人

寒鑪

掃雪全烹瑞草魁慱山深處撥烟炱人情誰送柴門炭天氣剛飛緹室灰有客鬚冰當座脫幾家肉陣繞床開雖然未仕中難熱向火何曾乞相來

寒蔬

周菘庾韭望猶賒留得冬心茁晚芽幾代儒風甘咬菜一畦涼雪當栽花紅煨芋火參禪味黃壓虀冰度歲華梁月紛紛令亦厭春盤香起伴膠牙

寒硯

舌耕人亦賴良田長與冬烘伴一氊鐵氣磨青涵月冷琳

腴截紫抱霜堅呵隨涷管花如雪炙以松煤石有煙歲月蹉跎才欲退累伊守墨廿餘年

飲盆梅下作歌

香雪海開三百樹一十年前我曾寓安能樹樹皆移還金帳銀旛相擁護梅花笑我殊無緣我亦買山無一錢驛吏至今斷消息江南誰贈清癯仙揭來小住射烏麓古剎寒葩頗見熟尚嫵短夢隔羅浮更置雙株向茅屋茅屋種花如貴人瓊瑤滿眼忘居貧玉鱗瞥飛寶珠放清客豪客交鮮新寒士得此已心足山林之風幸免俗聊隨坡老吟昏黄何必樊川嘆葉綠呼兒進酒雕盆傍闌檻瓶鉢皆生香

笑嚼梅花與花約，年年春到居毋忘。

新乞蠟梅喜種活矣用蔣心餘先生種蠟梅韻

仙人作緗樣，不許凡葩儕。羽衣辭香蠟，披拂來蒼崖。生平絕烟火，出處隨時偕。我屋兩梅樹，紅白相交偎。有此號三絕，春意期胚胎。但恐失調護，難為姑射陪。東風忽解事，物我無疑猜。亦將一丸信，坼向雙重階。舊者豈嫌間，新者同安排。素兒與隱士，左右真忘骸。金光照四壁，何懼冰霜摧。

同人小集分詠得太白酒樓歌

高陽酒徒歌風來，胡不以酒名其臺。建威參軍頌酒德，居無室廬不可測。濟河自有此酒樓，四海乃有真醉侯。天遣酒星酹江月立消萬古風塵愁百篇詩一斗酒明月當頭杯在手此樂居然千載無其名豈但一時有烏紗帽宮錦袍當年笑倚危闌高毀譽升沉置度外祇須痛飲糟卯糟仰瞻泰岳雲俯吸汶陽水水光雲影交拍浮賀老酣歌白醉矣白雖醉白仍醒君不見被酒禁中荷恩召清平調奏沈香亭白雖醒白仍醉又不見繞樓烟水采石磯捉月江頭影俱墜人生三萬六千塲能醉能醒斯為狂前度放歌對孫楚後來作記惟沈光我無謫仙才亦乏謫仙量下馬曾過酒市沽騎鯨空向樓居望謫仙一去不復還古月今月皆等閒吹笛有人憶黃鶴攜樽何日看青山

黃葉

減卻春來舊綠痕，空林一望最銷魂。秋生木末亭邊路，家在江南水上村。高樹易添霜氣重，滿階翻作雨聲喧。分明烏桕丹楓外，伴得黃花影到門。

無邊落木響蕭蕭，猶記西風起昨宵。一棹歸帆吹遠浦，半山古寺鎖前朝。飛來碧澗泉初冷，隔斷紅塵路尚遙。何處可尋人跡在，白雲深掩洞門樵。

同受青皇雨露來，歲華如夢散浮埃。幾痕鴉點日將晚，一曲蟬聲秋更哀。流水偶看紅落片，舊陰曾見綠成堆。傷心不獨吟枯樹，金井梧桐信早催。

輕黃點綴亦天工十里亭臯換碧叢到岸不分沙磧白隔村但見酒帘紅並無人掃憐唐苑自有秋來感漢宮只合茶鐺吹荻火青烟一縷裊當風

萬紫千紅久已殘風枝露葉又闌珊不才亦被天心忌無色難邀俗眼看一桁忽迷山徑翠數株微辨果林丹後凋惟有松和柏長作青青耐歲寒

豈無暮景飛騰日搖落當時不自由色淡難遮紅蓼岸痕深欲沒白蘋洲夭桃襛李思前度斷梗浮萍感舊游多少朱顏今亦老題殘木葉又悲秋

醉司命倣吳穀人先生三言體併用原韻

歲去暮寒光馳腰鼓擊牙箫吹百味具芳萎甤神陟降乘廻颸帶拖蕙蓋張芝劍長竦酒既釃進豐腯燃蠟脂神載饗祭惟時醉飽詠將何之糟塗門消塊壘神女歆黃羊祀鑒寘寘吉止止沐髮睎稽首起屏媚詞迓祥祉慶有餘及孫子雲旗揚翠旌纚宿帝郊遊天市為民正心如水

題蘇端明遊蹟圖四幅

黃樓

三百年來此樂無謫仙去後又髯蘇眼前赤子關憂樂身外黃花入畫圖太守宴開人影醉危城笛倚月輪孤泗河秋舫魋山酒何日登樓與客俱

雪堂

滿天涼雪映吟眸，四面虛堂占上頭。風月至今思赤壁，江山如夢繞黃州。荒園小葺人將老，斗酒常藏婦可謀。况有對牀兄弟樂，泥痕畫藁共千秋。

白鶴峯

海山佳氣絶塵氛，終老何妨傍翟君。三月家居愁瘴雨，半生春夢泣朝雲。門留玉帶禪緣遠，堤築金錢主澤分。仙鶴南飛峰月冷，笛邊誰讀上梁文。

載酒堂

萬里蠻鄉作寓公，松（梅）花今亦老松風。桄榔樹古堂仍在，柑

茘香多酒不空妃子呼豨成口實才人麼蝎坐身宮遺編
海外從頭記我欲持詢笠屐翁

瓊臺吟史詩初編卷十八

綠雲館集 戊子

人日遊宛在堂

聞海風流嘆逝波虛堂依舊傍山河吟詩思向花前發感舊心如客裏過十子衣冠留墓冷百年桑柘占湖多蒼葭他日憑誰溯我亦留題在薜蘿

聯吟未入西湖社攬勝先登往哲堂世事如山成大夢伊人在水恰中央詩名更比離宮壽才氣能增梵宇光今日出行天不負寒泉一盞薦馨香

花朝懷家紫園兄即書以寄

人去纔三月春來又二分天心寒易雨花事淡如雲憶別曾留語偷閒暫學文所難燈火夕鴻雁悵離羣

臺省諸公盛家山舊侶疎懷才君偶屈待聘我猶虛今對花前酒遲緘雪後書不知松嶺路池草夢何如

薄暮

薄暮欲何往看花登翠微吟懷因酒健塵夢入山稀思出雲仍隱知還鳥倦飛終南多捷徑吾亦淡忘機

新晴

藤陰忽已退竹影今猶斜昨夜過殘雨隔籬開數花人心欣晚照詩思豔餘霞坐看兩蝴蝶多情飛我家

岣嶁碑歌

崆峒碑不可即泉陵碑無從識何為岣嶁之山尖石赤字青仍翕赩天生神物事或然後世奚容妄意測不見河圖偕洛書羲經並傳聖所則況當洪水嗟懷襄九載無功痛遭殛忍覩蛇龍同壤居更憂鳥獸與人逼司空獨荷虞廷咨水土汝平任厥職石紐早鍾川嶽靈鈎鈐復象星辰飾溯源先自崑崙墟導滯疏停勢偏亟濁水臨洮遺迹多字緑離披間書黑迺登覆驪平東南何止披圖定西北蒼水使者非無因至誠感神、奉敕爰刑白馬精靈通為釋黃熊夢魂惻金簡玉書黝且幽軒轅秘授五符默黿鼉為梁龍夾舟童律狂章相輔翼滄溟涉險沿三湘竪亥步經暢八極功成治定當摩崖嶽麓峩峩快攀躋四千十丈霄漢齊七十七字烟雲勒鳳鸞螭虎交蚪蝌光怪陸離鏤岣嶁想見横空書擘窠萬靈拱衛千魔匿天為亘古開鴻濛奇字奇文壯山色鬼哭奚誇蒼頡垂神鐫莫詑李斯刻大都聖蹟難重逢未許人間久磨拭三代以還更六朝洎乎有唐覩不得樵子曾驚掣電中道人偶盼懸岩側從中呵護皆群真雲氣微茫日輪仄事嚴已極昌黎搜歲久幾疑片石泐此碑依舊還穹窿後有傳者徒自惑摹布摹紙徒紛紛牽連穿鑿率憑臆豈知碑文曾隱言昏徙之餘更欝塞

朱子考異如燃犀湘中一記那堪憶弇州謂與汲冢書概
屬荒唐宜屏抑野火焚後肥失真嶧山棗木尚差忒矧茲
結搆當中天玉帛斂山會萬國寶氣熊熊凌斗牛六丁下
取千尋直迄今人過衡陽區但覺芙蓉碧環翊天柱仍撐
五朶峰石壇誰搨雙鈎墨碑予爾亦全梅梁龍去梁空風
雨息變化難教贔屭馱飄零詎等蝦蟇蝕史遷踰越去探
奇入穴之談僅耳食聆蠻伸裡今曷傳永奔竄舞語殊特
何年搨本來閩垣郡學重雕石不踏螺扁形橅凡幾更虎
賁貌似倘其或固知贗者原非真匪重書名重明德畬搉
洪荒痕涴苔聱牙佶屈口生棘如觀魑魅魍魎形九鼎鑄

叕窮鬼魅如釋蟲魚草木名二經附益辨疆域老蛟爭攫
怒蜺奔誰擲龍梭作字織好古人將眼地氈訪賢士豈推
巴棘嗟乎元圭水劍皆韜光鐵履石船無舊式惟有此碑
雖偽書未隨兵燹歎灰熄文併追蠡留宮懸神往橇樏正
溝洫十鼓猶堪舒浩歌三蒼亦乏此風力

驛柳四首用張船山先生韻

幾度天陰與水晴長年秋送又春迎湖山如夢留離影闗
塞何人寄怨聲千步臨行疑錦障十圍嘆老憶金城將星
零落東風冷綠徧條侯古漢營

長條但解拂征衣瘦影翻疑減帶圍腰碧記從前日折眼

青盼到去年歸五株門巷人重訪三月江城絮又飛尚有
天涯荒堠客來思雨雪往依依

水郭山程半夕陽綠陰深處夢家鄉渭城曲斷魂如水灞
岸花開鬢有霜身入長亭編十里眼看別酒醉千塲授徒
曾記滁州驛石磨盤鐫字數行

一帆烟雨繪揚州十四年前綰別愁知己贈行看折汝有
人遠望悔封侯多情易作風塵累轉盼頻驚歲月流今日
道旁憔悴甚傷心莫唱大隄頭

寒食日讀滄浪詩話因憶周櫟園先生有寒食登詩
話樓感懷詩即和其原韻四首

九曲溪頭一郭前平原彌望翠葱芊山如詩體從頭辦水帶歌聲入耳連餘韻百年空唱牧春風今日又聞鵑𢀖卯老去丹臺寂墓草生寒亦禁烟

揭來大疋歎晨星曾倚危樓洒涕零七里高風追釣瀨一編佳話冀騷經江山終古看浮白士女如雲憶踏青我有鴻泥在樵郡擬隨逋客隱林坰

講武場開正蹴毬當年駐馬望江樓溪雲曉白刀初洗沙草春青筆共抽時節可憐誰話雨關河依舊幾尋秋即今荒驛無烽火猶訝灘聲咽未休

談鋒滿座挾霜鐔想見登高作賦心千載滄浪纓可濯幾

回寒食酒重斟同龕香火糧先後樓以周櫟園並祀絕頂烟霞繪淺深禪悟不傳詩夢冷臥遊懷古轉難禁

七國宮詞

秦宮

秦關百二壓寰中絕代嬌娥艷後宮西畤早銷天子氣南山猶帶美人風鬟梳曉翠雲俱綠脂漲春流水亦紅猶恨神仙無妙藥忍看一炬付重瞳

楚宮

雲雨通宵冷可憐高唐人去夢如烟魂隨臺草銷香土手采湖菱望楚天楊柳腰支愁二月桃花淚點怨三年傷心

莫唱銅鞮曲恐入章華舊管絃

燕宮

仙臺迨遞舞還歌自古佳人比趙多一笑黄金逾買駿五
華緑黛勝凝螺春風艷向榆關度香夢吹從黍谷過猶有
臙脂山不老千年瓊島點宫娥

齊宫

粉黛三千幾擅場垂羅曳縠上金堂同心未必如宣后好
色終難及太王列第吹竽娱夜飲輕紈製扇怨秋凉萊蕪
蕭槭椒蘭冷何處絃歌尚繞梁

韓宫

鴻臺突兀傍城闉，廢苑當時貯麗人。醉徧桑林三月雨，歌殘挑塞幾分春。几山横翠仍名女，洛水凌波尚有神。今日鶯花零落盡，成皋芳艸綠于茵。

趙宫

趙女曾同衛艷看，香風一夢暖邯鄲。酒行華屋春將老，謳起離宫月正寒。扶柳城分眉黛翠，長蘆溝浣粉痕殘。沙邱愁絶靈王冢，如玉人多欲見難。

魏宫

來林東上又蘭臺，右擁閶須左白台。照乘珠光隨佩轉，臨漳鏡影對鬟開。脂香夜墜鴻溝冷，簫管秋生牧澤哀。千古

鄴城留片土可憐銅雀亦蒼苔

即目

三椽茅屋三更月一角花叢一桁烟除却瀟〻風雨夕春來多半不曾眠

暮春作

小黃梅後又茶梅屈指春風第幾回臘尾未除賒酒券年頭多負賞花杯名心寥落春俱退詩夢忪惺雨早催百代光陰如客過何時懷抱向人開

友人齋中牡丹開數朶矣閩中得此殊難因感沈香亭遺事偶咏一首

檀板金𣝏遞酒籌君王艷福幾生修三章絕調傳餘韻一品名花占上頭鈴索交扶春富貴釵鈿相對夜風流可憐楊柳芙蓉外荒艸西宮又感秋

光祿吟臺分賦得吟字

闔山半壁鎖幽岑隱、亭臺入望深光祿有名題片石法祥何處拜觀音舊為法祥院有觀音像今久廢矣地歸廛宅高風渺人約詩龕盡日吟花影月華猶畫裏祇愁玉尺沒苔陰

費宮人刺虎歌

縱虎容易擒虎難六軍見虎心膽寒費宮人曰此奚畏汝輩報國無忠肝妾手雖纖、妾心尚耿、渠魁未就殲殺

虎亦天幸當時鞾鼓聲如雷宮殿瓦石皆成灰一个蛾眉入虎穴白虹貫日從天來不煩捋虎鬚不必拉虎臂面帶花容嬌身藏匕首利說言妾本金枝人得嫁將軍亦夙因痴虎聽之魂已斷誰知好色終亡身請寬金鎧袍請酌玉壺酒揾淚開歡顏含羞啟笑口從來柔物能制剛況若公主傾城妝泥飲巨觥虎醉矣醉鄉夢想溫柔鄉撤去引光奴屏去侍香婢呼虎、不醒鋼刀在手裏一刀一刀復一刀刺虎未死虎猶嗥虎起奪刀妾拔劍劍鋒濡血飛腥臊未幾虎竟死虎死妾自斃含笑歸重泉復仇慰先帝吁嗟乎有明養士三百年袍笏迎賊如雲連刺虎竟出美人手

滿朝豈値半文錢

王昭君

堪笑君王選後宮按圖搜索未為公古來真箇如花貌誰肯黄金賂畫工

張麗華

兔兒空搗月華凉玉宇瓊樓總渺茫祇有一生僥倖事姓名能傍桂枝香

上官昭容

十四華年掌選樓夜珠明月一時收神仙亦厭凡夫眼大秤量才付女流

李端端

一經哀乞便傳名聲價如何忽重輕纔出墨池登雪嶺世間黑白少分明

綠雲館集戊子

竹醉日

誰續蒲觴醉未消蒼筤今亦上紅潮平安已向春前報酩酊將逢月望邀天為此君開酒國人于生日比花朝淩雲氣概流霞暈並入瀟湘畫裏描

新栽認取向南枝更愛西家種地宜如得風來添一笑倘將日計近主時（夏至後半月為三時）菖蒲好觀當筵拜簫管還聞侑酒吹況有松梅良友在日斜沈醉共扶持

種竹原期竹長成今朝獨以醉為名虛心善飲原無量直

節微酣亦有情設席他年招鳳宿觴稱有客號龍生南中倍覺南風暖薰得酡顏到緑卿

最宜深處客堪留近水三分好拍浮谷空人都來上壽醉鄉君亦合稱侯靈辰可再須逢閏迷日相傳又到秋（八月初八為竹迷日）尚有荷花生隔月碧筩歡唱采蓮謳

六十年來始易根每逢初度宴淇園緑陰掃地扶無力赤日行天夢有痕三徑新開誰折簡七賢相對又傾樽更看時節中秋好魏紫姚黃種滿盆（八月十五牡丹生日）

豈徒繞節出風塵十二芳時驗最真移近酒泉方得地消將塊壘亦如人柯亭種尚遲凉月筍譜名偏誌小春（八月為竹

小春此日託根看獨早天教一石慶生辰

吾家亦有竹成叢好把頭銜署醉翁不必解醒尋紫艸何曾偷酒比丹楓一杯遥酹湘江女三爵當師衛武公他日化龍作霖雨香醪餘氣灑長空

六月六日林梅友國士招周同彦及余登烏山奎光閣

凌雲傑搆面長濠射斗文光映彩毫入社節逢天貺好登樓夜看月痕高人嘗禪味詩心細地得山靈酒氣豪擬到重陽颰館約再開花飲問分曹

擬重濬小西湖分詠限庚韻

六百年來事湖山幾變更霸圖銷海嶠水利溥民生堰認前人築功期不日成嚴高風已邈當代孰齊名

太息湖西路泥湮艸又平民思趙忠定世望蔡端明溉畝關民食籌錢出水衡他年棠蔭滿花柳抵杭城

大利當興復同人喜賛成官能留厚澤我亦助吟情古寺荔初熟孤山梅亂横四時拈畫舸來往鏡中行

為水為園處公私兩莫爭五塘分界限二揷按章程畎澮通千頃亭臺築數楹澄瀾高閣在從此北官清

卓翰堂囑題文信國玉帶生硯銘搨本

翰堂嗜古精求多金石文字紛蒐羅信國遺琴疊山硯蘄

王甲鏡光重磨蕭齋何物擅四絶玉帶生銘字如鐵青簡
曾傳正氣歌翠斑猶賸孤臣血孤臣魂去誰為招半壁江
山空寂寥滄海桑田五百載竹如意碎哀南朝丹心獨自
照千古此硯流傳到皋羽復皋羽復貽楊鐵崖墨花倒飛
作秋雨想當夜宿來青原丞相壯懷相與論呼取端人遣
世慮瑤琴字、皆君恩生平仁至又義盡讀聖賢書志不
泯衣帶書成臣節完風雷來逬星辰引黄金横帶為何人
公獨殉烈全其身集往百篇操一闋至今生氣留墨賓顧
平原張許廟日朗星輝同照耀五坡嶺零丁洋天荒地老
空蒼茫吁嗟乎此硯亦曾航海去烟水瀰漫指何處閩粤

漁人偶得之腰圍知有鬼神助鬼神呵護來榕城紫霧紅
光堅且瑩一尺花鐼搨萬本翰堂示我摩香名我慚作歌
比張憲鑄銕無功筆未健惟有渏回籟曲之山莊翰堂與齋名
君時見黑龍噴

鼇頂峯圮矣陳恭甫夫子飭工踣立即系以詩

漢闕唐宮幾刼灰金鼇背亦委蒿萊名山應得文星護此
地曾需化雨來靈秀好争天寶石留題誰繼狀元才十洲
何日看成市先覩奇峯半壁開

諸同人戲咏絹美人繡美人畫美人塑美人各一首

幼婦從來配色絲鵝溪入貢製偏宜身材幾費裁量巧手

手段還誇組織奇霧縠無痕開臉暈冰紈有影弄腰支如何絕代吳娘藝轉伏鮫綃一幅披 綃

乞得天孫巧幾多五紋添線憶宮娥挑成風貌須鐵簇刺破春情在綺羅細意可能頻熨貼同心或許略摩娑燈街一片香塵軟莫看鴛鴦蹙黛螺 繡

手擘新箋寫豔妝衣香吹上筆花香淡濃顏色休從俗深淺眉痕欲問郎脂粉不嫌污號國丹青何苦累王嬙龍眠老去崔徽邈尚有簪花繪憶娘 畫

木偶難矜麗色齊搏人妙術狀幽閨羞花貌本生香土咏繫心難染濁泥一撮曾分膏沐厚半龕誰護珮環依喧他

火刑空燃腹怎及膚脂與齒犀盟

九月初十日對桂花有感

幾回惆悵過重陽猶對庭花嗅異香未免被他仙客笑空持月斧學吳剛

難倚青雲高處栽罡風吹影下亭臺人間不及天邊早金粟花遲一月開

留人幾耐小山寒也費姮娥刮目看我與桂枝同偃蹇從今招隱傚劉安

江際安明經春瀾招諸同人齋中賞菊

紫蟹雙螯大黄花百本香想經時雨化獨占好秋光對影

心俱淡詢名譜未詳坐中誰畫手添繪小柴桑

願乞三升酒携樽日日來人生看晚節地主况多才半畝秋如夢重陽雨早催門前桃李樹也費幾栽培君授徒最盛

展重陽

已到重陽後仍歸九月中新詩無敗興又送滿城風

菊璞綠如昨萸囊紅更濃試將陽數計九九復重重

前日怕無酒今朝酒滿缸白衣人未去對影轉成雙

郎采黃菊蘂妾攀黃菊枝菊花能益壽歲歲展花期

又上烏山路秋林已落暉紙鳶看不足還望雁書飛

今歲尤無賴西風落葉初登高多賦手再續興何如

依舊商花影從新製木符不知詩句裏誰善用茱萸

賸有迎凉脯獅蠻手再携菊天新酒熟仍想擘團臍

昨夜魚風起黄瓜新上街得留佳節住此味亦稱佳

大廟山前夜歌聲聽幾回願郎如戲馬已去又重來

沽酒遲明月釀錢定有人柏梁歌一闋舊調更翻新

是月偏疑閏秋心剩幾分須防風落帽喚作舊參軍

似記坡仙語花開九晼根海南天氣暖葭月尚携樽

莫放商飈去還留素節寬元宵同一例燈火續餘歡

自笑劉郎拙沈吟九日間題糕仍不敢後約又登山

十月十一日邱香圃招林梅友何杰夫周同序及余

仍集烏山奎光閣

勝地難團聚今逢第二回山僧如有約尊酒且重開紅葉疑新染黄花認舊栽醉看江月上人影又歸來

擬劉希夷擣衣篇

西風吹月、如水坐聽擣衣數聲起秦關夜色漢宮秋迸入萬家繒帛裏繒帛連宵含怨聲天長地遠誰為情征夫塞外愁聞笛少婦樓頭罷理箏、絃欲斷笛將絕手拭寒砧怨離別雙淚驚霜紅作花片心照石白手鐵年、辛苦煩青娥婉腕力用盡將如何枉說封侯是夫壻但聞擣練當關河關河曾記雁行處料理征袍寄伊去十指皴殘君未知幾回夢破夜將曙江南江北深秋深多少香閨同此心急杵亂隨落葉下孤燈時作哀蟲吟隔鄰亦有踏歌女長伴青衫唱白紵一樣少年歡與悲問天﹅亦默無語寒﹅衣製罷裝吳棉銅箭宵沈人未眠恨不化爲搗霜兎廣寒修藥成飛仙

新筍

嫩竹含胎漸出尖山人劚遍碧纖﹅街頭從此多香玉聲價如金十倍添

孝感當時說孟宗竹根滋味又臨冬莫言生小無人見風雨三更起蟄龍

建州山勢畫圖開，嫩籜香苞匝地栽。聞道今年天氣暖，筍籠乘夜下船來。

勝他萵韭與挑葱，幾束瑤簪壓擔中。白菜初來冬筍出，令人轉不羨山東。

時新風味到江邨，多少人家挈酒尊。留得二分煨芋火，晚來珍重煮龍孫。

嘗遍黃虀過廿年，竹萌今又薦盤鮮。何妨屢被東坡笑，日ゝ來參玉版禪。

東南竹箭種偏宜，煮簀何人意太痴。猶記京華豪客飲，百錢幾片上盤時。

兒筍同期竹莫成穿苔頭角已崢嶸中年權當兒孫看喜見今朝脫錦繃

萬錢下箸嘆猶難珍錯紛、譜食單我固清貧饞亦甚何須肉味歡加餐

斑殼新披美且腴不曾迎夏佐櫻廚他時久曬乾成脯火腿從茲又號蘇

福州榕樹歌

柳星不照閩中區此外嘉植皆榮敷楓柏梅枏樟櫞槵椶櫚槐梓桄榔梧最多惟榕不過劍旁挺側生虬鬚垂蔭蔽虧及百畝蟠根蔓衍成千株誰其栽者程大夫暑不張蓋

如流蘇勿翦勿伐公所憩海城因以名稱呼或云閩產貴適用盡屋用杉器用榆此物連蜷且擁腫爨薪繩墨咸無須吁嗟是說何其迂君不見蘭桂芳膏盡焚死庸材還得留完軀又不見堪輿援此作屏翳無用之用居民需不才從古易長壽豈必物色求當途來道松明尚穴取行人空自思君謨長歌未已復三歎吾少也賤榕奚殊千載伽南倘有望何妨暫守愚公愚

宋端宗行宮

臨安王氣早沉銷瓜步山光亦蕩搖航海愈形南渡弱守陴誰敵北兵驕大聲出府驚登極巨颶掀舟歎換朝惟有

榕陰留呂石冶城宮殿鬱岧嶢

江上歌聲白雁哀龍艘鳳輦又南來景炎年號收終局垂拱衣冠付刧灰海嶠偏隅非易據鐔州幕府亦徒開尤憐一片平山石爲駐殘兵剷緑苔

明隆武行宮

鼎湖龍馭擁神仙藩邸鑾輿駐海天專閫都歸森舍族勤王猶賴石齋賢山河不久虛三面租稅何堪借一年從此霞關無守禦鼓鼙聲裏起烽烟

明季還同宋季時建都東越總堪悲三千兵甲曾援例廿萬軍糧太限期燈月却輸江左盬溪山空負冶南奇天興

府裡銅駝淚北望長安早涕淚

瓊臺吟史詩初編卷二十

歲餘補拙集戊子

閩縣劉萃奎薇卿

懷鄭少谷遲清亭故址

群鹿山碣摩蒼穹，金鰲石脊悲秋風。園林二百卅餘載，過者猶說高湖公。我聞鄭吏部，建事明武宗，為諫南巡疏直入，君威莫鑒孤臣衷。孤臣熱血洒天地，遑恤拜杖當廷中。白日昏黄暮雲黑，肉雷如鼓飛猩紅。太阿倒持有闇寺，諫草全上皆英雄。狐兔鷹犬立朝右，黃船快馬還張蓬。龍江釣魚豹房戲，祇狎八虎忘臣忠。臣志不行請辭去，芒鞋踏徧榕城東。榕城山色亦殊絕，人迹幾與仙迹通。小倚柴門望明月夢魂猶繞法王宮遲清二字署亭榜坐看天意廻宸聰踞石折梅共高詠言官聊且為詩翁西鄰更有少參宅樓閣圖畫非人工相距里居不數武鼓旗左右排長空生平知己許給事手挾白簡乘花驄抗疏鋤奸竟被戮假山空貞安南封黃門英烈足千古公有大節將毋同文字丹青在人口日星河嶽光熊熊當時海內已傾倒識與不識咸推崇千里入閩理喪具子衡交誼全其終君不見三百皇莊泣寒雨江南花亦成丹楓回首故園有桑苧至今佳氣何蘢葱

盆梅將發詩以催之

老幹長盈尺春光逗幾分兩年如識我十月便思君昨夜
酒微醒開門香已聞家居本窮巷卧雪又眠雲
逋仙不可作千古誰知音我俗未能免花開聊自吟滿庭
消野氣數點証天心痴絕灞橋叟騎驢何處尋

讀史閣部報我

朝攝政王書題後併懷黄波民先生

太兵南下廣陵時丞相勤王作督師一紙忠魂留手筆兩
朝正氣現鬚眉相傳公為文山再世梅花愛護忠臣墓燕子羞填
狎客詞俎豆名山今論定叅端更誦
御題詩

幕府當年仗運籌竹皮荷葉自風（摘錄先生詩句）登臺朱喙空含涕歸里黃冠又出遊生比謝翺隨信國死依閣部葬揚州小桃源裡知音在一例遺民溯建甌

小游仙

瓊臺水木簇烟霞十四年前畫境賒一自天風吹落後人間無處覓桃花

誓向琅函老此身青鸞依舊隔紅塵茹芝采木成何事射後方書最誤人

飛昇亦自有因緣九轉丹成恐未然君看淮南舊雞犬但能舐藥便登天

冠蓋紛披上玉京，幾人留訣得長生。蓬萊水亦分深淺，多少閒居不記名。

神仙曾向費幾回，尋塵刼難消世味深。臣朔至今飢欲死，丹砂何日鍊黃金。

一别經年事可哀，渡河靈鵲影徘徊。黃姑也自矜聲價，不等金錢聘不來。

白雲青靄樹毿毿，來往仙家控鶴驂。指點此中有佳處，令人廻首望終南。

小憩雲房為執炊，度人心苦是鍾離。枕頭了却平生事，猶有黃粱未熟時。

般若臺篆歌

我聞嶧嶧秦皇碑野火焚後無留貽棗木傳刻笑非古曷如獵鼓光酉岐少温書法本家法蒼勁突過秦李斯準較坎流與艮峙推詳方矩偕圓規說文五百四十部字字研究窮毫釐八體六書久散佚此公一筆雄扶持後身蒼頡豈虛語刻劃犀兕蟠蛟螭鬼斧神斤競呈巧蟲書鳥跡難矜奇絳州片石屹天表公以心摹兼手追就寢數日不能去但看碧落烟迷離吾聞地本古荒服碑志殊乏三唐遺天為華嚴闢法界鄰霄縹緲香雲披擘窠廿四字如鐵石氣筆氣紛淋漓大戟長槍出芒稍珊瑚碧樹交枝瓊枝此

中呵護有神物千載仍許風塵窺星斗下垂海雲立登臺
一覽群山卑我家密邇射烏麓如覩仙掌擎瑶芝麗水縉
雲詎待訪偷閒拂拭神忘疲巖宗行草早零落觀察德政
疇懸思惟此篆文尚完好風霜匪蝕星難移古來四絶更
更三絶人以字重齊名馳德秀墓文慎律碣皆公榜額抬
今茲快哉榕嶠仰書虎筆力直掃千熊羆徐浩崔邈不復
作公所傳二十三人徐浩等我當拜石呼李師酒酣潑墨上般若揭
本將就還吟詩願與會稽岣嶁共流播豈徒韜采匿耀閟
江湄

冬至小西湖弔趙十五陳叔度二先生墓

鳳飛燕去鶴長閒，惟有吟魂自往還。入訪殘碑長至日，天開別島小孤山。蒹葭夢斷三秋後，蘋藻香生一水間。擬向湖西重結社，高風綿邈許誰攀。

梅花風骨自然清，分領湖山作主盟。當日吟壇相伯仲，幾人題墓有公卿。瓣香可補生前福，宿草難消死後名。我豈賞音石倉老，每來水次聽泉聲。

擬朱子和吳功濟惠山蕨四種詩元韻

別有通靈草，華林碧澗傍。脩真能見性，耐冷亦生香。春土匀膏厚，風泉引趣長。儒夫休感憤，持贈豈尋常。蕨

烏觜洵稱美，青泥亦發榮。泮池歌薄采，雲夢記叢生。當肉

無兼味呼葵有別名區區今獻我珍重野人情 芹

未許綠如簣登盤春月中竹園長計日蓮社遠聞風閂角

誇新犢闢情惠穉龍莫言甜苦異培養總天工 筍

采薇西山陲清風溯讓國聞歌殊愴傷欲食轉悲塞軒冕

曾視輕筐筐忽携得長此止春飢餓夫與有力 蕨

擬朱子賦水仙花韻

嚴陰布巖谷搖落嗟群芳天風解人意吹夢瑤臺香冰綃

雜露氣玉質兼金相綠帶學宮樣黃冠成道裝初生本近

水獨立能經霜湘渚拾遺佩漢臯明翠璫奈何熱中客雜

浣西江腸但競俗情豔豈知貞性剛配无得通理取象宜

含章千秋有靜女彤管無時忘

閩中感興

無諸胙土拓東瀛縹緲蓬壺近海城八姓移家歸版籍四門建學列儒生天開絶嶠追鄒魯人望離宮弔宋明尚惜常公祠下祭椒漿未奠李文成

萬里重山百折廻左旗右鼓霸圖開朝宗有水皆東注捧冊何人自北來冶竈龍精逼牛斗海門蜃氣幻樓臺石撙秋冷叢祠晚夜夜銅駝泣草萊

一家英武起光州百代衣冠振海甌拜劍又成唐世界披圖誰補越春秋陣圍白馬披金鎧宅擁黃龍進玉旒惆悵

水晶宫裏月樂遊無復見宸遊
遺澤流風繫去思勉齋精舍古靈祠文章直與中原埒功
德同稱百世師烏麓秋摩賢守記鼇峯夜誦諫臣詩越王
片石今猶聳烟霧迷濛又幾時
滄桑豈獨嗟文獻勝跡興衰亦不同佛殿無香空鑄鐵譙
樓有漏已移銅毬場草沒一千步石碣烟埋卅六宮憑眺
祇留雙塔影榕陰綠映荔支紅
臺戍戈船萬馬屯將軍節鉞百蠻尊洗兵天雨銷魚海巡
況秋風過虎門地險封疆勞畫策時平貢使話承
恩成功去後朱一貴林爽文殄從此苞桑莫省垣

由來興利仗當途建議仍資士大夫棘院重新秋較藝松
風復古地還租司徒遺廟脩唐季石室孤忠配宋儒閩學
未衰文教盛海邦大定要輪扶
謝黃文采散如烟志局重開又百年操管手中由我易積
薪頭上幾人傳事難徵實名何益論未持平見總偏寄語
馬班今作者留心採訪入叢編
近得李蘭卿太守所寄榕園文鈔及龍谿唱和集等
編作此奉答
三年治譜百蠻知廿載交情萬里思我爱當途能養士世
傳從政有遺規榕園花月燈邊宴桂管溪山畫裏詩他日

一官添一集題名雪浪又嵐漪
黄堂稱職古爲難況屬邊陲策治安天遣守思如化蜀人
欣御李比瞻韓事多師古同寅協制爲因時令甲寬珍重
篇家霖雨意後來莫作具文看

附篆心内弟札後復書二律寄蘭卿

聞道思田氣象新政成三月在親民（堂名）傳來治績歡猿鶴
化徧蠻疆頌鳳麟吏事能將經術潤官書如見性情真（所刻）
（有潤經堂官書一卷）停雲爲補觀風什百載姚江有替人（蘭卿創建陽明書院）
朅來音問遡雲天百粵三山路幾千我比劉蕡還下第君
真李渤善籌邊名亭有字看銅鼓（蘭卿下車賓州適出銅鼓自宋元豐後今又重

瞻矣鑄硯無功感石田留得蘇齋香火在西園唱和又何年

己卯臘月作坡公生日今將十載思之宛然

冬晚雜詩

近歲已云暮行年將曰强風塵嘆淪落身世話蒼涼謀食廬輕進嗜書愁健忘晚花偏有趣冷眼對斜陽庭畔榴花尚開數朶葉老低辭樹雲孤懶出山吾衰偏入夢名賤易投閒病覺風霜緊貧知道路艱但存詩數叁年例祭窗間忽忽少時事流年今又催半生薪米役十載蓼莪哀歲月磨塵劫功名付酒杯春明一迴首花艸隔蓬萊天道卅年變於茲未十年名途爭取徑交際重言錢覆手

成雲雨違心對聖賢不才甘守拙莊誦養生篇

九仙觀老松歌

海天一夜飛蛟龍騰躍上聳青芙蓉霹靂當頭不敢劈化為槎枒偃蹇之長松人言松實仙所餌鍊汞燒丹即其地騎鯉仙人去不還底事風濤撼山翠豈知松壽多千年或數百載相後先漢柏唐槐亦時有華山且溯商周前泰山有漢柏唐槐而華山西嶽廟有商柏抱周槐則尤異矣自唐以還復有宋殿觀祈年典彌重嶽廟蓮盆和露擎于峰松樹擘雲種想當建觀崇宏時金碧丹漆交迷離篆額大書萬歲字亭臺獨占三山奇三山靈跡本無數任井廬菴已塵土金粟飄零銀杏凋秦

封不到獨千古滄桑閱歷春還秋上有元鶴巢蒼蚪琥珀
精瑩下久孕藤蘿蓊欝旁交抽我今登陟覽秋色手撫是
松長太息趙氏九陵尚變遷冬青一樹何人識遺孤航海
還南來品石蒼涼吁可哀羽客黄冠總無益珠宫瓊室胡
為哉大千世界一窠臼富貴神仙亦速朽夭幸不遭塵刼
灰松兮松兮汝知否

瓊臺吟史詩初編卷二十一

春牛聯吟集 己丑　　閩縣劉萃奎薇卿

二月朔日邀仝林笑山廣文同年早春邱香圃紹瓊

林梅友周同序集烏山奎光閣即送李心箴明經

欽之順昌

勝地幾回聚文星今夜明十年多間濶一飲足平生座客忘新舊山僧解送迎海天詩境在呼燭話蓬瀛笑山任臺陽數載有留別諸作甚佳

又作驪歌唱匆匆當別筵此行看劍氣小聚得詩緣道路中年懃文章老手傳明宵鼇背月孤影上江船

舊種紫藤花未開悵然有作

栽花便盼到花時，依舊垂條短接籬。想是東風無氣力，美人香信不曾知。李白詩：香風留美人。

濃陰苒、復毿、，不傍青溪傍翠嵐。綠葉較多花較少，人家翻愛任江南。江南卷畫溪多此花，惜余未之見也。

翠蔓分來便發芽，當時喜極望尤奢。如何雨度春曦好，難得天孫擲紫霞。

灌溉工夫我亦能，春來盼斷曉雲蒸。待人紫誥書文字，一畫開天只結繩。顧沈詩：委曲結繩文，離披草書字。

絕無紅玉映堂偏，惟有黃環綰酒邊。欲乞紫雲娘一笑，座

中誰是杜樊川

滿棚生意尚婆娑一曲桓伊喚奈何遲速亦關花有命紫絲步障讓人多

委曲離披折復抽關心紫綺上吟眸今年春較前年冷底事仙人不着裘

祗傍雕闌幾曲迴難教羯鼓一聲催朱顏近亦多消瘦何自能看故繡堆

俯首如安本分低芳叢亦復與人齊紅燈緑酒都消受只欠花封捧紫泥

幾番惆悵對春風翠幄何人補化工他日紫衣裳製就妬

他李白與桃紅

春日雜感

少年豪氣頗縱橫，今日吟懷又變更。身賤甘隨花作僕，世平且向酒談兵。風雲何地容高枕，山水當時負遠行。每撫韶華思往事，傷心豈獨為科名。

無補風塵亦可哀，半生踪跡委蒿萊。人如瘦鶴飢誰飼，子比時花望再開。乞米書多詩漸少，思兒淚去夢還來。也知世事天都定，難遣愁腸日幾廻。

東風一例到人家，苦樂中分兩境差。高士豈真耽麴蘗，頑仙奚解鍊丹砂。貧原是病方誰補，憂竟能傷鬢欲華。只合

寒風昨夜忒多情海霧江雲散滿城催得一竿紅日上隔
牆先報賣花聲

冷醉閒吟十日寬花光恣我幾回看今年穀雨偏無雨天
為人間護牡丹

安排吟榻對庭柯一卷殘書引睡魔夢醒不知天過午綠
陰如水漾簾波

喜有山莊近隔鄰登樓遍看四城闉分明一樣峯巒好拓
出晴天畫本新

中年倍覺愛春光帽影鞭絲竟日忙看到花開又花落一
梯紅雨下斜陽

乳燕喃喃亦已向啼鳩滑滑莫頻催新晴難得朝連々不
捲湘簾待月來

謝友人餽酒

典盡春衫作酒錢酒空還有故交憐看人委曲諸謀婦許
我分明學得仙差免衝泥沽雨後每思開甕醉花前糟邱
也抵囷倉重緩急能通亦可傳

謝友人惠櫻桃

曾向人家乞種來小園深處手親栽自慚福比香山薄樊
素朱脣不肯開
何須玉筯與金盤擎出筠籠便可觀我不熱中偏飽食讒

人消受蔗漿寒
靺鞨紅披四月天黃梅丹荔莫爭先閒廚尚惜無蔬筍草艸春光餞一年
石家風味愛新嘗十斛明珠足比量不道食中兼有色聞名上口已生香
天上星光散玉衡勻圓細膩又分明當筵豈羨拈花佛一串牟尼挂水晶
園林未許鳥啣空小摘分甘不揀叢我亦巧偷鸚鵡舌學他香稻啄餘紅
不待天家賜近臣南中一熟便嘗新今年更盼長安客此

宴能叨有幾人

食鰣魚作

江南四月又魚天富春五月撐魚船鰣魚地氣亦有別食新要讓吾閩先吾閩濱海聚物産鱘鰉鲂鯉鰷鰽鱸黄瓜壓擔市廛晚腥風吹繞蠻江烟老饕盡日看不足買魚苦乏床頭錢鰣魚多刺復何恨味逾石桂偕池蓮友人似知我所欲分甘持贈庖厨前銀鱗三尺出雙尾骨如箭鏃形如鯿鰨來斷飲已三日得魚又破蘇齋禪有肴無酒咽難下浮一大白當盤圓記曾寄食向團泖蓴羹菰菜羞嘉籩松江之鱸古所重肥美還遜鰣魚鮮家居鄉味亦時有茘

支盧桔供年〻此魚價貴豈易得雙尾已過緡盈千吁嗟乎人生遇合固天定口之所嗜原同然豪家相餽轉生厭我忽得之喜欲顛嬌兒洗鱗浸灰水謂此可以妝花鈿酒酣攬鬚倏大笑令我翻撿禽蟲編

宋元豐東嶽蓮盆歌

古來物樸堪留貽清遠石臼今猶窺否則巧偷與豪奪金鑪瑹椀增傷悲迎 易俗里舊祀嶽帝閩王時地本東華廢苑改行宮從此 中祥符拓其制沿及明季重修治中有蓮盆滿貯水朱 紛葳蕤斕斑不過出陶瓦圓潤想亦廻蓮漪云是熙寧 後里人供養天

齊祠康瓠猶見質懿意奚假人物交迷　工緻固輪赤玉甕渾堅真勝黃金卮我聞盆寶　其後金石爭矜奇雙鯉篆鐫孫子貴兩魚　宜紫甕早傳渤海貢綠石還揷珊瑚枝　侈豪靡厥名聚寶終傾危可知自炫久必敗玳瑁瑪瑙誇奚為東郭近郊地幽僻況兼呵護皆神祇鄉愚畏禍戒攫取七百餘載無人移雹掣雷轟所不到如觀玉井芙蓉姿年、三月盛香火焚楮燃蠟羅階墀蓂莢葉占數廿四巡衢芝蓋偕蘭旗村巫里叟亦稽古手澤爭溯前朝遺入廟摩挲不忍釋依然菡萏雲疊披君不見孟蘭盛會綴璆琲荷葉雕盤凝粉脂曷若磁盆置

東岱勝于印磚累甓之城池

荔支香樂府

華清宮裏月如水三百梨園拜妃子舞罷霓裳歌紫雲明
朝又報紅塵紅塵飛騎來長安祇傾城一笑看病齒豈嬿
焦核熱芳心偏妬紅梅酸梅花怎及楊花罷一斛明珠那
足重芍藥曾聞亭北香荔支更愛嶺南種嶺南種本勝忠
州進奉年年 邪飲未消醉後態丁香先
潤歌時候金尊檀板 出仙人貌姑射按譜須教
太白填堆盤已把輕紅擘 妹都嘗新一曲君王記
最真此地調絃避盛暑來年 春元宗嘗于長春殿撤閣中紅錦

荔支命六宮人爭拾吁嗟乎衒花早兆宮中　部新聲恨太戲誰
料漁陽喧鼓鼙頓教大內　哀絲豪竹皆悲涼揚柳
芙蓉空斷腸聽到　響處不堪重唱荔支香

瓊臺吟史詩初編卷十二

蒙泉避暑集 己丑

閩縣劉萃奎薇卿

重濬西湖工竣有作

喜看挑濬到湖西，石齒粼粼岸腹齊。有補由疇如呂埭，略添花柳即蘇隄。人因近事思遺愛，我亦新遊補舊題。從此澄瀾凭不了，水天一碧浸玻瓈。

願乞城壕土一卯，湖山深處結茅樓。栽花地與僧分界，待月時呼客泛舟。入口饔飧供秫稻，半生廬舍傍松楸。鄙人所祝無多事，祇恐青天尚掉頭。

病後彌瘦客因以太瘦生目之作此自嘲

太瘦生何事從來信有因虛名能誤我此墨最磨人尚幸形容槁還留面目真杜陵逢飯顆或可悟前身

客謂君消瘦當循此道行談詩休結癖過酒要藏名我固生多病誰能遣有情閒吟兼冷醉故態恐仍萌

處世無勳業誰偏恩對鏡看相窮非食肉書到輒加餐軒冕論交易藿鹽守分難不知車笠者多少舊盟寒

矩李猶精悍空生七尺軀無聞慚老大有累慰妻孥眼看風雲遠心傷歲月徂可傳人幾許素位是吾徒

惡蚊

蟣善藏蝨善走青蠅蚋姑靡不有世間聚毒紛蟲沙陰狠

獨蚊作戒首蠕動由來生水涯遁逃亦復隱林藪天陰無
雨聲如雷歊血為盟入戶牖頭上橫行身亂飛耳邊喧聒
語難剖厶磨亦借斯文名底事跳梁出塵垢萬物最靈惟
倮蟲屠龍擘鳳笑烹狗爾乎纖小同秋毫翻欲食人逞利
口長喙直穿毛孔深細鍼微刺髮皮厚鑽營誰辨聲雌雄
嘬噬豈論貌妍醜最苦作書當暑潛窺密伺左還右有時
露坐黃昏涼迴繞目前復身後吁嗟乎吾輩膏脂能幾何
豈容恣汝作脯糗飽雖稍去飢還來爾貪須用老拳毆老
拳時亦殲渠魁批頰有聲血盈掬餘黨成群難就擒避圍
聊且下帷守下帷展轉宵無眠痛癢爬搔運雙肘兩月墳

起成贅疣背若生刺歎膚受怪來入夏形彌枯徧體瘡痍十有九愆壑難填可奈何怎教身化百千手南方地濕天多炎此物齩人禍最久我豈甘爲宋沈倫談禪叱箠任紛糾嗟哉太造雖廣生奚必留兹作山負萬古傷心烈女祠香筋縱露骨不朽安能借彼陰風吹掃遍浮塵若揮帚

嘲蠹

園蔬變蝴蝶作畫形蘧蘧腐草化螢火照字光徐徐微蟲亦可取且任東風噓獨汝肆荼毒厥名爲白魚縱云赤鬣少但覺銀鱗如竹篋每潛伏蒲編時嚼咀江湖既不樂何苦縑緗居文字豈有餌翻爲倉廩儲埋頭直到死搖尾誰

憐渠尤復恣吞噬，齧人或癬疽。登仙不可望，度世終為虛。記昔穆天子，瑤華曾載書。羽陵一曝後，厥種仍留餘。環堵乏長物，兔園供獵漁。柰何寶逼此，瑣碎還紛拏。鑽紙比蠅蚋，落硯疑蟾蜍。誓將與汝約，毋再藏經畬。一網盡打去，豈容中或疎。不然聚芸草，辟汝離吾廬。汝或別有說，謂非吏與胥。世間蠹何限，安得皆驅除。

四月二十夜聽雨

熒熒燈火照書床，聽雨翻疑此夜長。高樹葉粗聲易到，小窗衾薄夢尤涼。雞鳴未遂披衣舞，蟲語如催促筆忙。我自夏來欠春酌，簷花猶落十分香。

積雨

幾日黃梅雨，柴門剥啄稀。竹根穿壁出，花片過牆飛。入夏疑秋景，看雲望夕暉。海城天氣別，四月着棉衣。

贈伊少沂同年

交遊聚散半雲烟，舊雨重逢十四年。笑我名場仍白畫餅，喜君宦路已揚鞭。職司管筴頭銜貴，家守韋經手澤綿。倘到廣陵花月地，官聲珍重繼前賢。尊甫墨卿先生曾任兩淮鹺使，今少沂以援例鹺判請咨北上，或即選其地，故云。

却憶金臺射策時，青衫紅燭對吟詩。交同蘭譜情偏密，念及萍蹤感可知。久別最難能小聚，相逢還恐是將離。朅來

喜有王生石（謂笑山與君又余也）團飲榴花醉不辭

送李篆心内弟之仙遊

天下佳山水無如石所多（用宋林光朝語）君行良不負我送且長歌家累人輕別雲居（山名）日易過遺編搜來滌文采在關河

我亦江湖客楓亭欠此遊今看餐荔去昨動送梅愁天氣逢初伏仙蹤訪十洲故園有親友音問莫遲留

螢

笑爾來何暮牆邊復砌邊如星難代月有火不生烟投暗終為累分光倍可憐須防羅扇撲莫繞畫屏前

荷花生日詩

櫻筍廚開兩月餘鏡塘今又放芙蕖先春種已占香夢計
日名當解改望舒（望舒荷出拾遺記）臂玉交纏風動後掌珠剛捧
露零初生成骨格稱君子絜果蘭因恐不如
青錢疊、早浮池準備今朝作洗兒世界有花開淨土年
華如水及芳時馨香不僅聞三日盥浴何須試一朞自是
濃情兼豔福生來便享碧玻瓈
畫槳三更月一彎名花四壁境幽閒神僧咒影看銅鉢美
女分身認玉環湯餅擬開香國裡桑弧誰挂水窗間況當
落日紅酣處尤勝疎篁帶醉顔
傳花宴後作花朝出水天然去飾雕中婦初生心便苦小

娃欲語態偏嬌一池培養春猶在六月酣歌暑亦消試製紅衣為繡褓湖頭濯錦不須挑

闌暑都忘造牓天今朝令節正觀蓮生非震旦仍供佛開到成群亦號仙團扇畫添風貌古玉盤養就水精圓靈辰我恰遲踰月豫借花光作慶筵

金牌廿四報花風菡萏生辰數亦同此日藍傳香市後六月為香市有人來賀水村中同游地憶王吳蕩小祝杯擎九夏篙畢竟輸他仙不老扁舟一葉泛輕紅

鶴觴長月足句留為祝芳莩共拍浮指日長成應十丈替花須禱亦千秋良辰早過春婪尾竿甲新編水上頭別有

清銜呼博士愛隨溪客話添籌

傳來小字已生芬淨業前身說露筋設悅天晴香在水集裳人滿影如雲摹成壽意剛三伏納得涼心又幾分我愛芙蓉正初日依紅汎綠宴諸君

訪道山亭用黃鎮成晚憩韻

何處脫埃壒言尋幽且深危亭亦寂寞太疋同銷沈暫倚竹邊石來聽松際禽人烟助野色江月生秋陰縱覽一時勝足消千載心曾碑我夙讀學道思從今

擬童冀水車行

木槽承水催飛輪倒瀉秋雨天無雲龍骨盤空僅兩丈但

聞大聲發水上老農分風還擘流雙脚踏遍千夫溝、水轉翻入田杏伊、啞、灌苗黍從來機械皆由人代桔槔者誇水輪兒女抱輪雜疇伍有時爭水訐官府金錢費盡田空存此器嗟亦摧爲薪西北旡逢歲大旱青原萬頃變黃坂鬻兒賣女多農夫長吏仍復來催租、税未完不得食車兮車兮亦何力夫公倘或憐千家急喚阿香推雷車噫嘻乎雷車終勝水車軸一雨滂沱五穀熟

觀蔡忠惠萬安橋碑記

端明學士蓬萊仙刻石紀績東南天手挽狂瀾作砥柱淋漓大筆真如椽教民十六事五論文廟學記咸雕鐫光禄

墓銘太平亭所嗟存者無完篇五塘既復減丁稅旋以五
馬移南泉、地海濱萬安渡屢防水立天吳顛魚龍叫嘯
駭波浪蛟蜃變幻幻生雲烟彼岸誰登欲浮筏中流不斷
難投鞭至誠感神、所佑公曰是說倘其然乃飭良工度
潮汐更開左藏輸金錢鯨濤驚伏鼉梁起雁齒銜接鵷蹲
連翼以扶闌砌以石凌空俯矙皆深淵其長三百六十丈
廣丈五尺夷而堅如覩彩虹入澗飲底須烏鵲將河填功
成載筆紀年月腕力透背中鋒圓鐵畫銀鈎極鑱削龜趺
卓越蝸紋旋後人附會𢭏其說投擲水府終訛沿日炙雨
淋世幾易燹燒潮齧碑仍全至今一百四十有二字字字

巖壑還雄妍靈物真得鬼神護况功與德千秋傳地因人重古常有名埭蘇隄輝後先笑彼盤光踞鳳與道詢所造空亘綿（僧道詢募造盤光橋比萬安橋尤長且廣）君不見饒州之薦福廬陵之龐阡雷火轟燒水神攫何如此記摩崖懸

題桃花扇傳奇

九重先自缺金甌六院憑誰訪翠樓謎裏春燈空認錯畫中月扇秪緘愁天生俠骨傳紅粉人熾情根到白頭一曲後庭花落盡那堪還唱秣陵秋

半壁空將色界誇天心早已厭繁華亭臺易換通侯第風月曾遊狎客家西內幾人脩諫草南朝從古怨瓊花可憐

燕子笙歌地又見垂楊咽暮鴉

紛紛緹騎出貂璫元氣當年已暗傷文字清流悲白馬鶯花浩劫歎紅羊城頭望火傳烽急江上馳書插羽忙將帥無功丞相死義旗誰復念勤王

賦到江南百感生哀思不獨庾蘭成歌場緑遍瓢兒菜燈市紅銷盒子餅名士壯心同雪涕美人殘淚尚風情凄涼廿四樓邊水併作秦淮寫恨聲

琵琶何處覓知音只合還山與入林絲竹總歸春夢短裙釵猶結道緣深蘭因絮果三生事鏡約鈿盟一片心盖差勝王郎團扇好渡頭桃葉緑成陰

江雨霏霏易斷魂天涯芳艸送王孫烟花南部青溪路桃李東風白下門一代河山留稗史百年文獻譜梨園舞衫歌都零落凄絶吟痕與酒痕

老圃尋秋集 己丑

閩縣劉萃奎薇卿

砭俗吟

我聞珠與玉不如菽與粟珠玉荒奚傷菽粟飽已足望歲農心悲催租吏法酷君看飢民圖形鳩面如鵠

富家千匹錦相競難為容尺貧家一尺布雖破猶堪縫莫笑貧家布忍寒聊禦冬他年向火乞曾是衣蒙茸

漭、南臺江鶯花一片土美人紛綺羅豪客豔歌舞亦有歡當筵忽聞聲出户酒酣側耳聽鄰舫啼飢苦

陶侃惡博戲取局投江湖近時好猜壓其害同摴蒲財傾

産亦破志喪形隨枯甚或出淫盜不論主與奴
飢者不飲鴆人生本畏死洋烟亦毒人、乃見之喜當其
上引時形銷復骨毀視蔭偷餘生何由過日子
佛氏云戒殺俗儒輕且嗤豈知戒無故亦是儒慈悲人物
性雖異柰何窮珍奇牽牛見觳觫仁術茲在茲
男女皆天生重輕勿比較嗟哉溺女心不如虎與豹郭巨
埋其兒矯情豈為孝我期育嬰堂此舉世同效
蓋帷尚不忍掩骼斯為仁鄉愚競火葬骨殖成灰塵一死
變兩死況加於其親荒祠斷香火故鬼生烟燐

擬元人齋中雜詠詩用吳梅村韻

焦桐

半死枯桐怨千秋秘弄開中郎不可作知己有餘哀正坐留遺調聞聲識美材何時衣庫上更勑仲雄來

蠹簡

食古何能化幺蟲亦好名求丹誰望汝困學尚稱生曝蠹煩周穆傳經校漢成祖龍燔不盡鱗爪又縡争

殘畫

曾挾風濤過還隨歲月凋墨枯新綠補脂褪亂紅飄跋尾名誰識添毫筆漫描千年神絶後零落歎芭蕭

舊劍

一掬風塵淚沉埋年復年死生廬墓下恩怨酒杯前長鋏羞謀食純鈎笑賣錢龍鳴今尚在獨漉枉名篇

破硯

磨穿三十載還想作龍頭日月同虛擲烟雲已飽收金池疑斷璧玉帶惜留鈎倘得昌黎瘞毋生瓦礫愁陳與義詩一朝墜地真瓦礫莫韓公無瘞文

廢檠

長劍寒宵裏當年伴讀心忽驚檣角棄曾洒雪痕深飢鼠來何撼吟蛩聽已沈新涼今又到風露幾回侵

塵鏡

莫怪珠投暗菱花掩素輝膽肝誰自照面目笑全非欲待金沙發須憑玉麈揮傷心同處士取藥不曾歸

斷碑

文字關風氣天留石刻真銷磨雖有劫呵護豈無神棗木今非古苔花舊轉新後人紛搨本吻口說周秦

放歌贈林梅友

男兒志氣貫牛斗何至空、一無有既不能出入擁鳴騶武夫前呵從者後又不能談笑却老羆寳劍橫腰印橫肘行年四十尚如此便到百年亦速朽我有小言持告君不知君以為然否牀頭倘得錢萬緡郭外併留田十畝可以

供室家可以備梁糗有時閒讀數篇書對客漫斟幾盞酒
豈必身為太史公風塵僕、牛馬走我非惡此甘逃名是
有命焉烏可苟而况生無梁棟材但求清福畧消受君云
此語誠有然從古千金享敝帚我昔抽豪文字揚雄心亦
頗出人右蹉跎奄忽卅年餘近狀漸成望秋柳語罷青衫
沾淚痕兩人嗟嘆復良久座中年少神飛揚拊掌呵、笑
老醜我謂少年君且聽各行其是若某某當今
天子方聖明待士
恩施比高厚君有令聞須勤宣建功立名若唾手勿令我
輩談雌雄雌伏雄飛不相稱設或難逢龍劍鳴何妨暫作

兒株守少年聞語心稍平我乃舉杯向梅友梅友梅友君先乾巫捫朕舌戰以毋飲酣喝月杯中行風霜淋漓落窗牖高摘星辰無兩三俯吞雲夢有八九是時塊壘澆當胸是處糟邱適我口對酒長歌能幾何大書月白歲在丑君不見趹宕李青蓮烏帽登樓壯誰偶又不見瀟洒崔宗之白眼望天淨無垢君量猶堪傾酒籌我詩毋乃覆醬瓿少年醉矣君其歸明日好酬此一首

八月十四夜鄭霄臺進香蓋年例也近來彌盛作此以備採風云

海城山勢近蓬萊華燭高懸寶霧開多少人家依處望半

窣聲撘衣潮來

每苦濃雲蔽月明今年菱鏡放秋晴蘇摩合受人間拜吹出天香絶頂清

燒香雨度上螺鬟烟影迷濛樹影殷猶記元宵燈火裏烏山人比看鰲山

薛老峰前百道階閩王曾此聘風懷中元又換中秋宴醉看江城水月佳

連臂牽裾趁晚涼桂花和露濕衣裳分明此地如天竺争爇心頭一瓣香

爐香縹渺透蒼穹寺塔嶙峋聳碧空郎去進香儂拜塔大

家都在月明中
貼地蓮花步步嬌綺羅叢裏麝蘭飄元虚自有精誠感乞
得熊祥在此宵
帝女祠邊正結棚神光塔下又張燈遊人不畏高寒甚倚
徧瓊樓十二層
高閣文光映畫屏人間今日祀魁星奎垣香火天臺炬都
向山頭要乞靈
西風滿路散氤氳上界笙歌下界聞絕似幔亭峰頂宴十
主仙管奏賓雲
瑞龍九節影連天金獸雙蹲氣吐烟卜宅恰鄰山下路自

誇眷屬近神仙
是夕曾傳走病遊（出遊謂之走百病）年來貧病劇難瘳偷閒也逐
衣香去領略名山半夜秋

叢祠

殿宇荒涼傍水湄村巫社鼓偶來時香烟飽受緣何事古
蹟牽連亦有碑江月白偏窺佛像鬼燈紅或颭神旗世間
淫祀知多少祇供頑僧作住持

廢營

漁陽鼙鼓罷三撾萬馬停嘶噪暮鴉風捲羽林聲尚壯月
横細柳影同斜虎牙陣冷秋移帳雁翼行孤夜掠沙聞煞

偏裨無一事壁門還種故侯瓜

殘陽

雨斷虹收水拍隄高霞高與晚山齊萬家砧杵聲將起一桁簾櫳影忽低老景每憐紅葉戀歸心幾被白雲迷對門却羡漁家樂級罷寒罾曬向西

初月

不是圓時與缺時菱花匣裏露菱絲銀鉤出海光先吐玉笛臨風晚便吹楊柳影疎描小葉桂林香細現旁枝嫦娥也自務矜年少些子兒痕當畫眉

重九前一日集蒙泉山館

佳節重陽近高樓二隱居即二隱樓故址地留烏去後人聚雁來初過雨泉聲活鶩秋樹影疎却思前歲酒還望遠方書謂家心內弟歲月自來往江山成古今故人都健在此會早登臨酒氣凌烏石花期問鶴林醉看初白筆曾倚小樓吟查慎行扁其樓曰可遠亦有詩

聽說臺灣形勝為賦長排五十韻

坐聽臺陽客傾談海外天瀛壖開世界城市幻雲烟昆舍稱從古婆娑語本禪婆娑洋出佛書紅毛鄰境近赤嵌舊壕堅路入雞籠裏濤衝鹿港前金人曾避地玉節孰巡邊恃此重

洋險因之聚冠便蟻封誇自固兎窟笑旁穿杜甫驚烽火
孫恩號水仙思齊纔授首森舍又隨肩謂顏思齊又鄭成功飼鴨旗
方堅謂朱一貴雕龍碉已捐成功礮名龍碉將軍鳴鼓角士卒洗戈鋋
遂使侏儷俗咸將戶口編周遭卅六島休養百餘年郡縣
欣新置兵民慶樂全守臣追李衛槎使比張騫謂黃叔敬李西華二黃門
載覆乾坤廣懷柔
雨露偏更教威遠播彌覺德宏宣偶報妖氛煽俄看凱唱
旋欃槍消壁壘鐃鼓下樓船大里擒林逆林爽文即機擊蔡
牽受降儀益肅朱渥投誠奏捷訊頻傳瑪碼蘭肥沃都盧嘓祝
延本番語盧居閩內地鹽餉集中田佔舶常通販村庄互列

瓊臺吟史詩初編　卷二十三　七

壥兒逢潮信準穩載月華圓計日馳庚驛知更爇甲煎水洋
以香為度亞班船桅雙碇下尾柁一燈懸絕壑澄清久靈妃奉祀
虔我聞航海事還攷采風編氣候多暄暖心思亦巧儇疇
平争植蔗歲晚尚觀蓮黑布包頭慣青蔞嚼齒鮮螺杯堪
貯酒鴉片不論錢手弄鵝筒筆躬操蟒甲舡竊花聞罟妙
織茜惹情纏影隔桄榔揞香吹茉莉妍踏歌音佶屈環舞
態輕翾朱橘充筐篚黃梨薦几筵出門占鳥卦夾道駕牛
輧社北春陰重橋南夜雨綿魁星屠狗祭七夕祭魁星用狗颱颶
驗虹連文教今尤盛科名喜共聯鎖闈增粤籍珠榜映奎
躔學校勤脩葺閭閻茶誦絃怦懞歸厦宇防禦慎關鍵曲

墺鯨波靜雀獄黔黎雀獄鐲賞番頒珮玖遺戍甃戎旃叢

笑書誰續（孫元衡著倮人叢笑編）文身習豈沿安瀾瞻鏡寫紀勝上

吟箋

十國春秋小樂府

吳

手能舉三百斤力能行三百里英雄原自草間起豈知江北楊不及江南李李花莫歡喜楊花莫傷悲他日櫻桃又落盡那堪重唱玉團枝

南唐

紅羅幕紫麝囊錦天洞裏雪梅香邀醉舞恨來遲檀槽聲

裏霓裳披鯉魚飛去海鰌死大江忽縮黃花水可憐降表

出金陵猶是澄心堂內紙

前蜀

朝報黃龍見夕報白雀翔龜麟鹿鳳皆呈祥金床讖兆玉

華起王八竟然作天子舍長立幼貪嬉遊青城宴罷歌青

甘州鵂鶹聲咽群鴉哭慘覩秦川一塊肉

後蜀

宮殿匠名呼孟德毬捧終為猛入得天時有廢亦有興醋

頭手裏驚倒燈閧輓車祇兩袋聽鷓鴣但八載傷心僚友

煎花酥羞見降箋寫至再

南漢

後名龔前名龔豈真九五應飛龍水獄未平地獄起風流天子竟如此侍中進稱大夫玉皇降拜女巫蓋海承劉數已定請看小南强何如大北勝

楚

八千人銀槍都十六樓金碧塗會春游宴相酣呼安知能舉頭卒歸䙊掉尾競渡江頭早見鬼猴弟羊兒相後先酒囊飯袋皆葷羶烏虖打馬真須用馬鞭

吴越

衣錦歌還鄉璽書叨御賜異姓為王亦天意早知垂統無

千年公府安忍西府湖塡三世四王修令典表忠觀裏功名顯君不見事大畏天越勾踐

閩

不肯開門作天子越閩開國頗相似生兒可惜非寍馨遺戒誰記琉璃瓶燕子西飛鳳兒去胭脂山下可憐處寶皇大帝何曾知五十三載無完基至今但剩瑯琊碑

荊南

雄楚樓鬼夜哭望沙樓宴陶穀琅玕檻置海珠藜萬事休時悔乃翁假道之謀亦天罰匣書先兆遇龍歇吁嗟乎高足梲製傳江陵知幾惟有孫中丞

北漢

姪皇帝兒皇帝父子事遼及兩世鐵馬空傳十萬來赤真人到白雲開握君豈足資兵器亡國皆由闇所致卓哉宋太宗不效晉昭戲

鼇江隨筆集己丑

子元禧生喜而有作

十載童烏痛，今年幸汝生。差堪強人意，或可振家聲。宗祖留餘蔭，神仙許小名。呱啼吾已試，頭角早崢嶸。

爾父商瞿比，行年四十初。科名羞看鏡，世業望充閭。有日能從我，無田祇讀書。得文字擔付汝，樂何如。

十月二十日林梅友家西堂建庚葉甸卿修昌何少昴芝軒周同庠招張亨甫及余餞於烏山積翠寺

山下蒙泉山上寺，五年兩度醼離杯。丹楓慣看同人醉，黃

菊偏遲此地開詩境重新圖寶剎淚痕依舊記金臺（亨甫有金臺殘淚記）斜陽莫更匆匆去高會如斯有幾回

且盡殘樽到夜分城頭畫角隔林聞分持彩筆題烏石暫借名山話白雲多累人難完久聚有緣佛亦愛斯文明朝驛路重迴首各有征衣酒向醺

分詠得海味四首

西施舌

苧蘿出西施千古豔稱絕何以佳人名翻為物所竊想從鴟夷遊水國作巢穴待哺資無腸（西施舌資蟹而生蟛出求沙土哺之）幸存恃有舌相傳海燕化厥性近炎熱沙蛤稱最先車螯種微

别肉形孔翠含外色琉璃徹條訐鬚邊抽殼隨肉裹凸吳舡居海濱物產快羅列五月登江瑤千錢買石決終輸二寸長靦面便心折豈等鼓如簧巽羞蒙不潔閩中疏有言介族此為傑饕哉秀水朱宵分但想醬

江瑤柱

蠣房結鹹水蜃市噓寒潮肉柱起膚寸厥名為江瑤仙姿侑鼎鼐紺體生瓊瑤巨美本天賦佳稱良獨超晶瑩比玉晃燦熳殊冰雕牛角狀相近馬肱形堪描靈淵與流碧郡國誇肥饒咨爾獨步王恩膏宜特邀中流仗作砥一柱成孤標似畫戟楞界還隨珠浪跳海濱五月節綠樹喧鳴蜩

風信自南來列肆爭肩挑茘支亦上擔角帶紛垂條入市快新嘗登砌還手雕調存丁淨如拭去甲腥俱消珂雪不盈掬石華安足驕西施有舌在猶遜楊妃嬌

牡蠣

萬物皆天生雌雄配伉儷如何介族間偏以牡名蠣左顧當為雄牡丹亦一例想其號石雲與石相附麗磈礧而磈硜嶄巖復礱礪馬蹄形最洪人指狀殊細配蛤傳三山化雕待百歲閩南海族鄉烟水渺無際竹節粉膠粘梅花互點綴潮來房盡開潮去房乃閉一夕霜風吹漿肥肉愈脆得蠔亦足高不減蔵頻嚌況復古賁灰鍛燒堅且厲誰貽

叔黨書此味萬莫分惠恐令朝士知爭謀南徙計

蛤蜊

一潮生一暈水族殊多奇匾形號蜮蜼圓殼推蛤蜊雙宅
克重負開藏良有時我聞燒尾食中有冷蟾兒內史味堪
試將軍名尤馳甘鬆勝蟛蠘鮮美逾螺蚳偶以殼為翅能
占風雨期橫飛比雪甲小剖如冰肌況復幻成像不徒觀
我頤光明起膚理端秀森形眉菩薩在方寸老饕安忍為
笑他喚且食許事吾奚知

北嶺

石磴十千步沿崖撐老藤路盤青嶂表人度白雲層風力

巖頭鼓泉聲谷口響劇憐來往客辛苦負行縢

何苦嶺

此嶺名何苦從知世路難人心多畏阻天意況嚴寒雲冷重關鎖風高落葉乾藍輿憑仰卧廻首俯群巒

登觀音閣

尚隔地（城）西二里遥當空高閣勢岧嶤山迎龍滌衝斜日水滙鼇江趁晚潮作客誰誇文筆健（閣對文筆山）尋僧暫覺俗塵消吳郎碑碣王郎句一縷茶烟話兩朝

下園塘

忽放清涼界園林入望遥塔痕扶日脚山勢壓城腰晚稻

丁男獲殘薪午爨燒小人雖近市羨汝避塵囂

自笑征塵漬勞生耽解嘲不如田負郭何事鳥移巢抱甕

閒澆菜編亭自縛茅況居魚米地有酒豈無肴

館頭嶺

一嶺峙天表閩連兩界分殘碑苔沒字老屋樹撐雲寒吠

前邨隱清泉隔澗聞俯看波似掌木葉下紛紛

館頭夜眺

曾從水驛問山程又作沿隄幾曲行移岸漁燈紅不定趁

潮海月白初生南峯入繪雲無影東渡爭喧櫓有聲我比

蘆花暫飄泊愁聽寒柝過三更

遊林氏園亭

名園不在多，所喜得幽静。落葉紛雨聲，斷橋澹雲影。柴門風自開，疑别有人境。徑鎖修篁深，堂圍瘦石冷。老梅三兩花，時復媚寒景。巖桂飄餘香，池荷賸枯梗。載登亭上臺，野色恣遊騁。晚稻炊遠村，暝烟出高嶺。我從東郭來，徹覺俗塵屏。小住洵為佳，縱觀亦何幸。主人前致詞，他日造廬請。自笑鴻泥痕，清趣久難領。胸中邱壑蟠，夢裡道途永。安得晨夕從，孤山問和靖。

冬至

兩載山居度歲華，飢軀依舊覓生涯。地雖非遠終為客，年

到將殘倍憶家團粉爭春冬碓米擘箋先問故園花遥知此夕搓丸後兒女燈前笑語譁

村婦行

出郭未十里忽聞嫠婦言未言氣先咽將言聲復吞妾本青塘里言歸揚嶺村十三作養媳十六纔成婚十七夫忽卒烏虖天何寃高堂有白髮隱忍偷生存早起操井臼夕歸飼雞豚此身固不惜但願承姑恩姑餓妾則養姑寒妾則温一朝不得意箠楚連晨昏滴淚欲成血生瘢仍有痕今年復遭旱西北荒田園藷芋亦枯槁曷由供饔飧嚴風刺瘦骨冷月侵啼魂妾寡苦無子姑衰愁無孫可憐獨活

草難作志憂萱

畲民詞

椎髻蒙頭飾瓔珞短衫跣足出村落但聞一路聲呼佚亦與閭閻事耕作云是盤瓠種所遺生當帝嚳征戎時銜將軍首尚公主石穴滋蔓成蠻夷其後漢興貢賨布長沙黔中盡樂附伏波城已築受降太守書偏議加賦從此州郡生烟塵豈知異俗當不臣羈縻撫綏古有法千百年後如平民湖廣毗連及巴蜀靈川融水遠相屬何年散衍來吾閩亦若五溪産蠻俗我自甌江踰嶺還沿途多遇衣斕斑黃耶赤永種難辨山貨沙叛民非閒上有太陽下有地至

今誓狀永無異男行持捧女抱麻豈必傜園五十二君不見金齒銀齒形何窮羽民毛民言不通畲乎畲乎爾亦我朝百姓耳令我猶見獉遊狉處之遺風

輿夫歎

噫嘻乎揷天高嶺何崔嵬石級千尋巖百廻一嶺未平一嶺峙蠶叢鳥道何年開吾閩嶺路夙稱險自北而上交溫台連邑距城僅百里行人踏破青雲限肩輿聯絡道相望前者仰拖後者推屏氣吞聲不敢語但聞喘息喧如雷上有懸崖駭石壓下有斷澗驚沙隤舉趾欲前勢還却欹歔欲絕顏色灰竭來臘月更蕭瑟霜華滿地瓊瑤堆萬壑凉

風撼紅葉半亭落日迷黄埃寒肌起栗足成繭輿唱如和寒猿哀山意蒼茫晷影短躦程猶恐城鄉催吁嗟天公亦何苦此嶺令我肝腸摧我豈無家樂團聚為貧俯首供駑駘當差乍載小奚去僱站還隨豪客來羸得囊錢食不足垂涎莫醉村醪杯僕夫況瘁古曾歎如我聲價誰高抬此此意酸辛那可說知音惟有嶺頭梅嗚乎知音惟有嶺頭梅

和陸萊臧刺史我嵩除夕元韻

撿點椒盤乏酒錢征衣典去帶蠻烟還家未祝坡仙壽祭脯先參島佛禪佳客兩三忘守歲時座客未散明朝四十愧行

年從今老境誰拘束爛醉生涯別有天
親知誰送買春錢手撥黃爐幾縷烟詩妙欲消蔬筍氣歲
寒猶証木樨禪（時庭畔木樨盛開）調辛朮暖愁開譜得子雖遲喜
近年（余於是冬得子）捧酒巡檐頻索笑梅花香裏謝蒼天

九仙塔磚歌

我聞窣堵波梵本名塔婆舍利發光彩置缾拘尸那又聞
辟支佛四果交迦邏銅鑊易珠網後來閻摩掌吾閩始建
塔云自蕭梁多三百尺有倍桐盤何巀嵯累飄古有制西
域稱舍磨巢寇忽焚殄鬼神難護呵琅琊重象教修造供
頭陀增寺逾二百浮圖巍且峩伐材復礱石丹雘輝城阿

七塔繞靈鷲三山分翠螺滄桑世幾變蘭若生藤蘿无垢與多寶精堅仍不劘中秋恣登眺士女紛婆娑播影出青漢燈光凌絳河是瓢隱雉堞得自明經何（謂明經何春元）有守大徑寸其文殊肇禀埋烟洗風雨似閱千年過長與博毗稱體方形則頗獨思九仙塔古傳誰編摩或謂塔崎巷中藏山小坡舊為安福院新塔音傳訛究竟塔沿古古人奚我詑况山屬丁戊支派如名羅（羅山亦九仙山之支）即以號斯塔山靈亦豈訶定光別取義何可偕牽拖而且仙塔街至今名無他仙坊在咫尺相顧行逶迤古塔縱云廢殘輙猶未搓遡來重金石遑敢同抛墒願搨數千文本流傳偕蚪蚪我懃

古博物對此空吟哦倘謁越忠懿金塗賡載歌

瓊臺吟史詩初編 卷二十五

烏石攜尊集 庚寅

人日和陸萊臧司馬疊錢字韻

豫備主朝剪綵錢，綠揚濃樸滿城烟。使君忽減游觀樂趙伯符為司馬每于人日游時觀使君患足疾，名士偏談水月禪是日亨甫在水月菴小集。燈市最宜春不雨，花旛長護日如年。題詩莫歎風塵老，書劍歸來又幾天。

送黃則仙大令之官江右

西江一片水，常照長官清。霖雨須吾輩，春風戀此行。讀書慚素食，隨地念蒼生。莫厭常談拙，千秋重策名。

瓊臺吟史詩初編 卷二十五 一

文節家風古，匡廬面目真。少年脩縣譜，勝地得才人。報國原移孝，揚名即顯親（君因親老改近）。更期從政暇，來往寄詩頻。

贈張麗仙即題其小照

麗仙瀟灑如髯蘇，風月山林供清娛。五十年來記遊跡，西江随侍稱家駒。楓亭嗽荔夢猶昔，樵郡看花情不孤。我晤麗仙始陶舫，是時高會掀吟鬚。麗仙遂與我相識，交契頓忘年齒殊。壯蠣瓶詩屬我詠，我呵凍筆搜腸枯。搏秋聚散本無定，彼此同作風塵驅。九曲重看鴻爪印，兩宵尚幸蠧樓俱（君在杭州搆小屋曰蠧樓）。竭來春月復把臂，示我囊錦光如珠。近體直追劍南陸，古風突過梅村吳。君家詩筆擅三影，吐屬淵疋神清腴繞膝鳳毛亦超雋後先輝映蕙瑾瑜名山事業德門福況有吟社聯枌榆畫裏龍鱗撫松樹酒邊鶴髮開櫻廚（君生長在三月）凭樓一笑白雲幻君謂所好當從吾（嘗自榜其樓曰吾好）吾亦紅塵歎將老廿年倦鳥還江湖羨君意態尚雄傑遺世獨立非凡夫吟孤遠推曲江體寫生如傲倣煙波徒把君詩卷對君飲浮一大白傾春壺君不見七百年老坡像至今笠屐爭題圖

即景

春光愁過半天氣變須臾日落雲如墨風來雨轉無竹梢敲瓦碎桑葉打門粗夜坐還生感雖為客艇孤

連日春陰悵然有作

似煙非煙春水西欲雨不雨斑鳩啼飛絮撲簾白如雪落花鋪徑紅成泥齋居常覺晝將暝野望更疑天欲低為囑海棠好護惜要沽村酒頻招携

三月廿五日葉旬卿招仝林梅友林价巖家西堂及余飲於天開圖畫樓

百年壇坫冷閩南猶有遺樓記少參（樓為明少參鄭述故居）過雨天真開畫幨餞春人共集詩龕山光入座初燈上花氣薰衣酒正酣此地俗塵飛不到要拚狂醉恣高談石林年少擅風華為掃苔階載麯車子墨和烟都入畫句卿

（書畫俱佳）丁香如雪正開花紅雲又結山邊社綠玉深藏竹裏家歸去好隨殘月影瓊枝笑壓帽簷斜

萬綠舫聽雨

跳珠戛玉響瑽琤不辨蕉聲與竹聲窗樹非秋疑葉落舫齋如水話潮生梅天易覺黃時濕麥浪遥知碧處平爲報遨頭文酒讌浣花須展到新晴（時四月十九日）

六月初三日諸同人載酒西園即席作

高臥不曾向窗北清遊聊共到園西人隨萍葉散還聚路入荷花高復低日午榕陰臨水直山明塔影與天齊我無負郭餘田在望雨情殷比夏畦（時方苦旱）

憑闌喚取老龍醒川后宮高拱百靈（國后宮）近天擬借江風驅嶺雨愁看林月映池生星天河水涸痕偏白佛火宵涼影轉青留得碧筩殘酒在芭蕉聲約故人聽

許月溪畫松歌為張簏仙作

畢宏已老韋偃少（杜句）千古畫松幾神妙良工心苦傳者希猶有許侯壯海嶠許侯三世皆清門詩字與畫留淵源米友堂前漬墨瀋藤花菴裏堆吟痕平生磊落負奇氣坐對松棚寫浮翠（小山名）陰崖霜雪驚動摇雲海波濤恣遊戲即如此畫作自江南時雙管貌出生枯枝中間疎梅兩三點直追張璪兼徐熙想當茂苑去為政手葺滄浪發高詠餘

事聊從詩筆傳是圖尤覯石林勁石林及米友堂藤花菴等名皆月溪別業誰
其寶者張篪仙欵識剛合君生年歲在丙申日長至精靈
所聚盍非天篪仙疋癖好奇古文字蒐羅及石鼓牡蠣淨
瓶供好花谷梨精舍譚令雨谷梨精舍篪仙舊居我昔訪君吾好摟
入門初夏翻疑秋似聞設ヽ瀉茶響君指是松懸上頭尚
惜漁洋未及見不然持取好東絹繪將偃盖虬龍形何止
篔簹題畫叄百卅餘載雲烟過對此一幅手摩挲知君獨
抱歲寒意為擬老松杜雙松歌

四十初度前一夕作

自斟巨斝自吟詩迴溯生　少賤時比長便為餬口計全

家分半與肩持停炊米已虛三釜借讀書還欠一鴟傭字
賣文無不可光陰早已歎西馳
射策金門逐軟塵竟難捧檄慰衰親江山約畧收雙眼琴
劍飄零剩一身京洛有誰知賈誼家鄉或亦慰蘇秦踰
年又抱終天痛說夢於今尚愴神
硯田無穫又飢驅幕府鹺倉亦濫竽礙命身宮在奴僕紀
遊詩卷半江湖依人不覺文章賤涉世難爭氣骨孤究竟
生平仍强項絕無干謁向當途
精力銷磨廿載餘偷閒暫讀數行書揮毫易懶身多累掩
卷旋忘腦已虛麯蘖偶耽非放達衣冠少着更迂踈自嗤

茅屋三間大也等名園不久居

揭來心境漸安便淡到名心都可憐未必揚穿皆百步徒勞楮刻過三年襟懷最耻隨牛後學業仍思效馬前莫嘆風塵知己少雞蟲得失總由天

髫髮多羞入鏡看今年顏色頗生歡快聞予季新嘗饗喜見吾兒近晬盤（禧兒十月週歲）家運由來覘子弟文星或可照門闌明朝讌客無兼味笑抱詩篇抵食單

初度日感懷

賓朋相與慶筵間自揣無聞益汗顏已去流光如昨日從來長壽只名山江郎才盡驚將老陶令情多寄偶閒恰好

晚香當檻放對花權把近愁删

七月二十九日招仝林梅友李蘭屏蘭卿林价巖張亨甫葉旬卿小集蒔花藪竹之齋遲家西堂不至

文星今夜照茅簷掃徑同教酒琖拈家近好山生晚翠天催凉雨散餘炎聯吟主客圖須繪久別寒喧語轉添惟有舊醅頻勸飲盤飧市遠愧難兼

知我何妨轄暫投當筵裙屐盡風流人來舊雨兼今雨天洗新秋似暮秋濁酒難紅豪客臉浮名易白少年頭家山此會知能幾尚惜虛堂約未酬

送張亨甫北行

十子風流盡，君才獨老成。寓言今杜牧，感事古張衡。壇坫存吾輩，關河壯此行。況留雙劍在，詩境更縱橫。君詩云：正有雙龍劍，無煩擊唾壺。

此別一何戀，天涯如夢長。故人置尊酒，連日餞河梁。物色添蕭瑟，詩心話老蒼。莫疑風雪重，篇什壓行裝。

大節關行止，虛名任毀譽。風雲仍望汝，歲月益愁余。酒後知交重，吟邊舊侶疎。題橋有詩筆，獨愧病相如。

雪窖冰天外，戎旃毳幕中。請纓歸壯士，磨盾識英雄。朔氣馳邊馬，西風指塞鴻。功名看遠大，莫惜別匆匆。時西域用兵，亨甫慨然有從軍之志。

題石畫留人圖（蘭屏兄弟為亨甫作此圖並系以詩余亦即席題贈）

七年幾度與君游忍説明朝又買舟颿影有風漫吹去（亨甫留别詩有江上蕭蕭數颿影西風吹去即天涯之句）酒杯如月暫勾留遥知薊北冰霜重且看城南水石幽分得園林光一角離懷先共畫圖收

主人情重倍流連繪出蒹葭惜别天交味深於寒夜酒吟魂催上遠江船關河遲暮愁平子詩卷殷勤話謫仙祇恐青袍能誤我長卿今已是中年

題洪江話别圖（旬卿作亦送亨甫也）

十里征亭一幅長故人同此話離觴不知此叁愁多少能

抵寒江萬斛量

哀絲豪竹感情多，別酒愁燈奈老何。頻憶西園餞明月，不消南浦賦秋波。亨甫有南浦秋波録

荆關老手羡句卿，為寫涼州意外聲。他日披圖見顔色，舊人多是米嘉榮。

却少雙鬟倚翠船，小秦王曲唱瓏玲。諸君各有陽關韻，淒絕洪江畫裏聽。

香雲蘭屏別業玉雨醉連宵，都為詩家別意饒。今日天開一圖畫，煙波黯黯葉蕭蕭。

冬至日集李忠定公祠即用忠定湖亭讌集詩原韻

千頃玻瓈繞碧塘相公曾此醉飛觴湖山仍舊留生氣草木重新發異香雙桂齋分冬日秀孤松堂記夏風涼江南花石今何在獨有蘋蘩薦水鄉

樵溪五曲亦廻塘曾對遺祠一舉觴今日讀詩峴手澤同人載酒話心香天催葭律偏回暖地闢荷亭本納涼且倚闌干浮大白招公魂返碧雲鄉

橘枝詞

洞庭霜飽九秋天還讓南中得氣先一片江城亦如畫橘園洲裏簇人烟（橘園洲在西關外）

厥包土産貢

天家福吉分香供歲華祇配紅柑與青果今
皇又免荔支花

宋公祠内水如飴鹽浸糖熬各得宜得伴參苓收藥籠橘
紅而外又青皮

椒酒辛盤一席開賀正春茗共追陪座中若有新嬌客攏
得清香滿袖回

元夕家家結綵棚裁繒剪紙燭光騰何人剖橘空中點勝
看蓮花十盞燈

年年冬住貯雕盤火齊朱苞映粉丸一个兒童分一顆大
家齊慶會團欒

瓊臺吟史詩初編　卷二十五

洞房深處煖雲生朱寔雙雙彩縷縈此果似知人意好合
歡牀上贈芳卿
何須三百乞韋莊奴婢千頭足侑觴誰傚家園好風味南
人笑喚北人嘗

瓊臺吟史詩初編卷二十七

彤筆綴談集 癸巳　　閩縣劉萃奎薇卿

明宮詞

從來起化在宮闈，織褥截繒溯德徽。猶有弋綈遺法在，周王拜賜御紕衣。

探懷和乳飼饞饠，棗脯承歡委婉多。話到糟糠貧賤日，君王念舊勝滹沱。

百萬軍名一冊書，戎衣亦出手縫餘。推恩更及諸生宅，紅板倉糧計積儲。

事夫進饋禮攸宜，安命何煩請禱醫。他日後宮歌撫育，感

恩都記啜羹時
定制新傳六局開諸司分掌近奩臺宮嬙亦倣推升例先
授頭銜女秀才
供職宮庭又幾秋歸家仍許締鸞膠西風一夜吹紅葉不
見新詩出御溝
亦有年高願在宮白頭留養禮從隆天恩給與臣家祿內
外官階一例同
五雲深處裊爐烟黃帕新霑雨露鮮捧出金卮似蓮葉內
廷恩宴早春天
賢女曾經哲后誇孫胡郭李並堪嘉臨淮匕箸滁陽宅王

氣同時蔭外家

扶馬生龍起禍胎居陵隨子亦堪哀尤憐半夜金川火一
朵瓊花付劫灰

深閨曾號女諸生懿行嘉言選擇精二十篇書傳内訓不
徒擐甲善談兵

新選昭容亦可嘉蘭儀蕙質本良家中宮誰釋君王怒要
讓江南解語花

權妃白皙文穠纖玉琯隨身色藝兼吹出一聲聲未了九
重含笑捲珠簾

婕妤昭儀並擅名外蕃充貢貌傾城雖然不及從軍麗戚

屬同封四品卿

卿雲甘露降甘霄青鳥來隨白象朝多少詞臣簪筆頌法

主金印手親雕

湯餅承歡感且悲兩宮慈孝攄當時官家要識農家味村

酒何妨飲幾卮

百花開向上林齊行殿宸遊日未西捧得安輿新手詔賞

春一賦作天題

奎婁星現濟河間使者曾扶翠輦還底事製將雙寶冊香

魂別自到金山

宋仁故事史猶嗤誤聽廷臣附會詞從此長安風月冷佩

環誰復拜仙師

特崇徽號總非宜太息宮闈破例時惟有一端明大體外家恩眷不曾私

善理文章早有名入宮廿日可憐生曇花一現渾如夢慘絕哀詞唱楚聲

不須墨盞襯妝嬌為有磁箱勝玉雕藏得滿宮脂粉氣尚方人競買宣窰

便殿乘涼揭畫圖午朝題句念農夫外官亦識鋤禾苦新減南畿百萬租

藍紗纖扇正高張竹骨塗金一色黃吟罷御詩纔六字果

然掃暑又招涼
熱罷犀毗到果園哥窰廠盒伴花尊料知一夕秋聲起齊
鬥餞金蟋蟀盆
兩朝純孝夜祈天有弟辭家不計年多謝伽藍來入夢大
慈仁寺賜庄田
上賓誰附鼎湖龍玉匣珠襦掩幾重除去朝天諸女户六
宫無數感英宗
花雨琳宫侈壯觀香風絳闕看移鑾畫圖誰把流民繪秖
名司空兩匠官
設齋掩骼出中宫三載歡娱竟不終翻笑七年作天子繫

腰難保王玲瓏

一紙封章諫北征九重復辟念前情西山特建皇姑寺南
内曾傳御妹名

孝陵種菜已稱寃私　傳杯議選婚幸有程嬰存弱息臨
朝如子侍晨昏

撚鬚照鑑歎無兒密室深藏久始知可見天心原有屬人
間何事妬歎醫

紀李模糊併一音渭陽恩舅太情深尚書請照徐王例香
火春秋祀桂林

瓊闥喧傳御輦來貴妃衿裙藍新裁君王但愛前驅貌不

問宮人墜幾胎

新傳秘教進宸居恩賚駢蕃手敕書果否西天迎佛過六
街車馬避樓輿

宸遊樂事愛新增預把詩詞擘剡藤不念玉堂傳四諫明
春无夕又張燈

論到房中術幾端珍藏小篋怕人看誰知一夕春光泄紙
尾銜名署萬安

露華如水滴瑤臺夜坐當風一卷開吟到新成紅藥句定
情何日謝詩媒

杭州軍籍半淘沙黙坐璇宮憶外家只博西湖錢十萬邵

王墳下奠梨花

貧家有女尚嬌憨一入宮庭百不堪留得數言恩澤大選人切勿下江南

彗星今又見天東建醮難迴造化功但欲為儂祈福命齋壇閣麗水衡空

入懷明月夢生身與齊從茲立廟新誰料衣襦兼席藁晚年難庇外家親

守宮論罷日從容妙格簪花墨瀋濃詔使御前為給事女中學士手親封

女兒入選門新妝名比潘妃步履香奇絕妖言傳內使妄

稱國母鄭娘娘
教坊司樂奏簫韶黃蓋高擎絳節飄報與兩妃行典禮新
君同日册妖嬌
車駕當年幸薊州温泉一帶碧於油拈題爲試王妃筆手
寫新詩刻石頭
荳蔻春深已結胎一時移植入宫來臨風唱出龜兹樂又
惹君王笑口開
美人生長在平康曾把清歌侍晉王一自榆林歸載後倖
臣低首拜娘娘
囘囘進女你兒干色目人家更可觀傳得錦衣新秘戲春

宫一幅畫圖看

尊前花落按鸞笙十二金釵掌上輕演出新來西域舞夜深猶有踏歌聲

尚寢兼司上起居每逢遊幸及時書如何日逐黄門戲省注條、一概除

離宫别殿建高瓴密室句連似畫屏他日樂工傳候旨有司新送到諸伶

望幸無緣懶畫眉何如祝髪去爲尼多情還是當今佛説法兼稱剃度師

依欄設幕焰騰騰新樣銅荷點幾層不管殿走作灰燼一

棚烟火萬枝燈

虎洞風高徹夜清隔簾釵影不分明官家亦作迷藏戲笑弄花陰傍月行

天鵝房舍繞亭臺曾見龍輿日幾回有詔令擒生虎豹珍禽異獸一齊來

門堂庖廡互毗連照式工程造一年百六二間如櫛列陝西新進帳房氈

團營轉向禁中開四鎮操兵鼓噪來不顧九門有城市連朝過錦響如雷

輕黄皁甲最鮮明時世新裝出御營還有鵝翎如孔翠幾

人能得賞三英
承天門外夜三更縱獵歸來月色明禮罷慶成還賞賜君
主從此好巡行
寶和六店歷周遭賬簿何堪御手操身着估衣戴爪拉自
誇算法比人高
永巷居中賣酒家嘈嘈笛笛與琵琶君王亦愛當壚女雜
出牽衣喚乞茶
鬥雞䮫馬跳繩竿市戲喧闐恣眼看待到月明呼侑酒宮
娥多半扮勾欄
宣府迎春百戲陳車中婦女雜僧人懸毬好與頭相觸但

博宸顏一笑嚬

中官歲進炭和柴局內人多勝館娃愁把宮衣含淚浣滿

堂容色最稱佳

一竿紅日放新晴花綺今朝晒得成莫怨宮鶯驚夢醒隔

牆先報賣漿聲

廊下家連苑後牆新蒭乍熟酒生香紅泉亦帶三春色更

賽松江琥珀光

內廠焚香演法時手扶綽吉我些兒相傳歸烏思藏多少

行人避國師

番經誦罷學趺跏恩賜斑丹及剌麻珠琲旛幢金匕供更

尋活佛着袈裟

買宅連畨價不貲可知御券亦尋常一帘二字標官食天子新開大酒坊

莊田粒粟亦膏腴上苑東偏占幾區座右卯風都不省九重明日自催粗

千官迎伏簇如雲鷺帶魚緋左右分剪綵為聯金織字但稱威武大將軍

午門遥見火毬明綵幣紅箋次第迎注酒奉觴還奉果金花都是大臣擎

器械紛、令縱觀揄河奏捷乍回鑾奉天門下諸文武愁

記前宵踏雪寒
新裁錦幛貢天家慶賞依然判等差兩樣銀牌鐫兩字翰
林無賀不簪花
手諭遙傳守與攻延綏甘肅及遼東酬勞不識何人事爵
秩親加鎮國公
行宮縻費極豪奢珠貝釵鈿載幾車恐撤舊時新宅子居
庸闖外又成家
笑攜彼美寓通州他日同行有約留只恨秋風馳馬疾遺
簪空自覓蘆溝
遊遍禪林興未降更教處處繡旛幢將軍名與夫人姓佛

幔經幨一字雙

翠華連日駐淮陽宴啟西風酒正涼為愛江南重九節千
盂競進菊花香

藩邸迎輿奉彩箋正陽儀仗倍新鮮徽音欲使流傳遍女
訓先頒十二篇

戲錢四側果誰如佳氣曾占擇配初底事投抔當尚茗內
宮猶命讀關雎

謁廟親蠶禮並虔愛吟內則入詩篇秋風無故驚團扇冷
落房中舊管絃

慈旨初頒選九嬪黃金塗冊各生新衣披采鞠冠翬翟不

號昭儀與貴人
德嬪儀度冠彤幃慘作烟塵一夕飛故意臨喪踰舊制君
王心本愛曹妃
觴稱萬事效嵩呼新購龍涎献御爐香火滿宮芝滿殿十
章空上演連珠
勝勤求方士勝求才符籙圖書萬卷開天酒仙桃同表賀
非朝法駕進香回
太液池邊輦石多殿名大享極巍峩披衣共拜雷壇斗半
是星妃半月娥
齋壇醮事肅威儀内使新充監禮司自有七章為導引詞

臣從此重青詞
製成香葉賜廷臣宣室延鼇重鬼神夜半空勞前席問進
詞還有捉刀人
未必黃金鍊得成深居翻欲學長生明年始解誅方士記
否楊家太僕卿
鮮明青仗擁黃冠旭日和風太乙壇昨夜火花娘就、御
爐新鍊有仙丹
三殿重興趙鬼妖書符噀劍水花飄真人尚在郎官去黃
屋經年不視朝
步虛聲裏珮珊、吹得仙風下法壇看到大高玄殿火人

間誰敢謗扶鸞

土木何堪錦繡堆匠衣朱紫亦新裁蘇杭織造都疲困又報中官監督來

太元明殿象如環旋磨臺前蘚石斑瞻罷斗星焚寶籙御燈紅上兔兒山

玉河橋下曉烟霏穩坐層冰不濕衣為報青宮修覲禮拖床牽纜渡如飛

侍直中官服色鮮腰牌盡用錦縧懸恩榮便抵金魚袋抹布刀兒一把連

鏄端下覆比梳蘇挑杖頻穿顆、珠還有鐸針金鏤勝百

瑞臺吟易言初編 卷

罪仍教讀漢書

内官張樂宴春風錦繡花團御幄紅宣出四齊歌百戲月
華如畫玉熙宮

慈壽曾將瑞兆誇秋來銅盎吐紅葩抽心絕似臺蓮樣爭
看瑤宮九葉花

兩樹菩提記手栽滿林瓔珞趁花開念珠百八名多寶携
自英華殿上來

十丰層塔矗蒼穹四百禪關繞綠叢春到摩訶菴畔路繡
鞋踏遍杏花紅

祇園無地不鋪金盡出慈悲布施心撫得聖容鐫寶石入

間隨處拜觀音

補陀山下認前身，寶刹千年舊復新。特敕碑文須敬製，歌功頌德總歸親。

青宮冊立尚遲疑，聽說都人觸怒時。太后英明天子孝，叩頭謝罪伏丹墀。

戴燈起舞貌如花，女伎方笄未破瓜。聞道赤繩曾繫足，聘錢恩賜大梁家。

傷心外戚太清貧，私贈茶壺亦有因。百兩黃金仍給賜，君恩還念是儂親。

盛德當時北孝貞，姚江王氏早傳名。坤寍宣進椒房族，命

服新誇一品榮

過祠祈嗣獨承恩別有春風鎖掖垣淒絕牽衣成永訣落花紅處拭啼痕

神前設誓語喃、一紙空將玉合緘看到御書蟲盡蠧可知天意示空函

閨範新傳出呂坤朱賡為相亦浮言如何挺擊東宮事不絕當時起禍根

何曾換骨有金丹白簡空勞御史彈到底法宮因藥誤仙方猶自進紅丸

梵筴誰留淡墨馨普門花木淨宮瓶攤將一卷泥金字知

是皇妃祝品經

銅儀在握繪真容天主堂開傍九重帳殿新懸千里鏡蓮
花水瀉自鳴鐘

移宮豈合怨東林忘却前雛海樣深從此乾清成覆轍有
人相對泣花陰

十八孩兒已肇胎宮中九月李花開何關選侍當封事
頌紛、進苑來

鞠育恩同愛日長黑龍蟠柱夢非常劇憐井汲金魚後不
及承歡侍信王

宣德銅鑪永樂鎗寢宮遺器久荒凉手持神斧成頑鐵何

不當時鑄魏璫　一

黨人鐵案重如山緹騎紛紜日往還聞道內璫猶未畢諫
書誰得近天顏

飲簷藏覽總堪悲地震宮廷事可知豈獨按摩元子損貂
璫流毒過蛾眉

更惜憑胡兩貴人花容月貌竟亡身七年黃袱成何事直
把嬪嬙付廠臣

偶因細故失歡心事後追思淚滿襟腸斷懿王墳畔路年
、遣祭密封金

惱殺流言陷秀才閣臣誤叔語尤哀尚方傳進天家膳每

櫝都從戚畹來

慈容已杳痛慈烏幸有宮人貌頗符特敕中宮描寶像外

家猶奉孝純圖

梨園亦倣古箴銘時事淒凉不可聽貌出驅蝗兼避冠深

宮即日罷優伶

烟塵四起壓憂思累月茹蔬瘁不支傳得夢中慈母說

朝解菜莫推辭

雪擁宮門止翟車微詞挑釁總成虛君王畢竟尊元配特

賜貂裀問起居

綠陰三月掩窗紗忽聽催迎七寶車難得后妃能逮下永

永和門外召看花

同時授册有田妃吹氣如蘭絶代稀一片蘼蕪香不斷並

無珠汗濕春衣

屏去笄珈貌十分淡妝濃抹也超群還將副髮藏頭髻一

朶烏螺綰翠雲

宮衣如畫製非凡霧縠冰綃襲茜衫更換御冠珠一顆鴉

青光裡蚌胎嵌

六角通明徹一層疏綃幕炬焰騰、春光如海宵如水齊

到西宮看扇燈

風廊月檻晚涼開一曲瑤琴侑玉杯為問何人親手授禁

門宣進女師來

徽嬿宮闈太巍峩低檻新開敞槅多置得揚州諸什器竹

牀花簟日摩挲

藏春洞外畫闌斜玩月臺前翠幄遮何處香風吹不了宮

西隙地盡栽花

追、永巷路相通棕葉和烟覆碧空便當乘輿挈御繖半

遮春紅日半遮風

十年知禮女相如不用黃門負綵輿遥見迎鑾宮婢到隔

花人影上燈初

宮妝時式尚繁華揷戴争將異樣誇提及嘉興吴吏部累

人還怨象生花
春餳製就彈丸兒銀椀盛來蔗尾飴每到燈宵花餤會內
宮同嚼一窩絲
少子聰明極愛憐啟祥宮裏病纏綿君王亦抱童烏痛枉
自焚香禱九蓮
愴懷骨月禍難堪老婢閒將往事談聞說還朝三歲約至
尊垂淚望河南
割斷情根入道家幾年象乙鍊丹砂豈知元夕聽經罷白
浪翻波到石查
登場抹臉學俳優鼓吏熏司菊部頭演出元人新曲本御

前打匹喚王留

卅六年來望幸賒昭陽日影盼宮鴉燈邊記到春縈鬥手

怕猶留姊妹花

螢火宵吹蛺蝶裙靈風颯颯繞慈雲玉鈎斜畔瓊花老誰

弔西山螞蟻墳

列屋閒居久寂寥阿房一炬可憐燒青霞女子昭仁婢尚

有芳名殿新朝

羽衣金縷散天涯燕九前番記賞花一曲龜年腸欲斷春

風吹不到琵琶

煒管標彤靜女貽貞淫正變各摘詞聞將百六詩吟徧聊

比河西作拾遺

校定則仙遺稾即題其卷端

記別三千里，論交二十年。名山珍手筆，逝水咽牙絃。李賀才原鬼，王喬吏竟仙。夜臺如知我，否風雨校遺編。

大任今寥落，風流屬此人。直追長慶體，空現宰官身。文字偏憎命，才華易損神。白齋詩境冷，開卷已沾巾。丙子春嘗與君為白香山生日，今將廿載，言之泫然。

同調推亭伯，因君始識之。應亭伯，武林茂才，善畫工詩，與君定交。剪燈商舊句，緘札寄新詩。一別人俱邈，千秋事豈知。彩毫無夢久，吾亦嘆吾衰。

已負生前望集中見贈有科名兩字互相期之句徒利死後文交情看晚節世事笑浮雲宿草傷知己生芻弔此君九原當慰藉有子誦清芬

三山醉者歌為林梅友作

天上有酒星人間有醉者酒星照命量偏豪醉者作歌手自寫我讀扇頭醉者歌一時驚走千愁魔想其醉後筆所到才氣酒氣洒遍三山阿三山豈無大酒户醉者風流恥與伍詩社曾推壇坫雄酒樓更作敦槃主自言家世生逋仙三百梅花環酒邊隨處舉杯向明月幾回喝盞問青天青天冷笑明月老五十頭顱已不早只合黃金鑄酒瓶一

笑三山盡壓倒朝飲步兵廚夕卧尚書壚夢中有人忽招
去下視大千世界皆虛無此鄉別自有天地樓閣大書釀
國字萬户酲泉列附庸九州湯沐供頒賜坐其中者稱醉
侯銅印懸肘光凝睟左右不須設監史但呼從事偕督郵
内廷捧出黄封紙天禄大夫侍筵几紅友名誇入餉佳黄
嬌貌擅當壚美酒酣命賦春王詩麴秀才筆何淋漓醉者
立呼我將去醒來傳說人方知吁嗟乎富貴功名皆速朽
甘液先生壽最久且向醉鄉聊寄身何曾名士只耽酒不
然古今多少權奇倜儻之英才以酒自隱胡為哉醉者頭
銜豈易得想從世味閱歷中間來雲冥冥兮風謖謖若有

人分在空谷荷鋤鉏詎同死便埋鼓盆還以歌為哭（時君方失
偶）願君芒角胸中消我亦高陽舊裔苗他日三山拚一戰
與君同醉可憐宵

聞周同序捷南宮作

一紙泥金姓字鮮知君聯步天大羅天廻思折桂如前日
難得看花尚少年總角能文原報
國現身為吏亦稱仙可曾憶到家山侶猶殢吟邊與酒邊
頭銜新拜出
丹除製錦長才羨有餘三世重修循吏傳一官幸傍聖人
居雲開泰岱看飛舃秋到閩山望寄書他日絃歌傳誦徧

徧故人欣慰更何如

七夕

何須富貴與神仙領畧秋光亦爽然案户有星當此夕洗車無雨又經年銀河影冷驚孤雁玉露凉生咽暮蟬老我自慚枵腹甚幾同辜負晒書天

飲周同庠宅同林梅友葉甸卿作

聞道歸期約早梅果然天際一帆催似曾知我相思切況復逢君得意回醇酒豈辭公瑾召壽樽兼代老逋開是日梅友生辰今朝笑指雞頭割說是牛刀手試來

卷二十七

八閩文庫

福建文獻集成

吴格 主編

續編 集部 五九

海峽出版發行集團
THE STRAITS PUBLISHING & DISTRIBUTING GROUP
福建人民出版社

本册目次

晉江黄尚書公全集三十七卷（卷一至卷四）

［清］晉江黄宗漢撰

廈門大學圖書館藏稿本

晉江黃尚書公全集三十七卷，清黄宗漢撰。宗漢（一八〇三—一八六四），字季雲，號壽臣，晚號望雪老人，晉江人。道光十五年（一八三五）進士，選庶吉士。散館改兵部主事，擢監察御史給事中，出爲廣東督糧道，累遷浙江巡撫，陞四川總督。授内閣學士，兼署刑部侍郎、順天府尹。咸豐六年（一八五六），以欽差大臣總督兩廣，兼通商大臣，力主抗擊英法聯軍。九年，以「有礙和局」，調四川總督，留京以侍郎候補，補吏部右侍郎。十一年，穆宗即位，兼署兵部右侍郎，載垣等獲罪，宗漢以「迎合載垣等」，革職永不敘用。事具清史稿本傳。

宗漢揚歷中外，曾於浙江巡撫任上，主修浙江海運全案初編十卷續編四卷。然其奏議詩文等，俱稿藏家中，未及董理。迨其逝後，長嗣黄貽楫乃彙爲一編，題曰晉江黃尚書公全集。稿本今藏厦門大學圖書館，福建師範大學圖書館、福建省圖書館藏本皆據以傳鈔。

是書前二十八卷爲奏疏，編次井然：一謝摺，二謝摺、慰疏，三任科道封事、任閣學侍郎奏議，四署順天府尹奏議，五至二十任浙江巡撫奏議，二十一至二十四任四川總督奏議，二十五至二十八任兩廣總督奏議。後附奏疏補編、中外章論各一卷。又收録各體詩文，凡文鈔（序、跋、記、祭文、墓誌）十八篇，詩鈔八篇，賦鈔十篇，並附兩浙輿頌、西川輿頌、朋僚贈言，均各釐爲卷，然不復標明次第。末殿以各時期告示三十餘則。全書册次，恐有紊亂。

宗漢歷官二十餘載，居督撫重任前後近十年，文宗特賜「忠勤正直」匾額，非無由也。集中所載奏稿近六百篇，平生爲官之跡、施政之要，盡在其中。如陳粤東夷變之情形、募兵製械、借撥銀兩請充軍需等，皆關軍國大計，詳贍可觀。所附中外章論十二篇、兩浙輿頌五十篇、西川輿頌十一篇、朋僚贈言二十五篇，亦富史材，於其生平、施政、交遊等行實，均有助稽考。蓋以事功爲重，本無意以文字傳世，故所存詩文僅寥寥數十篇。然其一生交遊廣而境遇殊，與親友朋僚往來書札想必極夥，或因有所忌諱，集中隻字未存，殊爲可惜。（林翠霞）

黃尚書全集

晉江黃尚書公全集卷一目錄

奏疏一 謝摺

謝　賜忠勤正直匾額

謝授四川總督

謝仍留四川總督之任

片奏沿途情形

到四川總督任恭謝

片奏沿途情形

謝交部從優議敘

謝署四川學政

晉江黄尚書公全集卷一

男貽楫謹輯

姪貽杼恭校

奏疏一謝摺

謝署廣東臬司

奏爲恭報微臣接署臬篆日期叩謝

天恩仰祈

聖鑒事竊臣接奉督臣兼署撫臣耆英劄開廣東按察使

嚴良訓調任陝西按察使應即交卸起程所遺員缺

奏委臣接篆署理即於道光二十七年二月二十七日

准調任臬司嚴良訓將印信文卷移交前來當即恭

設香案望

闕叩頭祇領任事竊念臣七閩下士一介庸才由給事

中蒙

恩補授廣東督糧道現調雷瓊道因未奉到

諭旨尚未赴任莫效涓埃時深惶悚茲復署理臬篆彌切

冰兢伏思廣東地居邊要臬司綜理刑名戢匪安良

以及按獄察吏在在均關緊要臣知識庸愚深懼弗

克勝任惟有勉加策勵益矢慎勤隨時禀商督撫臣一事事實心經理不敢以暫時攝篆稍涉因循以冀仰
酬
高厚生成於萬一所有微臣接署日期並感悚下忱謹繕摺叩謝
天恩伏乞
皇上聖鑒謹
奏奉
硃批知道了

謝授山東臬司

奏為恭謝

天恩仰祈

聖鑒事竊臣接奉兩廣督臣廣東撫臣行知准吏部咨開

道光二十八年十二月十五日內閣奉

上諭山東按察使員缺著黄宗漢補授欽此當即恭設香

案望

闕叩頭恭謝

天恩伏念臣七閩下士一介庸才由給事中蒙

恩補授廣東督糧道經前督撫臣委署按察使旋奏
奏調雷瓊道履任以來幾及兩載涓埃未報兢惕方深
茲復渥荷
溫綸畀以臬司重任沐
隆施之極渥實欽感以難名竊查山左地居衝要臬司綜
理刑名如臣愚昧深懼弗稱厥職惟俟交卸道篆後
即行迎摺北上泥首
宮門跪求
恩訓所有微臣瞻戀感激下忱理合恭摺叩謝

天恩伏乞
皇上聖鑒謹
奏奉
硃批着來見

到山東臬司任恭謝

奏為恭報微臣到任接篆日期叩謝

天恩仰祈

聖鑒事竊臣由廣東雷瓊道仰蒙

恩命擢任山東按察使當於六月初五日趨赴

闕廷迭蒙

召見

訓誨周詳勗勉倫至感戴之餘益深兢惕初八日

陛辭後隨即束裝起程於是月二十五日行抵山東省城

二十六日准署按察使兗沂曹濟道王懿德將臬司
印信文卷移交前來臣恭設香案望
闕叩頭祇領任事訖伏念山左地居衝要臬司總理刑
名凡察吏安民詰奸戢暴在在均關緊要以臣愚昧
劇任洊膺夙夜思維懼難報稱臣惟有謹遵
聖訓益勵端方和衷以濟事除匪以安良矢慎矢勤不敢
稍形鬆懈以期仰答
高厚鴻慈於萬一所有微臣接印任事日期並感激下忱謹
繕摺叩謝

天恩伏祈

皇上聖鑒謹

奏奉

硃批覽

青

謝署山東藩司

奏爲恭報微臣接署藩篆日期叩謝

天恩仰祈

聖鑒事竊臣於道光二十九年九月二十四日接奉升任

撫臣徐澤醇行知

奏委署理藩篆即於是月二十五日准署山東廵撫印

務布政使劉源灝將藩司印信文卷委員移交前來

臣當即恭設香案望

闕叩頭祗領任事訖伏念臣閩嶠庸才諫垣供職渥荷

聖恩特簡由廣東雷瓊道洊升山東按察使到任甫經數
月未報涓埃茲復署理藩篆彌切冰兢竊查山左地
居衝要藩司職任旬宣察吏安民胥關緊要況值清
查之後尤當遵照新定章程嚴提舊欠力杜新虧俾
帑項均歸有著臣知識庸愚深懼弗能勝任惟有勉
加勤慎益勵端方撫字催科事事認真經理斷不敢
以暫時攝篆稍涉因循以冀仰荅
高厚生成於萬一所有微臣接署日期並感激下忱謹繕摺
叩謝

天恩伏乞

皇上聖鑒謹

奏奉

硃批覽

青如齋

謝調浙江臬司

奏為恭謝

天恩仰祈

聖鑒事竊臣接奉山東撫臣陳慶偕行知准吏部咨稱道

光二十九年十二月二十二日內閣奉

上諭浙江按察使著黃宗漢調補即赴新任毋庸來京請

訓等因欽此臣聞

命之下感悚倍增伏念臣七閩下士一介庸愚渥被

恩施由給事中擢任道員洊升山東按察使本年九月內

經前升任撫臣徐澤醇
奏委署理布政使於十二月間卸事回任到東半載未
報涓埃茲復仰荷
鴻慈調補浙江按察使查兩浙地方遼闊臬司總理刑名
凡戢暴安良以及按獄察吏在在均關緊要當茲繁
劇彌凜冰淵惟俟交卸後欽遵
諭旨即赴新任將地方一切事宜實心實力認真經理斷
不敢稍形鬆懈有負
高厚生成所有微臣感激下忱理合恭摺具

奏叩謝
天恩伏乞
皇上聖鑒謹
奏奉
御批覽

恩　上

到浙江臬司任恭謝
奏爲恭報微臣到任日期叩謝
天恩仰祈
聖鑒事竊臣於上年十二月二十八日在山東按察使任
內由撫臣行知欽奉
諭浙江按察使著黃宗漢調補即赴新任毋庸來京請訓
欽此臣恭拜
命當經繕摺叩謝一面交卸起程茲於二月十四日行抵
浙江省城准署按察使督糧道胡元博將臬司印信

文叅委員移交前來臣敬設香案望
闕叩頭祗領任事伏念兩浙地方遼闊臬司總理刑名
察吏安民詰奸戢暴在在均關緊要當茲繁劇彌凛
冰淵惟有勉竭愚誠倍加策勵律身以率屬除匪以
安良矢慎矢勤隨事稟商撫臣實心辦理以期仰答
高厚生成於萬一所有微臣接印任事日期并感激瞻戀下
忱理合恭摺具
奏叩謝
天恩伏祈

皇上聖鑒謹
奏奉
御批知道了

靜妙齋

浙江臬司回任恭謝

奏為恭報微臣回任接篆日期叩謝

天恩仰祈

聖鑒事竊臣因保舉案内遵

旨進京陛見當於正月初七日趨詣

闕廷蒙

恩召見六次仰

天顔之温霽荷

聖訓之周詳倍切感銘益深兢惕

陛辭後即束裝就道於二月十七日行抵浙江省城准署
按察使温處道慶廉將臬司印信文卷即日移交前
來臣恭設香案望
闕叩頭祇領任事伏念臣以菲材忝陳臬事由山東調
任今職一載以來寸長未效惟有欽遵
恩訓勉竭愚誠凡地方公事實心實力認真辦理不敢稍
形鬆懈致蹈因循以期仰答
高厚鴻慈於萬一所有微臣回任日期并感激下忱理合恭
摺叩謝

天恩伏乞
皇上聖鑒謹
奏奉
硃批知道了

青女

片奏沿途情形

再臣自出京後陸路地方經過直隸山東及江蘇徐淮等處雪澤漸融土膏滋潤麥苗將次出土水路由清江浦舟行南下河流暢順自蘇常以下並得春雨迨抵浙江境内田水尤為充足麥菜青葱茂盛所有各省糧價俱平民情安帖洵堪仰慰

聖懷理合附片謹

奏奉

硃批覽

靜妙齋

謝署浙江藩司

奏為恭報微臣接署藩篆日期叩謝
天恩仰祈
聖鑒事竊臣接奉撫臣常大淳行知以布政使汪本銓遵
旨進京陛見所遺藩篆
奏明委臣署理即於五月初九日准汪本銓將藩司印信文卷移交到臣當即恭設香案望
闕叩頭祗領任事竊念臣閩中下士材識庸愚前任山東臬司署理藩司印務旋經調任浙江臬司本年正

月因保舉案内遵
旨入都渥荷
聖恩疊蒙
名對感
訓諭之周詳愧涓埃之莫補茲復委署藩篆彌切悚惶伏
查浙省為財賦之區藩司有旬宣之責安民察吏任
重事繁況當積歉未舒又值奏銷喫緊撫字催科在
在皆關切要臣負荷愈重報稱愈難自揣菲材深虞
隕越惟有益矢勤慎加意講求凡地方公事無不凜遵

恩訓實力實心認真辦理斷不敢以暫時攝篆稍涉因循

以冀仰答

高厚生成於萬一所有微臣接署藩篆日期並感激下忱理

合繕摺叩謝

天恩伏乞

皇上聖鑒謹

奏奉

硃批知道了

青[illegible]

謝授甘肅藩司

奏為恭謝

天恩仰祈

聖鑒事竊臣接奉撫臣行知准吏部咨開咸豐元年八月

初九日内閣奉

上諭甘肅布政使著黄宗漢補授欽此當即恭設香案望

闕叩頭恭謝

天恩伏念臣七閩下士一介庸愚由給事中歷任道員洊

陳臬事自山東調任浙江經撫臣吴文鎔保舉本年

正月內遵
旨進京陛見蒙
恩召見六次仰
天顏之溫霽荷
聖訓之周詳時切懍遵倍深銘感回任後於五月間接奉
撫臣常大湻
奏委署理浙江布政使數月以來寸長未效茲復仰蒙
恩命擢升甘肅藩司沐優渥之
隆施愈感慚於無旣竊查甘肅爲邊陲要區藩司乃承宣

重任如臣愚昧深懼弗稱厥職惟俟交卸篆務即行
迎摺北上泥首
宮門跪求
恩訓所有微臣瞻戀感激下忱理合恭摺叩謝
天恩伏乞
皇上聖鑒謹
奏奉
硃批知道了著毋庸前來

青如齋

到甘肅藩司任恭謝

奏為恭報微臣到任接篆日期叩謝

天恩仰祈

聖鑒事竊臣於八月二十三日在浙江按察使署布政使

任内仰蒙

恩命擢升甘肅布政使當經繕摺具

奏叩謝

天恩籲請

陛見一面交卸起程迎摺北上至九月初五日在淮安舟

次奉到

硃批知道了著毋庸前來欽此臣遵即舍舟登陸遄指西

秦茲於十月二十九日行抵甘肅省城十一月初二

日准署理布政使甘涼道李恩慶將藩司印信文卷

委員移交前來臣恭設香案望

闕叩頭祗領任事伏查甘肅地居邊要藩司職任旬宣

察吏安民至為緊要況復番回雜處當息事以安邊

抑且兵糈攸關務節財以制用臣負荷愈重報稱愈

難自揣菲材倍虞隕越惟有益深勤慎加意講求凡

一切地方公事時時懍遵
聖訓實力實心認真辦理不敢苟且偷安亦不敢張皇失
實以冀仰答
高厚生成於萬一所有微臣接印任事日期並感激瞻戀下
忱理合恭摺具
奏叩謝
天恩伏乞
皇上聖鑒謹
奏奉

硃批知道了

謝授雲南巡撫調補浙江巡撫

奏爲恭謝

天恩仰祈

聖鑒事竊臣於五月二十三日由陝甘督臣舒興阿行知

接准部咨內開咸豐二年五月初四日奉

上諭雲南巡撫著黄宗漢補授卽赴新任毋庸來京請訓

等因欽此又於五月二十六日由督臣行知接准部咨

內開五月初十日奉

上諭浙江巡撫著黄宗漢調補卽赴新任毋庸來京請訓

未到任以前浙江巡撫著椿壽署理等因欽此臣跪讀

之下感悚交幷當即恭設香案望

闕叩謝

天恩伏念臣以樗櫟庸材於上年正月內進京仰蒙

召見六次備荷

訓勖周詳回任後於八月在浙江臬司署藩司任奉

旨升授甘肅布政使抵任甫逾半載寸長莫效五內悚惶

遽蒙

簡畀封圻旋

調海疆要缺
命迅速以從公免馳驅之況瘁
鴻施迭被實夢想所弗期駑鈍滋慚豈涓縻之能報查浙
江地方水陸交衝俗兼吳越錢漕因銀價貴而疲累
日深鹽課以私梟多而滯消尤甚海塘則時虞漫溢
洋盜則日事巡防近復有鄞縣奉化匪徒滋生事端
一切民風吏治捕務兵防均須整飭如臣檮昧情形
雖所素知艱鉅何能勝任惟有勉竭愚誠倍加策勵
時時服膺

聖訓實心實力認真辦理律身以率屬虛己以詢謀戢匪
以安良理財以制用竭誠殫慮以期仰答
高厚生成於萬一現經交卸藩篆遵即束裝起程所有微臣
感悚下忱理合恭摺叩謝
天恩伏乞
皇上聖鑒訓示謹
奏奉
硃批知道了到任後應行整飭者緩緩辦理

到浙江巡撫任恭謝

奏為恭報微臣抵省接篆日期叩謝
天恩仰祈
聖鑒事竊臣在甘肅藩司任內於五月內先後仰蒙
恩命陞授雲南巡撫調補浙江巡撫俱令即赴新任毋庸
來京請訓欽此當經恭摺叩謝
天恩隨於六月初四日由甘起程至河南途次欽奉
硃批到任後應行整飭者緩緩辦理欽此臣恭繹
溫綸凡下悃之勉竭愚誠積疲之驟難見效俱在

聖明洞鑒臣跪讀之下欽佩莫名一路按程行走茲於七
月二十九日馳抵浙江省城准署理巡撫布政使臣
椿壽將浙江巡撫關防鹽政印信及
王命旗牌文卷委員齎送前來臣卽日恭設香案望
闕叩頭祗領任事伏念浙省為東南財賦重地現在地
丁奏銷分數既不如前上忙新賦至今多未破白復
以天時亢旱糧艘不能全數北運其疲敝情形已可
概見臣愚以為必須地方官平日實心任事凡緝捕
聽斷悉足以固結民心便自輸將恐後其餘鹺務海

防塘工營伍均關緊要臣材識庸鈍初肩重任深恐
弗勝惟有欽遵
恩訓凡一切應辦公事督同司道次第以圖從容整理不
敢稍形疎懈致蹈因循亦不敢遽事紛更急求速效
總使吏稱其職民安其生以期仰答
高厚鴻慈於萬一除將到任及入闈監臨各日期另行恭
疏
題報外所有微臣抵省接篆並感悚下忱理合繕摺叩謝
天恩伏乞

皇上聖鑒謹

奏奉

硃批知道了事事奮勉為之但勿操之太急亦斷不可從

寬二者酌中行之

片奏沿途情形

再臣自甘起程正值大雨優霑陝西地面雨水尤為匀足年歲豐稔河南之西路與陝相同自中牟縣起過汴梁省城東行至江南徐州府之銅山桃源等縣雨水較多低田間有被淹至清江浦由水路南下淮揚一帶皆因屢得透雨轉歉為豐七月二十一日在揚州見湖南尾幫糧艘甫渡江過揚二十二日臣渡江進鎮江口即見浙江頭幫糧船將次渡江其常鎮各府以及蘇州均經得有透雨迨行至浙西境界則

亢旱已久嘉興府之石門縣地方尚有糧船數十隻未能出境雖經另派大員前往督催挑挖河路多雇剝船無如農田車水太多河流日淺一日臣親自探量水勢其淺處不過二尺許故自石門至省一站之路行至兩晝夜纔到近於二十八日起至八月初一日連日俱得有陣雨據報水勢漸長四五寸仍嚴飭挑剝兼施以期挽運出境抵省後詢知浙東之金衢嚴各府亢旱尤甚自七月起至今鄉民赴省報災每次呈詞數百張經前署撫臣布政使椿壽派員到彼查

勘偵其覆到再行覈辦其鄞縣等處匪徒滋事自努獲首要嚴行懲辦之後現在各地方俱為安謐洵堪

仰慰

聖懷理合附片具

奏奉

硃批知道了

謝賞戴花翎

奏爲恭謝

天恩仰祈

聖鑒事臣恭閱邸鈔咸豐二年十一月二十一日奉

上諭黃宗漢奏籌備軍需一摺浙江巡撫黃宗漢著賞戴

花翎等因欽此臣欽遵於是日恭設香案望

闕叩頭祗謝伏念臣以鳳邱下士鷺嶺備官仰蒙

重寄夫封疆自撫凡材而慚悚復因輸將鶴俸渥承

寵錫鸞章翠羽臨風彌幸鴻毛遇順金枝耀日共覘貂珥

增華才既愧於請纓榮幸叨乎結綬仰邀
恩被感戴莫名臣惟有益慎濟翔敬襄勵翼鴻漸慕為儀
之吉載賡
福祿於鴛鴦蟬聯簪
逾格之施彌凜職司於鳩扈所有臣感激下忱恭摺叩謝
天恩伏乞
皇上聖鑒謹
奏奉
硃批知道了

謝　賞戴花翎
奏爲恭謝
天恩仰祈
聖鑒事竊臣於九月十四日接准户部咨開咸豐三年七
月初七日内閣奉
上諭此次浙江海運事屬創始巡撫黄宗漢督同司道等
悉酌成案經理得宜全數起運交兑完竣辦理實爲妥
速加恩著賞戴花翎仍交部議敍等因欽此當即恭設
香案望

闕叩頭祇謝
天恩伏念臣職效鵷翔才慚鳩拙屬以漕河之偶阻議由
瀛海以試行
斷出
宸謨喜蒙
福庇自揚舲於滬浦暨艤檝於津沽海若效靈
神倉遄達迺膺
恩錫加以采章
龍光賚

湛露之濃鴻毛叶順風之遇憶昨輸誠助餉曾叨翠羽之
榮頒祇今循分供儲復拜
丹毫之
褒寵受
恩逾重思報彌虔慶溢彈冠倍切欽承於負荷敬襄勵翼
豈徒耀飾於觀瞻臣惟有益矢愚衷偕萬姓臚歡鳧
藻早籌新運祝千艘穩渡蟬聯所有感激榮幸下忱
謹繕摺恭謝
天恩伏乞

皇上聖鑒謹

奏奉

硃批知道了

謝　賜忠勤正直匾額
奏爲欽承
御書訓示叩謝
天恩恭摺奏祈
聖鑒事竊臣於二月二十日准軍機大臣由驛寄到
御書忠勤正直匾額一面
恩諭一道内開咸豐四年二月初二日内閣奉
上諭浙江巡撫黄宗漢自簡任以來辦理各路防堵不動
聲色措置裕如督辦漕糧海運亦極認真上年勸捕

静妙齋

台州及杭州之昌化於潛並甯波各處匪徒與現在嘉
湖兩屬聚衆抗糧匪犯均能立時擒獲辦理甚屬妥速
地方悉臻安静歷覽該撫奏報精詳之至毫無瞻顧深
堪嘉尚著發去朕書忠勤正直匾額一面賞給黄宗漢
該撫領朕所賜御書不必作奬勵觀作紀實觀朕尤願
汝慎終如始以成一代之名臣欽此臣跪讀之下感泣
涕零言不能宣諸口當即恭設香案望
闕叩頭謝
恩伏念臣賦性庸愚輇材重寄㧺任以來屢荷

硃批酌寬嚴之中戒驕侈之漸雖幸凜遵有自實已慚愧
滋多況當時艱孔棘未能展布一籌上紓
宵旰憂勤下拯生民塗炭撫躬循省何地自容乃蒙
詔書特賁錄其循分供職之微勞
御筆親揮實為曠代難逢之至寶
四端訓示
一幅淋漓
眷倚優隆固已感深骨髓而紬繹
諭旨復慮臣稍有矜心懈於末路

勗以循名責實
戒以慎始圖終
天威咫尺所以
造就而玉成者更覺無微不至也臣惟有欽遵
恩誨殫竭血誠奉
匾額為箴銘體
精神之貫注始惟一終亦惟一俾免有初鮮終之譏
后克艱臣亦克艱無負
聖主賢臣之望所有微臣感激榮幸下忱謹繕摺叩謝

天恩伏乞

皇上聖鑒謹

奏奉

硃批知道了汝尚未深悉朕意仍看成訓誡之詞

静妙齋

謝授四川總督

奏為恭謝

天恩仰祈

聖鑒事竊臣於十月十七日接准部咨咸豐四年九月二

十一日内閣奉

上諭四川總督著黄宗漢補授俟何桂清到任後即赴新

任毋庸來京請訓等因欽此臣跪誦之下感悚交并當

即恭設香案望

闕叩頭祗謝

天恩伏念臣蓬茅下士樗櫟庸材由臬司渥荷
恩慈洊擢封圻重任甫經三載未效寸長感承
宸翰寵頒時懔慎終如始竊幸巖疆安謐彌兢履薄臨深
乃蒙
巽命之重宣復晉升階於總制
鴻施逾格非夢寐所敢期蟻悃輸誠豈捐縻之能報伏查
川省為邊郵重地督臣兼巡撫職司連秦鳳而達荊
襄控西番而通南詔山川險阻政事殷繁雖現稱完
善之區而尤賴撫綏之術加以巴巫接壤防守綦嚴

湘漢行師餉需待濟如臣禱昧深懼弗勝惟有益矢
慎勤倍加策勵以期仰答
高厚生成於萬一現將浙省應辦公事逐件清釐當此漕
務方興鄰烽未靖一切督催防堵緊要事宜仍當竭
盡駑駘悉心經理不敢稍存五日京兆之見俟新任
撫臣何桂清到任後即欽遵
諭旨赴蜀仰
天顏於咫尺拜
綠綸而暫緩趨

朝奉
聖訓為持循瞻
闕廷而莫名戴
德所有微臣感激下忱謹繕摺叩謝
天恩伏乞
皇上聖鑒謹
奏奉
硃批知道了汝非不能振作者不料汝此次有意耽延積
壓奏牘雖降頂戴示懲朕尚望汝痛加悛改若抵川後

故態復作是汝無福不能仰副委任也

靜妙齋

謝仍留四川總督之任

奏為恭謝

天恩仰祈

聖鑒事竊臣在浙江巡撫任內欽承

恩命陞授四川總督當經拜摺陳謝並將奏報久稽之處

籲請

嚴譴兹於本年正月初三日在丹陽途次齎摺差弁回南

恭閱邸抄先於年前十月內欽奉

上諭黄宗漢數月未經奏事竟咨呈軍機處懇請代奏尤

屬非是著先行文部議處等因欽此即於十一月初七
日奉
旨黃宗漢著加恩降為二品頂戴仍留四川總督之任欽
此迨臣請罪各摺於十二月初九日恭呈
御覽欽奉
硃批另有旨同日奉
上諭所有自請嚴議之處著加恩改為議處等因欽此其
陳謝摺內奉
硃批知道了汝非不能振作者不料汝此次有意耽延積

歷奏牘雖降頂戴示懲朕尚望汝痛加悛改若抵川後
故態復作是汝無福不能仰副委任也欽此臣跪誦之
下感泣涕零伏念臣一介庸愚仰邀
知遇之恩至優極渥不能力圖策勵以致上煩
宸廑即蒙褫革已屬咎有應得復荷
聖主如天之仁俯予優容仍留四川總督之任雖示薄懲
尚深
厚望感
提命之自天愈悚惶於無地自今以往惟有痛改前愆勉

恩補過以期上承

福庇仰答

生成所有微臣感悚下忱理合繕摺叩謝

天恩伏乞

皇上聖鑒謹

奏奉

硃批知道了

片奏沿途情形

再臣年前由杭動身經過蘇常地方關津盤查兵勇防堵尚為嚴密民情均稱安謐聞鎮江瓜洲相持如故長江未能斷絕接濟賊營對壘互相應援克復尚無把握新年以來在丹陽快聞上海捷音行至淮安又聞連鎮捷音此皆仰賴

聖主洪福聲威遠暨故兩旬再捷南北同深慶幸途次接蘇省大吏飛咨以浙江官紳先為幫同斷絕接濟此次各員弁兵勇尤能奮勇殺賊首先登陴克復城池

臣心庶為釋然惟自上冬以來蘇浙晴多雪少農田
望澤甚殷各內河水涸舟行節節阻滯改由旱道抵
江又復守風多日計自杭至淮揚四易船隻方得到
清江浦幸數日內雨雪交加頗為深透洵堪仰慰
聖懷臣此次緘封摺奏係在清江浦借用南河總督關防
拜發後即日陸行由河南陝西赴蜀合併聲明謹
奏奉
硃批知道了

到四川總督任恭謝

奏為恭報^臣^抵川接印日期叩謝

天恩仰祈

聖鑒事竊^臣^恭拜

恩命擢授四川總督當於交卸浙江撫篆後歷將年前自

杭動身至本年正月底到清江浦舍舟登陸由河南

陝西赴蜀各緣由恭摺

奏報在案茲於三月二十九日行抵成都省城准兼署

督^臣^樂斌將總督關防委員齎送前來^臣^當即恭設

香案望
闕叩頭謝
恩祇領任事伏念四川地處邊陲總督職兼巡撫政務殷
繁治理不易況當黔匪甫平餘氛未淨武昌復陷上
竄宜防靖内攘外在在尤關緊要臣自揣庸愚深懼
弗能勝任惟有竭盡血誠力圖振奮正己以率屬戢
暴以安良講武以防邊理財以制用舉凡吏治民風
軍需營伍隨時督率司道鎮將實力講求認真經理
以期控制撫綏胥臻安貼上答

高厚生成於萬一所有微臣接印日期除循例恭疏具
題外理合繕摺恭謝
天恩伏祈
皇上聖鑒訓示謹
奏奉
硃批知道了汝在浙尚恐汝過於急速令在蜀不患失之
於嚴惟患失之於緩汝之才力朕保汝實稱川督更望
汝驅使羣材自易覿效

片奏沿途情形

再臣由杭動身後經歷浙蘇淮揚一路情形曾於正月内在清江浦拜發摺件附片陳明在案兹於二月初在袁浦登車路過徐州此地向係匪類淵藪行旅咸有戒心現在淮徐道王夢齡團練鄉勇極為精壯嚴肅器械亦復整齊地方悉臻安謐至河南之團練間有藉聯莊會以拒捕抗糧者臣經過之鄭州曾經匪類圍城施放軍火城外焦土猶存幸該署州黄見三星夜親帶兵勇擊退故城池無恙聞密縣禹州等

處抗拒尤甚維時臬司首府皆親往勦捕匪徒已聞風逃散撫臣英桂藩司鄭敦謹清正之名衆口一詞無如捻匪既多民情亦不甚馴催科極為喫力鄉紳中有曾任大員徐廣縉在歸德督捕既有病容又與地方大吏不甚和協恐難得力武職如南陽鎮總兵邱聯恩之勇於緝捕為民情所愛戴者殊不可多得故河南為居中扼要之地以臣聞見所及頗覺可慮惟自洛陽以西各縣民氣安恬稍為一慰然時已二月下旬均未得有透雨麥秋不免歉薄一到陝西境

內雨水優渥田畝青葱麥秋準卜十分豐稔地方亦
俱安靜迨三月下旬至廣元縣為入蜀首站山田甚
為乾旱麥將成熟雖連日得有小雨難資補救但川
北地方與陝西接壤尚為安謐自此至省垣歷過數
縣沿途皆有團練各鄉團首率其丁壯迎輿跪接每
處或數十名或數百名尚為齊心無論紳衿耆老村
夫牧豎臣皆停驂與之勸諭或延至行館剴切詳明
曉以同心協力樂事勸功之義咸歡欣傾聽以此見
民情易動惟在地方官求無負斯民也途次攔輿遞

呈者不下數百張或屈於官吏或苦於差役或受害於匪徒其中雖未必盡實然地方公事疲玩因循亟須整頓者正復不少此時治蜀綱領以整飭吏治固結民心為第一緊要民心得則民力民財皆可用也至全省雨水均尚調和麥秋可期中稔毗連黔楚之區前署督臣樂斌皆已派防賊氛不至闌入洵堪仰慰

聖懷理合附片具

奏奉

硃批覽奏均悉河南一省實深為可慮

謝交部從優議敘

奏為恭謝

天恩仰祈

聖鑒事恭查咸豐五年正月十四日内閣奉

上諭吉爾杭阿奏上海勦賊節獲大勝殲斃逆首克復縣

城一摺四川總督前任浙江巡撫黄宗漢於鄰境勦賊

撥兵籌餉不分畛域亦屬可嘉著交部從優議敘等因

欽此嗣由兵部覈議請照一等軍功從優議敘例給予

軍功加三級於正月二十九日具奏奉

旨依議欽此欽遵先後咨行到川由前兼署督臣樂斌移
交到臣當即恭設香案望
闕叩頭謝
恩伏念臣前在浙撫任内於鄰烽未靖
奏請撥兵籌餉立速策應以期外援鄰封内固本省原
屬分内應爲之事乃因滬城克復仰蒙
温綸優奬跪讀之下感悚莫名現在四川與黔楚唇齒相
依此後凡應調兵籌餉事宜臣惟當益加奮勉不分
畛域豫籌策應以期捷音速報上慰

聖懷所有_臣微感悚下忱理合恭摺叩謝
天恩伏祈
皇上聖鑒謹
奏奉
硃批知道了

靜妙齋

謝署四川學政

奏為暫行兼署學政印務祗謝

天恩並循例考試遺才恭摺奏祈

聖鑒事竊臣前准部咨欽奉

上諭四川學政翰林院編修何紹基著照部議降三級調用不准抵銷欽此維時因該學政正在潼川府科試曾經臣附片奏請俟其科試全完旋省即將學政關防交臣暫行兼署并請催新任學政來川以便考試遺才奉

硃批著該部飭令鄭瓊詔迅速前往欽此欽遵在案茲據
降調學政何紹基由潼試畢回省將任内經手未完
事件辦理清楚於六月初八日將學政關防一顆移
文前來臣當即恭設香案望
闕叩頭謝
恩接印任事查川省科試已竣其餘日行事件無多臣自
當詳慎覈辦惟新任學政鄭瓊詔甫經出都近接來
信須七月二十後方能到來川省鄉試向於七月初
旬錄取遺才以及補考諸事如届時尚未抵任臣亦

當循例先為定期舉行俟該學政到日再行移交接
考所有臣兼署學政印務日期并擬定期考試遺才
理合恭摺具
奏伏乞
皇上聖鑒謹
奏奉
御批知道了

晉江黃尚書公全集卷二目録

奏疏二 謝摺 慰疏

恭報接受　欽差大臣關防

片奏加用關防以憑識認

謝　賞表裏銀兩

謝調補四川總督

謝留京以侍郎候補

謝暫署吏部右侍郎

謝補授吏部右侍郎

謝兼署兵部右侍郎

癸丑年謝　賞福字

甲寅年謝　賞福字

乙卯年謝　賞福字

丙辰年謝　賞福字

丁巳年謝　賞福字

己未年謝　賞福字

男貽楫蒙　恩賞給舉人恭謝

謝給予子弟獎敘

男貽楫議敘内閣中書率領恭謝

男貽楫補授内閣中書率領恭謝

靜妙齋

建甯等屬錢糧蠲緩聯銜恭謝

甌甯等縣錢糧蠲免聯銜恭謝

延建等屬錢糧蠲緩聯銜恭謝

道光三十年慰安摺

咸豐五年慰安摺

晉江黃尚書公全集卷二

男貽楫謹輯

姪貽杼恭校

奏疏二　謝摺　慰疏

謝以内閣學士候補

奏爲恭謝

天恩仰祈

聖鑒事竊臣前在四川總督任内因舊疾復發日久未經

奏事奉

旨交部議處來京另候簡用當即趲程北上於本月初十
日恭詣
闕廷跪請
聖安仰蒙
召見是日欽奉
上諭前任四川總督黄宗漢前經吏部議以降三級調用
加恩著改為降二級以内閣學士候補欽此伏念臣賦
性愚直自蹈愆尤渥蒙
皇上寛大之恩不即加以重譴已屬

逾格隆施乃甫覲
天顏復邀
温旨改輕吏議俾即新階聞
命之餘感懼交集臣惟有益加振作勉矢慎勤稍贖疎戇
之前愆勉答
生成於再造所有微臣感悚下忱理合恭摺叩謝
天恩伏乞
皇上聖鑒謹
奏

謝補授内閣學士兼署刑部右侍郎

奏為恭謝

天恩事咸豐六年十二月十六日内閣奉

硃筆黄宗漢補授内閣學士兼禮部侍郎銜欽此同日内

閣奉

上諭刑部右侍郎著黄宗漢署理欽此竊臣閩海庸才至

愚極陋前因獲咎奉

名來京仰蒙

逾格矜全畀以内閣學士候補已恐承

恩之非分方嚴省疚於無窮乃邀
巽命之重拜真除於
綸閣並攝秋官之貳復承乏於雲司自顧何人膺兹
寵遇伏念内閣地居
禁近刑部職重簡孚翔步
薇垣愧冰銜之並耀備員棘署驚
露湛之曡承臣惟有益矢慎勤倍加兢惕冀免愆尤於蚊
負庶酬
高厚之

鴻慈所有微臣感悚下忱謹繕摺叩謝
天恩伏祈
皇上聖鑒謹
奏

奏

皇上聖鑒謹

大恩伏祈

[illegible]

玉

謝充　玉牒館副總裁
奏為恭謝
天恩事本月初四日准
牒館行知奏請
簡派副總裁一摺奉
硃批圈出黃宗漢欽此竊臣猥以駑駘渥蒙
任使既兼官於秋憲復攝篆於畿垣報稱未能悚惶日積
茲復以
天潢纂系

寵命褒修荷十年一遇之
殊榮仰萬葉千枝之
茂典臣惟有勤加編校益勉竭乎愚誠冀免差訛庶稍酬
乎
高厚所有微臣感忭下忱謹繕摺恭謝
天恩伏祈
皇上聖鑒謹
奏

謝授　欽差大臣兩廣總督

奏爲恭謝

天恩仰祈

聖鑒事咸豐七年十二月十三日内閣奉

上諭黄宗漢著補授兩廣總督即行馳驛前往並著接受

欽差大臣關防辦理夷務等因欽此臣聞

命自

天感

恩無地伏念臣自蒙

名入都疊膺
任使已恐承
恩之非分方嚴省疚於無窮乃邀
巽命重申復畀兼圻鉅任並授辦理夷務關防撫中循省
感悚益深竊查兩粵為邊陲要區督臣兼文武表率
現當內匪未平外夷復肆正安攘喫緊之時責寬猛
適中之用操縱稍有未宜關係殊非淺鮮如臣檮昧
深懼弗能勝任惟有籲求
訓誨俾獲遵循庶勉策乎駑駘冀仰酬夫

高厚所有微臣感怍下忱謹繕摺叩謝
天恩伏乞
皇上聖鑒謹
奏

謝兼兵部尚書銜

奏為恭謝

天恩仰祈

聖鑒事竊臣奉

命補授兩廣總督業經具摺謝

恩經吏部循例奏請應否兼兵部尚書銜欽奉

硃批著照例兼銜欽此伏念臣忝任兼圻渥邀

寵眷方以涓埃未報懍疆寄之難勝乃蒙

綸綍榮頒俾樞銜之兼領庸樗自顧戰栗彌增臣惟有殫

竭愚誠恪共職守於到任後凡地方夷務營伍海防
一切事宜認真整頓以冀仰答
高厚鴻慈於萬一所有臣徵感忭下忱謹繕摺叩謝
天恩伏乞
皇上聖鑒謹
奏

到粤開用關防任事恭謝

奏為恭報微臣到粵開用關防任事日期恭摺叩謝

天恩仰祈

聖鑒事竊臣於本年正月十七日在山東郯城途次承准

軍機處咨送禮部新鑄廣東廣西總督關防一顆巡視兩廣鹽課監察御史印一顆咨交前來臣當即祗領齎帶沿途並未開用茲已馳抵粵境所有應辦事宜應即隨地隨時速為布置未便拘泥從前成案同日交卸接受以致貽誤事機臣謹擇四月二十日在

潮州府公廨恭設香案望
闕碰頭叩謝
天恩開用新鑄關防即日任事並先期馳咨署督臣柏貴
知照迅將新頒
欽差大臣關防一顆派員妥送交臣祗領伏念臣歷官中
外迭蒙逾格之
恩施莫効涓埃正切省愆於夙夜茲復
畀以總制兼圻鉅任
授以辦理夷務關防受

恩愈重報稱愈難查兩粵為邊陲要區督臣兼文武表率

現當土匪未平夷人滋擾攘外安內責任匪輕臣自

揣庸愚深恐難期稱職惟有謹遵

聖訓勉竭駑駘冀得邊圉乂安用酬

高厚鴻慈於萬一所有微臣開用關防任事日期除恭疏具

題外謹繕摺叩謝

天恩伏乞

皇上聖鑒謹

奏奉

硃批知道了

恭報接受　欽差大臣關防

奏為恭報微臣接受關防日期仰祈

聖鑒事竊臣於咸豐八年四月二十日在潮州府行館開

用兩廣總督關防廵鹽御史印信即日任事恭摺由

驛馳報在案嗣於五月初四日行抵大埔縣屬高陂

舟次接准前署督臣柏貴派委臣標中軍副將齡山

咨送

欽差大臣新關防前來臣遵即在舟中恭設香案望

闕叩謝

天恩祇領視事竊查現在夷務上海甯波福州厦門四口凡
相安無事者業與該省督撫臣面商因勢利導無庸
别生枝節至粤東情形另行密摺具奏臣自揣庸愚
深恐安攘無方致貽隕越惟有隨時察看情形密商
紳士妥為辦理以仰副
聖主通籌大局息事安民至意除恭疏具
題外所有徵臣接受
欽差大臣新關防日期理合繕摺具奏叩謝
天恩伏乞

皇上聖鑒謹
奏奉
硃批知道了

青如齋

片奏加用關防以憑識認

再臣訪聞原頒之

欽差大臣關防兩廣總督關防各一顆巡鹽御史印信一顆於葉名琛上船日久始由其家丁李姓交與柏貴查收此次已由柏貴委令副將黔山一併賫送交臣當經發交藩司遇有便員進京觧繳禮部查銷其上年十二月

新頒欽差大臣新關防一顆業經柏貴開用茲臣接受時查驗新舊各關防均未嚴密封固當即詰據該副將

聲稱所有新舊各關防印信係相貴乘間面交寄袖出城是以未經加封沿途親自費帶小心防範可無他慮各等語臣究恐其或有疎忽致滋弊端必須另示區別以昭慎重擬請自臣接受之後遇有辦理夷務公文應用

欽差大臣關防俱於年月日上加用兩廣總督新關防一顆以憑識認除分咨京外各衙門查照外理合附片陳明伏乞

聖鑒謹

奏奉

硃批知道了

謝賞表裏銀兩
奏為恭謝
天恩仰祈
聖鑒事竊臣接准禮部咨文恭悉
牒告成臣以離館副總裁仰蒙
恩賞表緞二疋裏二匹銀四十兩并聲明應得
賞銀已移咨吏部遵例改為紀錄一次將表裏四匹發交
提塘轉遞到粤當即恭設香案望
闕叩頭祗謝

天恩伏念玉檢金泥常席蘿圖而介祉瓊編寶籙尚稽華
胄之發祥㓨
盛朝
列祖之
詒謀且
聖主一人之
篤祜宜
天麻之滋至自
靈貺之畢臻而乃寅恭交贊以成圖

乙覽特嘉夫丕績功疑惟重物有且多聞
命而名
許蟬聯銜
恩而身爭蛾伏臣一介戇愚疊邀
寵遇荷殊常之
訓勉沐適格之
栽培出總師干西川之肩甫釋入參卿席南省之秩斯秉
仰椒衍於
天潢識慚窺管賦瓜緜於

帝室才拙揮毫正鴛勵以從公旋馹征而于役星言夙駕
長瞻宗正之光華辰告遠猶倍懍
天威於咫尺兹際波澄珠海適看雲捧
玉墀勞必
錄乎至微
惠不遺於在遠束錦
勵絨純之節榮媲五章美鐐
勖金錫之修貴逾三品聞風耳奮揚驛騎而傳聲捧
日心懸映袞衣而生色所願萬年有道賡豊芑燕翼之詩

還期億載無疆

錫露蕭龍光之宴所有微臣感忭下忱理應恭摺叩謝

天恩伏祈

皇上聖鑒謹

奏奉

硃批知道了

謝調補四川總督

奏為恭謝

天恩仰祈

聖鑒事竊臣於本年五月初一日接准署廣東撫臣畢承昭

咨開恭悉臣蒙

恩調補四川總督並令來京請訓兩廣總督令柏貴兼署

等因欽此因柏貴已故未能交卸起程而各路軍營正

當喫緊是以未敢宣布二十一日臣承准軍機大臣

字寄咸豐九年四月十九日奉

上諭調勞崇光為廣東巡撫兼署兩廣總督黃宗漢俟勞
崇光到任後再行來京等因欽此二十六日准吏部咨
開咸豐九年四月初二日内閣奉
上諭兩廣總督著王慶雲調補四川總督著黃宗漢調補
即行來京等因欽此臣當即恭設香案望
闕叩頭祗謝
天恩伏念臣自奉
命莅粤以來已逾一載未能招携懷遠戢暴安良夙夜撫
心正深負疚不即

嚴加譴責已邀
格外優容洊蒙
體恤之逾恒先移使節復荷
恩施之優渥調任川疆凡兹遭遇之非凡實為有生所難
報蜀中雖昔日舊遊之地而巖疆重寄一切察吏安
民籌邊馭將裕課恤刑諸大端在在均關緊要自顧
樗庸深虞隕越幸蒙
恩旨准臣晉京請
訓庶遵循之有自益感戴以莫名現擬俟新任廣東撫臣

勞崇光到任後即將督篆並鹽政印信委員賫送至
省交其兼署臣即起程北上趨詣
闕廷籲求
訓示所有微臣感激下忱理合恭摺具奏叩謝
天恩伏乞
皇上聖鑒謹
奏奉
硃批知道了

謝留京以侍郎候補

奏為恭謝
天恩事本月二十一日內閣奉
上諭黄宗漢著留京以侍郎候補欽此竊臣猥蒙
知遇疊任封圻沐
雨露之殊施乏涓埃之報稱昨以到京請
訓瞻仰
天顏兢惕方深
恩綸旋捧俾以侍郎留京候補伏念臣質本庸愚感深

高厚數馳驅於中外渥邀
大造之甄陶載颺拜於卿曹尤撫私衷而惶悚惟有益加
策勵以冀無負
生成所有臣微感激下忱理合繕摺叩謝
天恩伏乞
皇上聖鑒謹
奏

謝暫署吏部右侍郎

奏爲恭謝

天恩事咸豐十年三月初六日内閣奉

上諭杜翰現在入闈所署吏部右侍郎著黄宗漢暫行署

理欽此竊臣八閩下士知識毫無猥以樗櫟庸材疊荷

封疆

重寄感深

知遇報乏涓埃前蒙

恩旨留京幸忝躋於卿貳兹復

隆施逾格俾暫攝乎銓衡渥叨

大造之甄陶實撫私衷而惶悚臣惟有倍加策勵益矢慎

勤以期無負

高厚生成於萬一所有微臣感忭下忱理合繕摺叩謝

天恩伏乞

皇上聖鑒謹

奏

謝補授吏部右侍郎

奏為恭謝

天恩事咸豐十年九月初四日奉

上諭吏部右侍郎著黄宗漢補授欽此竊臣八閩下士一介庸愚叨

知遇之優隆愧涓埃之莫報依

光禁籞幸躋卿貳於鵷班承乏銓曹夙荷

栽培於

鴻造茲復仰蒙

恩旨
特予真除閩
命自
天感
恩伏地臣惟有慎持六法益勵四知勉求揚清激濁之方
冀收察吏安民之效詠好音於集泮撫時艱而倍竭
駑私遵
蹕路以迎
鑾瞻

日近而彌殷蟻慕所有微臣感激依戀下忱謹繕摺具

奏叩謝

天恩伏乞

皇上聖鑒謹

奏奉

硃批知道了

青如齋

兩

謝兼署兵部右侍郎

奏為恭謝

天恩事咸豐十一年九月初六日内閣奉

上諭畢道遠現在入闈兵部右侍郎著黄宗漢兼署欽此

竊臣一介庸愚疊受

朝知遇服官中外未報涓埃

皇上嗣位之初即荷

温綸之被逮

寵光於秋序幸兼攝夫夏官伏念昔任郎曹今躋卿貳膺

八年之疆寄升階而舊署頭銜佐六察於銓衡承乏而新邀

心簡

恩施愈重報稱彌難臣惟有勉矢慎勤時加策勵以期仰答

高厚生成於萬一所有微臣感忭下忱理合繕摺叩謝

天恩伏乞

皇上聖鑒謹

奏

癸丑年謝　賞福字
奏為恭謝
天恩事咸豐三年正月初十日齎摺差弁回浙奉到
恩賞
御書福字一方當即恭設香案望
闕叩頭祗領欽惟我
皇上洪疇嚮五
泰運開三
龍章宣受祉之綸金壺灑潤

鳳紀布始和之灋銀管騰輝爰頌
寶字於
九重敬迓
祥徵於百順臣海疆忝領歲籥初更頌
萬年而永慶豐穰普天同樂合兩淛而共躋
仁壽大地皆春臣惟有益矢冰淵勉膺褫祜知方榖承予
彝訓庶報
敷言用錫之
恩原介景由於靖共彌深受

寵若驚之念所有感激下忱理合繕摺恭謝
天恩伏祈
皇上聖鑒謹
奏奉
硃批知道了

青女

甲寅年謝　賞福字

奏爲恭謝

天恩事咸豐四年正月初六日齋摺差弁回浙奉到

恩賞

御書福字一方臣謹恭設香案望

闕叩頭祗領擇吉懸掛欽維我

皇上乾符受祉

鼎祚延釐際茲

寶穗書元昭甘露慶雲之象式仰

珠綸布愷應祥風瑞雪之徵序方啟乎三陽
恩特放夫百順
洪疇建極咸欽
錫福於民
文德誕敷定卜止戈為武臣輇材彌惕
宸翰頻膺正迎淑氣於東郊喜見春來
天上即聽凱歌於北直欣占吉叶師中臣益當甲令勤宣
寅恭時勵豐財和衆與浙民共慶有年蹈
德詠

仁頌

壽寓永綏多祜所有微臣感激榮幸下忱謹繕摺叩謝

天恩伏祈

皇上聖鑒謹

奏

乙夘年謝賞福字

奏為恭謝

天恩事咸豐五年正月初三日臣在丹陽途次奉到

恩賞

御書福字一方謹即伏地叩頭祇領欽惟我

皇上乾符握九

泰運開三正當

令布始和懸書魏闕共慶

威宣異類奏捷滬城恰當

鳳翰之輝煌特
沛鴻疇之敷錫臣自維庸碌幸荷
生成疊承
墨寶頻頒彌覺丹忱滋惕三年考績方抱慚於兩浙東西
四序回春復拜
賜於大江南北臣惟有謙沖受祉恐懼省躬載
恩綍以馳驅蜀道砥平覽庶物蕃昌之瑞聽凱歌於遐邇
康衢民樂頌
萬年茀祿之庥所有微臣感激榮幸下忱謹繕摺叩謝

天恩伏乞
皇上聖鑒謹
奏

青如齋

丙辰年謝　賞福字

奏為恭謝

天恩事咸豐六年正月初十日臣在川督任内奉到

恩賞

御書福字一方謹即伏地叩頭祗領欽惟我

皇上一人有慶

雙闕迎祥正當

令布始和書懸象魏共樂

威宣異類捷奏牂牁恰蒙

鳳翰之煇煌特
沛鴻疇之敷錫臣自維庸碌荷
畀封圻驚
墨寶之頻頒撫丹忱而滋惕錦江持節鶴翼增慙綺序
回春
鸞綸敬捧臣惟有謙沖受祉乾惕省躬宣
九重浩蕩之
恩作庶物蕃昌之氣心縈鵷鷺仰
光華三殿之中頌獻鴛鴦祝

萬祿萬年之始所有臣感激榮幸下忱謹繕摺叩謝
天恩伏乞
皇上聖鑒謹
奏

丁巳年謝　賞福字

奏爲恭謝

天恩事咸豐七年十二月二十一日仰蒙

恩賞

御書福字一方臣當即伏地叩頭欣感交集欽惟我

皇上乾符合撰

泰運延釐

龍章宣受祉之綸金壺灑潤

鳳紀值立春之節銀管騰輝爰頒

静妙齋

宸翰之新題俾迓
祥麻之滋至臣輇材時惕疆寄重膺星馳而
命下郵程晝接而
恩周訓誨曩日榮邀
天藻深慚蟻悃之難酬此時慶溢皇華復
賜鴻禧而遠被臣惟有謙沖受益恐懼省躬知方轂承乎
彝訓庶報
敷言用錫之
恩原介景由於靖共彌懍受

寵若驚之念所有臣感激榮幸下忱理合繕摺恭謝
天恩伏祈
皇上聖鑒謹
奏

己未年謝　賞福字

奏為恭謝

天恩事竊臣貴摺差弁回粵捧到

恩賞

御書福字一方當即出郊跪迎至署恭設香案望

闕叩頭祗領欽惟我

皇上德普長春

恩覃大夏衍三陽於

泰祉

保奏均禔
膺百禄於
乾符
秉乾布闓
受由戰克捷三陳周雅之詩
嚮用言敷
錫五溥箕疇之福臣渥邀
殊遇疊領兼圻記前年
訓誨跪聆值立春而欽承

宸翰喜此日
絲綸捧到當新歲而重荷
榮施
龍文拜賜於
天庭凫藻騰歡於海嶠惟願由庚循軌洗甲銷兵萃祓禧
禠祜以駢臻晉
汪濊澍濡於無外
德之基本之致祝
一人永茂

藩籬西以被東以漸合兩省同躋仁壽所有微臣感悚欣忭
下忱謹繕摺叩謝
天恩伏乞
皇上聖鑒謹
奏奉
硃批知道了

男貽楫蒙　恩賞給舉人恭謝

奏為恭謝

天恩事臣恭閱邸鈔咸豐三年十月二十日奉

上諭浙江巡撫黃宗漢續捐浙省經費並率子倡捐閩省

軍餉自應量予恩施黃宗漢之子廩生黃貽楫著賞給

舉人一體會試欽此當即恭設香案望

闕叩頭祗謝

天恩竊臣江夏寒門閩南下士代承儒業屢登科第之班

身受

殊恩
特畀封圻之寄憶昨涓埃報効疊叨翠羽之
榮施祇令倡率輸將方勵丹忱而滋愧乃復
賞延於世
恩遇逾常
鳳詔飛來儕榮名於秋榜鵠袍欣躍偕試事於春官家慶
國恩感銘莫喻臣惟有倍勤化俗彌勵教忠勖臣子詒品
讀書凛大節在三之彝訓勸鄉人同仇敵愾聯衆心
惟一之真誠期仰答夫

鴻慈庶稍伸犬蟻悃所有臣感激下忱謹繕摺恭謝
天恩伏乞
皇上聖鑒謹
奏奉
硃批知道了

謝給予子弟獎敘

奏為恭謝

天恩事咸豐七年六月十七日内閣奉

上諭户部奏大員捐輸平糶開單呈覽一摺本年順天府

採買米石平糶各大員陸續捐輸自應量予獎敘内閣

學士黄宗漢著該部查照新例給予該員子弟獎敘欽

此欽遵鈔出到臣聞

命自

天感慚無地伏念臣以一介庸愚渥荷

九重知遇歷任疆圻前因捐輸軍餉奉
旨賞戴花翎復蒙
恩賜臣子黃貽楫文舉人一體會試疊承
榮賚未報涓埃茲復以蟻悃之輸誠載逄
鴻施之逾格
賞延于世感益難名臣惟有永矢靖共倍加奮勉思盡忠
而補過勵
廷獻於家修以期仰答
高厚生成於萬一所有微臣感激下忱理合繕摺恭謝

天恩伏乞
皇上聖鑒謹
奏

靜妙齋

男貽楫議敘內閣中書率領恭謝

奏為恭謝

天恩事本月初八日准户部咨開奏請議敘臣子舉人黄

貽楫内閣中書分發行走奉

旨依議欽此欽遵行知到臣伏念臣家承蓬蓽世守緗緗

忝隨

綸閣之班愧乏經籯之教臣子貽楫功疎佔畢籲食膠庠

顧殖學之未深詎服官之克稱昔歲名題桂苑已叨

特奬之殊榮今兹職備

薇垣復荷

隆施之曲被五中内省曾何補於涓埃兩世從公乃偏承乎

雨露臣惟有益矢靖共時加訓策務窮經以致用先厚植

其本根勤砥行以立名庶仰酬夫

高厚所有徵臣感激下忱理合繕摺具

奏並率臣子貽楫泥首

宮門叩謝

天恩伏祈

皇上聖鑒謹

奏

男貽楫補授內閣中書率領恭謝

奏為恭謝

天恩事咸豐十年六月二十七日臣子貽楫由吏部帶領

引

見奉

旨內閣中書著黃貽楫補授欽此竊臣以一介庸愚渥荷

九重知遇愧涓埃之未報慚啟迪之無方臣子貽楫識陋

豹窺功疎蛾術幸題名於桂籍感被

恩施忝備職於薇垣仰邀

獎敘茲復恭承
寵命幸拜真除伏念中書為
禁籞清班內閣乃
絲綸重地欲勉循乎職業宜自謹其步趨臣惟有倍勗靖
共益加策勵本家修為
廷獻稍竭儒生報效之誠務奮力以勵時份酬
壽寓栽培之厚所有微臣感忭下忱理合恭摺具
奏並率臣子貽楫泥首
宮門叩謝

天恩伏乞
皇上聖鑒謹
奏

龍如齋

建甯等屬錢糧蠲緩聯銜恭謝

奏為恭謝

天恩仰祈

聖鑒事咸豐七年八月十四日奉

上諭王懿德慶端奏請將被擾之各廳州縣縣丞分別蠲免緩徵一摺福建省建甯部武汀州等府屬及大田晉江等縣先後被匪攻陷其被擾稍次及逼近賊氛各廳州縣縣丞小民遷徙流離倍形拮据若將應徵各年丁耗錢糧糧米照常徵收民力實有未逮加恩著照所請

所有被擾最重之汀州府及汀軍同知並長汀寧化清
流歸化武平等縣應徵咸豐六年分正雜錢糧糧米邵
武府屬之建寧泰寧二縣及建寧府屬之崇安縣並麻
沙縣丞咸豐七年應帶徵六年分正雜錢糧糧米大田
縣咸豐六年應帶徵四年分正雜錢糧糧米並咸豐六
年應征本年正雜錢糧糧米建安縣及廸口縣丞除蠲
免五分外其餘應帶徵六年分正雜錢糧糧米連城永
定上抗等縣及泉上峯市等縣丞應徵咸豐六年分正
雜錢糧糧米均著全行蠲免晉江縣咸豐六年應帶徵

三年分正雜銭糧糧米著全行蠲免其應徵六年分正雜銭糧糧米著緩至咸豐八年帶徵被擾稍次之甯洋尤溪永安等縣應徵六年分正雜銭糧糧米著緩至咸豐八年帶徵永春州德化縣應徵六年分正雜銭糧糧米著緩至咸豐八年帶徵其六年應帶徵四年分正雜銭糧糧米仍著照常徵解南安惠安及羅溪等縣縣丞應徵六年分正雜銭糧糧米均著緩至咸豐八年帶徵其六年分應帶徵三年分正雜銭糧糧米仍著照常徵解逼近賊氛之興糧廳莆田縣咸豐六年應帶徵三年

分正雜錢糧糧米著展至咸豐八年帶徵其六年分正
雜錢糧糧米仍著照常徵解仙遊縣咸豐六年應帶徵
四年分正雜錢糧糧米著展至咸豐八年帶徵其六年
分正雜錢糧糧米仍著照常徵解以紓民力該督撫即
刊刻謄黄徧行曉諭務使實惠均霑毋任吏胥舞弊用
副朕軫念民艱至意餘著照所議辦理該部知道欽此
臣等伏讀之下仰見我
皇上德侔幬載
念切痌瘝

紫殿宵衣每深思乎民瘼
彤廷晝接更曲盡乎下情茲因粤匪跳梁閩疆告警幸賴
神謨廣運得以凱奏旋聞安宅興歌既
皇威之遠暢
蠲租拜
詔更
帝澤之優霑閭
命自天臚歡帀地臣等枌榆誼篤欣託宇於
堯封葵藿情殷效呼嵩於

静妙齋

舜陛從此和凝
薰軫
九重賡解阜之詩即看瑞集
蘿圖四海上升平之頌所有臣等感激下忱理合聯名具
摺叩謝
天恩伏乞
皇上聖鑒謹
奏

甌甯等縣錢糧蠲免聯銜恭謝

奏爲恭謝

天恩仰祈

聖鑒事咸豐十年三月十三日内閣奉

上諭慶端瑞璸奏被匪各屬應徵錢糧糧米分别蠲免一

摺福建上下游自咸豐三年被匪滋擾嗣經江西逆賊

竄入雖次第殲滅而蹂躪已多小民蕩析離居深堪憫

惻若將新舊錢糧照常徵收民力實有未逮加恩著照

所請所有甌甯縣嵐下縣丞建陽縣麻沙縣丞順昌縣

仁壽縣丞龍巖州谿口州同等八州縣縣丞應徵咸豐
九年分正雜錢糧糧米著蠲免六分其餘四分仍照常
徵解沙縣將樂永安歸化德化甯洋等六縣應徵咸豐
九年分正雜錢糧糧米著蠲免四分其餘六分仍照常
徵解並將八九十十一等年應分匀帶徵四六七等年
正雜錢糧糧米全行蠲免安谿崇安浦城政和松谿永
和里汀軍長汀甯化泉上里清流連城永定邵軍邵武
光澤泰甯建甯大田等十九廳縣縣丞應徵咸豐九年
分正雜錢糧糧米著蠲免四分其餘六分仍照常徵解

興化府興糧廳莆田仙游及晉江南安羅谿惠安馬巷
龍谿南靖詔安平和南平峽陽尤谿武平永春等十八
府廳州縣縣丞咸豐八九十十一十二等年應分匀帶
徵之三四六七等年正雜錢糧糧米著全行蠲免其九
年分應徵正雜錢糧糧米仍照常徵收以紓民力該督
撫即刊刻謄黄徧行曉諭務使實惠均霑毋任吏胥舞
弊用副朕軫念民依至意該部知道欽此臣等伏讀之
下感激莫名欽惟我
皇上德備勲華

道符圜矩
辰猷遠告廑己饑己溺之心
子惠覃敷溥無黨無偏之量臣等瀛壖隸籍久託
堯封燕邸趨公欣依
舜陛食毛踐土同資
大造之生成
賜賑蠲租屢荷
醲恩之康濟
芝綸布愷梓里臚歡集鴻澤而安堵咸歌綴鵷行而呼嵩

願效從此
皇威暢播銷兵瞻
日月之光更看
帝德宣昭紀瑞上岡陵之頌所有臣等感激下忱理合聯
名具摺叩謝
天恩伏乞
皇上聖鑒謹
奏

青妙齋

延建等屬錢糧蠲緩聨銜恭謝

奏為恭謝

天恩仰祈

聖鑒事咸豐七年四月初八日内閣奉

上諭王懿德慶端奏遵查被災被擾各屬請分别蠲緩一

摺福建延建邵三府所屬各廳縣縣丞前因匪徒滋擾

居民間警播遷龍溪等縣又被水災若將新舊錢糧照

常徵收閭閻恐有未逮加恩著照所請所有被擾之順

昌建陽甌寧邵武光澤仁壽嵐下等縣縣丞所屬地方

及邵軍同知應徵咸豐六年分正雜錢糧糧米著全行蠲免建安縣及迪口縣丞所屬地方應徵咸豐六年分正雜錢糧糧米著蠲免五分其餘五分展至七年帶徵現經辦防之將樂崇安建甯泰甯麻沙等縣縣丞應徵咸豐六年分正雜錢糧糧米均著緩至七年帶徵尤溪永安二縣應徵咸豐四年分正雜錢糧糧米前已緩至六年帶徵均著展至七年帶徵沙縣及峽陽縣丞應徵咸豐四年分正雜錢糧糧米前已緩至六年帶徵均著展至七年帶徵其該縣縣丞應徵咸豐六年分正雜錢

糧糧米並著遞展至八年帶徵南平縣應徵咸豐三四兩年分正雜錢糧糧米前已緩至六七兩年帶徵均著展至七八兩年帶徵其該縣應徵咸豐六年分正雜錢糧糧米均著遞展至九年帶徵被水之平和縣咸豐六年應行帶徵被匪案內原緩三年分正雜錢糧糧米均著展至七年帶徵其七年帶徵原緩四年錢糧糧米均著遞展至八年帶徵龍溪南靖二縣咸豐六年應行帶徵被匪案內原緩四年正雜錢糧糧米均著展至七年帶徵以紓民力此外各屬應徵錢糧糧米仍照常徵收

靜妙齋

該督等即刊刻謄黃遍行曉諭務使實惠均霑毋任吏
胥舞弊用副朕軫念窮黎至意該部知道欽此伏讀之
下感激莫名竊念臣等籍隸海濱世承
恩澤遐陬僻壤已普沐乎
皇仁瘠土災黎仍上廑乎
宸念既
生成之永戴更
蠲緩之優加間
命自天臚歡帀地臣等情殷葵藿幸依

舜日之光誼切榆枌願效
堯天之祝從此
珠囊慶洽野無桴鼓之驚
玉燭和調民有倉箱之樂所有臣等感激下忱理合聯名
具摺叩謝
天恩伏乞
皇上聖鑒謹
奏

大大化厚

道光三十年慰安摺

奏為叩泣瀝誠恭請

聖安顲懇

節哀仰祈

慈鑒事竊臣行抵浙省驚聞

行皇帝龍馭上賓臣搶地悲呼不知所措伏思

行皇帝德侔覆載

洽垓埏三十年來

澤深仁覃敷億兆當此

升遐之日凡有血氣心知莫不同聲號泣臣以一介庸愚由
庶吉士供職諫垣蒙
恩特簡道員洊升臬司荷
隆施之極渥益感泣以難名欽惟
皇上大孝性成逾恆肫至際茲
寅承
鴻緒幾務殷繁誠恐
舜慕過深轉增勞勩惟有籲求
勉節哀思制情以禮上副

在
天付託之重下慰薄海依戀之忱臣犬馬愚誠不勝迫切
瀝陳之至伏祈
皇上聖鑒謹
奏奉
御批知道了

青女[illegible]

康

咸豐五年慰安摺

奏爲籲懇

節哀仰祈

聖鑒事竊臣黄宗漢於七月二十日由驛遞回奏摺欽奉

御批藍筆不勝驚駭當即知會在省各官先行素服辦事嗣於八月十一十九日在文闈監臨先後接准禮部

理藩院咨文痛知

慈皇太后仙馭上賓哀慟之下隨經轉行遵照臣萬福臣鄭瓊詔臣楊培臣馬秀儒即率文武員弁紳民人等

隨同成都將軍臣樂斌於十二日敬詣公廨齊集成
服朝夕哭臨臣黃宗漢亦於二十日出闈奔赴公廨
呼搶悲哀伏念
大行皇太后侍奉
先帝撫育
聖躬久
隆孝養之文甫備
尊崇之典
徽儀遽遠薄海同悲臣等職任邊陲戴均

高厚恭繹
哀詔欽仰
孝思伏願
皇上念
緒垂詒之重節
鴻闈
哀慕之勤天下臣民莫名感泣臣等不勝瞻
鳳天呼籲之至謹合詞恭摺具
奏伏乞

皇上聖鑒謹

奏奉

硃批覽

812.8
444
(1)

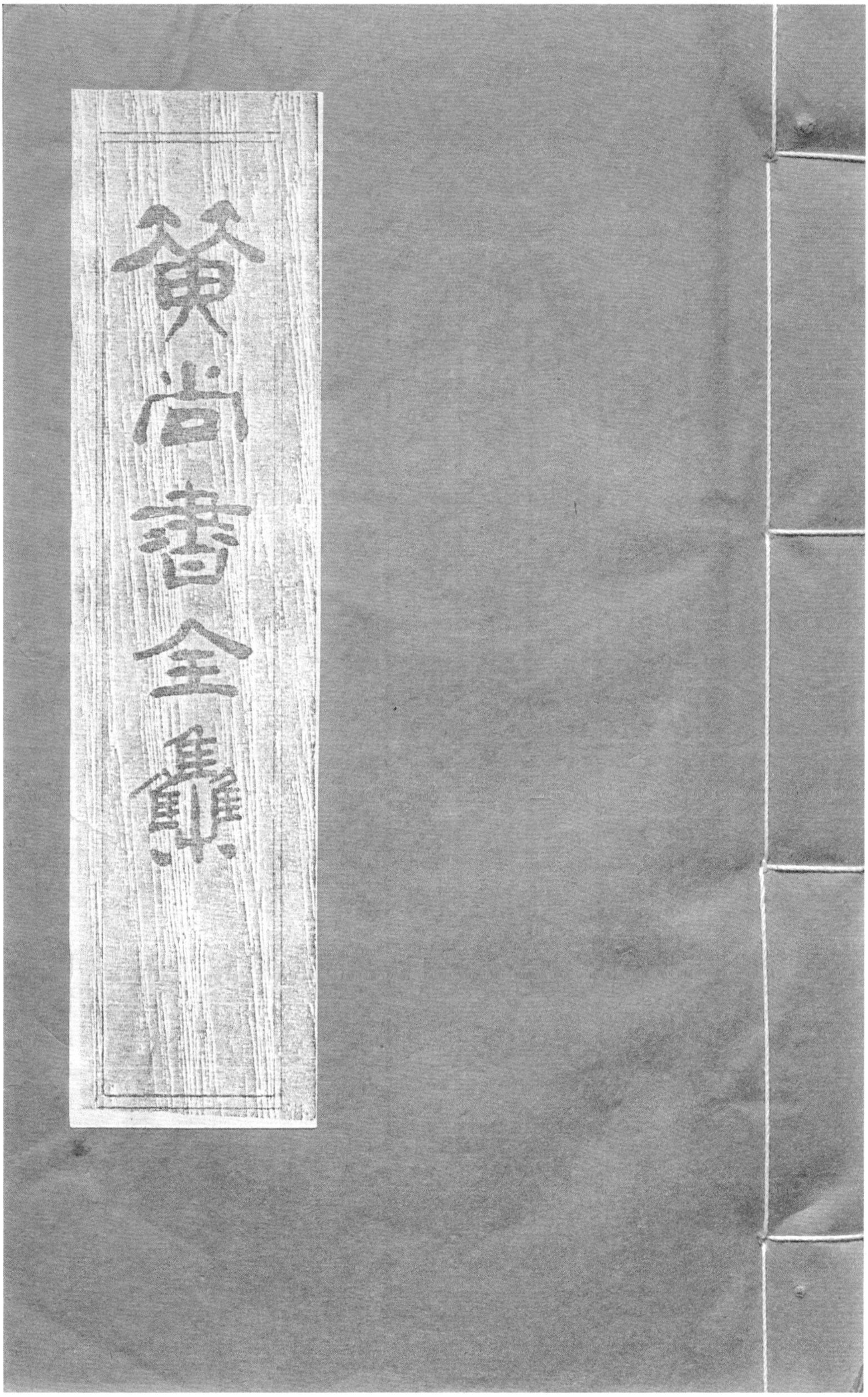
黃尚書全集

晉江黃尚書公全集卷三目錄

奏疏三　任科道封事　任閣學侍郎奏議

懇定贖鍰以清庶獄

嚴革監獄弊端

請將太監張成友治罪

中城會奏訪獲匪犯

片奏嚴防上庫假銀

地方失火請處

請 派員赴閩勦賊

奏陳辦理夷務機宜

恭議 文廟升配典禮請俟 聖學益深親加裁酌

晉江黃尚書公全集卷三

男貽楫謹輯

姪貽杼恭校

奏疏三　任科道封事　任閣學侍郎奏議

劾滇督桂良衰病廢弛

奏為封疆大吏病體衰庸恭摺奏祈

聖鑒事竊臣風聞雲貴總督桂良人本寬厚和平不甚認真辦事加以姬妾過多性耽安逸年紀雖不高而自春夏間大病之後精神日形衰邁近經有三月之久

不接見屬員其公事廢弛可知雲貴地方多與外夷
接壤現時雖甚安靜究係邊疆重地若令久於其任
誠恐不無貽誤臣既有所聞理合恭摺具
奏伏乞
皇上聖鑒謹
奏

劾浙藩常恒昌杭州守凌泰封庸懦貽誤

奏為浙省防海緊要藩司首府庸懦無能恐滋貽誤恭

摺奏祈

聖鑒事當此防夷吃緊之際大小臣工正當激發天良力

圖報効況藩司為一省文員所繫必須振刷精神不

辭勞瘁然後可以激勵屬員撫綏黎庶首府知府為

通省緊要之缺非精明諳練勇敢有為之才尤難勝

任乃臣風聞浙江布政使常恒昌前次因病請假業

已痊愈數月以來于該省辦理軍務一味推託畏葸

不前在署嬾惰睡至巳刻方起每隔三日五日即暫行告假不出凡屬員因公請見常以病起不來辭退遇應上巡撫衙門日期各司道府縣清晨齊集伺候該藩司至巳正或午初方到始各上手本稟見巡撫該省屬員咸知其有託病引退之意一切公事漠不關心即如所委州縣或因缺分不佳延至數月不赴任者該藩司并不知催其諸事廢弛不問可知杭州府知府淩泰封素有書癡之名為人過於長厚從前循分供職尚無物議近來年力漸衰精神委靡不特

難膺首府并不勝外官之任屢次稱病不出儘日上
樓肴書地方官事置之不問經各上司申飭令其振
作有為勿因學而廢仕該員則云卑府閒㪅情猖獗
心力俱怯惟讀書尚可解悶查該二員為通省緊要
之職察吏安民所關甚大雖無别項劣蹟如此庸懦
無能不足以表率羣僚若令其久任地方竊恐貽誤
匪淺臣職司糾劾既有所聞理合據實具
奏伏祈
皇上聖鑒謹

奏

劾南汝光道李凌雲年老衰庸

奏為道員年老衰庸難期振作恭摺奏祈

聖鑒事竊思道員有表率僚屬整頓地方之責職任綦重

臣風聞河南南汝光道雖屬中缺而界連陝西湖北

江南水陸衝繁為教匪捻匪往來出没之區稽察巡

防在在均關緊要該道李凌雲履歷雖止六十八歲

而實年已七十餘才本平庸性同市儈因籍隸陝西

與所屬地方接壤自履任後時以販賣皮貨為事計

較同於商賈公務漫不經心近因衰邁益形廢弛凡

官紳士民皆以皮道目之雖未聞别項劣蹟唯如此
闒冗無能若令久任地方何以察吏安民隨時整率
臣既有所聞理合據實具
奏伏乞
皇上聖鑒謹
奏

請確查副都統海齡殉難情形

奏為風聞鎮江城陷因誤殺良民激成潰散請

旨飭下確切查明據實具奏以靖物議而固民心仰祈

聖鑒事竊維逆夷侵犯海疆內地奸宄為之導也查拏漢奸實防夷之急務而辦理不善奸宄未除良民受害其貽誤有不可言者即如鎮江城陷物議沸騰僉謂逆夷甫進江口尚未攻撲府城前任副都統海齡因查拏漢奸誤殺良民不計其數以致人心不服譁然而起將海齡圍住海齡縱兵開炮轟擊百姓百姓乃

與駐防官兵為讎逆夷聞內變交作即乘勢直入府
城官兵士民各自逃走統兵大臣等倉皇莫措是鎮
江失守并非抵禦不力乃民心先潰散也至海齡之
死竟有謂被民戕害者臣初得諸風聞未敢遽信數
日以来物議滋起幾於衆口一辭因思海齡既死人
復何讐果係城陷殉難一家俱盡節其情形深堪憫
惻平日即辦理不善亦可稍贖前愆比諸臨陣逃走
事後揑報遇救得生者遠甚公道自在人心言之者
不應如此之痛恨且前次陣亡殉難揔督如裕謙提

督如陳化成副都統如長喜以及摠兵以下大小員弁既死之後未有不曲為原諒者獨於海齡情事追咎不已人言必非無因江南地方現當防堵吃緊之際誠如人言釀成事變誤國病民者幸邀恤典建立專祠流離失所之民至今尚懷怨望復何以作其同仇敵愾之氣乎此中關係乎海齡一身之名節猶小關係乎天下民心之好惡甚大既有所聞不敢不據實具奏請

旨飭下督撫大吏明查諳訪確切根究當日逆夷未經攻

撲府城之先海齡有無誤殺良民如此之多倘所殺
者實係奸究并非戕害無辜激成潰散海齡之死不
因人言而掩其忠義之氣身後卹典乃得以長垂不
朽如所殺者實係良民則民心潰散府城失守海齡
實為厲階死後尚有餘辜豈得倖邀卹典建立專祠
如此確切查明據實具奏俾薄海士民益曉然於民
生之疾苦動關
宵旰之憂勤凡地方官辦理不善該大臣奏報不實之處
胥在

聖明洞鑒之中

朝廷議功議卹必悉協乎天下公是公非不特生者不得冐昧圖功即死者亦不能儌幸議卹庶茍免之徒益知警畏忠良之氣更加奮興物議胥平民心永固矣臣愚昧之見是否有當伏乞

皇上聖鑒謹

奏

青如

河工道府處分請歸畫一

奏為河工道府處分請

旨照例嚴懲以歸畫一仰祈

聖鑒事竊臣恭閱邸抄近因中河廳漫口吏部議奏河員

處分奉

旨開歸陳許道福敏到任僅止半月開封府知府鄒鳴鶴

現辦城工均改為革職留任欽此臣溯查前年祥符汛

漫口開歸道步際桐開封府知府方宗鈞均奉

旨革職留工效力又查去年桃北廳漫口前任河督奏稱

署淮海道沈鎬到任雖僅十一日究屬疎防署淮安

府事曹聯桂亦有協防之責請交部分别議處奉

旨着一併革職留工效力欽遵各在案是上兩屆道府處

分一律革職離任此次中河廳漫口據河督慧成奏

稱開歸道福敏雖到任僅止半月究有兼轄之責仍

請交部議處至兼轄之開封府知府鄒鳴鶴先經奏

明專管城工未能出省兼顧協防應請免其議處等

因奉

旨一併交部議處當經吏部查照例案奏請革職奉

旨均改為革職留任欽此蓋于懲誡臣工之中猶寓矜全
策力之意伏思福敏到任雖僅半月究與署淮海道
沈鎬到任僅十一日之案相符而處分不免兩異至
開封府知府鄒鳴鶴現雖辦理城工并非不能脱身
之務此次漫潰在六月二十七日而呈報險工在六
月二十一日以前以城工較之搶險孰緩孰急該府
聞報應即趕緊上隄于尚未漫潰之先併力搶護若
如該河督所奏以城工之故坐守省垣不顧協防則
是不知輕重任聽成災其誤公之咎已難末減況中

年下汛八堡距省城僅六十里近在咫尺辰發可午
至也倘謂辦理城工即不與聞河患何以河干勘驗
工程結報一切該府無不與知耶且即奏明管理城
工并未免其兼管河務何得以不能兼顧為詞希圖
免議是該府之有心取巧已難逃
聖明洞鑒之中特示法外之仁小懲而大誡耳臣竊思河
防要務
國帑所關民生攸繫上屆處分均係革職離任此次若
稍從寬典恐以後河工兼管人員皆將遇事推諉以

成其規避之私所係非淺鮮也如謂城工宜資熟手
責令該府于革職離任後仍辦理城工果能感激圖
報再行奏請
恩施功過亦不至相掩可否請
旨將開歸陳許道福敏開封府知府鄒鳴鶴悉照上兩屆
處分一併革職離任伏祈
皇上聖裁謹
奏

青女齋

請飭整頓廣州捕務

奏為粵東廣州府一帶盜刦日滋農民商旅均受其害

請

敕下督撫設法整頓以靖地方仰祈

聖鑒事竊臣近閱邸抄見兩廣督臣耆英奏稱潮陽案内

拏獲首犯並獲逸犯多名地方安静等因此誠足以仰

副我

皇上除暴安良之至意顧潮陽不過一縣會匪尚屬無多

官紳協力擒拏其勢易於撲滅以臣所聞廣州府所

屬地方盜匪數萬擄刦肆行其情形有與潮陽迥異者蓋自二十二年㗋夷滋事該省團練鄉勇共三萬六千餘名其中良莠不齊一時未能選擇凡應募者多係無業游民並有積年土匪後因人多餉絀鄉勇散而無歸其積年土匪仍以刦掠為生其無業游民相率而為盜賊彼此結黨聚會遂有數萬餘人其著名積匪香山則有高名遠方亞勝黃英賢朱亞引何錦池劉見開陳堯皆洪業騰黃紫連徐亞亮陳亞因王源興新會則有陳亞洪汪亞雄戴亞香順德則有

黎東狗胡亞辛等均未拏獲至上年順德之容奇桂洲及香山之黄圃鄉倡立卧龍會三合會雖經奉
旨飭拏搜捕尚未凈盡嗣復有新安新寧各縣匪徒到香山之港口及隆都鄉引人入會千百為羣逼脅鄉愚勾通兵役以故肆行無忌地方悉受其害謹就風聞所及為
皇上陳之臣聞廣州之田盡在香山下沙海濱沃饒不下千萬頃小民佃之以得食闔省資之以為糧向來十六沙地面設有容桂公館歸鄉紳管理督率巡船分

路彈壓是以雖有搶掠尚可耕耘近来匪類漸多州縣官既不肯籌款查拏武弁更互相推諉至於數縣交界之地則又各分畛域因此鄉紳勢孤不能辦理而容桂公館遂廢農夫向時往耕以錢賂賊免刦謂之打单本年二三月間强徒尤為充斥農夫賄既不贍拒又不能於是牛具田器衣服穀種船隻被刦一空間有結耦衆多前往耕種者而轉瞬收穫尤恐盡為盜糧倘將来以千萬頃沃壤悉委而為石田粤東饑饉可立而待現時尚無水旱之災而米價已異常

踊貴一斗需制錢三四百文人心皇皇不知所措此
强寇之為害於農田者也臣又聞順德香山交界之
鸚哥嘴及南海之九江大同章槎大沙番禺之沙灣
市橋紫泥三膳東莞之橋頭後街順德之大勞村小
勞村白藤沙滘香山之小攬大涌大吝新會之三岡
古井外海三水之思賢滘各鄉皆係盜賊巢穴出没
無常凡遇過客無不搶刼並且登門捉人上年十二
月連刼石龍灣門佛山江門等處渡船又順德大良
鄉各米店在黄圃買穀七船共數千石公請巡船四

隻防護竟被刦去時價每石值銀一兩二錢該米商向賊議明每石以銀八錢贖回尚未過境復被香山賊匪刦去凡有米船來往無一得脫者近日大黄圃小黄圃地面盗賊蜂屯蟻聚桂洲海尾賊船公然停泊並懸掛將軍旗號遇有船隻經過竟喊令自行掉來待彼搜刦其或揚帆逃走則開礮轟令粉碎又香山縣城内外自上年冬至今年春夏之交如劉大江何泰興曾啟然吳悠遠許秀臨鄭達鴻王茂林等報刦者不下數十案其尤慘者莫如大涌鄉有監生林

姓因本鄉賊匪為害禀官拏究竟被賊黨刺死正月十四日李集翰家被賊衆白晝行刦二月間小攬鄉文童十餘人赴縣考試另僱巡船二隻防護被賊擄去文童四人並搶巡船二隻李昇林被匪捉去傭工周亞富張正高被賊擄去侍妾容氏朱以明楊接川俱被賊擄禁廖榮標之家被賊連刦梁盛潮在繒沙尾被賊刃傷舵工楊麟在月岡街被賊刃傷伊子張發意劉士章因賊匪迫其入會不從兩家均被刦至順德十三鄉中倫教鄉稍為安静乃本年正月會計

號當鋪亦被刦三月十一日順德縣城區惠熙家內被刦並擄去幼子一口此强寇之為害於居民商旅者也夫廣州府屬之盜風如此在封疆大吏未必不存整飭之心即地方人員亦豈盡蹈諱飾之習惟是盜賊初起相率因循至於日聚日多捕役營兵其數既不相敵抑且日强日肆文員武弁其力未如之何即如本年三月間該省所奏前山營千總胡銓與賊格鬥被傷斃命則不惟持械戕民而且持械戕官矣又聞四月間香山司巡檢魯鳳林被盜搶去剃其鬚

鬚索銀一千兩放回則不惟擄人勒贖而且擄官勒贖矣似此鴟張竊恐廣東之患不在外夷而在內寇也臣以為當此積重之勢非格外整頓不為功請

敕下該省大吏寬籌緝捕經費嚴定員弁考成其有獲盜百名以上者雖屬本境亦奏加升銜其有搶刦擄贖之案輕則摘去頂戴重則予以斥革賞罰既明緝捕自奮實於該省所關匪細臣為肅清地方起見是否有當伏乞

皇上聖鑒謹

奏

片奏蠲緩　恩詔應速行懸掛

再臣聞廣東向來遇有蠲緩
恩詔州縣官並不速行懸掛俟徵收將完乃於城隅張掛
一二日以應故事上年誸省因堤圍漫口田畝多被
淹沒南海番禺三水高要高明四會六縣於十一月
初四日蒙
恩概予緩徵誸縣即應刊貼謄黄徧行曉諭乃積習相沿
牢不可破並未速行懸掛仍舊一律催科是則
皇上雖有寬大之詔而鄉曲小民無由徧知官吏或因緣

為奸影射入己甚非所以上宣
德意也以臣所聞廣東如是恐他省亦復不免應請
通諭各省督撫遇有蠲緩
恩旨一面頒發州縣一面密行訪查如有前項弊端即行
從嚴叅辦庶官吏益知儆懼閭閻實沐
恩施矣謹
奏

懇定贖鍰以清庶獄

奏為暫開

恩贖以廣

皇仁事竊惟赦過宥罪每逢

慶典舉行而當兵戈之後與民休息似可仿

恩赦之典舉行

恩贖以清理庶獄而感召

天和伏查金作贖刑載在虞書呂刑贖鍰分為五等今之律

例收贖之途甚隘若欲推廣變通以垂為定例則成

法固不可更若一時偶行曠典以普
皇上好生之德不援為例則行之自無窒礙蓋納贖之流
弊誠恐富民恃有此條愍不畏法而刑罰幾為虛設
耳臣愚以為當以奉
旨之日為斷犯事在先者准其納贖犯事在後者仍不准
行如此限制則不致開長奸之門可否
飭部酌議於一切軍流徒犯內遇常
赦准其減等及限滿應行釋放者定其贖鍰之數悉予納
贖如蒙

恩准則施法外之仁而法仍不廢其與常行納贖大有徑

庭將見

宏開湯網民氣樂生益迓祥和於無旣矣臣愚昧之見是

否有當伏祈

皇上聖鑒謹

奏

嚴革監獄弊端

奏為監犯越獄各省滋多請

飭下督撫嚴革弊端以重獄務仰祈

聖鑒事竊維監禁重地理宜小心防守乃自去年至今如直隸江蘇江西浙江福建湖南山東山西陝西廣西貴州等省越獄脫逃之案層至迭出甚至於刦獄搶犯在監自盡砍斃人命無所不有其疎於防範顯然可見臣因留心查訪種種弊端有亟宜整頓者查監內刑具日久例應更換乃州縣官因循動經數十年

不行更換磨鉻日深易於斷折此刑具之不堅一弊也又如軍流以下等犯監禁日久獄卒既利其財賄復恃其熟習每日但於官丁查驗時暫上刑具旋即開釋賭博讙譁悉聽其便至於重大之犯雖不敢徑行開釋仍不免受賄放鬆此鎖鐐之不嚴又一弊也且外省因糧俱在監內炊爨其應用鐵鏟鐵刀等器獄中皆有藉此損傷刑具以便鈕斷此鐵器之不禁又一弊也況獄卒既不足額則防範已不能周工食並不敷用則賄囑又易為力故每見奏叅摺內僉稱

該犯乘禁卒睡熟擰斷鐐鏈或挖牆或壞門同時脫
逃等語竊思刑具如果堅牢何以一擰便斷鎖鏈若
使嚴緊雖復有力難施監內如無鐵器何能挖牆壞
門既有鐵器便可暗傷刑具此等弊竇雖各省情形
不同而大端不外是現聞教匪滋多正在嚴行查拏
所有監禁要犯尤宜設法嚴防應請
諭令各省督撫嚴飭有獄官革除數弊庶越獄之風可以
戢矣臣為慎重監禁起見是否有當伏乞
皇上聖裁謹

奏

青如齋

請將太監張成友治罪
奏為太監挺身滋事請
旨交部審辦事竊五城地面每有棍徒滋擾屢經臣等查
訪飭司坊官緝拏其情節較重者送部審辦治罪其
餘分別杖責枷示案茲據正指揮方傳書帶同北城
坊役拏獲黄七兒閻四虎李六等到案續據副指揮
蒲德愷拏獲黄七兒之子黄老太及徐七大王揀發
副指揮鄔珠生拏獲黄七兒夥黨孫二黄鄔大王慶
瑞等一併詳解前來臣等連日研訊其平日著名綽

號及不法情事皆供認不諱當將各該犯照例枷杖發落惟黄七鬼一犯供認從前不安本分糾聚土棍近來年老惟詐索地面錢文度日等語臣等竊以黄七鬼係著名土棍若照積年棍徒治以應得之罪該犯現在年老例得收贖將來仍在地面滋擾因批令正指揮將該犯遞解回籍交地方官嚴加管束正在起解間忽據該指揮詳報有太監張成友赴該衙門嚷稱黄七鬼因何起解該指揮當將案由開示而張成友大肆咆哮聲稱將伊一并究辦以便同去等語稟

請核辦前來臣等即提城訊問據張成友供係天津
縣人年三十三歲現在
玉玲瓏館當差因黄七兔與伊同鄉曾與伊錢文使用
今聞其犯案起解一時氣忿是以赴司署嚷閙質之
黄七兔所供畧同查太監張成友平日與土棍交結
已屬不應兹因臣等訪拏土棍將黄七兔遞解復敢
挺身到署肆言嚷閙更屬目無法紀相應請
旨將太監張成友交部審訊治罪以肅
功令而靖地方謹

奏

青女齋

中城會奏訪獲匪犯

奏爲訪獲隣境僞造假銀積年匪犯請

旨交部訊辦事竊臣等先後奉

命巡視中城該處爲貿易輻輳之區近來每多行使假銀之案均經送部治罪臣等因思此項來路必有夥黨假造之處若非嚴行搜拏無以淨絶根株當即督飭司坊官無分畛域一體偵緝玆據指揮方傳書訪有南城所轄之南官園居民劉二等素日行使假銀即協同該地面營兵坊役將劉二王大拿獲隨在劉二

家內起出鐵銀碗一個石模子十七個鉛錫大小四
塊小假元寶一錠又風箱爐子鑽鎚等十九件詳報
到城臣等即飭令該司將劉二王大所供夥犯迅即
嚴密查拏旋將畢四王二巴仇能蘇貴沈二拏獲并
在王二巴仇能鋪內起出銀碗大小十三個鉛錫一
塊又假錢票板片等十餘件蘇貴家內起出鴉片煙
袋煙灰當票等件一併録供前來臣等公同隔别研
訊劉二供係山東德平縣人道光十七年來京住在
同鄉韓三傾銷鋪内同韓三黨振邦做過假元寶二

錠後黨振邦犯案韓三回山東去了上年我給沈二
畢四做過松江錠四個本年給金回回王二巳做過
松江錠三個又六個零星四月間我同王大段姓金
回回往鄭州被該處官人將我們四人并風箱器具
一併拿獲遞解回籍六月來京住王大家適做小元
寶一個當被拿獲王大供係河間府人前因金三劉
二王二巳夥做假銀我與他當過三個餘供與劉二
同即以該犯等所供質之畢四王二巳皆認夥做假
銀屬實惟沈二則供伊假銀係得自景姓并無與劉

二夥做情事王二已又供出曾吽鋪夥仉能出錢交劉
二造賣假銀後因仉能不願意即歇了貿之仉能所
供畧同至畢四係曾經犯竊刺肘自去冬至今又供
迭竊四次蘇貴代為接贓蘇貴則供並無與畢四夥
竊其起獲煙具係從前用的各等語查此案劉二夥
同王大畢四王二已等積年累月偽造假銀騙人行
使大為地方之害既起獲許多石模銀碗其平日偽
造尚恐不止此數各處夥黨又恐不止數人沈二仉能
蘇貴各供亦多有揑飾情弊必須嚴行訊究方可搜

捕無餘臣衙門例無刑訊相應請

旨將劉二王大畢四王二巴沈二仉能蘇貴并起獲器具

一併交部審訊其餘人犯除黨振邦係在配潛逃來

京行使假銀前經臣等送部治罪外其未獲之韓三

叚大金回回即金三雖據供稱均已回籍殊難憑信

并請

飭下步軍統領順天府五城一體嚴拏務獲究辦至正指

揮方傳書能將隣境積年匪徒購線訪獲緝捕尚屬

出力可否俟刑部定案時聲明請

旨量予鼓勵之處出自
天恩所有訪獲僞造假銀緣由理合恭摺具
奏

片奏嚴防上庫假銀

再查偽造假銀不但為害商賈并恐有妨庫儲臣等查捐生上庫銀兩向由傾銷爐房傾成錠錁蓋有銀號戳記原以防詐偽之弊而現在拏獲之劉二供稱曾與韓三黨振邦在傾銷爐房夥做假銀竊恐他處爐房亦不免有此弊并聞已革庫丁等因追繳罰賠之項密僱匠人偽造假銀踪跡至為詭祕近日所繳庫項曾經銀庫匠役察出假銀即時夾開已有傾入銅鉛之弊祇因為數無多令其更换現當清釐庫款

管庫大臣督率司員認真稽查自不為其朦混惟上
庫銀兩甚多庫中匠役能辨銀色者不過數人政恐
日久懈生鬼蜮之徒乘機售詐貽誤正復不少與其
追究於既往不若防患於未然應請
飭下管庫大臣諭令司員督率匠役遇有假銀即從嚴根
究來路毋稍寬縱并請
飭下步軍統領順天府五城一體嚴拏究辦以期斷絕根
株臣等為杜漸防微起見理合附片謹
奏

地方失火請處

奏為奏

聞事本月二十日寅刻據本城吏目高桐業派役赴臣黃宗漢宅稟報前門大街之鮮魚口瑞泰號雜貨鋪失火臣黃宗漢迅即馳赴該處督率司坊官會同營汛弁兵極力撲救於卯刻滅熄臣榮椿聞報亦隨馳赴出城會同詳細查明燒燬鋪房共二十六間內官房七間民房十九間另截拆民房八間并無傷損人口查例載各司所屬地方有失火者責令即行救滅若

延燒十間以上者按間數多寡分別議處又例載失
火延燒官民房屋者笞五十除將起火之鋪户劉大
全由臣城訊明照例發落外所有吏目高桐業應請
交部照例議處臣等未能防範應請
旨一併交部察議為此恭摺具奏伏祈
皇上聖鑒謹
奏

請　派員赴閩勦賊

奏爲敬陳閩省危急情形請

旨簡派統兵大員以全大局事竊臣連接家信駭悉江右

逆匪竄擾閩省上游邵汀等處郡縣多有失陷下游

林俊餘匪復熾攻圍泉州府城聞信之餘曷勝焦灼

伏思閩省山險地瘠外寇原無所用其覬覦緣逆匪

竄踞金陵以來垂涎蘇杭者已久祇以大兵雲集布

置嚴密不得逞其狡謀然窺伺之心未嘗息也故攻

東壩不得則思假道於徽寗攻徽寗不得則思假道

於廣信攻廣信不得又思假道於建郡多方詭譎無非為蘇杭而設此逆賊之實情也前咸豐三年間福建上下游會匪滋事即曾盤獲金陵奸細供稱欲勾結林俊令其先取延建郡以圖徑襲浙江等語維時林俊各匪次第剿除而根株未盡地方官遂不復措意去年江西撫建二郡相繼失守寇氛逼近始遣副將張從龍等一軍出境援剿及大安橋挫衂之後不復添兵接應輒即退守杉關以致相率潰逃旬日之間光邵兩城俱為賊踞而下游林俊餘匪亦即聞風

響應內外勾結大肆猖獗與前獲奸細所供適相符合查邵武離省六百里泉州離省四百里計程皆不過數日署提臣張廣信防守泉州不能兼顧上游督臣王懿德進駐延平又不能兼顧省會左支右絀竭蹶萬分伏查福建提督秦定三久歷戎行戰功迭著平日與士卒同甘苦故其親兵皆樂為之用現在江南軍務句容則有和春張國樑溧水則有傅振邦李定太溧陽則有虎嵩林東壩則有德安鎮江則有余萬清等皆勇略素優足備干城之用秦定三雖在大營

不過隨同攻剿尚無專任方面之責而閩省目前被
冦情形實已十分危急難以置為緩圖合無仰懇
天恩飭令該提督迅速馳赴福建本任統兵駐紮延平督
辦剿務則督臣王懿德可以折回省垣居中策應不
致毫無布置坐失事機至泉州雖有張廣信駐守而
汀漳接壤誠恐賊踪南竄互相煽誘轉致滋蔓難圖
亦不可無威望重臣以資鎮壓查有浙江按察使徐
宗幹從前服官漳泉實政實心輿情極為愛戴後在
臺灣道任內剿辦匪徒洪紀等未及一旬即將首要

各匪捦除嗣又剿辦鳳山等縣逆匪林恭等復能尅期蒇事迨卸事回省又經派往仙游剿辦林俊及烏白旗匪黨亦極為得力洵屬著有成效可否請

旨派往福建督辦漳泉剿匪事宜俾上下游聲勢聯絡無隙可乘然後合兵進剿一鼓作氣則逆黨必望風瓦解而撲滅亦不難矣臣伏思東南財賦之區以蘇杭為最要而福建界連三省尤與浙江唇齒相依其地北通溫處西接衢嚴東北達寧波定海襟山帶海處處可通防範極為不易設有疎虞所關甚鉅故保閩

即以保浙保浙即以保蘇非惟衛此一方實亦關乎
全局無如地方官吏文恬武嬉遂使賊勢披猖如入
無人之境現在上下游警報疊至官弁紛紛規避怯
懦不前人心惶懼財力困屈省垣米價每石至制錢
二十餘千文窮民無告幾有岌岌莫保之勢若不力
圖挽救必至潰決難支臣日夜焦思別無良策惟
有急請
簡派賢能大員馳往督辦以解倒懸庶幾專閫得人方足
以全大局愚昧之見是否有當伏乞

皇上聖鑒謹

奏

奏陳辦理夷務機宜

奏為欣聞逆夷就擒敬陳管見仰祈

聖鑒事竊臣聞逆夷吧嗄嚦業已就擒京師内外歡聲如

雷仰見我

皇上廟算神機令人莫能窺測臣欣聞之下欽服莫名現

在外間議論僉以該夷蛇虺性成貽毒中國必當立

正典刑以快人心而彰

天討顧臣管見所及竊謂今日之所以處吧逆者不必居

殺戮之名亦不必有毒害之跡而將來萬萬不可使

之生還自古撫馭外夷必先臨之以威使其慴服庶
肯俯首乞和若已就拘執而殺之害之該夷既得有
所藉口而從此往來行人亦不免有戒心於夷務轉
難了局惟該逆為罪魁禍首倘有生還之日則狼子
野心勢必力圖報復為患無窮臣前在粵東深知吧
逆素蓄兇謀萬分狡黠自咸豐六七年以來夷禍之
興悉由該逆媒孽於先主持於後嗾咈各夷恃為腹
心耳目臣即與在籍侍郎羅惇衍等懸立賞銀三萬
購拏該逆迄未就獲經於八年八月間密

奏在案薟臣自八年四月到粵之後天津旋已議撫四國夷酋訖無一人回粵無從與之議事僅與唤咈水陸提督照會往還該夷來文曾有實深寅感之語惟吧逆挾前懸賞之嫌始終挑釁必委禍於臣以為快適因附省石井鄉團有與該夷互鬬之案該鄉已悔受其害而吧逆反馳告嘓酋於上海欲坐臣以梗和之咎嗣嘓酋回粵親赴石井一看固已釋然而該逆仍屢次率領兵船四出游行聲言必赴臣惠州行營欲得而甘心焉幸水淺舟阻行不到惠臣因得將防

夷兵勇帶赴惠潮嘉一帶以剿除石達開逆黨不兩
月而蔵事又於九年六七月間先後具
奏在案此該逆之秉性兇狠必圖報復之明徵也探聞
此次夷兵內犯天津卟酋受挫於前其胆頗怯吧逆
狃於粵東之役視中國如無人挺身而來其驕肆語
言聞者無不痛恨茲竟檻送刑部豈非天奪其魄而
使之自投羅網哉且該夷三犯天津兩次失利夷衆
定必胆落心寒知
天朝之不可輕犯以後辦理夷務

聖謨自有權衡非臣淺識所能揣度第臣愚昧之見天津所到夷兵其由該國調來者無幾半係數年前私買內地游民載至五印度地方服其藥物臉黑髮卷變為夷狀者以及雇募潮州散勇一併充當前隊即其來意亦不敢操必勝之權所恃者吧逆熟悉內地情形為之指揮耳今既失其所恃亟宜乘此聲威妥思辦法內則於京師重地嚴密籌防外則激勵帶兵各員痛加勦洗該夷立於必敗之地料其勢窮力竭計無所之必仍返上海香港巢穴以圖後舉現在上海

賊氛未靖一切恐難着力惟廣東為夷人久居之地

香港一隅尤其根本應請

密飭該省督撫悉心籌議斷絕通商嚴備戰守之具總使

該夷進不得逞退不能存轉來乞和然後操縱之權

在我（於是）置吧逆於軍前數其罪而戮之并責成華夷各

商重立萬年和約庶幾恩威并用戰不致報復相尋

和亦足以存國體矣臣愚昧之見是否有當謹恭摺

密陳伏乞

皇上聖鑒謹

奏

恭議　文廟升配典禮請俟　聖學益深親加裁酌

奏為瀝陳管見遵

旨妥速議奏仰祈

聖鑒事竊臣與在廷諸臣恭議

行皇帝升配典禮固己意見相同合詞擬請仍遵

諭以

祖

宗為定不敢再議更張當即會銜具稿至灤而隨

扈王大臣有註明不列銜及另行陳奏者或以臣等所

議尚有未周歟抑以
宣宗成皇帝既有
硃諭丙
大行皇帝仍復舉行今日若因奉有
前旨遽停升配恐無以昭
先帝之盛德即無以慰
皇上之孝思歟果有此議亦非無見然臣再四思維
大行皇帝之奉
宣宗升配並非有違

先志實因
天壇配位西向者四東向者三尚虛其一不忍議停況
硃諭所垂原恐後世視為成例奉行無已雖定以限制猶未
明言其數也因復特降
上諭總以
三祖
五宗為定自朕躬而下不復舉行誠見壇壝之規制有限儻
世世遞增必致幄座莫安豆籩漸損奚以昭誠敬而
表崇隆故令恭録先後

諭
旨懸示
齋宮萬不准再議更張其為萬世慮至深遠矣且我
朝恭上
列聖尊謚自奉
高宗純皇帝諭旨不得奉為成式之後惟
太祖尊謚加至二十四字
太宗以下已加至二十二字者即未敢再議加上夫頌美之詞極
千百言未盡於心亦無違於禮而一經定制罔敢或逾況此
郊壇升配敢不恪遵定限以示信於後人乎臣又伏念

皇上正在諒闇之際恭繹
皇考遺訓不忍遽從不敢遽定儻贊襄政務王大臣復因尊
崇鉅典未敢擅行擬
旨呈進則廷議紛紜將以何時而定謹考順治康熙年間
議行
升配不必皆在
御極之初而古來禮制之隆又莫過於周成王嗣位歲在乙
酉年甫十三自丙戌紀元以後制禮樂則書用牲於
郊則書而嚴父配天之禮尚未議及越七年壬辰始

書設南郊建明堂立大社說者謂郊祀后稷以配天宗祀文王於明堂以配上帝即在此時夫周召諸賢夾輔王室同心匡弼事無或遺獨郊配典禮遲之又久而始行者豈非以其時淮徐之患未盡削平成王日就月將方殷典學不遑審定夫隆儀若諸臣議禮遽以昭考之功烈不與南郊配天復不與明堂配帝設有異言謗毀不謂禮制之難逾而謂輔臣之專擅則此心何以自明故必俟諸七年洛邑定都成王親政然後思文我將諸詩播諸樂歌武王之不配天於

是始定後世聖人因其善繼善述稱之為達孝且謂
其能成武王之德以成文王也豈不懿歟今我
皇上冲齡纘緒正值四方未靖事勢略同於成周
飭議
配大典若即照
謚不逾二十二字之例
位仍以
祖
宗為定則臣此奏可以無庸置議若

升尊配三五

靜妙齋

聖心尚有未安請將廷臣各奏暫為留存從容定議俟他
日
功成告
廟
治定制禮
皇上春秋日盛
聖學益深上體
兩聖之垂謨下採羣工之末議
親加裁酌斷自

遺升聖先

宸衷則典禮之隆豈止方駕成周而已哉臣受

帝厚恩未能圖報萬一仰維

德光昭理宜

配何敢復有異辭第以

訓煌煌實為億萬年成式不敢不援古證今冐瀝陳

奏是否有當伏乞

皇上聖鑒謹

奏

静妙齋

靜如齋

晉江黄尚書公全集卷四目録

奏疏四 署順天府尹奏議

採買糧石發糶收價解部另存
請以贊皇縣知縣賀廷鑾升補大興京縣
會奏抽查漕糧完竣
開設粥廠日期并辦理條款
奏參霸州疎防之印捕各官
查封囤積麥石及票存錢文
請加賞普濟堂小米并例銀全數給發
六門外粥廠停止懇請展限
酌減各廠經費并捐廉貼補

薊州民人陳書控案訊明定擬

丁巳四月報得雨分寸

丁巳十一月報得雪分寸

晉江黄尚書公全集卷四

男貽楫謹輯

姪貽杼恭校

奏疏四 署順天府尹奏議

請以京縣費濤陞補南路同知

奏爲同知要缺需員循例揀選請升恭摺奏祈

聖鑒事查定例京畿四路捕盗同知缺出先儘順天府屬人員内揀選補授又道光十八年定例遇有同知缺出先以大興宛平二縣升補一次再以順天所屬並

直隸閤屬人員升補二次自接到部文行知之日出缺計算再輪屆兩京縣升補時以揀選不得其人或甫經到任尚須試看之處其缺歸順天所屬並直隸閤屬人員升補不積輪升班次再有缺出仍于大興宛平二縣内揀選各等語茲查南路同知黎鴻恩因案叅革奉准吏部開單知照於咸豐六年十一月初五日行文接直隸照限二十日減半扣算應作為十一月十四日接到部文開缺歸十一月分截缺所遺南路同知一缺管轄霸州等七州縣職司捕務兼有

協緝城屬之責所屬州縣一切刑錢事宜悉由該同
知核轉係衝繁難三項要缺例應在外揀選補授工
次南路同知丁布陶降補遺缺因京縣應升無人已
以懷柔縣知縣黎鴻恩請升不積輪升班次又北路
同知范梁丁憂遺缺因京縣無人已以昌平州知州
吕圻請升不積輪升班次今南路同知一缺按班應
用京縣人員查有大興縣京縣知縣費濤年五十八
歲浙江歸安縣人由優廩生考充道光丁酉科拔貢
戊戌科

朝考二等引
見奉
旨以知縣用欽此籤掣直隸道光十八年八月到省二十二
年題補新樂縣知縣二十三年丁憂回籍服滿起復
赴直二十八年題補完縣知縣咸豐元年升補宛平
縣京縣知縣四月二十六日到任是年七月初六日
引
見奉
旨費濤准其升署宛平縣京縣知縣欽此是年十一月丁

憂回籍服蒲赴直升補今職先委署理五年六月二
十九日到任奉部覆准六年八月題請實授在京捐
免歷俸該員才具明練辦事認真以之升補南路同
知要缺實堪勝任與例亦屬相符據布政使錢炘和
按察使吳廷棟會詳前來合無仰懇
聖恩俯准以賚濤升補南路同知實於近畿要缺有裨如
蒙
俞允俟部覆到日給咨送部引
見恭候

欽定再升補要缺一切因公處分例免核計其應完罰俸
銀兩飭令呈繳至所遺大興縣京縣知縣繁缺容臣
等另行揀員請補謹會同大學士直隸總督臣桂良
合詞恭摺具
奏再臣黄宗漢到任未及三月例不出考合併聲明伏乞
皇上聖鑒
訓示遵行謹
奏奉
硃批吏部議奏欽此

採買糧石請一律發給鈔票

奏為遵
旨採買糧石請一律發給鈔票所籌現銀仍行存庫恭摺
奏祈
聖鑒事竊臣等前准部咨軍機大臣彭蘊章等奏撥款買
糧並戶部奏招商認買平糶各一摺欽奉
上諭著戶部即行籌款發交順天府府尹於近京地方購買
米麥運京酌定價值准令米鋪以錢票及銅鐵大錢承
買並准其每石酌加京錢一二百文出糶時亦將錢票

與銅鐵大錢並收俾商民兩便糧食不致缺乏大錢亦得以流通惟採買尚需時日著照户部所議傳集糧行經紀酌中定價於五城内外擇殷實鋪户取具保結赴官號認領錢票寶鈔承辦各項糧石公平發糶並准旗民人等持現行銅鐵大錢按照定價赴該鋪購買所得錢文准令該糧店抵還庫款以平市價而濟民食等因
欽此臣等捧讀之下仰見
聖主體恤民艱至意欽佩莫名遵即遍行出示曉諭軍民
同聲感頌一面會同户部悉心覈議章程多派印委

各官隨同户部司員先於五城内外傳集經紀糧店
查對殷實鋪保即令各商赴局認領錢票寶鈔迅速
承辦酌中定價示期本月十九日開糶現在會同恭
摺具
奏一面由臣衙門另行委員分馳近京一帶之蘆臺豊
甯白溝河王家口等處聚糧較多之地採訪糧價銀
價米麥色樣遠近運費以憑比較購買復招集認買
認賣各商公同酌議糴糶事宜並移咨户部即將所
籌之款撥解過府以便採買運京用資接濟迨本月

十四日准戶部覆稱軍機大臣等前奏將戶部庫存
採買糧石銀十萬八千兩並酌提工部鉛制錢二三
十萬串一併交順天府府尹購買米石現據工部錢
法堂咨送原奏內稱各爐捐交鉛錢皆係隨捐隨支
其續交之錢除還銅價外存庫無幾即有已報未交
之錢須俟陸續交清恐致緩不濟急各等語本部查
工局鉛制錢一項既據奏明緩不濟急自屬礙難提
用至所稱採買糧石銀十萬八千兩現已籌備存庫
應出具印領赴部支領等因前來臣等伏思商人糧

户皆係惟利是圖此次會同户部先傳五城内外經
紀糧店發給票鈔飭令認領承辦該商等業已聞知
赴臣衙門領價可有現銀制錢若赴官號領價悉係
錢票寶鈔不免依違觀望經臣等會同五城科道並
各司員多方諄切開導乃取具保結赴局認領現在
承領票鈔者已有數十家其遞呈請領候查明鋪保
再行發給者又有數十家合計已不下百家察看情
形頗形踴躍若再另發現銀制錢勢必轉生希冀況
寶源局之鉛錢二三十萬串既已奏明緩不濟急所

可籌撥者惟戶部庫存十萬八千兩即使盡數發買
不過數萬石之糧若以此項現銀另擇數家給領不
免有高下其手之議分散百家勻領則各商所得現
銀亦屬無幾臣等從長計議同一採買與其銀票兩
歧不如一律辦理戶部捐銅局現存票鈔甚多即按
照軍機大臣等原奏十萬八千兩之數多撥錢票寶
鈔七八十萬吊交各司員悉照現奏章程一併發商
轆轤周轉源源接濟俾得多購糧石運京多收大錢
歸款可期市價漸平大錢因之流通事竣一併覈銷

無庸另起爐竈其十萬八千現銀仍由部庫另行封存以備要需庶商人不至別生希冀而於庫儲亦有禆益如蒙
俞允即由臣衙門移咨戶部遵照辦理臣等愚昧之見是否有當伏乞
皇上聖鑒訓示謹
奏奉
旨依議

青妙齋

片奏收捐採買情形

再前准户部咨開議覆尚書聯順奏請令在京文武大員量力捐輸買糧平糶等語應如所奏除該尚書捐備二千吊應令送交順天府外其在京文職一二三品武職一二品大員均應量力捐輸其錢交順天府查收分次具奏委員採買米麥雜糧運送京師隨買隨解一俟積有成數奏明會同五城御史分廠平糶一切事宜由順天府妥議章程具奏等因奏奉

諭旨依議欽此欽遵移咨到府臣等遵即在於治中官署

設立收捐採買總局派委治中蔣大鏞等經理飭令
妥議章程詳請酌核奏咨惟現在會同户部招商採
買平糶通行大錢業經委員分馳各路採訪糧價銀
價米麥色樣遠近腳費已據該委員等陸續將近京
之蘆臺等處雜糧成色銀錢價值包封稟報前來臣
等公同查驗擇其糧色較好比京内時價平減者批
令先行購定俟續收捐項即行發銀文給運糧來京
現在報買小米小麥玉米三項共計已有五千三百
餘石約需銀八千九百餘兩又經議定一千石尚需

一千七八百兩即將先收之捐輸錢票查照原奏在
京易銀委解至買糧處所交收令即起運進城第查此舉當視收捐之多寡方可約計買糧多寡糧石買有成數然後可議分為幾廠況早晚之時價不同水陸之運費不一目下尚未能遽定章程一俟收捐買糧均有成數再行迅速妥議具
奏如果足敷分廠即會同五城辦理謹先將收捐採買大概情形附片奏
聞伏乞

聖鑒謹

奏

候補京堂崇實捐輸代奏

奏為據情代

奏仰祈

聖鑒事臣等據候補四品京堂崇實呈稱竊崇實滿洲世

僕疊荷

生成前於乙卯年間自蹈愆尤經部議降調感

恩省過

高厚難酬現間因糧價昂貴上廑

宸慮已蒙

天恩發款平糶並准在京官員捐輸採買以濟民食崇實
謹措得京錢票二萬吊稍伸報効微忱惟係曾任大
員斷不敢仰邀
獎敘是以赴府呈明交納伏乞據情代
奏等語並將京票錢二萬吊一併呈交前來理合繕摺
代
奏應否給予議敘出自
皇上逾格鴻慈伏乞
聖鑒謹

奏奉
硃批崇實應如何奬敘之處着户部覈議具奏

靜好齋

在京各員捐輸請給子弟議叙片

再查總局現收各員捐輸除前任工部侍郎候補四品京堂崇實捐交二萬吊另摺具奏外尚書聯順奏捐二千吊左都御史宗室肅順捐輸二千吊順天學政李清鳳捐輸二千吊臣張祥河近因本籍江蘇第二次勸捐軍餉已捐京錢一萬吊呈交戶部查收外茲因平糶謹又捐二千吊臣黃宗漢捐輸八千吊共計收到京票錢三萬六千吊均已發局易銀採買應即照章分次具

靜妙齋

奏惟户部原奏聲明文職三品以上武職二品以上大
員所捐錢文呈交順天府均毋庸給予議敘其以下
各官紳士庶如有情殷報効者仍令赴户部具呈由
該部按照捐銅局章程奏請奬敘所收捐項仍交順
天府採買是臣衙門同一收捐其中有奬敘不奬敘
之分在臣等曾膺疆寄屢次捐輸荷蒙
聖主給予奬敘至優極渥此次勉竭緜力豈敢復存希冀
即在京各大員同係受
恩深重亦均不敢仰邀議敘惟臣等恭讀

温諭各直省大員自將軍督撫以下凡有涓埃之効均蒙
特交議敘並令查照新例給予其子弟議敘仰見
高厚鴻施有加無已此次在京大員捐輸自必視同一體
臣等係承辦衙門立等收捐採買以濟民食計此時
所收捐項發給委員尚不敷已買糧價之半為鼓勵
捐輸起見冒昧具陳倘蒙
聖恩普被恭候
命下臣等即宣布各衙門如有請敘其子弟者准其在於
報捐時聲明履歷由臣衙門移咨戶部一律核奬是

否有當謹附片具

奏伏乞

聖鑒臣等不勝惶悚之至謹

奏奉

硃批京師原與外省不同所請著不准行現任大員已捐

及續捐者均著戶部存記統於事竣時彙奏朕自分別

加恩

奏叅固安縣疎防之文武各官

奏為特叅疎防搶刦贓數較多未能即時獲犯之地方

文武各官請

旨一併摘頂勒緝仰祈

聖鑒事竊查本月二十六日據固安縣知縣席伊炳稟報

本月二十四日據京都東四牌樓開設鼻烟舖之名

遠號李花清新利號周緒德呈稱伊等由京雇車三

輛携帶銀兩同往山東買貨二十三日晚行至固安

縣屬石家務村南遇賊十餘人各持器械攔阻車輛

伊等下車被賊將伊名遠號車上銅制錢十吊實銀六百兩並伊新利號車上銅制錢兩吊實銀五百三十餘兩一併搶去伊等攔護被賊棍毆未經成傷賊即逃逸等情報經該縣會營勘緝犯未緝獲稟請通緝前來臣等查緝匪安良是地方文武官專責屢經

臣等諄飭所屬認真緝捕嚴密防範因已三令五申乃該縣境內仍有被賊持械攔搶刼去多贓之案該文武事前既漫無覺察事發又不能登時追拿捕務實屬懈怠若不嚴行參辦何以整飭緝捕而安行旅

相應請

旨將固安縣知縣席伊炳署典史王彥彬該縣城守營把

總趙起一併摘去頂戴勒限一月嚴緝賍賊務獲究

追懲辦倘限滿無獲再行從嚴復叅除批飭勒拿並

通行各屬一體嚴緝外謹會同大學士直隷總督臣

桂良合詞恭摺具

奏伏乞

皇上聖鑒訓示謹

奏奉

旨依議欽此

請以河間縣知縣毛慶麟升補宛平京縣

奏為京縣知縣要缺需員循例揀選奏懇

聖恩准陞以資治理事竊查宛平縣知縣陳瑞升補深州

直隸州知州業經臣等具

題接准部覆坐咸豐六年十二月十四日行文按直隸

照限二十日減半計算應作為十二月二十三日按

到部文開缺應歸十二月分截缺所遺宛平縣京縣

一缺係附京首邑旗民襍處政務殷繁且時有承追

發審案件為衝繁疲難四項最要之缺前因一時揀

選乏人業經咨部展限查定例大宛二縣缺出應在
順天所屬各縣內遴選如無可保題准於通省人員
內揀選又道光三十年奏准通行嗣後州縣以上應
升缺出先儘各項著有勞績應升人員升用如實因
人地未宜必須於摺內聲明方准以合例應升人員
請升又咸豐元年奏准通行嗣後各省州縣以上應
題應調缺出如係題缺請升調缺請補或題缺請調
調缺請升俱令該督撫於摺內詳細聲明方准升調
各等語今宛平縣京縣一缺現無應補人員應於順

天及通省各縣應升人員內遴選其曾得勞績應升各員非本任緊要即人地未宜惟查有河間縣知縣毛慶麟年二十九歲浙江遂安縣人由廩生考取道光二十九年己酉科拔貢朝考一等引見奉旨以知縣用欽此籤掣直隸三十年八月到省題署曲陽縣知縣咸豐四年二月初一日到任嗣報捐雙月直隸州在任候選五年實授並捐免試俸歷俸調補今職

六年三月二十七日任事現署宛平縣當經大學士
前直隸總督臣桂良會同臣等詳加察核該員才具
明練辦事安詳以之升補宛平縣京縣知縣實堪勝
任與例亦屬相符據藩臬兩司會詳前來合無仰懇
天恩俯念員缺緊要准以河間縣知縣毛慶麟升補宛平
縣京縣俾資治理如蒙
俞允再行給咨送部引
見恭候
欽定至該員係屬初升任內並無參罰處分所遺河間縣

知縣要缺容另揀選謹會同現署直隸總督臣譚廷
襄合詞恭摺具
奏伏乞
皇上聖鑒
訓示遵行謹
奏奉
硃批吏部議奏欽此

青如齋

採買糧石發糶收價解部另存

奏為收捐買糧現擬發商糶賣所收糶價解部另款存

儲以備要需恭摺奏祈

聖鑒事竊臣等前准户部咨開議覆尚書聯順奏請令在

京文職一二三品武職一二品大員各量力捐輸將

錢交順天府委員採買米麥雜糧運京一俟積有成

數會同五城分廠平糶一切事宜由順天府妥議具

奏等因奏奉

諭旨允准移咨到府臣等當經會同妥議此次採買平糶

當視收捐之多寡方可定買糧之石數糧石積有成數
然後可議分廠發糶隨即在於治中官署設立收捐
採買總局委令治中蔣大鏞等經理一面分委候補
知縣蕭履中等自備資斧馳赴京外之蘆臺等處先
行購買小米小麥玉米三項共五千三百餘石陸續
運京即於二月十七日先將辦理大概情形附片具
奏奉
旨依議欽此維時四鄉尚未聞有採買之舉京外各項糧
價較賤該委員等當即迅速購買續行買定一千七

百餘石連前共七千五十三石有零一切水陸運費
悉照民價樽節支給共需京錢八萬五千餘吊因捐
項甫收四萬數千吊即移咨戶部暫借銅局捐項四
萬吊一併易銀湊解買糧處所給發所買糧石均即
運解來京臣衙門無倉可儲隨發交現在承攬平糶
之官糧店共四十八家暫寄分儲以俟續收捐項能
否足敷分廠平糶再行核辦現據總局委員蔣大鏞
等稟稱該局計收各大員捐輸共京票錢九萬六千
吊除已動用四萬五千餘吊並提還戶部捐銅局四

萬吊外尚存一萬數百吊所有捐輸各大員銜名錢
數業經欽遵前奉
硃批開列清单交户部存記俟事竣彙奏候
旨分别施恩其已買交商之糧石七千餘石及續收存局
之捐項一萬餘吊應請酌核辦理臣等伏思此項捐
輸原寓疏通大錢於採買平糶之中若係糧價騰貴
自應轆轤糴糶至於平減而後已自入夏以來晴雨
調匀新麥將次登場據各屬先報約收分數或六七
分或七八分有餘以後糧價可期平減臣衙門自二

月起會同户部招商承領票鈔採買平糶已於三月底奏明截止又自四月起會同户部將軍機大臣彭藴章等奏撥之欵發商平糶現與户部會商奏請定期本月十五日停止是刻下似可無須再行分厰平糶所有已買之糧擬請自本月十六日起仍由寄儲各糧店按照市價陸續糶賣所賣價錢定限本月内交清由各委員等查收連局存之錢一併咨解户部另欵存儲以備不時要需除一切收支帳目另行造冊報部查核外所有臣等收捐買糧酌擬發糶

緣由是否有當理合繕摺具奏伏乞
皇上聖鑒訓示謹
奏奉
旨依議

請以贊皇縣知縣賀廷鑾升補大興京縣

奏爲京縣知縣要缺需員循例揀選奏懇

聖恩准升以資治理事查例載大興宛平二縣缺出應在

順天所屬各縣内詳加遴選如所屬各員一時無可

保題准於通省人員内揀選保升又道光三十年八

月奉到通行内開嗣後州縣以上應升缺出先儘各

項著有勞績應升人員升用如實因人地未宜亦必

須於摺内聲明方准以合例人員請升各等語茲查

大興縣京縣知縣費濤升補南路同知業經臣等具

奏奉准部覆坐咸豐七年三月二十七日行文按直隸
照限二十日減半扣滿計算作為四月初七日接到
部文開缺歸四月分截缺當因缺關緊要一時未能
遴選得人咨部展限在案所遺大興縣京縣知縣一
缺係附京首邑旗民雜處政劇差多衝繁疲難四項
相兼最要之缺例應在外保題臣等遵於順屬及通
省各縣曾經著有勞績人員遴加遴選非本任緊要
即人地未宜自應在於合例人員内揀選請升查有
贊皇縣知縣賀廷鑾年三十四歲湖南清泉縣人由

拔貢以知縣分發直隷補用道光三十年八月到省
咸豐四年遵籌餉事例在鐵錢局報捐直隷州知州
在任候選題署令職奉部覆准五年八月二十七日
到任七年在京捐免實授歷俸現調署大興縣詳加
察核該員年壯才明辦事幹練以之升補大興縣京
縣知縣實堪勝任與例亦屬相符據藩臬兩司會詳
前來合無仰懇
天恩俯念京縣要缺治理需員准以賛皇縣知縣賀廷鑾
升補實於首縣要缺有裨如蒙

俞允再行給咨送部引
見恭候
欽定至該員係屬初升任內並無參罰案件所遺贊皇縣
知縣選缺直隸現有應補人員應請扣留外補俟奉
到部覆核明開缺日期另行序補謹會同署直隸總
督臣譚廷襄合詞恭摺具
奏伏乞
皇上聖鑒
訓示遵行謹

奏奉

旨依議欽此

會奏抽查漕糧完竣

奏為江浙二省海運漕糧及東豫二省粟米麥豆全數

到橋抽查完竣恭摺奏祈

聖鑒事竊臣毓祿臣陳鶴年前將查辦情形並海運第一

起至第七起漕糧數目詳細奏

聞在案嗣海運第八等起米石及東豫二省粟米麥豆跟

接前來臣黃宗漢嚴飭閘官委員督率巡役晝夜梭

巡實力踹緝倘有偷竊一經緝獲立即禀報懲辦臣

毓祿臣陳鶴年督同大通橋監督逐日詳加查驗海

運粳秈二種米色不一尚屬乾潔其東省粟米麥豆
均係一律乾潔毫無摻雜潮濕情形均照向例抽查
辦理惟豫省粟米雜有糠殼黑豆半多潮軟麥質雖
顆粒圓綻亦間有潮熱當准驗米大臣全慶倉場侍
郎李菡移稱據河南粮道呈稱上年豫省米豆二項
因夏秋被旱被蝗收成歉薄米粒不能勻圓豆粒半
屬扁小節經督飭總運監兌各員認真挑選更換交
兌等因並據坐粮廳監督包封原驗各樣移會查照
前來臣等查此項米麥豆既據驗米大臣等聲明知

照即照原封米樣抽查驗收其有潮熱較重臣等亦
不稍事姑容當票提承起經紀來橋督令出袋挑晾
乾潔經臣等復驗後始令入袋轉運進倉所有虧折
之數未便聽其掛欠業經移知倉場侍郎及坐糧廳
責令承起經紀迅速如數現賠以俾漕儲無虧茲據
大通橋監督呈報江浙二省海運漕糧自第一起至
十二起止除剥船掛欠經紀分賠一半米一百七十
五石五斗折銀賠繳外共實運到橋洪斛粳秈米二
十萬七千一十七石零內洪斛粳米一十七萬九千

靜妙齋

六十石零洪斛秈米二萬七千八百五十二石零又
東豫二省粟米麥豆共到橋洪斛二十七萬九千二
百六十四石零内洪斛粟米二十一萬四千八百一
石零洪斛黑豆三萬一千三百四十二石零洪斛麥
三萬三千一百二十一石零内經紀挑晾虧折粟米
麥共一百九十九石零一俟賠補運橋再行歸款等
因當經 臣等抽查完竣正擬奏報間適直省捐輸等
米石即陸續到橋復據大通橋監督呈報直省捐輸
等粳粟米共洪斛三萬六千七百七十八石零内洪

斛粳米一千七百四十三石零洪斛粟米三萬五千三十五石零亦經臣等抽查完竣均由大通橋監督轉運各倉其到橋挑晾虧折著落經紀現賠之粟米麥一百九十九石零仍督催賠補完竣再行驗收歸款嗣後再有各項米石到橋臣等仍照例驗收詳細奏報所有海運江浙二省及東豫二省漕糧並直省捐輸等米石抽查完竣情形謹循例合詞恭摺具

奏伏乞

皇上聖鑒謹

奏奉

旨知道了

開設粥廠日期并辦理條欵

奏爲遵

旨添設六門外粥廠以濟旂民領食謹擬開廠日期並辦

理條欵恭摺奏祈

聖鑒事咸豐七年六月初七日内閣奉

上諭戶部奏遵議廣籌賑濟一摺着順天府府尹於内城

六城外各擇地段添設粥廠六處俾城内旂民就近領

食每廠每日給粟米二石放至年終爲止再由該府尹

查看情形辦理該府尹即遴委妥員會同五城認真稽

查倘有不肖官吏私易米色侵蝕虛糜即著嚴叅等因

欽此由戶部恭録

諭旨粘抄原奏於初八日劄行到臣捧讀之下仰見

聖主體卹民艱有加無已風聲遞聽旂民感戴莫名查戶

部原奏内稱每厰每日給粟米二石其各厰柴薪價

值即令於順天府現存官員捐輸錢文内每厰每日

准提用京錢七千文置辦柴薪扣至年終按日計算

照例報銷此外一切運脚厰費以及各員役薪水工

食均未議及臣等遵查六門外地面向有飯厰三處

歷年皆循例舉行一在朝陽門外一在阜城門外一在德勝門外均歸巡城御史督飭外坊官吏分管該坊官衙署距廠輕近一切器用多有舊存毋庸籌賑濟請於六門外一律添設粥廠飭令臣衙門委員分任其事自係為慎重賑卹起見惟事屬創舉在在均需經費與五城飯廠情形迥不相同當即一面劄飭大宛二縣先將一切應用器皿迅速妥為購辦而鍋竈尤宜先行動手每日用米二石分為兩鍋㸑煮一開廠即不得歇手必須製造牢固方可開廠散放其

餘大小器皿必不可少者亦當速行備齊所需經費
查照道光四年十三年大宛二縣煮賑成案核實具
詳奏請作正開銷並於六門外擇其寬敞地方稟由
臣等親歷勘定以便舉行隨遴派各廠大小委員先期
到彼將應行搭棚安竈及臨時如何堵截給籤挨次
放粥分別男女出進不使擁擠喧嘩各情形先事布
置周全以憑定期放賑一面移咨戶部暨倉場侍郎
指定何倉領米即飭該監督選撥乾潔好米放給具
領並咨倉場借用口袋八百條以資轉運而省經費

各等情去後茲據大宛二縣稟稱已於六門外擇定各寺院堪以作為粥廠所需器皿均已備齊各鍋竈造成後亦均烘乾試煑俱屬堅固潔淨堪以煮粥放賑並准倉場咨覆由祿米倉撥放旋據該監督傳知兩縣二十八日赴倉領米即據順天府治中蔣大鏞暨各委員等會議辦理條款具詳請奏前來臣等親赴各廠查看均係附近城門地面寬濶城内旂民領食甚便該縣置備器用俱屬完整所需價值或查照成案核給或照現在紳士公捐粥賑置買各項民價

樽節給發所議各員役薪水工食亦係照案擬給毫
無浮冒伏乞
恩准照前賚賑成案俟事竣一併造册報銷所有内城六
門外添設粥廠謹擬於七月初一日同時散放除責
成各廠委員認真辦理會同五城稽查外仍由臣等
移會府丞臣蔣　督率治中糧馬通判大宛二縣隨
時輪流查察毋使有尅扣偷減等弊以期實惠及民
仰副
聖恩愛育窮黎至意謹將酌擬辦理條欵另繕清單恭呈

御覽是否有當伏乞

皇上聖鑒訓示恭候

命下臣等移咨各衙門遵照謹

奏

謹將現擬設廠放粥條款繕具清單恭呈

御覽

計開

一欽遵

諭旨添設粥廠六處謹擇定在安定門外大福院東直門

外朝陽寺朝陽門外南海會寺德勝門外華嚴寺西
直門外廣通寺阜城門外慈明禪林均距城甚近地
面頗寬設廠煑粥放賑城内旂民皆得就近領食惟
各廠既在城外如有城外旂民遠來領食勢難拒絶
應請一體散給
一查道光四年大宛兩縣黄村等處煑賑成案每日大
口用米三合小口減半今因糧運到京較少倉儲未
裕糧價日昂貧民生計維艱恐就食者多奉部議給
每廠每日粟米二石不得不樽節散放擬請每大口

用米二合小口减半每厰每日以大口七成小口三成約計煮米二石可給一千二三百大小口之食如所到人數尤多應即隨時核計均匀散給其中如有年力壯健衣履完備者應令自謀傭趁餬口不得與老疾婦孺爭食倘或恃强不服及爭多論少越後換前希兾重疊冒領故意喧嘩滋事不論旂民一體孥送懲辦

一倉儲粟米難免無塵土糠秕以及熱蒸潮濕等情用以煮粥非好米不能融洽應由臣衙門移倉場侍郎

嚴札該倉挑選乾圓潔净好米較準給放由倉監督先期將米樣封送聲明每石重若干觔以便飭令大宛二縣出具印領交各廠委員督帶該縣丁役赴倉具領沿途親身押運到廠查對倘有攙和短少私換等弊查由何處弊混遵

旨即行嚴參

一每廠每日放粥一次應令各廠同時散每日黎明開門進人先期示令各帶盆碗男左女右魚貫而入每人給籌一枝大口給大籌小口給小籌散籌畢後鳴

鑼一陣將門關閉然後按名收籌分別大小口放粥每放一人即令挨次而出免致擁擠如有鳴鑼以後續到者無論旂民概不放進

一欽遵

諭旨會同五城認真稽查外應再咨步軍統領巡城御史各派該管地面文武員弁帶領兵役五六名一同赴廠彈壓照料其東西北三城司坊官如現任亦因有飯廠不克分身應由各城遴委揀發人員到廠所有前項擁擠喧嘩滋事悉由該員弁拏送各該管衙門

訊辦

一每廠每日柴薪價值應遵部議在於順天府現存官員捐輸錢文項下提用京錢七千文此外每廠每月赴倉領米運脚及現在搭蓋席棚安設鍋竈置備鉄鍋木桶以及大小器用俱係必不可少之物除席棚水缸尚可借用外其餘均須按廠置辦現在物價昂貴即力求樽節需費亦多應請查照從前放賑成案作正開銷均在捐輸錢文項下提用事竣造冊咨部

一併核銷

一大宛事務紛繁該二縣不常川在廠相應欽遵

諭旨遴委妥員辦理擬請每廠酌派候補同通州縣一員帶同勤幹佐雜三員在於城外各廠住宿辦理仍由該二縣隨時照料彈壓該候補各員率多清苦勢難責令自備資斧擬請查照道光四年大宛兩縣黃村等處辦賑成案每日每員併其跟丁支給盤費銀二錢六分六厘六毫計每月每員給銀八兩俟辦已就緒每廠酌減一二員以節糜費另給各寺院僧人每日預備茶水京錢四百文應請事竣一併造冊報銷

一大宛兩縣衙役額設無多支應各項差使尤繁每縣
分管三廠實屬不敷輸派擬每廠每日由縣撥役二
名共十二名分赴各廠當差照五城飯廠章程毋庸
另議工食外其餘需人尚多查照道光四年黃村等
處煮賑每廠書役水火夫等三十八名成案大加刪
減仿照現在各紳士在宣武門外長椿寺捐辦煮賑
章程每廠僱用煑粥散粥挑水打雜等夫共十二名
内每月議給工價京錢六千者一名三千者四名此
五名每名每日各給飯食京錢四百文其餘七名每

日每名各給工食京錢四百文應請事竣一併造冊
報銷

一各委員均令於粟米運送到廠按石過斛謹慎收儲每日子丑之交眼同量米下鍋時親身監視粥熟後親自嘗食散放之際勸諭饑民毋得擁擠喧嘩查察夫役不得尅扣偷漏如能辦理認真不辭勞瘁事竣分別給予獎勵倘有怠惰偷安任聽夫役私易米色侵蝕虛糜立即分別撤回參辦夫役人等如有前項情弊察出嚴行究懲

咸豐七年六月二十九日具奏本日奉
旨依議欽此

奏叅覇州疎防之印捕各官

奏為特叅疎防拒傷事主盜刼重案印捕各官請

旨分别摘去頂戴先行交部議處仍均勒限緝拿一面委

員往查另報城内鋪民被竊贓將滿貫一案究竟是

强是竊再行核辦仰祈

聖鑒事竊臣等據覇州知州趙瀚禀據州屬外郎城村職

員高振隆呈報本年六月二十九日伊因事進城是

夜三更時分家中被賊越墻進院明火持械嚇禁工

人又撬門入室向伊妻高劉氏威嚇扭開櫃鎖搶去

櫃內銀錢衣物多贓並拉去驢騾伊妻喊奪贓物被
賊拒傷經工人陳洛二見賊走後喊同伊表兄宋亮
奎並隣佑張顯等追至半途奪回驢騾賊人又將宋
亮奎張顯拒傷携得銀錢衣物逃散伊於次日回家
查明失物開單報請勘緝時值該州在南鄉撲捕蝗
蝻聞信馳回隨即會營詣勘情形與所報相符並無
賊遺油捻器械並驗明事主高劉氏顖門左右肩甲
左胳膊右手背手心手指兩肐肘兩腿肚有刀棍毆
劃傷十處宋亮奎左太陽近下破傷一處張顯右手

背右手腕各有破傷一處聲明該處距城八十里係
偏僻村庄僅止烟户三家並未設有墩舖防兵現在
多派幹役懸賞勒緝等情並開印捕各官銜名前來
臣等查該州地方甫據另案詳報本年五月二十九
日夜間城内文興號烟錢舖被賊越墻進院撥門入
室竊去銀錢衣服贓將滿貫一案因據詳内聲叙該
舖夥于勤供稱當時驚醒見賊三四人携贓出屋伊
將舖夥張九和等推醒追至門外又見尚有數賊接
贓同逃伊因人少不敢喊追連夜飛赴州營報經該

州營立時親帶兵役追捕無蹤等語如果僅係被竊

舖內共有夥計四人於賊走後何以尚不敢喊嚷竟

即飛報各官連夜追緝細核情節難保非以強改竊

且贓將滿貫之案無論是竊是強事前既已疎防事

後又不速報遲逾多時犯未一獲始行詳請通緝正

在委員密往確查間今又據報事主高振隆被刦拒

傷重案似此兩月之間竊刦迭見緝捕廢弛已極若

不先行嚴叅何足以示懲警相應請

旨將霸州知州趙瀚署霸永分防信安巡檢查人翻一併

摘去頂戴並請將趙瀚先行交部議處仍均勒限一個月務將事主高振隆家被劫一案贓盜悉獲究報倘逾限不獲定即從重續条霸州營汛員弁飭即查取職名開送再行核条其文興號烟錢鋪被竊一案亦俟委員查覆到日究竟是強是竊另行核辦外謹會同署直隸督臣譚廷襄合詞恭摺具奏伏乞

皇上聖鑒謹

奏奉

旨依議

查封囤積麥石及票存錢文

奏爲遵

旨派員嚴密訪查先將查出囤積麥石及票存各鋪錢文

先行查封恭摺覆奏候

旨遵行事竊臣等承准軍機大臣字寄咸豐七年七月十

七日奉

上諭前據御史張雲望奏字字官號積弊叢生於京外之

順義縣楊各莊各開一萬興盛字號勾串通氣於四鄉

囤積糧食謂之包圈每圈以千石計並傳聞該商於近

京之東安等處各有店鋪攬買雜糧三十萬石之多當
交文彩嚴密訪查茲據覆奏東安縣並無囤積糧石之
處惟在采育鎮查有山東人李姓本鎮人朱洪陞俱係
宇謙官號夥計於本年五六月間在該鎮等處採買麥
子約七八千石寄存該鎮廣泰堆房等處又是月朱洪
陞由京内運至該鎮銀約七八千兩即在本鎮永豐和
廣泰隆聚興和全盛長四處兑換又朱洪陞在本鎮開
設同豐號堆糧之處尚未開市順義縣楊各莊並無萬
興盛字號查得後街萬興成布鋪兼糧店掌櫃人趙姓

及李姓郭姓與孫蓮並守升錢鋪掌櫃人韓得祿同夥於本年麥秋時買得麥八百餘石在萬興成囤積惟現存麥僅賸二百餘石又查得楊各莊前街於本年三月間新開萬隆成錢鋪係守升錢鋪掌櫃人所開各等語著張祥河黃宗漢按照文彩覆奏各節派員詳細嚴密訪查其采育鎮等處所存麥石雜糧是否囤積居奇著先行密為查封其東安縣究竟有無囤積糧石之處何以該御史奏稱有雜糧三十萬石之多並著覆加訪查毋有不實不盡將此諭令知之欽此遵

旨寄信前來臣等遵即密委治中蔣大鏞大興縣知縣賀
廷鑾候補知縣蕭履中分馳各路按照文彩霞奏各
節詳細密查並著欽遵
諭旨將該御史所奏東安等處究竟有無囤積糧石三十
萬石之多覆加訪查毋有不實不盡茲據該委員等
回稟各員於奉委後先在京城内採訪領開宇字各
官號之夥計姓氏畧知數名然後赴各處盤查以憑
覈對現查過東安城内復亨長各號鋪民王伯彥等
二十五家城外舊州鎮源泰各號鋪民僕家彬等十

家楊稅務鎮萬興各號鋪民王天光等七家所存麥子雜糧自數十石至數百石不等計城内存糧一萬三千餘石城外存糧三千數百石據各鋪民所稱並弔查帳簿悉係於市集之期陸續收買有即在本鋪零星糶賣者有暫為寄棧接濟他處者均非囤積居奇各鋪出本東夥亦無與宇字官號各夥計姓名交涉並取具並無外人在此攬買甘結帯回覈與文彩所奏東安縣並無囤積糧石之處相符其采育鎮地方查有本鎮人朱洪陞即朱鴻升係宇謙官號夥計

於本年五六月間同山東李姓由京陸續運至釆育鎮二萬三千七百餘兩託該鎮廣泰隆號趙殿魁賣出銀一萬九千八百七十八兩零換錢十四萬四百十五吊零買得麥子六千三百石分寄在該鎮永豐等號十一家存儲又託聚興和號馬瑞賣出銀三千八百五十五兩零換錢三萬二百三十八吊零原擬買糧即在該鎮開設糧店因糧價陡長未經續買故未開市所換錢文均係該鎮各鋪戶開出錢票除買回銀五百兩由朱洪陞帶回京城及先經憑票支錢

使用不計外其有號可查尚未支用之票尚存錢一萬七千三百七十餘吊在各鋪朱洪陞有胞叔朱德隆即在聚興和糧店帮夥亦稱伊姪家無產業咸豐四年上即至宇謙官號生理現經運銀至鎮換錢買糧屬實弔查各鋪帳簿覈對無異順義縣楊各莊地方兼賣雜糧之錢當布鋪共十六家合計存糧一千七百餘石實無萬興盛字號在內惟查有萬興成一號存倉石麥子並雜糧六百餘石訊據掌櫃趙興業供係李遂店孫蓮趙大郝三買存其中有無與韓得

禄夥買伊不知情又查得韓得祿先係該處祥聚當鋪夥計後赴京領開字升官號工年秋間曾與豐盛號崔順議欲在該處開設官錢鋪未成本年三月崔順與李國元徐章及韓得禄之外甥任玉山湊成東錢一萬吊夥開萬隆成錢鋪據該鋪掌櫃李國元供稱其銀有由京借來者以工采育鎮楊各莊二處該委員等所查覈與文彩所奏大同小異已據各委員將查出永豐等號存糧六千三百石萬興成號存糧六百餘石遵

旨先行查封並諭令采育鎮各鋪戶所有票存一萬七千
三百餘吊暫行扣留不准支發取有各鋪戶收管甘
結開具清單前來臣等伏查采育鎮永豐等號存糧
及錢雖據各鋪戶供證明確然非傳到朱洪陞等審
訊無從究其由來楊各莊萬興成所存之糧及萬隆
成錢店是否與韓得祿合夥並此外有無另行囤積
糧石均非嚴行提訊難以水落石出而朱洪陞韓得
祿皆係官號夥計若由地方官差提徒滋外間之浮
議莫究官號之弊端可否請

旨將所查情形及各清單甘結移咨戶部嚴密訊究之處
恭候
命下遵奉施行所有臣等委員查封緣由理合恭摺密封
具奏伏乞
皇上聖鑒
訓示遵行謹
奏奉
硃批依議

上

請加賞普濟堂小米并例銀全數給發摺

奏爲奏

聞請

旨事竊照廣安門外普濟堂收養貧民向例於十月十五日開堂起至次年清明節放堂止每年蒙

恩賞小米三百石分給功德林一百石歷年遵辦在案茶

查嘉慶六年欽奉

諭本年夏間雨水過多貧民生計更形拮据著加恩照年

例賞給京倉小米三百石外再加賞二百石以示格外軫

惜至意欽此嘉慶二十二年蒙
恩加賞小米二百石又道光三年並十二年均蒙
恩加賞小米二百石又咸豐三年四年均蒙
恩加賞小米二百石又咸豐六年九月二十日欽奉
上諭京師普濟堂功德林二處年例賞給京倉小米煑粥散放以資民食本年近畿各廳兼被水災晚禾亦有被蝗之處京師糧價昂貴貧民度日維艱著於例賞小米三百石外著再賞加二百石以示格外軫惜至意欽此
又咸豐六年十二月二十日欽奉

上諭御史惠昌李培祜奏普濟堂功德林粥廠懇恩展限並請將賞銀全數給發等語普濟堂功德林二處粥廠著加恩展限兩個月其崇文門稅務項下應賞該二處銀各一千兩著照例全數發給以資接濟欽此又本年六月初七日戶部奏遵議廣籌賑濟一摺欽奉

上諭五城飯廠著再加恩添放八九兩月至十月照例開廠仍展至來年四月初五日止等因欽此欽遵各在案現在秋收雖稱中稔糧價亦稍平減惟一切物價較之往歲均尚倍昂貧民仍多拮据臣等擬請本年粥

廠展先半個月以十月初一日起來歲自清明後展
限一月有半統計展限兩月核與本年奏展之數及
五城飯廠展至來年四月初五日之期亦各相符惟
為日既長用米較多合無仰懇
天恩賞給小米三百石之外
加恩再賞二百石並請
飭下崇文門將稅務項下應給普濟堂功德林二處各銀
一千兩照例全數給發以資接濟如蒙
俞允臣等遵照舊章分給俾貧民均霑實惠以廣

皇仁理合恭摺奏

聞伏祈

皇上聖鑒訓示謹

奏奉

上諭京師普濟堂功德林二處年例賞給京倉小米煮粥散放以資民食本年近畿各屬秋收雖尚中稔惟物價昂貴貧民生計仍形拮据著於例賞小米三百石外再加賞二百石以示格外軫恤至意並著崇文門監督將稅務項下應給普濟堂功德林二處各銀一千兩照

例全數發給藉資接濟欽此

六門外粥廠停止懇請展限

奏為添設六門外粥廠將届年終停止之期查看情形

籲懇

天恩展限以濟民食事咸豐七年六月初七日內閣奉

上諭户部奏遵議廣籌賑濟一摺著順天府府尹於內城

六門外各擇地段添設粥廠六處俾城內旗民就近領

食每廠每日給粟米二石放至年終為止再由該府尹

查看情形辦理該府尹即遴委妥員會同五城認真稽

查倘有不肖官吏私易米色侵蝕虛糜即著嚴參等因

欽此當經臣等欽遵擇於安定門外大福院東直門外朝陽寺朝陽門外南海會寺德勝門外華嚴寺西直門外廣通寺阜城門外慈明禪林六處各添粥廠一座叅酌從前大宛二縣黄村等處煑賑成案擬定條款繕具清單奏奉

諭旨允准遵行在案自七月初一日開廠以來臣等飭據治中糧馬通判大宛二縣會同詳委妥員輪流赴廠常川住宿彈壓稽查監視散放不准稍有偷換侵蝕並會同五城御史暨咨步軍統領添派地面文武員

役一體稽察每日每廠男婦大小名口自一千五六百至二千上下不等凡領食旗民仰沐
聖恩莫不歡忻感頌辦理均極安貼堪以上慰
慈廑兹屆年終停止之期臣等察看情形目下糧價雖已漸平而諸物仍多昂貴且距來年麥秋為日尚長春間青黃不接之際窮民餬口仍艱伏查五城飯廠已
奉
諭旨展至來年四月初五日止合無仰懇
天恩俯准將內城六門外粥廠一體展至來年四月初五

日止俾貧民得以領食不致稍有枵腹之虞則感荷
皇仁益無既極矣如蒙
俞允臣等即當欽遵分别移咨戶部倉場各衙門並飭治
中等官一體遵照辦理是否有當理合恭摺具奏請
旨伏乞
皇上聖鑒
訓示遵行謹
奏奉
上諭張祥河等奏六門外粥廠懇恩展限一摺京師内城

六門外添設粥廠將届年終停止之期現在物價昂貴
貧民餬口維艱加恩著展至來年四月初五日止仍著
順天府督飭所屬會同五城認真辦理以恤窮黎欽此

酌減各廠經費并捐廣貼補

再查各廠應用鍋竈器皿前經

奏明飭令大宛二縣置備作正開銷自開廠以來以及

半載原置罷皿不無破損亦由該二縣隨時添置所

需價值以及每月領運米石脚價應請照前奏統在

順天府捐輸平糶項下提用事竣一併覈實報銷至

前議每廠用大小委官四員各夫役十二名委官每

員日給盤費銀二錢六分六厘六毫煑粥散粥各夫

議給工價京錢六千者一名京錢三千者四名每名

每日再給飯食京錢四百文其餘各夫役七名每名
每日各給飯食京錢四百文毋庸另給工價原係奏
明俟辦理就緒再行酌減額數已於八月初一日起
每廠裁減委官二員各夫役二名以節糜費其夫役
工價飯食原因近來諸物比前倍昂是以前奏查照
現在南城外紳士捐辦賚賑章程酌給嗣准部覆仍
令按照道光四年及十三等年放賑成案夫役每名
改為日支工食銀四分亦於八月二十日起照咨改
發惟現在物價仍未大減該夫役所得工食實不敷

用己由臣衙門各官酌量捐廉貼補其各寺院每日
應賞給茶水錢一欵亦均捐給合併附片陳明伏乞
聖鑒謹
奏奉
旨知道了欽此

青妙齋

薊州民人陳書控案訊明定擬

奏為京控案件審明定擬具奏仰祈

聖鑒事據都察院奏送薊州民人陳書控王志榮等强盜

輪姦人搶財散等情一案於咸豐七年五月二十六

日由内閣抄出奉

旨此案著交張祥河黄宗漢親提人証卷宗秉公嚴訊確

情按律定擬具奏原告民人陳書該部照例解往備質

欽此旋准該衙門將原奏原呈咨送並准兵部將原

告陳書解交到府臣等遵查此案前據陳書在臣衙

門及步軍統領具控即經先後札飭東路廳歸案究辦在案欽奉前因隨將該原告陳書先發治中蔣大鏞收審一面札據東路廳將被証王志榮等並卷宗申解旋據薊州民人陳玫赴臣衙門呈訴以伊媳單氏因不守婦道不服管束經伊妻作主休回母家後另聘與徐德兒為妻嗣有訟棍馮占沅因與寶坻縣人王瑞祥等父子有嫌唆伊捏控王瑞祥等搶姦等詞伊未應允詎馮占沅復令伊族弟陳書寄信將伊子陳廣義由外喚回主唆伊子赴寶坻縣並薊州先

後揑控王瑞祥等將單氏搶姦等情當經伊赴縣呈明業將王瑞祥等省釋飭拿馮占沅未獲不意馮占沅又帶同陳書來京添砌情詞疊赴各衙門揑控等情據此隨將王志榮等並陳枚一併發交治中審訊並飭據治中將馮占沅同寫呈之李子和拿獲並起獲呈稿先將馮占沅捐納從九品職銜咨部斥革一面催令治中嚴行審辦去後茲據治中蔣大鏞審明定擬詳請提訊前來臣等隨提集被証核明原卷逐一研訊緣馮占沅籍隸寶坻縣李子和籍隸天津縣

陳書籍隸薊州係陳枚堂弟與王瑞祥等素識無嫌
馮占沅係捐納從九品職銜曾向素識之王志榮代
向王瑞祥雜糧鋪內陸續借欠錢文未償嗣王志榮
與王瑞祥之次子王得仁屢向索討馮占沅挾忿即
於咸豐五年八月間以王得仁硬抽稅用不使大錢
等情在寶坻縣控告王瑞祥父子亦以借貸不遂誣
控等情呈訴經該縣訊明係馮占沅妄控戒飭勒令
歸還欠項因此有嫌陳廣義向隨其父陳枚在赤峯
縣雜貨鋪傭趁自幼聘定單氏為妻咸豐五年九月

聞陳廣義之母于氏因單氏不守婦道不服管束寫
信商允陳枚父子將單氏休棄改適與徐德兒即徐
登瀛為室立有字據於十一月二十二日徐德兒接
娶單氏上車當有近村梁士榮單明等訛索酒錢未
給糾邀王五王老劉佳貴郝葛頭乘空到于氏家攫
去衣物是月二十四日陳枚由口外回里馮占沅往
喚陳枚唆令控告王瑞祥父子將單氏搶姦陳枚未
允本年正月間陳廣義由口外回籍於是月二十八
日偕陳書同往寶坻縣伊戚祁佩添家探望與馮占

沉會遇唆令告狀陳廣義以梁士榮等拿去伊家衣
物本要呈告馮占沉因與王瑞祥父子有嫌即捏稱
閶係王瑞祥父子將單氏搶姦不如告王瑞祥父子
之言挑唆陳廣義被唆允從二月初四日馮占沉帶
同陳廣義即以王瑞祥父子等將單氏搶去在河埝
凌辱等情赴寶坻縣捏控經陳枚查知赴縣以伊子
陳廣義係被馮占沉唆使捏控等詞訴明該前縣劉
令傳同王瑞祥等訊明取結省釋飭拿馮占沉未到
馮占沉又帶同陳廣義陳書仍以前情赴薊州呈控

該署州馮令正在傳訊間馮占沅復於三月十四日
帶同陳書來京在蒜市口德盛店找得虎坊橋崇興
寺寄住出攤占課之李子和商議寫呈李子和貪利
應允寫就呈詞次日先赴臣衙門控告當經批飭東
路廳親提審辦馮占沅又令李子和寫呈帶領陳書
赴步軍統領呈控咨送轉發東路廳歸案審辦馮占
沅不候審訊復與李子和商同捏寫强盜輪姦人搶
財散及王瑞祥家門口設有長矛紅纓鎗存放賍物
等重情李子和並言呈內多牽官人方能准理馮占

沅又令李子和將玉田縣鄉保李德秀寶坻縣刑書
胡廷棟並父胡太鄉保郭祥遠薊州差役魏祥升馮
順王瑞祥舖夥鄭良爵等一併牽寫令陳書出名赴
都察院控經奏奉
諭旨交臣等親提審辦等因欽此遵即飭提人卷發交治
中蔣大鏞督同候補知縣蕭履中提犯秉公嚴審擬
議解由臣等覆審據各供悉前情不諱復詰馮占沅
堅稱委係挾王瑞祥父子等前在寶坻縣涉訟之嫌
唆使陳書來京捏控洩忿並無別情並查出該犯馮

占沅前在寶坻縣薊州疊次妄控唆訟有案並嚴訊
王志滎等均無勾賊持械搶去衣物並將陳廣義之
妻搶去與衆賊輪姦各情事實係馮占沅挾嫌唆使
誣控究詰不移案無遁飾應即擬結查馮占沅因挾
王瑞祥等索討借錢涉訟之嫌輒敢主唆陳廣義以
王瑞祥父子等將伊妻單氏搶姦等情先後赴寶坻
薊州呈控不候審訊又復勾串陳廣義堂叔陳書來
京商同李子和添砌因向索欠有嫌之王志滎等勾
賊搶奪並將單氏搶去與衆賊輪姦等重情赴各衙

門混控實屬愍不畏法現在審係全虛且究出該犯
馮占沅前在寶坻縣並薊州疊次妄控唆訟有案實
與積慣訟棍無異自應按例從重問擬馮占沅除誣
告人死罪未決並教唆扛幫並控告重情不實輕罪
不議外請合依積慣訟棍播弄鄉愚一經審實即照
棍徒生事擾害例問發雲貴兩廣極邊烟瘴充軍遵
照新章改發陝甘二省以極邊足四千里為限右面
刺烟瘴改發四字李子和於馮占沅覓伊代寫呈詞
之時既向告説與王瑞祥父子挾有訟嫌係屬誣控

乃不向其阻止猶復以呈内若不牽涉官人不能准
理等詞商同代為揑寫強盜輪姦人搶財散等重情
羅織多人朦聳入
奏亦屬不法李子和除所得錢文計贓罪止杖責輕罪
不議外請合依代人揑寫本狀教唆扛幫赴京奏告
強盜人命重罪不實並全誣十人以上者問發近邊
充軍例擬發近邊充軍馮占沅捐納從九品業經咨
部斥革追繳執照咨銷李子和據供母老丁單情節
較重應不准其查辦留養與馮占沅均至配各杖一

首折責安置陳書明知單氏不服管教經伊姑休棄
改嫁輒聽從馮占沅教唆誣控多人到案猶不實供
殊屬不合請合依聽從誣告為從於馮占沅等軍罪
上減一等杖一百徒三年例擬杖一百徒三年到配
折責拘役陳廣義前在寶坻薊州控詞失實本有不
合第業經伊父陳枚赴案呈首經該縣等訊明省釋
現在到案即據實供明尚非始終狡執應請從寬免
議王志榮等訊無勾賊持械越墻進院將單氏搶姦
情事應與訊無強搶輪姦門首豎有長子紅纓鎗收

存王志榮等搶去衣物分肥之王瑞祥王得仁王得
全及並無聽從馮占沅主使誣控之陳枚均免置議
徐德兒即徐登瀛憑媒說娶單氏經陳廣義之母于
氏作主改嫁尚無不合應與並無搶姦單氏搶拿衣
物之高天順高起及被牽之寶坻縣刑書胡廷棟鄉
保郭祥遠等均毋庸議單氏係伊姑休棄另嫁仍令
徐德兒領回安度馮占沅所欠王瑞祥錢文飭縣嚴
追給領攖去陳枚家衣物之梁士榮等飭緝獲日另
結案已訊明未到人等免提省累除將起獲馮占沅

呈底等物存案塗銷投到各結附卷並將全案供招

咨部外所有審擬緣由理合恭摺具

奏伏乞

皇上聖鑒訓示謹

奏

丁巳四月報得雨分寸

奏本月初八日京城得雨情形業經奏蒙

聖鑒在案茲於十一日丑刻起濃雲廣布細雨霏微復自

辰至午自酉至亥斷續霑濡約又入土一寸有餘共

仰

齋宮感名

誠通

雩祀之先從茲

膏澤覃敷歡遍畿疆以外據大興宛平二縣稟報前來理

欽恭摺奏
聞並據順天所屬各州縣陸續開報近日得雨分寸合併
繕具清單恭呈
御覽伏乞
皇上聖鑒謹
奏奉
旨知道了

丁巳十一月報得雪分寸

奏本月十九日酉戌以後京城内外同雲廣布自子初刻起密雪繽紛通宵達旦纏綿至二十日午刻積地融化約八寸有餘據大興宛平二縣稟報差探四鄉一律均霑臣等伏查本年大小雪之時祥霙應候均

經奏蒙

聖鑒在案茲以兩旬開霽二麥仰膏即蒙

皇上念切民依虔申祈禱

遣官分詣方諏吉而

神

諭旨特頒

聖敬感孚乃先期而

膏渥沛正值瓜洲報捷恰欣畿輔飛霙六出祥呈豐年瑞

兆

康强逢吉允符燠寒時若之休徵

介福無疆共進雨雪優霑之雅詠理合恭摺奏

聞伏祈

聖鑒謹

奏

旨知道了

青女

八閩文庫

文獻集成
384

福建文獻集成

續編 集部 六〇

吴格 主編

海峽出版發行集團
THE STRAITS PUBLISHING & DISTRIBUTING GROUP
福建人民出版社

本册目次

晉江黄尚書公全集三十七卷（卷五至卷八）

［清］晉江黄宗漢撰

厦門大學圖書館藏稿本

黃尚書全集

晉江黃尚書公全集卷五目錄

奏疏五　任浙江巡撫奏議

知縣開復

新漕請試行海運

貽誤全漕之糧道胡元博奏叅革職

片叅湖州府常恩誤漕撤任

片叅短解輕賫銀兩之知縣何煦綸議處

海關徵收銀數

海關徵收尾銀儲庫

不協輿情之署知州吳春棠叅請革職

道員暫緩引　見

委署道府各缺

交代遲延之知縣参請摘頂撤任

短解錢糧之知縣参請摘頂勒解

委署縣缺

拏獲鄰境盜犯之知縣送部引見

完解銀兩之知縣請開復頂戴

豫催海運沙船

科房失火請處

各屬被災錢糧懇請蠲緩

籌備銀兩候撥軍餉
完解銀兩之知州處分請開復
委署縣缺
率屬捐備軍需銀兩
在籍紳士捐輸銀兩

晉江黄尚書公全集卷五

男貽楫謹輯

姪貽杼恭校

奏疏五　任浙江巡撫奏議

鄉試房考參用候補大挑人員

奏爲鄉試房考實缺人員不敷調派循例參用候補大挑人員以重分校恭摺

奏祈

聖鑒事竊照前准部咨各省鄉試房考如現任各員或文

理荒疎或經手要件實在不敷考選准於即用分發人員中詳加遴選擇其文理優長者與實缺人員一體充當仍專摺奏明等因歷經遵照在案茲届壬子科鄉試應派内簾閱卷官十六員先經署撫臣與司道公同商酌現任各員内或文理荒疎或缺居緊要未便調取應將科甲出身之候補大挑各員一併遴選調考據署藩司孫毓溎預期調取齊集經臣抵任後於八月初二日在署扃門考試除考取甯波府石浦同知張兆熊代理甯通判歸安縣知縣張銑署新

城縣大挑知縣李烱秀水縣知縣劉潤海盐縣知縣
李道融金華縣知縣邵凌霄武義縣知縣宋賓王湯
溪縣知縣繆步瀛桐廬縣知縣楊曰都松陽縣知縣
許文藻慶元縣知縣鳳柃宣平縣知縣李盤等十二
員均係實缺及署事之員其不敷四員遵例於候補
大挑人員内擇其文理優長之候補知縣李枝青大
挑知縣張日新程文範康正基等一體派充内簾俾
資分校所有房考酌派候補大挑人員緣由理合恭
摺具

奏伏乞

皇上聖鑒謹

奏奉

硃批知道了

調赴江西官兵

奏爲調派官兵馳赴江西聽候分撥防剿恭摺

奏祈

聖鑒事竊臣於八月二十一日戌刻接准署江西撫臣飛

咨以江西需兵甚急蘇省道遠難俟

奏調浙江省衢州鎮精兵一千名咨會配齊軍火器械

派委得力將弁管帶來江以憑分撥防剿等因臣查

衢州鎮標三營暨衢州城守營額兵一千八百餘名

除存城及各處防汛外兵數本屬無多衢州府屬之

常山縣與江西省壤地緊接江西設有警報常山即須防堵未便將衢州鎮兵盡數調遣其帶兵將領何人勇敢得力臣甫經到任即值入閩與各鎮協營將領尚未謀面無從深知當與藩臬兩司及杭州協臣標中軍參將公同商酌只得於就近江西之鎮協內勻派現調衢州鎮標兵三百名嚴州協兵二百名作為頭起派委嚴州協中軍都司張攀龍管帶處州鎮標兵三百名金華協兵二百名作為二起派委處州鎮標左營遊擊常海管帶其餘員弁由各鎮協選派

前往共調兵一千名即於二十二日飛飭各處配齊
軍火器械迅速起程馳赴江西聽候分撥防勦一面
飭令經由各縣將應需夫船口糧尅日辦齊應付不准
缺誤并飭各帶兵官申明紀律嚴束兵丁毋許稍有
擾累其一切例賞例借例支銀兩飭司照例核辦除
飛咨江西撫臣查照飭屬應付前進外所有調撥官
兵緣由謹會同兼署閩浙總督福建巡撫臣王懿德
恭摺具
奏伏乞

皇上聖鑒謹

奏奉

硃批知道了欽此

知縣改教

奏為病痊知縣自揣難膺民社情願改補教職循例恭

摺具

奏仰祈

聖鑒事查例載進士出身人員已任地方之後緣事應補

自揣難膺民社准其改補教職等語茲據布政使椿

壽詳稱前任新城縣知縣秦時英現年五十二歲四

川忠州人由道光甲辰科進士以知縣即用籤掣浙

江補新城縣知縣咸豐元年因病請

静妙齋

題開缺醫調尚未回籍茲在省醫痊例應呈請給咨赴
部坐選據該員聲明自揣難膺民社情願改就教職
照例銓補等情具詳請
奏前來臣驗看得秦時英年力未衰例得起用既據願
就教職查該員係進士出身核與定例相符相應請
旨將病痊知縣秦時英准其改補教職在籍候選除咨明
吏部外謹會同兼署閩浙總督福建撫臣王懿德恭
摺具
奏伏乞

皇上聖鑒謹

奏奉

硃批秦時英著准其改補教職吏部知道欽此

靜妙齋

靜如齋

委署道府

再查甯紹台道文秀因與藩司椿壽同族同旗接准

部咨行令迴避以福建省相當道缺調補應即委員

接署以便該道交卸起程赴閩查有杭州府知府余

士塓歷經署理道篆辦理妥協堪以委署甯紹台道

篆務所遺杭州府缺查有湖州府知府晏端書前經

署理是缺辦理裕如堪以調署其湖州府缺查有前

署是缺之温州府知府常恩人甚明白交卸後因公

在省堪以仍委署理據藩臬兩司具詳前來除分檄

飭遵外謹會同兼署閩浙總督福建巡撫臣王懿德
附片具
奏伏乞
聖鑒謹
奏奏
硃批知道了

刦盜正法　一

奏爲審明迭刦首夥巨盜按律定擬並將情重各犯恭

請

王命先行正法奏祈

聖鑒事竊據嘉興平湖等縣會同各營縣暨委員先後拏獲盜犯顧阿秀王阿五劉阿得胡阿慶張阿五林阿淮林阿大王渢淋王阿六徐紹珍等十名稟經前撫臣常大淳以各犯俱係著名巨盜情罪重大批飭提省審辦嗣據各縣將犯陸續解省飭發訊辦去後旋

據仁和縣詳報顧阿秀在監病故並據杭州府知府余士㮾督同另補知縣李枝青將王阿五等審明議擬由臬司孫毓淮覆審招解前來臣親提研鞫緣顧阿秀即馬老秀籍隸江蘇崑山縣王阿五即王阿虎又名王小阿虎劉阿得即王阿六胡阿慶即王小二又即胡二張阿五即沈阿九林阿淮即羅小丙林阿大徐紹珍均籍隸平湖王澗淋籍隸江蘇金山縣均未為匪犯案王阿六即跣脚阿六籍隸江蘇青浦縣先因犯竊擬軍在配脱逃被獲仍擬軍罪改發山東

泗水縣安置遇

赦釋回銷毀刺字道光三十年六月二十九日劉阿得林阿滙聽從王阿三糾約同夥二十一人行劫是夜分帶器械乘船駛至平湖縣事主戚王氏河埠停泊劉阿得與姚阿星計三寶小蛇看船餘俱上岸林阿滙與盲胖子即馬胖子阿海張阿丙楊小和王小和王寶南王阿四李阿七在外把風接贓王阿三孫阿七陳二夾戲王詳潫王阿五長脚小二蹺頭陶和尚王祥淋王小辮子打門進內劫得贓物遞交接收事

主工人鄭佑起捕王阿三用鉄銃轟傷工人施萬幅
王詳瀠用鉄叉毆傷隣佑姚香坡將賍運至僻處查
點俵分花用八月二十八日顧阿秀起意糾允朱和
等同夥十五人行竊是夜各帶器械坐船駛至江蘇
婁縣事主張昌明米店河埠停泊乍浦阿五看船餘
俱上岸長脚小二大塊頭阿海馬胖子阿海乍浦阿
七門外接賍顧阿秀與朱和踱頭陶和尚王寶南李
阿七潘玉堂馮四即麻子阿四陳二麻子阿三殺猪
屠阿炳用鑿撬門進內上樓行竊張昌明驚覺喊捕

顧阿秀起意糾允行强殺豬屠阿炳用鉄尺拒傷張昌明右手背嚇禁聲張刦得賍物遞交接收分運回船向乍浦阿五等告知强情揺至僻處查點變當花用二十九日顧阿秀起意糾允踱頭陶和尚等同夥十六人行刦是夜各帶器械坐船駛至江蘇元和縣事主高運泰米店河埠停泊上岸馮四南京阿三乍浦阿五麻子阿三分頭瞭望李阿七長脚小二乍浦阿三潘玉堂門外接賍顧阿秀與踱頭陶和尚王寶南馬胖子阿海大塊頭阿海殺豬屠阿炳乍浦阿七

陳二撞門入室刦得贓物遞交接收分運下船殺猪屠阿炳落後被獲用木棍拒傷高運泰左臂脱逃回船駛至僻處查點俵分花用九月初一日顧阿秀聽從徐文秀糾約同夥九人行竊是夜徐文秀携帶鉄鑿餘俱徒手偕抵平湖縣事主宋勤圃門首曹阿四曹老闆馮泰幅李四觀劉大老觀在外接贓徐文秀用鑿撬門與顧阿秀劉二老觀徐三秀進內竊得贓物遞交接收運至僻處查點俵分花用初四日顧阿秀王阿五劉阿得聽從陳二夾戲糾約同夥十五人

行刦是夜分帶器械偕抵平湖縣事主俞大德門首
劉阿得孫阿七盲胖子郁阿海王阿二沈阿二沈九
節頭曹阿四在外把風接贓顧阿秀王阿五與陳二
夾戲徐文秀王阿三徐三秀王詳濚打門進内刦得
贓物遞交接收運至僻處查點俵分花用初七日顧
阿秀聽從徐文秀糾約同夥七人行竊是夜徐文秀
携帶鉄鑿餘俱徒手偕抵平湖縣事主徐茂芳門首
劉二老觀曹老闗在外接贓徐文秀用鑿撬門與顧
阿秀徐三秀曹阿四劉大老觀進内竊得贓物遞交

接收運至僻處查點俵分花用二十八日顧阿秀起
意糾允馬胖子阿海等同夥十三人行刦是夜分帶
器械乗船駛至江蘇婁縣事主姚維屏家半里許停
泊大木凡看船餘俱上岸偕抵姚維屏門首乍浦阿
三乍浦阿七周阿五張阿二分頭瞭望孫阿四踱頭
陶和尚王寶南沈小悌在外接贓顧阿秀與馬胖子
阿海殺猪屠阿炳大塊頭阿海用刀劈門進內典夥
李心陶驚喊被顧阿秀推跌倒地鄰佑馬幅觀帮捕
被殺猪屠阿炳用刀戳傷右臁肕刦得贓物逓交接

收駛至僻處查點變分花用十月初一日顧阿秀劉阿得胡阿慶聽從王阿三糾約同夥二十一人行刦是夜分帶器械乘船駛至嘉興縣事主陳以南典鋪河埠停泊上岸劉阿得胡阿慶張阿丙郁阿海顧炎王詳濚王詳淋奐小和尚麻子阿七陸小四陸阿五陳阿四王二皮頭在外把風接贓顧阿秀與王阿三孫阿七陳二夾戲王阿五長脚小二踱頭和尚鬈影沈阿四毀墻進內刦得贓物遞交接收典夥葉誠齋趕捕王阿三用木棒拒傷其右膺甲囘船駛至僻處

查點俵分花用初七日王阿五劉阿得胡阿慶張阿五聽從王阿三糾約同夥二十三人行刦是夜各帶器械坐船駛至平湖縣事主胡乙照河埠停泊張阿五顧添和尚在船看守餘俱上岸劉阿得胡阿慶郁阿海沈阿二沈阿秀楊小和王阿二王小和徐阿和喬二在外把風接贓王阿五與王阿三孫阿七張阿言盲胖子陳二夾戲南京阿二南京阿三王詳瀠王詳淋跛頭和尚打門進內刦得贓物遞交接收駛至僻處查點俵分花用初九日顧阿秀王阿五劉阿得

胡阿慶林阿湝張阿五聽從王阿三糾約同夥十八人行刦是夜分帶器械乘船駛至平湖縣事主俞有祥河埠停泊張阿五喬二在船看守餘俱上岸劉阿得胡阿慶林阿湝郁阿海王詳滐王詳淋麻子阿七阿松在外把風接贓顧阿秀王阿五與王阿三沈阿二張阿言南京阿二南京阿三蹺頭和尚打門進内刦得贓物遞交接收事主人等喊捕王阿三沈阿二分用鉄斧木棍拒傷將贓運至僻處查點俵分花用

二十九日顧阿秀起意糾允蹺頭陶和尚等同夥十

六人行竊是夜坐船駛至江蘇華亭縣事主方緒紳
河埠停泊王阿四馮四南京阿三在船看守餘俱上
岸長脚小二李阿七馬胖子阿海麻子阿三乍浦阿
五乍浦阿七陳二在外接贓顧阿秀與蹺頭陶和尚
大塊頭阿海殺猪屠阿炳王寶南潘玉堂撬門進內
竊得贓物遞交接運下船進內復竊工人驚覺喊捕
顧阿秀起意行强嚇禁聲張喝令蹺頭陶和尚搜刮
餘贓回船駛至僻處查點俵分花用十一月初三日
顧阿秀王阿五劉阿得張阿五聽從陳二夾戲糾約

同夥二十一人行刦是夜分帶器械偕抵平湖縣事主沈荻庵門首劉阿得張阿五盲胖子郁阿海楊小和王小和金闆悌胡勝保喬二朱大和朱小和在外把風接贓顧阿秀王阿五與陳二夾戲王阿三孫阿七沈阿二王詳濼王詳淋王寶南踱頭和尚打門進内刦得贓物遞交接收工人湯得觀喊捕陳二夾戲用木棍拒傷其右肩甲逃至僻處查點俵分花用初九日顧阿秀王阿五劉阿得胡阿慶張阿五聽從張阿丙糾約同夥十七人行刦是夜分帶器械偕抵平

湖縣事主梅信孚染鋪門首劉阿得胡阿慶張阿五
育胖子郁阿海湯阿松沈阿二喬二朱大和朱小和
在外把風接贓顧阿秀與張阿丙王阿三孫阿七王
阿五王詳瀠王詳淋打門進內刦得贓物遞交接收
運至僻處查點俵分花用二十八日顧阿秀起意糾
允李阿七等同夥十八人行竊是夜坐船駛至江蘇
元和縣事主仲恒基家里許河干停泊長腳小二王
阿四在船看守餘俱上岸偕抵仲恒基門首大塊頭
阿二乍浦阿五麻子阿三分頭瞭望王寶南踱頭陶

和尚孫阿四馮四乍浦阿七門外接贓顧阿秀與李阿七潘玉堂馬胖子阿海殺豬屠阿炳大塊頭阿海南京阿三陳二折籬進內撬門上樓行竊仲恒基驚覺起捕顧阿秀起意行強嚇禁聲張搜刦贓物遞交接收駛至僻處查點俵分花用二十九日顧阿秀聽從王阿四糾約同夥二十二人行竊是夜各帶器械坐船駛至江蘇婁縣事主沈廷杰家里許田岸停泊王阿四因頭痛不能上岸與沈小悌長脚小二夏阿成在船看守餘俱上岸齊至沈廷杰門首大塊頭阿

二潘玉堂蕭阿秀俞阿受在外瞭望李阿七孫阿四王寶南踱頭陶和尚在外接贓顧阿秀與馬胖子阿海殺豬屠阿炳大塊頭阿海乍浦阿五乍浦阿七麻子阿三南京阿三馮四陳二撬門進竊沈廷杰驚覺起捕顧阿秀起意行强刦得贓物遞交接收駛至僻處查點變分花用十二月初一日顧阿秀起意糾允王寶南等同夥二十五人行刦是夜各帶器械坐船駛至江蘇婁縣事主韓應陛家里許地方停泊孫阿四王阿四在船看守餘俱上岸偕抵韓應陛門首長

脚小二顧炎盛澤趙阿金周雙喜分頭瞭望林阿二馬三馮四陳二馬胖子阿海蔡小乍浦阿七蔡阿受李阿松在外接贓顧阿秀與王寶南李阿七跛頭陶和尚潘玉堂大塊頭阿海殺猪屠阿炳乍浦阿五麻子阿三打門進内工人驚覺起捕王寶南用木棍毆傷謝榮發右臂膊殺猪屠阿炳用鐵尺毆傷黃添幅右膝嚇禁聲張刦得贓物遞交接收駛至僻處查點俵分花用二十四日王阿五張阿五聽從沈阿秀糾約同夥十五人行刦是夜分帶器械乘船駛至平湖

縣事主奚湘舟河埠停泊上岸張阿五盲胖子湯阿松陸阿四喬二王寶南金闕悌在外把風接贓王阿五與沈阿秀王阿三陳二夾戲奚老丙長脚小二踱頭和尚鬍鬚沈阿四打門進内刦得贓物遞交接收駛至僻處查點俵分花用咸豐元年二月初二日顧阿秀王阿五林阿大聽從阿范糾約同夥二十三人行刦是夜分帶器械乘船駛至平湖縣事主胡乙照河埠停泊陳坤山許壽珍看船餘俱上岸林阿大與計益觀高阿和鬍鬚喜工并不識姓名八人在外把

風接賍顧阿秀王阿五與阿范楊小和王小和洪大阿四小阿四阿明王阿寶打門進內刦得賍物遞交接收運至僻處查點俵分花用五月二十日顧阿秀聽從馮四糾約同夥十三人行刦是夜各帶器械分坐兩船駛至江蘇黃浦江見有客船駛來將船靠攏張庄阿還孫百年南京阿三王阿秀曹阿培乍浦阿虎在船接賍顧阿秀與馮四胡勝保王橋阿二顧老言乍浦阿五小阿四過船事主出而喊叫顧阿秀用刀砍其頭上船戶吳如光出向攔阻馮四用刀戳傷

其偏左右太陽穴乍浦阿五用木棍打傷其左耳連耳輪及耳根刦得贓物搖至僻處查點俵分花用六月二十六日顧阿秀起意糾允王阿五林阿大王溷淋劉阿得胡阿慶林阿溎與馮四等同夥十七人行刦是夜分帶器械乘船駛至平湖縣事主杜仁茂陸樹勲王乙泉三家錢店河埠停泊沈京芳看船餘俱上岸林阿溎王老美宋大明沈老京把風劉阿得胡阿慶李二傚張二傚趙言波朱六悌接贓顧阿秀王阿五林阿大王溷淋與馮四胡勝保打門進内刦得

贓物遞交接收駛至僻處查點俵分花用二十九日
顧阿秀聽從徐僂金糾約同夥十六人行劫是夜分
坐兩船駛至江蘇婁縣事主姚朝陛家一里外停泊
馮四孫百年看船餘俱上岸偕至姚朝陛門首打門
進內刦得贓物搖至僻處查點俵分花用至幾人入
室幾人把風顧阿秀已不能記憶閏八月二十四人
顧阿秀王阿五徐絽珍王阿六與趙阿有等聽從屠
阿隴糾約同夥十二人行刦是夜分帶器械乘船駛
至嘉興縣事主滕正安絲行河埠停泊上岸阿添湯

阿得張茂林把風趙阿有王金壽李阿范徐正元門
外接賍顧阿秀王阿五徐紹珍王阿六與屠阿隴打
門進内滕正安驚覺喊捕王阿五用木棍毆傷其偏
右右乳刦得賍物遞交接收駛至僻處查點俵分花
用二十五日顧阿秀徐紹珍王阿六與趙阿有等聽
從屠阿隴糾約同夥十二人行刦是夜分帶器械乘
船駛至嘉興縣事主陸柳溪烟行河埠停泊上岸湯
阿得許紹珍張茂林把風紅眼睛阿三張阿狗潘阿
凡阿添接賍顧阿秀徐紹珍王阿六與屠阿隴趙阿

有打門進内事主隣佑許司務喊捕顧阿秀用手抓傷其左額角刦得贓物遞交接收駛至僻處查點俵分花用九月三十日王阿五起意糾允阿范等六人阿范又轉糾不識姓名四人同夥十一人行刦是夜分帶器械乘船駛至平湖縣事主張秉雲河埠停泊林阿二看船餘俱上岸添寶並不識姓名四人在外把風接贓王阿五與阿范阿明王金壽趙阿有打門進内刦得贓物遞交接收駛至僻處查點俵分花用各事主報縣勘驗詳緝嗣據嘉興平湖等縣會同各

營縣暨委員先後獲犯解省委審顧阿秀在監病故
將王阿五等議擬由司覆審招解臣提犯親鞫據各
供前情不諱贓雖無獲供報相符正盜無疑查律載
强盜已行而但得財者不分首從皆斬又例載盜刼
之案督撫嚴行究審將法所難宥及情有可原者分
晰於疏内聲明大學士會同三法司詳議將法所難
宥者正法各等語此案顧阿秀等迭次行刼事主張
昌明等家得贓自應按律問擬顧阿秀即馬老秀王
阿五即王阿虎又名王小阿虎劉阿得即王阿六胡

阿慶即王小二又即胡二張阿五即沈阿九林阿滙即羅小丙林阿大王溷淋王阿六即蹺脚阿六徐紹珍均合依强盗已行而但得財者不分首從皆斬律擬斬立決顧阿秀業已在監病故應毋庸議王阿五劉阿得首夥迭刦十次以上實為稔惡巨魁未便稍稽顯戮臣於審明後即恭請

王命飭委臬司孫毓滙署理臣標中軍叅將和致將王阿五劉阿得綁赴市曹先行正法懸首示衆以昭炯戒胡阿慶行刦七次張阿五林阿滙行刦五次林阿大

行刦四次王潙淋行刦三次徐紹珍王阿六行刦二次俱屬法所難宥應照例聲明聽候會議先於左面刺强盜二字顧阿秀王阿五張阿五林阿淮在蘇省尚有聽從仇殺黃祥雲一案罪名較輕咨會江蘇省擬結顧阿秀在監病故刑禁人等訊無凌虐情弊應毋庸議餘訊無同居親屬知情分贓牌保得規容隱情事失察各犯為匪之牌保事在

赦前免其提責顧阿秀王潙淋王阿六在外為匪原籍牌保無從覺察免其置議失贓照估追賠王阿三等先

經拏獲於浙省薛阿三等反獄暨蘇省盜犯葉和尚
等各案内擬辦其餘逸犯緝獲另結除全案供招咨
部外合將審明定擬緣由謹會同兼署閩浙總督福
建巡撫臣王懿德恭摺具
奏伏乞
皇上聖鑒勅部核覆施行謹
奏奉
硃批刑部速議具奏欽此

調赴江西官兵出境日期

奏爲調赴江西防勦官兵催出浙境日期恭摺具

奏仰祈

聖鑒事竊臣於九月初四日承准軍機大臣字寄八月二

十六日奉

上諭陸元烺奏江西需兵孔急請調閩浙精兵就近協防

一摺著王懿德黄宗漢於福建所屬之汀州鎮浙江所

屬之衢州鎮各選精兵一千名配帶軍裝器械派委得

力將弁管領迅速馳赴江西交署巡撫張芾分撥防勦

毋稍遲悞將此由五百里各諭令知之欽此臣查八月

二十一日先准署江西撫臣抄摺飛咨經臣查得衢州鎮標三營兵數無多未便盡數調遣當在衢州二鎮嚴州金華二協共調兵一千名派委都司張攀龍遊擊常海分起管帶配齊軍火器械飛飭迅速起程

即經會摺具

奏一面派委杭嘉湖道周起濱催趲彈壓出境並將衢州府屬之常山一帶與江西省接壤形勢詳細履勘嗣准兼署閩浙督臣來咨派委衢州鎮總兵富勒興

阿統領前進咨令刊給行營關防又經臣飭司刊發

在案茲據周起濱等具報頭二起官兵共一千名於

九月初九十二等日全數催出與江西交界之常山

縣境行走極為安靜相應恭摺

奏報伏乞

皇上聖鑒謹

奏奉

硃批知道了

臬司患病請賞假一月

奏為臬司患病籲懇

聖恩賞假一月調理並委員暫行兼署緣由恭摺具

奏仰祈

聖鑒事竊臣據臬司孫毓溎禀稱該司仰蒙

天恩不次超擢方思勉竭駑駘力圖報効乃於本年五月

間感受暑濕至六月漸成瘧疾時發時止尚能力疾

辦公嗣届科場襄事務復能勉強支持詎意積勞受

寒瘧疾又作氣力疲乏較前倍形委頓據醫者云正

氣有虧邪感因而易入病勢漸深若不息心靜攝恐
難遽行見效伏思臬司為刑名總滙政務殷繁斷非
病軀所能辦理設有貽悞關係匪輕再四思維惟有
禀請據情具
奏准其開缺回籍調理俟病體痊愈卽當出而圖報等
情前來伏查兩司告病原有酌量委員代辦之例臣
自七月杪抵浙接見該臬司孫毓溎面貌羸瘦知其
病瘧初痊旋值鄉試點名三場俱到竟日不衰其署
中一切應辦事件俱無延悞現在據禀前情當卽親

赴司署查看該司因積勞受寒瘧病復作精力頗形
委頓所禀係屬實情在該司辦事實心深恐病勢日
增稍有貽悮而臣察其年力正強平素勇往任事現
在所患究非痼疾如得安心静攝不久可望就痊合
無仰懇
皇上天恩俯准暫緩開缺先行
賞假一個月飭令赶緊醫調如能迅速就痊仍令照舊供
職出自
逾格鴻施惟浙江臬司政務殷繁不可一日曠誤應即委

員暫署俾得安心調攝易於痊可查有鹽運使麟桂
才具明敏曾經署事辦理妥協堪以暫行兼署除檄
飭遵照外理合會同兼署閩浙總督福建巡撫臣王
懿德恭摺具
奏伏乞
皇上聖鑒謹
奏奉
硃批孫毓湋著賞假一個月麟桂著兼署臬篆欽此

知縣開復

奏為經征地丁短絀知縣叅後完數較多籲懇
天恩准予開復恭摺
奏祈
聖鑒事竊查永嘉縣知縣曾承禧因征解咸豐元年地丁完數短絀經前撫臣常大湻會摺奏叅奉
旨將曾承禧摘去頂帶勒限赶征完解嗣復查有臨安縣知縣科靈阿署嘉善縣知縣林鈞署桐鄉縣知縣馬昂霄征解元年地丁亦屬短絀又經前署撫臣椿壽

會摺奏叅革職仍暫留任奉
硃批另有旨欽此現在尚未准部行知節經先後飭司催
解去後兹據藩司椿壽詳稱永嘉縣知縣曾承禧臨
安縣知縣科靈阿署嘉善縣知縣林鈞署桐鄉縣知
縣馬昂霄各于被叅後將未完元年地丁錢粮分批
赶解核計完數比較上三屆較多請將前叅摘頂及
革職仍暫留任之案
奏請開復等情前來臣查曾承禧等于未完地丁錢粮
被叅後赶征批解比較上三屆完數較多尚知愧奮

合無仰懇
天恩俯准將永嘉縣知縣曾承禧前叅摘頂臨安縣知縣
科靈阿署嘉善縣知縣林鈞署桐鄉縣知縣馬昂霄
草職仍暫留任之案均予開復之處出自
鴻施謹會同兼署閩浙總督福建巡撫臣王懿德恭摺具
奏伏乞
皇上聖鑒訓示謹
奏奉
硃批曾承禧著給還頂戴科靈阿等均准其開復吏部知

道欽此

新漕請試行海運

奏為舊漕玩愒勢將愒及新漕亟籌變通辦法試行海

運籲懇

格外恩施俯如所請以重漕務仰祈

聖鑒事竊查浙江糧艘現惟湖所湖白温後處後四帮計

船一百餘隻尚在湖州其杭嘉十三帮業已渡黄前進

最後之台前等四帮甫經挽運出境行至何處守凍

尚未能定除已另行據實恭

奏外是全浙漕船俱已出境明年回空能否趕副交兑

之期尤未可知現在辦理新漕實已無船可用若俟
回空俟後臨時緫議更張則事事窒碍又將蹈今年
覆轍一俟再俟其咎更重臣自八月二十日出闈後
連日與藩司椿壽署臬司麟桂及另派熟悉漕務委
員署首府晏端書候補同知繆梓等再四熟商照舊
河運既毫無把握則舍海運別無他策近日恭閱邸
抄浙江糧道已奉
旨將杭嘉湖道周起濱調補部文雖未到浙而刻下議辦
新漕時候已遲未便静候該道周起濱前經臣委赴

衢州以督押兵差出境爲名順便在江西交界之常
山玉山縣地方踏看形勢恐江西有警預爲防堵地
步現在江西安謐如恒已飛札該道迅速回省先赴
新任將試行海運之法與各司道商榷茲據該司道
等面稟舍此别無辦法請即定規飭行方趕得上惟
浙江前經
奏明不能辦海運者一由於旂丁水手别無安置之處
一由於辦理海運必須將河運用項一概節省歸公
算就州縣給帮之費而計實不敷海運之需是以屢

議屢止本年拘泥原奏不敢變通籌議迨回空既遲忽欲更張并帮費亦已花消實屬無從着手是堅持河運一樣作正開銷而遲悞已至今日爲今之計惟有據實奏請

皇上格外恩施俯念浙省漕務積疲日久與江蘇情形迥異非變通辦法勢將決裂

准將辦理河運一切作正開銷之費併歸辦理海運之需於庫欵不多一文於倉儲可期無悞且查道光六年江蘇試行海運成案亦有作正開銷銀米之欵至現

在旂丁水手多已北上尚不慮聚衆阻撓乘此旁無窒礙之日正可將海運籌議試行臣查該司道等所議俱係實在情形當即分派委員馳赴甯波上海各處查明海運船隻共有若干是否足敷運用先後據各委員查明回覆浙之甯波可僱得一百號船江蘇上海地方共有沙船千餘號江蘇省若照舊海運則用剩之船只有百餘號兩省同時並運核計尚不敷用惟歷届江蘇成案亦有船隻不敷分作兩次開行者詢之攬載船戶僉稱夏月開船正值南風司令比

諸春令尤為迅速安穩等語與成案亦屬相符況浙
省當積疲之後甫議海運其交兑銀米亦不能過於
提早至四月間則銀米已齊船隻又足敷用比諸河
運抵通之日仍是提早數月於倉儲實有裨益臣智
識庸愚不能於籌議變通之中力求節省歸公之項
惟有諄飭各司道認真核實但凡可以節省之處概
以撙節為要再有不敷即由司道庫籌畫辦理總期
於歷辦河運作正開銷額內支銷於庫項毫無所增
於漕糧可期迅速以仰副

聖主俯恤下情慎重倉儲至意恭候
命下臣即飭司道辦理事竣之日核實造冊報銷愚昧之
見是否有當伏乞
聖鑒訓示遵行臣不勝悚惶之至事關漕務緊要謹由驛
馳
奏合併聲明謹
奏奉
硃批另有旨欽此咸豐二年十月初七日内閣奉
上諭黄宗漢奏籌議新漕懇請試行海運一摺本年浙江

漕船開兑過遲落後各幫遲至九月下旬甫經輓運出
境即使截剝回空斷難如期歸次受兑所有來歲新漕
亟應變通辦理以免貽悮著照所請改由海運以期迅
速並將原辦河運各費作為海運支銷一切章程即由
該撫督飭司道核實籌議妥速奏辦欽此

貽誤全漕之糧道胡元博奏叅革職

奏為查叅漕運節節躭延貽悞之前任糧道請

旨革職並將各幫短絀銀米責令折回清釐恭摺

奏祈

聖鑒事竊查本年浙江全漕遲悞為從來未有之事其故

雖由於回空較遲天旱水淺惟糧道係監司大員自

當實心任事妥為設法以速補遲不應坐待貽誤臣

抵任後即值入闈監臨亟欲究其致誤之由於開門

之便留心訪詢得悉本屆回空糧艘正月十八日馱

進橫艏糧道胡元博遲往迎提延至三月初八日始得歸次嗣赴水次監兑催開並不一氣辦完中間屢返省逗耽延多日其一味因循通省皆知其必誤迨至杭三首幫於四月初八日開行之後胡元博並不催令各幫跟蹤前進俟尾幫出境督押趲行輒先自前進置在後未開之船於不顧無怪七月杪 臣 抵浙境尚有杭嘉兩屬尾船數十隻淺阻嘉興府屬之石門地方經 臣 嚴飭挑剝始得挽運出境而湖屬漕艘竟至不能挽運始議請留浙變價此 臣 訪查胡元博

節節耽延以致貽誤全漕之原委也臣訪悉不勝憤懣猶恐人言或未盡實正擬覆加確查覈實參辦間接准部咨已將胡元博奏參行令將湖屬漕糧如不能照每石二兩變糶無論今年明年河運海運設法運京等因并由漕臣遵照部議妥弁恭持

令箭來浙並飭胡元博折回提船到淮臣於八月二十一日出閘後即接漕臣咨會一體嚴催彼時河道尚可挑剔挽行臣即委員赴湖一體嚴催出境詎於二十九日見糧道胡元博來省當即面詢各帮銀米

是否完足不致再延據該道面稟可以放心臣正欲以此次之能否出境以定漕船之有無玩悞倘其中尚有別情律以悞漕之咎胡元博亦無可置辯當即諄切面諭加緊催開將來果能以速補遲尚可將功救過去後節據胡元博由湖申報台前温前金衢所台後等四幇於九月初八等日先後開行內惟台前一幇於十四日出境其餘各幇杳不具報臣於九月初六二十二日兩接漕臣來咨一稱秋深水落重運斷難渡黃一稱徒陽運河水勢日消重運恐難浮送

且轉瞬各省回空南下之時淮揚運河擁擠勢必阻礙回空所關匪淺咨請另籌辦法俱經疊札飛行查議未據該糧道切實議覆而湖州水次距江蘇震澤縣境僅七十里自胡元博折回湖州至今將及一月在後四帮并不具報開行無論節逾霜降前途水勢日涸業已坐誤事機而跡其遲滯不行情更可疑當經密派賢員馳往湖州確查茲據回省面禀查得首帮係九月十四日出境計期已可抵蘇關温前金衢所台後三帮亦即跟接前進其在後四帮不能報開

行者聞有兩帮銀米尚有短絀胡元博已於九月二

十一日督押台前首帮幇印先行等語臣據稟前情

不勝駭異查各屬應交銀米俱係胡元博一手收放

何致短絀是否州縣尚有蒂欠抑帮丁入手侵蝕豈

能諉為不知乃不及早會詳查究仍率從前故態督

帶首帮先行置後帮於不問實屬玩愒已極應請

旨將前任糧道胡元博革職

勅下漕臣摘取印信委員押令來浙將未報開行之在後

四帮銀米勒限清釐由新任糧道周起濱覆查確實

如有絲粒短絀究明是縣是帮再行從嚴參辦至已開之台前等四帮前進是否尚可挽行抑應截令回浙由臣咨會漕臣察看情形酌核辦理所有查參緣由理合恭摺附驛具

奏伏乞

皇上聖鑒訓示謹

奏奉

硃批另有旨欽此咸豐二年十月初七日內閣奉

上諭黃宗漢奏參貽誤漕運之前任糧道一摺前任浙江

糧道胡元博於回空糧船迎提已遲迨新漕監兑之後並不迅速催趲復屢次回省節節耽延以致在後各幫至霜降後尚未具報開行並訪聞未開各幫尚有銀米短絀情事實屬玩悞胡元博著即革職由漕運總督委員押令回浙將未報開行之在後四幫銀米勒限清釐倘查有別項情弊著即嚴參餘著照所擬辦理該部知道欽此

片參湖州府常恩誤漕撤任

再查本年湖屬交兑漕糧係署湖州府知府常恩任內之事此次湖屬幫船開行遲滯臣曾面詢常恩僅據面稟挑剝情形而於湖所各幫內有銀米短絀之處並無一字提及若非漫無覺察即屬有心徇隱未便再留署任臣已將常恩札司先行撤任俟胡元博來浙究明虛實再行嚴參謹附片具

奏伏乞

聖鑒謹

奏奉

硃批知道了欽此

片奏短解輕賫銀兩之知縣何煦綸議處

再查輕齎一項係備倉場閘壩轉運之需例應先漕到通以供支放所有浙江省應解元年分輕齎銀兩節經飭道嚴催各縣均已完解惟有署長興縣知縣何煦綸尚欠解銀二千九百餘兩屢催未解實屬延悞除飭道先行如數籌墊迅速彙齎起解外相應請

旨將署長興縣知縣海甯州知州何煦綸交部議處仍在該員名下勒追還欵其委解輕齎之紹興府同知沈維鈺領解並未遲延並請免議臣謹附片具

奏伏乞

聖鑒謹

奏奉

硃批何煦綸著議處具奏吏部知道欽此

海關征收銀數

奏為浙海關一年期滿征收稅銀並賠補短征盈餘銀兩恭
摺具
奏仰祈
聖鑒事竊照浙海關每年額征銅斤水脚銀三萬五千九百
八兩二錢三分嘉慶九年奉
旨浙海關盈餘額數着定為四萬四千兩又道光十年五月
內接准部咨奉
旨各關應征盈餘銀數以六成作為額內盈餘遇有短少着

落賠補仍按分議處以四成作為額外盈餘遇有短少着
落賠繳免其處分欽此又道光二十一年間接准部咨關
稅銀兩于每年奏報之先責成巡撫核實盤查等因
各在按茲據護海關署寧紹台道杭州府知府余士
璟詳稱關稅按年考核今查自咸豐元年七月初八
日起連閏扣至二年六月初七日止一年期滿共征
收稅銀七萬六千三百三十六兩四錢八分九厘除
正額銅觔水脚銀三萬五千九百八兩二錢三分實
征盈餘銀四萬四百二十八兩二錢五分九厘按額

計實缺銀三千五百七十一兩七錢四分一厘緣近
年並無報往暹邏等處貿易及回棹商船亦無外港
販洋船隻收泊以致盈餘稅額稍有短絀自應照額
賠補等情具詳前來臣復加詳核該關收稅簿冊並
無征多報少情弊按成計筭所短係額外盈餘例免
處分至該關所征稅銀向係按季儘數解司應歸司
庫核實盤查除飭將征收稅銀及賠補盈餘不敷銀
兩赶緊解司另疏具
題外謹循例恭摺具

奏伏乞

皇上聖鑒謹

奏奉

硃批户部知道

海關征收尾銀儲庫

再海關錢粮應遵照前奉

諭旨將征納尾銀核定數目酌留奏交藩庫另款收存以資儲備本屆浙海關一年期滿計共征收稅銀七萬六千三百三十六两零内正額銀三萬五千九百八两零盈餘銀四萬四百二十八两零計尚短征盈餘銀三千五百七十一两零應照例由該關賠補其所收銀两内除正額内例給各役工食銀二百五十八两又盈餘内撥補經費等銀七百八两零外計實征存

銀七萬五千三百七十两零應請將三萬两作為正
額四萬两作為盈餘查照前准部咨撥用仍循舊章
將尾銀五千三百七十两零同該關應賠短征盈餘
銀三千五百七十一两零交藩庫另款收存以資儲
備臣謹附片具
奏伏乞
聖鑒訓示謹
奏奉
硃批户部知道

不協輿情之署知州吳春棠參請革職

奏為特參不協輿情之署任知州請
旨革職以肅吏治而靖地方恭摺
奏祈
聖鑒事竊查州縣為親民之官必須平日聽斷平允緝捕認真撫字實心催科合法使地方懷德畏威自能境輯民和即有一二頑梗亦斷不敢藉端生事臣於抵任後即聞現署海甯州知州吳春棠性耽安逸不協輿情地方甚不相宜正在飭查辦理間據該署州吳

春棠具禀八月二十一日查勘旱田回署有鄉民多人以田稻被旱不服征糧為詞擁入州署滋鬧倚恃人衆擠損大堂等處而散請委員查辦等情臣查該州民俗尚稱湻良本年田禾夏秋間多受旱該署州如果實心為民及早履勘分别緩征何致鄉民赴署滋鬧所禀情形殊難盡信且平時既無以服民臨事又不能拿獲一犯似此不職之員未便姑容據藩臬兩司准據該管道府揭報前來相應請

旨將署海甯州知州事江山縣知縣吳春棠革職以肅吏治而靖地方

該州被旱情形業已由司委員前往確勘分别輕重
核實具詳應歸秋災案内分别辦理所有是日滋事
匪徒當即飭司派委中塘同知仲孫樊就近前赴海
寗會同該處營汛迅速嚴密掩捕兹據仲孫樊及署
杭協副將毛亮具禀已拏獲滋事要犯數名解省嚴
行訊究其該州員缺亦經另委素得民心之署山陰
縣知縣胡濬沛前往署理現在應征錢糧照常征收
良民貼服地方安堵如恒其吴春棠經手倉庫錢糧
如有虧缺另行照例嚴辦謹會同閩浙總督臣季芝

昌恭摺具
奏伏乞
皇上聖鑒訓示謹
奏

道員暫緩引見
再查近有廣艇匪船在閩洋遊駛浙之温州洋面與
閩緊相接連盜艅來去靡常防緝倍宜加愼迭准閩
浙督臣抄摺咨行屢經臣飛咨水師提鎮統帶舟師
出洋巡緝以防北竄並飭運司在於緝匪生息項下
提銀一萬五千兩飭發寧紹台暨温處兩道轉發定
黃温三鎮各五千兩以資緝匪口粮其濱海口岸飭
令地方文武實力巡防不准疎懈查温處道慶康在
温年久熟悉地方情形先因俸滿并卓異奉部調取

引
見經前撫臣以該道承造金州戰船未完復委署理運司
篆務
奏請展限在案兹已卸事應即給咨起程惟現值洋面
未靖沿海防緝緊要必資熟手經理應請飭令該道
暫回本任俟海洋静謐即行給咨赴部以重地方除
檄飭遵照並咨吏部外謹會同閩浙總督臣季芝昌
附片具
奏伏乞

聖鑒謹

奏奉

硃批吏部知道

青娥齋

委署道府各缺

再臣接准部咨欽奉

諭旨浙江督粮道員缺著周起濱調補杭嘉湖道員缺著

黃宅中補授欽此查臣前閱邸鈔業於籌辦海運摺

內

奏明飭令周起濱先赴新任在案所有杭嘉湖道篆務

黃宅中到浙需時應先遴員接署查有現署杭州府

之湖州府知府晏端書辦事實心老成諳練堪以署

理其杭州府印務查有紹興府知府徐榮民情愛戴

堪以調署所遺紹興府印務查有試用知府梁恭辰才
具開展堪以署理又署湖州府知府常恩撤任遺缺
現無在省舊委知府惟查有儘先補用同知直隸州
知州王有齡勤幹有為堪以署理據藩臬兩司具詳
前來除分檄飭遵外謹會同閩浙總督臣季芝昌附
片具
奏伏乞
聖鑒謹
奏奉

硃批知道了

交代遲延之知縣叅請摘頂撤任

奏為特叅交代遲延之知縣請

旨摘頂撤任勒限結報以儆其餘恭摺

奏祈

聖鑒事竊查州縣交代例應按限結報不容稍有延宕茲查有現署烏程縣知縣佘以增前在長興縣任內交代因先造冊遲延咨部叅處後復節次札催在佘以增則稱接任之何煦綸延不會算而何煦綸則稱佘以增尚有應交銀兩至今延不完結查長興縣於浙

省尚稱優缺佘以增在任日久何致交卸後尚有短

交銀两接任之何煦綸又不催收結報若不予以嚴

叅何足以示儆惕據藩司椿壽具詳前來相應請

旨將署烏程縣知縣佘以增摘去頂帶與署長興縣之何

煦綸一併撤任勒限一個月迅速交接清楚結報另

行奏請分别開復回任倘仍前延玩不結或佘以增

竟有虧挪情事即從嚴叅辦除將各員缺飭司遴員

接署外臣謹會同閩浙督臣季芝昌恭摺具

奏伏乞

皇上聖鑒謹

奏奉

硃批另有旨欽此咸豐三年正月十七日准吏部咨開咸

豐二年十月二十二日奉

上諭黄宗漢奏叅交代遲延之知縣一摺浙江署烏程縣

知縣叅以增前在長興縣任内交代造冊遲延署長興

縣知縣何煦綸又不催收結報均屬延玩叅以增著摘

去頂帶與何煦綸一併撤任勒限一個月飭令迅速交

清結報倘仍延宕或查有虧那情弊即著嚴叅該部知

道欽此

短解錢糧之知縣叅請摘頂勒解

奏為特叅徵解地丁短絀之知縣請

旨摘去頂帶勒限完解足數恭摺具

奏仰祈

聖鑒事竊照州縣催徵錢糧理應實力催徵隨徵隨解不容稍有惰悞茲查浙省各屬應解本年地丁銀兩臣屢次飭司設法嚴催業已不遺餘力仍未據趕徵旺解內如石門會稽諸暨黃巖樂清縉雲等縣完數已極短絀而象山遂昌二縣尤無分厘完解應即嚴叅

以儆惰悮據藩司具詳前來相應請
旨將石門縣知縣張家縉署象山縣知縣劉國觀會稽縣
知縣耿曰德諸暨縣知縣劉書田黄巖縣知縣劉江
樂清縣知縣孫源縉雲縣知縣梁元遂昌縣知縣李
鵬揚俱先行摘去頂帶勒限一月內將未完本年地
丁錢糧趕緊徵收完解足數再行奏請開復倘逾限
不完或查有虧挪情事當即從嚴參辦謹會同閩浙
總督臣季　恭摺具
奏伏乞

皇上聖鑒訓示謹

奏奉

硃批另有旨欽此咸豐三年三月初三日准吏部咨開咸

豐二年十一月初八日奉

上諭黃宗漢奏請將短解錢糧之知縣摘頂勒限完解一

摺浙江石門縣知縣張家縉等於應徵本年地丁銀兩

完數短絀並有全未完解之處實屬因循慣忲石門縣

知縣張家縉署象山縣知縣劉國觀會稽縣知縣耿曰

德諸暨縣知縣劉書田黃巖縣知縣劉江樂清縣知縣

孫源縉雲縣知縣梁元遂昌縣知縣李鵬揚均著先行
摘去頂帶勒限一個月趕緊完解倘逾限不完或查有
虧那情弊即著從嚴參辦該部知道欽此

委署縣缺

再查署嵊縣知縣教形臣准補德清縣知縣飭赴新任又常山縣知縣李維著調省察看各遺缺先經由司委員分往代理現值催徵下忙錢糧喫緊之際俱應該員等一手經理應將代理嵊縣之海鹽縣知縣李道融代理常山縣之宣平縣知縣李盤俱改爲署事以專責成惟查李盤於道光三十年大計卓異一案應行給咨赴部引見現因江西省調兵防堵常山縣界連江西地方尤關緊

靜妙齋

拏獲鄰境盜犯之知縣送部引見

奏為知縣拏獲鄰境罪應斬遣盜犯多名循例

奏請送部引

見以昭激勸仰祈

聖鑒事竊查定例官員拏獲隣境一案內罪應斬決首夥

盜犯三名者准送部引

見又道光二十八年吏部通行嗣後文職獲盜例准調取

人員州縣以工由督撫專摺奏請送部引

見等因遵照在案茲查嘉善縣知縣顧準於道光三十年

要該員老成諳練歷任各缺民情安貼其調署常山
係為人地相需起見應請俟卸事後再行給咨赴部
至各該員均無承緝盜案已起四參及錢糧未完展
參有關降調處分據藩臬兩司具詳前來除檄飭遵
照並咨吏部外謹會同閩浙總督臣李芝昌附片具
奏伏乞
聖鑒謹
奏奉
硃批吏部知道

十一月二十八日首先拏獲盜犯胡仲剛等一十六名提省審辦據各供認行刼屬實將為首糾刼之胡仲剛與胡阿武徐仕華王嬉洪四名歸於行刼金華縣事主黃義普典鋪案內擬斬立決秦脚基喬念生王洪懙三名擬遣蔡中沅陳喬老莫起金三名歸於行刦嵊縣事主葉來泰染坊案內擬斬立決李茂茫周中沅王洪仕陳淋懷四名擬遣胡阿台歸於行刦江蘇昭文縣事主汪裕隆典鋪案內擬斬立決王洪秀歸於行刦江蘇長洲縣事主徐步鼇典鋪案內擬

遺解經前撫臣常大湻分案勘審具

題在案綜計該員顧凖首先拏獲隣境斬决盜犯八名

擬遣盜犯八名緝捕洵屬勤能内有金華縣黄義普

被刦一案斬决首夥盜犯已在三名以上查明並無

承緝逃盜未獲之案核與奏請送部引

見之例相符據藩臬兩司具詳請

奏前來相應循例仰懇

天恩俯准將嘉善縣知縣顧凖照例送部引

見以示鼓勵其拏獲擬遣盜犯八名聽部照例議敘尚有

協獲人員飭查另行辦理謹會同閩浙總督臣李芝

昌恭摺具

奏伏乞

皇上聖鑒訓示謹

奏奉

硃批顧準著送部引見吏部知道

完解銀兩之知縣請開復頂戴

再前署定海廳同知現任浦江縣知縣黃維同龍泉縣知縣陸之棟前因應攤咸豐元年二限官墊民欠銀兩延不完解經前署撫臣椿壽會摺奏參奉

旨將黃維同陸之棟摘去頂戴勒限解清欽遵轉行飭催在案茲據藩司椿壽詳稱據黃維同陸之棟各將應攤咸豐元年官墊民欠銀兩如數捐足批解司庫請將該二員原參摘頂之案

奏懇開復等情前來臣查黃維同陸之棟於應攤官墊

民欠銀兩參後趕解全完尚知愧奮合無仰懇
天恩俯准將前署定海廳同知現任浦江縣知縣黃維同
龍泉縣知縣陸之棟原參摘去頂帶之案均予開復
出自
鴻施臣謹會同閩浙總督臣季芝昌附片具
奏伏乞
聖鑒訓示謹
奏奉
硃批黃維同陸之棟均著給還頂戴

豫催海運沙船
奏為來歲新漕試行海運須豫為封僱沙船請
飭下兩江督臣江蘇撫臣委員帮同辦理恭摺奏祈
聖鑒事竊浙省來歲新漕經臣奏請試行海運仰蒙
恩施著照所請改由海運並將原辦河運各費併歸海運
支銷一切章程即督飭司道慎重籌議妥速奏辦等因
欽此臣跪讀之下感激莫名伏查海運漕糧浙省事
屬創行一切章程自當欽遵
諭旨慎重妥籌迅速核辦除已飭令司道督同委員會議

具詳由臣覆核迅速具
奏外惟海運以僱船為第一要務所有浙省甯波鬬口
向來北運商船一百餘隻業已飭令甯波道府先行
儘數封僱此外尚須添僱江蘇上海沙船方可敷用
第浙省委員到彼呼應恐有不靈臣經飛咨兩江督
臣江蘇撫臣派委幹員會同浙省委員赴上海豫為
封僱并剴囑指示一切辦法仍飭令原派各員於僱
船後來浙會同襄辦始終其事以期慎重毋誤理合
恭摺奏

聞請
旨飭下兩江督臣江蘇撫臣派員封僱沙船并赴浙局幫
同辦理以重漕務伏乞
皇上聖鑒謹
奏奉
硃批另有旨欽此十一月二十二日接准
兵部火票遞到
户部咨開十一月初八日奉
上諭黄宗漢奏浙江新漕試行海運請飭江蘇委員幫同

辦理一摺來年浙漕海運係屬創始豫僱船隻最為緊要除由該省自雇北運商船外其不敷船隻應由江蘇上海添雇著兩江總督江蘇巡撫派委妥員幫同辦理所有江蘇浙江海運事宜著該督等責成按察使倪良耀總司其事以資熟手總期不分畛域妥速籌辦毋稍延誤欽此

科房失火請處

奏爲臣署科房不戒於火即經賠修請

旨將臣交部議處恭摺奏祈

聖鑒事竊臣署書吏辦公科房建設大門内大堂西偏十

月初五日亥刻科房不戒於火臣在書房辦理公牘

尚未就寢當即奔視撲救在城文武官員亦督率兵

役等踵至立時將火撲滅計燒科房二十餘間拆毁

十餘間並未延燒民房亦未損傷署内正屋查係刑

房炊飯處火灰復燃致燒房屋當將失火之人交司

查訊懲辦至被燒科房由臣賠修派委員弁督匠興
工日內即可完整其被焚文卷飭查分别咨行抄録
備案惟臣未能先事預防相應請
旨將臣交部議處理合恭摺具
奏伏乞
皇上聖鑒謹
奏奉
硃批黃宗漢著照例議處吏部知道

各屬被災錢糧懇請蠲緩

奏為查明杭州等府屬仁和等州縣衛所田禾被旱被

水災歉實在情形籲懇

天恩將應徵地漕等項銀米分別蠲緩並撫卹口糧以紓

民困恭摺奏祈

聖鑒事竊照浙江省本年五月上中二旬晴多雨少下旬

因亢晴日久田禾多已受傷嗣於六月初八日以後

間得雨澤未能普遍深透亦遲早多寡不等據金華

蘭谿東陽義烏永康武義浦江湯溪西安龍游常山

建德湻安遂安壽昌桐廬分水等縣以田禾被旱受傷稟請勘辦又據富陽桐廬等縣稟報先被旱傷復於六月二十五六等日風雨交作山水下注江潮上湧沿江田廬復遭淹没並續據仁和錢塘海寧新城臨安於潛嘉興秀水嘉善海盐平湖石門桐鄉歸安烏程德清武康慈谿諸暨上虞餘姚新昌嵊縣甯海江山開化麗水縉雲青田松陽雲和等州縣稟報地處高阜及離水較遠之處田禾被旱受傷黄萎各等情均經臣於奏報五六八九等月雨水摺内先後

奏明在案均經行司飭令各該知府及印委各員逐一
赴鄉察看各按都圖頃畝分别災歉輕重情形詳晰
開報去後茲據各該府督同委員及各州縣勘報前
來查杭州府屬之仁和錢塘海寧富陽臨安新城於
潛七州縣嘉興府屬之嘉興秀水嘉善海鹽平湖石
門桐鄉七縣湖州府屬之烏程歸安德清武康四縣
寧波府屬之慈谿一縣紹興府屬之諸暨餘姚上虞
新昌嵊縣五縣台州府屬之寧海一縣金華府屬之
金華蘭谿東陽義烏永康武義浦江湯溪八縣衢州

府屬之西安龍游江山常山開化五縣嚴州府屬之建德湻安遂安壽昌桐廬分水六縣處州府屬之麗水縉雲青田松陽雲和五縣并杭嚴嘉湖二衛及衢州所計五十二州縣衛所被旱被水成災五六七八九十分并歉收民屯田地統共七萬四千一百九十頃二十餘畝各州縣衛所被旱被水田地多寡不等災分輕重不一令以災歉田地各按通縣原額頃畝核計居十分中之六分以上者金華東陽義烏永康浦江龍游六縣五分以上者海塩武義西安常山建

德五縣四分以上者烏程歸安武康諸暨蘭谿湯溪
淳安桐廬麗水縉雲十縣三分以上者仁和海甯新
城嘉興秀水嘉善平湖石門桐鄉德清嵊縣遂安壽
昌青田松陽一十五州縣二分以上者錢塘富陽於
潛慈谿餘姚開化分水雲和八縣一分以上者臨安
上虞新昌甯海江山五縣就各府情形而論金華衢
州最重嘉興嚴州次之杭州湖州紹興處州又次之
甯波台州較為輕減其中災歉並成各州縣窮黎待
哺嗷嗷宜加矜恤經臣首倡捐廉督同司道諄飭各

屬廣勸紳富協力捐助或施錢散米或集資減糶毋使一夫失所現據各該府縣覆到除武義湯溪二縣捐項能否敷用尚須察看另辦外其餘或民力尚可支持或捐項足敷賙卹毋須動項賑撫惟金華府屬之金華東陽義烏永康浦江五縣地廣人稠户鮮殷富不能全藉捐項請於隆冬撫卹一月口糧各該縣地處山鄉米販鮮至窮黎買食維艱若不給予本色不足以資接濟據藩司椿壽運司麟桂糧道周起濱逐加查核會詳請

奏前來合無仰懇

皇上天恩准將被災較重之金華東陽義烏永康浦江五

縣乏食貧民無分極次於本年隆冬撫卹一月口糧

全給本色所需米石請將清查案內應行買運三限

漕米五萬石全數截留支放如有不敷再請截漕湊

補所有各該州縣衛所災歉情形等差不一小民一

年生計全在秋收今秋成失望輸將無出並懇

恩施准將仁和錢塘海甯新城嘉興秀水嘉善海盐平湖

石門桐鄉金華蘭谿東陽義烏永康武義浦江湯溪

西安龍游常山建德淳安遂安壽昌桐廬等二十七
州縣成災民屯田畝并杭嚴嘉湖二衛坐落各縣成
災軍屯田地應征咸豐二年地丁存留塩課漕項漕
截河工屯餉正耗錢糧漕糧南秋軍弧吹手因糧正
耗等米按照成災分數分別蠲免蠲剩銀米於咸豐
三年秋成後起照例分年帶征內漕截銀兩漕糧米
石仍限一年征完又災歉並成五分以工之海塩金
華東陽義烏永康武義浦江西安龍游常山建德等
十一縣歉收田畝應征咸豐二年各項銀米請緩至

咸豐三年秋後起征又仁和錢塘海甯富陽臨安新
城於潛嘉興秀水嘉善平湖石門桐鄉烏程歸安德
清武康慈谿諸暨餘姚上虞新昌嵊縣甯海蘭谿湯
溪江山開化淳安遂安壽昌桐廬分水麗水縉雲青
田松陽雲和等三十八州縣歉收民屯田地并杭嚴
嘉湖衢州三衛所坐落各縣歉收軍屯田地應征咸
豐二年各項銀米概請緩至咸豐三年麥熟後起限
一年征完又金華東陽義烏永康武義浦江西安龍
游常山建德等十縣災歉田畝在通縣額田五分以

工各該縣成熟田畝應征咸豐二年各項銀米一律
緩至咸豐三年秋成後起限一年征完又海塩縣災
歉田畝亦在通縣額田五分以上其成熟鄉庄應征
本年新賦銀米該縣體察民情堪以照常征收毋庸
並緩應同其餘各州縣成熟有收田地應完本年新
賦均請照常征收至各州縣災歉各户未完道光三
十年及咸豐元年熟田錢糧并歉收緩征銀米均請
查照各原限分别遞緩一年征收其未完各年舊欠漕
白糧米漕項銀兩另飭糧道酌核米數銀數詳請專摺具

奏外所有杭嚴嘉湖衢州三衛所軍屯田地各隨坐落

之縣辦理以廣

皇仁而紓民力至應行蠲緩田地未被災歉以前如有完

納在官咸豐二年錢糧飭縣查明照例流抵次年新

賦蠲緩缺額銀米應支各欵不敷支給之處另籌撥

補耗羨銀米各隨正項辦理除飛飭各府州縣衛所

將勘明實在災歉田地頃畝分數取造冊結另疏具

題外謹將杭州等府屬被旱被水災歉田地頃畝另繕

清單會同閩浙總督臣季芝昌恭摺具

奏伏乞

皇上聖鑒訓示再查現請撫卹各縣存倉穀石為數無多

且須留備來春接濟及撥補災缺兵糧等用是以截

留清查買運三限漕米合併陳明謹

奏奉

硃批另有旨欽此咸豐二年十一月二十日内閣奉

上諭黄宗漢奏查明杭州府屬仁和等州縣衛所田禾被

災請將地漕等項銀米分別蠲緩並撫恤口糧一摺浙

江省本年五六月間仁和等州縣衛所田禾被旱被風

被潮民屯田地收成歉薄民力實屬拮据自應給與賑
賞分別蠲緩以示體恤加恩著照所請所有被災較重
之金華東陽義烏永康浦江五縣乏食貧民無分極次
著於本年隆冬撫恤一月口糧全給本色所需米石准
將清查案内應行買運三限漕米五萬石全數截留支
放如有不敷再行截漕湊補其仁和錢塘海甯新城嘉
興秀水嘉善海盐平湖石門桐鄉金華蘭谿東陽義烏
永康武義浦江湯溪西安龍游常山建德淳安遂安壽
昌桐廬等二十七州縣成災民屯田畝並杭嚴嘉湖

二衛坐落各縣成災軍民田地應徵咸豐二年地丁
存留盐課漕項漕截河工屯餉正耗錢糧漕糧南秋
軍孤吹手因糧正耗等米著按照成災分數分別蠲
免蠲賸銀米於咸豐三年秋成後起照例分別帶征
内漕截銀兩漕糧米石仍限一年征完又災歉並成五
分以上之海盐金華東陽義烏永康武義浦江西安龍
游常山建德等十一縣歉收田畝應征咸豐二年各項
銀米著緩至咸豐三年秋後起征又仁和錢塘海甯富
陽臨安新城於潛嘉興秀水嘉善平湖石門桐鄉烏程

歸安德清武康慈谿諸暨餘姚上虞新昌嵊縣甯海蘭
谿湯溪江山開化淳安遂安壽昌桐廬分水麗水縉雲
青田松陽雲和等三十八州縣歉收民屯田地并杭嚴
嘉湖衢州三衛所坐落各縣歉收軍屯田地應征咸豐
二年各項銀米著一併緩至咸豐三年麥熟後起限一
年徵完又金華東陽義烏永康武義浦江西安龍游常
山建德等十縣災歉田畝在通縣額田五分以上各該
縣成熟田畝應征咸豐二年各項銀米著一律緩至咸
豐三年秋成後起限一年征完其海鹽縣災歉田畝亦

在通縣額田五分以上其成熟鄉庄應征本年新賦銀
米著同其餘各州縣成熟有收田地應完本年新賦均
照常征收至各州縣災歉各户未完道光三十年及咸
豐元年熟田錢糧幷歉收緩征銀米均著查照各原限
分別遞緩一年征收其杭嚴嘉湖衢州三衛所軍屯田
地著各隨坐落之縣辦理以紓民力該撫即刋刻謄黄
徧行曉諭務使實惠均霑毋任吏胥舞弊用副朕軫念
歉區至意餘著照所議辦理該部知道單併發欽此

籌備銀兩候撥軍餉

奏為遵

旨籌備軍餉移緩就急聽候撥用恭摺奏祈

聖鑒事竊臣於十月初十日承准軍機大臣字寄奉

上諭楚粵軍務未竣應用軍餉浩繁著各省督撫鹽政等

督飭藩運各司確查可減可删之款及留支待用正雜

等項約至本年下忙為止可以移緩就急者每省或二

三十萬或一二十萬各自體察情形從寬籌備迅速核

明數目於一月内奏到候飭部分撥等因欽此臣當即

欽遵督令藩運兩司切實籌計諮飭迅速具詳去後

茲據藩司椿壽運司麟桂詳稱浙省藩運兩庫從前

尚有可刪減之款今則養廉已提補清查即役食亦

折錢給發類此稍可節省業已刪減無遺現復再四

詳查實無可以刪減其收庫正雜等項先儘撥款支

解其應支一切款項俱係隨收隨放並無存留待支

之款藩庫實已無款可籌惟運庫查有辛亥綱鹽課

應歸來年二月造報聽撥者計可先提銀十萬兩移

緩就急聽候撥用詳請具

奏前來臣復查無異除飭將前項籌備銀一十萬兩另
匯存儲恭候
勅部分撥外理合恭摺具奏伏乞
皇上聖鑒謹
奏奉
硃批户部知道

青如齋

完解銀兩之知州處分請開復

再查前署長興縣知縣海甯州知州何煦綸因在長興縣任内欠解元年分輕賚銀兩經臣奏參交部議處飭道籌墊起解勒追還款咸豐二年十月初七日

欽奉

硃批何煦綸著議處具奏吏部知道欽此欽遵轉行勒追在案茲據糧道周起濱詳稱何煦綸於未奉行文勒追以前已將欠解前項輕賚銀二千九百餘兩如數批解全完歸還道庫墊款詳請將原參處分

奏懇開復等情前來臣查何煦綸於欠解輕賫銀兩叅
後趕解全完尚知愧奮合無仰懇
天恩將前署長興縣知縣海甯州知州何煦綸前叅處分
准予開復出自
鴻施臣謹附片具
奏伏乞
聖鑒謹
奏奉
硃批何煦綸著准其開復處分吏部知道

委署縣缺

再查署仁和縣知縣德成遺缺前經由司委員代理現值開徵漕糧喫緊應遴員接署俾專責成查有署西安縣知縣楊裕深辦事幹練現在調省襄理海運堪以委令就近署事又署海塩縣知縣趙景銘丁憂遺缺係漕務最疲之區亦須得人而理查有工虞縣知縣張致高精明勤奮堪以調署各該員均無承緝盜案已起四条及錢糧未完展叅有關降調處分據藩臬兩司具詳前來除將西安等缺飭司委員接署

並分檄飭遵外謹會同閩浙總督臣李芝昌附片具

奏伏乞

聖鑒謹

奏奉

硃批知道了

率屬捐備軍需銀兩

奏為臣與署將軍學政等各竭微忱捐廉助餉並知府以下各官隨同捐輸銀數彙開清單奏祈

聖鑒事竊前准部咨行令各省收捐助餉即經通行曉諭在案嗣接部咨酌議籌備軍餉各條准令京外文武各官一體量力捐輸臣等捧閱之餘時深籌畫當此楚粵軍務未竣需用浩繁仰蒙

聖主廑念戎行飭令寬為籌備凡有血氣心知者無不同心敵愾踴躍輸將況臣等受

恩深重更當勉效涓埃稍紓微悃查司道以下各官共捐
輸五萬五千兩上次業經具奏茲臣捐銀壹萬兩署
杭州將軍副都統臣巴彥岱捐銀一千兩浙江學政
臣萬青藜捐銀二千兩并知府以下各官捐數合計
二萬餘兩彙繕清單恭呈
御覽所捐銀兩統令繳存藩庫聽候撥解除臣等毫末輸
誠不敢仰邀
甄敘外其知府等員可否仰懇
聖恩敕部照案議敘之處出自

逾格鴻施所有臣等捐廉備餉緣由謹恭摺具

奏伏乞

皇上聖鑒再查浙省紳民報捐銀兩現據藩司摺報自收捐起至今各照部咨按半月彙報一次共已收捐銀三萬三千一百三十一兩臣等仍廣為勸諭官紳人等奮勉捐輸俟彙有成數再行奏報合併陳明謹

奏奉

硃批另有旨欽此咸豐二年十一月二十日內閣奉

上諭黃宗漢奏率屬捐備軍需銀兩開單呈覽一摺所有

捐銀一萬兩之浙江巡撫黃宗漢著賞戴花翎捐銀一
千兩之杭州將軍副都統巴彥岱捐銀二千兩之浙江
學政禮部右侍郎萬青藜捐銀一千兩之江西學政吏
部右侍郎沈兆霖按察使銜前任雲南迤南道周澍前
署金衢嚴道周縉處州府知府恒奎揀發知府瑞春均
著交部從優議敘其捐銀不及一千兩之嚴州府知府
陳泰來署湖州府知府候補同知直隸州王有齡儘先
補用知府王清照東塘同知黃夢菊署西塘同知總捕
同知張玉藻中塘同知仲孫樊署杭州府總捕同知候

補同知繆梓署嚴州府同知候補同知朱濤杭州府水
利通判費文淦嘉興府通判吉靈阿署仁和縣知縣楊
裕深署錢塘縣知縣馬昂霄署常山縣知縣李盤署上
虞縣知縣林鈞均著交部議叙單片併發該部知道欽
此

在籍紳士捐輸銀兩

再查浙省在籍紳士按察使銜前任雲南迤南道周澍其平日素行為鄉里所推重經臣等延請會同公正紳士廣為勸捐甚屬出力該道於七月間即首先捐輸銀一千兩工次未及奏報又吏部右侍郎新授江西學政臣沈兆霖給假回籍省墓首先捐銀一千兩以為衆紳民之倡又有前署金衢嚴道遊業經身受

二品

封典之道員周縉前在浙服官多年甚得民望茲臣札飭

會同周道及鄉紳等勸捐該道奮勉急公即先行倡
捐銀一千兩均已解交藩庫收存聽候撥用并各聲
明係屬大員不敢仰邀
甄敘囑為代奏理合附片具陳伏乞
聖鑒謹
奏奉
硃批另有旨

晉江黄尚書公全集卷六目録

奏疏六 任浙江巡撫奏議

請以畢守補授甯波府

請截舊漕辦理撫卹

定擬發塚盜犯罪名

被灾各屬請截漕為來春接濟

都統捐輸代奏

奉

旨交辦事件彙奏清單附

場竈被灾分别蠲緩清單附

漕米截運并動支銀款

片奏司道署缺

靜如齋

晉江黃尚書公全集卷六

男貽楫謹輯

姪貽杼恭校

奏疏六 任浙江巡撫奏議

海運章程 附清單

奏為浙省辦理海運籌議章程恭摺奏祈

聖鑒事竊臣接准部咨十月初七日欽奉

上諭本年浙漕開兑過遲最後各幫甫經挽運出境即使

截剝回空斷難如期歸次受兑所有來歲新漕亟應變

通辦理著照該撫所請改由海運並將原辦河運各費併歸海運支銷一切章程即由該撫督飭司道慎重籌議妥速奏辦等因欽此仰見

皇上慎重漕糧至意臣跪誦之下欽感莫名伏查海運一切章程雖有江省成案可循而浙江漕務疲敝已甚實難與江省並論荷蒙

聖恩洞察准以河運各費作海運支銷臣惟有欽遵

諭旨督飭司道認真妥籌茲據該司道等詳稱目前辦理之法以催提銀米雇備商船為喫緊要務浙省收納

運漕糧近年皆遲至三四月始能完竣解款亦多玩延
現經委員赴杭嘉湖三屬查明向年兌漕正津各款
立限批解提早開倉甯波船隻亦已委員全行招雇
復赴上海添雇沙船以副兌運并將籌議章程會詳
請
奏前來臣悉心察核臚列八條另繕清單敬呈
御覽是否有當伏乞
皇上訓示遵行謹
奏奉

硃批另有旨欽此咸豐二年十一月十九日内閣奉
上諭黃宗漢奏籌議浙省海運章程開單呈覽一摺據稱
目前辦理之法以催提銀米雇備船隻為要務現經該
撫委員趕辦其單開各款如裝載漕糧船隻兩次接運
委員分別以專責成天津剝船多為豫備巡哨防護宜
加周密各條並查照江蘇成案章程均著照所議辦理
並著兩江江蘇直隷各督撫於上海天津等處遴員妥
為經理江蘇按察使倪良耀著仍遵前旨總司江浙海
運事宜總期籌辦妥速毋稍延誤該部知道欽此

清單

謹將浙省試行海運辦理章程繕具清單恭呈

御覽

一浙省漕糧應仍由上海起運也查浙省雖有乍浦甯波兩處海口乍浦中隔石塘塘外又係鐵板沙塗商船難以停泊甯波海口相距三江五壩盤費甚鉅經前撫臣程含章

奏明起運漕糧均多窒礙此次試行海運應仍由江蘇上海地方派船裝兑惟地屬隔省且有夷船在彼

貿易措置尤貴得宜至各州縣盤運水程紆遠兼
涉黄浦江一百餘里水面寬濶風潮不時已由臣
飭司道委員前赴上海會同江省委員及該管地
方官將泊船處所先期相度務令不與夷船相雜
黄浦江一帶亦即查明何處最險臨時撥船導引
派員護送以免疎虞
一裝載漕糧船隻應憑兩省協僱並兩次接運也查浙
省船隻熟悉北洋沙線止有甯波之蛋船及三不
像船其船身較上海沙船更為寬大堅固從前迭經

載運江省漕糧業經臣飭司道委員全行招僱取
具承攬結狀該船僅百三十餘號約可裝糧二十
萬餘石其不敷之處即經飛咨江省督撫臣委員
協雇上海沙船據江省來咨兩省並運必須江省
初次沙船抵通後回南接辦現復委員前往上海
與江省委員商榷辦理一面嚴催各屬銀米將已
僱甯波船趕早兌開俾得二次接運再行添僱沙
船以期無悞
一委員分辦以專責成也查海運事宜省城及上海

天津均應設局遴員經理省局為總會之所擬委
藩司椿壽署臬司麟桂綜理局務督同湖州府知
府署杭嘉湖道晏端書候補同知繆梓等籌議章程
鈎稽款目至驗米交米均係糧道責成擬委該道
周起濱前赴上海查驗米色隨飭中塘同知仲孫
樊等駐局監兌漕糧支放水脚經理一切事宜該
道於驗米後督同升用同知之署仁和縣知縣楊
裕深等赴津兌交除飭省局各員趕緊查核本届
漕糧正耗細數行令各州縣提早開倉批解銀欵

上海委員僱備船隻並將甯郡商船於臘月初旬
駕歸水次候兑外糧道周起濱即令帶同委員先
期由陸路至津與直隸委員商辦剥船及兑交各
務俾商船隨到隨兑以免稽遲
一沙船水脚耗米應照章核給也查江省海運章程
每米一石給水脚銀四錢漕糧給耗米八升白糧
給耗米一斗
奏明遵辦在案浙省應請照給此外如神福犒賞席片
氣筒鐵鍬土筐及僱用斛手折給縴夫等項各有

定章均應查照核給惟是項銀兩若經書吏之手
難免剋扣攙雜等弊飭令委員當堂給發俾吏胥
無從侵蝕庶各商得沾實惠
一商船應酌免課税並分别請奬議賠也查各商以
民船受載官糧自當量加體恤若能迅速蕆事尤
應格外奬叙江省海運章程每船八成載米准令
二成載貨海關查明免税至載米較多自一萬石
至五萬石以上分别給予職銜若已捐至五品另
行酌奬

奏明遵行在案浙省應請援照辦理至各船有遭風鬆艙等事卸載後驗明大桅已斫貨物已棄查照糧船失風之例

奏明請豁並照例優卹如無故霉變短少大桅未斫貨物未棄即令於備帶耗米内如數補交再有不足勒令買補以杜狡飾而重漕糧

一天津剥船應多為催備也查道光六年江省海運案内直隸督臣

奏稱直隸額設官剥船二千五百隻内撥給故城景州

二百隻酌留楊村八百隻止餘船一千五百隻須添雇民船五百隻又留豫東回空軍船五百隻共成二千五百隻備剝漕糧嗣經

欽派大臣復提用故城景州及楊村各船是年共剝運漕糧一百六十餘萬石是剝船多備方可敷用況此次江浙兩省同行海運米數較多必須兩次接運初次於二月開行四月回南庶於二次轉運可以無誤若剝船稍有耽誤以致二次漕糧洋面風色不順碍難行駛於漕糧大有關繫應請

勅下直隸總督查明現在官剝船數或可儘數提用或須添雇民船必應寬為籌備以濟剝運俾商船迅速轉帆則運務不至稽滯

一津通用款應趕緊籌解並暫請墊給也查通倉用款除輕齎由閘應照例備解外其剝船價值及經紀貼費個兒茶果等項皆係必需之款而剝船價值為數尤鉅道光五年江省海運案內直隸督臣原

奏北倉截卸漕糧用官剝船轉運赴通每百石除扣油

艌外由運丁給銀八兩三錢四分五厘五毫至海運漕糧在上園兑剥加增銀一兩二錢五分一厘八毫共銀九兩五錢九分七厘三毫民剥船由北倉轉運給銀九兩五錢九分五厘五毫上園兑剥增水脚銀一兩四錢三分九厘三毫共銀十一兩三分四厘八毫又加給食米一石一斗五升奉部核覆准行浙省應請照給惟各項銀兩向係旗丁領給漕截等銀赴通應用此次浙省海運俱照歷屆河運經費額内支銷臣現即嚴提各屬銀款委

員分期批解惟運米商船風色順利駛行甚速委
員由陸路解運或尚未到商船即不免守候之累
應請援照道光五年成案於天津道庫或直隸藩
庫暫行墊給一俟委員迅速解到即行歸款
一巡哨防護宜加周密也查道光五年江省海運漕
糧遴委武員派兵護送嗣於咸豐元年
奏明沿海水師巡防係其專職無庸派員調兵轉致稽
延即令各該水師鎮將統帶弁兵沿途護送出境
由部核覆在案臣此次當即專咨提鎮嚴督水師

將弁實力巡防如有疎虞即行恭辦仍俟漕艘出
洋咨令遴委將弁逐程護送並咨山東直隸等省
一體接護毋稍鬆勁用冀正供無虧
天庾充溢
以上撮舉大綱臚列八條其餘未盡事宜容當隨
時酌核奏辦合併聲明

臬司病難速痊請開缺

奏為臬司假限已滿病難速痊籲請開缺回籍調理據

情具奏仰祈

聖鑒事竊查浙江臬司孫毓溎前因積勞受寒瘧病復作

精力委頓籲請開缺經臣奏懇

聖恩賞假一月醫調將臬司篆務交運司麟桂兼署在案

現在假滿據孫毓桂具稟所患瘧病雖較前稍愈而

正氣大虧耳鳴目眩遇事遺忘臬司政務殷繁若勉

强銷假恐致貽誤惟有仍祈奏請開缺回籍調理俟

病體痊可再圖報効等情前來臣親往查看該司面
色痿黃語言氣促實係虛弱已甚驟難當差相應據
情奏乞
天恩俯准孫毓桂開缺回籍調理所遺浙江按察使員缺
緊要並懇
迅賜簡放以重職守臣謹會同閩浙總督臣季芝昌恭摺
具
奏伏乞
皇上聖鑒訓示再因臬司大員請

旨簡放循照成案由驛遞

奏合併陳明謹

奏奉

硃批另有旨欽此咸豐二年十一月十九日內閣奉

上諭浙江按察使著蘇敬衡調補未到任以前著麟桂署

理文煜著補授四川按察使欽此

藩司自盡出缺附遺囑

奏爲藩司自盡出缺恭摺由驛馳報懇

恩迅賜簡放以重職守仰祈

聖鑒事竊照藩司椿壽自上年九月由湖南調任浙江諸

事實心經理克慎克勤臣於本年七月到浙接見該

司述及向患肝病三月間因甯郡匪徒滋事憂憤焦

勞舊疾舉發嗣臬犯就獲地方平靜調理漸就痊可

而精神尚未復原深以公事棘手恐有貽誤九月下

旬舊疾又發請假數日即行銷假至十月下旬又經

請假旋據具稟

奏請開缺臣以肝疾不難調理該司年力正强勸其養

息數日即可相助爲理該司亦以受

恩深重不敢遽行引疾於本月初六日銷假勉力從公臣

見其病體尚可支持而談及公事焦急情形更爲迫

切不料初九日卯刻據該司家人稟報該司於夜間

在署自縊臣即親往看視設法療救無及惋惜實深

當據該家人呈出遺囑一紙臣謹照繕恭呈

御覽該司居官清慎家計蕭條任所親屬祇有妻室一人

伊子舉人英奎在京讀書一切身後事宜臣已飭府
縣妥為經理所有藩司自盡出缺緣由並懇
聖恩俯念員缺緊要
迅賜簡放以重職守理合會同閩浙總督臣季芝昌恭摺
由驛馳奏伏乞
皇上聖鑒謹
奏奉
硃批另有旨欽此咸豐二年十一月二十一日内閣奉
上諭浙江布政使著麟桂補授其所署浙江按察使著慶

廉署理山西按察使著沈兆澐調補張集馨著賞給四
品頂帶補授河南按察使沈兆澐著俟張集馨到任後
再赴調任欽此
同日奉
上諭黃宗漢奏藩司自盡出缺一摺據稱浙江布政使椿
壽於本月初九日夜間在署自縊另片奏浙省錢漕諸
務支絀本年久旱歲歉徵解尤難該司恐誤公事日夜
焦急以致迫切輕生而椿壽遺囑内但有困情節所逼
勢不能生之語並未指明係何情節該司以二品大員

即令公事難辦何至遽行自盡是否另有别情著該撫
再行詳細訪察據實奏聞毋稍隱飾欽此

青如齋

謹將遺囑一件照繕恭呈

御覽

字囑太太知之我受

皇上重恩調任浙江辦理一切公務雖才識短淺然無日不兢兢業業秉公持正不留餘力此心天日可表今因情節所逼勢不能生我死後倆須守我靈柩回京方盡婦道且見得人我雖虧倆倆勿負我惟是任無資財家有帳冡日後只有認命受苦而已椿壽遺囑

靜妙齋

片奏錢漕支絀情形

再浙江錢漕諸務支絀萬狀歷有年所從前官兹土者遇無從措手之際往往情急難堪臣前任浙臬時亦曾目擊情形本年履任之始查核各庫入不敷出更甚於前維時運庫存銀僅止二三萬兩糧道庫存銀僅止四五千兩藩庫為錢糧總匯雖經力催徵解存銀數十萬兩而本年奉部撥款較多年内應行支解不容延緩之款除雲南銅本已由臣咨部改撥銀二十五萬兩尚未接到部覆此外尚短銀三十餘萬

兩際兹久旱歲歉徵解不旺竟有難以敷衍之勢臣
與藩司椿壽同深焦灼第當此積重難返臣惟有恪
遵
聖諭緩緩辦理以圖報稱該司則排遣不開時時深恐辜
負
天恩又因前在署撫任内湖州府屬八幫漕船水淺未能
開行奏請留浙變價以現在情勢而論若照部議每
石二兩變賣核與市價相去懸殊將來大小各官均
遭賠累且前此開行既滯目下變價又難雖經會商

飭令糧道周起濱帶同委員前赴江蘇就漕船停泊
處所查看能否折回變賣設法籌辦而該司終恐貽
誤日夜焦思寢食俱廢以致迫切輕生情殊可憫臣
忝膺重任才識庸愚不敢因難畏葸惟當督飭司道
悉心籌畫冀全大局倘有萬分棘手之處隨時
奏明籌辦或可補救於萬一所有淅省實在情形謹附
片陳明伏乞
聖鑒謹
奏奉

硃批知道了欽此

靜娛齋

升任運司請暫留浙

再臣接准部咨運司麟桂現已欽奉

諭旨補授山西按察使除恭録飭知外應即委員接署以

便交卸起程迎摺北上惟該司現在兼署臬篆孫毓

滙如蒙

恩准開缺新任人員到省尚需時日臬司政務本繁冬令

緝捕尤重其運司衙門又當各所掣鹽催追錢糧辦

理奏銷吃緊之際該司麟桂前後在浙日久情形熟

悉現兼兩篆事事實心經理明敏之中尤能精細正

資得力礙難驟易生手且浙省道員杭嘉甯紹兩道
尚未到任糧道現辦海運溫處道防堵洋盜金衢道
辦理災歉撫卹均係緊要時候未便遽行調省合無
仰懇
聖恩俯念臬運兩司同時委署乏員准留升任運司麟桂
暫緩交卸起程仍兼署臬篆俾臣得收指臂之助於
地方鹽務實兩有裨益謹會同閩浙總督臣季芝昌
附片具
奏伏乞

聖鑒訓示謹

奏奉

硃批另有旨

靜妙齋

委署司道各缺

奏爲司道各缺委員遞署恭摺附驲具奏仰祈

聖鑒事竊照藩司椿壽所遺之缺政務繁重必須遴委幹員署理查有升任山西臬司麟桂才具開展辦事從容堪以委署該司本係運司兼署臬司現令專署藩篆以便要心經理惟該司正當辦理運庫奏銷之際一切查造奏册仍責成該司一手經理以免舛誤其臬司篆務查有糧儲道周起濱誠實諳練堪以兼署該道先經委赴江蘇查辦漕務俟回浙復飭令接篆

現在仍由麟桂暫行兼攝其運司篆務查有署杭嘉
湖道之湖州府知府晏端書實心辦事堪以護理其
杭嘉湖道篆務查有署杭州府事紹興府知府徐榮
老成謹厚堪以兼護除外檄飭遵外謹會同閩浙總
督臣季芝昌恭摺附馹
奏伏乞
皇上聖鑒謹
奏奉
硃批知道了欽此

舊糧勢難糶變請俟來春運京

奏為湖屬八幫舊漕勢難糶變請將原米留俟來春挽

運進京恭摺奏祈

聖鑒事竊臣於十月内接准部咨據兩江督撫及漕河總

督臣陸建瀛等會奏浙省湖屬漕糧或以每石二兩

就地糶變或於明年隨同新漕仍由河運等因查湖

屬漕糧糶變本係浙省原奏自應責成該省趕緊招

商售賣所擬留俟明年河運之處窒礙難行仍請

旨勅下浙江巡撫即飭趕緊糶變以每石二兩為斷倘糶

價不敷著落漕運總督及誤漕大小各員分成賠補
統於年内掃數解部等因具奏奉
旨依議欽此恭錄飛咨到浙臣查本年浙省全漕先經署
撫臣奏請杭嘉十三幫由内河運赴通倉湖屬八幫
留於浙省以每石一兩二錢糶變經户部議奏每石
以二兩為斷若價值不敷著落賠補定限令冬解部
并聲明如不能照辦即將湖屬漕糧二十八萬餘石
無論今年明年河運海運設法運京奉
旨依議欽此故臣於前次接准漕臣來咨提船北工即一

體嚴催奏報四幫出境在案今復接部咨及兩江總
督來文責令折回變價當與前藩司椿壽籌議糶變
之法莫先於招商發售查浙省武林門外之湖墅及
海甯州之長安鎮爲商販雲集之所而究其銷售之
路止在甯紹兩府各米商資本無多全賴轆轤轉運
若價至千緡即須行用期票年内斷不能有銀解部
且當秋稼登場民間喜食新米舊糧實形滯銷刻下
價值每石僅得七八錢核與戸部定價計短銀三十
餘萬必責令誤漕各員按成分賠爲數甚鉅何能一

時追繳再四籌商惟有將原米仍行北運第今年既
經貽誤祇得留俟來春如上海沙船僱有敷餘則與
新漕一同海運倘海船短少有礙新漕則將原米原
船仍由河運北上方為正辦詎該藩司於具詳後遽
爾出缺臣現與在省司道復加商酌意見相同相應
奏懇
皇上天恩俯念湖屬八幫漕糧勢難糶變准將原米留俟
來春容臣察看情形或海運或河運設法趲運進京
以重倉儲所有年內不能糶變解銀緣由理合由驛

馳奏伏乞
皇上聖鑒訓示謹
奏奉
硃批另有旨

請飭彈壓漕船水手并摘糧道印信

再湖屬八幫漕船先經漕臣委弁迎提所有台前溫前金衢所台後等四幫陸續挽入蘇境嗣因水勢消落重運難行該四幫漕船均在常州一帶停泊准兩江督臣江蘇撫臣先後咨請折回辦理臣已飭糧道前赴江蘇查辦惟現在運河水勢日涸難資浮送設或令冬不能折回則該船有一百數十隻之多連幫聚集水手人等難保不滋生事端該糧道應行回浙籌辦海運事宜未便久在蘇省惟有責成總運督飭

幫官旗丁嚴加約束並請

勅下兩江督臣江蘇撫臣轉飭地方文武一體彈壓浙省

誤漕累及隣省亦出於時勢之無可如何者也至湖

屬在後四幫臣前叅銀米尚有短絀兹據湖州府查

明各船銀米該縣封幫業已清釐並無短絀情事惟前

糧道胡元博至今尚未回浙新糧道周起濵雖經臣

奏明飭令先行赴任而有官無印並請

勅下漕臣迅速摘取印信委員馳送來浙以便周起濵接

受任事除分咨江省督撫臣暨漕臣查照外謹附片

具奏伏乞
聖鑒謹
奏奉
硃批知道了

片陳浙省情形并催司道赴任

再臣正在繕摺間准提臣葉紹春來咨以右足受傷艱於步履咨請督臣代奏開缺調理等情接閱之下不勝焦灼伏思浙省為山海交錯之區地方遼闊近年公事積疲全賴水陸文武互相策勵方足以資整頓洋面乃總督統轄提督專轄本年艇匪不靖經督臣暨臣先後飛咨提臣及定黄温三鎮水師總兵督帶舟師在於閩浙交界洋面實力巡防數月以來尚稱安靜乃督臣季芝昌因病奏准開缺而提臣葉紹

春又將引疾海疆重地統率無人臣職任地方凡有
應辦事件不敢稍涉因循東西等塘險工林立臣親
往查勘擇要興修西湖久旱水涸城河亦因而淤塞
水利農田兩有關繫臣捐廉交給紳士設法疏濬海
甯州匪徒藉旱滋事該署州吳春棠不協輿情臣奏
明叅革並將各犯解省審辦現在海鹽縣又有玩佃
抗租滋事之案臣查明咎不在官飭令該府縣拿獲
匪徒從嚴懲辦計自七月杪到任至今查辦地方一
切事宜暨來歲新漕預籌海運兼以文武兩闈監臨

考試并校閱臣標官兵已覺日無暇晷現屆冬令巡
防喫緊之際城廂内外亦復親自巡查而嘉興乍浦
兩處營伍尚無暇前往校閲臣仰蒙
聖主知遇之隆自問精神年力尚可支持然所倚為左右
手者惟司道各官乃藩司出缺臬司患病運司杭嘉
湖道甯紹台道均未到任省中實任者惟臣與糧道
周起濱二人該道前赴江蘇查辦漕船尚未回省惟
有陞任山西臬司之署藩司麟桂護理運司晏端書
二人相助為理臣夙夜焦思實有獨力難支之勢加

以浙省自五月至今亢旱日久省中河乾井涸火患
頻仍臣署科房暨大街鼓樓先後被焚均由於無從
取水省外嘉湖紹金衢嚴各府屬河水日涸災歉之
後春花又不能下種嘉湖生計全在蠶絲現在桑樹
逐漸凋枯更恐有妨民業如此旱荒訪諸耆老知為
浙省從來所未有臣率屬祈禱總未得有雨雪民間
衣食半賴春花際此情形不知來春何以過度各屬
庫無儲銀倉無儲穀已在
聖明洞鑒之中臣仰體

皇上痌瘝在抱惟有隨時隨事奏乞
恩施以冀地方綏靖免致滋生事端但事多棘手一己之
才力心思有限雖勉竭愚誠深恐有顧此失彼之處
惟有仰懇
聖恩勅令新簡藩臬兩司暨運司潘仕成杭嘉湖道黄宅
中甯紹台道萬啓心迅速來浙各赴新任以專責成
俾臣得收指臂之助而於一切公事亦可以籌商辦
理不勝籲請之至臣謹附片具
奏伏乞

聖鑒再金華府屬冬撫事宜現經飭司運米給放合併陳
明謹
奏奉
硃批另有旨

被灾各屬新漕懇請蠲緩

奏爲查明浙江省仁和等州縣被旱被水灾歉田畝應

征新漕籲懇

天恩分别蠲緩以紓民力恭摺

奏祈

聖鑒事竊照前准部咨嗣後如有灾歉請緩漕糧者於地

丁摺外另行具摺並將州縣區圖村庄名目分晰開

單候

旨遵辦等因轉行遵照在案兹查本年杭州等府所屬仁

和等五十二州縣衛所田禾被旱被水災歉情形業
經臣檄飭該司道暨各該府督同印委各員逐一勘
明分數
奏請將地丁等項分別蠲緩一面飭將應征漕糧核實
查辦去後今據糧道周起濱會同藩司查明有漕之
仁和錢塘海甯富陽臨安新城於潛嘉興秀水嘉善
海塩平湖石門桐鄉烏程歸安德清武康等一十八
州縣災歉輕重不一田畝多寡不等以各州縣額田
而計海塩縣在五分以上烏程歸安武康三縣在四

分以上仁和海甯新城嘉興秀水嘉善平湖石門桐
鄉德清等州縣在三分以上錢塘富陽於潛三縣在
二分以上臨安縣在一分以上查海盐縣災歉田畝
併計雖在五分以上其成熟鄉庄應征本年糧賦該
縣體察民情堪以照常征收毋庸並緩除慈谿諸暨
餘姚上虞新昌嵊縣甯海金華蘭谿東陽義烏永康
武義浦江湯溪西安龍游江山常山開化建德淳安
遂安壽昌桐廬分水麗水縉雲青田松陽雲和等三
十一縣并杭嚴嘉湖衢州等三衛所例不征漕所有

應蠲應緩地漕錢糧概歸藩司地丁分數案內核辦
外應請將仁和錢塘海甯新城嘉興秀水嘉善海盐
平湖石門桐鄉等一十一州縣成灾田畝除白糧倒
無蠲緩外所有應征咸豐二年漕糧改漕灰石行月
食等米按照成灾分數分別蠲免其蠲剩帶征漕糧
等米併同仁和錢塘海甯富陽臨安新城於潛嘉興
秀水嘉善海盐平湖石門桐鄉烏程歸安德清武康
等一十八州縣被歉田畝應征咸豐二年漕糧改漕
灰石行月食等米概請緩至咸豐三年秋成後起分

別征完搭運其成熟有收田地應完本年漕白米石

仍令照常征收至杭嘉湖三屬尚有未完咸豐元年

歉收緩征米石及隨漕緩征漕截等銀查明在本年

災歉之區者並請展緩一年再各州縣未完道光三

十年及咸豐元年熟田舊欠漕白錢糧均令照常征

收等情具詳請

奏前來臣復查無異伏思杭嘉湖等府所屬近年迭被

災歉元氣未復茲復被災被歉輸將無出所有地丁

等項已由臣

奏懇分别蠲緩若將漕糧照舊征收民力實有未逮合

無仰懇

皇上天恩俯准將仁和錢塘海寗新城嘉興秀水嘉善海

鹽平湖石門桐鄉等一十一州縣成灾田畆除白糧

例無蠲緩外所有應征咸豐二年漕糧改漕灰石行

月食等米按照成灾分數分别蠲免其蠲剩帶征漕

糧等米併同仁和錢塘海寗富陽臨安新城於潛嘉

興秀水嘉善海鹽平湖石門桐鄉烏程歸安德清武

康等一十八州縣被歉田畆應征咸豐二年漕糧改

漕灰石行月食等米概請緩至咸豐三年秋成後起
分別征完搭運其成熟有收田地應完本年漕白米
石仍令照常征收至杭嘉湖三屬尚有未完咸豐元
年歉收緩征米石及隨漕緩征漕截等銀在本年災
歉之區者並請展緩一年以廣
皇仁而紓民力至各州縣未完道光三十年及咸豐元年
熟田舊欠漕白錢糧均令照常征收所有仁和等州
縣災歉田畝應征新漕請分別蠲緩緣由理合繕具
頃畝清單會同閩浙總督臣季芝昌漕運總督臣楊

殿邦恭摺具
奏伏乞
皇上聖鑒訓示再查本年杭嘉湖三府屬各州縣額征新
運漕糧改漕白糧正耗共米九十五萬四千餘石今
除仁和等州縣蠲緩漕改米三十萬六千餘石實起
運漕糧改漕白糧正耗并餘米共六十四萬七千九
百餘石較之上年先後奏咨起運除搭運追賠米石
不計外實征漕糧改漕白糧正耗米七十七萬餘石
本年計少起運米一十三萬餘石係因災歉各州縣

分數較重以致短絀至各州縣衛所應造蠲緩銀米
數目現飭照例專案另行詳
題再本年新漕來歲辦理海運所有各項米數名目核
與河運不同歸於海運案內分晰咨報合並陳明謹
奏奉
硃批另有旨欽此咸豐二年十二月十二日內閣奉
上諭黃宗漢奏查明被災各屬應征新漕懇請分別蠲緩
一摺本年浙江仁和等州縣被旱被水若將漕糧照舊
征收民力實有未逮加恩著照所請所有仁和錢塘

海甯新城嘉興秀水嘉善海塩平湖石門桐鄉等十一
州縣成灾田畝除白糧外應征咸豐二年漕糧改漕灰
石行月食等米均著按照成灾分數分别蠲免其蠲賸
帶征漕糧等米併同仁和錢塘海甯富陽臨安新城於
潛嘉興秀水嘉善海鹽平湖石門桐鄉烏程歸安德清
武康等十八州縣被歉田畝應征咸豐二年漕糧改漕
灰石行月食等米着一併緩至咸豐三年秋成後起分
别征完搭運其成熟有收田地應完本年漕白米石仍
令照常征收至杭嘉湖三屬尚有未完咸豐元年歉收

緩征米石暨隨漕緩征漕截等銀在本年災歉之區者
並著展緩一年以紓民力其各州縣未完道光三十年
及咸豐元年熟田舊欠漕白錢糧仍著照常征收該撫
即照單開地畝數目刊刻謄黄徧行曉諭務使實惠及
民毋任吏胥舞弊以副朕軫念歉區之至意餘著照所
擬辦理該部知道單併發欽此

青如齋

起運漕白比較分數 附清單

奏為查明浙省咸豐三年起運漕白比較上三届起運
米數恭摺

奏祈
聖鑒事竊准戶部咨行各省額征漕糧開兌開幫米數應
於漕糧未經開兌之先將應緩應運各數開單送部
並比較上三届數目據實奏報等因即經轉行查報
去後茲據糧道周起濱查明浙江省杭嘉湖三府屬
咸豐三年起運漕白米石除因災歉蠲緩外實起運

漕白改漕連餘米共六十四萬七千九百餘石查照
上三屆實運漕白改漕米數逐一比較具詳請
奏前來臣復核無異除咨明戶部查照外謹會同閩浙
總督臣季芝昌恭摺具
奏並繕清單敬呈
御覽伏乞
皇上聖鑒再浙省清查案內追賠三限米五萬石本應來
年購買搭運因業經奏請截留作為金華等縣本年
隆冬撫卹是以不入比較之數並於清單內將清查

初二兩限追賠搭運米數一併扣除合並陳明謹

奏奉

硃批户部知道單併發欽此

清單

謹將浙江省杭嘉湖三府屬咸豐三年起運咸豐二年分漕白二糧比較工三届米數恭繕清單敬呈

御覽

計開

咸豐三年起運咸豐二年分

額運漕糧米八十六萬一百餘石内除蠲緩米二十八萬七千九百餘石實應起運米五十七萬二千一百餘石内有餘米一萬五千五百餘石

額運白糧米四萬三千四百餘石
額運改漕米五萬八百餘石内除蠲緩米一萬八千
四百餘石實應起運米三萬二千三百餘石内有
餘米八百餘石
通共起運漕白改漕米共六十四萬七千九百餘石
内有餘米一萬六千三百餘石
咸豐二年起運咸豐元年分
原額除緩外先後奏咨實起運漕糧米六十九萬六
千一百餘石

額運白糧米四萬三千四百餘石
原額除緩外先後奏咨實起運改漕米三萬九千九
百餘石
通共起運漕白改漕米七十七萬九千餘石
今咸豐三年起運漕白等米比較元年計少米一十
三萬餘石
咸豐元年起運道光三十年分
原額除蠲緩并截留外實起運漕糧米五十一萬五
千八百餘石

額運白糧米四萬三千四百餘石
原額除蠲緩外實起運改漕米三萬二千四百餘石
又起運帶征道光二十九年分征存緩征漕白改漕
米一萬七千一百餘石
通共起運漕白改漕等米六十萬八千七百餘石
今咸豐三年起運漕白等米比較道光三十年計多
米三萬餘石
道光三十年起運二十九年分
額運漕白改漕等米因災全漕停運無從比較

揀調知縣

奏為揀員調補海疆要缺知縣恭摺具

奏仰祈

聖鑒事竊照甯波府鄞縣知縣馮翊革職所遺員缺係衝繁難三項相兼海疆要缺例應在外揀調該縣為甯波府附廓首邑係浙省海疆第壹重鎮時有發審事件政務本屬殷繁加之民夷雜處稽查彈壓尤關緊要非精明幹練之員不足以資治理臣與藩臬兩司於通省中簡知縣內逐加遴選非歷俸未滿即人地

未宜一時實無合例堪調之員惟查有湖州府歸安縣知縣張銑年五十六歲雲南蒙化廳人由廩生中式道光壬午科舉人乙未科大挑一等以知縣用分發浙江補麗水縣知縣二十四年九月初八日到任期滿實授調補今職三十年三月十三日到任該員實心辦事到處皆得民心歷俸已滿三年以之調補鄞縣知縣實於海疆有裨惟該員本任歸安亦係要缺以繁調繁與例稍有未符但鄞縣係海疆要缺較歸安内地之缺尤為緊要人地實在相需例得專摺

奏請據藩臬兩司會詳請
奏前來合無仰懇
皇上天恩俯念海疆要缺需人准以歸安縣知縣張銑調
補鄞縣知縣洵于地方有裨如蒙
俞允該員係現任知縣調補知縣銜缺相當毋庸送部引
見該員任内一切因公處分例免核計所遺歸安縣係繁
疲難要缺容臣另行揀調至該員係再調人員所有
初調以前麗水任内罰俸銀兩在道光三十年正月
二十六日以前者已奉

恩詔豁免其在

恩詔以後罰俸銀兩已據完繳專案咨部合併陳明臣謹

會同閩浙總督臣季芝昌恭摺具

奏伏乞

皇上聖鑒勅部核覆施行謹

奏奉

硃批吏部議奏

繕寫錯誤請　察議

再臣前次

奏報浙省官紳捐輸餉銀案内有捐銀五百兩之候補

知府王清照一員清單内繕寫儘先補用知府係屬

錯誤相應附片

奏明更正並請

旨將臣交部察議伏乞

聖鑒謹

奏奉

硃批黄宗漢著察議具奏該部知道

青如齋

上

老生鄉試完場請加恩附名單

奏為查明本年鄉試老生三場完竣循例具

奏仰祈

聖鑒事恭查嘉慶十九年欽奉

諭歷科鄉會試後查明年老諸生三場完竣者分別加恩

用以嘉惠耆儒惟浮開年歲人數冒濫其弊不可不除著

照舊例遞加十歲方准列入等因欽此欽遵在案茲咸豐

二年壬子科浙江省文闈鄉試查有附生任國瑞章

錫等二名年届八十及八十以上三場完竣未經中

式閲其原卷文理俱屬通順字畫亦尚端楷前據藩
司詳經學臣並行縣查對學册年歲相符取具各該
生本籍廩生保結具詳請
奏前來欽惟我
皇上聖慈廣被
愷澤覃敷
籲俊掄才多士與賓興之選
覯文成化耆儒著人瑞之徵該生任國瑞等雪髯横經風
簷試藝偏摩有志未邀桂籍分榮程式無愆具見艾

年增健洵爲

昇平之碩彥合沾浩蕩之

鴻恩臣謹循例具

奏並繕該生等年歲名單恭呈

御覽伏乞

皇上聖鑒勅部議覆施行謹

奏奉

硃批禮部議奏單併發

名單

謹將浙江省壬子科鄉試老生年歲名單恭呈

御覽

附生二名

任國瑞甯海縣學附生現年八十五歲

章錫瑞安縣學附生現年八十歲

青如

調赴安徽官兵

奏為調派官兵馳赴安徽防堵恭摺奏祈
聖鑒事竊臣於八月間准安徽撫臣蔣文慶咨會粵匪竄擾湖南該省與兩湖一水相通兵力單薄不敷分防請浙省預選精兵一千名以備咨調等因當經臣調派嘉興協兵三百名湖州協太湖營兵各二百名紹興協兵三百名咨請督臣派委嘉興協副將田大武統領預備咨催起程由督臣附片
奏明在案兹于十一月二十日准安徽撫臣以逆匪竄

陷岳州逼近湖北安省地處下游亟應調兵嚴防以
免竄越飛咨浙省添派勁兵一千名同前經預調之
兵一千名兼程赴皖等因當與署藩司杭州協暨臣
標中軍叅將公同商酌調派提標中前後三營兵五
百名委署提標中軍叅將薛元成統領台州協兵一
百名寧海營兵一百名溫州右營兵六十名城守營
兵四十名平陽協兵二百名委平陽協副將都隆阿
統領於二十一日飛飭各該處配齊軍火器械以田
大武統領之一千名作為第一起先由湖州旱道至

廣德以薛元成統領之五百名作為第二起以都隆阿統領之五百名作為第三起均由嘉興入江蘇境水道至蕪湖刋給該副將參將等行營關防各一顆即日起程星夜馳赴安徽聽候分撥防堵并令督飭帶兵官一路申明紀律約束兵丁毋許稍有擾累更不得片刻停留所有一切例支例借例賞銀両由藩司照例核辦并飛飭經由各縣迅速預備夫船口粮應付前進不准短缺延誤外合將浙省調派官兵二千名前赴安徽防堵緣由謹會同閩浙總督臣季芝

昌恭摺具

奏伏乞

皇上聖鑒謹

奏奉

硃批知道了欽此

添派赴皖兵數

再　臣　繕摺拜發間於十一月二十五日酉刻承准軍機大臣字寄咸豐二月十一月十九日奉

上諭蔣文慶奏安徽逼近湖北急應防堵著黃宗漢將前備精兵一千再添派勁兵一千名迅派得力將弁統帶兼程赴皖一面知照署閩浙總督怡良毋稍遲誤將此由六百里諭令知之欽此遵

旨寄信前來　臣　查安徽省於八月間咨會預調浙兵一千名當即如數勻派以備征調至十月間該省地方靜

謚征調無期臣因各令巡防喫緊飭令各兵丁暫行歸伍仍備調遣惟歸伍以後恐一經催調未能迅速起程當經咨明安徽撫臣查照今准該省咨催前來臣當即飛咨統領官嘉興協副將田大武將前調各兵迅速催齊由陸路進發並令嘉湖紹各知府親身押送出境所有該省續調之兵臣查嘉湖紹三府業經調至千名存兵無多未便再調杭州府為省會重地其金衢嚴處四府乃隣近江西現在匪徒竄擾靡常均須預為防備況前次已有一千名調赴江西

令亦不便再調惟查甯郡提標兵數較多臣即派調

五百名又於温台二府各協營酌量抽撥五百名行

令迅速調集由水路進發惟甯温台三府程途較遠

當將提標之兵飛咨提臣遴委幹員温台二府之兵

飛飭各知府親身押送來省由臣再行派員督押出

境均不准稍有延誤並續准該省咨備火藥一萬觔

當於臣標暨杭嘉湖紹四協匀派配齊火繩鉛彈委

員馳送各在案欽奉前因遵即由八百里咨行各該

處迅速催儹星夜兼程赴皖勿任遲誤仍俟全數出

境另行奏報并知照督臣外知關
宸廑理合附片覆
奏伏乞
聖鑒再署督臣怡良何日赴任尚未接准咨會是以正摺内
仍會督臣季芝昌銜名合併陳明謹
奏奉
硃批知道了欽此

請以卑守補授甯波府

奏為遴員請補要缺知府恭摺

奏祈

聖鑒事竊照甯波府知府羅鏞告病開缺准部咨坐十月初五日行文按照程限減半計算應以十一月初三作為開缺日期查是缺於道光二十三年間因地方緊要奏改為衝繁題調要缺由外遴員陞調在案該府為海疆重地自通商以後華夷雜處政務本繁近來民情浮動措置尤貴得宜若非熟悉情形又為輿

情愛戴者不足以勝斯任臣於通省現任及揀發知
府同知内逐加遴選非現居要缺即人地未宜實無
堪以升調之員例准以候補人員請補查有儘先即
補知府畢承昭現年四十五歲山東文登縣拔貢
朝考二等引
見以知縣用分發浙江
題署餘杭縣期滿實授委署鄞縣鎮海縣定海同知各
篆務調補鎮海縣
奏陞定海同知因委辦戰船及鎮海塘工尚未引

見前撫臣吳文鎔於明保案內列單保奏經部奏奉

硃筆調取引見欽此先後委署甯波府事本年鄞奉兩邑

盐糧各案匪徒滋事該員辦理尤為出力經前署撫

臣保奏咸豐二年八月十四日欽奉

上諭署甯波府知府准陞定海直隸同知畢承昭辦理此

案寛猛兼施俾首要各犯先後就擒人心安定可見地

方官平日若能認真辦事與情愛戴何至動煩兵力釀

成巨案畢承昭著即開缺留於浙江以知府儘先即補

先換頂戴等因欽此欽遵歸於候補知府班内補用臣

查畢承昭通權達變有守有為其在甯郡正署府廳
知縣各任為時八年之久民情悅服卓著循聲現署
斯缺措置均為得宜以之請補甯波府知府實於要
缺有裨惟前准部行該員以知府儘先即補係由同
知陞用應將從前陞補同知之案補行引
見再以知府留浙候補等因令未經引
見遽請補用核案稍有未符但查道光二十三年曾因定
海同知員缺緊要以陞補知縣未經引
見之餘姚縣知縣林朝聘請陞欽奉

諭
旨允准有案陞補事同一律且甯波府員缺緊要人地實
在相需例得專摺聲請據署藩臬兩司麟桂具詳前
來合無仰懇
天恩俯念要缺需人將甯波府知府一缺准以留浙儘先
即補知府畢承昭補授以資治理如蒙
俞允由臣併案給咨送部引
見該員任內因公處分例免核計且係再陞人員其罰俸
銀兩除定海同知係初陞毋庸計算外其餘杭等縣
任內罰俸業已欽奉

恩詔開復毋須完繳臣謹會同閩浙總督臣季芝昌合詞
具
奏伏乞
皇上聖鑒勅部核覆施行謹
奏奉
硃批另有旨欽此咸豐二年十二月十九日内閣奉
上諭黄宗漢奏遴員請補要缺知府一摺著照所請浙江
甯波府知府員缺准其以畢承昭補授照例送部引見
據該撫聲明該員前升同知尚未引見與例稍有未符

惟念甯波府地方緊要該員在署任時民情悅服卓著

循聲是以姑允所請嗣後不得援以為例欽此

青如齋

請截舊漕辦理撫卹

再臣前奏金華東陽義烏永康浦江五縣被災貧民請撫分極次於隆冬撫卹一月口糧並請將清查三限漕米五萬石截留支放如有不敷再請截漕湊補并聲明武義湯溪二縣捐項能否敷用尚須察看另辦在案茲當運米給放間據武義湯溪二縣以地處僻壤殷富無多捐資不敷接濟所有貧民亦請撫分極次於隆冬撫卹一月口糧由署藩司麟桂轉據該管知府詳報前來並據該司以金華等七縣戶口共

須放米十萬石有零除截留清查三限米五萬石外
尚不敷米五萬餘石應請截漕湊補等情臣查本年
金華府屬被災較重七縣之食貧民嗷嗷待哺委係
實在情形且以今日大勢而論安民乃第一要務矧
在災區自應優加撫卹以靖地方惟該司所請截漕
之說臣復查本年新漕現經辦理海運應於開春趕
先起運以實京倉未便截留辦賑且各屬甫經開漕
而災民待米孔殷亦屬緩不濟急惟湖屬舊漕前經
臣奏明未能變價留俟來春北運而本年河運海運

尚在未定不如截留舊漕較為妥速相應奏乞
天恩俯准將金華等七縣冬撫不敷米石在於湖屬舊漕
内截留五萬五千石以資賑放出自
鴻施抑臣更有請者目下已屆隆冬災黎困苦情形難以
縷述臣仰維
皇上痌瘝在握不敢稍事拘泥現飭藩司會同糧道先將
截留之米即日起運給放仍令將用過米數核實報
銷不准稍有遺濫所有截留舊漕辦理隆冬撫卹緣
由謹會同督臣季芝昌漕臣楊殿邦附片具

奏伏乞

聖鑒訓示謹

奏奉

硃批另有旨欽此咸豐二年十二月十九日内閣奉

上諭黄宗漢奏請截留舊漕辦理撫卹等語本年浙江金

華府屬被災較重乏食貧民嗷嗷待哺自應優加撫卹

著照所請所有金華東陽義烏永康浦江武義湯溪等

七縣冬撫不敷米石准其在於湖屬舊漕内截留五萬

五千石以資賑放該撫因時届隆冬不敢拘泥已飭司

道各官先將截留之米即日起運給放著照所議辦理仍將用過米數覈實報銷不准稍有遺濫該部知道欽此

青如

定擬發塚盜犯罪名

奏爲遵

旨訊明定擬恭摺

奏祈

聖鑒事竊照永嘉縣監生潘觀瀾京控李延銓等發塚開

棺盜骨勒贖等情一案經都察院

奏奉

諭旨此案著交常大湻督同臬司孫毓湋親提人證卷宗

秉公嚴訊確情按律定擬具奏欽此鈔録原奏原呈咨

浙欽遵辦理當經恭錄行司飭提人証卷宗解省審
辦去後前撫臣常大湻暨臬司孫毓溎先後卸事茲
據兼署臬司麟桂督同署杭州府知府徐榮訊明擬
議解勘前來臣親提研鞫緣李延銓籍隸永嘉郭昌
敎原籍仙居寄居永嘉均與潘觀瀾素識無嫌道光
十六年間潘觀瀾向金萬順契買土名東瓜窟山地
一塊於十七年正月造墳為故母潘滕氏安葬時有
已獲病故之李光照與李建沛李建洋指墳旁土墩
為伊等祖墓出而不依潘觀瀾憑戴顯揚李國才說

合給李光照等銅錢八千文立契併買相安無異至
二十七年冬間李光照意欲索找契價央李朱文轉
向潘觀瀾告述潘觀瀾不理二十八年正月二十一
日李光照起意發掘潘滕氏墳塚起棺勒贖與現獲
之李延銓昔存今故之李阿蘭在逃之李丙彩李决
烈李漢魯相商李延銓等允從李决裂李漢魯因住
家較遠於二十二日前至居住該山之郭昌敎家借
宿並向郭昌敎告知前情許以詐錢均分郭昌敎貪
利容留二十三日夜李光照等至郭昌敎家與李决

裂李漢魯會齊起身李光照等各帶鐵鋤鐵鍬李延
銓徒手同影六人行至中途李延銓因腹痛轉回李
光照等同至潘滕氏墓所發塚起棺因棺底脫落掉
出屍骸李光照等即拾取骨殖交李丙彩帶回藏匿
計圖勒贖管墳人金高即於次日查見報知潘觀瀾
及地保同往看明潘觀瀾檢拾屍髮及零星骨殖控
經前署縣楊炳批准勘緝潘觀瀾赴府具控前署府
梁恭辰飭委府經歷葉翔會勘飭緝前署縣張銑拘
獲李光照等訊不承認潘觀瀾由道赴省上控飭府

提訊仍不承認將李光照等發縣管押潘觀瀾因李
延銓向在各處演戲為業相識人多託其查訪李延
銓聲言如肯出洋二百圓即可取贖潘觀瀾問以何
處可贖李延銓不言實情潘觀瀾控縣將李延銓拘
押究追潘觀瀾復託李延銓之叔李正榮查訪應許
酬謝錢五十千文李正榮向李延銓詢問李延銓囑
其轉向李丙彩查取李正榮盤問原委李延銓隱匿
不吐李正榮前至李丙彩家揑以李延銓已與潘觀
瀾說和息訟囑其取骨送還之言向李丙彩誆騙李

兩彩信以為真當將原骨交給李正榮轉付潘觀瀾

查收並告述前情潘觀瀾如數付給酬謝錢文囑令

李正榮寫立收據一面控府飭縣驗明缺少細骨三

十三塊是否年久朽爛抑係如何遺失無從查辦李

光照在押病故驗訊通詳潘觀瀾復以骸骨贖回呈

請跟究嚴辦等情控經前督撫臣批府提訊前署府

陳泰來提訊兩造供詞各執未及訊詳卸事潘觀瀾

即以不詳不辦書差弊搽賄縱等詞赴都察院呈控

奏奉

諭旨咨解回浙行提人証卷宗至省由臬司督同委員訊
擬招解前來臣親提研鞫供悉前情不諱詰無隨同
發掘情事究詰不移案無遁飾查例載糾衆發塚起
棺索財取贖未經得財者首犯仍比依强盗得財律
擬斬立決從犯俱照强盗情有可原例發遣又强盗
窩主若非造意又不同行分贓但知情存留二人者
杖一百流三千里又共謀為强盗夥犯因病不行事
後不分贓者杖一百徒三年各等語此案李光照起
意糾同李丙彩等將潘觀瀾母墳發掘起棺因棺底

脱落掉出屍骸即拾取骨殖交李丙彩藏匿計圖勒贖尚未得財自應按例問擬李光照合依糾衆發塚起棺索財取贖未經得財者比依强盗得財律擬斬立决例擬斬立决業已病故應毋庸議郭昌敎雖未造意同行惟明知李决裂李漢魯二犯聽從李光照發塚起棺勒贖輒敢貪圖分錢容留居住殊屬藐法查李决裂等應照强盗治罪郭昌敎貪利容留亦應比例定擬郭昌敎應比依强盗窩主若非造意又不同行分贓但知情存留二人者杖一百流三千里例

擬杖一百流三千里李延銓聽從李光照發塚起棺
勒贖中途因病不行亦未分贓亦應比例科斷李延
銓應比照共謀為強盜夥犯因病不行事後不分贓
者杖一百徒三年例擬杖一百徒三年事犯俱在道
光三十年正月二十六日
恩詔以前不在不准援免之例均應准其援免並免刺字
惟該二犯僉供已故之李光照為首旁無指証難保
非串供避就罪關生死出入應請將郭昌敎李延銓
均照例監禁俟緝獲逃犯李丙彩等質明辦理李正

靜妙齋

縈竝不知李光照等發塚起棺其所得潘觀瀾錢文
係潘觀瀾托其查獲骸骨自願酬謝現在潘觀瀾亦
不願追還應毋庸議李朱文金高訊未同謀發掘應
與竝無弊捺賄縱之縣書陳漢光縣役金福等均免
置議潘觀瀾因母墳慘遭發掘屍骸零落該監生悲
痛情切因而砌詞奔控情有可原且指告重事得實
應請免議所有潘滕氏屍骨飭令領埋逸犯李决烈
等飭緝獲日另結除全案供招咨送刑部查核外理
合恭摺具

奏伏乞

皇上聖鑒勅部議覆施行謹

奏奉

硃批刑部議奏

被災各屬請截漕為來春接濟

奏為查明浙省被災之東陽等五縣來春應行接濟恭

摺覆奏仰祈

聖鑒事竊臣承准軍機大臣字寄咸豐二年十月初三日

奉

上諭本年浙江金華等縣被旱富陽桐廬等縣先被旱傷續被水淹已據該撫奏明委員查勘著迅速辦理並將來春應否接濟之處一併查明於封印前奏到等因欽

此遵

旨寄信到臣伏查浙省杭嘉湖甯紹台金衢嚴處十府屬
本年被旱被水勘實災歉者共五十二州縣衛所經
臣奏懇
恩施將應征銀米分別蠲緩並請將金華東陽義烏永康
浦江武義湯溪等七縣乏食貧民於隆冬撫卹一月
口糧在案仰蒙
皇上念切民瘼以來春應否接濟飭令查明具奏臣遵即
檄行司道確查去後今據藩司麟桂會同糧道周起
濱轉據該管道府查明具詳前來臣查本年災歉各

屬內仁和等四十七州縣衛所或民力較紓或有地
方紳富捐貲賙䘏均可無須接濟外惟東陽義烏永
康湯溪建德等五縣貧民本年秋成失望生計維艱
即有紳富捐施不敷散放來春青黄不接之時必須
豫籌接濟且各該縣山陬僻處米販不通際茲久旱
河乾春花均未下種勢不能不給以本色而核計户
口約須米七萬餘石臣上籌
國計下顧民生酌劑盈虛務臻妥善謹就各該縣查報
户口及紳富所捐錢米與該司道通盤核算必得籌

給米五萬石再將捐項津貼方足以資撫卹而現在
倉儲未裕無從動項惟查有本年湖屬舊漕留俟來
春北運臣前因金華等縣今年冬撫不敷奏明截留
五萬五千石現在籌辦來年春卹事宜合無仰懇
皇上天恩俯念東陽義烏永康湯溪建德等五縣貧民來
春口食維艱准於舊漕內再截留五萬石按各縣戶
口多寡均勻派撥以資接濟所有不敷之處即將捐
項貼補至此外各屬災歉較輕應否平糶倉穀容臣
隨時查明核辦斷不使災黎失所以期仰副

聖主子惠元元有加無已之至意除將截留漕米俟春卹
事竣由該司道核實報銷外謹會同閩浙總督臣季
芝昌漕運總督臣楊殿邦恭摺覆
奏伏乞
皇上聖鑒訓示謹
奏奉
硃批另有旨欽此咸豐二年十二月十八日内閣奉
上諭本年浙江金華等州縣被災歉收業經降旨分別緩
征撫卹小民諒可無虞失所惟念今春青黄不接之時

民力未免拮据加恩著將秋成歉薄之東陽義烏永康湯溪建德等五縣於舊漕内再行截留米五萬石按各縣户口多寡均匀派撥以資接濟如有不敷再行籌補該撫即刊刻謄黄徧行曉諭務使實惠均沾毋任吏胥舞弊用副朕先春布闓惠給羣黎至意該部即遵諭行

欽此

都統捐輸代奏

再浙省官紳捐輸軍餉前經臣開單彙奏在案茲乍

浦副都統臣穆克德訥情殷報効捐銀八百兩移文

藩庫候撥咨請代

奏前來理合附片具陳伏乞

聖鑒謹

奏奉

硃批另有旨欽此咸豐二年十二月十八日内閣奉

上諭黄宗漢奏乍浦副都統穆克德訥捐備軍餉銀八百

兩著交部議敘欽此

奉　旨交辦事件彙奏清單附

奏為本年欽奉

特旨交辦事件及拏獲未結盜案遵

旨將辦理情形恭摺奏祈

聖鑒事竊查咸豐元年七月初六日奉

上諭給事中焦友麟奏吏治因循亟宜綜核名實一摺名

省大吏有察吏安民之責即如緝捕一端已疊經申諭

力求整頓之方若如該給事中所奏近來四川之嘓匪

河南之捻匪湖南之齋匪湖北之痞匪以及山東兗沂

曹安徽廬鳳潁地方匪徒結黨成羣幾於所在皆有若
不力加搜捕何以除莠安良著該督撫等各飭所屬文
武嚴密查拏以期消患未形毋得因循坐誤並著於年
終將特旨交辦事件並拏獲盜案除辦結外其未完若
干案分晰開單將現辦情形具奏以備查核至於辦事
之遲速獲犯之多寡即可驗屬吏之勤惰該督撫等如
果表率有方吏治必有起色奸宄何至潛蹤斷不可從
前玩泄自蹈愆尤負朕諄諄訓誡之意也將此通諭知
之欽此欽遵在案臣仰承

恩命調補浙江巡撫於本年七月抵任素諗浙省民俗尚
澆向無匪徒結黨滋事之案惟各屬錢漕萬分支絀
地方官日事催科遂置聽斷緝捕於不問積習相沿
已非一日臣以爲牧令乃親民之官果其聽斷明允
緝捕勤能俾地方日就乂安則小民具有天良自必
輸將恐後即經諄飭各屬振刷精神力除積習並於
牧令中擇其得民心者優加獎勵拂輿情者立予撤
參總期察吏安民以仰副
聖主整飭官方綏靖閭閻之至意所有本年欽奉

特旨交辦事件有步軍統領衙門奏交樂清縣民人吳正亮控趙亦登等毆斃吳水有等二十一人伊父吳松林被押身死一案又都察院奏交瑞安縣童生張時亨控黄向義縱焚殺掠一案又步軍統領衙門奏交仙居縣民人吳樹芻控鄭林幅糾黨殺斃伊叔吳漢宗等三命一案經前撫臣等先後提省均因人証未齊尚未審結其各屬水陸盜案自上年十一月起截至本年十月止拏獲五十六起除辦結外未結三十五起均經批飭嚴行審究按例辦理茲届年終具奏

之期據兼署臯司麟桂具詳前來臣謹分别開單敬

呈

御覽並將辦理情形恭摺具

奏伏乞

皇上聖鑒謹

奏奉

硃批知道了單留覽

清單

謹將咸豐二年欽奉

特旨交辦事件及拏獲未結盜案繕具清單恭呈

御覽

計開

欽奉

特旨交辦事件

一件樂清縣民人吳正亮赴步軍統領衙門呈控趙

亦登等毆斃吳水有等二十一人伊父吳松林被

押身死一案咸豐二年正月初十日奉
旨此案著交常大湻親提人證卷宗秉公嚴訊確情按律
定擬具奏原告民人吳正亮該部照例解往備質欽此
一件瑞安縣童生張時亨赴都察院呈控黃向義縱
焚殺掠一案咸豐二年三月初三日奉
旨此案著交常大湻親提人證卷宗秉公嚴訊確情按律
定擬具奏原告童生張時亨該部照例解往備質欽此
一件仙居縣民人吳樹豹赴步軍統領衙門呈控鄭
林幅糾黨殺斃伊叔吳漢宗等三命一案咸豐二

年七月二十九日奉

旨此案著交椿壽親提人證卷宗秉公嚴訊確情按律定擬具奏原告民人吴樹豹該部照例解往備質欽此

拏獲未結盜案

一件錢塘縣詳事主沈承禧呈報被劫一案獲犯時阿周等

一件嘉興縣詳事主滕正安呈報被劫一案續獲盜犯王京受等

一件秀水縣詳事主鍾海呈報被劫一案獲犯陳志

順等

一件嘉善縣詳事主朱培呈報被劫拒傷一案獲犯

水烟阿大等

一件平湖縣詳事主郭人本呈報被劫一案獲犯部

阿有等

一件平湖縣詳事主杜仁茂等呈報被劫一案續獲

盜犯李二㑆

一件平湖縣詳事主張秉雲呈報被劫一案續獲盜

犯李阿明等

一件平湖縣詳事主葉勤諏呈報被賊行竊嚇禁一
案獲犯楊阿寶等
一件石門縣詳事主金以謙呈報被搶一案獲犯鄭
小和尚等
一件石門縣詳事主程正輝呈報被搶一案獲犯袁
窗淋
一件奉化縣詳事主鄔孝杰呈報被刼一案獲犯高
潰全等
一件會稽縣詳事主方積智呈報被搶一案獲犯高

天鳳等

一件新昌縣詳客民窓壽倌呈報被搶一案獲犯楊

清茂

一件臨海縣詳民婦董張氏呈報伊夫董小匡被賊

行竊拒傷身死一案獲犯張潮富

一件臨海縣詳客民李萬利呈報被劫一案獲犯朱

子峯等

一件臨海縣詳事主吳華亭呈報被劫一案獲犯項

幗佐等

一件臨海縣詳事主孫見唐呈報被劫一案獲犯黃

兆琴等。

一件太平縣詳事主江惠風呈報被搶一案獲犯管

三頭等

一件天台縣詳事主洪耀才被賊行竊拒傷身死一

案獲犯張坤綻等

一件西安縣詳事主張黃氏呈報被賊臨時行强一

案獲犯洪杏周等

一件建德縣詳客民周靜安呈報被劫一案獲犯張

老九等
一件平湖縣詳事主鄭恒順呈報在洋被劫一案獲
犯楊萬受等
一件玉環廳詳事主李興親呈報在洋被劫一案獲
犯郭石發等
一件象山縣稟船户金源利呈報在洋被劫一案獲
犯許大頭等
一件象山協稟獲匪犯葛槐等
一件象山協稟獲匪犯鄭阿元

一件象山協稟獲匪犯何阿木等

一件象山協稟獲洋盜林阿雷等

一件象山縣稟獲盜犯洪泳富等訊認在洋行劫事
主張阿三等船隻勒贖

一件定海廳詳獲盜犯紀阿成等訊認在洋行劫事
主楊阿福船貨

一件定海廳稟獲盜犯張阿福等訊認在洋行劫不
識姓名事主沙船貨物

一件台州協稟獲盜匪吳小田等

一件温州營拏獲洋盜陳金曲等

一件温州鎮拏獲洋盜曾圓等

一件瑞安協稟獲盜犯林紅訓等

場竈被災分别蠲緩清單附

奏為查明場竈蕩田被旱被風災歉情形請將應徵錢糧分别蠲緩以紓灶力恭摺

奏祈

聖鑒事竊照本年浙江省仁和等州縣衛所田禾被旱被水業經臣查明災歉分數

奏懇

聖恩分别蠲緩撫卹在案所有海沙鮑郎蘆瀝長亭橫浦浦東袁浦青村下砂頭等九場灶蕩田地種植禾棉

先據各該場稟報灾歉情形經 臣 批飭運司委員分
往查勘並札飭該管知府分司馳赴各該場會勘詳
辦去後茲據護理塩運使晏端書詳稱據各該管知
府分司督飭各縣場暨委員會同勘得嘉興府屬之
海沙鮑郎蘆瀝等三場台州府屬之長亭場松江府
屬之橫浦浦東袁浦青村下砂頭等五場各團灶蕩
田地種植禾棉本年入夏以來亢旱日久均已受傷
迨至秋後節次遭風禾苗黃萎木棉花鈴均多脫落
內蘆瀝一場被傷較重灾歉並成海沙等八場雖勘

不成灾收成实形歉薄该灶户等情形拮据输将无出所有各该场应征灶课钱粮应请查照定例分别蠲缓并汇开各场灶荡田被灾被歉顷亩分数清摺声明坐落被旱各厅县水乡盐课有无应行蠲缓之处由江浙两省藩司汇入民地造报开数移知该司核明再行详咨等情详请核

奏前来臣逐加查核海沙鲍郎长亭横浦浦东袁浦青村下砂头等八场均止歉收勘不成灾惟芦沥一场勘实成灾田八十顷三十四亩零歉收田二百四十七顷九十七亩零以该场额田而计成

灾田居十分中之八厘一毫合無仰懇
皇上天恩俯准將蘆瀝場成灾田畝應征本年新賦查照
灾分定例分别蠲緩並分年帶征其海沙鮑即蘆瀝
長亭橫浦浦東袁浦青村下砂頭等九場歉收田畝
應征本年新賦照例緩征其道光三十年及咸豐元
年未完舊課查明在本年灾歉之區者並請遞緩一
年以廣
皇仁而紓灶力所有本年熟田錢糧暨工兩年未完熟田
舊課仍照常征輸除飭司查取各場灾歉田畝細數

及應蠲應緩新舊錢糧各冊結另疏
題報外謹將海沙等場被旱被風災歉田地頃畝另繕
清單會同江蘇巡撫臣楊文定恭摺具
奏伏乞
皇上聖鑒訓示再各該場災歉區分察看丁力尚可支持
今冬毋須撫卹亦毋庸預籌來春接濟合併陳明謹
奏奉
硃批另有旨欽此咸豐二年十二月十八日内閣奉
上諭黄宗漢奏查明場灶蕩田被旱被風懇請蠲緩一摺

本年浙江省海沙鮑郎等場灶田因夏間亢旱秋後遭
風收成歉薄丁力未免拮据加恩著照所請所有蘆瀝
場成災田畝應征本年新賦著查明災分分別蠲緩並
分年帶征其海沙鮑郎蘆瀝長亭橫浦浦東袁浦青村
下砂頭等九場歉收田畝應征本年新賦均著照例緩
征所有道光三十年及咸豐元年未完舊課查明在本
年災歉之區者均著遞緩一年以紓灶力該撫即刊刻
謄黃徧行曉諭務使實惠均霑毋任吏胥舞弊用副朕
軫念歉區至意餘著照所議辦理該部知道欽此

清單

謹將浙江省海沙等場江蘇省橫浦等場咸豐二年被旱被風灾歉田地頃畝數目繕具清單恭呈

御覽

計開

浙江省

嘉興府屬

海沙場

歉收蕩田一百七頃一十八畝零

鮑郎場
歉收蕩田七十三頃一畝零
蘆瀝場
成灾蕩田八十頃三十四畝零
歉收蕩田二百四十七頃九十七畝零
台州府屬
長亭場
歉收蕩田七十三頃一十四畝零
江蘇省

松江府屬

橫浦場

歎收蕩田一百四十七頃四十畝零

浦東場

歎收蕩田三百一十五頃七十五畝零

袁浦場

歎收蕩田六十二頃三十三畝零

青村場

歎收蕩田二百六十八頃六畝零

下砂頭場
歎收蕩田四百五十頃六十二畝零

漕米截運并動支銀欵

奏為清查二限漕米分別截留搭運并動支銀款恭摺

奏祈

聖鑒事竊照浙省清查案内各屬挪缺漕米三十萬石零

奏准每石折追價銀一兩六錢另加津貼銀四錢作

為兑費提存司庫於每年冬漕時買米交帮如本員

願繳米石亦與繳銀無異令其自行交帮并無論追

賠攤補先儘漕米分限六年搭運並經前藩司於分

任追數案内聲明漕米津貼為委員採買米石盤運

價脚及給帮貼費等項之用應先於提補款内動支
至各員原存米數其中正米若干耗米若干隨船給
帮米若干俟搭運時移會糧道按額分款呈報詳經
前撫臣咨部議奏覆准前於咸豐元年起運道光三
十年漕糧搭運初限清查米五萬石業將動給各帮
漕截等項銀款
奏明在案今咸豐二年起運元年漕糧搭運二限清查
米五萬石係由應追各員如數認繳除奏准截留抵
補道光三十年緩帶乍匠月糧正耗等米七千石分

别撥抵解給又截留調劑各帮道光三十年減船米五千八十五石六斗按數給領各歸各案造報詳咨外實該搭運米三萬七千九百一十四石四斗由糧道科核正耗分派杭嘉湖三府二十一帮加裝搭運除應給丁隨船耗米四千六十二石二斗五升七合二勺外計交倉正米二萬七千八十一石七斗一升四合三勺每石例給漕截銀三錢四分六絲負重銀五分蘆蓆銀八毫五絲該銀一萬五百八十六兩五錢一分二厘九毫三絲七忽又交倉二五耗米六千

七百七十石四斗二升八合五勺每石例給漕截銀
三錢四分六絲該銀二千三百二兩三錢五分一厘
九毫一絲五忽共應給各帮漕截等銀一萬二千八
百八十八兩八錢六分四厘八毫五絲二忽查照搭
運初限米石成案在於清查追補款内按交倉正耗
米數例支漕截等銀核實酌給一半共銀六千四百
四十四兩四錢三分二厘四毫二絲六忽並由認繳
各員貼補兑費分給各帮出收領兑所有各員繳抵
緩帶乍匠月糧及調劑各帮共米一萬二千八十五

石六斗不准支銷津貼照章以每石一兩六錢抵除
追數其交帮搭運米三萬七千九百一十四石四斗
照章以每石二兩抵除追數歸入清查初限案内造
報等情由署布政使麟桂詳請具
奏前來臣復核無異除飭司將各員交帮搭運米石照
章抵除追數歸入清查初限案内造報外所有清查
二限漕米分别截留搭運并動支銀款緣由謹會同
閩浙總督臣季芝昌恭摺具
奏伏乞

皇上聖鑒謹

奏奉

硃批戶部知道

片奏司道署缺

再欽奉

上諭浙江布政使著麟桂補授其所署按察使著慶廉署

理等因欽此麟桂本應迎摺北上惟現在乏員接署請

俟將來接手有人再行進京請

訓至慶廉本任温處道員缺查有先經委護是缺之處州

府知府恒奎交卸來省尚未回任堪以仍委護理除

分檄飭遵外謹會同閩浙總督臣李芝昌附片具

奏伏乞

聖鑒謹

奏奉

硃批知道了

812.8
444
(3)

黃尚書全集

晉江黄尚書公全集卷七目錄

奏疏七 任浙江巡撫奏議

甄別教佐劾不及數

片奏學政幕友人數

查參提解案件遲延名官

清查案内完繳等銀核明收支實數

各員完繳銀數

馳報雨雪情形

催趲官兵并解火藥赴皖

琉球貢使遲緩有由

海運續議章程附清單

銅本改撥

藩司自盡訪查覆奏

浙省滋生民數

赴皖官兵起程日期

學政聲名及各官密考請展緩具奏

糧道銀兩

青[illegible][illegible]

晉江黃尚書公全集卷七

男貽楫謹輯

姪貽杼恭校

奏疏七　任浙江巡撫奏議

揀調知縣

奏爲揀員調補要缺知縣恭摺

奏祈

聖鑒事竊照諸暨縣知縣劉書田准陞南塘通判前准部

咨因臣署科房失慎案卷被焚即經咨抄展限飭於

十一月初八日准督臣知照部中坐八月十八日行
文按照程限減半扣除小建計算以九月十六日作
為開缺當於十月分截缺冊內咨明以督臣知照到
浙之日起限揀員調補在案臣查諸暨縣係繁疲難
要缺詞訟繁多非精明幹練之員不克勝任臣於通
省中簡知縣內逐加遴選非現居要缺即人地未宜
一時實無合例堪調之員惟查有龍游縣知縣密雲
路年四十一歲山東蘭山縣進士奉
旨以知縣即用籤掣浙江丁憂回籍服滿來浙

題補龍游縣咸豐元年九月二十日奉文任事該員才識明練勤奮有為以之調補諸暨縣要缺實堪勝任惟歷俸未滿三年與例稍有未符但人地實在相需例准於摺内聲明

奏請據藩司兼署臬司麟桂具詳前來合無仰懇天恩俯念員缺緊要准以龍游縣知縣密雲路調補諸暨縣知縣實於地方有裨如蒙

俞允該員係現任知縣請調知縣銜缺相當毋庸送部引見至該員任内一切因公處分例免核計所遺龍游縣係

衝難中缺容臣另行遴員請補謹會同兼署閩浙總
督福州將軍臣怡良恭摺具
奏伏乞
皇上聖鑒勅部核覆施行謹
奏奉
硃批吏部議奏

委署處州府缺

再處州府知府恒奎經臣奏委護理温處道篆務所

有處州府員缺查有前署是缺之揀發知府瑞春尚

沐文御堪以仍行委署據藩司具詳前來除檄飭遵

照外謹會同兼署閩浙總督福州將軍臣怡良附片

具

奏伏乞

聖鑒謹

奏奉

硃批知道了

卓異知縣暫緩引見

再餘姚縣知縣吳棠楷於道光三十年
大計卓異上年八月接准部覆行令給咨赴部引
見因該縣地近海疆艇匪滋事以後沿海甫經撤防一切
未盡事宜應令該員一手經理由前撫臣等先後
奏咨展限聲明本年奏銷後再行給咨旋准吏部知照
不得過一年之限等因臣抵任後查該縣所轄之牟
山湖年久淤塞又承蔭該湖之低仰堰已就傾圮亟
應疏濬興修先據該員於本年六七月間勸諭紳士

捐資辦理而工程浩大急切未能蕆事該處湖壩為
閩邑農田水利所關必應責成該員督辦完竣未便
另易生手臣為地方起見應請俟工程告竣後再行
給咨赴部據藩司麟桂具詳前來除咨吏部外謹會
同兼署閩浙總督福州將軍臣怡良附片具奏伏乞
聖鑒謹
奏奉
硃批吏部知道

被災各屬徵收米色未能純潔

奏為浙江省有漕州縣本年征收漕糧米色未能一律

純潔循例據實具

奏仰祈

聖鑒事竊照本年浙省仁和等州縣衛所田地被災被歉

業經臣奏懇

恩施將應征銀米分別蠲緩其有漕州縣未被災歉田畝

應完漕糧先經臣核飭照例開征嗣據杭州嘉興湖

州三府屬之仁和錢塘海甯富陽臨安新城於潛

興秀水嘉善海鹽平湖石門桐鄉烏程歸安德清武
康等州縣先後稟稱各該地方所種晚禾因本年缺
雨滋培包漿不足現雖成熟有收而顆粒未能飽綻
并有青腰白臍等情臣以漕糧為
天庾正供例應揀選好米難容藉詞遷就當經檄行司道
嚴飭各屬認真選擇去後茲據藩司麟桂糧道周起
濱以查明各州縣所稟委係寔在情形詳請援照成
案
奏明准令紅白兼收秈粳並納等情前來臣查漕運全

書内載乾隆五十二年浙省漕糧因秋成之際霜信
早寒米質未能一律純淨兼有青腰白臍曾經奏奉
諭旨另廒存儲儘先支放又道光八年欽奉
諭旨天時不齊米色未能飽綻向來准其具奏係指明被水
被旱報災有案而言不得以他故藉詞朦混等因欽此又
浙省自道光十三年起至咸豐元年止每遇災歉年
分所有熟田應完漕米經各前撫臣
奏准紅白兼收秈粳並納並恐米難久儲咨明戶部倉
場先行搭放在案本年杭嘉湖等府所屬有漕州縣

均被災歉其成熟田地雖獲有收而禾苗缺雨滋培
包粜不足米質不能一律圓綻純潔臣訪察各屬非
不認真挑選無如小民田内所産之米類皆如此無
可易換自不得不稍予變通相應據實奏懇
天恩俯照歷年成案准令紅白兼收秈稉並納俾小民便
於輸將春初可以趕先海運臣仍當督率司道嚴飭
各州縣認真選擇不得任意濫收以杜弊混除咨户
部倉場查照外謹循例恭摺具
奏伏乞

皇上聖鑒訓示謹

奏奉

硃批另有旨欽此咸豐二年十二月二十八日内閣奉

上諭黄宗漢奏漕糧米色未能一律純潔一摺本年浙江杭嘉湖等府所屬有漕州縣均被災歉其成熟田地因禾苗缺雨滋培米質未能純潔自係實在情形著照所請應完熟田漕米查照成案准令紅白兼收秈粳並納俾小民便於輸將以示體卹該撫仍嚴飭各屬認真辦理嚴杜弊端倘因奉有此旨將醜米濫收以致運赴京

倉不堪搭放惟該撫是問該部知道欽此

撥補南米

奏為蠲緩缺額南米請將舊漕撥補恭摺奏祈

聖鑒事竊照浙省杭處等府屬本年被災被歉經臣

奏請將應征新舊錢糧按照災歉分數分別蠲緩並聲

明缺額銀米不敷支給另籌撥補在案茲查各屬年

額應征南米為滿綠各營官俸兵糧支放要需不容

稍有短缺今年杭嘉二府屬各州縣因災歉蠲緩正

耗南米約共缺額米一萬五千石亟應籌撥查各州

縣倉穀應存俟來春察看平糶此外並無別款可籌

靜妙齋

惟歷屆災歉蠲緩兵米均請截留新漕而來歲辦理
海運必須將新漕全數起運以實京倉未便截留抵
補惟查有尚未北運之湖屬舊漕前因金華等縣令
年冬撫不敷及東陽等縣來春接濟經臣先後奏請
截留現在缺額兵米應請仍於舊漕內截留撥補據
藩司麟桂糧道周起濱會詳請
奏前來相應仰懇
聖恩俯念營糈緊要准於舊漕內留米一萬五千石按照
缺額數目覈實撥補抵放如有餘剩搭運還漕仍照

例將蠲免米石於漕糧項下作正開銷緩帶米石按
限催征搭運歸還原款所有蠲緩南米請截留舊漕
撥補緣由謹會同兼署閩浙總督福州將軍臣怡良
漕運總督臣楊殿邦恭摺具
奏伏乞
皇上聖鑒謹
奏奉
硃批户部知道

各屬編查保甲

奏爲各屬秋後復編保甲經該管道府抽查相符恭摺

奏祈

聖鑒事竊照編查保甲例於秋收後由州縣查明造册呈

送歲底彙奏一次道光三十年間欽奉

諭旨嚴飭力復舊章實心辦理臣前在臬司任内籌議章

程詳經前撫臣恭摺覆奏奉

上諭據奏各條所議尚爲周妥惟發令之初易於見效若

不持以實力久且視爲具文全在該大吏認真督率尤

須申戒屬員示以勸懲並嚴查胥役毋得藉此擾及閭閻共知保甲之設所以衛民樂於從事則法可不廢自不致始勤終怠等因欽此欽遵在案茲據藩司兼署臬司麟桂飭據各廳州縣場查照章程將咸豐二年分保甲戶口於秋後按庄按戶逐一編查取具互保甘結並將各屬種山棚民以及水面向無印照船隻一體填寫門牌核實造報其沿海商漁船隻即以給發印照為門牌隨時稽查出具印結由該管知府分司攄冊抽查詳經各巡道親往抽查相符移司核明具詳請

奏前來竊思編查保甲爲弭盜安民良法臣自到任後

即經出示曉諭各屬居民並疊飭所屬實力奉行現

在密加體察查辦尚皆認真書役亦無藉端擾累情

弊除仍嚴飭隨時隨地實心稽查弗任始勤終怠外

所有咸豐二年秋後各屬復編保甲經道府抽查相

符緣由理合恭摺具

奏伏乞

皇上聖鑒再糧船保甲責成衛所編查本年糧船均未歸

次已飭糧道隨時抽查核辦合併聲明謹

奏奉

硃批知道了

上

諭御史徐培深奏請飭禁私錢一摺著各直省督撫一體飭屬查禁毋得稍有懈弛責成各州縣隨時訪拿究辦並出具境内並無私鑄及行使小錢印結詳報督撫於年終具奏一次等因欽此歷經欽遵辦理在案臣本年抵任後復經行司轉飭查拿嚴禁茲届年終據各廳州縣查覆境内並無私鑄及行使小錢情事出具印結呈送由藩司麟桂具詳請

查禁私鑄小錢

再前准部咨欽奉

奏前來除仍嚴飭各屬隨時訪拿總期有犯必獲不敢

稍任懈弛外理合將查禁緣由附片具

奏伏乞

聖鑒謹

奏奉

硃批知道了

甄别教佐劾不及數

奏為甄别教職佐雜人員劾不及數恭摺具

奏仰祈

聖鑒事竊照每年甄别過教職佐雜人員應於年底彙核

如有劾不及數者例應聲明具

奏茲查咸豐二年浙江省俸滿教職共三十二員內未據赴驗留入下年甄别者十四員業經保薦者一員驗明堪以留任者十六員俸滿尚未屆期病故者一員未屆俸滿因病告休者一員昌化縣教諭宋以治

計通省教職共一百七十六缺按額應劾四五員今
告休一員劾不及數又俸滿首領佐雜共四十二員
内未據赴驗留入下年甄别者二十四員業經保薦
者三員驗明堪以留任者十員陞任者一員仁和縣
縣丞黄檝捐陞者二員杭州府城中務大使汪元崇
處州府經歷李業修告病旋即病故者一員丁憂者
一員計通省首領佐雜共二百九缺按額應劾五六
員本年未劾一員據藩司兼署臬司麟桂聲明現任
各員俱尚循分供職此外並無應劾之員詳請具

奏前來臣覆加查核無異除仍隨時督飭兩司認真體
察如有衰庸不職之員立即據實糾參不敢稍存姑
息以冀仰副
聖主澄敘官方之至意并咨報軍機處暨吏部查核外所
有咸豐二年分甄别教職佐雜劾不及數緣由理合
恭摺具
奏伏乞
皇上聖鑒謹
奏奉

靜妙齋

硃批吏部知道

上

片奏學政幕友人數

再查前奉

諭督撫於學政幕友人數籍貫無難稽察而知著各督撫

查明奏聞仍不時留心稽察隨時入告等因欽此欽遵在

案茲浙江學政臣萬青藜延聘閱文幕友八人查係

貴州舉人傅壽彤劉崇禧湖南舉人鄒襄迪江蘇歲

貢生夏之成王翼鳳附貢生唐秀鍾江西廪貢生劉

杰安徽增貢生朱彥恒理合循例附片具

奏伏乞

聖鑒謹
奏奉
硃批知道了

諭

查叅提解案件遲延各官

奏為查叅京控案件提解遲延各員請
旨交部議處以示懲儆恭摺
奏祈
聖鑒事竊照前准部咨欽奉
旨嗣後著將京控咨交逾限未結之案每屆半年彙奏請
旨交部議處一次等因欽此又欽奉
諭旨嗣後奏交案件著與咨交各案一併將已結未結起數咨報都察院查核等因欽此欽遵各在案查浙省京

控案件向以四月十月底截數本年四月以後准都
察院奏交瑞安縣童生張時亨又咨交新城縣生員
羅慶元步軍統領衙門奏交仙居縣民吳樹豹又工
届樂清縣民吳正亮及彙奏提解遲延杭三帮運丁
周善歸安縣民沈仁奇永嘉縣監生潘觀瀾瑞安縣
民姜昌守嘉善縣監生錢寶城民人張肇崙嘉興縣
民周勝華定海廳民魏世成共十二案均經分別提
省並節次嚴催訊辦除沈仁奇潘觀瀾姜昌守周勝
華四案業經審結分別奏咨其吳樹豹一案核計日

期尚未遲延羅慶元一案提解遲延未及一月均毋庸議外惟張時亨等六案久經提省審辦均因人證未齊無憑定讞現届半年彙奏之期據藩司兼署臬司麟桂詳請

奏參前來相應請

旨將提解張時亨一案人證遲延三月以上之署瑞安縣知縣李信芳提解吳正亮一案人證遲延三月以上之樂清縣知縣孫源接提周善錢寶城張肇崙三案遲延三月以上之署嘉善縣知縣林鈞接提遲延一

月以上之嘉善縣知縣顧準提解周善一案人証遲
延半年以上之昌化縣知縣程鍾英提解魏世成一
案人証遲延延半年以上之署定海廳同知王承楷均
交部議處以示懲儆臣仍嚴飭各該廳縣勒提解審
務期迅速完結以仰副
聖主息訟安民之至意除咨都察院查核外理合恭摺具
奏伏乞
皇上聖鑒訓示謹
奏奉

硃批李信芳等均著照例議處吏部知道

靜妙齋

[illegible]

青妙齋

清查案內完繳等銀核明收支實數

奏爲清查初限各員完繳追款及節省籌補等項收支

銀數核實查明恭摺

奏祈

聖鑒事竊浙省清查案內挪缺倉庫前經

奏定期限分任追繳并據司道將各員應追應抵應賠

銀款造具分任册核議籌補章程詳經前撫臣分別

奏咨請以咸豐元年正月起限分任著追其未起限

以前完繳交款暨續完清查追款銀數造册咨准部

覆飭將各員追款併任追繳并令將完數半年一奏
當經前撫臣查明咸豐元年正月起至六月止完繳
銀數具
奏在案惟查前次續完案內冊報各員追款係分任計
算現在併任核追則其抵正抵附即須另行核計且
查核原報續完正附銀數尚有舛錯應行逐一更正
統計咸豐元年正月起至十二月底止各員完繳銀
米倉穀連前次續完銀米並應行減除追款共計銀
三十六萬二千八百八十六兩五錢三分四厘七毫

五忽四微又離浙各員完繳部庫及各省藩庫銀一
萬九千九百八十二兩一分二厘七毫三絲七忽共
計追完銀三十八萬二千八百六十八兩五錢四分
七厘四毫四絲二忽四微內抵正銀二十九萬六千
二百五十三兩六錢四分七厘三毫六絲六忽抵附
銀八萬六千六百一十四兩九錢七絲六忽四微又
籌補項下
奏明酌提養廉及節省解費每年約提銀三萬餘兩存
留役食書飯每年提錢八萬串均於元年起提內養

廉一項臣與藩運兩司各道提一成府廳州縣提二
成仍按實支銀數分别全半支提計元年分提銀一
萬六千三百五十兩七錢六分節省解費一項係隨
地漕提解截至上年十二月止計提存銀一萬五千
三百六十六兩六分三厘八毫一絲節省存留役食
書飯一項每年額定提錢八萬串自元年夏季搭放
兵餉起至二年春季止計搭放錢七萬九千九百七
十三千一百四十文每錢一千扣錢本銀一兩計扣
存銀七萬九千九百七十三兩一錢四分尚存錢二

十六千八百六十文歸於二年夏季搭放兵餉又扣
回佐雜修署銀六千五兩一分七厘三毫總計各員
完繳追項並節省籌補及扣回修署銀五十萬五百
六十三兩五錢二分八厘五毫五絲二忽四微内各
員指款完繳地丁漕項鹽課南米并買補倉穀及指
款解給附儲等銀一十四萬五千八百一十六兩八
錢二分四厘三絲二忽又咸豐元年搭運清查初限
漕米各員完繳米合銀九千七百二十兩又初限搭
運漕米動支米價并截漕等銀八萬七千八百七十

八兩六錢六分七毫六忽又元年奉撥雲南銅本餉
在於搭放兵餉扣存錢本內動支銀三萬四千兩又
二年搭運清查二限漕米各員完繳米合銀九萬五
千一百六十五兩七錢六分又動支二限搭運漕米
貼給漕截等銀六千四百四十四兩四錢三分二釐
四毫二絲六忽又部庫及各省藩庫收存銀一萬九
千九百八十二兩一分二釐七毫三絲七忽計開除
銀三十九萬九千七兩六錢八分九釐九毫一忽計
尚存銀一十萬一千五百五十五兩八錢三分八釐

六毫五絲一忽四微按照
奏定章程無論追賠攤補先儘漕米分限六年搭運所
有前項存銀應請留為歸補三限漕米之用據藩司
麟桂護杭嘉湖道徐滎會詳請
奏前來臣復核無異除咨户部外理合恭摺具
奏伏乞
皇上聖鑒謹
奏奉
硃批户部知道

靜妙齋

各員完繳銀數

奏為查明清查案內本年正月起至六月止各員完繳銀數恭摺

奏祈

聖鑒事竊清查案內挪缺倉庫據前司分任核明各員應追銀數籌議追補章程詳經前撫臣奏奉

諭旨勅部議覆行令將完繳銀數半年一奏并將各員追款併任追繳以咸豐元年正月初一日為始起限著追所有咸豐元年正月起至六月止各員完數經前

撫臣常大湻查明具
奏其七月起至十二月止所繳銀款及二限搭運漕米
正津合銀數目并離浙各員在部庫及各省藩庫呈
繳銀兩同前次續完冊報銀款共計完繳正附銀三
十八萬二千八百六十八兩零造具初限完數及籌
補銀數各冊由臣分別
奏咨在案茲據藩司麟桂護杭嘉湖道徐榮詳稱咸豐
二年正月起至六月底止據在浙各員完繳銀五千
一十兩四錢八厘八毫五絲二忽五微又離浙各員

在部庫及各省藩庫完繳銀四千四百二十三兩三
錢二分五厘三絲一忽一微四塵共計完繳正附銀
九千四百三十三兩七錢三分三厘八毫八絲三忽
六微四塵按照
奏定章程無論追賠攤補先儘漕米分限六年搭運所
有前項完繳司庫銀兩應請留為歸補四限漕米之
用除俟二限一年届滿彙核詳請
奏報並造冊詳咨戶部查核外合將咸豐二年正月起
至六月止查明各員完數會詳請

奏並咨戶部查照等情前來臣復核無異除咨明戶部
外理合恭摺具
奏伏乞
皇上聖鑒謹
奏奉
硃批戶部知道

馳報雨雪情形

奏爲馳報雨雪應時恭摺奏慰

宸廑仰祈

聖鑒事竊照浙省自夏秋以後晴多雨少現在各屬農田未能徧種春花經臣節次祈禱雖得微雨總未深透人心不無惶惶臣與在省各官萬分焦灼况時逾冬仲尚未得雪當於十一月二十二日復虔詣天竺山設壇念經禱告

觀音大士竝因入冬以來有時密雲不雨均係被風吹

散復虔率僚屬詣吳山
風神廟連日竭誠步禱以迓
神庥今於十二月初一二三等日省城得微雨三次間
有微雪初四日得雨二寸風靜雲濃仰瞻天色雪意
甚殷盼至初七日酉刻同雲密布瑞雪繽紛連宵達
旦至初八日酉刻止除隨降隨融外實得雪二尺有
餘初九日大放晴霽臣與署將軍學政織造及司道
以下等官虔詣各
神廟行香叩謝遥望江東山色積雪甚厚即據紹興府

屬山陰會稽蕭山等縣馳報同日均渥沾雪澤並據
杭州府屬海寧富陽餘杭臨安新城昌化嘉興府屬
桐鄉湖州府屬武康孝豐寧波府屬鄞縣金華府屬
義烏等州縣稟報先於初一二等日得雪嘉興府屬
嘉興秀水二縣稟報先於初三四等日得雨所有各
屬春花已種者既得滋培未種者尚可及時補種農
情極為歡悅惟思浙省連年荒歉兼以本年久旱成
災民間困苦情形幾難縷述今仰賴
聖主洪福雨雪應時人心安定臣仍當與在省司道和衷

共濟於地方事件次第籌商辦理恪遵
訓示寬嚴酌中以期感召和甘上答
主知下卹民隱此則區區之心所夙夜儆惕者也除飭查
未報各屬是否一律同沾彙入十二月分雨水情形
摺內奏報外合先恭摺馳報伏乞
皇上聖鑒謹
奏奉
硃批獲沾渥澤慶幸實深此皆爾等地方大吏克誠克敬
感格

天恩故若是之速然不可稍存自滿之志驕侈二字我君臣當共勉力戒之

催趲官兵并解火藥赴皖

奏為調赴安徽第一起官兵先行催趲起程並委弁解
運火藥各出境緣由恭摺馳奏仰祈
聖鑒事竊照安徽省咨調浙兵二千名臣先後接准咨會
將預調之嘉興湖州紹興太湖四協營兵一千名為
第一起續調之提標兵五百名為第二起温台各協
營兵五百名為第三起飛飭起程一面恭摺奏報聞
承准軍機大臣字寄欽奉
諭旨飭令迅派得力將弁統帶兼程赴皖並准該省咨借

火藥一萬觔復經臣將辦理緣由隨摺附

奏惟查續調之甯温台三路官兵程途較遠應將預調

之頭起官兵先由湖州旱道迅速起程當即飛咨統

領官嘉興協副將田大武前赴浙皖交界之廣德州

等候一面飛飭嘉湖紹各知府會同帶兵官星夜催

趲交該副將統帶前往而火藥為行軍要需並飭飛

速解運去後十一月二十七日又承准軍機大臣字

寄欽奉

上諭據蔣文慶奏催鄰省官兵兼程前往一摺著陸建瀛

楊文定黄宗漢李德迅即照數挑選派委得力將弁星
夜督帶馳赴安徽交蔣文慶酌量調遣毋稍延悞將此
由六百里各諭令知之欽此寄信到臣遵復飛行嚴催
茲據嘉湖紹各府呈報于十一月二十八九等日先
後起程十二月初三四等日全行出境至廣德州會
齊交田大武統帶兼程赴皖聽候派防並據臣標暨
杭嘉湖紹四協各派幹弁將火藥一萬觔配齊火繩
鉛彈於十二月初二三等日亦由旱道馳送安徽各
等情具報前來除飛催第二三起官兵迅速起程外

欽奉前因理合將第一起官兵暨火藥等項先行起
程解運及出境緣由恭摺馳
奏伏乞
皇上聖鑒再第二起官兵頂准提臣來咨即日委員押帶
起程一俟到省迅即催攢出境其第三起温台官兵
離省較遠已由八百里節次催提不敢稍任延誤俟
出境後另行奏報合併陳明謹
奏奉
硃批知道了

琉球貢使遲緩有由

再琉球國遣使進

貢道經浙江前准福建撫臣咨會該使臣於十一月初六日由閩起程即經飭委署衢州府同知汪普署衢州城守營都司張彥清前至閩浙交界迎護並飛飭沿途經過各縣照例應付去後兹據汪普等會同閩省委員護送該使臣毛種美等並

表文方物於十二月初九日行抵杭州省城并據閩省委員福甯府知府金崇等稟報自閩至浙一路溪河

淺涸復連日北風頂阻舟行遲緩又於富陽舟次阻
雪是以未能兼程前進稟請具
奏前來除催令迅速遄行並咨江蘇撫臣飭屬接護外
所有琉球國貢使經由浙省及委員接護緣由理合
附片具
奏伏乞
聖鑒謹
奏奉
硃批知道了

海運續議章程附清單

奏為浙漕辦理海運續議章程恭摺附驛奏祈

聖鑒事竊照浙省新漕奏明試行海運設局查辦並經臣

籌議章程臚列八條開單具

奏聲明未盡事宜隨時酌核奏辦等因先後奉

旨准行並於臣奏請蘇省委員幫同辦理摺內欽奉

上諭江蘇浙江海運事宜著責成撫察使倪良燿總司其

事以資熟手總期不分畛域妥速籌辦毋稍延悞等因

欽此遵即檄行妥辦去後茲據藩司麟桂糧道周起

濱會同江蘇臬司倪良燿轉據局員護運司晏端書
署杭捕同知繆梓等查明來歲起運新漕正耗米數
六十四萬餘石所需船隻已據甯波道府雇募蛋船
三不像船九十餘隻由提鎮水師押駕赴滬上海沙
船亦陸續進口承攬又有天津衛船情願裝運兩省
官糧船隻無虞缺乏並將未盡事宜續議章程具詳
請
奏前來除將起運米數分咨户部倉場暨漕臣江省督
撫臣查照並委員分赴各屬催提銀米於來春赶先

起運外所有續議章程臣再臚列八條繕具清單恭
呈
御覽是否有當伏乞
皇上聖鑒訓示遵行謹
奏奉
硃批户部妥議具奏單併發

清單
謹將浙漕辦理海運續議章程繕具清單恭呈
御覽
一白糧宜先期起運並將樣米帶津呈驗也查白糧米質柔嫩易於蒸變必應先期起運現飭各州縣趕緊舂辦裝入蔴袋一面咨明江蘇撫臣由臬司僱覓耀先撥寬大沙船數十隻裝第一次全數裝運至向例白糧到通秤足每袋一百六十觔道光五年倉塲督臣

奏准改用斛收江蘇海運漕糧一體斛交每一石為一袋浙省自應照辦並與漕白糧米均於正米内提出樣米一斗用蔴袋裝盛粘貼印花交船賫帶到津由委員呈請

欽派大臣查驗

一天津兌交之後應責成經紀以杜諉卸也查海運以民船受載官糧非軍船之承運漕糧者可比惟恐經紀人等有意挑剔海船不免受累道光六年

欽奉

諭旨海船到津難免經紀需索刁掯著軍機大臣屆期
奏請欽派一二員前往又奉
諭旨商船到津委員將樣米送交欽派大臣比對米色按冊
驗收其過剝事宜責成坐糧廳帶同經紀一手經理交米
委員將漕糧兌給剝船即為竣事毋庸至通以免推諉各
等因欽遵在案來年海船到津自必遵照奏請
欽派大臣前往按冊驗收所有過剝事宜應請查照成案
專歸經紀承管與沙船無涉責成既專則剝船中
途換雜使水等弊亦當不禁自除

一沙船餘剩耗米應令自行售賣也查商船所得耗
米抵津後如無賠補之款除食用外每有盈餘道
光六年該船戶等呈請收買部
奏明發銀二十萬照時價購買交倉二十七年江省以
經費支絀未便率請收買應聽自行出售並因大
帮沙船業已抵津尚有尾帮未到海洋行駛遲早
難定即令委員在津收買交兑飭知該船戶在蘇
繳價或於續到時自行變價奏奉
諭旨准行各在案此次浙省海運應即援案曉諭各商飭

將到津餘米自行出售倘大幫已到而尚有尾船
未至即令委員籌買補額交兑以速運務
一旗丁應領篷蓆餘米價紙劄等銀請照案抵解也
查丁運到通應給經紀津貼個兒錢飯米折色廳
倉茶果等銀道光六年倉場督臣
奏明歷年北倉截卸漕米每洪斛百石各丁給經紀飯
米折色銀二兩二錢五分在津盤卸加給銀三錢
三分七厘五毫個兒錢銀二兩七錢津貼銀二兩
五錢毋庸議增廳茶果以船數計算每船十兩倉

茶果以米數計算每石五厘一毫七絲二忽五微
軍船未來船數無從計算以洪斛五百石為一船
米一萬石作船二十隻應交廳倉茶果共銀二百
五十一兩七錢二分五厘所有旗丁應領篙羨餘
米價紙劄等項按米一萬石船二十隻合算應領
銀四百餘兩據江省來咨請將此項抵撥各款仍
有不敷應即飭令如數解交經部核覆在案此次
浙漕海運應請
勅下倉場督臣查照浙省幫丁例給之項照案抵撥其不

數銀兩由浙省如數解交

一餘耗應行節省援案糶變提解報撥也查道光五年江省海運沙船貼耗經紀貼耗剝船食米均奏准於旗丁應得耗米内劃給此次浙省海運欽奉

諭旨准將河運經費支銷所有前項耗食等米應請即於丁耗内開支核計本年漕糧給丁耗米共七萬九千三百四十九石三斗一升九合三勺内除給商船貼耗四萬六千一百十八石八斗七升六合四勺經紀貼耗八千六百二十三石八斗六升八勺

天津剥船食米六千五百三十九石七斗七升八合七勺外計剩漕白耗米一萬八千六十六石八斗三合四勺内白糧剩耗應將舂耗歸糙該申米二千四百五十四石七升一合四勺共剩漕白糙耗米二萬五百二十石八斗七升四合八勺歸入節省項下照江蘇咸豐元年海運成案每石糶變銀一兩限各州縣於滿廒後兩月變價提解糧道庫報部候撥

一海運經費應覈實節省也查浙省河運例有給丁

漕截負重行糧月糧晒颺米價等項銀米併將餘
米留南變價以資調劑今既將河運經費併歸海
運支銷當此度支未裕之際尤應諸從樽節除將
漕截負重等款銀兩歸入海運支銷即有不敷另
籌辦理外其行糧一項各丁既不出運毋庸議給
月糧項下銀米查明停運及災減軍船共應謌劑
確數再行核辦留南餘米飭將本色如數交通晒
颺米價亦毋庸動給以上各項統由糧道覈實查
明細數並有無缺額糧米應行抵補及別項濟放

之處另行報部查核

一軍船宜酌加調劑水手宜預籌資遣也查本年浙省漕船杭嘉等帮尚未回空湖屬各帮仍行留滯丁力自形疲乏江省海運案内經部議覆按照由海起運米數空出軍船全支月糧其因災減歇軍船照半支月糧之例酌加三分以資調劑浙省應請照辦至水手人等尤宜速行遣散擬即叅酌成案於海運經費内提款存儲一俟帮船到次飭令各州縣協同帮弁查明實在名數分别資遣取到

原籍回文以憑存驗

一蓆片毛竹應解銀購辦也查起運漕糧應解蓆片

毛竹二項例由糧道衙門動支銀兩發給旗丁購

帶交倉令若令海運商船帶交蓆竹揚帆使戧諸

多窒碍前經江省

奏明如數解銀赴倉場衙門酌量購買遵行在案浙省

應請照辦

以上續議章程臚列八條如尚有未盡之處容

再隨時酌核奏辦合併聲明

青攷齋

銅本改撥

奏為查明癸丑年雲南銅本餉銀無可籌解籲請
勅部改撥恭摺奏祈
聖鑒事竊照浙省協解癸丑年雲南銅本餉五十萬兩應於咸豐元年地丁項下動支除經起解銀二十六萬外尚未解銀二十四萬前藩司因本年地丁支撥溢額詳經臣咨部改撥令接准部覆飭將浙省可刪可減之款及留支待用正雜等項移緩就急通融籌解倘仍不敷再於二年地丁銀內動用等因當經轉行

籌辦去後茲據藩司麟桂詳稱浙省清查以後凡有
可删可減之款不論正雜均已删減靡遺其留支各
項應隨時支用不能緩待均屬無可通融至於二年
地丁統計額支各款各營官兵俸餉約需銀八十三
萬餘兩織造緞疋驛站夫工營需公費撥補存留及
一切雜支約需銀二十五萬餘兩福建壬子年兵餉
銀五萬兩雲南癸丑年兵餉銀二十萬兩甲寅年銅
本餉銀五十萬兩貴州甲寅年鉛本餉銀十萬兩江
西安徽奉調浙省官兵俸賞例借等項約需銀六萬

餘兩共約需銀二百萬兩浙省二年地丁除蠲緩減
征外僅應征銀一百三十九萬餘兩查歷屆完數不
過八分有奇今即以應征全數核計尚不敷銀六十
萬餘兩亦屬無可動支惟有仍請改撥等情具詳請
奏前來臣查浙省藩庫支絀所有前項銀兩前藩司請
咨改撥緣由業經臣附片
奏明在案現在度支未裕臣非不知部臣籌款艱難而
浙省情形委實無可籌畫復查浙省協解雲南壬子
年銅本餉上次因無款可籌經前撫臣於咸豐元年

靜妙齋

四月間咨部改撥三十萬兩曾經戶部覆准有案今
兹事同一律相應籲懇
天恩俯准將浙省未解癸丑年雲南銅本餉二十四萬兩
勅部查照成案通融改撥俾免貽誤要餉出自
逾格鴻施臣謹恭摺附驛具
奏伏乞
皇上聖鑒謹
奏奉
硃批戶部議奏

藩司自盡訪查覆奏

奏為遵

旨訪察藩司自盡並無別情恭摺覆奏仰祈

聖鑒事咸豐二年十一月二十七日由驛遞到欽奉

上諭黃宗漢奏藩司自盡出缺一摺據稱浙江布政使椿壽於本月初九日夜間在署自縊另片奏浙省錢漕諸務支絀本年久旱歲歉徵解尤難該司恐悞公事日夜焦急以致迫切輕生而椿壽遺囑內但有因情節所逼勢不能生之語並未指明係何情節該司以二品大

員即令公事難辦何至遽行自盡是否另有別情著該
撫再行詳細訪察據實奏聞毋稍隱飾欽此伏念臣與
藩司椿壽共事數月見其小心謹慎謹求公事不遺
餘力惟語及浙省錢漕諸務及軍需撥餉萬分支絀
值此歉歲催徵不旺難以支持常覺憂形於色又因
署撫任內曾奏湖屬八帮漕米留浙變價嗣後屢接
部咨每石須銀二兩零計市價不敷不免分成賠補
浙省大小官員竭蹶已甚何堪增累該司官況蕭然
亦無力首先賠繳將來恐至銀米兩空焦灼莫可名

狀以致病發增劇兩次請假調理並欲籲請開缺經
臣再四勸勉甫於十一月初六日銷假初九日黎明
忽聞其自盡臣不勝駭異當即親往看視與在省司
道各官設法療救無及詢問該司家人等均稱不知
何故隨據呈出遺囑一紙臣等面向該司之妻瓜爾
佳氏問及係何情節所逼據稱該司於初八日午後
接見僚屬又至幕友書房商議公事三更時分方進
內室萬不料有輕生之心回思平日亦未稍露詞色
何由防此意外之變等語此臣當日查詢情形前經

大畧
奏明在案茲復欽奉
諭旨命臣再行詳細訪察臣思所云情節不外公私兩端
一月以來臣隨時隨事密行訪察以公事而言該司
辦事均係秉公覈詳臣皆據詳批准公牘具在毫無
意見不合之處其與同列下僚亦均和衷共濟正己
率屬人所共知斷不至有被人挾制之端以私事而
言該司僅止伊妻一人隨任素相和好其弟椿和在
京當差其子英奎留京讀書該司寒素家風僕從甚

少外祗僱用跟隨五六人內祗用傭媪二三人馭下
寬仁有恩無怨聞伊向有債累亦不過數千兩實不
解其情節所逼之語究係何事即其眷屬亦莫測其
所指反覆推求似由該司為人徑直心地未免偏仄
當此盤錯之際遇事皆不遂意因此肝疾頻發抑鬱
無聊每慮庫款入不敷出而應撥應解之款責無旁
貸至漕運遲誤變價棘手尤為該司切已疚心之事
萬難排解幾與前任撫　臣因海塘屡築屡圮忿急投
河同此一片血誠並非另有別情所有遵

靜妙齋

旨飭查緣由臣受

恩深重何敢稍有隱飾謹就訪察所及據實附驛奏

聞伏乞

皇上聖鑒謹

奏奉

硃批知道了

浙省滋生民數

奏為查明浙省滋生民數循例恭摺奏祈

聖鑒事竊照各直省州縣編審戶口例應於年終具奏茲據藩司兼署臬司麟桂詳稱咸豐二年浙省民數據各廳州縣於秋後編查保甲時按戶冊報由道府親往抽查統計男女大小三千一十一萬五千二百四十八丁口造冊具詳前來臣復核無異除清冊咨部外所有咸豐二年分浙省滋生民數臣謹循例恭摺具奏伏乞

皇上聖鑒謹

奏奉

硃批戶部知道

赴皖官兵起程日期

再浙省調赴安徽防堵官兵分作三起行走所有第一起官兵一千名出境緣由先經臣奏報在案茲第二起提標官兵五百名於十二月初九日由署提標中軍叅將薛元成統領起程第三起温台官兵五百名於十二月初八十五等日由平陽協副將都隆阿統領起程均經飭令各委員星夜催趲出境理合附片具

奏伏乞

聖鑒謹

奏奉

硃批知道了

學政聲名及各官密考請展緩具奏

再學政聲名例應年終密奏令新任學臣萬青藜尚未按郡考試請俟來年出棚後察訪得實再行具奏又司道知府向有年終密考令浙省藩司糧道到任未久臬運二司杭甯二道均未抵任此外道府各官或委署他缺或派辦海運或嚴查省城保甲或審理京控案件或督辦災區撫卹各事宜現在俱未蕆事必得久於其任或辦有成效方可指出賢否實蹟臚列直陳臣仰承

恩命重寄封疆時時以察吏為念不敢拘於年例草率具
奏並請緩至來年春間考察得實再行入告臣為慎
重舉錯起見理合附片陳明伏乞
聖鑒謹
奏奉
硃批是

糧道銀兩

再臣接閱邸抄欽奉

上諭楊殿邦奏糧道革職請飭該省另行委員接管錢糧等語浙江糧道胡元博業經革職所有杭嘉等十三幫應領銀兩等款著浙江巡撫黃宗漢另委妥員攜帶北上趕幫辦理等因欽此正在欽遵飭辦間嗣接漕臣來咨以胡元博所帶銀兩已札飭東昌府委員馳赴該道舟次提解帶北濟用臣查前項銀兩既經該漕臣自行攜帶北上即毋須再由浙委員接管欽奉前因

除咨覆查照外謹附片具奏伏乞

聖鑒謹

奏奉

硃批知道了

晉江黄尚書公全集卷八目録

奏疏八 任浙江巡撫奏議

採辦硫磺動支銀數

解赴江南等省火藥礟位

知縣獲盜送部引見

織造稽查奸宄得力

請以獲犯之候補令送部引見

送部引見之仁和令展限赴部

海運糧米初次兌竣開行日期

海運到津需項請勅墊給

耗米留浙糶變

調兵籌防事宜

招募廣艇以備防勦

查看提督患病情形

飛飭水師迎擊粤匪

調派官兵并防堵情形

撥解瓜州礟位

江蘇臬司奏報浙米起運數目不符

浙省籌備防勦

擬赴蘇浙交界擇要守禦

静妙齋

短解錢糧之知縣參請革留

委署縣缺

白糧兑運

委員代辦糧道事務

收捐銀兩

請將新選安鄉縣鈕令留辦團練

晉江黄尚書公全集卷八

男貽楫謹輯

姪貽杼恭校

奏疏八 任浙江巡撫奏議

官紳捐餉 附清單

奏為浙省官紳續捐軍餉恭摺奏祈

聖鑒事竊照浙省官紳先後捐輸軍餉銀七萬九千九百兩前經三次奏報在案茲提臣葉紹春藩司麟桂暨府廳知縣分司并在籍紳士共捐銀一萬一千七百

靜妙齋

兩相應彙繕清單恭呈
御覽所捐銀兩均已解存藩庫聽候撥用除提臣藩司自
行聲明係屬大員不敢仰邀
甄敘外其餘各官紳情殷報効可否仰懇
聖恩勅部照案議敘之處出自
鴻施臣謹恭摺具
奏伏乞
皇上聖鑒再浙省籌餉新例案內收捐銀兩前於咸豐二
年十月底截數共捐銀三萬三千一百三十一兩業

經具奏今截至十二月十五日止續捐銀二萬二千
九十九兩除咨部查照外合併陳明謹
奏奉
硃批另有旨欽此咸豐三年二月初一日内閣奉
上諭黄宗漢奏官紳續捐軍餉開單呈覽一摺浙江提督
葉紹春布政使麟桂甯波府知府畢承昭湖州府烏鎮
同知李晋亨在籍内閣中書金曰修均著交部從優議
敘杭州府理事同知法豐阿嘉興府乍防同知白讓卿
署鄞縣事即補同知段光清餘杭縣知縣李培基烏程

縣知縣梁正標歸安縣請調鄞縣知縣張銑上虞縣知
縣張致高署蕭山縣事大挑知縣吳人杰樂清縣知縣
孫源甯紹盐運副使姚文墉在籍刑部主事胡珵著交
部議叙欽此

清單

謹將浙省官紳續捐軍餉銀數彙開清單恭呈

御覽

浙江提督葉紹春捐銀一千兩

浙江布政使麟桂捐銀三千兩

請補甯波府知府畢承昭捐銀一千兩

杭州府理事同知法豐阿捐銀二百兩

嘉興府乍防同知白讓卿捐銀五百兩

湖州府烏鎮同知李晉亨捐銀一千兩

靜妙齋

署鄞縣事儘先即補同知段光清捐銀三百兩
餘杭縣知縣李培基捐銀三百兩
烏程縣知縣梁正標捐銀三百兩
歸安縣請調鄞縣知縣張銑捐銀五百兩
上虞縣知縣張致高捐銀三百兩
署蕭山縣事大挑知縣吳人杰捐銀三百兩
樂清縣知縣孫源捐銀三百兩
甯紹分司姚文墉捐銀五百兩
在籍刑部山西司主事胡珵捐銀二百兩

在籍内閣中書金曰修捐銀二千兩

以上共捐銀一萬一千七百兩

請免米船納稅

再臣恭閱邸鈔湖北省城業經失守江西安徽江南等省處處戒嚴浙江與各該省水陸相通逆匪之竄突土匪之滋擾均不可不防臣業經諄飭各屬文武暨閤省紳士勸諭居民籌辦團練守禦之法互相保衛所有各處經費先出自各處捐輸俾官民兩得其便惟浙省產米無多向藉川湖江安等省接濟刻下長江有警商販不通而浙省又當災歉之後民間乏食堪虞臣已勸諭米商分投購買并飛咨閩廣等省

一體招徠浙省商人由臣給照各省商人由該省督
撫給照無論河運海運源源接濟其由海道販運者
並由臣咨行水師接護第經過各關查驗報稅所費
不貲各該商不無觀望查浙省前辦夷務災賑招商
買米均經各前撫臣奏明免稅有案相應奏乞
恩施俯念浙省民食緊要商人持照運米赴浙經由水陸
關口免其納稅出自

逾格鴻慈一俟糧食稍敷即行停止給照至浙省湖屬舊
漕除冬撫春䘏暨撥補南糧奏請截留十二萬石外

其白糧一萬餘千石與本年新漕一併海運赴津餘
剩之米十餘萬石遵照部議酌定價值糶變現飭糧
道周起濱及已革前任糧道胡元博分赴江蘇暨湖
州水次運至省倉或平糶或變賣容臣察看情形另
行妥辦總之浙省目前大勢以固民心裕民食為首
務臣惟當隨時隨地殫壓撫綏以冀仰紓
皇上宵旰憂勤軫念民依至意臣謹附片具奏伏乞
聖鑒訓示謹
奏奉

硃批另有旨欽此咸豐三年二月初一日内閣奉

上諭黃宗漢奏請將商販米船免税等語浙省現當災歉之後又值長江有警商販鮮通民間乏食堪虞自應設法招徠以期接濟所有各省商人持照運米赴浙者無論河運海運經過水陸各關口均著免其納税以廣招徠而裕民食餘著照所議辦理該部知道欽此

藩司繳完賠款

再藩司麟桂前在江西護理九江關任内應賠短收額外盈餘稅銀五萬三千六百七十六兩零除奉文豁免并節次扣抵措繳外尚短銀七千餘兩該司於上年署浙江臬司任内繳銀五千兩茲續繳銀二千四十六兩五分九厘六毫掃數全完一併委員解部並於籌備軍餉案内捐銀三千兩稟請具奏前來除將捐輸軍餉銀兩彙案具奏外所有該司九江關賠款全完緣由理合附片陳明伏乞

聖鑒謹

奏奉

硃批知道了

完解銀兩之知縣開復頂戴

再常山縣知縣李維著前因應攤咸豐元年二限官墊民欠銀兩延不完解經前署撫臣會摺

奏參奉

旨將李維著摘去頂戴勒限解清欽遵轉行飭催去後兹據藩司麟桂詳稱李維著欠解前項銀兩現已照數批解司庫請將原參摘頂之案

奏懇開復前來臣查李維著於應攤官墊民欠銀兩參

後趕解全完尚知愧奮合無仰懇

天恩俯准將常山縣知縣李維著原參摘去頂戴之案予
以開復出自
鴻施臣謹會同兼署閩浙總督福州將軍臣怡良附片具
奏伏乞
聖鑒訓示謹
奏奉
硃批李維著著給還頂戴

籌辦操防

奏爲浙省籌辦操防事宜恭摺奏祈

聖鑒事竊照粤西匪徒自上年竄入兩湖中原不靖江西

安徽江甯江蘇河南等省處處戒嚴浙省嘉湖金衢

嚴五府與江蘇安徽江西三省水陸相通必須先事

預防以期有備無患臣於上年抵任後即分别委員

密赴各屬交界處所相度形勢飭令文武員弁不動

聲色妥爲布置並以浙省營務廢弛日久兵力久孱

稱軟弱分飭各營將弁逐加訓練並將臣標兵丁親

靜妙齋

行校閱數次嗣因江西安徽先後調兵三千臣將各營已練之兵先行調往所有未調之兵擇其稍為精壯者分撥在城防汛此外鮮有可用之兵臣念及此不勝焦灼當即會商將軍都統於省城設立練兵局將臣標左右兩營及杭城守錢塘水師兩營挑選年力較壯兵丁一千名揀選得力武弁日逐操演而以勇幹有為之署紹興協事楓嶺營遊擊王邦慶署杭州協事樂清協副將毛亮為統領總司局務一切軍裝礮械及滿綠各營砲位逐一整頓又於省外各鎮

協營飭令該管將備再行挑選精壯官兵日事操練以備調遣即於其中先調各營或百名或數十名共成一千名先赴省局合操由臣督率局員將技藝可用者分撥各隘口交地方文武各官帶同巡緝稽查外以防奸細之混淆内以防土匪之竊發又復會同紳士團練義勇預爲防備以補兵力之不足惟是練兵募勇所費不貲前經

奏明各處經費出自各處捐輸現飭各屬官紳迅速勸捐事竣之日由臣奏請從優獎勵以爲急公好義者

勸現在地方静謐人心尚屬安定所有臣籌辦操防
緣由謹恭摺具
奏伏乞
皇上聖鑒再江蘇省鎮江要口據該省藩臬兩司知會設
防現經臣函商該司等應否江浙兩省會同防堵或
由浙省撥兵協防之處統俟覆到核辦合並陳明謹
奏奉
硃批知道了

游擊丁憂暫緩給假

再正在繕摺間據王邦慶具報現丁母憂馳回署紹興協任所治喪臣聞信之下殊深悵惘伏查該遊擊王邦慶平日營務認真素為兵丁所信服自上冬調至省局訓練各兵甚資得力為浙省各營第一出色人員今因親喪而去臣如失左右手竊查例載參將以下官員除軍務調遣不准給假治喪外其餘凡遇親喪分別在任在籍酌量給假等語該遊擊在省練兵並非軍營調遣而現在逆氛不靖浙省又當操防

吃緊之時臣不能不從權辦理現飭該遊擊於視殮

後仍行來局訓練各兵一俟隣省撤防再行照例給

假飭令扶柩回籍謹會同兼署閩浙總督福州將軍

臣怡良附片具

奏伏乞

聖鑒訓示謹

奏奉

硃批依議兵部知道

調兵以備策應

再正在封摺拜發間接江蘇藩臬兩司來信以賊已東下蘇省防堵緊要請預調浙兵以為該省策應即以協防鎮江要口等情臣即飛調省外各營兵丁二千名飭令兼程來省以資調防所有例支例借例賞銀兩飭司照例備辦外理合附片具

奏伏乞

聖鑒謹

奏奉

静妙齋

硃批知道了

採辦硫磺動支銀數

奏為動款採辦硫磺循例恭摺奏祈

聖鑒事竊照各省動用耗羨銀款數逾五百兩以上者例

應專摺具

奏茲據布政使麟桂詳稱浙省滿綠各營歲需操防火

藥應用硫磺向係五年一次委員前赴山西省買運

二萬觔如不敷用由杭州協副將在關庫存磺項下

墊給造報嗣杭乍滿營增添鎗炮需用火藥較多復

由該協查明請於每屆例辦之年採辦二萬五千觔

作為全省各營正款歲額由前撫臣
奏明在案令准署杭州協副將毛亮移稱上届委弁辦
回硫磺二萬五千觔內除歸補道光二十八年止閩
庫墊用六百七十四觔零净餘二萬四千三百二十
五觔零計自道光二十九年起至咸豐二年止共分
給滿綠各營二萬八百八十一觔十兩八錢净餘三
千四百四十三觔零所有咸豐三年起滿綠各營應
用硫磺亟須循案委弁前往採買二萬五千觔以資
接濟并查新設海甯澉浦定海城守等三營由閩庫

墊給硫磺五百二十六觔十一兩二錢又補給軍需案內湖州太湖二協營造解火藥硫磺六百六十五觔十二兩八錢均應隨同正磺附買歸墊通共應辦硫磺二萬六千一百九十二觔八兩所需價脚銀兩查照上届准銷成案計算共需銀一千五百七十六兩八錢七厘請循例在於司庫咸豐二年耗羨款内動支給發再歷屆辦運正磺僅敷操演配藥之用庫存無多現在粤匪竄擾兩湖浙省官兵調赴江西安徽防堵暨江甯江蘇安徽等省咨借火藥已動缺數

萬觔必須寬為籌備磺觔一項産自晉省買運維艱
請將下屆額買正磺二萬五千觔委弁一併預買趕
運回浙所需價脚銀一千五百五兩一分八厘亦請
於咸豐二年耗羨項下動支給發各等情詳請具
奏前來臣查硫磺一項為製造火藥必需之物該司查
照上屆成案請辦正款硫磺二萬五千觔并附買閩
庫墊給硫磺一千一百九十二觔八兩自應准予採
辦至所請預辦下屆正磺二萬五千觔係為粵匪竄
擾楚省江西安徽江南等省悉辦防堵浙省各營火

火藥既為調兵帶往又經鄰省咨借動缺不少亦應
准予如數採買以資春配所請價脚銀兩核與定例
相符除飭令照數動給趕辦並咨户工二部查核外
謹循例恭摺具
奏伏乞
皇上聖鑒謹
奏奉
硃批該部知道

解赴江南等省火藥礮位

再江蘇撫臣楊文定咨借火藥二萬觔解往江甯省城應用江蘇藩臬兩司稟借火藥一萬觔解往江蘇省城應用臣於杭州嘉興湖州紹興象山五協暨温處黃巖三鎮如數派撥又江西撫臣張芾咨借西洋大砲二十尊解往江西省城應用臣查浙省本有西洋砲十六位前經分撥黃巖台州玉環等鎮協營安設海口未便撥解惟前於夷務案內借存江西鉄砲三位應將原砲解還其不敷十七位在於省城舊存

項下揀選紅衣砲九位平夷砲八位分别派委幹弁
兼程解赴各該省查收外理合附片具
奏伏乞
聖鑒再浙省火藥經安徽江蘇等省先後咨借所存無多
現在飭營配造惟恐緩不濟急飛咨督臣於閩省借
撥二萬觔解浙備用合併陳明謹
奏奉
硃批知道了

知縣獲盜送部引見

奏為知縣拿獲鄰境盜犯循例奏請送部引見以昭激勸仰祈

聖鑒事竊查定例官員拿獲鄰境一案内罪應斬決盜犯三名者准送部引見又拿獲鄰境盜犯經部核明與例相符除未經獲盜以前本任内先有疎防承緝開参未結之案者應照例辦理外若獲盜之案在先疎防之案在後仍准其送部引

見又道光二十八年吏部通行嗣後文職獲盜例准調取
人員州縣以上由督撫專摺奏請送部引
見各等因遵照在案茲查道光二十九年九月初七日夜
歸安縣事主潘承泰典鋪被盜行刦經烏程縣知縣
梁正標首先拿獲盜犯吳証淮徐漢三尤西枯徐其
風李仲人五名移解歸安縣訊認行刦屬實依律擬
斬吳証淮起意為首徐漢三尤西枯入室搜贓法所
難宥徐其風李仲人在外把風情有可原經前撫臣
具

題由部覆准在案綜計該員梁正標首先拏獲鄰境斬
決盜犯三名擬遣夥盜二名緝捕尚屬勤能其在烏
程縣任內拏獲是案以前並無承緝未獲之案惟道
光三十年二月初四等日疎防事主趙登甲等案俱
在獲盜以後核與送部引
見之例相符據藩臬兩司具詳前來相應奏懇
天恩俯准將烏程縣知縣梁正標照例送部引
見以昭激勸所有協獲人員另行咨部核辦謹會同兼署
閩浙總督福州將軍臣怡良恭摺具

奏伏乞

皇上聖鑒訓示謹

奏奉

硃批梁正標著送部引見吏部知道

織造稽查奸宄得力

再浙江省城五方雜處最易藏奸臣於上冬督飭司道府縣會同紳士覆編保甲並將各處關隘面商杭州織造臣烏勒洪額督飭管關員役於稽查貨物之時逐細留心偵察其有形跡可疑者送交臣衙門究辦數月以來該織造認真稽查甚為得力地方亦稱安謐理合附片陳明伏乞

聖鑒謹

奏奉

硃批知道了

請以獲犯之候補令送部引見

奏為知縣拏獲放火匪犯循例奏請送部引

見以昭激勸仰祈

聖鑒事竊查定例官員拏獲隣境一案内罪應斬決首夥

盜犯三名者准送部引

見州縣以上由督撫專摺奏請各等因遵照在案茲查咸豐元年九月初十日夜錢塘縣事主李兆宗家被匪徒放火燒燬房屋搶奪得賍經候補知縣孫夢桃首先拏獲匪犯孫七觔吳汶奎徐阿升許小毛陳阿大

等五名審將孫七觔吳汶奎徐阿升許小毛照强盜
律擬斬孫七觔起意爲首吳汶奎徐阿升入室搜贓
法所難宥許小毛在外接贓情有可原陳阿大擬徒
經前撫臣具
題由部覆准在案臣查孫夢桃首先拏獲放火斬決匪
犯三名遣徒夥犯二名緝捕甚爲勤奮該員歷署各
任並無承緝未獲之案核爲送部引
見之例相符據藩臬兩司具詳前來相應奏懇
天恩俯准將浙江候補知縣孫夢桃照例送部引

見以昭激勸所有協獲人員另行咨部核辦謹會同兼署
閩浙總督臣怡良恭摺具奏伏乞
皇上聖鑒訓示再孫夢桃籍隸山東現丁母憂應俟服闋
之日由山東撫臣給咨赴部合併陳明謹
奏奉
硃批吏部議奏

送部引　見之仁和令展限赴部

再仁和縣知縣胡澤沛前在象山縣首獲鄰境洋盗蘇丙玉等十五名經前撫臣吳文鎔奏請優奬道光三十年十一月接准部覆行令給咨赴部引見惟時該員調任山陰承辦塘工又經前撫臣常大淳咨部展限在案上年秋間塘工完竣正在稟請給咨臣因海甯州鄉民滋事該員素得民心奏明飭委署理所有該州漕糧海運事宜即責成該員一手經理所有獲盗引

見之案應俟漕務完畢再行給咨赴部據藩司麟桂具詳
前來除咨吏部外謹會同兼署閩浙總督福州將軍
臣怡良附片具
奏伏乞
聖鑒謹
奏奉
硃批吏部知道

海運糧米初次兌竣開行日期

奏爲海運漕白糧米頭批兌竣開行恭摺由驛具

奏仰祈

聖鑒事竊照浙省海運漕糧前經

奏明招僱寗波之蛋船三不像船取具承攬裝載其不敷之處由蘇省協僱上海沙船惟兩省並運必須江省初次沙船抵通後回南接辦欽奉

諭旨照議辦理等因欽遵在案茲查寗波受僱商船先有一百十四號於上年十二月底駛至上海其餘船隻

現在甯郡修艌不日亦可赴滬並據上海局招雇天
津衛船并經蘇省將餘剩沙船撥交上海局裝運浙
漕統計船數已足敷用所有浙省本年起運新舊漕
白二糧共交倉正耗及應給經紀剥船耗食等米六
十四萬餘石現據杭嘉湖三屬剥運抵滬三十餘萬
石於咸豐三年正月初十日開兑截至三十日止共
兑米一十二萬餘石白糧亦全數裝兑即於二月初
四日頭批船隻駛抵吳淞口候風開放由海運局員
詳請具

諭

奏前來臣查道光五年江省海運案内欽奉
旨海船到津爲日甚速初次兑竣開行時由四百里馳奏
等因本年浙省海運漕糧既據頭批兑竣開至海口候風
自可即日揚帆北上除飛咨直隸山東江蘇各督撫
臣轉飭水師營弁沿途接護外理合恭摺馳
奏伏乞
皇上聖鑒再臣前奏江浙並行海運船隻不敷應行兩次
接運現在甬東及沙衛各船足敷裝載臣已飭令隨
兑隨開以重倉儲而期迅速不復兩次接運合併陳

明謹

奏奉

硃批該部知道

海運到津需項請敕墊給

再天津需用剝船及交米一切事宜已飭糧道周起濱督同委員升用同知楊裕深等由陸路赴津提辦需用銀兩亦已委員分批起解惟現在江省道路戒嚴必須格外防護現經 臣飭令設法提解務保無虞惟恐行走未能迅速而商船先已到津不免有守候之累相應請

旨敕下倉場侍郎直隸總督查照奏定章程於天津道庫或直隸藩庫暫行墊給俟該道等抵津後即行歸款

除咨會查照外理合附片具奏伏乞
聖鑒再正摺早經繕就因兩江總督退守金陵南北道路、
梗塞文報紛紛退回臣恐有疎失未敢拜發令探明
驛路已通謹由五百里恭遞合併陳明謹
奏奉
硃批著照所奏辦理該部知道

耗米留浙糶變

再沙船貼耗經紀貼耗剥船食米均於旗丁耗米内開支其開支外尚有餘剩米二萬五百二十石零前

經臣奏請援照蘇省成案飭屬糶變每石價銀一兩報部候撥本年蘇省新漕又經該省奏明每石糶銀九錢移知查照在案茲准户部議覆浙省前項耗米一併由海運津毋庸糶變等因臣核與蘇省辦理兩歧且浙省自上年災歉以後民食本有不敷嗣因長江梗阻奏明招商採買刻下尚無商販至浙惟有仍

懇
天恩俯准將前項餘剩耗米仍照前奏每石價銀一兩由
浙省糶變於民食不無少有裨益其糶變銀兩仍報
部候撥謹附片具奏伏乞
聖鑒謹
奏奉
硃批另有旨欽此咸豐三年二月十八日内閣奉
上諭黃宗漢奏請將餘剩耗米仍留浙省糶變等語著戶
部速議具奏欽此

調兵籌防事宜

奏為調派官兵前赴蘇省防勦並浙省籌辦防堵緣由

恭摺馳奏仰祈

聖鑒事竊臣於本月初六日接准漕運督臣楊殿邦江蘇

撫臣楊文定咨會逆匪東下臨逼江甯省城楊殿邦

駐紮瓜州楊文定駐紮常州兵力不敷各飛調浙兵

二千名前往防勦等情臣查浙省兵丁除省城暨水

師各營不便征調外其省外陸路各營曾於上年調

赴江西安徽三千名並經臣挑選一千名赴省設局

捺練嗣准江蘇藩臬兩司請預調浙兵為該省策應
又經臣飛飭各營預備二千餘名以資調防均經
奏明在案此外未調之兵各屬存城防汛為數寥寥其
勢難以再調准咨前因復查江浙兩省唇齒相依江
省軍情緊急則浙省辦理防堵亦屬刻不容緩且嘉
湖二府與江蘇安徽水陸相通形勢甚為吃緊該二
協官兵上年調赴安徽共七百名此時兵力已形單
薄現據該二府稟請調兵防堵亦係實在情形第浙
省兵數無多不敷兩省分派臣現於紹興海甯兩協

營再抽調五百名合之前次調省操練之一千名暨
飭調預備之二千餘名共三千餘名飛飭將續調及
預備之兵星夜赴省由臣均匀酌派調赴漕臣江蘇
撫臣各八百名本省嘉湖二府亦各給八百名並令
官紳速募義勇以補兵力之不足至於省城滿綠各
營存兵不過三千餘名臣亦會督官紳召募各路精
壯鄉勇日夕訓練以資協防所有征兵募勇一切經
費各處捐輸尚無成數已飭藩司於庫存正雜項下
幷應行起解外省之銀先行動撥一十萬兩並設立

籌防局以供支應際此中原不靖
宵旰憂勤臣惟有竭力盡心與將軍都統織造及司道以
下各官實力籌防以冀地方静謐安堵如恒得仰酬
知遇於萬一謹恭摺馳
奏伏乞
皇上聖鑒訓示謹
奏奉
硃批知道了籌辦尚妥兵丁實屬單弱

招募廣艇以備防勦

再兩江督臣陸建瀛自九江退守江甯以後蘇省紳富遷徙至浙者不可以數計而道路之訛言尤復日甚一日浙省居民幾至倉惶失措臣督飭司道妥爲安撫仍一面操兵練勇處之以鎮靜而勗之以忠義旬日以來民心已安民居亦屹然不動堪以仰慰

聖懷惟浙省有富饒之虛名今益以蘇省殷富之家紛紛踵至該逆匪志在擄搶難保其不窺伺浙江且近日江甯文報不通該省之安危未卜倘經大兵進勦該

逆匪勢必四散奔竄現聞匪船有停泊蕪湖之信查
蕪湖由水路抵浙歷常州蘇州即至嘉興由旱路抵
浙歷廣德四安即至湖州計程均不過三四百里而
皆無險可扼臣與司道各官日夕籌商必得於蕪湖
一帶實力防堵使匪船不能竄入方足以固浙省之
門戶而弁可以衛蘇省之藩籬為防為剿均在於此
惟征兵募勇緩不濟急惟有雇覓廣艇由上海駛到
鎮江以至蕪湖各口較為迅速藩司麟桂前在上海
服官熟悉廣艇情形自願前往招募為江浙兩省防

剿之用臣即飭令星夜起程會同蘇省妥速辦理此外杭金嚴三府屬與安徽僻路可通不下十餘處業經臣一一設防均可無慮第匪徒出没無常倘或竄擾江西則衢州最為吃緊現已咨會督臣於隣近衢州之延平建甯二府及楓嶺右營預備精兵一二千名一經咨調即星夜至衢以資防剿至於一切經費臣恐臨時掣肘不能不寬為籌備仍督飭局員力求樽節斷不敢稍事糜費也謹再縷晰附片陳明伏乞

聖鑒謹

奏奉

硃批另有旨欽此咸豐三年二月十八日内閣奉

上諭據黄宗漢奏藩司麟桂熟悉廣艇情形自願前往招

募為江浙兩省防剿之用等語連日據楊殿邦楊文定

馳奏江甯失守賊勢猖獗前經疊次諭令楊文定並傳

諭吳健彰雇覔艇船赴援江甯茲據該撫奏稱藩司麟

桂自願前往上海招募廣艇現已飭令星夜前往辦理

甚合機宜該藩司麟桂曾任上海道於該處情形熟悉

著即督帶船砲駛赴鎮江上游一帶相機攻剿一面知

照向榮楊殿邦楊文定等南北策應倘能將江面賊船痛加轟擊則賊氣已奪既可衛蘇省之藩籬亦可固浙江之門户轉移之機在此一舉至本年海運最關緊要浙省米石務即飛催各船接續開行尅期運津萬勿延誤餘著照所議辦理將此由六百里諭知黃宗漢並傳諭麟桂知之欽此

查看提督患病情形

再本年正月二十三日承准軍機大臣字寄

上諭前據黃宗漢奏浙江提督葉紹春艱於步履擬請總督代奏開缺朕知該提督熟悉海面情形平日整頓營務尚屬認真著黃宗漢就近查看如該提督病已痊愈即傳旨令其奮勉從公以圖報效無負委任等因欽此遵查臣自上年抵浙後與該提臣尚未晤面本年正月間因逆匪竄擾長江函致該提臣來省預籌防禦事宜於二月初一日接晤查看該提臣右足屈伸不

便詢因前在温州鎮任内出洋攻盗落水受傷現在
舊傷舉發步履艱難未敢以病軀戀棧擬即奏請開
缺等語臣代為延醫診視據云積受潮濕氣血已虧
惟年力未衰尚可調治臣即傳述
諭旨囑其安心調理力圖報效該提臣仰承
眷注感激涕零未敢遽行引疾現在省城與將軍都統會
商防堵事宜所有臣遵
旨查看緣由謹附片覆
奏伏乞

聖鑒謹

奏奉

硃批知道了葉紹春力疾辦公實屬可嘉

青如齋

飛飭水師迎擊粤匪

奏爲遵

旨飛飭水師前赴福山口迎擊緣由恭摺由驛覆

奏仰祈

聖鑒事竊於本月十二日承准軍機大臣字寄咸豐三年

二月初六日奉

上諭前因文藝奏京口兵單請添兵防禦當經諭令陸建

瀛楊文定酌量情形就近飛調浙江提督葉紹春温州

鎮總兵陳世忠所轄水師由海入江以爲水路援應

靜妙齋

□令未據覆奏亦知曾否咨調茲據弈湘奏稱皖城失守逆匪順流東下恐其占據砲台竄出外洋勾連海匪亟宜預為防範請飭調外海水師守禦江蘇福山江口以堵逆匪出洋之路等語現在賊逼江甯城大兵單急待援應著怡良黃宗漢飛飭提督葉紹春總兵陳世忠即統帶水師鎮將挑選精壯兵丁駛駕戰船由福山口進兵迅赴上游迎擊以資救援怡良距浙省尚遠黃宗漢接奉此旨即行就近飛調毋得往返札商致稽時日將此由六百里各諭令知之欽此遵查提臣葉紹春前

經來省會商防堵事宜並因足疾未痊擬奏請開缺

經臣遵

旨查看囑令安心調理緣由附片覆奏在案欽奉前因臣即親至葉紹春寓所面為商酌該提臣右足舊疾現用外治之法以冀速痊日來用藥敷調未能起坐勢難遽涉重洋當經飛咨温州鎮總兵陳世忠挑選得力將弁多帶師船星夜駛至福山江口進兵迎擊以資救援其温洋緝捕事宜應如何派委兼巡代巡之處先令該鎮酌量情形咨行遵照一面飛咨督臣核

勅提臣葉紹春亦即日回甯居中調度策應所有臣

遵

旨飛飭水師前赴福山口迎擊緣由謹恭摺由驛覆

奏伏乞

皇上聖鑒再京口防禦事宜浙省提鎮各臣並未准江省

咨會合併陳明謹

奏奉

硃批知道了

調派官兵并防堵情形

再正在繕摺間准漕臣楊殿邦咨會以前此奏調浙兵欽奉

上諭浙江官兵本屬柔脆且賊蹤逼近鎮常各郡該省先已調出官兵不少現在正須籌辦堵禦恐難分撥等因欽此仰見

聖明洞鑒無遠不到曷勝欽佩臣查浙省官兵自上年調赴江西安徽之外續准江蘇撫臣暨漕臣先後咨調臣以逆匪擾及江甯浙省嘉湖亟須籌辦防堵而核

諭兵數無多遂分別抽調三千餘名撥赴瓜洲常鎮嘉興湖州各八百名其不敷之處飭令僱募鄉勇並由藩司麟桂前赴上海雇覓廣艇為江浙兩省防勦之用均經

奏明在案欽奉前因是前此調赴瓜洲之兵可以毋庸前往惟蘇省原調二千現止調給八百名不敷派防臣即以派撥瓜洲者改撥常鎮以資防勦至於賊中情形節據探報雖未能確知虛實而逆黨實不過數千到處以擄掠為生並無他志故無論水路陸路但

能將士同心四面圍剿不難悉數殲除所患者各處土匪於賊匪未至以前訛言四佈以致人心惶惑遷徙紛紛若輩得遂其搶奪逆燄即因而鴟張軍興以來各處失守情形大抵如此故以今日大勢而論必以安良民緝土匪為第一要著臣前聞逆匪東下之警即於省城內外從保甲中查明失業貧民督飭官紳妥為安頓其膂力可用者使之投充鄉勇給予工資無力之徒由紳士廣設粥店俾資口食均不至流竊為匪月餘以來頗稱安靜至於通省兵丁經臣設

飭訓練得力者現有數百名臣恐兵力不足復諳囑
公正紳士訪得奮勇之士招募義民一律設局訓練
各紳勇敵愾同仇聞風興起者現復踵至統俟訓練
有成容臣分別
奏請獎敘總之一省之大惟內患不形方足以禦外侮
臣忝膺重任惟期衆志成城一片愚忱可以上達
宸衷而併欲與各疆吏交相奮勉者也謹附片具
奏伏乞
聖鑒謹

奏奉
硃批甚妥現今軍務汝若有見到之處即行具奏不必分
彼此之見欽此

靜妙齋

撥解瓜洲礮位

再前准漕臣楊殿邦咨借乍浦地方銅砲四十位並委漕標右營守備范景瑞來浙領解即經飭委乍防同知會同乍浦協副將在於乍浦各汛口抽撥銅砲三十位鉄砲十位配齊砲架雜物并砲彈四百顆點交該守備運回瓜洲應用除咨覆漕臣查照外理合附片具

奏伏乞

聖鑒謹

奏奉

硃批知道了

江蘇臬司奏報浙米起運數目不符

再頃據江蘇臬司倪良耀以江浙兩省海運漕米遲滯勒限嚴參鈔摺詳送到臣接閱之下不勝詫異伏查本年浙省新漕六十四萬餘石前據海運局詳報剝運赴滬者已有三十餘萬石內一十二萬餘石頭批兑給商船白糧亦全數裝兑於二月初四日船至吳淞口候風業經臣由驛具

奏在案該司於二月十二日繕摺拜發據稱浙省漕米起運赴滬者僅止六萬餘石其實在上船者尚無確

數臣不知其憑何奏報至於浙漕海運臣因上年杭嘉二屬軍船未能歸次不得已而試行海運並非出於各州縣之呈求若花户完納不前蘇省或有其事浙省則均已陸續報完並無其說亦不知該司憑何奏報且以誤漕之州縣欲發往緊要軍前効力尤不可解至於蘇省居民紛紛遷徙固由於兩江督臣陸建瀛退守金陵所致惟其時江蘇撫臣楊文定在常鎮一帶辦理防堵省垣重地責在兩司該司全不顧及大局先將眷屬搬移過浙道經杭城人所共見是

該司於寇未至而先從以為民望以致闔省官民客商愈形惶惑數日內蘇州省城十室九空過路人為之傷心怵目而該司有信到浙江惟查詢其眷屬曾否過浙未嘗一字問及漕務此臣之所目見也該司

自奉

命以來於浙漕本漠不相關此次奏報誅其心或無以服蘇省之僚屬為此先發制人或無以全蘇省之新漕以此預為地步既喪盡天良又陰險巧詐臣實有不能緘默者相應據實奏參請

旨寬奪至於浙省新漕計本月内可以全數起剝赴滬三

月中旬可以一律兑竣放洋斷不致上煩

宸廑謹附驛片奏伏乞

聖鑒謹

奏奉

硃批另有旨欽此咸豐三年二月二十四日内閣奉

上諭黄宗漢奏接據倪良燿鈔送奏摺與現辦海運情形

不符據實奏叅等語前據倪良燿奏稱浙省海運米石

起運赴滬者僅六萬餘石兹據黄宗海奏浙米赴滬者

已有三十餘萬石覽奏殊堪詫異此次江浙兩省海運
特旨派倪良燿總司其事何以奏報含混顯係任聽屬
員誑稟以為本省辦理不善地步倪良燿著先行交部
嚴加議處仍責令將浙省起滬米石並蘇省起運未完
米石一律趕緊催辦倘有貽誤朕惟倪良燿是問欽此

同日奉

上諭黃宗漢奏接據倪良燿鈔摺與浙米起運數目不符
據實奏參等語本日已明降諭旨將倪良燿嚴議仍責
令嚴催趕辦矣據稱浙省新漕本月內可以全數起剝

赴滬三月中旬可以一律完竣放洋著即飭屬實力催辦勿致稍有延誤為要將此由六百里諭令知之欽此

浙省籌備防勦

奏為江甯失守浙省力籌防勦恭摺馳

奏仰祈

聖鑒事竊照逆匪自竄出九江以後於安徽江甯等處搶掠為生臣節據探報曾將大畧情形於本月十五日

附片具

奏在案詎於十六日亥刻准江蘇撫臣楊文定以江甯省城已於十一日失守抄摺咨會到臣接閱之下不勝髮指伏思江甯與江蘇壤地相接倘該逆裹脅土

匪水陸並進不日即可抵蘇該省鎮江蘇州居民遷徙已空兵力又單實有難以支持之勢浙省又與蘇省一水可通防堵萬分吃緊臣思兵家之法能戰然後能守當即飛飭處州同知和齡作防同知白讓卿前赴嘉興温州府知府常恩前赴湖州會同府協扼要巡防以顧省城門戶臣則會督將軍都統織造及司道府縣暨在省紳士分派委員帶領兵勇於城廂内外晝夜巡查如有奸民涵跡土匪竊發即當立正典刑以固民心而輯匪類並於武林門外之武林頭

鳳山門外之鳳凰山各設營盤一座又於十城門由紳士捐雇鄉勇徹夜巡邏聲勢極為聯絡倘或該逆匪竄入浙江自當竭力鏖戰惟省城防兵統計滿綠各營不過三千餘名本省隣省之兵均無可征調所有鄉勇除各處居民自行團練外官為召募者亦不過三千名勦捕尚難得力除經將軍都統飛調福州乍浦駐防兵丁共一千名以資守禦外惟有請

旨勅下大臣琦善向榮等迅帶大兵星夜前至江浙交界地面居中策應四面圍勦以冀迅速殲除不致再行

逆蔓至於浙省防剿及支應一切事宜臣當與將軍
都統協力同心隨時隨地察看情形妥為布置其有
奏牘所不能罄者並懇
天恩俯容臣等權宜辦理謹恭摺由驛馳奏伏乞
皇上聖鑒謹
奏奉
硃批另有旨欽此咸豐三年二月二十九日內閣奉
上諭有鳳巴彥岱黃宗漢馳奏籌備防剿併調福州乍浦
官兵各摺片覽奏均悉逆匪竄踞江甯若由水路紛擾

則浙江之嘉興湖州處處堪虞本日已飛催琦善陳金綬向榮等分路剿辦向榮業已渡江由蕪湖進攻琦善陳金綬俱已馳底浦口一帶並諭令陳金綬相機過江協剿矣有鳳昨已有旨調任福州將軍現在浙省防剿吃緊著暫留浙江與該撫籌辦防剿黄宗漢擬赴蘇浙交界擇要守禦遏其入浙之路自應如此辦理所調福州駐防兵六百名乍浦駐防兵四百名著即飛催來浙以助防守前調福建兵二千名刻下想已起程著一併迅催趕到亦可為江浙兩省聲援葉紹春足疾諒已痊

愈並著會同籌辦省城防剿事宜該將軍巡撫等務當
悉心籌畫竭力嚴防安撫居民稽查奸細是為至要餘
著照所議辦理將此由六百里各諭令知之欽此

擬赴蘇浙交界擇要守禦

再查逆匪自竄陷岳州以後乘流直下莫能抵禦江甯為東南形勝第一尚不能守此時惟望大兵會剿殲除羣醜以銷狂皷而拯羣黎蘇浙安危實賴乎此否則江甯以下水陸無險可扼兼以路徑叢雜四通八達防不勝防倘該逆佔踞江甯其心實不可測然尚不至遽擾蘇杭若如武昌安慶專事搶掠旋即棄去則蘇杭均係財賦之區定為逆匪垂涎臣與同城文武及紳士等日夜籌商既乏良將勁兵可以背城

靜妙齋

借一浙省人心懦怯義勇豈盡屬干城察看杭嘉湖
地勢又難堅壁清野雖已竭力布置聲勢尚為聯絡
而恃此孤軍難保其必能制勝僉云攖城固守不啻
坐以待斃萬一賊氛逼近臣擬馳赴蘇浙交界擇要
守禦遏其入浙之路自念受
恩深重豈復有所瞻顧惟不死固不足以酬
恩而徒死亦不足以塞責興言及此動息難安明知逆匪
所至不敢久居土地人民非其所欲祗圖擄掠一空
必仍奔竄他去而浙西數百萬生靈流離失所勢必

如湖北等處遍地難民誰為撫此瘡痍登之衽席辰
下生機一綫專望前路救援伏求
皇上俯念浙江危急情形速飭向榮琦善迅即統兵進剿
毋使賊氛下竄江浙幸甚天下幸甚臣殫竭血誠深
恐於事無補迫切下忱敢不直陳於
君父之前戰栗惶悚伏乞
聖鑒謹附片具
奏奉
硃批另有旨

青女齋

短解錢糧之知縣糸請革留

奏為知縣經徵地丁錢糧不知振作請

旨革職留任勒限完解以示儆惕恭摺奏祈

聖鑒事竊照地丁錢糧有關支放經徵各縣自當源源報解不容稍事惰誤茲查浙省咸豐二年地丁錢糧開徵一載有餘節經臣嚴檄頻催而蘭谿縣僅解銀五百兩湯溪縣尚未破白各該縣均藉詞災歉並未實力催輸殊屬不知振作據藩司麟桂詳請

奏參前來相應請

旨將蘭谿縣知縣湯金策湯溪縣知縣繆步瀛革職留任
勒限兩月内加緊催徵趕解如能及早完足以逮補
遲再行奏請開復倘始終玩延即當據實嚴參謹會
同兼署閩浙總督福州將軍臣怡良恭摺具
奏伏乞
皇上聖鑒訓示謹
奏奉
硃批依議該部知道

委署縣缺

再署江山縣知縣沈維祺調署鎮海縣事所遺江山縣員缺查有現署金華縣准調慈谿縣知縣鄭廷珪堪以署理該員准調慈谿尚未到任其署金華縣任內經手新舊錢糧並無展參有關降調處分及承緝盜案已起四參例限據藩臬兩司具詳前來除檄飭遵照並咨吏部外謹會同兼署閩浙總督福州將軍

臣怡良附片具

奏伏乞

一

聖鑒謹

奏奉

硃批知道了

白糧兑運

再湖屬舊漕除冬撫春卹暨撥補南糧截留十二萬石外其白糧一萬餘千石與本年新漕一併海運赴津前經臣奏明在案惟查白糧為

玉粒正供必應出陳易新以昭誠敬隨飭屬購換新米一律舂辦齊全共計交倉正耗米一萬一千八百六十石四斗六升三合由藩司糧道具詳前來除飭令剝運赴滬迅速兑運外理合附片陳明伏乞

聖鑒謹

靜妙齋

奏

硃批户部知道

委員代辦糧道事務

再糧道周起濱前赴天津辦理收兌事宜現已帶印

起程所有道署應辦

題咨冊籍暨奏下文移應行委員代辦以專責成查有

捐升知府現署杭州府同知繆梓熟諳海運漕務情

形堪以勝任除飭令將各項冊籍文移仍用該道銜

名由該員代行代印外理合附片具

奏伏乞

聖鑒謹

奏奉

硃批户部知道

收捐銀兩

再前任兩江督臣李星沆之子監生李概前在原籍湖南湘陰縣捐賑案內議敘鹽提舉銜上年賊入楚境該員捐錢三千串脩理城垣不敢仰邀甄敘茲聞浙江籌辦防堵復捐湖南長平銀一萬兩專丁賫送到臣並據呈明世受

國恩仍不敢仰邀甄敘等情當將原銀發交藩司照部砝彈兌計庫平銀九千七百十三兩四錢九分現存司庫備用臣查該員李概節次捐輸洵屬情殷報効雖

據聲明不敢仰邀甄敘第捐數較多可否懇
恩勅部照案議敘之處臣未敢擅便謹附片具奏伏乞
聖鑒訓示再浙省籌餉新例案內收捐銀兩前於咸豐二
年十二月十五日止共捐銀五萬五千二百三十兩
業經具奏續據司詳於十二月十八日截卯又收銀
一萬三千七百九十一兩除咨部查照外合併陳明
謹
奏奉
硃批另有旨

請將新選安鄉縣鈕令留辦團練

再新選湖南安鄉縣知縣鈕福寬籍隸烏程在部領憑後請假回籍修墓正在請咨起程間據湖州府稟留該員督辦城工及團練事宜臣查浙省現在防堵緊要差委乏員相應奏懇

天恩俯准將新選湖南安鄉縣知縣鈕福寬暫留湖州督辦城工及團練事宜俾收指臂之助並請免其開缺一俟撤防後即行給咨赴楚除咨明吏部暨湖廣督臣湖南撫臣知照外謹附片具

奏伏乞
聖鑒謹
奏奉
硃批吏部知道

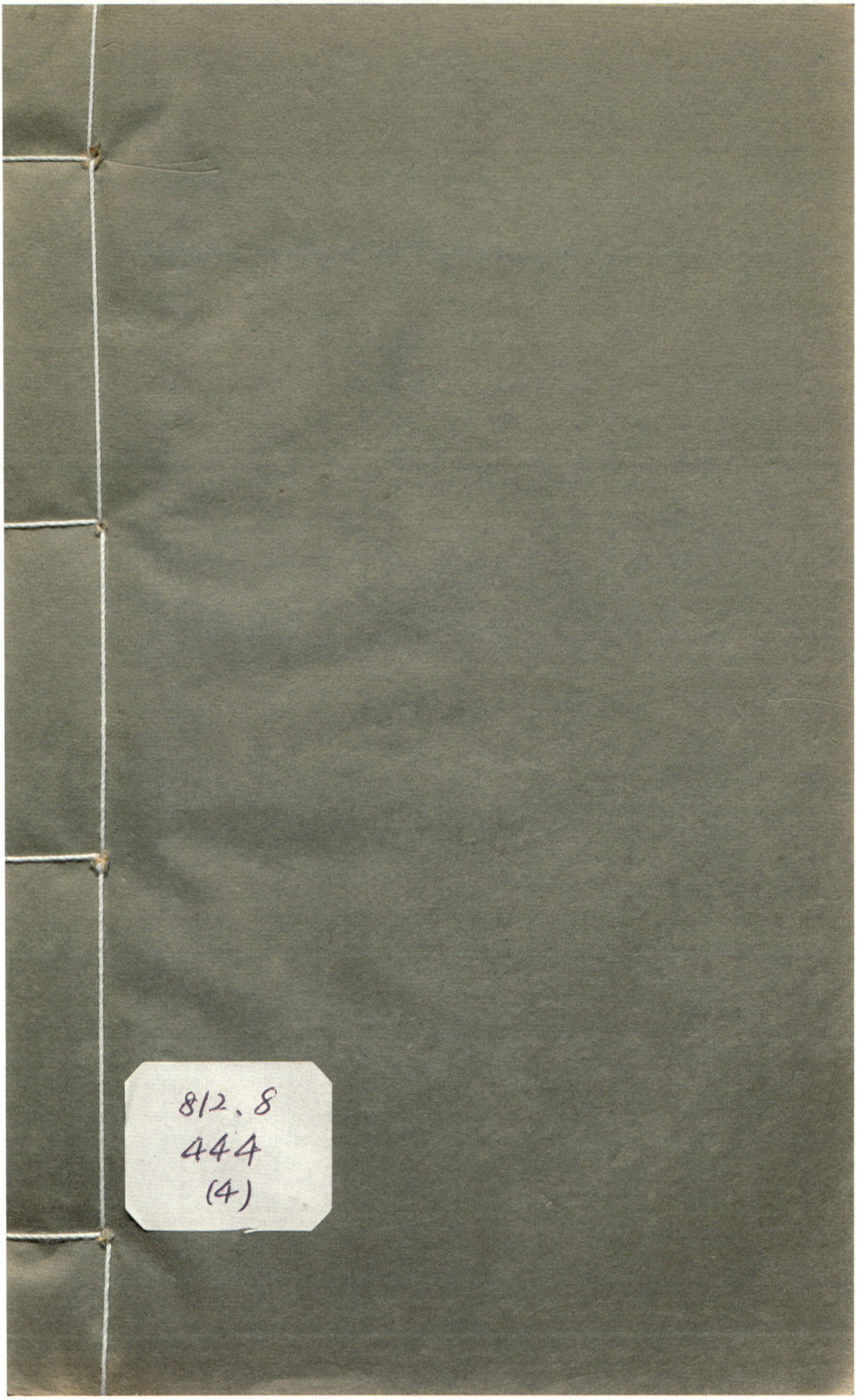
812.8
444
(4)

八閩文庫

福建文獻集成

吴格 主编

續編 集部 六一

文獻集成 385

海峽出版發行集團
THE STRAITS PUBLISHING & DISTRIBUTING GROUP
福建人民出版社

本册目次

晋江黄尚書公全集三十七卷（卷九至卷一四）

［清］晋江黄宗漢撰

厦門大學圖書館藏稿本

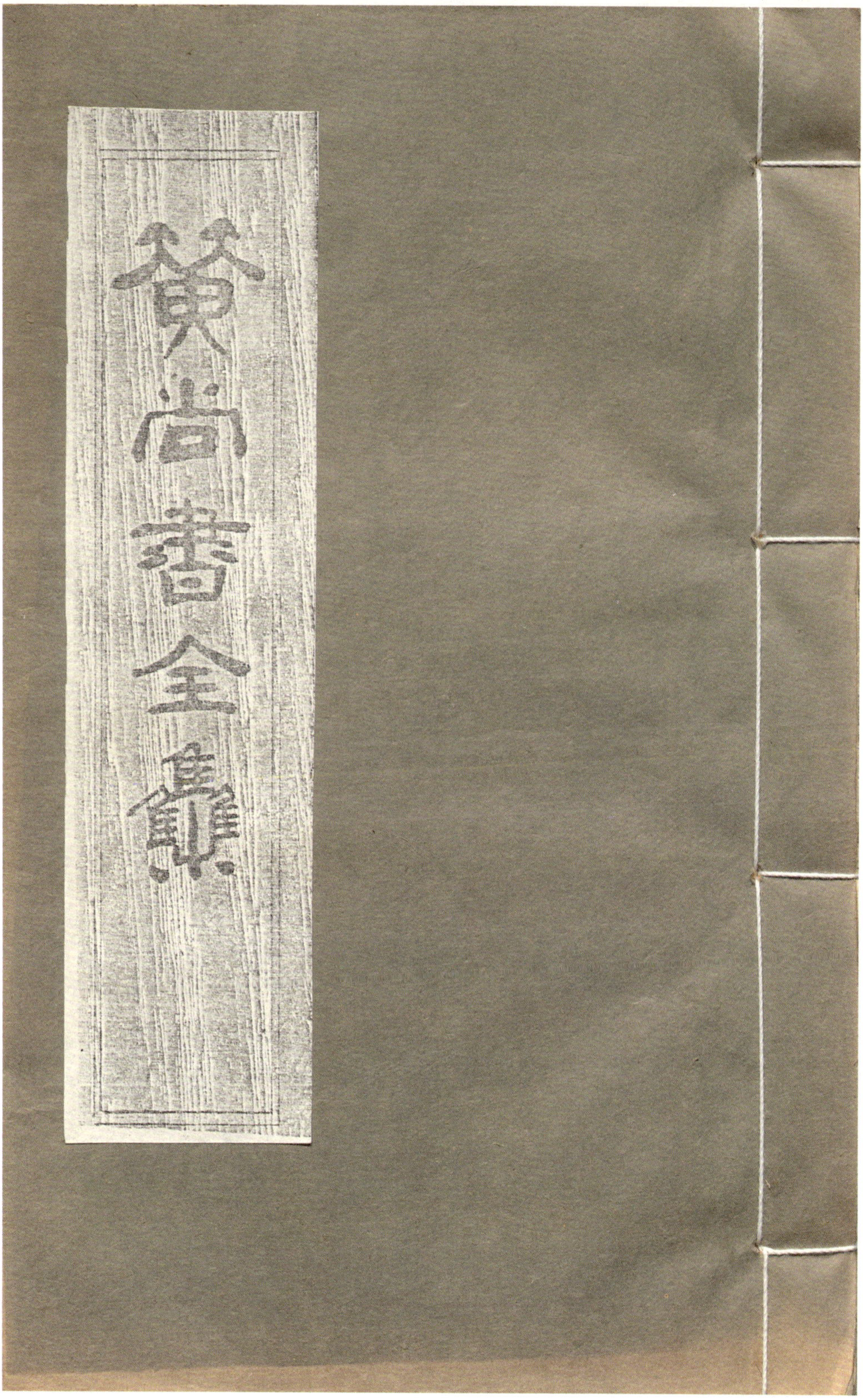
黃尚書全集

晉江黄尚書公全集卷九目錄

奏疏九　任浙江巡撫奏議

辦理軍務章程

請仍以歸安張令調補鄞縣

委署府缺

升任總兵請暫留浙

馳報漕糧全數起運赴滬

糧道在途梗阻委員襄辦津局事宜

海運尤為出力人員先行保奏

巡道出缺請　簡并催新任司道赴任

藩司遵　旨馳赴鎮江并催師船助剿

委署司道知府各缺

總兵遵　旨迅赴新任

撥解各營火藥礮位

揀員升補要缺知縣

道員知縣暫緩引　見

漕米全數放洋日期

海運最為出力之員先行奏　聞

飛飭糧道兼程赴津

總兵接帶師船并擬親赴平望閱防

晉江黄尚書公全集卷九

男貽楫謹輯

姪貽杼恭校

奏疏九　任浙江巡撫奏議

辦理軍務情形

奏為縷陳浙省辦理軍務情形恭摺奏祈

聖鑒事竊臣前奏調派官兵赴蘇防剿並浙省籌辦防堵

一摺欽奉

硃批籌辦尚妥兵力實屬單弱欽此仰見

聖主軫念江浙生靈溢於言表臣以菲材重膺疆寄無以
仰紓
皇上南顧之憂愧悚之餘更深焦急查江甯省城業經失
守浙省防堵萬分吃緊臣已將辦理緣由恭摺馳
奏在案復思防堵之法如僅於本境畫疆而守是乃下
策鎮江為由蘇入浙之門戶必須厚集兵力以資抵
禦除將蘇省咨調之兵一千六百名委紹興協副將
王𣛧護提標後營遊擊程廣蔭金華協右營都司江
長元等管帶陸續前進並查有平陽協副將都隆阿

管帶温州兵三百名前赴安徽該省失陷之時尚未派防臣即咨會蘇省截留一併由江蘇撫臣楊文定派赴常鎮一帶防守外其由蘇省至嘉興止有水路一道扼要在上游平望其由蘇省至湖州有水路一道扼要在上游太湖又由安徽至湖州有旱路一道扼要在四安廣德臣飭令處州府同知和齡仵防同知白讓卿瑞安協副將葉萬清甯海營叅將豫祺處州鎮標右營遊擊許延慶平陽協右營都司葉鳳高等帶兵八百名在平望一帶紮營温州府知府常恩

署衢州鎮標右營都司陳慶善嚴州協左營守備陳
際泰護平陽協右營都司李振寅等帶兵八百名在
四安廣德一帶紮營其太湖地方本有太湖營住紮
惟該營兵丁已於上年調赴安徽二百名此時太湖
防堵吃緊臣已飛咨該省札飭帶兵官該營遊擊孫
國安管帶回營並查有前調安徽之嘉湖二協兵丁
五百名現在宿松住紮臣亦咨商該省飭令帶兵官
嘉興協副將田大武管帶回浙在嘉湖二府居中策
應復委臬司黃樂之中防同知仲孫樊選帶兵勇前

赴嘉湖履勘形勢可設險者設險可設伏者設伏自嘉湖至省城有宜於安設砲臺之處或修築或添建次第舉行至於省城重地除武林頭鳳凰山二處各設營盤並於各城樓派兵守宿外不敷之兵現經督臣調撥閩兵一千名即日前來派防統計現在杭嘉湖三府屬滿綠防兵已有一萬此外官紳雇募各路水陸義勇亦有五千分撥省城暨嘉湖二府以補兵力之不足應用刀鎗器械火罐火箭分飭委員多為置備惟砲位前經江西等省借去數十尊所存無多

臣查夷務案内存有餘銕砲模已飭委員鑄就五千觔銕砲二十門於各路砲臺一律安設需用砲兵陸路不及水師之諳練已飛調温黄二鎮乍浦協水師砲兵一百四十名分撥派防所有一切經費前請十萬兩之外復飭藩司於正雜項下再撥十萬兩發交籌防局應用核實報銷臣前聞江甯警報因浙省兵勇無多前無救援後無接應幾至倉皇莫措茲竊兩旬之力會督統省文武各官日夕籌思布置已有頭緒又於本月初六日准

欽差大臣向榮咨會已在江甯孝陵衛駐紮拯江浙之生靈壯兵勇之膽氣均在此一舉指日大兵進剿自必悉數殲除倘有餘匪水陸奔竄則浙省已有準備必當極力剿捕斷不敢任其蔓延至於省城人心自有江甯失守之信不無驚惶現在兵勇㕥集各處團練亦已辦有成數貧富均屬相安亦無土匪竊發滋事堪以仰慰聖懷謹恭摺具奏伏乞

皇上聖鑒再臣於二月十六日覆奏水師前赴福山口迎擊一摺由五百里恭遞又於十九日具奏江甯失守浙省力籌防剿一摺由六百里恭遞均未奉到

批迴未知鎮江以上驛遞是否照常除咨江蘇撫臣查覆外合併陳明謹

奏奉

硃批另有旨欽此咸豐三年四月初二日奉

上諭黄宗漢奏辦理軍務情形一摺並片奏藩司回省各事宜等語浙江與江蘇接壤自應嚴密設防以為蘇省

後路聲援該撫派兵前赴常鎮一帶協防復派文武員
弁於嘉湖各屬分三路紮營扼要駐守並派將弁帶兵
居中策應布置尚屬妥協省垣要地分撥兵勇守衛並
安設砲臺調集水師之處均著照所議辦理所需經費
准其於藩庫正雜項下再撥銀十萬兩交籌防局撙節
動用覈實報銷該撫現在省垣督飭所屬嚴密籌防尤
須安撫人心持以鎮定隨時剴諭紳民剖陳利害令其
集資團練互相保衛其有實心為公廣勸捐輸或能毀
家紓難者准該撫從優請獎候朕破格施恩倘有刁生

劣監意圖掊克侵漁不顧大局者即著該撫查明秉公懲辦總期人心固結衆志成城如有緊要即著該撫親往嘉湖督率安辦向榮連獲勝仗奪據鍾山其城外東南兩面賊營攻燬殆盡且有湖南江西等省船砲自上游運駛已至江浦但能將上海船隻駛入京口先將鎮江賊船剿燬收復郡城則金陵城內之賊益形窮蹙大兵更易得手可以一鼓成擒麟桂熟悉艇船情形著仍遵前旨迅赴鎮江與楊文定督率砲船奮力攻擊吳健彰所雇局艇等船如有未到者即著飛催前進浙江師

船已由總兵陳世忠統帶提督葉紹春復派員駕船同往若再於浙江多撥師船並廣艇等船陸續助剿則聲勢益壯務須不分畛域與鄧　　等內河陸路之兵併力攻復鎮江即疾趨江甯江面為向榮援應截賊北竄之路毋得株守杭城致失事機其藩司印務前已有旨令黃樂之署理著即由嘉湖回省幫同該撫辦理一切事務其海運米石現已遲誤有未經開兌者著該撫迅即嚴飭委員趕緊督押赴滬放洋毋再遷延所有前次奏到各摺件著抄錄硃批並所奉諭旨寄給閱看將此

靜妙齋

由五百里諭知黃宗漢並傳諭麟桂知之欽此

招募廣艇及海運情形

再 臣承准軍機大臣字寄本年二月十八日奉
上諭黄宗漢奏藩司麟桂熟悉廣艇情形自願前往招募為江浙兩省防剿之用辦理甚合機宜該藩司曾任上海道於該處情形熟悉著即督帶船砲駛赴鎮江上游一帶相機攻剿一面知照向榮楊文定楊殿邦等南北策應至本年海運最關緊要浙省米石務即飛催各船接續開行尅期運津萬勿延誤將此由六百里諭知黄宗漢並傳諭麟桂知之欽此遵查該司麟桂於二月初

七日起程赴滬十五日旋浙所有艇船事宜已據蘇
松太道吳健彰借雇局艇六隻海雕二隻開風二隻
香山艇一隻廣艇三隻夾板船四隻夷船三隻先後
駛入鎮江由江蘇撫臣楊文定督帶又據甯波道府
招募廣艇十隻先有九隻放至上海該司本應遵
旨前赴鎮江惟恭繹
聖諭係臣前奏該司已至上海是以令其督帶令該司早
經回省現在一切籌防事宜惟臣與該司兩人日夕
督辦臬司黃樂之又經出省辦理防堵如嘉湖一帶

軍務吃重應由臣親帶官兵前往策應該司未便再行遠出臣已分咨向榮楊殿邦楊文定並札該司麟桂知照至浙省海運新漕截至二月底止已兑交商船三十九萬八千七百餘石陸續候風放洋所有天津需用銀兩前因江省道路戒嚴已由委員發交商船賫帶赴津以期迅速其餘米石已飭局員趕運兑開總期無誤倉儲仰紓

宸廑於萬一謹附片覆奏伏乞

聖鑒再浙省水師兵船前奉

諭旨飭赴福山口迎擊已據溫州鎮總兵陳世忠咨報督帶師船四隻配足軍火星馳起程又提臣葉紹春准向榮咨調浙省師船該提臣派調黄巖鎮廣艇一隻温州鎮廣艇二隻瑞安營同安船一隻米艇一隻玉環營同安船一隻委員管駕開行合併陳明謹

奏奉

硃批另有旨

副將暫緩引見

再紹興協副將王楙瑞安協副將葉萬清均經督臣
給咨赴部引
見惟浙省現辦防堵差委需人相應奏懇
天恩俯准將王楙葉萬清暫留浙省以資差遣一俟撤防
後即行飭令赴部除咨兵部外謹會同兼署閩浙總
督福州將軍臣怡良附片具
奏伏乞
聖鑒謹

奏奉

硃批王楙著暫緩引見葉萬清仍遵前旨迅赴新任

升任總兵暫緩迎摺北上

再據平陽協副將都隆阿咨報該員已升雲南開化

鎮總兵現在管帶浙省官兵在常州一帶防堵請俟

凱撤後再行恭摺叩謝

天恩一面迎摺北上囑臣代

奏前來相應據情附片具

奏伏乞

聖鑒謹

奏奉

硃批知道了

一秋審展限

再浙省秋審人犯温處二府屬定例由道提勘其餘
九府屬人犯向於三月中旬解省由臣衙門督同臬
司暨在省司道勘審彙核具
題茲屆三月解勘之期臬司先赴嘉興督辦軍需不能
兼顧而秋録
大典未敢稍事延誤現經臣查照温處道提勘之例分
飭杭甯金三道將所屬本年秋審人犯由該道等代
為提審明確移司會核實緩依限具詳由臣覆核

題報以免遲逾至現在杭嘉湖三府籌防吃緊此外各
府均辦理防堵團練事宜各廳州縣於命盜雜案未
能依限審辦臣已檄行各屬除由司道核轉者仍照
常辦理俾免積壓外其由臬司審轉各案暫行停辦
俟撤防之日另行起限審解除咨三法司吏部外理
合附片陳明伏乞
聖鑒謹
奏奉
硃批該部知道

驛路不通奏報并賫遞

再臣前據探報有鎮江失守之信而從未接准蘇省咨會茲當繕摺間准江蘇撫臣楊文定來咨瓜口鎮江均於二月二十二日失守南北文報不通擬於江陰靖江二縣添設水陸驛站等情臣此次奏報本擬由驛恭遞惟現在該省添設驛站尚未定準謹專弁賫遞理合附片具

奏伏乞

聖鑒謹

奏奉

硃批知道了

會籌防勦事宜

奏爲遵

旨會籌防勦事宜恭摺由驛覆奏仰祈

聖鑒事竊於本月初十日承准軍機大臣字寄咸豐三年

二月二十六日奉

上諭有鳳巴彥岱黄宗漢馳奏籌備防勦併調福州乍浦官兵各摺片覽奏均悉逆匪竄踞江甯若由水路紛擾則浙江之嘉興湖州處處堪虞本日已飛催琦善陳金綬向榮等分路勦辦向榮業已渡江由蕪湖進攻琦善

陳金綬俱已馳抵浦口一帶並諭令陳金綬相機過江協剿矣有鳳昨已有旨調任福州將軍現在浙省防剿喫緊著暫留浙江與該撫籌辦防剿黃宗漢擬赴蘇浙交界擇要守禦遏其入浙之路自應如此辦理所調福州駐防兵六百名乍浦駐防兵四百名著即飛催來浙以助防守前調福建兵二千名刻下想已起程著一併迅催趕到亦可為江浙兩省聲援葉紹春足疾諒已痊愈並著會同籌辦省城防剿事宜該將軍巡撫等務當悉心籌畫竭力嚴防安撫居民稽查奸細是為至要餘

著照所議辦理將此由六百里各諭令知之欽此遵查

浙省軍務業經臣黄宗漢將辦理情形於本月初九

日恭摺

奏報在案欽奉前因伏查江甯軍情已准

欽差大臣向榮來文自二月底至今屢次進勦均獲勝仗

琦善陳金綬現已抵揚指日大兵會勦即可收復江

甯惟餘匪四散奔竄恐所不免現在鎮江尚未克復

常州為江蘇省城之門户其安省蕪湖以下之東壩

可由間道直達湖州該二處最為喫重均經咨會向

營派兵協防以遏其竄入蘇杭之路所有浙省防剿
事宜奴才有鳳已彥岱　臣黃宗漢惟當督飭在防文武
竭力籌辦倘逆匪四散奔竄奴才有鳳等鎮守省城　臣
黃宗漢即帶兵親赴嘉湖扼要抵禦斷不敢稍涉鬆
懈惟所調福州乍浦駐防官兵除乍浦四百名現已
到省外其福州六百名及督　臣調撥派防之閩兵一
千名令准怡良知照以福州駐防兵未便征調即於
所調閩兵一千名以六百交奴才有鳳等派防以四百
名交　臣黃宗漢派防刻下尚未到浙現由　臣黃宗漢添雇各路

義勇并挑選糧船水手以資防守所鑄砲位尚不敷用已委員
在上海購買夷砲二十六門分撥各炮臺安設提臣葉紹春足疾尚未
就痊前因温州鎮陳世忠督帶水師前赴福山該提
臣以海洋緊要即馳回甯波居中調度其省垣軍務
仍隨時咨商以期集思廣益至刻下居民省中極為
安堵亦查無奸匪溷跡惟嘉湖二府地面水陸紛歧
叠經臣黄宗漢諳飭地方文武實力稽查如果獲有
奸匪即當解省究辦現當軍務喫緊之際臣等更當
加意嚴防以仰副

聖主諄諄訓誡之至意謹合詞恭摺由驛覆奏伏乞

皇上聖鑒再甯波道府招募廣艇十隻除先有九隻放至

上海外其餘一隻現亦據報開行合併聲明謹

奏奉

硃批知道了

辦理軍務章程

再浙省設局辦理軍務前經臣黃宗漢專摺具

奏在案其一切支應款項間有例未賅載及勢難拘泥例文者應行斟酌時勢並查照前次夷務案內章程辦理事竣核實報銷之處前摺尚未逐款聲敘茲據籌防局司道具詳前來除按款詳晰造冊咨部查照外謹繕簡明清單恭呈

御覽

一浙省官兵其由江西安徽江蘇等省調赴防剿並

由浙調派出省防堵者所有俸賞行裝照例支借其調派本省防堵官兵例無應給之項惟該官兵等不整治行裝難以起程令援照夷務成案減半借給撤防後分年扣還

一調防本省兵丁口糧柴薪援照夷務成案三百里外者每名日支銀八分三百里内及在各本境防守者每名日支銀五分其派赴蘇省吳江縣之平望安省廣德州之白茅嶺等處設營駐守者於日支之外每月照例加給銀四錢其文武官員之跟

役及各兵餘丁悉照成案辦理

一添製砲位及火箭火罐噴筒舂辦火藥購買夷砲並各項攻守軍器雜物應行脩整添備者均由局員查照例案逐一核實冊報

一軍前緊要文報經由各縣驛應安設正腰各站多備夫馬快船以資馳遞至遣發偵探及支應官兵過境運送軍火餉鞘一切水陸夫船脚價均援照夷務成案支給

一雇募各路義勇弁挑選糧船水手所有工資及安

家口糧各項經費援照夷務成案辦理

一兵勇口糧需米甚多現在湖廣安徽等處商販不通分飭委員前赴外江未經匪擾之處繞道採買運回接濟所需價值運脚均由局中給領核實造報

以上六條係現在辦理章程其有未盡事宜容當隨時具奏合併陳明

請仍以歸安張令調補鄞縣

奏為鄞縣海疆要缺仍請以歸安縣知縣張銑調補恭

摺覆奏仰祈

聖鑒事竊照甯波府鄞縣員缺係衝繁難三項相兼海疆要缺前經臣請以湖州府歸安縣知縣張銑調補現准部咨張銑並未捐免試俸與例不符行令另揀合例人員調補等因查籌餉事例內載州縣以上各官定例歷俸三年以上方准陞調捐納人員俟實授後試俸三年方准陞用此次暫開新例外省現任人員

如有未銷試俸及歷俸未滿者均准其捐免捐免之
後准其一體陞調其未經報捐人員不得於摺内聲
明奏請陞調等語查歸安縣知縣張銑年五十七歲
雲南蒙化廳人由廩生中式道光壬午科舉人乙未
科大挑一等以知縣用分發浙江在署樂清縣任内
緣事降調捐復原官補麗水縣知縣二十四年九月
初八日到任期滿實授調補今職三十年三月十三
日到任該員實心辦事到處皆得民心歷俸已滿三
年前經請調鄞縣令部議以該員並未捐免試俸行

令揀員另調臣復查該員如果試俸未滿三年自應
遵照籌餉新例令其捐免令該員於未奉新例以前
歷俸早滿三年前次祇未經咨部銷去試俸二字其
與未滿年限應行捐免者迥不相同且從前業已由
簡調繁此次調補鄞縣係屬以繁調繁為海疆要缺
擇人起見例得聲明奏請臣前摺業經聲敘合無仰
懇
天恩俯念海疆要缺人地實在相需仍准以張銑調補鄞
縣實於地方有裨如蒙

俞允該員係現任知縣請調知縣銜缺相當毋庸送部引
見據藩司麟桂臬司黄樂之詳請覆奏前來謹會同兼署
閩浙總督福建廵撫臣王懿德恭摺具
奏伏乞
皇上聖鑒勅部核覆施行再此案部復於咸豐二年十二
月二十五日行文按浙省照限減半計算應以三年
正月二十二日接到另行起限令該司等於三月初
六日限內具詳合併陳明謹
奏奉

硃批吏部議奏

靜妙齋

委署府缺

再署紹興府知府梁恭辰調省差委所遺員缺查有

現署西塘海防同知事杭州府總捕同知張玉藻若

成幹練堪以兼理據藩臬兩司具詳前來除檄飭遵

照外謹會同兼署閩浙總督福建巡撫臣王懿德附

片具

奏伏乞

聖鑒謹

奏奉

硃批知道了

升任總兵請暫留浙

再瑞安協副將葉萬清前經督臣保列一等給咨赴

部引

見因浙省差委需人經臣奏留派赴平望一帶防堵茲該

員已奉文升授江南福山鎮總兵感荷

聖恩優渥咨請臣代為

奏謝前來臣查現在平望地方防堵萬分吃緊該員謀

勇兼全正資得力應請俟凱撤後再令其繕摺叩謝

天恩一面迎摺北上除咨復查照外理合據情附片具奏

靜妙齋

伏乞

聖鑒謹

奏奉

硃批已有旨催令赴任浙省現辦防堵圍屬緊要然江省

豈不更重於浙省著不准留欽此

馳報漕糧全數起運赴滬

奏為浙省海運漕糧全數起運赴滬恭摺由驛馳

奏仰祈

聖鑒事竊照浙省咸豐三年海運二年漕白糧米六十四萬八千二十五石七斗三升二合七勺內除餘耗留變米一萬七千九百六十七石六斗二升九合實交倉正耗米五十六萬八千六百七十六石四斗一升三合四勺又應給經紀津剝商船耗食等米六萬一千三百八十一石六斗九升三勺又咸豐元年出陳

易新白糧交倉正耗米一萬一千八百六十石四斗

六升三合又應給經紀津剝商船耗食等米一千五

百三十八石三斗八升五合二勺通共起運新舊漕

白糧米六十四萬三千四百五十六石九斗五升一

合九勺除頭批開行日期并剝運兑交米數經臣節

次奏明有案外所有續運之米現於三月中旬一律

赴滬據浙省局員呈報截至二十日止已兑交商船

五十二萬餘石尚有未兑米一十二萬餘石應需船

隻飭據蘇省局員稟報無虞缺乏並准山東撫臣李

俾知照由該省飭雇沙船五十一隻催令赴滬裝運

現經臣飛飭蘇浙兩省各局員迅將未兌米石陸續

兌開尅日前赴天津聽候驗收外合將浙省海運漕

糧於三月中旬全數起運赴滬緣由恭摺馳

奏以慰

宸廑伏乞

皇上聖鑒謹

奏奉

硃批知道了户部知道

青女齋

糧道在途梗阻委員襄辦津局事宜
再浙省海運漕糧所有天津需用剝船及交米一切
事宜前經飭令糧道周起濱督同委員由陸路赴津
趕辦茲據糧道稟稱二月二十六日行抵如臯縣聞
揚州失守逆匪竄擾淮河道路梗塞未能即行前進
等情臣查海運新漕業已接續兌開放洋海船乘風
張帆行駛甚速如逆匪不即退出淮河該糧道等行
程必致躭誤到津商船不無羈候除飛飭由海押米
赴津之江蘇寶山縣職員徐雲會隨同直隸委員襄

辦收兑各事宜以資經理而免遲滯並咨

欽派驗米大臣暨倉場侍郎直隸總督查照外理合附片

具

奏伏乞

聖鑒謹

奏奉

硃批該部知道

海運尤爲出力人員先行保奏

再本年浙漕海運事屬創始臣前任浙江臬司署藩

司時素知在浙之候補同知繆梓有學有品於浙省

錢漕鉤稽最精又不流於苛刻每幫辦藩司糧道衙

門清釐交代款目精細持平輿論翕服工年八月臣

抵任後即入闈監臨適值繆梓總辦科場事務朝夕

接見與之講求變通漕務該員力主海運之說臣出

闈後再與司道熟商即令繆梓會同湖州府知府晏

端書詳議條款公同酌定奏蒙

靜妙齋

恩准並請於省城上海天津分別設局委員經理在案茲
於三月中旬新漕米石均已起運全完所有總司省
局尤為出力之護理鹽運使捐輸案內咨部不論雙單
月以道員選用之湖州府知府晏端書署理杭州府
總捕同知捐輸案內咨部以雙月知府選用之候補
同知繆梓自上年冬月設局以來核算鉤稽催提銀
米實心實力任勞任怨辦理極為妥速且該員等各
有本任應辦公事又於本年正月以後隨同臣等辦
防堵一切均無貽誤洵為府廳中結實可靠之員臣

仰承
恩遇任重事繁自恨一己之才力不足以圖報稱竊慕古
大臣以人事
君之義據實保奏而又不敢指請升階可否仰乞
天恩俯念今日需才孔亟先將各該員等量予超擢以示
鼓勵出自
逾格鴻慈臣謹附片具
奏伏乞
聖鑒訓示再上海局委員中塘同知仲孫樊等天津局委

員嘉興縣知縣楊裕深等應俟各局咒交事竣及以
次出力人員容臣陸續擇尤酌保斷不敢稍涉冒濫
合併陳明謹
奏奉
硃批另有旨欽此咸豐三年四月初九日内閣奉
上諭黄宗漢奏將辦理海運尤為出力之知府同知量予
鼓勵等語浙江湖州府知府晏端書候補同知繆梓於
海運事宜實心經理著有勞績該撫先行保奏自係為
鼓勵人才起見惟浙江海運漕米尚未全數運抵天津

據孫瑞珍等奏稱糧道周起濱現亦未到經費銀兩欠解尚多是該省辦理海運完竣尚需時日所有晏端書繆梓二員著俟海運事竣再由該撫聲明請旨候朕施恩欽此

巡道出缺請　簡并催新任司道赴任

奏為巡道因病出缺請

旨迅賜

簡放以重職守恭摺具

奏仰祈

聖鑒事竊照甯紹台道萬啓心由福建汀漳龍道對調前

職於本年三月初九日病故除另疏

題報並查有杭州府知府余士璪曾署斯缺甫經卸事

尚未回省即札令前往署理外所遺甯紹台道員缺

係請

旨要缺應請

迅賜簡放以重職守謹會同兼署閩浙總督福建巡撫臣

王懿德恭摺具

奏伏乞

皇上聖鑒再現因鎮揚一帶道路阻梗專弁賫摺恭遞必須繞道行走恐為日太遲且浙省司道大員未經到任者臣於上年十一月曾經奏請

飭催赴任現在萬啓心到任旬日即經病故其運司潘仕

成杭嘉湖道黃宅中至今均未到任不知在何處逗
遛現因實缺需員應併請
敕下查明催令迅速赴任以重職守是以附驛馳報合併
聲明謹
奏奉
硃批另有旨欽此咸豐三年四月初八日內閣奉
上諭浙江甯紹台道員缺著畢承昭補授欽此同日奉
上諭前經降旨飭令新任浙江鹽運使潘仕成杭嘉湖道
黃宅中迅速赴任茲據黃宗漢奏稱潘仕成黃宅中

至今均未到任著該部再行催令速赴新任並將該員等因何遲延之處查明具奏欽此

藩司遵　旨馳赴鎮江幷催師船助剿

奏為遵
旨傳諭藩司馳赴鎮江並催趲浙省師船前往助剿緣由
恭摺由驛覆奏仰祈
聖鑒事竊於本月初六日承准軍機大臣字寄欽奉
上諭前經諭令麟桂吳健彰雇備船隻駛入江口助勦現在江甯城外連燬賊營而水路賊船麕聚必須水陸夾攻以清江面即飭該藩司將所備船隻親為統帶前赴鎮江聽候向榮調度黃樂之現已到任浙江藩司印務

即著暫行署理其臬司印務着該撫委員接署等因臣

查本年二月間欽奉

上諭飭令該司督帶船砲馳赴鎮江相機攻剿臣查該司

於二月初七日赴滬十五日旋浙據稟艇船事宜蘇

省由上海道借雇二十一隻浙省由甯波道府招募

十隻均由江省督帶該司似可毋庸前往即經附片

覆

奏在案欽奉前因臣以前奏尚未接奉

諭旨飭令該司暫緩起程茲於本月十二日又承准軍機

大臣字寄欽奉
上諭麟桂著仍遵前旨迅赴鎮江與楊文定督率砲船奮力攻擊浙江師船已由總兵陳世忠統帶提督葉紹春復派員駕船同往若再於浙江多撥師船助剿則聲勢益壯務須併力攻復鎮江疾趨江甯為向榮援應截賊北竄之路等因臣即遵
旨傳諭麟桂於十五日起程馳赴鎮江會同楊文定督率砲船進剿至浙省師艇各船除先經臣奏明溫州鎮陳世忠親帶師船四隻提臣葉紹春派調各營師船

五隻甯波道府雇募廣艇十隻外續據陳世忠行調
黄標師船五隻定標師船四隻乍浦協師船二隻瑞
安協師船一隻計浙省調赴江省師船已有三十一
隻惟陳世忠奉
命前赴福山先據咨報於二月二十七日開行嗣接該鎮
三月二十一日鎮海洋次來文稱因行調師船未齊
恐不足以資克敵咨請核示臣以江省軍情自
欽差大臣向榮統帶大兵行抵江甯該逆匪屢戰屢北現
在紛紛下船逃竄所有鎮揚一帶賊船專待各路師

船會合勦捕軍務萬分緊急且
命將出師時繫
九重焦慮該鎮於具報開行以後遲至一月尚未駛出浙
洋似此坐悞事機自問應得何罪即經飛飭聯幫行
駛不准稍事逗遛並經臣派員馳往督催一面飛咨
向榮暨提臣江省督撫臣一體催提叅辦去後茲據
該鎮咨報於四月初七日駛至吳淞口因浙省水師
於福山洋面沙線未能熟悉恐有疎虞移會蘇松太
道提募舵工引駕等情臣查該鎮自温洋行抵吳淞

已閲四旬之久軍行遲滯咎無可辭除飛飭蘇松太
道速募舵工星夜引赴福山進剿外相應請
旨先行交部嚴加議處仍由臣飛咨向榮暨江省督撫臣
確查該鎮如係畏葸遷延即行據實嚴參以為貽誤
軍機者戒所有遵
旨傳諭藩司馳赴鎮江並催儹浙省師船前往助剿緣由
謹恭摺由驛覆奏伏乞
皇上聖鑒再藩司印務遵
旨飭令臬司黄樂之由嘉湖回省署理其遞署司道各員

另摺奏報合併陳明謹

奏奉

硃批知道了陳世忠革職已有旨了

青女齋

委署司道知府各缺
奏為司道知府各缺分别委護委署恭摺附驛具
奏仰祈
聖鑒事竊照藩司麟桂奉
命馳赴鎮江所有該司篆務遵
旨飭令臬司黄樂之署理在案查該臬司本經臣奏明在
嘉湖一帶辦理防堵必須遴選幹練人員前往接手
第查浙省道員糧道已領運北上杭嘉湖道尚未到
任甯紹台道尚未

簡放有人其金衢嚴道劉成萬先經飭辦衢郡防堵現在
賊踪靡定未便遽行撤防温處道慶廉於卸署臬篆
後臣因温州鎮陳世忠奉
旨前赴福山進剿温州洋面時有盜匪游弈水陸均須防
範現在鎮道俱係署事恐不足以資鎮壓該道在温
年久熟悉海疆情形業經飭令回任並因温州府知
府常恩調赴四安廣德一帶防堵署温州府知府裕
祿先因軍務調省差委現在温郡應舉行府試之時
隨飭該道兼攝府篆并即關考是該二道均未便調

署臬篆惟查有委署甯紹台道之杭州府知府余士璟老成諳練堪以委護臬篆仍令前赴嘉湖會督在防文武實力防堵其甯紹台道篆務查有甯波府知府畢承昭精明强幹堪以就近護理其甯波府篆務查有擬補西防同知之署鄞縣知縣段光清實心任事卓著循聲堪以就近署理該員在鄞縣深得民心仍令其暫行兼攝鄞縣以資治理再杭嘉湖道本係署杭州府事紹興府知府徐榮兼護現屆霉汛東西中三塘險工林立必須專員署理俾得常川赴工認

真督辦臣已飭委徐棨專署道篆所有杭州府篆務查有候補知府王清照辦事勤奮堪以署理除分檄飭遵外謹會同兼署閩浙總督福建巡撫臣王懿德恭摺附驛具

奏伏乞

皇上聖鑒謹

奏奉

硃批知道了

總兵遵旨迅赴新任

奏爲遵

旨飛飭福山鎮總兵迅赴新任恭摺覆

奏仰祈

聖鑒事竊准部咨欽奉

上諭江南福山鎮總兵葉萬清著閩浙總督浙江巡撫即飭迅赴新任等因欽此遵查該員葉萬清前在瑞安協

任内督臣保列一等給咨赴部引

見正當交卸起程因浙省差委需人經臣奏留派赴平望

防堵嗣該員奉文升授福山鎮總兵因在防所未能
即時進京洛請代為陳
奏臣以平望地方防堵萬分喫緊該員謀勇兼優正資
得力請俟凱撤後再令繕摺叩謝
天恩迎摺北上附片奏明在案欽奉前因遵即恭錄
諭旨飛飭葉萬清迅赴福山鎮新任毋稍遲誤所有平望
防堵事宜即飭調省差委之金華協副將阿麟保前
往會同派防文武各員實力辦理謹會同兼署閩浙
總督福建巡撫臣王懿德恭摺覆奏伏乞

皇上聖鑒謹

奏奉

硃批知道了

撥解各營火藥礮位

再 臣准向榮咨借五千觔銕砲三位三千觔銅砲二位又准楊文定兩次咨借火藥五千觔火箭五百枝火罐五千個均經 臣飭局動撥並配齊鉛彈火繩先後委員解赴向榮江甯大營楊文定大港水營告投又藩司麟桂奉
命前赴鎮江會同楊文定督率砲船進剿 臣又撥給火藥二千觔配齊鉛彈火繩委弁隨同解往以資接濟理合附片陳明伏乞

聖鑒謹

奏奉

硃批知道了

揀員升補要缺知縣

奏為揀員升補要缺知縣恭摺奏祈

聖鑒事竊照嘉興府石門縣知縣張家縉於本年二月十一日聞訃丁母憂應以是日作為開缺所遺員缺係衝繁難兼三要缺例應在外揀員調補查定例應調缺出以現任人員對調如無合例堪調之員准以候補人員題補如候補無人准於應升人員内先儘著有勞績人員請升俱令督撫於疏内將人地實在相需之處切實聲明等語今石門縣一缺政繁賦多為

江蘇入浙衝途時有匪徒溷跡緝捕催科均關緊要非精明幹練之員弗克勝任臣與藩臬兩司於通省現任知縣中逐加遴選非現居要缺即人地未宜實無合例堪調之員其揀發知縣宋純修已補景甯縣候補知縣李枝青已補西安縣即用知縣李信芳已補天台縣均未接准部覆此外候補班内無合例應補之人其即用班内祇有陶雲升一員甫經到省該處情形未能熟悉未便遽行請補應請以著有勞績應升人員升補查有甯波府鎮海縣縣丞丁昌穀年

四十五歲江蘇金山縣監生議敘八品職銜遵籌備
例報捐縣丞捐輸軍餉投効浙江海疆儘先補用咨
補令職道光二十五年五月初一日到任浙東善後
捐輸加布理問銜代理奉化縣知縣辦理匪徒滋事
出力咸豐二年八月十四日奉
上諭著以知縣儘先陞用欽此該員在縣丞任内試俸期
滿銷去試俸初次俸滿保荐均由部覆准在案臣復
查該員留心民事不憚勤勞緝捕尤爲出力以之升
補石門縣知縣實堪勝任惟係調缺請升與例稍有

未符第人地實在相需例得專摺奏請據藩司麟桂
臬司黄樂之會詳請
奏前來合無仰懇
天恩俯念石門縣員缺緊要一時揀調乏人准以丁昌穀
升補洵於要缺有裨如蒙
俞允該員係現任縣丞請升知縣應俟部覆至日給咨送
部引
見恭候
欽定其著有勞績儘先升用並俸滿保荐應升各案照例

查銷任内一切因公處分遵例毋庸核計至所遺鎮
海縣縣丞員缺浙省現有應補人員容臣另行遴員
請補謹會同兼署閩浙總督福建巡撫臣王懿德恭
摺具奏伏乞
皇上聖鑒敕部核覆施行再此案該司於四月初六日具
詳合併陳明謹
奏奉
硃批吏部議奏

青女齋

道員知縣暫緩引見

再温處道慶廉先因俸滿并卓異經部調取引見前撫臣以該道承造金州戰船未完復委署運司奏請展限嗣該道卸署運篆臣因沿海防緝緊要奏明暫回本任俟海洋静謐再行給咨旋奉諭旨署理臬司篆務現已卸事又署常山縣知縣李盤前在宣平縣任内大計卓異應行給咨赴部引見上年江西調兵防堵常山界連江西臣以地方緊要飭

委該員署理奏請俟卸事後再行給咨各在案茲准
部咨以各該員均逾例限
奏明催令迅速給咨赴都臣查温處道慶廉交卸臬篆
後臣因温州鎮陳世忠奉
旨督帶水師前赴福山口迎擊温洋統率無人慶廉在温
年久熟悉洋面情形飭仍暫回本任以資彈壓署常
山縣李盤自上年到任後辦理團練事宜甚為得力
未便易易生手該員等引
見逾期係臣為慎重地方起見與無故遲延者不同均請

俟軍務告竣後再行分别飭令交卸給咨赴部除分

檄飭遵並咨覆吏部外謹會同兼署閩浙總督福建

巡撫臣王懿德附片具

奏伏乞

聖鑒謹

奏奉

硃批吏部知道

漕米全數放洋日期

奏為浙省海運漕米全數兑竣放洋恭摺馳

奏仰祈

聖鑒事竊於本月十二日承准軍機大臣字寄本年四月

初二日奉

上諭海運米石現已遲誤有未經兑開者著即嚴飭委員

趕緊督押赴滬放洋毋再遷延等因欽此臣查本年浙

省海運新舊漕米六十四萬三千四百五十六石九

斗五升一合九勺於三月中旬一律起運赴滬[illegible]催

是月二十日止兑交商船五十二萬餘石業經[illegible]於
三月二十八日由驛
奏報在案所有未兑之米十二萬餘石當即飛飭蘇淞
兩省各局員迅速兑開毋得稍事遷延致誤京倉支
放欽奉前因復經恭録轉行去後茲據省局轉據上
海局委員仲孫樊具報已於四月初十日兑竣統計
本年海運漕米共裝船四百十四隻應給水脚等項
銀兩均經給發清楚陸續放洋於二十日全數北上
等情詳請具

奏前來臣查沙船放洋全憑風色現值天氣晴和南風

司令行駛可期穩速除飛咨直隸山東江蘇各督撫

臣轉飭水師營弁沿途接護並咨

欽差驗米大臣倉場侍郎查照外所有浙省海運漕米全

數兌竣放洋緣由謹恭摺馳

奏以慰

宸廑伏乞

皇上聖鑒謹

奏奉

硃批知道了

海運最為出力之員先行奏　聞
再中防同知仲孫樊江蘇吳江縣進士由臨海縣升
補今職年壯才優辦事亦甚練達海塘工務俱報安
瀾上年委赴鄞縣查拿梟徒出力蒙
恩賞戴藍翎本年浙漕海運由臣奏委前赴上海駐局監
兑計自上冬以來會督各委員辦理收兑漕糧支放
銀兩事事悉臻妥協臣前因平望防堵緊要該員籍
隸吳江於地方情形更為熟悉指示機宜飭令兼辦
尚能應手現在商船一律放洋收兑事竣臣擬并敘

其勤勞應將該員在局最為出力緣由先行片具
奏仍請俟天津交兑事竣並各局以次出力人員酌量
保奏時聲明請
旨再浙漕不敷船隻統由蘇省幫僱撥用該省局員與浙
省局員和衷共事不分畛域實屬可嘉亦請俟津局
事竣容臣會同蘇省督撫臣酌核保奏出自
逾格鴻施伏乞
聖鑒謹
奏奉

硃批知道了

青

飛飭糧道兼程赴津

奏為遵

旨飛飭糧道兼程北上恭摺附驛覆奏仰祈

聖鑒事竊臣於本月二十日欽奉

上諭孫瑞珍慶祺奏請飭催浙江糧道赴津交兌一摺浙江糧道周起濱輒因淮河道路梗塞半途中止現在浙省米船陸續抵次僅據該撫飭令江蘇從九品徐雲會赴津襄辦以致查驗撥運支發經費等事諸多棘手殊屬不成事體著嚴飭該糧道及各委員兼程北上倘再

托故遷延致有貽誤即據實奏參毋稍迴護等因欽此
遵查該糧道周起濱自上冬到任後前赴蘇省辦理
剥運湖屬舊漕因該省水淺阻滯於本年正月初二
日復往催提至二月初旬竣事臣即飭該道於十二
日起程趕緊北上該道因江省道路戒嚴天津需用
銀兩未能攜帶督飭委員在上海派交殷實商船賫
帶赴津一面與各委員由福山取道南通州前進二
十六日行抵如臯聞揚州失守逆匪竄擾淮河道路
梗塞行程恐有躭誤稟經臣附片具

奏一面飭令由海押米赴津之江蘇寶山縣職員徐雲
會隨同直隸委員襄辦俾免商船覊候一面飛飭該
道設法遄行旋據該道稟報前在如臯途次探得六
閘一帶甚不安靜改道由海安盤壩從東臺鹽城阜
甯等處起旱渡黃行走可期穩速詎於三月初十十
一日在阜甯板湖薛家蕩地方兩次被盜行李盤費
刦去無存委員烏程縣知縣梁正標等均受重傷應
俟整治行裝方可前進臣接閱來稟焦灼萬分當查
津局委員惟金華府通判育湻於正月間由常州差

次起程如果中途無阻計可早抵津門第該道與各

委員行程遲滯津局兑交事宜必致掣肘當查有候

補未入流張承志熟悉海運即飭令由海赴津會同

育滈徐雲會妥為辦理一面八百里飛咨驗米大臣

倉場侍郎直隸總督查照去後嗣因日久未據該道

續稟臣未知其曾否北上節次行文沿途飛催並由

江蘇藩司倪良耀詳委該省赴津幫辦交米之候補

同知朱鈞上海局員仲孫樊詳委嘉定縣職員張修

睦先後航海赴津會辦各在案欽奉前因臣復查該

糧道周起濱及各委員自上海起程兩次改道至阜
甯一路行程躭誤由於道路阻滯尚非無故遷延惟
在阜甯途次被盜以後不即整治行裝迅速赴津誠
如
聖諭實屬不成事體除經遵
旨飛飭兼程北上並咨驗米大臣倉場侍郎一俟該道等
抵津詢明究竟是否無故遷延據實叅辦外理合恭
摺附驛覆奏伏乞
皇上聖鑒正在繕摺間接據該道來禀三月二十五日由

阜甯起程仍繞道由盐城興化高郵前進於四月初
二日至王家營登車北上除再行文飛催並咨驗米
大臣倉塲侍郎查照核辦外合亟陳明謹
奏奉
硃批另有旨欽此咸豐三年五月初五日內閣奉
上諭黃宗海奏遵旨嚴飭糧道兼程北上一摺浙江糧道
周起濱此時計已行抵天津所有浙省米船兌交事宜
著孫瑞珍慶祺督同該糧道迅速辦理無致遲誤據該
撫奏稱該糧道在阜定板湖薛家蕩地方兩次被盜委

員烏程縣知縣梁正標等均受重傷並著孫瑞珍等查
詢確情其被劫之款是否公項一併查明具奏欽此

總兵接帶師船并擬親赴平望閱防

再温州鎮總兵陳世忠奉

命督帶師船赴福山口進剿臣因其軍行遲滯由驛附叅並准向榮咨會奏調署定海鎮周士法馳往接帶師船駛至鎮江會剿等因臣即由八百里咨催去後茲據該署鎮咨報駕坐艇釣船二隻派撥弁兵於四月十三日開行又調同安船四隻飭即跟踪而至並據福山鎮咨報提臣葉紹春派調赴江之黃巖鎮廣艇一隻温州鎮廣艇二隻瑞安營同安船一隻米艇一

隻玉環營同安船一隻於四月十二日合幫駛至福
山港口寄椗飭營引帶前進各等情飛報前來臣即
飛咨向榮暨江省督撫臣派員迎提現在軍務緊要
凡浙省水陸兵弁可以調派江蘇協力堵剿之處臣
靡不竭力飛催以冀仰紓
宸廑再臣前奏擬赴蘇浙交界擇要守禦因省垣重地自
二月間迭聞警報人心不免驚惶匪徒亦乘機思逞
臣必得在省鎮靜彈壓方得安堵如恒是以先令臬
司黄樂之前往平望紮營令該司回省署理藩篆一

切籌餉捐輸各事宜當與之次第籌商辦理并俟閩
兵四百名及臣本籍所僱鳥槍手三百名到浙後臣
派撥停當即馳赴平望閱看各官弁一路設險設伏
布置能否周密操練能否勤奮再行回省合先附片
具
奏伏乞
聖鑒謹
奏奉
硃批知道了

青如齋

晉江黃尚書公全集卷十目録

委署府缺

巡閱各路防堵

放火匪犯即行正法

浙東防堵情形

巡查封禁山

竈課緩徵

遴升要缺知縣

委署同知弁文武人員請展限引　見

撫卹日本難夷

浙兵未能分撥赴閩

晉江黄尚書公全集卷十

男貽楫謹輯
姪貽杼恭校

奏疏十 任浙江巡撫奏議

官紳續捐軍餉

奏為浙省官紳續捐軍餉恭摺

奏祈

聖鑒事竊照浙省官紳先後捐輸軍餉銀九萬一千六百

兩暨前任兩江督臣李星沆之子監生李概捐輸湖

南長平銀一萬兩前經五次奏報在案茲據府廳知
縣暨在籍前任兵部右侍郎戴熙共捐銀四千六百
兩相應彙繕清單恭呈
御覽所捐銀兩均已解存藩庫聽候撥用各官紳情殷報
効可否仰懇
聖恩勅部照案議敘之處出自
鴻施臣謹恭摺具
奏伏乞
皇上聖鑒謹

奏奉
硃批另有旨欽此咸豐三年五月二十六日内閣奉
上諭黄宗漢奏浙江官紳續捐軍餉並開單呈覽一摺知
府銜嚴州府同知裕祿著交部從優議敘金華府知府
崇福温州府同知程祖壽甯波府石浦同知張兆熊南
塘通判劉書田署山陰縣候補知縣程文範在籍前任
兵部右侍郎戴熙均著交部議敘欽此

清單

謹將浙省官紳續捐軍餉銀數彙開清單恭呈

御覽

金華府知府崇福捐銀八百兩

知府銜嚴州府同知裕禄捐銀二千兩

温州府同知程祖壽捐銀三百兩

甯波府石浦同知張兆熊捐銀二百兩

南塘通判劉書田捐銀三百兩

署山陰縣候補知縣程文範捐銀五百兩

靜妙齋

在籍前任兵部右侍郎戴熙捐銀五百兩
以上共捐銀四千六百兩

劫盜正法

奏爲拿獲叠劫盜犯審明定擬恭摺奏祈

聖鑒事竊照省城武林門外五方雜處地方緊要前經臣

派委員弁會同紳士設局團練茲據該委員紳士督

率丁勇暨該管文武兵役拿獲盜犯蔣阿狗等由錢

塘縣訊認行劫事主王瀾首飾店吳若準當鋪各案

臣查該盜匪胆敢於城廂近地糾夥行劫情殊不法

當即行提各犯至署督同司道府縣研訊緣蔣阿狗

陳詒青朱大錫尤阿虎陳名潮金任愛許一明包戴

靜妙齋

金曹阿三陳阿五蔡高之王錦任王阿五陳阿二分隸平陽瑞安樂清青田玉環等廳縣均在湖州傭工先未為匪犯案咸豐三年二月初間該犯等與已獲監斃之楊步雲鳧水淹斃之程阿三李阿二在逃之林阿言等二十六人會遇閒談說起乘粵匪不靖之際大家可以打刦營生蔣阿狗談知杭州武林門外王瀾首飾店資本殷實起意行刦各犯允從隨即分帶器械先後從湖州動身於初六日到杭會齊是夜三更時分偕抵該店門首曹阿三陳阿五蔡高之王

錦任玉阿五程阿三李阿二與林阿言金華千金蘭
弟林大滿林大邊鄭大江吳阿托沈阿五陳阿四大
脚風阿水在外把風接贓蔣阿狗陳詒青朱大錫尤
阿虎陳名潮金任愛許一明包戴金楊步雲用石撞
門進内刦得贓物遞交接收店夥阮文良喊捕被楊
步雲拒傷携贓逃至僻處俵分變賣花用四月初一
日蔣阿狗又起意行刦該處吳若準當鋪糾允原夥
陳詒青等並續糾已獲之陳阿二又經程阿三轉糾
不識姓名一人共二十八人於是夜三更時分各執

器械偕抵該當舖門首陳名潮金任愛許一明包戴
金曹阿三陳阿五蔡高之王錦任王阿五程阿三李
阿二與金華千金蘭弟林大滿林大邊鄭大江吳阿
托沈阿五陳阿四大脚風阿水及不識姓名一人在
外把風接贓蔣阿狗陳詒青朱大錫尤阿虎陳阿二
楊步雲林阿言用斧劈門進內刦得贓物遞交接收
當經該處巡員練勇局紳士督率丁勇暨該管文武
兵役當場拿獲蔣阿狗等十五名並起獲原贓鄉勇
王阿才朱阿鴻施人英茹華國張小松被各犯拒傷

程阿三李阿二暨不識姓名一人凫水脱逃淹斃楊步雲在監病故由縣先後驗報臣即親提各犯督同司道府縣硏訊據各供認不諱詰無另犯搶刦别案自無遁飾查律載强盗已行而但得財者不分首從皆斬又例載盗刦之案嚴行究審將法所難宥及情有可原者一一於疏内聲明大學士會同三法司詳議將法所難宥者正法各等語此案蔣阿狗等行刦事主王瀾首飾店吳若準當鋪得贓自應按律問擬蔣阿狗陳詒青朱大錫尤阿虎陳名潮金任愛許一

明包戴金曹阿三陳阿五蔡高之王錦任王阿五陳
阿二均合依强盜已行而但得財者不分首從皆斬
律擬斬立決蔣阿狗兩次起意為首陳詒青朱大錫
尤阿虎兩次入室陳名潮金任愛許一明包戴金曹
阿三陳阿五蔡高之王錦任王阿五或入室搜贓或
接贓把風均在二次以上陳阿二入室搜贓一次俱
屬法所難宥該犯等當粵匪不靖防堵喫緊之時胆
敢起意打刦營生兇惡尤甚未便稍稽顯戮臣於審
明後即恭請

王命飭委臬司暨臣標中軍將各該犯綁赴市曹監視處
斬並將監斃之楊步雲梟首及水淹斃之程阿三李阿二
戮取首級一併傳赴犯事地方懸竿示衆以昭炯戒
不能禁約子弟為盜之犯父犯凡飭縣移提責懲程
阿三轉糾之不識姓名人業已淹斃應毋庸議楊步
雲在監病故刑禁人等訊無凌虐情弊店夥阮文良
傷經平復鄉勇王阿才等傷已醫痊並經給賞均毋
庸議起贓給主未起追賠逸犯林阿言等飭緝務獲
另結王瀾案首夥二十六人吳若準案首夥二十八

人均於踈防限内獲犯過半兼獲盜首地方文武各
官照例免議所有首獲協獲應𠭴職名另行查取核
辦除供招咨部外謹會同兼署閩浙總督福建廵撫
臣王懿德恭摺具奏並查照刑部通行將權宜辦理
緣由隨摺聲明伏乞
皇上聖鑒飭部核覆施行謹
奏奉
硃批刑部議奏

臨安縣鄉民滋事分别查辦

奏為臨安縣鄉民圖減漕糧入城滋事焚燬縣署科房監犯乘機逃逸委員分别查辦恭摺奏祈

聖鑒事竊照署臨安縣知縣郭元吉因病出缺由司詳委仙居縣陳鍾彥代理於三月二十二日抵任暫住公館二十六日有四鄉居民百餘人入城聲言漕庫書吏姚長庚等收糧苛刻歷有年所前來報復並欲與該書等議減漕糧前至縣署尋鬧姚長庚等避匿該鄉民焚燒科房卷宗延及監獄監犯葉老三汪海南

陳得保汪十二老章保城王阿四吴阿毛陳正隴翁明泳沈三順鄭起發等乘機逃逸該代理縣暨典史前往彈壓查拏鄉民一鬨而散當時將火撲滅並督率刑禁丁役拏獲監犯陳正隴沈三順二名翁明泳在途身死不知被何人毆斃各等情臣查該縣歷年完納漕糧從無貽誤所稱漕庫書吏收糧苛刻之處究竟如何苛刻致釀事端必須確查究辦該代理縣陳鍾彦到任甫經數日無所用其迴護即經批司札委候補知府玉環同知葉堃並飭府札委候補知縣

伍承吉前往確查勘驗並嚴拏滋事首要各犯及在逃各監犯務獲究報去後茲據該縣報獲逃犯陳得保一名并據杭州府會同委員查禀臨安漕倉遠在餘杭地方該縣四鄉居民運米至倉計程自百里至數十里不等姚長庚等挑剔米色過甚鄉民往返易換不無受累挾恨非一朝一夕故借圖減漕糧為名前來報復並無別情惟當日入城滋事係何人為首何人為從因四鄉之人一時烏合無從確查姓名飭據城鄉紳耆以現在舉行縣試又當割麥插秧之際

稟求免予查拿統由該紳耆等查明捆送究辦並據
聲明逃犯葉若三聞拏投首各等情前來臣復查該
鄉民等因挾姚長庚等挑剔漕米之嫌胆敢借名圖
減漕糧聚衆滋事焚燬衙署科房延及監獄以致監
犯乘機逃逸實屬刁蠻不法惟該縣現當考試文童
暨農田耕作之時若由省派委文武員弁前往查拏
人心不免驚惶轉非綏靖閭閻之道既據紳耆情愿
查明捆送自應暫准所請以安士心而便農業仍嚴
飭該府縣暨委員勒提姚長庚等先行解府嚴審究

明歷年征收漕糧實在有無浮勒並催令紳耆捆送
首從各犯到日質訊究辦至在逃監犯葉老三因共
毆邵魯銀身死擬絞汪海南因戳傷小許身死擬絞
均應入本年秋審陳得保因踢傷洪培玉身死擬絞
汪十二老因糾竊童海觀家被獲圖脱誤傷事主平
復擬軍章保城因行竊胡成達家擬流王阿四吳阿
毛陳正隴翁明泳因行竊鄭高清家擬徒均未准部
覆沈三順鄭起發因聽從倪錫淋等鬧漕沈三順擬
絞已入秋審緩決二次鄭起發擬流該二犯係石門

解至該縣寄禁除葉老三已據投首陳得保陳正隴
沈三順已據拏獲翁明泳業已身死外尚有絞軍流
徒人犯六名未獲該代理縣暨典史不能先事防範
咎無可辭應從重以絞犯越獄例議處據藩臬兩司
轉據該管道府揭叅前來相應請
旨將管獄官臨安縣典史徐桂詵革職拏問有獄官代理
臨安縣仙居縣知縣陳鍾彦革職留任臣即行提該
典史暨刑禁人等至省委審核辦並飭拏各逃犯務
獲究報被燬科房監獄卷宗分别賠修飭鈔所有臨

安縣鄉民圖減漕糧入城滋事焚燬縣署科房監犯
乘機逃逸委員分別查辦緣由謹會同兼署閩浙總
督福建巡撫臣王懿德恭摺具奏伏乞
皇上聖鑒訓示再葉老三汪海南沈三順三犯均於本年
秋審案内扣除除咨三法司查照外合併陳明謹
奏奉
硃批另有旨欽此咸豐三年五月二十六日内閣奉
上諭黄宗漢奏鄉民圖減漕糧入城滋事一摺浙江臨安
縣鄉民因挾書吏姚長庚等挑剔漕米之嫌胆敢借名

圖減錢糧聚衆焚燬衙署延及監獄以致監犯乘機逃
逸寔屬愍不畏法現據該縣紳耆禀請查明滋事人犯
捆送著該撫即嚴飭該府縣督率紳耆等將首從各犯
查拏務獲按律懲辦並嚴審姚長庚等歷年征收漕糧
如有浮勒情弊照例懲治有獄官代理臨安縣仙居縣
知縣陳鍾彥未能先事預防著革職留任管獄官臨安
縣典史徐桂誂著革職拏問交該撫提問刑禁人等審
明辦理在逃監犯仍飭屬嚴拏毋令漏網餘著照所議
辦理該部知道欽此

調浙官兵折回閩省剿辦會匪

奏為閩省調浙官兵撤回漳泉剿捕會匪恭摺由驛具

奏仰祈

聖鑒事竊于四月二十九日接准兼署閩浙督臣王懿德

咨會閩省漳泉等府屬會匪滋事廈門同安均已失

陷所有前調赴浙精兵一千名

奏明無論行抵何處即行撤回馳往漳泉會剿等因伏

查浙省自粵匪竄陷江寧以後省城嘉湖等處防堵

喫緊本省官兵不敷調遣經奴才有鳳巴彥岱飛調福

州駐防官兵六百名臣黃　飛調閩省綠營官兵
一千名嗣准前署督臣怡良知照福州駐防官兵未
便征調即于所調閩省綠營兵一千名中以六百交
努有鳳等派防以四百交臣黃　派防至四月間
先後到浙正在派撥防守間准咨前因復查該省軍
務緊要需兵孔亟自應迅速撤回以資勦捕除飛飭
帶兵官星夜起程管帶回閩所有浙省不敷防兵容
努等察看情形於附近省城各協營酌量抽調外謹
合詞恭摺由驛具

奏伏乞
皇上聖鑒謹
奏奉
硃批知道了欽此

閩省會匪滋事浙界設防

再臣黄宗漢接准兼署督臣知照奏調浙兵二千名委員統領赴閩會剿等因臣查閩浙交界營分惟金衢嚴温處五府最近第該省會匪四散滋擾浙省均須節節設防且五府之兵調赴外省及本省防堵者已居十之三四其勢難以再調此外寧紹台三府之兵除調赴江蘇外又調至省城暨嘉湖二府分撥派防兵力已形單薄其調防杭嘉湖者現在江省軍務未竣其勢遽難抽調臣本擬酌調寧台温水師航海

至厦門助勦第三鎮兵船已由温州定海二鎮調赴
鎮江二十七隻又准督臣提臣暨福州將軍節次咨
會并據營縣稟報福建北關沙埕洋面有盜匪追刦
商船現飭浙省水師前往會捕且聞閩省會匪有由
海面坐船至漳泉者難保不與海匪相通沿海防禦
緊要其勢又不能調轉輾思維實屬無可為計惟查
刻下江西防務稍緩上年浙省調赴該省官兵一千
名俱在省垣臣已飛咨江西撫臣將調防之衢州鎮
官兵三百名金華官兵二百名由原帶兵官處標左

營遊擊常海星夜管帶赴閩從延建一帶行走福建
陸路提督炳文現在駐紮延平臣已咨會該提臣委
員迎提仍先飛咨督臣應由何處進兵即就近知照
該提臣轉飭遵辦以期迅速此外該省不敷之兵臣
一俟江省軍務稍平即當陸續抽調俾資接濟謹附
片具
奏伏乞
聖鑒正在繕摺間又准督臣飛咨延平府屬之永安沙縣
亦有匪徒滋事查該處與衢郡較近臣即飭委嚴州

府同知裕禄馳赴該郡會同衢州鎮前往閩浙交界之楓嶺仙霞關一帶相度地勢擇其最為扼要之處由該鎮帶兵駐紮防堵衢郡現已募有新兵及存城兵丁並團練義勇均各整治器械以資策應所有前此調赴省城之楓嶺營兵一百名暨調赴湖州之衢標兵一百名飛飭撤回各本營防禦其應用一切軍火餉需并由省城籌防局沠撥大砲八尊擡鎗六十桿餉銀八千兩即日委員觧往備用並咨行處州鎮金華協就近各預備精兵二百名以為後路應援倘

永安沙縣各匪徒或由江西地面竄出則常山一帶

喫緊已飭該文武隨時確探情形嚴密防堵毋任竄

越所有辦理衢郡設防緣由理合一併陳明謹

奏奉

硃批知道了欽此

閩省咨調文武各員

再臣頃又准兼署督臣來咨以閩省差委乏人飭調浙省武員嘉興協副將田大武金華協副將阿麟保文員金華府知府崇福杭州府總捕同知張玉藻候補知府王環同知葉堃安吉縣知縣崔家蔭前署錢塘縣知縣馬昂霄赴閩差委等因臣查江寧鎮揚三城賊匪經大兵節次攻剿均已四散奔竄臣迭准大營咨會以該逆匪有竄入東壩之謠浙省嘉湖一帶地方緊要尤須嚴密防堵已添集兵勇諳飭在防文

武於江浙交界處所實力巡查堵禦所有嘉協田大
武前由皖省咨調回浙奏明在嘉湖二府居中策應
金華協阿麟保因前委平望防堵之瑞安協葉萬清
升任福山鎮總兵馳赴新任奏明委令阿麟保前往
接防杭州府捴捕同知張玉藻前經署西防同知并
委署紹興府事兩篆兼權責任尤重一時接替乏人
候補府王環同知葉堃於杭嘉湖三府軍需轆轤差
遣前署錢塘縣馬昂霄丁憂復在籌防局當差兼督
造火攻軍器均不能分身前往惟金華府崇福安吉

縣崔家蔭均未經手軍務尚可調閩差委除飛飭該

二員迅速赴閩并咨復督臣一俟江省軍務稍平再

將田大武等五員陸續遣往外理合附片具

奏伏乞

聖鑒再臣本籍所雇鳥搶手業已抵浙泒防臣即於本月

初十日前往嘉興平望閱看防堵兵勇並順道至廣

德四安一帶閱看即由湖州回省合併陳明謹

奏奉

硃批知道了欽此

委署鎮將各缺

奏爲遵

旨揀員委署温州鎮篆務恭摺奏祈

聖鑒事竊照温州鎮總兵陳世忠督帶師船未能迅速經

向榮許乃釗暨臣先後奏參欽奉

上諭陳世忠著即革職仍留於水師效力所遺温州鎮員

缺著黄宗漢揀員署理等因欽此由向榮恭錄咨會到

臣遵查浙省水師人員臣多未謀面欽奉前因隨於

水師中素稱幹練者酌擬數員就近與提臣葉紹春

往返札商揀有乍浦協副將池建功老成練達率屬
嚴明前曾委署温州鎮辦理裕如堪以署理所有乍
浦協副將篆務查有前經委署是缺之鎮海營叅將
林正陽曉暢營務堪以署理其鎮海營叅將篆務查
有甫經卸署是缺之提標左營遊擊沈鴻憲緝捕勤
能堪以仍委署理除分檄飭遵並咨督臣查照外謹
恭摺具
奏伏乞
皇上聖鑒謹

奏奉

硃批知道了

委署府缺

再署温州府知府嚴州府同知裕禄前經調省軍需差委所遺温州府篆務查有揀發知府瑞春辦事安詳穩練堪以署理金華府知府崇福現經督臣調赴閩省辦理軍需所遺金華府篆務查有處州府同知和齡端方自勵堪以署理據藩臬兩司具詳前來除分檄飭遵外謹會同兼署閩浙總督臣王懿德附片具

奏伏乞

聖鑒謹

奏奉

硃批知道了

巡閱各路防堵

再嘉湖防堵兵勇經臣奏明前往閱看隨於本月初十日起程過嘉興較閱兵勇十三日至平望看得該處坐臨吳江縣境為由蘇入浙必經之路地勢甚為扼要一切紮營安炮俱已停妥惟在防兵勇僅及千名尚嫌單薄當再抽撥兵丁四百名並飭令續募水勇數百名分派隨防并委署杭嘉湖道徐榮署杭州總捕同知繆梓署紹興協副將王邦慶分頭購買樁木陸續運赴平望於水路橋梁曲折之處灣環密釘

靜妙齋

又多倚年滿破壞糧艘安放各路以為臨時鑿沈塞道總期層層設險步步伏兵俾臻有備無患十五日由湖州至四安直上安徽廣德州交界地方中分兩路一為界牌汎一為東亭湖汎皆係由廣德入湖州之路臣親歷各路踏看地方雖屬通衢而形勢實非平坦有温州府知府常恩督帶兵勇一千五百名分布兩路防堵并於要地安設大炮八尊足資控禦惟查東亭湖汎界連長興安吉二縣由安吉一帶行走尤為入杭州捷徑臣即飭湖州協副將居隆阿督帶

各兵勇親往駐紮以防間道竄入臣正由四安回湖
州沿途接據大營探報暨江西撫臣來咨匪船由上
流西駛擾及安慶并竄至湖口一帶江西戒嚴又聞閩
省永安沙縣會匪圍攻延平府勢甚猖獗浙省衢屬
之江山常山開化與各該省鄰近防堵均關緊要當
將嘉湖應辦事宜交與總理平望局務之護臬司余
士瑮幫辦同知仲孫樊會督在防文武妥為經理臣
即於十九日回省以便居中調度將到省四十餘里
有武林頭地方係嘉湖入杭要道前經飭令練勇局

紳士錢廷薰等領項買地建築大炮臺一座上下可
安炮數十尊屯兵數百名現在將次告竣計需工料
錢一萬數千串臣登臺察看形勢雄壯工料堅實足
資要隘防剿現已屯紮官兵守禦理合附片具

奏伏乞

聖鑒正在繕摺間准兩江督臣怡良來咨據舒城縣稟在
皖逆匪有分股從徽州入浙之謠查由徽入浙當在
嚴州府屬之歙江一帶設防無論賊情虛實聲東擊
西既有此說不得不豫為籌備該屬各縣先已募勇

團練臣又飛飭嚴州府確探前途情形飛稟派兵前往以備不虞至浙省各屬民情現在均極安貼惟甯温台沿海之民素稱獷悍頃據臨海縣具稟台屬匪徒聞閩省不靖欲圖聚衆滋事當經該縣訪聞密稟該府會督郡城文武設法解散再行緝拿現已弭患未形惟沿海奸匪所在皆有臣惟有咨商提臣諳飭地方水陸文武隨時隨地撫綏彈壓嚴密提防以冀四境敉安仰紓

宸廑於萬一謹

奏奉

硃批浙省防堵不容稍懈若果有逆匪闌入尤應越境迎

勦不可先示以弱致滋蔓延欽此

放火匪犯即行正法

奏為拏獲圖財放火匪徒審明定擬恭摺奏祈

聖鑒事竊本年二月二十二日夜錢塘門外餘杭塘地方居民王勝玉家被匪徒放火搶奪適該代理縣密雲路在城外巡查即會同派巡文武員弁督率兵勇前往撲滅當場拏獲放火匪徒朱沅慎一名並起獲原贓訊供通詳飭據該縣覆訊擬議由府司解勘前來臣提犯親訊緣朱沅慎籍隸東陽向在杭城木匠生理先未為匪犯案咸豐三年二月二十二日朱沅慎

因無處工作起意糾允素識之周汶得放火搶奪是
夜三更時分朱沅慎携帶火煤周汶得徒手同夥二
人偕抵餘杭塘地方見王勝玉家屋側矮墻蓋有稻
草貼連樓房朱沅慎用火煤點燃稻草延燒房屋事
主開門喊救朱沅慎進内搶得衣物逃出即經該縣
會同委巡文武員弁前往撲滅並將朱沅慎拿獲訊
供通詳飭據該縣覆訊擬議由府司解勘前來臣提
犯親鞫據供前情不諱詰無不法别案及另有同夥
之人案無遁飾查例載兇惡棍徒圖財放火故燒民

房已經焼燬搶奪財物者照强盜律不分首從擬斬
立决等語此案朱沅慎起意糾同周汶得圖財放火
焼燬民房搶奪衣物實屬兇惡自應按例問擬朱沅
慎合依兇惡棍徒圖財放火故焼民房已經焼燬搶
奪財物者照强盜律不分首從擬斬立决例擬斬立
决該犯起意放火搶掠係屬法所難宥現在逆氛未
靖此等兇徒必須嚴加懲創速正典刑俾匪類觸目
警心知所儆畏臣於審明後即恭請
王命飭委臬司暨臣標中軍將該犯朱沅慎綁赴市曹監

視處斬仍傳首犯事地方懸竿示衆以昭炯戒原贓
給主領回逸犯周汶得飭緝獲日另結除供招咨送
刑部外合將審明定擬緣由會同兼署閩浙總督福
建撫臣王懿德恭摺具
奏並查照刑部通行將權宜辦理緣由隨摺聲明伏乞
皇上聖鑒勅部核覆施行謹
奏奉
硃批所辦甚是刑部知道

浙東防堵情形

奏為辦理浙東防堵情形恭摺馳奏仰祈

聖鑒事竊照閩省會匪圍攻延平暨粵匪分竄安徽江西浙東衢嚴二府壤地相接防堵緊要業經臣將籌辦緣由兩次附片具

奏在案茲探得延平會匪經官兵剿捕以後漸就解散由閩至浙有楓嶺營仙霞關一帶崇山峻嶺足資扼要防禦除將調省之楓嶺兵一百五十名撤令回營並飭嚴州府同知裕祿署峽口同知陳澍林會同署

楓嶺營遊擊督帶全營閩浙官兵八百餘名並以衢
標兵二百名妥為防守外所有竄入江西之粤匪船
隻於六月初一日准江西撫臣知照已攻撲省城情
形萬分危急數日內屢經差探因附近江西省垣道
路阻梗未得確信回報臣深為焦灼查由江西至浙
祇隔廣信一府水陸皆通而常玉兩山乃商旅通行
大道雖常山地界設有草萍曹會兩關而地勢平衍
無險可扼該匪若越過此處則一帆順流而下直達
錢塘江故必得由常玉山而上在於廣信地方擇要

防堵則保守浙江即所以接應江西臣即飭署杭嘉湖道徐榮候補知府玉環同知葉堃會同衢州府知府徐相前赴廣信一帶知會該省地方官相度地勢即於該處紮營所需兵丁查核衢標三營兵數共一千五百餘名除調赴江西三百調赴楓嶺二百之外尚有千餘名該鎮富勒興阿前經奏明在仙霞關防堵閩匪現在閩省軍情稍緩臣即飛咨該鎮統帶該營官兵五百名由仙霞關馳赴廣信會同徐榮等住紮防剿不敷之兵即飛飭金華處州兩營預備官兵

四百名迅速起程又將調省捒練之台州處州官兵
撥給二百五十名委署處中營遊擊徐天麟管帶星
夜前赴協防尙防所兵力尙有不敷由該文武僱募
義勇團練鄉兵以資派防其衢州郡城一切事宜責
成金衢嚴道劉成萬督飭營縣妥為籌辦至該逆如
由徽州入浙則嚴州府屬之徽江一帶最為吃緊不
可不思患預防臣現飭候補知縣龔振麟並派撥給
協官兵前往防堵並飛行金嚴二府協暨各縣營在
於徽江以下至七里龍等處節節防閑并諭各縣紳

民一律團練近以杜徽江之竄入遠以為衢郡之應援務使沿江一帶設險設伏聲勢聯絡俾逆匪不敢窺伺惟是浙省半載以來征兵募勇幾無虛日浙西防務方有頭緒而浙東之防務又起民間錢糧輸納不旺一切餉需除臣兩次奏明籌撥二十萬兩已不敷支用現在浙東需用孔殷浙西亦常須接濟續經飭令藩運二司不論正雜暨何項款目再籌銀二十萬兩以備支應仍飭籌防局核實支給絲毫不許冒濫目在省垣會督同城文武實心籌畫居中調度如

前途何處有警臣即督帶兵勇親往剿辦總期浙疆
鞏固上慰
聖懷所有現在浙東防堵情形謹恭摺馳奏伏乞
皇上聖鑒謹
奏奉
硃批知道了

巡查封禁山

奏爲遵
旨嚴飭地方文武巡查封禁山緣由恭摺覆
奏仰祈
聖鑒事竊臣於咸豐三年四月二十三日接准户部咨奉
上諭給事中雷維翰奏閩浙江西交界處所請飭查緝一
摺福建浙江江西等省交界地方有銅塘山久經封禁
並設立塘汛撥兵巡查防守立法本極周密第恐奉行
日久地方官視爲具文春秋巡緝輒以一報了事該處

界連三省地多險阻奸匪易滋着福建浙江江西各督
撫嚴飭各地方文武員弁認真巡查會緝倘有匪徒竄匿務
須不分畛域隨時嚴拏懲辦以清盜源欽此遵即檢閱卷宗
誌圖封禁山正面即銅塘山其正北東北西北三面為江
西上饒廣豐二縣其正南東南西南三面為福建崇安浦
城二縣道光十五年間前任兩江督臣陶澍奏請弛禁業
內飭委浙江江西二省司道會同勘明福建浦城境內可
通禁山者三處一由茶嶺坑七星台天公嶺入廣豐禁山之
洞門底一由鼓樓李公橋入銅鈸山一由鼓樓洋溪尾鷓鴣

塘入銅鈸山此外又有崇安分界之洋源南自大渾之西北至周嶺關即江西上饒所屬禁山地面兩縣共有四路形勢險隘其浙省之江山縣與江西廣豐縣接壤地名一曰竹岩一曰軍潭隘距廣豐禁山均在一百里以外常山龍泉景甯等處一在崇安浦城兩縣之背一在玉山縣東北界與廣豐絶不相連均屬無路可通惟該山地利無多應行循舊封禁其該山内外各口江西福建二省均有舊設卡汛責成地方文武員弁道府總兵各員輪巡會哨等情奏奉

諭

旨遵行在案欽奉前因臣查封禁山地方遼濶最易藏奸

巡防稽察雖責在江西福建兩浙省既屬毘連即應

一體嚴查以昭周密且現在該二省均有會匪滋擾

一經大兵剿捕難保不竄入該山以為負嵎之計尤

應不分畛域格外嚴防所有浙境與福建崇安浦城

二縣交界江西上饒廣豐二縣交界之處現經臣知

照各該省督撫臣並嚴飭地方文武會同認真巡緝

倘有匪徒竄匿即行嚴拏懲辦以期仰副

聖主綏靖閭閻至意謹恭摺覆

奏伏乞

皇上聖鑒謹

奏奏

硃批知道了

青女

竈課緩徵

奏為蘇省松江府屬竈課錢糧籲請與該省地丁一體

緩徵恭摺

奏祈

聖鑒事竊照盐場灶課與廳縣地丁同時啟征本年春間

粵匪竄擾金陵鎮江相繼失守松江與鎮江壤地毘

連居民灶户聞警遷移不免流離失業該府屬新舊

地丁錢糧由江蘇藩司倪良耀奏奉

諭旨緩至本年秋後啟征所有兩浙運司該管之横浦浦

東袁浦青村下砂頭下砂二三等六場灶地分隸松
江之川沙華亭奉賢金山南滙等廳縣應完灶課請
與該省地丁一體緩征等情由護理盐運司晏端書
轉據嘉松分司暨各大使詳請會
奏前來臣查松江府屬應征新舊地丁錢糧已奉
恩旨緩征灶課亦事同一律相應籲懇
天恩俯准將各該場應征本年新賦及未完各年舊課錢
糧一併緩至本年秋成後再行啟征以示體恤謹會
同署江蘇廵撫臣許乃釗合詞恭摺具奏伏乞

皇上聖鑒訓示謹

奏奉

硃批另有旨欽此咸豐三年七月十一日内閣奉

上諭黄宗漢奏請將分隸松江府屬灶課錢糧與地丁一

體緩徵一摺江蘇松江府屬應征新舊地丁錢糧已有

旨緩至本年秋後啓征所有兩浙運司所管之横浦浦

東袁浦青村下砂頭下砂二三等六場灶地分隸松江

之川沙華亭奉賢金山南滙等廳縣應完灶課與地丁

事同一律加恩著照所請准其將各該場應征本年

新賦及未完各年舊課一併緩至本年秋成後再行啓
徵以示體卹該撫即刊刻謄黄徧行曉諭務令實惠均
霑毋任吏胥舞弊以副朕軫念歉區至意該部知道

遴升要缺知縣

奏為遴員請升海疆要缺知縣恭摺奏祈

聖鑒事竊照台州府黄巖縣知縣劉江於本年四月二十

五日聞訃丁母憂所遺員缺係繁疲難兼三海疆要

缺例應在外揀員調補查定例應調缺出以現任人

員對調如無合例堪調之員准以候補人員題補如

候補無人准於應陞人員内保題升用先儘著有勞

績人員俱令督撫於摺内將人地實在相需之處切

實聲明等因今黄巖縣一缺地處海疆政務殷繁民

情刁悍非精明幹練之員不足以資治理臣與藩臬
兩司於現任知縣中逐加遴選非現居要缺即人地
未宜實無合例堪調之員其候補班內現無應補之
人即用班內有陶雲升一員到省未久於該處情形
未能熟悉又有吳芳蕙一員於本年四月初七日逾
限到省且與出缺同月例不准補至勞績應陞者雖
有數員人地均不相宜例得以應陞人員陞補查有
紹興府山陰縣縣丞林鈞年四十七歲江蘇奉賢縣
人由議敘八品頂戴先在本省捐輸以縣丞選用嗣

在南河捐輸指發浙江抵省後在浙東善後捐輸遇缺即補浴補今職道光二十七年七月二十八日到任試俸期滿銷試道光三十年

大計卓異經部覆准註冊候陞該員才具開展緝捕勤奮歷署繁難知縣悉協輿情以之請陞黃巖縣知縣實堪勝任惟以調缺請陞與例稍有未符第人地實在相需例得專摺奏請據署藩司黃樂之護臬司余士璪具詳前來合無仰懇

天恩俯念員缺緊要准以山陰縣縣丞林鈞陞補黃巖縣

知縣實於海疆有裨如蒙
俞允該員係縣丞請陞知縣俟部覆准給咨赴部引
見恭候
欽定其卓異應陞之案照例查銷任内一切因公處分遵
例毋庸核計所遺山陰縣縣丞員缺浙省現有應補
人員容臣另行遴員請補謹會同兼署閩浙總督福
建廵撫臣王懿德恭摺具
奏伏乞
皇上聖鑒勅部核覆施行謹

奏奉

硃批吏部議奏

委署同知并文武人員請展限引見

再杭州府東防同知黃夢菊現因省城辦理籌防經

臣調省差委所遺員缺查有署海寧州知州胡澤沛

實心任事堪以就近兼署據藩臬兩司具詳前來除

檄飭遵照外謹會同兼署閩浙總督福建巡撫臣王

懿德附片具

奏伏乞

聖鑒抑臣更有請者浙省東西兩路處處設防府廳而下

委用之人臣已咨明吏部催令本年籤發浙江之即

用大挑知縣迅速來省以資差遣其現在浙省文武
員弁有應行引
見者或調防或署缺均因接手無人不能交卸並非無故
逗遛均請俟撤防後給咨晉京如蒙
俞允則胡澤沛本有獲盜引
見之案前經臣奏明俟漕務完竣再行赴部應請一併展
限除分咨吏兵二部外合併陳明謹
奏奉
硃批依議該部知道

撫卹日本難夷

奏為日本國遭風難夷到境循例撫卹俟辦銅商船出

洋附搭回國恭摺奏祈

聖鑒事竊據平湖縣知縣邢吉甫詳報本年四月十七日

奉上海道乍防同知飭發日本國難夷十二名遵即

馳往乍浦傳同通事查訊一名喜代造一名利七一

名民造一名作平即新六一名長之助一名甚八一

名德兵衛一名清太郎一名淺五郎一名幾松一名

安太郎一名巖吉俱係日本國大板人咸豐元年十

月初十日在本處裝載米酒連船主滿助共十七人
於十一月二十四日到琉球陸續消售完竣後因風
色不順至二年七月開船駛回本國九月初八日在
不知地名洋面遭風船身擊碎溺斃五人該難夷等
經噗咭唎夷船救援帶至上海轉送到浙求送歸本
國等語當將該難夷等設館安頓照例撫卹俟有東
洋辦銅商船出口附便遣歸等情由署藩司黄樂之
具詳請
奏前來臣查浙省地方遇有日本國遭風難夷漂流到

境向係送至平湖縣乍浦地方設館安頓俟有東洋
辦銅商船出口附搭回國茲喜代造等十二人在洋
遭風經嘆咭唎夷船救援送至浙省自應照例給與衣
糧銀米俟有辦銅商船出口飭令附搭回國以仰副
聖主懷柔遠人至意除飭司行令遵辦並將該難夷等姓
名同攜帶物件造具清冊分咨户禮二部查照并取
起程日期同撫卹用項另行
題報外理合恭摺具奏伏乞
皇上聖鑒謹

奏奉

硃批禮部知道

浙兵未能分撥赴閩

奏為浙省杭嘉湖衢嚴五府節節設防未能分撥官兵調赴閩省協剿緣由恭摺馳奏仰祈

聖鑒事竊臣承准軍機大臣字寄咸豐三年五月十二日

奉

上諭據王[illegible]德奏調浙兵二千名浙江現在籌防江南賊匪喫緊[illegible]際兵力自難多分惟閩省與浙江地界毗連專守本境不如協勦鄰疆著黃宗漢酌度情形迅調官兵派委鎮將大員相機赴援仍嚴密防守毋任賊匪竄

入等因欽此臣查閩省會匪滋事前准兼署督臣王懿
德咨會將該省調浙官兵一千名撤回並調浙兵二
千名委員統領赴閩會剿臣以該省需兵孔亟當將
原調閩兵即日撤回所有浙省水陸官兵無可抽調
其時江西防務稍緩即經
奏明將上年浙省調防江西官兵一千名内撥給閩省
五百名俟江省軍務稍平再將浙省防兵陸續調往
接濟在案詎江省逆匪竄至江西攻撲省城非特前
項兵丁不能赴閩浙省尤應一體嚴防查自江西至

浙祇隔廣信一府水陸皆通無險可扼臣即飭派署杭嘉湖道徐榮候補知府王環同知葉堃馳赴衢郡會同衢州鎮府前往廣信防堵又逆匪有分股從徽州入浙之謠嚴州與徽州毘連臣又飭候補知縣龔振麟並飭金嚴二府協縣營在於徽江以下至七里龍一帶防堵其閩省延平會匪經該省官兵剿捕漸就解散臣飛咨衢州鎮派兵二百名并飭嚴州府同知裕祿署峽口同知陳澍林會同楓嶺營遊擊督帶全營官兵八百餘名在於閩浙交界之仙霞關住紮

防堵曾將辦理情形縷晰

奏報茲復承准軍機大臣字寄咸豐三年六月初二日

奉

上諭王懿德奏催前調官兵協同防勦浙閩唇齒相依衢州與延建毘連撥兵進勦較為便捷閩省待援孔亟著於衢州等鎮屬挑選精兵二千名遴委得力員弁星速管帶前往以資攻勦仍當加意防守本境勿令匪蹤闌入等因欽此伏查衢州鎮標全營官兵一千五百餘名先調江西今調廣信仙霞關共一千名尚存五百餘

名分派常山開化二縣防堵衢州城守營兵二百六
十一名祇足以防守郡城至附近之金華嚴州二協
官兵各七百餘名金協先調江西江蘇今調廣信共
五百名嚴協先調江西廣德今調廣信共五百名逆
匪既有由徽入浙之謠該二府防堵緊要尚需就近
從紹郡撥兵協防處州鎮全營官兵一千七百餘名
先調江西平望今調廣信共一千名尚存七百餘名
益以麗水營兵三百餘名該郡十縣存城防汛已屬
不敷溫州鎮標城守官兵共一千三百餘名除調赴

安徽江蘇暨調省操練四百六十名外餘者不及千
名因温州與甯台二府海盜不靖兼防閩匪竄入浙
洋沿海防禦緊要統計浙江全省杭嘉湖衢嚴五府
陸路節節設防海疆亦須兼顧各處防兵尚不能厚
集臣在省垣訓練兵勇二千名應俟何處有警即親
自統帶馳往剿捕此時未能派防各處轉致省城兵
力更形單薄至於浙省水陸武員提臣葉紹春足疾
至今未痊祇得在甯郡調度水師兼資彈壓定温二
鎮調赴鎮江處州鎮哈豐阿曾於春間引疾未准所

請現在陸路祇有衢州鎮富勒興阿一員水師祇有
黄岩鎮湯倫一員此外副將叅遊都守等官除帶兵
出省外各處派防尚覺不敷差遣且各該員均未身
歷戎行防堵尚可支持征戰未能得力臣接奉
諭旨仰見閩浙兩疆同關
聖慮惟浙省防堵現有十餘處之多委實兵無可分將無
可遣竊念閩省上游延建一帶會匪雖漸就解散餘
孽尚恐復萌嚴州府同知裕祿從前筮仕閩省幹練
有為現飭會同在防文武在於仙霞關以上帶兵住

紮以防為勦尚該省上游匪蹤已靖則以全省兵力
專顧下游漳泉一帶剿捕自可得手臣仍隨時察看
情形如浙西防務稍緩則撤嘉湖之兵如浙東防務
稍緩則撤衢嚴之兵陸續調赴閩省以資接濟斷不
敢稍分畛域而刻下則實難分兵赴援抑臣更有慮
者東南數省僅有浙江一隅仰賴
聖主鴻慈尚稱安堵而各屬庫無存銀倉無儲穀近日賊
氛愈熾人心不免驚惶舊賦未能完足分數新賦則
更無起色各州縣均稟請仿照江蘇成案奏明緩征

臣以
國用所關未敢顲請無如各州縣過於追比則玩抗成
風緩為催征則支放不繼本省防費尚須竭力以籌
而江蘇福建借撥軍餉源源而至無米之炊臣雖焦
急萬分仍屬無可為計惟有設法勸諭紳商冀以捐
輸之所入補防費之不敷惟現在東西兩浙處處戒
嚴倘一處告警臣尚有親練兵勇及所留舊漕米石
可以為背城借一之舉倘江西鎮江兩處賊匪分頭
並竄則一身不能兼顧何以謀出萬全臣半年來日

夕籌防自覺心疲力瘁而軍需旁午從不敢呼籲於
君父之前刻下逆匪竄擾河南尤勞
宸廑臣忝膺疆寄更不知何以報稱於萬一也所有浙兵
未能調赴閩省緣由謹恭摺馳奏伏乞
皇上聖鑒謹
奏奉
硃批知道了

812.8
444
(5)

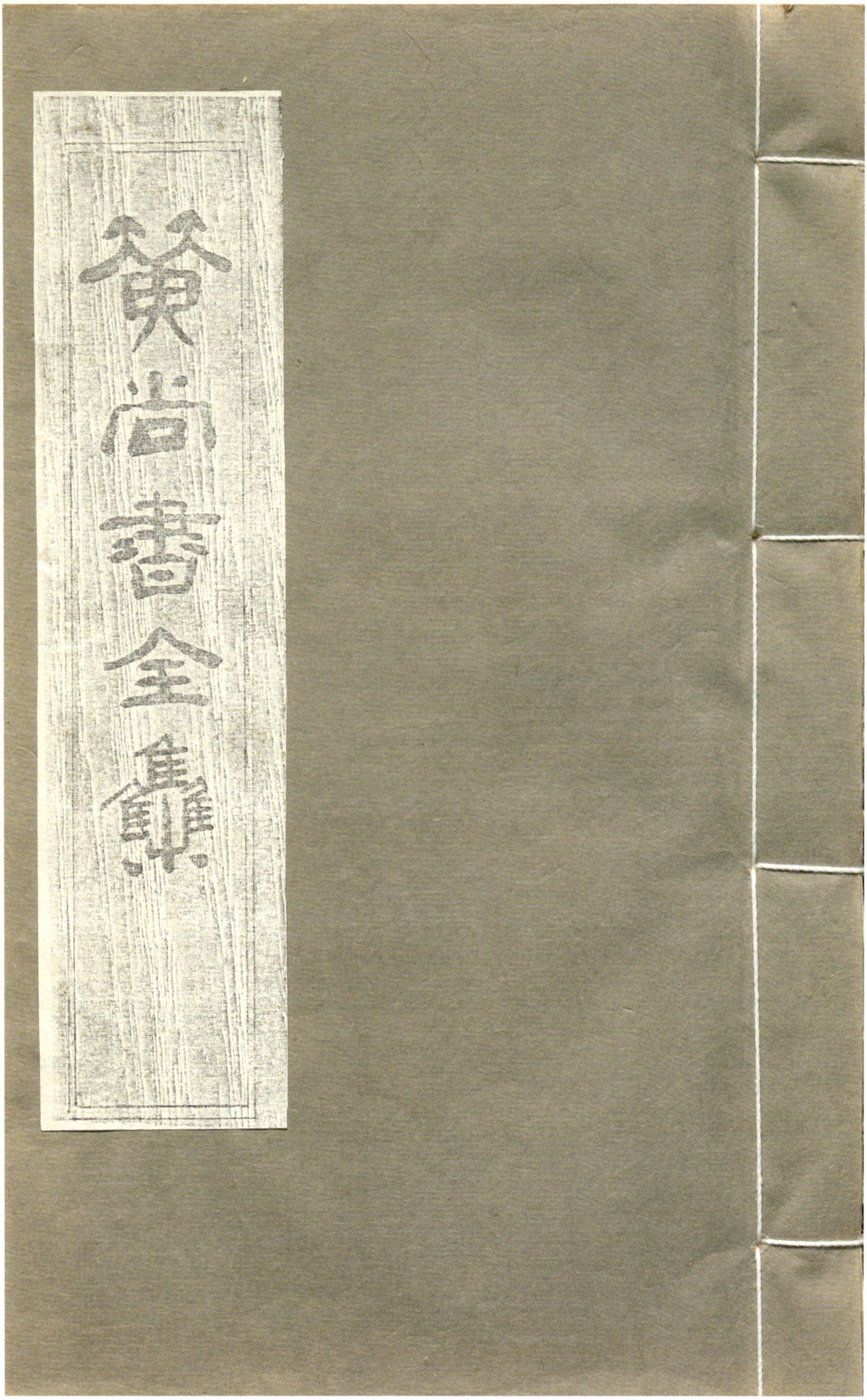
黄尚書全集

晉江黃尚書公全集卷十一目錄

奏疏十一　任浙江巡撫奏議

浙省兵數附清單

調防衢屬兵丁

請揀發知縣十員來浙

晉江黃尚書公全集卷十一

男貽楫謹輯

姪貽杼恭校

奏疏十一 任浙江巡撫奏議

台州水災

奏為台州郡城猝被水災現在委員查辦緣由恭摺馳

奏仰祈

聖鑒事竊照台州府城地方入伏以後天氣暢晴至六月十七八等日連得透雨詎於十九二十等日晝夜狂

風大雨山水下注江河泛溢城外四鄉水高二丈有餘民舍田禾均遭淹沒該府縣分投前往查勘先令鄉民避居山上並恐水灌入城當將各城門安設閘板一面設壇祈晴孰知風勢愈狂雨勢愈大山水與江潮同時並漲泓湧異常西門城墻冲坍自二十一日亥刻起至二十二日子刻止甫及兩時城内平地水一丈四五尺呼號救命之聲城廂鼎沸時在昏夜人力難施附郭之署臨海縣黃宗貴暨合署人等露處於樓脊之上府署依山而建署内之水已有七八

又該府張英偉連夜趕緊多紥竹簰會同護台州協
田宗泰於洪波巨浸中分路救援次日黎明查看壇
廟民房暨文武衙門倉廒科房均是汪洋一片該縣
監犯因變逸出有於水中撈救得生者有被水淹斃
者亦有覓水逃生自行投回者尚未能逐一查明而
城廂內外被水之民死傷藉藉直至二十五日風雨
稍定水勢忽退忽漲人心不無惶惶現在該府縣分
別撫卹等情因沿途驛路被淹於七月初一二等日
由該郡文武先後稟報到省臣接閱之下不勝慘悼

查台州郡城兩面環[illegible]為浙省高阜之地乃猝被風
雨成此大災實為從來未有之事現在億萬生靈嗷
嗷待哺臣即飭藩司委員賫帶銀兩星夜馳赴台郡
趕緊購買食米先施粥賑並飭查明自前月二十五
日至今曾否雨止水平即令迅速飛稟如果水勢已
退即勘明壇廟城垣衙署民房暨農田早晚二禾是
何光景將來應如何辦理賑撫之處隨時具稟核辦
外所有台州郡城猝被水災現在委員查辦緣由事
關民瘼謹會同兼署閩浙總督福建巡撫臣王懿德

恭摺馳

奏伏乞

皇上聖鑒訓示謹

奏奉

硃批另有旨欽此咸豐三年七月十七日内閣奉

上諭黄宗漢奏府城猝被水災現在委員查辦一摺浙江台州府地方於六月十九等日風雨大作山水下注江潮泛溢四鄉民舍田禾均遭淹没至二十一日雨勢愈大西門城墻被水冲塌城内水深丈餘衙署倉獄幾

成巨浸被水之民死傷枕藉覽奏實深憫惻該撫現已
一飭司委員賫銀前往煮粥散賑諒可稍資餬口著再專
派道府大員親往妥為撫卹並將積水疏消以奠民居
其被淹田畝應如何分别蠲緩之處即著迅速查明據
實具奏至錢塘等縣低田被淹及江海塘工因風潮潑
損亟須搶護情形亦著詳查迅辦務使災黎得所閭境
乂安以慰朕軫念民作至意餘著照所議辦理該部知
道欽此

各屬被水海塘潑損情形

再粤閩等省匪徒不靖浙省東西兩路節節設防所冀年穀順成藉以定人心而禦外患本年入春以後暘雨應時地方頗稱安謐自五月下旬起至六月中旬天氣暢晴早禾已經結粒晚禾亦揷種齊全農田望雨甚殷正據各屬具報祈求雨澤間詎於廿七日起東北風大作陰雨連綿經旬不已即據各屬紛紛報水除台州府屬附郭之臨海縣被水成災業經另

摺具

奏查辦賑撫外尚有杭州府屬錢塘富陽餘杭臨安新
城湖州府屬烏程歸安武康安吉寧波府屬慈谿奉
化紹興府屬山陰會稽諸暨餘姚上虞嵊縣台州府
屬黄岩金華府屬金華蘭谿東陽義烏永康衢州府
屬西安龍游江山嚴州府屬桐廬建德壽昌分水處
州府屬麗水縉雲等三十二縣均禀報雨水過多田
廬低窪之處間遭淹没均經臣飛飭各該縣趕緊設
法疏消現在竭誠祈禱天色已放晴霽或不至釀成
大災惟杭州府屬東西中三塘暨嘉興府屬之海塩

紹興府屬之山陰上虞等處江海塘工均被風潮潑損情形極為危險除嘉紹二府工程批飭該管知府親往勘辦外所有東西中三塘搶險之工因署杭嘉湖道徐榮前往三衢辦理防堵由臣督飭工員趕緊搶修以資捍衛第經費萬分支絀而賑務塘工復與防務同時並舉實有難以支持之勢各屬捐輸經臣督飭官紳諄諄勸諭數月以來踴躍書捐者雖不乏人約計可得數十萬而連年災歉民氣未舒現時各路買賣不通商販又多歇業力不從心以致鮮繳尚

無成數應俟陸續交銀隨即分別奏咨懇
恩從優獎勵其柰一時不能應手何臣目擊天時人事深
愧奉職無狀不能稍分
聖主宵旰之憂旦夕旁皇寢食俱廢昨因西塘險工迭出
親赴該塘身先工役拋石搶護自朝至暮風吹雨淋
回署後頓患寒熱伏念身受
重恩萬不敢稍事暇逸現仍力疾辦公以冀仰酬
知遇除將浙省被水之處俟各屬稟報齊全彙入六月分
雨暘糧價摺內奏報各處塘工彙入六月分海塘沙

水摺内奏報外所有大畧情形合先附片陳明伏乞

聖鑒謹

奏奉

硃批另有旨

温州府屬水灾

奏為温州府屬被水情形現飭該管廵道查辦撫卹緣

由恭摺具

奏仰祈

聖鑒事竊照浙省六月中下二旬連朝風雨台州郡城猝

被水灾曁錢塘等三十二縣被水大畧情形業經恭

具摺片由驛馳

奏在案茲據温處道慶廉署温州府知府瑞春禀稱温

州郡城於六月十八日起狂風大雨歷八晝夜之久

山水漲發江潮氾入東門城内水高四五尺低窪田
廬暨城廂内外各米鋪悉遭淹浸民間口食維艱該
道府督飭代理永嘉縣張銑勸令積穀之家趕緊平
糶一面查明極貧户口諳諭紳富捐助錢米設局散
放惟水勢一時未能消退稟請於温處二府屬中借
撥常平倉穀以資接濟等情臣查温郡被水情形尚
不如台郡之甚而貧民乏食堪虞自須急籌接濟惟
該道府所請於温處二府屬借動常平倉穀之處現
據温屬玉環瑞安樂清平陽四廳縣稟報被水與郡

城約畧相同處屬亦有被水之處究竟何縣可以借
動即經批飭藩司迅速核辦該道慶廉在温年久熟
悉地方情形即責成就近設法籌辦並督率府縣妥
為撫卹毋使災黎失所一俟水勢消退稟請委員照
例勘辦外所有温州府屬被水情形現飭該管巡道
查辦撫卹緣由理合恭摺具
奏伏乞
皇上聖鑒再續據湖州府屬德清寗波府屬定海鎮海紹
興府屬蕭山新昌台州府屬天台寗海太平金華府

屬武義浦江湯溪衢州府屬常山嚴州府屬淳安遂安處州府
屬青田松陽遂昌龍泉雲和宣平景甯等二十三廳
縣均禀報被水統歸六月分雨水情形摺内奏報合
併陳明謹
奏奉
硃批另有旨

委署道府各缺

奏為委署巡道知府各員恭摺奏祈

聖鑒事竊照甯紹台道畢承昭奉

旨補授安徽臬司所遺員缺應即委員前往接署以便該

司交卸起程迎摺北上玆查有台州府知府張英偉

老成慎重堪以護理甯紹台道篆務其台州府員缺

查有署紹興府事杭州府總捕同知張玉藻強幹有

為堪以調署其紹興府員缺查有以知府在浙候選

道補用同知繆梓才守俱優堪以接署除分檄飭遵

外謹會同兼署閩浙總督福建撫臣王懿德恭摺具
奏伏乞
皇上聖鑒再台郡前被水災現在水已消退民情安貼所
有撫卹事宜仍飭張英偉就近督同張玉藻妥為經
理合併陳明謹
奏奉
硃批知道了

升任道員暫緩交卸

再臣恭閱邸鈔湖州府知府晏端書奉

旨補放福建汀漳龍道將來接到吏部文憑應行飭赴新任惟該員自上年委護運司以來留心整頓力挽鹽務頹風本年二月後各路官引滯銷商力更疲該員設法督催上半年課款尚不過於短絀今新任運司潘仕成迄未到省現在接手無人且浙省籌防事宜在省大員僅有署藩司黃樂之暨該員二人與臣相助為理勢難遽令交卸應請俟潘仕成到任後再行

飭令赴閩除咨吏部暨閩浙督臣福建撫臣查照外
理合附片陳明伏乞
聖鑒謹
奏奉
硃批另有旨

揀調要缺知縣

奏為諸暨縣員缺仍請以龍游縣知縣密雲路調補恭

摺覆奏仰祈

聖鑒事竊照紹興府諸暨縣係繁疲難兼三要缺前經臣

請以龍游縣知縣密雲路調補接准部咨該員歷俸未滿三年並未捐免與例不符另揀合例人員請調等因查籌餉事例內載州縣以上各官定例歷俸三年以上方准陞調又歷俸未滿准捐免捐免後准一體陞調等語今龍游縣知縣密雲路年四十二歲山

東蘭山縣進士即用知縣籤掣浙江丁憂回籍服滿
來浙
題補龍游縣咸豐元年九月二十日奉文任事接展籌
餉二卯在浙捐免歷俸咸豐三年五月十五日工庫
業經造冊咨部在案該員才識明練勤奮有為以之
調補諸暨縣要缺實堪勝任惟出缺在先捐免歷俸
在後與例稍有未符但人地實在相需合無仰懇
天恩俯念要缺需員仍准以密雲路調補諸暨縣知縣實
於地方有裨如蒙

俞允該員係現任知縣請調知縣銜缺相當毋庸送部引
見并不核計因公處分所遺龍游縣員缺係衝難中缺容
臣另行遴員請補據署藩司黃樂之護臬司余士璟
詳請覆奏前來謹會同兼署閩浙總督福建巡撫臣
王懿德恭摺具
奏伏乞
皇上聖鑒勅部核覆施行謹
奏奉
硃批吏部議奏

解滇兵餉行至江西截留

奏為浙省起解滇省兵餉行至江西道路梗塞現經廣

信府截留借用緣由恭摺奏祈

聖鑒事竊照浙省應解滇省癸丑年兵餉銀二十萬除先

後准咨將雲南督撫臣捐賑銀九千兩劃解南河又

雲南各官捐輸軍餉銀五萬一千五百兩劃解大營

外尚應解銀十三萬九千五百兩據藩司先將頭批

銀四萬八千兩詳委候補從九品魏鈞立會解起程

五月十八日行至江西南昌縣境粵匪連艅竄至省

城水程梗塞查探前途亦無陸路可以遶道赴滇該
委員當將餉鞘折回廣信寄存上饒縣庫該廣信府
知府史致諤以該屬貴溪縣鷹潭地方與省城水陸
相通且為閩浙必經之路三省衝衢關係匪淺會同
紳士雇募鄉民數千名扼要防堵惟一切餉需現在
省會危急萬分勢難兼顧外郡該郡士民先有捐輸
銀八萬餘兩因聞警遷移驟難催繳所有前項滇餉
銀四萬八千兩請暫時截留借用一俟催齊捐款探
明道路疏通即行撥解如此一轉移間在滇餉本難

前進非因借動耽延而軍餉賴以供支可冀巡防得
力稟請核示到臣行據署藩司黄樂之具詳請
奏前來臣查浙省委解滇省兵餉銀四萬八千兩行至
江西因道路梗塞未能前進寄存上饒縣庫廣信府
史致諤辦理防堵需用孔殷請將前項餉銀暫時截
留借用仍將該府屬捐輸銀兩收齊撥解亦屬一時
權宜辦理之計除行令趕緊催提捐項先行歸款一
俟道路稍通由該省遴委幹員馳解滇省交納毋稍
遲誤並分咨戶部暨雲南江西各督撫臣查照外理

洽恭摺具
奏伏乞
皇上聖鑒訓示謹
奏奉
硃批戶部知道

募勇鑄礮

再浙省辦理防堵所有調防本省兵丁僅有四千之數分派五府屬實形單薄臣於春間雇募各路水陸義勇五千名内派防平望一千三百餘名廣德四安六百名省城暨鳳凰山武林頭三千餘名衢嚴二府無可派撥除衢州府徐相就近雇募新兵外臣復添雇義勇二千名在於常山開化七里龍一帶分路派防藉以補兵力之不足所有砲位前准各省紛紛咨借本省不敷防禦現經飭局開鑄二千一百九觔重

銕砲四位一千四百六十觔重銕砲六位八百二十
八觔重銕砲八位七百三十一觔重銕砲八位三百
六十五觔重銕砲八位以備撥用理合附片具
奏伏乞
聖鑒謹
奏奉
硃批知道了

撥借軍火器械

再臣接准

欽差大臣向榮咨會鎮江官兵失利軍械遺失請於浙省抽撥借用等因臣即於省局撥給五千觔大砲四位抬槍一百桿鳥槍六百桿委弁馳解應用又據江西廣信府知府史致諤稟借軍火器械臣於衢州防所撥給一百觔紅衣砲四位抬槍六十桿鳥槍二百桿火藥三千觔炮子四十出抬槍鉛子五百觔鳥槍鉛子五百觔由衢郡委弁解往除分別咨行查照外理

合附片具

奏伏乞

聖鑒謹

奏奉

硃批知道了

採辦軍需硝觔

奏爲委弁採辦軍需硝觔恭摺奏祈

聖鑒事竊照火藥一項爲施放鎗礮克敵首重之物必須

寬爲儲備計自軍興以來浙省各營額存火藥經江

甯江蘇安徽等省先後咨借以及水陸官兵配帶出

征動缺不少現在浙東浙西節節設防無處不需軍

火又據江西廣信府稟請撥借前來亟應趕緊舂配

除需用硫磺前經

奏明委弁赴晉採辦本届正磺二萬五千觔並預買下

屆正磺二萬五千觔外所有舊存硝觔現亦不敷配
用湖查從前夷務案内曾經採辦軍需硝十萬觔應
即照案往贌净硝十萬觔按八四成色計應辦毛硝
十一萬九千四十八觔查核例價净硝每一百觔需
銀二兩五錢計實銀二千五百兩又每一百觔例給
包索運費銀一兩一錢一分三毫九絲計銀一千一
百一十兩三錢九分除六分平餘銀六十六兩六錢
二分三厘計實銀一千四十三兩七錢六分七厘二
共應給實銀三千五百四十三兩七錢六分七厘循

照成案由司在於籌防經費款內如數動支發交杭
州協飭委城守營把總劉銓前赴豫省趕緊採買運
回濟用仍俟旋浙之日取造實用價脚册結報銷其
扣除運費平餘銀兩並於事竣後由籌防局歸於經
費項下統計銷算據署藩司黄樂之詳請
奏咨前來除咨户兵工三部查核外理合恭摺具
奏伏乞
皇上聖鑒謹
奏奉

硃批該部知道

請以在籍紳士同辦團練

再臣前准部咨欽奉

上諭朱鳳標等奏保浙江在籍紳士前任兵部侍郎戴熙

等着會同各該地方官倡率督辦團練捐輸事宜此外

如有公正可靠之人准令該紳士等各舉所知協同辦

理等因欽此欽遵行知去後茲有籍隸鄞縣之前任通

政司副使童槐及其子翰林院編修童華籍隸嘉興

之工部主事相燮堃分發直隸即用知縣張世樑等

四員品行端方素為鄉里所推重堪以協同辦理團

練捐輸由甯波嘉興兩郡官紳公保前來除移行遵
照並分咨翰林院吏工二部直隸督臣查照外謹附
片具奏伏乞
聖鑒謹
奏奉
硃批知道了

撫卹難夷

奏為琉球國遭風難夷到境循例撫卹送至福建省城

附便回國恭摺祈

聖鑒事竊據署定海廳同知王承楷禀報本年六月初二日有琉球國遭風夷船一隻經漁船護帶進港查驗船身損壞船內僅有衣箱物件並無違禁貨物夷人七名皆蓄髮挽髻身穿長領大袖衣服當覓通事向其譯詢據稱同船七人船主山里子舵工仝月水手大四白月十氣仝大九米眼均係琉球國那覇府人

本年五月十三日船至該國與同地方購買穀米於
二十九日遭風漂至洋鞍洋面船隻損壞幸得漁船
保護帶進定港求將原船修葺送回本國等語當將
該難夷等同船内衣箱等件一併起運上岸賃館安
頓優加撫卹一面購料雇匠將該船趕緊修整以便
送閩遣歸等情並據署藩司黄樂之核明例案詳請
具
奏前來臣查該難夷山里子等遭風漂流情殊可憫當
即飭令該廳妥為安頓給與衣糧加意撫卹一面循

照向章將原船趕緊修整完固造具花名清冊派撥
兵船護送至福建省城琉球館舍附便歸國以仰副
聖主懷柔遠人至意除咨明閩浙督撫臣查照並取起程
日期另疏
題報外理合恭摺具
奏伏乞
皇上聖鑒謹
奏奉
硃批禮部知道

請將短解銀兩之知縣摘頂

奏為知縣經征月廩淺貢銀兩延不完解請

旨摘去頂戴以示懲儆恭摺奏祈

聖鑒事竊照咸豐二年起運元年分漕白錢糧本年

奏銷案内各屬已完銀數比較上三届短少除經糧道

照例開揭詳送漕臣核參外尚有漕白項下月廩淺

貢正耗銀兩例應當年入

奏之款節經臣督飭司道催提去後茲查臨安縣額征

銀五百七十餘兩尚未破白；孝豐縣尚有未完銀二

千七百餘兩該二縣於經征要欵延不完解實屬惰
悮據署藩司黄樂之糧道周起濵會詳請叅前來相
應請
旨將代理臨安縣知縣陳鍾彦署孝豐縣知縣唐汝藻均
摘去頂戴以示懲儆仍勒令一月内趕解全完如能
依限完解再行奏請開復倘不知愧奮仍前延宕或
完不足數另行從嚴叅辦謹會同漕運督臣福濟恭
摺具
奏伏乞

皇上聖鑒訓示謹

奏奉

硃批陳鍾彥等均著摘去頂戴勒限趕解欽此

青妙齋

商人販運穀石請暫免稅

再浙省產米無多向藉外江販運前因長江有警米

販不通經臣奏明招徠免稅已蒙

恩旨准行茲據海寧長安鎮米商以現在川湖江安等省

米船節節阻滯亟應改道販運穀石以資接濟所有

應輸關稅呈請免征等情飭據藩司以米穀同屬接

濟民食詳請

奏明一體免稅前來相應籲乞

恩施俯念浙省民食維艱各商人運穀赴浙經由水陸關

口暫免納稅一俟糧食稍敷即行停止理合附片具
奏伏乞
聖鑒訓示謹
奏奉
硃批另有旨

請飭備海運船隻

奏為浙省本年新漕來歲仍行海運謹將奉文辦理緣

由恭摺由驛馳奏仰祈

聖鑒事竊照户部奏請江浙新漕來歲仍由海運所有一

切事宜按照本年章程奏明辦理欽奉

硃批依議行著嚴行飭催不准任意躭延等因欽此鈔錄

原奏咨行到浙臣查浙省漕糧工年試行海運經臣

籲懇

天恩以河運經費作海運支銷並經臚列條款恭呈

御覽均奉

諭旨准行是來歲起運新漕即可循照舊章辦理惟海運

以僱船為第一要務所有甯波之蛋船三不像船業

經行令道府一俟該商船自津回浙全行封雇外其

上海之沙船直隸山東之衛船相應請

旨敕下兩江直隸各督臣江蘇山東各撫臣飭屬趕緊廣

為招雇務於年內連檣抵滬以資裝運除俟秋後核

明杭嘉湖三府屬應征銀米督飭糧道及早提前趕

辦不敢稍事躭延並俟屆期分別派員設局經理另

行奏報外所有奉文辦理緣由合先恭摺由驛具奏

伏乞

皇上聖鑒謹

奏奉

硃批另有旨欽此咸豐三年八月二十三日内閣奉

上諭黄宗漢奏請飭備新漕海運船隻一摺著户部速議

具奏欽此

青妙齋

剿辦新城匪徒

奏為新城縣匪徒抗糧拒捕縣令受傷身死派委文武員弁前往剿辦罪人已得地方安靖先將辦理情形恭摺馳

奏仰祈

聖鑒事竊臣於七月二十二日訪聞杭州府屬新城縣有匪徒抗糧滋事該署縣宣汝珍被毆殞命正在飭查間即據杭州府及該縣教官典史先後稟報該縣南新庄多福寺僧慧心積慣欠糧經宣汝珍提案飭究

該僧詞甚悖謬將其責處押回措繳詎該僧被責不
甘回至該庄與素不安分之已革地保陳幅悜駱潮
應高大妹等裹脅鄉民不許完糧七月十八日縣差
奉票催追被匪糾毆稟經該署縣邀令在城紳士前
往開導又被綑去該署縣聞信憤極即於十九日帶
領丁役馳往查拏行抵三溪鎮時已傍晚住宿公館
二十日黎明南新庄匪徒數百人鳴鑼為號趕至該
鎮迎拒該署縣奮不顧身督率丁役出而捕拏該匪
徒蜂擁向前持械亂毆致斃官親家丁五人宣汝珍

被毆受傷至午後身死各等情臣查錢糧為
國家維正之供該匪徒胆敢裹脅鄉民抗不完納聚衆
滋事已屬形同化外迨該署縣親往查拏復敢迎拒戕
官更為罪大惡極當即派委因公晉省之署湖州府
知府王有齡調省操防之署提標中軍叅將魁齡統
帶兵勇一千名馳往相機進剿復另派署紹興協副
將王邦慶前任石門縣知縣張家縉及文武委員或
先抵附近村庄招集鄉耆或分赴鄰近州縣阻截後
路一面由臣發給手諭交杭州府遍示闔縣紳耆先

行解散脅從並令作為鄉導隨同委員迅速圍捕毋任滋蔓并委龍泉縣知縣陸之棟接署縣篆妥為辦理並飭將宣汝珍及官親人等各屍身趕緊驗殮去後該署縣於下鄉驗殮時沿途曉諭鄉民示以利害令其幫同捕獲匪徒鄉民均知感奮各委員分路堵截亦已布置嚴密匪首無可潛逃遂知會王有齡等帶兵前進行至中途即據該庄暨附近各村公正紳耆前來迎謁僉稱起事緣由實係僧慧心被責不甘商同陳幅楃等糾集匪類希圖裹脅滋事當日拒捕

戕官並無良民在内一經大兵勦洗深恐玉石俱焚情愿
隨同尋獲首要各犯捆送究辦請免進兵以安良善
該委員等察其情詞廹切遂於途次駐紮而採訪該
匪情形因知罪名重大尚有圖抗之意仍一面派員
密赴該鄉授以機宜督飭該紳耆設法綑獲駱潮應
高大妹洪生濺徐倌春徐景岳徐德培等六名并以
計誘令僧慧心陳幅惺赴縣投首先後稟解前來臣
復查該匪徒聚衆戕官罪在不赦乃遍行示諭臨以
兵威旬日間即據各紳耆助官綑送要犯六名首惡

亦即投首是該紳耆等所稱滋事者皆匪類而無良
民自屬可信委員王有齡等准其所請免予進兵仍
設法捕獲兇徒正所以示
聖主輯匪安良之意辦理尚不至蔓延株累除將解省各
犯飭發杭州府訊取確供按律定擬由臣親審另行
奏辦所有派往兵勇先行撤回仍留一百名飭令該
委員督率紳耆查拏餘匪務獲解省併究外理合先
將查辦情形及該處地方現已安靖緣由會同兼署
閩浙總督福建撫臣王懿德恭摺馳

奏伏乞

皇上聖鑒再臣撫茲土已歷一年未能感化鄉愚以致滋

生事端自問實深慚悚應請

嚴加譴責至署新城縣知縣宣汝珍平日勉爲良吏歷任

官聲素好今因拏辦匪徒遽被戕害殊堪憫惻可否

籲懇

勅部議恤之處出自

逾格恩施合併陳請謹

奏奉

硃批另有旨欽此咸豐三年八月二十三日內閣奉
上諭黃宗漢奏剿辦新城縣抗糧拒捕匪徒一摺浙江新城縣屬南新庄匪徒僧慧心等因欠完錢糧裹脅鄉民抗不交納署知縣宣汝珍親往查拏復敢糾衆數百人持械迎拒將該署縣並親丁等毆斃實屬罪大惡極經該撫派令署湖州府知府王有齡等統帯兵勇馳往圍捕並派署紹興協副將王邦慶等分投阻截諭令紳耆解散脅從該鄉民等均知感奮即行捆獲駱潮應高大妹洪生溵徐倌春徐景岳徐德培等六犯僧慧心及陳

幅惺二犯亦自行赴縣投首地方現已靜謐著即將首要各犯嚴行審訊按律懲治並飭委員等督率紳耆查拏餘匪一併懲辦以儆兇頑黃宗漢未能先事預防著交部照例議處署新城縣知縣宣汝珍據該撫奏稱該員官聲素好兹因拏辦抗糧匪徒致被戕害情殊可憫宣汝珍著照陣亡例議卹該部知道欽此

浙省兵數

奏爲查明浙省兵數恭摺奏祈
聖鑒事竊准户部咨該部奏請飭查兵數一摺欽奉
硃批著依議行著各該督撫迅速具奏欽此抄錄原奏咨
查浙省存營及調防本省兵若干名奉調出省兵若
干名留防某省客兵若干名各將簡明數目開單分
別奏咨等因臣查浙省水陸各營額設兵丁三萬七
千一百五十九名内經制外委三百九名額外外委
一百六十三名字識一千二百二十七名舵工一百

九名專司長安巡盐一百名實兵三萬五千二百五十一名除調赴江西一千名安徽二千名江蘇一千五百二十名鎮江水營一千二百六十二名調防安徽之廣德湖屬之四安共六百名江蘇之平望鎮一千八十名仙霞關六百三十八名杭屬之武林頭三百十五名衢屬九百五十五名嚴屬二百名省城設局操練八百三十五名分防水陸各汛一萬七千二百六十一名外實在存營七千五百八十五名内水師存營三千九百九十一名藉資河海巡防暨提鎮

各臣隨時配帶出洋陸路存營三千五百九十四名
除臣標存營八百七十三名留防省城外其餘二千
七百二十一名散處十一府屬藉資接遞公文護解
餉鞘人犯暨緝捕盜賊并防護海塘工程理合明晰
開具清單恭呈
御覽其前次調赴安徽之二千名内嘉湖二協暨太湖營
兵共七百名經臣奏明調回在於本境派防又温州
平陽等協營兵三百名行至中途因安慶失陷折回
蘇省隨防尚有提標兵五百名紹興協兵三百名台

州協兵一百名甯海營兵一百名從前皖省派防何
處未准咨會現據提標兵投回四百九十四名台州
協兵投回二名甯海營兵投回五十名據稱在蕪湖
一帶被匪沖散又紹興協兵投回二百十五名據稱
在小孤山潰防該兵丁如何潰散抑係中途逃回已
咨安徽撫臣查明
奏咨核辦所有無著兵丁二百三十九名業經臣行文
該標協營先行按名扣餉應裁應補容俟將來遵
旨校閱營伍時察看情形酌量辦理至浙省前調閩省官

兵一千名因該省軍務緊要業已撤回並無客兵在
浙除咨戶兵二部外謹會同兼署閩浙總督福建撫
臣王懿德浙江提臣葉紹春合詞恭摺附驛具
奏伏乞
皇上聖鑒再正在繕摺間准向榮來咨六月十三日鎮江
之役浙兵陣亡潰散者一千餘名請飭查潰兵有無
潛逃回浙嚴拿辦理等因除分飭各營縣遵照外合
併陳明謹
奏奉

硃批該部知道單併發欽此

清單

謹將浙省水陸各營額設兵丁調征出省派防本省及實在存營各數目開列清單恭呈

御覽

計開

撫標左右二營陸路額兵一千一百十二名内經制外委十名額外外委十一名字識八十七名又分防長安鎮專司巡緝私盐兵一百名實兵九百四名

調局操練三十一名
實在存營八百七十三名
杭州城守營陸路額兵九百十三名內經制外委六
名額外外委五名字識二十四名實兵八百七十
八名除分防北關臨平餘杭臨安於潛昌化六汛
兼轄八仙石等十一砲臺三百十二名外計存兵
五百六十六名
調局操練二十二名
實在存營五百四十四名

錢塘水師營内河水師額兵七百名内經制外委五
名額外外委四名字識十八名實兵六百七十三
名除分防河庄山塘棲鎮新城富陽四汛并錢塘
江遊巡護送撑駕馬船五百八名外計存兵一百
六十五名
調局操練十八名
實在存營一百四十七名
海甯營内河水師額兵四百名内經制外委一名額
外外委一名字識十二名實兵三百八十六名除

分防袁花長安二汛一百五十八名外計存兵二

百二十八名

調防安徽廣德一百名

調防江蘇平望鎮一百名

調省局操練四名

實在存營二十四名

海防營陸路額兵六百五十四名内經制外委九名

額外外委四名字識十六名實兵六百二十五名

調防江蘇平望鎮四十名

調省局操練一名
實在存營五百八十四名分防念里亭翁家埠戴
家橋李家埠尖山鎮海海盐平七汎海塘
嘉興協左右二營陸路額兵一千一百九十六名内
經制外委十一名額外外委五名字識三十九名
實兵一千一百四十一名除分防嘉興嘉善海盐
平湖石門桐鄉澉浦濮院新城乍浦王江涇十一
汎兼轄三塔等七十六寨臺八百十二名外計存
兵三百二十九名

調赴安徽三百名業已撤回派防郡城
調省局操練四名
實在存營二十五名
乍浦協左右二營外海水師額兵一千名内經制外
委七名額外外委三名字識三十名舵工九名實
兵九百五十一名除分防西山嘴汛并炮臺暨天
后宫汛一百三十名配船巡防滸山灘山筊杯山
大羊山黄盤四嶼彩旂門内外洋面一百八十五
名外計存兵六百三十六名

調赴鎮江六十名
調赴江蘇平望鎮管砲四十名
實在存營五百三十六名
澉浦營外海水師額兵三百名內經制外委一名額
外外委一名字識九名舵工三名實兵二百八十
六名除分防頭圍口汛暨沿海共兵五十二名配
船巡防巫子山白塔山舜山嶤嘴等處內外洋面
五十九名外實在存營一百七十五名
湖州協左右安吉三營陸路額兵八百五十名內經

制外委七名額外外委三名字識二十六名實兵八百十四名除分防東雙林德清新市含山菱湖四安長興武康馬要烏鎮南潯菁山安吉遞鋪孝豐梅溪十六汛兼轄桑育橋等三十三汛五百八名外計存兵三百六名

調赴安徽二百名業已撤回派防郡城

調防安徽廣德一百名

調省局操練三名

實在存營三名

太湖營内河水師額兵六百四名内經制外委四名
額外外委二名字識十八名實兵五百八十名除
分防大錢伍浦西山夾浦四汛兼轄蔡浦等二十
八汛二百五十九名外計存兵三百二十一名
調赴安徽二百名業已撤回派防本境
調省局操練二名
實在存營一百十九名
提標中前後三營陸路額兵二千七十五名内經制
外委十七名額外外委十一名字識九十五名實

兵一千九百五十二名除分防崑亭大嵩所城嶦崎盐場足頭湖頭渡應家棚七汛兼轄東嶴等十六臺汛并管駕哨船五百二十三名外計存兵一千四百二十九名

調赴安徽五百名在皖潰散嗣據投回四百九十四名無著六名現咨安省查明覆辦

調赴江蘇一百九十名

調省局操練十八名

實在存營七百二十一名

提標左右二營外海水師額兵一千四百三十五名
內經制外委十二名額外外委八名字識六十五
名舵工四名實兵一千三百四十六名除分防穿
山霩䨏二所城兼轄大漁山十瞭臺并八鳳洋等
十一汛墩臺五百名外計存兵八百四十六名
調赴鎮江二十名
實在存營八百二十六名
甯波城守營陸路額兵五百九十六名內經制外委
四名額外外委二名字識十七名實兵五百七十

三名除分防慈谿漁溪三七市奉化新驛橫溪六
汛并遊巡鄞慈二縣沿江口岸三百三十一名外
計存兵二百四十二名
調赴江蘇二百名
實在存營四十二名
鎮海營外海水師額兵九百八十名內經制外委七
名額外外委三名字識二十九名舵工八名實兵
九百三十三名除分防鎮海關口并招寶山笠山
臺龍山所三城蕉轄沿江等二十五臺汛暨東嶽

宫前等十炮臺五百四十二名又巡防鎮海港口
虎蹲山蛟門山搗杵山金塘山西首山脚太平山
瀝表嘴後海東霍西霍七姊妹一帶洋面并輪防
水汎一百十名外計存兵二百八十一名
調赴鎮江一名
調省局操練一名
實在存營二百七十九名
象山協左右二營陸路額兵七百四名内經制外委
八名額外外委三名字識二十三名實兵六百七

十名除分防泗洲頭爵谿所西周湖頭闕頭錢倉
塞朱溪海口八汎兼轄﨟岩等二十一臺并巡防
内港巡哨各船三百六十七名外計存兵三百三
名
調赴江蘇一百三十名
調防江蘇平望鎮一百名
調省局操練五十五名
實在存營十八名
石浦營外海水師額兵七百八十五名内經制外委

四名額外外委一名字識二十四名舵工六名實
兵七百五十名除分防前山井水厲家坪竹山番
頭月樓轟金鷄山老東門衕頭九臺汛暨昌國衛
城廉轄烏石山等十一臺隘五百八十一名巡查
淡水旦門鋸門龍洞口大目牛門青門鞍子頭一
帶洋面一百二十二名外計存兵四十七名
調赴鎮江四十五名
實在存營二名
定海鎮標中左右三營外海水師額兵二千五百九

十八名內經制外委十八名額外外委十名字識
七十八名舵工三十七名實兵二千四百五十五
名除分防莫家山炮臺并沈家門普陀衛頭岑港
岱山五汛兼轄塩倉等三十六臺汛六百二十五
名又巡查旗頭青龍港雙嶼港白馬礁沈家門長
塗倒斗㟧岑港岱山姚姓浦雙合山等汛內外洋
面并天童面大展白泉黃岐港等處配船六百六
十三名外計存兵一千一百六十七名
調赴鎮江二百五十五名

調省局操練四名

實在存營九百八名

定海鎮標城守營陸路額兵六百名内經制外委二

名額外外委二名字識十二名實兵五百八十四

名除分防定海四城禁口址瞭臺監獄軍藥二局

三百五十一名外計存兵二百三十三名

調赴鎮江四名

調省局操練五十名

實在存營一百七十九名

紹興協左右二營陸路額兵一千三百五十八名内
經制外委十三名額外外委六名字識四十三名
實兵一千二百九十六名除分防蕭山諸暨向天
嶺新昌嵊縣三江所瀝海所餘姚梁衕中村北溪
上虞臨山衛觀海衛周家路十五汛兼轄錢清等
五十汛臺六百八十四名外計存兵六百十二名
調赴安徽三百名在皖潰散嗣據投回二百十五名
無著八十五名現咨安省查明覆辦
調赴江蘇一百名

調防嚴州一百名

調省局操練一百六名

實在存營六名

台州協中左右三營陸路額兵一千六百七十四名内經制外委十五名額外外委七名字識五十二名實兵一千六百名除分防天台關頭寨浬浦赤墈仙居桃渚寨壂埠梅凞泗淋昌埠黃岩烏岩三石小雄寨吳都前所寨十五汎并小圖山炮臺兼轄中渡等二十六汎臺九百八十六名外計存兵

六百十四名
調赴安徽一百名在皖潰散嗣據投回二名無著九
十八名現咨安省查明覆辦
調赴江蘇四百五十名
調省局操練十三名
實在存營五十一名
黃岩鎮標中左右三營外海水師額兵二千二十三
名內經制外委十七名額外外委九名字識六十
二名舵工十名實兵一千九百二十五名除分防

海門衛城牛頭頸臺、兼轄家子等六臺三百九名
巡防川礁、深門、聖堂門、白岱門、楊柳坑、䲁殼嶴等
處内外洋汛，併繫泊海門關内江港各船六百三
十一名。外計存兵九百八十五名
調赴鎮江三百三十名
調赴江蘇平望鎮管砲三十名
調赴湖州四安管砲十名
調赴杭州武林頭管砲十名
調在省城管砲十名

實在存營五百九十五名
太平營陸路額兵六百九十二名內經制外委五名
額外外委二名字識二十一名實兵六百六十四
名除分防金清松門衛隘頑寨江下四汛兼轄雙
橋等二十七墩臺并巡船三百七十二名外計存
兵二百九十二名
調赴江蘇一百八十名
調防安徽廣德五十名
調省局操練三名

實在存營五十九名
甯海左營外海水師額兵五百四十一名内經制外
委五名額外外委二名字識十六名舵工四名實
兵五百十四名除分防海游竇嶴大横渡西壕東
嶴五汛兼轄曼嶴等十八汛臺一百八十四名健
跳汛官轄靖䆒門狗頭山茶盤洋一帶戰哨釣船
配緝暨巡防南田二百八十九名外實在存營兵
四十一名
甯海右營陸路額兵四百七十五名内經制外委四

名額外外委二名字識十五名實兵四百五十四
名除分防越谿柘浦胡陳大湖溪下應西墊六汎
兼轄石墻頭等十一臺汎一百四十二名外計存
兵三百十二名
調赴安徽一百名在皖潰散嗣據投回五十名無著
五十名現咨安省查明覆辦
調防江蘇平望鎮一百五十名
調防常山五十名
調省局操練四名

實在存營八名

金華協左右二營陸路額兵七百三十二名内經制外委八名額外外委四名字識二十四名實兵六百九十六名除分防金華義烏武義浦江東陽永康湯溪七縣汛并遊巡金義武三縣江港汛兼轄錢地等三十四臺汛一百五十六名外計存兵五百四十名

調赴江西二百名

調赴江蘇一百名

静妙齋

調防衢州二百名
調省局操練五名
實在存營三十五名
衢州鎮標中左右城守四營陸路額兵一千八百三
名内經制外委二十一名額外外委九名字識五
十六名實兵一千七百十七名除分防西安安仁
埠朝京埠大洲溪口百灵埠杜澤工方龍游亭步
驛前溪口蘭谿常山草萍七都球開化馬金嶺華
埠江山大洋鳳林二十汎兼轄樟樹潭等一百四

十九塘汛墩臺并廵船八百九十一名外計存兵

八百二十六名

調赴江西三百名

調防仙霞關二百名

調防常山二百名

調防開化一百名

調省局操練九名

實在存營十七名

楓嶺營除閩兵外淅省陸路額兵四百六十名内經

制外委三名額外外委二名字識十三名實兵四
百四十二名調省局操練四名其餘存營兵四百
三十八名一併調防仙霞關
嚴州協左右二營陸路額兵七百三十一名内經制
外委六名額外外委三名字識二十二名實兵七
百名除分防建德淳安威平分水遂安壽昌桐廬
七汛兼轄東港東館等七十路撥墩臺并巡緝江
面二百九十三名外計存兵四百七名
調赴江西二百名

調防江蘇平望鎮一百名
調防滸安一百名
調省局操練三名
實在存營四名
温州鎮標中左二營外海水師額兵一千四百十名
内經制外委十二名額外外委六名字識四十三
名舵工十四名實兵一千三百三十五名除分防
長沙南龍二海汛三盤鳳凰二汛口暨留泊温江
巡查船隻七百四十四名外計存兵五百九十一

名
調赴鎮江三百二名
調赴杭州武林頭管砲三十五名
調赴常山管砲三名
調赴開化管砲二名
實在存營二百四十九名
温州右城守二營陸路額兵一千三百九十九名内
經制外委十二名額外外委五名字識四十三名
實兵一千三百三十九名除分防甯村茅竹山二

寨龍灣山大梅頭山二臺及梅頭蔣嶺曹村泰順

縣河田岸楓林碧七汛兼轄新臺等三十二塘口

臺汛八百三十三名外計存兵五百六名

調赴安徽一百名因安慶失陷中途折回蘇省隨防

調赴江蘇一百名

調防杭州武林頭二百六十名

調省局操練六名

實在存營四十名

樂清協陸路額兵七百七十四名内經制外委六名

額外外委三名字識二十四名實兵七百四十一
名除分防後所南岸大崧清江渡四汛暨蒲岐寨
城兼轄下印等二十四撥臺汛四百五十五名外
計存兵二百八十六名
調防安徽廣德一百名
調防湖州四安一百五十名
調省局操練四名
實在存營三十二名
盤石營陸路額兵二百八十四名内經制外委二名

額外外委一名字識八名實兵二百七十三名除
分防天妃墩臺暨黃華關寨城兼轄西一鋪等十
二臺汛一百五名外計存兵一百六十八名
調防湖州四安九十名
調省局操練三十三名
實在存營四十五名
大荊營陸路額兵五百二十九名内經制外委五名
額外外委三名字識十八名實兵五百三名除分
防水漲𡶶坑大芙蓉蔡嶴暘谷嶴五汛兼轄陡門

等十九塘汛臺二百三十九名外計存兵二百六
十四名
調赴江蘇七十名
調省局操練一百五十四名
實在存營四十名
瑞安協左右二營外海水師額兵八百三十三名內
經制外委七名額外外委三名字識二十五名舵
工六名實兵七百九十二名除分防飛雲北岸江
岸北關官山四汛兼轄江岸北岸炮臺并東山江

岸上塢三墩臺三百七十一名輪巡各水汛一百
四十九名外計存兵二百七十二名
調赴鎮江二百名
實在存營七十二名
平陽協左右二營陸路額兵九百七十名内經制外
委九名額外外委四名字識三十名實兵九百二
十七名除分防北岸墨城宋埠南岸蒲壯所鎮下
關金鄉橋墩舥艚北港沙園矴埠頭十二汛兼轄
蕭家渡等五十六臺汛五百八十名外計存兵三

百四十七名
調赴安徽二百名因安慶失陷中途折回蘇省隨防
調防江蘇平望鎮一百二十名
調省局操練四名
實在存營二十三名
玉環左營陸路額兵四百二十四名内經制外委三
名額外外委一名字識十二名實兵四百八名除
分防後坆楚門二汛兼防陡門等十九口汛一百
二十四名外計存兵二百八十四名

調省局操練五十四名
實在存營二百三十名
玉環右營外海水師額兵四百十八名內經制外委
三名額外外委二名字識十二名舵工八名實兵
三百九十三名除分防坎門烏洋梁灣黄門沙頭
等海汛三百三十名外計存兵六十三名
調赴鎮江四十五名
實在存營十八名
處州鎮標中左右麗水四營陸路額兵二千一百二

十七名內經制外委二十名額外外委十名字識六十六名實兵二千三十一名除分防青田縉雲景甯龍泉雲和慶元遂昌松陽宣平碧湖十汛兼轄沙埠等一百四十九塘汛墩臺六百九十六名外計存兵一千三百三十五名

調赴江西三百名

調防江蘇平望鎮四百名

調防常山二百名

調防開化二百名

調省局操練二百二十名

實在存營十五名

統計水師存營三千九百九十一名陸路存營三千五百九十四名

晉江黄尚書公全集卷十二目録

奏疏十二 任浙江巡撫奏議

片奏先後捐輸銀兩

撥濟防費

短解錢糧之知縣叅請摘頂

叅將暫緩赴任

丁憂知縣留浙委用

留浙籌防之廣東道員已回粤

晉江黄尚書公全集卷十二

男貽楫謹輯
姪貽杼棻校

奏疏十二 任浙江巡撫奏議

調派兵勇赴蘇省協剿

奏為蘇省嘉定上海匪徒滋事借調浙省兵勇馳往防

剿恭摺由驛具

奏仰祈

聖鑒事竊照蘇省嘉定上海兩縣匪徒滋事准兩江督臣

怡良先後知照借調浙江在蘇境平望防堵之兵勇就近前往協勦等因臣查嘉定為太倉州所屬該州至省須由崑山行走當即飛飭總理平望局防務護臬司余士璆派委平陽協都司葉鳳高嚴州協守備陳際泰管帶兵丁三百二十名馳往崑山聽候蘇省帶兵大員統領進勦上海為松江府所屬松江與嘉興接壤該處楓涇鎮有五舍口乃上海至松江嘉興必由之路最為扼要復飛飭余士璆派委台州協副將豫祺督同省提塘守備黃熊飛管帶兵勇二百三

十六名中防同知仲孫樊督同烏程縣縣丞黃恩詔
前任鎮海縣管界巡檢陸鎬暨紳士黃一清於嘉珍
鄭煥等管帶台州定海水陸各勇九百三十名分坐
釣船七十二隻星夜駛赴五舍口與蘇省官兵會合
防剿統計浙省調往兵勇一千四百八十六名仍由
省城派撥練勇四百名即赴平望防所協力守禦除
咨會兩江督臣怡良查照外謹會同兼署閩浙總督
福州將軍臣有鳳恭摺由驛具
奏伏乞

皇上聖鑒再上海滋事多係閩粤匪徒一經大兵進剿難
保不沿海四竄江浙洋面毘連不可不預爲防範業
經臣飛咨提鎮暨道府廳縣嚴密籌防所有將軍都
統前次奏調來省之乍浦駐防官兵四百名已知會
署將軍臣巴彦岱撤回本營以資防堵合併陳明謹
奏奉
硃批知道了

調防衢屬兵丁

再粤匪竄擾江西前經臣奏明飭委署杭嘉湖道徐榮候補知府葉堃會同衢州府知府徐相督帶官兵前赴廣信一帶防堵嗣據該道府周歷查勘以衢屬常山之曹會關開化之華埠為江西入浙要道且與安徽毗連若於該二處設防可以接應廣信并可兼顧安省繪圖貼説禀經臣批准照辦如果廣信有警即越境迎剿毋使匪踪闌入所有奏報浙省兵數一摺清單内開列調防常山開化兵丁即係臣前奏調

赴廣信之兵理合附片陳明伏乞

聖鑒謹

奏奉

硃批知道了

請揀發知縣十員來浙

奏為請

旨簡發曾任繁缺知縣十員來浙俾資差委附驛具

奏仰祈

聖鑒事竊照浙省地方與兩江閩省毘連現在粵匪分擾

江甯江蘇江西安徽等省福建又有會匪滋事浙省

東西兩路防堵萬分喫緊在在需員差遣臣前因候

補知縣不敷委用咨請吏部將本年發浙即用大挑

知縣飭令迅速來浙在案茲准部文各該員除親老

改掣並丁憂外其餘大半請假回籍修墓雖經分別
咨催恐一時未能到省相應奏懇
天恩俯准於在部投供候選曾任繁缺知縣
簡發十員並請
勅部迅速給咨來浙俾資差委仍俟遇有相當缺出照例
補用據藩臬兩司具詳前來理合恭摺具
奏伏乞
皇上聖鑒謹
奏奉

硃批著照所請行該部知道欽此

派防廣信

再臣接閱江西省探報知竄擾饒州之賊船尚未退

出且有窺伺廣信之謠現經飭令署杭嘉湖道徐榮

督同坐補海甯州知州陶德封等管帶壯勇五百六

十餘名馳赴廣信府屬之貴溪縣會同該府史致諤

奮力防剿知關

宸廑理合附片具

奏伏乞

聖鑒謹

奏奉

硃批知道了

甯波防堵
再疋在繕摺間探聞上海匪徒有將竄擾甯波之信
提臣葉紹春先經出洋督巡臣已飛咨馳回甯洋迅
速調集水師準備迎剿毋任該匪竄入海口新授安
徽臬司畢承昭在甯年久熟悉情形昨據稟報於交
卸後起程晉省迎摺北上現亦飛飭該司折回甯郡
會督文武籌辦防堵俟事竣再行北上謹附片附驛
具
奏伏乞

聖鑒謹

奏奉

硃批知道了

神靈默佑請　頒扁額
奏爲浙省海運漕糧默邀
神佑恭摺奏請
御書匾額仰祈
聖鑒事竊照浙省漕糧本年舉行海運事屬創始一切事
宜均叅酌蘇省舊章辦理尚係人力所能爲而米船
放洋以後自南至北遠隔重洋一路風帆能否順利
則必仰賴
神靈默爲呵護臣於米石起運赴滬時恭詣

風神廟
天后宮齋心虔禱祈保平安茲據天津局委員具報浙
省漕米六十餘萬石共裝四百餘船均於六月中旬
全數抵津兌收完竣各商船行駛迅速毫無疎失等
情臣接閱來稟仰見
聖明在上百神効靈欣幸之餘彌深感仰所有浙江省城
風神廟
天后宮相應仰懇
天恩均請

御書匾額
頒發恭摹敬謹懸掛以昭
靈貺而答
神庥臣不勝籲忭之至謹恭摺具
奏伏乞
皇上聖鑒謹
奏奉
硃批另有旨欽此咸豐三年九月二十一日内閣奉
上諭黃宗漢奏

神靈默佑懇請頒發匾額一摺本年浙江省海運米石
自放洋以後風帆順利於六月中旬全數抵津毫無踈
失此皆仰賴
神靈默爲呵護朕心實深寅感所有浙江省城
風神廟
天后宫朕特親書匾額各一方交該撫敬謹懸掛以荅
神庥欽此

紳士捐餉

奏為浙省紳士續捐軍餉恭摺

奏祈

聖鑒事竊照浙省官紳先後捐輸軍餉銀十萬六千二百

兩前經六次奏報在案茲據現任禮科給事中吳若

準捐銀三千兩在籍前任兵部右侍郎戴熙捐銀五

百兩國子監司業錢振倫捐銀一百兩翰林院編修

沈元泰捐錢四百串湖南衡永郴桂道俞焜捐錢二

千串廣西梧州府知府朱鳴英捐錢六百串均繳存

藩庫聽候動用由署藩司黃樂之詳請具
奏前來各紳士情殷報効為鄉里之倡可否仰懇
聖恩勅部照案議叙之處出自
鴻施謹恭摺具奏伏乞
皇上聖鑒再戴熙先於第六次奏報案内捐銀五百兩業
經奉
旨交部議叙此次係屬續捐合併陳明謹
奏奉
硃批另有旨

籌撥防費

再浙省東西各路防堵已逾半載裁撤無期現在蘇
省嘉定上海匪徒滋事嘉興府屬之平湖嘉善暨沿
海各廳縣又須節節防堵幾至闔省戒嚴從前三次
就本省司庫
奏准籌撥經費銀四十萬兩現已告匱即再奏蒙
聖恩高厚俯允所請而部中既無可動撥司庫亦難以籌
畫六月間臣預籌及此惟冀以捐輸之所入補防費
之不敷曾經附

奏在案令紳民捐輸之欵因四路阻塞財貨不能流通
或書而未繳或繳而未齊臣已諳飭各紳士勸諭捐
生設措呈繳俾資接濟防費倘捐欵未能應手再當
設法籌撥際此
國帑萬分支絀之時臣惟有竭盡血誠募勇捐餉勉力
支持以冀早日蕩平為幸相應附片具
奏伏乞
聖鑒謹
奏奉

硃批知道了

官兵會同攻剿上海并支給糧餉軍火

奏為浙省前次調赴松江五舍口官兵飛飭拔營前進會同蘇省官兵合力攻勦上海賊匪并由浙添派兵勇節節策應防禦所需糧餉軍火一併委員隨營支給恭摺由驛具奏仰祈

聖鑒事竊照蘇省嘉定上海兩縣匪徒滋事前准兩江督臣怡良借調浙省兵勇前往協剿當經臣飭令護臬司余士瑮派委平陽協都司葉鳳高等管帶兵丁三百二十名馳往崑山聽候蘇省派員統領進剿又派

台州協副將豫祺督帶陸路兵勇二百三十六名中
防同知仲孫樊督同員弁紳士管帶水勇九百三十
名馳赴松江府之五舍口與蘇省會合攻剿業經恭
摺馳
奏在案旋據探報蘇省川沙青浦寶山南滙四廳縣先
後失事臣復飛飭帶兵員弁星夜馳往協剿嗣准怡
良知照川沙等五廳縣均經迅速收復惟上海一城
尚被該匪佔踞臣查上海本係東南最大馬頭且兩
省海運關係尤重必得趕緊收復方不誤來歲新漕

隨即飛飭仲孫樊先將所帶水勇由五舍口拔營直抵上海城外住紮與江蘇署臬司吉爾杭阿署松江府知府藍蔚雯等會商攻剿之法以期早日克復惟所帶各勇雖近千名尚慮單薄復由護理運司晏端書在籍紳士前吏科給事中朱昌頤分飭商人雇募巡塩壯勇四百名及勇首李恆淞帶勇二百名均交仲孫樊一併管帶俾資得力但前隊既已進發後路須有應援臣又飭護臬司余士璪由平望暫赴五舍口以上之東浚地方相度地勢於南北兩岸分路紮

營並安設大砲十門以資轟擊該司仍回平望交與
署紹興府知府繆梓嘉松分司莫嘉幹在彼督防要
口一以為工海聲援一以杜其分竄嘉松之路即將
豫祺前帶在五舍口之兵勇二百三十六名并由省
城再撥操練兵三百名分飭署提標中軍參將魁齡
金華協都司江長元管帶均赴東涇砲臺住紮悉聽
該署府繆梓居中調度策應繆梓又分派委員駕坐
槍船數十隻赴前途巡哨偵探共計先後調赴蘇省
各兵勇除前赴崑山之兵三百二十名由蘇支應外

其赴上海攻剿及在東洨策應各兵勇二千餘名所需糧餉軍火前接江蘇撫臣許乃釗以經費不支咨商由浙應付臣思浙省雖十分拮据而事關緊要自應急為籌濟當即委員隨營支給事竣歸籌防局報銷其由東洨入浙之嘉興平湖嘉善等處臣飭護台州協都司張福山管帶省城防兵二百八十名在嘉興郡城住紮又由朱昌頤雇募義勇二百名分坐四十船在平湖之泖口住紮又由嘉善縣會同紳士雇募義勇四百名分坐八十船在縣城暨張涇滙茜涇

溈分別住紥均可為東洨之策應倘該匪徒經兩省
大兵會剿沿海四竄則浙之乍浦甯波兩處最關緊
要臣已飛咨乍浦副都統穆克德訥督同乍浦協營
滿綠官兵在乍浦海口防堵飛札平湖縣團練義勇
堵截由海塘竄逸路徑並咨提臣葉紹春會同新授
安徽臬司畢承昭督飭地方官及紳衿調募兵勇分
布甯波定海防堵毋稍疎虞所有浙省帶兵員弁進
赴上海會同攻剿隨營支應餉需并續添兵勇節節
策應防禦緣由謹會同兼署閩浙總督福州將軍臣

有鳳恭摺由驛具奏伏乞

皇上聖鑒再臣接江西撫臣來咨欣悉賊匪敗竄該省業經解圍所有前派護杭嘉湖道徐榮等帶赴廣信府協防之勇及調赴浙東衢嚴防兵應即移緩就急陸續撤回省垣以為浙西應援仍令將本標協官兵暫留各砲臺關隘以防不虞合併陳明謹

奏奉

硃批知道了

片奏先後捐輸銀兩

再臣家住泉州府近接臣子慶生黃貽楫家信知福建撫臣王懿德現駐泉州攻勦上下游匪徒軍餉至為緊急而泉州修城團練各事宜在在需費一時捐輸驟難應手自維年少力微恐未能普勸囑臣首先輸將為桑梓倡臣自上年冬捐備軍餉荷蒙逾格恩施感激之下亟思勉力續捐稍酬高厚祇因年內浙省旱災曾捐銀八百兩交杭州紳士為疏濬湖河之用又捐銀二千兩交金衢嚴三郡紳散

給窮黎之用本年設局教練兵勇於未經奏咨防費以前亦由　臣捐給銀二千餘兩為口糧獎賞之需春夏間因海運緊急不惜罄其所有發局先行濟用現尚借墊銀三千餘兩未還是以於本籍軍務至今未能倡捐慚愧之餘更深焦灼現在情形既如此緊急臣子尚思急公　臣自應勉竭棉力捐銀三千兩解交閩省以為本籍捐輸之倡除已馳信至家就近向各親友先行措交仍俟差便即由浙解還歸款俾各親友聞風踴躍從厚樂輸務於各項經費多所裨益是則　臣

區區報效之忱所馳望於無已也謹附片具
奏伏乞
聖鑒謹
奏奉
硃批知道了

撥濟防費

再浙省自春徂夏次第辦理防堵需費浩繁

奏准由司庫籌撥銀四十萬兩將次用竣此外無款可籌而各處之防均未能裁撤臣於六月間籌計及此深為焦灼惟冀以捐輸之所入補防費之不敷當經附片

奏明在案數月以來督同司道府縣普勸諄催陸續呈繳收至十月初旬止共得銀十萬餘兩錢十萬餘串第自七八月至今各路防兵固須照舊支應而兩次

奏撥兵勇前赴蘇省之上海協剿由浙備帶經費隨營支放所需更覺倍增業將捐項提銀十萬兩錢十萬串由司撥交籌防局支應核計存銀實已無多此後仍諭勸各捐生不論多寡上緊措繳俾各防所兵勇不至因乏餉潰散至此次捐輸各紳民或甫繳銀一半或已繳三分之二應俟繳清後方可分别

奏咨請奬以昭覈實所有續收捐項撥濟防費縁由理合先行附片具

奏伏乞

聖鑒謹

奏奉

硃批知道了

短解錢糧之知縣叅請摘頂

奏為特叅經征地丁錢糧延不報解之知縣請

旨摘去頂戴勒限完解以示懲儆恭摺具

奏仰祈

聖鑒事竊照州縣經征地丁錢糧理應隨征隨解不容稍有延誤茲查浙省各屬應解本年地丁銀兩經臣督飭藩司勒限嚴催已屬不遺餘力仍未據各縣接續旺解而平湖山陰新昌分水平陽慶元等六縣又皆經征半載有餘全未破白更屬不知振作若不擇尤

叅辦不足以示懲儆茲據署藩司黄樂之具詳請叅
前來相應請
旨將平湖縣知縣邢吉甫署山陰縣知縣程文範署新昌
縣知縣馮格分水縣知縣高斗南平陽縣知縣伍紹
紳慶元縣知縣李家鵬均摘去頂戴勒限兩月内將
未完本年地丁錢糧趕征完解足數再請開復倘仍
不知愧奮或查有虧挪情弊即當從嚴叅辦謹會同
兼署閩浙總督福州將軍臣有鳳恭摺具
奏伏乞

皇上聖鑒訓示謹

奏奉

硃批邢吉甫等均著摘去頂戴勒限催解欽此

參將暫緩赴任

再臣接准兩江督臣怡良來咨以現署台州協副將之衢州鎮標左營遊擊田宗泰奉部推升江西饒州營參將催令速赴新任等因查新升台州協副將豫祺前經臣

奏明派赴平望防堵現復委令帶兵前赴松江府屬東汶地方防勦上海滋事匪徒勢難赴台任事田宗泰自署理台州協以來捕務甚為勤奮臣於二月間曾因防堵緊急札調該員來省當差旋據該府縣及紳

民稟稱台州地處海濱民情獷悍時有土匪糾聚滋
事必須該員在彼彈壓查拏方有畏憚當即飭令回
任數月以來會同府縣督帶兵勇擊斃匪徒及拿獲
正法者不少辦理正資得力若遽令交卸起程餘匪
恐從而生心況浙省武職副叅以下各缺紛紛遞署
已十居七八此外實乏大員可以接署江西賊船業
已全數擊退饒州現尚平靜應請俟撤防後該副將
豫祺到任再行飭令田宗泰迅赴新任除咨兵部暨
覆兩江督臣江西撫臣查照外謹會同兼署閩浙督

臣有鳳附片具

奏伏乞

聖鑒謹

奏奉

硃批知道了

丁憂知縣留浙委用

再浙省丁憂知縣有石門縣知縣張家縉經臣委赴平望勸辦防務又署錢塘縣候補知縣馬昂霄委令在籌防局當差兼督造火攻軍器又前署富陽縣候補知縣熊松之於回籍後遊幕來浙委令在籌防局辦理文案以上三員除熊松之一員現已服滿起復留浙委用外其張家縉馬昂霄二員俟撤防後飭令回籍守制據籌防局司道具詳前來除咨吏部暨張家縉原籍廣東馬昂霄原籍江南各督撫臣知照外

理合附片具奏伏乞

聖鑒謹

奏奉

硃批知道了

留浙籌防之廣東道員已回粵
再浙省自設防以來文武員弁少有親歷戎行者正
需熟諳軍務大員幫同籌商臣於五月間親赴各處
查閱防務至湖州適遇廣東高廉道沈棣輝詢知隨
營督辦支應歷由粵楚至江甯四月內將糧臺交與
江西總辦接手即奉
欽差大臣向榮札飭回粵就近由浙河行走緣積勞致病
稟明順至本籍醫調甫愈即回粵東等情臣因前任
廣東督糧道時該道歷署知府素知其辦事勇幹經

權俱有閱歷近年屢經剿辦陽山匪徒及廉州各股
匪首要悉數殲除茲閱邸抄兩次蒙
恩賞戴花翎並加按察使銜尤屬諳練軍務時當堵禦緊
要即函商兩廣督 臣 葉名琛暫留該道派往平望協
同籌辦一切調度指陳深得機宜嗣接兩廣督 臣 札
調回粵辦理各案軍需報銷正欲起身旋於五月中
旬匪船已竄入江西道途梗阻未能急切前往現在
逆匪潰退路已通行即據該道禀報於九月二十五
日起程前赴廣東所有該道留浙籌防及起程回粵

日期除咨照廣東督撫臣外理合附片陳明伏乞
聖鑒謹
奏奉
硃批知道了

酌派赴閩官兵

奏為閩省屢次咨調浙兵不能如數分撥酌量派往以

資攻剿恭摺由驛馳

奏仰祈

聖鑒事竊臣疊接兼署督臣有鳳咨會閩省下游匪徒分

股滋擾勢甚猖獗仙游縣城復陷兵丁不敷調遣行

令衢州鎮暨嚴州金華二協共選勁兵一千五百名

勒限星夜到閩聽候調遣咨請分檄調撥並接衢州

鎮臣富勒興阿咨准督臣飭調官兵赴閩差遣因查

靜妙齋

江西賊匪雖退而衢屬之開化嚴屬之淳安均接壤
徽境防兵仍須整備所有衢嚴二處兵丁實難抽調
現撥楓嶺營兵二百名委署楓嶺營遊擊富勒恒額
統領赴閩其餘應撥各兵咨請酌調別營各等因前
來臣查浙省界連江南江西自逆賊分竄以來浙兵
調赴外省已不下六千餘名而本省嘉湖衢嚴四面
籌防撥兵練勇已覺調度為難是以六月間欽奉
諭旨飭調浙兵二千名赴閩經臣將難以抽調情形縷晰
陳明嗣因上海匪徒滋事關係海運綦重復經

奏明派撥兵勇前往協剿而嘉興府屬及乍浦甯波定海各口內河外海均屬一水可通深恐該匪分竄又須節節戒嚴兵力更覺不敷屢經雇勇分防幸而江西賊船擊退衢州與廣信接壤關隘防務稍緩正擬將前調防兵撤回數百名再飭赴上海厚集兵力合剿以期一鼓蕩平茲乃屢次接到督臣飛咨閩省需兵攻剿急切情形直有刻不容緩者臣欲如數調撥勢既有所不能若僅令楓嶺營兵二百名前往太形單薄深恐於事無濟再四籌維于無可調撥之中暫

作移緩就急之計復派原調在衢之金華兵八十名

並自衢回省之處州兵二百二十名飭令原帶兵官

配足軍火器械迅速起程合之楓嶺營兵二百名共

五百名均交署遊擊富勒興額統領前進不准片刻

停留一切例支例賞銀兩由籌防局核給並飭經由

各縣速備夫船口糧應付前進其衢州一帶如探前

途有警尚須添兵另行籌畫辦理除咨覆兼署督臣

查照外所有閩省咨調浙兵酌量派往緣由謹會同

浙江提臣葉紹春恭摺由驛馳

奏伏乞

皇上聖鑒謹

奏奉

硃批知道了欽此

調勇赴滬

再臣前因上海匪徒滋事准蘇省咨調浙省兵勇即經飭令文武各員督帶前往上海松江一帶會同蘇省官兵或以防為剿或協力進攻當將調派情形及續添兵勇各緣由先後馳

奏在案茲查中防同知仲孫樊所帶之勇尚形單薄應再添撥壯勇前往接濟隨于原防平望台勇內挑選一百二十名並於省城練勇局內挑撥一百八十名又由廩生尹聖任僱來台勇三百名共六百名派員

管帶迅赴上海交仲孫樊統領奮力合攻以期速就
蕩平一切經費仍由浙省支給並准蘇省咨借淨硝
當即動撥一萬觔委弁鮮蘇濟用又據江南委員候
選道戚貞來浙借用抬砲四十桿鳥鎗一百六十桿
及鎗砲九龍袋藥角葫蘆二百副均隨時發交帶回
備用除分別咨行查照外理合附片具
奏伏乞
聖鑒謹奏奉
硃批知道了

被灾各屬分别蠲緩撫卹

奏為查明杭州等府屬仁和等州縣衛所田地被水被

風被蟲被雹灾歉實在情形籲懇

天恩將應徵地漕等項銀米分别蠲緩並撫卹口粮以紓

民困恭摺奏祈

聖鑒事竊照浙江省本年六月中旬風雨過多依山沿海

之區或山水冲擊或風潮洶湧田廬均被淹浸據杭

州府屬之錢塘富陽餘杭臨安新城湖州府屬之烏

程歸安德清武康安吉甯波府屬之慈谿奉化鎮海

及定海廳紹興府屬之山陰會稽蕭山諸暨餘姚上
虞新昌嵊縣台州府屬之臨海黄巖寗海太平天台
仙居金華府屬之金華蘭谿東陽義烏永康武義浦
江湯溪衢州府屬之西安龍游江山常山嚴州府屬
之建德淳安遂安壽昌桐廬分水温州府屬之永嘉
樂清瑞安平陽并玉環廳處州府屬之麗水縉雲青
田松陽遂昌雲和龍泉景寗宣平等廳縣稟報同時
猝被風雨禾棉被淹杭嚴嘉湖台州各衛坐落各縣
屯田亦報被水淹浸其紹興府屬之上虞縣報有冲

坍塘堤又台州府屬之臨海天台仙居三縣温州府
屬之樂清縣并處州府屬各縣及台州衛報有沙淤
石積田地又台州府屬之太平縣温州府屬之樂清
縣報有浸濕霉變倉穀又台州府屬之臨海太平二
縣報有冲坍民房衙署倉厫監獄城垣壇廟及淹斃
人口續據杭州府屬之仁和富陽餘杭臨安嘉興府
屬之平湖湖州府屬之武康安吉甯波府屬之奉化
台州府屬之臨海金華府屬之永康温州府屬之瑞
安平陽泰順處州府屬之麗水青田等縣禀報七月

静妙齋

中旬雨水過多低窪田廬間遭淹浸禾苗亦間被虫
傷又據杭州府屬之海甯嘉興府屬之嘉興秀水嘉
善海盐平湖石門桐鄉湖州府屬之烏程歸安長興
紹興府屬之蕭山台州府屬之太平金華府屬之武
義衢州府屬之開化等州縣禀報八月上中二旬雨
水過多低窪田廬間遭淹浸禾苗亦間有虫傷并據
杭州府屬之餘杭臨安二縣禀報八月下旬猝被氷
雹田禾復又受傷各等情均經臣于奏報六七八等
月雨水摺内先後陳明並以台州郡城臨海縣境内

被水較重先經臣恭摺馳

奏欽奉

諭旨專派道府大員親往妥爲撫卹一面飭司委員賫銀

前往賫粥散賑并飭撥隣縣倉穀濟用于地丁項下

動撥銀三千兩委解赴台妥辦并飭據天台縣報解

台郡穀六百石協濟應用此外各縣中被水情形次

重之處災黎亦宜妥輯曾據太平縣禀明動碾倉穀

一千二百石先施粥賑併由各紳富借領倉穀減價

糶濟天台仙居二縣亦各禀報紳富借穀減糶秋成

還倉不敷捐補并據青田縣稟請平糶倉穀以資接
濟並經行司飭令各該知府及印委各員逐一赴鄉
察看各按都圖頃畝分别災歉輕重情形詳晰開報
去後茲據各該府督同委員及各州縣勘報前來查
定海鎮海山陰新昌金華浦江湯溪玉環永嘉樂清
瑞安平陽泰順龍泉宣平十五廳縣或被風尚輕或
水退甚速田禾均無妨碍樂清縣沙淤石積田畝飭
令各業户赶緊挑復補種均可毋庸勘辦應行扣除
外所有杭州府屬之仁和錢塘海甯富陽餘杭臨安

新城七州縣嘉興府屬之嘉興秀水嘉善海塩平湖
石門桐鄉七縣湖州府屬之歸安烏程長興德清武
康安吉六縣寧波府屬之慈谿奉化二縣紹興府屬
之會稽蕭山諸暨餘姚上虞嵊縣六縣台州府屬之
臨海黄岩太平寧海天台仙居六縣金華府屬之蘭
谿東陽義烏永康武義五縣衢州府屬之西安龍游
江山常山開化五縣嚴州府屬之建德淳安遂安壽
昌桐廬分水六縣處州府屬之麗水縉雲青田松陽
遂昌雲和景寧七縣并杭嚴嘉湖台州三衛共計六

十州縣衛被水被風被虫被雹及水冲沙淤石積難
以墾復成災五六七八九十分并歉收民塗沙牧軍
屯田地統共六萬六千七百三十五頃五十八畝零
各州縣衛所災歉田地多寡不等輕重不一以各原
額頃畝核計居十分中之七分以上者臨海一縣六
分以上者太平一縣四分以上者歸安烏程德清武
康諸暨東陽六縣三分以上者富陽長興奉化上虞
黄岩甯海天台仙居義烏永康建德遂安桐廬分水
青田十五縣二分以上者海甯新城秀水嘉善海塩

平湖武義西安龍游江山常山開化淳安壽昌麗水
縉雲松陽十七州縣一分以上者仁和錢塘餘杭臨
安嘉興石門桐鄉安吉慈谿會稽蕭山餘姚嵊縣蘭
谿遂昌雲和景甯等十七縣就各府情形而論台州
為最重杭州湖州紹興嚴州處州次之嘉興甯波金
華衢州尚為輕減臣與司道僃查災歉各州縣中如
仁和等州縣皆止歉收例不給賑其餘災歉並成各
縣窮黎乏食待哺嗷嗷本應照例賑撫第現值籌辦
防堵需用浩繁庫藏萬分支絀不得不熟籌變通之

方經臣督同司道諄飭各屬廬勸紳富協力捐助或
施錢散米或運米減糶毋使一夫失所仍隨時察看
情形另辦外惟台州府屬臨海縣災分獨重民困倍
形且戶鮮殷實不能全藉捐資請于隆冬撫卹一月
口粮以資接濟據署藩司黃樂之署運司晏端書粮
道周起濱逐一查核會詳請
奏前來合無仰懇
皇上天恩俯准將臨海縣被水災歉乏食貧民無分極次
于本年隆冬撫卹一月口粮全給折色所需銀兩動

支三年地丁至各該州縣衛災歉情形等差不一小
民一年生計全在秋收今秋成失望輸將無出並懇
恩施俯准將錢塘富陽餘杭臨安新城桐鄉安吉上虞臨
海黄岩太平天台仙居滈安遂安壽昌桐廬等一十
七縣并杭嚴嘉湖台州三衛成災民塗軍屯田地并
蕭山縣成災牧地應征咸豐三年地丁存留鹽課漕
項漕截河工屯餉正耗錢糧牧租錢文漕糧軍儲南
秋軍孤吹手因粮等項正耗米石按照成災分數分
别蠲免蠲剩銀米于咸豐四年秋成後起照例分年

帯征内漕截銀兩漕粮米石仍限二年征完又臨海
天台二縣并台州衛沙淤石積難以墾復田地請俟
咸豐三年起將應征銀米照案蠲免二年届期覆加
確勘如實在不能墾復另疏
題豁又灾歉並成五分以上之臨海太平二縣歉收田
地應征咸豐三年各項銀米請緩至咸豐四年秋後
起征其仁和錢塘海甯富陽餘杭臨安新城嘉興秀
水嘉善海塩平湖石門桐鄉歸安烏程長興德清武
康安吉慈谿奉化會稽蕭山諸暨餘姚上虞嵊縣黄

岩甯海天台仙居蘭谿東陽義烏永康武義西安龍
游江山常山開化建德湻安遂安壽昌桐廬分水麗
水縉雲青田松陽遂昌雲和景甯等五十五州縣歉
收民塗軍屯沙牧田地并杭嚴嘉湖台州三衛坐落
各縣歉收軍屯田地應征咸豐三年各項銀米以及
沙租銀兩牧租錢文概請緩至咸豐四年麥熟後起
限一年征完又臨海太平二縣灾歉田地在通縣額
田五分以上各該縣成熟田地應征咸豐三年各項
銀米應請一律緩至咸豐四年秋成後起限一年征

完其餘各州縣成熟有收田地應征本年新賦均應
照常征收又災歉各户未完各年舊欠及因災原緩
帶征各項銀米並請查照各原限遞緩一年征收其
未完各年舊欠漕白糧米漕項銀兩另飭糧道酌核
米數銀數詳請專摺具
奏外所有杭嚴嘉湖台州三衛軍屯田地各隨坐落之
縣辦理以廣
皇仁而紓民力至應行蠲緩田地未被災歉以前如有完
納在官咸豐三年錢糧飭縣查明照例流抵次年新

賦蠲緩缺額銀米應支各款不敷支給之處另籌撥補耗羨銀米各隨正項辦理又臨海太平二縣被水冲坍民房及淹斃人口除有力之家均自行修埋外其實在無力貧民應須修費埋資各銀兩責成該府縣籌捐辦理又冲損衙署等項工程及上虞縣坍壞塘堤分飭籌勸捐修又太平樂清二縣被水浸濕倉穀除太平縣穀石已據報明動借紳士領糶外其樂清縣被浸霉變穀石現飭該府確查盤驗如實係受濕霉朽或即乘時減糶應請各歸臺案辦理除飛飭

各府州縣衛所將勘明實在災歉田地頃畝分數并
確查臨海太平二縣被水之初動撥銀穀如何支銷
暨臨海縣隆冬應須撫卹大小丁口應給銀兩分別
取造冊結另疏具
題外謹將杭州等府屬被水被風被虫被雹災歉田地
頃畝另繕清單會同兼署閩浙總督福州將軍臣有
鳳恭摺具
奏伏乞
皇上聖鑒訓示謹

奏奉
硃批另有旨欽此咸豐三年十一月二十一日内閣奉
上諭黄宗漢奏查明仁和等州縣衛所田地被災請分别蠲緩撫卹一摺本年浙江杭州等府屬仁和等州縣衛所田地被水被風被虫被雹及水冲沙淤石積難以墾復並臨海縣被災尤重若不分别賑恤蠲緩民力實形拮据加恩着照所請所有臨海縣被水災歉乏食貧民無分極貧次貧均於本年隆冬撫恤一月口糧全給折色所需銀兩動支三年地丁其錢塘富陽餘杭臨安新

新城桐鄉安吉上虞臨海黄岩太平秀昌仙居湻安遂
遂安壽昌桐廬等十七縣並杭嚴嘉湖台州三衛成災
災民塗軍屯田地及蕭山縣成災牧地應征咸豐三年
地丁存留鹽課漕項漕截河工屯餉正耗錢粮牧租錢
文漕軍儲南秋軍孤吹手因糧等項正耗米石按照成
災分數分别蠲免蠲賸銀米於咸豐四年秋成後起照
例分年帶征内漕截銀兩漕粮米石仍限一年征完又
臨海天台二縣並台州衛沙淤石積難以墾復田地著
俟咸豐三年起將應征銀米照案蠲免二年又災歉並

成五分以上之臨海太平二縣歉收田地應征咸豐三
年各項銀米著緩至咸豐四年秋後起征其仁和錢塘
海甯富陽餘杭臨安新城嘉興秀水嘉善海盐平湖石
門桐鄉歸安烏程長興德清武康安吉慈谿奉化會稽
蕭山諸暨餘姚上虞嵊縣黃岩甯海天台仙居蘭谿東
陽義烏永康武義西安龍游江山常山開化建德淳安
遂安壽昌桐廬分水麗水縉雲青田松陽遂昌雲和景
甯等五十五州縣歉收民塗軍屯沙牧田地並杭嚴嘉
湖台州三衛坐落各縣歉收軍屯田地應征咸豐三年

各項銀米以及沙租銀兩收租錢文均暫緩至咸豐四
年麥熟後起限一年征完又臨海太平二縣災歉田地
在通縣額田五分以上各該縣成熟田地應征咸豐三
年各項銀米著一律緩至咸豐四年秋成後起限一年
征完其餘各州縣成熟有收田地應征本年新賦均著
照常征收所有災歉各庄未完各年舊欠及因災原緩
帶征各項銀米並着查照各原限遞緩一年征收其杭
嚴湖台州三衛軍屯田地各隨坐落之縣辦理以紓民
力該撫即刊刻謄黄徧行曉諭務使實惠均霑毋令吏

晉舞弊用副朕軫念災區至意餘著照所議辦理該部
知道單併發欽此

温郡被水未致成灾無須勘辦

再正在繕摺間於十月三十日接准部咨咸豐三年

八月十九日内閣奉

上諭黄宗漢奏温州府屬被水情形現飭撫卹查辦一摺

著該撫即飭查明迅速核辦其應如何分别蠲緩之處

詳查據實具奏等因欽此臣查此案前據温州道府禀

稱温州郡城於六月十八日起狂風大雨歷八晝夜

□久山水漲發江流泛溢入城低窪田廬均遭淹浸

民謀食維艱經該道府飭縣勸捐□米設局□放

請於温處二府屬借撥常平倉穀穀資接濟簽情
並據所屬玉環瑞安樂清平陽四廳縣稟報被水與
郡城約略相同臣察核稟詞情形較重事關民瘼不
敢壅於
上聞是以專摺具
奏一面批飭藩司查明何縣倉穀可以借動迅速核辦
並委員馳赴該郡各屬確勘核實辦理去後旋據該
道府暨委員先後稟覆温州各廳縣驟遭水患本屬
不輕幸而早禾收穫者已十居七八即晚禾被淹之

區水勢消退甚速尚可補種雜粮不致遽成灾歉卬
有極貧之户口食無資已由該道府諄勸殷富減價
平糶更無須借動倉穀等情由藩司核詳前來臣已
於查辦灾歉情形摺内將玉環永嘉樂清瑞安平陽
泰順六廳縣均聲請扣除在案欽奉前因合將查明
温州府屬被水田禾無須勘辦緣由附片覆
奏伏乞
聖鑒謹

道了

812.8
444
(6)

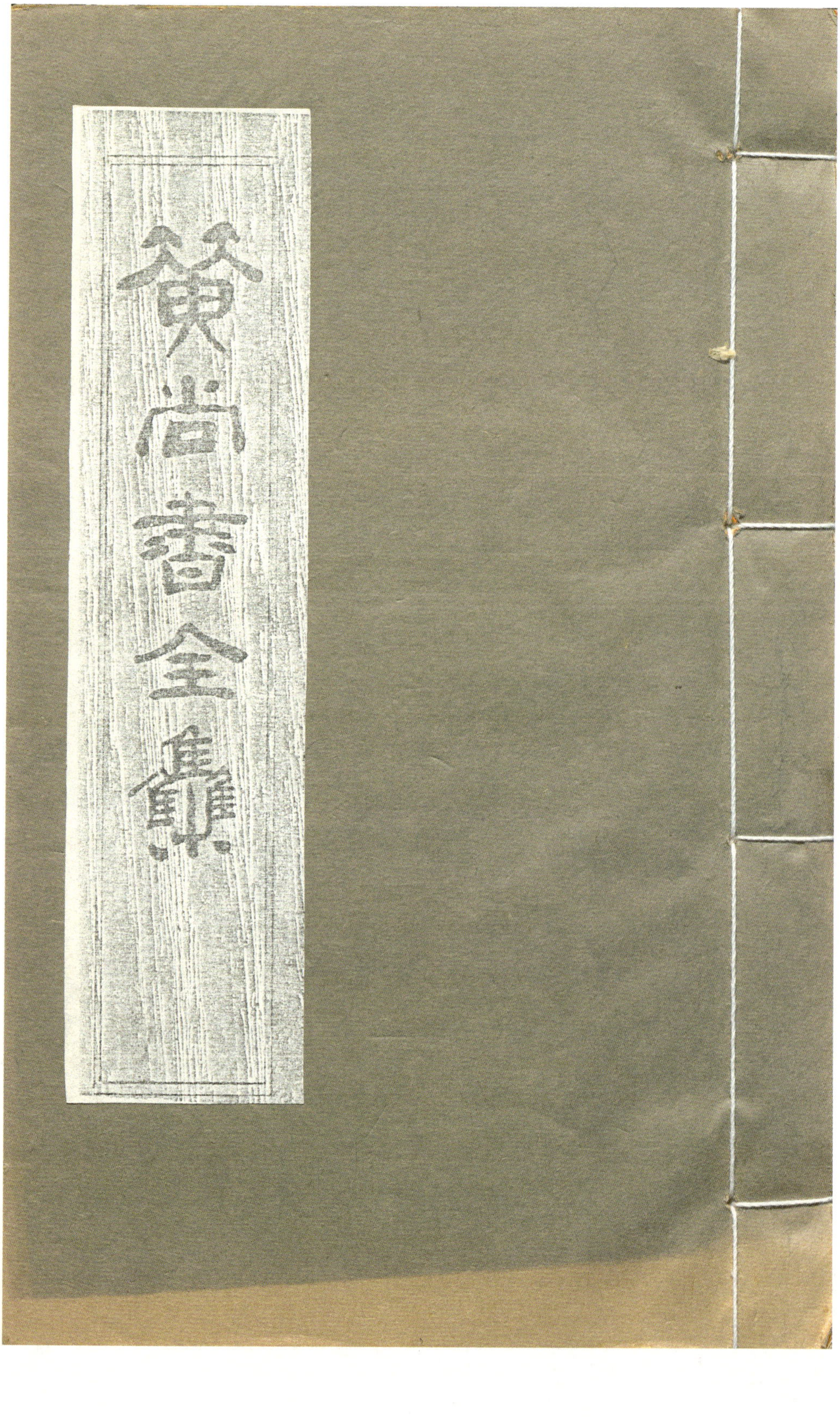
黄尚書全集

晉江黃尚書公全集卷十三目錄

奏疏十三 任浙江巡撫奏議

場竈蕩田被災請分别蠲緩附清單

請將在防病故之護臬司照案議邮

委帶壯勇防勦各員

撥付紅單船火藥鉛彈

新城縣抗糧拒捕匪犯審明定擬

晉江黄尚書公全集卷十三

男貽楫謹輯

姪貽杼校

奏疏十三　任浙江巡撫奏議

豫籌來歲海運事宜

奏為來歲新漕應速定起運海口及僱募各船先經豫

籌咨辦緣由恭摺覆奏并請

飭催江蘇直隸山東各省迅速定地封船以速海運仰祈

聖鑒事竊臣於十一月初七日接准軍機大臣字寄咸豐三年十月二十八日奉

上諭浙省漕米前經部咨令由乍浦海口兑裝上船放洋北上未據咨覆

到部漕糧關係緊要上海尚未收復明年海運事宜必須及早籌畫設

法轉運著黄宗漢迅即妥籌具奏不得藉詞軍務以致臨時貽悮如

上海即日克復則江浙海運漕糧自可循照舊章辦理等因欽此遵

旨由五百里寄信前來查自八月初上海失陷後臣以該

處馬頭尤關海運先後委員督帶兵勇二千餘名籌

備軍火餉需陸續接濟馳往會剿至九月間尚未克

復臣焦灼萬分適接部咨商令浙漕改由乍浦起運

當查該處如果可行甯波商船尤必樂赴自應及早

籌議移改即飭糧道周起濱局員楊裕深等速查議
詳嗣據在省司道及該員等會詳業與甯波船戶熟
商據稱乍浦海口有鐵板沙大船委難停泊從前藏
漕運閘由此出口不過數萬石船少隨兌隨開停泊
不過二三日尚不聞有擱損今以七十萬石之數較
諸從前十倍有餘用船既多久聚候兌職風水可虞
先後兌開則閱時逾久必致有誤風汛各船冒險而
來十分為難本省船戶即勉從而沙衛各船未經涉
歷斷不願南下故前浙省每議海運輒復中止職此

之故況剝船赴乍內河窄狹之處米多亦恐擁擠不
開至於裝載蔴袋及盤壩腳力須增經費猶其小焉
者且該員等在天津時議改乍浦出運之說係上海
未失守以前今該處密邇上海該匪既未剿滅正須
嚴防竄入更何敢以數十萬銀米置諸危險之地一
經在乍裝兌則聚集尤多閩廣人猝然內應防不勝
防種種窒礙難行是以於接奉部咨之後以未改定
起運地方不便空言咨覆滿望上海速平可以照舊
辦理乃日復一日尚未奏捷地方未定一切章程俱

難覈議臣心急如焚於九月內復飛飭總辦海運局員現暫赴上海督剿之候選知府繆梓就近與沙船各商人籌議究竟爾等船隻可否駛赴乍浦此外有何海口可以兑米上船並委楊裕深確查各海口可以起運地方去後旋據繆梓稟稱與該商王慶勲等六人連日邀同耆民舵工人等酌議僉稱羊山以南暗礁紛出每易擱損身家所係殊難冒險嘗試而漕糧關

天庾正供同居

幬載敢不速籌辦法儻上海稍遲克復如蘇省寶山縣所
屬之蘊草濱濱面深闊近日沙衛各船皆泊於此太
倉州所屬之劉河口本係海運故道因沙淤改塗近
年沙淤漸開沙船六七百石者皆可收泊千石以上
者須泊外口用小船過載該二處均堪起運漕糧等
語與楊裕深所查劉河口地方已復故道似可辦理
之稟相同臣接到各稟後旁參互證大畧相似即於
七月間飛函兩江督臣怡良及蘇藩司陳啟邁速將
該二處委員確勘酌定一方議奏即行咨覆以便浙

省派員赴彼設局辦理嗣據該督臣及藩司覆稱已飭委署松江府藍守及太倉州蔡牧馳赴該二處測量水勢有無窒礙酌覈定議具奏再行咨覆許又綏繆梓來禀以劉河口地方可以出運已由署松江府藍守具禀蘇省上司在案迄今蘇省尚未將定地出運之處咨浙此臣接到部咨未能即覆業已咨商江蘇勘辦之情形也至海運又以雇船為要務除寧波之蛋船及三不像船已由臣劉飭該道府及早封雇並飛咨奉天直隸山東各海口凡有甯船停泊即押令

迅速回甯受雇外尚須添雇各船之處業經蘇省上
年奏明海運漕糧數銀米爲先有船而無銀米責在
浙江有銀米而無船責在蘇省立定章程在案此外
再有不敷本年係由臣飛咨直隸山東飭令天津府
錢忻和封雇衛船前來是以臣八月内覆奏新漕仍
由海運摺内聲請
飭下兩江直隸山東各督撫臣照舊封雇船隻嗣由戶部
議奏以上海沙船固應各歸水次其直隸之衛船山
東之登由子船均由奉天裝豆運赴江省銷售亦必自

北赴滬若責令該省代雇轉無把握著臣派員會同
蘇省委員一律封雇等因行知到浙臣查在蘇各船
由蘇封雇係屬照章辦理浙省未便越境封船業經
咨明江蘇督撫臣仍照原奏封雇若直隸山東衛船
本係詢明該商等向來舊章僅能裝載果品食物來
南故赴滬之船甚少惟海運之年由官封雇始得裝
豆駛進上海該船於受雇後或在天津內河置貨或
往奉天裝豆豫南卸載後即運漕米赴津成規既不
得紊亂況該船約有承當裝運奉天黑豆及小米差

事亦應官爲分别辦理庶赴滬運漕各船一經封定得趕盡年内𨍭儎來春冰開即向南駛行等語亦經
臣將各情節先行咨覆户部一體咨飭照辦一面由
臣於九月内八百里飛咨直隸山東督撫臣并劄天津道府封雇各在案此臣於雇船事宜接奉部覆後仍飛咨各省及早封雇之情形也欽奉前因除再咨行各省欽遵查照外謹將豫行籌辦緣由恭摺覆
奏並請
飭下兩江督撫臣迅速委勘劉河口及蘊草濱兩海口何

處堪以停泊各船裝兑起運於具奏後即行覆浙一
面委員封雇沙船濟用並請
飭下直隸山東督撫臣查照臣歷次飛咨各情飭屬立速
多封衛船務於來歲驚蟄前一概給照開行飭赴闕
東裝豆盡二月内一併到南其奉天直隸山東各海
口亦請
飭該府尹及各督撫臣委查凡有甯波船隻停泊押令迅
速回浙聽候封雇不准逗遛庶速海運而重漕務是
否有當伏乞

皇上聖鑒訓示謹
奏奉
硃批另有旨欽此咸豐三年十一月二十五日軍機大臣字寄奉
上諭黃宗漢奏遵籌來歲海運事宜一摺前因上海尚未
收復疊次諭令怡良等將明年海運事宜迅籌妥辦本
日據黃宗漢奏稱蘇省寶山縣所屬之蘊草濱及太倉
州所屬之劉河口等處地方均堪起運漕糧業經咨商
蘇省迅將出運地方及早勘定並咨奉天直隸山東豫
備封雇船隻各等語南漕為天庾正供豈容稍有貽誤

現在上海尚未收復既據該撫將變通辦理各情分别
咨商自應及早改移會同妥辦著怡良許乃釗迅即於
劉河口及蘊草濱兩處海口委員勘定起運漕米地方
一面奏聞即一面知照浙江會同辦理並著直隸山東
各督撫速派幹員封備衛船並著奉天府府尹及各該
督撫確查各處海口如有寧波商船停泊仰令迅速回
浙聽候封雇裝運漕糧斷不准胥役人等需索滋擾致
生事端原摺著抄給閱看將此由六百里各諭令知之
欽此

各屬剿辦土匪情形

再浙省自春間設防以來各路奸細潛窺謠言肆起彈壓稽查一持以鎮靜嚴密土匪尚知斂戢而四路買賣不通失業日衆夏秋間雨水過多年歲復形歉象臣心時切隱憂然於失業之民飭勸官紳殷富平糶施粥俾稍充饑尚不至盡流爲匪於歉收之地分別災分畝數蠲租緩賦加以撫卹亦無不感激知恩獨有一種奸惡棍徒素無恒産恒心地方安靜本以搶掠爲生鄰警迭聞便欲乘機思逞或樹立旗幟挿

血拜盟或暗號僞官潛通逆匪或以錢漕為名斂錢
糾衆拒捕抗差種種不法漸露端倪臣惟有督飭合
屬文武員弁不動聲色以安撫良善固結民心為根
本民心既固庶團練鄉兵足資臂指鼓勵士卒堪壯
聲威然後解散脅從誅擒首要嚴為懲創使不至釀
成事端即如台州之著名棍匪李度六李幅六兄弟
於六七月間乘台州水災樹立黃旗結黨肆行殺掠
經密飭太平營叅將林策勲知縣李宗謨協同團練
紳民會剿斃匪一二百名生擒數十名奪獲大炮二

尊鎗刀扉械數十件該首匪兄弟俱伏誅餘黨悉散

又自安慶再陷之後徽之甯國府屬迭被匪擾杭州

之昌化於潛各縣與甯國毘連天目山一帶最易藏

奸匪首趙四喜趙聯喜兄弟倡立紅綠旗幟結黨拜

盟定期十月初二日起事約會踞城戕官暗與安慶

逆匪應援經護杭嘉湖道徐榮訪知稟臣密授機宜

由該縣程鍾英督率紳耆練勇數百名先毀其平越

塢巢穴生擒趙聯喜及各匪趙四喜潛逃復於九月

二十八九日率兵勇圍捕焚其所踞廟宇破其石城

先後擊斃頭目及匪黨一百數十名生擒六七十名
趙四喜仍逃竄臣復派署杭州府王清照甯海營叅
將王邦慶帶兵赴臨安徐榮程鍾英帶勇在於潛四
面會合即於十月初二日生擒匪首趙四喜及積
匪大頭目十餘名匪徒十餘名或就地正法或提省
斬梟人心大快餘俱畏懼逃散其悔悟投誠者不誅
又自上海失事後甯波地方最為劉逆垂涎之地日
遣奸細分給符布僞印來甯勾通以為逃竄後路暗
結匪黨為裏應外合之計幸該府段光清及鎮海縣

李壽椿素得民心團練嚴密先經督同紳董李維鏞
等拿獲上海出來奸細偽號副帥張金山等五名起
獲符布偽印各件解　臣親訊正法突有東南鄉姜山
地方樹旗聚衆之大頭目陳富春陳伯堯小潘葉阿
岳等勾引台州及本地匪徒數百名欲攻擊姜山團
練局紳董顧姓父子兄弟率勇與之格鬬該府段光
清聞知即督同六品頂戴布興有帶勇馳往會勒立
時擊斃五六十名生擒大頭目陳富春等二三十名
解郡正法餘匪幾散訊據各供俱係定期十一月初

六黄道日起事先陷甯郡再取慈谿等語其符布僞
印皆冒託金陵洪逆僞號幸已先期擒獲一併誅戮
現在防範尤宜加緊至於嘉湖地方因上海未復嘉
善縣之八中等區長興縣之嘉會等區烏程縣之南
潯等鎮皆與蘇省接壤輒有棍匪演戲鳴鑼糾聚抗
租有完租者即率衆拆其房屋擄其財物塞河斷道
以防官兵到境佃不完租則民難完漕經署湖州府
丞有齡將長興縣棍匪李慎猗等五名拿獲正法復
經　臣屢次示諭曉以利害一面明以兵威一面飭縣

邀請紳士赴鄉開導現當收漕之時察看情形恩威
並濟操縱得宜自不至於貽誤所有各屬拿獲首要
解散餘匪各情形及應請鼓勵官紳之處除俟詳晰
查明另行專摺具
奏外現在大局尚稱安靜堪以仰慰
聖懷理合附片謹
奏奉
硃批覽奏均悉

青女

道員出缺請　簡

奏爲陞任道員因病出缺請

旨簡放恭摺奏祈

聖鑒事竊臣接准部咨咸豐三年十月二十日奉

上諭江蘇常鎮通海道員缺著余士璪補授欽此又於十

月二十一日奉

上諭浙江杭州府知府員缺緊要著該督撫於通省知府

內揀員調補所遺員缺著恩符補授欽此欽遵移咨到

臣查該道余士璪前在杭州府知府任內經臣

奏委護理臬司篆務并令前赴蘇省平望地方會督文
武實力防堵一切均無貽悞乃因積勞成病已於本
年十月二十五日未接部文之先在防因病出缺業
經恭疏
題報正在繕摺具奏間欽奉前因所有杭州府知府員
缺容臣等另行揀員調補其所遺江蘇常鎮通海道
員缺查係請
旨簡放要缺相應奏懇
天恩迅賜

簡員補放以重職守除咨吏部兩江江蘇督撫臣查照外

謹會同兼署閩浙總督福州將軍臣布鳳恭摺具

奏伏乞

皇上聖鑒謹

奏奉

硃批覽

靜妙齋

委署縣缺

海署桐鄉縣知縣崔夢梧調省差委又麗水縣知縣

王道坦因病出缺所遺各員缺應行分别委員接署

查有甯海縣知縣李溶心地明白堪以署理桐鄉縣

准陞臨海縣知縣黄熾勤慎供職堪以署理麗水縣

該二員均無盜案已起四条及錢糧展条有關降調

處分據署藩臬兩司具詳前来除分檄飭遵並咨吏

部外謹會同兼署閩浙總督福州將軍臣有鳳附片

具

奏伏乞
聖鑒謹
奏奉
硃批知道了

委署臬篆并派員督防

奏爲遴委署理臬篆并派員督辦防務恭摺奏祈

聖鑒事竊查前因臬司黃樂之署理藩司所遺臬篆經臣

奏委杭州府知府余士瑔護理并令前赴平望地方

督辦防堵事務兹余士瑔因病出缺所有臬司篆務

應即遴員接署查浙省大員甫升運司之温處道慶

廉因温洋時有廣艇滋擾正在辦理團練防堵吃緊

之時應俟揀派幹員前往接署方得交卸來省道路

較遠到任尚需時日金衢嚴道劉成萬所轄地方兩

面防堵閩徽賊匪亦未便調省甯紹台道賈臻尚未
到任惟查有甫經到省尚未接印之杭嘉湖道崇恩
舉止安詳心地明白堪以委令署理其平望防堵事
宜查向屆冬令糧道應時常赴嘉湖二府催漕平望
地方與嘉湖接壤該道周起濱才識幹練人亦勇往
當即委赴平望督辦防務兼令就近催漕一俟開春
應即北上再行遴員接替除分檄飭遵外謹會同兼
署閩浙總督福州將軍臣有鳳恭摺具
奏伏乞

皇上聖鑒謹

奏

硃批知道了

静妙齋

請留升任道員

再臣接准部咨因兼署閩浙總督臣有鳳奏請催令

司道各官赴閩欽奉

上諭福建汀漳龍道晏端書著該撫飭令迅即前赴新任

等因欽此欽遵移咨到臣查該道晏端書因委署運篆

未能交卸前經臣奏奉

上諭陞任福建汀漳龍道晏端書著暫留浙省署理運司

俟韓椿到省再行飭赴新任欽此轉行欽遵在案查運

司韓椿尚未到任現陞福建臬司浙江運司著温處

道慶廉補授茲復欽奉

諭旨自應即札該運司慶廉來省接印一面飭令該道晏端書赴閩何敢再事稽留惟慶廉因温洋緊要一時未能交卸業已另摺聲敘而運司衙門刻下正辦理奏銷之時上年麟桂陞山西臬司奏留運司本任旋陞浙江藩司仍奏明將奏銷事宜責令一手經理在案本年浙盐因蘇松常鎮片引不銷課欵支絀異常該道設法籌墊通盤牽算正課尚不十分短少現當奏銷喫緊若遽令交卸接手乏人又當展限不免延

誤況浙省當四面受敵之際正需才孔亟之時自司
道至府廳多半署事其升得力之員如藩司麟桂尚
未回任前甯紹台道畢承昭已赴安徽臬司本任護
理臬司余士瑮中防同知仲孫樊先後病故辦理海
運之候選知府繆梓題補同知楊裕深現赴上海會
勦糧道周起濱派往平望防堵凡省中可以辦事之
員幾至一空該道晏端書本係總司海運及捐輸局
務現復會同藩司商辦鑄大錢行官票各章程關係
緊要若遽飭令赴閩一切事務實在乏員接手現在

廈門收復漳州一帶漸就肅清可否仰懇
天恩俯准將晏端書暫留數月俾臣得收指臂之助若閩
省實在需員或將汀漳龍道開缺另行
簡放飭速赴閩出自
聖裁臣為海運捐輸及錢鈔各務緊要起見用敢附片瀆
陳不勝悚惶待
命之至伏乞
聖鑒訓示謹
奏奉

硃批另有旨欽此咸豐三年十二月十七日内閣奉
上諭黄宗漢奏請留升任道員等語升任福建汀漳龍道
晏端書著開缺留於浙江以道員候補欽此

静妙齋

青女齋

各屬災歉業經撫卹來春毋須接濟

奏爲查明浙省被災被歉各州縣衛所來春毋須接濟

恭摺覆奏仰祈

聖鑒事竊臣承准軍機大臣字寄咸豐三年十月初三日

奉

上諭本年浙江台州温州二府屬被水節經該省奏到已

加恩分别蠲緩查勘撫卹再錢塘等縣低田被淹德清

等縣被水仁和等縣被淹被蟲臨海縣續被水災據該

撫奏明委勘著迅速辦理并將來春應否接濟之處一

併查明據實覆奏務於封印以前奏到候朕於新正降
旨加恩等因欽此遵
旨寄信前來伏查浙省杭嘉湖甯紹台金衢嚴處十府屬
本年被水被風被蟲被雹勘實災歉者共六十州縣
衛所前已勘明奏懇
天恩將應征地漕等項銀米分別蠲緩其被災較重之臨
海縣乏食貧民請於隆冬撫卹一月口糧并查明温
州府屬被水各廳縣因水退迅速未成災歉聲請扣
除在案茲復欽承

温諭以來春應否接濟飭令查明具奏臣遵即札飭藩司
移行各該道府確查去後茲據署藩司黄樂之糧道
周起濱轉據該管道府查明具詳前來臣查本年各
屬情形或被災歉不重民力尚舒或有地方紳富捐
貲賙卹即被災較重之區已於隆冬撫卹口糧就目
前而論民力尚不十分拮据來春均毋須接濟倘於
青黄不接之時或須平糶倉穀容臣察看情形隨時
核辦總不使一夫失所以仰副
聖主加惠黎元勤恤民隱之至意所有浙省被災歉各州

縣衛所來春毋須接濟緣由理合會同兼署閩浙總
督福州將軍臣有鳳恭摺覆
奏伏乞
皇上聖鑒謹
奏奉
硃批知道了

場竈蕩田被灾請分別蠲緩附清單

奏爲查明場灶蕩田被水被風灾歉情形請將應征錢

糧分別蠲緩以紓灶力恭摺

奏祈

聖鑒事竊照本年浙江省仁和等州縣衛所田地被水被

風被蟲被雹業經臣查明灾歉分數

奏懇

聖恩分別蠲緩撫卹在案所有仁和錢清曹娥金山黄巖

杜瀆青村横浦下砂頭等九場灶蕩田地種植禾棉

先據各該場禀報災歉情形經臣 批飭運司委員分往查勘并札飭該管知府分司馳赴各該場會勘詳辦去後兹據署鹽運使晏端書詳稱據各該管知府分司督飭各縣場暨委員會同勘得杭州府屬之仁和場紹興府屬之錢清曹娥金山等三場台州府屬之黄巖杜瀆二場松江府屬之青村横浦下砂頭等三場各團灶蕩田地種植禾棉本年入夏以來雨水過多江潮並漲均已受傷迨至秋後復又遭風禾苗損拆木棉花鈴亦多脫落内黄巖杜瀆青村横浦下

砂頭等場灶地逼近海濱地勢最低江潮上湧禾棉
盡遭沖激漂失無存受傷更重災歉並咸仁和錢清
曹娥金山等場雖勘不成災收成實形歉薄該灶戶
等情形拮据輸將無出所有各該場應征灶課錢糧
應請查照定例分別蠲緩並彙開各場灶蕩田被災
被歉頃畝分數清摺聲明杜瀆一場被災較重灶丁
情形窘苦應請撫卹等情當查臨海縣被水之食災
民由台州府稟請於本年隆冬無分極次酌約一月
口糧業由藩司具詳請

奏在案該場係坐落臨海縣境内成災田畝通額計算
係在八分以上受傷較重該縣被災貧民既經請給
口糧場灶事同一律自應量予體恤容再札飭該府
分司確查實在貧灶戶口另行詳辦至坐落被水被
風各縣水鄉盐課有無應行蠲緩之處由江浙兩省
藩司彙入民地造報開數移知該司核明再行詳咨
等情詳請核
奏前來臣逐加查核仁和錢清曹娥金山等四場均止
歉收勘不成災惟黄巖杜瀆青村橫浦下砂頭等五

場被水被風成灾成歉以各該場額田而計居十分
中之二分以上及五分八分以上不等合無仰懇
皇上天恩俯准將黃巖杜瀆青村橫浦下砂頭等場成灾
田畝應徵本年新賦查照灾分定例分別蠲緩并分
年帶徵其仁和錢清曹娥金山黃巖杜瀆青村下砂
頭等場歉收田畝應徵本年新賦照例緩征其道光
三十年及咸豐元二兩年未完舊課查明在本年灾
歉之區者並請遞緩一年以廣
皇仁而紓灶力所有新舊熟田錢糧仍照常徵輸除飭司

將杜瀆一場應行撫卹貧灶戶口查明確數另行詳

辦並查取各場災歉田畝細數及應蠲應緩新舊錢

糧各冊結另疏

題報外謹將仁和等場被水被風災歉田地頃畝另繕

清單會同署江蘇巡撫臣許乃釗恭摺具

奏伏乞

皇上聖鑒訓示謹

奏奏

硃批另有旨欽此咸豐三年十二月十六日內閣奉

上諭黃宗漢奏查明場灶蕩田被災請分别蠲緩一摺本
年浙江仁和等場收成歉薄黃巖等場被水被風成災
成歉若不分别蠲緩灶户實形拮据加恩著照所請所
有黃巖杜瀆青村橫浦下砂頭等場成災田畝應征本
年新賦著照災分定例分别蠲緩并分年帶征其仁和
錢清曹娥金山黃巖杜瀆青村下砂頭等場歉收田畝
應征本年新賦著照例緩征其道光三十年及咸豐元
二兩年未完舊課查明在本年災歉之區者並著遞緩
一年以紓灶力該撫即刊刻謄黃編行曉諭務使實惠

均霑毋任吏胥舞弊用副朕軫念災區至意餘著照所
議辦理該部知道欽此

清單

謹將浙江省仁和等場江蘇省青村等場咸豐三年被水被風災歉田地頃畝數目繕具清單恭呈

御覽

計開

浙江省

杭州府屬

仁和場

歉收蕩田五百六頃五十一畆零

紹興府屬

西興錢清場

歉收蕩田七百九十五頃一十畝零

曹娥場

歉收蕩田六十七頃五畝零

金山場

歉收蕩田九十七頃三十六畝零

台州府屬

黄巖場

成灾田七百九十頃二十五畝零

歉收蕩田三百二頃三十一畝零

杜瀆場

成灾田四百九十八頃四畝零

歉收蕩田九十五頃七十五畝零

江蘇省

松江府屬

青村場

成灾田地壞塗二百一十四頃四十五畝零

歉收蕩田墩塗二百二十九頃七十七畝零

下砂頭場

成灾田八百八十四頃五十六畝零

歉收蕩田八十六頃七十八畝零

橫浦場

成灾田二百三頃一十八畝零

請將在防病故之護臬司照案議卹

奏爲護理臬司出省防堵并策應軍務積勞身故籲懇

天恩敕部議卹仰祈

聖鑒事竊自粵匪竄擾鎮江賊氛逼近蘇省蘇州府屬之

平望地方爲入浙扼要處所防堵最關緊要當經臣

調集官兵雇募鄉勇分撥該處駐紮防堵派委護理

臬司之杭州府知府佘士璟前往督防該員年未六

旬氣體素健自四月間到平以來不辭勞瘁正當盛

暑之際涉歷各墩堡河道修築礮臺望樓以及釘樁

靜妙齋

鑿船設險設伏俱躬親指示每日會操兵勇督練礮械與武弁同歷艱辛不免感觸暑氣夏秋間雨水過多濕熱熏蒸在防弁兵多受病者而該員尚不自覺八月間因蘇省嘉定等廳縣失守需兵甚急該員立即就近派員前往應援及上海復陷又稟臣派委在防之同知仲孫樊督帶勇船赴上海會剿在於松江府屬之龍華地方設立隨營糧臺所需軍火糧餉均由采望局轉運九月間該員前受暑濕之氣漸發畧有微恙復力疾赴松屬之東洨地方相視後路策應

一切調度均合機宜雖未駐紮軍營實與軍營無異
江浙紳民無不感頌者乃因在防日久積勞已深自
東洨回平之後調治稍痊仍奮力急公從不言病至
十月中感受風寒兼舊患脚痛復發據醫者云元氣
有虧驟難見效臣聞信當即委員前往看視并給予
假期詎料竟於是月二十五日在防病故臣殊深悼
惜因恭閱邸抄有淮揚道曹文昭督帶兵勇積勞身
故經漕運督臣福濟奏奉
諭旨准照軍營病故人員例議卹有案該員余士璪督率

兵勇出省嚴防半載有餘兼策應鄰封軍務實屬不

辭况瘁業已蒙

恩陞任江蘇常鎮通海道令於未接部文之先已因積勞

身故可否援照曹文昭之案籲懇

天恩勅部議卹之處出自

逾格鴻施理合恭摺具

奏伏乞

皇上聖鑒訓示謹

奏奉

硃批另有旨欽此咸豐三年十二月十六日內閣奉
上諭黃宗漢奏官員積勞身故懇請議卹一摺浙江護理
臬司杭州府知府升任江蘇常鎮通海道仝士璟因出
省籌辦防堵積勞身故殊堪憫惻仝士璟着准其照軍
營病故例議卹該部知道欽此

委帶壯勇防勦各員

再申防同知仲孫樊自二月間在平望防堵所募之

勇大半係台州岱山之人其驍勇可用而頗難馴服

該同知前任臨海縣時曾經用以捕盜恩威頗愜衆

望是以委令帶赴上海會同蘇省兵勇攻剿屢次獲

有勝仗詎該同知亦因積勞成病於十月二十七日

在軍營身故除由江蘇撫臣奏請

賜卹外臣於數日內連接該二員之信如失左右臂所有

該同知原帶之勇將及二千名必須駕馭得人雖經

江蘇撫臣先行委員接管而仍咨臣派員前往當即
札委原派在東浚督防之署紹興府候選知府繆梓
及由省派陞用同知楊裕深馳赴統帶該勇等素耳
其名尚能用命而該二員俱係辦理海運得力之員
不能久駐軍營倘上海再遲克復應即調令回省現
復派委台州協副將豫祺建德縣知縣裕英續赴上
海與該勇目等管帶熟習以為將來接手地步其東
浚防務另派嚴州府同知裕祿前往接辦為此附片
具奏伏乞

聖鑒謹

奏奉

硃批知道了

青妬齋

撥付紅單船火藥鉛彈

再臣接准福建撫臣王懿德咨會

奏明紅單艇船於十月二十三日自廈門放洋應用火藥鉛彈趕造不及咨令將前借閩省火藥撥還并寬為籌借委解海口俾該船路過支領等因抄摺移咨到臣查本月初旬接到兼署閩浙督臣有鳳以閩省火藥磤子無多咨浙將前借火藥六千觔撥還並由浙再撥借六千觔共一萬二千觔并撥借磤子等項由浙委解鎮海縣俟該船路過發交駕員承領等因

當經 臣即日將火藥撥還六千觔撥借六千觔又撥
借鉄彈一千出羣子一千觔委解至鎮海關口札飭
該地方官一俟紅單船過浙交令帶赴江南水營以
備攻剿現在該船尚未過浙除叠飭沿海各營縣催
趲前進毋任稽遲外理合附片
奏明伏乞
聖鑒謹
奏奉
硃批覽

新城縣抗糧拒捕匪犯審明定擬

奏爲審明新城縣聚衆抗糧毆斃縣令丁役人等匪犯照例定擬並將首要各犯先行正法恭摺

奏祈

聖鑒事竊查新城縣南新鄉匪犯僧慧心等糾衆抗糧拒捕該署縣宣汝珍及官親丁役人等被毆受傷身死一案前經臣飭據署杭州府及新城縣典史教官先後禀報當經派委員弁會督紳耆拏獲駱潮應等六犯并誘令僧慧心陳幅惺投首將犯解省飭審一面

將查辦情形奏奉

上諭黃宗漢奏勦辦新城縣抗糧抗捕匪徒一摺浙江新

城縣屬南新庄匪徒僧慧心等因欠糧裹脅鄉民抗不

交納署知縣宣汝珍親往查拏復敢糾衆數百人持械

迎拒將該署縣并親丁等毆斃實屬罪大惡極經該撫

派令署湖州府知府王有齡等統帶兵勇馳往圍捕並

派署紹興協副將王邦慶等分投阻截諭令紳耆解散

脅從該鄉民等均知感奮即行捆獲駱潮應高大妹洪

生溵徐倌春徐景岳徐德培等六犯僧慧心及陳幅惺

二犯亦自行投首地方現已靜謐著將首要各犯嚴行
審訊按律懲治並飭查拏餘匪一併懲辦等因欽此遵
經飭拏餘匪務獲併辦去後旋據杭州府協督同署
新城縣陸之棟續獲要犯陳金蘭羅加受錢添保三
名並據陸之棟將故令宣汝珍任內訊明索詐管押
在縣之糧差彭幅朱茂等一併申解來省飭發藩臬
兩司督同杭州府等歸案確審茲據將全案匪犯審
明解勘聲明羅加受一犯於取供後在監病故等情
前來臣即督同司道提犯研訊緣僧慧心籍隸海甯

州任持南新鄉多福寺駱潮應陳金蘭羅加受陳幅
惺洪生澱高大妹錢添保徐倌春徐德培徐景岳彭
幅朱茂均籍隸新城縣陳幅惺係已草地保平素强
橫僧慧心與之交好該寺内積欠新舊糧銀十兩零
糧差不敢催追本年七月初四日僧慧心進城被糧
差彭幅朱茂扭獲稟縣該令宣汝珍提訊因其出言
悖謬責處押繳僧慧心乃將糧完納並懇彭幅等稟
官取保彭幅起意嚇詐商允朱茂聲言須出洋六十
元方可保釋僧慧心以在押受累如數措給彭幅等

始行釋放經該令訪知彭幅等有詐贓情事提案訊
押十一日僧慧心回至寺内憶及被責被詐心懷忿
恨當即擺酒邀請駱潮應陳金蘭羅加受陳幅惺洪
生㵔高大妹錢添保及南新鄉各糧户議事並以本
年不許完糧如有糧差來庄會齊驅逐倘有不依定
即議罰之言向各糧户嚇唬各糧户均畏充應允十
八日縣差邰徵赴庄催糧僧慧心瞥見與駱潮應等
將其毆逐邰徵稟經該令邀在城紳士羅懷甫羅德
正前往傳諭開導僧慧心不服復與駱潮應等將羅

懷甫羅德正捆禁寺內該令聞信憤極即於十九日
申刻帶同官親張立德并差役羅順高白紀幅抬夫
軍犯張國順魏紅英及家丁毛元嚴桂鄭相等十餘
人馳往查拏行抵三溪鎮時已傍晚即在該處萬福
菴住宿有在逃之該鎮民人羅坤松奔向僧慧心告
知僧慧心知已釀巨案復起意拒捕免致被拏問罪
當與駱潮應陳金蘭羅加受陳幅惺洪生溅高大妹
錢添保商允并令陳金蘭羅加受鳴鑼聚衆聲言如
有一人不到定將房屋燒燬遂有現獲之徐倌春徐

德培徐景岳及在逃之羅阿幅彭南松彭錫高王保春唐瑞凝并不識姓名鄉民數百人被脅勉從陸續到齊駱潮應陳金蘭陳幅惺洪生㵎高大妹錢添保分携鳥鎗刀棒餘俱徒手連夜由該鄉起身行至中途徐景岳與羅阿幅彭南松彭錫高王保春并不識姓名二三十人畏懼逃回餘人於二十日黎明同抵三溪鎮萬福菴門首僧慧心駱潮應陳金蘭羅加受陳幅惺洪生㵎依恃人衆揚言辱罵高大妹錢添保徐倌春徐德培亦隨同喊嚷該令率官親丁役出而

捕孥僧慧心喝令拒毆徐倌春徐德培與唐瑞凝走
避羅加受拳毆該令臀上陳金蘭點放鳥鎗致傷該
令右乳駱潮應用鋏頭担柱毆傷該令頂心額顱太
陽倒地維時官親丁差上前帮護高大妹點放鳥鎗
落在空處未經傷人陳幅惺鎗傷差役羅順高心坎
復用刀砍傷其頂心額顱兩腿膝後洪生溵用刀砍
傷差役白紀幅額顱兩腿兩臁肷均各倒地身死錢
添保用刀背毆傷家丁毛元左右臁肷毛元負痛逃
走又有抬夫軍犯張幗順魏紅英均各被毆頂心偏

左偏右官親張立德亦被毆傷頂心額顱并左右乳

均即須命家丁嚴桂鄭相亦各受傷彼時人多手雜

何人毆斃何人及嚴桂等被何人毆傷未及看清該

令亦於是日午刻身死僧慧心等一擁而散紳士羅

懷甫等先經鄉民釋回先後據杭州府等稟報隨經

臣飭委署湖州府知府王有齡署提標中軍參將魁

齡統帶杭協官兵及各勇馳往剿捕復派署紹興協

副將王邦慶前石門縣知縣張家縉及各委員分路

截拏示諭紳耆先行解散脅從擒拏巨魁并令作為

向導隨同圍捕并飭委龍泉縣知縣陸之棟前往接署縣篆將該令及官親人等各屍驗訊通報嗣據該紳耆禀請暫緩進兵即據委員督飭各紳耆先後將駱潮應洪生灝高大妹徐倌春徐德培徐景岳六名捆送并以計誘令僧慧心陳幅惺赴縣投首押解來省臣即著令撤兵并將查辦情形奏奉

諭旨轉行遵照旋據續獲羅加受陳叁蘭錢添保三名并將詐贓差役彭幅朱茂二名一併解省確審羅加受於取供後在監病故該司等將各犯審明定擬解勘

臣
督同司道提犯研訊據各供認前情不諱嚴詰不
移案無遁飾查例載刁民逼勒平民約會抗糧聚衆
至四五十人鬨堂塞署逞兇毆官為首斬決梟示其
同謀聚衆下手毆官者擬斬立決其餘從犯俱擬絞
監候被脅同行者杖一百又犯罪事發官司差人拘
捕如有逞兇拒捕殺死差役者為首擬斬立決又蠹
役詐贓十兩以上發近邊充軍為從減一等各等語
此案僧慧心因欠糧被責被詐胆敢起意抗拒逼勒
聚衆至數百人之多迎拒戕官身死實屬罪大惡極

該署縣宣汝珍在萬福菴暫作公館即與衙署無異自應按例問擬僧慧心合依刁民逼勒平民約會抗糧聚衆至四五十人以上鬨堂塞署逞兇毆官為首斬決梟示例擬斬立決梟示駱潮應陳金蘭羅加受鳴鑼聚衆又復下手毆斃官長厥罪維均駱潮應陳金蘭羅加受均合依同謀聚衆下手毆官者斬立決例各擬斬立決陳幅惺洪生溵聽從抗糧並未毆官按照為從問擬罪止絞候惟陳幅惺用鎗刀致傷差役羅順高心坎等處洪生溵用刀砍傷差役白紀幅

額顱等處身死各斃各命自應各從重科罪陳幅惺

洪生溦均合依犯罪事發官司差人拘捕逞兇拒捕

殺死差役者爲首斬立決例擬斬立決以上各犯除

羅加受業已監斃毋庸議外查僧慧心係通案首惡

渠魁駱潮應等雖非首惡惟現值上海兵警隨在可

虞此等兇徒未便稍稽顯戮臣於審明後即恭請

王命飭委署臬司崇恩署臣標中軍叅將和致將僧慧心

駱潮應陳金蘭陳幅惺洪生溦五犯綁赴市曹監視

處斬仍將僧慧心首級傳首犯事地方懸竿示衆以

静妙齋

昭炯戒并將犯事緣由及正法人犯姓名刻示徧貼
曉諭高大妹施放鳥鎗未經傷人錢添保用刀背毆
傷家丁毛元平復均合依從犯擬絞監候例各擬絞
監候秋後處決徐倌春徐德培雖係被脅同行惟隨
同喊嚷亦屬不法自應酌量問擬徐倌春徐德培應
請於高大妹等為從絞罪上量減一等各擬杖一百
流三千里定地發配折責安置徐景岳被脅隨行中
途潛回尚知畏懼合依被脅同行者杖一百例擬杖
一百折責發落糧差彭幅因僧慧心欠糧在押輒敢

起意商允朱茂嚇詐得贓計贓罪止擬軍惟僧慧心釀成巨案衅由該差等索詐而起未便稍事輕縱彭幅一犯應請從重發往新疆給官兵為奴朱茂聽從詐贓合依為從減一等例於彭幅遣罪上減一等擬杖一百徒三年定地發配折責充徒被綑紳士當已釋放家人毛元等傷均平復羅加受在監病故刑禁人等訊無凌虐情弊均毋庸議各兇器飭縣追繳儲庫案結銷燬軍犯張幗順魏紅英屍棺暫厝義冢插標記認咨明陝黔二省傳知犯屬願否赴浙領棺歸

葬聽其自便其餘屍棺分别飭屬領埋彭幅等所詐
賍洋飭追繳案入官册報逸犯羅阿幅等飭緝獲日
另結所有監斃斬犯一名應議職名係錢塘縣典史
戴椿年相應隨案附叅至僧慧心等聚衆滋事該地
方文武各官不能先事預防本屬咎有應得惟現已
會同迅速捕獲首要各犯訊明嚴辦不致日久蔓延
功過尚足相抵應請免其叅處在事出力文武各
委員督同公正紳士設法緝獲首要各犯解散餘匪
著有微勞應請量予獎敘以昭激勸容臣詳加查核

擇其尤為出力者酌保數員另行奏請
恩施除全案供招咨部外謹將審明定擬緣由會同兼署
閩浙總督福州將軍臣有鳳合詞恭摺具
奏伏乞
皇上聖鑒勅部議復施行謹
奏奉
硃批刑部議奏

晉江黄尚書公全集卷十四目録

奏疏十四　任浙江巡撫奏議

海運出力各員請奬附清單

聲明核奬稍稽

海運紳商出力請奬附清單

晉江黃尚書公全集卷十四

男貽楫謹輯

姪貽杼恭校

奏疏十四 任浙江巡撫奏議

開濬劉河以濟海運并辦理章程 附清單

奏爲浙省新漕海運改由劉河口受兑放洋籌議章程恭摺奏祈

聖鑒事竊照浙江新漕來歲仍由海運，因上海地方尚未收復，其起運海口應另

行設法辦理。前經飭據委員繆梓、楊裕深等會同沙船商人酌度地勢，禀

稱蘇省之劉河口蕰草濱兩處沙船堪以停泊起運等情，由臣馳奏，欽奉

諭旨飭令江省督撫臣迅即於兩處海口委員勘定起運漕米地方
一面奏聞一面知照浙江會同辦理茲於十二月二十日准江省
督撫臣將勘定太倉州屬之劉河口堪以僱船兑運
奏明改由該處設局辦理緣由抄摺移咨到浙浙省自
應照辦惟查内河剝運米石至劉河海口受兑必須
經由太倉州城南馬頭及六渡橋地方約計數十里
水路淺狹剝船難於行駛經臣飭委員楊裕深馳
往太倉州會同該署牧蔡映斗等再三籌度必須挑
挖深通方可濟運估需挑工銀一萬餘兩蘇省無款

可籌稟請由浙撥借等因前來復於二十三日接准
江蘇撫臣將前情飛咨到浙臣何敢稍分畛域致有
稽延當經飭局發銀一萬兩立速解交該署牧蔡映
斗等趕緊挑挖尅期正月十五日以前完竣俾漕糧
得以迅速起運所有另改口岸一切章程雖無庸盡
議更張亦必須因時制宜茲據該司道等籌議條款
會詳請
奏前來臣悉心察核臚列十條謹繕清單敬呈
御覽是否有當理合恭摺由驛具

奏伏乞

皇上聖鑒訓示再浙省撥解挑河經費銀一萬兩將來應

由蘇省籌解歸欵合併聲明謹

奏奉

硃批户部速議具奏單併發欽此

清單

謹將浙省來歲新漕仍由海運辦理章程繕具清單

恭呈

御覽

一浙省漕糧改由劉河海口受兑放洋其内河淤淺應趕緊挑濬深通以利剥運也查上届海運係由上海起運出吳淞口此次因上海尚未克復經江省勘明改由太倉州劉河受兑出口浙省自應照辦其太倉州至六渡橋一帶河道係剥運必由之

路據署太倉州蔡映斗等勘明淤淺急應趕緊挑
挖現由浙省籌借銀一萬兩解發署太倉州蔡映
斗鎮洋縣李翰文上緊如式挑辦惟上届浙漕係
年内起運茲因改定口岸内河甫經挑濬興工若
將漕米即行剥運各船停泊日久米色必致變壞
且多偷漏諸弊自應責成該牧令將挑濬事宜星
夜趕辦分段開挑務於正月中旬一律挑濬深通
俟工程將竣即飭各州縣飛速運往受兑并令雇
備剥船以三百石為限免致臨時淺擱稽滯

一海運改由劉河出口其幫辦紳商及斛手人等宜先期預集也查向年辦理海運其支給水脚由各紳經手出具承攬由稅行呈送水脚銀色憑公估核定斛運漕糧由豆行斛手承辦歷屆遵循相安無異現在口岸雖改若另易新章各商船不無畏縮自應一切循舊辦理惟自上海滋事紳商皆已搬移斛手人等亦多失業分散且由上海出運各紳商及斛手均係就近辦理並得自顧本業劉河去上海百餘里祇能專辦運務所有前項人等已

飭趕緊招徠妥為安置俾得悉心帮辦則商船不
慮更張而運務亦無停阻
一委員分辦以專責成也查海運事宜省城及劉河
天津均應設局委員經理省局為總滙之所已委
署運司晏端書署紹興府知府繆梓題陞中防同
知楊裕深先行籌辦并飭署藩司黄樂之糧道周
起濱會督辦理及委員分司其事所有劉河海口
經理一切事宜復經札委帮辦省局之題陞中防
同知楊裕深馳往太倉會同江省地方官設局辦

理其津局各事宜飭委候補知府王環同知葉堃
隨同糧道於親赴劉河驗米後帶同正佐各員先
期由陸路赴津會同直隸委員商辦至江省漕糧
現議本折兼辦將來是否出運尚未及知若出運
專係浙漕隔省辦事恐多窒礙應請
勅下江省派委大員管理仍行酌委熟悉海運之員駐劉
劉河會同浙省委員籌辦一切以速運務
一商船承運漕糧應悉遵成案也查上屆辦理章程
每米一石給水脚銀四錢漕糧給耗米八升白糧

給耗米一斗此外神福犒賞席片氣筒鉄鍬土筐
及雇用斛手折給縴夫等項各照江蘇定章核給
并以每船八成載米准令二成載貨海關查明免
稅其載米較多之船商自一萬石至五萬石以上
分别給予職銜若捐至五品無可再加或另行酌
獎所給耗米嚴飭州縣本色兑交上船准令該商
船在津自行變賣各船如有遭風鬆艙等事卸載
後驗明大桅已斫貨物已棄查照漕船失風之例
奏明請豁並照例優䘏如無故霉變短少大桅未

砍貨物來棄即令於備帶耗米内如數補交再有
不足勒令買補均經奏明遵行在案此次仍應照
辦惟船隻涉歷重洋設有事故應令報明所在地
方縣汛驗明通報一面知照津局即於備帶經費
銀内動支買足交倉一面查明餘剩米石責令船
主變糶繳解省局歸款其損失米石并同耗米水
脚等項概免賠繳若因逗遛失事及並無實據者
著落税行船户照數賠繳不准寬免以杜狡飾
一白糧宜先期起運并將樣米帶津呈驗也查工届

白糧米石飭令各州縣先期起運裝入蔴袋由蘇
省先撥寬大沙船裝運到津一體斛交每一石為
一袋此次仍應照辦並與漕白糧米均於正米内
提出樣米一斗用蔴袋裝盛粘貼印花交商船賫
帶到津由委員呈請
欽派大臣查驗
一津通用欵應暫請墊給並蓆竹解銀贍辦及簠羨
餘米價紙劄等銀照案抵解也查上届津通用欵
先經籌備銀十萬餘兩委員批解適因鎮揚失守

道路梗塞起解則沿途之搶竊可虞滙兑則南北

之舖商多歇再三計議因交沙衛各船分賫抵津

現在鎮城尚未收復届期恐難起解自應仍交米

船均匀配帶惟米船陸續到津先後不一津通用

欵先時支放即難如數應手歷年辦理海運均於

長蘆盐庫天津道庫借墊動放此次仍宜援案辦

理應請

勑下倉場侍郎直隸總督長蘆盐政轉飭在於通濟庫以

及盐關各庫暫行墊給一俟浙省各船陸續到齊

隨時歸款至蓆片毛竹二項向由糧道衙門動支
銀兩彙同輕賫等項解赴倉場衙門酌量購買此
次應請照辦再查工届章程海運糧米到津應給
經紀個兒錢飯米折色廳倉茶果等銀悉照蘇省
定章以洪斛五百石為一船分别動支其應領叢
羨餘米價紙劄等款按數抵解不敷銀兩由浙補
交經部核覆在案此次仍請
勅下倉場侍郎查照浙省應領叢羨餘米價紙劄等項照
案抵撥其不敷銀兩另由赴津委員如數解交

一剥船經紀食耗等米飭屬運解本色並天津剥船多為雇備也查上届章程天津剥船食米不分漕白每石給米一升一合五勺經紀耗米漕糧每石給米一升五合白糧每石給米一升八合其經紀耗米亦係由津剥運赴通此項剥船一律照給食米所有各剥船及經紀食耗等米同商船應給耗米均於原給旗丁耗米款内開支核計本年漕白二糧給丁耗米八萬五千二百九石六斗三升九合七勺内除應給商船貼耗米五萬二十五石七

斗五升六合七勺經紀貼耗米九千三百五十六
石四斗八勺剩船食米七千二百八石九斗九升
一合四勺計餘耗米一萬八千六百一十八石四
斗九升八勺又白糧項下申糙米二千四百五十
二石一斗三升一合六勺又清查追補三四限漕
糧原給旂丁耗米七千二百三十二石一斗四升
八合二勺内除應給商船貼耗米四千八百二十
一石四斗三升二合一勺經紀貼耗米九百四石
一升八合五勺剩船食米七百三石四斗七升七

合一勺計餘剩耗米八百三石二斗二升五勺統
計漕白二糧并清查搭運米石及申糙共餘耗米
二萬一千八百七十三石八斗四升二合九勺援
照上屆成案每石糶變銀一兩飭令各州縣於厫
滿後趕緊變價解局移道報部候撥至天津剝船
必須寬為雇備庶海船到津無守候之虞應請
勑下直隸總督查明現在官剝船數或可儘數提用或須
添雇民船趕緊預為籌備以濟剝運
一天津交米之後循舊責成經紀以杜諉卸也查道

上諭

光五年蘇省漕糧海運欽奉
諭海船押運到津經紀人等難免需索刁難著軍機大臣
屆期奏請欽派一二員前往又奉
旨商船到津委員將樣米送交欽派大臣比對米色按冊
驗收其過剝事宜責成坐糧廳帶同經紀一手經理交米
委員將漕糧兌給剝船即為竣事毋庸到通以免推諉等
因上屆海運係由直隸派委天津道駐津總辦倉
場揀派坐糧廳酌帶經紀斛收並經戶部奏請
欽派大臣赴津查驗事竣

奏報各在案此次浙漕海運仍請照案由各衙門届時
奏派米到天津驗收之後即與沙船無涉免其羈候其
由津運通由通運倉應照上年户部奏准章程責
成經紀承管如有偷漏摻和分别責令賠補究治
一商船放洋宜責成沿海水師防護也查上届海運
各船責成該管水師鎮將統帶備弁兵船沿途護
送出境一面咨明江南山東直隸等省一體防範
接護在案此次自應照案咨行本省各鎮營將管
轄洋面專任分任各職名開摺咨部查考並咨江

南山東直隸等省一體照辦仍准各商船仿照閩
廣商船赴津貿易之例各帶軍器俾資防護仍於
入口時呈繳出口時給領以備稽考
一海運經費應覈實支銷軍船宜酌加調劑也查浙
省上屆海運奏奉
諭旨將河運一切經費併歸海運支銷嗣因力求節省復
奏明將漕截負重等款銀兩開支其餘不敷儘提
各州縣津貼辦理本年鎮江未復上海復行滋事
漕務彌形掣肘籌辦益覺維艱自應仍遵前奏

諭旨將河運一切經費併歸海運支銷其能否節省之處
自當隨時確核辦理至浙省軍船杭嘉等帮回空
因河道未通仍羈東境湖屬各帮全船停減應支
月糧苫蓋等銀自應循照上屆按海運米數空出
軍船全支月糧其因灾減歇軍船照半支月糧之
例酌加三分統由糧道籌款分別優卹以資調劑
以上條就上屆成案參酌時宜籌議章程臚列
十條如有未盡事宜容當隨時酌核奏辦合併
陳明

比較起運漕白米數附清單

奏為查明浙江省咸豐四年起運漕白比較上三屆起

運米數恭摺

奏祈

聖鑒事竊准戶部咨行各省額征漕糧開兑開幫米數應

於漕糧未經開兑之先將應緩應運各數開單送部

並比較上三屆數目據實奏報等因即經轉行查報

去後兹據糧道周起濱查明浙江省杭嘉湖三府屬

咸豐四年起運漕白米石除因災歉蠲緩外實起運

漕白改漕并清查案内搭運米共七十六萬九千餘

石查照上三届實運漕白改漕米數逐一比較具詳

請

奏前來臣復核無異除咨明户部查照外謹會同兼署

閩浙總督福州將軍臣有鳳恭摺具奏並繕清單敬

呈

御覽伏乞

皇上聖鑒謹

奏奉

硃批户部知道單併發

清單

謹將浙江省杭嘉湖三府屬咸豐四年起運咸豐三年分漕白二糧比較上三届米數恭繕清單敬呈

御覽

計開

咸豐四年起運三年分

額運漕糧米八十六萬一百餘石内除蠲緩米二十三萬六千七百餘石實應起運米六十二萬三千四百餘石

額運白糧米四萬三千四百餘石

額運改漕米五萬八百餘石内除𨱎緩米一萬四千

八百餘石實應起運米三萬五千九百餘石

以上共應起運漕白改漕米七十萬二千餘石

又藩司移知清查案内搭運三四限追賠米六萬七

千五百石五升

通共應起運漕白改漕及搭運等米七十六萬九千

餘石

咸豐三年起運二年分

原額除蠲緩外實起運漕糧米五十七萬二千一百

餘石

額運白糧米四萬三千四百餘石

原額除蠲緩外實起運改漕米三萬二千三百餘石

通共起運漕白改漕米共六十四萬七千九百餘石

除餘剩耗米留淅變糶外實起運米六十三萬餘

石

今咸豐四年起運漕白等米比較二年計多米一十

三萬九千餘石

咸豐二年起運元年分

原額除緩外實起運漕糧米六十九萬六千一百餘

石

額運白糧米四萬三千四百餘石

原額除緩外實起運改漕米三萬九千九百餘石

又藩司移知搭運清查案内追賠二限米三萬七千

九百餘石

通共起運漕白改漕并搭運米八十一萬七千餘石

今咸豐四年起運漕白搭運等米比較元年計少米

四萬八千餘石

咸豐元年起運道光三十年分

原額除蠲緩并截漕外實起運米五十一萬五千八

百餘石

額運白糧米四萬三千四百餘石

原額除蠲緩外實起運改漕米三萬二千四百餘石

又起運帶征道光二十九年分征存緩征漕白改漕

米一萬七千一百餘石

又藩司移知清查案内搭運追賠初限米四萬八千

六百餘石

通共起運漕白改漕并搭運米六十五萬七千三百

餘石

令咸豐四年起運漕白搭運等米比較道光三十年

計多米一十一萬一千餘石

各屬得雪

再浙省自入冬以來晴多雨少農田望雪甚殷省外各州縣間有得雪已於十一月分雨水摺內奏報在案杭州省城現於十二月二十二日酉刻起至二十三日丑刻止同雲密布瑞雪繽紛平地積厚三四寸高山積厚五六寸不等飭查仁和錢塘四鄉一律均沾竝據杭屬各州縣及嘉興湖州甯波紹興金華嚴州各府屬陸續具報得雪與省城分寸大畧相同當此二麥春花正資發生之際得此雪澤滋培根荄益

閭民情極為歡忭除飭查未報各屬有無得雪彙入

十二月分雨水情形摺内奏報外合先附片具

奏仰慰

聖懷謹

奏奉

硃批知道了

各屬灾歉蠲緩附清單

奏爲查明浙江省仁和等州縣衛灾歉田地應征新漕

籲懇

天恩分别蠲緩以紓民力恭摺

奏祈

聖鑒事竊照前准部咨嗣後如有灾歉請緩漕糧者於地

丁摺外另行具摺並將府縣區圖村庄名目分晰開

單候

旨遵辦等因轉行遵照在案兹查本年杭州等府所屬仁

和等五十七州縣及杭嚴等三衛所田禾被水被風
被蟲被雹情形業經臣檄飭該司道暨各該府督同
印委各員逐一勘明實在分數
奏請將地丁等項分別蠲緩一面飭將應征漕糧核實
查辦去後今據糧道周起濱會同藩司查明有漕之
仁和錢塘海甯富陽餘杭臨安新城嘉興秀水嘉善
海盐平湖石門桐鄉歸安烏程長興德清武康安吉
等二十州縣災歉輕重不一田畝多寡不等以各州
縣額田而計歸安烏程德清武康等縣在四分以上

富陽長興等縣在三分以上海甯新城秀水嘉善海
塩平湖等州縣在二分以上仁和錢塘餘杭臨安嘉
興石門桐鄉安吉等縣在一分以上其甯屬之慈谿
奉化紹屬之會稽蕭山諸暨餘姚上虞嵊縣台屬之
臨海黄岩甯海太平天台仙居金屬之蘭谿東陽義
烏永康武義衢屬之西安龍游江山常山開化嚴屬
之建德淳安遂安壽昌桐廬分水處屬之麗水縉雲
青田松陽遂昌雲和景甯三十七縣并杭嚴嘉湖台
州三衛所例不征漕所有應蠲應緩地漕錢糧概歸

藩司地丁分數案内核辦外應請將錢塘富陽餘杭
臨安新城桐鄉安吉等七縣成灾田地除白糧例不
蠲緩外所有應征咸豐三年漕糧改漕灰石行月食
等米請照成灾分數分别蠲免其蠲剩帶征漕糧等
米併同仁和錢塘海甯富陽餘杭臨安新城嘉興秀
水嘉善海鹽平湖石門桐鄉歸安烏程長興德清武
康安吉等二十州縣被歉田畝應征咸豐三年漕糧
改漕灰石行月食等米概請緩至咸豐四年秋成後
起分别征完搭運至各州縣成熟有收田地應完本

年漕白米石仍令照常征收至杭嘉湖三府屬尚有
未完咸豐元二兩年緩帶漕改米石以及隨漕緩征
漕截等項銀兩據各該府縣以積年灾歉民力倍形
拮据今年復被灾歉多在往年積歉之區應准遞緩
一年其於潜縣本年雖未具報灾歉惟毘連灾歉之
區風雨不時收成並形歉薄新舊錢糧同時並納民
力不逮所有該縣應帶元二等年漕糧應請援照道
光十五年未被灾歉之仁和等縣帶征道光十三年
分漕糧奏准展緩成案一律展緩一年等情具詳請

奏前來臣復核無異伏思杭嘉湖等府所屬近年迭被

災歉元氣未復茲復被災歉輸將無出所有地丁等

項已由臣

奏懇分別蠲緩若將漕糧照舊征收民力實有未逮合

無仰懇

皇上天恩俯准將錢塘富陽餘杭臨安新城桐鄉安吉等

七縣成災田地除白糧例無蠲緩外所有應征咸豐

三年漕糧改漕灰石行月食等米按照成災分數分

別蠲免其蠲剩帶征漕糧等米并同仁和錢塘海甯

富陽餘杭臨安新城嘉興秀水嘉善海盐平湖石門
桐鄉歸安烏程長興德清武康安吉等二十州縣被
歉田畝應征咸豐三年漕糧改漕灰石行月食等米
概請緩至咸豐四年秋成後起分别征完搭運其成
熟有收田地應完本年漕白米石仍令照常征收至
杭嘉湖三府尚有未完咸豐元二兩年緩帶漕改米
石及隨漕緩征漕截等銀在本年災歉之區者並請
遞緩一年其於潛縣本年雖未具報災歉惟風雨不
時收成實形減薄新舊錢糧同時並納力所難逮所

有該縣應帶元二等年漕糧應請援照道光十五年
未被災歉之仁和等縣帶征道光十三年分漕糧奏
准展緩成案一律展緩一年以廣
皇仁而紓民力至各州縣未完道光三十年及咸豐元二
兩年熟田舊欠漕白錢糧均令照常征收所有仁和
等州縣災歉田畝應征新漕請分别蠲緩緣由謹繕
具頃畝清單會同兼署閩浙總督福州將軍臣有鳳
漕運總督臣福濟恭摺具
奏伏乞

皇上聖鑒訓示再查本年杭嘉湖三府屬各州縣額征新
運漕糧改漕白糧正耗共米九十五萬四千餘石今
除仁和等州縣蠲緩漕改米二十五萬一千餘石實
起運漕糧改漕白糧正耗米共七十萬二千餘石又
清查案内搭運追賠三限米一萬七千五百石零四
限米五萬石通共七十六萬九千餘石較之上年起
運實征漕糧改漕白糧米六十三萬餘石本年計多
起運米十三萬九千餘石至各州縣衛所應造蠲緩
銀米數目現飭照例專案另行詳

題再本年新漕來歲仍辦海運所有各項米數名目核

與河運不同歸於海運案内分晰咨報合併陳明謹

奏奉

硃批另有旨

清單

謹將浙江省咸豐三年杭嘉湖三府屬仁和等有漕二十州縣災歉田畝數目繕具清單敬呈

御覽

計開

仁和縣

被水蟲傷歉收田八百三十四頃一畝零

錢塘縣

被水被風蟲傷成灾田一百一十六頃七十二畝

又歉收田三百七十頃四十四畝零

海甯州

被水歉收田一千六百二十一頃十二畝零

富陽縣

被水被風成灾田三百九十三頃八十二畝零

又歉收田三百三十三頃四十四畝零

成灾地二百二十九頃九十五畝零

歉收地一百九十四頃六十九畝零

餘杭縣

被水被雹成灾田三百五頃七十四畝零

又歉收田八十三頃七畝零

臨安縣

被水被雹成灾田一百三十四頃九十八畝零

又歉收田一十三頃三十畝零

新城縣

被水成灾田七十五頃畝零

又歉收田八十七頃八十三畝零

嘉興縣

靜妙齋

被水蟲傷歉收田一千四百八十頃七十四畆零

秀水縣

被水蟲傷歉收田一千五百二頃三十一畆零

嘉善縣

被水蟲傷歉收田一千六百八十三頃六十八畆

零

海塩縣

被水蟲傷歉收田一千四百六十四頃二十三畆

零

平湖縣

被水蟲傷歉收田一千二百二十七頃一畝零

石門縣

被水蟲傷歉收田五百三十八頃二十三畝零

桐鄉縣

被水蟲傷成灾田四十四頃二十一畝零

又歉收田七百八十四頃三十八畝零

歸安縣

被水蟲傷歉收田二千八百一十八頃六畝零

烏程縣
被水蟲傷歉收田三千一百三頃八畝零
長興縣
被水蟲傷歉收田二千七百六十六頃六十三畝
零
德清縣
被水歉收田一千六百五十九頃五畝零
武康縣
被水蟲傷歉收田五百五十七頃一十二畝零

安吉縣

被水蟲傷成灾田三百二十三頃八十九畝零

又歉收田四頃九畝

以上仁和錢塘海甯富陽餘杭臨安新城嘉興

秀水嘉善海塩平湖石門桐鄉烏程歸安長

興德清武康安吉等二十州縣被災被歉田

地二萬四千七百五十頃九十餘畝計杭嘉

湖三屬共蠲緩漕糧改漕米二十五萬一千

餘石

竈課蠲緩來春毋庸接濟
再杭州府之仁和場紹興府之錢清曹娥金山等三
場台州府之黃巖杜瀆二場松江府之青村横浦下
砂頭等三場本年禾棉突歉經臣
奏請將各該場突歉田地灶課分别蠲緩在案其來春
應否接濟前經行查去後兹據署運司晏端書查明
該灶户等業已蠲緩新舊課賦無虞竭蹶來春毋庸
接濟具詳前來臣覆查無異謹會同署江蘇巡撫臣
許乃釗附片奏

聞伏乞

聖鑒謹

奏奉

硃批知道了

服滿知府留浙差遣

奏為浙省各路防剿差委需員籲懇

天恩准將服滿知府一員照揀發人員例留浙差遣以資

治理仰祈

聖鑒事竊查浙省大員藩司麟桂現在調赴鎮江并署江

甯藩司前任甯紹台道畢承昭已赴安徽臬司升任

新授甯紹台道賈臻溫處道俞樹風尚未到任糧道

周起濱暫赴江蘇平望防堵杭州府知府余士璟台

州府知府張英偉先後病故金華府知府崇福經前

署閩浙督臣王懿德調赴福建軍營差遣温州府知
府常恩派赴安徽接壤之四安一帶防堵所有各本
缺俱係委員遞署當此四面設防之際差委實在乏
員加以帶勇在滬會勦之同知仲孫樊病故其續赴
接帶之候選知府繆梓題升同知楊裕深因新漕海
運緊要不得不調回省垣籌辦一切先經附片奏明
在案臣正慮上海督勦無員可委適於十一月間有
江西樂平縣進士服滿知府石景芬來署稟謁臣與
該員素無生平記憶在京供職時該員由工部員外

部曾任督理街道御史其認真辦事不避嫌怨曾耳

聞其名前年臣到甘肅藩司任該員業已丁憂離甘

其前任平凉府知府署安肅道政聲尚在民間聞曾

因製造火藥及籌議番務爲前署陜甘總督林則徐

所許可此則臣平日所聞而知者也此次接見詢悉

該員現年五十六歲於道光三十年十一月服滿赴

部謁選蒙

恩簡放河南開封府遺缺知府尚未出京復丁憂回籍本

年二月服闋工省請咨赴部適奉

静妙齋

旨石景芬著會同地方官倡率督辦捐輸團練事宜欽此

欽遵折回本籍開局團練勸捐現因江西平靜將領

咨赴部以資斧不繼來浙向親設措臣與之談論三

四次人有骨幹公事明白詢以軍務亦復講求有素

當即飭令赴上海接帶浙江兵勇並即謁見署江蘇

撫臣許乃釗近接該署撫來信以該員身先士卒奮

勇上前堪以留滬督勇攻剿等詞具覆前來臣查該

員於公事既極明白於軍務亦頗講求洵為緩急可

靠之員合無仰懇

聖恩俯念浙省防劄需員准將服滿知府石景芬留浙以
資指臂之助出自
逾格恩施再查該員係經奉
旨簡放之員此次赴部投供一體選用仍由軍機處進單
請
簡令因留浙差遣可否並懇
天恩准照揀發人員之例辦理則感戴
鴻慈更無涯涘矣臣為差委需員鼓勵人材起見是否有
當伏乞

聖裁謹

奏奉

硃批另有旨

撥濟防費

再浙省辦理防堵設局支應自六月間

奏明以捐輸濟防費七八月内已提用捐輸銀十萬兩錢十萬串經臣於十月間附片陳明在案茲因逆焰未平本省防兵惟衢州一處量爲裁撤其平望四安嚴州節節設防際茲歲暮更應加意守禦兵勇口糧及操練軍火支應將及一年已覺力難爲繼加以上海日久未復尤爲浙省心腹之患松江府屬之東西淀地方爲蘇之門户即爲浙之藩籬乍浦及平湖嘉

善與上海一水可通各處防兵但支口糧用項尚少其先後調赴上海會剿之勇二千餘名水路以船為營費用本大又復添製攻城器具建築砲臺逼近城垣多購間諜以資內應屢次攻剿獲勝者有賞傷亡者有卹浙江一軍在滬自備餉需較諸本省防所尤為倍增而蘇營不敷火藥及罷械時向浙營支借屢接蘇撫臣許乃釗咨函亦不得不時常撥濟計數月以來上海軍營及本省防費又催提捐輸銀二十餘萬兩由局分撥陸續濟用日事張羅經費力盡筋疲

而工海既無捷音各防亦難遽撤臣旰夕籌維幾至
束手雖浙省士民深明大義感激
聖恩高厚志切敵愾同仇於頻年灾歉之後貿易不通之
時猶復踴躍輸將俾目前急需不至重煩部撥而拮
据情形終恐後難爲繼況各鄉團練之費各處粥賬
之需尚不止此數也臣撫茲土一載有餘惟有竭盡
血誠以期取信士民上答
主知於萬一耳除俟各捐生繳清捐款分別請奬外所有
二次提支捐項撥濟防剿各費緣由理合附片具奏

伏乞

聖鑒謹

奏奉

硃批知道了

青娛爲

海運出力各員請獎附清單

奏爲海運全竣酌保在事尤爲出力各員恭懇

天恩量予鼓勵仰祈

聖鑒事竊臣於咸豐三年三月間因漕糧起運全完附片

陳明浙漕籌議變通由候選知府繆梓力主海運之

說會同署運司湖州府知府晏端書酌議條款辦理

尤爲出力請量予鼓勵等因奉

上諭晏端書繆梓二員著俟海運事竣由該撫聲明請旨

、候朕施恩等因欽此又於四月間因海船放洋事竣附

片陳明總司滬局之中防同知仲孫樊最為出力俟
天津交兑事竣保奏奉
硃批知道了欽此又於九月十月間先後准吏戶部咨七
月初七日内閣奉
上諭孫瑞珍慶祺奏浙江海運全完援照成案請將出力
各員鼓勵等語此次浙江海運事屬創始經巡撫黄宗
漢督同司道等參酌成案經理得宜全數起運交兑完
竣辦理妥速自應量予恩施以示鼓勵浙江巡撫黄宗
漢加恩著賞戴花翎糧道周起濱著賞戴花翎仍交部

議敘其餘辦理出力各員並該撫前次保奏在局最為
出力之中防同知仲孫樊均著該撫確實查明酌量保
奏候朕施恩等因欽此欽遵移咨到臣仰見
皇上於微勞必錄之中寓覈實量能之意下懷欽感莫可
言宣伏查浙省試行海運事屬創始關係重大分任
需人經臣督同司道於議辦之初即以籌款為濟用
要需雇船為運行關鍵而一切文案章程鉤稽冊檔
以及驗米兌米各事宜均極繁重雖有成案可稽而
各省情形不同初次籌辦時虞窒礙難行必須得人

勸助以期辦理周全當飭藩司麟桂糧道周起濱遴
選實心勤幹之員各量材能分別派委復經臣隨時
激勸逐件指示在事大小數十餘員晝夜奮勤不辭
勞瘁或籌濟經費招雇商船或酌議章程綜核文冊
或驗兌漕糧迎提催趲或分赴津滬排船給單或專
駐公所收發出入或航海赴津涉歷風濤莫不竭盡
心力各供指臂現在漕白糧米六十餘萬石一律抵
津交納以浙省未經試行之事上稟
宸謨如期妥竣自應量加鼓勵除糧道周起濱已蒙

恩旨賞戴花翎仍交部議敘不復請奬外查浙江布政使
現署江甯藩司麟桂前派統領局務布置精詳歷陞
安徽按察使前甯波府知府畢承昭僱募甯波商船
辦理妥速署運司陞任福建汀漳龍道湖州府知府
晏端書總司省局實心籌畫頗著勤勞惟係司道大
員
恩出
聖裁臣未敢擬請優敘所有在事各員人數衆多臣不敢
濫登荐牘亦不敢泯沒其勞謹擇其尤為出力者開

具清單恭呈

御覽可否仰懇

天恩量予鼓勵出自

鴻施至前任中防同知仲孫樊業經病故應毋庸議其餘

各員應分別咨部議敘由外記功核實辦理其急公

領運之紳商人等應行獎勵遵照章程另行

奏咨辦理謹恭摺具

奏伏乞

皇上聖鑒訓示謹

奏奉

硃批另有旨

清單

謹將浙省辦理海運各局在事出力人員開具清單

註明實績恭呈

御覽

省城總局

署理紹興府事雙月候選知府繆梓

該員才識素優浙省錢漕尤爲熟悉因河道阻滯力

主試行海運參酌成案通籌各局章程親赴各屬籌

費不避嫌怨力肩終始俾得迅速蕆事洵爲實心任

事之員該員本係雙月候選知府應請免其捐足各
班以知府留浙即補
陞用同知提舉銜杭州府水利通判費文淦
該員督雇内河剥船支發水脚口糧事極繁瑣備著
辛勤應請
賞加運同銜
玉泉場大使朱錫齡
該員、帮辦文案經管銀錢始終其事均臻妥協應請
以應升之缺儘先陞用

柯橋巡檢候選縣丞顧錕

該員遇事本屬勤幹此次帮理局務經管各屬解款

籌備津滬用項稽核帳目辦理文案甚為得力該員

本係雙月候選縣丞應請開缺以縣丞留浙即補

湖州府經歷陳繩武候補州吏目周詒緩候補縣丞

黃恩詔試用從九品崔栻朱昺元

該五員或雇備剥船或飭提銀米或赴甯滬催船往

返河干迄無休息陳繩武應請以應升之缺升用周

詒緩黃恩詔應請俟補缺後以應升之缺升用崔栻

朱昂元應請歸候補班先用

候選同知余鈞恩甬東司巡檢姚紹唐

該二員均在甯波封船得力余鈞恩本係在蘇需次來浙措資因熟悉甯商情形由局派令馳赴海口會同紳董招商立攬姚紹唐駐劄鄞縣由局札委稽查海口彈壓催駛赴滬實屬勤奮余鈞恩應請俟服闋後以同知遇缺即選姚紹唐應請以應升之缺儘先升用、

上海分局

捐升通判前玉泉場大使李曾裕

該員協同總司局務並於議辦之初首先赴上海會

同江蘇委員邀集紳商雇募沙船設局以後辦理一

切均合機宜勤勞最著該員業已捐升通判應請俟

引

見回省後遇缺即補

候補通判徐徵

該員專辦剥兌彈壓稽查始終勤奮應請歸本班先

用

雙月候選知州嘉松分司運判莫嘉幹

該員帮理局務兼司驗船兑米不辭勞瘁經理得宜

應請以知州即選仍在任候選

試用布庫大使陳溗

該員綜稽文案及銀米冊籍均能妥協應請

賞加六品職銜

候補布理問戴賡保儘先補用布理問周理

該二員派司排船給單監兑彈壓倍著辛勤戴賡保

應請

賞加知州銜周理應請遇缺即補
試用從九品鄭崇暄孫廷贊
該二員專駐外局監斛北兌稽查彈壓頗著勤勞均
請歸候補班即補
江蘇候補知府署理松江府事藍蔚雯知府銜江蘇
候補同知梁逢辰
浙漕由滬起運越境設局辦事呼應恐有不靈該二
員係由江省奏派會同浙省委員封雇各船會商一
切事宜彈壓稽查布置周妥洵為不分畛域實心實

力共勷要務藍蔚雯應請

賞加陞銜梁逢辰應請俟補缺後以知府升用

天津分局

題陞中防同知楊裕深

該員幹練老成在浙年久情形熟悉委赴天津交米

綜理局務經管銀錢支銷查核文案冊檔擘畫精詳

最為得力該員先因獲匪出力奉

旨以同知升用業經題升同知應請俟奉准部覆後以知

府留浙補用先換頂帶

同知銜金華府通判育滀
該員專司伺值驗米監視起卸督押晒晾彈壓水手
頗著辛勤惟現已丁憂應請俟服闋引
見後以應升之缺升用
補用同知烏程縣知縣梁正標
該員帮理局務又復迎提船隻排號給單收發執照
事極煩瑣不憚辛勤該員先經獲盜引
見奉
旨以同知用應請以同知即補

金華縣知縣邵淩霄
該員先在省局勷理不辭勞瘁復赴津局辦理文案
經管收放銀錢並伺值驗卸始終詳慎應請以同知
升用先換頂帶
臨海縣知縣黄熾
該員帮理局務亦復彈壓水手遇有沙船控告事件
持平審斷委赴海口收發軍械查報船數尤著勤勞
應請以應升之缺升用
秀水縣主簿秘雲書捐班前先用未入流張承志

該二員經理銀錢文案輪赴水次伺值驗卸彈壓水
手事事妥協張承志前經在蘇襄辦海運銀米款項
俱悉該人不避艱險航海赴津尤屬勇於任事秘雲
書應請以府經縣丞升用張承志應請俟補缺後以
應升之缺儘先升用
儘先補用從九品胡毓麒候補未入流方理
該二員經管收繳軍械隨同驗米監兌胡毓麒又委
赴海口查報進出船隻方理又委令催重償空清理
河道俱能詳慎出力均請俟補缺後以應升之缺升

用

已捐分發尚未掣省未入流張脩睦捐職從九品徐

雲會

該二員先後由海赴津護送各船涉歷重洋復照料

卸米事宜約束耆舵水手人等無許滋事實屬急公

張脩睦先經派充滬局董事雇募商船經理兌裝悉

臻妥善張脩睦應請以未入流留入浙江儘先補用

徐雲會應請

賞給六品頂戴

聲明核獎稍稽

再此次奏保因各委員及紳商船户在事人多應由各局總理之員視其當差勤惰分別尤為出力者核實具詳請獎乃該總理局員繆梓仲孫樊楊裕深等自上海失事後先後馳赴上海帶勇會勦及在東汶帶兵防堵未及具詳嗣因仲孫樊在軍營病故繆梓楊裕深復急於新漕定地起運招募船商挑挖河道等事更無暇顧及獎敘其急公之心已可概見茲因繆梓調囘省垣楊裕深調省後再赴劉河口始得會

同酌核詳請具奏是以稍稽時日合併聲明謹

奏奉

硃批覽

海運紳商出力請奬附清單

奏為查明海運案内急公領運倡募招徠船隻之江浙
紳董及甯波商埠並書吏人等恭懇
天恩量加鼓勵仰祈
聖鑒事竊照浙省初次試行海運雇募商船經臣議
奏章程查照蘇省成案以運米之多寡定奬敘之等差
除一萬石以下在外分別賞給匾額外其自一萬石
至五萬石以上應請分別給與職銜若已捐至五品
另行酌奬均俟漕糧交兌完竣再行核辦欽奉

諭旨先行在案茲據該司道等查明應行奬叙各紳董商

埠及書吏人等開摺詳請具

奏前來伏思海船承運官米浙省事屬創行募雇之初

甯波商人多存疑畏兼之兩省並運北上之船既多

則不裝載漕糧之船在南較少漁利尤倍必須本地

紳士曉以大義廣為招募方肯立攬承載前經臣督

飭司道轉行各地方官就地延邀紳士董理其事開

誠曉諭釋其畏累之心示以體恤之意始據該船商

取具攬呈踴躍受雇隨飭各紳董馳赴上海幇同江

浙委員招徠沙衛各船照料一切俾各抵滬受兑該
船商等感沐
皇仁咸知奮迅或首先承裝或親身押運經歷重洋剋期
蕆事米數則毫無滲漏人船亦盡保平安慕義從公
爭先恐後至甯波牙埠人等隨同雇船並攬各局書
吏核案放船驗米均能不避辛勤抒誠報効凡此衆
情之鼓舞莫非
聖化之涵濡惟創始稍覺艱難故
恩敘請從優渥謹擇其實在出力者繕具清單恭呈

天恩一體准予鼓勵出自
鴻施除飭取年貌三代籍貫各冊另行咨部查核發給執
照外理合恭摺具奏伏乞
皇上聖鑒再此外尚有上海商埠及沙衛各船因上海未
平類多遷徙經臣屢次飭查尚未能開報容俟趕緊
查明另行辦理合併陳明謹
奏奉
硃批另有旨

清單

謹將海運案內急公倡募之江浙紳商及領運出力之甯波船埠並各局書吏人等註明實蹟分別米數開單恭呈

御覽

慈谿縣前任福建建甯縣知縣張廣埏鄞縣候補布政司理問童可念慈谿縣候選府經歷王訓鎮海縣拔貢生王引孫八品頂帶李溶監生俞斌

查浙漕議由海運商情多存趨避船隻不即進口希

圖留南運貨居奇獲利張廣埏童可愈王訓王引孫

四員本係甯波船局司事俞斌素爲衆商信服均志

切急公涉歷各港汊諳勸船商曉以有利而無累隨

同委員押令各船進關李溶將自置船隻首先立攬

承雇各船乃同聲樂從張廣埏王訓李溶俞斌又馳

赴上海照料交兑自始至終俱臻妥協洵爲得力紳

商張廣埏應請

賞加知州銜童可愈應請

賞加鹽提舉銜王訓應請

賞加六品職銜王引孫應請以教職本班儘先選用李溶
俞斌均請
賞給六品頂帶
上海縣分發浙江候補同知王慶勲元和縣浙江候
補通判祝師紳上海縣分發浙江縣丞沈滈煜吴江
縣雙月候選從九品仲孫懋
查浙漕由上海起運雖由蘇省委員封雇各船濟用
而越境辦事時恐疎虞必須本地紳商幫同照料斛
兑稽查偷漏庶不致有所弊混該員等或在本邑或

在鄰近人船俱為熟悉查核防護極為認真王慶勳
祝師紳復將自置沙船首先領運浙漕倡募沙衛各
船踴躍受雇尤為急公慕義王慶勳應請俟到省後
遇缺即補祝師紳應請
賞加鹽提舉銜沈涫煜應請俟到省後儘先補用仲孫樾
應請以從九品分發浙江歸於候補班內遇缺即補
歸安縣候選知府蔣維鏞安吉縣候選訓導顏森玉
該二員原籍浙江在上海日久熟悉情形經理外局
派船監斛支發水脚辛勤數月極為奮勉蔣維鏞應

請以知州儘先選用顏森玉應請以訓導儘先選用

慈谿縣監生馮振鑣八品頂戴賞給誥

以上二商各載米四萬餘石均屬急公承運載米數

多查照蘇省成案均請

賞給六品職銜

鄞縣船商梁騏周錡柴承慎徐允章慈谿縣船商葛

維漢馮駿周繼曾陸禹高盛鍾璋林鴻賁輔泮鎮海

縣船商夏忠任

以上商船各載米一萬餘石親身押運查照蘇省成

案應請

賞給九品職銜

慈谿縣商民楊學賢

該商自甬押運赴津董理甯屬各船掛納起卸各事

務悉臻妥善洵屬不辭勞瘁應請

賞給從九品職銜

鄞縣牙行帮夥九品職銜李雲書鮑采臣鎮海縣牙

行帮夥王淮

以上各牙埠等或在甯波帮辦或赴上海照料經理

船務扦驗文兌毫無貽誤著有微勞李雲書本有九

品職銜應請

賞給八品職銜鮑采臣王淮應請

賞給從九品頂戴

省城總局書吏陳文炳戴鴻鈞天津分局書吏周纘

文周維濬上海分局書吏秦瀚毛緒源

該書等或總辦文案查核舊章或繕寫鈎稽清算銀

米或隨赴滬津催船驗兌均屬始終勤奮著有微勞

周纘文原派省局辦稿尚屬精細復赴天津尤爲辛

勤周纘文應請以從九品歸部選用陳文炳戴鴻鈞

周維溶秦瀚毛緒源均請

賞給從九品職銜

812.8
444
(7)

八閩文庫

八閩文庫

文獻集成

386

福建文獻集成

吴格 主编

續編 集部 六二

海峽出版發行集團
THE STRAITS PUBLISHING & DISTRIBUTING GROUP
福建人民出版社

本册目次

晉江黄尚書公全集三十七卷（卷一五至卷一八）

［清］晉江黄宗漢撰

廈門大學圖書館藏稿本

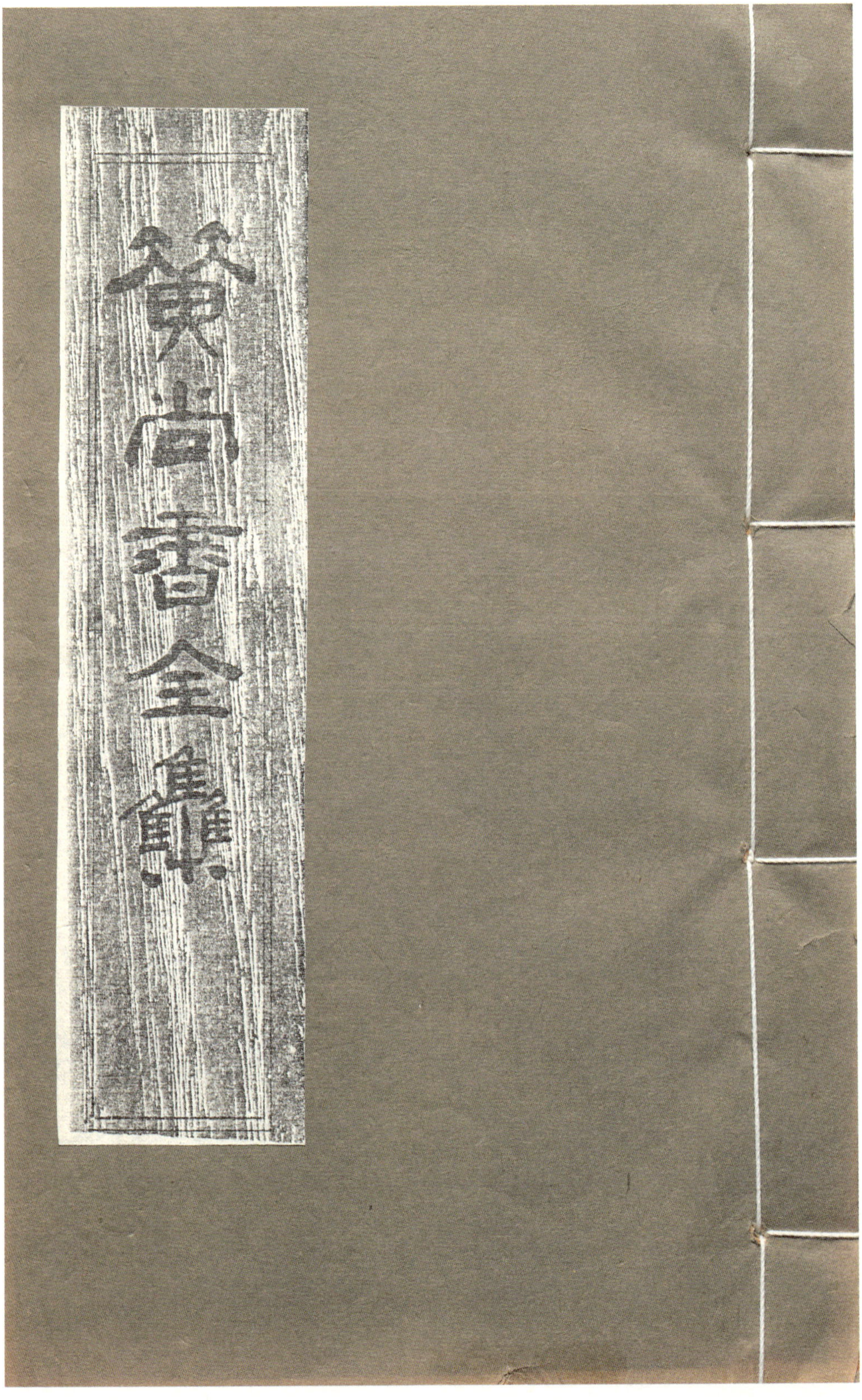
黄尚書全集

晉江黄尚書公全集卷十五目録

奏疏十五 任浙江巡撫奏議

請以徐榮調補首府

請以陸之棟調補鄞縣

特叅曠誤職守之知縣

完解地丁銀兩之知縣開復頂戴

海運漕糧受兑北上請　飭防衛

海運動支經費

撥解安徽軍餉

解赴大營軍餉

捐監銀兩照新章辦理

新任藩司暫緩入都

懇將候補道員遇缺簡補

晉江黄尚書公全集卷十五

男貽楫謹輯

姪貽杼恭校

奏疏十五　任浙江巡撫奏議

漕糧米色未能純潔

奏爲浙江省有漕州縣本年徵收漕糧米色未能一律純潔循例據實具奏仰祈

聖鑒事竊照本年浙省仁和等州縣衛所田地被災被歉業經

臣奏懇

恩施將應徵銀米分別蠲緩其有漕州縣未被災歉田畝應完漕
糧先經臣核飭照例開徵嗣據杭州嘉興湖州三府屬之仁和
錢塘海甯富陽餘杭臨安新城嘉興秀水嘉善海盐平湖石
門桐鄉歸安烏程長興德清武康安吉等州縣先後稟報各
該地方所種晚禾因本年夏秋被風被雨被蟲因而包漿不足現
雖成熟有收而顆粒未能飽綻並有青腰白臍等情臣以漕糧為
天庾正供例應揀選好米難容藉詞遷就當經檄行司道嚴飭
各屬認真選擇去後茲據署藩司黃樂之糧道周起濱以查
明各州縣所稟委係寔在情形詳請援照成案

諭諭

奏明准令紅白兼收秈稉並納等情前來臣查漕運全

書内載乾隆五十二年浙省漕糧因秋成之際霜信

早寒米質未能一律純浄兼有青腰白臍曾經奏奉

旨另廒存儲儘先支放又道光八年欽奉

旨天時不齊米色未能飽綻向來准其具奏係指明被水

被旱報災有案而言不得以他故藉詞蒙混等因欽此又

浙省自道光十三年起至咸豐二年止每遇災歉年

分所有熟田應完漕米經各前撫臣

奏准紅白兼收秈稉並納並恐米難久儲咨明户部倉

場先行搭放在案本年杭嘉湖等府所屬有漕州縣
均被災歉其成熟田地雖獲有收而風雨虫傷以致
色漿不足米質不能一律圓綻純潔臣訪察各屬非
不認真挑選無如小民田内所產之米類皆如此無
可易換自不得不稍予變通相應據實奏懇
天恩俯照歷年成案准令紅白兼收秈粳並納俾小民便
於輸將春初可以趕先海運臣仍當督率司道嚴飭
各州縣認真選擇不得任意濫收以杜弊混除咨户
部倉場查照外謹循例恭摺具

奏伏乞

皇上聖鑒訓示謹

奏奉

硃批另有旨

擒獲滋事匪徒

再本年征收漕糧比往屆尤為棘手緣上海未復人心不免惶惑嘉湖地方與蘇省接壤蘇民之抗糧起事習以為常浙之無業棍匪即隨聲附和鳴鑼糾衆不許完漕前此嘉善縣之八中等區長興縣之嘉會等區烏程縣之南潯等鎮匪徒紛紛抗租當即拿獲李慎狗等正法經臣於十一月內附片陳明在案詎於冬底臘初嘉興之秀水縣新塍鎮惟三等庄復有棍匪歸法倌陳毛第姚茂春徐邦達鄒受宮鄔阿五

等勾結震澤匪類林春江以抗租減糧為名煽惑愚
民糾衆幾至千人佔踞殷户徐姓房屋以為巢穴搶
擄農船以便棲止刦掠銀米以資口糧正在商議釘
樁塞河為負隅抗拒之計該府縣聞知立即邀約團
練紳士舉人王夢祥等先行雇募勇船堵其要路使
不得蔓延勾結黄夜馳禀到省臣即一面飛飭在平
望防堵之糧道周起濱處標右營遊擊許延慶帶兵
四百名在杉青閘防堵之乍防同知白讓卿帶勇三
百名馳赴該鎮剿捕一面由省添派署臣標中軍叅

將和致提標右營遊擊徐天麟督帶精兵五百名星
夜馳往會合圍捕仍發給告示派人密赴該庄張貼
指明圍拏首要歸法倌等數名其被脅勉從自行解
散照舊完漕者免罪該匪等尚未整備一聞大兵速
臨俱惶恐逃散該官兵到庄時先安撫良善然後搜
捕影匪先後拿獲徐邦達鄔阿五林春江陸麻三徐
黑老如陸長生鄔受昌章貴堂等八名首匪歸法倌
已潛逃旋即購線跟踪追至新篁鎮由該鎮衿耆程
禾之子程寶仁及嘉秀丁役指引官兵掩獲歸法倌

到案臣即諭令於訊明後先將首要就地斬絞梟示

以昭炯戒其餘匪即行分别治罪自此次懲創之後

匪徒斂戢各鄉農佃俱情願照舊完租漕務漸次就

緒惟各州縣應解海運經費令屆情形頗形拮据臣

惟有盡心盡力設法籌辦以期無悞

天庾正供仰慰

慈厪除俟各犯供審明擬結及各官紳出力應請獎勵之

處另行分别奏咨辦理外所有匪徒滋事派兵捕獲

緣由合先附片具

奏伏乞

聖鑒謹

奏奉

硃批知道了辦理甚屬妥速可嘉之至自汝抵浙以來朕

每覽汝之摺奏精詳之至毫無顧忌朕與汝精神相注

如日追陪仍另有旨欽此

静妙齋

懇展緩　陛見
奏為微臣屆應述職之期因浙省防堵及新漕海運均關
緊要未敢依期請
覲敬陳瞻戀下忱籲懇俟來歲夏間
恩准入都
陛見恭摺奏祈
聖鑒事竊臣於咸豐元年正月間在浙江臬司任內入都
陛見即於是年八月升甘肅布政使遵
旨馳赴新任二年五月蒙

恩洊陞雲南巡撫旋調浙江巡撫仍遵
旨即赴新任兹自元年正月起計至四年正月已届三年
應即具摺請
覲面承
聖訓事事有所遵循惟浙省現辦防堵關係綦重來歲新
漕仍由海運正當督催儹緊之時是以未敢遽請進
京而瞻戀微忱實無日不切於懷來理合瀝情籲懇
天恩准臣暫行展緩如果防務早撤一俟海運辦竣來歲
夏間即行入都展

觀恭聆
恩訓俾地方公事得有稟承而犬馬依戀之忱亦得稍伸
萬一謹繕摺具
奏伏乞
皇上聖鑒訓示謹
奏奉
硃批著俟本年秋成後再行酌量情形奏請欽此

委護道缺

再護理甯紹台道之台州府知府張英偉因病出缺

業已恭疏

題報在案所有甯紹台道篆務應即遴員護理查有甯

波府知府叚光清最得民心堪以就近兼護除檄飭

遵照外謹會同兼署閩浙總督福州將軍臣有鳳附

片具

奏伏乞

聖鑒謹

奏奉

硃批知道了

完解銀米之知縣處分請開復

再前署烏程縣知縣康正基因應解上屆海運銀米

延不完解經臣奏參奉

旨將康正基革職留任勒限解清欽遵轉行飭催在案茲

據海運省局司道詳稱前署烏程縣知縣康正基已

將欠解海運經費及耗米變價各銀兩分別批解掃

數全完請將該員原參革職留任之案

奏懇開復等情前來臣查康正基於欠解海運銀米趕

解全完尚知愧奮合無仰懇

天恩俯准將前署烏程縣知縣康正基原叅革職留任之
案即予開復出自
鴻施謹附片具奏伏乞
聖鑒訓示謹
奏奉
硃批著准其開復

各官密考

奏爲密陳司道知府切實考語恭摺奏祈

聖鑒事竊照司道府各員賢否例應於年底出具切實考

語密奏一次又准吏部行知欽奉

上諭嗣後各直省督撫於年終密考務將各該員賢否實

蹟指出確據臚列密陳不得僅以空言含混了事倘有

保舉在先而該員不能始終奮勉亦著據實直陳毋稍

迴護等因欽此欽遵在案臣竊維安民必先察吏地方

官之賢否最關民生之休戚而藩臬爲政務總滙之

區道府有表率屬僚之責尤須治理得人方於地方
有裨臣賦質庸愚忝荷
厚恩畀以疆圻重寄一載有餘無時不以綜核名實裁抑
儌倖為兢兢凡屬員賢否均以所辦公事証之輿論
認真稽核本年又届舉行
計典之期凡清勤著績及廢弛闒茸之員已分別舉劾
恭疏
題報在案茲届年終考核仍應照例密陳除甯紹台道
賈臻溫處道俞樹風尚未到浙杭州府台州府各缺

均未遴員調補毋庸開列外謹將現任司道府各員
分别填註考語密繕清單恭呈
御覽伏乞
皇上聖鑒謹
奏奉
硃批覽汝單中考語洵屬公論且詳且盡留中備覽候朕
緩酌　庁再留中欽此

靜妙齋

關稅短徵有因

奏為浙海關一年期滿徵收稅銀並盈餘銀兩短徵有

因籲懇

天恩勅部查議恭摺奏祈

聖鑒事竊照浙海關每年額徵銅觔水脚銀三萬五千九

百八兩二錢三分嘉慶九年奉

旨浙海關盈餘額數着定為四萬四千兩又道光十年五月

內接准部咨奉

旨各關應徵盈餘銀數以六成作為額內盈餘遇有短少著

落賠補仍按分議處以四成作為額外盈餘遇有短少着
落賠繳免其處分欽此又道光二十一年間接准部咨關
税銀兩於每年奏報之先責成巡撫核實盤查等因
歷經遵辦在案本届海關應完税課先于咸豐三年
三月間據前護甯紹台道余士璟以商賈稀少關税
無徵稟懇奏請免解嗣于五月間又據接護甯紹台
道畢承昭以税銀短絀甚鉅恐難足額詳請儘收儘
解各等情臣因該關徵收税課均係支放要款且值
此經費支絀之時能多收一分税銀即少費一分籌

晝現雖商船較多而課項所關自應認真整頓不容
稍任短缺均經嚴切批示又復不遺餘力督飭徵解
去後茲據前護甯紹台道台州府知府張英偉詳稱
關稅按年考核令查自咸豐二年六月初八日起至
三年六月初七日止一年期滿共徵收稅銀六萬二
千六百九十八兩九錢七分除正額銅觔水脚銀三
萬五千九百八兩二錢三分實徵盈餘銀二萬六千
七百九十兩七錢四分按額計算實缺徵銀一萬七
千二百九兩二錢六分查短徵盈餘銀兩例應著落

靜妙齋

賠繳第本届短徵實因商賈不通各口無稅可徵所
致且為數甚鉅無力賠觧惟有詳請奏明請
旨核辦等情具詳前來臣查海關稅銀全藉商船雲集百
貨流通則此往彼來均有可徵之稅不致短少今浙
省甯波海關自咸豐二年十一月以後即將往北各
船全行封雇裝運漕糧其所帶二成貨物又復
奏明免稅徵數已缺迨至三年入春以來江閩等省兵
警迭起匪惟道路不通各貨壅滯且商賈咸有戒心
本省航海貿易之人大半歇業前赴南北各洋貨船

為數極少既鮮出口之稅其他省來浙之商舶情形
亦復相同進口納稅者又寥寥無幾而浙省水師兵
船調赴鎮江協剿本省巡洋舟師少于往來洋面遼
濶緝捕難周各洋盜匪時常出没因此沿海採捕及
裝載零貨漁船亦多停歇積此數端遂致各口徵銀
不能足額統核一年徵數雖正額尚屬無虧而盈餘
大形短絀臣細加體察均係實在情形並無徵多報
少及任意悮情弊查上年八月間欽奉
上諭各關課稅仍遵額定稅數照常徵收不准以儘收儘

解違例奏請致滋流弊如將來虧短實屬有因着俟一
年期滿奏報到時由户部酌量情形分别奏明請旨核
辦等因欽此今浙海關短徵盈餘銀一萬七千二百九
兩二錢六分虧短並非無因可否仰懇
天恩敕部一體酌量情形奏明請
旨核辦出自
逾格鴻施至該關所徵税銀向係按季解司應歸司庫核
實盤查其所短税銀按成計算係額外盈餘例免處
分除飭將徵收税銀及已徵盈餘銀兩趕緊解司另

疏具

題外理合恭摺具

奏伏乞

皇上聖鑒訓示謹

奏奉

硃批户部議奏片併發

青女

海關無尾銀收儲

再海關錢糧應遵照前奉

諭

旨將徵納尾銀核定數目酌留奏交藩庫另款收存以資儲備本届浙海關一年期滿計共徵收税銀六萬二千六百九十八兩零内正額銀三萬五千九百八兩零盈餘銀二萬六千七百九十兩零計尚短徵盈餘銀一萬七千二百九兩零除正額内例給各役工食銀二百五十八兩又盈餘内撥補經費等款銀一千八百六十兩零計寔征存銀六萬五百八十兩零此

項銀兩向以三萬兩作為正額四萬兩作為盈餘其
餘尾銀交藩庫另款收儲令届盈餘不能足額將三
萬兩作為正額僅存銀三萬五百八十兩零並無尾
銀堪交藩庫收儲除將短徵情形於正摺内聲叙外
臣謹附片具
奏伏乞
聖鑒訓示謹
奏奉
硃批覽

請以徐榮調補首府

奏爲省會要缺知府遵

旨揀員調補恭摺奏祈

聖鑒事竊臣等接准部咨欽奉

上諭江蘇常鎮通海道員缺著余士瑮補授欽此復准部

咨咸豐三年十月二十一日奉

上諭浙江杭州府知府員缺緊要着該督撫於通省知府

内揀員調補所遺員缺着恩符補授欽此當查該府余

士瑮於未接部文之先因病出缺業經臣等另行奏

報欽奉前因隨即轉行欽遵在案遵查杭州府地居
省會政務殷繁且時有發審委辦事件非精明幹練
之員弗克勝任隨與藩臬兩司在於通省知府内詳
加遴選查有紹興府知府徐榮年六十四歲正黄旗
漢軍德清佐領下人由進士以知縣即用籤掣浙江
補臨安縣知縣經前撫臣劉韻珂於明保案内列单
保舉欽奉
筆圈出奏陞玉環同知併案引
奉
硃
見

旨徐榮准其陞補浙江溫台玉環同知欽此道光二十八年
六月初五日欽奉
諭旨補授紹興府知府是年八月十八日到任現經臣委令
署理杭嘉湖道篆務該員歷練老成緩急可靠以之
調補杭州府知府實堪勝任據署藩司黃樂之署臬
司崇恩具詳前來臣等往返函商意見相同合無
仰懇
聖恩俯念員缺緊要准以紹興府知府徐榮調補杭州府
知府洵於省會要缺有裨如蒙

俞允該府係奉
旨揀調人員例不核計參罰對品調補銜缺相當毋庸送
部引
見所遺紹興府知府員缺應即遵
旨以恩符補授謹合詞恭摺具奏伏乞
皇上聖鑒訓示謹
奏奉
硃批吏部議奏

請以陸之棟調補鄞縣

奏為揀員調補海疆要缺知縣恭摺具

奏仰祈

聖鑒事竊照甯波府鄞縣知縣馮翊革職奉准部覆應歸

咸豐二年九月初三日開缺所遺員缺係衝繁難三

項相兼海疆要缺前經兩次請以湖州府歸安縣知

縣張銑調補嗣准吏部以張銑雖試俸已滿三年並

未題銷亦未遵照新例捐免與例不符咨令另揀合

例人員調補等因查該縣為甯波府附郭首邑且係

浙省海疆第一重鎮時有發審事件政務本屬殷繁加之民夷雜處稽查彈壓尤關緊要非精明幹練之員不足以資治理臣與藩臬兩司于通省現任知縣内逐加遴選非現居要缺即人地未宜一時實無合例堪調之員惟查有處州府龍泉縣知縣陸之棣年五十六歲江蘇六合縣人由監生遵酌增例捐通判分發江西籌備例改捐知縣發浙補昌化縣知縣丁憂回籍服滿復到補龍泉縣知縣道光二十四年十二月十一日任事期滿寔授又經銷去試俸該員才

具幹練辦事勤能歷俸久滿三年現署新城縣事接
任後即辦抗糧戕官之案拿獲首要安撫善良駕馭
俱屬得宜以之調補鄞縣知縣堪勝海疆要缺之任
惟該員前因應攤咸豐元年官墊民欠銀兩未能完
解于咸豐二年七月二十八日
奏銷摘頂嗣經趕全完于是年十一月初八日欽奉
恩旨給還頂戴在鄞縣開缺以後與例稍有未符但海疆
員缺緊要人地实在相需例得專摺
奏調據署布政使事按察使黄樂之署按察使事杭嘉

湖道崇恩具詳前來合無仰懇
天恩俯念海疆要缺需人准以龍泉縣知縣陸之棟調補
鄞縣知縣寔于地方有裨如蒙
俞允該員係現任知縣調補知縣銜缺相當毋庸送部引
見至該員任内一切因公處分例免核計所遺龍泉縣係
疲難中缺容臣另行遴員請補謹會同兼署閩浙總
督福州將軍臣有鳳恭摺具
奏伏乞
皇上聖鑒勅部核覆施行再張銑未銷試俸不准調補部

覆係咸豐三年五月初五日行文遵照部示按照限
減半計算應以六月初三日起限扣至七月十八日
司限届滿今于十一月十五日據藩司詳調核計遲
延三月以上實因一時揀調乏員致有遲逾合併陳
明謹
奏奉
硃批吏部議奏

特叅曠悮職守之知縣

奏為特叅無故在省逗遛曠悮職守之知縣請

旨革職以肅

功令恭摺奏祈

聖鑒事竊照州縣為親民之官一邑地方全資撫治必須

在任盡心經理非有緊要面稟公事不應輙行晋省

日久逗遛致滋曠悮兹查有署湖州府屬孝豐縣事

請補象山縣知縣吳人杰于咸豐三年八月二十六

日接署孝豐縣篆該縣雖係簡缺然日有應辦地方

事件自應在任勤求治理以期無忝職守乃該員忽
於十一月二十七日來省謁見面稟該處民多逋欠
催徵棘手措理維艱力求交卸臣當以孝豐糧賦甚
少民俗尚淳即近來間有刁民抗欠之事亦當實力
開導妥為措置斷無不可整頓之理且該處與安省
甯國府屬連界當茲逆氛未靖尤防堵吃緊之時豈
容無故遠離當即嚴飭該員速回署任並據署湖州
府知府王有齡稟請飭令該員趕緊回署又經催令
起程去後詎該員一味延挨至今仍不回任竟置地

方公事於不顧實屬曠悞職守若不從嚴叅懲于吏
治官方大有關係據署布政使黃樂之署按察使崇
恩轉據該道府揭報會同詳請
奏叅前來相應請
旨將署孝豐縣事請補象山縣知縣吴人杰即行革職以肅
功令臣謹會同兼署閩浙總督福州將軍臣有鳳恭摺具
奏伏乞
皇上聖鑒訓示至所遺象山縣員缺浙省現有應補人員
前以吴人杰請補之案尚未奉准部覆應仍以前縣

饒宗孟告病之日開缺另行序補其後出之雲和麗水仙居青田等縣缺亦各挨次請補以符定例合並

陳明謹

奏奏

硃批另有旨欽此咸豐四年二月十九日内閣奉

上諭黄宗漢奏請將曠誤職守之知縣革職一摺浙江署孝豐縣事請補象山縣知縣吳人杰於接署孝豐縣印務後竟敢擅離職守進省謁見巡撫面稟催徵棘手力求交卸經該撫嚴飭回任該員一味躭延不肯起程寔

屬曠誤職守英人杰著即革職以示懲儆餘著照所議

辦理欽此

完解地丁銀兩之知縣開復頂戴
再前諸暨縣知縣劉書田應解咸豐二年分地丁銀
兩完數短絀遂昌縣知縣李鵬揚尤無分厘完解經
臣奏叅欽奉
上諭均着先行摘去頂戴勒限完解等因欽遵在案茲據
署布政使黄樂之詳稱前諸暨縣知縣劉書田遂昌
縣知縣李鵬揚應解二年分地丁銀兩趕解全完請
將原叅摘頂之案
奏懇開復前來臣查劉書田李鵬揚于應解二年地丁

銀兩叅後趕解全完尚知愧奮合無仰懇

天恩俯准將諸暨縣知縣劉書田遂昌縣知縣李鵬揚原

叅摘去頂戴之案均予開復之處出自

鴻施臣謹會同兼署閩浙總督福州將軍臣有鳳附片具

奏伏乞

聖鑒訓示謹

奏奉

硃批劉書田等均著給還頂戴

海運漕糧受兑北上請飭防衛

奏為海運糧艘將次受兑放洋如靜海獨流之匪尚未撲滅漕船赴津進口有無妨碍應否另移善地請

勅下直隸督臣迅即確勘妥議奏咨辦理恭摺馳

奏仰祈

聖鑒事竊照浙省新漕仍由海運前經江蘇督撫臣奏請改由太倉之劉河口交商受兑起運飛咨到浙當經臣將應辦各事宜籌議條款於上年十二月內由驛馳奏一面飭局撥銀解交太倉州地方官迅將內河

淤淺運道趕緊挑濬其雇募商船招徠斛手諸務應
先期布置者亦飭委中防同知楊裕深等馳赴劉河
會同藩省委員設局辦理其挑挖河道本擬正月半
間竣事因連旬雨雪交加難於動作計本月二十六
七日即可完工各屬漕粮亦皆收有成數轉瞬即當
起運放洋惟查天津之静海獨流二處尚為匪據臣
年内接閱邸鈔知我兵屢獲勝仗滿謂釜底游魂指
日定當殄滅海船駛赴天津仍可進口收泊聽候查
驗斛收令探聽逾旬未聞報捷雖大兵攻剿無難即

就盪平第海船乘風北駛迅捷如飛一經開放到津
祇須旬日數十萬
天庾正供關係匪細凡經由地方收泊海口與夫轉運赴
通之路必須先期相度以昭慎重浙省距津甚遠該
處地勢情形無從懸擬應請
旨敕下直隸督臣迅將天津海口是否堪以照舊收泊商
船設局斛收米石以及剝運入通能否一無妨碍倘
因逆氛較近或有未便有無善地可以量移即日委
員逐一確勘妥籌覆奏一面迅速飛咨蘇浙以便飭

令赴津各委員及各商船遵照駛往俾免歧誤至劉
河口地方距上海僅止百里賊匪時有竄擾之謡而
佘山以南洋面時有海盜出没伺刦均須嚴為之防
並懇
勑下江省督撫臣嚴飭水陸文武員弁兵役逐加防衛以
免疎虞據海運省局司道會詳前來除由臣先行分
别飛咨查照外謹繕摺由五百里馳
奏伏乞
皇上聖鑒訓示謹

奏奉

硃批另有旨欽此咸豐四年二月初十日奉

上諭據黃宗漢奏海運漕粮將次受兑放洋一摺本年浙省海運粮米經黃宗漢議由江蘇太倉州屬之劉河口受兑起運現在業經收有成数尅日即可放洋北上所有經過各該處洋面海口自應嚴飭水陸文武員弁帶領兵役加意防衛以期妥速狼山鎮總兵泊承陞現帶水師在上海剿匪著怡良許乃釗即飭令該鎮於漕米放洋時督帶兵船妥為護送並著張亮基迅速揀派熟

熟悉洋面之員於漕艘經由地方及收泊口岸節節防
護毋任疎虞至駛抵天津海口時即著桂良派委文武
各員妥籌起撥仍遵前旨寬為豫備剥船以濟撥運至
前踞獨流之賊現已潰竄河間屬境距天津較遠所有
浙江派赴天津會同收米各委員仍即照舊馳赴該處
隨同驗收毋稍遲悞將此由六百里加緊各諭令知之
欽此遵
旨寄信前來

海運動支經費

再此次海運於應行起觧三年新漕正耗米七十萬
餘石之外復將清查案内三限四限應行買補之米
六萬七千餘石一併搭運業經臣將米數開单具
奏並咨部查核在案惟查上年浙省海運章程自上海
商船水脚暨天津剥船價值經紀津貼箇兒等款以
及例無支銷用難删减如内河剥船盤壩脚力僱募
斛手蔴袋席片三處設局經理各項合計運米一石
實需經費八錢有零奏准將歷届河運各費併歸海

運支銷其不敷之銀酌提各州縣津貼濟用此起運
新漕米石所需經費之源委也至搭運清查買補之
米係遵照奏定章程由藩庫將各州縣所交清查案
内追補銀兩每限先買米五萬石運通每石止加津
貼銀四錢以充兑費咸豐元年二年初限二限之米
係由本省起剥隨漕搭運軍船已屬不敷應用當經
奏明於每石正米例支漕截負重蘆席銀三錢九分九
毫一絲耗米例支漕截銀三錢四分六絲兩項内核
給一半奉

硃批該部知道欽此欽遵在案此次改由海運赴蘇設局
裝兌剝船運至劉河道路較遠剝費既增又須雇募
甯波上海商船給發水脚更非搭運軍船可比所需
各項經費應照新漕一律支給每石以八錢有需為
率原定之津貼銀四錢連前奏明動支漕截等款給
予一半之數亦尚不及六錢自應再行籌款動給以
免支絀查漕截銀兩本應歷届河運隨漕開支之款
現在海運新漕既將河運各費一併支銷則搭運清
查之米亦應將漕截等銀全數於清查追補款內動

支以濟運務再有不敷為數尚少應即另行設法籌
補據海運省局司道會詳前來臣細為核計確係實
在必需且為時已迫未便拘泥當經批令查核米石
分别正耗按例支銀數於清查案内繳存銀兩先行
支給俾免延悮除咨部查核外謹會同兼署閩浙總
督福州將軍臣有鳳附片具
奏伏乞
聖鑒謹奏奉
硃批戶部知道

撥解安徽軍餉

奏為遵

旨籌撥餉銀解赴安徽軍營恭摺覆奏仰祈

聖鑒事竊臣于咸豐四年正月初八日接准軍機大臣字

寄咸豐三年十二月二十四日奉

上諭廬州郡城失守已諭令和春督兵迅圖克復惟據和

春奏稱所帶兵勇待餉孔殷無從支領現又添派官兵

尤應寬為籌備著黄宗漢於浙江省無論何款先行籌

撥銀六七萬兩派委幹員迅速解往安徽軍營以資接

濟並著于起解前期飛咨和春以便派員迎提一面知
照沿途地方官妥為護送毋得藉詞推諉致悞要需將
此由六百里加緊諭令知之欽此伏查廬州為南北要
衝亟應迅圖克復以扼逆匪北竄之路餉項最關緊
要仰蒙
聖主諭飭無論何款先行籌撥亟應設法起解以資接濟
臣與藩運二司遂加籌畫查運庫現有即擬解京因
查探道路尚未起程之部撥春季京餉銀十萬兩可
以先行動挪遂飭署運司晏端書于此項內支銀五

萬兩派委鹽經歷林麗銑管解即于正月十三日起
程赴皖一面飛咨江南提臣和春派員迎提復咨行
沿途地方官妥為護送並將挪解緣由咨明户部在
案惟皖餉固為急切而京餉尤關要需必應速籌補
還解部支用庶不致顧彼失此臣復與署運司再四
熟籌查得運庫内有咸豐四年春季報存鹽課項下
堪以撥補當即飭司于此款内提銀五萬兩撥還京
餉以足十萬兩之數即日遴委幹員釘鞘領解赴部
投納第現在逆氛未靖自浙至京長途解送節節堪

虞相應仰懇

聖恩勅下直隸山東江蘇各督撫臣通飭沿途文武遇浙

省委員解餉到境倍派護送兵役加意嚴防以昭慎

重據署運司晏端書具詳前來臣謹繕摺附驛覆奏

伏乞

皇上聖鑒謹

奏奉

硃批知道了著户部嚴飭各督撫派員加意護送

解赴大營軍餉

再臣于本年正月十五日准部咨咸豐三年十二月

二十六日奉

上諭怡良等具奏請留廣東關稅等銀二十萬兩等語着准其全數截留先由浙江省籌墊徑觧江蘇現在安徽需餉甚急昨已諭黄宗漢籌銀六七萬兩觧交和春軍營此項廣東餉銀過浙時仍當遵旨迅速觧往安徽着怡良許乃釗飛咨黄宗漢照辦毋稍遲悞欽此遵查臣于上年十二月間接署江蘇撫臣許乃釗來函以金

陵大營年內需餉甚鉅擬奏請將廣東鮮京關稅等
銀二十萬兩截留濟用惟粵省程途遙遠冬底斷不
能到雖浙省各路設防兼籌上海助剿之餉艱難情
形實所深知無如目前待用至急江省籌畫尤艱囑
臣將開春應放應解之款先行籌墊銀二十萬兩速
解大營以濟眉急俟粵餉過浙截留歸款等語旋又
接該撫將具奏緣由抄摺咨會到浙臣查金陵需餉
甚急既准該撫咨請籌墊大局攸關何敢以庫儲支
絀稍為推諉當經督飭藩司不論何款迅籌起解即

於十二月間分作三次先後觧銀十萬八千兩並經
杭州織造臣烏勒洪阿于關稅内起觧銀三萬二千餘
兩是月之杪總理金陵粮臺按察使銜彭玉雯到浙
詢以年内大營情形據稱該營餉需係將本月應放
各欵展至下月給領前此十二月應放十一月餉銀
粮臺存欵不敷動支嗣由臣與織造陸續委觧到營
該司于支放完竣後始起程來浙計年前尚可敷衍
惟正月應放十二月之餉除現在所存及江西省報
觧各欵外尚短銀五萬兩浙省若能如數籌觧方可

數支給至二月應放之餉業經江省督撫臣會奏籲
懇截留粵餉如蒙
聖恩允准浙江不必扣還歸款庶二月放款不至貽誤其
自三月以後餉需現擬奏請分飭江蘇浙江江西廣
東四省協濟俾毋匱乏等語臣復飭司于藩庫支銀
三萬兩並由織造將關稅支銀二萬兩于本年正月
初旬派員隨同彭玉雯親自押解回營是浙省于接
到江省來咨之後疊經解赴大營十九萬餘兩與許
乃釗來函及咨內數目相似茲欽奉前因復接許乃

劄恭錄

諭旨倫文咨會囑臣如數籌墊俟粵餉抵浙即行截留歸

款查許乃釗所議由浙籌墊之銀除自十二月至正

月節次動解十九萬餘兩外再行湊足亦屬無多此

項銀兩浙省既經籌款起解應即由浙分別已撥未

撥之款作正開銷毋庸再將粵餉截留歸款以省轇

轕除俟粵省解銀過浙時查明該解員等如已由粵

支領長解盤川即飭令原委員將銀星馳解赴江蘇

由該省督撫臣遵照欽奉

諭旨分别辦理並咨覆江省查照外臣謹附片具奏伏乞

聖鑒謹

奏奉

硃批户部知道

捐監銀兩照新章辦理

再藩庫收捐監生向將所收捐銀按月奏報一次浙省自道光十一年三月開卯起至咸豐三年十二月止共收正項銀二百三十三萬八千一百八兩除節次歸撥鮮補外存銀九千二百八十二兩前經臣附片具奏在案現在此項捐監先經接到部咨奏定新章將部監空名印照發交各省飭令各廳州縣勸諭收捐並將印照各三千張頒發到浙臣已轉發藩司按縣分別散給飭令趕緊勸諭收捐一俟收有成數

即照部咨另歸專案

奏報候撥其常例收捐按月具奏之件應自本年正月

起暫行停止俟前案辦訖應否仍照舊章辦理之處

再行具奏所有正月以後並無常例報捐貢監無從

按月奏報緣由理合附片具奏伏乞

聖鑒謹

奏奉

硃批户部知道

新任藩司暫緩入都

再臣於二月初五日准吏部咨正月十二日奉

上諭浙江布政使著韓椿補授欽此適值韓椿奉

命陳臬閩中將赴新任路過杭州當即轉行遵照其時正當徽州警報頻聞浙之杭嚴衢三府地方多與徽州接壤處處防堵十分喫緊之時藩司綜理籌防局務督催錢糧籌捐軍餉必須得人而理韓椿前曾署理浙藩情形頗悉其素行尤所深信若令其先行赴任可期得力因向該司詢悉甫蒙

靜妙齋

簡授閩臬具摺陳謝籲懇入都請
訓奉到
硃批即赴新任毋庸來京欽此臣思現當需才孔急之時
豈容稍涉拘泥遂札飭該司先行到任應否進京仍
奏候
諭旨遵行茲該司已於二月十四日接篆任事一面恭摺
奏請
陛見可否仰懇
天恩俯念浙省需員飭令該司暫緩入都之處出自

鴻慈謹附片具奏伏乞

聖鑒訓示謹

奏奉

硃批覽

懇將候補道員遇缺簡補

再署浙江運司晏端書奉

旨簡放福建汀漳龍道因經手事務緊要前由臣奏請暫行留浙以資勷助並聲明如閩省實在需員或將汀漳龍道開缺另行

簡放恭候

聖裁欽奉

硃批另有旨茲臣接閱邸鈔奉

上諭升任福建汀漳龍道晏端書著開缺留於浙江以道

員候補等因欽此仰見

聖主垂念治理需才准留熟手以資委用欽感莫名惟浙

省額設道員五缺一係應歸部選其餘俱應請

旨簡放並無外題之缺堪以請補查該員本係奉

旨簡放之員今復奉

命留浙候補可否仰懇

天恩交軍機處記名遇有浙省道員缺出一體請

旨簡放如浙省出有部選之缺亦即扣留請補之處出自

逾格鴻慈臣謹附片具奏伏乞

聖鑒訓示謹

奏奉

硃批另有旨欽此咸豐四年三月二十八日内閣奉

上諭黄宗漢奏懇將候補道員遇缺請簡等語浙江候補

道晏端書著交軍機處記名遇有該省道員缺出請旨

簡放如遇部選浙江道缺並准該撫扣留請補欽此

晉江黄尚書公全集卷十六目録

奏疏十六 任浙江巡撫奏議

淨沙齋

委員代辦糧道事務
完解銀兩之知縣處分請開復
疎防越獄之典史革職拏問
請將丁憂之知府留辦防剿
撥濟防剿經費
撥借軍火
交代宕延之知縣及其子一併叅革
征解漕項延玩之知縣叅請摘頂
審解案件展限

青娛齋

馳報海運放洋

籌備耗米

調派防護海運各員

代辦採買米石

蘇省封僱沙船

徵解錢糧延緩之知縣恭處

青[illegible]齋

晉江黄尚書公全集卷十六

男貽楫謹輯

姪貽杼荼校

奏疏十六任浙江巡撫奏議

海運趕緊裝兑放洋

奏為海運放洋因聞警改期現在趕緊裝兑准擬日内放洋先行馳奏仰祈

聖鑒事竊浙省新漕今届改由劉河起運該處迫近上海賊匪接濟漸窮

每有欲竄太倉圖劫浙省銀米之謡時刻皆有戒心臣亦早慮及此寔以

天庾正供關係綦重舍此别無辦法不堅持起運之議則百姓

静妙齋

觀望匪徒抗阻官吏侵漁勢必至於銀米兩空故凡徵收之
難剔運之艱謠言之四起皆以鎮靜處之竭盡血誠照常辦
理志在於必成而已正月底察看各屬徵收漸有成數劉河挑
挖計期可完大局頗有把握即於正月二十六日以海運糧艘將
次受兑放洋具奏惟一面距上海百里而近既虞該匪竄擾
一面自崇明至佘山又慮洋盜伺刦其竄距獨流之匪剿
捕如何情形尚未得確信隨於摺内聲請
飭下兩江、山東督撫臣嚴飭水陸文武員弁兵役逐加防護并查
天津海口可否照舊收泊船隻嗣於二月二十二日奉到

諭旨飭令狼山鎮總兵泊承升督帶兵船於放洋時妥爲
護送并著張亮基於經由地方節節防護至前踞獨流
之賊現已潰竄距天津較遠所有浙江派赴天津委員
仍即照舊馳赴該處等因欽此臣遵即一面飛咨各屬
上緊剝運米石至劉河一面飭令糧道周起濱於劉
河驗米後即赴天津候補府葉堃率同正雜官數員
即速由陸抵津又恐旱路河間府屬或有阻梗該員
等不能趕在海船到津之先復派即補同知梁正標
率同佐雜官數員於頭批船隻放洋時即坐船赴津

靜妙齋

該員等均於二十六七八等日先後禀辭啟行三月
初接據劉河局員候補知府楊裕深禀稱各屬漕米
已節次剝運前來現在陸續裝兑祇以由太倉至劉
河運道雖經挑挖而港道本屬窄淺且須候潮而行
時因擁擠遲滯而劉河口本有一線陰沙二千石以
上大船不能逾越進口現已多雇數十號剝船再行
剝赴外洋裝兑節節棘手而多費貲遠不如上海放
洋之便每日兑上大船祇得一萬餘石甫經動手不
免生疎以後辦理歸路每日裝兑自必較多定期三

月初十日即可放洋當經批令上緊剋如期放洋

凡人力做得到者不惜費爲之萬萬不可遲悞乃臣

於初九早忽接得在上海督勇攻剿之留浙補用知

府石景芬台州協副將豫祺等飛稟以蘇省北營於

初七日被匪攻撲焚燒營盤數座兵勇潰散惟署臬

司吉爾杭阿之營尚存而其勢已孤立浙勇駐紮南

營惟有鼓勵勇力堵剿兼施以無負委任等語次日

復接得糧道周起濱自蘇力稟以該道於初七日行

抵崑新眼見逃兵無數沿途不免搶掠當即喝住數

兵究詰俱聲張賊勢猖獗大營已被焚燒潰敗居民
聞此惶恐情形殊為可憫河面我浙米船甚多並因
初十日放洋之信趕運去銀十餘萬兩為分配各船
備帶天津用款梁正標亦帶去銀五萬兩擬配船搭
解倉場衙門經費之款俱剝運在途距劉河不遠業
因前途梗塞不能前進該道即督押銀米各船一併
折回蘇省等語查上海之匪欲竄早在意中此次情
形臣於初九日得石景芬來禀之後既慮賊匪或竄
蘇松復料逃兵之必搶掠浙省銀米在途至為可危

登時即派委武將管帶鎗礮兵三百餘名坐船四十
餘隻連夜星馳行走直抵蘇州太倉防護剝船銀米
諭令探明前途如已安定則護送至劉河若尚阻梗
則官兵各船迎前剿捕銀米各船折回平望迨初十
十一十二日連接石景芬之稟知該匪於初八初九
初十三天俱係大隊數百名來撲南營石景芬豫祺
親冒矢石督同帶勇員弁勇目仲孫懋陶寶登黃一
清王夢彪黃載清夏寶慶李恒淞李振林等各隊義
勇分布各砲臺要隘與該匪力戰每日數時之久三

戰三捷殺死賊匪數百名血流街巷生擒數名取首
級數十顆奪獲旗幟鎗礮甚多我勇陣亡數名受傷
數十名有此三日之勝軍威復振賊匪畏懼仍退閉
城中等因旋接撫臣許乃釗初十日來信深奬石景
芬等調度有方各勇人人用命大獲勝仗除發銀奬
賞該勇外其官弁勞績即行奏請
優奬是石景芬所稟不誣也而許乃釗之信仍囑臣將海
運銀米暫緩剝赴劉河十四日接得石景芬來稟以
十一日賊匪復竄北營亦經蘇省將弁收合各兵勇

擊敗而返十五日接兩江督臣來咨以上海退回各
兵已委員招集二千餘名督令回營地方安謐糧道
周起濱來稟亦云現在道路可行已飭各船趕赴劉
河而劉河局員楊裕深十二日之稟亦到據稱初十
日放洋之期因初七日起警信頻聞人心驚惶諸事
俱不應手其應行帶鮮天津之銀尚未到齊且佘山
以南洋盜必須格外嚴防近聞狼山鎮總兵泊承陞
蘇省將派赴天津稽查進口事務該局員即會督商
人公議僱募水勇礮船六隻甫經具稟到臣由省發

靜妙齋

去大礮二十四尊亦在途未到是以不能如期放洋
現俟銀米及大砲續到上緊裝兑於本月二十日前
後准可放洋臣覩此情形焦急萬分上海之匪一日
未平蘇淅河面一日不得安行劉河一隅又為該匪
所垂涎現經臣派弁恭持令箭飛飭帶兵官沿途防
護剝船催儹前進並飛咨蘇淅各關柵如遇此項船
隻到關不論夜深立即放行叠次諭知各州縣源源
運米不准停留其太倉以上河道窄而兼淺所雇剝
船須三百石以下之小船庶往來靈快不致擁擠又

飭令總理海運省局之候補道晏端書馳赴劉河會

同局員澈底計議以後四五月間風汛正時必須竭

盡心力多方設法嚴密籌防以速補遲仰副

聖主慎重倉儲至意所有海運漕糧准擬日內放洋緣由

先行馳奏仍俟放洋之後再行奏

聞伏乞

皇上聖鑒謹

奏奉

硃批所奏甚屬詳明知道了

靜妙齋

防堵竄徽髮逆及擒獲匪首情形

再臣於正月二十六日具奏之後正在督催銀米派員赴津之時忽於二月初一日據徽州府達鏞來稟賊匪已到祁門縣城失守該令不知下落等語聞之不勝駭異當即派人星奔確探一面飛札各路嚴防旋又接該府來稟以賊匪佔踞祁城之後步步為營已進至離休甯縣四十里之漁亭聲言進攻徽郡居民遷徙一空該處存兵只數十名請臣發兵三千赴徽應援並須自備糧臺支應究係何項匪徒事起倉

猝即該府亦未及探明臣思行軍首重偵探徽州與
池州毗連池郡人多蓄髮匪徒日肆謠言年前該府
曾探聞安慶逆首派兵數萬將到徽郡請臣發兵五
千應援遲數日即以前探係青陽石埭一帶土匪造
言煽惑請派兵無庸前往飛稟前來此次祁門失守
仍是土匪冒充抑係粵匪在內共有若干人有無鎗
礮器械必得探明方有准備如係土匪未必敢於犯
浙尚有真賊則自上年夏秋間本有由徽入浙之謠
現既到徽安知不從此間道而來陸路自徽郡歷昌

化各邑而至杭州城三日可到水路自休甯屯溪直下錢塘江一水可通正二月間雨多春浪陡高二丈餘江面遼濶灘石沙嶼皆漫過屯溪馬頭之船大小有千餘號可載數萬人若為賊搶去順流而下兩晝夜可到杭城馬頭其勢頗為危急若嚴州之淳安遂安衢州之開化皆與徽接壤實為省城門戶必須門戶嚴密然後可赴援鄰省正在連日發探間適接向榮大營來咨探得安慶之匪渡江將到徽郡囑臣確查嚴防又接甯國府鄧瀛來稟所探畧同其為真賊

無疑迨臣差探回稟有人眼見祁門之賊由安慶渡江從櫸嶺而進坐轎四乘跟隨真長毛數百尚有千餘名髮長不及尺口音多半景德鎮都昌人上年犯饒州所擄者而安慶及池州新留髮之人尤多一到櫸根嶺祁之土匪即出迎為之嚮導合計有數千賊鎗礮少而長矛多攻陷祁門縣官被害現已赴黟縣聲言將由徽至浙並有匪到屯溪查船等情臣自上年四面設防以來衢嚴二府要隘俱有兵住紮昌化亦有勇扼守惟為數均不及千兵力尚單當即添募

台州及衢嚴之勇三千名續調台州金華處州各兵
並將調省操練之兵派撥合計有五六千兵勇以四
千名先赴嚴州澑安以上與徽交界之街口威坪一
帶半在船上截其水路半在岸上截其旱路派委金
衢嚴道劉成萬處州遊擊徐天麟督帶在船各兵勇
以備赴徽捄援復查候補府葉墪本係在嚴防堵一
年與該處團練紳民聯絡近因奏派赴津交米甫經
來省尚未起程而事在緊急不得不令其先行回嚴
督帶在岸各兵勇添造礮臺關柵以資防剿并在桐

關水面安設木櫃木排預備火攻船隻其昌化之昱

嶺關札飭該縣令程鍾英再招工年劉捕於昌紅綠

旗匪得勝之勇千名駐守并咨行衢州鎮府酌調衢

兵赴開化與徽接壤之要口防堵并以聲援徽州其

自徽江街口下來之梅花洪蛟池以及嚴州之七里

瀧紹興之聞家堰鮎魚嘴杭州之過江廟節節添造

砲臺數十座派勇演練大炮抬炮兼紮木排竹排以

資攔截轟擊錢塘江内由署甯紹道段光清僱募船

十隻署紹興府繆梓僱募勇船十隻海甯營都司沈

鎮揚僱船三隻由鼈子亹駛入江內即派營務處武將王邦慶等挑選水勇安設炮位令其在江練習以倫攻剿復調太平營叅將林策勲來省幫辦所有自嚴至徽督防事宜特派護杭嘉湖道杭州府知府徐榮總理會同該管文武官協力籌辦所有上游屯溪停泊之船最為切近之災臣於上年五六月間因江省有警賊至饒州即慮及常山江山以及屯溪之船必須全數放下庶可斷賊之足當即指示丁憂知縣馬昂霄撰就禁約淺明易曉作為船家自相告誡之

語痛言被搶之受害避賊之安穩使粗魯船户水手
咸鮮刊刷數千張遇常山江山及屯溪各馬頭之船
下來使管船值年商人遇船分送俾知一聞警信當
自行放下此次於二月初一日聞警馬昂霄即連夜
督同商人萬程冒雨至屯溪兩日内將一千餘號之
船俱放下本地居民顯然不驚一切布置臣竭盡數
晝夜之力俱已就緒一面飛札徽州府聲言調兵萬
衆分路進攻現埋伏昌化淯安開化各僻徑如果賊
匪再行冒進即三面合圍使賊無路可走定當剿殺

無遺囑勿聲張而該郡官民呼援情切一聞此信便已張揚維時該府亦招募本地義勇三四千名將赴祁剿賊聲勢頗壯該匪是否聞風而懼抑尚有他故俱未可知忽於二月十二三等日臣差探員弁先後奔馳來報真長毛賊甫赴黟縣突然回祁舉動頗倉皇遽於初六初七搬運東西自祁潛遁所存在城者本地土匪而已徽州府已督勇前進該處遂喧傳謂浙兵已到等語十四日即得該府達鏞來稟祁門縣城已於十一日收復該令唐治被害甚慘所獲賊匪

已剜心致祭請浙兵自途折回該守俟在郊辦理善後事竣再赴黟縣查辦此臣於二月半以前防堵竄徽賊匪情形也方徽州之警報日緊臣正登山涉水親歷各險要指示機宜諭令挖濠築堡伏兵安礮為一勞永逸之舉固已日無暇晷乃甯波府屬之奉化地方有逆匪洪世賢蓄髮多年以妖術惑衆其偽號逆詞甚為悖謬暗中勾結不少附從之衆已受偽職臣與段光清皆有所聞密訪蹤跡出沒無常不難先翦其羽翼而一動手便走漏風聲激變固在目前巨

魁勢必漏網必得確探巢穴捦獲該逆正身及同謀
之人然後餘匪不擊自散布置已久尚未得手近已
與上海之匪相為應援撫臣許乃釗亦有所聞自滬
咨商囑臣必須妥辦否則事機莫測等語現乘徽州
之急即圖起事以與安慶及上海之匪一氣使臣等
四顧弗遑該署道段光清偵知其在奉化縣蓴湖西
謝地方謝保山家中陰為不軌隨身爪牙已有千名
散布之匪數千該處前山後海冒昧而進必致墮其
詭計而首逆終兔脫該護道素得民心改裝易服密

赴奉邑會商該令丁昌穀親見該邑紳民於旱路節
節布置義民鄉勇數千復派令勇首布興有督帶水
勇從海濱潛入蕁湖地方以堵其水路兵民齊心遂
於十四日黎明一揮齊進直抵巢穴生擒洪世賢及
偽軍師偽丞相董鈴岡董得彰三名起出偽示千餘
張字大徑寸用黃紙刷印并逆書及板片簿冊多件
立將洪世賢一名就地凌遲處死其董鈴岡董得彰
二名由段光清帶回衙門詢悉情節後一併凌遲處
死均梟首示衆旬日内謡言亦復不一每有餘党報

復之説當經遍行出示曉諭無知被脅之衆雖記在
簿冊而自知悔悟者一概免究簿冊業已焚燬俾匪
党得以遷善改過現在地方漸臻安謐謡言俱悉此
臣於二月中旬與段光清往返函商辦理洪逆之情
形也查祁門失守及收復各情自應由兩江督臣安
徽撫臣查實具奏其拴獲逆匪洪世賢等不致勞師
糜餉消患未萌保全不少所有在事出力官紳員弁
勇目自應奏請優加獎叙除已飭令該護道查明具
詳請奏外理合先行附片奏

聞伏乞

聖鑒謹

奏奉

硃批覽奏實堪嘉尚洪逆一案出力人員迅速查明保奏

遴派武職大員赴津稽查沙船

奏爲遵

旨遴派水師武職大員馳赴天津稽查海運沙船恭摺由

驛覆奏仰祈

聖鑒事竊臣於咸豐四年二月二十九日承准軍機大臣

字寄咸豐四年二月十八日奉

上諭桂良奏請飭江浙派員來津稽查海運沙船一摺本

年江浙漕糧由劉河口放洋北上前據黄宗漢派委同

知葉堃隨同糧道於劉河驗米後帶同各員先期由陸

赴津會辦兹據桂良奏稱上屆海運江浙僅派文員來津不足以資彈壓且靜海一帶賊氛甫退一切稽查彈壓均不可稍涉疏虞昨經降旨令怡良等派狼山鎮總兵泊承陞督帶師船於海運沙船放洋時護送出口惟天津進口仍須有江浙武職大員會同稽查更為得力著怡良許乃釗黃宗漢於兩省水師內迅派武職大員酌帶兵丁隨同海運沙船頭起先來天津與所派文員稽查彈壓其沙船抵津後應行查驗人數收繳器械即責成該員弁等會同各該委員一體查辦至米數清冊並著飭

令局員先期造報務於沙船未到以前咨送到津以憑查覈

將此由六百里各諭令知之欽此臣查浙省水師大員署定

海鎮總兵周士法先經調赴鎮江協勦溫州黃巖兩鎮

總兵自陳世忠湯倫參革後均未

簡放有人其副叅游各員或隨同赴江或護理鎮篆輾轉

遞署鮮有實缺之員且天津爲近

畿重地靜海一帶賊氛甫靖江浙兩省海運沙船同時麕集

舵水人等爲數衆多彈壓稽查均關緊要必須明白

幹練之員方堪委令前往臣於奉

旨後即飛咨提臣葉紹春詳加遴選茲據覆稱現護瑞安協
副將之温州鎮標中軍游擊袁君榮堪以委赴天津
等因前來除檄飭該游擊酌帶弁兵駕坐艇船添雇
熟悉北洋沙綫舵工即日駛赴劉河口隨同頭起海運
沙船馳至天津將查驗人數收繳器械等項事宜會同
糧道等及直省文武委員妥爲辦理竝咨督臣將所遺
員缺另行委員接署外所有遴選水師大員遵
旨派往天津稽查彈壓緣由謹繕摺由驛馳奏伏乞
皇上聖鑒再米數清冊已飭局員趕緊造送以便先期飛

咨到津合併陳明謹

奏奉

硃批知道了

青妙齋

請將耗米留浙糶變

再查此次海運前經臣奏請將應給商船經紀貼耗剩船食米均於原給旗丁耗米内開支支給之外尚餘耗米二萬一千八百七十三石零援照上届成案飭屬糶變每石價銀一兩報部候撥接准部議以所餘耗米如能搭運赴津較之由南糶變更有裨益令臣酌覈辦理奏奉

諭旨咨行到浙伏查通倉儲備原宜多多益善惟浙省産米不敷民食向賴湖廣江皖等省米商販運接濟上

年臣因江路梗阻商販不通故請將支剩耗米留浙

糶濟民食現在長江一帶梗阻如前米商仍多裹足

未能源源販運且上年各屬起運漕糧僅止六十四萬

餘石此次海運新漕及搭運清查案内追賠之米共七

十六萬餘石較上年計多運米十三萬餘石運赴天

津者數既增加則留存浙省者米即減少又各屬自

上年夏秋水患收成彌形歉薄民間將有食貴之

虞理合仰懇

天恩俯准將前項餘耗米二萬一千餘石仍照前奏留

浙糶變將每石價銀一兩報撥以期於京外均有裨益

據海運省局司道會詳前來臣謹附片具奏伏乞

聖鑒訓示謹

奏奉

硃批着照所奏仍留浙以濟民食

青妙齋

海運放洋日期并配帶銀兩

奏為報明海運放洋日期并到津需用及輕賫各項銀

兩備齊交商搭運恭摺馳奏仰祈

聖鑒事竊浙省應行起運漕糧及清查之米共七十六萬

餘石當因改由劉河口出運事屬創始隔省辦事甫

經動手諸多未便復以賊氛逼近一聞警報道路阻

梗接准蘇撫臣來函囑將銀米暫緩剝運是以不能

如期放洋迨河路稍通即派兵防護銀米直抵劉河

經臣於三月十七日以海運糧石准擬日內放洋先

行馳

奏在案數月來上海之匪未竄北營之兵已回各州縣

起剥米數具報省局者核計已有二十萬餘石飛飭

星速前進均可陸續安抵劉河現據劉河局員楊裕

深等禀稱今屆浙省漕糧及清查米石擬分六批起

運每批十二萬餘石匀兑甯波及沙衛各船先因河

道窄淺以及口門沙線大小船隻初次探量行走不

免生疎故兑米較少近已漸臻熟悉兑數逐日加多

所有頭批應行起運之米十二萬餘石配船八十隻

已於三月二十日起陸續放洋駛至崇明十滧候風

開行據省局司道會詳請

奏前來臣查歷届海運成案於頭批兑竣放洋時應即

由驛具

奏此次由劉河起運浙省漕糧及清查米石既據禀報

頭批兑竣放至十滧候風即日便當揚帆北上除飛

咨直隸山東江蘇各督撫臣轉飭水師營弁沿途妥

為防護外理合恭摺馳

奏仰慰

聖廑所有各船分兑米數清冊據局員稟稱日内即造報
送省以便飛咨到津如米冊未到海船順風飛駛已
先抵津每船俱有三聯單可以按數查收不至有所
舛錯至應行備帶赴津濟用銀兩向由天津各衙門
庫款墊借現已接直隸總督來咨以各庫支絀委難
先墊情形飛咨到浙其應行起解倉場衙門輕賫由
閩等銀亦接該侍郎咨同前情均囑臣將各項經費
於頭批海船放洋時一併交商配帶赴津臣思浙省
此次起運糧石應行買補清查之米六萬餘石并起

運經費已需銀十餘萬兩其清查漕白糧米七十萬
餘石計需經費近六十萬兩加以輕賫由閘各款近
十萬兩合計需銀八十餘萬兩各州縣征收如此之
難工屆海運經費臣嚴切督催至今未解之款尚有
十餘萬銀司道各庫又以本省防堵上海軍營金陵
大營每月需餉十三四萬羅掘殆盡籌墊幾窮而
天庾正供關係綦重又當竭力辦理力底有成若照上屆
舊章到津需用各費未經解到以前由天津鹽關各
課先行墊借其輕賫等款亦照向來河運於六七月

間始行起解尚可稍為從容今因京津各庫支絀勢
難先墊必須由浙同時併解各州縣新漕經費催解
尚未及半自應於司道庫不論何項銀兩即行挪動
起解所有天津用款及輕賫等銀共籌挪二十餘萬
兩現在已先後派兵督運至劉河由局員交商配船
裝運但辰下水路亦多戒心搭解過多恐為海盜之
端商人亦甚難色其頭批船隻只能勻配强半其餘
銀兩即於二批開行之先掃數解清如此提前起運
或可接續濟用倘偶有間斷不過數日之間仍由天

津各庫暫爲通融俾得早日竣事除分咨查照外合

併聲明爲此恭摺由驛馳

奏伏乞

皇上聖鑒謹

奏奉

硃批户部知道

諭

總兵殉節建立專祠請 賜匾額

奏為遵

旨捐建專祠現已工竣奏請

御書匾額仰祈

聖鑒事竊查前准部咨咸豐元年十月十六日奉

上諭御史宗稷辰奏請將前在定海殉節之總兵於原籍

建立專祠等語原任浙江定海鎮總兵提督銜葛雲飛

於道光二十一年曾奉

旨於定海建立專祠茲該御史請將葛雲飛於原籍山陰

縣建祠之處著准其自行建立以勵忠節等因欽此轉

行欽遵在案前據署藩司黄樂之轉據紹興府紳士

宗稷辰等以原任定海鎮總兵提督銜葛雲飛原籍

山陰應建專祠卜地於府治後卧龍山之西由該紳

等捐資建立現已告成呈請奏懇

頒賜

宸章以增光耀等情具詳前來臣查原任兩江總督裕謙

捐軀殉節在甯波府城建立專祠曾經前撫臣奏蒙

御賜扁額有案今原任定海鎮總兵提督銜葛雲飛殉節

尤爲忠烈恭奉
諭旨准在原籍建立專祠現已捐造完竣合無仰懇
天恩
御書扁額
頒發恭摹敬謹懸掛以勵忠節之處出自
鴻施臣謹會同閩浙總督臣王懿德恭摺具
奏伏乞
皇上聖鑒訓示謹
奏奉

静妙齋

硃批著頒給扁額令南書房擬字候朕書欽此咸豐四年

五月二十日奉到軍機處發驛遞來

御書忠藎可風扁額一方

錢糧征存不解之知縣請　旨革職拏問

奏為特參征存錢糧抗延不解之知縣請

旨革職拏問以便究追恭摺奏祈

聖鑒事竊州縣經征錢糧例應儘征儘解不容絲毫匿留

茲查前署東陽縣知縣程陶成因調省差委卸事臣

以該員在任時批解地丁漕項等款銀兩數皆短絀

恐有虧挪情弊當經札飭接署縣李澍及委員前往

會查該員征收銀兩實有若干解款是否與征款相

符據實稟候查辦去後嗣據李澍等以會同監盤之

員查明程陶成任內共征各年地漕等銀九千七百
餘兩除已解之外計尚存銀六千餘兩並未批解亦
未移交後任接收等情稟覆臣因該員所征各款僅
解三分之一欠數甚鉅即經飭司嚴行飭追詎該員
僅續解銀一千兩餘銀五千餘兩藉稱書欠及別項
動墊抗延不解查書欠名目久經禁革別行動墊即
屬挪移該員以此藉口即使屬實已屬有干
功令且難保非私行侵蝕捏詞支飾當此需用孔亟之
時該員欠解各款至五千餘兩之多未便因交代尚

未算清稍事姑容據藩司韓椿臬司黄樂之轉據該

道府揭報前來相應請

旨將前署東陽縣事試用知縣程陶成革職拏問以便提

同經手丁胥人等到案究明是侵是挪分别從嚴懲

辦除飭司并移咨江西撫臣將該員各寓所及原籍

財産暫行查封備抵如將欠解銀兩照數繳清再行

給還外臣謹會同閩浙總督臣王懿德恭摺具奏伏

乞

皇上聖鑒訓示謹

奏奉
硃批另有旨欽此咸豐四年五月二十二日内閣奉
上諭黄宗漢奏叅征存錢糧抗延不解之知縣請旨革職
拏問一摺前署浙江東陽縣事試用知縣程陶成於任
内徵收各年地漕等銀除解交外尚欠銀五千餘兩之
多抗延不解復藉稱書欠及别項動墊顯係揑詞支飾
若不嚴行究辦何以重帑項而儆效尤程陶成著即革
職拏問交該撫提同經手丁胥人等確切訊明如有侵
挪情弊即著從嚴懲辦所有該革員寓所及原籍財産

著一併查封備抵欽此

青如齋

委員代辦糧道事務

再糧道周起濱此次馳赴天津係帶印前往所有道

署應辦

題咨冊籍及上下文移應行委員代辦並借用印信鈐

蓋以專責成而昭慎重查有候補道晏端書熟諳海

運漕務情形堪以勝任除飭令將各項冊籍文移仍

用周起濱銜名由該道晏端書代拆代行借鈐杭捕

同知關防分別移申外謹附片具奏伏乞

聖鑒謹

奏奉

硃批知道了

完解銀兩之知縣處分請開復
再前署烏程縣知縣佘以增因前在長興縣任內交
代延不完結又嘉善縣知縣顧準因應解上屆海運
銀兩未據解清經 臣先後恭摺奏參欽奉
諭旨將佘以增摘去頂帶撤任勒限交清結報顧準革職
留任勒限解清各等因欽此欽遵轉行飭催去後茲據
藩司及海運省局司道詳稱長興縣交代佘以增已
於被參後算交接任之何煦綸接收清楚造冊結報
顧準亦將欠解海運銀兩掃數解完除將長興縣交

代另行專案詳咨外所有該令等原叅摘頂草留之

案詳請

奏懇開復等情前來臣查佘以增顧準二員於被叅後

各將交代結報清楚欠款全數解完均知愧奮合無

仰懇

天恩俯准將原叅佘以增摘去頂帶顧準草職留任之案

各予開復出自

鴻施臣謹會同閩浙總督臣王懿德附片具奏伏乞

聖鑒訓示謹

奏奉

硃批余以增等著給還頂戴開復處分該部知道

踈防越獄之典史革職拏問

奏爲特叅踈防監犯越獄多名之管獄官請

旨革職拏問以肅

功令恭摺奏祈

聖鑒事竊據署遂安縣知縣丁承壽稟稱該署縣因粵匪竄至安徽徽州府屬滋擾縣境與徽屬接壤於咸豐四年二月二十一日會同委員曹以爟馳至皖省休甯縣界内之白際嶺地方辦理防堵事宜二十八日接據典史汪英倬馳報二十七日夜二更後風雨交

作監犯王人潰方鍾瀛佘灶下佘嬉春徐多那毛黑
那佘廷用王徐那蔣富高蔣錫洸佘士斗佘青吉等
十二名乘禁卒等困倦睡熟扭斷鐐銬扳折櫳栅挖
通墻洞及夾道圍墻一同逃逸禁卒等驚覺追拏無
獲申請勘緝等情該署縣當將防務交委員接辦回
縣會營勘明各犯越獄情形與該典史所報相符提
訊禁卒等僉供一時疎忽並無鬆刑賄縱情弊當即
選差兵役會同該典史家丁拏獲王人潰方鍾瀛佘
灶下佘嬉春等四名尚有徐多那等八名未獲等情

臣 以該縣監犯脫逃多名實屬玩忽已極該署縣所
稱在休甯縣界内辦理防堵事務是否屬實批司確
查揭參並趕緊踹緝去後玆據嚴州府知府陳泰來
查明該署縣辦理防務之處委在休甯縣界内並無
揑飾惟逸犯日久未獲稟請將管獄官參處並據金
衢嚴道揭報由藩司韓椿臬司黃樂之詳請奏參前
來 臣 查該犯王人漬余灶下余嬉春徐多那四名均
罪應擬絞毛黑那余廷用王徐那蔣富高蔣錫洸余
士斗六名應分別問擬軍流徒罪内或已入秋審或

靜妙齋

已准部覆或業經咨部或尚未拘解其餘方鍾澙余
青吉二名尚未審定罪名該管獄官自應嚴加覊禁
以免疎虞乃竟漫不經心以致越獄脫逃至十二名
之多實非尋常疎忽可比恐難保無受賄故縱及私
鬆刑具等弊雖已拏獲王人漬等四名尚有徐多耶
等八名未獲自應從嚴叅辦以警玩泄相應請
旨將管獄官遂安縣典史汪英倬革職拏問提同刑禁人
等及已獲各犯來省嚴訊是疎是縱并責令依限嚴
緝俟限滿有無弋獲再行分別辦理該署縣丁承壽

業經該府查明各犯越獄之日實已因公出境應免
其先行參處照例飭令按限緝拏惟臣現因該署縣
所辦防堵工程未能妥洽業將其撤任應毋庸議除
飭接署縣督率該典史家丁勒拏各逃犯務獲解省
審究外理合會同閩浙總督臣王懿德恭摺具奏伏
乞
皇上聖鑒訓示謹
奏奉
硃批另有旨咸豐四年五月二十二日內閣奉

上諭這所叅疎脱監犯越獄多名之管獄官浙江遂安縣
典史汪英偉著即革職拏問交黄宗漢提同刑禁人等
及已獲各犯嚴訊如有鬆刑賄縱情弊即着從嚴懲辦
署遂安縣知縣丁承壽既據查係因公出境復經另案
撤任著毋庸議其在逃未獲各犯仍飭接署知縣嚴拏
務獲毋任一名漏網欽此

請將丁憂之知府留辦防剿

再浙省湖州府所屬之四安鎮地方與安徽甯國府廣德州接壤為浙西緊要門戶上年春粵匪擾及皖省即經臣調派兵勇遴委才具勇幹曾經署理湖州府之溫州府知府覺羅常恩統領馳往該處防堵當即奏明在案該守到防後會督帶兵將弁度地紮營堆築炮台逐日訓練兵勇鎗炮刀矛俱已純熟臣親歷勘驗防守甚為嚴密皖省警報頻傳大江以南池州蕪湖皆為逆匪往來盤踞祁門又復失守各該處

距四安尤近該守從容布置加緊巡防時復拿獲奸
細地方悉臻安靜年前長興縣匪徒李慎狗等阻撓
完漕聚衆滋事該守准備兵勇與現署湖州府王有
齡相爲筴應各匪懾於聲威首要悉擒餘匪解散不
致釀成大案漕糧漸即遵完是該守在彼外彊内訌
均資鎮壓堵勦必不可一日暫離乃現據該守具稟
以接到家信伊父在京病故例應丁憂請將防務另
行委員督辦俾得回旗守制等情臣接閱之下悵惘
殊深查該守所請原屬至情惟一時揀員接手頗難

其人查辦理軍務之際例准將丁憂人員留營委用
且上年臣因平望防務及省城籌防局差委需員奏
准將丁憂之石門縣知縣張家縉署錢塘縣事候補
知縣馬昂霄等留浙差遣在案今常恩在四安鎮督
率防勦獨當一面較平望及省局關係並重且該守
籌辦年餘至為得力更未便驟易生手惟有仰懇
聖恩俯准將丁憂之温州府知府覺羅常恩留於浙省仍
飭在四安鎮督防俾資指臂之助仍俟察看軍務緩
急或接手得人應否留浙回旗再行奏請飭遵據省

局司道會詳請

奏前來除檄飭遵照並咨吏部及正白旗滿洲都統外

臣謹附片具奏伏乞

聖鑒訓示謹

奏奉

硃批常恩著暫留浙江俟撤防後再回旗守制該部知道

撥濟防勦經費

再浙省防勦經費當於上年十二月内附片奏明續經催提捐輸銀二十餘萬兩交籌防局濟用在案現在江南各軍營迄無捷音浙省原設之防既未能解嚴上海自三月間蘇省兵勇潰散後浙江軍營防勦益緊需員日繁蘇之常州為東南屏蔽該紳士雇勇防勦先後由浙帮助經費二萬兩徽之甯國亦浙西藩籬該守於黄池設防亦請由浙帮助經費三千兩鄰疆協濟又復不遺餘力加以二月間祁門失守徽

郡與杭城水陸逼近而昌化開化淳安遂安等縣亦
均與徽境接壤復經添派兵勇加緊防禦節節增造
炮臺建築關壩開掘濠溝拴紮木排竹排并於錢塘
江内雇募水勇砲船二十餘隻以資攔截堵勦費用
更鉅前次續收捐輸銀錢均已入不供出臣與司道
仰屋籌商屢形棘手深知部臣撥餉維艱仍惟捐輸
一途藉為挹注已捐者再議續捐未交者迅速催交
幸紳民同鑒苦衷現復陸續呈繳積零成總先後共
得制錢三十餘萬串撥交籌防局接濟除將交清各

捐生彙案分別奏咨獎敘外合將三次催捐濟用緣

由附片具奏伏乞

聖鑒謹

奏奉

硃批知道了

撥借軍火

再臣前准金陵大營向榮上海蘇營許乃釗先後咨請撥借火藥及徽州府知府達秀甯國府知府鄧瀛各以辦理防堵需用火藥砲械因廬州道阻領解維艱請浙就近撥借各等情前來節經臣動撥火藥一萬觔解赴金陵一萬五千觔解赴上海又撥三百餘觔鐵礮四位抬砲二十桿鳥鎗三十桿火藥一千二百觔鎗砲鉛子各一百三十觔火繩四百盤及砲架等物解赴徽州又撥抬砲五十桿解赴甯國以資利

用各在案查浙省自上年設防以來火藥一項先經
奏明撥借江甯江蘇已在數萬觔茲金陵上海徽州
等處復借二萬六千餘觔又籌備撥借閩省應還廣
東紅丹船六千觔解赴甯波鎮海關俟該船過浙即
交是近日續借與各省火藥又有三萬餘觔加以上
海浙營及本省各防所省城練兵局搽演兵勇製造
火器逐日需用尤夥覈計火藥局所存無多亟應寬
為儲備已於年前疊飭營弁分赴晉豫及山東等省
採辦并咨明各撫臣飭屬帮同收買以免格礙茲據

委弁買得硫磺六萬餘觔於二月間運送回浙其硝觔亦據該弁稟報已在豫省買得十一萬九千餘觔因賊匪渡黃後永城夏邑不靖徐州一帶戒嚴尚寓在歸德未能起運臣恐或有疏虞復多派幹弁馳往迎提並飛咨前途節節防護至今仍未解到殊為懸念現暫赴甯波收買洋硝陸續解省配製除俟豫省硝觔運回即行趕緊舂造備用外所有續行撥借兩江閩省等處火藥砲械及採辦硝磺情形謹附片具

奏伏乞

聖鑒謹
奏奉
硃批知道了

交代宕延之知縣及其子一併叅革
奏爲知縣交代延不造冊送覈亦不解交銀兩訪有主
持其間請
旨將該員及其子知縣一併革職勒追恭摺奏祈
聖鑒事竊州縣經手倉庫錢糧凡遇交卸例應造冊移交
後任核算接收並將征存銀款隨冊移解例限綦嚴
不容稍事遲滞兹查有前任縉雲縣知縣梁元於上
年
大計案内因才力不及劾叅卸事飭委即用知縣楊福

豫接署梁元任内交代扣至本年二月二十六日初
叅限滿該員延不造冊移送業經臣轉據藩司等開
具遲延職名咨部查叅一面檄府嚴催並督飭楊福
豫確查該員有無虧空情弊據實稟覆去後茲據處
州府轉據楊福豫稟稱按款盤查該員經征各款錢
糧除已經起解之外尚有應存銀兩惟其中有無應
抵之款屢次催令造冊送核迄未送到無從查其確
數又另有征存契稅等銀亦未移交等情臣查梁元
卸事已久交代二叅限期届滿延不將征解各款造

册移送顯因

計典被劾圖匿征存銀兩恐後任按册查出是以故意

延宕其居心實不可問并訪聞該員在任時一切出

納銀款均係其子捐納知縣梁泰亨主持此次之延

不造册難保非梁泰亨舞弊於前慫恿於後自應一

併嚴參以期交案早結庫項即可解清據藩司韓椿

轉據該管道府揭報前來相應請

旨將前任縉雲縣知縣梁元及其子捐納知縣梁泰亨一

併革職勒令於二參限内趕造清册移交後任核算

並將征存各款銀兩儘數解清如能自知愧悔依限
造冊交算結報並將存銀解完再當奏請開復倘敢
仍前玩抗或查有虧挪情弊即將梁元及梁泰亨分
別嚴行參辦以重庫款梁泰亨現已提到除由司飭
發杭州府訊明押追外謹會同閩浙總督臣王懿德
恭摺具奏伏乞
皇上聖鑒訓示謹
奏奉
硃批梁元梁泰亨均著革職欽此

征解漕項延玩之知縣叅請摘頂

再漕項錢糧關係

天庾正供不容稍有延緩節經督同司道嚴飭趕解並責令該管各知府上緊督催去後茲查瑞安縉雲兩縣已解漕項為數甚少亟應嚴行叅處以儆怠玩據藩司韓椿糧道周起濱具詳請

奏前來相應請

旨將瑞安縣知縣何元輔署縉雲縣知縣楊福豫摘去頂戴勒限半個月將應解之項迅速征解如完數較上

届有嬴無絀再行奏請開復倘敢始終玩延即行從
嚴參辦以示懲儆除嚴催尚未解清各屬迅即完解
外謹會同漕運總督臣邵燦附片具奏伏乞
聖鑒訓示謹
奏奉
硃批著照所議辦理

審解案件展限

再浙省自上年春間四面設防先後任臬司均出省

赴江蘇平望督辦不能兼顧審案各屬亦均有團練

防堵事宜經臣請將命盜等案應由臬司審轉者暫

行停解其咸豐三年秋審人犯内温處二府屬定例

本係由道提勘其餘各府亦照該二府之例一體由

該管巡道代為提審移司核明實緩依限詳題等因

奏奉

硃批該部知道欽此欽遵在案兹查自停解以來已及一

載各屬已獲犯未審詳及已審詳未招解之案日積
月累為數漸多若不亟行清理誠恐愈形積壓雖各
處仍未鮮嚴而平望局務上年冬委糧道周起濱督
辦此次該道赴天津交米臣已改委在杉青閘督防
之乍浦同知白讓卿移駐平望接辦將臬司黄樂之
留省供職一切案件自應令其照常審解以清庶獄
惟各官承審案件例有定限現在各處防務時刻不
容稍懈若將經年之積牘繩以兩三月之限期責令
同時審解恐因事繁期迫於罪名情節未能逐細研

求轉致草率定讞而有限之差役兵丁亦不敷僉撥
嘗解應請將審限量爲加展以免廹促至各屬離省
遠近不同奉文先後各異亦應將起限之期示以定
日庶可畫一辦理應請將上年三月以後停解期内
獲犯到官之命盜雜案不論何日獲犯均於本年二
月十五日起限審解其上年三月以前未經停解時
獲犯到案尚未審定及已擬審擬招解因停解發回
者仍照例以獲犯之日起限除去中間停解月日亦
以本年二月十五日爲始將前次歷審日期先後接

扣以上各案凡承審審轉委審諸員俱按應得審限

一體扣半加展俾令悉心審鞫不致率忽從事倘展

限之外再有遲延即照例分別条處其獲犯報官在

本年二月十五日以後之案仍按例限核扣不准加

展以示區别而免稽延至秋審人犯為數衆多當此

籌防緊要之際若將各犯同時解省恐致踈虞應請

仍照上年章程飭令各屬就近解交該管巡道代為

審勘移司核擬詳題以昭慎重據臬司具詳前來除

通飭遵照並咨三法司吏部外理合附片陳明伏乞

聖鑒謹

奏奉

硃批該部知道

馳報海運放洋

奏爲浙省海運漕米全數兑竣放洋恭摺馳

奏仰祈

聖鑒事竊查浙省今届應行起運咸豐三年漕白二粮及

三四限清查追賠米石先經奏明共七十六萬餘石

嗣據粮道將各州縣零尾細數逐一核算應加起運

漕粮七百餘石合計應起運漕白清查正耗米七十

七萬二百二十二石一斗六合九勺内除續經奏奉

恩准留浙變糶餘剩耗米一萬九千四百二十一石七斗

一升一合三勺外實應起運米七十五萬八百石三
斗九升五合六勺擬分為六批起運每批十二萬餘
石勻派甯波及沙衛各船裝兑赴津交納因劉河起
運事屬創始挖挑河道稍需時日加以二三月間警
信頻聞辦理不免阻滯其頭批米石遲至三月二十
日起始據局員報稱陸續兑竣放洋即經臣於三月
二十四日循例由驛馳
奏并分咨各處在案所有未兑之米節經臣督飭省局
委員催據各州縣稟報陸續催剝起運截至四月二

十日止已全運至劉河候兌并飛催蘇省及甯波封
船濟用計自三月二十日起至四月底止首批至五
批共兌米六十二萬餘石配船三百九十二隻均即
接續放洋其天津用項及倉場衙門輕賫等款俱於
頭二批船内全數搭解起運當經先後造具銀米各
清冊分别咨明
欽派驗米王大臣並倉場侍郎直隸總督各衙門查照驗
收嗣據省局轉據劉河局員禀報第六批米十二萬
餘石亦於五月初六日配足商船八十八隻裝兌完

竣即於初八日起跟接放洋並將末批米冊於十一
日申送到省由臣分咨天津各衙門一律驗收惟劉
河口門淺窄各批米船兑竣須於每月朔望潮汛較
大之時方能大帮暢行兹於二十日據該局員楊裕
深等報稱所有兑竣各船均於五月望汛全數乘潮
駛赴十滧候風北上連前共兑米七十五萬八百石
三斗九升五合六勺装船四百八十隻應給水脚等
項銀兩業經掃數全完所有文武員弁兵丁已於十
一日起飭令回省銷差等因前來臣查上年浙漕由

上海起運係於四月二十日全數放洋今年遲至五
月望帆不免有稽時日惟今屆米數稍多節候亦較
遲現當天氣晴和南風司令仰蒙
聖主福庇海船順風飛駛約計旬餘日定可安抵津門上紓
宸廑所有浙漕海運全數兑竣放洋緣由除分咨查照外
理合恭摺馳
奏伏乞
皇上聖鑒謹
奏奉

硃批知道了

籌備耗米

再歷届江浙海運到津如有短缺米石查照原奏章程應行買補者即由津局委員於給商耗米内買補足額上倉乃該商耗米往往沿途食用到津總不足額上年浙省商耗已無可買當向蘓省商耗買補令届蘇省漕粮稀少倘浙省有需買米殊費周章臣於春間開兑之初即嚴諭各商船令届耗米抵津如有短少嚴行懲辦並由局員楊裕深遍行示諭到津之日按照市價每石加給銀一錢向其收買誘之以利

今其全數運津能否遵循尚未可知現在
京倉需米甚殷自應寬為帶運以備不虞臣經札飭局
員在於蘓省產米地方採辦數千石配搭運津現據
楊裕深禀稱遵即籌備正米五千石給商耗米四百
石另雇衛船一隻承運其餘分交原運漕粮各船十
四隻加裝帶運各填給三聯單一紙註明米數令其
一律開行赴津交兑以備抵補缺米之需如海船順
風穩速米數毫無缺少或抵補缺少之外尚有羸餘
應即一併交倉以寔儲備此項米石係由浙省另行

籌款採買應俟到津後作何收用再行分別咨部核
辦除分咨查照並札飭津局遵行外謹附片具
奏伏乞
聖鑒謹
奏奉
硃批户部知道

調派防護海運各員

再令屆劉河起運因上海逆匪及佘山以南洋盜均有窺伺漕粮之謡水陸地方均須嚴防蘇省兵力無多節經臣派委戈什哈蔣坤把總朱朝英等帶兵一百二十名赴劉河岸上駐紥又捐給該處紳士毛宜信等雇募鄉勇三百名以資協防又飭令外局紳董王慶勳等雇船六隻招募水勇一百數十名由省運解大炮二十四尊安放各船配足火藥鉛彈委候補縣丞黃恩詔帶赴佘山以南洋面防護嗣因浙漕放

洋日久盗風漸熾蘇省所派吳健彰原僱在上海之
拖罾船四隻交與狼山鎮總兵洎承陞管帶至佘山
一帶防護吳健彰因其防護浙漕未能發給船價口
粮遲至四月初旬船隻尚未駛赴外洋該鎮洎承陞
甚為焦急自劉河飛咨到臣以浙省有定海鎮師船
四隻因護送甯波商船赴劉河裝米運津現未回浙
請臣將此師船交伊統領赴洋臣立即飛飭定海水
師守備傅聯輝等將曾駕之同安艇三隻釣船一隻
截留在洋與黃恩詔所帶之水勇炮船六隻共兵勇

船十隻一併咨交泊承陞統領由崇明至佘山往來防劉俾海船得以安行出口所需各兵勇船價口粮悉由浙省支銷查歷届漕船運津沿途挑河及水陸防護一切經費均由該地方官支應令届浙漕在劉河起運自挑挖河道起至防護出洋止浙省增添經費計須一萬數千兩俱於海運經費項下支用理合

附片奏

聞至此次奏派署副將袁君榮赴津稽查海船進口係聲明駕坐艇船前往嗣據局員稟稱該艇船舵工不

諳北洋沙線未便乘坐已查照蘇省成案令該員酌
帶兵丁搭坐運米沙船赴津合併陳明伏乞
聖鑒謹
奏奉
硃批知道了

代辦採買米石

奏為粵東應行採買米石由浙暫留餉銀先行代辦以

實倉儲恭摺馳

奏仰祈

聖鑒事竊臣於五月初三日接户部抄錄奏准籌備倉儲

一摺飛咨到浙内開兩廣總督前奏所稱擬俟紅单

船經費有餘撥銀往浙採買運津之處應令浙江巡

撫查明該省銀兩如已觧到即行採買數千萬石由

海運津等因維時粵省銀兩既未經解到其紅單船

經費有無餘剩擬解若干銀買若干米尚未接得粵
東來咨殊覺茫然迨五月十五日復准戶部抄録廣
東督撫臣續奏一摺飛咨到浙臣查閱原奏方悉粵
省奏
旨飭令採買米石碍難辦理奏請將秋季兵餉暫借二十
萬兩委試用同知瞿生瑞先解銀十萬兩于四月初
五日由粵起程赴浙採買其餘銀兩陸續委解並檄
飭在籍之廣東試用通判朱聲槐協同經理該二員
籍隸浙江熟悉情形飭令隨時妥議章程禀報再由

該省另行具奏等因並由部咨臣於該委員等到浙
時飭令迅速購買運通仍咨該省將續撥銀兩剋期
委解到浙以期迅速蔵事此原奏及部咨皆令俟其
銀兩及委員到浙飭即迅速辦理也至五月二十日
纔接得粵省督撫臣咨同前因抄錄先後奏稿來浙
囑臣飭屬協仝該委員辦理並聲明已先起解十萬
兩由江西來浙咨請沿途催儹防護各等情前來臣
查浙省頻年災歉民間絕少蓋蔵向賴皖廣之米由
長江剝運來浙上年春江路阻梗民食維艱經臣奏懇

恩准米穀俱免關税以廣招徠復將前年滯漕舊米並兩

次海運餘剩耗米俱奏

准留浙糶變以濟民食此外惟蘇省下河之米時常接濟

而東壩地方不爲匪竄方有米船剝運來浙設有風

鶴之警商船不到浙省米價立時昂貴是浙之難於

採買無異廣東臣再四熟籌江蘇漕粮改折運京米

石甚少尚可分路購買然由海運津必須風帆得時

粵距浙遠每有鮮餉過浙總在一百餘日現據所奏

頭批帶銀來浙採買之員係四月初五日動身計到

浙當在七月初其續撥之銀尚未有起解日期恐到
浙亦在秋令彼時劉河之局俱撤即商船亦難僱募
本年因上海未平沙船分泊各處進口之船本不多
關吏復得錢賣放非兩江督臣怡良立將官吏嚴懲
幾至貽悞大事若俟粵東委員到後赴劉設局無議
章程由粵具奏即買米僱船已非易易況風帆又非
其時辦理定多費手臣深悉情形何敢稍涉拘泥現
在
京倉需米甚於需銀今届海運到津以及勸捐採買能

否用至來歲新漕殊未可知

聖慮至為焦勞臣心敢圖安逸四月間局員晏端書赴劉

河督催臣已諭令與本地紳董王慶勳俞斌等預籌

買米運津之計而非現銀難以應手浙省經此次海

運之後籌墊一空雖有未解之餉可以挪用以後無

款可歸亦未敢擅動茲因粵東將解銀二十萬來浙

採買亟應乘此南風司令設法挪移代為速行購運

查運庫現有應解春夏季京餉各十萬銀先因奏明

挪解盧州軍餉五萬後已另籌歸補探聽道路可行

正在委員起解間因與藩司韓椿運司慶廉商議若
將此項餉銀先解至劉河就近買米乘時起運於倉
儲似較有裨俟粵餉到浙立速委員解京一轉移間
於銀米均歸有着不過遲早先後之分耳該司等意
見相同當因事關倉儲緊要恐悞風汛未及奏候
諭旨遵行於十五日復接部咨之後即飛飭劉河局員楊
裕深暫緩撤局傳諭紳董王慶勳俞斌速照前說分
赴各路購買十萬米石務盡六月内運津一面分咨
蘇省督撫臣迅飭封僱沙船濟用隨於二十一日據

楊裕深覆稱該紳董深明大義願效馳驅即赶緊分
頭購辦惟時屆仲夏本地所產糙稉俱已充白即糙
秈亦無現成者可買各處米商向係收囤穀子遇有
銷售纔行赶礱聞蘇省亦有採辦漕粮十萬石之說
如同時並購既慮價高又恐礱坊趕辦不及有誤風
帆當經譪諭設法赶礱如不能購至十萬石亦可隨
其多寡迅速裝運所需經費請由省先撥十餘萬銀
派兵護解到劉其餘銀俟買得若干核計尚需若干
再行稟請撥解等語臣即如稟札飭運司於籌解春

夏二季京餉欵内動支速行觧往仍飭該局員催令
隨買隨饕隨到隨運能赶盡夏令一律起運定當奏
懇
恩施從優奬敘至此次代購米石天津驗收交倉自應札
飭局員一手辦理一切經費應如何支銷浙省並無
成案可循當即飛咨部示分别核辦其未觧銀兩及
有不敷之處仍咨粤東一併觧浙除咨户部核覆并
分咨
欽派驗米王大臣倉塲侍郎直隸總督查照一體驗收外

所有暫留京餉代粤赶辦米石仍俟粤餉到浙速即

解京緣由理合恭摺馳

奏伏乞

皇上聖鑒訓示謹

奏奉

硃批所辦認真之至户部知道如有未盡事宜着隨時請

旨欽此

蘇省封僱沙船

再正在封發間適接兩江督撫臣咨覆以所需沙船業經委員設法封雇惟現在進口之船甚屬寥寥如一時雇備不齊即飛咨天津飭令已到各船飛速起剝星夜回南以便兌運等語是蘇省封船能否足敷千萬石之用尚難確定臣惟有盡心竭力就其船米相當之數上緊趕運總比粵東委員到日辦理較為有益如看至夏令將過十萬船米不能足數存銀若干便當速解京餉亦不過稍遲一月而已愚昧之見是

否有當伏乞

聖鑒訓示謹

奏奉

硃批户部知道

徵解錢糧延緩之知縣參處

奏爲知縣經征地丁錢糧因循不振請

旨摘去頂戴並革職留任勒限赶解以示懲儆恭摺

奏祈

聖鑒事竊照地丁錢粮有關支放經征各縣自應實力催

收源源報解不容稍有惰悞況當用度日繁之時更

宜加意奮勉赶征赶解以濟要需乃浙省咸豐三年

地丁錢粮開征一載有餘節經臣嚴檄頻催並將征

解延緩之平湖等六縣奏參在案現在奏銷期迫各

縣仍未旺解而富陽餘杭臨安天台浦江湻安六縣
解數尤為短絀各該令因循疲玩咎無可辭據藩司
韓椿詳請
奏參前來相應請
旨將富陽縣知縣吳芳蕙餘杭縣知縣李培基署臨安縣
知縣伍承吉天台縣知縣李信芳浦江縣知縣黃維
同湻安縣知縣陶雲升摘去頂帶並革職暫行留任
勒限一月內加緊儘征儘解如能及早征解完足再
行奏請開復倘始終不振即當查明僅止惰征抑有

虧挪情弊嚴行續參不貸謹會同閩浙總督臣王

恭摺具

奏伏乞

皇上聖鑒訓示謹

奏奉

硃批均着照所擬辦理

812.8
444
(8)

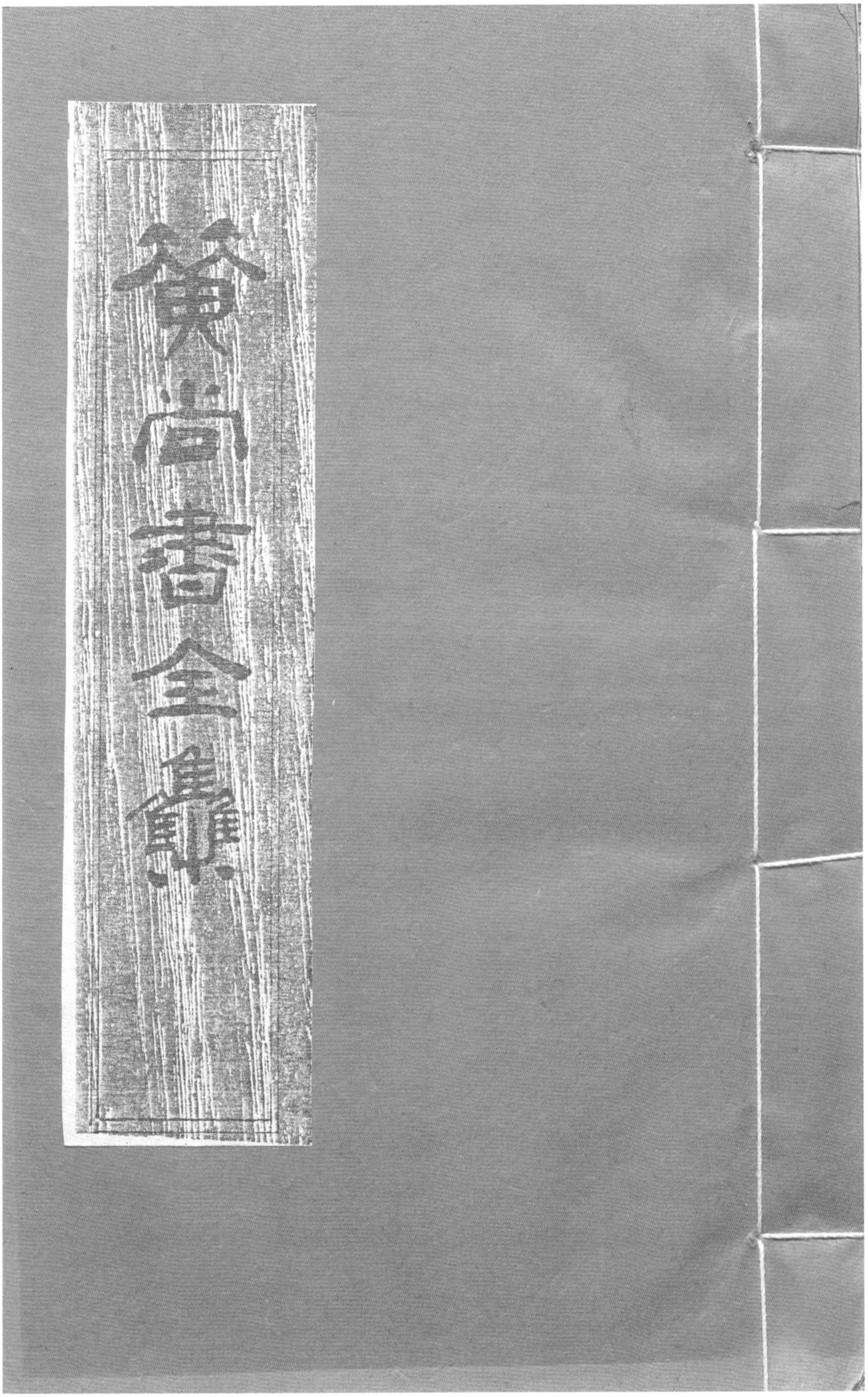
黄尚書全集

晉江黄尚書公全集卷十七目録

奏疏十七 任浙江巡撫奏議

匪犯正法

奏報久稽請加嚴譴

題奏仍用舊銜

開設官局試行錢鈔

趕辦新漕

各屬成災情形

災歉地方勸捐撫卹

學政丁憂開缺

奏調赴楚造礮之知縣龔振麟等留浙

臬司出缺補奏請處

丁憂知府留浙督防

提用防費

海塘冲塌堵築竣工仍自請嚴議

修築塘工銀兩

委署道缺

代粤採運米石

代粤運米經費

新授臬司先飭到任

晉江黄尚書公全集卷十七

男貽楫謹輯

姪貽杼茶校

奏疏十七 任浙江巡撫奏議

採買硫磺

奏為委弁赴晉採買軍需硫磺以資接濟而免缺誤恭摺奏祈

聖鑒事竊查硫磺一項為軍火要需必須儲備充裕方免臨時缺乏浙省額存

火藥前因江西江蘇安徽福建等省奏調浙兵防堵按起配帶數已不少又先

後撥借江甯江蘇安徽等省動缺更多故上年委弁赴晉採辦正磺之時經

奏明將下屆應買正額硫磺二萬五千觔預期附購來
浙以備支用乃自上春至今浙省籌辦各路防堵工
海軍營陸續撥解並製備各項火器所需火藥尤多
以致上年預購之硫磺二萬五千觔俱已動用所存
無幾現在各省軍務未竣若不預為採買必致無可
接濟臣與藩司及杭州協副將通盤籌畫應即委弁
赴省採買硫磺五萬觔運浙存儲方足以資動用所
有價脚銀兩仍照上屆成案分別動給遂飭司查明
上屆赴晉採買硫磺每百觔准銷價脚銀六兩二分

七絲二忽此次買磺五萬觔計需銀三千一十兩三分六厘内運費銀一千五百一十兩三分六厘應扣六分平餘銀九十兩六錢二厘實應給銀一千四百十九兩四錢三分四厘連磺價銀一千五百兩寔共應給庫平銀二千九百十九兩四錢三分四厘在于籌防經費款内如數動支交杭州協餉委城守營千總楊諄承領起程赴晉採買迅速運浙濟用仍俟該弁回浙取造實用價脚册結報部核銷扣存平餘銀兩並俟事竣由籌防局歸入經費本款統計銷算茲

據署杭州協副將毛亮移由藩司韓椿詳請具

奏前來除咨户兵工三部查核外理合恭摺具

奏伏乞

皇上聖鑒謹

奏奉

硃批知道了

覆奏水師人員無可抽調

奏爲浙省水師副將以下各官實難調赴揚州恭摺覆

奏仰祈

聖鑒事竊臣前准兵部六百里加緊火票遞到軍機大臣

字寄咸豐四年四月初九日奉

上諭琦善奏請調水師副將以下各官管帶師船等語江

南賊船在瓜洲一帶江面游駛經琦善督飭水師鎮將

於老河影沙漫洲等處屢加攻剿正當吃緊之際現在

統帶師船鎮將多係草留其餘將領亦少出色人員設

有更换無人可委著王懿德黃宗漢葉名琛柏貴迅即
於閩浙廣東水師副將以下各官内遴選數員飭赴揚
州琦善軍營聽候調遣帮同管帶戰船毋稍延誤等因
欽此遵
旨寄信前來臣查浙省額設水師自副將以至守備共計
三十四員内除未經題補三缺甫經題補未准部覆
四缺又調赴鎮江隨同攻剿五員派護漕船二員駕
送金州戰船一員飭赴江蘇平望及錢塘江防堵二
員因案撤任一員署理鎮篆二員共二十員缺外現

在存營水師寔祇一十四員而此十四員中又祇四員係屬本任餘皆守備千總輾轉遞署官職較少呼應已難得力在平時無事之際遇有陞遷事故及緊要公事已屬不敷差委矧浙省海洋綿亘二千餘里其間如温州鎮所屬之瑞安海口為由閩入浙第一門戶值此南風司令閩廣匪艇往往乘風北駛闌入浙洋堵禦巡邏不憚多方防備他如浙西之乍浦口浙東之鎮海口均為省垣屏翰昨准閩浙督臣王懿德咨會以閩省拏獲匪犯據供上年厦門下海之匪

計圖竄擾浙江而江蘇撫臣許乃釗來信亦以上海
匪徒時有圖竄寗波乍浦之謠雖犯供謠喙均未必
實有其事而思患豫防要不容一處稍鬆是此時浙
省海防正值萬分吃緊偵探布置無一不需人委用
以本省之水師辦本省之防剿隨時飭調已虞顧此
失彼若再調赴江南設温甯乍浦果有匪艘竄擾彼
時或防或剿必致無可調遣且浙省水師員弁遝地
未必能良現既無員可調臣若以
諭飭諄諄不即通籌全局據寔直陳就此十四員中抽調

前往在江省多添數員于攻剿賊船未必即能有裨
兩浙省再少數人于各口防剿恐不免有所疎虞臣
于奉
諭後即與提臣葉紹春往返函商彼此意見相同謹會同
閩浙總督臣王懿德恭摺覆
奏伏乞
皇上聖鑒謹
奏奉
硃批知道了着不必抽調

静妙齋

委署縣缺

再台州府同知朱緒曾調省差委所遺員缺緊要應

即委員接署查有軍功遇缺即補同知安吉縣知縣

崔家蔭勤奮有為堪以署理台州府同知篆務又署

烏程縣知縣康正基調省差委所遺員缺係錢漕繁

難之地先經委令山陰縣丞林鈞代理該員措施優

裕現已奏准升補黃巖縣知縣應照實缺知縣調署

之例改為署理烏程縣篆務查崔家蔭林鈞俱無盜

案已起四參及錢糧未完展參有關降調處分之案

據藩臬兩司分案具詳前來除分檄飭遵並咨明吏

部外謹會同閩浙總督臣王懿德附片具

奏伏乞

聖鑒謹

奏奉

硃批知道了

盜犯就地正法梟示
再紹興府所屬各縣風俗渹厚素少兇暴之徒故盜
刦之案亦較他處為少自上年以來四鄰迭警各處
殷實之家相率移居浙省而尤聚於紹興一郡已深
慮其慢藏誨盜加以貿易鮮通貨財壅滯民間生計
日促本地游民既多流而為匪外間慣盜復漸肆其
覬覦勾引窩藏盜風漸熾報搶報刦日以滋多臣經
恭錄上年奉到土匪嘯聚成羣肆行搶刦就地正法
之

嚴諭札飭該府縣等寔力緝拏欽遵查辦冀得辟以止辟收盗息民安之效復於客冬由省分派操練兵勇屯聚該府城輪赴各縣密緝凡有拏獲盗犯即批飭各縣或立斃杖下或隨時處死一番懲創盗匪遂稍斂戢乃因本年二三月間祁門上海均有匪竄不得不將駐紮之兵移緩就急添防嚴徽接壤之區而盗踪即伺隙而動一月之中報案頻聞實堪痛恨無奈各路軍情迄難奏凱失業之衆日久生心雖未至於拜盟結黨亦不止於鼠竊狗偷東拏西奔總未能肅清

盜藪惟有諳諭地方官紳多捐經費一面賑恤飢寒
使未為匪者不至稍有異志一面嚴查窩頓使已為
匪者亦復無地容留所有拏獲巨盜仍惟隨時執法
俾各懷德畏威翕然丕變茲據署紹興府知府繆梓
禀稱紹屬不逞之徒乘機糾夥搶刼前因上虞蕭山
餘姚等縣報獲各起盜犯審係法所難宥者均經就
地正法地方已覺安靖而盜夥尚未埽除近日山陰
會稽兩縣水陸報案疊見該署府已督同兩縣令及
團練局紳董連日捜捕賊匪數十名其最光暴之盜

靜妙齋

犯高阿公胡阿潤鄭阿十華小毛馮小和尚五名逐

一研鞫俱各供認糾刦夥刦入室及過船搜贜屬實

請將各犯就地斬决並加以梟首示衆俾人人觸目

警心以期盜戢民安等情前來臣查高阿八等五名

既係素行兇暴俱已供認糾夥搶刦入室過船搜贜

之犯自應欽遵

諭旨於捕獲訊明後由該地方官即行就地正法以昭炯

戒惟該府屬盜風漸長業經正法多名餘盜尚愍不

畏死推原其故蓋於各犯處决之時共見受刑之慘

未始不凛然知懼而非梟取首級永遠懸竿示衆則
歷時稍久事過人忘畏法之心漸消玩法之心如故
後來之賊接踵效尤若不知有前事者該署府於各
犯斬決之後請從重均加以梟示洵為權宜捄弊起
見當即批示准行并諭令將各犯斬梟緣由姓名籍
貫用徑寸大字榜示犯事地方仍遍行張貼閭屬使
餘匪知所儆畏現已據報於五月十七日綁赴市曹
正法並梟示各地方一切俱遵照辦訖現在全郡敉
安除飭另叙供招咨部外所有拏獲盜犯從重辦理

緣由謹會同閩浙總督臣王懿德附片具

奏伏乞

聖鑒謹

奏奉

硃批所辦甚妥

請以紳士協同辦理團練

再臣前奉

上諭朱鳳標等奏保浙江紳士前任兵部侍郎戴熙等著

會同各該地方官倡率督辦團練捐輸事宜此外如有

公正可靠之人准令該紳士等各舉所知協同辦理等

因欽此欽遵行知去後茲先後據嘉興湖州紹興各知府

轉據紳士朱蘭朱壬林周達泉等保舉籍隸嘉興之

分發雲南試用知縣朱泰修分發廣東大挑知縣丁

廷鸞籍隸湖州之候選內閣中書姚覲元趙景賢分

發兩淮遇缺即選運判徐光熊議叙知縣沈際清揀
選知縣潘樹辰新選江西龍池司巡檢鈕福年籍隸
紹興之翰林院庶吉士高延祜林鳳輝工部候補員
外郎陳以昌候補主事翁學涵刑部候補主事駱文
蔚前任四川雅州府知府余坤分發河南即用知縣
孔繼中原任直隸盧龍縣知縣蔡五辰等十六員均
皆公正可靠為鄰里所推重堪以協同辦理團練捐
輸等情前來 臣查嘉湖紹三府屬地廣人稠團練捐
輸較繁自須多舉紳董協力經理以期妥速集事既

據該官紳公保前來覆加採訪輿論悉符相應欽遵
諭旨准令各在本籍協同辦理所有應行請咨起程候補
候選之員茲已奏留在籍應請暫緩赴都赴省其鈕
福年新選龍池司巡檢並請免其開缺一俟各該員
經手事竣再行分別辦理除移飭遵照并分咨閣部
院及各該省查照外謹附片具奏伏乞
聖鑒謹
奏奉
硃批知道了

揀補要缺知府

奏為揀員請補海疆要缺知府以資治理恭摺

奏祈

聖鑒事竊照甯波府知府段光清欽奉

諭旨補授杭嘉湖道其所遺甯波府係衝繁題調要缺例

應由外陞調或以候補人員請補歷經辦理在案該

府為海疆重地自通商以後華夷雜處政務本繁兼

以民情浮動措置稍有未協即恐别滋事端必得才

猷卓越操縱得宜之員方足以資整飭臣於通省現

任知府同知內遴加遴選非現居要缺即人地未宜
一時實無堪以陞調之員惟查有即補知府繆梓年
四十六歲江蘇溧陽縣舉人乙未科大挑一等籤掣
浙江以知縣用署奉化縣任內因案降調嗣於浙省
捐米案內捐復知縣並加捐同知咸豐元年十一月
初九日赴部引
見奉
旨繆梓着准其捐復知縣並加捐同知仍發原省補用欽
此復遵籌餉新例加捐雙月選用知府在省候選三

年七月委署紹興府事旋因浙省漕米議改海運總

理局務尤為出力經臣遵

旨保奏於四年正月初九日奉

上諭署理紹興府事雙月候選知府繆梓著免其捐足各

班以知府即補欽此按吏部行文日期扣算應以二月

十二日作為即補知府到省日期該員才識俱優緩

急可靠今届浙漕改由劉河起運實資其力現署紹

興府篆已及一載緝捕聽斷悉協輿情以之請補甯

波府知府洵堪勝任雖惟現奉部行以該員係遵例

捐升未經赴部驗看給咨引
見遽行請補核案稍有未符惟查著有勞績人員以升階
請補者向係升補後再行引
見且浙省應行引
見人員因各路防堵緊要業經
奏准俟撤防後再行給咨赴部繆梓前由同知捐升雙
月知府嗣以海運勞績保奏蒙
恩免其捐足各班以知府留浙即補既與遵例捐足各班
分發人員有間現復奏明督辦錢塘江防務亦未能

即行赴部甯波府為海疆緊要之缺尤須得人而理
溯查咸豐二年候補知府畢承昭請補甯波府時其
前陞定海同知之案亦尚未給咨赴部當因人地相
需經臣
奏懇俟補缺後併案引
見業奉
諭旨准行核與該員繆梓事同一律合無仰懇
天恩俯念甯波府知府員缺緊要准以即補知府繆梓補
授實於海疆要缺有裨如蒙

俞允該員現蕉防務請俟撤防後再行給咨送部引
見恭候
欽定至該員係由知縣捐升同知尚未補缺復因勞績保
奏奉
旨以知府即補現在請補知府係屬初陞人員例免查繳
罰俸銀兩並免核計處分據藩臬兩司會詳請
奏前來除咨吏部外臣謹會同閩浙總督臣王懿德恭
摺具
奏伏乞

皇上聖鑒勅部核覆施行再查段光清補授杭嘉湖道之

案吏部係于本年五月十八日行文按照限減半計

算扣除小建應以六月十六作為開缺日期合併陳

明謹

奏奉

硃批吏部議奏

採買硝觔

奏為委弁赴豫採買軍需硝觔以資接濟恭摺

奏祈

聖鑒事竊查硝觔一項為督造火藥製辦火器要需浙省額存火藥自粵逆肆擾以來先後調撥官兵赴江西安徽江蘇福建等省堵剿俱應按起配帶又准江甯江蘇安徽等省借撥協濟所有動缺火藥均當按數造補而本省各路防堵與助剿上海軍營陸續撥解及製備各項火器所需火藥又多上年雖經

靜妙齋

奏明採辦軍需硝十萬觔以之抵補缺額尚覺不敷現
在各省軍務未竣此後應否動用若干殊難預計若
不寬為購存深恐臨時支絀臣與藩司及杭州協副
將通盤籌畫除應需硫磺業經
奏明委弁赴晉採買外應再委弁赴豫採買淨硝十五
萬觔以八四成色核算應買毛硝十七萬八千五百
七十二觔運浙收儲以資接濟所有價脚銀兩由司
查明淨硝每百觔應給例價銀二兩五錢又包索運
費銀一兩一錢一分三毫九絲此次採買淨硝十五

萬觔計需硝價銀三千七百五十兩包索運費銀一
千六百六十五兩五錢八分五厘內除包索運費一
欵應扣六分平餘銀九十九兩九錢三分五厘實共
應給價脚銀五千三百十五兩六錢五分在於籌防
經費款內如數動支飭委錢塘水師營千總張志豪
赴豫採買仍俟該弁旋浙取造實用價脚冊結報部
核銷扣存平餘銀兩並俟事竣由籌防局歸入經費
本欵統計銷算據署杭州協副將毛亮移由藩司韓
椿詳請具

奏前來除分咨户兵工三部查核外理合恭摺具

奏伏乞

皇上聖鑒謹

奏奉

硃批該部知道

匪犯正法

奏為先後拏獲水陸各案匪徒就地正法恭摺彙奏仰

祈

聖鑒事恭查咸豐三年三月間奉

上諭現當剿辦逆匪之時如有土匪嘯聚成羣肆行搶刦

該地方官于捕獲訊明後即行就地正法以昭炯戒等

因欽此仰見我

皇上因時勅法靖地方而安良善至意臣跪誦之下欽佩

難名浙省自上年春間鄭燧迭警水陸地方遂有不

法匪徒嘯聚肆刦臣當即嚴飭文武員弁添派兵勇
分別勦捕節經拏獲於潛臨安太平鄞縣奉化山陰
會稽等處或拜會結盟或聚衆肆搶各匪犯首從多
名欽遵
諭旨逐起審訊明確在省城及各該犯事地方分別正法
以示懲儆業將辦理緣由先後奏蒙
御覽在案此外尚有温處道慶廉稟報督飭瑞安營縣
拏獲積年盜犯蔡仕澧一名訊據供認迭次刦得事
主陳顯甫等家贓物拒傷事主又糾集在逃之蔡老

娒等百餘人希圖出洋行刦又據玉環廳報獲盜犯高阿九一名訊據供認糾同在逃之宋阿雨等搶奪事主林孟沛等家賍物用刀拒傷事主並銃傷帮捕之高慶賀身死又據平陽縣報獲盜犯賴吳珍朱阿夘林阿養殷阿胆等四名訊據供認該犯賴吳珍糾同朱阿夘林阿養殷阿胆及在逃之沈阿取等刦得事主王源盛店內賍物該犯等均入室搜賍又據蕭山縣報獲盜犯李錫挑郝老安二名訊據供認該犯李錫挑疊刦事主丁鼇朱漑生兩店內賍物郝老安

于行刦丁鼇案内聽糾同往在外瞭望又據甯波府
具稟首民布興有帶領鄉勇會營拏獲洋盜李阿三
李梟式陳幅淮王甲提陳以法潘金縈潘泳金李阿
狗陳海洪等九名格斃王九頂阿隴西有居法小四
方等五名訊據該犯李阿三糾同李梟式陳幅淮王
甲提陳以法及王九頂等在洋疊刦三次潘金縈潘
泳金聽糾夥刦在本船接贓一次李阿狗陳海洪被
脅服役後被勇查拏李阿三李梟式陳幅淮王甲提
陳以法與王九頂等拒捕將鄉勇拒傷二名拒斃一

名王九頂等當被格斃又據象山縣報獲洋盜張旺
先王東里二名訊據供認該犯等各自結夥出洋行
刦多次後又合夥登岸肆搶拒傷捕人又據上虞縣
報獲盜犯李培鏧潘直更潘及鵬王厰立王穴路鄭
泳富許森陳錫端潘及秀等九名訊據供認該犯等
聽從在逃之王炎才糾刦事主僧智能寺內及在寺
寄存之沈東桓贓物李培鏧潘直更潘及鵬王厰立
王穴路鄭泳富均入室搜贓拒傷捕人許森在外把
風陳錫端潘及秀止事前商謀并事後窩留並未同

行分贓又據台州府具稟該府與台州協臨海縣訪聞縣屬家子鎮桐峙山等處均有土匪嘯聚成羣搶掠財物擄人勒贖肆行滋擾情事遂會督兵勇邀率紳士先後馳往會拏捦獲家子鎮匪犯王瀨頭湍金阿淋陳加金三名桐峙山匪衆拒捕傷斃鄉勇該府等督率兵勇轟擊格斃匪犯蔣世眠何泮浩等多名拏獲要犯項來魁鄭伯田李張朱吳牙三等四名餘犯張仲心等十餘名訊據王瀨頭湍金阿淋陳加金及項來魁鄭伯田李張朱吳牙三各供認結聚夥黨

疊次搶擄屬實惟張仲心等供尚游移又據黃巖縣

及太平營叅將報獲積棍王加行一名訊據供認屢

次搶奪良家婦女强行姦污又疊搶各事主船内贓

物不計次數現又糾同在逃之王㚇泳等搶獲范孝

恭家迎娶在途之新婦潘氏希圖姦佔為妾并將嫁

粧衣物一并搶散又據慈谿縣報獲盜犯沈加毬沈

小毛虞阿三等三名訊據供認該犯沈加毬糾同沈

小毛虞阿三及在逃之沈新舊等刦得事主虞益葵

船内贓物沈加毬沈小毛過船搜贓虞阿三在岸接

收又據定海廳具稟會營捕獲洋盜陳幗發陳餘發
許阿紀陳金幅陳阿三王妙幅蔣阿如陳然章林觀
有項正通陳然萬張岳成毛有金張阿四俞均令等
十五名格斃李其采毛宋兆顧老高毛洋四朱阿四
阮阿土等六名訊據供認該犯陳幗發糾同陳餘發
許阿紀陳金幅陳阿三王妙幅蔣阿如陳然章林觀
有項正通陳然萬等及李其采等在洋疊刦五次並
擄捉事主關禁勒贖張岳成毛有金張阿四俞均令
被逼服役李其采等因被拏拒捕致被格斃又據該

廳具稟會營督率兵勇拏獲洋盜陳運太楊淙餘舒
其建曹曾長毛阿瀧等五名格斃曾成章顧其萬李
阿山毛阿狗毛大桂顧葛言顧阿瑞毛阿慈顧老五
等九名訊據供認該犯陳運太等與顧其萬等及在
逃之毛泳保等聽從曾成章糾約在洋疊刦六次殺
死事主並將事主擄捉回船關禁勒贖曾成章等被
拏拒捕致斃鄉勇三名曾成章等亦被格身死又據
太平縣會營稟獲盜犯郭波一名訊據供認夥同在
逃之郭得沅等在洋疊刦多次又勾引大帮匪船圍

刦商船殺死水手蔡精等六人又據烏程縣報獲盜犯觀春老施阿二小禾尚楊阿幅陳阿七梁阿金吳阿三沈阿六莫大阿二等九名訊據供認該犯觀春老叠刦五次施阿二叠刦二次又綑縛事主小禾尚等均夥刦一次在外把風接贓各等供先後稟報前來共計各該道府廳縣會營拏獲匪犯八十餘名臣逐起查核該道府等於獲犯到案之後業經提同事主及案証人等細加質訊起有贓物者亦均給主認領各犯之搶刦滋擾供証俱屬確鑿毫無疑義內除

郝老安等三十餘犯夥刦僅止一次並未入室搜贓
及被盜逼脅服役情罪稍輕照例辦理其餘蔡仕澧
等犯或糾衆疊刦或結黨肆搶并逞兇拒捕致斃事
主鄉勇均屬嘯聚土匪例應斬決斬梟即或所糾夥
黨尚少與嘯聚有間而核其所犯情罪亦均干斬決
浙省命盜各案前因各屬均有防堵事件經臣於上
年奏准暫行停辦而糾搶匪徒與尋常案犯不同未
便稍稽顯戮臣於各道府等稟到後詳加覆核各犯
供情均屬明確當即欽遵

諭旨將蔡仕澧高阿九賴吳珍朱阿夘林阿養殷阿胆李
錫挑李阿三李梟式陳幅湝王甲提陳以法張旺先
王東里李培罄潘直更潘及鵬王𣝕立王穴路鄭泳
富王瀨頭潽金阿淋陳加金項來魁鄭伯田李張朱
吳牙三王加行沈加毬沈小毛陳幗發陳餘發許阿
紀陳金幅陳阿三王妙幅蔣阿如陳然章林觀有項
正通陳然萬陳運太楊淙餘舒其建𠷈曾長毛阿瀧
郭波觀春老施阿二等四十九犯分飭該道府廳縣
等就地處斬仍將例應梟示各犯傳首海口及犯事

地方縣竿示衆以昭炯戒其餘夥盜郝老安等仍各
歸案擬議照例解勘辦理已死之王九頂等因拒捕
致被格斃應毋庸議傷亡各鄉勇已由該地方官分
別賞卹亦毋庸議各案逸盜嚴飭水陸營縣及巡洋
舟師一體勒緝務期悉數弋獲究辦此外各屬如再
有土匪嘯聚滋擾臣惟有隨時督飭各文武從嚴查
拏盡法懲治以除强暴而靖閭閻所有拏獲各處土
匪審明正法緣由謹會同閩浙總督臣王懿德恭摺
具

奏伏乞

皇上聖鑒謹

奏奉

硃批知道了

奏報久稽請加嚴譴

奏爲奏報久稽恐懼待罪乞

恩嚴譴仰祈

聖鑒事竊臣於九月二十九日欽奉

寄諭以臣自閏七月初四日奏到雨水糧價等摺以後陸

續奏是否在途耽延抑竟未暇拜發殊深繫念著查

明有無遺失仍將兩月來浙省布置事宜迅速具奏等

因欽此又於十月十一日復欽奉

寄諭以臣數月未經奏事豈摺報竟有遺失徼甯防堵情

形作何辦理著詳細速奏等因欽此跪讀之下悚惶失
措無地自容伏思臣自六月底接到
欽差大臣向榮八百里釘封密信並抄録羣逆偽奏逆首
偽批一併到浙知悉賊情因北方屢敗水道不通注
意由徽入浙以圖東南維時湖廣江西閩粤五省文
報皆由浙飛遞金陵大營軍餉亦惟浙每月六萬如
期解往賊匪欲斷我軍餉需及各省文報則必争此
浙境且紅舟等船將抵金柱關該逆勢必由蕪湖大
通兩路入徽甯由彭澤入鄱陽湖以達饒廣而三面

環窺浙境矣饒州廣信二府尚有江西大兵可以躡其後至與徽接壤之池州與甯切近之蕪湖居民皆為賊迫脅蓄髮勉從處處皆有偽總制軍帥等佔據向榮大兵惟防勦於東壩鎮江入蘇常之路其於徽甯兩路水陸皆未及分撥策應 臣目擊各路空虛訝勝焦急東南大局攸關豈忍稍分畛域坐待其弊自接閱偽奏後晝夜羽檄飛馳厚集各路兵勇萬餘名添造鳥槍刀矛棚帳幾千件配製火藥十餘萬斤以備策應此時正防粵逆之奔竄豈料有夷務之滋擾

乃於六月中旬以後突有大西洋夷船自稱西班牙
國領事瑪理各斯率領廣艇在洋與浙省所雇廣勇
巡船在洋爭鬧其故由於該夷船往來浙洋本無買
賣素以護商出洋為名勒索商人銀錢近因前撫臣
常大淳招安之義首現署水師千總布興有督帶廣
勇巡船出力報効該夷因失其利先照會署甯紹台
道段光清必欲誅布興有及廣勇以為快語甚無理
難以允行遂自開礮轟擊勇船礮子直至甯波城居
民驚恐土匪不免生心該道及提督請兵彈壓前來

當即派兵千名赴甯先是該道照會各夷與之理諭不聽復牽去我營巡船三隻尚有巡船三隻屢次圍攻必欲盡毀布興有之水勇不得已與該夷決死生戰敗該夷燬其一船又聞省中大兵已到該夷方有畏懼央求嘆夷繙譯密妥士合衆國領事麥嘉締議和卑詞認罪願將牽去三船送還仍懇准其貿易如初而其言雖遜其心叵測該夷船尚逗遛至七月底緣退維時正防夷船之變幻該粵逆果於七月初間賊船七百餘號賊兵數千由大通竄入青陽起旱聲

言分兵並攻徽甯七月中有賊船一千餘號由吳城
鎮分竄翻陽湖將圖饒州七月下旬復有賊船一二
千號由蕪湖而入分竄甯國及東壩各起賊船分竄
皆經向榮福濟陳啟邁奏明有案此時能不慮其四
面入浙乎臣於江西巡撫之請兵援饒固不能分兵
以應而浙之衢州與饒近不能不添兵嚴防平望之
防一水可通東壩不能不添兵嚴防至於徽州甯國
二府則日日專向浙江告急臣先後派撥浙兵勇二
千五六百名赴徽三千五六百名赴甯又派撥八百

勇赴廣德州皆自備糧臺前往各處解銀皆在五六萬均隨時咨明該省督撫及安徽學政有案其浙境内之門户嚴州昌化七里瀧則與徽通四安於潛則與甯通皆節節添兵嚴防直至閏七月該逆復專由大通張家灘東流縣各口日日奸細往來將帶兵入徽浙之委員杭州府知府徐榮所督浙江兵勇在徽尚不敷策應該逆於閏七月底由安慶發兵來攻徽之櫸根嶺臣急請向榮添兵救援先後由大營分兵一千名來徽復咨商向榮截留閩兵八百赴徽大兵

靜妙齋

未齊而徐榮已督率浙徽兵勇將櫸根嶺之賊擊退
其中復有新安嶺土匪勾引逆賊滋擾亦經擊退其
大洪嶺赤嶺要口十餘處亦皆分兵布置此自七月
閏七月因調兵籌餉四面防勦臣逐日督飭營務處
委員挑選兵勇訓練紀律講求製造雖非軍營而無
異於軍營一刻不得稍休夜則手批各路稟報手答
各處信函札飭各防所授以機宜凡關涉軍務事件
皆臣一手經理每日早飯在未申晚飯在子丑省中
官紳士民皆所共見共聞者如是者兩月有餘故浙

江學政之丁憂在七月中福建臬司之病故在閏七
月初及七月底應發六月分雨水糧價等摺實在無
暇顧及也以為各處稍平立即清理摺奏遲延或只
一兩月耳詎料自閏七月初至十五日以前風雨為
災連日早晚登山步禱鄉民來署紛紛呈報水災求
奏賑恤幾無虛日逐起皆親為開導勸以速回設法
疏消水退補種雜糧曉以奏請發銀賑恤徒飽書差
私囊無裨爾等實惠俟察看水退遲速查明被淹輕
重奏請

恩施分別蠲緩錢糧各鄉民遵諭回鄉纔不滋鬧方幸十
五日以後大開暢晴水退甚速漸可轉歉為豐詎料
本年秋潮過大臣先後在浙五年所未經見者加以
上游山水下注奔騰會合怒擊塘身西防廳屬之四
堡至十堡地方疊報險工急切搶護人力難施自閏
七月十六日至八月十七日據報沖開缺口及坍卸
矬陷情形有四五處一時聞信心膽俱裂因各路防
務不能駐工而連日往來海塘回署皆在二三更時
此亦衆目共睹者八月間仍復坐不安席況聞粵東

之警大為隱憂南北各軍營粵餉不能起解東南半壁惟浙省為完善之區獨力其何能支九月以前浙江每月籌備各路軍餉及本省防費在十六七萬九月以後除上海之餉由蘇省津貼二萬五千兩徽州之餉令其自行勸捐接濟外尚須十一二萬兩言念及此臣之心思從此憂煩臣之精力亦從此勞頓矣九月內實係患病一月不能搦管先是八月間由海塘感受風潮四肢發腫心跳氣急近於怔忡左體時見麻木其始醫家誤認氣血有虧內風欲發其實由

煩火鬱積上焦閉塞氣血未舒改用疏通筋絡之藥便覺舒暢痊愈惟腦後偏右長一痰結已經年餘日漸見大因此番三箇月煩勞過甚遂覺痛楚經旬業已成膿尚未拔淨旋即收口近復延醫診視仍須用藥内託外拔使餘膿淨盡然後可以斷其根株如法以治日内復痛楚異常大出膿血瘡口乃漸平復精神自覺清爽所存不過十之一再行醫調即全愈矣此臣數月中始則因軍務緊急不暇拜發繼則因身體病痛不能陳奏惟力疾從公務求各路防勦嚴密

漕務已有把握地方公事不形廢弛以一片血誠實
心任事報答
主知臣受
恩至重荷
眷最優故一時糊塗之見甯蹈遲延重咎不敢遽以病請
假上煩
廑念擬俟痊愈始行陳奏乃屢次欽奉
垂詢無詞以對不得不瀝情請罪乞
恩嚴加譴責以昭儆戒不勝悚惶待

命之至至徽甯地方安靖海塘堵合前經咨呈軍機王大

臣先為代奏仰慰

聖懷現在亦俱安帖其徽州嶺外池州府所屬各縣先經委員徐榮帶兵一千餘名出嶺驅除賊匪大兵已進建德縣城鼓勵居民團練自衛駐紮將及七月因離浙太遠接濟維艱一對渡即安慶大江上游未有師船孤軍無援難以久守因該縣團練已成即撤兵入嶺仍留數百勇幫同防守乃兵甫撤回而安慶大股之匪復入建德欲直竄徽州因徐榮在祁西各嶺防守

嚴密乃改竄饒州似此情形惟有恪遵
諭旨以保徽者保浙斷不可圖遠畧致貽近憂也近日探
聞竄擾饒州之賊已經江西官兵擊退仍由建德回
安慶矣合併聲明所有臣應行陳奏之件即日當接
續拜發不敢再有稽延為此恭摺具
奏伏乞
皇上聖鑒謹
奏奉
硃批另有旨

題奏仍用舊銜
再臣現在尚未交卸所有陳奏皆係浙撫任内之事
查浙省舊案凡升任後遇有
題奏事件皆仍用舊銜是以照繕合併聲明謹
奏奉
硃批覽

開設官局試行錢鈔

再臣前奉部咨奏

准頒發官票銀十萬兩及大錢式樣到浙飭令鼓鑄大錢

開設官錢局試行票鈔等因除寶鈔一項飭司行令

各府縣查核坐支等款能否搭放若干另行詳報咨

部請領外其已頒到官票自應由司按成搭放扣存

現銀以為鼓鑄資本惟事屬創行首在示民以信便

民之行各省情形不一務當因地制宜臣以閩人而

仕於浙素知福建省城銀錢皆以票行故有存儲各

票至累千盈萬以為家資者因銀號資本厚平日取
信於人故人樂用其票也上年因閩警播遷凡積存
各票爭取現銀現錢銀號支應不開關閉負欠者十
之七八民無信矣維時開設官錢局廣行銀錢各票
小民以官司之庫儲自比民間較厚部頒之票鈔自
比尤較銀號可憑迎機利導其效如神浙省民間向
未行票小民可與樂成難與圖始况浙之寶浙局向
來鼓鑄制錢因成本不敷鑄不如法新錢不甚行用
令准前因臣與司道熟商未定放款先議收款欲行

票法先講錢法必使民間確知官票可觧錢漕關稅
然後搭放之後信奉無疑且憑票支錢大錢制錢悉
皆精良又豈有所不便當即由司揀派實心任事最
為得力委員奏補甯波府知府繆梓奏留在浙丁憂
知縣馬昂霄奏敘縣丞顧錕總司官錢局事務將部
頒官票招募殷商承領一面由藩運二司及各關示
諭凡有收款必須搭觧二成官票方准上庫俾觧交
正雜各款者皆向殷商以銀易票將票上兑各庫先
收官票然後搭放各款此示民以收放一律上下流

通之始基也該商人將銀歸入官局項下購料集匠

於廣鑄制錢之外仍由寶浙局先行增鑄當十大錢

一種遵照部咨銅七鉛三每文以四錢四分為率復

疊札寶浙局監督及庫官日與爐頭講究鑄法俾錢

皆精良人樂行用仍先將大錢分發各當鋪及錢鋪

由衆商通行後即擇吉於八月二十二日在省城開

設大美字號官錢局誠仰體

宵旰憂勤以美利利天下不言利而利大也刻下寶鈔尚

未領到錢票一項應照部議先由官局開發而部頒

銀票係以庫紋定平色便於官項未盡便於民用浙
省市肆交易多用洋錢與福建情形相仿因查照閩
省章程於部票之外增造銀洋錢三項局票一律推
廣試行變而通之以盡利而造票既廣則資本宜添
必使民間知蝕本饒裕即票即錢立支立應其初尚
急於支取其後即珍為存儲既不虞水火盜賊又便
於行遠輕賫既無加平貼存之患又無搀雜折耗之
虞雖有千萬貫在局而民間得票樂於錢官局存錢
溢於存票斯其美利大矣哉因札飭在省司道庫不

論正雜款項各籌銀數萬兩另匯存儲以濟官局而
裕錢本現在風聲所播翕然信從官局開設二月採
訪輿情人人稱便所有一切章程容再察看情形督
飭該司詳慎議定連所鑄當十大錢式樣另行進呈
具奏外理合先將開設官錢局試行官票大錢緣由
附片具
奏伏乞
聖鑒謹 奏奉
硃批戶部知道

趕辦新漕

再來歲新漕若上海未復仍由劉河起運則該處口門不寬水底復有攔門沙排船兑米地勢頗形逼窄江蘇新漕米石諒比上屆加多若當旺兑之時兩省同時裝運深慮限於地勢擁擠不開致有耽延

京倉支放攸關臣時刻繫念正與司道督飭局員熟籌惟有提早兑運之一法早辦則日子尚寬兩省之米先後到劉隨到隨兑隨兑隨開彼此和衷配兑或不至有所窒碍一切事宜飭局次第舉行適由戶部

静妙齋

奏請
飭下浙江將四年漕糧提前趕辦守過二月初八日風帆
即行放洋期於三月內到津等因奉
旨依議欽此恭錄飛咨到浙臣遵即飭令局員省城及早
設局所有辦理章程悉如前法惟須格外提早之處
著即一併議入詳請具
奏並嚴札杭嘉湖三府屬提早開倉收米及十一府所
屬提早起觧漕項銀兩並飛咨直隸山東江蘇早為
封雇船隻以資兑運各在案現省中已於十月初一

日開局並委候補知府楊裕深赴劉河察看河水有無淤墊旋據該司道督同局員叅酌前辦章程及今届應行提早辦法列款稟商前來臣悉心確核除分别飭遵外容即另行具

奏又據有漕州縣陸續具禀向係十一月開倉徵收者已改於十月開倉歷届收漕之始時有刁抗之徒藉端圖抗昨據餘杭縣李培基禀稱訪聞該縣北鄉有外來無賴之徒勾結土匪意圖斂錢糾抗請發兵彈壓緝拿臣以下手之初必須示之以威俾各處聞風

畏懼當即發兵三百名前往該縣駐紮即由縣解散
鄉愚勿為糾脅仍審速掩捕起意之匪日來均已斂
戢其他縣亦俱安貼浙省本年災歉約在二分以上
統計應徵地丁比上屆可多十餘萬兩之數而於有
漕之湖州災歉較重杭州次之由糧道與藩司核計
應徵之米比上屆少二萬餘石臣以
京倉需米甚殷必須設法籌辦仍與司道局員計議兩
屆辦理海運所有應給幇丁餘剩耗米悉係留浙變
糶今屆即將此項耗米一併起運俾交倉漕糧除商

剎各船經紀耗食各米外比諸上屆六十一萬七千餘石尚可有盈無絀此外仍有應行搭運清查正耗米五萬石至於提早辦理既議定年前運米赴劉來歲正月内約計北方開凍即便放洋其一切經費各州縣未解到之先必須豫籌墊發方能應手臣於上屆辦理之初殊形拮据每石需費八錢有零除動用河運經費外不敷銀四五錢皆酌提各州縣津貼濟用而海船放洋之時州縣應解津貼均未清完故辦理之初必須籌墊至辦第二屆時上屆已完之津貼

如買補米石較少核計尚有贏餘臣辦理兩屆均蒙
聖主福庇海船安抵津門豫備買補缺米之銀動用無幾
故得以上屆之有餘補下屆之不濟現在兩屆合計
海運局州縣津貼一款陸續收齊計可贏餘銀二十
餘萬兩所有上海甯波各船知浙江要提早趕辦已
紛紛來浙請領水脚刻下須先墊放十七八萬臣察
核今屆漕務辦理尚有把握至徵收時之操縱緩急
則俟新任撫臣到任後將各縣風土人情詳細告知
應請無煩

宸慮理合附片具奏伏乞
聖鑒謹
奏奉
硃批知道了

各屬成灾情形

奏為浙省所屬州縣場衛先後被旱被風被雨被潮之

處現已委員覆勘　大概情形先行恭摺具

奏仰祈

聖鑒事竊照浙省地方入夏以來霉雨充足禾棉極為茂

盛至六七月間據嘉興秀水桐鄉烏程歸安安吉定

海餘姚上虞建德桐廬等十一廳縣先後報被風雨

又金華東陽義烏永康湯溪西安江山常山遂安縉

雲等十縣禀報被旱蘭谿縣先報被風續報被旱即

經臣飛飭該府縣勸諭農佃將被旱田禾竭力灌救
被水田地設法疏消勉竭人力以冀有秋嗣於閏七
月初二日起省中連得陣雨初四初五兩日大雨傾
盆狂風不息初七日以後風息而雨未住臣率同在
省各官朝夕步禱初十日方幸大開晴霽十二日以
後復雨十三日恭請
觀音大士下山竭誠祈禱至十六日始獲暢晴省城如
此知各屬必同被風雨當即飛飭確查據杭州府屬
之仁和錢塘海甯富陽餘杭新城嘉興府屬之嘉興

秀水嘉善海塩平湖石門桐鄉湖州府屬之烏程歸
安長興德清武康安吉孝豐甯波府屬之慈谿紹興
府屬之山陰會稽蕭山諸暨餘姚上虞新昌嵊縣台
州府屬之臨海黄巖太平甯海天台仙居金華府屬
之金華蘭谿東陽永康武義浦江湯溪衢州府屬之
西安龍游江山常山開化嚴州府屬之建德淳安壽
昌桐廬分水處州府屬之麗水縉雲青田松陽遂昌
雲和景甯等五十餘州縣均報閏七月初二日起至
十五日迭被風雨初三四五等日尤甚維時早禾已

登場者收成約有六七八分不等其全未收穫或露積田間者則每多萌芽漂失中禾適當吐穗晚禾正值含苞高阜之田不免被風吹損低窪之地更慮積水難消或先因旱涸遭風雨而益受損傷或遽被水冲壓沙石而驟難墾種察核各縣情形大畧相似內惟杭屬之富陽縣為金衢嚴下游沿江低田悉被淹沒湖屬之安吉縣上受山水擊衝下流疏洩不及消退較遲紹屬之諸暨縣前於五月間被水堤潰尚未全築今復遭風雨沿江田埂尤多續坍金屬之蘭谿

湯溪二縣山水暴漲廬舍橋梁間被冲坍湯溪縣并
有淹斃人口衢屬之龍游縣南鄉銅盤嶺發蛟嶺脚
之田陷而為坑蛟水所過沙淤石積間或冲成溪灘
城垣學宫倉獄民舍間有冲坍及淹斃人口者又臨
海黄巖太平三縣據禀閏七月初四五日陡起颶風
大雨如注城内水勢驟漲房屋已多坍倒沿海一帶
風雨交作之際又值洪潮漫溢潮頭高至一二丈居
民猝不及防淹斃尤多其坐落各縣分之場衛田地
情形亦復相同臣先後接閲各屬禀報殊深焦慮當

此庫儲支絀之時軍需賑務同時並舉辦理十分為
難當飭司先行委員查勘並諮飭各府縣率同紳富
廣集捐資速將淹没人口打撈掩埋其露宿餘生先
行酌量佽助妥為卹綏俾免流離失所所有被水低
田亦已曉諭農民趕速疏消其或淹久難蘇即令翻
種雜糧以收桑榆之利已被沙淤石積之區勸令農
佃各出工本趕緊挑復所幸閏七月十六日至今暢
晴日多其中間有風雨為時不久受傷田禾得此暘
和融照有僅資補救者亦有轉歉為豐者現在中晚

二禾漸次收穫業經通飭各府一律確核並由司委
員分路切實覆勘查明秋收情形凡不致大有妨碍
者即行核實剔除倘係寔在成灾成歉容當確核分
數據寔
奏懇
恩施分別辦理現在民情極為安謐堪以仰慰
聖懷合將大概情形會同閩浙總督臣王懿德先行恭
摺具
奏伏乞

皇上聖鑒訓示謹
奏奉
硃批另有旨欽此咸豐四年十二月初九日内閣奉
上諭黃宗漢奏浙省各屬成災大概情形一摺本年六七
月間嘉興等十一廳縣先後被風被雨金華等十一縣
被風被旱至閏七月間仁和等五十餘州縣復迭被風
雨以致田禾受傷秋收歉薄並因山水暴漲洪潮漫溢
致有沖坍房舍淹斃人口之處雖經黃宗漢率屬勸捐
量為撫卹惟低窪地畝能否即時涸復被災黎庶恐致

流離失所朕軫念民依實深惆憫著何桂清迅速派員
徧行履勘即將成灾地畝應行分別蠲緩之處奏明請
旨候朕施恩欽此

青妙齋

災歉地方勸捐撫卹

再向來地方偶遇災歉一經勘實之後乏食貧民例應分別奏請賑撫本年浙省各屬成灾成歉之處際此隣警未平民心浮動若不速籌安撫難免別滋事端而現值庫藏未充不能不力求樽節是以臣於飭司覆勘時一面即諄飭府縣體察民情應如何量為撫卹能否勸諭籌捐務須督同紳富熟籌妥辦去後兹據各委員勘明災歉分數先後復到並據各府縣稟覆遵即設法諳勸各紳富好義急公情殷桑梓現

已各就各處陸續勸辦或酌給錢文或買米平糶或捐修城垣塘堤以工代賑其捐資不足之處再由地方官酌動倉穀碾糶察看情形現在尚足以資接濟毋須動項撫卹貧民均不致失所地方極為靜謐足以上紓

宸廑除將勘實災歉分數查照定例分別蠲緩另行恭摺奏辦外合將應撫貧民現在毋庸動項緣由附片陳明伏乞

聖鑒謹

奏奉

硃批知道了

青女齋

學政丁憂開缺

奏為浙江學政丁憂開缺業將學政篆務由臣暫行兼
署未及馳報請
旨簡放謹繕摺補奏請將臣交部嚴加議處仰祈
聖鑒事竊本年七月十五日准浙江學臣萬青藜咨會現
在科試杭州府屬生童正場均已竣事惟取入府學
及仁和錢塘兩縣併商籍童生尚未覆試詎生母徐
氏現年七十歲曾奉
旨
旌表節孝歷蒙

誥

封一品太夫人迎養在署於七月十五日病故例應丁憂

請將未經覆試各童生定期覆試等因並委員將浙

江學政關防及書籍火牌等項移交接收前來臣即

于是日恭設香案望

闕叩頭暫行接收兼署查學臣萬青藜仰蒙

恩命督學浙江于咸豐二年十月十三日接印任事業將

十一府歲試按次考畢並接行甯紹二府科試現在

杭州府屬生童正場亦已考竣惟取入府學及仁和

錢塘兩縣併商籍童生尚未覆試臣於接署後即將

府學及仁錢民商兩籍之新進童生查照原冊定期

扃試以免諸童守候其未經開考之嘉湖等八府仍

俟新任學臣來浙接辦所遺學政員缺臣因防務緊

急漸復患病日久未及馳報即經咨呈軍機王大臣

代為奏明請

旨簡放所有學政丁憂及臣暫行兼署緣由謹繕摺補奏

請將臣交部嚴加議處伏乞

皇上聖鑒再萬青藜原籍江西九江現准咨明因值兵氛

室廬殘破驟難歸里容俟道路可行再行扶柩回籍

靜妙齋

合併陳明謹

奏奉

硃批知道了

奉調赴楚造礮之知縣龔振麟等留浙

再 臣接准軍機大臣字寄欽奉

上諭駱秉章曾國藩奏請調候補知縣等赴楚造砲等語浙江候補知縣龔振麟及其子龔之棠著黃宗漢即飭該員等携帶鉄模迅赴湖南以資鑄造等因欽此遵經

臣以該候補縣龔振麟能否赴楚飭令籌防局查議速覆旋據該局司道詳稱浙省自上年以來本省防堵上海軍營并撥解鎮江江寧徽州甯國各項軍火器械均係龔振麟督匠製造尚未竣事現又值賊匪

竄擾東境嚴甯浙省添調兵勇四面防剿需用鎗炮

益多已特設製造局派令該員總理實難遽易生手

其子龔之棠本係帶病在錢塘江監脩兵船忽於七

月二十三日失足落水拯救得生右腿損壞一時未

能就痊更難飭令赴楚因思該令製造多年必有隨

同辦理熟諳造法之人當經飭據龔振麟稟稱有試

用從九品甯壵每當開爐鼓鑄之際隨同講求于鑄

砲之法熟悉又有家人朱福亦能通曉應請即飭甯

壵帶同朱福鮮模前往聽候差遣試造等情由局轉

請覆
奏前來臣查龔振麟係奉
諭旨飭調自應即令就道何敢稍事躭延第浙省防堵十
分吃緊需用軍械尤多現因開局添造委令該員督
率趕辦驟難更易生手係屬寔在情形龔之棠又因
落水失足未能就痊經臣委驗屬寔均不能即行赴
楚而該省鑄造砲位事關緊要既據龔振麟舉有從
九品甯壋及伊家人朱福于鑄礮之法均能通曉應
即飭令携帶砲模四副星馳赴楚聽候差遣試造除

將甯垲等業經起程緣由飛咨湖南巡撫查照外理

合附片覆

奏伏乞

聖鑒謹

奏奉

硃批覽

臬司出缺補奏請處

奏爲陞任臬司在浙因病出缺未及馳報請

旨簡放謹繕摺補奏請將臣交部嚴加議處仰祈

聖鑒事竊前任浙江杭嘉湖道崇恩甫承

恩命補授福建臬司正在束裝起程迎摺北上間適因感

受暑濕染患時疫病勢日增未能就道臣親詣該司

寓所看視囑其安心調理正期暫次醫痊詎該司氣

體素弱本年春夏間在杭嘉湖道任内巡防海塘各

工積受暑濕致成瘟疫醫藥罔效竟於閏七月初四

日因病出缺殊為可惜當經臣與司道督同府縣將
身後事宜妥為料理並令該家丁扶柩回旗照例給
發撥護咨明部旗查照在案臣日久未及馳奏接奉
諭旨已由該旗具報惶悚萬分其福建按察使員缺恭閱
邸抄業經
簡放有人所有前臬司因病出缺緣由謹繕摺補奏請
旨將臣交部嚴加議處伏乞
皇上聖鑒謹　奏奉
硃批知道了

丁憂知府留浙督防

再衢州府知府徐相在任丁母憂當經臣恭疏

題報並將員缺聲明請

旨簡放一面先行遴員接署查有請補衢州府同知馬椿

齡誠實幹練堪以委令署理據藩臬兩司具詳即經

檄飭遵照赴任惟查衢州府屬之常山開化等縣界

連江西徽州自上年以來江西之饒州府徽州之祁

門縣屢被匪擾防堵極為緊要該府徐相會同衢州

鎮總兵於聞警時親歷曹會關華埠等處駐紮數月

籌辦防務和衷共濟奮勇勤明一切悉臻妥善本年
七月間有大帮賊船竄進饒州鄱陽湖此地一面接
壤江西廣信府一面可通徽州婺源縣皆為衢州毘
連之境防剿正當吃緊雖有該總兵富勒興阿督率
官兵嚴密準偹尤須有文職大員會同商酌庶軍務
民情兩相浹洽維時徐相忽報丁憂臣不勝焦灼若
循照常例遽令回旗守制該處防務難得熟諳地方
之員可以接辦當即飛飭該守仍舊督防在案因念
賊情叵測豕突靡常防範稽查不容一日稍懈該守

在衢多年民情甚為固結籌防日久諸事頗得機宜
刻下賊匪尚圖竄犯衢州之防未便更易生手查辦
理軍務之際丁憂人員例准奏請留營委用合無仰懇
聖恩俯念衢州地方為入浙緊要門户准將丁憂知府徐
相仍留浙省在衢督防俾收指臂之助俟察看軍務
緩急或接手得人應否留浙回旗再行奏請咨明吏
部及正藍旗漢軍都統查照外臣謹附片具
奏伏乞
聖鑒訓示謹

奏奉

硃批著照所請

提用防費

再浙省防剿經費前於四月間附片

奏明三次催提捐輸制錢三十餘萬串撥交籌防局濟

用在案嗣於六月内前項業已用罄續經催提捐輸

銀十三萬兩再行發局濟用正在具

奏間於七月初間探聞賊匪船隻駛入池州蕪湖一帶

將分幾路旁竄徽甯廣德固當其衝而浙省杭州府

屬之於潛昌化及湖州府屬之四安嚴州府屬之淳

安遂安均與甯徽二郡地界切近亟應堵剿兼施臣

静妙齋

因原防兵勇單薄省中存兵不敷分撥隨添雇台州
義勇將及萬數及調省操練精兵派員統帶分赴徽
池甯廣燕湖於潛昌化四安滬安遂安等處駐紮其
出省者作進剿之計在本省者為未然之防除將堵
剿情形另摺
奏報外所有各路支用經費凡嶶池甯廣之需皆由浙
解往較前用度倍增而一切軍火器械鑼鍋帳房不
敷分撥又須添局製造前次續收捐輸錢文業已告
罄而未文捐項為數無多驟難繳清臣與司道再四

籌商不得不就司庫先行動借以濟急需因支常例
捐監正項銀九千三百九十兩又扣平公費銀一萬
九百四十二兩四分五厘湖屬舊漕米變價銀四萬
六千五百七十二兩五錢六分七厘籌餉捐輸正項
銀一萬一千二百四十九兩扣存文武大員六成二
成養廉銀七萬兩扣收各款減平銀一萬八千八百
七十七兩三錢二分四厘各屬解完及劃完咸豐二
三兩年官墊民欠銀三萬二千九百六十九兩六分
四厘扣存兵餉折錢餘銀一萬一千兩餘存海關正

餘稅銀一萬九千兩共計支動銀二十三萬兩撥交

籌防局接濟除飭催繳捐項一俟收數充裕即行歸

款外合將續提捐項動借庫款濟用緣由附片具奏

伏乞

聖鑒謹

奏奉

硃批戶部知道

海塘沖塌堵築竣工仍自請嚴議

奏為西防廳屬海塘埽工土堤猝被風雨大潮沖坍過
水及石塘下陷工拆現雖督飭趕緊搶堵先後竣工
應仍請
旨將臣交部嚴加議處恭摺具
奏仰祈
聖鑒事竊查浙省海塘攸關保障西防廳屬之范公塘自
烏龍廟一堡起迤東至江海神廟七堡止土堤二千
九百三十丈於乾隆四十九年

翠華臨幸
親授機宜
頒發內帑建築石塘時原係
飭令一律均建至五十一年據巡撫琅玕之奏以外漲沙塗
甚寬足資保護將此工作為可緩
奏准暫停建築仍欽奉
上諭沙性靡常日久沙塗一有刷動即迅奏具奏再行接築
石塘迨五十八年巡撫長麟先經奏請接築估需銀
一百二十餘萬兩嗣復奏請此段工程尚可從緩毋

庸接築以後察看北岸漲沙有無損動再行斟酌辦
理維時隨塘漲沙長五千餘丈寬自二百丈至一二
千丈不等沙灘堅實業成高阜足資外衛故此工屢
議從緩建塘至道光十二年因沙漲漸坍塘身單薄
即被水沖開四百六十餘丈十四年奏請將此工接
建石塘共餘二千五百餘丈迄未興修近年以來南
岸漸漲新沙水勢屢趨北岸舊漲陰沙頻頻坍刷按
月奏報在案現在范公塘一帶塘外舊沙所存不及
從前十分之一二所有居民墾種之沙地多已蕩然

臣前任臬司時奔走工次由一堡至七堡以外方見
江水臨塘故七堡以工向不辦工頻年以來舊沙刷
短但行至三堡便見水貼塘根本應查照乾隆年間
欽奉
諭
旨奏請接建石塘惟前估之價已在一百二十萬兩除去
續建四百六十餘丈外尚有二千五百餘丈近來料
價日昂非百萬兩以上不能奏功庫款支絀籌備軍
需不暇歲修之工歷年支銷十七八萬銀工年以來
支銷不及十分之二更何能一律建築石塘惟有查

照成案隨時奏辦埽工以護塘身詎料本年秋潮之大異乎尋常潮頭逼過錢塘江民房船隻有沖壞者人口間或淹斃江干居民相傳以為海嘯各自鳩金設壇祀神念經禮拜以弭災祲臣深慮塘上險工林立必須豫為搶護當即督飭杭嘉湖道暨廳備各員晝夜巡防小心搶護購料積土多集人夫凡土塘之外護沙已走埽工殘陷者立時築成高厚石塘之外埽工及行路溝槽坍卸日甚塘身顯露十餘層者即趕築子塘柴壩外護內托拋置塊石以資防護七月

内朔望二眠均獲平安自閏七月初二三起至十五日風雨交作潮汛因之更大潮來則怒衝北岸水湍亦漩溜迴塘加以上游山水滙注日日潛搜塘根最為塘工大患半月之久怒潮撲其面山水搜其根一綫土塘石塘與之抵拒幾何其不傾且倒也臣於閏七月十六日忽接該道禀報是日早潮四堡及六堡地方念克等字缺口數十丈現與廳備分顧搶救等語臣聞信驚悸隨即馳赴工次周歷查勘西念克兩字號冲坍二十二丈數尺西靡短兩字冲坍二十五

丈西鞠惟兩字冲坍十四丈數尺皆已過水口門水
深或一丈餘或六七尺推原其故塘身本屬单薄塘
後空虛無附連日山水貫注根脚已漸搜空十六早
潮勢過猛外面柴埽隨潮翻掀俄頃間均已走動土
塘冲缺之處其初寬不及丈水雖漫溢而口門未通
該道等登時督飭人夫搶堵並附塘居民為自保田
廬計不呼而至抵死出力者不下數百人加土加柴
間以毛草層層堆堵無奈潮來愈大站立不住難以
施工鄉民夫役不得不退故冲坍口門或二十餘丈

貳十餘丈水勢滔滔内灌幸塘後數武即有月堤一道又一二里許有老土塘一道節節環護尚不至於泛濫臣連日親歷踏看該處係仁和縣屬灶地周圍幾里内低窪之田間有被淹潮退時仍可行走其高阜即不淹臣心稍安當即面諭各員現計塘工所存及趕購之料可有三十萬柴束八月大汛將瀕業已過水各字號地勢既為潮冲一時必與之爭勝急堵口門纖論隨築隨圮徒費工力縱使堵合而潮勢狂趋無以宣洩其氣恐左近各險工必至再形冲決得

不償失計惟有將沖坍三處各於東西兩頭先為帶
攬捆龍下埽釘樁結實裏任不使再為刷寬仍留口
門順其水性使無旁擊此外東西中三塘綿長幾及
二百里尤險之工不下二千餘丈亟將各料搶辦以
期化險為平俟霜降潮落然後堵合口門臣因見道光
三十年十四堡石塘缺口六月間業已堵合秋汛大
潮仍復沖開是以諭令急搶險工緩堵口門二語該
道領受機宜日夜在工督率備極艱辛臣往來踏勘
於霜降前已將念克靡短鞠惟等字各頭裏任後兩

静妙齋

邊俱接築數丈惟留口門未堵其餘險工或先築子
塘或釘至底樁或釘至腰樁以護塘根而禦大汛八
月朔望二次幸得安恬乃在十堡趕造果珍李奈等
字號埽工時於十七日探視李柰二字接連之石塘
自十餘層以下俱已陷空計寬八丈有餘塘底樁木
漂流出水上面勢如橋梁雖有鐵釘鉗固恐難久支
據該道飛禀前來臣隨時往勘即令將工面石塘一
併拆起與其任聽續陷不如先行拆卸將來建塘鉄
石尚可挑用也查此處本極當衝石塘建自乾隆年

間椿木年久腐爛自閏七月山水滙注塘根刷深故有此情形其珍李二字接連之石塘隨後亦有五丈數尺如此其左右毘連各字號再三探視雖尚不至此而其勢已岌岌當即多派委員帮同趕辦外做埽工薫拋塊石內築柴壩並圍附土仍於兩頭接築柴埽中留口門以疏水勢統俟節過霜降一律堵合現計自閏七月望汛至今所有西防危險各工叠次在塘督同該道嚴飭廳備竭力搶護尚屬平穩其東防之石塘坦水埽工亦迭據禀報坍卸矬損情形因

該處土性堅凝後身附土較厚不如西塘之土性鬆
而附土薄一冲決便過水是以飭令該道赴工覆勘
後仍回西防將應行搶辦事務授以機宜責成東防
廳備時刻搶護現與中防各工均無潰決情形其已
經冲坍過水之西念克二字二十二丈有餘西李奈
二字八丈有餘均於九月望汛前已將口門堵合其
西靡短二字冲坍二十五丈望汛以前趕築十五丈
尚有十餘丈未完連西鞠惟二字十四丈有餘西珍
李二字五丈有餘均於九月內及十月朔汛後次第

堵合竣工伏乞無煩

聖慮此次搶險堵合各工力求撙節所需經費除念克二

字二十二丈有餘係前署西防同知張玉藻限内之

工業經自行賠修外其餘各工半係甫經病故之署

西防同知沈維鈺限内應賠之工半係固限久逾應

由司籌款請修者因事關緊急沈故員家屬猝難措

辦未便拘泥延誤均飭司先行籌撥數萬兩以便趕

緊堵合工竣分别限内外各工著落指款報銷至臣

於轄境要工不能先事豫防以致冲塌寔屬有負

静妙齋

委任惶恐萬分應請
旨交部嚴加議處所有海塘冲坍過水現已督飭堵合竣
工緣由理合恭摺具
奏伏乞
皇上聖鑒謹
奏奉
硃批另有旨

修築塘工銀兩

再珍字號迤西與李字號接連之石塘既因年久樁木腐爛由下而陷致成缺口正恐該珍字號迤東十餘丈樁木同一腐爛轉瞬春汛勢必又成傾陷況此地最爲當衝時已十月上面石塘被潮搏擊漸有臌裂之狀徒恃外面埽工殊形單薄業已籌議於夜光果珍李柰六字號埽工之外請加築裏頭一百二十丈應一面將珍字號東十丈臌裂之石塘層層拆起外埽及裏頭築高幾丈中間即填滿幾丈仍於後面

再築託壩一俟裏外閘氣再行挖槽建塘據該道督
同廳備核議具詳前來已飭司籌給銀數千兩以便
購料與工迅速竣事所需經費由司分別指款請銷
合併聲明謹此附片具
奏奉
硃批知道了

委署道缺
再臣接准部咨欽奉
上諭福建按察使着崇恩補授所遺杭嘉湖道員缺着段
光清補授欽此遵查新授杭嘉湖道段光清先由甯波
府任内經臣
奏委兼護甯紹台道其甯紹台道一缺續奉
諭旨以晏端書補授晏端書先因往來劉河督辦海運未
能赴任嗣以海運完竣本應飭令各赴新任惟查杭
嘉湖道專司海塘事宜本年夏秋以來潮汐較旺險

工疊出防護搶修極為緊要非熟諳工程之員不克
勝任該道晏端書前曾兩次署理是缺深悉情形應
仍委令署理杭嘉湖道以資熟手其本任甯紹台道
篆務係段光清以知府兼護該員在甯多載深得民
心辦理防堵團練著有成效今升授道員應即改為
署理令其照舊供職並兼攝甯波府事除分檄飭遵
外謹會同閩浙總督臣王有齡附片具
奏伏乞
聖鑒謹

奏奉

硃批知道了

静妙齋

青如齋

代粤採運米石

奏為浙省代粤買米業經購足十萬餘石運津兑收恭

摺

奏祈

聖鑒事竊臣於本年五月間接准户部暨粤東督撫臣先後來咨知該省奏請撥銀二十萬兩委員來浙買米運津聲明先解銀十萬兩已經起程餘銀陸續批解俟該委員等到浙囑臣飭令迅速購運臣當以採買米石關係倉儲海運粮艘全憑風汛若俟其委員及

銀解到必致趕辦不及因查運庫有奉部咨應解春
夏二季京餉各十萬兩堪以暫挪支用即經札飭運
司陸續動撥銀兩解交劉河局員候補知府楊裕深
督同局董商人設法趕買並咨江蘇督撫臣飭雇沙
船備用業將辦理情形奏奉
硃批所辦認真之至戶部知道如有未盡事宜著隨時請
旨欽此臣於前摺拜發後復又分別移行諄催惟查楊
裕深原禀以時已仲夏並無糙粳可買祇有米商收
囤穀石並聞江蘇亦須採辦漕粮同時並購既慮價

高買穀動虀又稽時日深恐有誤風汛故前摺聲明
尚未能購至十萬石則隨其多寡迅速裝運但思
京倉需米甚殷久已上厪
宸念若不及時購運恐倉儲無多不敷支放至來歲新漕
則青黃不接殊費周章自宜趕速買齊甯多無少當
復札令該局員等盡心趕辦果能如數購足或於十
萬石之外多為辦運必當敘其微勞乞
恩優奬該員等皆知感奮竭力趨公臣即將運庫餉銀墊
發至二十餘萬兩如不敷之銀復飭海運局將前此

奏明挪墊銀兩趕辦正漕業由各州縣解到津貼應
行歸還原墊者即先通融接濟不准短絀貽誤旋接
蘇省咨會沙船已雇備多隻足敷裝用并催據海運
省局轉據楊裕深先後稟報會同紳董浙江候補同
知王慶勳鎮海縣職員俞斌等前赴無錫縣及仙女
廟等處分頭採購隨買隨剥自五月二十七日起至
六月二十四日止計買齊正米十萬九千二百七十
四石九升六合八勺商船隨耗米八千五百一十四
石八斗一升六合四勺共計買運正耗米十一萬七

千七百八十八石九斗一升三合二勺運至劉河配

裝商船八十隻于六月初旬以後接續開駛統於七

月初旬全數放洋等情即經臣據稟飛咨直隸山東

江南各省派撥水師按站接護並於七月初九日以

前即將裝運米册先行飛咨

欽派驗米大臣倉場侍郎轉飭驗收并咨明戶部直隸總

督查照維時風色甚順計可跟踪北上全帮穩抵津

門聽候收兑其應需津通兩處用項亦經臣飭令省

局籌撥銀兩解至劉河派令殷實商船隨米運津仍

飭浙江駐津局員一手核明支發此案本可奏報採
買完竣惟臣一片愚誠深冀粵東應解米價各費若
得早日解到新穀方登或尚可以購運多少再行北
上乃自六月間該省委員朱聲槐瞿生瑞先後到浙
並解到銀十萬兩之後其餘銀十萬兩迄無起程日
期並臣飛咨寬為籌備七八萬兩趕速起解亦未接
到回文日盼一日至八月初方悉該省警報知前項
銀兩一時未能即到加以徽甯二府告急浙省經費
支絀難以再議續買是以飭令局員及紳董將起運

米價水脚及津通用欵分晰開報以便核實咨催粤
省解浙還墊以清款目而解京餉其劉河局員仝行
撤令回浙所有浙省代粤採購米石業已買足運津
緣由理合恭摺具
奏伏乞
皇上聖鑒訓示謹
奏奉
硃批知道了

代粵運米經費

再正在繕摺間已接准天津

欽派驗米大臣來咨所有浙省代粵採買米石業已全數到津核與浙省造報正耗米石十一萬七千七百八十八石九斗一升三合二勺之數相符其天津局及劉河局官紳經手用帳均陸續開送到省由省局核計一切動用需銀將近二十五萬兩除由粵解到銀十萬兩外均由運庫動支京餉十五萬移交海運省局給發歸墊即行由局造冊報部核銷合併聲明謹

奏奉

硃批知道了

新授臬司先飭到任

再臣接部咨晏端書已奉

旨補授浙江臬司自應交卸起程迎摺北上惟該員現署杭嘉湖道員缺緊要海塘大工甫經堵合尚有歲修各工必須督辦得人工程方能結實浙省既無候補道員各知府中堪以委署斯缺者非在外督防即漕務緊要難以調署斯缺且省中各局事務皆有該員會同藩司總理再四思維惟有暫令該員先赴臬司本任以便黄樂之交卸起程仍兼署杭嘉湖道事其

應否即行進京
陛見之處仍恭候
諭旨遵行理合附片具
奏伏乞
聖鑒謹
奏奉
硃批晏端書著勿庸來見

晉江黃尚書公全集卷十八目錄

奏疏十八 任浙江巡撫奏議

文放兵餉變通辦理

職員捐輸

革員降捐

降捐教授謝榮埭改歸原籍

揀調要缺知縣

委署道府各缺

委署縣缺

定擬匪犯罪名

已革叅將師長鑣調浙差遣

晉江黃尚書公全集卷十八

男貽楫謹輯

姪貽杼恭校

奏疏十八 任浙江巡撫奏議

海運提前趕辦章程附清單

奏為浙省新漕循舊海運遵

旨提前趕辦籌議章程恭摺奏祈

聖鑒事竊臣接准部咨浙省漕粮改由海運以來一切裝

兌轉運事宜均臻妥協來歲起運漕粮該撫應亦須

為籌畫妥速徵收統限于本年十二月來歲正月全
數運赴海口派船裝兑俟守過二月初八日風汛即
日放洋北上總期三月内一律抵津奏奉
硃批依議欽此又户部具奏來歲新漕飭催趕辦一摺抄
摺咨會内稱浙省新漕應令諄飭藩司糧道等提前
趕辦以期及早抵津等因欽奉
硃批依議速行欽此均經臣轉行司道督飭所屬欽遵辦
理務將咸豐四年漕粮妥速徵收及早兑運在案臣
查浙省杭嘉湖三屬俱係種植晚禾收穫較遲佃户

輸租又多濡滯各州縣每屆收漕年內不能一律收
齊甚有延至來年二三月始能滿廒者歷屆兌運之
遲皆由于此近年
京倉儲備無多每以支放短絀上厪
宸懷凡在臣民宜何如竭誠報効及早圖維因思業戶完
漕悉資租米現須挽回積習必使佃戶趕速完租粮
戶及時輸納事事趲早催辦方不致貽悞臨期臣先
已諄飭各府縣曉諭業佃人等一體遵辦現屆開倉
之候復督飭司道嚴札各府責成州縣認真催輸務

於年内悉数收竣隨收隨運免致擁擠其應觧隨漕

之漕截津貼銀兩一併勒令趕早解完以濟運用此

外僱備商船尤為目前要務惟甯波商船本少衛船

來南較遲全賴上海沙船隨時協濟均須次第辦理

預為熟籌以期正供及早抵津庶於支放不虞缺乏

兹據該司道等叅酌上兩屆海運章程籌議條款會

詳請奏前來臣悉心察核臚列十條謹繕清单恭呈

御覽是否有當理合恭摺具奏伏乞

皇上聖鑒訓示謹

奏奉

硃批戶部速議具奏單片併發

謹將浙省來歲新漕仍由海運辦理章程繕具清单

恭呈

御覽

一起運新漕仍由劉河海口受兑放洋其應僱剥船及帮辦紳商斛夫人等宜先期預集也查上海浦面寬濶兑運漕粮為便現在尚未收復自應仍在劉河受兑放洋惟該處河道淤淺上届經浙省籌銀挑濬濟運本届蘇浙兩省並運河身窄狹所有兩省内河剥運米船應於太倉城外分段停泊其

裝米商船僅能駛進劉河口新鎮地方或兑蘇漕
或兑浙漕亦應分段排列船身寛大者即在口外
受兑各州縣米船到婁另僱小剝船運上大船其
應須小剝船即由劉局預為僱定至紳商税行斛
手人等上届均係先期招徠臨時復添僱斛手兑
交頗速此次應請照辦
一各縣銀米應飭提早征收趕速觧運也查嘉湖等
處佃戶每多闔租之習致業戶不能完粮其疲玩
業戶有心抗完者亦復不少種種躭延實為漕務

之害近年辦理海運雖經逐節催提力加整頓而
上屆秀水嘉善等縣團祖抗粮之案仍復迭見經
臣派撥兵勇擒捕首要各犯全漕始毋貽誤本屆
格外提早現已嚴飭各州縣多方曉諭俾各花户
踴躍輸將其實係團祖抗粮之徒隨時懲辦不令
煽惑愚民致稽通省漕務開倉以後妥派丁書多
催剥船隨放隨運不准稍事稽延至漕截津貼銀
兩為南北用款並責令隨米觧繳如有延欠即當
奏請恭辦

一運米沙船應由江省先行撥給趕兌也查浙省初次海運議明甯船裝竣次裝沙船二次用甯船沙船衛船因江省米少起運較遲浙粮即先裝沙船本届提早趕辦僱船最為緊要惟查衛船須二月開凍方能由津開行甯波商船現飭道府趕僱亦須十二月陸續進口其由鎮海關至劉河係向北駛行臘月北風居多每難出口若各州縣漕粮於年内剥至劉河全賴沙船濟用查咸豐二年浙漕試行海運經前兩江督臣陸建瀛等議以派僱沙

船責成滬局倘有米無船即將蘇省委員恭處若
有船無米或無水脚即將浙省辦漕各員懲辦即
經奏定章程在案臣此次仍查照前章疊咨兩江
督臣怡良江蘇撫臣　　漕運督臣邵燦遵照
辦理應請
敕下江省轉飭局員如甯衛各船未經進口以前浙粮到
婁務將封雇沙船隨時移送俾得隨到隨兑以期
迅速
一委員分辦以專責成也查海運事宜省城及劉河

天津均應設局委員經理省城總滙之所已委臬
司蒕署杭嘉湖道晏端書署杭州府事甯波府知
府繆梓在局先行籌辦並飭藩司韓椿粮道周起
濱會督辦理及委員分司其事所有劉河海口一
切事宜復經派委候補知府楊裕深馳赴太倉會
同江省地方官查看河道議定章程設局辦理其
津局事宜上届委候補知府葉堃等經理因接辦
代粤採買米石酌留在津尚未回南現已飛飭該
員等毋庸起程即在天津接辦新漕仍飭粮道於

劉河驗米後酌帶正佐數員先期由陸路赴津會
同直隸委員商辦
一白粮米石應先期起運並將樣米帶津呈驗也查
白粮一項歷係飭令各州縣用蔴袋裝盛每一石
為一袋先期起運由蘇省先撥寬大沙船裝運到
津一體斛交此次仍應照辦又漕白粮米均於正
米內提出樣米一斗裝入蔴袋粘貼印花賚帶到
津由委員呈請
欽派大臣查驗

一商船承運漕粮應悉遵成案其到津交米以後並
責成經紀承管也查浙漕海運商船應支水脚耗
米及神福犒賞席片氣筒鉄鍬土筐并僱用斛手
折給縴夫等項並每船八成載米二成載貨海關
查明免稅其船商以裝米之多寡定奬叙之等差
均係查照蘇省定章辦理所給耗米嚴飭州縣以
本色兌交上船准令該商船在津自行變賣各船
如有遭風鬆艙等事總以驗明大桅是否折斷貨
物曾否拋棄為斷設別有事故飭令呈報所在地

方縣汛驗明通報確查有無實據分別核辦已於

上兩届海運案内

奏定章程此次應一律照辦至米到天津奉

欽派大臣驗收以後即責成經紀承管與沙船無涉上届

已奏奉

諭旨允行此次應即欽遵辦理以杜諉卸

一津通用款應暫請墊給及簹蔑餘米價紙劄等銀

照案抵解也查上兩届海運津通用款銀兩因陸

路道途梗阻均交沙衛各船分賫帶津本屬權宜

辦理本屆應趕早提齊派委幹員由陸觧運惟鎮
城尚未收復必須繞道行走未免時日稍稽而商
船風帆順利一經到津用款即須支放難期應手
是以歷屆海運均於長蘆塩庫天津道庫借墊動
放應請
勅下倉塲侍郎直隸總督長蘆塩政轉飭在於通濟庫及
塩關各庫暫行墊給一俟委員解到即行歸欵至
粮米到津應給經紀個兒錢飯米折色廳倉茶菓
等銀每船按洪斛五百石計算動支並請援照上

屆成案將應領窴羨餘米價紙劄等款按數抵解

其不敷銀兩再由津局委員如數解交

一剝船經紀食耗等米應循舊支給其支剩餘耗等

米隨漕起運並天津剝船宜多爲雇備也查漕白

二糧應給天津剝船食米經紀耗米均有定章其

經紀耗米亦係由津剝運赴通一律照給食米所

需前項剝船經紀食耗等米同商船應給耗米均

於原給旂丁耗米款内開支其餘支剩耗米及白

糧項下申糙米石上兩屆係留浙變價報部聽撥

今届起運漕粮因湖州灾歉較重比較上届計少
徵米二萬餘石現值
京倉需米甚殷臣與司道熟商無庸留浙糶變一併隨
漕起運交倉業經臣附片
奏明在案惟上届蘇省運米較少本届蘇浙兩省同時
並運米數既多天津剥船必須寬為催備庶海船
到津得以迅速起剥不致日久守候應請
勑下直隷總督查明實在官剥船數酌量添雇民船預為
籌備以濟剥運

一商船放洋應照案責成水師防護並於劉河口外佘山一帶添雇勇船巡緝也查上兩届海運各船責成浙江江蘇山東直隸等省該管水師鎮將統帶弁兵沿途接護嗣因滬城失守上海所設捕盜局勇船均已散去海洋盜匪乘機肆刦上届劉河口起運蒙

欽派狼山鎮總兵泊承陞督帶兵船在洋巡護浙省另派温營遊擊袁君榮隨帶弁兵護送到津並添雇勇船六隻以候補縣丞黄恩詔管帶於佘山洋面梭

纖巡弁藉資保衛本年秋間以来復有粤東匪艇
在洋游駛希圖伺刼海運關繫甚重尤應嚴加防
範除咨沿海各省實力接護並由浙省遴員護送
到津再行多僱勇船巡緝佘山洋面外伏乞
欽派鎮將督率巡防庶盗艇聞風斂跡於運務益臻嚴密
一海運經費應覈實支銷軍船宜酌加調劑也查浙
省咸豐二年海運案内
奏奉
諭旨以河運一切經費作海運支銷並續行條

奏將負重漕截等款銀兩歸入海運開支其餘不敷儘
提各州縣津貼辦理上屆亦係照辦現在逆匪未
靖防堵尚須嚴密漕務益形掣肘本屆海運應仍
遵前奉
諭旨河運一切經費作海運支銷其能否節省之處事竣
再行覈實奏報至浙省軍船杭嘉等帮因河道未
通仍羈東境湖屬各帮全船停減應支月粮苫蓋
等銀亦應循照前兩届按海運米數空出軍船全
支月粮其因灾減歇軍船按半支月粮之例酌加

三分俾資調劑

以上係就上兩届成案參酌時宜籌議章程臚列十條如有未盡事宜容當隨時酌核奏辦合併陳明

海運經費

再浙省咸豐二年分杭嘉湖三屬漕白粮米因元年漕粮軍船出運較遲不及趕辦新漕經臣議請改由海運並將元年白粮出陳易新一併由海運津所需各費請將河運錢粮漕截負重兩款併歸海運支銷如有不敷即於各屬給帮費内儘數提用籌議章程先後奏奉

諭旨勅部議准遵於浙江省城江蘇上海直隸天津各處設局派員核實經理嗣於本年起運咸豐三年漕白

粮米並搭運清查米石因上海未經收復改於太倉
州劉河海口受兑水路淺狹難以剥運又經
奏請由浙撥借銀兩挑挖淤淺其餘一切章程循照上
届核辦在案計咸豐二年海運漕白粮米及元年易
换白粮交倉正耗并隨正應給經紀商船津剥耗食
等米六十四萬三千四百五十六石九斗五升一合
九勺分裝商船四百十四隻給發水脚并神福犒賞
等銀二十三萬一千六百五十八兩四錢一分官民
剥船雇價飯米折色銀四萬五千七百五十五兩七

錢六分六厘漕白粮經紀飯米貼費個兒茶果等銀
四萬三千八百三兩九錢五分一厘由内河運赴上
海剝船水脚銀三萬六千五十三兩八錢五分六厘
白粮蔴袋銀二千二百九十三兩八錢四分八厘資
遣水手銀一萬八百七十五兩解赴天津官剝船油
艌銀五千四百二十八兩八錢一分四厘共用銀三
十七萬五千八百六十九兩六錢四分五厘内將應
領籰羡餘米價紙劄等款核抵銀一萬八千九百三
十四兩八錢五分動支漕截負重銀二十萬四千二

百九十三兩八錢八分八厘外計不敷銀十五萬二千六百四十兩九錢七厘又本年海運三年分漕白粮米及搭運清查交倉正耗經紀商船津剥耗食等米七十五萬八百石三斗九升五合六勺分裝商船四百八十隻給發水脚神福犒賞等銀二十六萬九千二百七十九兩八分七厘官民剥船僱價飯米折色銀四萬六千八百六十二兩三錢九分七厘漕白粮經紀飯米貼費個兒茶果等銀四萬九百八十兩六錢八分四厘借撥江蘇挑河經費銀一萬兩白粮

蔴袋銀二千二百九十三兩八錢四分八厘解赴天
津官剝船油艌銀六千五百三十兩九錢三厘至内
河剝船水脚尚未據各屬報齊惟本屆米數較多劉
河距浙亦遠約須剝價銀四萬餘兩共約用銀四十
一萬餘兩内將應領簋羨餘米價紙劄等款核抵銀
二萬二千餘兩又動支漕截負重及搭運清查米石
由藩庫支給津貼漕截負重蘆席等銀二十六萬八
千三百三十二兩九錢八分五厘計不敷銀一十二
萬餘兩以上每屆不敷銀兩悉提帮費應用屬欠未

完漕截亦經籌墊濟支此外如津局應發苫艙蓆片溜米席筒朋廠工料籌備缺米并各局員役薪水紙飯及買補擱損商船漂失米石免追水脚等款為數甚鉅兼之本屆改由劉河出海該處有陰沙暗伏商船不能進口復又招僱海剝另製蔴袋裝運並以上海逆匪佘山洋盜有窺伺漕粮之謠又經雇募壯勇派撥員弁水陸嚴防所需兵勇盤粮巡船雇價在在用項均比上屆加增亦皆儘支帮費并飭局另籌墊給並不動用正項統計兩屆海運南北用款動支河

運經費款内漕截買重兩項銀兩尚多不敷其支發

悉遵

奏定章程並無浮濫應請邀免造冊報銷以省案牘而

歸簡易至河運案内向有應給行糧偹艙俸廩工食

曬颺米價食米折銀等項及剩耗變價銀兩現因改

辦海運概歸節省仍飭糧道提解屬欠歸於季撥案

内報部撥用兹據海運省局各司道會詳請奏前來

臣謹附片具

奏伏乞

聖鑒謹

奏奉

硃批覽

委署同知

再嚴州府同知裕祿前因患病稟請開缺調理經臣恭疏
題報嗣據藩司詳報該員因病出缺又經咨明在案所
遺員缺應先遴員接署查是缺本非繁要之區現因
與徽接壤層層設防必得幹才方克勝任查有現在
嚴州督帶練勇之江山縣知縣裕英勇敢有為堪以
就近署理又准升西防同知胡澤沛前署海甯州知
州任內經臣附片
奏明委令兼署東防同知篆務該員缺有經辦塘工之責嗣

因本年秋汛較大險工迭見即委令胡澤沛專署東防以資
辦工仍飭孫欽若即赴海甯州本任臣查裕英准調江山
縣胡澤沛前曾調補仁和縣均未到任並無盜案已
起四叅及錢粮未完展叅有關降調處分據藩臬兩
司會詳前來除咨吏部並檄飭遵照外臣謹會同閩
浙總督臣王懿德附片具奏伏乞
聖鑒謹
奏奉
硃批知道了

完解錢糧之知縣處分請開復
再平湖縣知縣邢吉甫前署山陰縣知縣程文範署
新昌縣知縣馮格分水縣知縣高斗南平陽縣知縣
伍紹紳慶元縣知縣李家鵬等前因經征咸豐三年
地丁錢糧趕解不前經臣奏參摘頂奉到
硃批邢吉甫等均着摘去頂戴勒限催解欽此又天台縣
知縣李信芳浦江縣知縣黃維同等催征三年地丁
解數短絀又經臣奏參摘頂並革職暫行留任奉到
硃批均著照所擬辦理欽此先後轉行欽遵各在案茲據

藩司韓椿詳稱三年地丁奏銷案内山陰縣業已全
完平湖新昌天台浦江分水平陽慶元等七縣完數
比較上三屆加多均屬尚知愧奮請將該縣等原參
各案
奏懇開復前來臣查各該縣經征地丁錢粮於被參後
即能趕征全完并比歷屆多完分數尚非始終情誤
可比合無仰懇
天恩俯准將平湖縣知縣邢吉甫前署山陰縣知縣程文
範署新昌縣知縣馮格分水縣知縣高斗南平陽縣

知縣伍紹紳慶元縣知縣李家鵬原叅摘去頂戴暨
天台縣知縣李信芳浦江縣知縣黃維同原叅摘頂
並草職暫行留任各案均予開復之處出自
鴻施謹會同閩浙總督臣王懿德附片具
奏伏乞
聖鑒訓示謹
奏奉
硃批邢吉甫等均著給還頂戴並開復處分

靜妙齋

完解海運銀米之知縣處分請開復

再前署歸安縣知縣曾承僖前石門縣丁憂知縣張

家縉因欠解咸豐二年海運銀米經臣恭摺奏參欽

奉

上諭曾承僖着草職留任張家縉着暫行革職勒令趕解

清完等因欽此又署縉雲縣知縣楊福豫短解咸豐三

年漕項錢粮並經臣會摺奏參摘去頂戴勒限征觧

奉到

硃批着照所擬辦理欽此均即欽遵先後轉催去後兹據

布政使韓椿糧儲道周起濱會詳前署歸安縣知縣

曾承僖欠解海運經費銀一千七百五十二兩零前

石門縣丁憂知縣張家縉欠解海運經費銀一萬二

千五百七十四兩零均已掃數解完曾承僖應完剩

耗米石亦已一律解清署縉雲縣知縣楊福豫應解

漕項共完銀二千一百八十餘兩比較上三届完數

實已有盈無絀請將該員等原叅各案

奏懇開復等情前來臣查曾承僖張家縉楊福豫三員

於被叅後將欠解海運銀米及漕項錢糧或照數全

行解納或比較上屆多完均屬尚知愧奮合無仰懇

天恩俯准將原參曾承僖革職留任張家縉暫行革職楊

福豫摘去頂戴各案均予開復之處出自

鴻施臣謹會同漕運總督臣邵燦附片具奏伏乞

聖鑒訓示謹

奏奉

硃批曾承僖等着開復處分楊福豫着給還頂戴

青妙齋

撫卹難夷

奏為撫卹琉球國遭風難夷循例恭摺具

奏仰祈

聖鑒事竊據署鎮海縣知縣李壽榛禀報本年七月十二

日有遭風夷船一隻漂至招寶山下停泊會營馳往

查驗該船業已損壞船内裝有米粟等物並無違禁

物件夷人十六名皆蓄髮赤足拖履身穿花布大袖

衣服該夷人等皆不通漢語衹有一人麤識漢字給

與紙筆書稱係安次富筑登之親雲上琉球國那霸

府是船主塢袋筑登之是舵工喜納里之子親雲上
蔡氏儀問筑登之古波藏仁屋系洌子大城仁屋玉
城仁屋宇良子石川子地城里之子親雲上伊作筑
登之真氏親泊筑登之黎氏嘉手川筑登之宮城仁
屋西銘仁屋俱是在船水手本年六月二十九日在
本國八重山地方裝載米粟荳子并零星烟葉等件
由八重山開船往中山國王處交卸不料駛至半洋
忽遇颶風船將傾覆故將米粟拋棄水中鬆艙隨風
漂流到境現在船已損壞求修整送歸本國等語當

將該難夷等同船內貨物一併起運上岸賃館安頓
優加撫卹一面購料雇匠將原船趕緊修整以便送
閩遣歸等情並據藩司韓椿核明例案詳請具
奏前來臣查該難夷安次富筑登之親雲上等在洋遭
風情殊可憫當即飭令該縣妥為安頓給與衣粮加
意撫卹一面循照向辦章程將原船趕緊修整完固
造具花名貨物清冊派撥兵船護送至福建省城附
便歸國以仰副
聖主懷柔遠人至意除咨明閩浙督撫臣查照並取起程

日期另疏

題報外理合恭摺具

奏伏乞

皇上聖鑒謹

奏奉

硃批禮部知道

運庫動墊銀兩

奏為查明商捐外款墊完正課已飭趕輸歸款並令將

商捐未完本款上緊按引捐足各運司實無弊混搪

塞情事籲懇

天恩寬免議處分賠恭摺奏祈

聖鑒事竊照道光二十一年防夷案內兩浙商人先後報

効銀一百五十萬兩經前撫臣劉韻珂

奏明按引捐輸截至咸豐二年六月止共已完銀一百

六萬七千二百一十七兩零內歸還藩庫撫夷借款

銀五十五萬又善後經費銀二十八萬二千八百七

十餘兩尚應餘銀二十八萬四千三百四十餘兩內

僅存銀二萬六千八百兩零其餘銀二十五萬七千

五百餘兩各前任運司因浙省鹽課

奏銷歷係掃數全完而每屆查辦時引有滞銷不免課

有欠缺設使稍涉拘泥任其分数短絀此端一開勢

必從此正課遞虧報撥愈絀于鹺政大有關係不得

不援照以雜墊正之案將前項商捐餘存銀兩墊完

節年正課以維全局前于奉部撥解廣西兵餉案內

將動支商捐墊解緣由據實咨明旋准部覆飭將前
墊銀兩于歷年領引未銷各商名下勒追如完不足
數即在原墊各運司名下分别罰賠等因即經飭據
前護運司晏端書查明商捐銀兩動墊正課實係援
照以雜墊正成案辦理復經臣咨准部覆以報効捐
銀不得謂之雜款且與尋常照例之捐款有間仍應
照案勒追罰賠並令將督催不力之歷任運司鹽政
及飾詞搪塞之運司一并查明咨部議處等因又經
臣轉飭遵辦去後兹據藩司韓椿運司慶廉會詳查

得兩浙盐務自道光元年前撫臣帥承瀛莅任後大加整飭百弊肅清其奏陳浙鹹案内尚謂新舊套搭由來已久不能以一綱之課歸一綱之用遇有緊款待放皆于徵存銀内無論正雜通融動墊其弊未能盡革此後凡遇鮮支銀兩止准以外款存銀墊發内款不准以内款墊給外款欽奉

上諭嗣後不許以内款墊發外款等因欽此又道光十二年間前督臣程祖洛清查兩浙盐務奏部覆准一切事宜均應查照前撫臣帥承瀛釐定成規酌核辦理各

在案是浙省盐課准其外款墊發内款即係以雜墊
正確有
奏案可憑飭商捐報効銀兩係按引帶輸專立報効名
目其前此捐繳銀一百六萬餘兩内惟七十萬餘兩
均已給予奬叙其續完之三十餘萬兩並未再請議
叙固不得謂之正款且不及照例請奬之尋常捐輸
即與隨引應完之各色雜款無異惟此項墊撥之銀
未便任其久懸前自奉到部文之後即經歷任運司
飭令各商加緊完繳另匣存儲截至咸豐四年十月

底止計已完銀一十一萬四千一百五十餘兩核計
歸還原墊已有十分之四其餘未完現仍嚴行飭追
雖此時兩浙商情疲乏加以隣省賊氛未靖貿易不
通與前数年情形誠有區别惟前項墊撥正課之商
捐既奉勒追斷不能任聽藉延且此外尚有未完商
捐本款三十萬餘兩亦不容其日久懸宕業已議定
將墊撥銀兩勒令趕輸歸款並將未完商捐接續按
引催輸如數完足務於原捐一百五十萬及應歸還
墊撥銀二十五萬七千五百餘兩均無絲毫短絀前

護運司晏端書委非飾詞搪塞即各前任盐政運司
亦無失察規避懇
恩邀免議處分賠除查叙全案另詳咨部外詳請核
奏等情前來臣查兩浙盐務自前撫臣帥承瀛整頓後
刪減浮費諸弊肅清而引目套搭行銷終難盡革每
遇奏銷正課短絀無不將外款墊支以副造報前項
商捐銀兩本係各商抒誠報効按引帶輸並非正款
可比如果課項充盈自宜各歸各款分別支用無如
商情疲乏課引滯銷一時驟難補救各前運司以正

課之不足動墊捐款之餘銀係為慎重正項起見且
外款存銀准其墊發內款曾經前撫臣帥承瀛奏明
有案是各運司墊用未經請獎之商捐銀兩即屬以
外款墊發內款實係循案辦理委非挪移弊混即前
護運司晏端書亦無飾詞搪塞情弊所有未還原墊
商捐自應先行趕輸歸款未完商捐原數亦係商人
情殷報効尤應上緊按引接續捐完臣現已嚴飭運
司責成各商分别勸催捐繳一俟按數收足即可歸
還各款於庫儲並無虧短該司等所詳自屬實在情

形合無仰懇

皇上天恩俯念支用商捐實係循案動墊未完銀兩現在

均歸有着委無弊混搪塞情事准將各前任塩政運

司寛免議處分賠之處出自

逾格鴻慈此後收存銀兩當飭運司歸于每年春秋二撥

冊内據實聲明完数報部聽撥以昭慎重而歸核實

理合恭摺具

奏伏乞

皇上聖鑒訓示謹

奏奉

硃批户部議奏

支放兵餉變通辦理

奏為浙省兵餉遵照部議折錢支放並請援案酌量變

通確查省城銀價貴賤分別辦理以昭覈實恭摺奏

祈

聖鑒事竊臣接准部咨議奏京師八旂兵餉每錢二千折

銀一兩各直省旂營綠營應領餉銀擬請倣照京餉

折錢成案辦理於咸豐四年三月二十八日奉

旨依議欽此行令轉飭一體欽遵等因臣查兵餉折錢既

已行之京師自可推及外省惟事屬創始誠恐銀價

或有參差各處情形不一即經咨商杭州將軍及浙
江提督並行各府逐加體察均稱兵餉折錢堪以遵
辦惟查浙省滿綠各營應支餉項或按月放給或按
季關支每營自數百兩及數千兩至萬餘兩不等今
改為以銀折錢如由省易錢支發水陸運脚費無所
出若將餉銀飭發各府就各營駐紥之地易錢散放
匪特市集銀價各處不同難昭劃一尤恐市儈奸民
抑勒價值乘機舞弊際此立法之初必須熟籌妥善
當飭據藩司韓椿議詳杭滿營兵餉向定逐月初一

支放作滿營兵餉下月之銀向定上月十六日支放
應按每月初一十六日市價折錢各綠營兵餉概請
按季放給不論閏支先後統以每季孟月初一日銀
價核算每錢二千折銀一兩仍以錢合銀折放總以
省會市價爲定除夏餉已于未奉部文之先放給外
請于本年秋餉爲始一律照辦等情即經臣批飭遵
辦在案茲查秋季放餉之初省城銀價每兩易錢二
千一百數十文迨後逐漸平減至十月初每兩易錢
一千九百九十餘文推原其故皆由浙省地方雖有

商賈來往尚非聚集馬頭市廛之價值每視銀錢之
多寡定為權衡用銀較多其價即貴用錢較多銀價
即賤臣在浙有年諗知銀價隨時長落本無一定當
闕放秋餉時每兩市價雖在二千以上誠不敢謂此
後銀價竟無增減故折放雖議有定章而未敢遽
奏為定案令未及數月銀價已不及二千前議折放定
章已覺窒碍難行自未便稍涉拘泥查前准部咨議
奏部庫支發款項酌量變通摺內有折給制錢款項
如一時銀價頓減仍行給銀等語在部臣所議原不

專指兵餉已知市肆銀價貴賤靡常是以預為計及
正與浙省現在情形相同自宜量為變通以期永遠
遵行臣悉心籌議嗣後各季營餉應請於每届領餉
之時藩庫劄放之日確查省城銀價分别核辦如放
餉日每兩市價在二串以上即照京餉成案改折錢
文所有兵餉原搭一成錢本仍按銀數扣除其應扣
例借行裝等項亦於額支銀内按数扣收再將寔支
銀數折錢按照市價以錢合銀放給倘放餉之日省
垣市價在二千以内應即援照部議變通之案仍行

照數給銀似此酌量辦理庶于各兵得項遇折放時
每兩有二千可支業已無所虧損若循舊放銀仍不
減一兩之數更屬無可藉詞縱使銀價時有長落而
于辦公無所格碍此外各營兵丁尚有應得馬乾豆
草折價紅白賞需各款在部文内雖未議及但均在
兵餉款内支銷應請查照兵餉一體辦理至現奉部
議推行官票大錢兵餉應否搭放容于推行官票大
錢案内另行議辦茲據布政使韓椿詳請核奏前來
理合恭摺具

奏伏乞
皇上聖鑒勅部核覆施行謹
奏奉
硃批户部查議具奏

職員捐輸

奏為在籍職員捐助餉銀一萬兩恭摺奏祈

聖鑒事竊查浙省官紳捐輸助餉當經臣先後奏蒙

恩施立邀

甄敘凡屬臣民莫不觀感奮興輸將恐後茲復據捐輸省

局司道轉據署湖州府知府王有齡詳稱歸安縣二

品

封典議叙道銜職員鈕升元捐備軍餉銀一萬兩業已全

數呈繳省局並聲稱前奉部行頒發花翎等項空白

執照准就近隨時填給現查該職員捐數核與
賞戴花翎尚屬有盈請先行給發花翎執照仍請循案奏
聞等情前來臣查疊准部咨欽奉
諭旨各省五品以上官紳捐銀七千兩照章減二成准其
賞戴花翎遵經轉行在案今歸安縣紳鈕升元捐助軍餉
銀一萬兩核與
賞戴花翎銀數有盈洵屬踴躍急公竭誠報効自應籲請
恩施從優
獎叙以鼓衆志而勵將來可否仰懇

逾格鴻慈俯准該職員鈕升元
賞戴花翎所餘銀兩
勅部照例議敘以昭激勸之處出自
聖裁除先行填給花翎執照發交該職員祗領外謹恭摺
具
奏伏乞
皇上聖鑒訓示再該職員所捐銀兩業已提濟防費合併
陳明謹
奏奉

硃批另有旨

草員降捐
奏爲已革御史呈請降捐教授查案聲明請
旨恭摺
奏祈
聖鑒事竊據前任江南道監察御史謝榮埭呈稱年五十
二歲寄籍順天府大興縣祖籍浙江山陰縣道光丙
申
恩科進士由翰林院編修充
國史館提調二十四年補授江南道監察御史二十七

年截取引
見奉
旨記名以繁缺知府用三十年七月因薛執中案革職現回
祖籍居住自揣年力尚强情殷報効捐錢二千八百
串合銀一千四百兩請以府教授補用等情據此查
例載凡革員實犯貪污者不准捐復其餘俱准捐復
又官員常例加倍不准捐復者准加倍半核辦又翰
詹科道革職者聲明原案請
旨定奪各等語茲該革員謝榮埭因延薛執中給伊姪治

病輙與講究坐静功夫並有往來投契字跡奉
旨革職核其原案咎止不自檢束尚非實犯貪污不准捐
復現在同案革職之員均已蒙
恩録用該革員係進士出身文理素優令捐銀一千四百
兩請以府教授降補核與例定捐項及加倍半銀數
均無短絀惟該革員係由御史革職可否仰乞
聖恩准予降捐之處相應聲明原案請
旨定奪臣謹繕摺具
奏伏乞

皇上聖鑒訓示再該革員現在本籍辦理勸捐及團練事
宜著有成效容俟查明另案彙奏合併陳明謹
奏奉
硃批該部議奏

降捐教授謝榮埭改歸原籍

再該革員謝榮埭祖籍浙江山陰縣因嗣父久任在

京即在寄籍順天大興縣應試咸豐元年禮部奏定

章程凡寄籍人員均准一年内呈明改歸原籍時該

革員因案褫革並無官職又無應試之人故亦未經

呈明今既呈請降捐府教授應即遵照章程改歸浙

江原籍以符定例據該革員呈請核

奏前來除飭取原籍地方官印甘各結咨部核辦外臣

謹附片具

奏伏乞

聖鑒謹

奏奉

硃批該部知道

揀調要缺知縣

奏為調補海疆要缺知縣恭摺具

奏仰祈

聖鑒事竊照甯波府鄞縣知縣馮翊草職奉准部覆應歸咸豐二年九月初三日開缺所遺員缺係衝繁難三項相兼海疆要缺前經先後兩次請以湖州府歸安縣知縣張銑調補嗣准吏部以張銑雖試俸已滿三年並未題銷亦未遵照新例捐免與例不符又經請以處州府龍泉縣知縣陸之棟調補茲准部咨以陸

之棟因未完官墊民欠銀兩摘頂于二年八月十七

日奉

旨係在鄞縣出鈌之先現任人員遇有應調鈌出如摘去

頂戴在先出鈌之後向不准其調補行令另揀合例

人員調補等因查該縣為甯波府附廓首邑且係浙

省海疆重鎮時有發審事件政務本屬殷繁加之民

夷雜處稽查彈壓尤關緊要非精明幹練之員不足

以資治理臣與藩臬兩司於通省現任知縣内逐加

遴選非歷俸未滿即人地未宜一時實無合例堪調

之員惟查有湖州府歸安縣知縣張銑年五十八歲

雲南蒙化廳人由廩生中式道光壬午科舉人乙未

科大挑一等以知縣用分發浙江在署樂清縣任内

緣事降調捐復原官補麗水縣知縣二十四年九月

初八日到任期滿實授調補令職三十年三月十三

日到任試俸期滿

題銷試俸在案該員實心辦事到處皆得民心歷俸已

滿三年以之調補鄞縣知縣實於海疆有裨惟該員

本任歸安亦係要缺今請調補鄞縣要缺與例稍有

未符但鄞縣係海疆要缺較歸安內地之缺尤為緊
要人地實在相需前以該員奏調因未題銷試俸奉
駁現已銷試例得聲明奏請茲據藩司韓椿臬司黄
樂之具詳前來合無仰懇
天恩俯念海疆要缺需人准以歸安縣知縣張銑調補鄞
縣知縣洵堪勝任如蒙
俞允該員係現任知縣調補知縣銜缺相當毋庸送部引
見其任內一切因公處分遵例毋庸核計所遺歸安縣係
繁疲難要缺容臣另行遴員請調臣謹會同閩浙總

督臣王懿德恭摺具
奏伏乞
皇上聖鑒勅部核覆施行再張銑係再調人員其初調以
前麗水任内罰俸銀兩在道光三十年正月二十六
日以前者已奉
恩詔豁免其在
恩詔以後者業經完繳于咸豐二年十一月專案咨部至
陸之棟議駁部覆于咸豐四年三月十六日行文按
浙省照限减半計算除小建外應以四月十四日作

為接到浙省甫于五月十四日准咨合併陳明謹

奏奉

硃批吏部議奏

委署道府各缺

再杭州府知府員缺前經臣以紹興府知府徐榮奏

請調補欽奉

諭旨允准所遺員缺著恩符補授等因欽此嗣據恩符來

浙禀到即經檄飭赴任惟查徐榮先經臣委赴徽州

督防徽人倚賴未能遽行調回杭州府為省會要缺

事務本繁現又籌防勸捐官錢三局事務尤為吃重

必得精明幹練之員方足以資治理查有甫經准補

甯波府知府繆梓在省辦理兩屆海運布置錢江防

務均屬才識兼優結實可靠本屆新漕尤須提早趕
辦正資熟手應即委令該員署理杭州府事又查署甯
紹台道段光清奉
旨升授杭嘉湖道經臣奏明仍令署理甯紹台道並兼攝
甯波府事玆查浙洋近有廣艇盜匪在洋游駛甯台
均宜防剿該道有分巡之責自應令其專署道篆而
甯波地處海疆上海匪徒時有由海竄浙之謠自宜
專員接署府篆查有署台州府事杭捕同知張玉藻
人極勇幹辦事認真署理台州府篆務捕務整飭堪

以委令接署甯波府事以專責成所遺台州府員缺
查有試用知府王清照老成諳練辦事安詳堪以委
令署理據藩臬兩司具詳前來除分檄飭遵外謹會
同閩浙總督臣王懿德附片具
奏伏乞
聖鑒謹
奏奉
硃批知道了

青女齋

委署縣缺

再代理餘姚縣知縣宋賓王告病除另疏

題報外所遺員缺係繁疲難要缺應行酌量委署查有

現署台州府同知事安吉縣知縣崔家蔭樸誠謹慎

堪以署理該員准補安吉縣尚未到任並無盜案已

起四叅及錢粮未完展叅有關降調處分由藩臬兩

司具詳前來除檄飭遵照並咨明吏部外謹會同閩

浙總督臣王懿德附片具

奏伏乞

聖鑒謹

奏奉

硃批知道了

定擬匪犯罪名
奏為拏獲糾眾挾制妄冀蠲緩錢粮各犯業經提省審
明按例分別定擬恭摺
奏祈
聖鑒事竊臣前因海甯州鄉民以田稻被旱不服征粮擁
入州署滋鬧並因該署州吳春棠平日性耽安逸不
協輿情即經飭司分別委員前往查勘拏辦並將吳
春棠
奏參革職咸豐二年十月二十二日奉

青如齋

上諭浙江署海甯州知州江山縣知縣吳春棠於該州田
禾被旱並不及早勘辦以致鄉民赴署滋鬧平時既不
協輿情又不能將滋事人犯上緊拏獲實屬不職吳春
棠著即革職交該撫提同現獲各犯嚴切訊明起衅根
由按律懲辦并查明該員經手倉庫錢粮如有虧短即
行據實嚴叅以肅吏治至該州被旱情形並著該撫迅
速委員查勘分别辦理該部知道等因欽此當經恭録
轉行欽遵查辦嗣據印委各員勘明各田災分及被
歉情形並先後拏獲何庭春等十二犯觧審當將災

歉各田地丁錢粮彙案

奏請分別蠲緩並據杭州府訊供詳報臣以是案衅起鄉民藉灾挾制恐該署州吳春棠在任時或有違例征收等事必須確切查明未便稍涉顢頇遂復飭委候補縣宣汝珍馳赴該州查無其事取結申覆上年浙省籌辦防堵各屬招解案件經臣

奏明停辦當將各犯發回海甯分別禁押茲查各案均已起限審解行據署杭州府知府王清照查提各犯審明議擬詳由藩司韓椿臬司黃樂之復訊解勘聲

明何庭春陳士濚翁繼幅錢學珍費金保楊髻鬀周
白眉毛七犯已陸續在監在押因病身死前署海甯
州吳春棠亦在省寓病故等情前來臣隨親提研鞫
緣何庭春陳士濚翁繼幅錢學珍沈老三倪潮喜貴
金保均籍隸海甯州何庭春陳士濚翁繼幅錢學珍
沈老三充當該州地保該州征收錢粮向派地保按
鄉催完每逢二七卯期提保查比咸豐二年夏間州
屬田禾被旱受傷經該前署州吳春棠勘報府司委
員勘辦各粮户因田畝荒熟未經勘定遂各心存觀

望輸納不前八月十七日吳春棠查提各保比追因
獲案病故之何庭春陳士濚翁繼幅錢學珍與現獲
之沈老三在逃之費繼淋經催錢粮完數較少各予
嚴比勒催何庭春因本官比責甚嚴各粮户又藉灾
延宕慮干杖斃起意慫恿粮户邀集多人赴署報灾
兾得挾制本官給示蠲緩藉免伊等受比當與陳士
濚等商允陳士濚等即隨同何庭春于八月二十日
分赴各粮户家内向現獲之倪潮喜凌其明獲案病
故之費金保楊鬈髟剃在逃之曺在濚杜杏發趙升貴

錦春杜云隴張懷淋沈懷勤王之音湯喜爵等十三
人告述前情用言慫恿並令於下屆卯期偕至州署
呈訴錢粮定可蠲緩倪潮喜等貪圖免粮均各允從
二十二日倪潮喜等各携枯禾至何庭春家會齊進
城途遇在逃之陳士賢張泳祥杜鏊發張玉山張耀
庭孫啟高孫連魁唐守曾及不識姓名十餘人詢悉
情由陳士賢等因伊等各有應完錢粮亦即相隨同
行走近城門地保何庭春等恐被識破均在城外守
候倪潮喜等與陳士賢等約共三十餘人偕進州署

淩其明楊鬐鬍畏懼落後在大堂外站立不敢嘖聲倪潮喜等直入大堂齊聲喊嚷吳春棠出而查問淩其明楊鬐鬍先自迯回時有現獲之陳有才姚阿七與獲案病故之周白眉毛及不識姓名多人適在署東海神廟内看戲聽聞喧閙陸續至署觀看吳春棠因大堂内人已擠滿聲音嘈雜復退坐二堂飭令年老粮户進内諭話陳有才姚阿七周白眉毛在外觀望餘俱紛擁而進倪潮喜等聲言天時亢旱田禾黄萎所有錢粮應求緩給印示一律蠲緩吳春棠諭以

靜妙齋

災歉各田業經禀請委勘其餘成熟田粮仍應照常
催征不能蠲緩伲潮喜等倚恃人衆堅求給示各粮
户亦隨聲附和紛紛喧嚷吳春棠喝差查拏適汛弁
吏目亦各聞信帶領兵役踵至彈壓伲潮喜等争先
擠逃致將暖閣後面併左右兩旁門壁碰倒擠損伲
潮喜等逃出城外向何庭春等告知各散禀經臣將
前署該州吳春棠
奏參革職並飭司委員馳赴該州會勘拏辦嗣據勘明
災歉情形並先後拏獲何庭春等十二犯解審當將

災歉錢粮彙案

奏請蠲緩並因是案衅起鄉民藉灾挾制恐吳春棠或
有違例征收等事復飭委候補縣宣汝珍查無其事
取結申復時因浙省籌辦防堵各案

奏明停辦遂將各犯發回海甯分別禁押兹查各案均
已起限審觧行據杭州府查提現犯審明議擬詳由
藩臬二司訊擬觧勘前來臣隨親提研鞫據供前情
不諱詰無起衅别故亦無逼勒粮戶聯謀斂錢及閧
堂塞署情事案無遁飾查例載刁徒直入衙門挾制

官吏發近邊充軍又知法犯法照平人加一等治罪

又律載為從減一等各等語此案地保何庭春因經

催錢粮完不足数經該州嚴行比責輙敢起意慫恿

粮户邀集多人直入衙署藉灾挾制妄冀蠲緩實屬

藐法逞刁該犯雖未隨同進署而各粮户之敢於直

入實由該犯主使所致罪坐所由應仍以該犯當其

重罪該犯以在官人役鼓衆挾制較刁徒之挾制官

吏情節更張若僅照刁徒挾制本例加等擬以邊遠

充軍殊覺情浮於法何庭春應請比照刁徒直入衙

門挾制官吏發近邊充軍知法犯法加一等發邊遠
充軍例上從重擬發新疆酌撥種地當差沈老三陳
士濚翁繼幅錢學珍隨同糾約倪潮喜費金保聽糾
赴署藉圖挾制均屬為從沈老三陳士濚翁繼幅錢
學珍倪潮喜費金保均請照為從減一等律於何庭
春遣罪上減一等各杖一百徒三年沈老三陳士濚
翁繼幅錢學珍四犯俱係地保應仍照例加一等各
杖一百流二千里何庭春陳士濚翁繼幅錢學珍費
金保均已病故應無庸議沈老三據供親老丁單係

地保糾衆滋事情節較重應不准其查辦與倪潮喜分別定地發配折責安置凌其明楊髻剃聽糾進署並未隨同喧鬧旋即自行逃回尚屬畏法應照不應重律杖八十陳有才姚阿七周白眉毛因聞倪潮喜等在署喧鬧輒各前往觀看亦屬不合請照不應輕律笞四十陳有才年逾七十照律收贖楊髻剃周白眉毛業經病故均無庸議凌其明等折責發落前署海甯州江山縣知縣吳春棠於被旱各田不能及早勘明將成熟田粮仍應完納之處明白示諭使各地

保得以勾結粮户藉宂挾制致釀事端已屬辦理不善其平日居官又惟安逸是躭不能深協輿情更屬不職業經革職且以病故應無庸議何庭春等在監在押先後病故刑禁看役人等訊無凌虐情弊亦無庸議各屍棺飭傳領埋逸犯費繼淋等飭緝獲日另結除將全案供招咨送刑部查核外所有審明定擬緣由謹會同閩浙總督臣王懿德恭摺具

奏伏乞

皇上聖鑒勅部議復施行謹

奏奉

硃批刑部議奏

已革叅將師長鑣調浙差遣

再南河已革叅將師長鑣前在揚城帶勇攻剿經前

欽差大臣琦善奏叅奉

旨發往新疆効力贖罪臣訪察輿論僉稱師長鑣才幹可

用浙省防堵喫緊需帶勇武職之員擬乞

天恩將該革將調浙差遣俾收指臂之助當即先行檄調

並咨南河督臣就近飭遵正在具

奏間接准南河督臣楊以增咨會業將臣咨調該叅將

緣由附片陳奏欽奉

硃批師長鑣著准其赴浙江省効力贖罪欽此即經飛咨
南河督臣催令該革將迅速來浙嗣因臣
升授川督恐其稍有逗遛又派委標弁沿途迎提並飛咨
兩督臣怡良南河督臣楊以增一體飭催去後旋復
接准辦理安徽防務副都御史袁甲三來咨以差遣
乏人札調師長鑣前往等因臣查皖省防勦固屬緊
要惟浙省自本年七月以來逆匪屢由蕪湖大通竄
入徽甯臣防堵本省並援隣封設防之處既多援隣
之兵又衆各路兵勇需員統帶因乏曾經出師打仗

之人是以請調該革將赴浙聽差亦為保固皖省徽
甯二府以維東南大局起見今已奏蒙
允行自應遵
旨令其在浙効力隨將各情飛咨袁甲三在案現據師長
鑣帶同兵勇于十月二十四日到浙當將在省操練
勁勇交其演習對仗攻剿情形如遇嚴徽甯有警即令
帶往防剿于皖省防務均有裨益以後隨時察看該
革將如能奮勉出力自當籲懇
恩施倘始終怠玩即仍請從重治罪以示懲儆除將師長

鏕留浙緣由咨覆皖省外理合附片具

奏伏乞

聖鑒謹

奏奉

硃批知道了

812.8
444
(9)

八閩文庫

福建文獻集成

續編 集部 六三

吴格 主编

文獻集成 387

海峽出版發行集團
THE STRAITS PUBLISHING & DISTRIBUTING GROUP
福建人民出版社

本册目次

晉江黄尚書公全集三十七卷（卷一九至卷二二）

［清］晉江黄宗漢撰

厦門大學圖書館藏稿本

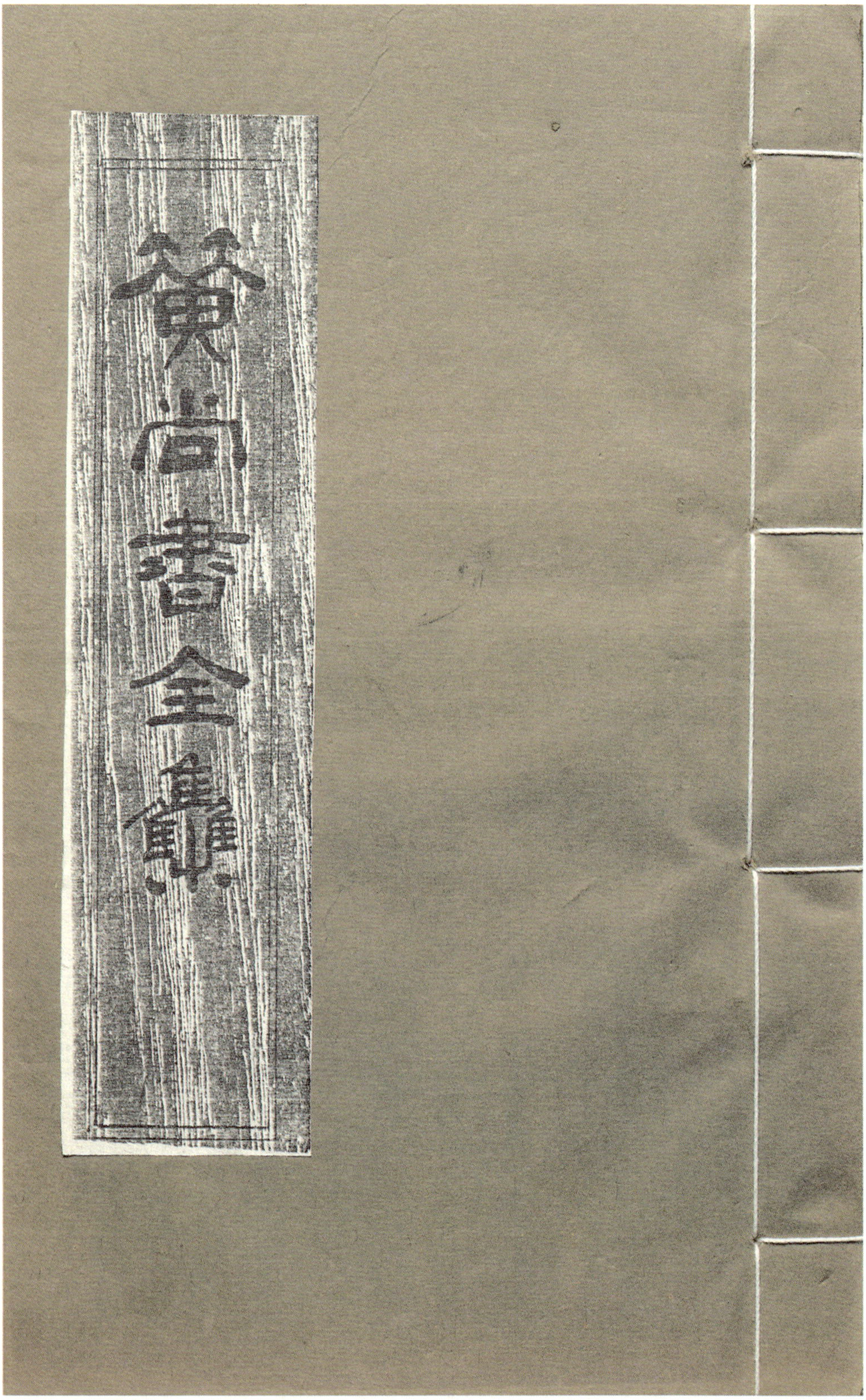
黄尚書全集

晋江黄尚書公全集卷十九目録

奏疏十九 任浙江巡撫奏議

請以丁憂同知留辦局務

委署縣缺

就地正法各犯

大員捐輸請給議叙附清單

晉江黃尚書公全集卷十九

男貽楫謹輯

姪貽杼恭校

奏疏十九 任浙江巡撫奏議

滿營兵糧

奏為杭州滿營兵粮請改歸杭嘉湖三府督催承放按月勻觧以專責成而免貽悮恭摺奏祈

聖鑒事竊照浙江省杭州滿營兵粮從前本與乍浦滿營兵米各歸理事同知經管嗣於乾隆三十七年省倉官吏侵虧案内經戶部

奏請改歸杭州府承放各州縣征收南米運觧到省由該府按月
闗支歷久無悞近十餘年来杭嘉湖三屬征觧省米漸形疲玩始
則批觧不前即須墊放繼則觧數日短墊數愈多雖經彈力嚴
催而各該縣恃無經放之責總多遷延不觧以致經放之員每届
放期必須多方設措道光三十年以前即有支持不下之勢然
墊放以後尚有陸續觧完藉資轉運乃自上年春間隣境迭至
催征固難于平日而屬縣更藉此諉延省會籌墊兩窮幾至無可
設法臣察悉情形與藩司反覆籌商若不酌改章程必致貽誤兵
糈所闗匪細溯查前此平湖縣經放乍浦滿營兵粮因嘉屬各

縣征解延玩經前撫臣吳文鎔於道光二十八年間
奏請改歸嘉屬七縣輪放並無缺誤現在各屬延欠省
米與從前之延欠乍米情事相同而省倉應放兵米
尤多其籌墊之竭蹶更甚于乍倉自宜熟籌變通以
期無誤支放臣查杭州省城滿綠各營官兵俸餉向
撥杭州嘉興湖州紹興四府南米統歸杭州府經手
關放茲議綠營兵米在於紹屬之山陰會稽蕭山三
縣額征省南儘數提解如有不敷即于杭屬額解省
米之內照數添撥仍由杭州府循舊經放毋庸置議

外所有滿營兵米在于杭州嘉興湖州三屬應征南
米項下撥放即援照輪放乍米成案辦理惟乍滿營
月支米數較少每縣承放一月易于觧完令杭滿營
月支額米甚多若令一縣承放殊形喫重擬仿照乍
米輪放之案酌定按月匀提之法將杭嘉湖三府屬
各州縣應征省南按照年額米數飭令分月匀觧如
杭两府屬向不承放乍米其應觧杭滿營月支兵粮
分作十二個月匀觧嘉屬石門桐鄉二縣承放一月
乍米則分十一個月匀觧嘉興秀水嘉善海塩平湖

五縣承放兩月作米則分十個月勻解其承放作米
之月毋庸再解省米免致顧此失彼並責成杭嘉湖
各本管知府督催承放已於本年五月為始照章按
月勻提各該縣自知責有攸歸不能旁貸迄今試行
數月解放並無延悞嗣後應即照此定章各歸各府
督催提解按月關支倘已屆放期延不解省即由藩
司查明欠解之知縣照貽誤兵餉例從嚴請參並將
督催不力之該管知府一併參辦其短缺之米仍著
落該管知府照數賠墊以專責成而免貽誤據藩司

韓椿具詳請

奏前來理合恭摺具

奏伏乞

皇上聖鑒訓示謹

奏奉

硃批該部議奏

臨安縣滋事人犯審明定擬

奏為審明臨安縣滋事鄉民及監犯乘機逸出並藉端苛索之庫書人等分别定擬恭摺具

奏仰祈

聖鑒事竊照臨安縣鄉民圖減漕糧聚衆焚燬縣署科房致監犯乘機逃逸經臣將有獄官代理臨安縣事仙居縣知縣陳鍾彦暨獄官臨安縣典史徐桂詵奏恭分别革職拏問咸豐三年五月二十六日奉

上諭黄宗漢奏鄉民圖減漕粮入城滋事一摺浙江臨安

縣鄉民因挾書吏姚長庚等挑剔漕米之嫌胆敢藉名
圖減錢糧聚衆焚燬衙署延及監獄以致監犯乘機逃
逸實屬憝不畏法現據該縣紳耆禀請查明滋事人犯
捆送着該撫即嚴飭該府縣督率紳耆等將首從各犯
查拏務獲按律懲辦並嚴審姚長庚等歷年征收漕粮
如有浮勒情弊照例懲治有獄官代理臨安縣事仙居
縣知縣陳鍾彥未能先事預防著革職留任管獄官臨
安縣典史徐桂詵着革職拏問交該撫提同刑禁人等
審明辦理在逃監犯仍飭屬嚴拏毋令漏網餘着照所

擬辦理該部知道欽此即經轉行欽遵嗣據該代理臨
安縣知縣陳鍾彥將案內滋事自行投首之張秀隴
並拏獲方沅俞耀榮并將先後拏獲及投首乘機逃
逸之監犯沈三慎等五名並在監未逃之徐阿度籍
端苛索之縣書姚長庚等三名及禁卒人等解省由
藩司韓椿前臬司黄樂之督同杭州府訊擬詳解前
來經臣提犯親鞫緣張秀隴籍隸臨安方沅籍隸蘭
谿寄居臨安姚長庚胡法乾章浩發均籍隸臨安姚
長庚充當該縣庫書胡法乾章浩發充當該縣户書

咸豐二年該書等與在逃之户書駱茂堂經前縣郭
元吉點派收漕姚長庚見有粮户完米色不純潔起
意商允胡法乾等藉篩晒爲名每石索錢一二十文
至二三十文不等因大半未肯付給止共得錢四十
餘千文分用鄉民因此挾恨三年三月間郭元吉因
病出缺代理縣陳鍾彦於是月二十二日抵任因前
官眷柩尚未出署暫居慈聖寺辦公二十五日張秀
隴遇見在逃之陳瑞峯俞芳來告知漕書選米索錢
陳瑞峯以署内現無印官起意糾人找尋漕書姚長

庚等報復已邀允在逃之陳得邦汪玉堂張四嬉陳
思齋入夥因恐鄉民不肯相從揑稱與書吏議減漕
粮經俞芳來寫貼傳单邀各鄉民次早進城至期張
秀隴與在逃之陳瑞峯俞芳來陳得邦汪玉堂張四
嬉陳思齋并不識姓名六人又先後途遇現獲之方
沅俞耀榮在逃之王安心吴阿六陳小法張兆文駱
觀德張華年張阿茂王阿有俞華山俞阿五俞大松
并不識姓名七人陳瑞峯等告知前情逼脅同行俞
耀榮與不識姓名一人畏懼中途潛回餘俱偕至縣

署大堂陳瑞峯喊稱漕書姚長庚等收粮苛刻前來
報復并欲與該書等議減漕粮張秀隴陳得邦俞芳
來汪玉堂張四嬉陳思齊并不識姓名六人亦隨同
喊嚷方沅并王安心等同其餘不識姓名人均在外
觀望惟時觀看人多聲音嘈雜姚長庚等跳墻逃避
陳得邦俞芳來赴各科房搜尋未見陳得邦喝令焚
燒科房使其不能躲避方沅王安心同不識姓名六
人俱各畏懼不敢動手吳阿六等與不識姓名六人
恐被連累俱各散歸張秀隴與陳瑞峯張四嬉陳思

齋將東廊科房三間搬取署旁晒晾稻草取火焚燒致卷串一併燒燬延及監獄禁卒朱文等同提牢書王在成上屋撲救火光逼近監犯不能容身俱各心慌徒犯翁明泳喊稱若再不逃避必致在監燒斃絞犯葉老三汪海南陳得保沈三慎軍犯汪十二老流犯鄭起發韋保城徒犯陳正隴王阿四吳阿毛與翁明泳等十一名即各扳折籠柵敲斷鐐銬取出棹櫈乘機扒墻逃出流犯徐阿度籠柵離火稍遠畏罪未經同逃經代理縣陳鍾彥暨典史營弁先後趕往將

火撲滅彈壓查拿陳瑞峯等俱各逃散該縣即督率
刑禁兵役并典史家丁追獲流犯陳正隴絞犯沈三
慎二名其時徒犯翁明泳拒捕不服查拿被捕役張
炳格殺身死絞犯葉老三旋自投案由該縣稟經臣
奏奉
諭旨飭拿審辦並委候補縣伍承吉將被格身死之翁明
泳屍身驗訊通報一面飭緝在逃各逸犯務獲究辦
兹因逸犯弋獲無期先就現獲各犯逐一研訊均各
供認前情不諱再三究詰實無約會抗粮鬨堂塞署

及此外另有同謀附和之人刑禁人等亦無受賄故
縱漕書亦無浮勒情弊矢口不移案無遁飾並據仁
錢二縣申報張秀隴方沅二名先後在監病故委驗
詳報查例載棍徒放火故燒官民房屋及公廨者若
並非圖財而懷挾私仇燒燬房屋未傷人者為首擬
斬監候為從發近邊充軍誘脅同行杖一百徒三年
又在監斬絞重因及軍流徒犯如有因變逸出自行
投歸者照原犯罪名減一等發落若被拿獲者仍照
原犯罪名定擬又蠹役詐贓在十兩以上發近邊充

軍爲從分賍者減一等又律載棄毀官文書者杖一百各等語此案張秀隴聽從逸犯陳瑞峯因漕書姚長庚等選米索錢相隨報復又聽從陳得邦將科房卷串燒燬延及監獄寔屬不法張秀隴除棄毀官文書擬杖輕罪不議外合依棍徒懷挾私仇故燒官民房屋未傷人者爲從發近邊充軍例擬發近邊充軍該犯雖係自行投首第燒燬科房卷串於物不可賠償應不准其減等方沅訊未隨同附和及幫同放火情事惟被脅隨行在塲觀看亦應按例問擬方沅

合依誘脅同行杖一百徒三年例擬杖一百徒三年

該犯等均已在監病故應毋庸議俞耀榮被脅隨行

中途潛回尚知畏法應照不應重律杖八十折責發

落監犯汪海南等因鄉民焚燬科房延燒監獄乘機

逸出自應按例問擬查絞犯汪海南陳得保沈三慎

並徒犯陳正隴俱被拿獲汪海南陳得保沈三慎三

犯應請比照在監絞犯因變逸出若被拿獲者仍照

原犯罪名定擬例均擬絞監候秋後處決陳正隴仍

照原犯擬杖九十徒二年半絞犯葉老三自行投歸

尚知畏法應比照在監絞犯因變逸出自行投歸減
罪一等例于原犯絞罪上減一等擬杖一百流三千
里徐阿度原犯流罪遇
赦減徒該犯畏罪未經同逃與逸出投歸者事異而情同
應於滿徒上再減一等擬杖九十徒二年半陳正隴
等仍各盡本法刺字禁卒朱文等訊無賄縱情弊其
因科房被焚延及監獄以致監犯乘機逸出與平時
並不小心看守致有越獄者情節迥殊朱文陳源應
請照不應重律杖八十陳源折責發落朱文年已七

十照例收贖追銀入官册報事雖因公究屬疎忽仍
一併草役庫書姚長庚奉派收漕藉端勒索計贜已
在十兩以上實屬玩法亦應按例問擬姚長庚合依
蠹役詐贜十兩以上發近邊充軍例發近邊充軍胡
法乾韋浩發聽從需索分贜合依為從減一等例各
杖一百徒三年該犯等雖俱聞拿投首第係在官人
役詐贜肇釁釀成事端若不從嚴辦理殊不足以懲
衙蠹而服民心姚長庚等應請均不准其減等胡法
乾據供祖母年老丁單亦毋庸查辦留養仍照例于

靜妙齋

姚長庚左面胡法乾等左臂各刺蠹犯二字與葉老
三等分别定地發配折責安置充徒胡法乾等限湍
報明遞籍安插徒犯翁明泳脱逃拒捕本有應得之
罪業已被格身死應與格殺翁明泳之已故捕役張
炳均毋庸議被燬科房卷串等項飭令分别賠修查
抄張秀隴等在監病故刑禁人等訊無凌虐情弊應
毋庸議逸犯陳瑞峰等飭緝獲日另結此案典史徐
桂詵疎脱絞犯四名軍流徒犯七名該典史於五日
内督同禁卒等拿獲絞犯陳得保沈三慎二名又絞

犯葉老三自行投首并于四個月内拿獲絞犯汪海
南核計在逃絞犯業已全行拿獲又徒犯翁明泳業
已格殺陳正隴已被拿獲尚有軍犯汪十二老流犯
鄭起發章保城徒犯王阿四吳阿毛等五名在逃未
獲仍應照軍流徒犯越獄例查叅該典史徐桂詵業
經革職應毋庸議有獄官前臨安縣知縣陳鍾彥業
已病故亦毋庸議至接緝印官及該管道府應從重
照兇徒放火延燒房屋例查取職名另行核叅所有
監斃軍犯一名之管獄官係代理仁和縣典史姜桂

磬監斃徒犯一名之監獄官係錢塘縣典史戴椿年相應附
叅再此案失察書吏詐贓之前署臨安縣郭元吉例有處分
該員業已病故應毋庸議至拿獲越獄絞犯汪海南一名之應叙
職名查明另辦並勒緝在逃各逸犯飭獲另結除全案供招咨部外
所有審明定擬各緣由謹會同閩浙督臣王懿德恭摺具
奏伏乞
皇上聖鑒勅部核覆施行謹
奏奉
硃批刑部議奏

遴調首縣

奏為遴員請調省會要缺知縣以重地方恭摺

奏祈

聖鑒事竊照杭州府仁和縣知縣胡澤沛准陞西塘海防

同知所遺員缺係衝繁難三項相兼要缺例應在外

揀員調補查定例應調缺出俱令於現任人員内揀

選調補又州縣以上官員必歷俸三年以上方准題

調又現任要缺更調附省首邑該員委非另有不合

例事故即行議准各等因查仁和縣為省會首邑幅

靜妙齋

幅遼濶政務殷繁且時有發審委辦案件較之別府
繁劇縣缺尤為緊要必須精明幹練之員方足以資
治理臣於通省現任中簡知縣内詳加遴選非歷俸
未滿即人地不宜一時實無合例堪調之員惟查有
紹興府山陰縣知縣韓培乾年五十七歲直隸清豐
縣人由乙酉科拔貢
朝考二等以教職用選授趙州訓導俸滿保薦以知縣
用選授奉化縣知縣道光二十八年八月十八日到
任調補今職咸豐三年十一月初一日任事現經委

今代理仁和縣知縣該員才守兼優老成穩練催科
尤為得力歷俸已滿三年以之調補仁和縣省會要
缺知縣實堪勝任惟該員本任山陰係衝繁難要缺
以繁調繁與例稍有未符第仁和縣為省會首邑員
缺更為緊要人地實在相需例准於摺内聲明奏請
據藩司韓椿臬司黄樂之具詳前來合無仰懇
天恩俯念省會要缺需人准以山陰縣知縣韓培乾調補
仁和縣知縣實於要缺有裨如蒙
俞允該員係現任知縣調補知縣衙缺相當毋庸送部引

見至該員任内一切因公處分遵例毋庸核計所遺山陰
縣係衝繁難要缺俟部覆至日容再遴員請調再該
員韓培乾係再調人員其初調以前奉化任内罰俸
銀兩在道光三十年正月二十六日欽奉
恩詔豁免以前者毋庸完繳在
恩詔以後者業已遵例完繳咨部外臣謹會同閩浙總督
臣季芝昌恭摺具
奏伏乞
皇上聖鑒勅部核覆施行謹

奏奉
硃批吏部議奏

告病知縣就近報痊

再題補象山縣知縣饒宗孟尚未到任因署鎮海縣
任內患病請開缺調理經臣恭疏具

題在案該員卸事後尚未回籍即在甯波府城延醫調
治現已痊愈精神如舊稟請驗看起用等情由司具
詳前來臣隨傳驗得饒宗孟身體結實人亦奮發堪
以起病應請准其就近報痊起用伏查知縣病痊例
應引
見惟浙省現值四路辦防並分委赴蘇皖各省協剿一切

差委署缺需人孔亟各項應行引
見人員經臣於上年
奏明俟撤防後再行給咨赴部欽奉
諭旨允准在案今該員饒宗孟曾任地方民情悉洽當茲
需人之際應請先行留浙差遣委用以收指臂之助
一俟撤防後再行給咨赴部引
見除檄飭遵照並分咨部籍外理合附片具
奏伏乞
聖鑒謹

奏奉

硃批吏部知道

靜妙齋

鄉試各生捐餉請獎

奏爲浙省鄉試各生捐備軍餉據情具

奏籲懇

恩施仰祈

聖鑒事竊查軍興以來浙省官紳捐助軍餉先後

奏蒙

恩施格外優獎凡在士民莫不聞風觀感從厚捐輸所捐

銀兩陸續呈交前經臣屢次奏明提濟各路在案茲

據捐輸局司道轉據署湖州府知府王有齡詳稱長

興縣監生朱思詔捐錢二萬串合銀一萬兩已據全
數繳清聲明該生未請吏治有志觀光等情具詳請
奏前來臣查監生朱思詔深明大義踴躍急公平日勵
志讀書鄉評悉洽其捐錢二萬串合銀一萬兩核與
臣前奏湖南監生李概福建廩生黃貽楫浙江烏程
縣附生吳仕銓鎮海縣監生王際昌捐數相符相應
欽遵
諭旨據情入
奏恭候

逾格恩施臣謹繕摺具奏伏乞
皇上聖鑒訓示再該監生所繳捐錢業經提濟防費合併
陳明謹
奏奉
硃批另有旨

紳士協同團練

再臣前奉

上諭朱爲標等奏保浙江紳士前任兵部侍郎戴熙等着會同各該地方官倡率督辦團練捐輸事宜此外如有公正可靠之人准令該紳士等各舉所知協同辦理等因欽此欽遵在案旋先後據嘉興湖州紹興各知府轉據紳士朱蘭等保舉在籍紳士朱泰修等十六員堪以協同辦理團練捐輸經臣

奏奉

諭旨允准在案茲據署湖州府轉據紳士徐有季包文治
周學源趙景賢姚覲元等公舉籍隸湖州請假回籍
省親之翰林院編修徐墉新選陝西洋縣典史楊光
耀二員均為鄉里所推重請留籍協同辦理勸捐團
練楊光耀請免其開缺等情臣查湖州一府地廣人
稠自須多舉紳董協力經理以期妥速集事既據該
官紳公保由司具詳前來自應欽遵
諭旨准令各在本籍協同勸捐團練一俟各該員經手事
竣再行分别辦理除檄飭遵照并咨吏部暨翰林院

銜門陝西撫臣查照外謹附片具

奏伏乞

聖鑒謹

奏奉

硃批知道了

留營差委人員

再據督辦上海軍務之金華府知府石景芬禀稱三月間有指捐分發浙江儘先補用並免試用縣丞許咸籍隸江蘇婁縣熟悉上海情形又部選湖北黃梅縣縣丞吳嘉廣籍隸江西南豐縣上年在籍辦理團練保衛撫建二郡嗣因省城被圍復隨伊兄前翰林院編修吳嘉賓帶勇赴援茲該二員先後來上海南營投効來滬該府接晤後與談軍務登答均極明晰遂將該二員留營差委閱今數月有餘察看辦事俱

能歷練勇敢各願自備資斧在營報効以之留營差

遣洵可得力等情禀由總局司道具詳請

奏前來相應仰懇

聖恩俯准將指捐分發浙江儘先補用並免試用縣丞許

威並新選湖北黄梅縣縣丞吴嘉廉二員暫留上海

軍營以資差委仍俟凱撤後再飭該員等赴部驗看

并令赴任除分咨吏部暨各該省督撫臣查照外謹

附片具

奏伏乞

聖鑒謹

奏奉

硃批吏部知道

捐造礮械之運司潘仕成請獎

奏爲前任浙江運司在籍捐製槍砲軍械解浙備用懇

恩從優獎勵恭摺

奏祈

聖鑒事竊維戰守之道固須操練兵力尤宜講求兵器庶

兵精器利可期克敵制勝臣自粵匪竄擾以後因鄰

警叠聞即就本省官兵抽調至省勤督訓練使之胆

力日壯技藝日精以備臨時調遣惟軍器一項額儲

無多雖經設局添制按兵配帶尚不致缺乏而欲求

其利用自當益加精良無如經費未充講求不易而
工于製造堪膺委任監督者亦難乎其選上年因接
部咨以浙江塩運使員缺欽奉
特旨以潘仕成補授當查潘仕成籍隸廣東臣前任粵省
道員即稔知其才識開張急公好義實能毀家紓難
兼精鑄造之法其于槍炮火器尤能參考成規斟酌
變通著為圖說以便仿製今既得與共事擬俟該員
到任後即與之商議將應製各項軍器籌捐興辦不
意盼望日久總未來省遂復奏請

勑催追江西福建先後告警浙省均屬聯疆應防要隘尤
多所需槍炮更急因思軍器以粵省爲最良且時有
夷炮銷售甚爲得用各省官紳皆須捐助軍餉勉圖
報効該員受
恩受重到浙之後亦必當量力報捐現既尚在原籍自不
若即以所捐之項就近在粵製辦各項精利砲械運
觧來浙以資防勦遂即諄切飛函飭令沿途探投而
該員于臣發信之先已由原籍領咨于七月初九日
起程來浙及行抵江西大庾縣適南昌上下游一帶

地方均為逆匪阻隔泰和等縣亦有土匪滋擾不能
前進即在大庾守候並將中途阻滯緣由遣丁具稟
該縣轉詳請奏及接臣信該員以浙中防務喫緊與
其坐守大庾徒延時日不如折回粵省趕緊辦齊再
行赴任於公事較有裨益遂將折回措辦情形稟知
到臣維時臣因該員來稟有將中途阻滯緣由遣丁
稟縣詳奏之語以謂江西撫臣業經
奏報而該員捐製砲械尚未就緒遂亦不將中途折回
之處代為陳

奏而吏部因接准廣東撫臣以該員先在原籍請假之
咨即以托故逗遛延不到任奏奉
諭旨即行開缺仍交部議處等因欽此咨行到浙遵即恭
錄轉行並飭將捐製砲械迅速解浙嗣據禀報該員
由江西回籍後當即竭力籌措約可得銀二萬兩遂
一面採買外洋火器一面鑄練精銳砲械及各種軍
裝分投購覓親督製辦計共捐備大小夷砲二百六
十位重自三百餘觔至一千一百餘觔不等砲架二
百六十座熟鐵子母擡炮内母砲一百六十位子砲

静妙齋

四百八十尊帶刺洋槍三百八十桿鳥槍三百桿大小砲子二萬六千觔槍子二千觔籐牌一千面竹盔三千頂練綱牌刀一千把練綱矛义六百枝熟皮九龍袋六百八十副又復捐僱海船派撥熟於製造之親屬八品職銜潘仕豪監生李性護送至甯波轉運至省賫冊投收並將前領文凴附呈繳送等情臣遂檄飭巡洋舟師逐程探護並飭署甯紹台道侯前項砲械運到即另行換船運省交收茲據該署道段光清等換僱船隻派委文武員弁兵役由乍浦嘉興等

處運送到省並據該員親屬賫送砲械清冊同吏部
文凴呈請驗收前來臣當將運到砲械按冊點驗均
屬相符酌提演試槍砲均極靈便刀矛等項亦聞知
較為堅固洵皆精良利用現因各路警報迭聞各防
閩知紛紛請領已由籌防局解往防勦伏查該員因
福建江西同時告警浙省阨要籌防亟需砲械守禦
一經接信即由江西折回原籍不惜重貲採買鑄練
迨奉
旨開缺仍復竭誠圖報不敢稍事延緩於數月之內即將

砲械等項獨力辦䕶約計所需不下二萬兩其慕義
急公力圖自効實非尋常捐輸可比查該員到任遲
延業准部議係正途出身以知府借補可否仰懇
聖主逾格鴻慈准予開復原官另候
簡用之處出自
恩裁除將砲械清冊同繳到文凴咨送吏部核銷並抄冊
分咨兵工二部查核外所有前任浙江運司在籍捐
製砲械觧浙備用緣由臣謹繕摺具
奏伏乞

皇上聖鑒訓示謹

奏奉

硃批另有旨

管解礮械之職員監生請奬

再管解前項砲械之八品職銜潘仕豪監生李性由海來浙將砲械交收後正擬回粤適因道路不通在浙守候復將製造砲械之法指示浙省營員察其議論甚為熟悉臣查自粤至浙海道悉屬外洋計程不下數千里該員等親歷波濤不避危險其管解各項砲械毫無缺損貽誤亦屬著有微勞可否仰懇

恩施准將八品職銜潘仕豪准以八品之府經歷縣丞歸

部銓選監生李性

賞給六品頂戴以示鼓勵之處出自

逾格鴻慈臣謹附片具

奏伏乞

聖鑒謹

奏奉

硃批另有旨

領運出力人等請獎 附清單

奏爲查明上屆海運案内領運出力之沙衛各船商埠

人等恭懇

天恩量加鼓勵仰祈

聖鑒事竊照咸豐二年浙漕初次試行海運僱募商船經

臣議

奏章程查照蘇省成案以運米之多寡定獎叙之等差

除一萬石以下在外分别賞給匾額外其自一萬石

至五萬石以上應請分别給與職銜若已捐至五品

另行酌獎均俟漕粮兑竣再行核辦欽奉
諭旨允行遵經臣等將急公倡募之江浙紳商及領運出
力之甯波船埠各局書吏開单奏蒙
恩准奨敘惟尚有同時領運之上海商埠及沙衛各船因
上海未平類多遷徙一時未能開報於前摺内聲明
俟查明另行辦理在案兹據海運省局各司道將上
屆海運裝米較多之沙衛各船商並出力牙埠人等
查明開摺詳請
奏獎前來伏查浙省咸豐二年漕粮試行海運募商攬

載最為緊要甯波雖有船局而米多船少裝載不敷
經臣督飭司道轉飭紳董委員前赴上海廣為招徠
沙衛各船踴躍應募抵滬受兑裝運較多該船商復
親身押運涉歷重洋額米清交毫無貽誤牙埠人等
經理船務亦皆不避辛勤抒誠効力均屬急公奮勉
臣謹遵
奏定章程擇其實在出力者繕具清單恭呈
御覽可否仰懇
天恩一體准予鼓勵出自

鴻施除飭取年貌三代籍貫各冊另行咨部查核發給執
照外理合恭摺具奏伏乞
皇上聖鑒訓示謹
奏奉
硃批另有旨

謹將浙省咸豐二年漕粮海運案内急公領運之沙
衛各船商埠人等註明實蹟分别米數開单恭呈
御覧
天津縣監生錢鏞上海縣八品職銜王慶清
以上二員各載米四萬餘石均屬急公承運載米數
多查照蘇省成案均請
賞給六品職銜
元和縣理問銜祝繡紳嘉定縣船商金鳳岐上海縣
船商李鴻藻侯官縣船商鄭湘

静妙齋

以上商船各載米二萬餘石親身押運查照蘇省成

案祝繡紳應請

賞加五品職銜金鳳岐李鴻藻鄭湘應請

賞給八品職銜

上海縣附生艾恒錦船商李曾廸黄潤基崇明縣船

商陳翔鸞嘉定縣船商鄭桂森周日幹胡世林秦斐

朱定華東臺縣船商繆恒春甯河縣船商李樂善天

津縣船商錢湘歸安縣船商蔣錫琛烏程縣船商沈

承恩寶山縣船商萬錫藩沈錫曾吳縣船商葉盛瑾

江陰縣船商蔣文泰鎮洋縣船商朱慎典
以工商船各載米一萬餘石親身押運查照蘇省成
案艾恒錦應請
賞給八品職銜李曾迪黃潤基陳翔鸞鄭桂森周日幹胡
世林秦斐朱定華繆恒春李樂善錢湘蔣錫琛沈承
恩萬錫藩沈錫曾葉盛璜蔣文泰朱慎典應請
賞給九品職銜
寶山縣牙行帮夥萬洪學青浦縣牙行帮夥朱洪良
以上各牙埠經理船務扦驗交兑毫無貽悞著有微

勞應請

賞給從九品頂帶

撥濟防費

再浙省捐輸銀兩撥濟防剿經費前已附片

奏明第四次提用捐輸銀十三萬兩交籌防局濟用在

案查本年秋間賊匪屢竄徽甯經臣分别委員督帶

兵勇前往應援並因杭屬之於潛昌化湖屬長興縣

之四安鎮嚴屬之淳安遂安等處均與徽甯接壤復

又雇勇添防一切用項較前倍增值此經費支絀之

時雖經臣節次飭局樽節動支但原防各路兵勇共

有十餘處之多應支粮餉本屬不少嗣復募勇添兵

並浙省派赴嶶甯上海三處軍營防剿兵勇所需軍
火鉛丸口粮等項勢不能不源源接濟而嶶州甯國
二府又以軍餉缺乏屢請浙省撥解濟用維時堵剿
情形萬分緊急臣何敢過分畛域稍存膜視每處又
撥解銀數萬兩統計支應本省協濟隣省數月以来
續又提用捐輸銀一十萬兩錢三十餘萬串先後飭
撥籌防局分別支用除將捐項繳清已據開送履歷
各員另行
奏咨彙請奬叙外合將續支捐輸銀錢撥濟防費緣由

謹附片具奏伏乞

聖鑒謹

奏奉

硃批知道了

交卸復用前任銜名關防陳奏

再臣自十月間病體稍痊以後當將應奏事件先後

恭摺具

奏在案嗣新任撫臣何桂清抵浙於十一月十五日接

印任事臣即於是日交卸除將地方公事照例移交

新任接辦外惟臣任内尚有經手事件應行由臣具

奏者數月前因病未能清理近已連日陸續核案定

稿可以繕發若將各件一併移交新任輾轉覆核必

致多延時日問心尤覺不安况撫臣何桂清所需帮

辦摺奏幕友臣代為延邀素日相信之舊幕因病回
里近甫痊安約計日內方能來署更未便延擱以俟
臣既卸篆自無日行公牘可以專心辦完摺奏因與
何桂清面商凡舊事已經核稿可以奏結者仍由臣
一手經理兼填前任銜名借用浙江巡撫關防一併
拜發動身後賫摺差旋遂次接奉
批諭即恭錄咨行到浙以歸案牘照向来交卸後之樣辦
理此外尚有嶶甯防剿及本省剿除土匪文武員弁
著有微勞應行奏奬者更須由臣核定具奏方不至

有冒濫自奉到升任四川
恩旨即飛催各路速稟前來數日内已陸續稟到其中尚
有應行查覆者約計數日内即可覈實具奏其奉
旨飭查事件亦即一併覆奏此次臣起程當在臘月初旬
比往届較遲半個月者實因兩年防堵已辦之情節
既多未雨之綢繆尤急勉竭血誠稍幸地方安固
上蒙
聖主期許之深下繫蒼生屬望之重此時身將離浙心仍
在浙惟有勉效前賢必告之忠披肝瀝胆與新任撫

臣切實商之現在漕務方興前調赴餘杭之兵已陸
續撤回各屬亦俱安靖而操縱緩急關係正在此時
何桂清虛衷詢問臣細不遺臣又何敢遽行舍去也
察看情形當此新舊交接之際各路軍營防所皆不
免有觀望何桂清於抵任後詢悉一切即函札頻頻
開誠布公飛示各路一切援兵濟餉悉照舊章辦理
得用之人皆以心腹待之而各該處未接到函札之
先咸存疑慮即如金陵大營之餉上次逆匪將由滆
化鎮句容一帶竄下蘇常官兵整備堵剿而苦於無

餉難以啓行倘浙餉遲到三日蘇常已不可問故此
次聞新任撫臣到後向榮彭玉雯許乃釗各飛信致
何桂清謂今年來僅收江西解到十二萬江蘇解到
二十萬幸浙江按月六萬無缺以後囑即仍前籌濟
急切之情具見乎詞並云彭玉雯要來浙面懇等語
其巖甯官紳有親來浙者有具禀請示者即本省防
所亦有來省三面禀明者非俟各路接到新任函札
知何桂清之不分畛域與臣同心臣又何能安然在
途也既未能即行所有未奏事件正當趕緊繕發以

清積牘而贖前愆當此多事之時惟以公事為重何
敢拘文牽義致滋貽誤至臣舊恙已痊精神漸次復
元可以工紓
眷注理合附片謹
奏伏乞
聖鑒謹
奏奉
硃批知道了

臬司請休

奏為前任臬司自揣日形衰頽恐誤公債事稟請奏懇

天恩准予休致恭摺奏祈

聖鑒事竊本年九月十五日奉

上諭浙江按察使黄樂之着來京交吏部帶領引見晏端

書著補授浙江按察使等因欽此當即轉飭欽遵去後

嗣據黄樂之稟稱粤東下士一介庸愚由七品小京

官歷任中外垂四十年去年由閩臬調任浙江時值

逆匪竄擾江南逼近浙境委赴平望一帶籌辦防堵

隨即旋省署理藩篆維時精神尚健猶堪勉力支持
本年入夏以後精力較前頓減秋間逆氛擾及東壩
等處邊防萬緊復赴湖州府屬之四安地方督防力
疾從公不敢懈忽乃因積勞愈形困乏回省後益覺
委頓因思臬司任大責重深虞貽誤正擬稟請開缺
適奉
諭旨着令來京引
見當經交卸臬篆應即遵
旨起程北上第自揣年老日形衰頹進京後如蒙

恩賞差使深恐悮公僨事獲咎滋深情雖殷於戀
主年已迫於古稀未効涓埃抱慙衾影再四思維惟有禀
請據情入奏籲懇
天恩准予休致回里感戴永無既極等情前來臣查該臬
司於上年春間到浙即值金陵鎮江失守之後察其
年紀雖老精力尚健督防係臬司專責當即委赴平
望會同武職大員籌辦防堵嗣復欽奉
諭旨飭令署理布政使遵即調令回省接署藩篆該司心
地醕厚搽守清廉其老成持重尚足以資坐鎮署理

將及一年正雜款目繁多催科未能起色該司亦知

其繁難本年正月間即有倦飛思還之意適新任布

政使韓椿抵任該司仍回本任刑名尚無貽誤幕友

中有積壓公事者臣諭令嚴切督催亦俱一一觧院

至七月間逆匪竄擾東壩嶺徽甯臣以該司年老未便

令其督兵出省該司殊切不安當即委令帶勇一百

餘名前赴本省四安彈壓防兵追甯國賊追四安之

防稍緩即調該司先行回省據稱在防籌畫精力寔

形委頓若再以衰朽之年戀棧奉職必致有誤臣察

其精神亦覺較前尤減正在具奏間適奉
諭旨着令赴部引
見即據稟請乞休等情其年老衰邁難耐勞苦自係實在
情形可否仰乞
聖恩准予休致免其北上出自
逾格鴻慈謹會同閩浙總督臣王懿德恭摺具
奏伏乞
皇上聖鑒訓示謹
奏奉

硃批另有旨

臬司捐造礮位請奬

再前浙江臬司黄樂之在任時因浙省防堵喫緊各處需用大砲甚多於本年夏秋間自行捐廉鑄造一萬觔重鉄砲二位三千五百觔重鉄砲二位車輪架蓋俱全禀請驗收備用經臣飭運至江濱親爲試演鐵性堅光施放靈便當即收局撥用按照例定工料核需銀二千一百二十一兩零該司以受

恩深重涓埃未報不敢仰邀

奬叙惟念

天恩高厚凡有毫末輸將無不
渥沛恩施今該前司業經另稟乞休其在任時所捐砲位
寔屬情殷報効可否仰懇
逾格鴻慈
賞加優獎之處恭候
恩裁理合附片具
奏伏乞
聖鑒至前項砲位係屬捐辦應請免其造冊報銷合並陳
明謹

奏奉

硃批另有旨

副將田大武等在防病故請卹

奏為營員先後出省防堵積勞身故籲懇

天恩勅部議卹恭摺奏祈

聖鑒事竊自粤匪竄擾金陵鎮江復犯安徽江西等省浙

東西各路均須派撥官兵分頭防堵所有蘇州府屬

之平望勝墩地方為入浙扼要處所臣於三年三月

間將調防安省之帶兵官嘉興協副將田大武由宿

松調回令其帶兵在嘉湖二府居中策應旋又派赴

蘇省之平望地方駐紮以備防勦四月間復調派處

州鎮標右營遊擊許延慶赴平望勝墩帶兵駐防又
嚴州協左營守備陳際泰先于上年正月因湖州府
所屬之四安鎮與安省廣德州毗連派令該員前赴
四安防堵五月内復調防平望勝墩八月調赴蘇州
由兩江督臣派防崑山本年二月嶶州府之祁門失
事又調赴嚴州駐紮以備進援嶶郡又上年上海失
守查有江蘇松江府所屬之東洨地方為入浙要區
並調護理台州協中營都司事右營千總張福山帶
兵隨同武職大員及文員前往防堵各在案詎田大

武于上年十一月二十六日在平望防所病故陳際泰于本年三月十一日在嚴州防所病故許延慶于本年六月二十六日在滕墩防次病故張福山于本年七月二十九日在東茭防所病故伏查浙省文員帶兵出省防堵如前護臬司之杭州府知府余士璨於上年十月間在平望防所病故經臣奏奉

恩旨准照軍營病故賞卹文武事同一律令該四員先後督帶官兵出省防堵訓練嚴明兵勇帖服誠將備中不可多得之員均因在防一二年之久積勞成疾相

繼云亡殊堪痛惜可否將嘉興協副將田大武處州
鎮標右營遊擊許延慶嚴州協左營守備陳際泰護
理台州協中營都司事右營千總張福山均予援照
軍營病故之例籲懇
天恩勅部議卹之處出自
逾格鴻施理合恭摺具　奏伏乞
皇上聖鑒訓示謹
奏奉
硃批田大武等均著照軍營病故例議卹該部知道

委員防堵
再上海逆匪滋事以來經臣調兵募勇於蘇省松江
府所屬之東汶地方扼要防堵所有該處防務前經
附片
奏明派委嚴州府同知裕祿前往督辦嗣因裕祿患病
回省旋即身故臣查東汶防所一切約束兵勇支發
塩糧等事均關緊要未便乏員經理查有金華府永
康縣知縣湯成烈才具勇幹當即委令該員馳赴東
汶接辦在案據藩司具詳前來理合附片具奏伏乞

聖鑒謹

奏奉

硃批知道了

請以丁憂同知留辦局務

再前因粵匪擾及隣境浙省毘連各處經臣調撥兵勇嚴密防堵並遵部行勸捐備餉在於省城設立籌防捐輸各總局凡支應盐粮勾稽款項及查覈捐例等事在在需員經理前經札委台州府同知朱緒曾候補盐大使史詰在籌防局勷辦該員等自派委以來始終勤慎諸事可靠現均聞訃丁憂例應回籍惟該員等各有經手事件應請暫留在浙辦理局務以資熟手又分發浙省候補府經歷李福謙先因丁憂

回籍旋復遊幕来浙派令該員在捐輸總局辦理文

案閲今載餘頗為得力查該員現已服闋本應赴浙

候補現飭就近起復留浙補用據籌防捐輸各局司

道具詳前來除檄飭遵照並咨吏部暨各該員原籍

撫臣查照外理合附片具奏伏乞

聖鑒謹

奏奉

硃批知道了

委署縣缺

再浙省辦漕之時糾衆圖抗如石門歸安等縣從前曾經釀成大事況上年因蘇省漕糧改征折色未能全漕起運民間刁抗之風甚熾浙之嘉湖所屬各縣壤地相接糧户效尤征收棘手幸將糾衆圖抗首要各犯屢次拏獲盡法懲辦其風漸息而各州縣征收之時亦未便動輒請兵總在操縱緩急控馭得宜臣於兩屆漕務得以辦理無悮者重在州縣得人上年因州縣本班乏員委署曾經咨明吏部暫以未經保

荐之佐雜代理令年分發浙江候補知縣已陸續到
省除已經委署各缺外其餘在省候委之員於漕務
未能熟悉勢難稍事遷就臣與司道再四遴選查有
曾經代理石門縣之候補縣丞馬桂林老成諳練於
嘉興漕務最為熟悉上年在石門任内征收漕粮即
於年内首先運赴劉河以後銀米俱能源源旺觧令
因嘉善縣顧準委署山陰縣應請即以該員代理嘉
善縣又有在湖州當差之留浙補用縣丞周貽緩在
湖州年久屢次隨同署湖州府王有齡到各縣催漕

於湖屬收兑諸事情形尤熟因德清縣漕務最難辦
理需員署事據湖州府稟稱請即以捐升縣丞留浙
補用之周貽綬委令代理於漕務大有裨益臣以漕
務緊要首重得人未便拘泥惧事當與司道公同商
酌意見相同即經批飭遵照暫行委代在案兹據藩
臬兩司具詳請
奏前來臣謹會同閩浙總督臣王懿德附片具奏伏乞
聖鑒謹
奏奉

硃批知道了

就地正法各犯

奏爲先後拏獲奸細及水陸各案搶刦匪徒就地正法

恭摺彙奏仰祈

聖鑒事恭查前奉

諭旨現當剿辦逆匪之時如有土匪嘯聚成羣肆行搶刦

該地方官於捕獲訊明後即行就地正法等因欽此浙

省自上年設防以來鄰烽迭警水陸地方遂有不法

匪徒嘯聚搶刦當即嚴飭員弁添派兵勇分别剿捕

節經各屬先後拏獲匪犯多名訊明具報前來臣詳

加覆核其情節較重均批飭就地正法先後分别
奏明各在案嗣據嘉善縣稟報署紹興府知府繆梓在
東浚防所緝獲匪犯方茂華陳裕二名起獲鎗刀等
件訊係聽從上海逆匪滋事又據嘉善縣詳報督辦
上海軍營金華府知府石景芬拏獲上海奸匪唐阿
寶李海二名訊認受雇從賊探聽軍情又據平湖縣
稟獲盜犯林鳴揚吳阿二李阿范李阿明邵阿有林
阿二王京受等七名訊認行刦事主汪德新等家俱
入室搜贓又據平湖縣稟獲盜犯胡阿三一名訊認

該犯起意糾同在逃之袁阿二等行刦事主戚金和等家該犯入室搜贓袁阿二等在外把風又據烏程縣詳獲盜犯張阿三等三名訊認該犯為首糾同王阿二並在逃之錢長青等雇坐現獲之褚濰保船隻迭次行刦邵元吉等家褚濰保僅止搖船又據孝豐縣報獲盜犯余三嬉等八名訊認該犯起意糾同陳阿幅沈有聲並在逃之蘇州阿齊等行刦事主顧仁昌等家並拒傷顧仁昌李得順李阿六李五一在外接贓陳阿度蔡作心在外把風又安吉縣詳獲盜犯

吳阿大等三名訊認該犯等聽從在逃之夏狗髻鬍等行刦事主盛朝璽家吳阿大夏狗髻鬍入室搜贓童小牙與在逃之吳并牙在外接贓王阿大在路口把風又烏程縣詳獲盜犯姚阿毛一名訊認該犯起意糾同在逃之王阿祥等行刦事主俞正其家該犯入室搜贓又象山縣稟獲盜犯尤金漬等五名訊認該犯起意糾同丁阿五及在逃之龎加倍阿虎利等在西周港内洋行刦事主沈鰲等船内衣物葉阿盛尤先得在本船接贓尤志堂同在逃不識姓名癩頭

在本船服役又象山縣稟獲洋盜陳仲滎等三名訊
認該犯起意糾同李幗章王加魁及已被格殺之張
十二等出洋行刦擄人勒贖又稟獲洋盜林西長等
七名訊認該犯起意糾邀現獲之陳雨海林長脚三
王小有林小和尚林佬大茂徐太等並已被官兵格
殺之王阿春等七名一共十四人出洋迭刦五次并
拒殺鄉勇謝春美等四名茂徐太僅止被脅服役又
稟獲洋盜陳西仁等十四名訊認該犯糾同陳小三
陳西連張幗風方幅清王四海沈阿二林長茂在洋

行刦并拒殺鄉勇三名張法金朱起嗣張阿三林添
表張彩沅僅止在外接贓陳庭木在船服役又據詳
獲盜犯葛阿乂等四名訊認該犯糾夥林葛郘疋黄
阿中並被官兵格殺之王阿漂等八名一共十二人
在洋迭刦事主詹寳興等行船拒殺舵水胡庭桂葉
庭豐身死郘疋僅止接贓一次黄阿中僅止服役又
據定海廳稟獲盜犯劉家球等四名訊認該犯起意
糾同桂莒金劉美炳魏順德並在逃之魏得寳張全
發行刦王明松等客船致事主五人驚慌淹斃劉家

球桂莒金摟刦拒捕劉美炳魏順得並在逃之魏得
寶僅止接贓張金發僅止摇船又鎮海縣詳報會同
定海廳並營弁擊沉盜船一隻拿獲拒傷官兵盜犯
林大時等十三名訊認該犯糾同陳崇錫毛朝宰陳
阿三李洪川蘇阿三陳啟標並已被官兵格殺之王
老五等六名在洋行刦周大先等貨船林大瀶顧文
壬僅止在外接贓林小戎方其然林大生方金富在
船服役又慈谿縣稟獲盜犯羅小白眼等三名訊認
該犯起意糾同方包沅王阿太並在逃之洪阿元等

行刦事主朱賚翁新如邵成氏等家王阿太僅止把
風一次又定海廳稟獲盜犯竺直揚等十二名訊認
該犯起意夥同周唔叨王大文陳阿小沈繼能孫春
茂夏玉和與已獲病故之林阿三汪繼大蔡阿四賴
阿沅王文錦在逃之金春在洋行刦沙船贓物竺直
揚王大文周唔叨過船搜贓餘犯僅止接贓一次又
據定海廳稟報會營擊沉盜船一隻拿獲王潮清等
十五名訊認該犯等聽從已被官兵格殺之李老通
起意王潮清顧洸容李阿五陳工有張阿四李洸泳

張金潺張榮帮餘在洋行刦商船擄人勒贖王生蘭朱
華中朱正癸葛丙冬顧洸滿邢均第張均倍被逼服
役又據鄞縣詳報首民温幗香等拿獲洋盜陳從炳
等五名訊認該犯聽從在逃之孟小狗糾夥在洋行
刦密光有等商船陳阿清林鍾泳胡茂浦陳紅玉被
脅在船服役又據鄞縣詳報格殺洋盜林阿四等六
名拿獲李阿丁等十三名訊認該犯等聽從在逃之
林青海為首李阿丁江法月李阿藍陸阿乃蔡阿槐
曾連春夥同在洋迭刦葉汶法陳阿珠葛昭弟葉阿

連葉月正呂阿門陳坤洪上船服役又據象山縣稟
報會營斬取洋盜陳金漋等首級五顆拿獲項金春
等十二名訊認該犯起意糾夥項潰明項幅金林老
凝陳世洛柯開潰陳金漋柯世海何世發隴黃公柯
其再周得烟在洋迭刦商船陳世亦訊止服役又據
象山縣稟報拿獲洋盜林升才等三名訊認該犯糾
同項正隴林觀英並拒捕格殺之林上力陳烏皮並
在逃之程中節三等在洋迭刦得贓捉人勒贖又餘
姚縣稟獲盜犯鄭阿七等三名訊認該犯起意糾同

應有德吳高金並已被格殺之王玉鍾葉遇風陳阿
富并在逃之朱湖鏘等行刦事主黄大銓家鄭阿七
拒傷事主應有德等在外接贓又餘姚縣詳報拿獲
盜犯王阿法等四名訊認該犯並王阿四周川梅陳
四基聽從在逃之張海彩搶事主朱景燦等家陳四
基在外把風又山陰會稽二縣詳獲盜犯李世祥陳
世安王成有韓阿曾四名訊認該犯等糾同在逃之
顧士安瀨子等行刦事主姚庭傑顧等家又臨海縣
稟獲地棍林成均四訊認先用竹鎗放傷吳世美身

死獲案因郡城大水監房被淹該犯凫水逃回後復
敢持械強搶陳丹書家贓物及傷陳丹書之祖母陳
胡氏又黄巖縣詳獲棍徒蔣松木訊認迭次夥衆搶
奪胡連寶等米石錢文捉人勒贖又蘭谿縣稟獲搶
犯潘祖起等十名訊認該犯起意糾同已獲之潘紹
海倪石幅卲行華卲小有卲信志潘登高董春發潘
春妹董唐仂等並在逃之潘祖發等搶奪事主張芊
耕棉花洋銀董唐仂臨時畏懼不行僅止事後分贜
又湻安縣會營拿獲盜犯唐達祥等七名訊認該犯

等聽從已獲畏罪服毒身死之胡遲娜起意糾邀現
獲之盧泳青江文大姚新喜宋路大唐桂釐胡初彩
并已死之胡田雲黃招寶及不識姓名多人連刦事
主邵永順油車唐達祥拒殺邵姓帮工邵五進盧泳
青拒殺邵咸舉又據平陽縣稟獲盜犯陳銀弟等四
名訊據該犯起意糾邀薛明珍吳弟張阿環行刦事
主潘敷鄂家陳銀弟薛明珍入室搜贓吳弟張阿環
在外接贓又瑞安縣報獲盜犯蘇阿臣鄭阿春王阿
建徐興旺葉大謨等五名訊認行刦事主項挺芳家

并拒傷官役又永嘉縣報獲盜犯處州姆兒林玉松
吳沛錫朱金松四名訊認行刦事主項慶恩等家又
樂清縣報獲盜犯胡淞盛等五名訊認該犯起意糾
同盧應淞盧應載鄭矮頭陳賢淞行刦羅漢寺入室
搜贓已獲病故之阮爲碌胡丙才在外把風又瑞安
縣稟獲盜犯洪正土一名訊認該犯爲首糾同在逃
之陳潮發等出洋行刦客船貨物復行刦許凑春家
又景甯縣報獲盜犯鍾青等十六名訊認該犯起意
糾同雷仁才行刦事主張秉榮染店入室搜贓雷藍

進舒世奶雷發雷金生雷勝才劉日炎劉世奶並在
逃之石張才陳三海在外接贓邱湖耀嚴五青雷錫
仁老周雷石發在路口把風各等情先後稟報前來
共計各該道府廳縣會營拏獲匪犯一百九十餘名
臣逐起查核該道府等於獲犯到案之後業經提同
案證事主細加質訊起有贓物者亦均給主認領各
犯通逆搶刦滋擾供證俱屬確鑿毫無疑義内除褚
淮保等八十餘犯情罪稍輕照例辦理外其餘方茂
華等犯或甘心從賊或結党肆搶或逞兇拒捕致斃

事主鄉勇均屬嘯聚土匪例應斬決斬梟即或所糾
夥党尚少與嘯聚有間而核其所犯情罪亦均干斬
決當茲籌防喫緊未便稍稽顯戮當即查照成案欽
遵
諭旨將方茂華陳裕唐阿寶李海林鳴揚吳阿二李阿范
李阿明邵阿有林阿二王京受胡阿三張阿三王阿
二余三嬉陳阿幅沈有聲吳阿大姚阿毛尤金潰丁
阿五陳仲滢李幗韋王加魁林西長陳雨海林長脚
三王小有林小和尚林佬大陳西仁陳小三陳西連

張幗風方幅清王四海沈阿二林長茂葛阿乂林葛
劉家球桂葛金林大時陳崇錫毛朝宰陳阿三李洪
川蘇阿三陳啟標羅小白眼方包沅竺直揚周唔叻
王大文王潮清顧洸容李阿五陳工有張阿四李洸
泳張金漲榮帮餘陳從炳李阿丁江法月李阿藍陸
阿乃蔡阿槐曾連春項金春項潰明項幅金林老甯
陳世洛何世潑隴黄公柯世海柯開潰柯其再周得
烱林升才項正隴林觀英鄭阿七王阿法王阿四周
川梅李世祥陳世安王成有韓阿曾林成均四蔣松

木潘祖起唐達祥盧泳青陳銀弟薛明珍蘇阿臣鄭
阿春王阿建徐興旺葉大謨處州姆兜林玉松吳沛
錫朱金松胡淞盛盧應淞盧應載陳賢淞鄭矮頭洪
正土鍾青雷仁才一百十五犯分飭該府廳縣就地
處斬仍將例應梟示各犯傳首海口及犯事地方懸
竿示衆以昭炯戒其餘夥盜褚淮保等仍各歸案分
別擬議照例觧勘辦理已死之王阿春等因拒捕致
被格斃應毋庸議各案逸盜嚴飭水陸營縣及巡洋
舟師一體勒緝務獲究辦以除強暴而靖閭閻所有

拏獲各處匪犯審明正法緣由謹會同閩浙總督臣
王懿德恭摺具
奏伏乞
皇上聖鑒謹
奏奉
硃批知道了

大員捐輸請給議叙附清单

再歷届大員捐輸銀兩均自行聲明不敢仰邀

甄叙兩我

聖主鴻施不論大小官員報效俱交部議敘並蒙

加恩賞延於世令署將軍巴彥岱藩司韓椿與臣同城共

事寅恭悉協稔知其子姪俱安分舉業練習騎射清

語正圖勉力當差該員等所捐銀兩如蒙

聖恩給予議叙可否

勅部即照現捐銀数核給各該員子姪官職之處出自

逾格鴻慈臣謹附片具
奏並擬將其子姪請叙官階職銜另繕清单恭呈
御覽伏乞
聖鑒飭部核叙謹
奏奉
硃批另有旨

謹將署將軍並藩司所捐銀兩查覈例案擬請議叙
各子姪官階職銜繕具清單恭呈
御覽
計開
監生積生監生積忠均係署將軍副都統巴彥岱之
子可否懇
恩以驍騎校用
河南補用通判保賢係藩司韓椿之子可否懇
恩賞給同知銜

廩生韓光緒已滿門千總保善係韓椿之姪監生鳳

翽係韓椿之姪孫可否懇

恩將韓光緒以復設訓導分缺簡用保善以營守備雙月

即用鳳翽以門千總雙月即用

以上請叙各員名業將已彦岱所捐銀一千兩韓

椿所捐銀三千兩核計捐輸請奬例案均屬有盈

無絀合併聲明

晉江黄尚書公全集卷二十目録

奏疏二十 任浙江巡撫奏議

海運案内出力之紳董等請奬附清單

鎮海縣捐建石塘之士民請奬

查覆上海道吳健彰被絫各情

徽郡歸浙管轄並查覆各事

臬司審辦命案扣限錯誤

鹽茶各商助餉

應保人員列單移交後任

晉江黄尚書公全集卷二十

男貽楫謹輯

姪貽杼恭校

奏疏二十 任浙江巡撫奏議

查閱營伍移交新任

奏爲奉

命閲伍正值防堵喫緊官兵征調較多惟就省外設局操練隨時考校以期振作未能歸入大閲案内辦理謹據實陳明請

旨仰祈

聖鑒事竊臣于咸豐三年二月初七日准兵部咨奉
旨本年輪應查閱浙江營伍之期著派黃宗漢逐一查閱認真簡校等因欽
此臣查水陸營伍各有捍防之責全在將弁督率認真訓練俾有名有實
一兵得一兵之用臣自前任浙江臬司時即諗知浙兵柔弱整飭非易緣浙省
營制凡大小武弁升遷調補悉由閩浙總督主政離浙較遠聞見難周即
遇巡閱之期不過數年一次疲玩將弁往往陽奉陰違平日毫無教練粉
飾一時照例敷衍陣式以壯觀瞻而已巡撫雖近在本省但有節制之名不
操升調之權故前此歷任巡撫每以整頓營務為難臣深知其弁是以
于二年秋到巡撫任時即于冬令為始將在省官兵責令日逐

捺演臣時赴教場親為校閱並擬札調省外各營之
兵輪流來省一體演習幸于三年春欽奉
恩命畀以閱伍重權亟思力挽頹風稍圖報稱當于接奉
諭旨後恭錄移行欽遵一面即擬出省次第查閱適江南
警報迭至人心皇皇四面籌防吃緊在省居中調度
勢難奔馳四出況各營官兵欲令轉弱為強豈一時
較閱所能收其實效必先責令勤加練習積日累月
賞其精銳汰其老弱使之知勸知畏方能漸漸起色
當于省城設立練兵總局先就通省各兵擇其尤為

靜妙齋

勇敢技藝可以造就者約有二三百名諭令常川在
局札調署紹興協副將王玥慶來省會同前署杭州
協副將毛亮署臣標中軍叅將和致總司教練即經
奏明在案嗣復飭令省中撫杭城水四營各設分局
每局各練兵數百名又于浙西之嘉湖二府及浙東
之甯波衢州亦照此調集數百兵在郡教練此外或
派赴各防及派防本境者即飭在防練習其並未調
防並本境未經設防之紹興金華處州各營按存營
兵數擇其年力精壯者每營挑選二三百名來省交

總局一體教演遇本營有緝捕要務仍隨時飭令回
營惟查兵丁每月所領銀米家口較多者或不足以
資養贍故于循例差操之外皆專騖别業以經營度
日臣每在教場考閱之時與各兵談生計每日農工
所得有數十文者有百文上下者令其終日在局
即不能别事謀生自宜量予體恤酌加口粮俾得專
心練習心專而技熟工夫時見長進久之自覺踴躍
矣至于操演之法古人陣圖式樣原不可廢而相沿
日久各營于一二圖式幾至視為具文自當切實講

求現在搽練精兵專備各處征調為打仗殺賊之用

尤須因時變通臣屢次與

欽差大臣向榮往返書函講求目前制勝之方所得向榮

來書示以臨陣兵法皆經按其層次布置駐紮進剿

出奇設伏各机宜手加詳細註解札行各員弁兵勇

均抄一張口誦心維俾無淆亂大抵臨陣致遠當以

火器為先槍砲之外尤以噴筒火箭火罐火藥包最

為得力該逆每以詭計釁我火藥刀矛拳棒尤所以

濟火藥之窮南方之馬地勢難以馳騁而弓箭亦不

可偏廢總以此数端技藝日日演習技疎者責令勤
學惰慢者立予除名別其優劣示以賞罰臣復督率
練兵委員親為考核一批練熟再調一批隨時更易
除先後派赴各防外現在駐省由局操練兵勇除各
勇四五千名外省城之兵有千名外營之兵有千餘
名即以操練之兵作為防堵省城及策應各路之用
名為加給口粮實則支銷防費其餘若調征調防各
兵凡經過省城者臣亦逐起查閱統計先後裁汰老
弱之兵已不下数百名此外杭州乍浦駐防滿營官

兵均經署將軍杭州副都統巴彥岱乍浦副都統穆
克德訥勤加督捺無時鬆懈即如杭州駐防滿兵自
上年春聞警以來城上城下晝夜支住帳房防守砲
位稽查奸細至今絕無間斷又有精壯之兵數百名
如聞警臣應出省剿賊情願隨臣出征又有兼練各
技之兵數百名造冊送臣閱驗年力精壯技藝優嫻
人人皆思同仇敵愾又如乍浦之兵上年因省中防
堵吃緊經調來省協防悉係年壯技強堪以禦侮自
上海失守後乍浦與之逼近本年粵東盜艇竄及乍

洋均經穆克德訥不分畛域親率滿兵督飭綠兵以
防水陸盜竊地方藉以安靖其水師各兵臣以四面
籌防未能閱視水操除調赴鎮江及調防演砲外餘
俱分洛水師提鎮一律練習計自設局練兵以來將
及兩載節次汰除老弱教練精壯各營官兵皆知臣
有校閱之權尚不敢玩泄從事察看營務尚有起色
惟臣于上年二月間奉
命閱伍原擬俟防務稍平即行出省詎意上年江鎮今秋
嚴甯等處節次警報時聞日夜籌防深慮一經離省

浙東西相距道遠不免顧此失彼且查各營官兵半
係防剿他出本汛緊要之地又不便調開存營各兵
無多即使按臨亦不能全行考校臣本可援照成案
先行具奏展緩然遲遲未敢即奏者誠恐省外各營
一聞停閱之信未免心存怠惰故臣雖未能出省仍
不時札飭營弁預備校閱使知警惕而不致懈弛現
就臣閱過各營調省練兵及調赴防剿過省官兵計
數業已不少但究未全營通閱未便歸入大閱案内
辦理令臣已交卸撫篆應遵

旨即赴川督之任所有咸豐三年奉
派閱兵差事可否即
飭新任撫臣何桂清校閱另行
簡派之處恭候
欽定理合恭摺具奏伏乞
皇上聖鑒訓示謹
奏奉
硃批另有旨

籌辦上海軍務

再上海日久未復臣心至為焦急凡可相助為理之處靡不盡心竭力為之該匪所以苟延殘喘負隅久據總恃外夷為接濟欲圖克復莫如斷其接濟處處嚴密方可得手臣所派金華府知府石景芬等在滬督勦南營之接濟尚易斷絕而北營駐紮地方悉為夷商屯聚辦理寔為棘手江蘇撫臣吉爾杭阿為夷人所畏服而其中陽奉陰違暗為接濟之處亦恐防不勝防臣訪知甯波商人有一楊姓在上海開張泰記

號生理歷有多年於華夷通商事宜最為熟悉即經
傳諭該商隨官設法以斷接濟後因甯波在籍翰林
院庶吉士張庭學来省謁見談及上海事義憤填胸
詢知與楊姓交好臣隨囑令該庶吉士前往上海諭
令楊姓必須出力報効如有機可圖即就近稟商江
蘇撫臣辦理嗣接該撫臣來咨已將庶吉士張庭學
及商人楊坊辦理斷絶接濟之事具奏在案近日疊
接該撫臣來信以張庭學辦理諸事不避艱險大為
得力張庭學現仍留在上海帮辦又有選補湖北督

粮道金安清前由南河差委來浙臣察其才具開展
原籍在浙江嘉善縣與上海毘連情形極為熟悉前
因斷絶接濟頗有克復之機深慮該匪勢窮竄急應
隨時添募土兵以防竄突該道力能為之當即委令
前赴上海往來南北兩營會同在防各員相機籌辦
即經咨明江省督撫臣在案刻下情形喫緊該道現
尚暫留上海又部選雲南彌勒縣知縣璩恩綬係浙
江常山縣人請假偕墓回浙適江西饒郡㣲州祁門
等處警報時聞衢州府屬之常山地處毘連防堵喫

緊該員人甚明幹先經委令親歷大小各險要踏看
形勢繪圖貼說前來俱有見地復諭令隨同地方官
籌辦團練勸捐又浙江藩庫大使孟濰由部推陞湖
南蘇陽縣知縣該員素講兵法在浙年久地勢情形
尤為熟諳前因各路防務需人尚未給咨起程以上
各員除璩恩綬經手事件已竣應即給咨赴任外其
餘各員統俟經手事竣或防務稍平再飭赴部赴任
分別辦理據籌防局司道具詳前來除檄飭遵照並
咨吏部順天府尹湖北雲南湖南各撫臣知照外理

合附片具奏伏乞

聖鑒謹

奏奉

硃批知道了

青女齋

織造捐輸米石

奏爲收存杭州織造捐輸米石擬俟新漕海運搭解赴

津恭摺具

奏仰祈

聖鑒事竊查織造臣烏勒洪額於咸豐二年四月到任後

即捐軍餉銀一萬兩蒙

恩賞戴花翎嗣於上年倡捐賑米及鎗刀軍械等件計用

銀三千五百兩奉

旨賞給泰領職銜欽遵在案兹烏勒洪額復因

淨妙齋

京倉需米甚殷捐資買米二千五百石并隨正帶交耗
食等米二百六十餘石囑臣代為運津交倉即經臣
在浙江巡撫任内驗收飭交海運省局剋至劉河交
局員歸於海運頭批米船搭運赴津倘在洋或有短
絀仍由該織造照數買補所需南北水脚經費銀兩
均已一律解交海運省局兑收濟用臣查閩省本年
海運捐米章程奏定每米一石連耗米脚價作銀四
兩二錢今該織造捐米合銀若援照閩省請奬章程
計作銀已在萬兩以上寔屬情殷報効惟該織造以

受

恩深重聲明不敢仰邀議叙由海運省局司道具詳請奏

前來臣謹繕摺具

奏伏乞

皇上聖鑒謹

奏奉

硃批另有旨

保薦杭州織造

再臣自抵浙江巡撫任與該織造烏勒洪額共事三

年其一心報

主之誠隨處可見不但歷次捐輸勉圖報効其兼管南北

關稅認真稽查偷漏送交地方官究辦總期課款無

虧每念經費支絀時切不安其應解內務府之款均

已解清南關短征之數不下一二萬極力籌補此尤

人所不能及在各關隘查拿奸細及與臣相議籌防

均於地方防務大有裨益臣不敢有所壅蔽謹附片

具

奏伏乞

聖鑒謹

奏奉

硃批知道了

酌保海運出力各員附清單

奏為海運全竣酌保在事尤為出力各員恭懇

天恩量予鼓勵仰祈

聖鑒事竊准部咨咸豐四年七月二十七日奉

上諭端華全慶奏江浙海運正漕事竣請將出力各員分别奬勵一摺本年江浙兩省籌辦海運現在正漕米石全數收兑各該員等著有微勞自應分别加恩以昭激勸浙江粮道周起濱着交部從優議敘其調赴天津委員將弁並江浙委員均著咨明各該督撫分别請

請獎等因欽此欽遵移咨到臣仰見

皇上鼓勵人材微勞必錄下懷欽感莫可言宣伏查浙省

咸豐三年漕粮仍由海運雖有舊章可循而上海未

復經臣飭據委員繆梓等探明地勢奏請改由劉河

海口起運該河道年久未修節節淤淺必須逐段與

挑且逼近上海賊氛水陸程途相距僅百餘里保護

銀米倍費周章外洋則於佘山一帶有往來防護之

勇船內河則於蘇崑一帶有周歷遊巡之精兵其在

劉河內外各局復有派往駐紥之官兵及本鎮團練

之義勇蕆之河道雖經疏濬河面將屬窄狹潮汛長
落不時兑裝時形費手因復添辦蔴袋加雇外河剝
船不獨種種經費較之上屆增多即處處分理需人
委員紳董亦較上屆尤衆至於各縣征收銀米民間
因風鶴時驚頗形觀望而不逞之徒因之滋生事端
嘉善秀水長興烏程等縣皆有匪徒糾聚俱隨時擒
捕撲滅不致釀成鉅案當四五月間兑運喫緊之時
晏端書周歷嘉湖各縣押追銀米並親駐劉河海口
督派兑裝始得無悞正漕甫竣又復代粵採買葫候

已遲風汛將過辦理尤為喫緊臣督飭司道邀集紳
董分投採買始得趕速集事現在漕白正供及搭運
清查續行採買共正耗米八十餘萬石均已安抵津
門中間偶有漂沒搶失數船俱經籌備運津及買補
交足此次起運米數較多而一切籌辦情形實較上
屆尤為喫力所有督辦總辦分辦在事各員應請量
加鼓勵除粮道周起濱已蒙
恩旨交部從優議敘不復請奬外查前署浙江布政使臬
司黃樂之現任浙江布政使韓椿各派統領局務籌

畫精詳新升浙江按察使晏端書總司省局並兼籌

各局實心實力尤著辛勤署甯紹台道前兼攝甯波

府事叚光清雇募甯波商船辦理甚為妥速惟係司

道大員

恩出

聖裁臣未敢擬請優叙所有在事各員人數衆多臣不敢

濫登荐牘亦不敢泯沒勤勞謹擇其尤為出力者開

具清單恭呈

御覽可否仰懇

天恩量予鼓勵出自
聖主鴻施理合恭摺具
奏伏乞
皇上聖鑒訓示謹
奏奉
硃批另有旨

謹將辦理海運各局在事出力及督辦本屆運務並

武職出力各員開具清單註明實蹟恭呈

御覽

省城總局

署杭州府事甯波府知府繆梓

該員有學有品遇事子細安詳不露才華上年創議

試行海運實力籌辦已著成效本屆上海未復全漕

應改道起運紛紛議論迄無定見適該員在上海浙

營督辦軍務飭令會同蘇省紳商查勘海口即力陳

劉河起運之説并將應行挑河設局事宜一併籌議
周詳嗣因奏調回省總司局務鈎稽督催任勞任怨
復籌商代粤採買米石洵屬才識兼優緩急可靠之
員臣兩届辦理海運深資其力可否仰懇
加恩將該員開缺以道員留浙補用
遇缺即選同知余鈞恩
該員襄辦局務催提銀米均無貽誤應請分發浙江
以同知補用
留浙大挑丁憂知縣馬昂霄

該員守潔才優歷署繁要素著循聲丁憂後因防務
喫緊
奏留在浙帮辦各局事務並襄辦海運採買清查米石
兑運妥速洵為實心任事之員應請俟補缺後以同
知留浙補用先換頂戴
署錢塘縣事湯溪縣知縣繆步瀛
該員勤幹有為現署錢塘縣事帮辦海運催儹銀米
僱募剥船甚為得力並將該縣銀米趕早全完為各
縣倡率應請以同知補用先換頂戴

六品銜雙月選用知縣浙江候補布庫大使陳涑候
補未入流桑樹勲
該二員辦理文案小心勤慎陳涑應請以知縣儘先
選用仍在浙候選桑樹勲應請補缺後以主簿儘先
陞用
太平縣縣丞顧錕
該員穩練通達任事寔心經管省局收支事務稽核
各屬解欵兌撥劉河天津用項精細詳審緩急合宜
尤為得力之員應請以知縣補用

玉泉場大使儘先陞用朱錫齡題補金山場大使史

詰

該二員幫辦省局收支欵項經管一切文移勤慎妥

協朱錫齡應請以知縣留浙補用史詰現已丁憂應

請俟服闋後歸候補班補用

布政司經歷龔慶五候補從九品崔栻朱昺元

該三員奉札提解銀米催儹剝船妥速勤慎辦事實心龔

慶五請加知州銜崔栻應請補缺後以應陞之缺升

用朱昺元應請

賞加六品頂戴
署鄞縣事景甯縣知縣宋純修
該員封雇甯船赶赴兑運催儹迅速毫無貽悞應請
賞加同知銜
署鎮海縣知縣李壽榛
該員到處深得民心招募甯船先期封雇取具承攬
不令取巧規避親身督率開赴劉河受兑往来河干
數月之久尤著勤勞應請俟補缺後以同知用先換
頂戴

甬東巡檢儘先陞用姚紹唐
該員在甯催儹甯船來往海口彈壓稽查不辭勞瘁
洵為得力之員應請
賞加六品頂戴
乍浦海防同知白讓卿
該員駐紮平望督辦防堵事務本届海運因改道劉
河平望為經由扼要之地上游水路淺狹各縣剝運
米石非僅容二三百石之船難以通行若聯艅並進
又慮擁擠遲滯飭令該員於各船經過先為截住挨

泊以次開行其船身過大者並即嚴飭各州縣隨時
挑換無分風雨晝夜稽查彈壓勤勞倍至應請
賞加知府銜以應升之缺升用
岑港巡檢陸世瀚試用主簿張冕候補未入流趙
清源
該三員隨同白讓卿在平望局分頭經理往來催儹
開放迅速頗為得力陸世瀚應請
賞加六品頂戴張冕趙清源應請儘先補用
劉河分局

即補知府楊裕深
該員幹練老成力肩重任上年委赴天津交米總司
局務辦理得宜本年督辦劉河總局事屬創始籌畫
精詳又代粵東採辦米石一手經理悉臻妥善洵為
結實可靠之員曾經前升任撫臣吳文鎔明保在案
臣兩屆辦理海運實資其力應請
賞加道銜俟補缺後以應升之缺升用
現署定海廳同知本班先用通判徐徵
該員幫總局務催儹彈壓不辭勞怨尤為得力應請

歸候補班補用

蕭山縣丞汪元祥陞用府經縣丞秀水縣主簿秘

雲書

該二員奉派管理局務收支銀錢勾稽款目皆能勤

慎無悞汪元祥請以應升之缺升用秘雲書尤為得

力應請以府經縣丞儘先升用

甯紹分司運副姚文墉

本届海運改道劉河該員派赴太倉州南馬頭督催

各縣米船編號稽查收放迅速頗著勤勞應請開缺

留浙以同知用

嘉興府司獄尹嘉謨鎮海縣縣丞郃慶增

該二員隨同姚文墉在太倉編查催償均屬出力

尹嘉謨應請以主簿補用郃慶增應請以應升之缺

升用

丁憂候補運副祝維則

該員雇倫剥船催償兑運守潔心細倍著勤勞應請

賞加運同職銜

候補通判汪景淯

該員查驗米色辦理認真始終不懈應請

賞加升銜

候補從九品鄭崇暄杭州府司獄沈起鵾

該二員奉派管理剝兑事務勤慎安詳鄭崇暄業已

捐升雙月縣丞應請儘先選用仍在浙候選沈起鵾

應請

賞加六品頂戴

湖州府通判江先康丁憂候補運判周李燮

該二員總理交兑事務較驗認真商船悦服倍著辛

勞江允康應請以同知升用先換頂戴周李燮應請
歸本班儘先補用
候補縣丞黄恩詔
該員奉派協同紳董俞奎管帶勇船護送沙船往來
佘山一帶涉歷重洋攻剿盜匪勇敢有為不辭勞瘁
該員現應輪補餘杭縣丞上年海運保舉應陞應請
俟補缺後以知縣用
署江蘇太倉直隷州知州蔡映斗署江蘇鎮洋縣知
縣李翰文

該二員由蘇省委令督挑劉河通利運道親駐河干
身冒雨雪不辭勞瘁辦理合宜蔡映斗應請
賞加知府銜李翰文應請
賞加同知銜
江蘇前任震澤縣知縣沈則柯江蘇候補縣丞金匱
縣主簿王汝金新班分缺先用從九品汪有勛
該三員在蘇局辦理封雇船隻移送浙局收兌催提
迅速毫無貽誤沈則柯應請俟補缺後以同知陞用
王汝金應請開缺以縣丞儘先補用汪有勛應請

賞加六品頂戴
江蘇陞用知府候補同知朱鈞候補通判李初圻
該二員幫同浙局交兑事件勤慎急公不分畛域朱
鈞應請俟補缺後以知府儘先升用李初圻應請
賞加同知銜
江蘇鎮洋縣甘草司巡檢謝德全
該員由蘇省委護浙江海運内外局親帶差役晝夜
巡查地方安貼頗著辛勤應請開缺以主簿即補
天津分局

静妙齋

題補台州府知府葉堃

該員老成練達在嚴州督防日久因本屆海運緊要

派令赴津總理局務專司文案悉出親裁督辦内外

兩局一切銀米交兑事宜擘畫精詳洞悉窾要最為

得力應請

賞加道銜以應升之缺升用

陞用同知金華縣知縣邵凌霄

該員先在省局勷辦一切旋赴天津總局收發文案

勾稽銀錢并伺值驗米經辦交兑事宜妥速勤慎應

請開缺以同知補用

分發山西補用知縣郃燮元

該員自備資斧赴津在總局隨同葉堃勷理銀米文

件事事精細併伺值驗米不辭勞瘁應請

賞加同知銜

仁和縣典史高道生

該員隨同葉堃在總局勷辦一切並伺值驗米監視

起斛卸剝交兌督押晒晾且係航海赴津不辭艱險

該員業已捐陞雙月候選縣丞應請以縣丞單月歸

部即選仍在任候選

題補紹興府同知爲程縣知縣梁正標

該員航海赴津不避艱險駐劄分局經管迎提船隻

排號給單收發執照清理詞訟悉臻周妥砦舵亦均

貼服應請

賞加知府銜

候補鹽經歷高履亨

該員駐紮分局隨同梁正標伺值驗米監視起卸督

押晒晾彈壓水手清理河道諸臻妥協該員業已捐

陞運判應請留浙補用

候補鹽經歷趙汝薡候補從九品何顯

該二員在分局隨同梁正標伺值驗米兼帮辦一切

詳慎出力頗著辛勤趙汝薡航海赴津身歷重洋尤

屬奮勇應請以本班儘先補用並

賞給六品頂戴何顯應請以本班儘先補用

仁和縣主簿龔炳麟候補從九品劉光祺

該二員駐紮海口迎提船隻收發器械彈壓舵水稽

查奸宄日夜辛勤龔炳麟應請以府經縣丞陞用劉

光祺應請歸候補班補用

督辦本屬運務各員

前署杭州府事候補知府王清照、嘉興府知府鍾裕

署湖州府知府定海直隸同知王有齡

本屆劉河起運水淺路長剝運赴劉節節阻滯先經札委各府奔走河干沿途驗船驗米催儹速行並防偷漏三月間上海之匪圖竄河道戒嚴該府等親督丁役兵勇由浙至蘇節節防護查催諸臻安貼查照

蘇省道光六年督辦本屬運務一切妥洽蘇松兩知

府均邀優獎之案王清照應請
賞加道銜鍾裕任嘉興五年搚守清廉辦事實心士民悦
服前辦河運無誤此次兩届海運提早督催每届米
石銀兩各有數十萬之數洵為始終出力鍾裕應請
賞加道銜以應升之缺升用王有齡署理湖州府三年民
情感戴如慈父母湖屬抗漕之風比杭嘉尤甚從前
曾經釀成大事上届試行海運正值警報迭聞該府
屬路通蘇皖偽示直貼至衙署民心幾為摇惑本届
又因蘇省改征折色漕粮起運者少湖民幾至效尤

不完全賴該署府固結民心拿獲圖抗首要立正典、
刑兩届米石銀兩均在数十萬之数提早督催掭縱
得宜庶不至於决裂洶為海運得力之員王有齡應
請開缺
加恩以知府用先換頂戴
武職出力各員
甯海營叅將王邦慶署臣標中軍叅將候補叅將
和致
該員等在省掭練兵勇各属有抗漕事端立即派撥

兵勇彈壓查拿上屆調派弁兵護送銀米赴滬未及

請獎此次劉河起運逼近賊氛督飭游巡精兵防護

銀米赴劉關係綦重沿途均無貽悮洵屬帮辦海運

始終勤勞王邦慶尤為出力應請遇缺升用和致應

請即行補用

平陽協右營都司葉鳳高處州鎮標左營守備汪

安邦

該員等或由省城或由平望管帶精兵在蘇浙河道

往來梭巡護送銀米赴婁俱極奮勉葉鳳高汪安邦

均請以應升之缺即行升用
定海水師鎮標中營守備傅聯輝
該員督帶定海師船先護甯波商船赴婁復在佘山
洋面防剿盜匪洵為勇往出力傅聯輝應請以應升
之缺即行升用
金華千總軍功加守備銜郭殿華嚴州協右營把總
朱朝英
該員派赴劉河帶兵嚴防上海匪竄晝夜整備辛勤
不懈全漕出洋安靖無事亦屬著有微勞郭殿華應

請以守備即升朱朝英應請以千總拔補

前護瑞安協副將事温標中營游擊袁君榮

該員派委護送沙船赴津親駐海口收發軍械稽查

奸究並查報沙船進口各事宜不辭勞險奮勉出力

應請以叅將補用先換頂帶

其餘大小文武以次出力各員弁及紳董應分别

咨部議敘或由外記功另行核定辦理合併聲明

首先完解海運銀米之知州胡澤沛請獎附清單

再臣竊有請者軍務未休捐輸殆盡以後將如何接濟不可不預為之所東南大局首重錢漕兩端臣見四鄰郡縣於錢漕重務竟有全不徵收者有徵收極少者迄無一縣照常徵數

國家維正之供不事催科而別求科派是舍本而圖末也其實被兵戈之地

皇上固已格外加恩其尚安耕作之區民間亦當輸將恐後而州縣官之不敢催科者皆其不能撫字也平日

無以能得民心每恐因徵收而激成事變錢漕聽其
延抗莫敢過問日復一日久之將習以為常矣此中
關係匪淺臣愚以為緝捕係地方官分內之事而現
因逆匪未靖果能團練有成即剿除土匪保衛民生
皆蒙
恩准獎敘況錢漕為
國計所關當此時事艱難民情搖惑不論逆匪土匪輒
以江南錢漕之重偽示惑民希圖煽亂全在地方有
司承宣

德澤固結民心然後可以照常徵收不至別生事變故凡
徵收錢漕日有起色者可否仰乞
恩施准將徵數較多起觧較早平日政聲悉洽者擇尤奏
奬俾各感激奮興勉成良吏以撫字為催科則
國家之本計在是矣倘通省催科難邀
恩准保奏則海運有風帆之期早征赶解北河運尤為緊
迫聽其自然每多觀望過於廹促易啓怨咨尤在各
該府嚴為督催各州縣善為體恤也浙省兩屆海運
凡各局出力人員皆蒙

恩准奏獎而臣深知地方官催科之難甚於局員杭嘉湖所屬大縣應征之額有十萬八萬石漕米並十萬八萬兩地丁者中縣亦有二三萬石漕米並三五萬兩地丁者合錢漕並計為數均皆不少海運經費設有貽誤風帆厥咎難當上年二三月間民多播遷各屬米石雖無遲誤經費則多擔延業經嚴

參在案今屆海運銀米除尚未觧清另行嚴參外其已經完解足額之州縣及督催尤為出力之知府臣於辦理之初札檄頻催激切誥諭每以破格請獎之意

謹將首先觧完海運銀米為數甚鉅之署知州一員
可否奬敘另繕清單恭候
聖裁
前署海甯州知州事西防同知胡澤沛
該員到處循聲深入民隱海甯州缺漕數較鉅素為
著名苦累辦理殊非易易前年署任人員因徵收不
協與情經臣奏叅撤任該員接署兩年民情感戴爭
先踴躍完納經費不敷設法措解兩届海運銀米均
能首先全完為各縣倡率洵屬緩急可靠之員雖催

科係分内之事並無獎敘成案可循而以良吏化民
漕粮早完擬請
加恩賞給知府銜以應升之缺升用以示獎勵

為勸令全漕告竣催科甚有起色除杭嘉湖三府本
屆因劉河起運事屬創始札飭幫辦運務已查照成
案歸入海運保奏外其署海甯州知州胡澤沛一員
實係缺分疲累該牧素得民心兩屆銀米首先全完
以爲各屬勸臣謹繕清單酌擬獎敘如蒙
恩准施行並乞
飭下新任撫臣何桂清再擇其征數較多觧數全完平日
政聲尚好者酌保數員一併請獎則舊漕之征收既
有所鼓舞新漕之緩急更知所奮興矣臣爲賊氛逼

近之地時鼓勵催科起見一俟軍務稍平即行停止

是否有當謹附片具奏伏乞

聖鑒訓示謹

奏奉

硃批另有旨

防護海運出力之總兵泊承陞請獎
再劉河起運漕粮因佘山以南洋面盗船充斥經臣
屢次附奏仰蒙
聖恩特派狼山鎮總兵泊承陞由上海督帶勇船赴洋面
剿捕盗匪防護海運粮船臣復將定海水師守備傅
聯輝所帯師船一併交其帯赴佘山以南調派防剿
該總兵到洋之後親歷艱險奮力剿捕本届海運在
江南洋面得以安靖無悞實由該總兵之力臣不敢
有所壅蔽謹附片具

奏伏乞

聖鑒謹

奏奉

硃批另有旨

海運案内出力之紳董等請奬附清單

奏爲查明咸豐三年漕糧海運案内在事出力之江浙

紳董及甯波商埠並書吏人等恭懇

天恩量加鼓勵仰祈

聖鑒事竊照咸豐三年漕糧浙省二次辦理海運雇募商

船經臣議

奏章程查照上届成案以運米之多寡定奬叙之等差

除一萬石以下在外分别賞給匾額外其自一萬石

至五萬以上應請分别給與職銜若已捐至五品另

行酌獎均俟漕粮交兑完竣再行核辦欽奉
諭旨允行在案茲據該司道等查明應行獎叙各紳董商
埠及書吏人等開摺詳請具
奏前來臣查浙省此次辦理海運改由劉河受兑水道
淤淺皆須節節疏濬並因上海逆匪及佘山洋盜有
窺伺漕粮之謡招雇鄉勇派撥師船添設水陸巡防
均經臣先後
奏明至於雇募商船因劉河海口外有攔門護沙必須
繞道行駛殊形跋涉即剥運兑裝事宜與上海情形

不同更須釐定章程雖經臣派有大小各員分司經
理而一切雇船諸務尤賴紳董協力承辦迨後正漕
兌竣接辦採買迅速集事不悞風汛該紳董及船商
人等或首先承裝或親身押運或督飭夫役挑濬河
道或捐雇船勇護送出洋均能慕義從公爭先恐後
此外甯波牙埠司事隨同雇船立攬各局書吏核案
放船驗米亦能不辭勞瘁均屬著有微勞應請循案
分别酌奬以示鼓勵謹擇其寔在出力者繕具清單
恭呈

御覽可否仰懇
天恩一體准予獎敍出自
鴻施除飭取年貌三代籍貫各冊另行咨部查核發給執
照外理合恭摺具奏伏乞
皇上聖鑒再此外尚有上海商埠及沙衛各船因上海尚
未收復類多遷徙經次屢次飭查未據開報容俟赶
緊查明另行辦理合併陳明謹
奏奉
硃批另有旨

謹將海運案内在事出力之江浙紳商及甯波船埠
並各局書吏人等註明實蹟分别米數開單恭呈
御覽
分發浙江遇缺即補同知王慶勲
查本届海運改道劉河由該紳隨同繆梓相度地勢
創議籌辦並將自置沙船首先受兑經管收放船隻
經費及兑交事宜俱極得力復承辦代粤採買米石
勇於任事勤奮妥協應請俟補缺後以知府補用先
换頂戴

留浙候補通判李曾裕

該員幫辦要局文案詳慎精勤始終罔懈應請

賞加同知銜

盐提舉銜浙江候補通判祝師紳

該員派辦兑交運米收放船隻勤慎無悞應請以通

判儘先補用

六品頂戴鎮海縣監生俞斌

該紳經管霄船受兑事務悉臻妥速又復倡捐勇船

護送出洋並承辦代粤採買米石實心任事尤為得

力應請

賞加五品職銜

雙月選用訓導顔森玉

該紳帮管局務繕發檔冊稽核詳審鉅細妥協應請

以訓導不論雙單月選用

分發河南候補府經歷周起俊就職直隸州州判徐

之鑑

該二員經管銀錢出入公平不私洵屬結實可靠周

起俊應請俟到省後歸候補班補用徐之鑑業已捐

升知縣應請俟到省後歸本班先用
升用同知安徽儘先補用知縣沈譽來安徽試用從
九品王纘高候選未入流繆樹棠分發浙江候補未
入流王慶模鎮洋縣增生毛宜信監生俞奎俊秀陳
翔鸞豆行司事李曾惠
查本年劉河起運必須節節疏通始無壅滯該紳董
等同心出力分段赶辦或督役挑河或帶船護送或
捐資團防或稽查交兌夙夜辛勤不辭勞瘁沈譽來
應請改發浙江俟補缺後仍以同知升用王纘高自

備資斧尤屬勉力應請以從九品仍留安徽歸新班
補用繆樹棠應請分發浙江補用王慶模應請俟到
省後儘先補用毛宜信俞奎均請
賞給六品頂戴陳翔鸞應請以從九品歸部選用李曾惠
應請
賞給九品職銜
六品銜候選府經歷王訓儘先選用教職王引孫候
選教職盧掌綸
該紳等分投招雇𦨭船復又自備資斧赴要經理交

兑彈壓均著辛勞王訓應請仍以府經歷儘先選用
王引孫盧掌綸均請
賞給六品頂戴
六品頂戴徐雲會從九品職銜楊學賢浙江儘先補
用未入流張修睦
該紳等航海押運赴津董理商船交兑事務彈壓水
手均屬得力徐雲會應請
賞給六品職銜楊學賢張修睦均請
賞給六品頂戴

甯波船商布政司經歷職銜周沛雨布政司理問職

銜費啟華費滂州同職銜費仲綸

以上四員各載米三萬餘石均屬急公承運儀米數

多查照蘇省成案應請均

賞給五品職銜

六品頂戴李容

該員載米二萬餘石兼在滬局充當董事又招募衛

船承運米石事事出力應請

賞給五品頂戴

靜妙齋

俊秀陸禹節陸禹洪馮聯琦馮安和

以上商船各載米一萬餘石親身駕運查照蘇省成

案應請均

賞給九品職銜

鄞縣牙行帮夥九品職銜鮑鏞鎮海縣牙夥沈璜勵

炳南

以上各牙埠或查催船隻帶船具攬或馳赴海口扦

驗交兑均無貽悮著有微勞鮑鏞本有九品職銜

應請

賞給八品職銜沈璜、厲炳南應請

賞給九品職銜

省城總局書吏范培錢、俊周墪天津分局書吏周纘

文、周保之、閻承煜、劉河分局書吏戴鴻鈞、周維溶、倪

士鈞

該書或總辦文案稽核冊檔，或隨赴劉津催船驗兑，

始終勤奮，著有微勞。范培應請以從九品選用。周纘

文本係候選從九品，本年航海赴津，尤爲奮勉，應請

以從九品不論雙單月選用。戴鴻鈞、周維溶本係從

九品職銜均請以從九品選用錢俊周堃周保之聞

承煜傀士鈞分派三局晝夜辛勤均請

賞給從九品職銜

鎮海縣捐建石塘之士民請奬

奏為士民捐建鎮海縣石塘工程完竣核實請奬以昭

激勸恭摺

奏祈

聖鑒事竊照甯波府屬之鎮海縣濱臨大海城北一帶潮

汐交衝向建石土塘堤數十里為該縣及接壤之鄞

慈奉等邑保障最關緊要前因年久失修塘多殘缺

據該邑紳耆呈請改築單層夾層石塘由該縣及道

府確勘約估計需制錢数十萬串議請舉董捐修先

靜妙齋

經籍隸鎮海及附近居住之鄞慈等縣士民捐集錢
十萬餘串分段興辦因工鉅費繁所收捐錢不敷應
用經前撫臣梁
奏准于浙省各縣一體勸捐辦理援照廣東捐修九龍
城寨議叙成案從優請獎旋因捐未踴躍復請將捐
輸量加推廣准令籍隸他省之在浙仕商人等一併
報捐以資集腋咨經户部以所請與原奏不符
奏請停止捐輸將所需工料銀兩於商捐善後經費項
下動支興辦並令將工用確數先行奏報立案其已

捐之制錢十餘萬串仍核實請奬等因當經行司並
飭前任甯紹台道咸齡瑞璸兩次赴塘周歷確勘前
項修辦塘堤共長一千五百六十一丈七尺内動項
興辦工五百四十四丈估需工料銀六萬三千九百
六十九兩八錢九分士民捐辦工一千一十七丈七
尺用過工料錢十六萬八千八百七十五千一百六
十二文以制錢二千文作銀一兩合銀八萬四千四
百三十七兩五錢八分一釐等情移司核明詳由陞
任撫臣吴文鎔于道光三十年八月前任撫臣常大

於咸豐元年四月先後覆核具
奏並經常大淊以士民捐修各工係照民價核實估辦
聲請免其造册報銷其時捐辦工程先于三十年一
律修築完竣計長一千一十七丈七尺内修單層石
塘七十三丈夾層石塘八百十六丈由單層石塘改
建夾層石塘八丈五尺土塘改建單層石塘一百二
十丈二尺實用工料銀八萬四千四百三十七兩五
錢八分一厘據董事陳懿行等呈縣詳道帶同委員
親詣驗收詳經陞任撫臣吳文鎔飭委揀發知府瑞

春前詣該塘周歷覆驗通工實已一律完竣委係工
堅料實並無草率浮冒情事出具驗收印結稟送嗣
前撫臣常大淳奏請免予報銷一摺接奉部議以此
案士民捐辦之工係奏明援照廣東九龍城寨捐輸
優獎之案議敘與動用庫款無異且係照民價估辦
自應造冊報銷行令造具實用工料冊結出具保固
印結送部核辦等因復經行司飭遵去後茲據該縣
府取具各冊結及保固切結由縣加結造冊抄錄廣
東九龍城寨捐輸議敘成案請將捐生馮錦等二百

五十員名照例分别奬叙等情由道移經藩司覆核
轉詳請
奏並聲明此案冊結于咸豐元年十月間奉飭造送時
值辦理廣艇投誠事宜續又因鄞奉二縣鄉民滋事
幷辦理籌防以致詳報稍稽等情前來臣查前項塘
堤共長一千五百六十一丈有奇除動項興辦之外
其由士民捐辦者計共一千餘丈工段綿長費用繁
鉅該捐生馮錦等踴躍輸將集資至八萬四千四百
餘兩之多將各塘一律修築且或將土塘改為石塘

武將單層石塘改爲夾層在在悉臻鞏固俾該縣及
接壤之鄞慈奉等邑田廬咸資捍衛不虞潮汐之衝
洵屬急公好義前已奏明請照粵省捐修九龍城寨
從優獎勵之案給予議敘況現當逆氛未靖籌輸軍
餉之時尤宜優加鼓勵俾士民羣知感奮爭先樂輸
藉充經費臣覆核該司等所請馮錦等各捐生官階
銜級等項均與粵省成案相符理合仰乞
天恩俯准照擬給獎以昭激勸除將冊結摺咨送吏戶禮
兵工五部核辦外臣謹繕具清單會同閩浙總督臣

王懿德恭摺具

奏伏乞

皇上聖鑒勅部議覆施行再此案動帑修建工程報銷冊

結現已送到容臣另疏

題銷合並陳明謹

奏奉

硃批該部覆議具奏單併發

查覆上海道吴健彰被叅各情

奏爲遵

旨密飭訪查據實覆奏仰祈

聖鑒事竊臣在浙撫任内於六月底接准軍機大臣字寄

有人奏江蘇上海道吴健彰通夷養賊等情欽奉

上諭著臣派員藉别項公事馳赴上海不動聲色按照摺

内所叅各情節逐一訪查明確據實馳奏毋許稍有不

實不盡並嚴飭該委員等不得稍有漏洩致干重咎原

摺著鈔給閲看將此由六百里諭令知之欽此遵

旨寄信前來維時臣正在採買米石運津尚未完竣遵即

不動聲色將欽奉

飭查諭旨及原摺內所叅各情節親手恭錄一道面委總

辦海運委員前署杭嘉湖道按察使晏端書以僱雇

海船為名馳赴上海詳慎確訪毋稍漏洩又摘錄要

款手函寄與上海督勦之委員金華府知府石景芬

密令就近確查先後據該委員等密行稟覆臣復與

浙江紳商往來上海者細談夷務賊情旁加印證謹

就訪查所及敬為我

皇上密陳之即如欽奉

飭查吳健彰與劉麗川同鄉劉麗川起事時該道首先得信即攜眷寄居夷船道庫存銀不下三四十萬兩悉以遺賊又與人在上海夥開旗昌行賊匪城內糧食鉛彈皆由此行接濟近日賊匪每至船上與該道會晤仍行入城等因原奏內以此為通夷養賊之巨奸尤須悉心查訪臣據委員及紳商所聞該道實與劉麗川同鄉平素往來甚為親密上海辦理防堵除城內之勇由紳士自行團練外其該道所募之勇即係

劉麗川管帶劉麗川捻知道署存銀甚多遂潛蓄異
謀勾結練勇起事該道平日毫無覺察八月初五早
該匪等穿起戲服僭稱偽號即由道署先下手擁衆
而入大肆刼掠公然坐在大堂該道被其屈辱莫可
奈何後有夷人進署將該道及其眷屬擁護出城奔
避夷館庫中存銀及内署私財悉為賊有傳聞有幾
十萬兩其確數無從深悉上海之旗昌行原係咪夷
所開咪夷即華旗故名曰旗昌此行開張年久而東
夥則先後更易現在所開之夷商與該道交好銀錢

亦多所往來市肆之間人所共知故上海未失守之
先咸有該道與夷夥開旗昌行之説其如何出貲合
夥則非外人所得知滬匪之未能迅速殲除實由於
接濟不能斷絶奸商之接濟賊匪原不止旗昌一行
而旗昌行之接濟亦終不免本年六月間旗昌行即
有鉛船一隻裝鉛一百四十八條由蘇運滬道出東
汶臣委員在此防堵盤查即經查出處其濟匪鉛彈
將船扣留嗣據該道飭令旗昌取結存案即行釋放
究竟此鉛運到果係作為茶箱抑或接濟賊匪俱難

憑信該道既與之往來交際極為慇懃即不能禁止
各夷獨不能禁止旗昌乎故上海之人不無怨言也
至該道之與賊匪會晤浙之官弁兵勇在上海南營
者多有所聞以為該道欲招撫賊匪其與匪相見並
不止一次及細詰以何月日在何地方相見則云南
營距北營甚遠得諸傳聞並未當場目擊難以指證
惟本年五月初三日旗昌行門外觀者如堵衆口譁
然僉稱劉麗川與該道俱進旗昌行由行後上火輪
船會議行門業已關閉此則有人在洋涇濱寄寓是

日間街上喧嚷出而探問滿街皆如此說凡商於洋
涇濱者亦無不聞而知之以上各情節為案中最關
緊要臣訪查所及有如此者又如欽奉
飭查該道所雇拖罾船名為捐資實取償於關稅本年春
間有廣東貨船到滬因係該道舊識免其納稅約銀
四萬餘兩以致夷商不服該道於關稅多少任意詳
報其隱匿銀兩悉由海道運回原籍等因除隱匿關
稅銀兩由海道運回原籍一節徧查竟無所聞無從
具奏外其該道所雇拖罾船勇聞係先行捐資由粵

雇募而來於上年冬間初到滬時將黃浦江賊船全行焚擊水路藉以肅清後因索費無厭不肯打仗該道撤退一半以一半十五隻與另雇之夾板船四隻留守吳淞口賊匪因不能由海逃竄惟拖罾船勇兇頑性成不惟上岸姦淫搶擄民不堪其苦該道前在城内所雇廣勇既盡變而為匪其水路之船勇又俱係廣人大營每有攻城之舉自必傳知該道而該道往往漏洩以致船勇與城内之匪暗通信息豫為準備日久不能得手其害實由於此故石景芬在滬督

勇助勦知之較稔其痛恨於吳健彰者不但責其養
賊幾疑其濟賊通賊也其上海關稅自本年正月下
旬開徵起至三月初間忽然停止者因有公平行夷
商貨船進關漏稅該道與之舊交旣不示罰僅令完
一半之稅故衆商皆不服稅務因而中阻迨各公使
赴崑山謁見督臣怡良之後始照舊完稅以上各情
節臣訪查所及又有如此者至於道庫存銀是否三
四十萬該道所雇拖罾船價後來曾否取償於關稅
並徵收關稅有無揑報隱匿此須滬城克復後調査

該道任内徵解簿册以及文報方可得其多寡虛實非探訪所能詳悉其與咪夷夥開旗昌行有無約據由旗昌行上火輪船與逆匪如何相見談論公平行貨船之漏稅實有若干銀種種與夷關涉即使明查已難傳其質證更非暗訪所能得其確憑惟自該道罷斥之後不惟撫臣吉爾杭阿與各夷正言讜論多所折服即浙江委員石景芬具有忠勇之氣亦為夷所敬重賊匪之接濟日久未能斷絕甯波紳商庶吉士張庭學捐納道楊坊一書生一商人隨同撫臣及

委員與各夷理論辦理即有成效賊勢日形窮蹙則

吳健彰之罪狀自難逃

聖明洞察也事關監司大員劣蹟臣奉

嚴諭飭查旣不敢稍有漏洩亦何敢稍蹈虛誣謹就委員

所禀與紳商互證衆論僉同之處據實密行覆

奏伏乞

皇上聖鑒謹

奏奉

硃批另有旨

徽郡歸浙管轄並查覆各事

奏為皖省徽郡驟難議歸浙江管轄及原叅徽州府達秀辦理捐輸團練擾累地方各情因該府已故經手款目未能即行查辦謹將徽甯現在情形先行恭摺

覆奏仰祈

聖鑒事竊臣前在浙撫任内接准軍機大臣字寄奉

上諭前因王茂蔭奏請將皖省徽郡暫歸浙江管轄當經

諭令黄宗漢將該郡防剿事宜悉心籌畫未據該撫將辦理情形覆奏本日復據王茂蔭奏稱徽州府知府達

秀信任門丁李姓並廩生潘炳照原名杭恩於捐輸團
練多方擾累該處民捐錢文不下十數萬因被經手人
冒銷用盡乃復立續捐局按户誅求怨聲載道所雇鄉
勇多花會中人於祁門黟縣市鎮姦淫搶掠兩邑之民
羣起公憤欲竪義旗以抗勇請飭黄宗漢就近查辦等
語嚴郡爲浙省門户脣齒相依現在安徽巡撫遠處廬
州鞭長莫及王茂蔭所奏各情即著黄宗漢迅派明幹
之員前往徽州嚴密查辦該府達秀如不勝任即據實
叅奏不得因隔省非其統轄稍存歧視原摺著抄給閱

看將此由四百里諭令知之欽此遵
旨寄信前來臣謹查侍郎王茂蔭前次奏請將徽郡暫歸
浙江管轄原以徽州據浙之上游必保徽方能保浙
且於徽之課款捐項藉可解浙以供撥用係爲保固
地方稽查經費起見欽奉
寄諭以該侍郎所奏雖屬因時制宜仍着臣體察情形妥
爲計議而
諄諄飭臣將駐嚴官兵如聞徽郡有警即出省防剿總以
外援隣封内保本境爲籌畫萬全之計臣恭繹

聖諭明鑒萬里現當逆匪被剿亟圖旁竄之時自以不分

畛域應援防剿為首先要圖臣於皖省之徽州甯國

廣德州二府一州與浙江接壤者數月之間疊報賊

蹤竄擾皆已欽遵

諭旨不惜兵勇數千名餉需十餘萬立速策應俾各地方

均臻安謐曾將籌辦大畧附奏在案至徽郡之可否

暫為管轄遵經行令該地方郡縣將山川疆域之遠

近風土人情之從違詳加體察縷晰稟陳以憑酌奪

乃自五月間飭查以後該府縣先後迭代歷時不久

皆未見稟覆此臣尚未核議具奏緣由也嗣復欽奉

前因

飭將王茂蔭所奏各情派員赴徽嚴密查辦該府達秀如

不勝任即據實叅奏臣接奉此

旨已在六月底而達秀先於六月初病故維時正安慶逆

匪由大通竄入青陽涇縣一帶聲言將分兵入徽甯

該二郡人心皇皇甯國府鄧瀛稟臣請援而徽州府

無人防務益形渙散該府門丁李姓已奉達秀之老

母及眷屬逃避下鄉郡城有義練局其捐輸團練悉

由此經理局董即廪生潘炳照及各紳衿數人練勇
有三四千名勇首即吴姓正因多日未發口粮勢將
潰散而連日拿獲奸細皆係來徽踏看路徑及查探
兵勇若干此時内外匪徒勢將交作杭州府知府徐
榮在嚴州防所一聞達秀之訃即星馳赴徽與各官
紳妥為安頓旋回嚴整隊以備帶往征劉臣知由廬
來徽提餉之已革按察使張印塘尚在徽州當即札
令留徽督理防務復一面札飭歙縣知縣劉毓敏暫
行兼護府篆仍咨安徽撫臣迅即委員接署乃府庫

空虛勇粮日久不發張印塘所提徽餉三萬因奉上
司飭令起解又不敢擅行截留幸學臣沈祖懋知會
前來臣不避越俎之嫌當即咨明徽省全數截留交
新署徽州府恩禧動用再有不濟浙省即源源籌助
俾兵餉有資而民心安定乃張印塘督防未久旋即
病故臣隨委令徐榮帶兵移駐徽州揔理徽嚴防務
並將欽奉
飭查事件及王茂蔭所參原摺咨令徐榮於防務稍緩即
行查辦詎自七月起至八九月逆匪因江面舟師截

擊軼入南岸由大通竄青陽由蕪湖竄黄池以窺伺

徽甯二府曾經該撫臣福濟將臣截留徽餉及調派

兵勇前往該二府防剿等情具奏並請

飭下浙江委員徐榮等追賊出江駐紥蕪湖大通各要口

仰蒙

聖明洞灼以浙省兵力能否外援隣封内固本境着臣統

籌全局斟酌辦理而以太平甯國之防責成向榮怡

良吉爾杭阿酌籌防剿由六百里加緊分寄與臣等

欽遵臣接奉

温綸倫蒙體恤感激莫名惟是向榮之兵除撥出千名交
臣派防徽州外實不能再分蘇省因上海未復亦難
兼顧甯國臣目擊時艱勢難膜視浙省兵力不厚尚
有台州鄉勇可雇業經調派三千餘名自帶隨營糧
臺交已革總兵王鵬年丁憂知府覺羅常恩帶赴甯
國防剿復派永嘉縣曾承禧帶勇八百名駐紮廣德
州以為後援正當喫緊之時何敢稍為卸責姑負
天恩仍飛飭各官兵竭力堵剿毋任逆匪竄逸自閏七月
王鵬年常恩等分駐甯之新河庄灣沚各要隘蕪湖

之賊遂不敢再犯該官兵即分撥一千餘名於八月間進取蕪湖駐紮月餘而東西梁山及安慶賊船盈千累百不分晝夜由水面飄忽而來官兵疊次迎擊時有勝仗而員弁兵勇亦有陣傷亡者該逆失此蕪湖勢在必争時圖報復臣以該處濱江防不勝防紅丹船屢催不上陸路亦無援兵孤軍遠守四面受敵倘安慶九江及楚南北敗竄之賊併力而來我軍大挫轉無以保護甯國飛札與王鵬年等務當相機量力不可冒險貪功遂於九月間仍退駐黃池及新河

庒灣汢以保甯者保浙至於徽州地方七月以後新

安嶺源頭村等處時有土匪滋事皆經官兵剿捕平

靖祁西嶺外即池州府境界各縣皆有偽總制監軍

等分守居民被賊廹脅不得不蓄髮勉從大通張家

灘東流縣濱江各口賊船往来自如閏七月間徽之

土匪勾結安慶逆党數千由張家灘而来攻破祁門

擽根嶺之防即欲進取徽郡臣先後調派大營及閩

浙兵勇共四千餘名在徽徐縈駐紮漁亭居中調度

稟商學臣沈祖懋會同該地方官及紳士舉人曹恩

謨勇首兵定洲等督飭兵勇擊斃賊匪無數克復擇
根嶺軍威大振土匪各獸散逆党敗回安慶乃池州
之民以浙江保護徽甯廣德而獨遺池州不無觖望
臣當即函商學臣沈祖懋以池屬之石埭青陽係由
大通入徽甯要路須揀派與該處衿耆熟識之官紳
前往開導聯絡以為進兵地步該學臣即派教職鮑
宗軾潘申恩二員帶勇前往出其不意立即克復石
埭縣城並乘勢克復青陽乃青陽土匪既多据城之
逆復飛調安慶匪党大隊而來我勇衆寡不敵仍退

守石埭臣即與學臣沈祖懋飭令四川游擊周天受所帶大營兵勇五百名前往石埭駐紮琉璃嶺以堵其由青陽而入之路并飭閩兵駐紮霧露嶺以為應援該逆屢来攻嶺周天受親冒鋒鏑督率各兵勇及該處紳耆練勇極力抵禦迭次殺退賊匪以固守石埭而徐榮於八月間亦會同四川都司江長貴所帶大營兵勇五百名及徽浙兵勇千餘名出嶺追賊至建德東流二縣沿途屢獲勝仗殺賊甚多建德城内逆匪聞風潛逃該縣官紳遂乘勢驅除懽迎我兵進

城我兵復追至東流該處最為濱江賊船停泊無数
其所屬八都地方土匪尤衆為該逆勾聯一氣勢極、
洶洶徐營及江長貴督兵剿殺即奔竄回船由大江
駛去我兵難以窮追遂回建德縣暫駐一月諄勸該
官紳團練自守將一切情形先後飛稟到浙臣以徽
郡雖有險可守應防要隘不下二十餘處祁黟各嶺
可由池州而入婺源各嶺可由饒州而入績溪各嶺
可由甯國而入在徽兵勇即有數千大半未經戰陣
者所恃惟大營派来之四川兵勇千名身經百戰可

以統領各隊奮勇當先既已派周天受五百名統領
閩之官兵駐守石埭若復令江長貴五百名統領徽
浙兵勇久駐建德專防池州一路倘賊知嶺内空虛
由江西甯國而來何以抵禦且濱江之地距浙千里
而遥應援既難長莫及糧餉亦轉運維艱與其久守
殘破之小邑不如力防完善之全徽即諭令徐榮江
長貴等出嶺游兵業已獲勝示威須善為凱撤之計
徐榮等亦因賊匪敗退月餘該縣團練已成可以自
為防守即分撥台勇四百名留同協防其大營川兵

及各兵勇陸續撤回入嶺詎該逆知我兵已回潛用

詭計先遣奸細在建德城内散布謠言以安慶之賊

數萬將來屠城居民惶恐遷徙一空遂率領東流土

匪果來攻城管帶台勇之黄仙鎬及該縣令奮不顧

身督勇死戰力竭捐軀縣城復失該逆以數千之衆

即欲直竄徽州幸徐榮等恪遵前

旨以保徽者保浙業經帶兵入嶺嚴密布置該逆知其難

進乃改竄饒州蓋其時已在九月十月之交矣此臣

續奉

諭旨委員赴徽查辦事件因堵剿鮮暇未及查明具奏之緣由也現已交卸撫篆即日赴蜀所有先後欽奉諭旨皆未覆奏悚愧萬分伏思侍郎王茂蔭前奏徽郡暫浙江管轄一摺若欲以地方公事概歸浙管則一切刑名錢穀應行奏咨劄飭各事宜自須由浙之藩臬核轉該司既無案卷册籍可查碍難核辦即飭行各縣造報輾轉稽延斷非數月所能就緒恐奸書滑吏轉因之舞文弄法其於官員之升遷調補更難權歸一是此用人行政諸大端實有驟難更張者况安徽

撫臣雖遠在江北文報亦非不通不過繞道行走稍
稽日子而已其藩臬兩司於通省公事仍可一律經
理似不必改歸浙江管轄若為應援防勦目前緊急
起見臣自兩年來於徽甯廣德三府州始則委解軍
火器械文該府自為防備繼則撥兵籌餉源源接濟
殆無虛月雖不管轄無異於管轄也至王茂蔭續叅
該府達秀一揭據稱達秀信任門丁李姓及稟生潘
炳照辦理團練防堵所捐民錢及提用公項共有十
數萬皆被經手人冒銷又復立續捐局誅求擾累為

害於欽所僱之勇皆花會中人姦淫搶擄為害於祁黟等因該侍郎彼時尚未知達秀病故雖參其從前之冒銷寔欲杜其後日之擾害臣查達秀在任辦理防堵一年有餘屢向浙省借火藥鎗礮臣派人查看防務其在上年各要口防守鄉勇或數十名或一二百名不等約計雖不及千亦有數百名器械亦稍有製造全年經費約需數萬串至本年正二月祁門失守之時達秀則一面請浙援兵一面添募壯勇約有數千親自督帶前往賊匪聞浙江大兵將到本地練

勇亦多因之驚惶逃散祁門收復計其數月用度亦
須數萬串惟所募之勇誠如該侍郎所奏大半花會
中人彼時逆匪猝至先慮其從賊勢有不得不籠絡
者其姦淫搶擄等情在所不免現在事過無人指控
無從按其姓名拿究至其動用錢文如果有十餘萬
之數其中難免冒濫侵漁然非調集經手人及帳簿
確查難以水落石出臣於九月間曾傳門丁李姓及
廩生潘炳照先後來杭詢該門丁則供伊並未經手
銀錢伊主人所辦防堵皆係交與局中紳董經理潘

炳照則供一切皆本府總理分派局董開發各項用
度不止伊一人伊所經手僱募鄉勇若干製造器械
若干皆歷歷可稽尚欠各勇口粮多日未給只求撙
節並無冒濫各等語所言雖未可盡憑然臣思現當
防剿喫緊之時徐榮遠在祁西督防未能回郡查辦
若將未經被參之人紛紛提浙質究轉使各紳勇多
生疑貳總理之達秀業已病故經手各款目一時驟
難查清該門丁李姓現在已不干預其事自不至復
行滋弊廩生潘炳照臣面為激勵尚知感奮從公勇

首要定洲雖曾開設花會業已翻然悔悟極思立功
報效春間祁門之收復不無微勞此次帶勇隨同徐
榮克復攀根嶺及到東流建德打仗殺賊殊為出力
若輩非無可用之才良心亦未全泯在人駕馭用之
以收其效耳該侍郎所𦈡𦈡然慮者因其設立績捐
局按戶誅求民不堪命各勇有花會匪徒不嚴行裁
汰必致激動公憤此誠於地方大有關係者然自本
年六月以後學臣沈祖懋及署徽州府恩禧署歙縣
博銘陸續到徽之後凡軍務捐輸臣皆與之咨商頻

商一面由臣劉飭各縣函致公正紳士囑令照浙之
紳民慷慨捐輸一面由沈祖懋示諭居民并邀各邑
紳士來郡另開總局收捐派該府縣等總司其事與
各紳熟商按各縣之肥瘠酌捐額之多寡令諸紳回
縣設立分局一秉大公勸令殷富書捐其從前之義
練局紳董有與其事者有不與其事者絕不至於勒
派苛求民間已無怨言其原募之鄉勇有無虛額除
在郡城及隨徐榮防剿外其分防各嶺者現亦由沈
祖懋派令該府縣及委員督同潘炳照等赴防點驗

該地方官若能認真查核不惟冒銷之弊可除即其
中有匪徒不能衛民轉以擾民者自可由此革除德
辦此原奏所欲防其流弊現已力為整頓其從前用
項有無冒銷臣於十月内曾飭徐榮暫為回郡查辦
並來杭面稟一切嗣經沈祖懋奏稱嶶州雖有知府
叅將皆不勝督防之任奉
旨飭將徐榮仍行留嶶現尚在祁西一帶日與紳勇為伍
講求防務未暇追究前事臣思此時嶶郡各官皆非
原經手人無所用其迴護且有學政大員在嶶可以

明查暗防似無庸由浙查辦可否
飭下安徽學政督同徽州府縣一俟防務稍暇即行查辦
恭候
聖裁抑臣竊有請者蕪湖及池州各縣據城之匪無多官
兵一到易於克復而對渡即安慶該逆朝發夕至我
兵殊難久守周天受現在駐守石塘已覺勉強支持
若再分兵各邑愈形单薄應俟紅丹船西上曾國藩
東下南岸有師船然後陸兵出而會合一戰成功刻
下祇宜力守徽甯以固蘇浙門户惟該處兵勇除續

經裁撤外現在留防官兵及本地練勇各有數千名徐榮及江長貴在徽王鵬年本與常恩在甯十一月間

欽差大臣向榮札調赴江督帶兵船臣當即函商向榮再派已革提督鄧紹良來甯會同常恩督防該二郡每月防費實屬不貲浙省已觧濟十餘萬銀後實難以為繼本地素稱殷富屢經學臣沈祖懋甯國府鄧瀛極力勸捐尚不踴躍責之嚴則以為苛求待之寬則益形慳吝其錢漕正課甯國之短絀尤甚於徽州推

原其故僉以該郡之大紳巨富不肯首先從厚倡率
故人皆滿望衆紳士之勸捐亦難以措詞如果紳富
出力則百姓亦皆急公合計正課捐輸於截留本地
防費外尚可接濟廬州何必求助於隣封臣訪悉情
形疊經破除情面咨札頻行而未見感奮應請
飭下安徽學政浙江巡撫就近查明不肯從厚捐輸首先
倡率之紳富先行嚴參一二并傳諭兩郡勸捐紳士
分別最次殷富尅期書捐源源接濟一面曉諭鄉民
早㤙

國課庶經費有資防勦可期得力矣所有臣先後欽奉
飭查未及辦竣緣由並現在嶶甯防勦輸將情形謹繕摺
先行覆奏伏乞
皇上聖鑒訓示謹
奏奉
硃批另有旨

臬司審辦命案扣限錯誤

奏為遵

旨查明前署浙江臬司審辦命案聲扣限期錯誤恭摺覆

奏仰祈

聖鑒事竊青田縣民曾海木毆傷大功兄曾阿建身死一案經前兼署臬司鹽運司麟桂按律問擬斬決並聲明承審遲延一月以上青田縣知縣翟篠審轉遲延未及一月署處州府知府瑞春相應附恭等情擬議招解到臣經臣於咸豐二年十一月內覆訊具

題即准部咨奉

旨曾海木着即處斬餘依議欽此并將遲延各官移咨吏

部辦理在案旋據浙江布政使麟桂在署江甯藩司

任内以前在浙江運司任内署理臬司時審轉此案

查核號簿辦理似有舛錯其如何錯誤無卷可查自

行檢舉具稟到浙請飭現任臬司查案詳咨更正附

叅議處並據署温州府事湖州府知府瑞春稟稱前

署處州府任内審辦此案承審審轉限期均係照例

辦理今准刑部議覆始悉臬司核轉錯誤請先咨吏

部吏正各等情經臣於上年十二月内即將該司等

聲請更正緣由咨明吏部暫行扣議嗣由吏部奏稱

此案承審之青田縣知縣翟篠核計已逾二参限期

審轉之署處州府知府瑞春於該縣逾違二恭並未

揭報自應照例分別議處惟先准該撫以此案限期

係屬臬司核轉錯誤請暫行扣議前來乃迄今未將

如何錯誤聲覆事關逾限例有處分可否將該府縣

照例議處抑或

飭下浙江巡撫查明臬司如何核轉錯誤迅即具奏等因

奏奉

硃批著黃宗漢查明錯誤之處速行覆奏欽此於本年七

月内咨行到浙遵查此案臣於未奉

諭旨之先即飭臬司吊齊卷宗親為查核應以咸豐二年

三月二十七日該犯曾海水投案之日起縣審分限

一個月犯病一個月扣至五月二十七日限滿該縣

於六月二十九日解府除去程限三日計遲延二十

九日府審分限十日解省程限二十二日扣至八月

初一日限滿該府先於七月二十四日將犯審解到

司係在限内並未遲逾前署臬司麟桂未及審轉于
七月二十九日交卸計歷限五日前臬司孫毓溎由
署藩司回任後因案情未確于八月二十八日發委
杭州府審轉未據該府審鮮該臬司即行告病卸事
計歷限二十九日該杭州府于八月二十八日奉到
人文即於九月二十九日將犯審鮮例得扣審限一
個月核計並未遲逾運司麟桂於孫毓溎告病開缺
後復兼署臬司提犯審轉于十一月初四日招鮮巡
後接扣並除去應得分限十日計遲延一個月該臬

司孫毓湋除去應得分限十日計遲延十九日是此
案審解審轉各官所有遲誤之寔在日期也伏查此
案於該犯罪名本無出入而聲扣限期寔屬錯誤該
署處州府瑞春依限審解並未遲逾麟桂亦已自行
檢舉其錯誤寔在臬司而究其所以錯誤之由則因
麟桂核轉時稿内聲扣限期以該縣六月二十九日
解府誤為七月二十九日而以杭府九月二十九日
解司之日誤為處府解司之日該府瑞春應請免議
該前署臬司麟桂誤扣限期種種錯謬本干議處惟

於查明確實之後旋即病故應毋庸議至在前年具
題此案時未能逐細察出殊屬疎忽應請
旨交部議處所有查明扣限錯誤緣由理合恭摺覆
奏伏乞
皇上聖鑒謹
奏奉
硃批著交部察議

鹽茶各商助餉

奏爲鹽茶各商捐輸助餉不敢請叙情愿併歸通省核

算懇

恩酌加中額學額恭摺奏祈

聖鑒事竊查現在辦理捐輸奬叙按各捐生所捐之銀核

與例定銀數有加四分之一者於本身應得奬叙外

仍將其銀數通省合計

恩准酌加中額學額歷經奏定章程頒行各直省在案伏

皇上所以奬勵捐輸培植士類者至優極渥凡屬食毛踐

土無不踴躍急公浙省殷富無多臣在巡撫任內勸
捐兩年通省捐輸銀錢合計已在一百二三十萬兩
該省紳民感激
聖恩深明大義具見人心風俗之厚除將交清各員陸續
奏請給與本身
優獎外其有加四分之一者應即遵照例案報部查核奏
請
恩施酌加中額學額此外尚有鹽商茶商不在殷户之列
另案捐輸錢文將次交清業據各商人等呈稱此項

捐輸或集腋而成難以遍邀甄叙或已邀優叙亦欲
再行請獎情願將所捐之數即行交清概歸通省合
計作為加增四分之一以憑
賞加中額學額俾商販涓埃得稍伸其微悃而
天恩浩蕩復嘉惠夫士林等情僉名遞呈請臣具
奏前來臣查該商等所捐雖屬毫末所請實出至誠辦
理雖稍變通例案仍無不合自應據情具
奏恭請
聖裁如蒙

恩准新歲即大比之年一俟

命下應由浙江撫臣查明通省交清捐數統計已有幾十萬兩核其所請獎叙原加四分之一者共銀若干萬其不及四分之一者亦必有盈無絀即以此項湊足四分之一共銀若干萬合計可以酌加中額幾名學額幾名可否作為永遠加額迅即查明奏請

勅部核覆施行通省士民不勝懽欣鼓舞之至而閭風興起者正不獨在浙江也為此繕摺具

奏伏乞

皇上聖鑒訓示謹

奏

靜妙齋

應保人員列單移交後任

再臣任內應奏事件皆已陸續繕發現惟本省剿捕土匪及赴徽甯防剿曾經奏明各案所有出力官紳勇首應行保奏之處一時趕繕不及已由臣檢齊各原案及各官紳最次出力勞績核實列單移交後任一體保奏以昭激勸臣此次拜發各摺仍借用浙江巡撫關防緘封留浙俟有賫摺差便一併帶呈臣即日由杭起程赴蜀為此附片具陳伏乞

聖鑒謹

秦

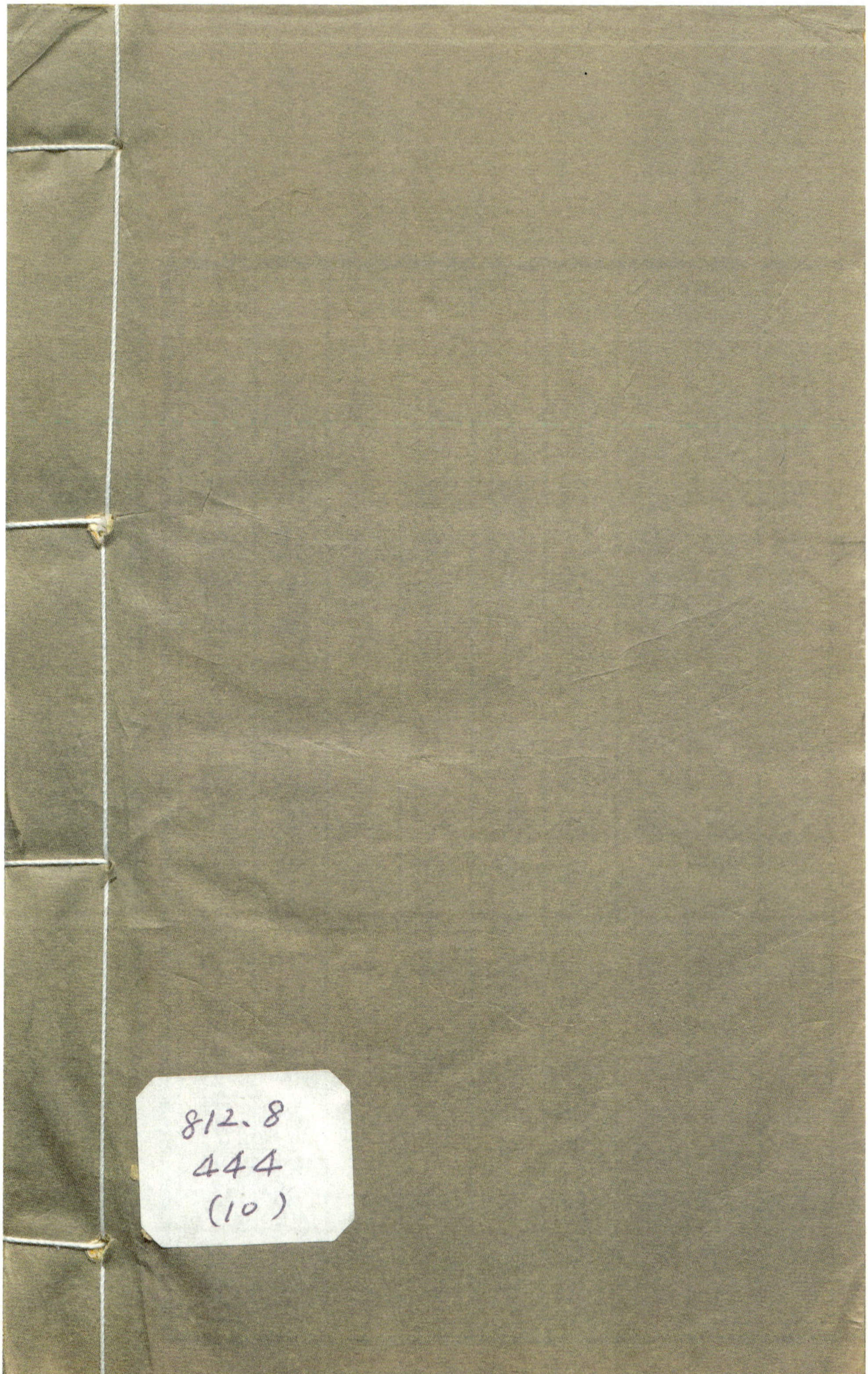
812.8
444
(10)

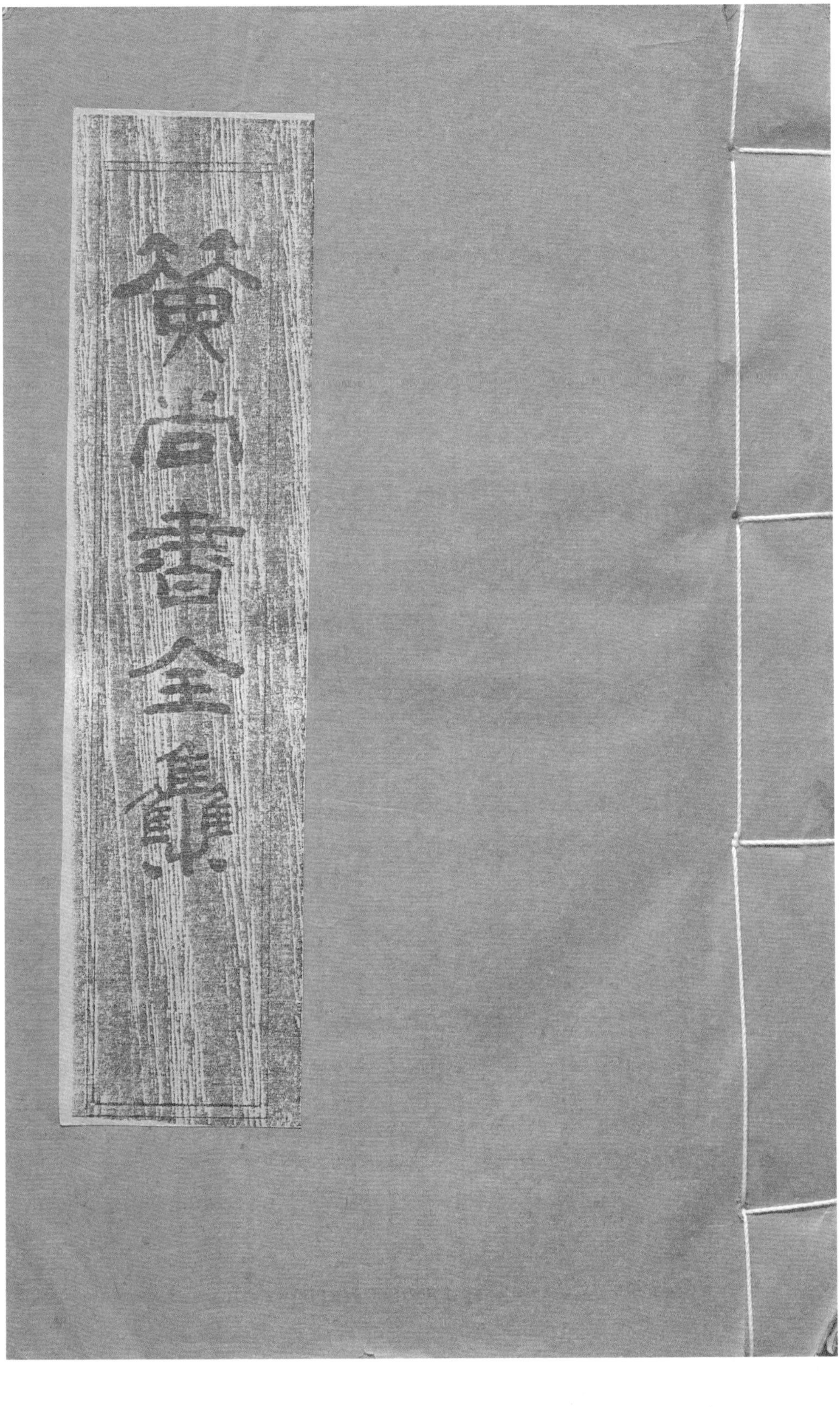
黄尚書全集

晉江黃尚書公全集卷二十一目錄

奏疏二十一　任四川總督奏議

靜妙齋

開復處分之知縣捐免引見

勦匪受傷身死之知縣請䘏

續解皖餉

請催新任學政到任

黔界防堵楚北進兵各情形

偵探廓夷情形

揀補邊要通判

委署縣缺

京控案件審明定擬

請將緝捕不力之知縣汛弁摘頂勒緝

改解軍餉

籌備軍營撥款

静妙齋

晉江黄尚書公全集卷二十一

男貽楫謹輯

姪貽杼恭校

奏疏二十一 任四川總督奏議

偵探楚北軍務緩急妥籌辦理

奏爲前調兵勇催令迅速赴楚並派員偵探賊蹤斟酌緩急辦理恭摺由驛覆奏仰祈

聖鑒事竊臣等先後承准軍機大臣字寄咸豐五年三月初十日奉

上諭前因楚北剿賊喫緊諭令樂斌分撥兵勇赴楊霈軍
營合剿諒已遵旨辦理現在逆匪意圖上竄湖北荆襄
一帶情形緊要官文駐紮荆州兵力未免單弱楊霈一
軍又屢經挫失現在襄陽一帶逼該匪北竄之路自武
昌復陷胡林翼李孟羣等所帶水陸兵勇亦不免勢孤
殊為可慮黄宗漢前奏由河南陜西赴川計此時將次
抵任著偵探荆州一帶情形如賊蹤尚未掃除即與樂
斌商酌督帶兵勇馳赴夔巫一帶相機進剿其四川總
督事務仍著樂斌署理如探知楊霈各軍剿辦得手逆

匪不至上竄該督即可毋庸前往仍飭前調兵勇迅速
赴楚毋稍延誤樂斌黃宗漢務當斟酌緩急妥籌辦理
不得稍分畛域是為至要將此由六百里各諭令知之
欽此遵
旨寄信前來遵查前奉
諭旨着揀撥精兵一千名練勇一千名馳赴楊霈軍營聽
候調遣當即在於綦江等縣防兵內挑選一千名重慶
練勇內挑選一千名飭委重慶中營遊擊顏朝斌統
領赴楚嗣又奉

諭武昌失守劉辦萬分喫緊有無可撥官兵著悉心籌畫

添派前往等因欽此復添調兵丁一千名歸併前調兵

練一同馳赴楊霈軍營援剿兼因川省夔巫各屬在

在與楚省毘連難保賊匪不窺伺川疆乘隙竄擾復

飭委署松潘鎮總兵德恩督帶兵勇二千名赴夔州

巫山及湖北巴東利川等處擇要設防均經臣樂斌

分別繕摺馳

奏並聲明遊擊顏朝斌已統兵勇前進各在案茲欽奉

前因臣樂斌隨即恭録飛咨臣黃宗漢遵照辦理一

面飭催兵勇迅速赴楚不准稍事耽延臣黃宗漢於
陝西褒城縣途次接奉此
旨即先函致臣樂斌督同兩司於在省文員內遴選有胆
識者數人以備到任後面授機宜委往荊州各路偵
探軍務賊蹤一面自甯羌州起兼程行走馳抵省垣
先是臣黃宗漢於入潼關後即留心採訪在途先後
三接陝西委員在棗陽探報賊匪雖仍盤踞武昌德
安而荊襄尚無警報楊霈官文胡林翼等分路防剿
亦未見有勝負迨抵省後晤樂斌及在省各官細詢

所探情形大畧相同旋據署總兵德恩來禀添調赴
楚之永甯防所兵丁五百五十名練勇四百名並署
夔州營都司張萬禄等所帶兵五十名共計一千兵
勇已於三月二十二三等日全行起程趕往渝城歸
併顔朝斌統領赴楚該署總兵亦自行統領守備吳
定邦等共帶省標及松潘阜和懋功各營兵丁一千
名於三月二十六自敘永永甯防所拔營前進俟到
渝城再挑練勇一千名一併馳赴夔巫以下防堵臣
等隨即批令防勦各兵勇均當兼程前進不准刻延

至偵探委員現已公同揀派候補知縣張昺生陳紹
惠彭名湜三員各帶探丁分赴荊襄一帶授以機宜
諭令加緊趲行一到楚境即就地設法用心偵探賊
情並楊霈等各軍攻剿是否得手迅速馳稟來川該
員等領受機宜均已束裝前進此臣等欽遵
諭旨先行派員偵探及催兵赴楚之情形也伏思行軍首
重偵探方能知彼知己而欲外援鄰封須先内固本
境川省與黔楚毘連水陸路路可通民情本屬浮動
自鄰烽不靖嘓匪鹽梟輒欲乘機擾動刻下黔匪甫

平而餘孽未淨臣黃宗漢抵任數日即連接酉陽州
及秀山縣來稟貴州銅仁有匪徒一二千名聲言由
松桃邑梅一帶竄襲秀山該文武員弁已就近調兵
募勇嚴防請由省撥餉鮮往等情其綦江各處善後
事宜亦須節節布置四川提臣萬福一時難遽回川
所有川省兵丁屢經征調存營已屬無多藩庫餉需
歷次籌撥搜羅亦將告罄以後正當會同商酌如何
選練兵勇籌畫經費以期源源接濟有備無患逆計
該逆之回竄武漢德安意在牽掣我兵並藉以擄人

搶糧為下游賊壘接濟楊霈各軍祗因兵單餉絀未
能即行得手現在川陜既調派兵勇撥解餉需赴彼
聲勢自較雄壯該逆自必有所震懾臣黃宗漢與臣
樂斌熟商刻下惟有欽遵
諭旨俟委員偵探確實馳報到日如大兵雲集賊勢仍然
猖獗意圖上竄當即督帶兵勇馳赴夔巫一帶相機
進剿其川督事務仍交與樂斌署理若楊霈各軍剿
辦得手賊匪不致上竄即無庸前往以省兵力而節
糜費總之臣等受

恩深重自應和衷協力斟酌緩急妥籌辦理以紓
宵旰憂勤斷不敢稍存畛域之見貽誤事機致負
委任所有臣等會商緣由理合恭摺由驛覆
奏伏乞
皇上聖鑒訓示謹
奏奉
硃批知道了所籌俱合機宜

續撥楚餉

奏為續撥楚省餉銀委員起解日期恭摺由驛馳奏仰

聖鑒事竊查前兼署督臣樂斌任内承准軍機大臣字寄

祈

咸豐五年三月初三日奉

上諭楊霈奏餉需緊急請飭四川山西陝西迅即撥解等

語湖北賊氛復熾剿辦萬分喫緊楊霈營中之餉早已

不敷若使接濟不及兵勇枵腹荷戈殊為可慮著樂斌

王慶雲載齡無論何款迅速籌撥以應急需等因欽此

欽遵移文到臣遵查前奉寄
諭楊霈奏請飭四川按月撥解銀五萬兩解赴湖北以應
急需等語著樂斌妥速籌畫源源接濟縱不能如五萬
兩之數亦須設法籌款按月撥解等因欽此嗣復先後
接到荊州將軍官文副都統載增湖廣總督楊霈咨
催籌款接濟前來當經臣樂斌
奏撥銀三萬兩飭委試用知縣王煌於咸豐五年三月
十八日解赴楊霈軍營在案伏查楚北攻剿賊匪正
當喫緊之際需餉甚殷雖川庫各款歷次搜羅將罄

亦不得不移緩就急茲查塩務捐輸項下本應解部

之款除歷次

奏撥外現復收銀一萬八千二百三十七兩五錢應即

儘數動撥又本年按糧津貼項下甫經收銀一萬三

千餘兩亦撥銀一萬一千七百六十二兩五錢共湊

足銀三萬兩由司詳委試用知縣錢世銘管解定於

四月二十二日自川起程星馳解往湖北荆州交收

即由將軍臣官文等咨商湖廣督臣楊霈分撥應用

以濟要需此後容再督同藩司極力籌措一有成數

即行源源解濟遵照
諭旨縱不能五萬兩亦當設法籌款按月撥解斷不敢稍
分畛域致滋貽誤除分别洛明外理合恭摺由驛馳
奏伏乞
皇上聖鑒謹
奏奉
硃批知道了

粤西兵餉請部改撥

奏為廣西兵餉無款可籌仍請

敕部改撥恭摺奏祈

聖鑒事竊查前准户部咨令酌提發商生息本銀三萬兩

委解廣西當因提回生息存銀不敷撥解之數經前

兼署督臣樂斌

奏請改撥在案嗣又准部咨改撥四川上年秋撥留備

地丁銀二萬兩委員解赴廣西以濟急需等因奏奉

諭旨依議欽此欽遵咨行樂斌移交到臣遵查咸豐四年

秋撥案内實存銀九萬一百三十餘兩除部撥本省

臺費銀二萬二百兩又

奏明撥解黔省兵餉銀六萬兩外現止存銀九千九百

三十餘兩所短尚多此外司庫各款早經羅掘無遺

且現復欽奉

諭旨逆匪回竄湖北占據漢口漢陽等處敕令設法籌款

按月撥解現當該省勦賊喫緊之時斷不可以無款可

籌一奏塞責等因經樂斌與臣先後在於提回當本生

息等銀及塩務捐輸按糧津貼各款内撥銀六萬兩

委員王煌錢世銘於三月十八四月二十二等日解
往楊霈大營及荊州交收此後尚須按月接濟即使
津貼捐輸收有成數亦當先其所急鮮濟楚北軍糈
實無餘力兼顧粵西兵食况本省夔巫等處昨因逆
匪意圖上竄
奏派官兵練勇數千分赴各口防堵所需口糧藥鉛等
項爲費已屬不貲而黔省餘匪復行回竄不特毘連
黔界之敘永合江等廳縣留駐兵勇未能即時全撤
現在酉陽秀山一帶又調集兵勇二千餘名防剿兼

施需用經費更多均應設法籌濟所有奉撥廣西銀
二萬兩委實無款可籌仍懇
敕部改撥以免貽誤俾川省得以專顧楚餉盡心籌防於
鄰封本境兩有裨益據藩司楊培具詳前來除咨覆
廣西及部臣外理合恭摺由驛具
奏伏乞
皇上聖鑒訓示謹
奏奉
硃批戶部速議具奏

黔匪竄擾秀山縣境兵練擊退

奏為黔省餘匪竄擾川省秀山縣境經官兵練勇擊退

恭摺由驛馳奏仰祈

聖鑒事竊臣於到任後連日接據重慶鎮總兵阜陞署綏甯協副將廣泰署酉陽直隸州凌樹棠署秀山縣李漸鴻先後稟稱差探黔省餘匪竄至松桃廳屬之孟溪場地方有由孟溪潛襲秀山縣之信該署副將廣泰等就近飛調綏甯酉陽黔彭各營兵二百九十名並雇勇五百名派令員弁管帶馳往濫橋汛一帶堵

勦該總兵阜陞復在重慶挑選練勇二百名交都司鄒鸞章帶赴秀山策應該署州凌樹棠亦親帶捐設屯兵團勇一千名前往會督地方文武相機辦理各等情經臣於覆奏催令官兵赴楚摺内略為陳明隨查黔匪竄至孟溪場該處相距川省邑梅營屬之濫橋汛僅止四十里而濫橋汛至邑梅及秀山縣城亦僅六十里其意欲襲秀城情殊叵測當即分別扎飭嚴密防勦勿使該匪闌入一面勸諭居民集團自衛藉助兵力各在案茲據廣泰李漸鴻以此股餘匪係

貴州逆首楊漋喜之偽軍師吳勝才因被追勦帶領
黨與約二三千人於本年三月十七日竄至孟溪塲
駐紮該匪等分作兩股一由濫橋汛赴邑梅一由官
橋圍取秀山該文武因情形喫緊先招健勇二百名
守護城池嗣各處官兵到齊即於十九日廣泰督同
署都司王家萁署千總劉肇堂楊再經把總秦康等
各帶員弁兵丁合為一隊李漸鴻督同職員王恩培
陳炳貢生雷登化生員傅作珩楊再瀛糜喬駿等各
帶健勇分為二隊前往迎勦適賊衆一股已抵濫橋

汛該汛弁孫良才用礮轟擊賊衆即由橋左越赴邑
梅營該營守備舒芳申等迎頭攻勦賊衆開礮抗拒
舒芳申騎馬中槍墜地孫良才等馳至救回賊衆衝
過邑梅直偪秀山縣城與我軍途遇其官橋一股賊
匪已合而為一該文武督飭王家冀等分中左右三
路夾攻舒芳申墜馬未傷同把總何占魁等帶兵從
賊後面抄襲賊衆首尾受敵登時敗走我軍追至雲
台山時有貴州松桃廳把總姚大華帶勇一百五十
名與我軍會合旋探賊衆駐紮雞公嶺跟蹤進勦該

署州凌樹棠在於十字口堵截賊衆無隙可乘乃由
黔邊小路而逃我軍復追至五官壩火燒橋等處與
賊交戰連次共殺斃賊匪三百餘名生擒五十九名
奪獲槍刀旂幟多件餘匪扒山越嶺逃遁距秀山縣
界已遠未便窮追撤隊回防查點我軍陣亡兵丁二
名兵勇受傷數名生擒之賊訊明正法十一名餘有
被脅充夫者研訊另辦等情具禀前來並據阜陞禀
報黔匪已被兵勇剿殺出境地方現已平靜所調重
慶練勇業已停止伏思現在賊蹤雖逃往黔省距川

較遠第餘孽未净且吳勝才係首逆楊滄喜軍師該
匪輒敢率衆来川滋擾兇横已極究竟曾否陣斬未
據禀及如其在逃未獲難保不復聚為患或另糾夥
黨竄赴楚省勾結以逞其奸則為害更甚 臣復批飭
廣泰等仍於川黔交界各要隘分布兵勇防守並飛
移鄰封州縣一體堵禦俾免回竄其傷亾兵勇照例
辦理所需經費應請作正開銷至此次保固縣城追
剿賊匪在事出力之文武員弁紳衿可否由 臣擇尤
酌保數員名以示鼓勵之處出自

逾格恩施所有官兵擊退黔匪緣由謹恭摺馳

奏伏乞

皇上聖鑒訓示再提臣萬福遠在黔省毋庸會銜合并陳

明謹

奏奉

硃批知道了此次出力文武著准其酌保數員

嚴防逸匪
再黔匪餘黨復行嘯聚此股由貴州松桃廳四川邑
梅營一帶竄襲秀山之匪業經該文武員弁就近調
募兵勇二千餘名剿殺敗退秀山地方安靖而此擊
彼竄近日又接凌樹棠禀稱探得該匪前因被勦逃
竄現在貴州天壇哨安頓老弱其精鋭仍據黄幹溪
地方距川界不遠該員親帶屯兵團勇駐紮麻兎司
廣泰等亦督率弁兵練勇分赴各要隘堵勦兼施並
據帶兵在黔之峩邊營叅將蔣玉龍署會川營叅將

傳崑自遵義府來稟黔省餘匪復聚集多人竄至正
安州所屬之市坪及綏陽縣所屬之上坪等處意欲
竄回桐梓該員等督率原派官兵知會各地方文武
探明賊匪蹤跡并力窮搜痛擊以期勦洗淨盡各等
情前來又據重慶鎮總兵阜陞重慶府知府李莊探
稟相同臣復飛飭各該員務須督飭兵勇相機剿滅
勿令死灰復燃並行川黔交界各廳州縣一體加意
嚴防以免竄逸理合附片具陳伏祈
聖鑒謹

奏奉
硃批知道了

捐修城垣并募勇置械之知縣請敘

奏為署任知縣捐修城垣碉卡募置練勇器械懇

恩飭部優叙恭摺奏祈

聖鑒事竊查楚氛未靖川省防範宜嚴前因夔州府屬大

甯縣城垣坍塌九十九丈四尺裂縫脱落多處皆須

逐段拆修其護城石堤坍塌五十八丈亦應加高修

復當經署該縣事知州銜試用知縣李肇奎自咸豐

三年十月勸捐興工起至四年九月止一律興修完

竣共用過工料錢一萬一千四百七十三千七百六、

十文除收捐項錢六千一百十四千外不敷錢五千
三百五十九千七百六十文已由該署縣捐給清楚
並倡捐錢五百千文勸諭灶户人等在於大甯盐廠
毘連之冠英閣接官亭各修碉卡建立礮臺並於廠
尾後溪河及廠左右之麻姑石牛兒澗三處要隘設
立卡門復招募練勇二百名捐給口糧置備器械藥
鉛旗幟衣履等項共捐錢六千零九十千文等情經
前督臣批司飭委署奉節縣知縣吳雲程親詣勘驗
城垣礮臺碉卡各工均係工堅料實委無草率浮冒

偷减並查明捐發練勇口粮置備軍火器械等項用

過錢数亦無揑飾情弊報經該管府道加結移司覈

明詳請具

奏前來臣查前准部咨籌餉事例接展三卯條款内開

捐助軍餉各員有保奏歸入候補班補用者仍覈其

銀數如較試用人員報捐分缺先用銀數與展限條

款相符即遵

旨辦理如銀數不敷即行令補足又例載知縣捐分缺先

用需銀四千七百六十一兩又工年川省奏定章程

靜妙齋

捐修城垣及練團募勇寔係有關軍務事件照江西
勸捐團練章程於例定銀數酌加四分之一請敘各
等因令署大甯縣知縣李肇奎捐修城垣礮臺碉卡
並招募練勇置備軍火器械等項共捐錢一萬一千
九百四十九千七百六十文照例每錢二千文合銀
一兩覈算共計捐銀五千九百七十四兩八錢八分
覈與知縣捐分缺先用例定銀數酌加四分之一有
盈無絀該員以署事人員實心任事捐錢一萬一千
九百餘串之多洵屬奮勉急公合無仰懇

天恩俯准敕部覈議將署大甯縣事知州銜試用知縣李
肇奎歸入候補班儘先補用俾昭激勸除飭取冊結
送部並令將城垣等工加意保護查明捐項較多例
得議叙紳粮人等另行照例辦理外理合恭摺具
奏伏乞
皇上聖鑒訓示再此項工程係該縣與紳粮自行捐辦應
免造冊報銷合併陳明謹
奏奉
硃批另有旨

陳明與學政姻親

再四川學政何紹基臣自會試時即與之知交在京

則朝夕過從在外亦書函往復二十餘年藉資攻錯

實為生平第一益友今得共事一方彼此皆為欣幸

該學政忠愛性生亦復不避嫌怨輶軒所及事事留

心於吏治民風必有所聞見以勗臣之不逮現在按

臨省外保甯潼川二府五月內即可竣事旋省四川

地方寥闊民夷雜處現在籌防喫緊之時公事亟須

整頓臣甫到此情形未熟既幸成都將軍樂斌廉明

慷爽舊政必告又有該學政身歷其境嚴切指陳臣

當聽受之際仍復衡斷於心庶幾地方利弊得失可

期斟酌妥善上答

知遇重恩惟臣與該學政何紹基之胞弟候選道何紹京

為兒女姻親雖徧查例案督撫於所轄屬吏已無迴

避兄弟姻親之際學政非其統轄更無迴避明文然

年終究有考察之責既係親誼理合據實奏

聞應否迴避之處恭候

欽定謹附片具陳伏乞

聖鑒訓示謹
奏奉
硃批覽

净妙齋

青如齋

開復處分之知縣捐免引見

奏為開復知縣捐免送部引

見循例恭摺奏祈

聖鑒事竊查前准吏部咨咸豐四年十一月十九日内閣

奉

上諭載齡崇實奏查明督臣訪辦謀逆重案草率定讞各

情一摺署南江縣知縣伊克精阿經裕瑞奏參革職茲

既查明鄭懷江並無謀叛重情惟該員於地方棍徒未

能嚴辦究屬疎於覺察伊克精阿著開復草職處分仍

交部議處等因欽此欽遵鈔出到部應請將署南江縣
事雲陽縣知縣伊克精阿照例降一級留任原參革
職之案查銷仍令該督出具考語給咨送部引
見該員係本案開復之員如遵照奏定章程願繳知縣革
職減半銀兩由該督奏請比照錢粮開復之例免其
送部仍留原省補用等因奏奉
諭旨伊克精阿著照議降一級留任准其抵銷餘依議欽
此欽遵咨行到川經前署督臣樂斌轉飭遵照在案
茲據伊克精阿稟稱現年五十一歲正白旗滿洲常

山佐領下人由鑾儀衛筆帖式奉
旨記名以知縣用籤陞四川雲陽縣知縣缺咸豐二年五
月初二日吏部帶領引
見奉
旨四川雲陽縣知縣員缺著伊克精阿補授欽此是年十
一月二十日到任因署南江縣任内失察棍徒滋事
革職嗣經訊明奏奉
諭旨開復革職處分遵照奏定章程願捐制錢二千六百
四十五串仍按市價折銀於咸豐五年三月初九日

解庫上納懇請邀免送部引
見仍留川省補用等情由司加考具詳到臣覆查定例知
縣捐復革職離任銀二千六百四十五兩減半應交
銀一千三百二十二兩五錢又戶部奏定章程各省
辦理捐務交錢者以制錢二千抵銀一兩各等因令
伊克精阿願捐制錢二千六百四十五串仍按市價
折銀呈解司庫兌收既據藩臬兩司查明該員年力
強健才具明晰覈其所捐錢數合銀亦與定例相符
相應循例奏懇

天恩俯准將開復知縣伊克精阿比照錢粮開復之例免
其送部引
見仍留川省歸候補班補用如蒙
俞允即以接准部文之日作為該員到省日期按班補用
臣到任未及三月例不加考除據詳咨部外理合恭
摺具
奏伏乞
皇上聖鑒訓示謹
奏奉

硃批吏部議奏

勦匪受傷身死之知縣請卹

奏爲知縣督勇勦匪墜馬受傷身死懇

恩賜卹恭摺奏祈

聖鑒事竊查前任四川璧山縣知縣劉康年於上年七月

內在任丁憂稟報開缺後因閶黔匪滋事情願隨營効

力疊經司道委赴江津綦江等縣辦理防勦事務迨

十一月初十日又劉令赴川黔交界之石壕梨園壩

等處查明至九壩路經該員行至酒店埡遇賊即督

帶團勇攻擊獲勝二十一日復帶團勇會同官兵攻

勦梨園壩賊匪身先士卒奮勇騎馬上前詎賊匪在
於對面山梁施放槍礮將該員騎馬轟傷墜跌倒地
磕傷腰肋等處當經團勇力救負回東溪行營醫治
不愈至是月二十七日因傷身故稟經署綦江縣知
縣鄭兆荃等驗訊明確具詳省局司道覈明援案呈
請奏懇
賜卹前來臣查川省於嘉慶初年剿辦達州教匪及道光
十七年馬邊等處夷務各案內委辦軍務陣傷亡各
員均經奏明請卹在案今前任璧山縣知縣劉康年

委赴江津綦江等縣辦理防剿事務曾在酒店埡擊

賊獲勝旋因督勇會同官兵攻剿梨園壩賊匪即被

轟傷騎馬跌傷身故情殊可憫相應援案奏懇

天恩俯准將已故壁山縣知縣劉康年

敕部照例議卹以慰幽魂而昭激勸理合恭摺具

奏伏乞

皇上聖鑒訓示謹

奏奉

硃批劉康年著照例議卹該部知道

靜妙齋

青妙齋

續解皖餉

奏為續解安徽軍餉銀兩恭摺由驛馳奏仰祈

聖鑒事竊查前因皖省請撥川餉二十萬兩當經前督臣

裕瑞署督臣樂斌先後撥解銀八萬兩分起委員解

往其未能起觧之十二萬兩因須兼籌楚餉難以專

顧皖省等情亦經樂斌奏懇

敕部改撥各在案嗣准部咨奏令通融解濟在部中實已

無從改撥而川省竟亦難以為繼伏讀

聖諭各處軍營請餉紛紛不止安徽一省該提督等所請

數目至二十萬兩之多亦恐四川未能照數撥給著就
地方情形力能籌解若干兩即行批解等因欽此
聖明固已體恤入微臣下益當輸將恐後若使川省稍能
兼顧其未解之餉即當迅速力籌無如會商司道盤
查庫款頻年以來撥往外省軍餉搜羅殆盡現在逆
匪回竄楚疆復奉
諭旨責成川省籌款按月源源接濟而黔省餘匪復熾川
省派往官兵一時遽難凱撤所有黔楚交界之處仍
復節節設防兵勇數千名月需經費尤為不貲已有

顧不暇之勢然疊接户部及皖省來咨廬州剿賊緊
要望餉孔殷又不得不於無可籌畫之中量為分撥
現據藩司以川省咸豐五年按粮津貼一款除撥用
外現徵存銀一萬五百餘兩應請酌撥一萬兩再於
收捐籌餉事例項下撥銀五千兩收捐空白執照項
下撥銀五千兩共湊足銀二萬兩即委試用知縣李
應觀即日管解起程馳赴廬州大營交收以濟要需
此外不敷之項委實無力堪以如數撥解等情具詳
請

奏前來事關軍需緊急除飛咨戶部安徽撫臣查照外
所有委員續解徽餉緣由理合查照舊案恭摺由驛
馳
奏伏乞
皇上聖鑒謹
奏奉
硃批知道了

請催新任學政到任

再臣接准部咨内開四月初五日何紹基奏縷陳管

見一摺欽奉

上諭交部議處由吏部議奏四月十四日奉

上諭四川學政翰林院編修何紹基著照部議降三級調

用不准抵銷欽此欽遵於五月初四日咨行到川伏查

臣於上月二十八日專弁齎摺奏事曾經附片聲明

臣與何紹基誼涉姻親應否迴避之處恭候

欽定維時未經接到部咨是以有此奏請現在自毋庸瀆

陳惟何紹基業經降調其新任學政
簡放何員尚未奉有明文此時川省科試將次竣事惟有
潼川一府未完何紹基業已到潼刻下正扃門考試
之時各縣生童雲集或考過正場尚未覆試或甫經
開考尚未發榜其勢頗難中止再得旬餘日便可蕆
事此次所接吏部公文應行知照該學政衹令照常
轉遞約計公文到潼之日正試事將竣之時庶科試
得以全完無誤至何紹基旋省後學政關防應即循
例交臣暫行兼署查川省鄉試人多七月起即當扃

門錄取遺才以及補考諸事非半月不能竣功臣署
公事繁多誠恐遇有緊要事務即不能逐日兼顧試
事應請
敕催新任學政迅速來川務於六月內到任臣不勝盼切
其前由軍機大臣遵
旨寄信到臣欽奉
上諭一道著臣將何紹基片奏合江縣廩生李𣈶通賊南
溪縣廩生萬時恬被控謀叛各案並片內所稱上司
袒護屬員以致士風激成刁健等情一并提訊訪查

具奏遵查萬時恬一案關繫尤重臣於抵任後業將
此案嚴飭永甯道勒限一月内審結解省由臣親訊
定奪其李暅一案亦係該道承審之件臣於欽奉
諭旨後即勒限半箇月審結解候親提至川省風氣詞訟
滋多有由士民逞刁者亦有由官吏激成者臣欽遵
恩訓嚴以治蜀連日督飭司道首府清厘獄訟鎖拏蠹役
匪徒執法嚴懲撤調文武員弁來省察看容俟次第
辦結另行專案奏報理合先行附片具陳伏乞
聖鑒謹

奏奉
硃批著該部飭令鄭瓊詔迅速前往

靜抄齋

黔界防堵楚北進兵各情形
再黔省餘匪復行聚衆四出竄逸前經署酉陽直隸
州淩樹棠及在黔督勦之四川㕘將蔣玉龍等稟報
臣當即飛飭出征各將備督飭兵勇相機勦滅並行
川黔交界各廳州縣一體嚴防於四月二十一日附
片馳
奏在案嗣接貴州撫臣蔣霨遠及四川提臣萬福於四
月十二日自貴陽來咨楊逆餘匪舒裁縫蔡三保等
復領賊衆竄至大六甲紅芽地方將各團首房屋燒

燬殺斃即於磨盤山復立賊旂招聚党與現已派兵

分投截堵誠恐竄越川境囑臣轉飭嚴防敘永合江

綦江南川永甯江津等處臣於未接来咨之先已分

飭各該廳州縣嚴密布置近接重慶府知府李莊於

四月二十六日來稟探得遵義府屬之紅花園祖師

觀等處餘匪趙五余三等已被官兵追散其王正瀧

楊三等各股匪聞亦被四川叅將蔣玉龍帶兵在仁

懷縣屬之石觀口接仗殺斃數百名復經團衆協同

將餘賊圍困勢已窮蹙並首逆舒犬弟兄已於四月

十八日在遵義落廬地方經官兵追散綏陽一帶業
已平靖其他處尚未肅清等情臣復批飭各文武督
率兵勇協團加意嚴防不得稍涉鬆懈至川省前派
遊擊顏朝斌統帶兵練三千名赴楚助勦頃據署巫
山營都司湯占雄稟稱該遊擊管帶兵練已於四月
十五日全數行抵湖北宜昌府次日開船前進四川
距楚程途較遠臣前次遵
旨派委知縣陳紹惠等三員赴楚偵探約計此時不過甫
出川境尚未能到荊州等處故未得有楚省官軍攻

勦實信惟數日來連接陜西委員楊光澍於四月初
六十二等日自隨州發來探報德安府城於三月底
復失其盤踞之賊連裹脅者約計僅四五千人四月
初七日由水陸兩路竄至平林市初八日復行上竄
距平林十餘里之柏枝港該處距馬平港二十餘里
幸馬平紮有兵勇五千餘名當即出隊迎勦該逆聞
風退歸平林市連日官兵追逐仍全股退回德郡現
將西北門外浮橋石橋拆毀並在各要隘修築土牆
甚畏我兵進勦督臣楊霈於初十日已抵隨州飛飭

李玉田等督勇三千餘名駐紮平林市又派勇一千六百名駐紮應山縣之陳家港又派勇一千五百名駐隨州西南六十里之洛陽店擬分途逼近郡城合力圍攻將軍扎拉芬亦在隨州南關外紮營盧副將所統步隊官兵四百名現駐棗陽不日官兵齊集即行進攻等語其他處尚無確信謹因驛便附片奏
聞伏乞
聖鑒謹
奏奉

硃批知道了

偵探廓夷情形

再四月二十五日承准軍機大臣字寄署四川總督成都將軍樂斌四川總督黃宗漢咸豐五年四月初九日奉

上諭據赫特賀奏廓番尋衅興兵占據唐古特地界一摺飭令臣等於廓夷情形猖獗不可不知著隨時偵探具奏仍不得稍涉張皇等因欽此跪讀之下仰見

聖明洞燭無遠弗届欽佩莫名遵查此事臣等先經得有風聞因未據西藏文武稟報未知其詳當經密飭臣

靜妙齋

等標下中軍及首府飛函西藏粮員即用知縣張祺
駐防遊擊沐恩作速探明實在起衅根由與現在該
大臣等如何辦理情形即行馳覆又於四月初間值
西藏帮辦大臣滿慶自京赴藏道出成都亦經臣等
面囑滿慶到任後即將廓夷已否收兵回國所占邊
地已否退出藏衛邊境是否肅清確切查明致覆數
辦各在案欽奉前因伏查西藏距省七十餘站濟嚨
聶拉木等處又遠在藏衛邊疆若派員往查不特往
返遲滯且恐事涉張皇計惟有仍由驛遞分處星馳

偵探較為迅速復經臣等飛函正任駐藏大臣赫特
賀帮辦大臣滿慶前任駐藏大臣諤齡諮詢一切及
密飭文武各委員速行探報一俟各處咨稟到日臣
等參稽互証得有實在情形即行隨時奏
聞所有臣樂斌臣黃宗漢遵奉寄
諭分馳偵探緣由謹合詞先行附片覆
奏伏乞
聖鑒訓示謹
奏奉

硃批知道了

揀補邊要通判

奏爲揀員陞補要缺通判以重邊防恭摺奏祈

聖鑒事竊照叙州府屬雷波廳通判李清晏邊俸三年期

滿經前署督臣樂斌循例

奏請撤回遇有同知直隸州知州應題應調二項缺出

保題陞用在案所遺雷波廳通判員缺係題調邊缺

應由外揀員陞調該廳地居邊要漢夷雜處彈壓撫

綏均關緊要非精明幹練之員不足以資治理臣督

同藩臬兩司於通省現任通判内逐加遴選非現居

靜妙齋

要缺即人地未宜實無堪調之員亦無候補通判堪
以請補惟查有大足縣知縣曹旭耀年六十五歲直
隸昌黎縣人道光五年乙酉科中式順天鄉試舉人
十五年乙未科會試後大挑一等引
見奉
旨以知縣用欽此籤掣四川二十年六月到省題署大足
縣知縣二十五年十一月十一日到任二十七年八
月三十日奉文實授咸豐二年八月内因捐資助餉
欽奉

諭旨賞加知州銜現在署理斯缺並無貽誤該員在川年

久於邊境情形最為熟悉以之陞補雷波廳通判實

堪勝任人地亦甚相宜其正署各任内並無降革留

任展参暨承緝盜刦已起四参案件一切因公處分

例免覈計歷俸已滿五年與請陞之例相符臣到任

未及三月例不加考既據藩司楊培臬司馬秀儒以

該員穩練老成辦事妥寔會詳前來臣覆加察覈無

異相應

奏懇

靜妙齋

天恩俯念員缺緊要准以大足縣知縣曹旭耀陞補雷波
廳通判洵於邊地有裨如蒙
俞允俟接奉部覆照例給咨送部引
見仍飭將叅罰銀兩依限完繳咨部查銷所遺大足縣知
縣缺係專繁簡缺應歸部選川省現有應補人員遵
照新例俟准到部覆截缺後另行揀員請補理合恭
摺具
奏伏乞
皇上聖鑒訓示再此案於咸豐五年二月三十截缺之日

起限扣至五月初十日限滿合併陳明謹

奏奉

硃批吏部議奏

委署縣缺

再雅州府屬天全州知州王應和在任病故業經具

題開缺在案所遺員缺查有南溪縣知縣陳价藩堪以

委令署理該員任内並無經徵錢粮未完展恭暨承

緝盗刼已起四条案件據藩臬兩司會詳前來除批

飭檄委外理合附片具

奏伏乞

聖鑒謹

奏奉

硃批知道了

京控案件審明定擬

奏為審明京控案件分別定擬恭摺

奏祈

聖鑒事竊查接管案内前據威遠縣民李讓三京控盐商

鄒希賢賄串知縣門丁郭松亭等捏報伊叔祖盐商

李樞濤病故以鄒厚基之名認商接充知縣受賄不

肯更正等情由步軍統領衙門奏奉

諭旨此案著交裕瑞督同臬司親提人証卷宗秉公研訊

確情按律定擬具奏抱告民人李讓三該部照例觧往

備質欽此並准將抱告李讓三連原呈甘結咨送來川
前督臣裕瑞恭錄行司委提人証到省發委審辦去
後茲據委員署成都府知府翁祖烈等審明議擬由
臬司馬秀儒覆訊詳解前來臣親提研鞫緣李讓三
籍隸威遠縣監生李廷楨貢生李廷樞俱係李讓三
之曾叔祖道光四年李廷楨等族人李文暄充當該
縣盐商李文暄故後另募李拔素接充二十六年李
拔素又故該縣知縣沙芹生招募李廷楨之父李士
杰維時李士杰因年邁令伊第三子李廷森即李樞

濤承充咸豐元年正月間沙芹生之家丁吴興欲回
江南原籍省親缺乏盤費央禮書毛懷珍向李樞濤
借去銀二百兩言明次年回署歸償嗣因吴興日久
不回延未還給二年四月李樞濤病故李廷楨等匿
不報案被鹽役李洪查知稟經沙芹生追繳引張詳
請招募頂補旋有鄒世馨之子鄒厚基應募接充李
廷楨意欲頂補商缺赴縣懇求沙芹生查知李廷楨
家非殷實批駁不准李廷楨央令門丁郭松亭代向
懇求郭松亭不允彼此口角李廷楨當因充商未遂

心懷忿恨即揑詞由縣府赴塩茶道暨前督臣衙門
呈控均經批縣審辦當經沙芹生差傳人証訊明李
廷楨實係力難運未便准其接充正在詳覆閭詎李
廷楨誤聽人言以爲鄢厚基賄串門丁郭松亭送給
沙芹生銀三百餘兩奪其商缺起意京控又知借用
李樞濤銀兩之吳興係沙芹生家丁疑即伊主使令
代借遂指爲沙芹生借去銀二百兩並挾書役毛懷
珍李洪等稟報伊弟李樞濤病故之嫌添砌浮詞自
作呈狀私用伊弟李廷樞之名令李讓三作抱赴京

至步軍統領衙門具控訊供奏奉
諭旨遞解回川行提人卷來省審辦李廷楨於解到後慮
恐所控不實審虛坐誣即自行首懇免究經該委員
等審擬由臬司勘解到臣親提研訊無異尚恐有抑
勒賄和情弊再三究詰不移案無遁飾應即擬結此
案李廷楨因欲接充鹽商赴縣呈懇未蒙允准心懷
忿恨輒即起意揑詞私竊李廷樞之名令李讓三作
抱赴京具控希圖奪頂商缺殊屬刁詐覈其所控鄒
厚基之父鄒世馨賄串門丁郭松亭並知縣沙芇生

得受賄銀及書役毛懷珍等得賄捏禀伊弟李樞濤
病故各情均係砌叙浮詞毫無實據即所控沙芹生
曾借李樞濤銀二百兩業已指有確數亦訊係該家
丁吳興所借沙芹生並不知情該原呈以此懷疑控
告雖事尚有因難遽坐以誣告之罪而因爭商挾嫌
竟敢砌詞京控究屬不合未便因其懼虛自首即予
免究李廷楨應請照不應重律杖八十係監生照律
納贖李廷樞係李廷楨竊名李讓三係李廷楨小功
姪孫聽從作抱業已罪坐尊長應毋庸議沙芹生並

無得受鄒厚基及借過李樞濤銀兩鄒厚基亦無賄串門丁郭松亭應與訊無賄捏情事之書役毛懷珍等均免置議該縣塩商業已訊明李廷楨實係無力辦運應仍令原募之鄒厚基接充吳興借欠李樞濤銀兩現赴江南著俟回川由李廷楨等自向理討該縣沙芹生於家丁央令禮書向塩商借銀雖訊無主使情事究屬失於覺察相應請

旨將威遠縣知縣沙芹生交部議處案經訊明擬結未到人証免提省累除全案供招咨部覈覆外理合恭摺

具

奏伏祈

皇上聖鑒訓示謹

奏奉

硃批沙芹生著交部議處該部知道

請將緝捕不力之知縣汎弁摘頂勒緝

奏為特參私販匪徒搶劫盐店緝捕不力之知縣汎弁

請

旨先行摘頂勒緝恭摺奏祈

聖鑒事竊查川省各屬產盐之區甚多梟徒最易竊發不

但有碍官引亦恐貽害地方屢經嚴飭查緝不啻三

令五申各州縣果能認真辦理何致尚有大夥私販

恃衆搶劫之案茲據江安縣具報咸豐五年四月初

六日據縣屬二龍場行商師樹雲具報是日黎明有

浄妙齋

私販數十人蜂擁至店打毀門壁刦去水陸引四百十四張盐一百二十包銅錢一百七十六千以及大小皮箱雜物等件會營勘得該處距城二十五里地濱大河不近塘汛墩臺現在會差兵役懸賞購綫嚴緝等情當經臣批司嚴飭縣營勒拏去後距今未見報獲一犯其緝捕不力已可概見未便稍事姑容據該管道州稟移藩臬兩司會詳請叅前來相應請

旨將江安縣知縣方宗鎬駐防江安縣汛把總熊兆彪先行一併摘去頂戴勒限一個月嚴緝贓犯務獲究報

如果依限獲辦即奏請給還頂戴倘限滿無獲再行
從嚴參辦以為捕務廢弛者戒理合恭摺具
奏伏乞
皇上聖鑒訓示謹
奏奉
硃批方宗鎬等均著摘去頂戴勒限嚴緝

改解軍餉

再臣接准戶部咨開議覆署湖北巡撫胡林翼附奏撥解軍餉以濟武漢兵食一摺內稱前奉
諭旨飭令樂斌籌撥銀十萬兩節據奏報三次委員籌解銀八萬兩赴楚兩胡林翼所接川省咨文僅有二萬兩之數尚無入境日期恐係解赴楊霈軍營但楊霈駐紮德安等處現有山陝籌銀協濟兵食無虞缺乏應令該督俟川省餉銀解到之日分解武漢軍營以備支用並以四川與湖北地處脣齒應不分畛域移

緩就急請

敕下四川總督速將應解楚餉二萬兩補足其已解之八
萬兩催趲前進專解武漢軍營等因奏奉

諭旨依議欽此欽遵咨行來川遵查前署督臣樂斌先後

奏撥楚餉八萬兩其初二次委解銀五萬兩均係飭赴

武昌省城交收第三次委解銀三萬兩則係飭赴德

安軍營交收臣抵任後因湖廣督臣楊霈奏准

飭令川省按月源源籌濟遵復

奏撥銀三萬兩委試用知縣錢世銘於四月二十二日

起程亦係飭令解交荊州將軍查收咨商總督分別
濟用各在案茲准前因武漢軍營需餉孔亟所有委
解德安荊州各餉銀臣當即飛飭該員等迅速兼程
前進遵照部咨一併改解武漢軍營以濟急需一面
飛咨湖北撫臣胡林翼就近迎提撥護前進茲於五
月十七日接到荊州將軍官文於初二日來函川省
委員已陸續解到銀八萬兩全數解赴胡林翼大營
其續解之三萬兩想未接到臣咨故未提及惟以荊
州及武漢各路防剿兵勇需餉至急囑為源源籌撥

接濟臣仍督同藩司再行籌畫解濟萬不敢稍存膜
視致誤事機所有改解武漢軍餉先到八萬已由荆
州前進緣由謹附片具奏仰慰
廑懷伏乞
聖鑒謹
奏奉
硃批知道了

籌備軍營撥款

再川省咸豐元二兩年節次調派漢屯官兵八千七百餘員名前往楚粵等省征剿先後

奏撥銀十八萬兩備支一切官兵俸賞行裝及口糧夫價等項在案茲查前撥之款除支過官兵俸賞行裝採辦軍米并運米脚價共銀十一萬五千九百四十餘兩外尚有應行補製楚省軍營調解鍋帳藥鉛火繩號衣號帽及出師官兵由營裏帶鍋帳藥鉛火繩箭枝等項共需工料銀八萬三千餘兩又應給各州

縣墊付口粮夫價等項銀二萬二千餘兩綜計需銀二十二萬兩有奇現據各州縣紛紛請領勢難延緩且各省賊氛未靖防勦喫緊藥鉛鍋帳均為行軍要需調解不時尤須趕緊應付飭令各營迅速補製以供支用所有前次撥銀十八萬兩實在不敷供支自應先行籌備庶免臨時周章但司庫别無款項可籌應請將續收官民捐輸銀二萬五千二百四十餘兩儘數撥用並在本年應徵津貼項下撥銀一萬四千七百五十餘兩共湊足四萬兩另款存儲以資支放

設有不敷再行籌撥統俟事竣逐一覈實報銷據藩司楊培具詳前來理合附片陳明伏祈

聖鑒謹

奏奉

硃批知道了

晉江黄尚書公全集卷二十二目録

奏疏二十二任四川總督奏議

廓夷滋事妥爲開導請緩進兵

揀補首府

幫辦糧臺之知縣暫緩引見

委署縣缺

茶課税銀

撥解楚省軍餉

驛站雨水阻隔

静妙齋

各省軍餉未能照數撥給請部改撥

撥解曾侍郎軍營餉銀

嚴禁押保店

禁販黑鉛

鄉試請永遠加額

藉病遷延之都司參革

積勞病故之從九品湯臣保請卹

嚴辦匪徒

剿匪出力各員請獎

代奏恭謝
互相稟揭之府縣請一併革審
委署府缺
辦理津貼不善之知縣革審
府缺委署
赴楚總理糧務之知府請俟應補缺出題補
委署道篆
委署府縣各缺
道缺縣缺委署

暘雨情形

靜如齋

晉江黄尚書公全集卷二十二

男貽楫謹輯

姪貽杍恭校

奏疏二十二 任四川總督奏議

廓夷滋事妥為開導請緩進兵

奏為奉

諭督兵三千赴藏事關重大靜聽兼旬迄未接西藏警報

臣等熟籌川省大局兵力餉需均難為繼擬請暫緩

進兵俟帮辦大臣滿慶到藏如何會商籌辦咨覆來

川再定行止恭摺由驛密

奏仰祈

聖鑒事竊臣等於五月二十六日欽奉寄

諭以廓爾喀尋衅佔據唐古特地方現據赫特賀奏調川

省五屯官兵備勦飭令臣等於川省屯兵内酌撥三千

名由臣樂斌帶赴前藏察看情形再定進止並飭於到

前藏時探知該夷是否遵斷相機辦理至綠營是否相

宜並著酌量湊撥不必拘定盡調屯兵等因欽此遵查

此案臣等先經得有風聞即已飛飭西藏文武查覆

嗣於四月内欽奉寄
諭飭令隨時偵探具奏仍不得稍涉張皇復經密飭分馳
偵探先行附片覆奏在案現在尚未接據西藏復信
欽奉前因臣等應即會商籌畫湊撥官兵由臣樂斌
督帶前進昌敢稍存觀望惟查西藏遠在塞外帶兵
備辦一切粮餉雜支必須寛為預備免致口外缺用
臨時周章又查赫特賀已赴後藏廓夷現有派噶箕
藏格巴都爾約於四月中旬來宗喀聽候剖斷之語
或赫特賀到彼妥為開導該夷能知感悟退出所據

静妙齋

地方則兵端即可還
旨止息是以臣等熟相商酌一面酌派弁兵籌備粮餉一
面採聽西藏確信若萬不得已必須内地發兵臣樂
斌即行督帶星夜馳往乃自欽奉寄
諭之後静聽兼旬迄未接該駐藏大臣赫特賀來咨其緩
急情形尚未深悉四處分探在藏滿漢各委員所寄
來川信函敘及廓夷滋事語意不甚倉皇迨本月十
七日臣等均接得帮辦大臣滿慶於過裏塘途次五
月二十七日來信内稱廓夷侵佔邊界勢雖猖獗尚

未敢傷官兵現在途催調江卡乍了察木多一帶土
兵赴藏助剿伊擬俟到藏後與赫特賀籌商此事係
蠻觸相爭應以撫馭和息為上乘等語滿慶於西藏
夷情最為熟悉來函尚未遽議請兵臣等伏思此舉
關繫重大目今情形攘外必先安內慎始乃克圖終
川省大局雖屬完善而外匪內訌時存窺伺既乏可
調之兵又少可籌之餉若復馳兵荒徼需餉不貲恐
所繫更不徒在川省臣等渥荷
厚恩忝膺重寄仰體

聖主於安邊備豫之中仍予以悔悟輸誠之路用敢披瀝
愚誠將調兵赴藏諸多掣肘之處敬爲我
皇上密陳之查得川省新疆五屯額設屯兵及餘丁除歷
年調派出師外存屯兵丁僅止二千名新疆地方遼
闊分布巡守需兵不少夷情頑野時欲出巢滋擾若
存兵稍單難保不伺隙蠢動現經遵
諭飛飭懋功維州各副將將各屯兵内酌量抽調一半預
備定期起程至通省綠營官兵除駐守汛防臺藏外
連年奉調出征及派赴防堵各處存營堪調之兵合

計不過七千餘名上年川東防堵已因兵不敷調借

材於募勇本年奉

旨添調官兵三千赴楚以及設防夔巫二千名仍係募勇

協濟省垣重地並藉紳局練勇以壯聲威現在臣等

亦經遵

諭檄飭各鎮將於難以調派之中酌量抽調二千名預備

帶行赴藏第思川省接壤黔楚上年黔省不靖皆由

川兵進勦克復城邑令聞餘匪未净苗民亦復竊發

湖北荊宜地方拏獲奸細皆有窺伺川省之供現在

德安武漢未復巴東利川防堵尤宜嚴密是川省此
時正當力固藩籬以保完善之地倘存兵過單不特
啯匪盐梟隨時擊捕乏兵更恐黔楚之匪聞知川省
空虛肆意憑陵又將何以禦之此調兵之掣肘也又
查西藏防兵每名每月支銀四兩九錢征兵例應加
增以三千兵數計之月需餉銀二萬餘兩往返行程
須五六月之久即盈十餘萬兩之數而别項支銷及
一切賞需均不在内溯查嘉慶二十一年前軍臣賽
冲阿帶滿漢官兵六百餘員名赴藏來回及駐藏僅

八閱月計支用十一萬一千七百餘兩今調兵三千
所需粮餉較前應五倍其數一經啟行衣皿行裝裹
帶等項即力求撙節亦須支銀二十餘萬兩師行之
後又須預備二十萬兩陸續解往尚逾八個月之期
則所需更不能預計川省頻年以來籌撥七省餉需
已在三百數十萬兩藩庫支絀倍形雖尚有盐商捐
輸十餘萬兩按粮津貼五十萬兩而本省不敷兵餉
因湖南不能協濟已奏明於按粮津貼内截撥二十
萬兩即使各款徵完所存不過四十餘萬湖北一省

若按月遵

旨撥餉二三萬兩亦不過僅濟一省之用而貴州廬州廣

西之撥款以及曾國藩一軍之請撥尚須另籌今若

罄其所入盡解西藏軍需則各軍營之待餉何以濟

本省之防費又何出此籌餉之掣肘也且查自省城

至前藏七千餘里一出打箭鑪關均調夷人烏拉供

差平日駐藏大臣過境需用烏拉不過二三百頭須

於兩月前傳牌飭備到站尚須任歇三數日方能齊

備遄行大半皆以牛驢充數日行僅能數十里并須

優給賞犒方始無誤名為供支實與雇備無異今兵
行三千加以帶兵將領備弁餘丁人等數在五千上
下隨行鑼鍋帳房軍火器械粮餉等項所需烏拉恐
十倍於大臣差使而不止即使分起行走亦覺應接
不暇况番夷半皆窮苦近復驕悍性成動輒撤臺避
匿上年裏塘土司喇嘛因事撤站阻差經赫特賀查
辦奏報此其明証倘因兵差繁重夷力不支復萌故
智兵行半道阻滯難進即計無可施此沿途支應之
掣肘也又查藏地寒冷八月即下大雪刻下所調官

兵即於六月内自省起身及至抵藏已在九月正值
大雪封山人馬難行之際廓夷諒經回巢必須俟來
歲春融方見動静此數月中以有用之財供不動之
兵未免坐耗可惜夷人原震慴中國兵威故邊地用
兵每有我出彼歸我歸彼出之慮乾隆年間大兵進
征廓爾喀係由四川甘肅雲南三省會合進兵故能
尅期蕆事今僅由後藏一路進勦夷情詭譎設竟如
前之旋逃旋出則我兵即覺進退兩難此又剿辦掣
肘之實在情形也臣等累日經旬檄調省外熟諳西

藏夷情之文武各官來省諮詢言之歷歷如繪又柰
考歷屆藏務案卷亦悉相吻合並據該文武回稱廓
爾喀與唐古特因事搆難實屬蠻觸相爭其釁悉由
唐古特營員平日盤剝欺負各等事所激而成至謂
因助兵不遂藉口勒賠銀兩此語關係出自營員之
口疑為以此訛索而非廓夷果有此情揣該夷人派
人聽候剖斷之意若得其釁端剖斷得平自必可以
釋憾現因估據各地赫特賀調土番各兵七八千名
已足資防勦似不值重煩中國兵力等語覈與滿慶

來信之意相同臣等伏思赫特賀之請調川兵備勦
係為厚集兵力豫備調遣起見尚非急待應援故未
見就近咨催進兵其於彼此搆釁根由能不至為營
員所蒙否滿慶在藏年久至為深悉情形且經臣等
面為諄囑到藏後必須確信馳覆計此時當已抵藏
可否暫緩進兵俟滿慶到後與赫特賀如何籌商撫
馭咨覆到日再定行止如廓夷聞有調兵之舉震懾
天威頓知悔悟則事逸功倍而所省尤多若必不得已而
動兵臣樂斌即行督帶前進到藏在來年二三月間

彼時冰融雪消一到即可相機辦理不至停兵糜餉

且其時湖北自已肅清而提臣萬福亦率所帶赴黔

之兵全數回川省中兵力較多人心方固臣等管窺

之見徒知川省兵餉缺乏辦理諸多掣肘罔識大體

干冒上陳仰懇

恩施逾格指示

聖謨俾知遵奉不勝悚惶待

命之至謹合詞恭摺密

奏伏乞

皇上聖鑒訓示謹

奏奉

硃批另有旨

青如[illegible]

再臣樂斌奉

諭督兵出省所有成都將軍印務相應遵

旨交副都統伊琫額暫行署理惟臣在外剿辦遇有征調

文移在在需用印信溯查從前將軍歷次帶兵出省

有

頒發欽差關防者亦有隨帶將軍印信者其副都統署理

將軍事務或係借用督臣關防或係就近借用左司

關防皆有成案可考臣擬於帶兵赴藏時查照舊章

隨帶將軍印信前往其署將軍伊琫額辦理事務應
請查照成案借用四川總督關防以昭鄭重合併聲
明臣樂斌謹附片具
奏伏乞
聖鑒謹
奏奉
硃批知道了

揀補首府

奏為遵

旨揀員請補省會要缺知府以資治理恭摺奏祈

聖鑒事竊臣准吏部咨開咸豐五年三月二十日奉

上諭四川成都府知府員缺緊要著該督於通省知府内

揀員調補所遺員缺著文良補授欽此坐三月二十五

日行文按照限減半計算扣至五月初六日開缺當

經咨部開缺在案查成都府管轄十六州縣為通省

領袖政務殷繁時有發審案件必須老成練達守潔

才優之員庶足以資治理臣督同藩臬兩司於通省
知府内遴加遴選非現居要缺即人地未宜惟查有
候補知府越嶲廳同知翁祖烈年五十一歲福建侯
官縣人由進士改翰林院庶吉士散館後籤掣雲南
永善縣知縣道光十九年三月初六日到任
大計卓異
題陞開化府安平同知歷署太和縣知縣趙州永北直
隸同知廣南府知府因太和縣任内防堵回匪並拏
獲要犯經雲貴總督賀長齡保奏奉

旨賞加知府銜先換頂戴二十七年併案赴部引
見奉
旨准其於知縣任內卓異加一級陞補雲南開化府安平同
知欽此因迴避雲貴總督林則徐改掣四川二十八年六
月十九日到省咸豐元年因甯遠府地震案內捐輸
辦賑出力部議候補同知翁祖烈俟題補本缺後以
知府補用等因具奏奉
旨依議欽此二年因捐資助餉案內奏蒙
賞戴藍翎

題補越嶲廳同知歷署綏定保甯甯遠重慶各府知府
瀘州直隸州知州本年二月經前署督臣樂斌
奏署成都府知府現據藩臬兩司以該員勤明幹練爲
守兼優到處循聲卓著且在川年久熟悉情形現在
署理斯缺經理裕如實屬知府中不可多得之員以
之請補成都府知府實堪勝任惟調缺請補與例稍
有未符但人地實在相需會詳請奏前來臣到任未
及三月例不加考而察看該員洵爲結實可靠數月
來委審案件隨到隨結是其明証合無仰懇

天恩俯念要缺需員准以候補知府越嶲廳同知翁祖烈
補授成都府知府實於吏治地方兩有裨益如蒙
俞允該員係奉
旨以知府補用之員今請補知府銜缺相當毋庸送部引
見任内並無違礙處分所有因公叅罰案件例免覈計應
完罰俸銀兩飭令依限完繳其
簡放成都府遺缺知府文良俟到川後遇有缺出即行照
例補用所遺越嶲廳撫夷同知員缺係邊疆要缺例
應在外揀員陞調俟接准部覆再行照例辦理所有

揀員請補省會要缺知府緣由理合恭摺具

奏伏乞

皇上聖鑒敕部覈覆施行再此案於五月三十截缺之日

起限扣至八月十一日限滿合併陳明謹

奏奉

藍批吏部議奏

幫辦糧臺之知縣暫緩引見
再名山縣知縣汪覲光現因俸滿接准部咨調取引
見應即給咨赴部惟查前因粤匪上竄武昌復失
奏明揀調兵練二千名派委鎮將統帶馳往夔巫及湖
北之巴東利川等處擇要嚴防所有官兵粮餉雜支
並委前任潼川府知府何咸宜前赴夔郡設立粮臺
會同夔州府知府李仲良總理支發嗣因李仲良有
經理關務巡防地方之責未能兼顧曾經添委該員
汪覲光前往帮同何咸宜經理一切現在汪覲光業

已到彼一時乏員接替合無仰懇
天恩俯准該員汪覲光暫緩赴部一俟辦理防堵事畢再
行給咨飭令赴部引
見據省局司道會詳前來除咨吏部外理合附片陳明伏
乞
聖鑒訓示謹
奏奉
藍批著照所請

委署縣缺

再署黔江縣知縣戴錫祉因辦理刑案未能妥協先

行撤任又資陽縣知縣范湶清揵為縣知縣陸為柄

仁壽縣知縣國英署合江縣知縣朱百城均因被控

有案飭司暫行撤任調省查辦所遺黔江縣缺查有

遂甯縣知縣徐鈞堪以調署所遺資陽縣缺查有羅

江縣知縣張秉堃堪以調署所遺揵為縣缺查有黔

江縣知縣孫濂堪以調署所遺仁壽縣缺查有新補

平武縣知縣恆泰堪以委署所遺合江縣缺查有永

淨眇齋

川縣知縣丁鳳阜堪以調署所遺遂甯縣缺查有清溪縣知縣周倬堪以調署各該員任内均無經徵錢粮未完展參及承緝盜刦已起四參案件據藩臬兩司先後會詳前來除分別批飭檄委外理合附片陳明伏乞

聖鑒謹

奏奉

藍批知道了

茶課稅銀

奏爲催追未完茶課稅銀現據天全等州縣續解全完

恭摺奏祈

聖鑒事竊查川省州縣咸豐三年分茶課稅銀先經前督

臣裕瑞循例具

題内有成都華陽簡州茂州汶川巴州敘永江津秀山

黔江彭水奉節巫山雲陽萬縣大寧丹稜邛州合江

雅安天全名山榮經等廳州縣未完咸豐三年分茶

課稅銀三萬七千七百八十四兩七錢五分一厘三

毫業將經徵不力職名隨案附參嗣據成都茂州巴
州秀山黔江奉節雲陽萬縣大甯丹稜雅安等州縣
續解全完茶課稅銀一萬一千九百一十六兩九錢
六分九厘三毫又華陽簡州巫山合江名山等州縣
續解全完茶課稅銀六百九十八兩八錢一分亦經
裕瑞暨前兼署督臣樂斌先後繕摺
奏明茲據鹽茶道蔣琦淯詳稱查華陽邛州天全滎經
名山等州縣已完茶課稅銀七千三百一十四兩五
錢八分四厘又江津邛州天全滎經等州縣已完茶

課稅銀一萬二千三百二十四兩九錢四厘均已分
別造入咸豐四年秋撥並五年春撥續收項下報撥
各在案茲復催據天全州知州王應和續解全完咸
豐三年分茶課稅銀一千七百六十四兩六錢九分
七厘汶川縣知縣黄傑續解全完咸豐三年分茶課
稅銀十八兩七錢五分署敘永廳同知慶福續解全
完咸豐三年分茶課稅銀五十九兩邛州續解已完
咸豐三年分茶稅銀一千三百七十八兩一錢二分
八厘滎經縣續鮮已完咸豐三年分茶稅銀一百一

十七兩四錢五分均已列入咸豐五年奏銷册内統

同四年秋撥續收並五年春撥續收一并造報題銷

自應隨時詳請開復等情前來除將應行開復之處

照例辦理并批飭再行勒限嚴追江津彭水邛州榮

經等州縣將未完茶課税銀兩迅速完解外理合將

天全等州縣續解全完緣由恭摺具奏伏乞

皇上聖鑒謹

奏奉

硃批户部知道

撥解楚省軍餉

奏為籌撥楚省軍餉兩批委員起解日期恭摺由驛馳

奏仰祈

聖鑒事恭查咸豐五年六月十六日臣欽奉寄

諭官文奏軍需緊急請飭各省按月籌撥等語著臣按月籌撥等語著臣按月籌撥餉銀五萬兩解往西淩阿官文軍營並將起解日期迅速具奏一面行知該大臣等派員前往迎提即未能湊足五萬兩之數亦須按月撥解二三萬兩藉資接濟等因欽此又前於五月内臣接

悉署湖北撫臣胡林翼奏籌餉銀一摺由户部速議

奏請

飭令川省於前撥解楚餉八萬之外速再籌撥銀二萬兩

以清前款並於此外急籌銀十萬兩分次解赴該署

撫軍營等因奉

旨依議欽此欽遵咨行到川臣查户部此奏係未接悉川

省續解銀兩是以銀數未符茲查自已革督臣楊霈

歷次奏撥以來川省已先後起觧過銀十一萬兩委

解至荊交官文查收分别飭解各大營經將委員銜

名起解銀數歷次具奏並咨户部在案旋因接准部
咨以楊霈駐紮德安現有山陝籌銀協濟無虞缺乏
奏請
飭下四川總督速將已解銀兩催令解赴胡林翼武漢軍
營等因亦經臣遵照部咨飛飭解餉各委員迅即一
併改解武漢附片具奏在案是胡林翼先後所請撥
解武漢軍營共計二十萬兩川省業已起解過銀十
一萬兹復據藩司詳稱在於鹽務捐輸項下動撥銀
三萬兩飭委候補通判高銘堃於六月十四日管解

至荆文收轉解武漢軍營現復奉寄
諭按月接濟西淩阿官文軍營餉需臣遵即恭録飭遵隨
據藩司詳稱在於續收塩務捐輸項下撥銀二萬兩
空名監照項下撥銀一萬兩共湊撥銀三萬兩飭委
候補縣丞董懋官於六月十八日管解至荆由署將
軍查收委解至西淩阿等大營臣亦即飛咨該大臣
等派員迎提惟是所解胡林翼軍餉原係將楊霈奏
請之餉一併改解故有十四萬之數以後若必令分
營撥解司庫支絀情形恐難以為繼惟有欽遵

諭旨設法籌撥統計楚北餉需即不能按月湊足五萬兩

之數亦應撥解二三萬兩源源接濟斷不敢藉詞推

諉致滋貽誤知關

廑念所有起解兩批楚餉六萬兩並委員起程日期理合

繕摺由六百里馳

奏仰懇

宸懷伏乞

皇上聖鑒謹

奏奉

硃批知道了

驛站雨水阻隔

再川省北路驛站歷届夏令大雨時行山水驟發每有衝斷橋路人馬淹没之時本年初夏苦旱至五月底幸沛甘霖兹自六月十九日起至二十四日連宵達旦皆傾盆大雨出省北行不數里即瀰漫成渠高五六尺文報為之不通臣所拜發

題本及摺奏閒皆在途阻隔未能前進並據附近驛丞稟報或平原積水或山路衝開人馬均難行走請暫停數日發遞文報臣即飭令上緊疏濬下流補修道

路以便繞越飛遞仍率同僚屬連日齋戒步禱二十

四五日大雨稍住二十六日乃大開晴霽堪以仰慰

聖懷容即飭查通省得雨情形田禾受傷輕重再行具奏

所有驛路被水阻隔遲發奏報緣由理合附片聲明

伏乞

聖鑒謹

奏奉

硃批知道了

各省軍餉未能照數撥給請部改撥
奏爲奉撥雲南廣西安徽等省兵餉力難兼顧懇
恩敕部分別改撥恭摺奏祈
聖鑒事竊查准户部咨川省應解雲南甲寅年兵餉既據
咨明無款撥解應即在於四川咸豐五年按粮津貼
項下改撥銀四萬兩解滇交收又准部咨議覆廣西
巡撫勞崇光奏以粤西待餉孔亟川省咸豐五年按
粮津貼銀十萬兩可撥行令委員解粤又准部咨議
覆江南提督和春奏請催山陝等省速解皖省軍餉

案内以川省起解十萬兩之外尚欠解十萬兩令即

籌款解盧各等因奏奉

諭旨依議欽此欽遵先後行知到川伏查川省額徵賦稅

無多例支之款甚鉅所入不敷所出向賴鄰省協濟

自軍興以來各省協濟不前而川省籌撥各省兵餉

殆無虛日非悉索庫儲移緩就急即勸諭捐輸以少

成多所有支絀情形疊經前督臣等奏明有案川省

賴以撥濟鄰省兵餉者以按糧津貼一項為大宗無

如連年捐輸津貼民力實形拮据自開徵以來完鮮

者甚屬寥寥即有報解之款已先後奏撥湖北安徽
等省兵餉現復欽奉
諭旨以廓番尋衅滋事飭令成都將軍帶兵赴藏相機辦
理如果情形急切必須起程所需又當四五十萬兩
而後來之用尚未計及稍或遷延月日計需即當百
萬以上皆有舊案可查者即使本年津貼全數徵齊
尚不足供此項兵糈况先已儘徵儘撥所存僅得其
半又叠奉
諭旨按月接濟楚省兵餉正不知如何籌畫令部臣議撥

滇粵皖省兵餉二十四萬兩之多委係力難兼顧况
雲南省尚屬完善之區所需兵餉不難自行籌辦廣
西雖曾遭兵燹川省亦現在籌防地方情形固有不
同而拮据實無二致至皖省上年請撥川餉二十萬
兩曾奉
垂諭各處軍營請餉紛紛不止安徽一省請至二十萬兩
之多亦恐未能照數撥給著就地方情形量力籌解
是竭蹷情形久在
聖明洞鑒之中前次欽遵

諭旨先後籌解銀十萬兩已屬力盡筋疲其餘之銀實難
為繼且川省本非殷富省分而欲兼支滇粤皖楚數
省兵餉實屬力有未逮合無仰懇
天恩敕部分別改撥或由該省設法籌辦以免貽誤出自
逾格鴻施茲據藩司具詳前來除咨覆戶部並分咨各省外理
合恭摺具奏伏乞
皇上聖鑒訓示謹
奏奉
硃批戶部速議具奏

撥解曾侍郎軍營餉銀

奏為撥解侍郎曾國藩軍營餉銀委員起解日期恭摺

由驛馳奏仰祈

聖鑒事竊臣接准兵部侍郎銜曾國藩來咨該侍郎親赴江西造船募勇大加整飭業已就緒此時支持東南大局惟有力保江西湖南兩省俾該逆不得與兩粵餘匪相通庶有收復皖鄂之望惟兩省餉項萬分支絀不能兼濟其餉特委前任常甯縣知縣祥麟馳赴蜀中囑臣等即於川省各州縣為之普勸捐輸撥解

銀十二萬兩如其不敷即廣為籌畫無論何款務湊
十二萬之數先行委員起解等因正督同藩司籌辦
間復准曾國藩咨催並據委員祥麟迎提前來伏查
工年曾國藩奏捐軍餉請預頒部監執照一摺經户
部議覆奏奉
諭旨四川即派按察使胡興仁編修李惺妥為勸諭以濟
曾國藩所帶礮船軍需之用欽此旋由部頒發空白職
銜照五百張部監照各五百張到川經前督臣裕瑞
遵即發交前四川按察使廣西藩司胡興仁收領遵

辦僅據收捐
封典職銜填用執照八張共收捐項及照費銀二千二百
二十七兩八錢六分四厘胡興仁於赴廣西藩司新
任時隨將所收捐銀路過湖南順便帶交曾國藩收
用尚存剩執照一千四百九十二張經前署督臣樂
斌
奏明查照成案檄發各州縣勸捐其空白職銜封貢等
照暫行存司各屬如有報捐即由司填給在案無如
報捐之人日久寥寥推原其故蓋因川省先曾奉部

頒發空名監照六千張空白職銜照二千張行令設法收捐為數較多尚未蕆事且川省連年辦理津貼捐輸團練築堡修城民力已形竭蹶故胡興仁留存各照勸捐未能踴躍但現在曾國藩大整舟師催兵援勦望餉孔殷若必俟前項各照收捐完竣始行解往接濟誠恐緩不濟急應請在於戶部初次頒發空名監照所收捐項下先行撥銀三萬兩以濟急需現據藩司詳委候補府經歷王言銓定於六月十六日由川管解起程此項銀兩據祥麟稟稱曾國藩面諭

解交湖南長沙省城自應飭令該委員祥麟為護解
官協同川省委員星馳解往長沙省城交收由湖南
撫臣駱秉章飭解曾國藩軍營備用至胡興仁留存
未捐各照覈計應捐之數尚鉅川庫各款節次籌撥
楚皖黔粵等省軍餉兼之本省防堵經費搜羅殆盡
以後仍須按月籌解楚北餉銀實無餘力可以全數
墊解臣惟有飭司督屬極力勸捐應俟收有成數始
能再行續解除將委員銜名起解日期分咨外理合
恭摺由驛馳

奏伏乞
皇上聖鑒謹
奏奉
硃批知道了

嚴禁押保店

奏為川省押保店名目實為民害現已嚴行查禁誠恐

日久懈生請

諭令永遠禁革

飭部嚴定處分以除弊政而固民心恭摺附驛奏祈

聖鑒事竊查例載内外大小問刑衙門設有監獄除監禁

重犯外其餘干連並一應輕罪人犯即令地保保候

審理如有不肖官員擅設倉鋪所店等名私禁輕罪

人犯及致淹斃者該督撫即行指參照律擬斷等語

乃臣素聞川省民情浮動命盗之案甲於天下兼之
五方雜處詞訟繁多各該有司每於前項輕罪人犯
及干連人証一時驟無妥保即交城内附近衙署之
飯店保領由官派差看管名曰押保店此等飯店半
係衙門書差開設凡人証一入押保店内原案書差
即串通店家視為奇貨先索酒飯再議使費一有不
遂所欲即百般凌虐勒索且斗室擁擠拘押幽悶荼
毒甚於牢獄案延數載不結詐贓自數十千至數百
千不等被寃之户因此破家殞命者有之更有無良

之地方官將案內婦女濫發押保聽其混雜不分污

辱備至間有情急自盡者其為民害實非淺鮮此誠

各省所罕見而川省則滔滔皆是習以為常受害者

控告到官本官徇庇書差不為嚴究或赴上司控訴

上司又袒護屬吏不予追求由是民冤無從伸而民

害日以熾如成都府為通省發審總局所有委審案

內提質人証自數名至十數名不等彼皆籍隸外屬

省城並無親故可以具保向亦發交成華兩縣押保

店交差看守候質其受害之狀竟有難以言語形容

靜妙齋

者昨據署成都府知府翁祖烈以該員來川年久深
知押保店有害於民前歷署各知府任內曾經飭屬
禁革未能盡絕本年二月委署首郡察知省城押保
店為害尤甚現在督飭成華兩縣將向設之各押保
店嚴行封禁並飭所屬一體查辦臣到川時該府面
回前情即與臣平日所聞無異抵任以來批閱呈詞
千有餘張大半遭此淩虐可勝髮指因思欲除此弊
首在清釐積案及現審詞訟官司速結一案小民速
除一害所收呈詞有由臣親提督審者有批省城司

道分提者有勒限各府廳州縣速結者曉諭具呈之
人總為爾民除押保店之虐然後即安當經通飭嚴
革去後乃兩月有餘審結之案固已不少各屬稟覆
前來其中有切實禁革者亦有陽奉陰違者臣如此
身先勞勩旰夕勤求力為破除情面發伏摘奸何以
不能一律滌除推原其故緣嚴究書差則本官自有
處分上司查辦愈嚴屬吏之諱匿愈深即委員往查
亦不無徇情瞻顧代為掩飾積重難返自古歎之是
欲認真革除應請將以前之處分准予寬免庶以後

之整頓責令力行其中如有始終徇庇即將本官與
書差並治倘實係失於覺察即行查出究報書差仍
比照淩虐罪囙律加等科罪官則准照自行訪拏例
免議如此暫為分别覈辦各官既知慚感又顧考成
必能實力查禁從前之積壓拘幽可以革除淨盡矣
臣又慮立法之初靡不令行禁止迨日久懈生又將
復蹈故轍合無仰懇
天恩俯准將以前各案審係有心護庇者官差並治無心
失察者寬免處分

飭令永遠禁革此後再有前項押保店名目貽害斯民者
應如何從嚴酌加處分之處
敕部擬議具奏恭候
欽定纂為川省則例俾資遵守如蒙
諭旨允行臣俟奉
旨後即敬謹謄黄通頒各廳州縣懸扁於堂楹廳事立碑
於大道通衢官遵謹懔民咸聞知則全川感戴
聖恩實同再造矣是否有當謹恭摺附驛馳奏伏乞
皇上聖鑒訓示謹

奏奉
藍批該部妥議具奏

禁販黑鉛

奏為請禁販運黑鉛以斷接濟恭摺附驛馳

奏仰祈

聖鑒事查自粵匪滋事以來皆因接濟不斷故蔓延數省轉戰經年迄未得休該逆所恃以抗拒官兵者全仗鎗礮之利其火藥鉛彈悉由擄掠而得但該逆竄擾省分絕少產鉛之區若無奸匪接濟鉛斤該逆即擄得火藥亦無所施其伎倆查私販硝磺例有明禁黑鉛則任聽客商販運向無例禁之文即難保無牟利

靜妙齋

之徒藉資賊匪查得貴州各屬皆有鉛廠雲南昭通
府屬之梅子沱鎮雄州屬之老鵕良會澤縣屬之者
海廠及川省雷波滎經冕甯等廳縣之龍頭盤隴獅
子山各廠則銅鉛兼產向來挖鉛者半歸官買半歸
商銷客商赴廠辦鉛由該管衙門請票註明斤數運
至敘州府銅關驗入行店發商行銷鉛斤到敘均係
零星拆兌一票不能全賣一商又由各行店另填店
票交商運至渝關點驗放行赴夔關納稅轉運下楚
現值逆氛未靖黑鉛有關軍火四川水路直達湖北

陸路直通湖南該商等販運鉛斤實在運至何處發
賣無從知悉昨據江安縣查明自上年七月至本年
四月過關黑鉛計有三百餘萬斤之多比較往年加
增數倍黑鉛僅供攙打錫器之用並非日用必不可
少之物邇來東南數省多故百工歇業逃亡需用黑
鉛之處甚少何以銷路轉較往年暢旺其為奸商藉
販運之名貪圖厚利暗濟賊匪情弊顯然況赴店承
買即使實係真商而既買之後沿途輾轉銷售究其
歸宿或仍為接濟匪用實亦無從稽查在賊匪短缺

米粮尚可到處搶掠缺少鉛丸斷難就地搜刮揚湯止沸不如釜底抽薪是查禁黑鉛誠為斷絶接濟之一端於民生仍属無礙於軍務不無裨益查川省各廠地產鉛無多所出黑鉛以黔省為最滇省次之該兩省通商鉛斤皆由川江運往下游 臣愚以為白鉛一項無關軍火應照常仍聽商人行運其黑鉛一項除官文採辦接供鼓鑄亦應照常辦理外其餘通商黑鉛無論在廠在店一律嚴禁不准出境分飭各廠員及水陸各州縣暨各關隘口會同營汛實力查拏

如有抗違私販立予獲案審照私販硝磺例加等定罪仍照盐法務須人盐並獲以杜妄拏訛詐等弊地方文武查拏不力以及兵役得賄故縱一經發覺官則糾叅役則重治有能拏獲私販多名者亦准照拏獲私硝例請奬如此酌量辦理庶賊匪鉛子無人接濟縱有火器亦不足畏勢必易於撲滅俟軍務告竣之後仍准照舊販運如蒙

俞允除川省各關口已經臣分飭嚴禁查拏不得私行縱放外應請

敕下雲南貴州各巡撫轉飭各地方厰員一體查照嚴禁
一面出示曉諭俾各商遵照停貿則來源絶而流亦
易遏臣爲斷絶接濟起見商之藩臬兩司意見相同
茲據會詳請奏前來是否有當理合恭摺附驛具
奏伏乞
皇上聖鑒訓示遵行謹
奏奉
藍批另有旨

鄉試請永遠加額

奏為紳民捐輸助餉鄉試廣額籲懇

天恩改為永加定額恭摺馳奏仰祈

聖鑒事竊查咸豐二年川民捐輸軍餉銀八十六萬五千六百九十餘兩前已請廣文武鄉試舉額八名餘銀六萬五千六百餘兩合之三四兩年按粮津貼及捐繳穀價續捐軍餉共計銀七十五萬八千九百餘兩又請廣文武鄉試舉額七名連年并計共銀一百五十五萬八千九百餘兩經前兼署督臣樂斌議請於

廣額之後再加文武鄉試永遠定額五名奏奉
硃批該部速議具奏欽此茲准户部等部奏稱查章程内
開或因捐銀較多逐次加廣尚需多時准其酌加定
額並非已廣額之銀又可歸并計算再請定額川民
捐輸銀兩前議廣舉額八名續議廣舉額七名即於
乙卯科一并舉行所請定額應俟有續捐銀數奏明
辦理等因奉
旨依議欽此欽遵咨行到臣伏思軍興以來川省紳民先
後捐輸津貼等項不遺餘力實屬踊躍急公盖二百

年久濡
聖澤故億萬姓共樂輸忱仰蒙
殊恩准予廣額實從古未有之
曠典為多士難得之遭逢現奉部議已准廣額一次毋得
歸并計算再請定額該紳民等感戴之下咸謂與其
暫邀
異數不若永沐
皇恩情願將乙卯科廣額改為永加定額籲懇奏明更正
由藩司具詳前來臣查大學士等前奏章程按捐銀

靜妙齋

十萬兩廣鄉試中額一名三十萬兩加鄉試定額一
名今該紳民等願將一次廣額改爲永加定額慤與
章程相符合無仰懇
天恩俯准將前次奏准廣額八名及續請廣額七名之案
註銷仍按先後捐銀一百五十餘萬兩之數照每省
捐銀三十萬兩加廣文武鄉試定額一名章程准加
四川省文武鄉試定額各五名以咸豐五年乙卯科
爲始永遠加中用昭激勸俾川省士庶觀感奮興自
必愈圖報效矣川省鄉試向於九月初頭揭曉如蒙

俞允俟奉

旨後臣再出示曉諭並移知主考官欽遵辦理試期已近

謹恭摺由驛具

奏伏乞

皇上聖鑒訓示謹

奏奏

藍批該部速議具奏

藉病遷延之都司參革

奏為特參藉病遷延難期振作之升任都司請

旨即行革職以肅營伍恭摺奏祈

聖鑒事竊查咸豐四年二月初一日准兵部咨四川黔彭

營都司張鵬翥推升福建建寧鎮標右營遊擊行令

給咨赴部引

見等因當即轉行遵照旋據張鵬翥於五月十八日稟稱

交卸後適患骽疾懇請給假調理等情經前督臣裕

瑞批令醫調在案嗣由重慶鎮皁陞以該員病已痊

愈咨送來省考驗給咨赴部該員於到省後又復具
稟前患髀疾稍愈因起程赴省請咨行至中途墜馬
傷足調治未痊呈請開缺調理由提臣萬福據情移
咨覈辦前來臣查該都司張鵬翥早經推升遊擊應
於引
見准升後開其都司底缺值此軍務需人之際以一身而
兼兩缺前患微痾業已醫痊自應迅速起程力圖報
效乃復以墜馬傷足呈請開缺現在年已六旬是否
精力衰憊抑另有規避情弊當於操練官兵之便傳

至臣署箭道驗看該員足疾已愈步履並無艱澀自
上年五月告病至今已逾年餘之久察其懦弱委靡
之狀殊難望其振作未便稍事姑容相應請
旨將推升福建建甯鎮標右營遊擊之四川黔彭營都司
張鵬翥即行革職以為藉病遷延者戒除咨兵部外
理合恭摺具
奏伏乞
皇上聖鑒訓示謹
奏奉

藍批張鵬翥著革職

積勞病故之從九品湯臣保請卹

再試用從九品湯臣保於咸豐三年十月委赴荆州坐探軍務四年三月復往巴東粮臺管理支發已形勞積是年九月撤防適值黔匪滋事屢次力疾管解軍餉火藥赴綦江東溪行營中途感受寒邪兼染腫瀉之症醫治罔效延至五年二月二十七日病故據該家丁禀經重慶府知府李莊候補知州澤寬親詣寓所看明轉禀省局司道覆覈援案詳請奏懇

賜卹前來臣查嘉慶三年勦辦達州教匪案内留川委用

静妙齋

從九品鄧有基委解軍餉赴達州交收差次病故及
道光十七年馬邊等處夷務各案内委辦軍務陣傷
病故文員均經
奏明議䘏在案該員湯臣保前赴楚北坐探並帮辦巴
東粮臺積勞成病復疊次管觧綦江等處軍餉火藥
奔走兩省備嘗辛苦今在途身故雖屬一介微員而
因公病歿之情殊堪憫恻相應援案籲懇
天恩俯准將已故試用從九品湯臣保
敕部照例議䘏以慰幽魂而昭激勸理合附片具

奏伏乞

聖鑒訓示謹

奏奉

藍批湯臣保著照例議䘏該部知道

嚴辦匪徒

奏為審明匪徒聚衆搶刼拒捕戕官攻城焚掠從嚴懲

辦恭摺奏祈

聖鑒事竊前兼署督臣樂斌於上年十二月間先後據新

津彭山邛州蒲江等州縣禀報匪徒聚衆搶劫税銀

及過客銀物各該地方官督率兵役追拏該匪逃至

蒲江拒捕戕官攻城焚掠等情當經派兵委城守營

遊擊張明等與候補同知濮詒孫等馳往勦捕並委

成都府知府鄂惠酌帶滿漢丁勇前赴周巡會拏又

於省局揀選練丁派員帶往帮同勦擊旋據派委各
文武員弁督帶兵勇追至崇慶州地方先後殲捦數
百餘名稟經批飭鄧惠督同委員審明將首要各犯
張老八等五名王應矩等三十八名先行就地正法
餘犯供詞尚多游移飭即帶回省城訊明擬辦並將
大概情形先行
奏明在案嗣據委員暨各州縣續獲侯老八等各犯飭
令一併提解來省發委成都府等歸案審辦去後嗣
據該府鄧惠督同委員等審明議擬由布政使楊培

代辦按察使馬秀儒解勘前來前兼署督臣樂斌隨
親提研鞫緣張老八等分隸各州縣在外遊蕩咸豐
四年十二月間張老八在新津等處地方會遇素識
之廖毛狗楊大耶夏曾事鄧二亡耶侯老八並已死
之宋三娃在逃之楊輝堂顏童子李麻子各道貧難
張老八與廖毛狗起意糾允在途搶劫過客財物十
四日在新津雙和場外攔搶鄭錫洪等三人行李銀
錢衣物俵分經新津縣會營勘緝張老八廖毛狗採
知犍為縣申解稅課銀兩上省起意邀劫得贓分用

因恐人少不能濟事當令楊大耶等各自輾轉糾約
嗣張老八邀得王應矩等三十餘人廖毛狗邀得劉
正高等四十餘人楊大耶邀得雷應得等三十餘人
夏管事邀得陳有才等二十餘人鄧二亡耶邀得鄭
世丕等三十餘人宋三娃邀得楊登瀛等二十餘人
楊輝堂邀得岳庭芳等二十餘人顏童子邀得游連
芳等二十餘人李麻子邀得劉俸山等二十餘人王
應矩等又各自轉相邀約一共三百餘人沿途四路
打聽十五日採得犍為稅銀由小路從彭山行走是

白下午衆人在彭山縣青龍場會齊見犍爲銀扛走
來張老八喝衆上前將銀扛刦取並遇過客李洪順
等三人各挑銀兩衣物行至場上一並刦得率衆跑
逃經彭山新津兩縣各帶兵役追拏十六日張老八
等由小路逃至蒲江縣屬八角廟該縣韓一松得信
其時駐防汛弁先於數日前赴雅州府領餉未回韓
一松即親帶差團馳往迎頭截住張老八等當求讓
路韓一松不允麾衆上前捕拏張老八與廖毛狗因
後有追兵前無去路情急起意喝衆拒捕廖毛狗與

靜妙齋

楊大耶夏管事鄧二亡耶宋三娃傒老八各用矛刀
將韓一松拒傷彭内王應矩等又殺傷差役胡順等
十五名韓一松當即因傷殞命張老八因見官已被
戕勢知不能歇手隨與廖毛狗楊大耶鄧二亡耶宋
三娃並楊輝堂顏童子李麻子商議沿途裹脅貧民
連夜往撲蒲江縣城意欲搶擄倉庫劫獄放因以冀
得資聚衆逃往建昌夷地内落草為寇當連次裹脅
一二百人起更時趕至蒲江城外先經韓一松家丁
任安飛奔回縣報信該縣典史王承華即會同教諭

嚴錫恩訓導劉謙督率兵團登陴守禦張老八等擁
至見城門已閉城上已有守備張老八率衆圍攻令
夥衆各用布匹紮作長梯爬上城頭被王承華砍傷
兩人落地又令用磚石奮擲衆人紛紛滾落一面施
放鎗礮自亥至卯圍攻五時之久張老八見城上守
備甚固難以得手即令夥党將城外民房放火焚燒
搶掠財物十七日帶領衆人又邀得楊金愷入夥行
至中興場壽安鎮高梗子各場肆行焚掠各處團民
攏前堵截與張老八等打仗殺傷張老八等夥內九

人張老八亦殺傷團民數十餘人維時黎雅營遊擊
隆福與邛州直隸州知州金旃等均帶兵沿途追拏
張老八等由間道逃竄是日省垣接據禀報前兼署
督臣樂斌調派官兵三百名委城守營遊擊張明署
城守右營守備呂鳴盛帶領前往並委候補同知濮
詒孫候補知州宣維禮同往會辦因新津縣地方緊
要檄委成都府知府鄂惠酌帶滿營餘丁一百二十
名前往周巡會拏又於省中團練總局內揀選練丁
三百名令濮詒孫與委管局務之蘆山縣知縣王金

綏局紳在籍候選知縣周松候選鹽大使周天錫前任福州府司獄王兆麟候選訓導李承熙一同帶往蒲江以助聲威並飭各鄰封州縣一體堵拏杜其逋逸務將匪徒悉數殲擒拏獲之犯審明寔係真正匪徒甘心黨惡者即行正法梟示一面解散脅從以孤其勢該府鄂惠即選自募練勇一百名交已革千總徐占超管帶並選帶候補知州王兆僖自募勇六十名候補知縣文傑自募勇四十名及隨員候補未入羅鎮奎俞圻同日前進濮詒孫宣維禮亦帶隨員試

用道庫大使王世勛新補羅江縣典史寸聯級候補
未入陳元杰李綬於十九日自省起程該匪張老八
等於十八十九等日由邛州七里壩冉場竄至大邑
縣之唐場往搶團首李相賢家團練鎗礮並令楊金
煓編造偽示書寫旗幟捏稱伊等俱係廣西賊匪遣
來之人豎立旗幟惑亂人心張老八與廖毛狗楊輝
堂自稱統領兵馬大元帥侯老八稱為先行官糾約
附近匪人入夥誘脅窮民藉張聲勢將先後逼脅人
等髮辮盡行割去以為記號又效粵匪裝束各用紅

帕纏頭首從共有千餘之衆是日張老八等往向場
民雷老陝估索米麪不允即將雷老陝殺死放火將
其房屋燒毁二十日沿途燒搶魚壪安林鎮兩場各
富户竄至崇慶州大邑縣交界地方被大邑縣兵團
趕攏截捕張老八等喝衆施放鎗礮拒斃兵團七人
二十一日竄至崇慶州中和場盤踞該府鄂惠等於
二十日馳抵新津張明等先已到彼鄂惠因聞賊勢
鴟張復在新津添招練勇一百名交呂鳴威管帶調
遣其時濮詒孫宣維禮亦各自招募練勇一百名與

局員王金綬等相繼而至偵知賊甚猖獗鄂惠督飭
新津知縣佘斑調集團練兵役在於各交界要隘堵
緝一面出示解散脅從一面商令張明等統帶兵勇
先行往捕並令濮詒孫宣維禮與局員等分爲左右
兩路抄擊該府自率王兆僖等督帶練勇從後繼進
是日追及中和場外黎雅營游擊隆福邛州知州金
旂署大邑縣知縣高鑾宣各帶兵役新津彭山崇慶
州各路兵團俱亦趕到濮詒孫等亦由左右兩路抄
至該匪撲出抵敵該府鄂惠當令濮詒孫等帶勇抄

攻賊匪之後自與張明等會同文武各帶兵練與各州縣兵役夾攻其前呂鳴盛一馬當先沖開頭陣大兵繼入匪等前後受敵力不能支當時殲斃匪徒一百餘名生擒楊大耶等十七名燒斃落河者不計其數匪等逃竄該府等會督兵勇奮勇窮追適有間用直隸州知州音德布新補忠州直隸州知州琦齡亦各奉委帶勇趕攏一齊堵截匪等竄往場後山嶺負嵎抗拒該府鄂惠當令濮詒孫宣維禮與局員王金綬等並音德布分帶練勇堵禦東西兩路王兆僖文

祭琦齡分帶練勇堵紮南北兩路並令金旂等埋伏
山後鄂惠自與張明等一齊策馬當先指揮兵勇奮
力仰攻鎗礮齊施刀矛並進鏖戰兩時擊斃匪徒二
百餘名匪等滚崖逃避濮詒孫等分在各處路口見
匪竄至即行截殺又斃匪五十餘名内有手執紅旗
賊目二名生擒林和尚等二十二名奪獲旗幟鎗礮
器械多件搜出僞示四張餘匪逃至山後金旂等伏
兵齊起又殺斃匪黨八十餘名餘匪四散奔逃旋在
雁落壩地方經崇慶州首先與各路兵勇追獲首要

匪徒張老八等各犯並據各委員暨各州縣拏獲各餘匪先後解交鄂惠收審就近解赴崇慶州監禁地方一律安靜稟經兼署督臣樂斌批飭鄂惠會督濮詒孫並崇慶州知州趙錦提案研訊該犯張老八等供認前情不諱詰無另犯謀為不軌重情當將供情明白毫無疑義之首匪張老八廖毛狗下手戕官之股首楊大耶鄧二亡耶夏管事五犯審照謀反律凌遲處死夥匪王應矩等三十八犯均照謀叛律斬決先行就地正法傳首犯事地方揭竿示衆並將張老

八廖毛狗楊大耶夏管事鄧二亡耶五犯一並摘心
為韓一松設位致祭以慰幽魂其餘已獲各犯供詞
尚多游移帶回省城確訊擬辦統計先後殲斃匪徒
五百餘名生擒數十餘名除燒斃溺死之外又經解
散二百餘名在逃餘匪無多該府等因地方一律肅
清即於三十日陸續帶勇旋省當將辦理大概情形
呈由藩臬兩司詳經樂斌先行具奏在案案內股首
宋三娃逃回新津縣原籍經委員音德布與新津縣
帶兵圍拏宋三娃畏罪自縊身死驗明稟報飭令

戮屍梟示又據各委員暨各州縣續獲倭老八等各
犯並據楊登洪穆萬潰閩婿投案首經地方官稟報
批飭一併解省歸案審辦復經該府等連日晝夜熬
審據倭老八等供認情節覈與張老八等各供相符
又據夥犯李世春供稱先於咸豐三年六月初四日
在天全州屬馬鞍山地方起意邀允現獲之周汶汰
方桂楊四春並在逃之胡烏嘴莫友德一共六人攔
搶黄潮重衣物該犯李世春拒傷事主周汶汰等均
不知拒捕情事質之周汶汰等亦據認屬實夥犯張

映安旋即在監病故委驗訊明禁卒人等並無凌虐
由該府鄂惠會督委員等議擬解經藩臬兩司審解
前來前兼署督臣樂斌提犯親加研鞫據認前情不
諱詰無另有不法別情案無遁飾查律載謀反者但
共謀不分首從皆凌遲處死又謀叛但共謀者不分
首從皆斬知而不首者杖一百流三千里又例載川
匪在野攔搶四人以上至九人者但傷人如刃傷者
擬斬監候未經幫毆成傷者發伊犂為奴又聞拏投
首在犯於本罪上減一等各等語此案張老八廖毛

狗各自起意邀搶過客財物打刦稅課已屬法不容誅復敢拒捕戕官共謀逃叛肆行焚掠拒敵官兵尤屬罪大惡極自應按律按例分別問擬張老八廖毛狗楊大耶夏管事鄧二亡耶五犯均係同謀搶刦戕官攻城焚掠拒敵或下手戕官或係股首均照謀反律擬凌遲處死王應矩楊八仙劉正高李開聰雷應得葉皋林陳有才徐汶興鄭世丕王瀧瀧楊登瀛王長喜岳庭芳龔喜才游連芳劉俸山吳仕明顏汶田張幗淙李留柱高汶章王金桂程玉材鄧二千碎劉

老五陳二狗李三大耶蔡星星林和尚董其貴蕭重
治劉老九葉老八蔡管事劉三本家宋大五楊世雄
杜啟貴三十八犯均照謀叛已行不分首從皆斬律
擬斬立決前已先行就地正法梟示宋三娃一犯下
手戕官罪應淩遲畏罪自盡前已戮屍不計外現犯
侯老八即侯玉春一名訊係匪黨偽先行官下手戕
官之犯亦應照謀反律擬淩遲處死該犯馮才娃寇
萬友張仕春胡澐漳楊先容張賴格保王小老么李
世春周汶汰方桂秦偏頸子沈佑才吳憘憘劉潰潑

余振輿陳帽頂張萬富張映安十八名訊係甘心入夥或同謀刦課戕官或攻城焚掠或拒敵官兵楊金熾一名甘心入夥為賊書寫旗幟編造偽示隨同焚掠拒敵均合依謀叛已行不分首從皆斬立決律擬斬立決當茲鄰氛未靖豈容腹地土匪乘間竊發各該犯等既經審明供証確鑿未便稍稽顯戮除張映安一犯業已監斃究明禁卒人等並無凌虐毋庸議外所有侯老八至楊金熾十九名經樂斌於審明後當即恭請

王命飭委按察使馬秀儒署臣標中軍副將張定川將該
犯等綁赴市曹立即分别淩遲斬决傳首各犯事地
方揭竿示衆以昭炯戒而快人心寇老三姚幗清黄
老六劉老四王泳受簡金玉何庭高葯老四李小老
么周通何于山朱應瀧王標顔汶伸王長生文拗毛
曾老八何庭超十八名俱係被脅入夥僅止隨衆搶
掠旋即逃走並無隨同拒敵官兵情事均於斬罪上
酌減一等杖一百流三千里從重擬發黑龍江給官
兵為奴照例刺字佘春順吳子令陳汶典梁添明李

泳澤夏老方子王添義張開洪鄧四千稅杜老三楊

汶登熊照沅穆應瀧王泳友何斗斗朱長春湯永安

龔潮幅張庭友十九名均係被脅入夥旋即逃走訊

無隨同焚掠拒敵情事惟既知叛情匿不首告均合

依知而不首者杖一百流三千里律擬杖一百流三

千里楊登洪穆萬漬二名聞拏投首應於流罪上減

一等杖一百徒三年分別到配折責安置充徒楊四

春一名先經聽從李世春等同夥六人在野攔搶黃

潮重衣物當李世春拒捕之時該犯並未在場除知

叛情不首輕罪不議外合依川匪在野攔搶四人以
上至九人未經帮毆成傷者發往伊犂為奴例擬發
伊犂為奴照例刺字其餘各處獲解訊係當時被脅
勉從服役即行逃走之人均應取保省釋以免拖累
張老八等律應緣坐各親屬飭令查明另行辦理先
後殺斃各匪犯已由地方官驗明掩埋各被害之家
妥為撫卹傷斃團民兵役分別給資醫調營葬逸犯
楊輝堂等緝獲另結起獲器械旗幟僞示存庫案結
銷燬蒲江縣知縣韓一松平日官聲甚好親身捕匪

慘被拒斃實屬因公遇害殊堪矜憫仰懇
天恩俯賜敕部照陣亡例議卹以酬忠藎此案該匪等在
蒲江縣地方戕官攻城並焚掠邛州大邑各場市該
管官邛州直隸州知州金旃一經得信立刻帶兵沿
途追擊直至崇慶州會同官兵剿辦殺斃匪徒八十
餘名又懸賞購綫先後拏獲凌遲梟決要犯高文漳
等二十餘名署大邑縣知縣高鑾宣督帶兵團同時
追勦隨同官兵打仗並拏獲梟決要犯劉俸山等十
餘名彭山縣知縣葛福綏於犍為縣稅銀並過客李

洪順等在境被劫署新津縣知縣佘琎於過客鄭錫洪等行李在境被搶均即日帶兵追捕調集團練防守要隘不使匪等復竄入境又派令兵役追至崇慶州隨同官兵打仗並各獲梟決重犯夏管事等各十餘名復據所遣兵役先後協獲首匪張老八廖毛狗等各犯均經解審正法各該員等於失事後均能實心查辦奮勉出力功過尚足相抵應請免其開參至犍為縣申解稅契銀兩在途被劫現據彭山縣稟報實因解役潛行小路以致失事應飭犍為縣查訊究

辦天全州文生黃瀬重被匪攔搶一案首夥六人茲
於三叅限內協同鄰封拏獲首夥李世春等四人獲
犯過半兼獲首犯所有前叅之案應請註銷等情樂
斌旋即交卸移交到臣覆覈無異除供招咨部外理
合恭摺具
奏伏乞
皇上聖鑒敕部覈覆施行謹
奏奉
藍批刑部議奏

剿匪出力各員請獎

再前兼署督臣樂斌以該匪徒等兇暴不法糾脅至一千餘人之多該府鄂惠等於奉派之後即帶領練丁與營員先後馳往勦捕旬日之間殲捦殆盡地方一律安靜不至日久遷延蔓延為害辦理尚屬妥速似應量予獎勵可否俟定案時擇其實係在事出力者酌量分別保

奏以資激勸等語附片陳明欽奉

上諭著於定案時酌保數員毋許冒濫等因欽此查該府

静妙齋

鄂惠等奉委勦辦匪徒均能奮勉出力迅速蕆事洵
屬著有微勞惟此案係樂斌任内派委辦理之件該
員等何人實係在事出力臣未能深知當如何分别
酌保之處自應仍由樂斌查明酌保俾免冒濫當經
恭錄
諭旨咨令將實係在事出力之員查明酌擬咨覆覈辦去
後茲准成都將軍樂斌查明酌擬開單咨送到臣並
據咨稱所有未經列入保單之各員弁兵丁統予由
外記名分别奬拔等語除分别記名覈辦外理合將

咨到清單一併附片陳明伏乞

聖鑒訓示謹

奏奉

藍批此次所保實覺人數太多著會同樂斌悉心酌減敷

實具奏

靜妙齋

代奏恭謝

奏為據情代

奏恭謝

天恩事竊臣接川東道曹澍鍾稟稱咸豐五年六月二十

一日准吏部咨内閣抄出奉

上諭樂斌奏遵保勦辦黔匪出力之官紳兵勇懇恩奬勵

開單呈覽一摺署四川按察使川東道曹澍鍾著賞加

布政使銜並賞戴花翎欽此當即恭設香案望

闕叩頭祗謝

天恩伏念澍鍾郢城下士史館庸材叨備職於諫垣
派分巡於畿輔由禮科給事中
簡放川東道因辦理江津縣匪徒羅五等案内奏蒙
賞加按察使銜方慮涓埃未報有辜
高厚之恩復以會勦黔匪迅速蕆事
恩加布政使銜
賞戴花翎首耀
殊榮翠羽重簪纓之色身披錦服冰銜增屏翰之光
綸綍下頒悚惶無既現值賊氛未靖川東逼近楚疆内鎮

外防均關緊要惟有不辭勞瘁不憚艱險凡轄境一

應事宜倍矢慎勤以期仰報

鴻施於萬一所有感激下忱謹稟請據情代

奏恭謝

天恩等情前來理合繕摺代

奏伏乞

皇上聖鑒謹

奏奉

藍批覽

靜好齋

互相稟揭之府縣請一併革審

奏為撤任知府與所屬知縣互相稟揭請

旨一併革審恭摺

奏祈

聖鑒事竊查知府有表率之責知縣為親民之官必須嚴正率屬勤慎辦公方可期頑廉懦立除暴安民臣於二三月間在途行走即風聞四川龍安府知府周有篁署江油縣知縣魏克承官聲均屬平常抵任後查知魏克承先經列款稟訐周有篁業已由司委員往

查旋據周有簠以魏克承目無上司控案紛繁等情
互揭前來臣隨飭司將該府縣撤省察看並將周有
簠所稟魏克承各案行提來省發司會審嗣據藩司
楊培以該司與周有簠係癸巳科會榜同年應行迴
避稟經臣改派成綿龍茂道會同臬司審辦去後茲
據按察使馬秀儒署成綿龍茂道怡昌稟稱查得魏
克承於三月十四日稟訐周有簠至四月初二日始
據周有簠互揭現查魏克承被揭各案內如羅丕光
尚泳才一案審係魏克承任意斥革生監聽斷乖張

均於去冬十一月間赴府喊稟其時該府自應立即訊明詳叅何以直待被訐之後始將魏克承劣跡列稟縷呈其為不能表率已可概見質之周有篚謂須詳加訪查再稟該府近在同城尚須訪查尤屬形同聾瞶且查魏克承稟列該府各款内有需索規禮撞詐銀兩等事虛實均應追鞫稟請將魏克承革職審訊並將周有篚撤任候質等情到臣據此臣查魏克承之劣跡既已訊有端倪其所揭周有篚各款内有事關婪贓重情必須切實推求以期水落石出按例

嚴辦俾肅
功令而飭官方相應請
旨將撤任龍安府知府周有篁署江油縣知縣試用知州
魏克承一併革職以便提同澈底確切嚴審究辦是
否有當理合恭摺糸奏伏乞
皇上聖鑒訓示謹
奏奉
藍批另有旨

委署府缺

再臣前將周有篁撤任所遺龍安府知府一缺即督同兩司在於通省府廳内遴接署查有綿州直隸州知州楊玉堂操守謹飭歷練老成到處地方安靖士民帖服堪以委令署理除檄飭遵照外理合附片具

奏伏乞

聖鑒謹

奏奉

藍批知道了

辦理津貼不善之知縣革審

奏為知縣辦理津貼不洽輿情致釀事端請

旨先行革職提省審辦並請將督辦不善之知府一併摘

頂撤任留該地方督緝恭摺奏參仰祈

聖鑒事竊臣前據保甯府知府鮑繼培稟稱所屬蒼溪縣

本年辦理按糧津貼一案據民人陳聯芝等以浮派

難甘等詞赴學政及川北道衙門具控批府提訊該

原告等因天旱力難完納津貼並聞文生韓學山言

上年津貼案內尚有存銀七百兩疑被局紳書役侵

吞是以控告隨查得上年前署知縣董炳章任內辦
理按糧津貼徵收銀二千二百二十兩除批解外實
布市平銀一百一十二兩零作為局紳飯食盤費支
銷書役並未經手毫無流弊現據局紳將銀如數繳
出本年復辦津貼該縣知縣王汝舟諭令仍照上年
舊章辦理並無浮派詎入夏以來天氣亢旱田禾栽
插糧民皆以無力津貼為詞又因陳聯芝等謂上年
尚有存銀彼此傳說鄉民信以為實紛紛進城求免
齊集數百人擁擠縣署內有草役李廷舉藉端直入

縣署滋鬧該府派員馳往勸諭開導旋即解散提集
陳聯芝等訊悉前情該原告等及各糧民咸知感悟
願仍遵照完納津貼訊非無故聚衆違抗請免深究
一面嚴拏李廷舉擬辦等情經臣批令妥為督辦在
案茲於七月初三日復據該府稟報陳聯芝又在鄉
場鳴鑼歛錢扯毀縣示私貼告白揚言民間應完丁
糧津貼須俟立碑後方准完納王汝舟聞知親往拏
獲陳聯芝訊供因其咆哮兇鬧用刀格砍落其左手
五指旋有主使之文生韓學山黄夜糾衆赴該縣公

寓尋衅報復將丁書差役一併毆傷該府該縣人地
未宜當經回明本管川北道將王汝舟撤任委令劍
州暫行兼理解散附和之人地方一律安静仍嚴拏
在逃之韓學山等務獲究報等情到臣據此查該縣
上年徵解津貼果無侵蝕本年辦理亦無浮派前經
該府親提訊結百姓既皆感悟遵依陳聯芝等何至
復有立碑阻撓之事王汝舟於拏訊陳聯芝之時輒
因其咆哮逞兇遽將其手指砍落尤屬任性妄為以
致韓學山糾衆報復該縣平日之不得民心即此已

可概見該府耳目切近不早揭參及至滋事始行請
撤已屬表率無方而於主使滋鬧之韓學山又未能
即時督飭獲究更屬督緝不力川省各屬津貼每有
控告浮收勒派者俱經臣分別提訊查辦此案既經
釀成事端亟應嚴參懲治以儆其餘除行司委提人
證來省驗訊外相應請
旨將蒼溪縣知縣王汝舟先行革職以便提同質訊並請
將保甯府知府鮑繼培摘去頂戴暫行撤任仍留該
地方責令會督接署府縣人員嚴拏韓學山等務獲

静妙齋

報解並查其前審控案有無不公覈實辦理其前署
蒼溪縣之現任墊江縣知縣董炳章亦已飭司調省
備質是否有當理合恭摺具奏伏乞
皇上聖鑒訓示謹
奏奉
藍批另有旨

府缺委署
再鮑繼培暫行撤任所遺保甯府知府員缺已由司
詳委候補知府嵩保接署查該守雖到川未久而曾
任實缺知府臣屢次接見胸次明白舉止安詳堪以
委令署理惟該守先經臣派赴資州查辦案件應俟
各案完結即行赴任未到任以前已令川北道田潤
暫行兼攝除分飭遵照外理合附片具
奏伏乞
聖鑒謹

奏奉

藍批知道了

赴楚總理糧務之知府請俟應補缺出題補

奏為候補知府現因委赴楚北行營總理糧務懇

恩准照軍務省分章程俟其應補缺出先行題補以資激

勸而重防勦恭摺奏祈

聖鑒事竊查四川候補知府羅升棓前因派管川東防堵

糧局未能給咨赴部引

見經兼署督臣樂斌咨請俟輪補到班准其先行題補旋

准部咨以該署督所請係現辦軍務省分之例川省

非有軍務省分核與定章不符仍令給咨赴部等因

自應轉行遵照辦理惟查部議章程如由現任候補
捐升例應引
見人員從前曾經引
見者准其先行題補等語雖係專指軍務省分而言而川
省前因兩湖匪擾疊次籌防嗣以黔匪竄發綦江江
津敘永等廳縣與之毗連節節派兵防剿現雖經川
兵會同剿滅而逆匪回竄楚北垂涎川省又調兵勇
馳往湖北巴東等處相機進剿是腹地雖未用兵而
邊境剿防殆無虛日與現辦軍務省分實無二致該

員羅升棓在川年久情形至為熟悉前在川東籌防
時督率文武員弁偵探軍情安設營寨布置甚為周
密上年宜昌失陷賊匪不致上竄深資其力現復派
赴湖北巴東經理行營糧臺藉資熟手若必責令請
咨赴部一時更替之人轉恐有誤要務況該員本係
酉陽直隸州知州因獲盜引
見奉
旨以應升之缺升用嗣因捐輸助餉仰蒙
恩旨開缺以知府留川補用之員與援例捐升者不同此

次不能赴部實緣軍務所羈如必俟引
見後方准補缺則該員一日身在行營即一日不得赴部
是因承辦要務轉使補缺遲延殊不足以示鼓勵前
署督臣咨部核示時僅聲叙在川東堵剿糧局是以
奉部咨駁今查該員係曾經引
見人員已於本年三月間奏明飭赴湖北巴東行營總理
糧臺即屬辦理軍務之員似與章程相符合無仰懇
天恩俯念出省防勦糧臺需人准將候補知府羅升梧援
照軍務省分章程以接到核准部覆之日作為到省

日期俟題補得缺後再令補行引
見俾防剿事宜得收指臂之助其佐雜捐升並非辦理軍
務人員即照部議俟其引
見後再行差委以符定章據布政使楊培具詳前來理合
恭摺具
奏伏乞
皇上聖鑒訓示謹
奏奉
藍批吏部議奏

委署道篆

奏為遴員署理要缺道篆恭摺奏祈

聖鑒事竊臣接准部咨欽奉

上諭順天府府尹著蔣琦淯補授等因欽此當經轉行欽

遵應即遴員接署道篆以便蔣琦淯交卸起程前赴

新任查盐茶道一缺綜理全川課務責任綦重辦理

頗難得人近年茶課疲敝已甚亟須設法整頓而鹺

綱尤為大宗各屬私梟充斥成都尤甚邇來盐稅茶

課引滯商疲幾有日趨日下之勢臣抵任後即經督

飭蔣琦滈力加整頓甫有頭緒必得才明守潔熟悉
情形之員接署方足以資整飭而裕稅課省中候補
道員均經委署他缺惟查有雙月候選道在川候補
知府吳文錫明練老成勇於任事歷署嘉定敘州各
府並代辦成都府事俱見裕如川省鹽廠以犍為富
順為大源井竈利弊尤關緊要此二大廠即嘉敘二
府所屬查辦鹽梟當從成都下手該員於各處情形
甚為熟悉以之署理鹽茶道篆可期勝任除檄飭遵
照外所有遴員署理要缺道篆緣由理合恭摺具

奏伏乞

皇上聖鑒謹

奏奉

硃批知道了

静妙齋

青女

委署府縣各缺

再嘉定府知府李文瀚現經調充本年乙卯科文闈

内監試所遺員缺查有馬邊廳同知史致康才識幹

練堪以委令兼署又署仁壽縣事平武縣知縣恒泰

現經臣題請調補成都縣知縣應飭先行赴任以資

治理所遺仁壽縣缺查有德陽縣知縣胡汝開堪以

調署又署峩邊廳通判李岳齡因案撤省所遺署缺

查有威遠縣知縣沙芹生堪以委署所遺威遠縣缺

以奉節縣知縣陳偉觀署理所遺奉節縣缺以簡州

靜妙齋

知州陳彦坤署理所遺簡州員缺以現署理番廳同

知之西昌縣知縣王銘調署各專責成該員等任内

均無經徵錢糧未完展參以及承緝盜刦已起四參

案件據藩臬兩司具詳前來除批飭遵照外臣謹附

片陳明伏乞

聖鑒謹

奏奉

硃批知道了

道缺縣缺委署

再永甯道汪堃因患病呈請開缺調理經臣恭疏具

題所遺永甯道篆查有候補道吳春煥甫經到省人尚

明白堪以委令署理又屏山縣知縣黃漢章因案撤

任遺缺飭委成都府水利同知周錫齡前往接署各

專責成至周錫齡任內並無經徵錢糧未完展參及

承緝盜刦已起四參案件合併聲明除分檄飭遵外

理合附片奏

聞伏乞

聖鑒謹

奏奉

硃批知道了

暘雨情形

再前川北因雨水過多驛路阻隔經臣附片陳明並

聲明飭查通省得雨情形田禾受傷輕重再行具奏

在案茲自六月二十六日以後暘雨應時行查各州

縣大略相同其低窪處田禾前次雖經水浸微覺受

傷而於收成尚無大礙現在早稻將次登場民情極

為安帖理合附片具

奏仰慰

宸懷伏乞

聖鑒謹

奏奉

硃批知道了

812.8
444
(11)

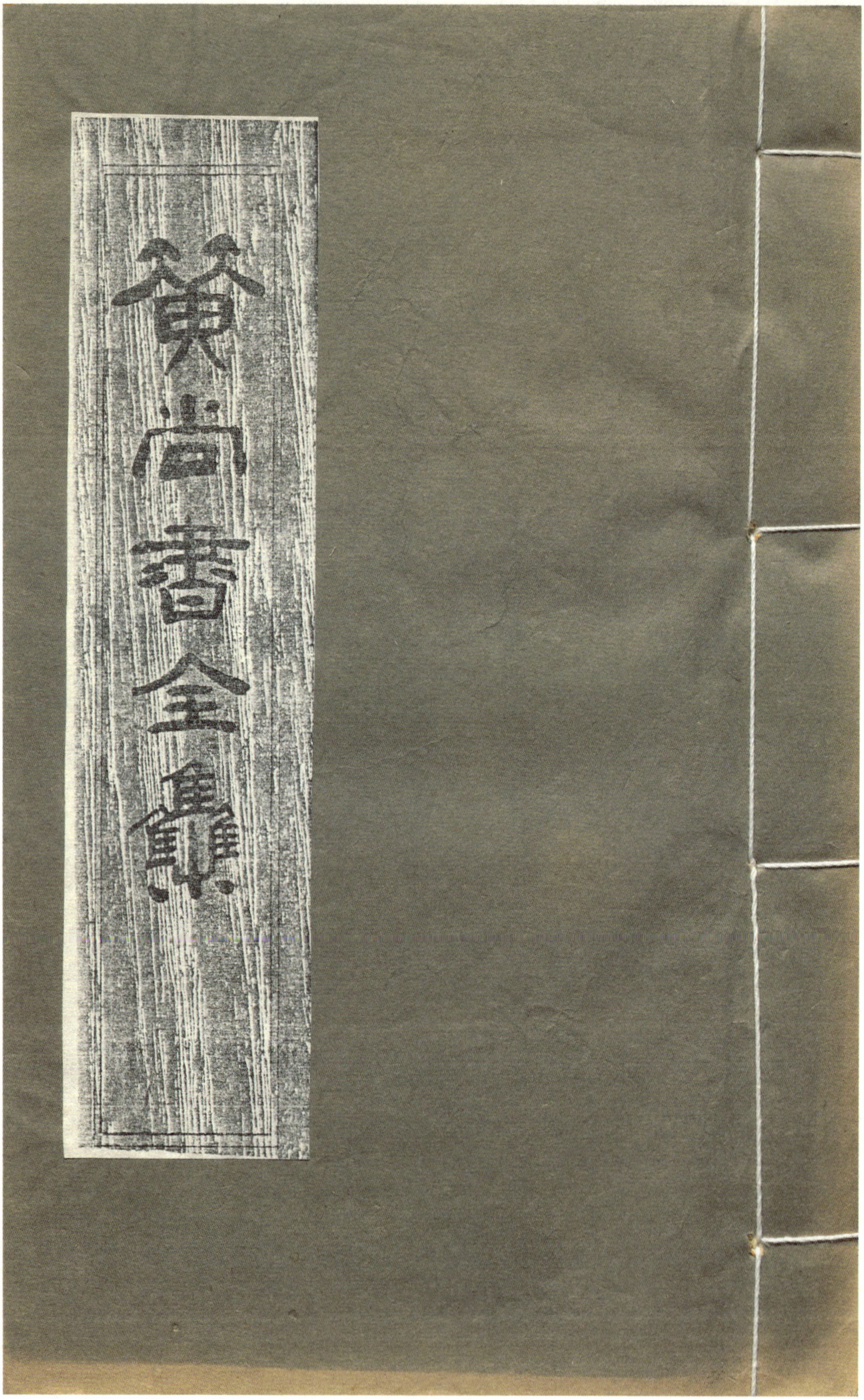
黃尚書全集

晉江黄尚書公全集卷二十三目錄

奏疏二十三 任四川總督奏議

川省各官捐廉存數

監臨出闈日期

考選簾官

署鎮撤任并委員兼護

新疆勝因寺住持喇嘛期滿保留

馬邊廳文武剿夷獲勝情形

挪欠關税之歷任夔關監督勒追

酌改關税章程

委署司道府各缺

委署廳縣各缺
茶課稅銀催追完解
學政閱文幕友
鄉試老生
甄別守備
請仍以候補翁守補授首府
委署各缺
虧短公項之知縣參革
失察書差處分請寬免

各屬完解茶課銀兩
同知沈英清完挪移各款
請將違例告假之副將勒休
速撥臺費

晉江黄尚書公全集卷二十三

男貽楫謹輯

姪貽杼恭校

奏疏二十三 任四川總督奏議

續借運員修船銀兩

奏爲續借滇省運員修船經費銀兩以速銅運恭摺奏

祈

聖鑒事竊查滇員安甯州知州俞良傑領運壬子年正運

二起京銅上年駐紮瀘州因下游江路不清未經開

運欽奉

諭旨改道運京該員同頭起運員新平縣知縣湯炳熙等

因水脚不敷禀由藩司詳經前督臣裕瑞

奏明各借給銀一千兩承領開行在案嗣准調任雲南

撫臣吳振棫咨據俞良傑具禀該員上年押運銅斤

至夔州府奉節縣適值楚北賊匪上竄宜昌而荆宜

為銅運必由之路未便冒險輕進又將銅斤起存奉

節縣公所銅船停泊日久板多朽腐折損若不添換

修捻難以行江委令瀘局員管譜鐸往勘屬實並

因賊竄荆宜時船夫驚[illegible]均須昂價募補以致前借

川省之銀業已用盡咨請轉飭夔州府就近借給銀

一千四百兩以資領運開行等因臣查該員俞良傑

前借銀兩既經用盡修船經費待用孔殷自應通融

酌借以速銅運當經檄飭撥借去後茲據藩臬兩司

飭據夔州府知府李仲良就近在於徵存關稅項下

撥銀一千四百兩借給該員俞良傑承領飛催裝載

開幫前進取有領結存司備卷至此項續借銀兩應

由滇省起觧銅本銀兩赴瀘時搭解來川歸款所有

續借運員修船經費銀兩緣由除咨明户工二部暨

雲南撫臣外理合恭摺具

奏伏乞

皇上聖鑒謹

奏奉

藍批知道了

永甯道汪堃逼令廩生萬時恬誣認謀逆一案平反

奏為遵

諭提訊要案據實平反請

旨將拏辦錯謬之告病道員革職並將被揭餽送之知縣

解任質訊恭摺奏祈

聖鑒事竊臣到任之初即據卸署南溪縣榮昌縣知縣麟

勲面稟上年在南溪任内經本管永甯道飭拏叛匪

王九大耶等一案因王九大耶先已搬避該道將廩

生萬時恬逼認知情詳革審辦尚未完結等語即據

永甯道汪望以訪拏紳民出首之王九大耶實係謀逆首犯被麟勳縱放請飭麟勳速回南溪協拏獲究移司轉稟到臣因覈與麟勳面稟互異隨卷查上年九月間前督臣裕瑞任內初據該道稟報訪聞南溪縣民王九大耶與張五千總約聚數百人欲在本處滋事接應黔匪有瀘城匪徒王麻子李三被引入夥當將王麻子與李三之兄李二回子拏獲並起出新刀三口續據該道稟報密探王九大耶已邀匪二三千人製造器械數千件張五千總之兄張四老耶亦

邀聚千餘人南溪城内開設德隆站房之萬二老耶
亦聚有多人均欲約期起事分撲瀘州敘州重慶各
城池又拏獲知情之李瘋子田大五供認李二等各
在瀘城邀人入夥造反勾通瀘州看守考棚之辛漸
逵約於九月十五夜乘護月食辛漸逵内應舉事各
等情經裕瑞批令悉心審辦又據敘州府知府王鈞
稟稱奉道飭獲開設德隆站之萬二老耶即萬時恬
訊係南溪縣廪生查明所開店内並無違禁器物伊
父萬清涪即萬師黄係拔貢生世守儒業並無交匪

謀逆情事當將萬時恬解道審訊復據該道具稟據
巴縣盤獲劉洪順解經訊認聽聞唐三告述王九大
耶定期九月二十四日集衆造反又據納谿江安兩
縣盤獲袁國樑等解案審訊並據李二回子等供認
聽糾滋事不諱隨將李二回子李瘋子田大五三犯
請予就地正法王麻子袁國梁劉洪順張四老耶四
犯請予監候待質萬時恬供情游移因麟勳堅稱萬
時恬實係良儒力懇釋放交令帶回聽候傳訊旋據
張萬金陳書萬朝瑛萬鏡如先後首稟王九大耶萬

時恬辛漸逵等約期九月內欲破叙州等府各城又
據萬師黄呈遞親筆供單內稱伊子萬時恬稔知王
九大耶欲聚衆鬬殺藉行滋事經伊向王九大耶叩
頭泣阻伊子為匪愚弄不敢護庇等語前署督臣樂
斌以該道各稟情形參差不一所請正法之犯又未
指定罪名批飭督同署瀘州知州桂延並麟勳詳細
覆鞫報奪各在卷此次該道移司稟臣之件內又添
叙巴縣江安納谿三縣盤獲此案夥黨供俱相同又
有南溪紳士包融芳面稟縣役緝獲王九大耶家庭

工萬三等供認聚眾謀逆麟勲將其掌責鎖押後令
遠逃包融芳遞有親筆清單其出首之萬師黄亦逃
匿無蹤屢提未到而麟勲不候會訊逕自回去等情
臣以該道辦理此案於訪聞之後一據張萬金等紛
紛出首一據李二回子等供認屬實一據萬清涪窩
具親供一據巴縣等三縣盤獲影黨訊供相同一據
紳士包融芳面回情節層層考證自已逐細研求確
有把握徒以首犯在逃恐未能折服麟勲之心故必
欲緝獲首犯方始定讞但憑據如果不虚供証實已

確鑿本有即同獄成先決從罪之例該道前後所禀
已歷歷如繪自應先就現犯擬結俾夥逆早正刑誅
豈可因首犯未獲轉作游移之詞停案以待隨飭麟
勳速赴南溪協同嚴緝並行查已縣江安納谿三縣
盤獲何犯果否訊有此案供招一面批司移道研審
解勘一俟解經臣親訊無異查實麟勳果有縱逃情
弊即予嚴叅旋欽奉
上諭據學政何紹基奏南溪縣廩生萬時恬被控謀逆一
案飭臣確切訪查親提研訊等因復欽遵嚴催該道

作速定擬解審並先附片覆奏續據該道稟覆又謂
該犯等係屬聚衆謀搶與前次各稟兩歧又經批飭
研鞫並據巴縣等三縣稟覆該縣等係奉永甯道飭
拏李三回子等夥黨劉洪順等當即拏獲審訊或供
與李三回子認識往來或供係李三回子邀赴南溪
應募鄉勇並無聽從滋事之供恐係狡展先後解赴
永甯道歸案審辦亦在案嗣據該道審明萬時恬李
二回子二犯僅知王九大耶謀叛之情並不首告照
謀叛已行知情不首律擬流田大五一犯不知叛情

僅止聽從糾人販鹽照貨賣私鹽律擬徒仍請監候
待質李瘋子袁國梁劉洪順三犯均照知叛不首問
擬杖流聲明業已監斃應毋庸議敘具招詳親身押
解來省臣隨親提各犯逐加研訊各犯等極口呼冤
僉謂前在永甯道案下實係畏刑誣服所有供單俱
係道署發出教令熟讀到省照供質之出首人張萬
金等據供伊等被差役喚解道署汪道勒令出具首
告呈稟又據萬清涪供稱伊所具親供亦係該道勒
令書呈上年九月經前總督裕瑞過境親提訊明省

釋後被該道傳提收審伊具供後回家看視並未逃
匿本年四月二十日該道覆訊諭令伊等供成搶案
後復仍令照依前供其實王九大耶係王心一即王
老三向無大耶綽號亦非行九因先年拏獲匪徒高
鷂子等送縣懲辦餘匪挾仇欲行報復王心一亦欲
邀眾與匪抵敵經伊萬清涪查知勸阻事息後王心
一旋即搬開他往委無聚眾謀逆重情各等供臣查
上年該道稟請將李二回子等三犯就地正法現詳
又將李二回子等問擬流徒罪名已大關生死出入

犯供復經全翻當經發交臬司覆加推鞫去後該道
汪堃旋因舊患怔忡復發途中又受暑溼禀請開缺
調理經　臣　委員接署道篆飭司驗病照例題請開缺
臣　因兼署學政在棚考録遺才適有瀘州教官監場
因其來自瀘州此案虛實外間必有公論詳加訪問
據稱王九大耶本名王心一行三並無大耶綽號素
與匪徒高鷄子餘黨結仇因聞匪黨欲向尋衅王心
一亦欲邀人抵禦經萬清涪勸息後因永甯道以謀
逆訪拏始有王九大耶之稱現已逃走無蹤至萬時

恬實係安分廩生品學素好現被屈辦人咸寃之等

語 臣亦未敢遽信茲據按察司馬秀儒提訊各犯與

臣審相同查知該道病覺小愈邀令至司會審亦不

能折服各犯又據各犯供稱案内尚有押斃數命亟

應查實嚴辦並先據汪[illegible]稟揭麟勳上年十一月送

銀三百兩求認門生本年二月又親攜布包六小捆

說是南溪土產夏布面求收受俱經斥去事涉餽送

詳請親提察辦前來 臣於七月十六日傳齊在省司

道提集各犯證公同會審各犯證均供如前該道現

招又聲叙洪興順係屬首先出首爲前次各稟所未
敍及當提洪興順到案查訊據供王九大耶曾因張
千總家欲遷墳墓囑李三回子轉給伊錢一千文代
爲雇人幫抬伊在江安縣城雇夫十八人帶往南溪
李三回子言遷葬之事不成伊所雇之人免用當即
遣回伊至瀘州有道差楊洪太云稱王紹堂閧伊爲
王九大耶雇人將伊與王紹堂帶見道署門丁伊説
明前情將伊押候隨後道署發出供單令伊熟讀伊
並未先行出首又據紳士包融芳供稱上年張萬金

被道署押發卡房病危伊與張萬金係屬姻親經其
母央令取保看病伊隨赴道將張萬金保出醫調嗣
伊在道署看病門丁沈福囑伊訪查王九大耶家雇
工有無萬三王偏頸子二人伊向張萬金詢明果有
二人之名往向門丁回信並無向汪道面禀及投遞
親筆清單之事隨令包融芳當堂寫供查對筆跡全
不相符詢之汪堃據稱包融芳委無面禀之言前禀
係屬失於檢點清單係門丁沈福所呈謂係包融芳
遞進又據道差楊洪太供稱伊夥役王紹堂在江安

聽聞洪興代王九太耶雇人之事恐有别故當即一面具稟道署適道署門丁亦以接得江安之信有此情節飭令該差訪拏伊楊洪太隨將洪興順與王紹堂帶見門丁沈福回明前情並非洪興順自行出首復令各犯証當堂與該道汪[illegible]逐一質對汪[illegible]無從置喙又查該道另稟謂麟勳於上年九月初十日先已拏獲匪犯周玉敬等取供在卷何以十四日經該道派員前往會拏反謂毫無影響復經查閱縣卷九月初十日接准江安縣函開風聞南溪石筍地方有

匪數百人欲行搶州刦縣之説未知確否或係傳聞
失實希即查辦等因當即移令汎弁前赴石筍王心
一家拏獲周玉敬周良普李順忠三名訊據供稱伊
等於初九日至王心一家索討欠錢因王心一外出
在彼等候即被拏獲委無別情此外亦無別項供口
飭令汪堃當堂細閱該道亦無可辯論自認辦理錯
誤投遞親供懇求更正伏查上年九月正值黔匪猖
獗之時瀘州接近黔疆該道訪聞所屬忽有土匪接
應黔匪之事即行嚴拏審辦原為綏靖地方弭亂未

萌起見並無不合第後次各稟或稱謀反或稱謀叛或稱謀搶已多舛錯及定案擬罪又復出入麟勳既謂該道捏造鍛鍊各犯亦稱係畏刑妄認即以現辦而論該道前稟出首者係張萬金等四人現詳復添出洪興順一名謂係首先出首又謂包融芳曾經面稟遞有親筆清單並謂巴縣等三縣盤獲夥黨訊供相同又謂萬清涪具有親供以文證子今經逐層覈訊洪興順並非自行出首張萬金等諸人出首稟狀供係該道勒令呈遞先因不允曾受刑責如果首告

屬真爲有加刑之理包融芳僅止代訪王九太耶家雇工姓名並無面禀逆情亦未投遞清單巴縣等三縣所獲劉洪順等皆係該道行文飭拏並非盤獲因訊無確供解道審辦檢閱道卷所附三縣文禀覈與覆 臣各禀吻合即查萬清涪親筆原供亦止稱王心一欲聚衆鬭殺藉行滋事伊子受匪愚弄致被所扳還求施恩並無王心一謀反及不敢護庇伊子各字樣該道何所見而深信王心一爲謀叛並加以大耶之名又將萬清涪供單添改以實其事審辦叛逆重

案豈容任意軒輊茲既公審明確自應即予平反隨
經臣將訊明無辜之萬時恬李二回子田大五當堂
釋放並將萬時恬廩生開復飭學取文鄉試其餘無
干人證悉予省釋道差楊洪太等係首禍之人據稱
係由門丁沈福妄回該道以致興此大獄究竟沈福
如何回禀現在沈福未到應俟飭提來省與楊洪太
等質明覈辦楊洪太等仍交臬司收管候訊該道所
揭麟勳送銀三百兩求認門生一節麟勳堅不承認
該道謂係由門丁沈福轉回伊卻未目見此銀查麟

勳於萬時恬等一案並無情弊無所用其以財行求其二次親送之布包六小捆如係土產夏布亦尚情有可原而麟勳仍謂並此無之且面指該道因其不隨同妄拏捏此誣陷兩造供詞各執亦應俟提到沈福質明辦理此案該道審辦錯謬已據自認不諱惟以監司大員於訪拏此等情重案件不能細心推鞫以致失入罪名拖累無辜實非尋常疏忽可比相

應請

旨將告病之永甯道汪藴即行革職以示懲儆仍俟查明

案內押斃之人因何被押斃命是否係該道妄拏濫押所致另行覈實擬辦知縣麟勳於本道飭拏訪聞叛逆首匪雖訊無縱放情事第王心一避匿何處未能即行獲解以致案延不結亦屬怠玩被揭餽送銀兩訊無實據其另送布包該令雖不供承而該道則謂實有其事亦應澈底究明以期水落石出應請將榮昌縣知縣麟勳暫行解任以便質訊確實另行具奏是否有當理合恭摺具奏伏乞
皇上聖鑒訓示謹

奏奉
硃批另有旨

已革之蒼溪令拏問

再蒼縣知縣王汝舟前因辦理津貼不洽輿情致釀

事端經臣恭摺奏參請

旨先行革職提省審辦在案臣查保寧府屬各州縣民風

湻樸以蒼溪爲最該縣辦理津貼果無浮派何致有

刁徒阻撓之事隨經密加訪察去後兹經訪得上年

該縣董炳章辦理按糧津貼每正額一兩所加傾銷

火耗及解省脚費等項爲數無幾民間遵依完納本

年復辦津貼該縣王汝舟格外加增銀數較多紳民

等以力有未逮籲求減免該縣不允以致紛紛聚衆
經該管道府委員前往開導許以照舊完繳鄉民即
行解散該縣執不肯依仍出示勒令加增陳聯芝因
其任情浮派出而阻撓將該縣告示扯毀該縣親往
拏獲陳聯芝訊供因其咆哮頂撞忿恨交加即用刀
將其手指砍落鎖押回縣隨有文生韓學山心懷不
平糾衆報復毆傷丁書差役等情是此案起衅之由
實由於該縣浮派所致已屬貪玩復因陳聯芝扯毀
告示咆哮頂撞輒用刀砍落其手指更屬殘酷若不

嚴行懲辦無以儆貪殘而肅官方先後據該司道府
遽揭前來恭查臣奉
敕諭所屬文武官員有犯貪殘庸懦者輕則降黜重則拏
問具疏奏
聞所有前叅革職審訊之蒼溪縣知縣王汝舟業經臣批
司委員前往拏問以便提同應訊人証研審確實按
例定擬具奏理合附片奏
聞伏乞
聖鑒謹

奏奉

硃批王汝舟著拏問

請飭知府到任

奏為知府久未到任請

旨飭催以重地方仰祈

聖鑒事竊查前准吏部咨欽奉

上諭四川順慶府知府員缺著張樸補授欽此欽遵在案

查順慶府知府係衝繁難兼三要缺管轄八州縣政

務殷繁現值黔楚不靖督率巡防尤關緊要自應實

缺人員到任認真辦理庶專責成該府張樸於上年

十月奉

静妙齋

旨簡放迄今半年有餘尚無到川之信據藩司具詳前來

相應請

旨飭部催令順慶府知府張樸迅速來川前赴新任以重

職守除咨吏部外理合恭摺具

奏伏乞

皇上聖鑒訓示謹

奏奉

硃批著吏部迅行查催新放知府楊重雅

提督回任

再上年四月湖北宜昌府城被陷賊蹤逼近川疆提

臣萬福於五月十二日帶兵前赴萬縣夔巫一帶督

辦防堵嗣宜收復賊竄下游而貴州匪徒楊漋喜又

復聚衆倡亂該提臣即折回瀘州於十一月初一日

統領官兵由合江縣赴黔攻剿均經前督臣裕瑞暨

兼署督臣樂斌先後具

奏在案該提臣到黔後會同貴州撫臣蔣霨遠勦捕逆

匪兼署貴州提督印務茲匪黨殲除淨盡川省官兵

已陸續撤回歸伍該提臣交卸貴州提篆於本年七
月初六日回川任事所有提臣回川日期理合附片
陳明伏乞
聖鑒謹
奏奉
硃批知道了

廓夷情形

再七月十七日欽奉寄

諭以調兵赴藏實不得已而出此臣等前奏渥蒙

天恩體察計議情形

俯允暫緩進兵俟接得滿慶確信再定行止等因欽此仰

見

聖明燭照無遠弗屆跪聆之餘同深感佩伏查臣樂斌於

七月十五日接到滿慶六月初九日自江卡途次來

函內稱伊在竹巴籠地方接准軍機大臣字寄祇悉

静妙齋

赫特賀有奏調川兵赴藏助勦之舉曷勝駭異在廓
番妄肆鴟張自不能不脅以兵威但該番梟性不馴
又兼地處極邊宜以撫綏化導為要現擬趕站前進
一俟到藏與赫特賀妥辦完結奏報以上紓
西顧之憂沿途催調江卡等處各土兵均經起程前往又
於二十日臣等接得諄齡來信內開廓番先因助兵
勦賊一事唐古特謂其非出真意藉詞欲唐古特賠
其備兵費用又因該番所屬巴勒布番民該欠察木
多番商貿易銀兩逼討滋鬧傷斃察木多康巴娃等

多命並乘亂搶刼銀物經駐藏大臣斷結完案該番謂為屈辦伊國之人心懷不甘並因唐古特營官頭人等違例多收稅米搶刦殺人種種欺凌欲與唐古特為難現經赫特賀馳赴協噶爾相機督辦已有眉目同日接得赫特賀六月二十日來信云伊於行抵協噶爾後檄責廓番國王令派頭人前來聽候剖斷該番旋將廓兵撤回多半隨派噶箕等來見當經再三開導並將該番所禀唐古特欺凌各款秉公剖斷擬給斷牌派員送交該國刻下尚未接到回禀如該

番能遵斷完事約孟秋望間即可回藏否則再行相
機奏請辦理各等語臣等查廓番滋衅本因與唐古
特搆怨而起一經赫特賀檄責即撤回番兵並遣頭
人前來聽候剖斷尚無鷙驁抗違情狀既經赫特賀
將該番所稟唐古特各款秉公剖斷給發斷牌諒能
遵依完案且查滿慶於西藏夷情最為熟悉滿慶到
彼定能與赫特賀會商妥籌善辦容俟接得該大臣
抵藏後確信情形若何即當遵
旨迅速馳奏仰慰

宸懷謹會同成都將軍臣樂斌先行附片具陳伏乞

聖鑒謹

奏奉

硃批知道了

静妙齋

續捐軍餉

奏為上年普律捐輸各員現在續捐軍餉懇

恩獎敘以昭激勸恭摺奏祈

聖鑒事竊查前准總理巡防事宜和碩惠親王等劄開請

令京外各官普律捐輸一摺鈔錄原奏劄發來川行

令率屬盡力捐輸以濟軍餉等因前督臣裕瑞即率

同通省滿漢文武各員總共認捐銀六萬二千七百

零八兩尚未交清當將捐輸銀數銜名先行具

奏並聲明所捐銀兩均出報效微忱不敢仰邀

恩奬欽奉
上諭裕瑞等均交部優敘議敘餘著咨明户部並酌量自
行奬勵等因欽此由部恭錄咨川分别飭行各在案茲
據捐輸各員以前次報効涓埃原不敢仰邀議敘乃
蒙
聖恩優渥
敕令咨部並酌量奬勵羣情鼓舞有願於原捐之外加捐
銀數者有前次未經報捐自願捐輸者各屬教職接
到學政何紹基勸捐劉文即請扣俸薪作為捐項生

童人等聞風興起亦量力輸將共計續收捐銀八千一百三十九兩五錢前次認捐銀六萬二千七百八兩現據陸續解繳並在養廉内坐扣已收銀五萬三千六百七十八兩計先後兩次共收銀六萬一千八百一十七兩五錢内除

奏明撥供甲寅年官兵俸餉及本省防堵經費等銀五萬九千六百餘兩外尚存司庫銀二千二百一十三兩八錢七分一釐六毫八絲聽候部撥據藩臬兩司具詳前來臣謹彙開清單仰懇

天恩俯賜分別獎敘以昭激勸此外尚有加捐請獎者一俟捐
項收齊再行奏報至現在各員捐助軍餉洵屬急公所請
議敘覈與例定銀數有盈無絀其餘未經指項請獎各
員覈其銀數較多與議敘之例相符者彙冊咨部分別加
級紀錄如所捐數少不敷議敘應請由外酌獎理合恭摺具
奏伏乞
皇上聖鑒訓示謹
奏奉
硃批戶部覈議具奏單併發

川省各官捐廉存數

再川省自道光三十年為始由總督以至州縣量力捐廉歲計共捐市平銀二萬兩解存藩庫以備要需每年將動存銀數

奏報一次在案茲據藩司鹽茶道查明舊管咸豐元二三等年分支存銀四萬五百二兩八錢二釐六毫新收咸豐四年分各官捐輸籌備經費銀二萬兩共銀六萬五百二兩八錢二釐六毫支給理番廳咸豐三年春夏二季分孤貧口糧漏未詳報銀一百零六兩

八錢又支給馬邊廳加增防夷經費銀二千兩又支
給屏山縣廵防經費銀一千五百兩又支給理番廳
孤貧口糧銀二百三十兩零四錢又支給馬邊廳史
致康請修煙峰汛署兵房估需工料銀四百兩又支
給省標四營製造火藥例外不敷銀七百七十兩總
共支過市平銀五千零七兩二錢此外並未動用等
情詳請具
奏前來臣覆查無異除將此項餘存銀兩留備地方要
需外理合附片陳明伏乞

聖鑒謹

奏奉

硃批知道了

靜妙齋

監臨出闈日期。

奏為文闈三場完後接辦繙譯鄉試竣事恭繳

欽命題目仰祈

聖鑒事竊照本年四川省乙卯科文闈鄉試所有應辦事

宜俱已遵照科場則例督同藩司等妥為豫備臣於

八月初六日率同提調監試入闈監臨將所考各簾

官擇其文藝優長者派入內簾其餘飭令分司外簾

各事宜十六日三場完畢即接辦繙譯鄉試查成都

駐防繙譯鄉試士子共二十九名十七日點名入場

靜妙齋

主考官交出
欽命題目臣遵即嚴密刊刻十八日頒發考試十九日竣
事場規均極嚴謹弊竇肅清謄錄硃卷全數解送内
簾繙譯試卷同題紙遵例專差依限解部辦理臣已
於二十日出闈查照向例飭令提調監試各員在闈
經理除將各日期先後恭疏具
題外理合繕摺具
奏並將
欽命成都駐防繙譯鄉試題二道恭繳伏乞

皇上聖鑒謹

奏奉

硃批知道了

考選簾官

再查道光九年禮部議覆御史牛鑑條奏各省鄉試如實缺人員不敷考選内簾准於即用分發人員中擇其文理優長者一體充當等因歷經遵照在案本年乙卯科文闈鄉試所有堪調内簾實缺人員或因久歷簿書稍涉荒疏或因地方緊要未便更易合計所調各員不敷考選十房之額隨遵照部議在於即用分發人員中擇其文理優長者與實缺人員一體選充以重校閲理合循例附片具

奏伏乞

聖鑒謹

奏奉

硃批知道了

署鎮撤任并委員兼護

奏為署鎮辦事未能妥協應行撤省察看並委員暫行

兼護鎮篆恭摺奏

聞仰祈

聖鑒事竊照建昌鎮總兵駐劄甯遠府城在省之西南隅管轄十二營控制番夷最關緊要必須才畧兼優寬猛相濟之員方足以資撫馭臣查現署該鎮總兵之維州協副將阿爾本平日於營務尚無貽誤惟辦理邊防事宜未能妥協以致夷眾時出滋擾現經札飭

該管文武前往查辦未便稍涉遷就應先將該員撤
任調省察看並飭查該署鎮是否疎於防範抑因措
置乖方激成事端另行覈辦所遺建昌鎮篆務川省
現在武弁大員或帶兵出征或派防要隘一時遴委
乏員惟查有署馬邊協副將之峩邊營參將慶齡實
心任事民夷畏服辦理邊防事務結實可靠堪以委
令暫行兼護除撤飭遵照外謹會同成都將軍臣樂
斌合詞恭摺具
奏伏乞

皇上聖鑒謹

奏奉

硃批知道了

青女齋

新疆勝因寺住持喇嘛期滿保留

奏為新疆勝因寺住持喇嘛初次期滿懇請再留三年

恭摺奏祈

聖鑒事竊照新疆勝因寺住持喇嘛三年期滿向由廣法

寺堪布喇嘛揀派更換現在住持喇嘛羅布藏堂𥓌

於咸豐元年閏八月二十八日到寺接管起扣至咸

豐四年八月二十八日三年期滿例應

奏請更換茲據廣法寺喇嘛甲木養牙爾批禀稱住持

勝因寺喇嘛羅布藏堂𥓌三年期滿該喇嘛為人誠

實經典明白番衆悅服情願保留再任三年等情由

懋功廳同知沈崧會崇化屯員劉滈誼報經布政使

楊培署成綿龍茂道怡昌會詳前來臣等查該喇嘛

羅布藏堂磑既據禀稱爲人誠實經典明白番衆悅

服情願保留三年覈與道光二十四年降曲四丹達

期滿保留之案相符應請准予留任三年以資化導

是否有當謹合詞恭摺具

奏伏乞

皇上聖鑒訓示謹

奏奉

硃批依議

青女齋

馬邊廳文武剿夷獲勝情形

奏爲邊地文武堵剿夷匪獲勝收復被佔地方夷衆懾服投誠邊境一律肅清恭摺奏祈

聖鑒事竊查敘州府屬馬邊廳接壤涼山夷疆自道光十七年夷匪出巢焚掠大兵剿辦之後改協增兵修碉築堡防堵隘口已屬周備而十數年來夷患總未盡絶蓋因該處山深箐密夷人蹻捷如猱善於翻山越嶺不必盡由隘口而入該處居民皆係零星散處聯絡爲難又因怯於夷人之兇悍一遇夷匪罔不望風

披靡團練亦不能得力雖經該廳文武隨時堵禦未能大加撻伐夷匪因而漸肆蠶食佔據沿山漢地搭棚居住時出滋擾兼有漢奸貪利勾結居民被擾不堪因而賄夷保和冀圖苟安旦夕歷任文武治無善策咸豐三年七月該廳同知史致康到任後深知其弊即會商護馬邊協副將慶齡禁止賄保嚴拏漢奸勸民力行團練親加操演又於各要隘添設碉寨聯絡聲勢分派兵練赴鄉巡緝偵探四年九月間外委劉大順帶領兵團先後斬獲夷匪首級二十餘顆十

月二十八日夜團首彭文清帶團游巡遇匪追捕斃
匪五名傷者甚多十一月初一日夷匪大股由核桃
坪出巢史致康與慶齡商派署左營都司柏昌懷統
帶弁兵團勇馳往堵剿初三日在合溪乾溝殺斃夷
匪五十餘名割取首級二十三顆耳記十二副奪獲
刀矛多件復追至莫家灣鎗斃四名生擒通事扁木
一名餘匪潰散初六日夷匪二千餘由山坳竄出兵
勇奮力撲捕生擒黑夷曲租阿租等十二名擊斃四
十餘名割取首級十五顆夷匪恃衆抗拒該將丞等

親督兵勇追擊不准退縮又鎗斃夷匪三十餘名生
擒白夷盃盃等三名奪獲器械無算滚巖落水而死
者百有餘名餘匪竄入老林逃逸初七日該將丞等
追至沿山邊界救出難民八十餘人將臨邊三十里
内外夷棚數百間全行燒燬並搜殺棚内夷匪七名
受傷墜巖身死者數十名提訊曲祖等據供左右兩
營夷地相通夷衆支繁散處有黑夷石祖與弟阿七
連年勾結出巢亦由内地奸民貪利内應串通賄保
所致自上年禁絶賄保懲辦漢奸之後阿祖等無人

引誘亦不敢常出茲因夷地歉收石租等起意糾衆出搶伊等俱止被脅同行並無隨衆焚搶等語查野夷以黑骨為最重既經訊係被脅勉從尚可原宥不若就令輪番回巢立功自贖將兇夷石租等捆送並傳諭各支夷人歸順則辦理較為妥速隨將情重之六祖木千蘆合三名正法梟示阿租等拘禁為質飭令曲租等回巢傳諭二十一日又有夷匪八百餘名由月兒壩竄出該將丞等會派員弁分帶兵團截殺擊斃夷匪百餘名奪獲刀矛鐔衫等物三十餘件追

至木廠灣等處夷匪盡行逃入山坳老林兵勇焚燒沿山夷棚五百餘間夷界古牛背山高勢險有夷棚千餘間夷人稱為小涼山最為要隘以河為界該將丞等督飭兵團涉水過河擁上山頂夷匪千餘負嵎拒捕兵團鼓力勦擊斃匪數十名滾落巖澗身死者不計其數餘匪奔逃當將千餘間夷棚盡行燒燬二十二日都司柏昌懷等復在花板崗各處三次擊殺夷匪百餘名生擒六祖一名二十三日又派武生楊秀崙等帶領兵團各處巡捕沿邊餘匪僅止二百餘

名勢甚窮蹙俱逃入深山隨將臨邊五十里内外各
處夷棚數百間盡數燒燬救回難民唐李氏等二十
餘名口提訊六祖據供尚有夷匪千餘名聚商竄擾
雷波屏山各處等語當經飛移雷波等廳縣嚴行防
勦並據團勇彭文清等先後追殺零匪十數名生擒
兇夷石祖送案訊明正法梟示五年二月初九日復
有夷匪二百餘名佔踞甘露坪山梁窺伺該將丞等
當派都司柏昌懷督率千總冉玉龍等管帶兵團從
山後分路上山抄擊斃匪二十餘名撲巖身死者數

十名餘匪潰竄內有夷目數人被勦情急棄械奔伏
柏昌懷馬前首降詢名青納元曲貳鑾柏昌懷解送
該丞提訊據供夷人阿七之兄石租被獲正法阿七
糾衆報復伊等被脅勉從等語該丞察其情狀甚為
真誠釋令回巢安牧傳諭各支一併歸化如敢附和
滋事定行痛加勦洗青納等感激歡欣而去隨於二
十六並三月初三十二二十八四月初二初五等日
據白瓦等家十二支黑夷咀咀等各遣通事那馬等
先後赴案具呈木刻訊據供稱委因石租被獲正法

誠恐兵團進山勦殺經曲祖責納等力勸投誠伊等先行投案歸順一面查拏阿七等捆獻並將歷年捆擄漢民清查送出嚴行約束娃子再不敢復生異念等供該將丞等以各夷情詞肫懇尚屬可信隨量加獎勵諭令回巢旋據曲祖等將兇夷阿七扭子捆獻前來並送出難民劉星順等三十餘名口提訊阿七扭子自認與前獲之阿祖有恩勾結滋事屬實質之阿祖有恩亦據供認不諱即日就地正法梟首示衆曲祖等目睹行刑甚為畏懼復經該將丞等妥為駕

馭遣回仍酌留數名以為羈縻之計難民人等飭令
各安生業被匪傷斃之團民任明受等五人給資撫
卹此次兵團堵剿通計斃匪千餘名燒燬夷棚三千
餘間臨邊百有餘里被佔漢地全行收復救出難民
一百餘名口各支夷人均經震懾投誠邊境一律肅
清惟夷性犬羊仍須嚴加防範請照嘉慶年間舊章
復設土千百戶等官以資彈壓至兵團練勇所需口
糧鉛藥賞需夫價等項銀兩除支用經費外尚不敷
銀五千五百餘兩現在庫儲支絀該將丞等皆世受

國恩該護副將慶齡情願捐銀一千兩其餘銀四千五百餘兩由該同知史致康捐出請免報銷各等情具稟到臣等伏查馬邊地方連年夷患頻仍今經該丞史致康與護協慶齡和衷商辦嚴除賭保之弊拏辦漢奸以絕內應數月之間收復漢地百餘里勦殺夷匪千餘拏獲正法多名實為大快人心並設法駕馭使夷衆咸知慴服悔罪歸順辦理尚屬妥速其善後事宜及請復設土官等事現經臣等檄委署永甯道吳春煥馳赴該廳詳加體察會督文武妥為籌議容俟

覆到再行覈辦所有該文武等勦辦獲勝各情形謹

合詞先行恭摺奏

聞至該將丞等勦辦妥速又復捐資分認經費亦屬急公

報效可否容臣等將該將丞並在事出力各員弁兵

勇覈實查明酌量保奏以示鼓勵之處出自

逾格鴻施伏乞

皇上聖鑒訓示謹

奏奉

硃批另有旨

挪欠關稅之歷任夔關監督勒追

奏為特參歷任夔關監督挪欠關稅等項銀兩請

旨摘頂勒追以重公項恭摺奏祈

聖鑒事竊照四川夔關額征糧雜二稅銀七萬三千七百

四十兩四錢九分二釐盈餘銀十一萬兩連閏扣足

十二箇月為一年期滿

題報考覈前因該關所征甲年之銀有遲至丙年造報

者誠恐征存日久難免侵挪飭司將咸豐二年六月

初一日起至三年五月底止該關征存糧雜稅銀一

併提儲司庫俾杜弊端旋據前署夔州府知府羅升梧具禀該關歷任監督恒昌廖甡陳熈曾宣瑛劉裕鈖仝順或因開河窆灘補關修城製造巡船共動用關税銀七萬九千六百二十二兩八分先後禀經前川東道朱域嵩齡耿自檢批准分年流攤除攤還外尚未完銀五萬五百五十餘兩開摺禀司覈明僅止廖甡於道光二十年因修理郡城在庫存關税内借支銀二萬三千三百六十兩八分一款有案可稽其餘藩司衙門均無案據飭據川東道曹澍鍾督令前

署夔州府知府李文瀚羅升梧澈底查算並由司委
員督同原虧之順慶府知府全順前詣夔州府三面
算明彌補歸還乃全順躭延日久止繳銀二千兩據
川東道曹澍鍾移覆藩司楊培臬司馬秀儒會詳請
參前來臣查關稅銀兩為
國帑攸關豈容任意挪移致有虧短且流攤名目久經
奉
諭旨嚴禁該歷任夔關監督輒藉開河修城等項工程擅
動稅項數逾鉅萬又復朦朧交接違例稟攤追經飭

提關稅始行和盤托出其流攤未完之項竟有五萬
餘兩之多實屬不成事體在歷任含糊交接者固屬
咎無可辭而究其致虧之由咎實在原挪之員豈得
轉令置身事外況當此庫款支絀之時若不據實參
追則數萬
帑金勢必虛懸無着查原虧之順慶府知府金順前已
告病現尚在川劉裕鈖已於安徽布政使任内被難
陳熙曾已在重慶府任所病故其餘各員早經離川
相應開具清單奏明請

旨飭下前任夔關監督恒昌廖甡宣瑛任所原籍原旗各督撫都統府尹先將該員等一併摘去頂戴勒限三箇月飭令將前在夔關監督任内挪用關稅銀兩按照摺開未完數目如數完繳如本員已故即責令子孫全完解川歸款如果限滿不完或完不足數即將本員革職監追其子孫有官職者一體革追倘故員家屬實係赤貧其子孫並無官職無力完繳由各原籍取具族隣切實甘結移川着落接交之歷任各員及濫行批准之司道分成賠繳以重公項而清要款

靜妙齋

現在川省之全順亦一併摘頂勒追限滿有無完繳

照案辦理是否有當理合恭摺具

奏伏乞

皇上聖鑒訓示謹

奏奉

硃批依議該部知道單併發

酌改關税章程

奏為酌改夔關經征税項章程以杜侵挪並各任監督短征關税請
旨敕賠恭摺奏祈
聖鑒事竊照夔關自嘉慶八年部議連閏扣足十二箇月為一年期滿當時原為劃清眉目便於考覈起見而歴年積閏
題報較遲中間相去年餘該關監督得以任意騰挪移新掩舊即如現在飭將征存銀兩提解司庫始據前

署夔州府知府羅升梧查明歷任監督挪用關稅流
攤未完銀五萬五百餘兩稟司詳由臣另摺
奏參追繳在案伏思關稅係
國家財賦之源若不另定考覈章程仍照舊章辦理誠
恐舊虧未完新虧復起殊非慎重稅務之道臣督同
藩臬兩司悉心籌酌除咸豐二年六月初一日起至
三年五月底止經征之款已入於四年奏銷案内
題報毋庸置議其自三年六月初一日起至四年十二
月底止共計二十箇月所征稅銀截數提撥另文奏

銷外嗣後夔關經征稅項應請即從五年正月初一日起至十二月底止按年
題報考覈遇閏加增正月至六月所收稅銀限八月内批解司庫七月至年底所收稅銀限次年二月内批解司庫四月内
題銷例應留支各款仍照向數坐扣其遇閏加增稅銀按四時比較之衰旺定閏月銀數之多寡如係閏二月即照二月比較銀數加增餘月由此類推庶征收既有一定報解不致逾期以除弊端至渝關稅務亦

照現章改為按年報滿遇閏加增所有連閏扣足十二箇月為一年期滿之處請即停止惟關期既經另定稅項自應截清俾免轇轕溯查三年六月初一日起至四年年底止共二十箇月夔關一處共計應征正額盈餘銀三十萬八千五百四十四兩七錢六分五厘除遵
旨免征糧稅銀一萬二千一百二十二兩五分外僅征銀十萬三千四百七兩八錢二分九釐三年六月初一日起至四年五月底止短征銀十三萬一千三百五

兩五錢九分六釐内連渝關短征銀四千三百餘兩
業經前督臣裕瑞
奏准部覆著落經征之員分年賠繳四年六月初一日
起至年底止連閏共八箇月短征銀六萬一千七百
九兩二錢九分已據前署夔州府知府李文瀚賠繳
銀一萬六千七百六十七兩七錢八分其餘短征銀
四萬四千九百四十一兩五錢一分雖因楚氛未靖
商販稀少所致究未便任其虛懸無著相應開具清
單

奏明請

旨敕部議令各任監督照數賠繳以重

帑項所有該闕二十箇月期内征收除支應解銀六萬

二千五百二十一兩五錢七分一釐飭提司庫以備

辦理廓番軍需如將來毋須動用即撥解兵餉洵於

税務軍糈兩有裨益據藩司楊培臬司馬秀儒會詳

前來理合恭摺具

奏伏乞

皇上聖鑒訓示謹

奏奉

硃批户部議奏單併發

靜妙齋

委署司道府各篆

奏為揀員遞署司道府篆恭摺奏

聞仰祈

聖鑒事竊臣接准部咨咸豐五年七月初三日奉

上諭馬秀儒著補授湖北布政使四川按察使著祥奎補

授欽此除恭録飭知外應即委員接署臬篆以便馬秀

儒交卸起程惟川省臬司刑名尤繁況當隣氛未靖

籌邊防堵團練保甲全省均資整飭必須精明幹練

之員方能勝任查有布政使銜川東道曹澍鍾才具

優長實心任事堪以委令署理其川東道缺接壤楚
黔攘外安内最關緊要查有建昌道鄂惠老成諳練
樸實無華曾任重慶府多年民心悅服於該處情形
最爲熟悉以之調令署理可期得力所遺建昌道缺
查有綏定府知府顧闓第才優政勤堪以委令接署
其綏定府缺據藩臬兩司以候補知府鍾玉辦事勤
奮詳委接署除分飭遵照外所有揀員遞署司道府
篆緣由理合恭摺具
奏伏乞

皇上聖鑒謹

奏奉

硃批知道了

青如齋

委署廳縣各缺

再署越嶲廳同知張超據報丁憂所遺署缺查有峩

眉縣知縣秦象曾堪以委令接署又定遠縣知縣袁

鳳修因案撤任提省審辦遺缺以汶川縣知縣黃傑

署理又德陽縣知縣胡汝開調署仁壽縣遺缺以名

山縣知縣汪覲光前往接署各專責成據藩臬兩司

具詳前來除批飭遵照外理合附片陳明伏乞

聖鑒謹

奏奉

硃批知道了

青如齋

茶課稅銀催追完解

奏為催追未完茶課稅銀現據彭縣等廳州縣續解全

完恭摺奏祈

聖鑒事竊照川省各廳州縣咸豐四年分茶課稅銀兩前

經循例具

題內有成都等三十一廳州縣未完茶課稅銀四萬四千九百三十一兩三錢業將經徵不力職名隨案附

參茲據署鹽茶道吳文錫詳稱催據署彭縣知縣郭慶齡完解銀四百兩簡州知州陳彥坤完解銀五十

六兩二錢五分廣元縣知縣朱鳳穛完解銀三十三
兩六錢七分五釐巴州知州桂星完解銀九兩三錢
七分五釐署隆昌縣知縣李吉壽完解銀二十八兩
一錢二分五釐署黔江縣知縣戴錫祉大甯縣知縣
恒裕會理州知州丁逢吉署青神縣知縣譚振清署
巫山縣知縣洪瞻陛雲陽縣知縣董鄂新各完解銀
十八兩七錢五分署萬縣知縣陸璣完解銀五十六
兩二錢五分遂甯縣知縣徐鈞完解銀一百五十二
兩一分三釐樂至縣知縣趙一鶴完解銀三十七兩

五錢揵為縣知縣陸為柄完解銀七十五兩懸功廳同知魏宗熙完解銀三百七十五兩又咸豐三年分茶課稅銀江津縣知縣程祖潤接署知縣李玉臺前署彭水縣知縣福奎現署知縣沈承勳邛州知州金旃前署滎經縣知縣劉鍾璟接署知縣韓道原四州縣共未完銀一萬七千三百八十四兩五錢二分六釐嗣經催據江津縣續解銀七十九兩一錢九分二釐邛州續解銀六千七百二十八兩五錢一分滎經縣續解銀八千三百八十五兩三錢五分七釐均入

於咸豐四年秋及五年春撥續收項下造報茲又催據彭水縣全完銀二十九兩五錢邛州續解銀一千六百四十六兩八錢八釐除飭催成都等十五廳州縣將咸豐四年分並邛州江津滎經等三州縣將咸豐三年分未完茶課稅銀趕緊完解外所有彭縣簡州會理州廣元縣巴州隆昌縣黔江縣巫山縣雲陽縣萬縣大甯縣遂甯縣樂至縣青神縣犍為縣懋功廳續解全完咸豐四年分茶課稅銀並彭水縣續解全完咸豐三年分茶課稅銀前叅職名應行開復緣

由除咨部辦理外理合恭摺奏

聞伏乞

皇上聖鑒謹

奏奉

硃批知道了

學政閱文幕友

奏為查明學政閱文幕友循例奏祈
聖鑒事竊照乾隆三十八年欽奉
上諭各省學政務須多擇閱文幕友即極小省分亦不得不
及五六人其人數籍貫著該督撫查明奏聞仍不時留心
稽察如有惜費誤公辦理周章者隨時入告毋稍徇隱等
因欽此欽遵在案茲查四川學政鄭瓊詔到任後延
有閱文幕友王昕等六人係籍直隸福建等省臣逐
加體訪均屬素有文名品行端謹之士以之襄校可

靜妙齋

期妥協除俟該學政開棚考試再當隨時留心稽察
不敢稍有徇隱外謹將該幕友姓名籍貫另繕清單
恭呈
御覽理合恭摺具
奏伏祈
皇上聖鑒謹
奏奉
硃批知道了

鄉試老生

奏為查明鄉試未中老生恭摺奏祈

聖鑒事竊照各省鄉試未中年老諸生三場完竣例准查

明年歲具奏本年舉行乙卯科四川鄉試除上次查

辦過年屆八十以上老生曾經仰邀

恩典此次仍在八十以上者毋庸查辦外其餘年老諸生

有九十以上之劉欽等五名八十暨八十以上之段

京奎等十一名俱係三場完竣未經中式其履歷年

歲移咨學臣查對底冊符合洵屬耄年勤學與

靜妙齋

奏請之例相符茲據藩司楊培具詳前來理合恭摺具
奏並繕該生等姓名年歲清單敬呈
御覽伏乞
皇上聖鑒敕部覈覆施行再劉欽一名前應咸豐元年辛
亥
恩科鄉試年屆八十以上奏蒙
恩賞副榜現年九十一歲又傅錫金一名前應咸豐二年
壬子科鄉試年屆八十以上奏蒙
恩賞副榜現年九十歲又李晉一名前應咸豐二年壬子

科鄉試年届八十以上奏蒙
恩賞副榜現年九十歲合併陳明謹
奏奉
硃批禮部覈議具奏單併發

甄别守備

奏為甄别年老技庸並與邊缺不宜之守備請

旨分别休致降補以肅營伍恭摺奏祈

聖鑒事竊查現當逆氛未靖選將練兵為目前第一要務

本年係大閱之期臣奉

命較閱四川全省官兵一時未能即行出省凡有差事來

省之武弁逐一考驗並屢經分飭省外各鎮將隨時

察覈據實具稟以憑調驗兹考驗得巴州營守備陳

世容年四十歲因署馬邊協右營守備辦理邊務不

合機宜調省察看試以弓馬亦復生疏重慶左營守
備馬耀文年六十一歲步箭全空建昌中營守備潘
廷桂年甫五十六歲而三步箭兩不到靶實屬精力
已衰該員等均係四川松潘廳人由行伍歷升今職
茲據該管鎮將揭送前來臣覆加考驗於守備員缺
均難得力未便稍涉遷就相應據實恭奏請
旨將重慶左營守備馬耀文建昌中營守備潘廷桂均勒
令休致以肅營伍其署馬邊協守備之巴州營守備
陳世容姑念其年力强壯降補把總以觀後效庶營

務可期起色是否有當謹會同成都將軍臣樂斌提
督臣萬福合詞恭摺具
奏伏乞
皇上聖鑒訓示如蒙
俞允馬耀文現剛接到部咨推升江西都司應請
敕部一併開缺照例辦理合併聲明謹
奏奉
硃批馬耀文等分别勒休降補餘照所議辦理該部知道

請仍以候補翁守補授首府

奏為省會知府要缺實在乏員揀調再行專摺保

奏籲懇

恩施逾格仍以候補知府補授俾資治理仰祈

聖鑒事竊照前准吏部咨奉

上諭四川成都府知府員缺緊要著該督於通省知府內

揀員調補所遺員缺著文良補授欽此當經

奏明以候補知府翁祖烈請補旋准部覆成都府知府

員缺係奉

旨之缺不得以候補人員請補所請候補知府翁祖烈補
授成都府知府應毋庸議等因奏奉
諭旨依議欽此咨行來川自應遵照於現任知府内揀員
調補查川省知府省外十一缺除新任順慶府知府
楊重雅尚未到川敘州府知府王鈞保甯府知府鮑
繼培龍安府知府周有簠各因案先後
奏參撤任此外各知府非現居邊要防堵喫緊即人地
未宜情形不熟一時揀調實在乏員伏思成都府管
轄十六州縣為通省領袖時有發審案件政務本極

殷繁況值軍務未平團練捐輸諸事通省之風氣視
省會為轉移非才守兼優之員不足以資表率該員
翁祖烈年五十一歲福建進士改庶吉士散館後籤
掣雲南永善縣知縣道光二十五年
題陞安平同知因防堵回匪並拏要犯奉
旨賞加知府銜先換頂戴迴避雲貴總督林則徐改掣四川
二十八年六月到省咸豐元年甯遠府地震捐輸辦
賑出力部議候補同知翁祖烈俟題補本缺後以知
府補用等因具奏奉

靜妙齋

旨依議欽此二年捐貲助餉奏蒙
賞戴藍翎
題補越嶲廳同知歷署綏定保甯甯遠重慶各府知府
瀘州直隸州知州所到俱有循聲本年二月經前署
督臣樂斌
奏署成都府知府臣到任時該員已署事兩月察看該
員守潔才優實心任事臣前因川省積壓詞訟民多
拖累擇其情節重大緊要者飭司行提來省發交該
員審辦數月以來審結二百餘起之多擬斷公允民

心悅服即臣前
奏禁革川省押保店以除民害亦係該員首先革除省
中紳局練勇該員協同紳衿勸捐接濟其查緝鹽梟
嚴拏啯匪辦理尤為認真臣現籌辦鹽務擴充經費
事宜亦由鹽道會同該府督飭委員商辦各處情形
熟悉籌議俱合機宜洵為知府中不可多得之員是
以將該員請補成都府知府第係奉
旨於現任知府內揀調今以候補人員請補與例稍有未
符惟查浙江杭州府知府亦係奉

旨於現任知府揀調之缺昨經浙江撫臣何桂清以候補
知府王有齡請補蒙
恩允准有案王有齡係定海廳同知因署湖州府知府任
内督催漕糧出力保奏蒙
恩以知府補用之員與翁祖烈由同知保奏以知府補用
事同一律今與藩臬兩司再四籌商為地方擇人起
見有不得不再行籲請者據該司等會詳請奏前來
合無仰懇
天恩俯念員缺緊要

逾格鴻施俯准仍以候補知府越嶲廳同知翁祖烈補授
成都府知府俾要缺得人臣亦藉收指臂之助如蒙
俞允該員係奉
旨以知府補用人員今請補知府銜缺相當毋庸送部引
見其
簡放成都府遺缺知府文良俟遇有知府缺出即行請補
所遺越嶲廳同知員缺俟該員翁祖烈奉
旨准補後照例辦理是否有當謹瀝情繕摺再行保
奏伏乞

静妙齋

皇上聖鑒訓示再該員循例參罰各案前已開送合併陳
明謹
奏奉
硃批吏部議奏

委署各缺

再前因建昌道鄂惠調署川東道即委綏定府知府
顧開第前往署理建昌道曾經臣繕摺具
奏在案現在鄂惠辦理所屬越嶲夷務事件正當喫緊
未能交卸起程已令顧開第仍回綏定府本任毋庸
前往建昌其川東道篆務查有重慶府知府李莊樸
誠穩練堪以委令就近兼護又成都府屬崇慶州地
廣政繁素稱難知該州知州趙錦措施未能裕如查
有南川縣知縣王臣福官聲尚好堪以調署又汶川

縣知縣黃傑前
奏署定遠縣知縣所遺汶川縣缺事務較簡即以崇慶
州知州趙錦暫為署理再行察看又合州知州榮慶
因審理案件未能得情來省聽候臣督同兩司研訊員
缺未便久懸即以差竣回省之西充縣知縣陳琠接
署又署冕甯縣知縣陳禾生訪聞有疾調省察看所
遺之缺以鄰水縣知縣李鈺調署又署射洪縣知縣
試用通判李寶璟中江縣知縣王鳳翥各因案撤任
所遺射洪縣缺以崇甯縣知縣何鼎勳調署所遺中

江縣缺即以差竣回省之郫縣知縣鄭霖溥署理又綿竹縣知縣吕華賓委赴黔省採辦鉛觔遺缺揀調彭山縣知縣葛福綏署理又藩司衙門廣濟庫大使員缺管理庫項出入紛繁必須得人經理查有昭化縣知縣唐彝銘小心勤慎堪以委令署理其所遺昭化縣缺即以安縣知縣張鈵鐄調署各專責成該員等正署各任内並無承緝盜刼已起四叅及經徵錢糧未完展叅案件據藩臬兩司先後會詳前來除分别批飭遵照外理合附片陳明謹

奏奉

硃批知道了

虧短公項之知縣參革

奏為特參署任知縣虧短公項請

旨革職嚴訊追究恭摺奏祈

聖鑒事竊照州縣經管錢糧倉穀絲毫為重全在交代時澈底清查方足以杜虧挪情弊臣到任後聞川省近來吏治敗壞即難保無虧挪公項情事督同藩臬兩司每遇州縣交代嚴飭接任之員將前任經管正雜錢糧逐一清釐如有短絀即據實稟參不得稍涉徇隱茲據署青神縣知縣袁修業以前署縣譚振清任

内有應交未解咸豐四年地丁及報捐空名執照緝捕經費等項除應抵外實虧短正雜各款銀三千四百二十九兩五錢二釐錢七百九十八千五百三十九文又短交常監濟倉耤田各穀二千九百二十五石四斗四升三合五勺例限已逾屢催無交等情稟由該管州道遞揭移司會詳請參前來臣查地丁銀兩

國帑攸關空名執照捐項尤為接濟軍餉要需即緝捕經費雜款均係本省歲支與積儲倉穀俱不容絲毫

短絀該員譚振清以佐貳署理知縣卸篆回任於應
交銀錢穀石屢經後任移催延不交收清楚實屬玩
泄顯有侵虧挪移情弊亟應澈底查辦相應據實參
奏請
旨將前署青神縣事揵為縣牛華谿鹽大使譚振清即行
革職以便提同經手丁書人等並文卷來省嚴切查
訊究明是虧是挪此外有無別項情弊照數勒追倘
仍宕延不交即行照例查鈔擬辦所遺揵為縣牛華
谿鹽大使員缺應歸部選但川省現有應補人員容

靜妙齋

俟接准部覆按照新例計扣日期揀員請補合併陳
明是否有當理合恭摺具
奏伏乞
皇上聖鑒訓示謹
奏奉
硃批譚振清著革職

失察書差處分請寬免

再查地方玩書惡役實為民蠹節經臣飭屬嚴查懲
創並於清理積案查出書差索詐多起或行提來省
督審嚴究或飭該管府州提訊究擬此等玩惡之徒
問擬遣軍流徒各罪名俱係照例科斷論情既無可
疑論罪亦無可逭若俟奉准部覆始行起解往返必
須數月之久時移事遷不足以示儆惕臣於據詳之
後即一面覈明咨部一面批令分別請牌定地起解
決配俾昭警戒至書差擾害百姓地方官例有失察

處分故每有控告書差詐害平民者各官皆自顧考
成往往不為嚴辦以致蠹風日熾良民難安應請將
現在查出各案所有各該地方官以前失察之咎懇
恩寬免此後責成各該地方官隨時嚴加稽察如有前項
玩書惡差能自行查辦者照例免議倘始終隱匿或
竟庇縱殃民即行嚴參懲處如此分別辦理庶積習
可除蠹風可息矣是否有當相應附片陳明伏乞
聖鑒訓示謹奏奉
硃批吏部議奏

各屬完解茶課銀兩

奏爲催追未完茶課銀兩現據成都等州縣續解全完

恭摺奏祈

聖鑒事竊照川省各廳州縣咸豐四年分茶課税銀兩前

經循例具

題内有成都等三十一廳州縣未完茶課税銀四萬四

千九百三十一兩三錢業將經徵不力職名隨案附

參飭催據彭縣等十六廳州縣續解全完又彭水縣

續解全完咸豐三年分茶課税銀均經

奏報在案茲據署鹽茶道吳文錫詳稱咸豐四年分茶課稅銀催據前署成都縣知縣鄭尊仁完解銀四百六十三兩六錢七分前署華陽縣知縣覺羅恒保完解銀三百三十七兩五錢雅安縣知縣栗穗完解銀一萬二百八十七兩一錢二分清溪縣知縣周倬完解銀二十一兩三錢七分五釐署慶符縣知縣王承武署秀山縣知縣李漸鴻署奉節縣知縣吳雲程各完解銀十八兩七錢五分又咸豐三年分未完茶課銀兩催據江津縣縣知縣程祖潤接署知縣李玉臺

邛州知州金旃前署滎經縣知縣劉鍾璟接署知縣韓道原三州縣共完銀一萬六千八百三十九兩八錢七分五釐均入於咸豐四年秋及五年奏銷暨春撥秋撥續收項下造報茲又催據江津縣全完銀二十六兩五錢八釐邛州全完銀二百四十一兩二錢九分二釐除飭催敘永等廳州縣將咸豐四年分並滎經縣將咸豐三年分未完茶課稅銀趕緊完解外所有成都華陽雅安清溪慶符秀山奉節等七縣續解全完咸豐四年分茶課稅銀並江津縣邛州續解

全完咸豐三年分茶課稅銀前叅職名應行開復緣
由除咨部辦理外理合恭摺具
奏伏乞
皇上聖鑒謹
奏
奏奉
硃批該部知道

同知沈英清完挪移各款

再前兼署督臣樂斌據永甯道汪堃具稟前署資州直隸州已革試用同知沈英有挪移錢糧等情當經批司勒追並恭摺具
奏在案茲查沈英在資州任內經管倉庫錢糧及一切正雜各款均已移交清楚並無短缺由藩臬兩司會詳前來理合附片陳明伏乞
聖鑒謹
奏奉

静妙齋

硃批知道了

請將違例告假之副將勒休

奏為現值查閱營伍之年副將違例告病請
旨勒令休致以符定制恭摺奏祈
聖鑒事竊照維州協副將阿爾本前於署建昌鎮總兵任
內因辦理越嶲邊防未能妥協經臣撤任調省察看
恭摺奏
聞在案茲據該員以向有骽疾隨醫隨愈今秋感受溼熱
舊疾復發醫治無效動履維艱一時難望痊愈請開
缺回旗調理等情稟由提臣萬福委據署提標中軍

靜妙齋

參將蔣玉龍驗明移咨前來臣查例載各省武職官員如遇查閱營伍之年不准告病乞休如有告病乞休勒令休致等因該員阿爾本染患殘病雖經提臣萬福委驗並無虛揑情弊惟現值查閱營伍之年自應照例辦理且查該員年逾六旬精力漸衰即使將來病愈亦不堪起用相應請

旨將維州協副將阿爾本勒令休致以符定制除將供結咨送部旗外謹會同成都將軍臣樂斌提臣萬福合詞恭摺具

奏伏乞
皇上聖鑒謹
奏奉
硃批阿爾本著勒令休致

靜妙齋

速撥臺費

奏為臺費銀兩需用緊急懇

恩敕部迅速撥補以免貽誤恭摺奏祈

聖鑒事竊照川省打箭鑪以至西藏各臺應需銀兩向由

隣省協濟前因司庫臺費一項存銀不敷動支經前

督臣裕瑞於咸豐三年十一月具

題請

旨敕部在於隣省酌撥銀三十萬兩來川四年八月接准

部咨指撥四川實存茶課及甲寅年地丁等項銀十

靜妙齋

萬兩其餘銀二十萬兩俟籌有款項再行撥給等因
隨查明甲寅年地丁已另行撥用減扣養廉亦撥作
黔粵兵餉即經另行籌款撥補咨部查照各在案本
年七月西藏糧務請領臺費銀十萬兩打箭鑪廳請
領餉銀八萬兩覈計所撥之銀不敷所請之數權衡
輕重鑪庫待餉尤殷即在臺費項下先撥銀八萬兩
委員解鑪文收僅餘銀二萬兩西藏糧務請領者未
能支給復經咨部補撥未到伏思川省年來湊解各
省軍需司庫極形支絀而臺費銀兩為數甚鉅在平

時尚須先事綢繆現值藏中多事之秋需餉孔急更
難稍涉延緩不得已在於續收津貼項下借撥銀九
萬兩臺費餘存項下撥銀一萬兩共銀十萬兩委令
新任拉里糧務試用通判吳慶榮賫解赴藏惟前項
借撥津貼銀兩係應報部撥用之款今既挪湊臺費
合無仰懇
天恩俯念藏衛重地臺費急需
敕部准其將借撥津貼銀九萬兩在於未撥臺費銀二十
萬兩內劃抵尚不敷銀十一萬兩仍即趕緊撥解來

靜妙齋

川俾資應用據藩司楊培具詳前來除咨戶部外理

合恭摺具

奏伏乞

皇上聖鑒訓示謹

奏奉

硃批戶部查議具奏

晉江黄尚書公全集卷二十四目録

奏疏二十四 任四川總督奏議

升任總兵暫緩北上
派兵堵剿黔邊賊匪
籌撥京餉
籌濟各省軍餉
續辦按糧津貼

晋江黄尚書公全集卷二十四

男貽楫謹輯

姪貽桴恭校

奏疏二十四 任四川總督奏議

揀補要缺通判

奏為揀員升補要缺通判以重邊防恭摺奏祈

聖鑒事竊照叙州府屬雷波廳通判李清晏邊俸三年期滿經

前署督臣樂斌循例

奏准撤回遇有同知直隸州知州題調缺出保題升用所遺雷波廳

通判員缺係題調邊缺應由外揀員升調復經臣以大足縣知縣曹旭耀
奏升在案曹旭耀旋於咸豐五年九月初四日病故茲准吏部咨該員准其
升補雷波廳通判坐八月十二日按照減半扣限應以九月二十二日為准
咨之日是該員病故在未接部文之先自應仍作為李清晏撤回候升遺
缺另行揀員請補查該廳地居邊要漢夷雜處彈壓撫綏均關緊要非精
明幹練之員不足以資治理臣督同藩臬兩司於通省現任通判內逐加遴選
非現居要缺即人地未宜實無堪調之員亦無候補通判堪以請補惟
查有樂山縣知縣張邦佐年五十八歲廣東順德縣副榜貢生就職
直隸州州判遵酌增常例報捐知縣分發四川道光十年十月

見

旨

到省歷署會理天全合江西昌鹽源等州縣因署合
江縣任內首先拏獲隣境盜犯赴部引
見二十四年十一月初七日奉
旨著遇缺儘先補用欽此題補今職於三十年六月十一日
到任咸豐三年四月初五日接准部咨捐輸軍餉案
內奉
旨交部從優議敘給予五品銜現署彰明縣知縣交卸該
員心地樸誠辦事穩練在川年久於邊境情形最為
熟悉以之升補雷波廳通判實堪勝任人地亦甚相

宜其正署各任內並無降革留任展參暨承緝盜劫
已起四參案件一切因公處分例免覈計歷俸已滿
三年與請升之例相符據藩司楊培署臬司曹澍鍾
會詳前來合無仰懇
天恩俯念員缺緊要准以樂山縣知縣張邦佐升補雷波
廳通判洵於邊要地方有裨如蒙
俞允俟接准部覆照例給咨送部引
見仍飭將參罰銀兩依限完繳咨部查銷所遺樂山縣知
縣員缺係衝繁中缺應歸部選但川省現有應補人

員遵照新例俟准部覆截缺後另行揀員請補是否
有當理合恭摺具
奏伏乞
皇上聖鑒訓示再此案前經依限請補因升補之員病故
今另揀員請升毋庸扣限合併陳明謹
奏奉
硃批吏部議奏

京控案件審明更正

奏為審明京控案件據實更正按律定擬請

旨將原審各官交部分別嚴議議處恭摺具

奏仰祈

聖鑒事竊查接管案內據梁山縣職員蕭聲玉京控雷際

廣等將伊兄蕭正富挾嫌謀殺賄串書件門丁滕縣

不究控經委員等審訊均以鬬殺含混勒結等情由

都察院衙門奏奉

諭旨此案著交裕瑞督同臬司親提人證卷宗秉公嚴訊

確情按律定擬具奏原告蕭聲玉並抱告蕭正庭均著
該部照例解往備質欽此並准將原告蕭聲玉等連原
呈甘結咨送來川前督臣裕瑞恭錄行司飭提人證
未到旋即交卸臣抵任後屢經催提人證來省發委
審辦去後兹據委員署成都府知府翁祖烈等審明
議擬由署臬司曹澍鍾覆訊詳解前來臣親提研鞫
緣職員蕭聲玉籍隸梁山縣雷長汰籍隸雲陽縣與
蕭興發即蕭正富素識無仇監生雷際盛即雷玉盛
與胞弟雷際廣均係雷長汰分居同祖堂兄雷長汰

家道貧苦雷際盛等向無周濟先年雷長汰常向雷
際盛等借貸不允屢次斥罵挾有夙嫌該犯雷長汰
於道光二十二年間因於張家受糾毆倪汰和身死
案內審依刃傷人律擬徒尚未起解恭逢道光二十
五年欽奉
恩
詔減杖責釋道光二十五年間雷際盛等與蕭懊發並陳
忠瑞各出資本在雲陽縣屬雲安廠合夥煎鹽生理
嗣因折本分夥咸豐二年八月初間雷際盛等與蕭
懊發爭佃陳王二姓滷竈並爭買煤炭互相吵鬧經

陳乾貞等理勸息事十七日蕭聲玉之三胞兄蕭正
榮在周家井地方與雷長汰因事口角爭毆經劉三
元勸住蕭正榮邀同余有聲等在沈奇科家講理處
令雷長汰服禮寢息是月奉節縣鹽商張緒品與陶
裕章等為錢債事件在巫山縣控告詞列雷際盛蕭
懊發中證經巫山縣飭差關喚雷際盛往邀蕭懊發
同赴巫山縣投質人證未齊尚未集訊雷際盛與蕭
懊發並陶裕章邵燮理蔡煥章同寓金長懊店内雷
際盛蕭懊發陶裕章同房睡宿雷際盛與蕭懊發床

鋪相連陶裕章床在下面適雷長汰因赴該縣尋工
亦在金長興店内站住雷長汰因無雇主乏錢使用
向雷際盛借錢一千文雷際盛不允九月初一日下
午雷際盛因有要事欲雇人送信回家雷長汰聞知
當託蕭興發代向雷際盛關説給伊盤費情願代為
帶信雷際盛僅允給錢四百文雷長汰嫌少再三央
求添給雷際盛仍不允許即將雷長汰逐出不令送
信並稱如再纏擾定欲毆打雷長汰負氣走出吽駡
經蕭興發勸住雷長汰又央令説情蕭興發稱其先

既說過雷際盛總未允許不必再說雷長汰走回房
內憶及雷際盛不允添錢並平日待伊刻薄之嫌心
懷忿恨起意將其致死至晚蕭懙發適自外飲醉回
房順便在雷際盛床上睡熟雷際盛臨睡時因推喊
蕭懙發不醒即在蕭懙發床上睡臥二更後雷長汰
先至雷際盛房外窺視房內燈光昏暗見雷際盛床
上睡有一人業已睡靜以為即係雷際盛回至房內
攜取尖刀潛行推門進內走近雷際盛床邊用刀向
其人很戳一下蕭懙發聲喊雷長汰聞聲知係錯誤

當即任手雷際盛陶裕章均各驚醒起身喊同蔡煥
章邵燮理與金長懊攏前查看蕭懊發已被戳傷左
乳仰卧床上不能言語蔡煥章等查問雷長汰因何
行兇雷長汰見事已敗露不能將雷際盛殺害起意
向其嚇詐錢文即回稱係雷際盛令伊將蕭懊發殺
死雷際盛斥説不應妄扳雷長汰聲言若欲無事須
給錢一千串到官便不扳扯雷際盛初尚未允蔡煥
章因見雷長汰兇横執刀未放慮其復事行兇再三
勸令雷際盛念係至親許給錢五百千以免其到官

扳累雷際盛無奈允許因無現錢即令卲燮理代寫
票據交雷長汰收執將兇刀取過手內俱向雷長汰
詢問究竟因何將蕭懊發殺死雷長汰總不肯說出
真情至三更時蕭懊發因傷殞命次早金長懊遣人
通知屍母蕭何氏並約隣攏視屍弟蕭聲玉出外未
經到案金長懊報經前任巫山縣知縣賴明潤詣驗
集訊雷長汰自知罪重狡供因央蕭懊發轉懇雷際
盛添借盤費不允向斥爭鬧將其戳傷身死案證蔡
煥章等因先不知雷長汰心懷仇殺情事見該犯供

明在先亦即隨同供吐經賴明潤將該犯雷長汰審
依鬬殺律擬絞監候由府解司覈恐情節未確發委
審辦該原告蕭聲玉回家聽聞人言蕭懊發係雷際
盛雇倩雷長汰謀殺控經賴明潤集訊因蕭聲玉僅
止聽人空言未能指出證據飭令具結完案蕭聲玉
不服當堂頂撞賴明潤將其戒飭交李孝慈保領回
歸勸其息事蕭聲玉不聽起意隨招上控因伊母蕭
何氏伊嫂蕭廖氏先後由府道臬司暨前督臣衙門
呈控批發成都府併訊詳辦前任知府俞文詔提訊

犯供游移行提要證蔡煥章等來省質訊俞文詔旋即交卸鄂惠到任據巫山縣將要證蔡煥章傳解來省鄂惠督同委員提訊該犯雷長汰堅供鬬殺原情覈與夔州府巫山縣原辦情節悉相符合質之蕭聲玉蕭何氏等仍未能指出謀殺證據當將控案擬結將該犯雷長汰仍照該縣府原招由司勘轉解經前

督臣裕瑞提訊覈

題嗣鄂惠訪聞該犯雷長汰係因仇殺雷際盛誤傷蕭懊發身死其中尚有挾制圖詐情事並由署夔州府

知府羅升棓查知情由移明鄂惠據實檢舉各在案
詎蕭聲玉回家查知雷際盛與蕭懊發素有嫌隙並
雷長汰得受雷際盛錢票之事懷疑莫釋起意京控
即以謀殺未明等情添砌書丁串弊受賄押責勒結
各情節將已結各案一併牽列入内並謂周萱堂送
給道府印銜扁式勸令息訟自作呈詞赴京至都察
院衙門呈控訊供奏奉
諭旨遞解來川行提人卷來省發委審辦經該委員等審
擬由臬司解勘到臣隨親提犯證逐加研訊無異恐

實有知情雇倩謀殺並書丁舞弊受賄押責勒結暨
侵吞夥本估奪煤炭各情及雷長汰因何到案供認
鬬毆蔡煥章等因何不吐實情周萱堂確因何故送
給道府印銜扁式遂一詰訊據雷際盛雷際廣供稱
伊等與蕭僎發即蕭正富雖曾有口角微嫌事隔年
餘早經和好並無積怨深仇何致將其謀斃伊雷際
盛許給雷長汰錢票實係事後被嚇訛詐經蔡煥章
勸令許給邵燮理代寫票據陶裕章等眾人均在場
目擊伊實出無奈委無知情雇倩謀殺並侵吞夥本

估奪煤炭情事又據雷長汰供稱伊委因挾雷際盛
不允添給盤費錢文及平素相待刻薄之嫌起意將
其致死是夜伊先至房外窺視房內燈光昏暗見雷
際盛原睡床上睡有一人時已二更衆人皆已睡宿
以爲雷際盛床上所睡之人即係雷際盛無疑是以
攜刀潛入走進床邊即行用刀很戳不期誤殺蕭懊
發迨雷際盛驚醒起身衆人攏前盤問伊見事已敗
露不能將雷際盛殺害又起意嚇詐錢文即詐稱係
雷際盛令伊殺死向其訛詐雷際盛初未允許經蔡

煥章勸令雷際盛許給伊錢五百千寫立票據伊始允不扳扯此係實情並無另有知情同謀之人初到案時恐問重罪是以隱匿真情狡供鬬殺伊得受雷際盛錢票實係事後嚇詐如果係雷際盛賄買仇殺伊已身罹重罪豈肯代為隱匿又據蔡煥章陶裕章邵燮理金長㦛供稱伊蔡煥章等與蕭㦛發等同寓伊陶裕章與蕭㦛發同房各鋪是夜雷長汰殺傷蕭㦛發伊驚醒起身當與眾人同向雷長汰盤問雷長汰稱係雷際盛令伊殺死嚇詐錢文雷際盛初尚未

允伊蔡煥章因見雷長汰兇橫執刀在手慮其復事
行兇勸令雷際盛許給錢五百千迨後到官雷長汰
供認因託蕭懊發代向雷際盛添借盤費錢文不允
爭鬧起衅伊等實因不知實在起衅之情是以到案
亦未供明委無別項情弊又據周萱堂供稱上年俞
文詔署理夔州府時飭令伊等辦理捐輸團練嗣經
辦竣俞文詔已調成都府所有捐資各戶懇請獎賞
扁式經伊來省向俞文詔告述俞文詔隨書給積善
餘慶等字扁式數張因在兼署成綿龍茂道任內並

印給成都府成綿龍茂道各印花交伊領回分别轉發以示鼓勵伊因蕭聲玉等弟兄先曾在局幫理並捐助銀錢亦分給扁式一道當即禀明備案實因奬勵辦理捐輸並非以此勸令息訟各等語質之蕭聲玉供亦相符惟據稱伊兄蕭懙發之死衅實肇於雷際盛欲求將雷際盛治以謀殺之罪以償兄命經臣詰以蕭懙發未被殺害之先究竟雷際盛如何主謀雷長汰如何聽從指使有無賄囑贓據係由何人告知情由事閲數年如果訪有端倪自當追究到底蕭

聲玉一語不能指出第稱事後傳聞雷長汰當日原有雷際盛令伊殺死之語臣以此說係是夜同店之人共見共聞如果有謀在先則事關機密雷長汰豈肯衝口而出況雷際盛出錢雇倩雷長汰殺人其許給之錢自必早經議定數目何待殺訖之後始行講論錢數而當雷長汰索錢之時亦非謂原許若干實以若欲無事須給錢一千串到官便不扳扯之言向雷際盛詐索挾制在場諸人慮其兇刀在手復事肆逞勸令雷際盛出給雷際盛無奈允從倩人代書票

據付給以期免累其非有豫謀賄囑於前顯然可見前因雷長汰狡供未能詰究今已審實按擬抵償則蕭懙發之冤已伸爾亦可對爾兄於地下豈能因爾傳聞臆揣之詞而遽枉坐雷際盛主謀重辟反覆詰質蕭聲玉方始翻然悔悟情願畫供案無遁飾應即擬結查律載謀殺人而誤殺旁人者以故殺論又故殺者斬監候各等語此案該犯雷長汰前次堅供鬭起爭鬭依律問擬絞候茲經訊明該犯因挾雷際盛不允添給盤費錢文及平素相待刻薄之嫌起意將

其謀殺誤傷蕭㦒發身死查該犯雷長汰與蕭㦒發
並無仇怨其與雷際盛夙有嫌恨人所共知現據該
犯自行供認謀殺雷際盛以致誤殺蕭㦒發實屬毫
無疑義且經鄢惠等訪知前情禀請檢舉有案自應
查照現審供情按律更正定擬以成信讞而免輕縱
雷長汰係赦後復犯罪已至死無可再加除嚇詐得
贓輕罪不議外合依謀殺人而誤殺旁人者以故殺
論故殺者斬律擬斬監候照例刺字該原告蕭聲玉
因伊兄蕭㦒發即蕭正富被雷長汰戳傷致斃報案

詳辦聽聞人言係由雷際盛雇倩謀殺控縣頂撞被責隨招上控委審未能指出證據仍照原辦擬結該原告回家查知雷際盛與伊兄素有嫌隙並雷長汰得受雷際盛錢票之事懷疑莫釋復又起意添砌情詞赴京呈控查其所控書丁舞弊受賄押責勒結及雷際盛等侵吞影本估奪煤炭各情或係事出有因或係摭拾浮詞並未確指實跡無憑反坐即所控雷際盛雇倩雷長汰謀殺蕭懊發一層如果得實雷際盛罪應斬候今訊實雷長汰係挾仇謀殺雷際盛而

誤傷蕭惧發致死雷際盛並不知情所告雖未盡實

但雷長汰戳傷蕭惧發之時實有雷際盛令伊殺死

蕭惧發之語蕭聲玉懷疑莫釋痛凡情切因而迭次

告理案經審實更正實非有心挾嫌誣告應請免其

置議雷際盛許給雷長汰錢票係屬事後被詐之贓

即到案隨同該犯混供亦係先不知情惟查雷長汰

誤殺人命之由實因雷際盛靳給脚價所致雷際盛

身列成均應知一本之誼乃與雷長汰係同堂弟兄

平時既絶無周恤迨至為其帶信求添脚價竟爾始

終不允且至斥逐以致雷長汰懷恨倍深釀成人命
實屬寡情薄義肇衅釀命未便輕縱雷際盛即雷玉
盛應請革去監生照不應重律杖八十免其發落陶
裕章等先不知雷長汰因何起衅蕭㒨發被傷之後
即不能言語雷長汰謀殺雷際盛誤傷蕭㒨發之實
情伊等均不得而知因雷長汰自認口角爭毆適傷
致斃伊等到案亦隨同供吐並非證佐不言實情雷
際廣並無雇倩雷長汰謀殺蕭㒨發及估奪煤炭侵
吞影本情事應與訊無黨緣作弊之李孝慈勸令息

訟之周萱堂均毋庸議刑書張懋遠門丁趙二件作
范得忠雖無受賄朦弊惟命案辦理草率刑仵不能
辭責屍親控告問官濫行戒飭門丁不向阻勸亦有
不合均請照不應重律杖八十張懋遠范得忠均革
役趙二范得忠現未到案飭縣傳案一併發落該署
縣徐賡昌查無勒結情弊張緒品因錢債事涉訟王
思齊因捐輸上控桂賢任毆死倪太和各案均係早
經完結牽連敘入毋庸查辦蕭聲玉所得印扁係因
辦理捐輸團練發給奬勵免其追繳錢票追繳塗銷

雷際盛等與蕭㥠發爭佃滷竈爭買煤炭等事前經陳乾貞等理息屍棺已據飭屬領埋兇刀驗發案結飭燬案經訊明未到人證免提省累雷際盛部監二照飭追繳銷再此案該犯雷長汰謀殺雷際盛誤殺蕭㥠發身死到案後狡供糾起口角適傷斃命迨屍親蕭聲玉等以雷際盛雇倩謀殺等情具控到案該承審知縣賴明潤於人命重案不能審出實情原告當堂辯詰輒復將其戒飭雖訊無得賄勒結重情究屬任意應請

旨將前任巫山縣知縣賴明潤交部嚴加議處其審轉之
知府及委審各員均因原告未能指出謀殺證據仍
照該縣原擬鬬殺定案現經訊明雷際盛雖無雇令
雷長汰謀殺蕭懊發之事而蕭懊發之死委由雷長
汰謀殺雷際盛誤行戳傷所致原辦鬬殺實有未確
雖據該員等事後訪聞檢舉前次亦係不能審出實
情疏忽之咎均屬難辭應請
旨將先經錯擬後即檢舉之審轉官前署夔州府候補知
府羅升梧委審官前任成都府知府現升建昌道鄂

惠侯補知縣高德溥並勘轉之前代辦按察司建昌道另案革職俞文詔勘題之前任總督另案革職裕瑞一併交部分别照例議處除供招咨部外是否有當理合恭摺具
奏伏乞
皇上聖鑒敕部覈覆施行謹
奏奉
硃批刑部議奏

協剿楚省籌辦情形

奏為籌撥兵勇二千赴楚協勦因候楚省準信始定行止是以未能速奏現已准咨飭行合將先後籌辦情形恭摺由驛奏祈

聖鑒事竊臣於九月十一日欽奉寄

諭胡林翼奏餉絀兵潰萬一賊匪上竄窺伺荊州深為可慮飭令駐防夔巫之署松潘鎮總兵德恩先帶防兵二千馳赴荊州協剿等因欽此遵查八月間臣因德恩在防日久於本鎮事務相隔數千里不能遙制而防所

係夔州協所轄以本協副將大員督兵防堵較為近便已飭德恩回赴松潘鎮署任改委夔州協副將成興接管夔巫防務各專責成查夔巫防堵兵勇並非駐紮夔巫一紮湖北施南府屬之利川縣以防湖南一紮湖北宜昌府屬之巴東縣以防湖北盖湖北當陽等處別有捷徑可達宜昌上年宜昌失守賊匪即係由當陽越荊而至宜是宜昌實為川省鎖鑰而巴東尤為川楚咽喉緊要欲分巴東防兵至楚必先派兵赴巴代守始可移動臣前接巴東糧員探稟撫臣

胡林翼金口失利逆匪有上竄荆襄之勢即經批飭就近籌添兵練一面會同提臣萬福商籌移兵赴荆會合防剿之策欽奉前因適德恩甫經回任隨即飛調來省先於松潘等營抽派官兵五百名䕫防派兵五百名文酉陽營遊擊慶衡等管帶作為頭起先行起程復益以䕫防練勇一千總交德恩統領馳往九月二十一日復奉

上諭載增等奏漢川復失荆州喫緊德恩之兵僅止二千恐尚難資堵擊川楚脣齒相依能保荆州即以固川省

門户著臣察看情形於將軍樂斌提督萬福二員中酌

量一員督帶兵勇數千馳往荆州援應等因欽此又經

臣籌調官兵二千名揀派叅將蔣玉龍遊擊傅焜管

領豫備正在起程間適接胡林翼來信羅澤南已由

江西帶兵至楚所向克捷伊招集潰散兵勇軍威復

振賊勢漸衰無虞上竄目前所急不在兵而在餉又

接荆宜施道莊受祺來禀亦謂賊勢已緩荆州尚屬

平靖川兵應先在宜昌住紮如果荆州續有警報即

可就近飛調並據坐探委員禀稱上年川兵在荆沙

時曾與彼地兵勇結有嫌怨川兵至荆恐釀事端應
令在宜守候並稱督臣官文攻剿德安已可得手又
據川省条將顔朝斌自軍營來稟云有賊目許作内
應德安指日可復似可無須川兵急去各等語臣思
千名之兵啟行臨時給發俸賞行裝裹帶口糧沿途
支應夫船動須二萬銀當此兵餉兩竭之時如將軍
提督一員親身赴楚隨營將弁兵勇所需賞裝裹帶
等等又需銀數萬餘兩庫藏十分支絀不能不通盤
籌算倘可少調一名兵即可寛籌一名餉以為源源

接濟楚省之需當與樂斌等熟商遵
旨察看情形楚省之急既在餉而不在兵自應以撥餉為
先隨令蔣玉龍等暫緩起身飛差至荆咨探俟得的
音再定行止德恩之兵亦飭住紮宜昌候信令其馳
稟載增等請示仍先籌撥銀數萬兩陸續派員解楚
接濟旋接探報並官文來函德安果已克複孝感雲
夢黄陂一律肅清又聞漢川亦已收復是川兵未到
而賊勢已窮樂斌等即可毋庸前往兹於十一月二
十一日接准載增咨覆並據德恩稟奉載增批示以

荆州無事需兵官文克復德安之後即須添兵進攻
武漢令德恩即行帶兵赴官文大營聽候差遣復經
臣飛飭德恩遵照並飭巴東糧臺就近支應口糧等
項以便速行現據德恩禀報於十一月十九日由宜
昌拔營前進此臣前後籌辦之實在情節也至荆州
距川三千餘里往返咨詢因重慶以下並無驛站近
雖添設健足馳送文報而道路崎嶇阻隔人力有限
至速亦須月餘方有回復前次籌議辦理均已布置
豫備因未得楚省準信川兵未決所向不敢率行入

告是以覆奏稍稽今經定局所有蔣玉龍等之兵現
值黔省有事移緩就急飭赴黔邊勦辦另行專摺具
奏再查川省存兵無多撥調維艱臣前奏藏務摺內
業經議及現又派赴湖北一千黔邊二千辦理越嶲
夷務一千並抽調補防夔巫五百各營兵力實形空
虛況值隆冬宵小竊發隣氛未靖內患可虞設有緩
急實已無兵可調而貴州銅仁教匪心懷叵測該處
緊接川省秀山設被攔入則全川即有震動之患如
果情勢緊迫楚省賊形鬆動臣祇可將德恩之兵仍

請撤回本省以固藩籬合併陳明謹恭摺馳
奏伏乞
皇上聖鑒訓示謹
奏奉
硃批知道了即俟楚省準信亦應先行覆奏

籌議控制廓夷

奏為遵

旨擬議控制廓夷情形恭摺馳奏仰祈

聖鑒事竊臣等於十月初七日欽奉寄

諭以赫特賀具奏廓番肆意要求情詞狂悖請速飭川兵前往攻剿惟漸届嚴寒尚難遽議興兵川省與藏地毘連平時多交涉事件川省必有素諳夷務之員堪資採訪著臣等悉心籌議除需撥川兵前往助剿外有無他策足以控制廓夷迅速具奏等因欽此伏查西藏地處

極邊距川省七十餘站歷來西藏夷務由駐藏大臣
商派喇嘛及噶布倫等會同臺藏文武查辦事竣後
咨川備案其徼外諸夷遇有搆釁等事稟報到藏亦
由駐藏大臣派員或為彈壓或為勸諭從未遽議與
兵即如嘉慶二十年廓夷與披楞爭界懇求中國派
兵助剿披楞經駐藏大臣喜明奏奉
上諭邊外部落彼此相爭從無發兵偏助一國之事該國與
披楞或和或戰天朝總置不問如有越界擾及者無論披
楞廓爾喀即當痛加勦殺以震邊威等因欽此誠以蠻觸

同類自相蠶食既未擾及邊境即不值重煩中國兵力也此案前次赫特賀奏稱廓夷因唐古特營官溢徵稅銀及欺負搶劫傷斃人命意在威挾唐古特賠出銀兩並無别項逆跡是該夷止與唐古特爲難具侵佔地界意在索唐古特之銀並未敢顯然與中國負嵎相抗唐古特如能設法講和該夷自必息兵退地即與中國無干自當謹遵嘉慶年間

諭旨置之不問即或唐古特急而求援亦可以不敢奏請回覆外夷所信服者爲喇嘛應當先遣喇嘛帶同噶布

倫等前往妥為開導勸解相機籌辦不宜驟行添兵以助唐古特而使廓夷有所藉口致開邊釁設其竟敢抗違中國逆情顯著不得不懾以兵威亦祇可如乾隆嘉慶年間調派數百名之兵往彼協勦尤應先行會同達賴班禪及噶布倫等議定調兵數目並令如何籌備餉糈以迎我師必須詳加覈計不至重費中國帑項始可允其所請今赫特賀原奏並未聲明曾否先遣喇嘛人等往辦無從查覈若並未遣派喇嘛噶布倫等而僅令內地漢弁與番官前往雖極力

開導究覺言語不通情詞扞格不入無以取信於該
夷適長其桀驁之氣該大臣一到協噶因理諭不遵
即先調藏兵繼遽請調川兵三千而於如何備餉等
等一未議及兵至三千之多跋涉萬里之遠需餉不
能豫計當茲粵氛未靖內地兵餉不貲之時若欲分
兵以助邊外部落其勢有所不能仰蒙我
皇上聖明燭照無遠弗屆不即興師而飭臣等採訪籌議
曷勝欽佩感激之至臣等隨於川省文武中擇其曾
至西藏素諳夷務者連日接見虛衷詢訪並面諭省

外員弁密議具覆據各該員等覆稱此事起衅實由
唐古特自肇若令唐古特退還溢徵銀兩及侵佔地
方以禮檄諭廓夷並先遣熟習夷情之員前往曉以
利害懾以聲威令其息事如其始終抗違必須用兵
該夷雖衆不諳技藝且性多懦怯若聚三十九族蒙
古生熟番夷再酌調四川並與藏較近西甯等處官
官足資勦撫似可不必多調川兵遠涉致滋靡費又
查西藏羣夷之向背全藉達賴班禪之宣講經典以
結外番之親睦而尤藉諾們罕約束番官聯絡外夷

撫綏百姓有已革擬遣之諾們罕阿旺扎木巴勒楚勒齊木者係甘肅洮州衛人甚屬歷練為遠近夷眾素所悅服此人業已釋回若檄調此人赴藏與噶布倫中素有材幹之碧喜等協同商辦必能得手各等語並據各抒所見先後臚列條陳數則呈遞前來臣等會同察覈參稽互證該員等在藏年久見聞較確所陳各條款均有可採謹即悉心商酌議擬六條另繕清單恭呈
御覽請

旨敕下駐藏大臣責成該喇嘛及各噶布倫等盡心將事妥為籌辦現值天寒雪凍廓夷素畏寒冷必不能肆其鴟張且查前藏至後藏中間江孜地方為中道要害之區向設駐防守備營官擬令添調番兵數百至彼助防廓夷斷不能飛越此處而至前藏其由後藏至定日汛中有馬布加地方亦屬中道要害額設番官一員番兵四十名殊形單薄應添調番官數員番兵二三百名再派漢官漢兵協同助守廓夷亦不能越此而至後藏前後藏防守既嚴人心鞏固可保無

虞廓夷蕞爾小番此次之搆釁於唐古特不過意在圖利現雖佔據地方查宗喀等處均係唐古特極邊交界之零星地面該夷舉足即至失之易復之亦非難未即遽為西藏之患業經赫特賀二次檄諭如其遵依完結應毋庸議倘仍狡焉思逞必不得已而用兵彼時再行酌量川省存營兵數多寡分別調派專由駐藏大臣調集各番部之兵又就近咨調西甯官兵數百或千名合計番土兵練已有萬餘之衆於春融雪化之後整旅而進一鼓掩撲該夷不作准備必

即收復宗噶等處地方而該夷亦必震慴投誠此亦

以防為勦之策臣等知識淺陋是否有當理合恭摺

由驛馳

奏伏乞

皇上聖鑒訓示謹

奏奉

硃批另有旨

解餉赴藏并籌調官兵

再正繕摺間接准赫特賀鈔錄先後奏稿咨送來川知該大臣因廓夷抗不遵斷即飭噶布倫等督兵攻擊屢次獲勝收復帕嘉嶺聶拉木等處攻破宗噶外城並接來信以現在雖經奪回地方轉瞬春融該夷必將復出欲臣樂斌速帶川兵馳赴助剿而滿慶來函謂前藏距協噶迢遠赫特賀在彼辦理情形未能深知又續據隨營差遣後藏都司戴廷超來稟謂該夷之頑梗不遵斷牌係該夷掌事藏格巴都爾一人

主意此人極其狡詐目下該夷大受創創實因不利
於天時來年春暖雪化路途全通該夷難保不添兵
報復各等語臣等初以赫特賀督辦夷務於蠻觸相
爭無關中國之事諒其必能謹遵
諭旨妥為羈縻當秋冬時令該夷畏冷潛伏正可及時設
法撫馭應不至稍事鹵莽致開釁端故臣等於奉
旨籌議後必擇素悉夷務之員藉以廣資採訪因各員均
係差委出外當經分別札調來省詳加諮詢據呈條
款及面回情節各人識見議論不能畫一逐日會同

酌核甫經議定條款正擬覆奏適接來咨見其業已
進兵勦辦不覺悵然若失查自漢唐以來辦理外番
事宜莫不勦撫兼施恩威並濟赫特賀既知該夷春
融之後必將傾巢報復則此時之輕於一戰自已先
有定謀計及日後如何完結以為能發能收之舉當
不徒以催調數千川兵謂足敵數萬傾巢之衆也誠
能乘此機會用先勦後撫之法將生擒該夷二十餘
人之中擇其素為該夷所重者留於我營羈縻為質
其餘人等遣令回國示以不殺之恩啟其悔罪之念

即令遣回之人往來講信修好仍將前斷唐古特退還溢徵銀兩再予東公酌量斷給則該夷知感知畏或可解釋嫌怨否則該夷將謂中國幫助唐古特與唐古特結怨愈深矣臣等業已飛函密致赫特賀能否照辦尚未可知本月二十二日復奉寄

諭藏地窵遠山川險阻進兵不易終須剿撫兼施着速撥銀五六萬兩解往後藏交該大臣作為賞犒之需俾番土各兵鼓舞用命可即仗本地兵力以禦外寇無煩內地徵調並着於川省文武官弁擇其熟習番務曉事者

管解前往即留與赫特賀差委並因前飭臣等悉心籌
議日久未據入奏著凛遵諭旨趕緊籌辦等因欽此跪
聆之下不勝欽佩悚惶之至伏思臣等實因不料赫
特賀即事輕舉進兵故悉心考核西番圖記及調詢
省外員弁往返已需時日迨至訪得端倪復須詳加
妥籌酌議是以覆奏稍稽再查川省撥解西藏餉項
向係按年解交前接西藏咨撥來年兵餉臣因藏地
現有軍務需用自必孔殷當已趕緊撥銀十萬兩交
委管理拉里糧務試用通判吳慶榮管解起程欽奉

前因遵即恭録

諭旨飛咨西藏令其於前解餉銀十萬之内先提數萬兩

解交赫特賀收存欽遵辦理臣等即飭藩司迅速續

解歸款一面遵

旨即揀選熟習番務員弁馳往後藏交赫特賀差委一俟

揀定有人另行奏報惟查川省文武曾至西藏者悉

係駐防台藏管理糧務換班回省之人武職尚有都

游等官而現在川者甚少文職皆係六七品微秩該

員等在藏之時僅係株守一隅未能通悉外番情偽

一知半解恐於廓夷軍務未能有所補益該噶布倫等亦恐未肯聽其指揮因思滿慶在藏年久夷情熟悉現任大臣一切呼應較靈赫特賀事有難決者如果虛衷和氣就近與滿慶商籌似較有裨至該夷倘竟不肯就撫自宜早為之備免致越擾藏地川省官兵征調已多現又派赴湖北一千防勦黔匪二千辦理越巂夷務一千存營兵力半屬空虛抽調實在維艱而庫藏竭蹶鉅餉亦殊難籌再四思維必不得已而以兵力爭西甯距藏較近於川省似可先行就近

咨調西甯官兵與蒙古之衆一面飛檄哲孟雄等各部落令其起兵以攻廓夷後路使其首尾不能相顧（若飛檄該夷不但無此辦法亦且損我威不少也若彼自相爭鬭正可濟我之威也）然後再酌調川兵以助之當易於集事此案關係重大臣等愚昧之見是否有當合再附片陳明伏乞

聖鑒謹

奏奉

硃批另有旨

附陳巳革諾們罕為番衆所信服

再巳革諾們罕阿旺札木巴勒楚勒齊木為西藏各
夷衆及外番各部落素所信服葢其明於經典宣教
感孚故自近及遠悉得番夷愛戴之誠前任駐藏大
臣琦善因其行為跋扈慮其日後謀為不軌將其草
辦現據各員僉稱當日琦善拏辦諾們罕之時喇嘛
番民羣起不服聚集數千人欲圍駐藏大臣衙門滋
鬧經該諾們罕聞知曉以大義善為開導解散其為
並無謀為不軌之心已可概見此人為前任駐藏大

臣孟保素所深知查孟保現由巴里坤回京可否請
旨敕下軍機大臣傳詢該諾們罕是否可用覈議上
聞諒孟保情形熟悉自必有所見及也相應附片陳明伏
乞
聖鑒謹
奏奉
硃批即使並無別項劣蹟所奏亦斷難准行

擊夷被害之叅將請卹

奏為叅將奮擊夷匪深入重地迷道被害懇
恩優卹並現在派員帶兵馳往防勦先將大概情形恭摺
奏祈
聖鑒事竊川省越嶲廳接壤夷疆屢被夷匪出巢滋擾自
道光十八年剿辦之後增兵築堡嚴密防堵並經該
廳查明黑夷頭目什別素為夷衆信服遂將該頭目
留於廳城充當夷差藉資羈縻自此夷患稍息上年
夷地歉收乏食窮夷不時結黨翻山越嶺至沿邊搶

靜妙齋

刼又因什别已故無所顧忌時出肆害經署越嶲營
參將塔芳阿節次督兵擊退本年二三月間夷匪復
出署該廳同知呂瑞玉會同塔芳阿派令跑馬坪外
委龍鳳春等帶領土司兵練往擊行至山後猝遇大
股夷匪兵練寡不敵衆致龍鳳春被匪戕害並傷斃
兵練十數名土司嶺承恩及兵練等被擄多人搶去
礮械等件旋經塔芳阿調帶土練官兵往將全股夷
匪擊散殺死數十名生擒八名正法立將被擄之嶺
承恩等追出夷匪遁入深山臣黄宗漢到任後訪知

該署廳呂瑞玉平日撫馭野番不合機宜將其撤任
由司詳委候補同知張超接署並因署建昌鎮總兵
阿爾本督辦邊防未能妥協亦即撤任會同臣樂斌
奏參揀委署馬邊協副將慶齡兼護鎮篆一面派委
建昌道鄂惠馳赴該廳會督查辦旋據該道稟報夷
匪潛至頂山橋窺伺經塔芳阿與張超帶兵會合擊
斃夷匪十二名跌巖傷斃無數生擒扒拉等五名餘
匪竄匿即有鍋基等八支黑夷投誠乞恩追出被擄
兵練多名及礮位器械臣等批飭將扒拉等正法並

将就撫各夷妥為駕馭出擾之匪痛加勦洗並諭以
夷地遼濶險阻勿可窮追深入務宜相機妥辦去後
其時適署廳張起丁憂接署之秦彖曾尚未到任護
鎮慶齡亦未抵廳僅止鄂惠與塔芳阿二人在彼籌
辦塔芳阿素性驍勇每遇勦夷動以百十之兵奮力
擊殺以少勝多此次於獲勝後因各支黑夷畏懼投
誠者已有六十餘堡僅剩阿合等數支尚懷觀望且
聞前次戕害龍鳳春之允夷阿吽等現在普雄巢內
欲行進兵搜捕該道鄂惠以普雄係野夷地面兵練

路徑不熟一經深入恐中其詭計勸俟調齊土兵布
置周密再行設法勦撫塔芳阿狃於平日之屢勝且
謂伊世受
國恩當此辦理得手之際正可及時立功自効未便遷延
遂於八月十四日率領兵練四百餘員名由五里箐
拔營前進郜惠得信慮其深入有失即派兵練前往
接應塔芳阿連日入山搜捕頗有斬獲十八九等日
復有匃宻等支前來投誠並供給兵練乾糧塔芳阿
沿途善為駕馭遣散二十一日紮營普雄山口隨營

土司嶺承恩聞知野夷糾約涼山大夥不日欲來報復當與各隨弁面稟塔芳阿暫且移回熟夷地界駐紮塔芳阿以事在垂成不宜遽退嶺承恩所聞謠言未足憑信仍欲前入普雄山宣示兵威使觀望各支咸來歸服因連日陰雨尚未起行二十三日夜雨勢愈大營牆多有坍塌野夷潛至營外施放冷箭我兵開鎗擊回二十四日雨勢小住塔芳阿下令移營高阜以待接應兵至正在行走間即有夷衆由山半林中沖出截戰我兵鎗矛齊施斃匪多名該夷愈聚愈

衆將我兵沖斷塔芳阿即派外委金發喜等追擋前
軍悉力抵敵並回城報信催兵自率千總買有福張
銳外委倪顯彰土司嶺承恩且戰且走上至山崗復
遇大雨如注雲霧彌漫迷失道路夷匪喊聲四起我
兵火器被雨淋溼不能點放倪顯彰力竭陣亡塔芳
阿坐騎被石擲傷蹶倒夷匪齊至塔芳阿手刃數匪
買有福張銳趕攏救護當與塔芳阿同時被戕夷匪
復往下追嶺承恩覓路下崗尋見金發喜等夷匪隨
後追撲金發喜等與嶺承恩盡力回抵正相持間接

應各弁兵已得信趕至協同將夷匪擊敗帶同士兵入山將塔芳阿等各屍身搶獲護送回城由該道傳屬看明妥為棺殮陣亡員弁兵練若干查明另報等情由鄂惠飛禀前來臣等查塔芳阿由直隸綠營弁備防勦㖓夷著績升補四川潼川營都司旋擢川北鎮標中營游擊委署越嶲營參將整頓營務頗知振作迭次防邊無不身先士卒立著戰功茲因勦辦夷匪慘被戕害實為可惜合無仰懇

天恩將署越嶲營參將川北中營游擊塔芳阿與同時被

害之署保安營千總本營把總賈有福署越巂營千總本營雲騎尉張銳寧遠營外委倪顯彰並前次戰歿之署跑馬坪汛外委本營八品監生龍鳳春均照陣亡例優加議䘏以慰忠魂至該夷匪等抗不投誠膽敢戕害參將大員傷斃弁兵多人實屬兇頑已極現據鄂惠續稟該夷匪均已潛匿並無一名在外其前已投誠各夷遣令土百戶萬占魁馳往撫馭當經各支頭目進城投具木刻由該道訊明各給門牌遣回各安住牧查明最為兇頑不法者惟阿合等支該

靜妙齋

夷匪見官兵失利必將得勢復出其投誠各夷亦恐稍有反覆必須臨以兵威防勦兼施以靖邊陲隨添調松潘等鎮營官兵一千名交新升建昌鎮總兵占泰管帶星夜馳往會同鄂惠再為酌調附近土兵添募練勇妥為籌商酌辦所需兵勇口糧已由司籌撥銀六千兩解往並委冕寧縣知縣宋恆山成都縣縣丞陸長生前往幫同辦理兼司支發俟事竣覈實報銷一面揀員接署越嶲營叅將續據鄂惠等稟報十月初六日有夷匪數十人黨夜由僻徑偷越山梁至

沿邊單村居民杜維讓家搶去衣物牛隻經巡哨家丁闞文帶勇赴援夷匪携贓逃走闞文率勇追趕初七日黎明趕至雙而堡夷巢起獲原贓正欲轉回夷匪糾衆趕至闞文督勇攻擊夷匪抗拒當有保安營外委雷慶聞知帶兵星馳堵截擊斃十餘人攫獲黑夷別目克則等三名受傷者無算紛紛逃歸雷慶等當即收隊查點我兵並無失散惟闞文與練勇四人受傷殞命均即妥為棺殮優卹該署同知秦象曾業已到任飭將擒獲夷匪訊明正法刻下各處兵勇尚

静妙齋

未到齊鄂惠等派令已到各將弁帶同添調土司安
平康與嶺承恩等分守各緊要隘口鄉村晝夜巡防
堵禦各處聲勢聯絡採訪近邊各堡夷人漸知震慑
相距較遠者雖未盡投誠第見軍威日振防範倍嚴
諒必不敢遽行窺伺現查上緊嚴查保甲整飭團練
並急議官民合力於各險要趕築碉堡以資保衛其
塔芳阿等屍棺妥為料理資送各回旗籍查明前次
陣亡官兵二十餘名土兵練勇三十餘名均經找獲
屍身給資殮埋受傷迷道失散之弁兵一百五十餘

員名均已陸續回歸分別量加撫卹外所有叅將奮
擊夷匪深入迷道致被戕害及現在派員帶兵馳往
防勦緣由理合恭摺具
奏伏乞
皇上聖鑒訓示謹
奏奉
硃批另有旨

咸豐五年十二月初五日內閣奉

上諭樂斌黃宗漢奏參將奮擊夷匪失路被害懇恩優卹一摺四川越嶲廳接壤夷疆屢有夷匪出巢滋擾參將塔芳阿節次督兵勦擊迭有斬擒各夷畏懼投誠僅餘數支尚懷觀望塔芳阿入山搜捕八月二十四日自普雄山口移營忽有夷匪自山半林中衝出我兵奮擊斃匪多名該夷愈聚愈衆塔芳阿率領千總賈有福張銳外委倪顯彰土司嶺承恩等力戰適值大雨雲霧彌漫迷失道路夷匪麕至倪顯彰力竭陣亡塔芳阿坐騎被

傷猶手及數賊與買有福張銳同時被戕嶺承恩等盡
力抵禦始將夷匪擊退署越嶲營叅將川北鎮標中營
遊擊塔芳阿身先士卒屢著戰功茲因剿辦夷匪深入
被戕殊堪憫惜著與同時被害之署保安營千總本營
把總買有福署越嶲營千總本營雲騎尉張銳甯遠營
外委倪顯彰並前次勦夷被害之署跑馬坪汛外委本
營八品監生龍鳳春均照陣亡例從優議卹仍著黄宗
漢等嚴飭總兵占泰等督率兵練將出巢滋擾各夷痛
加勦洗並嚴查保甲整飭團練趕築碉堡以資保衛而靖地方欽此

升任總兵暫緩北上

再查軍標協副將占泰奉

旨簡放建昌鎮總兵理應迎摺北上請

闕謝

恩惟查川省各鎮將半皆奉調出師及派赴邊界防堵一

時委署之員越嶲廳夷務現須派員帶兵防剿該員

占泰人甚明白諳練經臣等派令帶兵馳往越嶲會

同建昌道鄂惠熟商辦理並令先行接管建昌鎮總

兵篆務以專責成俟奏奉

靜妙齋

諭旨遵行合無仰懇
天恩俯念邊地要缺需人准令占泰暫緩進京俟夷務辦
理完竣委署有人再行奏請北上理合附片陳明伏
乞
聖鑒謹
奏奉
硃批俟夷務完竣再令該鎮奏請陛見

派兵堵剿黔邊賊匪

奏爲黔邊賊匪猖獗擾近川疆派員帶兵分馳剿堵並

撥銀委員供支糧餉恭摺由驛奏祈

聖鑒事竊查前因貴州撫臣蔣霨遠奏請調川兵四千名

分赴鎮遠都匀會剿欽奉寄

諭川省兵勇是否足敷調遣著臣酌量抽撥即交義邊叅

將蔣玉龍統帶前往川省距黔較近能否酌撥銀數萬

兩俾資接濟並著籌畫辦理等因欽此遵查川兵征調

已多實形單薄昨先後另奉寄

諭飭將夔巫防兵二千移赴荆州並因漢川復失再令添
兵數千於將軍提督二員中酌量一員帶領前進實因
存兵難以多調僅派兵一千益以防勇一千交署松
潘鎮總兵德恩統帶馳赴宜昌等候又籌調一千豫
備將軍等帶領赴楚並因各營鎮將或久經調派出
師或分委督辦防堵每有缺出輒以小員越署大缺
實無可調遣之人惟有參將蔣玉龍遊擊傅崐前隨
提臣赴黔勦匪尚屬得力隨派該員等分起管帶候
信適湖北賊勢已鬆續籌之兵無須急往而黔省苗

匪滋蔓該撫飛咨告急情形廹切川黔唇齒相依自
應速為援應續奉
諭旨迅速籌銀撥解除先已撥解三萬兩外復於無可籌
畫之中設法撥銀八萬兩分起委解以濟急需惟欲
調兵四千之多實覺無從抽調仰蒙
聖明洞鑒飭令酌量抽撥曷勝欽感臣與提臣商酌為移
緩就急之計將前備赴楚兵二千名因蔣玉龍現署
軍標副將提標叅將一時乏員更替先令傅崐帶兵
一千星馳赴黔聽候調用旋據接壤黔邊之敘永瀘

州綦江南川江津合江各廳州縣飛稟貴州桐梓仁懷兩處有楊逆餘黨數千復行勾結肆擾偽示狂悖揚言入川欲報上年勦敍之仇川東南路路可通請即添兵防堵臣因約計傅崐兼程行走甫至川黔交界之敘永畢節等處隨飛飭傅崐就近折回馳赴仁懷一帶會同該地方文武奮力勦擊先將仁懷桐梓餘孽掃清再行馳赴貴陽聽候調遣並調派湖北利川防所之候補同知直隸州徐錫金前往辦理隨營糧臺事務由司籌銀數萬兩委令候補縣丞劉棣威

魏元燮未入流吳曾輝管解赴彼幫辦支發仍將無
兵可調情形飭知近黔各廳州縣令其就地募勇集
團嚴密防禦並另委員解銀二萬兩交存永甯道庫
以備急需適又接據署綏甯協副將署秀山縣知縣
等會稟貴州銅仁府舉人徐廷傑與梅姓為首聚衆
抗糧戕官據城旋即飛報松桃廳又已失守該廳距
川省秀山縣境僅止一百二十餘里匪等舉足即至
勢甚緊急等情臣查上年九月間署敘永廳同知白
汝衡拏獲奸細李興發據供伊係投入粵逆僞軍師

徐廷傑名下由漢陽遣令來川探信徐廷傑先已遣
有梅剛洪等四人來川等供業將李興發正法在案
令銅仁首匪即係徐廷傑與梅姓二人則該匪等顯
係粵逆夥黨假抗糧為名揭竿起事其佔據銅仁必
係以此為巢穴徐圖窺伺川省之舉川省夔巫已設
重兵嚴防難以竄擾粵逆欲入川省必不由荆宜巴
東而來探知酉秀未設防兵勢必由銅仁松桃傾巢
而入秀山趨酉陽彼有水路直達重慶建瓴而下數
日可到聞銅匪據城之後繕治甲兵搬運糧草又於

下游通楚南水道續來賊船數十號其爲勾通粵匪
形跡顯著兼又遣人至川省交界散布謡言謂伊等
夥衆到齊即日入川不殺百姓無須驚恐以致人心
惶惑紛紛搬徙察該匪之行徑實爲叵測現准蔣霨
遠來咨亦以銅仁之匪安知非勾引逆黨窺伺入川
咨令川省嚴爲之防該匪等於攻破松桃之後即有
二千餘人竄擾秀山邑梅營所屬之天心坡經守備
杜紹南率領紳團擊退難保其不復再至該處兵勇
單弱大爲可慮若被擱入川疆酉秀一有疏虞則全

省即有震動之患必得厚集兵力嚴加防範臣因續接湖北探報知上游之賊已盡下竄武漢續備川兵可以不必赴楚蔣玉龍適接部咨升補綏甯協副將秀山即其所轄該副將係本省人形勢尤熟勇敢素著人倚之如長城隨處鼓勵團衆勸令捐輸人咸樂從若遽令赴黔交蔣霨遠差遣人心殊失所望隨飭該副將即帶原派兵一千名剋日起程馳赴秀山會同重慶鎮阜陞署酉陽直隸州知州凌樹棠添調就近兵勇一二千名相機堵剿一經得手再行節節前

進並飭甫經卸署臬篆留省審案之川東道曹澍鍾速回本任以便調度策應又於司庫川東道庫湊撥銀數萬兩派員解交凌樹棠管理撙節支用即將解餉委員候補府經歷王言銓留營差遣仍令酉陽秀山及彭水黔江各州縣各自實力操練鄉團招募土勇以助兵力之不足粵匪久有垂涎川省之意徒以夔巫防嚴水陸險阻未能思逞今既佔據銅仁松桃必由此路伺隙而進道路紛歧防不勝防故酉秀之喫緊現在較夔巫尤重臣於另摺已聲明如果酉秀

情勢緊急惟有仰懇
天恩准臣將德恩之兵仍行撤回本省協防酉秀除飭飛
速偵探俟續得禀報再爲體察籌辦外所有現在辦
理情形理合恭摺具
奏伏乞
皇上聖鑒訓示謹
奏奉
硃批另有旨

孝

籌撥京餉一

奏為京餉要需業經先行籌撥起解其續接部咨指撥之款應請毋庸再籌恭摺附驛奏祈

聖鑒事竊臣前准戶部咨奏撥四川按糧津貼項下銀五萬兩解交部庫以濟要需等因伏查部庫情形臣時刻縈懷但有可籌之款即當自行籌解況

恭值

靜康慈皇后仙馭上賓經理大事之後需用尤殷此外一切餉糈自必倍形支絀當即督同司道在於夔州添

設濟楚鹽關試行抽收鹽稅項下所收銀七萬九千
五百餘兩全數動撥又於司庫正雜項下暫行挪動
銀二萬四百五十餘兩共湊成十萬兩飭委候補知
縣陸觀濂於八月二十六日管解起程定限十月內
赴部交收並即咨明户部在案是此項銀兩於未准
部撥之先業已自行籌銀十萬解往惟咨文到部當
在九月間而户部於八月來咨奏請撥各省京餉摺
內指撥四川按糧津貼五萬係在未接臣咨之前所
發現計臣籌解之銀較諸户部指撥之數已屬加倍

自可毋庸再籌況按糧津貼項下所徵已不敷所撥

此後即有續徵尚恐不敷黔楚二省軍餉委實難以

再籌據藩司楊培具詳前來除咨部外所有前撥解

京餉銀兩計已到京及現在未能再解緣由謹恭摺

奏

聞伏乞

皇上聖鑒謹

奏奉

硃批戶部知道

籌濟各省軍餉

再臣疊奉寄

諭飭解安徽湖北貴州軍餉以濟要需等因當即欽遵飭司籌畫委解斷不敢稍有諉延貽誤惟查川省庫儲歲入一百餘萬本不足供歲出之需恒藉外省協濟近年協濟不來尚能勉力支撑者實賴津貼為大宗其數亦不過徵得五十萬餘兩此外捐輸已屬寥寥況頻年辦理捐輸津貼民力已形疲憊故本年開徵以來完解津貼更覺延緩拮据情形殊難言狀前於

静妙齋

奏請改撥雲南廣西等省軍餉摺內備細陳明在案
然當此各路軍情喫緊需餉尤殷惟有極力設法源
源接濟茲查廬州之餉除前解銀十萬兩外續於八
月內在按糧津貼項下撥銀二萬兩委候補府經歷
賀汝襄解赴廬營交收其湖北軍餉除前解銀十七
萬兩外續於八月內在鹽務捐輸項下撥銀三萬兩
委新都縣典史彭兆衡解楚又於九月內在鹽務捐
輸項下撥銀二萬兩四川春撥實存地丁項下撥銀
三萬兩共五萬兩委候補知縣党鈞解楚又於十月

内在籌餉事例空白執照項下撥銀三萬兩在按糧津貼項下撥銀三萬兩共六萬兩先後飭委試用府經歷趙守仁試用縣丞彭慶鈺分起解楚又於十一月内在扣減二兩平項下動撥銀三萬兩委候補從九品羅楷解楚均交荆州將軍查收分解官文胡林翼軍營濟用其貴州兵餉除經先後撥銀十萬兩完解無欠外續於八月内因該省告急頻頻即在鹽務捐輸項下撥銀三萬兩委候補鹽庫大使孫兆蕙解黔此銀未到之先該撫已奏奉

諭旨飭令移緩就急撥解銀十萬兩即於十月內在鹽務
捐輸項下撥銀二萬兩按糧津貼項下撥銀一萬兩
共三萬兩飭委間用縣丞魯學浩解黔又於十一月
內在扣減二兩平項下撥銀三萬兩鹽茶耗羨項下
撥銀二萬兩共五萬兩委候補庫大使朱謹信解黔
又慮游擊傅崐帶兵到黔之時川餉未到該省無可
給發口糧當即飭令隨營糧員帶解一萬二千兩行
走以便馳赴仁懷桐梓一帶勦擊隨時支應此與解
至黔省給發無異尚有未解銀數千兩亦應留為接

濟此軍之需合計先後解黔之銀已不止十萬是川
省自八月至今業經籌解京外各餉四十餘萬銀此
外尚因撥兵赴黔發給俸賞行裝等銀一萬數千兩
撥兵勇赴楚及調募兵勇補防夔巫應需賞裝及防
費先後撥解銀五萬兩又撥兵赴酉秀防勦及酉秀
就近調募兵勇共撥解去銀將近三萬兩又因敘永
綦江合江一帶防堵尤緊先後撥解瀘州道庫及綦
江防所經費二萬數千兩又勦辦越嶲夷匪先後撥
解經費一萬數千兩又因省城團練局募勇八百名

年久勸捐不濟籌撥銀三千兩借用合共又有十四五萬兩綜計三月有餘陸續籌撥軍需防費將近六十萬兩臣殫竭血誠督同司道多方籌畫實已力盡筋疲乃湖南省本年已由部撥協濟川省二十萬兩以補官兵俸餉之不敷詎協濟之餉不能解川復奏請由川撥借銀二十萬兩解楚欽奉

諭旨著臣無論何款暫行借撥銀十二萬兩委解湖南俟其捐輸錢糧徵收有款即行撥還等因欽此臣思此時各省籌畫艱難撥借豈易歸還他日本省兵餉不敷

致形鼓噪咎將誰歸因憶在浙江時廣東應行買米十萬石運京委員來浙臣慨然代為辦理共用銀二十五萬餘兩購米十萬運京後由粵解到銀十萬餘俱不前若非多方籌墊幾至貽誤大事臣由是懍懍也現在湖南委員在此守候在該員幾有秦庭之哭而川省難為麥舟之助愧甚容俟另行籌度再為具

奏所有已經續解各軍營餉銀數目並委員銜名除經逐案飛咨戶部及各該省督撫軍營外謹彙列附

片奏

聞伏乞

聖鑒謹

奏奉

硃批户部知道

續辦按糧津貼

奏爲軍務未平需餉尤切應請咸豐六年川省再行續
辦按糧津貼以資接濟恭摺附驛奏祈
聖鑒事竊照咸豐四年十一月前署督臣樂斌因軍務未
蕆奏請咸豐五年再行按糧津貼每條糧銀一兩仍
津貼庫平庫色銀一兩於開征時隨糧交納並聲明
汶川等處邊苦州縣尚係民貧無力亦即量予免征
奉部議覆通飭遵辦在案本年臣到任後督率各屬
剴切勸導腹地州縣均已勉力輸將截至十月中旬

共收到銀四十餘萬兩除節次奉撥湖北安徽貴州等省兵餉暨本省台費籌撥本年官兵不敷俸餉外復撥給本省防堵經費以及調解藥鉛赴荊撥兵赴黔支發鹽糧等項之用其汶川等十七廳州縣或地瘠當衝或毘連夷界或著名苦缺歷次津貼捐輸均在免征之列業據該廳州縣稟請免征此外已解未解各屬有稟請儘征儘解者有請將各地方兵田公田及貧難小户免其征收者有辦理防堵民力未紓請稍緩征解者臣悉心體察尚屬實在情形現已嚴

飭各屬實力征解如果查有征多報少或辦理不善
之員定即從重究辦一俟征收截數自當另行
奏報竊思軍興數載需用浩繁當中外庫儲支絀之時
理財誠為當務之急川省賦稅無多例支之款又鉅
所入本不敷出加以楚黔軍務未竣防勦兼辦需用
愈增復叠奉
諭旨責令川省接濟湖北貴州軍餉計司庫節年籌解京
外兵餉數已逾四百餘萬兩之多既搜括以無遺實
補苴而乏術若不豫為之謀不特嗣後無以接濟鄰

省即本省亦不敷支應目擊時艱萬分焦灼霞直川
民雖次捐輸津貼閭閻已覺空虛而急公慕義之忱
實爲他省所未有此皆由
聖澤涵濡深入民隱是以羣情愛戴共樂輸將況上年捐
輸津貼之案又復邀
恩廣額值
曠典之欣逢更足以興觀感而生鼓舞臣再四思維通盤
籌畫惟有
奏請咸豐六年再行勸諭紳民按糧津貼每條糧銀一

兩仍津貼庫平庫色銀一兩於開征時隨糧交納並
曉諭閩省紳糧此項津貼實因軍需浩繁萬不得已
而出此一俟軍務平靖庫儲稍裕即行停止其汶川
等邊苦州縣仍飭體察情形儘征儘解不得以歷年
均已免征稍存推諉倘實係民貧無力亦即據實稟
請免征以示體恤其腹地各州縣務當實力征收不
得援為口實所有征收事宜飭令查照舊章遴派公
正紳耆設立公局妥為經理不准假手書役致滋弊
端如其收有成數仍由地方官傾鎔足色隨同地丁

靜妙齋

批解其設局薪水及鞘匣繩索一切運費仍照舊章
酌量程途遠近如夔州甯遠保甯重慶綏定酉陽忠
州等府廳屬距省較遠者每津貼銀百兩准其就近
扣銀二兩至距省皆近各屬每百兩扣銀一兩以作
前項用費不准另有絲毫苛派仍由臣飭司隨時嚴
密稽查設有不肖官吏藉端需索並董事紳耆勒派
浮收一經審實謹遵咸豐三年欽奉
諭旨即以軍法從事以杜侵蝕而儆傚尤仍俟收解完竣
覈計銀數多寡分別請增學額中額用昭激勸所收

銀兩留為協濟鄰省軍需及撥補本省兵餉之用俾
免臨期掣肘所有本年按糧津貼一項容俟截數後
即確覈各屬銀數多寡一面繕摺具
奏一面咨會學臣加增學額庶閩省紳民有所奮興而
輸將愈形踴躍矣據藩司楊培具詳前來是否有當
理合恭摺馳
奏伏乞
皇上聖鑒訓示謹
奏奉

硃批另有旨

812.8
444
(12)

黃尚書全集

晉江黄尚書公全集卷二十五目録

奏疏二十五任兩廣總督奏議

委署各官

募兵製械在惠設局籌辦

兩粵應行題咨事件請展限辦理

請將捕務廢弛之署遊擊革職

隨帶各員咨回供職

請將道員留粵補用

丁憂知府暫留督辦軍務

鹽課奏銷請展限造報

粵西引餉緩征

應行引　見武職人員請展緩赴部

委署鎮篆

留員差遣

陣亡官紳請卹

遇賊被害人員請卹

晉江黄尚書公全集卷二十五

男貽揖謹輯

姪貽杼恭校

奏疏二十五 任兩廣總督奏議

粤省紳民請補獎叙

奏爲粤省歷屆捐貲練勇出力保衛城垣鄉閭未經請獎各

案懇

恩明降諭旨飭臣查明補奏請獎以昭激勸而固人心恭摺奏

祈

聖鑒事竊查粵東自咸豐四年省垣危急幸賴附郭暨九十六
鄉紳民助官殺賊得以保固無虞其時各屬數十州縣土
匪勾連同時並起官兵無多既難於分頭策應倉皇調遣
又未能立速赴援亦賴各該處紳民團練鄉勇幫同地方
官相機迎擊有賊未圍城而先時擊退者有已經攻城而
力為捍衛者有城被攻陷而旋即克復者在地方官有守
土之責固屬分所應為而各紳民捐貲給糧督帶團勇爭
先摧敵實為忠義可嘉自應獎錄微勞藉資鼓勵臣抵粵
以來一路訪聞凡從前捐貲練勇保衛城垣鄉閭各紳民

竟有始終其事而未經奏明者有業經奏明而尚未核請
獎叙者前督臣葉名琛目擊情形何至於此項出力人員
置諸不問推原其故實因案牘紛繁每遇請獎之案非竭
數日之力不能核定一起清單而軍書旁午幾無暇時以
致事隔多年請獎之案寥寥未經請獎之案甚多因而衆
議沸騰人心不無渙散臣下車伊始首以鼓勵人心為要
著況西北江之土匪未平嘆咈夷之據城如故籌捐募勇
尤為喫緊之時必須補行請獎庶足以激勸將來惟核獎
必以案卷為憑前此各屬禀詳具在查核較易今則督署

被焚文案已成灰燼而省中軍需總局案卷銀兩間俱被
夷搜掠一空此時欲補行請獎尤難尅期速辦現已飛飭
各文武營縣檢查從前原案據實申報尚恐其中或滋冒
濫仍嚴飭各該管道府覆核具詳再交省局查對以昭覈
實計自行文查案之日起至核定開單奏獎奉到
恩旨之時輾轉尚需時日恐仍不足以孚民信臣再四思維惟
有據情奏請
恩施先行明降
諭旨所有近年粤省土匪滋事各屬紳民捐輸團練打仗出力

未經請撥各案著臣查明補行奏獎並請將欽奉
恩旨一道由驛馳寄臣接到之日即行刊刻謄黄遍貼各城鄉
俾觀感奮興益知急公向上有勇知方仰副
聖天子綏靖邊疆至意理合恭摺附驛具奏伏乞
皇上聖鑒訓示謹
奏奉
硃批另有旨咸豐八年五月二十五日内閣奉
上諭黄宗漢奏粤東歴屆捐資練勇出力紳民請補行奬敘一
摺咸豐四年間廣東土匪滋事攻撲省垣並蔓延數十州縣

經各該處紳民捐資練勇隨同官軍相機剿辦俾閩省地方
得以迅就肅清實屬深明大義惟未據葉名琛聲請獎勵茲
黄宗漢已到省著即督飭各地方文武檢查從前原案據實
申報即由該督詳細查核分別保奏以獎忠勇而資觀感欽
此

巡撫關防接署情形

再臣到任後自巡撫以下皆當以次遞回本任而探聞柏

貴在危城之中已於三月中將所署各關防送出一面傳

諭藩司江國霖無庸將巡撫關防送至城内而江國霖聞

已奏明馳赴肇慶軍營是否仍署巡撫抑已回省接受藩

司印務尚未見請示前來故臣此次附遞各摺有應與巡

撫會奏者皆礙難列銜一俟到惠州後訪察各情或請由

臣暫行兼署或請仍交該司接署再行具奏請

旨理合附片陳明謹

奏奉

硃批知道了

札飭各員隨轅差遣

再粤東現在夷務軍營在在需人差遣臣在途已風聞自
上冬以來省中大小候補各官大半星散零落遇有事務之員差委是以由閩入粤沿途察看採訪如有人堪驅策情殷投効者均令其自備資斧隨同來粤聽候差遣查有知府銜候補同知署福建雲霄廳同知段喆五品銜分發河南大挑班試用知縣陳毓書已捐分發尚未到省之廣東試用鹽知事黄宗河不論雙單月儘先選用訓導林鶚翔升補福建興化城守左營都司劉逢泰候選守備馮則彬

守備銜千總林錦亨皆曾在任在鄉帶勇剿匪著有勞績
人亦明白幹練足供驅策之員除札飭各該員遵照即行
束裝隨轅當差並分咨吏兵二部閩浙總督福建河南巡
撫外理合附片具
奏伏乞
聖鑒謹
奏奉
硃批均照所請

勸捐軍餉

奏為籌辦勸捐軍餉以備防剿請

旨飭部速頒空白執照由驛遞到粵東交臣發局隨時轉給捐

生以期踴躍輸將恭摺奏祈

聖鑒事竊查粵東所屬地方內訌外患幾於體無完膚嘉應土匪甫經戕官擾民東路不無騷動清遠賊氛勾連廣甯四會北江益肆兇横潯梧之艇匪既結連大股竄擾西江肇慶之客匪復藉口復讎横梗南路況嘆咈兩夷佔據省城業經半載尤為心腹之患臣由潮州督帶兵勇按程前進

步步為營一俟行抵廣州府屬地方即擇地住紮欽遵
諭旨相機妥辦儻該夷始終執迷負嵎抗拒亦即聯絡紳民聲
罪致討惟行軍必先籌餉所有支發一切經費實屬浩繁
聞藩庫存項年前已被夷人刦掠一空各屬半經兵燹之
餘徵解均形短絀該司道等現在佛山鎮設立軍需總局
接濟各路軍需已屬入不敷出臣入境以來通盤籌畫焦
灼莫名除設法勸捐別無他法而前督臣於捐貲助餉紳
民未經請奬之案甚多民間不免觀望因思各省籌餉歷
由部頒空白執照以備隨時給發各捐生見有執照稍覺

踴躍現在粵東各署文案已被夷搜掠即或存有部頒空白
執照恐亦蕩然無存又將何以鼓勵輸將臣體察輿情凡有
報捐各項職銜以及翎枝
封典貢監該捐生上兑之日皆以即得部照為榮理合援照成案
開具清單附驛具奏請
旨飭下部監速頒各項空白執照數千張迅即由湖南一帶驛遞
交臣祇領以便發交局員隨時填給其有願捐現任官階者
仍照案每月具奏一次以免積滯俟部中覆核具奏奉
旨後飭部填給執照由驛頒發給領庶民情益形踴躍於軍需實

大有裨益臣爲鼓勵捐輸起見是否有當謹繕摺附驛具奏

伏乞

皇上聖鑒訓示謹

奏奉

硃批均照所請行該部知道單片併發

請發職銜執照

再各省報捐文職之道府運同武職之叅將遊擊各職銜向由各督撫造册咨部核發執照現當粵東籌捐孔亟宜藉激勸以廣招徠所有道府運同叅將遊擊各項職銜如近年各省已有發給空白執照之案並請

旨飭部照案酌量發給一併由驛馳遞粵東俾報捐銀數較多者亦可速得執照於軍需更有裨益理合附片陳明伏乞

聖鑒謹

奏奉

硃批覽

入粤探訪夷務及擬辦各情

奏為入粤以後探訪各情預為布置恭摺續行密

奏仰祈

聖鑒事竊臣於途次閩省三月十二日續拜一摺由驛五百里馳奏十五日復拜一摺由驛六百里馳奏計當

先後仰邀

慈鑒嗣由閩啟行即於十六日在福州府屬太平驛尖接准軍機大臣由驛遞到臣初次在杭州具奏一摺奉

硃批另有旨欽此並密寄二月二十三日欽奉

上諭一道飭臣到粤後仍當借紳民之力懾以虚聲令該
夷有所忌憚若仍有索賠等情即將該夷燒我民房作
何賠補任聽紳商向其索賠羣起為難並將吧嗄嚉之
狂悖與之理論至現辦通商係伍崇曜説合該紳究係
洋商其謀亦未可盡用若事關機密仍由該督籌畫定
議勿先宣露為要各等因欽此臣恭繹前後欽奉
諭旨自當善為領會臨時相機密籌妥辦以紓
宸念惟臣前奏三月十五日自福州起程計期二十内可
過泉州乃沿途疊遇大雨水潦驟漲臣以家門日近

雨勢稍止即夤夜遄行固已如期到家冒雨省墓四日隨帶各司員行走落後在興化惠安一帶節節阻雨二三日直至二十六日方齊到泉州行李悉為雨溼二十七日略為料理二十八日即自泉州分起啟行茲於四月初八日起先後行抵廣東潮州府距廣州省城不過旬餘日耳先是臣咨調閩兵千名迨到福州晤督臣王懿德頗慮夷人近在同城似未便以調兵助粵使之藉為口實只得調撥泉漳各營兵丁三四百名以防護關防為詞就近送至潮州再由臣

分別去留臣以征兵出省每名例支賞裝等項須十
二兩有奇以四百兵計當不下五千銀察看閩省情
形上游軍務緊急下游餘匪未清調兵固難即籌餉
亦不易當與該督面商先令各營挑選整俻緩發各
項銀兩俟臣到粤東如必需此再行飛調起程臣家
鄉同姓不宗之族衆不下數萬丁一聞調兵之信諸
族衆亦欣欣然擬挑選數千勇隨行均令其暗為教
練俾有紀律如果粤省鄉團不敵再行飛調應援沿
途惟酌帶數十名鄉勇數十名營兵節節防護以壯

行旌至欽奉

寄諭粵省現無軍械並可由閩酌帶前往備用欽此臣於過閩時略為詢問各營額設軍裝僅敷配用各鄉製備團練尤難借人若另為購買製造又多一番盤費意以羊城之變係在上年冬月粵省官紳如果志切同仇數月間當已早為製備乃令行抵潮州探悉逆夷自據城以來日肆一日其始先收城內軍械其後並城外數里內人家防夜器械亦均搜掠罄空紳商如伍家潘家已被入室搜查其餘可想幸於正月初

七十八兩日鬼兵出哨北路仍欲搜收器械迨行至
磨刀坑牛欄岡等處被各鄉團練開鎗追逐受傷而
回該夷提督即照會地方官必欲脅令同往報復各
官不從後聞該處鄉民准備以待到則不令生還相
持日久亦遂不敢下鄉矣觀音山上下該夷已自用
經費萬餘金建造兵房如福州之烏石山形勢其意
已為長久計又於東南隅鷄翼城自城上起直疊階
梯用土石築成延斜數十丈直至省河馬頭止勢如
橋梁兩邊各開濠溝寬深土人僉曰搭橋夷船泊岸

即從此拾級而上直到雞翼城由城上行走東北至
觀音山其意為我兵攻城時該吏不必出入城門計
又修理將軍衙署居住門楣從新改換鬼樣並油漆
鋪墊等項約需七八千銀係向柏貴勒提關稅及軍
需局經費派員解往觀音山下及軍署外圍均建木
柵開濠溝附近民房概行拆毀此為日夜防範計又
將從逆進城之唐人奸匪二三千悉關住考棚貢院
等處吏兵防守甚嚴一步不令出門其防守城門管
持鎖鑰巡查街道者悉屬鬼兵此為嚴防勾結內應

靜妙齋

計其延邀唐人粗知文墨之輩入爲夷幕者不下百
數十名或爲陰謀詭計或掌案牘書記並有在外散
布各方者每年工食自數十兩至數百兩不等此爲
探聽我軍動靜計凡有民夷爭端皆令赴伊所住衙
署控告立即由伊理事官自行提訊皆以罰錢斷獄
有一案而罰至數千銀者間或照會柏貴迫令派員
前往會審該委員到日其坐位在噗㖊理事官之下
雖有坐位而不准説話不准吐痰不准喫煙直是無
形之桎梏今日未結案明日須再來現有新選鹽運

司運同壽元渭於三月下旬出省城來潮州到任則曾經柏貴委令解銀及會審身受凌辱者能為臣一一言之該鬼兵在城內外欺侮官民姦淫婦女擄刦財物軍裝殆無虛日其瑣屑事件更無庸縷述省中居民陸續搬徙現已十室九空城中夷酋常與各官會晤者唊酋則有啊露輝吧嗄嚧㗑酋則有嗎殿邦其賦性兇悍透熟粵事者尤莫如吧嗄嚧此次之蓄謀進城悉出自該酋而其助紂為虐者則唐奸中之李小村人人知之當其會審時坐而問供者吧嗄嚧

立而記供者李小村運同壽元渭於會審完案後亦呼其名而與之語唐人夷服公然不諱蓋廉恥道喪至斯已極覈與湖南巡撫駱秉章所奏相符而尚未聞有王道崇之名或其心腹故蹤跡尤密也該夷於進城時鬼兵約在一二千之間唐奸過之迨嘆咈咮三國公使赴天津後城中所存鬼兵該夷酋向各官談論忽云四五百名忽云一二千名虛虛實實一味詭詐然跡其望北而行自虎門起至甯波上海停泊觀望者實有三四十號兵船其存粤城者有幾且自

上年冬季至今年春初該夷在城徒事興作毫無防備任人出入尚無搜查把守城門夷鬼不過數名隨同破城唐奸尚易勾引此時若有人主持其間激勵衆心出其不意攻其無備裏應外合一戰復城固易易耳而乃誤聽夷人專恨葉大臣其餘仍舊和好俟新

欽差到日各項議妥即交還省城之説外則與以通商内則任其布置圖之不時後將噬臍古人所為撫膺歎息也無怪粵東百姓僉以各官畏夷如虎衆口一詞

恐聲載道義氣因之而渙散逆徒因之而翕從至三
月初旬聞有大小紳士在花縣設局團練該夷之防
備益加嚴密各城門皆堵塞惟留一歸德門出入吾
粤舊有之礮臺自虎門起至省河早已先後拆毁無
一存者省城北門外之四方礮臺至高且大建造實
為不貲其雄壯可以一覽無餘自來攻守省城主客
互用之資該夷先派鬼兵守之諒亦自量其力不能
守恐轉滋貽誤今竟併為平地矣自於觀音山及各
城樓新築礮臺可使十里内外人不能駐足日運夷

礮火藥進城絡繹於道常有招來另種黑鬼其醜狀
為何來少見者未到若時先來照會謂此番續到之
兵驕悍恣横並伊等亦難約束嘱我民小心防備貌
為僞詞以愛護實仍用詐以虛張來來去去令人莫
測其數自謂有數千名省河排列大小兵船望之約
有數十號盖此時城内外水陸防守備矣哉三月十
六日脅令柏貴邀粤海關監督恒祺署按察司蔡振
武於三點鐘時同進撫署云該夷有事面商恒祺蔡
振武如約而至夷酋即來署相見堅問署巡撫江其

署藩司周碁何以久出不歸署總督已密差人送印出城又不接撫印城中幾無大員要爾二人進城辦事恒祺等正與理論突有夷兵二百餘名直入撫署將該二人留住先令與柏貴同住一屋飭令夷兵在院看守幾如幽囚後囑紳士伍崇曜俞文詔向其婉求乃分恒祺在第四進與柏貴各屋居住蔡振武在第三進居住各院俱有夷兵防守斷難脱身忖該夷之心因聞指日大動公憤故併住城外者二員俱誘之進欲藉將軍巡撫以下諸人以為護身符其慮事

固無往不周尤可異者城内外不論大街小巷人跡
不到之處日日量地繪圖註明丈尺分寸其包藏禍
心尤為叵測此則柏貴蔡振武於三月杪四月初委
員及差家丁出城賚信接臣信中所陳與夫面詢之
情形也臣自到潮城後即札調潮州鎮屬兵丁千名
令其配足軍火器械選派幹員管帶又密諭潮州紳
士募勇千名營兵先分為三起頭起三百名跟隨帶
司員畢承昭等先進二起三百名跟臣前進三起四
百名隨後繼進鎮臣壽山曾經捐造擡鎗兹特分撥

一百桿送臣備用並於火藥局提帯四千觔均令隨頭起官兵解往本擬即行起程節節進兵先駐紮惠州府城再行酌奪其潮勇千名仍俟到惠州後札調起身因連接省中三紳士前戶部左侍郎羅惇衍二品銜前太常寺卿龍元僖前工科掌印給事中蘇廷魁來信一函又臣前奏派由滬先行搭船至粵探信之候補知府楊從龍徐慮善二員均自花縣公局晤諸紳士帯來羅惇衍等三銜公牘一件信二封先後踵至又另接丁憂在籍之翰林院編修許其光三信

内閣中書黃培芳澄海大埔教官梁廷枏馮鉞等各信歷陳夷情均為詳悉暨諸士子所進禦夷諸策雖未必盡有可採而其心固可嘉也所可怪者司道等自江國霖而下僅於二月底聞臣取道浙閩入粵僉名同書一信交兩首縣家丁來潮候接信內另開一摺所陳二月以前夷患不過人云亦云之事既知歸咎於葉名琛之不肯一見不與轉圜又不令准備以致該夷忿激攻城闖入省垣今日該司道等時與夷見且准其通商究竟有何轉圜之法通城軍械目擊搜掠

一空是否已經分飭營縣迅速製造以備攻復摺中
皆未一語敘及且該夷既經帶兵直入軍需總局搜
刼軍裝案卷復帶兵直入藩署將庫銀十三萬餘兩
並海關寄存七萬餘兩全行刼去何以又云幸該夷
自入城之後除城内東北隅附近粤秀山一帶民房
間被掠毁外其餘均未儆擾自臘月以來城内市廛
漸有開設居民漸有搬回現在情形尚稱安堵等語
而終以夷氛至此勦撫均難八箇字了之其餘情形
尚不如各路寄來探報之詳細況臣於年前仰蒙

簡放今職之時已將由漳泉一帶入粤之惠潮嘉經歷道
路馳書柏貴囑令派差分起前來意以該司道等聞
知必將省中情形逐日記載隨時專差迎前密遞並
附以己見剿則如何准備撫則如何轉圜略為擬議
俾臣先事籌畫方爲和衷共濟乃前開清摺既一籌
莫助其於緊要機宜如毁築礮臺堵開城門多少鬼
兵唐奸是否兵船貨艇皆行軍必須知彼者竟無一
字提及自三月至今又默無一語殊令人不解其故
聞省中各官皆因意見不合或藉詞肇慶督兵或奔

赴花縣紳局或被夷覊留撫署或因病請委署缺一切地方公事竟無一人維持各府州縣聽候批稟批詳者迄無回音州縣地丁竟延不批解各營兵餉至兩季不發以後能否同心協力一氣呵成容俟接見後留心考察再行

奏請分別辦理其三紳士羅惇衍等公牘密函所敘欽

奉

諭旨後業經奏明刊刻關防設立團練總局辦理夷務二月初九日在順德縣城開局三月初一日遷往花縣

接誦楊從龍等賫到臣自浙江所發手書領悉一切

機宜惟禦侮首賴同心籌餉先須集腋統計辦理月餘

密向殷户籌借認借者約十萬餘兩而捐繳者僅二

萬餘兩趕緊募勇置械均覺緩不濟急緣自去年入

城後藥局被佔旗綠各營及附近軍器俱被勒繳刻

下件件均須製造不能應手且逆夷挾官壓民各官

多俯首聽命諂媚夷人之紳士亦奔走弗遑惟城北

二十里之石井等村誓滅夷人而左支右絀經費萬

難道光二十九年之役不過糾合游民塡街塞巷彌

山徧野類皆烏合之徒夷人所以緩議進城者當時
尚未深窺虛實故暫為帖服令唉咭唎夷酋吧嗄囒
生長粤地唐奸四布且據城數月設險固守斷不可
以虛聲恐嚇與其輕擲而有難收之勢不若蓄怒而
存莫測之威俟集餉練兵確能制勝然後謀定而戰
可望成功茲擬一面行文各府縣紳民捐借餉項並
設立各府總局各縣分局以及各鄉子局實力團練
一面通飭近海各紳士嚴禁子弟出洋貿易并凡在
夷人服役者限以月日回家以壯聲威而斷接濟通

省同心協力逆夷應亦胆寒但逆夷所恃者在礮械所利者在通商上年封港時各夷商均有歸怨嘆夷之意即各國亦勒限吧酋時日不許久阻貿易今則該夷已得通商之利我軍又無器械可操且署督院受困內城固欲將就了事署撫院於三月初八白方到花縣河邊一晤仍囑緩為舉行總以西北江現在劉匪捐輸助餉須歸省局為言似此官紳意見各歧誠難共事諸紳士前則密為布置今已明白舉行昕夕靡遑志欲滅此朝食一俟餉項粗足各屬團練到

齊即便聲罪致討請臣抵粤後握其要樞持以毅力
俾人心大快士氣大伸等語最後所接之信係四月
初頭所發大致略同連日復閱潮州鎮道府縣所接
該總局先後文信悉係調勇勸捐置器械等事是布
置猶未齊全也臣與隨帶司員畢承昭等熟籌該夷
之防守日事嚴密諸紳之籌畫甫有端倪臣若遽行
前進操縱尚未能自如居今日而言復城迥非冬春
間形勢當徐圖不可急攻當計取不可力爭當獻馘
獻俘不必盈城盈野且一到惠州安營後該夷偵知

不即進城勢必攔阻
欽差關防不使出城且三夷公使俱上天津其在粵者不過唤咈之水陸各提督兵頭及理事官耳亦無人可與議事誅其率領兵船齊赴天津之心未始非畏悍粵人公憤不願在此説合且頻年封港失利各夷抱怨天津非通商之地在此妄肆要求即多延月日亦不致有妨買賣故尤須探其到津後如何舉動若一經開導能知感
恩悔過遵即折回粵東自不宜遽動干戈揮之使去轉令

有所藉口倘照前上海所採不遂所求便思用武業

已大張聲勢鎗礮轟開居民震動則粤省即當與決

戰使之大受懲創調赴津之兵急來救援臣三月十

二十五日兩次馳

奏計先後到京在四月初旬維時該夷在津情形

批摺回時當蒙密寄

諭旨授臣機宜俾得有所遵循而道途繞越至今尚未奉

到日日以幾四路差探迄未得確音老於津洋駛船

之舵工水手僉謂天津海口外而水底礁石如齒舟

行易於撞擊內而河道轉灣過多兩邊易於埋伏夷人斷不能得意於津適接廈門友人來信與臣及潮州海口沙汕頭商人接得上海之信咸稱此次夷人到津用淺水火輪船入港原探水深六尺是日忽退至四尺有二船阻淺夷人駭怕各船即退出津門等語二說相同自必實有其事即使傳聞未確而民之所欲天必從之即此足覘好惡攸歸也探聞夷人遇有得意立時宣播如或失意寂然無聲計自到津後至今尚未聞有一語忽於日前省抄中有夷人到津

已上礮臺之報或者該夷造言惑眾未可知臣等再
四思維姑從容前進暗助紳士總局籌捐軍需厚集
練丁軍火足供驅策然後進紮惠州相機調遣故諏
吉四月二十日在潮州府試院拜印視事下車之始
總以固結民心為先務粵東盜賊之多自來甲於他
省潮州本稱强悍民俗重財輕命咸豐四年土匪蜂
起通省失陷數十城各鄉村之擄人斃命毀家滅族
悉數之更僕難終强欺弱眾暴寡視人命如草菅潮
州尤甚十餘年未見大吏巡閱到此緝捕廢弛盜風

益肆此次臣偕司員駪駪入境一出門遞呈之人塞道擇其案情重大者計收三四百張命盜兇橫之狀不堪寓目各地方甫經殘破州縣官往往有呈不收收而不辦辦而不公犯案之匪飭差不緝獲案之匪羈禁不懲毋怪愍不畏死民無聊生不得已竭數晝夜之力逐一批飭嚴行拿辦春間嘉應州土匪聚衆戕官擾民甫經該官紳帶兵募勇勦拿首要正法餘黨尚未肅清其已經樹旗拜會擄人勒禁者聞知臣將過此被擄之人雖得脱身亦不過漸為解散而匪

類實繁有徒河面則公然截刦寸步難行現經密飭
嚴拿而一時聞風潛逃計惟有將海陽縣已獲之逆
犯六名飭該道府盡日內督訊明確解臣覆鞫恭請
王命立予凌遲斬梟再行分别奏咨近年閩粵皆有專事
擄人賣與夷人者歲以萬計去後則不知其生死控
經官為拿辦被擄之人仍不得回若不置之死獄此
風仍熾現據揭陽縣拿獲一船釋回被擄二十名審
解擄犯二名前來已飭府覆訊立斃杖下馬先示
其威懲一警百庶餘匪胆寒人心稱快然後可以啓

行先是日前馳書柏貴囑令密將

欽差關防設法出城近聞柏貴已於三月十一日委臣標

中軍副將齡山賫送前來不至落在夷人之手續派

家丁來見臣已詢明不知該中軍在何處逗遛至今

未到一俟送到接收恭摺奏

聞所有臣到任後一切應行移咨札飭各事宜現與各司

員次第辦理並撰曉諭通省紳民告示刊刷數千張

分飭各府州縣張貼以期團練捐輸日有起色並即

接見潮州紳士面為鼓舞以樹風聲一面照會潮州

鎮趕製火藥鉛子擡鎗鳥鎗等件解到惠州交臣行
轅備用仍一面於辦理夷務克復省城事機隨時與
各司員熟思審處其緊要肯綮仍由臣密計於心擇
人與語所有隨帶之粵紳梁元桂陳蘭彬郭志融楊
從龍已分為三起飭令先後赴花縣總局與諸紳士
密商機宜下手之初官與紳民當貌離而心合該夷
前經定期二月間請
欽差大臣赴滬會議其照會中半屬伸寃語氣當經大學
士裕誠咨覆蘇省督撫開導該夷令其回粵聽候臣

秉公查辦令若官與紳民即聯為一局是使藉口於
臣之來粵將率百姓以攻夷非所謂秉公查辦也其
在津要求之念益堅不得所求斷難返棹故民則城
鄉一氣憤不可當官則南北兩頭勢須兼顧如欲藉
官之威以辦捐事則履任之初尤非所宜此時紳局
各鄉團如已衆心成城勝算在握自宜於臣未到惠
州之先使之迅雷不及掩耳若猶未也則省垣之與
香港應如何為聲東擊西之計爛匪以及已奸應如
何為勾斛間諜之謀各樣艇船如何為截擊焚燒之

法海洋水次如何為梗塞往來之途誠能生擒白鬼
黑鬼多多益善則此後辦理自確有把握否則能得
李小村等巨魁該夷便失其所恃重賞之下必有勇
夫此尤其當破格優給銀兩者聞所住軍署之旁及
觀音山下環列皆屬娼妓若以數萬金優給若輩亦
無難毒害其命臣所謂徐圖計取不在盈城盈野者
其大籌已囑為密達至於臨機應變神而明之存乎
其人若防其反間破其鬼謀則尤當以葉名琛之用
李小村百實一虛誤我全局為前車之鑒果能齊心

協力智勇兼施自可以震懾其無厭之心特慮該夷不敢來粵就議耳其處心積慮全在索賠其挾制要求尤在天津此外四口寧波之買賣不旺將來定海難保其不行故智若上海福州廈門爲衆夷貨物所聚嘆夷斷不敢以一國而招怨衆國天津既經擱淺則地利已知其難濟以人和該夷自計無所施況聞其在粵城於正月初一日有雷擊夷酋之事理所必然而軍署外之旗桿爲雷所擊則萬目共覩者順天者昌逆天者亡如此悖逆無道天地所不容神人所

共憤臣受
恩深重感奮圖報指日兵勇餉需軍裝器械齊全北路信
息得有確音即率合省紳民一心一力昭
天討而快人心以仰副
聖主揚威中外安撫羣黎至意四月間如有遵
旨寄信交臣浙閩是否阻滯尚未及知嗣後請由湖南驛
遞至粵東從化縣惠州府一帶探交臣行館查收昨
接省城軍需局員自佛山鎮寄來一稟請臣到惠州
後略為布置即移駐廣州府屬從化縣以距省較近

距花縣紳局亦近爲番舶不通之地應俟到惠州後

接見司道體察情形再行酌定現在潮州諸事已清

即日帶兵起程進紮惠州府合併聲明所有臣採訪

夷情擬議辦理各緣由謹恭摺由驛六百里密行馳

奏是否有當伏乞

皇上聖鑒訓示謹

奏奉

硃批另有旨

㗆夷攻入新安登即敗退

奏為㗆夷攻犯新安縣城乘機闖入登即敗退恭摺由

驛密

奏仰祈

聖鑒事竊臣於本年七月初九日據署廣州府新安縣知

縣王壽仁稟稱六月二十四日㗆夷駕駛火船及三

板船赴縣城外南頭地方登岸張貼僞示詞已狂悖

勢復披猖經該鄉練勇與之對敵擊傷夷兵數名始

行回船駛逸恐其復來肆擾隨即調集各鄉練勇併

添募幹勇六百名分撥城内外及沿海一帶堵禦復
經署水師提標左營遊擊麥鎮邦在於西門外海傍
及西北之土名鷓哥石等處設立營盤基築沙壩安
置大炮派撥弁兵加意防守併札調左營中軍守備
龔名彰帮同督理七月初二日傍晚時候探有夷人
大兵船三隻大火輪船四隻淺水火輪船八隻三板
船四十餘隻駛泊離縣城十里之濫夾嘴洋面王壽
仁即移會麥鎮邦飭令弁兵紮在西門外海岸派典
史錢華齡帶勇紮在東門外海岸又添雇壯勇五百

名自行督帶於緊要之南門外海岸駐紮其沿海各
岸旁皆分撥武生陳治安等督帶各鄉練勇節節屯
防初三日巳刻各兵火船乘潮駛近東西南三面岸
旁桅頂施放大炮併發火箭密如雨點向城中轟射
各三板船亦四面飛槳前來夷兵約有三千餘名各
持自來火連環鎗蜂擁登岸東南兩岸練勇奮勇
抵禦鎗砲齊施擊斃夷兵一百餘名擊傷者無算併
向一火船施放大砲將其船頭打毀該夷將各船退
後轉近西岸攻撲營盤沙壩砲壘被擊傾壞營盤銅

鐵大砲被彈撞斷數位西門城墻並被轟缺數丈該夷乘機擁入城内時王壽仁在城外南路攻擊聞信即酌留兵勇抵禦一面督飭東南岸員弁練勇趕緊折回城内接應與在城兵勇併力夾攻該夷力不能支隨即退出又殺斃夷兵十二名割取首級八顆自巳至申鏖戰三時該夷全軍紛紛敗回駛逸惟時城中因被火箭及炮子轟燒民房衙署火藥局間有燒損監獄亦被打開將人犯全行放脱署遊擊麥鎮邦被傷偏角右腿守備龔名彰被傷胸膈等處守城及

營盤之千總陳殿翎黃成龍等均各受傷兵勇亦間有傷亡等情前來並准水師提臣吳元猷咨報相同查新安縣地方因暎夷登岸張貼偽示以致練勇與之對敵擊傷夷兵數名該夷輒即攻撲縣城我軍奮勇抵禦擊斃登岸夷兵一百餘名受傷無算後因西門城墻被砲轟缺該夷乘機擁入隨經該文武紳練擊退核其起衅根由實因天津撫議已定粵東官紳不復與之搆兵該夷益肆兇横到處遍貼偽示各鄉練勇不服仇怨相尋雖經敗退難保不去而復來且

聲言有欲攻順德香山之說除批飭該縣仍會營督
率兵勇及各鄉紳練隨時加意嚴防一面將放脫監
犯懸賞購線關移鄰封營縣一體認真查緝并將陣
亡及受傷兵勇查明分別䘏賞外案關縣城被夷闖
入衙署監獄均有燬壞臣謹由驛密摺具
奏伏乞
皇上聖鑒訓示謹
奏奉
硃批另有旨

委署各官

再廣東按察使周起濱署理藩篆所遺臬司印務先

經柏貴等

奏委候補道蔡振武署理茲於咸豐八年四月十二日

奉

上諭蔡振武署事本不合例亦著一併撤叅等因欽此所

遺署廣東按察司印務查有廣東督糧道王增謙在

粤年久四次署理臬司情形較熟堪以委令署理所

遺督糧道篆務查有候補道李宗沆堪以署理正在

繕摺具奏聞適據署肇慶府事候補道沈保頤禀報
丁憂應行卸事所遺署肇慶府篆務查有護肇羅道
事候補知府史樸堪以署理所遺護肇羅道篆務現
在西江軍務正當喫緊查有署督糧道事候補道李
宗沆現在佛山鎮督辦抽釐堪以就近改委署理所
遺督糧道篆務查有廣州府知府吳昌壽堪以兼署
除先後分飭遵照外所有揀員委署司道知府緣由
理合附片陳明廣東巡撫係布政使江國霖暫署委
署各缺之時已奉

諭旨撤任未便會銜合併聲明伏乞

聖鑒謹

奏奉

硃批知道了

募兵製械在惠設局籌辦

奏為謁募兵勇添製軍械在惠州設局籌辦恭摺奏祈

聖鑒事竊臣於途次先後承准軍機大臣密寄疊奉

恩諭飭臣不可輕聽人言誤入省城於到粵後擇地紮營

多調水陸兵勇嚴以自衛以防報復並與紳士遥為聲

援等因欽此仰見

聖主愛護臣身籌防粵省順輿情以彰

撻伐崇

國體而示懷柔督於是乎在臣跪讀之下感服莫名經

於四月初旬馳抵廣東潮州府城計此間離省太遠未便駐紮當將一切公務趕緊清釐即於五月初一日起程前進當即札調潮州鎮標官兵一千名先行起身六百名隨護前來已於五月十六日行至惠州府該處一水直達省河相距僅三百餘里現在西北江土匪未平夷人仍據省垣為暫時駐紮之計宜先在此安營以控制東南一帶地方續行咨調陸路提標兵六百名水師提標兵一百五十名臣標兵五百名又飭惠州府海廷琛選募曾經得勝壯勇一千名

並於河面兩岸距城六十里之磨盤角煙墩山建築泥土礮臺三座安放大礮僱募船隻水勇揀派打仗出力之將弁妥為管帶密加布置與花縣紳士團練總局相距亦三百餘里得以遥為聲援臣仍隨時察看如須移營改駐即當相機妥辦前暫駐潮州時已札飭潮州鎮趕造擡鎗二百桿鳥鎗五百桿火藥五萬觔大小鉛子酌量照配陸續觧送惠州此外應需防備器械皮放兵勇餉需以及雜支經費距佛山軍需總局較遠必須就近設局經理已由該司道等詳

請在於惠州城内設立軍需分局事竣核實報銷所有臣抵粤後調募兵勇添製軍械另設軍需分局各緣由理合恭摺具奏伏乞

皇上聖鑒謹

奏奉

硃批知道了

兩粵應行題咨事件請展限辦理

再上年十一月十三日夷砲攻擊省城城內大小衙門各科房案卷多被焚燒時值城廂內外團練撫綏一切俱形喫重所有日常應行題咨事件經撫臣柏貴

奏准俟夷務完竣再行起限辦理在案茲查廣東省廣州之從化清遠韶州之英德惠州之海豐長甯肇慶之高要四會廣甯德慶封川開建高州之茂名信宜廉州之靈山連州及陽山嘉應州併平遠鎮平佛岡廣西省平樂之賀縣梧州之蒼梧容縣懷集潯州府

南甯之橫州永淳太平之太平土州柳州府慶遠府思恩之百色賓州上林鬱林州及北流陸川等處股匪尚未一律殲除且被燒各科房案卷亦未據各屬抄錄呈繳臣現在惠州府城暫行駐紮日逐籌辦吏務軍務晝夜靡遑所有廣東省錢糧鹽課奏銷春秋二撥以及命盜等案與夫廣西省一切應由臣衙門循例核轉各件均屬例有定限而日行各項題咨事件亦復不少勢難依期報結相應請

旨俯准敕部展限統俟東西兩省大局平定再行起限辦

理除咨移部科外理合附片具

奏伏乞

聖鑒謹

奏奉

硃批該部知道

請將捕務廢弛之署遊擊革職

奏爲特參捕務廢弛之署遊擊請

旨革職責令自備資斧留於該管地方緝捕以肅營伍事竊照

遊擊一官有訓練弁兵督拏盜匪之責必須勤奮有爲方

稱厥職茲查有署廣東水師提標後營遊擊事水師提標

前營都司吳銓光於所管地面盜船充斥並不督帶弁兵

赶緊緝捕以致賊匪日形猖獗搶刼頻聞實屬捕務廢弛

庸懦無能現准水師提督臣吳元猷揭報前來相應請

旨將署廣東水師提標後營遊擊事水師提標前營都司吳銓

光即行革職仍責令自備資斧在於南岡頭一帶隨同緝
捕以觀後效除委員接署追出原領劄付呈繳送銷并查
明該員任内有無未清事件據實具報外其所遺廣東水
師提標前營都司係内河水師題補之缺容臣另行揀員
請補合併陳明所有特參署遊擊捕務廢弛緣由臣謹會
同廣東水師提督臣吳元猷合詞恭摺具
奏伏乞
皇上聖鑒訓示謹奏奉
硃批依議

隨帶各員咨回供職

再臣前經先後

奏准隨帶來粤辦理夷務之禮部郎中梁元桂刑部主事陳

蘭彬江蘇揚州府知府郭志融江南大營委員候選知府

楊從龍留浙補用知府徐慮善均係駐防駐籍廣東原為

集團攻剿起見現在夷務已由天津議撫粤東無煩攻剿

其團練總局事務自應由地方官會同在籍紳士董理所

有隨帶司員梁元桂陳蘭彬應各回禮部刑部供職郭志

融應回江蘇供職楊從龍應回江南大營當差徐慮善應

回浙江候補除檄飭各該員遵照並分咨京外各衙門外
理合附片陳明伏乞
聖鑒謹
奏奉
硃批知道了

請將道員留粤補用

再粤東近年事務殷繁，每需大員督辦。候補道止有蔡振武、李宗沆、郭蓬瀛三員。蔡振武現在委辦夷務，李宗沆委署肇羅道缺，郭蓬瀛委赴閩省汀郡一帶勸捐軍餉。道員一項實已乏員差委。據藩臬兩司詳請將臣黄宗漢隨帶來粤之前廣東雷瓊道蔡徵藩、浙江候補道卭景湘奏留粤省差遣。臣等查粤東現在夷務尚未大定，西北江及各路軍務尤形喫緊，一切調兵、籌餉、輯民、撫夷，非職分較大之員不足以資督率。如待奏請揀發到省，尚需時日，且恐

不能收駕輕就熟之效茲查前雷瓊道蔡徵藩現年五十
歲係福建侯官縣進士由吏科給事中
簡放廣東高廉道於咸豐五年四月到任准調雷瓊道尚未赴
任因病開缺回籍調理病痊領咨赴部引
見正在由閩起程間適臣黄宗漢赴粵本年三月間路經閩省
奏准隨帶來粵差遣該員在粵多年幹練老成情形熟悉前在
高廉道任內督辦本境匪徒並會剿粵西股匪著有勞績
奏蒙
恩施賞戴花翎在案又浙江候補道邱景湘現年五十一歲係

福建長樂縣進士由吏部文選司郎中俸滿保奏記名以
繁缺知府用
京察一等引
見奉
旨交軍機處記名以道府用緣案革職續在本省辦理捐輸團
練事宜又往泉勸辦廈門軍務即於收復廈城案內保奏
奉
旨以主事選用給予五品頂戴又勸捐籌運天津米石案內保
奏奉

旨交部從優議叙遵例捐升道員指分浙江因前在本省辦理
團練防堵事竣保奏奉
旨著免其試用即以道員候補又本省上游土匪竄擾辦理順
昌剿務著有勞績各在案該員才識優長辦事詳慎亦係
臣黄宗漢
奏准隨帶來粤差遣之員合無仰懇
天恩俯念粤東事務殷繁准將前廣東雷瓊道蔡徵藩浙江候
補道卯景湘均留粤差遣以資得力如蒙
俞允蔡徵藩係病痊起用之員請遇有雷瓊道原缺出時准其

照例坐補卯景湘係候補之員應請歸於粤東候補道員

班内照例補用並請以奏

旨准留之日作為到省日期俟軍務告竣後補行給咨赴部引

見該員等照應捐分發及指省各項銀兩惟查咸豐七年六月

初九日准吏部咨開嗣後捐升捐納候選各官因防勦及

辦理糧臺軍務出力人員一概免令補交銀兩以歸畫一等因

自接准咨行之後即有廣西省保奏軍營著績之候選道

蔣益澧留省補用業經奏

旨允准有案今蔡徵藩卯景湘二員先因臣黄宗漢辦理夷務

奏明隨帶來粵沿途自備資斧抵粵以來幫辦防勦事宜並
勷理軍務文案數月之久備著勤勞茲留粵候補所有分
發暨離省指省銀兩應請照防勦軍務出力人員之例一
概免其補交臣等為軍務需員差遣起見是否有當臣黄
宗漢臣柏貴謹合詞附片具
奏伏乞
聖鑒訓示謹
奏奉
硃批另有旨咸豐八年十一月初二日內閣奉

上諭黄宗漢奏請將道員留粤補用等語前任廣東雷瓊道蔡
徵藩浙江候補道卭景湘經黄宗漢奏帶前赴廣東襄辦文
案防勦事宜著有微勞均著留於廣東蔡徵藩以雷瓊道坐
補卭景湘歸候補班内照例補用並准其免繳分發指省等
項銀兩該部知道欽此

丁憂知府暫留督辦軍務

再潮州府遺缺知府補用道沈保頤浙江德清縣人生母朱氏於咸豐八年五月二十七日在寓病故該員既經丁憂例應回籍守制據藩臬兩司詳請現在廣東西北兩江賊匪猖獗督飭防剿在在均關緊要該員在粤年久素得民心軍務尤為熟悉前經札飭督辦廣甯四會軍務兵民悅服現因丁憂卸署肇慶府事應請仍留在廣甯四會督辦以資熟手臣查丁憂人員例應給咨回籍守制惟墨絰從戎古也有志該員沈保頤現據該司等詳請

奏留督辦軍務實與尋常差使不同且廣東丁憂文員因軍

務差遣緊要疊經

奏奉

諭旨允准留營有案相應仰懇

天恩俯准將該員沈保頤暫留粵省督辦軍務俾資得力仍事

竣再行飭令回籍守制除咨吏部及該員本籍知照外所

有請留丁憂知府督辦軍務緣由臣黄宗漢臣柏貴謹合

詞附片具

奏伏乞

聖鑒訓示謹

奏奉

硃批着照所請

鹽課奏銷請展限造報

奏為夷氛阻運商散運停奏銷短絀額請展限造報恭摺奏

祈

聖鑒事竊查自上年十一月夷人進城之後所有應行題咨事件以及錢糧鹽課奏銷春秋二撥勢難依期結報送經前署督臣柏貴暨臣先後奏請展限在案嗣據兩廣鹽運使齡椿會同署廣東布政使周起濱詳稱兩廣鹽務衙門駐劄廣州省城向設東西兩關配運驗放自夷人滋事以後省垣及沿河一帶多被焚燬商人貲產悉遭兵燹存河鹽

包盡被搶劫運商逃散停運數月輸餉不前經該運司設
法招徠詳明暫改運道於佛山五汉口一帶折配挽運該
運商等始稍有前來暫設公所在佛山收餉以冀清完
國課無如連年埠地迭被土匪擾害省河又值夷人阻運統
計咸豐五年分引餉截至咸豐八年三月底止除西省連
古州六十七埠前因梧州失守商貲盡失業經
奏明暫停征收外其東省九十二埠銷引尚不及十分之三
為歷來所未有正在萬分焦灼兹據辦事運商梁健和等
禀稱東省九十二埠應征引餉向分北中東南平五櫃征

收向來東中南平四櫃銷引無多全仗北江連陽雄贛樂桂等埠合力融銷皆以省河為拆配轉運之地自咸豐六年夷氛不靖沿海刼掠頻仍私梟乘機充賺拆配日形短少七年夷人闌入省河各商存河鹽包屢遭搶刼貲財産業盡被焚掠離網渙散雖經擇地改配無如夷人盤踞省河中櫃各埠日被滋擾北江之清遠連陽東江之嘉應惠州南櫃平櫃之靈山北流負嵎餘孽在在戒嚴商販觀望不前運道時虞梗阻商逃埠歇不一而足即有商之埠被夷蹂躪被賊驚擾被私充賺餉懸引積亦與無商之埠相

等所有五年分奏銷引餉商等具有天良敢不竭盡心力
苦於無可措施惟有懇請將東省九十二埠應額銷鹽引
四十三萬二千六百三十九道六分六釐應完餉雜等銀
三十五萬五千四百三十四兩二錢六分五釐援照潮橋
奏銷遞年展緩成案准將咸豐八年行銷五年分引餉展
限十二個月至咸豐九年四月底奏銷仍照案每年趲早
一月以冀復歸原限俾商等得以盡心籌辦不致貽誤等
情由該運司等會詳請
奏前來臣伏查廣東省河鹽務咸豐五年四月應辦三年分

引餉奏銷因紅匪滋事當經
奏准展限八個月於五年十二月底造報又咸豐六年十一
月應辦四年分引餉奏銷因省河夷人滋事復經
奏准展限六個月於咸豐七年五月底造報今咸豐八年四
月底應辦咸豐五年分引餉奏銷又據該運司等轉據辦
事商等援照潮橋成案詳請展限十二個月至咸豐九年
四月造報臣當以鹽務奏銷迭次展緩將來愈壓愈久實
於鹺綱大有關係批飭嚴行督催趕緊造報以清餉課而
免久延乃察看數月夷兵尚未退出省城時有封港之謠

河道仍多阻滯商怯運停折配寥寥餉課短絀係屬實在
情形若不量予變通勢必轉滋貽誤第據請展限十二個
月未免為時太久合無仰懇
天恩俯准將廣東省河鹽務咸豐五年分引餉奏銷量予展限
十個月至咸豐九年二月造報仍遞年趕早一個月俾漸
次復歸原限是否有當理合恭摺具
奏伏乞
皇上聖鑒訓示謹奏奉
硃批着照所請

粤西引餉緩征

奏爲廣西省五年引餉萬難征收懇

恩全數緩征分限八年搭銷引目清完餉税以保粤綱而紓商

力恭摺

奏祈

聖鑒事竊查廣西省連貴州古州共六十七埠遞年應完餉雜

税羨等銀二十八萬餘兩先因運道梗塞埠業全歇商貲

盡虧經已草督臣葉名琛

奏請暫停征收餉税嗣准户部議覆省河六櫃引餉向由公

所辦事運商經理兌解並未剔出另請停緩並據聲明招
有一埠之商即責令認完一埠之課作為儘征儘解殊屬
漫無限制應照道光三十年西課各半帶完成案即將廣
西各埠五年餉稅等項完繳一半其餘一半分四年帶征
至西埠餉稅數目不符應令於奏銷省河五年分餉稅時
將某款征銀若干另造細册隨同奏銷造報查核等因轉
行遵照去後兹據兩廣鹽運使齡椿會同署廣東布政使周
起濱詳稱據辦事運商潘敬義等具禀商等伏查廣西省
連貴州古州共六十七埠前因運道梗塞埠業全傾額征

餉雜全歸無著經商等稟蒙
奏請自咸豐八年奏銷五年分引餉起暫行停征奉准部咨
以停征西埠引餉招有一埠之商即完一埠之課作為儘
征儘解殊屬漫無限制礙難核准惟縷陳商敝情形尚非
虛飾應照道光三十年西課各半帶完成案即將廣西各
埠五年餉稅等項完繳一半其餘一半分限四年帶征等
因自應遵辦曷敢再瀆惟查梧州為西省之咽喉鹽船必
經之隘口咸豐二年應奏銷道光三十年分引餉彼時梧
州尚能固守並未失陷各埠設法挽運稍可僥倖於萬一

是年引餉故能免完一半其餘一半請分四年帶征嗣因
梧州於上年失守梧河又復梗阻西江運道寸節難通舍
梧河之外既無運道可以行鹽更無埠地可以銷售兼之
商貲均被賊匪搶掠無存商傾埠閉課餉無著是以請自
咸豐八年奏銷五年分引餉起暫行停征以恤商艱現在
梧河雖稍疏通惟潯州未能收復上游各府引地仍復梗
阻臨全富川賀縣鬱林等各大埠因屬蹂躪其餘永康陸
川等各小埠無不滋擾地方糜爛已甚鹽難運銷餉無從
出不得不變通舊章剔出停緩非敢故為拖延且自賊擾

以來各埠商司屢因奔逃不及遭賊戕害以致聞風裹足
勢難剋期招徠其埠竟成虛設所有西埠五年分奏銷不
特無力完半而且其餘一半亦難以分年辦理即將商等
革退監追係屬分所應得而課餉無著究屬無補於公查
浙江省甲寅綱奏銷因地方戒嚴受驚籌辦無措業奉
奏明儘征儘解造入撥册咨報有案今西埠銀鹽搶盡埠屋
焚燒較浙江省受驚者尤為艱苦仰懇詳請覆
奏將廣西省連貴州古州共六十七埠應征五年分餉雜等
銀二十八萬餘兩全數暫行緩征分限八年自咸豐九年

奏銷咸豐六年分引餉起至咸豐十五年奏銷咸豐十三年分引餉止勻分八限帶征搭銷引目清完餉雜稅羨銀兩每屆奏銷將西省引餉數目督銷職名分數與東省奏銷分册造報雖與向辦稍有未符但東西兩省疲敝情形迥非昔比不得不如此分晰辦理以清眉目至咸豐二年省河奏銷開報未完餉課十四萬四千八百九十餘兩亦

蒙

奏請俟帶征道光三十年西課續分三限屆滿掃數全完之後再行接續起限照案分三年帶征奉部覆准仍分六限

即自四年奏銷起按限征解在案惟現在四五年正額尚
未能全完其帶征課餉實難依期辦理並請仍照原奏俟
帶征道光三十年西課續分三限屆滿掃數全完之後自
七年分奏銷起遵照部議分限六年帶征每屆應帶征銀
二萬四千一百餘兩計至十二年分奏銷統限屆滿造報
全完等情由運司核明會詳前來臣查廣西省連貴州古
州共六十七埠遞年應完餉雜税羨等銀二十八萬餘兩
係連同雜款併計以致與道光三十年西課各半帶完成
案數目不符並無將他櫃應征課銀羼入西課希圖停緩

情弊惟此項西埠餉稅均須引鹽運赴埠銷方能完繳廣
西省頻年被擾各埠引地本難設埠行鹽現在梧河雖稍
疏通惟潯州尚未收復上游各府引地依然梗阻臨全富
川賀縣鬱林等各大埠固屬蹂躪其餘永康陸川等各小
埠無不滋擾地方糜爛已甚鹽難運銷餉無從出不得不
變通辦理以保粵綱而紓商力臣復經督飭運司再三訪
查該運商等所稟委係實在情形合無仰懇
恩施逾格俯念廣西省各埠被害最深商亡埠散引懸餉欠廣
東省因夷氛滋擾省河阻運西北江土匪乘機竊發無力

籌融准將廣西省連貴州古州共六十七埠咸豐五年分
餉雜稅羨等銀二十八萬餘兩全數暫行緩征俟咸豐九
年奏銷六年分引餉起至咸豐十五年奏銷十三年分引
餉止勻分八限帶征搭銷五年分引目清完餉雜稅羨銀
兩每屆
奏銷將西省引餉數目督銷引餉職名分數與廣東省奏銷
分册造報以清眉目其咸豐二年省河奏銷開報未完餉
課各分限銀兩並准仍照原奏請俟帶征道光三十年西
課續分三限屆滿掃數全完之後再行續分六限帶征嗣

後按年東西兩省餉雜税羨督飭運司責令公所辦事商
等趕緊設法疏銷清完引餉循照向章由公所辦事運商
經理免解毋許稍有貽誤至西埠餉税等項數目仍飭運司遵
照部行於奏銷省河五年分餉税時將廣西該年餉税等
項分晰某款征銀若干隨同奏銷另册造報所有廣西各
埠應輸咸豐五年分餉雜税羨懇請分限八年帶征緣由
理合恭摺具
奏伏乞
皇上聖鑒訓示謹

奏奉
硃批另有旨咸豐八年十一月初二日內閣奉
上諭黄宗漢奏廣西省五年引餉懇恩緩征分限搭銷一摺廣
西省頻年被擾各埠俱遭蹂躪鹽難運銷若仍照常征收商
力實有未逮加恩着照所請所有廣西省連貴州古州共六十
七埠咸豐五年分餉雜稅羨等銀二十八萬餘兩全數暫行
緩征俟咸豐九年奏銷六年分引餉起至咸豐十五年奏銷
十三年分引餉止勻分八限帶征搭銷五年分引目清完餉
雜稅羨銀兩其咸豐二年省河奏銷開報未完餉課各分限

銀兩並准仍照原奏俟帶征道光三十年西課續分三限屆
滿掃數全完之後再行續分六限帶征以紓商力嗣後東西
兩省按年餉雜稅羨該督仍飭該管運司赶緊設法疏銷請
完引餉餘著照所議辦理該部知道欽此

應行引　見武職人員請展緩赴部

奏為東西兩省軍務未竣水陸武職一切應行引

見人員均請暫緩給咨赴部其升補人員仍請先給署劄恭摺

奏祈

聖鑒事竊照廣東廣西兩省前因軍務喫緊差遣需員所有水

陸各營武職懸缺歷經隨時揀員

奏請升補並聲明該員等均有軍務差遣請

敕部先行發給升署劄付俟軍務完竣再將應行引

見各員陸續給咨送部在案茲查廣東省廣州府之從化龍門

清遠佛岡韶州府之英德惠州府之海豐長甯肇慶府之
高要廣甯德慶封川開建陽春高州府之茂名信宜廉州
府之靈山連州及所屬之陽山潮州府之海陽大埔又廣
西省潯州府及所屬之貴縣平樂府之賀縣梧州府之容
縣岑溪懷集南甯府之橫州永淳太平府之太平土州思
恩府之百色賓州上林鬱林州及所屬之北流陸川等處
股匪仍未蕩平現值勦辦喫緊之際在在需員差遣各營
員弁或督帶兵勇勦捕或分布各處防堵或署理出征要
缺所有前經升補各員仍難給咨赴部而此外水陸武職

各項應行引

見各員亦難依限給咨相應仰懇

天恩俯念軍務緊要准將廣東廣西兩省水陸武職一切應行

送部人員一律暫緩送部其升補人員仍先給與署劄統

俟東西兩省軍務將次完竣再行陸續分起給咨赴部引

見以符定制臣因軍務差遣需人起見謹恭摺具

奏伏乞

皇上聖鑒訓示謹

奏奉

硃批着照所請兵部知道

委署鎮篆

再廣東陽江鎮水師總兵官温賢自咸豐元年補授今職

具摺謝

恩奉到

硃批著無庸前來欽此抵任後屆滿三年奏請

陛見於五年五月初七日接奉

硃批著來見欽此嗣以該總兵所轄洋面有匪船竄擾經前督

臣飭令暫緩起程俟接署有人再行北上現又再屆三年

自應委員前往接署以便該總兵仍遵前

旨進京

陛見其所遺陽江鎮水師總兵篆務查有曾經保舉堪勝總兵

之陞署大鵬協副將潘慶洋務諳練督捕認真堪以署理

除檄飭遵照外所有陽江鎮總兵應行進京及委署鎮篆

緣由謹附片具

奏伏乞

聖鑒謹

奏奉

硃批知道了

留員差遣

再粤東省軍務喫緊文武員弁差委需員臣黄宗漢先經

奏准隨帶來粤辦理夷務之文武各員除奏明分飭赴部

回任外兹據藩臬兩司詳稱查有河南補用同知陳毓書

堪以仍留粤東差遣補用詳請具

奏前來臣等查河南補用同知陳毓書係福建晋江縣舉人

咸豐三年大挑一等引

見奉

旨以知縣用簽掣河南未經領照因親老告養回籍是年在泉

淨妙齋

州辦理團練出力經升任福建撫臣王懿德保奏欽奉
上諭賞加五品升銜五年十月丁母憂七年四月泉州土匪疊
攻郡城團練防勦保固城池八年正月服闋後在本省請
咨赴部領照前往河南正在起程閩適臣黃宗漢於三月
内路經閩省奏請隨帶來粵差遣五月經閩省督撫臣以
該員保守泉城出力彙案奏獎奉
旨著仍歸河南以同知補用欽此該員辦事認真結實可靠於
軍務甚為熟悉又查有候選營守備馮則彬係廣東文昌
縣人由武生投入瓊州鎮標收伍歷拔馬糧委署外委咸

豐六年十二月在捐銅局遵例報捐營守備雙月即用七
年四月赴部投供八年正月經臣黃宗漢隨帶來粤差遣
彙奏在案該員年富力强原籍廣東於防勦情形尤為熟
悉合無仰懇
天恩俯念粤東軍務喫緊差委需人准將河南補用同知陳毓
書候選營守備馮則彬仍留粤東差遣補用以資臂助如
蒙
俞允陳毓書係曾經引
見軍功保舉以同知補用人員今奏留粤東應請即以奉

旨准留之日作為到省日期歸入候補班序補仍俟補缺後軍

務完竣再行引

見馮則彬係捐納守備在部投供候選人員今奏留粵東應請

即以奉

旨准留之日作為到標日期照例補用以上二員均係隨帶來

粵沿途自備資斧抵粵已逾半載派赴軍營幫辦防勦並

一切差遣備著勤勞茲請留粵補用所有應捐分發暨離

省指省銀兩請照防勦軍務出力人員之例免其補交臣

等為軍務需員起見是否有當臣黃宗漢臣柏貴謹合詞

名字並補抄去

附片具

奏伏乞

聖鑒訓示謹

奏奉

硃批另有旨咸豐八年十二月十五日内閣抄出十三日奉

上諭黄宗漢等奏軍務需人請留員差遣等語河南補用同知陳

毓書廣東候選營守備馮則彬經黄　隨帶差遣著有微勞

均著准其留於廣東陳毓書著以同知歸入候補班補用補

缺後俟軍務完竣再行送部引見馮則彬著以守備照例補

用所有該員等應捐分發暨離省指省銀兩並著免其補交

該部知道欽此

陣亡官紳請卹

奏爲廣西懷集土匪竄擾德慶州屬地方官兵中途遇賊接

仗失利請將陣亡被害之文武官紳

飭部議卹並肇慶府知府員缺請

旨迅賜簡放以重職守恭摺奏祈

聖鑒事竊查廣東肇慶府屬之德慶州與廣西懷集縣毗連懷

集土匪自上年攻陷縣城勾結廣甯各股匪結巢山洞肆

出擾害節經官兵分路堵剿臣黄宗漢於本年五月内在

惠州行館接據兼護肇羅道肇慶府知府張永諫稟稱懷

集詩洞及廣甯森洞各股匪於四月十五日竄入德慶州屬之石逕莫村一帶滋擾該處附近僅有候選從九品陳祚慧等所帶潮勇勁勇不過千名殊形單弱現在添雇蜆岡勇親身督帶即日馳赴德慶察看情形熟籌攻守等由正在批飭剿辦間即據德慶州知州吳贊誠稟報張承諫甫抵該州竹嶺山麓遇賊戕害等情當經飛調兵勇一面嚴防肇慶府城一面馳赴該州援剿並札飭該州查明張承諫遇害情形及文武各官紳兵勇下落據實馳稟核辦茲據軍需總局詳據該州吳贊誠稟稱本年四月十五日

懷集慶甯賊匪數千由雙棟而出該處山徑荒僻為人蹟所罕到當即會營督率練勇迅赴堵禦行至石逕地方遇賊接仗殲斃數十名該匪兇悍異常冒死衝突繞河直逼莫村紳士陳之聖等督帶練勇隨同協剿因該處居民無多賊匪猝至練勇抵敵不住致被攻破莫村教諭銜生員陳之聖貢生陳居剛監生陳居澄武生甘鋭中同時陣亡二十九日兼護道肇慶府知府張承諫帶勇馳抵該州暫駐播植墟派令各隊兵勇前往扼要之金郡地方踏看地盤以備紮營中途忽遇賊匪兵勇衆寡不敵退至吉堆河

口淡水勇潮勇暨該州練勇分路夾河抵禦匪衆翻越山岡四路撲進約計五六千名兵勇力戰自卯至巳三時之久饑餓疲乏該匪即分股直撲播植墟口張承諫營盤各勇趕往救護被匪衝開我軍前後不能相顧張承諫隨營之蜆岡勇並該州派往之江村勇七都練勇竭力抵拒勢莫如何退至竹嶺腳賊衆愈聚愈多我軍傷亡不少張承諫仍奮勇當先手執令旗厲聲喊戰以致身被八創左手小指及髮辮俱被砍斷力竭殞命帶勇之都司銜潘兆元悅城司巡檢張世謙從九職銜楊聯捷陳居柳均登時陣亡

紳士儘先選用州同歐兆卿營千總職銜梁祥雲儘先選
用從九品府署典吏譚明新均在竹嶺山麓被執不屈同
時戕害等情前來核與張承諫家人李榮稟報相同臣等
查懷集匪徒結連廣甯各股匪肆擾兩年此次乘西路大
兵前往克復梧州該匪由荒僻小路繞出德慶意欲乘我
不備直達肇慶府城以斷梧州後路糧臺幸該處文武紳
民預先節節防備該匪雖攻破莫村播植究不能長驅直
入臣等於聞報後即經調撥前在廣甯剿捕之順德協副
將衛佐邦遊擊張金華等移營德慶合力痛剿疊獲大勝

殺斃賊匪無數該州境内業已廓清除酌留兵勇防守各
隘口毋任回竄並督飭衛佐邦等會合廣甯官兵籌攻懷
集老巢以拔根株並飭查傷亡兵勇另行咨部議卹外所
有此次遇賊接仗陣亡之兼護肇羅道肇慶府知府張承
諫都司銜潘兆元悦城司巡檢張世謙從九職銜楊聯捷
陳居柳並被執遇害之紳士儘先選用州同歐兆卿千總
職銜梁祥雲儘先選用從九品譚明新興前次陣亡之教
諭銜生員陳之聖貢生陳居剛監生陳居澄武生甘鋭中
相應請

旨敕部議卹以慰忠魂張承譔所遺肇慶府知府員缺地當兩

粤要衝責任綦重除遴員委署外應並請

旨迅賜簡放以重職守謹合詞恭摺具

奏伏乞

皇上聖鑒訓示謹

奏奉

硃批另有旨咸豐八年十二月十三日内閣奉

上諭黄宗漢柏貴奏請將遇賊陣亡被害各官紳議卹一摺廣

西懷集廣甯各賊匪於本年四月間竄入德慶縣屬之石逕

莫村一帶知府張承諫帶勇往剿中途遇賊因賊衆兵单營
盤被陷在竹嶺脚地方身被八創隕命帶勇各官紳同時被
害旋經黄宗漢等調撥兵勇前往剿擊疊獲大勝斃匪無數
德慶州境内均已一律肅清所有遇賊接仗陣亡之兼護肇
羅道肇慶府知張承諫都司銜潘兆元廵檢張世諫從九品
銜楊聯捷陳居柳並被執遇害之紳士州同歐兆卿千總銜
梁祥雲從九品譚明新與前次陣亡之教諭銜生員陳之聖
貢生陳居剛監生陳居澄武生甘銳中均著交部議䘏另片
奏前署肇慶府經歴許鈞於咸豐五年間帶同高明縣屬紳

士前赴肇羅道行營禀有攻復肇慶府城途過賊匪被執不屈
同被戕害等語府經歷許鈞生員譚演忠文童譚敏修勇目
梁祖福梁亞廣李亞農黎威並著交部分别議䘏以彰忠藎
欽此

遇賊被害人員請卹

再前署肇慶府經歷許鈞於咸豐四年七月初旬因逆匪

滋事經肇慶府知府李敦業飭令下鄉勸諭團練至七月

十二日郡城被賊攻陷之後仍在各鄉激勸紳民急圖克

復是年十月内署高要縣知縣黄慶莪會督文武紳勇攻

剿逆匪因該署經歷許鈞在行營幫審逆匪出力稟請獎

勵嗣該署經歷聞兼護肇羅道郭汝誠派撥兵勇來肇駐

紮北根地方即於五年二月初間前往隔江之金西圍等

處與紳士商謀復城該處係與高明連界聯絡團練是月

十二月帶同高明縣屬生員譚演忠高要縣屬文童譚敏修勇目梁祖福梁亞廣李亞農黎威著由桃溪渡江欲赴郭汝誠北根行營稟商復城之策詎行抵羚羊峽地方適遇逆匪梁培支等匪船將署經歷許鈞及生員譚演忠等擄捉回城逼令從逆許鈞與譚演忠等罵賊不屈至十四日一同被賊戕害至該署經歷印信先經其家屬攜帶在鄉後已呈繳並無遺失據前署高要縣沈亨惠查明經前任肇慶府張承謙確切覆查具稟軍需總局核議詳請

奏卹前來臣等伏查軍營人員遇賊被擄戕害例應議卹今

前署肇慶府經歷事試用府經歷許鈞與生員譚演忠文
童譚敏修勇目梁祖福梁亞廣李亞農黎威著俱因肇慶
府城失陷前赴護肇羅道郭汝誠行營稟商復城之策中
途被擄罵賊不屈一同被害既據縣府查明屬實殊堪憫
惻相應奏懇
天恩俯准敕部將前署肇慶府經歷事試用府經歷許鈞生員
譚演忠文童譚敏修勇目梁祖福梁亞廣李亞農黎威著
分別議卹以慰忠魂謹附片具
奏伏乞

聖鑒訓示謹

奏奉

硃批另有旨

晉江黃尚書公全集卷二十六目錄

奏疏二十六 任両廣總督奏議

甄別千總劾不及數

總兵黄開廣請暫緩　陛見

總兵慶寅請暫緩　陛見

守備徐焜管駕師船逗遛革審

選授德化令何文瀾仍留營差遣

借撥銀兩請充粤省軍需

巡撫開缺委員接署

陞補游擊

總兵展緩　陛見

郎中梁元桂留辦土客事宜

克復靈山縣城

越南國王呈覆領到　賞件

丁憂人員留營差遣

密奏夷情

晉江黄尚書公全集卷二十六

男貽楫謹輯

姪貽杍恭校

奏疏二十六任兩廣總督奏議

紳員請奬

奏爲廣東順德縣捐貲團練搜捕賊匪各局出力紳士員弁

懇請奬敘恭摺奏祈

聖鑒事竊照廣東歷届捐貲練勇出力未經請奬各案經臣黄

宗漢附驛具

奏於咸豐八年五月二十五日內閣奉
上諭黃宗漢奏粤東歷屆捐貲練勇出力紳民請補行奬叙一
摺咸豐四年間廣東土匪滋事攻撲省垣並蔓延數十州縣
經各處紳民捐貲練勇隨同官軍相機勦辦俾闔省地方得
以迅就肅清實屬深明大義惟未據葉名琛聲請奬勵茲黃
宗漢已到省著即督飭各地方文武撿查從前原案據實申
報即由該督詳細查覈分別保奏以奬忠勇而資觀感欽此
當經轉行欽遵辦理去後茲查順德縣於咸豐四年七月間
因紅匪倡亂攻陷縣城肆擾各鄉嗣經勦辦克復縣城是

時大股逆匪雖已擊散殲除而敗竄黨羽尚多回鄉潛匿
該縣紳士各設公局集貲團練協同官兵密速搜捕陸續
綑送匪犯計獲解首夥逆匪訊明正法者一萬餘名地方
藉以肅清士民得以安堵而殷富紳民又能踴躍捐輸軍
需銀一百三十餘萬兩源源完繳實屬官民聯為一氣同
仇敵愾共矢公忠深堪嘉尚查克復城垣隨同打仗出力
紳民業經彙同文武員弁
奏請奬敘在案其捐貲出力紳民亦經由局給發局收聽其
隨時請奬惟各鄉募勇團練獲犯衆多並實力勸捐任怨

任勞尤為出力之紳士及克復城池後幫同搜捕勦辦善
後各員弁典吏尚有漏未獎勵者自應一併請給獎敘茲
據順德縣查明列冊申報由軍需總局司道覆覈彙詳請
奏前來臣等伏查順德縣城鄉各設公局齊心團練協同官
兵搜捕逆匪各紳士員弁人等或捐貲練勇或勸捐助餉
以及搜捕餘匪勦辦善後各事宜實屬始終出力著有勞
績自應分別保奏以昭激勸除出力稍次之紳民由臣等
發給功牌酌予獎賞咨部存記外所有最為出力紳士員
弁謹繕清單恭呈

御覽伏乞
皇上聖鑒訓示謹
奏奉
硃批另有旨咸豐八年十二月二十日奉
上諭黄宗漢等奏遵保廣東捐貲團練出力紳士員弁開單請奬
一摺廣東順德縣城各局辦理團練勸捐助餉及搜捕善後
各事宜該紳士等始終出力著有微勞自應量予奬勵舉人
馮冠賢著以教諭不論雙單月遇缺即選高明縣訓導楊康
著以府教授遇缺即選州同銜羅錫縉着賞加同知銜光禄

寺署正銜龍景昌著以同知不論雙單月選用同知銜羅家
田著以同知雙月選用並賞加運同銜廪生岑汝釗著以訓
導不論雙單月遇缺即選六品軍功張騰著以從九品不論
雙單月遇缺即選仍賞給六品頂戴羅家馨著賞給布政司
經歷銜生員黃懿之著以訓導不論雙單月選用候補把總
岑遇清著免補把總以千總遇缺儘先補用布政司經歷銜
龍鼎勳著賞加同知銜同知銜羅傳成賞加運同銜候選訓
導羅恒簡著以訓導不論雙單月遇缺儘先選用揀選知縣
黎熾遠著以知縣不論雙單月遇缺即選附貢生馮培光生

太常士 士字可改寺字

員劉起元尤兆璜均著以訓導不論雙單月選用監生尤贊熙著賞給翰林院待詔銜伍汝鋼著賞給國子監典籍銜太常寺博士何孔垣著賞給光禄寺署正銜訓導陳文鍾著賞給國子監學正銜舉人就職教諭袁秉奠著以教諭本班儘先選用府經歷胡天柱著以布政司經歷雙月選用舉人陳松著賞給内閣中書銜候選内閣中書林式蕃著以中書不論雙單月遇缺儘先選用訓導李獻能著以教諭不論雙單月遇缺儘先選用並賞加國子監學正銜廪生周界著以訓導不論雙單月遇缺儘先選用舉人何鍔著以教諭不論雙

單月遇缺即選教諭何作明著賞給國子監學正銜武生譚嵩年著以營把總拔補廪生蘇冕著以訓導不論雙單月遇缺即選生員黃容顏光憲黃煥邦麥仰歡馮宗裕馮鍌陳植槐均著以訓導不論雙單月選用武舉陸平章著以營千總拔補恩貢生何廉著以教諭本班儘先選用生員霍景純著以訓導雙月選用訓導黎思勤林寅均著賞給詹事府主簿銜國子監典籍歐守仁著給主事銜生員黃昭善著以訓導儘先選用訓導羅國仕著以教諭儘先即選監生歐有耀著賞給按察司經歷銜訓導歐卓棻著遇有訓導缺出儘先選

用從九品銜吳樹楨著以從九品歸部不論雙單月選用候選縣丞黃紹基著以縣丞儘先選用並賞給布政司經歷銜監生歐日閑著賞給按察司經歷銜候選道馬逢亨著以道員不論雙單月選用並賞加鹽運使鹽運使銜內閣中書賴子猷著免補本班以員外郎不論雙單月遇缺即選候選鹽提舉胡夢麒著加運同銜舉人楊炳然著以知縣遇缺即選同知銜梁鶴年著以同知雙月選用監生黃濟之著賞給五品頂帶郎中蘇文錦著賞加四品銜訓導徐清著賞給內閣中書銜岑昌銓著賞給翰林院待詔銜舉人劉霈鈖著賞給

國子監學正銜劉宜秩著以教諭不論雙單月遇缺即選藍
翎都司羅福安著賞換花翎守備闕兆熊著俟補官日賞加
二級即補把總余貴著免補把總以千總儘先拔補典吏蘇
敬著以從九品歸部選用該部知道單併發欽此

武職員缺請先行揀補

奏為廣東軍務喫緊請將水陸各營武職員缺先行揀選陞

補以資差遣恭摺奏祈

聖鑒事竊照廣東水陸各營應題員缺前經奏請將軍營出力

人員先行陞補無庸聽候部文開缺奉到

硃批着照所請行兵部知道欽此續經前督臣隨時揀員六次

列單

奏請陞補均奉

飭部議准在案臣接篆後因查各營員弁有經前署督臣柏貴

揀員陞補飭令先行赴任因夷務倥偬未及具
奏此外復有續出之缺具報前來現當軍務喫緊之際或須
調赴帶兵勦匪或應派令防守要隘在在均關緊要員缺
未便久懸當將前署督臣柏貴陞補之員覆加查核並將
各營陸續所出之缺會商廣東水師提督臣吳元猷署廣
東陸路提督臣通安在於軍營出力人員內秉公遴選查
有前經奏
旨陞用及現在帶兵勦捕勞績最著人地相宜者堪以陞補惟
所陞之缺或開缺未准部咨請陞各員或陞署未經引

見或未接劄歷俸或係籍隸本府與例均有未符但因人地相
需及軍營出力之員從前皆奏准有案現當軍務喫緊更
未敢稍涉拘泥懸缺以待致於堵勦操防一切事宜轉滋
貽誤合無仰懇
天恩俯准將單開各員缺悉予揀選陞補庶員缺不致久懸防
勦可期得力謹將請陞各員缺另繕清單恭呈
御覽如蒙
俞允該員等均有軍務差遣緊要事件並請
敕部先行發給陞補陞署劄付統俟軍務完竣即將應行引

見各員陸續給咨送部以符定制其陞補守備所遺千總以下

各缺由臣遴選合例弁目拔補咨部辦理謹會同廣東水

師提督臣吳元猷署廣東陸路提督臣通安合詞恭摺具

奏伏乞

皇上聖鑒訓示謹

奏奉

硃批兵部議奏單併發

請將縱兵滋事之營員革審

奏為特參縱兵索規釀命兇兵脫逃之署都司把總請

旨一併革職審辦以肅功令恭摺奏祈

聖鑒事竊據護高廉道文王署高州府袁銘泰稟稱高州地方

因辦理團練經費無出查照定章在於所屬之水東墟地

方設局抽釐派令紳士經理雇有壯勇在局彈壓本年二

月間有該墟米商販米五十餘包欲由海船運省售賣陽

江右營兵丁楊耀東等輒向攔阻索取陋規該營署都司

吳壯清不但不加約束反添派弁兵幫同勒索因抽釐局

紳從旁解勸該兵丁等即將局雇壯勇毆斃一名致傷三
名擄捉一名據局紳禀報到道府飭縣驗明傷痕提郡訊
辦等情當經批飭該護道督同高州府提郡審辦並據陽
江鎮總兵温賢查禀情節大略相同復飭據該鎮禀稱兵
丁楊耀東等據報脫逃又行兇兵丁朱汝元隨同把總梁
其集赴鄉防堵經該營飭令梁其集將朱汝元妥為扣留仍
被脫逃等情禀請一併參革前來除將吴壯清等解任各
缺委員署理飭令赴案質訊并勒緝兵丁楊耀東等務獲
解究外查兵丁勒索陋規大干例禁署都司吴壯清不惟

不加禁遏反添派弁兵幫同勒索致釀人命實出情理之
外把總梁其集既經飭令將兇兵朱汝元扣留仍被脫逃
顯係有心故縱更難保無分肥得賄情事相應請
旨將署陽江鎮右營都司事右營守備吳壯清陽江鎮右營右
哨頭司把總梁其集一併革職歸案嚴行審辦以肅法紀
而昭儆戒恭候
命下所遺守備把總各缺由外另行擬補揀拔照例分別辦理
所有特參署都司之守備把總二一併革審緣由謹會同水
師提督臣吳元猷合詞恭摺具

奏伏乞

皇上聖鑒訓示謹

奏奉

硃批依議

甄別水陸營員

奏爲廣東省水陸營員嚴行甄別請

旨降革勒休以肅營伍恭摺奏祈

聖鑒事竊照武職副將遊擊等官職分較大有統轄弁兵之責必須操守端方年力精壯曉暢營務勤奮操防方爲無忝厥職茲查廣東省廣海寨水師遊擊歐清在署平海營叅將任内性耽嫖蕩有玷官箴碣石水師鎮標中軍遊擊沙中玉陽江水師鎮標中軍遊擊梁得禄俱年老多病難期振作南雄協副將王德性情貪鄙雖無尅扣兵餉重情而

圖利營私兵心不服署三江協副將捒發副將松壽昏聵
糊塗任由家丁管事遇有緊急幾至貽誤南韶連鎮中軍
遊擊周文福性耽遊玩訓練不勤惟年力正壯尚堪驅策
據各該管總兵官揭報前來臣覆查屬實除將該副將遊
擊等撤任委員接署外相應請
旨將廣海寨水師遊擊歐清革職碣石水師鎮標中軍遊擊沙
中玉陽江水師鎮標中軍遊擊梁得祿均勒令休致南雄
協副將玉德署三江協副將捒發副將松壽均革職南韶
連鎮標中軍遊擊周文福降為都司守備留於廣東酌量

補用以觀後效恭候
命下所遺陸路各缺應請歸部推選水師各缺應請留粤題補
合併聲明臣為整飭營伍起見是否有當謹會同廣東水
師提督臣吴元猷署陸路提督臣通安合詞恭摺具奏伏
乞
皇上聖鑒訓示謹
奏奉
硃批另有旨咸豐八年十二月二十日内閣奉
上諭黄宗漢奏甄別水陸營員一摺廣東廣海寨水師遊擊歐

清在署平海營參將任內性耽游蕩有玷官箴著即革職碣石水師鎮標中軍遊擊沙中玉陽江水師鎮標中軍遊擊梁得禄年老多病難期振作均著勒令休致南雄協副將王德圖利營私兵心不服署三江協副將揀發副將松壽昏瞶糊塗信任家丁均著革職南韶連鎮中軍遊擊周文福性耽游玩訓練不勤惟年力尚壯著降為守備留於廣東酌量補用以肅戎政欽此

請將不職之署知府革職

奏為特參不職之署知府事虎門同知請
旨革職以飭官常而肅吏治恭摺奏祈
聖鑒事竊照知府一官有表率屬僚之責無論正署均須潔己
奉公輿情允洽方足以資整飭茲查有署高州府事虎門
同知袁銘泰自上年十月接署府篆以來高州地接粵西
正值鄰匪不靖時有竄越之虞必須固結民心庶能籌防
外匪乃該署府袁銘泰辦理地方公事未能整飭率屬無
名甚屬平常物議沸騰輿情不洽當此地方多事未便稍

事姑容業經行司撤任現據藩臬兩司轉據該管道詳請

奏叅前來相應請

旨將撤署高州府事虎門同知袁銘泰即行革職以飭官常而

肅吏治所遺虎門同知員缺係海疆繁要題調之缺廣東

省現有應補人員恭候

命下檄司遴員詳補仍飭查明袁銘泰在署高州府任内有無

貪劣實據並經手未完事件另行分别核辦外所有特叅

不職之署知府事虎門同知緣由臣等謹合詞恭摺具奏

伏乞

皇上聖鑒訓示謹

奏奉

硃批另有旨咸豐八年十二月二十日内閣奉

上諭黄宗漢等奏特參聲名平常之署知府請旨革職一摺廣東署高州府事虎門同知袁銘泰自接署府篆以來辦理地方公事未能整躬率屬物議沸騰輿情不洽着即革職仍着該督撫查明如有貪劣實據並經手未完事件另行分别參辦欽此

書如齋

軍營病故人員請卹

奏爲軍營積勞病故人員查明請

旨飭部議卹恭摺奏祈

聖鑒事竊查前署廣州府事瓊州府知府郭超凡於咸豐七年正月間清遠縣城被匪圍攻緊急委令督兵前往勦辦二月二十三日克解城圍跟蹤追勦因在軍營積受潮溼染患脾洩之證未及醫調自春徂秋力疾攻勦賊勢窮蹙復因感受暑溼脾胃大傷氣虛下陷乃於八月初間回省九月内飭卸署廣州府事俾得安心調理詎十一月夷人進

城籌防累月憂勞交集病勢日深醫調罔效延至八年五
月三十日在省病故又廣東高要縣知縣黄家仁上年廣
西梧州府城被匪圍困以該員熟悉西江情形飭令督帶
兵勇沿途迎擊迨梧郡失陷仍飭該員督勇協力攻勦隨
報丁憂即經
奏准仍留軍營本年四月克復梧州後復帶勇進勦肇慶府
屬封川開建股匪七月初四日收復封川之漁撈墟前後
辦理軍務年餘積勞已深兼染時疫服藥罔效至七月初
八日病故據軍需總局司道查明具詳請

奏前來臣等伏查軍營立功後病故人員例准議卹今前署
廣州府事瓊州府知府郭超凡督兵克解清遠城圍在軍
營患病回省醫調復因防夷積勞病故前高要縣知縣黃
家仁委帶兵勇勦辦西江賊匪克復梧州後復帶勇收復
漁撈墟辦理軍務年餘在營病故均核與軍營立功後病
故請卹之例相符合無仰懇
天恩俯准敕部將前署廣州府事瓊州府知府郭超凡前高要
縣知縣黃家仁照例議卹俾昭激勸所有軍營積勞病故
人員查明請卹緣由謹合詞恭摺具

奏伏乞

皇上聖鑒訓示謹

奏奉

硃批均著照軍營病故例議卹

遵　旨移交關防
奏為遵
旨派員賫送
欽差大臣關防日期恭摺奏祈
聖鑒事竊臣於咸豐九年二月初四日准吏部咨咸豐八
年十二月二十六日内閣奉
上諭本日據桂良等陳奏唤國咨文各件内有偽造廷寄
諭旨一道據稱係唤國人得自廣東者披覽深為詫異
中國自來撫馭各國一秉大公從無設計暗害之事自

葉名琛失事後命黄宗漢為兩廣總督授欽差大臣
關防原以保守疆土即侍郎羅惇衍激於義憤練勇自
衛亦紳士應辦之事迨桂良等在天津和議已成黄宗
漢專辦本地軍務羅惇衍等亦遵旨專辦土匪並無與
暎咈二國交兵之舉該國現雖尚未交還廣東省城但
能約束兵丁不擾民間自可相安無事乃有偽造廷寄
令羅惇衍等與該二國為難以致暎國疑慮著黄宗漢
嚴拏偽造之人盡法懲辦使各國皆知我中國辦事光
明正大一經定擬盡釋嫌疑造言生事之人無從煽惑

至上海現辦通商事宜與廣東相距較遠著即授兩江
總督何桂清為欽差大臣辦理各國事務所有欽差大
臣關防著黄宗漢派員賫交何桂清祇領接辦欽此臣
恭讀之下當即欽遵辦理將
欽差大臣關防一顆親自封固派委知府銜候補同知甘
槐候補都司孫勝宗敬謹領賫隨帶兵勇十名於二
月十八日束裝起程由廣東韶州府一帶探聽湖南
之郴州江西之南安府何路通順即取道行走小心
賫送馳赴江蘇常州府

欽差大臣兩江總督臣何桂清行營交給祇領并飛咨湖
南江西各省督撫臣檄飭經由地方文武各官選撥
兵役妥為護送務保無虞以昭慎重外臣謹恭摺具

奏伏乞
皇上聖鑒謹
奏奉
硃批知道了

甄别千總劾不及數

奏為廣東省甄别千總劾不及數恭摺具奏仰祈

聖鑒事竊照乾隆六十年准兵部咨稱嗣後各省甄别千總年終彙咨報部時其甄别及數者於咨内聲明如果無衰庸戀缺應行甄别之處令該督撫等將無可劾

叅緣由切實聲明具

奏等因在案臣查每年甄别千總廣東省應劾五員廣西省應劾二員今咸豐八年分廣東省僅劾去碣石鎮左營千總卯日亮廉州營右哨千總鍾國勳二

員甄别尚未及數據各提臣查覆此外各鎮協營千

總内詳加查核俱尚勤奮供職現無衰庸應劾之員

等因前來臣仍當隨時訪察如有年力衰庸及操防

懈怠者即行劾恭以肅營伍斷不敢稍事姑容至廣

西省各項年滿千總前因軍務緊急調遣需人業經

咨部一律暫緩考驗在案八年分仍未分别保留辦

理其甄别是否足數未准廣西提臣咨報俟咨催到

日另行核辦所有咸豐八年分廣東省甄别千總劾

不及數緣由謹循例據實陳明恭摺具

奏伏乞

皇上聖鑒謹

奏奉

硃批兵部知道

靜妙齋

青如齋

總兵黄開廣請暫緩陛見

再廣東瓊州鎮水師總兵黄開廣於咸豐六年正月

補授今職具摺謝

恩接奉

上諭廣東瓊州鎮總兵黄開廣奏請陛見一摺瓊州為外

海重鎮巡洋捕盜必須統率得人著葉名琛體察情形

如果洋面安静即將該鎮印務派員署理飭令黄開廣

來京陛見倘一時委署乏人即傳知該總兵暫緩來京

欽此經前督臣葉名琛以該鎮所轄洋面與省城各洋

面聲息相通時有盜匪在洋窺伺即經該總兵人船
並獲無如旋滅旋生捕務更難鬆勁鎮將非帶兵出
省征剿即駕船防守要隘委署鎮篆乏人奏請暫緩進
京咸豐七年正月二十六日接奉
硃批著照所請欽此茲扺任已屆三年例應請
覲惟該總兵前經葉名琛札委統帶舟師駛往陽江西下
一帶緝捕現在洋面雖漸肅清而盜蹤飄忽靡常時
須防範復因瓊州府屬之陵水縣黎匪滋擾又須該
總兵統帶兵勇前往剿辦且委署亦屬乏人合無仰

懇
天恩俯准黄開廣仍行暫緩進京俟海黎一律平静再行
北上謹附片具奏伏乞
聖鑒訓示謹
奏奉
硃批著照所請

青如

總兵慶寅請暫緩陛見

再臣接據高州鎮總兵慶寅禀稱該總兵於咸豐四年五月初六日奉

旨調補高州鎮總兵五年十二月十六日馳抵高州府城接印任事計自到任之日起扣至咸豐八年十二月十六日三年期滿例應具摺請

覲惟所轄各協營多與西省毗連現在防剿吃緊應於何時恭摺請

覲等由前來臣查總兵抵任三年期滿例應請

覲惟高州鎮所轄各協營地方處處毗連西省現在西匪
尚未殲滅該總兵在任年久熟悉地方情形於一切
防剿事宜頗為得力未便更易生手致滋貽誤相應仰
懇
天恩俯准高州鎮總兵慶寅暫緩進京俟防剿事竣再行
奏請以重地方而免疎虞除批飭該總兵安心籌防俟
臣奏奉
諭旨恭録飭遵外謹附片具
奏伏乞

聖鑒訓示謹
奏奉
硃批著照所請

守備徐焜管駕師船逗遛革審

奏為山東省營弁管駕師船回山東逗遛圖利捏報遭

風請

旨革職嚴審恭摺奏祈

聖鑒事竊臣接據署陽江鎮總兵潘慶禀稱據硇洲營都

司陳貞標禀親督弁兵於咸豐八年十一月十九日

在硇洲洋面拏獲大拖船一隻水手許亞保等八名

查係山東第三號師船在陳村私放出洋當即解發

陽江縣收審等情並據署陽江縣知縣陳景轄禀訊

據許亞保等供稱該犯等係山東文登協守備徐焜
所雇水勇幫駕師船同山東共師船六隻俱停泊順
德縣屬陳村河面八年四月内由陳村往來電白洋
面押護鹽船得銀充作口糧並在洋奪得洋匪所搶
穀船貨船各一隻賣銀分用九月内該犯等復聽從
舵工林亞筍等共夥二十二人將該第三號師船由
陳村私放出洋圖利一路賣去大小砲六位駛至硇
洲即被拏獲等供查山東省前委登萊青道張鳳池
來粤造辦師船咸豐六年冬間造成師船十六隻停

泊省河適夷人滋事悉被焚燬委員張鳳池復在廣
東藩庫借項補造師船十四隻連山東委員候補知
縣何大璋管帶回粵修補開風船一隻共造成師船
十五隻七年十二月據張鳳池禀報該師船已分派
守備劉振昌徐焜管駕於十二月初四日一律開行
出洋前往山東嗣於八年三月忽據徐焜以該船尚
未放洋口糧不敷禀請借銀九百兩當經批飭不准
並飭赶緊駕駛回東續於十月内又據徐焜禀稱管
駕師船六隻前往山東開行後於五月二十八日行

靜妙齋

抵南澳外洋遭風損壞其第三號師船并被漂失業
將該船五隻駛回陳村請借廉銀修葺復經飭據署
雷總局轉飭順德縣借給銀五百兩催令赶緊修葺
管駕起程核與許亞保等所供船隻號數相同情節
迥不符合隨提徐焜到惠州發委新任廉州府知府
哈興阿候補知府沈映鈴綏猺同知鍾斯敬督同歸
善縣知縣何慶齡審訊該守備徐焜初尚以該師船
在洋遭風損壞漂失請借銀三千九十九兩一錢與
修並給發口糧赶駕回東等情具稟道經諭令委員等

嚴切研審始據徐焜供認管駕師船六隻因口糧不
敷押護鹽船至電白得銀四百兩復押護鹽船回省
得銀六百兩及在洋奪得賊刦穀船貨船各一隻不
諱而於第三號師船則仍稱五月內在南澳洋面漂
失堅不吐實伏查守備徐焜以山東營弁管駕造成
師船回東疊經山東省咨行飭催該守備徐焜宜如
何上緊管帶開行乃始則逗遛不進灣泊陳村繼則
往來押護鹽船得受銀兩續又毫無覺察任令水勇
等將師船私放出洋其所稱五月內在洋遭風漂失

顯係揑情掩飾且據供奪得縠船貨船是否得之賊
匪抑另有在洋搶刦重情非嚴審確情澈底根究不
足以昭覈實而肅法紀相應請
旨將山東文登協守備徐焜即行革職以便發司提集現
獲之許亞保等嚴審確情從重按擬究辦其師船六
隻據報船身既多損漏砲位亦被賣數尊粵東經費
支絀不能再為撥借除飭該地方營縣派撥弁兵丁
役妥為看守一面備咨山東撫臣迅即派員寬為籌
帶銀兩來粵將該師船修葺配足砲位管駕回東外

謹會同廣東巡撫臣柏貴合詞恭摺具奏伏乞

皇上聖鑒訓示謹

奏奉

硃批另有旨

選授德化令何文瀾仍留營差遣

再接准部咨廣東海豐縣教諭何文瀾咸豐八年二

月分選授福建德化縣知縣行令交代清楚給咨赴

部引

見等因當經轉行遵照去後兹據廣東布政使畢承昭詳

據署惠州府知府海廷琛稟稱現因海豐縣屬土匪

滋事奉委督帶兵勇前往剿辦查有海豐縣教諭何

文瀾在任多年熟悉地方情形即經飭令隨同帶勇

分投剿捕并隨處勸諭紳商捐輸助餉均甚得力今

軍務未竣該員奉文選授知縣請暫緩給咨赴部以
免更易生手等由前來臣等伏查咸豐六年奉行新
例用兵省分月選人員均令依限赴任不准奏留辦
理團練防堵等事其本員逾限仍照例辦理又推升
至現辦軍務省分人員逾限尚未赴部其原省本係
軍務省分毋庸奏明開缺等因查核新例用兵省分
月選人員均令依限赴任係指無軍務省分之員選
授有軍務省分之缺藉口團練防堵規避者而言其
有軍務省分人員實有經辦軍務未能依限赴任自

不在其內是以經部另行奏明逾限尚未赴部其原省本係軍務省分毋庸奏明開缺今海豐縣教諭何文瀾係廣東信宜縣人自咸豐五年以來歷隨署惠州府海廷琛在海豐等縣辦理軍務八年秋間該縣土匪復行滋事臣黃宗漢駐紮惠州立即飭委海廷琛仍調帶何文瀾前往剿辦茲據海廷琛以何文瀾隨同剿捕勸捐均甚得力請暫緩給咨廣東本係有軍務省分該員何文瀾係本省人隨同剿匪有據核與非軍務省分而選補軍務省分藉詞團練防堵者

逈不相同且並非奏留開缺另補亦與逾限尚未赴
部原省本係軍務省分毋庸奏明開缺新例相符況
該員前因剿匪出力得邀奬敘選授斯缺此次賊匪
復擾尤須責成竭力報效更未便令其置身事外合
無仰懇
天恩俯念剿捕吃緊准將選授福建德化縣知縣何文瀾
暫緩給咨赴部仍留海豐軍營隨同剿捕俟軍務事
竣再行給咨赴部引
見以免更易生手臣等為軍務需人起見除咨明部科外

臣黃宗漢臣柏貴謹合詞附片具陳伏乞

聖鑒訓示謹

奏奉

硃批吏部查議具奏

借撥銀兩請充粵省軍需

奏為廣東省餉需支絀陸續借撥過屯田溢坦變價銀兩無項歸還請
旨准撥充廣東本省軍需以清款項而昭覈實恭摺奏祈
聖鑒事竊照廣東省辦理屯田溢坦變價係為接濟外省兵餉之用原應查照部議專款存儲隨時列冊報部不得絲毫擅動咸豐七年六月剿辦西北江賊匪經費支絀適前項屯坦變價收繳漸有成數因陸續借撥銀數千兩或一萬兩以應急需迨至秋間西江賊勢

更形捐撥非添募船勇難期得力經前督臣葉名琛
議請在於屯坦變價項內借撥銀二十萬兩以為添
造船隻置辦軍火支給口糧之用於是年九月內
奏奉
諭旨允准在案嗣以西北江月需餉項無從籌措仍藉前
項坦價以為挹注計自七年六月起至八年四月除
奏撥之二十萬兩不計外尚借撥過銀二十八萬九
千兩臣黃宗漢到任後各路軍營請領餉需沓來紛
至察看情形均屬刻不可緩督飭軍需總局司道於

各項搜羅之外加以隨時設法仍屬不敷支發不得
不再於此項通挪復自八年五月起至十月初間止
又陸續借撥前項變價銀八萬五千九百兩先後共
再借撥銀三十七萬四千九百兩除還過銀三萬兩
尚實借撥銀三十四萬四千九百兩本擬續行籌款
歸還是以當時未經奏報茲據軍需總局屯田總局
司道以借撥屯坦變價銀兩無項可還詳請具
奏前來臣等伏查前項屯坦變價銀兩本應報部候撥
本省軍需不得擅動惟西北江軍務需餉萬分緊急

搜羅既竭設法已盡之餘自不得不將此項坦價暫行
濟急現在軍務仍形吃緊籌畫益復艱難各處軍營
欠發口糧動經數月時虞鼓譟該司道等所稱無項
歸還亦屬實在情形臣等再四思維此項坦價早應
報部既未便久事宕延而銀兩業經借撥更未便仍
作實存造報致滋轇轕相應據實陳明仰懇
天恩俯准將廣東省先後借撥過屯坦變價銀三十四萬
四千九百兩即撥充廣東本省軍需將來歸入廣東
省軍需項下報銷以清款項而昭覈實此後續有繳

到坦價銀兩仍應查照部議俟有成數即專款存儲
隨時報部候撥除咨明户部外臣等謹合詞恭摺具
奏伏乞
皇上聖鑒訓示謹
奏奉
硃批户部核實酌擬具奏

青如

巡撫開缺委員接署

奏為廣東撫臣因病開缺先行委員接署並遞署藩臬二司

恭摺奏祈

聖鑒事竊臣前在龍川軍營先後接據廣東布政使畢承昭撫

標中軍參將瑞齡稟報撫臣柏貴於本年三月十一日唇

上左偏起一小瘡左腮暴腫不能辦事業經委令藩司將

日行稿案代行代印以期安心調理詎意病證一變醫治

罔效遽於三月二十三日酉時因病開缺身後一切事宜

隨同廣州將軍臣穆克德訥粵海關監督臣恒祺督飭代

辦廣州府事羅定直隸州知州壽祺及南番二縣妥爲料
理所遺
欽
頒廣東廵撫道字五十九號及太平關監督乾字二千八十六
號關防各一顆督飭書吏敬謹封固暫存撫署派令瑞齡
壽祺在署慎守俟署篆有人再行齎交續准廣州將軍穆
克德訥咨同前由均聲明所遺廣東廵撫員缺已經由驛
馳
奏請
旨簡放等情前來臣查夷務雖已議和夷人尚未退出省城今

撫臣柏貴因病開缺鎮壓撫綏均關緊要必須一人專署
湖查上年柏貴告假其巡撫篆務經欽奉
諭旨著布政使畢承昭署理嗣因奉到部文之日柏貴已假滿
回任畢承昭未及接署該司到粵已逾一年才識通達辦
事和平自本年正月起已移駐佛山往來省城辦理籌餉
事宜於省中情形亦甚熟悉自應欽遵前奉
諭旨將廣東巡撫篆務交藩司畢承昭署理其所遺廣東布政
使印務查有廣東按察使周起濱樸實任事諳練老成堪
以署理其周起濱所遺按察使印務查有兩廣鹽運使齡

椿守潔才優辦事精細堪以兼署除分飭遵照並飭撫標
中軍叅將瑞齡將廣東廵撫及太平關各關防齎交藩司
畢承昭接收署理外所有廣東撫臣因病開缺先行委員
接署並遞署藩臬兩司緣由謹恭摺具
奏伏乞
皇上聖鑒訓示謹
奏奉
硃批知道了

陞補游擊

奏為請陞廣西遊擊以資差遣恭摺奏祈

聖鑒事竊照署廣西梧州協右營守備事右江鎮中軍遊擊李

春華因梧州府城失守奉

旨革職所遺右江鎮中軍遊擊缺係由外題調之缺接准部行

照例揀選題調等因臣查廣西右江鎮中軍遊擊缺駐紮

百色廳城非熟悉風土能耐烟瘴之員弗克勝任西省現

任遊擊各員非現居要缺即人地未宜實無堪以調補之

員查定例題調缺出如無可調之員准以合例人員題請

陞補又定例外省題補武職各官如因員缺緊要人地相
需將不合例人員保奏應於摺内聲明請
旨交部覈覆恭候
欽定等語茲會同廣西提督臣奚應龍查有現在粤東北江廣
甯等處帶兵勦捕得力之署廣西提標前營遊擊事富賀
營都司潘其泰年三十四歲廣西南甯府宣化縣人由義
勇歷陞今職於咸豐七年七月二十四日接劄該員忠勇
素著膽力兼優遇敵必身先士卒故所向無前洵為將備
中不可多得之員且前因防守桂林省城及全州城扞克

復興安靈川兩縣城出力奏奉

上諭著以遊擊陞用以之陞補右江鎮中軍遊擊實堪勝任惟

係未經引

見實授與陞補之例稍有未符而人地實在相需例得專摺奏

請合無仰懇

天恩俯准以富賀營都司潘其泰陞補右江鎮中軍遊擊庶於

員缺不致久懸勦捕可期得力如蒙

俞允該員係例應引

見之員惟現在軍營應請給與署劄先開底缺俟勦捕完竣再

行給咨赴部其所遺富賀營都司缺係部推之缺應聽部

臣推補合併陳明臣謹會同廣西提督臣奚應龍合詞恭

摺具奏伏乞

皇上聖鑒敕部議覆施行謹

奏奉

硃批兵部議奏

總兵展緩　陛見

再臣接據南韶連鎮總兵訥蘇肯稟稱該總兵於咸豐五年十一月二十六日奉

旨補授南韶連鎮總兵疊經委署潮州鎮篆及在軍營差遣以致尚未到南韶連鎮本任惟自咸豐六年四月二十日接劄扣至咸豐九年四月二十日補授已屆三年應否照抵任三年期滿

奏請

陛見等由前來臣查中樞政考内載乾隆二十四年十月内奉

上諭嗣後各省提鎮均遵前旨一屆三年即行奏請不得以調任
展扣稽延致違覲典等因欽此令該總兵訥蘇肯雖未到南韶
連鎮本任而接劄已屆三年且疊經委署潮州鎮篆務正
與前奉
上諭一屆三年即行奏請陛見不得以調任展扣稽延相符自應
飭令赴京請
覲惟粵東各路軍務正在喫緊差遣需員相應奏懇
天恩俯准南韶連鎮總兵訥蘇肯暫緩進京俟粵東各路軍務
稍暇再行

奏請以資差遣除批飭該鎮俟奉到
諭旨恭錄飭遵外謹附片具
奏伏乞
聖鑒訓示謹
奏奉
硃批另有旨

郎中梁元桂留辦土客事宜

附片

再臣前經將隨帶來粵之禮部郎中梁元桂飭令回京供職奏明在案嗣因梁元桂籍隸廣東恩平縣該縣地方與新興開平新寧各縣界址毗連數年以來土客互鬬擄殺人命搶奪財物焚燒房屋佔踞田廬讎怨日結日深紳民控訴不已節經檄飭地方文武嚴行查辦近來雖稍為斂戢而終難解怨息爭推原其故下手辦土則土民疑為護客下手辦客則客民疑為護土且非臨以兵威何能使之震懾

而辦理稍有乖方又恐兵戈之患迄無已時體察情形再
三計議惟有先委地方公正明幹紳士素為土客所信服
者前往會同地方官一切持平開導俾良善咸知悔悟各
清各匪以期次第蕩平梁元桂此次回京供職路過家門
臣即札令該員暨一二土客紳士會同地方官察看情形
籌議辦法稟覆核示嗣據梁元桂稟稱遵於抵里後會同
署恩平縣知縣謝玉漢傳集土客紳耆連日剴切勸諭現
經兩造紳耆各具聯和甘結共立公局妥議章程舉辦務
使田園廬墓情願互相交還彼此匪徒各願隨官查拏所

需兵餉亦經措籌請即遴派文武大員帶兵到縣辦理等
情並據謝王漢稟同前由是土客互鬭之案辦理頗有其
機自應即照所請派委署肇羅道李宗沅署陽江鎮中軍
游擊陳佐光酌帶官兵數百名前往會督該縣勦辦土客
匪徒責成梁元桂暨土客紳耆協力商辦但案經多年頭
緒紛繁難以刻期蕆事惟該員未能依限回京有干吏議
相應仰懇
天恩俯准禮部郎中梁元桂暫留在籍會同地方官辦理前項
事宜俾數年來土客互鬭讎怨相尋之案一朝冰釋實於

地方有稗俟辦理已有端緒官兵可以撤回該員亦即回
京供職除咨部外臣謹會同署廣東巡撫臣畢承昭合詞
附片具奏伏乞
聖鑒謹
奏奉
硃批着照所奏行

克復靈山縣城

奏為官軍克復靈山縣城首夥殲捦殆盡請將陣亡遊擊從

優議卹暫革知府開復原官恭摺

奏祈

聖鑒事竊照廉州府屬之靈山縣城被西匪襲陷業於咸豐八

年三月初六日具奏欽奉

上諭柏貴等奏匪徒竄陷縣城請將疎防之知府暫行革

職一摺廣西賊匪於上年六月間兩次竄擾廣東靈山

縣城疊經廉州府知府郭椿壽等勦辦該匪敗竄廣西

橫州屬之南鄉屯聚十月二十四等日該知府等帶領兵勇
親往會勦屢次獲勝旋於十一月十三日夜間突有西匪五
六百人潛至靈山縣爬城開門以致縣城被陷該管知府郭
椿壽本係駐紮靈山乃越境勦匪於本境並不嚴加防範實屬
咎有應得著暫行革職留營仍責令會勦迅圖克復等因
欽此當經轉行欽遵辦理去後旋據暫革廉州府
郭椿壽稟報該匪自佔踞縣城而後西匪糾聚日衆
自城鄉以至西省橫州幾於徧地皆賊該革員會商
署欽州營參將廖達章署廉州營遊擊秦鳳山疊

次進攻互有勝負十二月初四日有西匪五六百人分撲
籐黎三坡竹等處營盤欲接應城内之匪經我軍分起擊
退同日又有西匪兩股每股約有七八百人攻佔靈山卡
馬烟墩二處竪栅爲巢該二處爲東西接界咽喉郭椿壽
函商廖達章秦鳳山酌派幹弁挑選兵勇協同該處團練
分往攻勦幸兵壯練勇尚能奮勉不數日間均已次第埽
除二十七日該匪率黨數千欲赴井埇結巢經該處練勇
扼要奮擊斃賊甚多該匪登即退回二十九日犒賞各營
兵勇佯爲停攻度歲之象密備雲梯火鑵噴筒火箭等物

於三十日夜出其不意八路齊進該匪亦分股出城迎拒
我軍離城甚近鎗礮齊施刀矛並舉斃賊約二三百人該
匪退走回城抵死不出城上鎗子如雨我軍未便再進致
喪精銳當即鳴金收軍八年正月十二日辰刻守卡駐練
拏獲長毛賊匪三名訊有横州賊匪送火藥由大捻洞一
路前來令各匪出城接應當派令千總曾遠輝等分帶兵
勇在於西北要路大金洞埋伏堵截一面飭令各營出隊進
攻時城內出有賊匪三千餘人迎拒衝突均被我軍擊退
是日午候果有賊匪七八百人由大捻洞取路而來被我

伏兵齊出截擊營内復分兵接應賊勢大潰殺斃賊匪二百餘名生擒一百十七名奪獲火藥一千餘斤馬四匹旗幟器械多件餘匪逃回西地自十三至十七連日進攻每日傷斃賊匪四五十人賊即退走回城惟攻近城邊該匪伏礮轟出兵勇多有受傷適時西省股匪屢來援應我軍分投堵截十八日在泠水屯六鶴村各處斃匪一百餘名斬首四十餘級生擒十七名奪獲火藥五百餘斤馬二十五匹二十日於平南交界地方截擊斃賊一百餘名生擒十四名二十二日在三里地方斃匪二百餘名生擒三十

八名各匪俱敗退回西而城内各匪復於附城之環秀橋
燕子嶺香爐嶺沙井頭各處分圍木栅每處屯賊數百名
以牽制我軍攻城之路郭椿壽廖達章秦鳳山熟商於二
十九日密飭署雷州營守備劉殿嵩千總曾遠輝等分率
兵勇由東西兩路埋伏截賊出城之路廖達章秦鳳山親
身督隊先向環秀橋香爐嶺兩栅進攻預令其餘勇練攜
帶茅草引火之物隨後繼進該逆出栅拒敵經我兵直前
鎗礮齊施各匪敗退回栅我兵追至栅脚堆擲茅草連拋
火鑵適風作火燃兵壯冒火而入當將環秀橋香爐嶺兩

柵之賊焚殺淨盡廖達章等復馳往燕子嶺沙井頭等處督戰見柵内各賊擁出與官兵拒敵廖達章匹馬當先手刺數賊不料柵邊伏賊暗放擡鎗致傷廖達章左腿負創墜馬幸外委郭鎮祥等扶救回營秦鳳山飛奔追上挺矛左右擊刺兵勇四面圍攻柵外之賊敗潰柵内復有賊數百衝出欲向西奔跑入城各兵勇旋追旋殺曾遠輝等伏兵更出截殺竟無一人漏網是日計斃賊二千餘名捉獲生供一百餘名斬首三百餘級奪獲刀鎗器械旗幟馬匹無算廖達章旋於二月二十四日因傷出缺該逆自踞城

静妙齋

以來經此番痛剿殲馘生擒不下數千漸覺心寒膽落惟匪首李七雖困以重圍而橫永賊援仍復時時窺擾如朱十九一股屯鳳埇黄達旺一股屯縮龍嶺張文光一股屯雞棲村每股或三四千或一二千均與靈山相距不遠郭椿壽以欲滅踞城之賊必先絶外援之匪確探横州隨附之匪内多脅從非出本意當即設法招撫散其黨羽一面分投派撥兵勇會合各鄉團練盡月餘之力將縮龍嶺之匪擊退殲擒千餘名將鳳埇之匪堵住截其來路將雞棲村之匪圍困村中不能竄越郭椿壽會商接署欽州營叅

將梁國安等於三月初五以後分派兵勇連日四面環攻夜則分布各要隘梭織巡邏以防潰竄該匪勢甚窮蹙正在漸次得手之際四月初四日張文光一股復由雞棲村竄出分踞靈山之大麓烟墩六獅等處朱十九一股復竄至合浦石城交界之山口墟意圖攻撲廉州府城分我兵力當經梁國安秦鳳山選派兵勇交代理靈山縣王維清等攻破大麓烟墩六獅各匪巢斬馘二三百名餘匪潰散西竄郭椿壽派卞霖吳成業等督率兵勇會同石城縣勇練夾擊山口賊巢殺賊二百餘人生擒十三名賊始潰逃

静妙齋

從此靈山城内之匪外援斷絕我軍可併力攻城逆首李七知援絶勢孤力難久持潛於四月二十二夜帶親隨五十餘人於三更後由城逃出甫抵圭壁村兵勇覺察圍捕鎗礮叢集李七被礮子打穿頭顱落馬身死隨從五十餘匪悉數生擒臣黃宗漢於五月間由潮州移駐惠郡檢查該府節次原稟細閱靈山地圖密訪該處軍情知賊援雖斷賊守愈堅我軍兵勇衆多心力既慮不齊日久亦難免生懈亟須大員統率即經嚴札高州鎮總兵慶寅署廉州府吕銓選帶精鋭兵勇親往督勦並飭署欽州翁鳳起前

往援應六七兩月慶寅呂銓翁鳳起等節次督勇進攻疊
有斬捦八月初二日有匪兩股由東西二門竄出意圖逃
回西省均被兵勇截擊退回呂銓隨派護龍門協左營都
司卓國泰會同翁鳳起馳往西省交界該匪逃竄必經之
要隘嚴密堵截慶寅以小南門一路賊備稍疎於初四夜
率勇多帶雲梯潛伏上城兵勇一時用命登城者數百該
匪知覺即於城上東西兩路蜂擁迎拒兵勇奪力攻擊殺
傷無算該匪又從城中屋上施放鎗礮我軍無躲閃處只
得仍行退下爾時該匪糧食將盡困守自危適有西省積

年巨匪梁太口渴因與同夥區潤不睦自相殘殺潛來靈
山圖與城内各匪勾結十五日行至合浦縣屬水鳴灘地
方被紳士王達堯等與兵勇盤獲解至大營訊明正法十
五日以後因連日風雨不能進兵九月十七日開霽呂銓
郭椿壽會商慶寅並梁國安秦鳳山等乘此賊勢窮蹙合
力疾攻是日午刻督率兵勇四面環攻大礮打入城内斃
賊甚多將城上所豎周圍木栅及各更樓拋擲火罐焚燒
賊隨用水撲救木栅亦即補豎十八日攻破東門外栅三
重十九日焚燬西門外栅三重二十日由南門之文明橋

用花荷噴筒焚燒城樓賊亦救熄慶寅會商呂銓等連日疾攻既不得手遂用反間之計密購妥線令城中匪黨暗中接應許以立功自贖次日城中蘇亞生割耳黄果殺其散館首匪鄭火燒六等數名各匪自相疑貳屢次大隊衝出逃生均經帶兵文武埋伏截殺先後卡獲五百餘名斬取首級耳記無算維時臣黄宗漢正以靈山失守將及一年各匪既圍困城中何以屢攻不克嚴札飭查息玩弁勇分別摘頂拔翎以示懲儆並勒限慶寅呂銓郭椿壽等於一月內將縣城收復十月十四日亥刻呂銓飭翁鳳起督

静妙齋

各勇潛將蒲包蔴袋柴捆各物齊備十五日卯刻慶寅調秦鳳山率曾遠輝帶廉州兵並常樂勇攻東門梁國安率卓國泰帶欽州兵並新勝定西各勇攻西門署雷州營守備劉殿嵩帶雷州兵並鎮安全勝各勇率新募東墟團練攻登北樓慶寅與郭椿壽呂銓率代理靈山縣卞霖帶高州兵及羅定協外委廖志全帶大直勇暨福旺福成各勇攻南門該匪四面拒敵鎗礮如雨自辰至未攻打四時之久將城外賊巢悉數踏平轟斃擒斬無數遂於十六七八九等日晝夜環攻輪流更換該匪無時休息候補把總丁

順又鑄就空心炸礮於雲頭嶺燕子嶺各處施放礮子飛入城中火藥炸發穿屋倒壁城中喊聲鼎沸隨有間諜通信城内各匪連日聚燒衣物分給炒米預備奔竄當即飛諭各鄉村落齊起大團扼要兜截二十四日夜二鼓時候該匪果分起亡命突出經梁國安秦鳳山等督帶兵勇奪力迎前齊施鎗礮賊亦開鎗回拒且戰且走各處團練聞鎗礮聲吹角齊起四路攔截慶寅呂銓郭椿壽等親督將弁揮令上前自亥刻至二十五日午刻共計擊斃跌斃踏斃約有二三千名各處解到生俘九百餘名斬取首級二

百餘顆割取左耳一千餘隻屍橫遍野賊械山積復飭各軍分路窮追每路捻解或數十名至十餘名不等秦鳳山即與曾遠輝等首先入城復搜殺城内餘匪二百餘名搜獲病殘匿屋之賊三百餘名懸樑投水自盡之屍纍纍相望救出失陷在城被難婦女老幼共六百餘口靈山縣城即於是日申刻克復據高州鎮總兵慶寅署廉州府呂銓暫草廉州府知府郭椿壽稟報聲明疊次打仗兵勇間有傷亡等情前來臣等伏查靈山縣地方與西省橫州永淳處處毗連自七年十一月間被西匪竄陷以後屢經官軍

攻勦總以西省股匪隨時援應牽制我軍嗣經在事文武將西省接應之朱十九黄達旺張文光各股匪先行逐次掃除並將暗受賊制之各匪鄉分别招撫攻破而城内起事首逆李七乘間竄出復被官兵截住殲斃西省積年巨匪梁大口渻潛來勾結又被紳勇盤獲正法我軍復暗用反間使其自相疑貳潰其心腹截其四肢盡十晝夜四面疾攻各匪亡命竄逃被兵勇紳團四路截殺方得一鼓殄滅克復城池欽靈横永四州縣歷年元惡大憝竟無一名漏網洵足以伸

國法而快人心署欽州營參將陸路提標後營遊擊廖達章
在高廉一帶勦捕多年奮迅善戰乃因臨陣礮傷旋即殞
命實堪憫惻應請
旨飭部照陣亡例從優議䘏以慰忠魂暫革廉州府知府郭椿
壽前因帶兵在南鄉平佛等處勦捕以致靈山縣城失陷
奏參暫行革職茲經會督官軍節次親督進勦克復縣城
並於經費萬難之時竭力籌措傾囊共捐制錢三萬串交
紳局支發勇糧實屬奮勉急公深知愧厲合無仰懇
天恩俯准將暫革廉州府知府郭椿壽開復原官留粵補用免

其補繳銀兩其出力官紳兵勇並准擇尤酌保以示鼓勵
除札飭該府縣安撫災民辦理善後並查明疏失倉倉庫
監犯實數分别核辦外所有官紳兵勇收復靈山縣城剿
平西省接應股匪首要各匪一律殲擒緣由謹合詞恭摺
具
奏伏乞
皇上聖鑒訓示謹
奏奉
硃批另有旨

靜妙齋

越南國王呈覆領到　賞件

再前因福建奉調赴粵援勦兵船遭風漂至越南國由該

國供給錢米一案經前督臣葉名琛奏奉

諭旨將銀兩給還該國王堅辭不受復經具摺

奏報旋准禮部咨開奉

上諭禮部具奏越南國獎勵一摺前年福建兵船遭風漂至越

南國由該國供給錢米銀一千餘兩經兩廣總督葉名琛遵

旨將銀兩給還該國王堅辭不受具見悃忱可嘉之至著降

敕褒獎並賞給該國王金瓶如意緞疋等件該督接奉諭旨

即先行知會該國王仍俟奉到敕諭賞件遇有該國便船飭
令攜帶回國如無便船則移交廣西巡撫酌量妥寄以示朕
柔懷遠人至意該部知道欽此當即恭録
諭旨先行照會越南國王欽遵查照隨准禮部將
敕書
賞件列單交兵部由驛齎遞前來維時越南國並無便船到粵
廣西道路間有梗阻當將奉到單開
敕書
賞件飭委候補府經歷姚德峻敬謹齎至欽州交署欽州翁鳳

起轉交江坪土目查收並照會該國王派員前往恭齎回
國祗領以期妥速而昭慎重嗣准越南國王呈覆於上年
五月內遞送至省經番禺縣派役接遞路經省城南門被
夷人搶去復經該縣報明一面備移欽州咨覆越南廣安
省轉知該國王補呈去後茲准該國王補呈內稱本國欽
蒙
大皇帝降旨褒獎並賞賜全玉如意金瓶緞疋等項經承兩廣
總督飭委候補府經歷姚德峻齎至欽州交署欽州翁鳳
起轉交江坪土目查收本國即飭廣安省署巡撫阮文振

委海甯府知府杜輝揆祗領轉齎回國於咸豐八年二月

二十四日遞到富春都城本國恭謹檢認内

敕書一道全玉如意一柄金瓶一箇蟒緞四足閃緞四足綵緞

四足素緞四足江綢四足並得一律鮮好祗領具覆等因

除照覆查照外所有越南國王領到

敕書

賞件日期謹附片陳明伏乞

聖鑒謹奏奉

硃批知道了

丁憂人員留營差遣

再始興縣知縣王嘉福江蘇長洲縣人七年九月聞訃丁

母憂經南雄州稟留幫辦團練現復據南韶連道稟請留

於北江軍營幫同勦捕又前廣甯縣知縣江肇恩廣西臨

桂縣人有親母羅氏迎養來東於七年九月在粵東省寓

病故該員因前署東莞縣任內疏防土匪入城革職復有人

參奏經前督臣葉名琛查明並無急索陋規激變情事惟

逆匪入境咎無可辭請

旨永不敘用嗣因廣西告警該員捐貲募勇隨同克復興安靈

川兩城又經廣西撫臣勞崇光奏奉
諭旨開復原官八年十月據署肇慶府劉式恕以該員曾任肇
屬廣甯等縣於地方情形甚熟稟請帶往西江勦捕又候
補府經歷縣丞姚德峻順天大興縣人有親母金氏於八
年三月在廣東省寓病故旋經督辦北江軍務廣州府吳
昌壽以該員熟悉北路情形前曾帶勇協勦著有勞績請
仍留營差遣以上各員據各道府州先後稟請
奏留差遣當經飭據軍需總局核明詳覆前來臣等查伏丁
憂人員例應給咨回籍守制惟該員王嘉福等均係隨營

差遣與尋常差委不同且粵東文員每因軍務緊要疊經

奏奉

諭旨允准有案相應仰懇

天恩俯准將王嘉福江肇恩姚德峻均留於粵東軍營差遣俟

事竣飭令回籍終制俾資臂助臣等謹附片具

奏伏乞

聖鑒謹

奏奉

硃批均照所請

密奏夷情

再臣自上年八月至今一字不言夷務者則以夷情日肆

夷性多疑忌臣最深防臣最密一有疎失不惟性命莫保

即於

國體有關而大局決裂更不知何所底止請為我

聖主密陳之查自接到天津議和之後七八月間臣與噗咈二

國水陸提督照會往來尚無異詞所有未和以前被紳士

團練總局生擒夷人二名亦經照會到臣囑為提還局紳

羅惇衍等知和議已定必須頓釋前嫌將該二名交出由

臣委弁送還接其照覆有實深寅感之語嗣以臣堅持不退城不通商之議夷心恨之然其時猶派紳士伍崇曜及委員等向其調停或先交現銀若干約定期限若干退城之說定便即出示通商正在往返籌議間臣適奉到九月初一日

寄諭現在桂良花沙納已抵上海俟與該夷會晤再定辦法並將臣八月初六日所奏一摺鈔寄與桂良等閱看矣臣應靜候上海會議後如何辦法再行遵照該夷在粵提督亦只管帶兵一切事實不能作主必須請示到上海侯額爾

金信息故彼此均無可議探聞額爾金自天津回後有到
香港查明粤東上半年情形深知四五月間花縣團練總
局勦夷義舉並非百姓公憤明則三紳出頭暗則一督主
意吧嗄禮又將臣於和議後欽遵
諭旨密飭各局激勵團練無使同仇敵愾之心因而稍懈之札
一面鈔寄額爾金閱看一面鈔呈撫臣柏貴譃之曰爾們
是明和暗勦乎試看此札柏貴以現在西北江軍務未竣
地方官日日勸捐團練並非與爾們為難而該夷終不能
釋然種種忌恨在心嗣臣接得粤紳潘仕成由上海來信

與臣深贊臣八月間所遞萬言書上海已傳誦其中最膾炙人口者
某句某句臣即慮禍根已伏上海俱見此摺額爾金沒有不知者猶
猶幸臣所奏皆實在情形儻有一語欺飾勢必藉作釁端且所言皆
未和以前之事並非和議後再有他說或不致另生不測而究竟上
海桂良等如何與之會議辦法粵事迄無頭緒在粵夷酋實無可與
語者臣責任綦重豈容袖手旁觀不得不一面派員赴上海密探一
面用柏貴所薦曾充洋商熟曉夷語之候選同知升用知府潘世榮
時在夷酋柯露輝處探聽明知機密之事一語探不出來而於上海
如何籌議交銀退城等事夷船往來迅速必有可訪其大概者曾據

潘世榮聞諸柯露輝云粵事尚早現在貴國
欽差欲以四事與額欽差言額欽差掩耳不聽拍案責之曰此是奉
旨而來乎天津之約豈非
旨前事無可商量語畢而散現在照會桂中堂先奏撤一督三紳我們兵
船上大江去回來聽
旨意隨後潘世榮自與柯露輝時常往來每向查詢輒云此事恐不諧我
們於五十六款一字不能增減者各款內有將來我們自家不要者
非此時爾們所能變更且我們所重首在進京而上海所議先在粵
城額欽差看出桂中堂無可覆奏欲藉廣東賠銀交城之事以宕延

進京換約之説以後並不與桂中堂言矣俟將來進京後粵城再議
交還各等語核與委員在上海寄來探報大同小異先是臣接桂良
等來咨通飭各海口照舊通商不得不查照轉行彼時夷人亦尚俟
臣出示蓋以民間之視聽在臣也乃柏貴總以粵東退城之事須先
通商然後可與議及此臣初猶堅然不許謂自古馭夷之策惟封港
足以制其死命今日而驟然封港豈非釁自我開若已經封過且係
夷人自封而各鄉團練局之斷接濟絶貿易禁服役如此齊心夷人
至爲焦急不把此爲退城之柄更無他法無如柏貴及粵海關監督
恒祺悉爲夷人所恿且恃有桂良等告示竟不俟臣出示公然於九

月内與之通商臣亦勢處無可如何然猶冀幸照柏貴之言與之通商一味和好或得從中挽回於大局稍有裨益乃粵東之商則通矣而上海之議迄未見明文此與上年春間柏貴許以通商而不能阻其上天津又何以異臣不勝疾首痛心之恨嗣桂良等來咨及花沙納來信以賠銀一節廣東有無款項可抵臣尚未咨覆桂良已咨詢柏貴即接柏貴來文以該夷燒我民房數千間豈止值銀數百萬即此便可作為抵款柏貴不自為覆而令臣覆之臣思此説當於天津議和時彼此作抵現在賠數已定若以此説進該夷不難辭而闢之謂彼此皆有燒房價值抵除外尚須賠兵費數百萬又將何辭以對

且果如柯露輝之言該夷之意不在先議此著再與之索賠房價勢必以廣東為梗和多費一番唇舌臣以此不敢洛覆況粵人如黄仲畲潘仕成等日在該夷等左近黄仲畲原係新會縣人黄姓因惡劣昭彰而變名易姓為章桐雲因臣前摺數其罪在滬語人曰此讐必報臣訪聞天津六百萬之約實係此奸慫恿桂良允他謂粵東有款可抵桂良詰以何款即指道光年間代洋商賠銀六百萬後因撤去洋商此銀尚未歸還官庫令若嚴行勒追便有數百萬又以葉

名琛有寄存銀號二百萬亦可追交迨由天津回
到粤省再查當日老洋商力能歸還此款者則十
無一二所可追者首在伍家而伍家則伊平日所
倚賴者至葉名琛之寄存銀數更屬影響乃告柏
貴及伍崇曜曰天津條款一字一句係伊經手並
無六百萬之數蓋於伍崇曜之前諱言也又復背後
鄙薄桂良謂五十六款原可駁還幾款乃為夷人所
挾制一一聽從伊亦深為憤恨柏貴述其言來函查
詢究竟六百萬賠款如何説法臣乃以欽奉

靜妙齋

寄諭咈夷二百萬暎夷四百萬即在粵海關稅項下扣抵俟抵
完後交還省城等因密覆柏貴而彼之奸詐愈彰而彼之恨
臣愈甚候補鹽運使潘仕成係廣東鹽商從前曾辦夷務
實為粵人所不齒臣到後來見詢以夷務則不敢干預其
意專為鹽務而來緣該員係辦運廣西臨全埠引鹽商名
潘繼興初充鹽商大獲其利近來辦理疲玩積欠正雜課
款新舊合計不下百餘萬其家貲雖不如前究係殷實之
戶不思完課惟求退商前此梧州失守偶有停運延欠尚
屬可原上年四月梧州克復河道通行猶復抗不掣鹽亦

不完欠一味狡賴以情願革商監追為挾制兩廣鹽運使

齡椿辦事嚴正深知從前革舊招新名為嚴辦實則徇私

弊端百出課款卒歸無著破除情面堅不許退仍指其商

名勒令完舊欠掣新引以無誤

國課該員憾焉呈訴到臣復被臣屢次批駁仍行運司嚴催

乃該員自赴上海後竟將臨全埠額鹽片引不行課款絲

毫不納將來奏銷如何辦理户部撥款如何著落試問該

員即在家其於運鹽完課無非其親丁司事人等經理何

得藉口公出堅然抗拒復經委員飭差拘其司事子弟亦

終不理且因挾此之嫌與黄仲畬在滬日肆菲薄粤省官紳團練以逞夷人之意氣轉將上年臣密摺所陳粤東人人有殺鬼子之口無殺鬼子之力等句一面具禀到臣謂其膾炙人口一面宣布於衆欲以離散民心蓋其心亦險矣哉臣於和議後知夷務尚有未盡事宜廣東被匪竄擾之地不下一二十州縣惟當欽遵

諭旨先清内匪然後夷務可次第辦理又當遵

諭俟上海會晤後再定辦法是以專力於軍務上年八九十月間各路軍務大有轉機本省土匪如海豐縣之紅黑旗匪

徒海陽縣之楓洋鄉等處從化龍門長寧三縣會勦之廖
大清閣等匪竄信宜茂名陽春三縣會勦之張阿勾七等
匪黨皆已督飭各縣一一勦平首夥拴拏淨盡英德陽山
二縣接壤之大灣藍山傍腳各賊寨久攻未克經臣會同
東西撫臣將江南北投首之李世忠等獻城殺賊立功自
贖疊蒙
恩施逾格並招撫出力員弁亦邀優叙各案三次刊刷告示分
散兩省宣布曉諭各路被脅匪徒悔悞感泣反邪歸正者
不少於是大灣藍山傍腳之匪勢孤心怯由參將孔繼堯

等具稟到臣准其投誠隨將所據各險要自行退出繳械
薙髮擇其尤為精勁責令立功自贖餘俱造冊遣回通省
土匪聞風斂蹟無復敢逞者其由廣西懷集賀縣闌入匪
徒先後圍攻連州廣寧縣各城亦經調派大兵救援將該
二城解圍其被旁竄之清遠四會高要封川德慶各州縣
均已堵剿無恙靈山縣城失陷一年亦於十月內克復方
幸軍威大振從此可以肅清全境乃該奸細黃仲畬等在
滬不知如何造作蜚語煽惑夷人該夷等總處臣與三紳
士羅惇衍等聯絡團練攻他臣雖早將惠州水陸防兵礮

臺礮船撤開十月間復將駐防省北林福盛之勇撤赴廣甯解圍而終不能釋其疑團吧嗄嚹李小村輩日散謠言非謂臣已經革職則謂臣已召入京並有刊在香港新聞紙者原所以懈我軍心也且行軍莫要於籌餉非勸捐輸則辦抽釐精華所聚莫過於省垣及佛山吧嗄嚹明言省城是他的附近二三十里省佛一帶均不准抽釐以故慳吝之徒强者輒將抗違弱者亦懷觀望處處為其掣肘而辦理幾窮矣人咸謂道光二十年後夷務開端內訌未動咸豐四五年間紅頭徧地夷釁未開自有廣東以來從未

有內外交迫庫儲罄空如今日者然臣謂已至今日更臥
薪嘗膽之時也豈可畏難苟安飭諭軍需總局繕甲兵具
餱糧儲軍實親赴西北江督征惟時吧嗄嚧正率其醜類
鳴鞭策馬揚旗閧礮縱横馳驟於附省一二十里內外每
赴一鄉必令柏貴派文武官弁護送督飭鄉民以羊酒迎
臣憤恨於中仍惟札飭各縣示諭居民辨我團練一我心
力俾素懷義憤之衆知地方大吏原慮該夷突來各鄉猝
不及防不得不以禮讓化干戈而其為我民計長久者仍
惟團練為要圖然而粵民每接滬信謂暎酋額爾金自閱

臣上年八月密奏及札諭各鄉團練並不還城不通商之

議釘恨在心屢令上海

欽差大臣奏撤一督三紳因未明奉

諭旨恐不准行夷人聲言必將自己動手以後總督及三紳若

不撤去團練總局禍將立至通省喧傳民心不免惶惑適

有奸人僞造廷寄一道吧㖞嚒遂藉此一面馳書聳聽額

酋一面興兵攻打省北意在由石井進花縣以害三紳而

毁其總局先於十二月初一日赴石井挑衅鄉人忍之歸

路亂放鳥鎗打雀中斃田夫數人團練壯勇不平回放數

鎗夷兵亦有鶩着回省後向柏貴要兇犯一面整兵報復柏貴許以三日内交兇懲辦勸勿報復吧嗄嚦不允初四日柏貴知其將有大舉恃平日與之和好正為此時地步邀穆克德訥恒祺及紳士伍崇曜等仝往勸諭多時歸結以巡撫在城致爾大兵下鄉激成事端有誤和局不惟功名莫保即一條老命亦休矣吧嗄嚦曰為我國之事顧不得爾老命了諸人悵悵而返柏貴因此憂憤成病初五日夷兵二千餘名出北門赴石井一帶水陸並進鎗礮齊施附近鄉村寸草不留並搶去茶葉不計箱數值銀二十餘

萬兩駐石井一宿焚燒該鄉團練局局紳舉人梁葆訓平日最義氣有本領者大廈百十間悉為平地該鄉婦女恐為所汚死者不少是夜五更啓行將到花縣時總局紳士龍元禧蘇廷魁均赴肇慶勸捐惟羅惇衍在局星夜走避幸免於難臣以地方官平日激勵團練令省北一帶為團練受害將問罪興師則謂有礙和局而坐視不救又何以對我民惟有特飭南番二縣備帶銀兩親身赴石井各鄉查明被害之民被燒之家酌量撫卹無使一夫失所兩縣甫到彼夷人即不依柏貴乃諭令中止吧嗄禮益趾高氣

揚徧處張貼偽示字句率多狂悖大意謂自天津和議後內地應任由行走乃石井各鄉不遵和約業已嚴行處治嗣後我大唊大咈到處遊玩各鄉能以禮讓相待便可相安無事儻有抗違即以處治石井之法處治之遂定期臘月十八日赴佛山鎮該鎮五方雜處自省城破後貿易胥歸於此寸土寸金夷人一到恐土匪乘機竊發如咸豐四年故轍數日間居民遷徙一空柏貴多方攔阻吧嗄嘈斷然欲往無可奈何委員護送如初諭該地方官於夷人到後先以酒果禮之及至遊街市進一柵即闢一柵節節放

進是日柵外觀者數萬人吧嗔嘈左右手各攜一官以為
防護其心未始不怕粵民也又定期將赴九十六鄉臣以
省垣左近藩籬漸撤惟此九十六鄉人衆心齊威名尚存
若再肉袒牽羊以迎則一敗塗地矣以後又何所資以制
夷且該夷原定二十二日後乃三次改期並將告示換作
知啓所有處治石井等句悉刪去惟囑其彼此禮讓而已
先期派人分散不令張貼其心又深怕九十六鄉也得信
之初臣即派一同知鍾斯敬赴該鄉見總局紳董諭以爾
等仍須思患豫防夷人得一步進一步他日若在爾鄉築

靜妙齋

礮臺建兵房後悔無及紳董本不願其來者知有臣作主

遂布置森嚴夷人知其有備緩至二十八日纔到有數鄉

夫穿衣頂出鄉迎接禮以茶果謂鄉內人多恐其驚慌滋

事請勿再進即有奸細指之曰此是假紳士吧嗄嚒性極靈

變謂此便是禮讓遂相率而還然其心則又專恨臣也是

月二十六日欽奉

上諭飭臣將關防送交兩江總督接辦臣於二月初四日方接

到部文該夷已於本年正月初間由滬聞知意以撤去大

臣關防勢將久任兩廣總督故其忌臣愈深欲害臣愈切

正月初八日臣祭大纛神諏吉二十日親赴西北江督兵

初十日廣州協副將濟山自省來告夷人與臣誓不兩立

到西江必跟至西到北江必跟至北請緩啓行再作計議

適又接到省中密信謂額酋於正月初一日到省不見柏

貴惟由石井花縣一行便回有一奸細與營弁素好密告

之曰額酋此來不但為石井事大有瞻前顧後之意聞僧

王在津築礮臺釘木樁防堵嚴密有蒙古兵數萬慮不得

進京又防此地官紳合謀如上年四月間事故於毀總局

後將到惠州擄黃總督上天津以為進京把柄該夷果於

十三日派夷兵及奸細約二千名坐淺水火輪船十隻本
地西瓜扁十隻馬船數隻吧嗄嚂見柏貴告以將往西北
江一遊請派員護送當派縣丞卓炳森等送之柏貴即諭
知兩首縣夷人狡詐難保非聲西擊東於是兩首縣派役
跟蹤確探飛稟到臣夷船出省河往東直去探聞將到惠
州並以臣如由潮州去則亦由潮追至福建此報到惠已
在十六日夷船業已逼近由東莞河面行走二百餘里即
可到惠郡矣時布政使畢承昭因經費匱乏甫於新年初
四日赴省佛辦理抽釐其餘司道亦俱在省臣與署提臣

通安暨在惠文武員弁設法布置存城提標兵丁五百名臣標操練親兵五百名因有西北江之行已調都司卓興帶勇二千名署惠州府海廷琛帶兵勇二千餘名在城合計五千餘兵勇皆精銳可用而人心不免皇皇議論亦復紛紛有勸臣繞道進省者有勸臣遠行退避者臣皆以為不然進則不啻投降退則使之藉口不進不退而上天津又何顏以見

聖主惟有從容鎮靜以俟其來該夷來如照他處游行相安無事已諭地方官宴賓設館牲牢酒醴備大餐儻係包藏禍

心別生不測則有各官紳同心戮力兵勇團練堪一戰戰
而勝固足以振
國威戰而敗亦不使辱
國體徇於衆曰事勢至無可如何甯使得我之死屍不使得
我之活命則所以報我也儻如遽行遠避該夷必又以不
見爲口實將惠州變成廣州和局或因而決裂此心又何
以白於天下素患難行乎患難背城借一死生禍福聽之
於天而已幸該夷行至東莞以上水淺船擱不得進折而
之虎門走順德河歷七洲洋將由惠州小淡水一帶來郡

又因西瓜扁在七洲洋被風浪搏擊不得前據南番東莞各縣禀報前來惠州人心稍定由此而奸細之往來於惠州者殆無虛日該夷船則轉回順德問該縣羅龍二紳何往又走西江赴肇慶問該縣蘇紳住家何處各官皆以外出勸捐答遂由肇慶上梧州見提臣崑壽當經廣西撫臣勞崇光奏報在案旋回肇慶遊七星巖聲言將駐兵於城內經該道府力勸乃於二月初回到省城臣於初四日接到吏部公文遵即派員將關防齎送江南一面照會該夷提督告以嗣後各國事務應由兩江總督辦理該提督亦

即照覆內稱先此道謝嗣後遵照辦理臣以為從此可稍釋嫌疑矣乃二月二十邊又接省信該夷復整備行糧明言將赴東江臣深慮此行再來必有裏應外合別行詭計者春水日長小火輪船漸漸可到城下非擄臣上船此心總不休況江西之賊已分一股攻撲樂昌一股竄入龍川福建之賊亦破大埔嘉應而攻興甯徒以數千兵勇株守惠州府城夷船若由東莞而上逆匪俱由龍川而下彼時兩面受敵不擄於夷亦困於盜惠潮嘉地方不可為矣乃飭卓興一軍紮出龍川老隆以赴援潮嘉使賊不得順流

而下調東莞紳士已革廣西臬司張敬脩由該縣調募兵
勇三千餘名前來以杜該夷逆流而上留提標兵丁及歸
善縣練勇駐守惠州府縣兩城臣親督海廷琛之勇及標
下親兵於二月二十四日進紮龍川以扼潮嘉入惠要衝
各官軍奮勇用命殺賊無數未及五旬而大埔嘉應克復
興甯連平解圍閩匪敗竄湖南西匪將下廣州時撫臣柏
貴甫故省内聞賊氛逼近民夷俱爲惶恐臣乃於四月初
十日折回郡城居中調度將竄廣屬龍門之賊飭張敬脩
深廷琛卓興等合力在河源長甯一帶堵截攻剿賊勢窮

盧仍由連平韶州竄湖南並據馳報樂昌縣城亦已克復
統計福建江西三股逆匪竄入不下十萬衆殲捦殆盡惠
潮嘉韶四府州被擾各地方一律肅清臣乘柏貴故後夷
心疑慮之時囑省城官紳乘機開導毋動輒率領兵船聲
言赴惠俾賊匪乘虛而入此時十萬巨寇若倂下廣州如
咸豐四年景象彼此買賣俱大不利總督在軍營三箇月
未暇拜發一摺於爾國進京事宜亦無所建白切勿多疑
吧夷笑曰三萬銀賞格殺不了我若東路無賊總督可辦
夷務矣言雖近戲亦可見其處心積慮如是時吶嚕嘶方

到香港將北行其兵船自無暇來惠乃又有偽造臣密信與羅惇衍等內有僧王在津攻之於前我等在粵擊之於後等句該夷買得此函深信不疑故於各船未上天津以前吓嚕嘶由香港吧嗄嚟由省城兩路派人來惠探聽防範至為嚴密其意總疑臣與天津有約也臣稔知該夷等在省城慣於搜取衙門公牘及喜購機密文信瓊州鎮賀表越南國謝文皆於過省門時被其搶失況臣自上冬以來因密摺由滬傳觀密札由縣鈔閱疑忌至今不能解釋儻有密件落該夷之手勢必更遭不測況各夷酋來粵時

雖在城之柏貴恒祺等均未曾一見臣距省較遠更無從
晤言實無關係大局之事可以具奏者若徒以所歷之危
疑震撼頻頻入
告上煩
聖廑臣心實有所不安故甯以遲延之愆待罪於
聖主不敢以冒險之故致辱於夷人此臣久未奏報夷務之實
在情形也今幸蒙
恩調任四川得以生還
闕下以後凡微臣有生之日皆

聖主再造之
恩所有未盡之隱衷及該夷之無狀伏候跪領
訓示時再行詳奏現因交卸在即數日內該夷聞新任兼署督
篆撫臣勞崇光將到撫印不准出省時刻派人持械執鎗
兼防畢承昭帶印出城勞崇光在外接篆其於臣惠州行
轅防範已鬆謹附片瀝情密
奏伏乞
聖鑒謹
奏奉

硃批知道了

八閩文庫

八閩文庫

文獻集成

389

福建文獻集成

吴格 主编

續編 集部 六五

海峽出版發行集團
THE STRAITS PUBLISHING & DISTRIBUTING GROUP
福建人民出版社

本册目次

晉江黃尚書公全集三十七卷（卷二七至卷□詩鈔賦鈔）

［清］晉江黃宗漢撰

厦門大學圖書館藏稿本

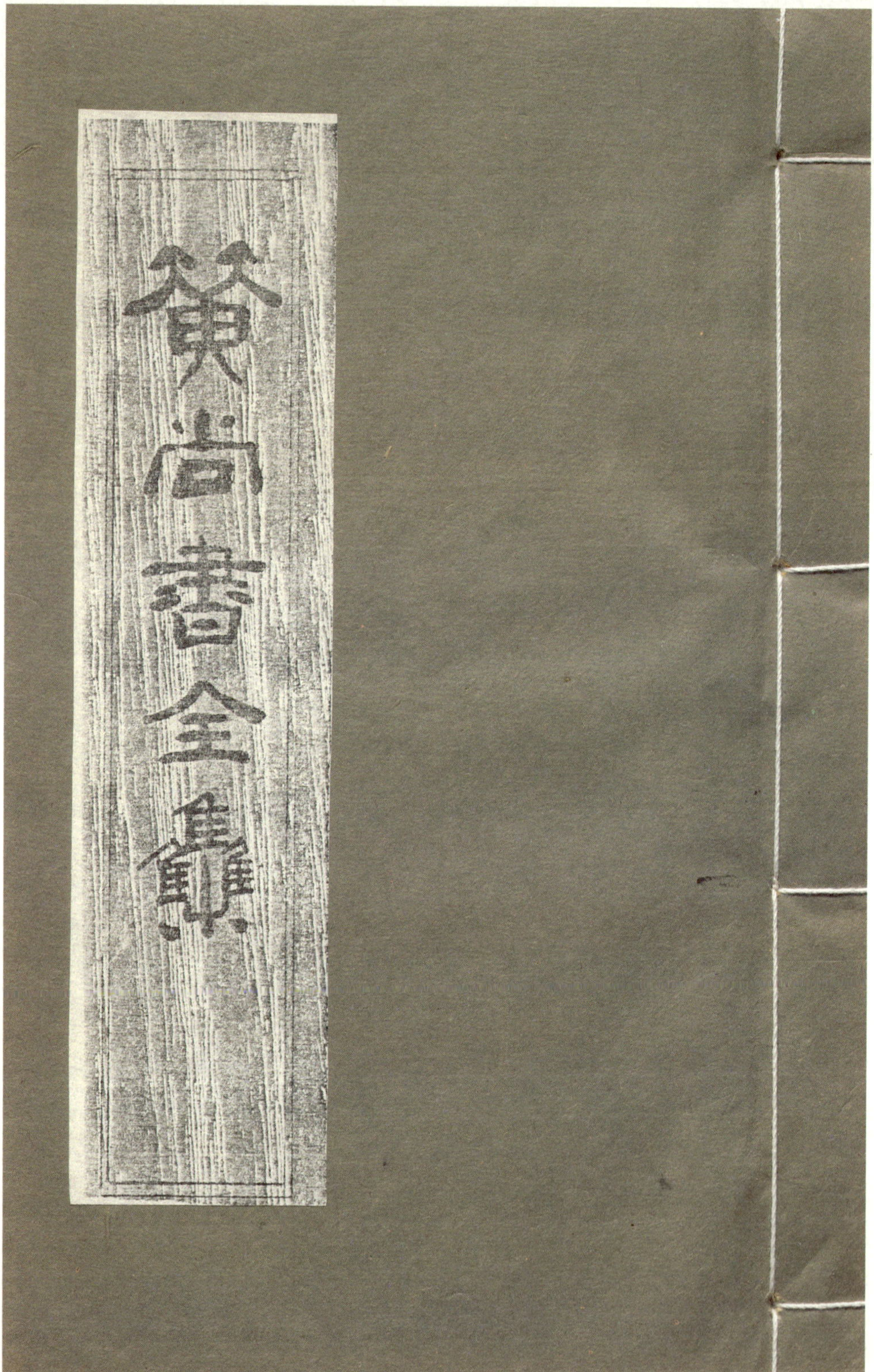
黄尚書全集

晉江黃尚書公全集卷二十七目錄

奏疏二十七 任兩廣總督奏議

股匪投誠
典吏金堦留粤補用
請將延欠餉款之運同勒追
隨帶人員分别飭回留粤
特保文武賢員并出力官紳
勞績最著之官紳請奬
裁撤惠州軍需局
赴津戰船
造辦船礮并借印馳奏

晋江黄尚书公全集卷二十七

男貽楫謹輯

姪貽杼棻校

奏疏二十七　任兩廣總督奏議

親督大兵勦辦逆匪

奏爲由閩汀州竄入逆匪連陷大埔嘉應圍攻興甯連平業經親督大兵進勦次第克復解圍殲捦甚衆餘匪逃往湖南恭摺奏祈

聖鑒事竊照福建連城縣城上年夏閒被匪占踞因潮州鎮總

兵壽山在海陽縣辦理楓洋各鄉未能帶兵赴援欽遵

續奉

諭旨改派惠州協副將秦斐音秦統領都司賴國恩等管帶惠潮兵勇一千五百名馳赴援勦於本年正月二十日會同閩省官軍將連城縣城克復業經閩浙督臣奏報在案詎該匪自連城逃出後復由小路竄陷龍巖永定晝夜疾趨二百餘里由人跡不到之偏僻地方走成蹊徑於正月二十七日辰刻突入廣東潮州府屬大埔縣界内該縣繆中孚親帶練勇在上杭交界防堵聞報趕回縣城與同城守

備吳繼承等登陴固守逆匪旋抵城下城上開礮轟擊斃
匪不少逆匪愈擁愈多兵勇單薄實難抵禦血戰二時之
久竟被攻破東門乘間闌入繆中孚與吳繼承等殺出重
圍分赴各鄉號召團練旋經潮州鎮道接閱探報立即籌
措經費募集慣戰潮勇五千餘名派卸署海陽縣汪政等
各員弁統帶分帶以一半嚴堵近郡要路一半進復大埔
縣城而繆中孚於出城後即連夜招集三河各局練丁數
千名並自募壯勇會同潮州援兵於二十八日起乘其踞
城未定連日進攻即於二月初六日將縣城克復賊匪竄

由松口以至嘉應臣黄宗漢駐劄惠州離大埔千有餘里
道路阻梗至二月中旬始連接稟報因思此股匪徒在閩
汀肆擾半載有餘地方已搜掠淨盡現在大埔既復斷不
復返汀州而潮州道府堵禦甚嚴亦難窺伺該匪既抵嘉
應則惠州各州縣處處交錯毗連倘被勾結蔓延近省震
動於全局關係匪輕乃與署陸路提督臣通安商定由該
提臣帶兵防守府城令歸善縣何慶齡帶勇防守縣城臣
黄宗漢親督文武各軍進勦聲勢始大當即提調兵勇催
備軍裝派南韶連鎮總兵訥蘇肯督率署督標中營都司

卓興帶潮勇一千七百名福建試用同知文星瑞帶潮勇七百名作為頭起連夜登程先由長樂興甯而進派署惠州府知府海廷琛帶惠潮勇二千五百名並飭於附近水陸各營挑選曾經戰陣之大礮手鎗手共數百名配搭巡船六隻礮船六隻一併帶上連守備馮則彬所帶臣標操練親兵四百餘名均作為二起由臣黃宗漢親督前進統帶文武員弁分司執事於二月二十四日由惠州啓行另派東莞紳士已革廣西臬司張敬脩招募東勇潮勇二千餘名並調水師兵三百名交其統帶作為第三起隨後趕

到二十六日河源舟次接長樂縣飛報嘉應州城已於十
六日被匪用地雷轟陷該匪已分股圍攻興甯縣城各鄉
土匪附從日衆號稱數萬逆燄鴟張等情臣黄宗漢接閲
之下心急如焚當即飛催訥蘇肯等倍道前進並委統帶
潮兵之卸署海陽縣汪政接署嘉應州事迅圖克復一面
督催各船晝夜趲行於三月初六日午刻行抵興甯長樂
交界之龍川縣老隆地方接據汪政訥蘇肯等先後來稟
並各員弁探役回報該匪自二月初四日辰刻竄至離嘉
應州城五里之下寨地方遊擊潘法元親帶兵勇六百名

聲言出城剿賊旋逃下鄉署知州文晟會同州同陳柄謙署城守千總邱京榮及城内大小官紳署中幕友僕從誓死固守紳士侯嗣章等亦募勇助剿初五六等日疊次進攻互有勝負旋因賊匪日聚日多城内官民戰守十餘晝夜心力交困薪糧將完十六日黎明地雷轟發東門城垣轟缺十餘丈大隊一擁而入文晟猶在城上巡察聞聲趕下賊已滿街文晟手執利刃接連砍倒十餘賊衆匪鳥鎗刀矛叢集自頂至踵無完膚始行倒地身死署城守千總邱京榮州同陳柄謙卸署鎮平縣劉蔭棠壩頭司巡檢張

書紳暨文晟幕友江西舉人截取知縣李煌勇目五品翎
頂鄭進六品軍功記名外委孔金均短兵巷戰力竭被害
陳柄謙臨死駡不絶口被賊剖腹剜心遭害尤慘文晟之
妾傅氏何氏侯氏暨婢女秋葵等家丁周順等二十餘名
均遇賊不屈同被戕害此股匪聞係石達開餘黨善於用
計自破城以後絶不露聲城上猶插官軍旗號城外紳勇
聞地雷發聲後城上安堵如舊以為搶築完固仍逐日上
前攻擊至十九日被戕各屍從河流而下帶兵委員章嘉
樹於離城十里之西洋灘河面看見文晟等屍身並拏獲

奸細訊取確供始知破城底細該匪旋於二十日分股一半直抵興甯縣城照前圍攻該署縣彭蘊煒先期與紳民傾囊助餉同心矢志募勁勇購軍火儲薪糧備守具與不去之紳民合力死守一面與該匪連日攻擊疊有斬馘惟土匪勾結日衆近城要路均被堵截城內水洩不通層圍坐困臣黃宗漢於行抵龍川境內復日夜嚴催訥蘇肯所統卓興文星瑞頭起官兵於二十六日趕到長樂維時興甯被圍緊急危若朝露匪黨四路散布邪術妖言人心至為惶恐惠潮嘉三屬土匪本多暗中豎旗響應者亦復不

少若使興甯復破則長樂龍川必不可支而東路土匪齊
起矣卓興忠勇絶倫善馭士卒文星瑞即殉難文晟之子
屢次帶勇素有膽力一聞其父凶耗忿不欲生乃與卓興
併心一力誓將滅此朝食惟兩起壯勇不過二千四百名
署長樂縣徐溥文復添募潮勇一千名卓興以匯衆兵單
此去一敗大局攸關乃堅明約束指天誓衆曰不勝仗不
生還卓興以一身當先不用命者斬衆兵勇亦相與伏地
叩頭誓同死戰即於二十七日拔營進紮距興甯城十里
之茅塘鋪二十八日辰刻長毛先出萬餘分三路蜂擁而

來卓興文星瑞亦分三隊迎敵身先士卒奮迅直前鎗礮刀牌齊進所向披靡該匪自到汀州以後慣用馬隊裝辦奇形怪像以恐嚇官兵此時前隊抵敵不住乃旁出馬隊數百衝來卓興即領隊內鎗手擊斃其先鋒賊目十數名馬隊自亂回頭奔逃兵勇爭先追殺擊斃長毛數百名生拴十二名割取首級二百餘箇獲馬八匹被賊拖回賊屍尚復不少午刻該匪復換隊來攻亦有萬衆卓興望見親自當先迎敵囑文星瑞由小路繞出賊後前後夾擊該匪四散狂奔我軍又斃其數百名割取首級百餘箇收隊小

息申刻該匪輪班又分兩路而來卓興令文星瑞帶勇守
路親自奮力迎敵又斃其數十名該匪越嶺而逃文星瑞
復帶勇追勦又斃數百名奪獲鳥鎗擡鎗一百餘桿旗械
無算所斬獲真正頭目二十餘名皆身帶銀腰牌每一兩
重鐫刻名姓兩湖兩江人居多名曰飛虎營分為前後左
右各軍每軍有衝鋒手礮手旗手各隊潮州鎮中軍遊擊
何雲章是日帶兵勇一千趕到興甯即在縣城南路埧陂
地方紮營二十九日早卓興等分路攻賊之西營何雲章
亦帶勇攻其南面以分賊勢卓興等甫行三里該匪大隊

萬餘拚命而來我軍鎗礮齊施文星瑞率勇由山背斜出該匪輪班抵拒死傷無數仍復四散敗逃我軍一齊追殺鎗斃馬隊數十名步賊數百名生擒三名斬首二百餘級旗械數百件遊擊何雲章在南面攻擊有小隊賊出拒亦殲其先鋒一名夥匪百餘名斬首二十七級是夜卓興復派勁勇百餘名於三更往偷營盤延燒賊壘十餘座賊營大亂踐踏焚傷而死不可計數割取二十餘首級帶回三月初一初二初三等日卓興等連日乘勝疾攻擒斬甚衆爾時城内官民在城上望見逐日擡回死傷甚衆夥黨日少

知援軍已至亦在城上日夜施放鎗礮疊有傷亡該匪因
連日被勦精鋭老兄弟死傷太多賊婦哭聲不止而卓興
等西路何雲章南路彭藴煒城上三路環攻不息其在嘉
應之匪復被潮州官兵痛勦逃出老賊無幾衆彯寒心初
五日卓興知匪勢已衰不足為慮早飯後與文星瑞及徐
溥文潮勇一齊振旅而前將抵城下沿途擊殺如摧枯拉
朽將近城賊營放火焚燒殆盡彭藴煒見賊營火起官軍
大至即與把總鍾名香及城内紳民奮力夾擊卓興等割
首一百八十餘級彭藴煒斃賊數百生擒二十四名奪獲

僞印旗械黃馬褂數百件興甯縣城於正月初五日解圍
餘匪傾巢宵遁日夜奔跑二百餘里由江西交界地方而
去我軍因連戰七晝夜疲乏不能窮追且防土匪乘賊去
後居民流離混行搶掠尚須留兵鎮壓爾時署嘉應直隸
州知州汪政先奉惠潮嘉道趙昀飭委統帶兵勇三千餘
名督率委員陳坤章嘉樹等克復大埔後聞嘉應已失即
進紮西洋灘羅樂一帶於二十四二十五等日疊次接仗
獲勝三月初一日探知興甯敗潰賊勢慌張密商在城官
紳買通暗線混入城中乘夜四面疾攻城中內應火起裏

外夾擊於初二日卯刻將嘉應州城克復從此潮嘉兩府州人心安定乃江西信豐另股逆匪已有數萬由惠州交界地方竄入和平龍川正擬調回卓興各軍合勦此股而興甯敗殘之匪偵知信豐大夥已至官兵勢難兼顧復由江西邊界勾結黨羽輾轉繞道回頭突於十三日圍攻連平州城城內官民聞報不過數時賊蹤即到倉皇失措祇得閉門嚴守飛稟請兵時卓興在興甯患病當即飛飭遊擊何雲章都司賴國恩把總連美等帶兵勇二千餘名馳往救援派張敬脩海廷琛等分堵信豐各股匪詎何雲章

等行至中途被信豐一股阻截不能前進而連平守備鄧歡保千總魏鳴剛代防把總劉帶香均已逃跑知州孫志鈞亦先期赴鄉徵收未回城中惟有學正何維林外委李殿超祝天培率同紳民男婦老少矢志同心登陴固守連日在城上開大礮轟賊甚多孫志鈞聞信星速趕回沿途招募練勇於十五十六兩日在城外軟坑遇匪接仗先後轟賊數百餘名生擒二十四名各鄉團練亦疊有斬獲二十日夜孫志鈞帶親隨勁勇三百名衝圍入城人心更定署和平營都司長清因防守和平縣城不克分身捐貲募

勇三百名交武生徐希正管帶馳抵連平與諸鄉團練在城外援勦臣黄宗漢屢次委弁持札繞道至城激勵官紳士民解濟軍火藥彈城内知大兵在途士氣愈奮從此内外夾攻逆勢日蹙詎該匪暗用地雷二十四二十五日連發兩處轟倒城牆六七丈不等復經孫志鈞李殿超督勇擊退率同紳民登時豎柵填土將城缺搶築完固並訊出生擒各匪知東門外尚有地道一處孫志鈞連夜墜城而下前往起發該匪知官軍已覺登即點燃幸值大雨傾盆藥線沾溼不能轟發孫志鈞李殿超等督勇乘間奮擊殺

賊無數屍積徧地並將東南角賊營踏毀該逆計無所施
即於二十六日夜踉蹌而逃兵勇鄉團合力追殺數十里
至韶州府屬翁源英村六里墟地方經翁源縣張杰督勇
堵勦殲其七八百名該匪復由清化逃入曲江縣大塘地
方復被該處團練迎頭痛勦先後生擒一千餘名餘匪四
散潛由仁化小路竄往湖南桂東已飭韶州官兵約會楚
軍合力堵勦此該匪由閩入粵肆擾惠潮嘉韶四郡現經
親督攻勦次第克復解圍餘匪逃入楚境之實在情形也
臣等伏查此起匪徒實有數萬内中影黨皆呉楚等省長

毛老賊桀黠慣戰所到輒陷城破寨此次由汀州突入粵境猖獗已極屢獲生供僉道其來意實因省城夷人未退西北路堵勦文嚴欲乘間占踞嘉應興甯下竄惠州以迫近省垣故到處偽示皆以滅夷復城為名現經官軍團練迅速攻勦盡四十餘日之力將大埔嘉應兩城克復興甯連平兩城解圍悍賊去其大半其逃往湖南桂東之賊已屬敗殘零落為數無多若兩省能合力兜捦不難全股撲滅惟值此堵勦喫緊戰守超衆轉危為安各員弁應請先行破格奬擢以勵衆心查署督標中營都司候補都司卓

興係由潮勇歷次從征出力遞升今職實為粵東不可多得之員上年在楓洋勦匪著有勞績本擬奏請免補都司以遊擊升用此次解興甯之圍親帶兵勇不滿二千與巨萬賊隊連日接仗無不身先士卒斬將搴旗盡七晝夜之力卒將該逆殄除大半餘匪遠遁出省俾東路軍威先聲奪人所關匪細分發福建試用同知文星瑞係殉難署嘉應州文晟之子由舉人捐納同知分發福建上年由京赴閩取道嘉應適值松源土匪滋事該處紳士以該員前隨其父帶勇勦捕長樂土匪疊著戰功於嘉應情形熟悉稟

經臣等准其暫留幫辦分咨閩省吏部在案計該員前辦
長樂松源各土匪本應遽行奏獎此次復帶勇七百與卓
興同心戮力解圍與甯在該員則為矢志復讐而臣等應
請計功併獎署興甯縣事揀發知縣彭藴煒自賊到嘉應
即募勇往援一面激勵紳團豫備守禦至賊匪四面圍攻
能以斗大山城當數萬强寇督率紳團子姪經旬戰守闔
城賴以安全連平州學正何維林外委李殿超祝天培當
逆匪猝然圍城知州守備皆不在城乃能會同團練局紳
誓衆同心嬰城固守李殿超尤為驍勇屢次出城打仗以

少擊多出奇制勝該州知州孫志鈞於賊匪猝至之日實
係先期公出聞報募勇趕回連日在外打仗慮被圍日久
城内糧餉不濟人心稍懈冒死衝開賊圍負夜扒城而入
文武紳民益加奮勉地雷破城兩次仍即化險為夷實屬
忠勇同心合無仰懇

天恩俯准將候補都司卓興以遊擊遇缺即補並
賞加勇號其勦辦楓洋匪鄉案内毋庸再行議獎福建試用同
知文星瑞免補同知以知府補用其前辦長樂松源二案
毋庸再行議獎署興甯縣事揀發知縣彭蘊煒免補知縣

以同知直隸州補用

賞戴花翎連平州知州孫志鈞以同知直隸州補用

賞戴花翎並加四品銜學正何維林以知縣歸部不論班次遇

缺即選

賞戴花翎並加同知銜和平營外委李殿超

賞戴五品頂翎以守備即補代防連平城汛外委惠州協左營

額外祝天培

賞戴六品頂翎以千總不論班次遇缺即拔俾該員等感激奮

興各軍亦共相勉勵至署嘉應直隸州事惠州府知府文

晟仕粤三十餘年官聲素好前任嘉應州時深愜民隱歌
誦至今上年因松源不靖特令署理嘉應以除匪安民至
則搜捕匪首境内肅清紳民感戴如初此次外寇猝至誓
與城共存亡晝夜雉堞奔馳親身禦敵城破猶短兵巷戰
連刃十餘匪卒以賊衆叢圍鱗傷徧體始被戕害越四日
屍由河内撈起顏面如生實屬忠誠昭著大節凛然可否
請
旨加恩敕部照道員陣亡例從優議卹並於該州城内建立專
祠將同時遇害該守之妾傅氏何氏侯氏及僕周順余盛

等婢女秋葵等一併附祀傅氏等仍照例旌表以彰節義

其所遺惠州府知府員缺請

旨迅賜簡放以重職守嘉應州州同陳柄謙即署鎮平縣事揀

發縣知縣劉蔭棠平遠縣壩頭司巡檢張書紳嘉應城守

把總邱京榮幕友舉人截取知縣李煌勇目五品頂翎鄭

進六品軍功記名外委孔金或因公來城或分派堵守俱

能效死勿去戰守同心力竭被害均屬成仁取義應請一

併照陣亡例從優議卹大埔縣知縣繆中孚於閩匪繞道

突入境內親身在上杭交界防堵立時趕回與守備吳繼

承合力堵禦已屬衆寡不敵猝被闖入東門雖於六日内
自募勁勇督率團練即行克復城池究屬疏於防禦應請
旨將大埔縣知縣繆中孚饒平營中軍守備吳繼承均即革職
代辦潮州鎮左營遊擊瓊州鎮中軍遊擊潘法元連平營
守備鄧歡保和平營千總魏鳴剛代防中村汛把總事雲
騎尉候補守備劉帶香均於賊匪臨城先行逃避雖據稟
赴鄉募勇難保非飾辭卸罪應請
旨一併革職拏問現已飭提到省發司嚴行確訊果係棄城逃
走當欽遵歷次

諭旨從嚴懲辦至此次逆匪竄入潮嘉擾及惠韶臣黄宗漢進
禁龍川督征所有各路出力官紳兵勇及隨營員弁或督
帶進剿或分投協擊或練勇扼要堵防或辦理軍需文案
均屬著有微勞可否分别酌保俾資鼓勵之處伏候
恩施除將出力應保各員弁列摺存案移交後任俟
命下之日再行繕摺保奏並飭各該州縣妥辦善後搜捕土匪
查明大埔嘉應二城此外文武各官生死下落紳團兵勇
陣亡若干以及衙署倉庫文卷監獄有無燬失分别詳請
奏咨外所有廣東大埔嘉應失陷與甯連平被圍現經督

飭員弁兵勇進勦分別克復解圍各緣由謹合詞恭摺具

奏伏乞

皇上聖鑒訓示謹

奏奉

硃批另有旨

請以都司卓興陞補遊擊
再廣東候補都司卓興忠勇絶倫每戰必身先士卒所向
克敵實為粤東不可多得之員現因東路两起逆匪勦捕
出力歸於興甯解圍案内
奏請
逾格恩施以遊擊補用如蒙
俞允該員係現在軍營出力例准以軍營所出之缺即陞查代
辦潮州鎮左營遊擊事瓊州鎮中軍遊擊潘法元已於嘉
應州失守案内奏請革職拏問其所遺之缺可否仰邀

特旨即以卓興補授一懲一勸立見施行不特該員益知感奮
圖報即各營亦懷
德畏
威互相觀感矣臣等爲鼓勵戎行起見是否有當謹合詞附片
陳懇伏乞
聖鑒訓示謹
奏奉
硃批另有旨

水師武員先行揀補

奏為粵東軍務未竣防勦需員懇將水師各營武職員缺揀

選陞補以資遣用恭摺奏祈

聖鑒事竊照粵東水陸各營應題員缺前經奏明在於軍營出

力人員先行陞補毋庸聽候部文開缺奏到

硃批著照所請行兵部知道欽此臣到任後當將所出之缺分

別揀員於咸豐八年十一月初十日具摺列單

奏請陞補業奉

飭部議准在案伏查廣東西北兩江股匪旋滅旋生軍務仍屬

未竣所有各營將弁非帶兵防守要隘即督帶兵勇船隻分勦賊匪差遣甚屬浩繁員缺實難懸曠當經將各營俱報續出之缺及叅革應開各缺會商水師提臣吳元猷秉公遴選查有現在帶兵勦捕勞積最著人地相宜者堪以陞補惟所陞之缺或開缺未准部咨請陞各員或陞署尚未引見或籍隸本省本府或未接劄歷俸於例均有未符但現當防勦喫緊需員孔亟之時與其員缺久懸拘泥轉滋貽誤不若隨時請補委用藉得其人合無仰懇

天恩俯准將單開各懸缺悉予揀員陞補庶員缺不致久懸防

勦可期得力謹將請陞各員缺另繕清單恭呈

御覽如蒙

俞允該員等均有軍務差遣緊要事件並請

勅部先行發給陞補陞署劄付統俟軍務完竣將應行引

見各員陸續給咨送部以符定制其陞補守備所遺千總以下

各缺由臣遴選合例弁目拔補咨明兵部照例辦理謹會

同廣東水師提督臣吳元猷合詞恭摺具奏伏乞

皇上聖鑒訓示謹

奏奉
硃批兵部議奏單併發

親督大兵痛勦股匪

奏為江西信豐逆匪竄擾惠韶兩府現經親督大軍節次痛
勦全股殲擒殆盡恭摺

奏祈
聖鑒事竊照江西南贛一帶匪黨與楚粵交界地方時相奔突
本年三月初間臣黃宗漢駐紮龍川督勦由汀州竄擾潮
嘉逆匪正在喫緊之際突有大夥匪徒由江西信豐而來
竄入廣東和平龍川邊界探聞內有五股旗用五色名曰
花旗其初不過四五千三數日間愈來愈多竟至有二三

萬衆先後行走距龍川軍營或五六十里或六七十里所至肆殺勢甚鴟張爾時隨營兵勇不滿五千水陸籌防萬分緊急幸統帶兵勇之署惠州府海廷琛東莞紳士已革廣西臬司張敬脩久歷戎行膽識堅定以我軍兵勇未齊若戰守各分益形單薄宜先布置嚴密保護大營使之不敢來犯一面截拏奸細杜其窺我虛實並偵視賊之動靜以為進止該匪亦以大兵不動遂分屯犁頭嘴東水等處旬餘日以與我軍相持適值興 廿 解圍餘匪竄由江西而去多日探報無異當將遊何雲章同知文星瑞都司卓興

各軍一併調回龍川正在分派戰守間忽報竄往江西之賊已回擾連平攻撲州城而東小各股匪聞將由北路陸行下龍川由南路搶船下老隆即派何雲章及都司賴國恩等帶兵勇二千餘名赴援連平卓興文星瑞帶兵勇二千餘名紮營老隆海廷琛帶兵勇二千餘名出龍川北門由東水林寨一路進剿張敬脩先到之勇一千餘名及督標操練親兵四百餘名在大營四面策應詎該逆等彼此暗約牽掣我兵偵知何雲章等已啓行分股至李田以阻我兵又分股赴梨樹下船塘各鄉搶掠三月二十七日海

廷琛之前隊趕到梨樹下殺賊數百名割首四十餘級我勇亦傷斃數十名迨後隊繼至何雲章等各隊亦到賊見兵多即由梨樹下李田一帶連夜竄至船塘黄沙距龍川已遠賊意欲與連平州會合乃該州城已於二十六日解圍又圖竄出江西而贛南道林福祥已派兵堵住要隘臣黄宗漢知其退無餘地必抵死繞道下竄惠州府城連日拏獲奸細僉供各股首半係咸豐四五年間惠州餘孽竄往江西投入石達開黨内疊陷江西福建郡縣此次由信豐來時密議若得龍川老隆惠州已在掌握葢該匪等俱

歸善縣西江人意在護其輜重歸回老巢已有匪夥下歸善河源勾結黨與內應等語查[illegible]沙與忠信墟接壤道路四通不出江西即可由河源竄下惠郡亦可由長甯以入龍門蔓延廣州府屬張敬脩生長廣州熟悉地勢人情所募東莞勇及水師兵皆陸續趕到願紮長甯要隘獨當一面當即飭張敬脩迅赴長甯截其下竄龍門飭海廷琛帶陸勇扒船礮船赴河源下游飭卓興文星瑞各軍由河源之登塔而進何雲章賴國恩各軍由河源之高車而進以期上下夾擊該匪果由黃沙忠信墟移至河源順天湖將

鋒鋭作錢鋭

由南湖下縣城在該匪以大營在龍川各軍未必遠追而
我軍固已逆料及此亦趕到順天湖臣黃宗漢慮郡城兵
少且撫臣甫故省中人心疑慮謠言日多分派各軍進剿
後即於四月初六日由龍拔營折回河源沿途催兵進剿
整飭水陸防務於初十日回到郡城郡距河源長甯及廣
屬龍門均一二百里恰好居中調度旋據稟報初七日該
匪大隊直抵巖石墟掘溝豎栅意圖久踞初八早五更卓
興文星瑞等率勇過河抄襲賊一萬餘齊出抵禦卓興督
勇奮擊鎗礮齊施登時攻進賊營鋭鋭莫當擊斃賊匪千

不滿三千字誤作衆

餘名割取首級耳記二百餘件奪獲鎗械無算匪黨棄巢亂奔過河淹斃無數何雲章賴凶思等在高車聽聞礮聲上前接應斬獲亦多該匪經此挫衄又知海廷琛在下游堵截甚嚴乃專意由長甯直下龍門因夥黨衆多先於連平屬之忠信至長甯屬之百叟塘大蓆馬頭墟軍屯一帶連營數十里逐程漸進爾時張敬脩隨帶兵勇不衆三千署長甯縣陳文芳招募團練能戰者亦屬無多守備朱廷超移眷出城民心愈覺驚惶張敬修激勵衆心相度地勢以層坑一處距馬頭墟軍屯賊營八里係上通江西下通

廣州要路為該匪必爭之地擬移軍進紮該處十二日先
派東潮勇一千五十名進紮石角親率大隊繼進十四日
巳刻東潮勇已抵層坑正欲紮營賊已由前面嶺頂壓下
當即開仗張敬修親督後隊行至半途聞礮聲漸密知前
隊遇賊即率勇飛奔上前該匪該約有八九千人直撲我
軍各勇分左右抄擊斃賊四百餘名往返相持至未刻又
斃賊二三百名匪勢不支退回軍屯我軍跟追直進立將
賊巢攻破割首三百餘級獲礮械二百餘件餘匪棄巢而
逃勘視該處駐軍非宜收隊仍回層坑十五日辰初該匪

糾添忠信各匪黨分四路沿山而來張敬脩見賊數太多所占地步又闊傳諭各軍以靜制動不可輕出賊用馬隊衝突十餘次均用鎗礮擊退我軍正在收隊該匪入蜂擁而來張敬修見賊勢數倍於我乃傳諭各軍有能當頭敵將賊擊退者賞銀二千圓各勇奮力爭先鎗礮不住戰至申刻將賊追至四里以外割首一百八十餘級獲軍械百餘件十六十七等日張敬脩令各軍修壘準備十八日出小隊與賊對河轟擊斃匪數十名二十一日早該匪大隊約有萬餘分三路來撲層坑營盤我軍亦三路迎擊先令

線鎗手數十名出半里許連環施放發無不中斃賊五六十名該匪仍由前面蜂擁而來把總連美率隊施放排鎗擊倒百餘名賊有緣山而下者亦被水師兵鎗斃百餘名該匪或進或退追至午刻一齊擁來兇猛異常張敬修即即添派同知梁堯章等帶守營之勇前往助勦士氣倍奮血戰四時之久各隊共斃賊二千餘名匪始敗退是夜連美帶潮勇二百往刼賊營復殺賊百數十名生擒七名該匪疊受痛勦知張敬修緊紮層層斷難飛越始絕望於龍門二十六日回竄連平陂頭墟適卓興文星瑞追至迎頭

衝殺斃賊無數割首級耳記四百餘件何雲章賴國恩亦斃賊數百名各軍追殺二十餘二該匪扒山越嶺竄由翁源縣屬罔尾而去長吉司巡檢蔡始權帶勇出擊遇賊陣亡長甯連平各官紳沿途截殺亦有斬獲當該匪入龍川之時正前賊攻興甯之際彼時惠屬十州縣土匪聞風蠢動到處拜會起旗如響應聲幸署惠州府海廷琛在惠多年恩信及人聲威素著或飭紳團撫諭或撥弁勇驅除甫得各處奠安不致另生枝節追該匪既竄罔尾海廷琛以惠屬本境已無賊蹤乃連夜捲甲疾趨約會張敬修聯轡

窮追誓必滅此朝食臣黃宗漢以該匪屢經敗挫殲捦不
下萬餘海廷琛張敬修二軍餘勇可賈足敷追勦值此軍
餉匱竭當將何雲章卓興文星瑞各軍先行撤回並飭管
理龍川糧臺之丁憂同知李福泰後路糧臺候補知府沈
映鈐力籌口糧源源接濟該匪自逃至岡尾於五月初一
日圍攻牛岡張姓寨樓紳士張景星募勇抵禦斃賊三百
餘名初四日張姓寨樓被賊攻破擄殺男婦二百餘名初
四初五等日由了髻山竄往始興縣屬清化初七初八等
日竄入曲江楓灣西沖經大塘紳士候補把總傅作梅募

勇三千與匪接仗斃賊數十名傅作梅礮傷左耳鐵條未
出以後輾轉流竄均被鄉團擊亢不少海廷琛張敬脩率
同都司賴國恩守備林大斌李森等自連平起程正值大
雨時行沿途所追之路均屬陡峭奇險人跡罕到軍士暑
雨交侵頗有難色海廷琛張敬脩身先士卒激勵前行窮
追十餘日始將該匪追及五月二十五日大軍行抵楓灣
該匪已屯聚火山是日久雨始晴水勢稍下隨傳諭次日
五更造飯天明出隊旋接探報該匪已於三更後向北逃
竄海廷琛會同張敬修親率官軍上前飛追前隊兵勇搶

斬落後賊百餘名張敬修嚴飭不准藉此回頭報功直追至古洋崗山坳地方該匪踞山口之險排陣拒敵我軍用連環鎗礟搶進山口賊勢不支退入大橋墟內時天色已黑兵勇即在該處紮營二十二日直攻大橋賊巢斃賊二百餘名將墟攻破賊即退至北岸我軍即紮住南岸二十三日卯刻海張兩軍分起渡河止見賊四五百人由平圃翻山逃逸追兵勇追至平圃有賊七八千突出會合交戰半時殺賊百餘匪向週田而逸我軍追殺十里該匪合週田之匪約有二萬即在墟前接仗彼此往來衝突見匪先

用門板屋樑紮筏數十架安放河邊迫我軍攻急各匪爭渡過河我軍分隊往擊水勢奔溜木排多被衝散鎗斃淹斃約有五六千適韶州府陳應聘親督扒船兵勇由下游駛上放礮轟擊斃賊亦復不少爾時未渡之賊向各山亂逃又追殺千餘名各匪四散翻山我軍路徑不熟暫行收隊計是日各起兵勇斬殺轟斃淹斃約有萬餘割取首級一百七十三顆奪獲馬牲鎗械無算從此賊匪各自散夥亡命逃生二十五二十六等日我軍分路追攻又復斬擒數百餘賊潛由仁化竄往湖南桂陽而去海廷琛等當以

堵防搜捕事宜歸本地方官辦理方能持久全軍當即凱
撤回惠此江西信豐逆匪竄擾惠韶兩郡我軍設法攻勦
殲捦殆盡之實在情形也臣等伏查此股匪徒乘潮嘉有
事料官兵兼顧為難突入惠境將竄龍門以圖蔓延廣州
於大局殊有關係現經各軍分投堵擊合力追勦地方一
律肅清辦理洵屬妥速已革廣西按察司張敬修籍隸東
莞前在廣西歷年打仗出力由候補同知疊經軍功保奏
歷升至廣西按察使革職後因傷病未痊在家醫調本年
春間福建江西逆氛直入臣黄宗漢徧訪將才粵省文武

紳士僉稱該革員秉性公忠臨陣勇敢堪資臂指之助當即一面函邀一面札飭令其帶勇隨勦該革員亦同仇志切即募集子弟鄉黨勁勇二千餘名隨赴東江所向克捷此次堵守曆坑帶勇不滿三千力拒二三萬巨匪疊次斬擒不使竄越一步追該匪屢敗北竄復會同海廷琛賴國恩等窮追直擣斃匪萬餘惠韶兩郡匪蹤不能停留實屬保全不少該革司前於咸豐五年因師船敗退潯州失守經廣西撫臣勞崇光奏參革職此次計功請獎潮嘉之臻平靖得力在卓興業已另摺具奏惠廣之不下竄得力在張

敬脩海廷琛等粤省近年勦捕多借資於紳團且該革司
年力正強廢棄可惜可否仰懇
聖恩將該革員開復原官
賞還花翎之處出自
逾格鴻施署惠州府事知府銜題補佛山同知海廷琛自四五
年來歷次帶勇勦匪戰功疊著且到處清廉自持循聲卓
著此次募勇二千五百名自行勸捐給餉隨赴東江身先
士卒屢獲勝仗韶州之役該員冒暑涉險越境追逐數百
里與張敬修殲賊餘萬實屬畛域不分血誠盪寇於文員

中尤為難得合無仰懇
天恩交軍機處記名遇有廣東知府缺出請
旨簡放並請
賞加勇號俾資鼓勵連平州長吉司巡檢蔡始權當逆匪逃竄
翁源路經屬境即帶勇上前抵禦旋因衆寡不敵登時陣
亡殊堪憫惻應請
敕部照例議䘏長甯縣城守守備朱廷超於賊匪入境即攜眷
出城實屬咎有應得應請
旨先行革職已由臣等飭提來省交兩司確訊有無棄城逃走

情事再行核辦至此次出力員弁兵勇係臣黄宗漢親臨
督率隨時存記勞績已列單存卷移交後任如蒙
聖恩准予擇尤酌保應由後任再行繕摺具奏除飭各州縣搜
捕餘匪辦理善後並飭查陣亡兵勇紳團另行分別奏咨
核辦外所有江西股匪竄擾惠韶兩郡現經親督大軍節
次痛勦全股殲擒殆盡緣由謹合詞恭摺具奏伏乞
皇上聖鑒訓示謹
奏奉
硃批另有旨

運司請假開缺委員接署

奏為運司患病未能速痊懇

恩俯准開缺回旗調理所遺兩廣鹽運使員缺恭摺

奏請

簡放仰祈

聖鑒事竊據兩廣鹽運使兼署廣東按察使齡椿具稟前因病

體增劇即經稟請具題開缺回旗調理奉批迅即醫調就

痊俟奏銷辦竣委署有人彼時病若未痊再行具稟察核

迨辦過奏銷之後醫調仍未見效而精神尚可勉支適奉

札知

奏委兼署廣東按察使維時東江軍務喫緊差委之員不得不力疾從公急圖醫痊報効乃自兼署臬篆之後案牘倍增心神益形瘦薾每伏案畫稿即覺昏暈難支兼以下元虛損週身骨節疼痛據醫家云氣血兩虧諸證疊見非急切所能醫治自維病軀日漸何敢戀棧誤公理合據實稟

請具

題開缺回旗調理一俟痊愈即當竭力圖報等情經臣等飭

委署廣東督糧道蔡徵藩親詣驗明該運司患病一時未

能就痊屬實據藩司詳請

題奏前來相應據情懇

恩俯准兩廣鹽運使兼署廣東按察使齡椿開缺回旗調理所遺兩廣鹽運使印務需員接署臣等查有廣東肇羅道伊霖守潔才優實心任事堪以署理其所署廣東按察使篆務即飭該臬司周起濱回任仍暫行兼署藩篆除循例具

題及檄飭遵照外所有兩廣鹽運使員缺緊要臣等謹合詞

恭摺具

奏請

旨簡放以重職守伏乞
皇上聖鑒訓示謹
奏奉
硃批另有旨

青如齋

委署高廉道篆

再廣東肇羅道伊霖先經委署高廉道篆務於本年二月由潮州府交卸起程道出惠州正在飭赴署任間適賊匪由福建汀州下竄惠潮嘉一帶節節戒嚴該道久任潮州於東路地方情形熟悉且甫經剿辦海陽縣楓洋匪鄉竣事於軍務亦甚得力臣黄宗漢即飭隨同督兵馳赴龍川軍營商辦一切甚合機宜茲因凱旋回惠經臣等

奏委該道署理兩廣鹽運使所遺署高廉道篆務查有廣東候補道邱景湘才識明練辦事安詳堪以委令署理除檄

飭遵照外所有委署道篆緣由臣等謹合詞附片具
奏伏乞
聖鑒謹奏奉
硃批知道了

丁憂人員留營差遣

再廣東候補同知秦汝燮江蘇無錫縣人於咸豐八年十一月在署前山同知任内聞訃丁繼母憂交卸回省適東路用兵據署惠州府海廷琛以該員前署南澳同知曾經剿辦艇匪王興順等著績禀請帶赴軍營差遣嗣因追賊至韶州現留北江軍營幫同剿捕又署興甯縣事增城縣知縣張鶴齡安徽桐城縣人於咸豐六年八月聞訃丁父憂交卸離任八年二月嘉應土匪戕官滋事經署嘉應州文晟禀留該員幫同剿捕八月臣黄宗漢遵

静妙齋

旨改派惠州協副將泰斐音泰等統帶惠潮兵勇赴閩省汀州援勦軍需分局派委該員隨營支應九年六月回粵銷差復隨赴東路軍營差遣又候補府經歷琨齡係鑲黃旗漢軍坤瑞佐領下人於八年七月在肇慶差次聞訃丁父憂該員先因委辦省城禮字局團練尚未竣事本年三月隨赴東路帶勇勦捕甚為得力現尚留辦軍務以上各員據統帶各官先後稟請

奏留差遣當經飭據軍需總局核明詳覆前來臣等伏查丁憂人員例應給咨回籍守制惟該員秦汝燮等均係隨營

差遣與尋常差委不同且粵東文員每因軍務緊曡經奏
奉
諭旨允准有案相應仰懇
天恩俯准將秦汝燮張鶴齡琨齡均留於粵東軍營差遣俟事竣飭令回籍回旗終制俾資臂助臣等謹附片具
奏伏乞
聖鑒謹
奏奉
硃批均照所請

靜好齋

股匪投誠

奏為陽山縣屬果子寨各股匪悔罪投誠立功自贖籲懇免

其治罪恭摺奏祈

聖鑒事竊照廣東陽山縣屬之果子寨各處萬山環繞險隘重

關素為逋逃淵藪自咸豐四五年逆匪四起旋經官紳擊

散其桀黠死黨多潛聚於深山窮谷之中即如果子寨等

八處頭目李幹等均係北江積年巨匪當時被官軍痛剿

彫黨四散各踞山寨負嵎自雄其地則鳥道千盤其人則

身經百戰兵進則據險固守兵退則肆擾鄉村且各寨狼

狽相依彼此夾輔官軍不能得手經費日久難支正在進
退為難間伏讀
上諭勝保奏捻首李昭壽獻城效順著更名李世忠以參將補
用各路軍營如有悔罪投誠率衆來歸者亦一體赦宥欽此
臣等跪讀之下欽佩莫名當即會同恭錄
恩旨三次出示分布兩省各軍營剴切曉諭隨據各路被脅匪
黨聞風感泣棄邪歸正者甚ノ而各股匪羽翼漸希聲勢
亦弱旋有紳士李祥雲等遞具密稟以果子寨傍脚深坑
藍山四處匪首決意投誠臣當即飭委補用守備捐陞參

將孔繼堯等親赴查辦該參將馳抵陽山即據李祥雲等帶同匪首李幹等八名投營求見當經孔繼堯反覆開導李幹等叩頭乞命實出至誠即諭令造冊繳械燒寨薙髮擇其精壯可用者六百名撥營隨勦其餘發給路票分别回籍歸農正在辦理清楚間復據紳士楊廷煇等具稟白虎犂埠洞灌界灘四股頭目黃相奎等二十二人亦決志歸順孔繼堯復赴白虎墟面加撫諭黃相奎等均求一體繳械薙髮立功自贖當於該四股内選擇材藝兼優者七百人充勇隨營其餘均照果子寨成案辦理適值懷集匪

徒圍攻陽山縣城勢甚危急孔繼堯即籌借口糧置備軍火親帶黄相奎等七百名馳赴援剿疊獲勝仗立解城圍攻通杜步糧道復會同千總方耀等疊破婆逕等處賊巢十餘處而果子寨頭目李幹等六百名經廣州府吴昌壽帶赴韶州進剿樂昌踞匪亦屢次獲勝克復縣城兩起均已立功據孔繼堯造具花名礮械各冊果子寨等四股共計首夥二千五百八十六名刁虎等四股共計首夥三千四百一十六名兩共六千零二名礮械三千餘件將細冊呈繳前來臣等伏查陽山各山寨股匪不下二十餘處總

因地勢險僻進攻為難現將果子寨等八股一律投誠各
股衆叛心離俾官軍乘時進擊盡五六兩月之力將大灣
七輋各老巢十餘處悉數蕩平此皆我
皇上法外施仁俾臣等因勢利導源源就撫既省兵力並廣矜
全所有八股首夥李幹等六千零二名仰懇免其治罪並
將勦捕立功各頭目由臣等先行賞給頂戴如再能奮勉
出力再行據實保獎廣東補用守備捐陞叅將孔繼堯委
辦招撫事宜熨貼周詳駕馭得法俾六千餘積年悍桀俯
首歸誠復籌措軍火餉銀援解陽山城圍攻破杜步糧道

實屬公忠奮勇畛域不分合無仰懇
天恩俯准將該叅將遇缺即補並
賞加副將銜其餘出力弁紳跋涉往返委曲勸諭亦屬著有微
勞可否擇尤酌保數員俾資鼓勵之處出自
恩施除飭各州縣將各首民妥為安置並將投誠各勇分撥隨
剿外臣等謹合詞恭摺具奏伏乞
皇上聖鑒訓示謹
奏奉
硃批另有旨

典史金堦留粵補用

再，刑部候補司事候選分缺間用典史金堦，先經臣黃宗漢於八年正月隨帶來粵，差遣嗣因北江軍營剿捕喫緊，差委需人，即經札委該員馳往聽差，續據督辦軍務廣州府知府吳昌壽具稟，金堦自到營後，隨同各營帶勇進剿，屢著辛勞，其敏慎小心，於軍營尤為得用，請將該員奏留廣東補用，免其補捐指省分發銀兩等由，前來復經批飭軍需總局會同藩司核明詳請具奏前來。臣等查金堦係浙江仁和縣人，由刑部供事議敘未

入流報捐典史分缺間用經臣黄宗漢隨帶來粤差遣勤
慎安詳能耐奔馳勞苦現在北江軍務未竣差遣需員合
無仰懇
天恩俯准將刑部供事候選分缺間用典史金堦留於粤東差
遣補用並即以奉
旨准留之日作為到省日期歸入候補班序補如蒙
俞允該員本應補捐指省分發雖係隨帶來粤沿途自備資斧
抵粤已逾一載派赴軍營幫辦防勦備著勤勞應請照防勦
軍務出力人員之例免其補交是否有當謹合詞附片具

奏伏乞
聖鑒訓示謹
奏奉
硃批另有旨

請將延欠餉款之運同勒追

奏爲特參交代逾限應存餉款運本延不解交之卸署運同

請

旨革職提省查辦勒追以儆玩誤恭摺奏祈

聖鑒事竊照兩廣鹽運司運同交代列限五箇月造册結報該

運同駐紮潮州府城管理潮橋鹽務分司潮嘉汀贛等屬

二十九埠遞年額徵正餉銀一十二萬六十餘兩内除留

潮抵補虚糧及由運司衙門以攤捐彌補缺餉共銀五千

餘兩實應解正餉銀一十二萬一千二百六十三兩零隨

款銀二千八百八十三兩零又潮橋因商疲埠懸先於道
光二十六年勸令各殷户捐集銀一十一萬一千六百兩
作為運本由運同設局疏銷懸引以顧餉課如遇交代該
運同應將任内報完餉雜及前項運本銀兩悉數移交後
任接收分别起解辦運交代依限造報兹據兼署廣東按
察使事兩廣鹽運使齡椿會同署廣東布政使周起濱詳
稱查前署運同顧炳章任内交代自咸豐八年四月二十
日現任運同壽元渭到任接收起計至是年九月十九日
例限已滿催據壽元渭稟報顧炳章未將應交之項造册

移交其任内欠解餉款為數甚鉅應存運本亦僅先後移
交銀一萬兩等情復經運司詳明札調該新舊運同來省
會算併帶齊應查案卷册籍聽候查明覈辦乃顧炳章於
接札後並不遵調來省亦無一字禀覆查顧炳章自道光
三十年二月到署起至咸豐八年四月卸事止任内已報
徵完自道光二十七年至咸豐三年分七屆奏銷共應解
餉款銀八十六萬九千三十兩零除已解收運庫銀六十
九萬九千四十三兩零又另墊支潮州兵餉及勦匪經費
共銀一萬兩計尚欠解咸豐元二三等年餉課銀一十五

萬四千二百一十八兩零隨款銀五千七百六十七兩零
又咸豐四年分應徵餉課銀一十二萬一千二百六十三
兩零隨款銀二千八百八十三兩零計至八年三月底應
行造報奏銷顧炳章係於八年四月卸事未經造報先據
稟以埠地被匪滋擾懇請展緩業經批駁旋據造冊申繳
又經運司以册造不符駁回日久未據繳覆又有應行移
交後任辦運之運本銀一十萬一千六百兩亦未交出是
總計共有未交未解銀二十六萬一千五百餘兩之多其
奏銷屆期應行報完之四年分餉款共銀一十二萬四千

餘兩尚未在內職司等伏思潮橋鹽務積疲雖非一日通綱二十九埠橋下之八埠近鄰場柵素不銷鹽其餘埠地率在江閩二省即間在本省者亦皆與之接境近年該二省長髮股匪隨處擾害引鹽銷滯在所不免運本係引鹽之資鹽未銷出本即難歸不能速交或在情理而前項已報徵完之餉款銀一十五萬九千九百八十餘兩何得任意不解是否實因引滯不銷課未徵足當時虛報全完抑竟有侵挪情弊必應從嚴查辦使免虧缺等由會詳揭報

前來相應請

旨將前署運同准補廣州府糧捕通判捐陞道員續報丁憂之
顧炳章暫行草職以便催調該員及現任運同壽元渭赴
省提齊折引徵銀檔册案卷覈實稽查勒追庶餉項不致
懸宕交代亦易完結臣謹會同署理廣東巡撫臣畢承昭合
詞恭摺具
奏伏乞
皇上聖鑒訓示謹
奏奉
硃批另有旨

隨帶人員分別飭回留粵

再臣前因辦理夷務

奏准隨帶司員來粵差遣除畢承昭已蒙

恩簡放廣東布政使外其餘各員因夷務已由天津議撫當經

奏明分別飭回及留粵補用各在案此外尚有五品銜翰林院編修張庭學應回浙江原籍再行請咨覺羅官學教習周蘭已給咨回京候補浙江試用道劉齊昂已給咨赴浙

前任瓊州府知府林鴻年已給咨赴部引

見福建興化協城守營都司劉逢泰已給咨回閩供職候補千

總林錦亭已飭回閩候補福建候補知府署雲霄同知段
喆先派在北江幫辦軍務茲應給咨回閩候補分發廣東
試用鹽知事黄宗河選補山東新城縣教諭于賢之福建
候選訓導林鷄翔均經帶赴龍川軍營茲已凱撤黄宗河
應即留粵候補于賢之應回山東赴任林鷄翔應回福建
候選除先後檄飭各該員遵照並分咨各衙門外理合附
片具
奏伏乞
聖鑒謹

奏奉
硃批知道了

特保文武賢員并出力官紳

奏為特保廣東文武賢員及辦理夷務軍務尤為得力員弁

懇

恩破格擢用俾資治理恭摺奏祈

聖鑒事竊照廣東近年以來兵燹疊遭瘡痍徧地而本省軍務未蕆鄰匪竄越無常地方吏治民情求起色固屬萬難即支持亦非容易臣自上年四月抵粵爾時夷人尚未就撫賊氛四路鴟張近省各府縣紳富商民流離顛沛失業廢時諸事幾難措手臣自知才識短淺惟與藩臬道府及團

練諸大紳往返諮詢虛心商酌僉以用人選將理財為首
先三大端當於惠州府城設立軍需分局派司道總理其
事選賢能守丞為提調以冀集思廣益各盡所長而經費
則絲毫俱無軍器則百無一備且自前督臣葉名琛革職
以後各路軍營亦無大員督率當飭司道公同酌保派候
補道沈保頤總辦西路軍務廣州府吴昌壽總辦北江軍
務候補道李宗沆專辦抽釐總局移咨團練總局紳士侍
郎羅惇衍等分路設局捐輸接濟軍餉於是經費漸有端
緒各營亦有責成而餉項入少出多時事變遷不一即如

夷人未撫以前臣駐惠州距省僅三百餘里水陸要隘無

一路不刻刻提防迨和議已有明文百姓方圖喘息而夷

人之無端搆釁隨處覬覦更非人情意計所能防備自上

年秋冬至今年春夏輒赴附省各府縣及廣西梧州游駛

每次或帶兵千餘及數百名不等到處驚惶禍端叵測幸

各官吏相機布置備禦有方得以銷患未萌不至變生意

外而各路股匪以省事未平每思乘機妄逞臣於上年八

月密奏内所叙粤東有匪之地已不下二十州縣復因福

建汀漳一帶連陷郡縣遵

旨調派惠潮兵勇籌備糧餉前往應援八月則連州圍城十月
則廣甯圍城十二月則南雄圍城中間克復靈山縣城剿
除海陽之楓洋鄉匪窩海豐之紅黑旗匪黨從化龍門長
甯之廖大清閻等各股首茂名信宜陽春之張阿句七等
各首夥擊退英德陽山清遠各縣匪徒全仗在事文武員
弁竭力籌維大起兵勇飛馳接應甫得逐股埽蕩連州廣
甯南雄各城亦次第解圍並移南雄得勝之師克復江西
南安府城本年開春後臣方以軍務已有把握擬親赴西
北路督征以期全境蕩平詎夷人於正二月間屢欲行其

陰謀駕船來惠以致外省流寇亦飄忽而來閩省汀州之匪竄入潮嘉江西信豐之匪突擾惠屬又另股竄陷樂昌攻撲仁化廣西懷集各股全奔連陽地方潯州艇匪連檣欲由梧江直下若非各軍士同心同力奮迅堵勦各局員任怨任勞力籌接濟則十餘萬水陸齊來全省將不可問現在東路惠潮嘉三郡業已一律肅清北路則曲江始興翁源賊蹤已遠陽山縣城亦經解圍惟樂昌克復後餘匪竄由仁化一帶尚未全數勦滅西路水陸各股屢次敗挫亦不敢遽事東奔環顧四民可望漸回元氣臣自問於時

無補惟自上年以來歷次差委各員弁或徵諸實事或察
其素行實屬大堪造就臣現已調任四川交卸伊邇若將
各起勦捕情形逐一具奏一時實趕辦不及若因原案未
經奏明將各員弁汗馬血誠概置不錄恐後來者未經親
試不免疑信相參臣生平誠信待人然諾是重彼既盡心
力為我用臣不臚實績以上
聞此心固有難安此後更難激勵且負我
皇上求賢若渴之至意謹將該員弁先後實績另列清摺擬請
陛階恭候

聖裁至各案勦捕情形除已將克復解圍南雄南安樂昌各城
及勦辦楓洋海豐廖大清閙張阿勾七等各匪𦤶叙奏牘
移交後任繕發其餘各案亦彙列始末備存檔卷後任可
查照補奏其尋常出力人員亦由後任各歸各案分別奏
奬惟惠州府海廷琛都司卓興勞績最著已歸入勦辦福
建江西兩股匪案内隨摺聲明曁現任司道大員不敢仰
邀奬叙外臣謹恭摺具
奏伏乞
皇上聖鑒訓示謹

奏奉

硃批另有旨

勞績最著之官紳請獎

再福建候補知府段喆係臣上年奏帶來粵委辦夷務自五月到惠州後該員會同水陸文武擇要紮營籌防均有準備迨天津和議到粵適北路賊匪挾猖總辦北江軍務廣州府知府吳昌壽以統領廣韶連兩府一州數百里營壘縱橫一身恐難兼顧稟經臣飭委該員前往幫辦自抵北江後與吳昌壽戮力同心屢次督勦獲勝軍威大振本年正月懷集股匪突入清遠該員駐紮縣城隨身勇不滿千即往前嚴堵濱江要口賊疑官軍神速不敢上前黄夜

逃竄四會清遠縣城無驚三月間樂昌失守臣飭吳昌壽
帶兵勇赴韶州迅圖克復該員在後策應挑撥勁勇戰船
赴援深為得用樂昌克復與有力焉自此英清連陽軍務
該員一力獨擔仍事事函商吳昌壽因各營欠餉過多軍
無鬬志親身赴省乞糧得餉數千即便回營與最為得力
之千總方耀等誓告軍士尅期殄滅並知會在大灣一帶
辦理招安之候補參將孔繼堯等趁我軍疾攻即乘機撫
諭於是彼此聯絡勦撫兼施四五月間方耀等連破婆徑
各賊巢十餘處孔繼堯等招撫白虎各股匪六千餘人即

於招撫中選其精幹隨勦立功解陽山城圍通杜步糧道
乘勝將七峯一帶久攻未破之老賊巢一律踏平是役也
方耀臨陣衝鋒孔繼堯竭誠招撫均屬功不可泯現俱分
別保舉惟該員段喆本係在閩勦捕著績臣奏帶來粵復
委令幫辦軍務調度策應悉合機宜員弁兵勇均深悅服
英清連陽將次肅清厥功亦難湮沒又候選知府林福盛
廣東香山縣人四年紅匪滋事該紳應募來省管帶林勇
二千餘名皆平日教練之鄉鄰族戚精强雄壯一可抵五
歷次派赴省外勦捕戰功卓著為全省練勇中所傑出夷

人亦深憚之故歷次保陞至知府花翎八年十月間廣甯縣城被圍緊急臣即咨商團練局紳侍郎羅惇衍等調派該紳往援該紳兼程馳到先將各鄉小巢埽除乃會同各援軍直達城下分投痛擊立解城圍本年二月西匪竄入高要大徑占踞村莊離肇慶府城僅數十里臣飛飭該紳由廣甯赴援三戰三捷連埽大小賊巢十餘處殲擒甚多餘匪逃竄郡垣賴以奠安以上二員一係奏帶隨員一係本地紳士既係勞績顯著未便稍予偏枯合無仰懇

天恩俯准將福建候補知府段喆

賞戴花翎俟補知府後以道員補用廣東紳士候選知府林福
盛免選知府以道員歸部不論雙單月即選出自
逾格恩施臣謹附片具
奏伏乞
聖鑒謹
奏奉
硃批另有旨

裁撤惠州軍需局

再上年五月臣駐紮惠州因軍需總局設在廣州府屬佛山鎮地方距惠州四百餘里商辦軍務諸多未便是以

奏明於惠州府城設立軍需分局以便就近調度現在臣交卸伊通兼署督臣勞崇光聞將駐省所有惠州分局應請即行裁撤一切案卷軍裝統行歸併總局俾資綜核臣謹

附片具

奏伏乞

聖鑒謹

奏奉

硃批知道了

赴津戰船

奏爲遵

旨辦理赴津戰船艇船四隻現已工竣刻期駕駛北上恭摺馳

奏仰祈

聖鑒事竊臣等承准軍機大臣字寄咸豐八年八月初一日奉

上諭瑞麟奏籌辦海防善後請於閩廣抽調戰艇各船一摺天津現籌復設水師以備不虞所需添調各船自應及早籌備著慶端瑞璸黄宗漢畢承昭於各該省抽調大號戰船艇船各二隻配帶礮械酌派熟諳海洋將弁各二員精健水兵各

四十名管駕迅速赴津以資調遣將此由五百里各諭令知
之欽此臣等查天津現既復設水師所調戰船艇船係為巡
防盜賊保護糧艘起見內戰船二隻每隻應撥配精兵八
十名米艇船二隻每隻應撥配精兵六十名共需兵二百
八十名當經移咨水師提臣吳元猷在於各營內照數挑
選並會商迅速籌調船礮面諭藩運二司籌撥經費復又
札調熟悉洋務之香山協副將李揚陞香山協右營守備
鄭耀祥聽候船礮齊備即行管帶弁兵駕船赴津去後隨
准水師提臣吳元猷咨覆粵東現存貞吉戰船四隻均屬

壞爛過甚無可抽調又查各營額設米艇裝造款式桅舵
與福建水師營船迥別難涉東北路勁浪大洋督飭將備
再四熟商惟有將各營歷年剿捕遭風應行補造現因軍
務停辦之大米艇均勻營額抽撥四隻較米艇舊制加闊
加長并用銅片包底傚照貞吉戰船式樣裝造大號戰船
二隻又酌改款式桅舵裝造大米艇二隻共成造戰船艇
船各二隻一律加工加料并改深艙底以資利涉茲查有
道光二十九年被賊焚燒之水師提標中營第二號大米
艇船一隻咸豐四年遭風擊沈之大鵬協左營第二號大

米艇船一隻咸豐四年被風擊碎之廣海寨第一號大米艇一隻咸豐五年被風擊爛之平海營第一號大米艇一隻共計四隻均係例應補造之船各該營除此四船之外額設師船籌費修造尚足以資勦捕應即抽出此四號米艇改造赴津戰船艇船惟近年省河多故府廠停工此項船艇祇好由營領項辦理各船所配礮位亦須購買洋礮方能得力等因咨覆前來當經飭發藩司會同軍需總局核議詳覆以前項變通改造均屬實在情形惟艇船改深艙底所費已屬不貲其改造戰船係倣照貞吉戰船造法

為數更鉅從前貞吉戰船係由官紳捐辦照依實用之銀
造報請獎並無例價可循此日抽撥營額改造如仍照前
開報則前時捐辦各船長短廣狹價值多寡各不相同礙
難援照核銷如概依最小之船核定又恐工料未能堅固
應請先照大米艇例價支銷所有不敷之銀由本省另籌
津貼現已於司庫關鹽盈餘本款經費項下支出補造大
米艇四隻例價銀一萬七千五百一十四兩六錢二分除
扣平外實銀一萬六千四百六十三兩七錢四分三釐支
給水師營員領回趕緊購料打造仍由司庫於另款項下

寬為籌備以為津貼例價不敷之用事竣酌核辦理其置
備礮械各銀查有已革督臣葉名琛前經
奏撥咸豐二年潮橋鹽課十二萬餘兩購買夷礮以備各路
勦匪嗣因洋務疊興夷礮稀少是以前次購礮之銀尚有
未支之款現經會同運司嚴檄催提陸續購買等情當經
咨明水師提督趕緊領項興工迅速改造兹准覆稱各船
竣工礮械備足派撥員弁兵丁亦已到齊移請委員驗勘
一面給領薪糧趁此南風司令駕駛北上等因當經飭委
陽江鎮總兵温賢親往查驗改造戰船二隻艇船二隻委

係工堅料實所配礮械亦已齊備足用除行司按照冊報
弁兵舵水姓名數目酌給薪糧并由臣給發咨文交香山
協副將李揚陞等迅速管駕赴津及將起程日期具報以
憑馳奏俯慰
聖廑併咨閩浙兩江山東直隸各督撫轉飭各洋面水師俟粵
東師船過境一體催趲前進及咨部查照外所有遵辦赴
津戰船艇船現已工竣刻期駕駛北上緣由謹合詞恭摺
由驛五百里馳
奏伏乞

皇上聖鑒謹

奏奉

硃批知道了

造辦船礮并借印馳奏

再此次造辦戰船四隻有鑒於前年山東委員來粵造船將次竣工即被夷人燒燬故於欽奉

諭旨之後臣即密信與提臣吳元猷妥籌辦理該提臣隨即親身來惠會商夷性多疑方慮官紳激勵團練為明和暗勦之計若再造辦戰船赴津一經舉動竊恐功敗垂成且澳門香港斷難購買洋礮惟有寬籌經費暗囑殷商購料雇工在於順德縣陳村歷辦商船之廠擇吉興工即由該商密行購到礮位為第一要緊一俟工竣及各礮械齊備方

調集各營弁兵赴廠領駕等情去後當經先後由司籌發
經費令其迅速趕辦昨據具報船礮辦齊即經委員查驗
調兵赴廠粵東奸細既多諒此時夷人斷無不知者即使
多方開導為天津防護糧艘巡緝盜賊起見總難以釋其
狐疑探聞該夷兵船已於五月中由滬赴津而此處復時
有駕船赴順德香山游玩之說不知是何居心與其即時
放洋而被攔阻不如再行察看以定行蹤本擬俟統帶各
船副將李揚陞具報開行日期一併馳奏乃日盼一日尚
未具報自係為慎重公事起見而經手委弁造辦各船之

提臣吳元猷據報病故所有應行找給津貼船價及多備

篷索支發口糧各經費俱具領到臣除飭司迅速措籌給

發並將該提臣捐銀一萬兩以資津貼另行核詳請奏外

大員因病開缺例應由驛馳報合併將造竣各船先行奏

聞以紓

廑念此次係借用廣東陸路提督印信拜發緣接省信新任兼

署兩廣總督臣勞崇光將次到省有定六月十三十七日

接印之期臣即派員恭齎督篆赴省交其接受現尚未據

將到任日期咨覆臣交卸後本擬剋日起程奈粤東疫氣

流行十居五六染患目疾殆醫宗金鑑所謂天行赤眼歟
臣於五月間亦染受此病俄頃之際兩眼紅腫痛癢交加
延醫調治現已漸臻痊愈而火氣下降轉成痢疾再調理
旬餘日便即觸暑長行探聞湖南道路尚梗擬仍由閩浙
江蘇一帶進京伏祈
恩施原諒不勝感激悚惶之至理合附片陳明伏乞
聖鑒謹
奏奉
硃批知道了

晋江黃尚書公全集卷二十八目録

奏疏二十八任兩廣總督奏議

晉江黄尚書公全集卷二十八

男貽楫謹輯

姪貽杼恭校

奏疏二十八任兩廣總督奏議

官軍克復廳縣全省將次肅清

奏為連山開建兩廳縣先後克復西北江各賊巢勦除淨盡

粤東全省將次肅清恭摺由驛馳報仰慰

聖懷事竊臣前於六月十六日片奏七月初六日密奏均聲明

粤東外寇土匪已勦除十之七八西北江軍務所未克復

者惟連山一廳開建二縣此外德慶封川廣寧三州縣各山寨賊巢尚未埽蕩並以連山廳城賊難久踞惟防其竄擾連州三江已飛飭署連州周振璘署三江協恒通會同署連山綏猺廳韓鳳翔調集兵勇進勦開建與西省懷集毗連懷集根株一日不拔開建縣城亦一日不克各等情

臣發摺後於七月初六日登舟因風色不順尚未開行有自省來者謂西北江賊匪已經肅清聞之不勝其喜而各州縣皆謂臣已起程無復另稟前來適接兼署督臣勞崇光函稱懷集開建均已克復亦未詳其月日緣由遂稍停

留探聽卽由署提臣通安及軍需局員先後送到各稟據
署連州直隸州知州周振璘稟稱連山廳城股匪已紥出
白沙將與竄踞白虎之七峯敗匪勾串窺伺州城當經會
同恒通韓鳳翔各帶兵勇團練數千連日與匪血戰六月
初七日先破白沙初八日辰刻克復廳城並親赴白虎洞
灌一帶會同陽山縣常維潮勦撫兼施連陽一帶均已平
靖據恒通稟稱會同克復連山廳城之後該副將復於初
九日追賊破其蓮塘上坪賊營該匪由下坳竄宜善而去
各等語又據署肇慶城守協副將常吉稟稱會同封川開

建文武紳練兵勇於六月初九初十十一等日攻破封川縣屬之良心寨賊巢復連日進發於十九日未刻先攻破南豐賊巢戌刻卽克復開建縣城奪獲賊船三隻賊匪二百餘名旗幟礮械無數據德慶州知州吳贊誠稟稱懷集逆首陳金缸因與賊黨有隙又在北江壘被我兵剿敗初八夜賊黨内亂將懷城衙署焚燬街市搶掠一空卽時棄城向賀縣而去廣寗德慶徧探已無賊蹤臣所派在廣寗防勦之奏陞廣西右江鎮中軍遊擊潘其泰已帶勇前赴懷城防守所有被脅免從各鄉村賊巢一概薙髮轉旗地

方悉臻安靖現在各鄉紳士俱設局團練以辦善後事宜各等語臣披閱之餘伏思粵東西北江頻年軍務其根株端由懷集逆首陳金缸將有大志於東省必先肆力於連陽考讀史方輿記所論粵東形勢西江由潯梧可順流而下北江由連陽可扼要以圖今提臣崑壽統領水陸各軍專防梧州一路艇匪斷難下竄而連陽道路紛歧賊巢徧地陳金缸乘今春大埔嘉應樂昌疊陷之後圍攻陽山縣城襲取連山廳城其心真不可問幸而天心悔禍陽山解圍之後連山於六月初八日辰時克復懷集老巢卽於是

夜內亂開建因而克復人但知開建之克機在懷集而不
知懷集之各有異心實由連陽之不得逞志也一月三捷
迅奏膚功臣欣幸之餘益深惶恐回思自上年四月抵粵
以來先後疊蒙
寄諭粵東被匪之地不下二十州縣該督惟當先清內匪然後
吏務可就我範圍臣時刻懍遵
恩訓殫竭血誠督飭各路軍營敵愾同仇保守疆土計十五月
於茲除勦辦海豐海陽從化龍門長寧茂名信宜陽春英
德清遠佛岡各土匪已動者一概勦平未動者胥歸斂戢

外上年八月解圍連州十月解圍廣寧克復靈山縣城十二月解圍南雄之後即首先江西官軍克復南安府二城本年正月赴援汀州之師亦會同福建官軍克復連城一縣當經各該省奏報在案方以軍務大有轉機經費十分支絀將赴西北江親征冀得早日蕆事乃始則屢動夷人之疑心繼則幾遭夷人之不測自冬徂春謡言四起殆不忍聞以故福建江西各長毛即乘夷擾之際突如其來懷集賀縣各老賊復乘寇至之時肆出為患計各州縣被陷者四被圍者三臣自愧八年疆吏四面籌防未曾一隅疏

失今乃以内外交迫兼顧弗遑致負
聖恩委任之重捫心内省無地自容乃親督兵勇進紮龍川大
營惠潮嘉東路戰事以一身當之而西北路之役則分其
責於羣僚在事文武官紳均能同德同心踴躍用命二月
克復大埔三月克復嘉應解圍與寧連平五月克復樂昌
解圍陽山凡和平龍川河源長寧曲江始興翁源仁化各
縣被賊竄者皆於四五月間悉數勦除臣交卸後正以一
廳十縣尚未克復為憾兹閱各報六月又克復連山開建
粵東外來賊匪被陷被圍各州縣均已一律肅清西北江

多年賊巢被創餘匪一概薙髮轉旗各鄉紳局俱辦團練

此皆仰賴

聖主鴻福庇及海隅天津捷報固已遐邇聞風

威宣中外而新任兼署督篆廣東撫臣勞崇光由西江乘風破浪而來先聲奪人士卒振奮故能使不逞之徒獸竄鼠伏地方悉臻蕩平臣即日解纜長行亦無復有回顧之憂矣惟近聞樂昌克復後敗殘零匪游騎無歸尚在仁化乳源一帶恃衆搶掠業經文武官軍併力追剿當不難聚而殲旃並聞夷船已陸續退回香港該夷提督嚇啰到港尚能

靜妙齋

言語旋即身故未知確否餘俱照常無事合併聲明所有連

山開建兩廳縣續經克復及西北江賊巢肅清緣由謹借

用廣東陸路提督印信在歸善舟次由馳六百里馳報仰

慰

宸懷伏乞

皇上聖鑒謹

奏奉

硃批覽奏俱悉

軍務情形

再粤東軍務自東路惠潮嘉外寇土匪一律肅清之後北江軍威日振韶州府屬地方先被逆匪由江西竄入樂昌縣城於二月二十一日失陷經臣在龍川軍營時即飛飭督辦北江軍務廣州府知府吳昌壽由英德就近督兵進勦幫辦北江軍務福建候補知府段喆由清遠挑撥勁勇扒船水陸策應隨據吳昌壽先後馳稟親督兵勇攻勦疊獲勝仗該縣城即於五月二十三日克復敗殘餘匪已分飭各官兵一面由仁化追勦一面留樂昌城防守連州屬

地方亦屢被廣西懷集縣逆匪竄入陽山縣城於五月間
被圍危急經該縣常維潮極力防守段喆飭令四品銜藍
翎千總方耀帶兵赴援裏外夾攻斃匪無數城圍頓解即
乘攻破各險要賊巢十餘處惟七聳老巢尚負嵎死守方
耀現已移兵進攻若此巢併破北江亦一律肅清矣乃逆
酋陳金釭等係多年老賊狡譎異常乘我軍分赴樂昌救
援陽山之時即另股暗襲連山查連山綏猺廳地處極邊
土瘠民貧與廣西湖南接壤懷匪頃刻可到防不勝防屢
被擾害外援莫及悉由該署同知韓鳳翔親督四鄉團練

擊退此次該逆欲分陽山官兵之力突於五月初一日襲取廳城城內居民本少屢經蕩析半屬荒蕪賊亦難以久守臣慮其旁竄連州三江即經飛飭該地方文武調集兵勇團練進援連山以勦為防能否不致蔓延尚未續據稟報此北江之大概情形也西江一帶自上年四月克復梧州之後廣東陸路提督臣崑壽統領水陸各軍仍在該府駐紮以防潯州逆匪下竄保梧州即以固東省門户本年三月間該逆窺伺梧州水陸並進經提臣崑壽親督各軍連日勦擊疊勝該逆仍敗回潯州現當江水盛漲逆流仰

攻其勢頗難從前東省官兵屢經進勦失利幾至全軍覆
没職此之故且潯梧所屬各州縣匪鄉尤多屢經提臣函
商欲進勦潯匪應於現在大小師船一百餘號之外再加
數十號又須於現在陸勇一二千之外再添雇四五千名
水陸並攻方有把握臣與軍需總局司道等再四熟商目
前經費十分支絀就梧州一處而論積欠已在十餘萬若
每月再添經費數萬大兵溯流而上非沿途勦撫兼施直
抵潯郡斷無中立之途上游柳州未復西兵不能順流而
下會合攻勦勢難剋期蕆事東兵久駐潯河徵論賊計多

端餉需一有不濟轉覺進退兩難為今之計祇得暫在梧郡防堵一俟經費稍籌充裕兩省會勦有期再為一勞永逸之舉此外惟肇慶府所屬之開建縣城自前年冬再陷之後至今尚未克復緣東省之開建與西省之懷集賀縣毗連此攻彼竄懷賀根株一日不拔開建亦一日不克前年曾經克復不旋踵而再陷該逆據此三縣以窺伺肇慶肇屬之高要縣為附郭首邑封川縣則接連梧州開建德慶廣寧均迫近懷集賀縣若此數州縣有失則肇城危肇城危則梧州後路斷矣上年廣寧縣城兩次被圍均經調

派大兵會合該縣沙坍清協力攻勦城圍已解本年春間高要之大徑各鄉已為賊據亦經官兵克復該縣已無賊蹤封川之羅古岡良心寨等鄉賊巢為阻我大兵赴開建之路而復時刻覬覦縣城屢經督辦西江軍務署肇慶府知府劉式恕督率該縣袁英帶領兵勇與賊力戰互有勝負大兵雖未能直抵開建而封川縣城自上年至今已保無虞德慶州之莫村播植等鄉已被賊擾其勢將直趨肇郡亦經該州吳贊誠守備黃龍韜千總黃鏞把總黃釗等會合擊退肇城晏然計自上年至今該文武戮力同心擊

敗西匪已不下數十次州郡皆資其保障現惟封川德慶
廣寧三州縣各山寨賊巢尚未能掃蕩此西江之大概情
形也總之粵東軍務自臣抵任一年本省土匪如海豐縣
之紅黑旗黨匪長寧從化龍門三縣會勦之匪首廖大清
開潘過山鐵等各股匪海陽縣之楓洋各匪鄉茂名信宜
陽春各縣會勦之匪首張阿勾七等各匪徒經臣於上年
八月奏明派兵飭屬嚴行勦辦各案均已先後搗穴搶渠
勦除淨盡地方均尚平靖其由江西福建竄入之長毛逆
匪數萬自經東路官兵團練痛勦克復太埔嘉應解圍興

寗連平之後其竄至河源長寗之匪復由己革廣西臬司
張敬修署惠州府知府海廷琛署都司卓興賴國恩等在
巖石層坑一帶擊敗賊膽愈寒竄由北路而去張敬修等
即一氣追勦至曲江縣地面於五月二十一二十二二十
三及二十五二十六等日會合韶州官兵連次接仗殺斃
賊匪及落河淹死者無數餘賊獸散翻山越嶺晝夜狂奔
計已竄出境外我兵分撥數起確探窮追其餘陸續凱撤
現在西北江軍務所未克復者惟連山一廳開建一縣及
各處賊巢將來非與西省會勦即使頻頻克復軍務亦終

無了時而欲兩省會勦必須寬籌經費欲寬籌經費必須辦理抽釐廣東釐務若一律普抽每年當有一百數十萬此時不能普通辦開者則其中有暗為把持明為阻撓之人而慳吝奸商樂得藉為口實故軍需彌形掣肘也刻下省垣夷兵無多聞其經費亦不甚裕自前冬至今再無民夷互鬭之事惟夷目巴夏禮時與署撫臣畢承昭索還賠項定地蓋房諸事不無饒舌而當此羈縻喫緊之時畢承昭尚能平心和氣虛與委蛇斷不至有誤大局也知關

廑念理合由驛附片具陳伏乞

聖鑒謹

奏奉

硃批知道了

千總方耀攻破七箠賊巢

再查在拜發間適據北江軍營飛報我軍自五月以來連
破該逆堅巢十餘處斬獲悍匪不少而七箠一帶負固日
久猶復率衆肆擾者則恃其地險巢多我軍不能直掃其
穴耳茲於六月初八日千總方耀親率大隊兵勇並約會
各營候補守備林詩成方正鄭和方彩候補千總林榮林
通周陞等進搗新墟棠梨四合力圍勦傷斃賊匪奪獲旗
幟礮械甚多即將新墟賊壘四座棠梨四賊棚三座一併
踏破焚燒復於初九日方耀匹馬當先各軍勇氣百倍乘

勝進兵竟日之力先破逕背坪塘尾莫屋瀝口岡軍田洲
蛇坑黄竹洞新城圍賊巢八處乃合力併攻破其七肇老
巢礟斃長髮賊匪十餘名斬獲首級數十顆奪獲旗幟鳥
鎗擡鎗數百件火藥糧食尤多潰散餘匪扒山由懐集一
路逃竄所有七肇一帶均已一律肅清合先附片奏

聞仰慰
宸懷伏乞
聖鑒謹
奏奉

硃批知道了

青妙齋

覆奏夷務各情

奏為粵東夷務現尚照常無事恭摺覆

奏仰祈

聖鑒事竊臣於七月初二日夜子初准

軍機大臣由六百里密寄咸豐九年六月初二日欽奉

上諭一道飭知㕵酋卟嚕嘶率領兵船赴津聲言欲撤我海口防具五月二十五日船隻迫近礮臺竟敢先行開礮並以步隊上岸擲戰經僧格林沁等督兵回擊傷斃夷兵數百名擊壞夷船十二隻生擒夷兵二名其㕵國提督赫姓被礮傷桅

壓斃不能動實足以寒夷膽而振國威並
諭以駕馭外夷之道斷不能始終用武儻該夷挫折之後果有
悔心尚可宥其狂悖息事罷兵所恐夷情難測或調廣東夷
兵前來報復或被創於津修怨於粵均屬不可不防
諭令密加防範即如羅惇衍等紳董中素符鄉望者亦應整頓
鄉團以備不虞該督等衹宜信函往來斷不准形諸公牘尤
不可假奉旨為由到於撫局有礙不必宣露防禦情形使夷
人知覺儻該夷在粵照常無事即不可先行挑釁等因仰見
皇上恩威並濟剿撫兼施既可寬其既往又須防於未然

聖慮周詳無微不至臣跪讀之下欽佩莫名伏查此次天津接仗情形先於六月二十日有香港火輪船到省即說夷船在天津大敗被海口礮臺打沈兵船二隻打爛兵船三隻傷大兵頭左手一隻斃兵頭二十餘名兵丁四百六十餘名頃刻間省城內外喧傳人心大快然猶因喜生疑以粵人好造謠言上年四五月間亦時有此說未敢遽信迨觀夷目吧嗄禮即於是日將省內旗綠各營軍裝器械仍照上年之樣全行收去則該夷得有準信自家膽寒可知矣二十四日惠州城內接得香港之信敘該夷於五月二十

四五六等日被我兵打碎根砵三隻打壞六隻並打壞杉板船數隻登岸打仗又被轟斃正紅毛鬼連黑鬼千餘名上海甯波奸細不計其數有一兵頭肚腹中三彈子而死又一兵頭打傷一足仍在船看千里鏡後被礮彈打中船艕壓他下艙跌折腰骨是否卟嚕嘶尚未查明並鈔來上海新聞紙所刊天津實打死紅毛在船及岸上共四百六十四名兵總二十七名打碎根砵三隻打壞根砵六隻共斃水手奸細不計其數受傷待醫者二百餘名兵火船嘆吠禮吔船主打去一脚另有別兵船主重傷回上海廣隆

行醫治生死未定香港自得此信息聞各夷酋曾會議欲不納稅而夷商不願謂不納稅是逮唐人封港了故此未定各等語閱各路之報單信函證以省城收我軍器其為天津敗仗無疑也惟思現在省中夷兵極少不患該夷修怨於我而夷性多疑轉慮該夷防我攻他我兵若即乘此攻城未始不可克復然省河礮臺船隻早已付諸灰燼即使克復亦斷難以駐守既無攻克之心何必使有疑忌之念當即函致兼署督臣勞崇光見該夷等隨時開導坦然示以無疑旋接勞崇光覆稱天津報到他族驚惶深恐其

驚疑滋變又慮此間民氣聞風觸發業經兩面開導彈壓
拊循幸尚無事等語是於未奉
諭旨之先臣等彼此密函商酌省垣夷人若仍照常無事不必
自我啓戎茲復欽奉
諄諭尤當時刻凜遵然而夷性桀驁夷情叵測天津一伏無不
陸讋水慄共凜
天朝之威風特咲夷犬羊性生未必遽知悔悟翻然就撫日來
省城傳播有夷船全數回滬修船調兵再圖大舉之說此
亦被創後必有之詞就粵城夷兵計料無可以調往者以

天時地氣論此後節屆秋冬今年能否再行北上殊未可知而探聞該夷每與外國戰爭動經數年不休葉名琛家人胡順自五印度回據云有喇喇國王被擄在彼已十年矣猶日興兵以攻其國且所造火輪舟行駛如飛一點鐘可數百里堆積礮彈如山蓋該夷固以黷武為能也今年赴津各船秋冬間如由滬回粵省城為買賣之區夷商必不願其滋事而如南海番禺各鄉順德香山東莞新安各縣則難保其不洩憤而順德尤可危蓋臣與羅惇衍等皆夷人所欲得而甘心者

皇上智燭幾先以紳董中素孚鄉望如羅惇衍等亦應愨整頓鄉
團以備不虞臣當即遵
旨將天津接仗情形
聖謨在先勸後撫信致羅惇衍等密加整備不可宣露防禦情
形使夷人知覺尤不可假奉
旨為由致於撫局有礙諒羅惇衍等必能仰體
宸廑顧全大局不至稍有窒礙也至臣自上年八月至今一字
不敢言夷務致煩
廑念者實因八月之奏上海已傳觀唤酋額爾金得見此摺深

知上年四月省垣復城之舉實臣與羅惇衍等主持其間
故銜恨在心屢次勒令
欽差大臣桂良等奏撤一督三紳未蒙
允准即思自己動手適有奸人偽造假廷寄吧嗄⿰口禮藉此攻打
石井冀圖戕害三紳十二月初五日該夷大兵到石井水
陸並進雞犬不安即駐紮該處一宿將團練局焚燬局紳
舉人梁葆訓之家受害最慘再進二三十里即為花縣三
紳士團練總局維時前太常寺卿龍元僖前工科掌印給
事中蘇廷魁適先期赴肇慶一帶勸捐惟前户部侍郎羅

惇衍在局聞信即是夜走避幸免於難是月二十六日欽

奉

上諭飭臣將

欽差大臣關防送交兩江督臣何桂清接辦夷務臣於二月初四日方接到部文該夷已於正月初間由滬聞知意以撤去大臣關防勢必久任兩廣總督故欲害臣之心更急先是臣於正月初八日祭大纛神諏吉於二十日親赴西北江督兵初十日廣州協副將濟山旨省城來見告知夷人與臣誓不兩立到西江必跟至西到北江必跟至北請緩

啓行再作計議果於十三日派夷兵及奸細約有二千名坐淺水火輪船十隻廣東西瓜扁船十隻馬船六隻吧嘎嚧見柏貴告以將往西北江一行請派員護送當派縣丞卓炳森等送之柏貴即諭知南番兩首縣夷人狡詐難保非聲西擊東於是兩首縣派役跟蹤確探日旧飛禀到臣夷船出省河往東而行探聞將到惠州並以臣如往潮州一路去則由潮直追至福建又有各探報密信到臣有謂夷酋額爾金閩石井之役於正月初來省不見柏貴親到花縣一看便回有一隨行奸細在花縣私語人曰惠州必有

事夷人輒聞僧王在津防備嚴密慮不得進京欲擄黄總督到津以為挾制數日之內謠言日出日奇夷船日逼日近由東莞縣屬河面行走將及惠州界時臣因有西北江之行星調都司卓興帶勇二千名在惠署惠州府海廷琛亦有勇二千餘名皆精鋭可用該夷來如講禮讓則地方官已設館舍牛羊牲畜俱備儻實係包藏禍心則與其再蹈前轍重辱

國體不如背城藉一有死無生幸該夷行至東莞上水淺船擱不得進折而之虎門走順德河歷七洲洋將由惠州

小淡水一帶來郡又因西瓜扁船在七洲洋被風浪搏擊
不得前接據南番東莞各縣禀報惠州人心私定而奸細
之往來潛蹤於惠者聞實不少無非欲伺臣之隙以行其
私祇得聽之於天而已由是轉回順德問該縣羅龍二紳
何往乃走西江赴肇慶問該縣蘇紳住家何處各官皆以
外出勸捐答遂溯流而上至廣西梧州即撫臣勞崇光所
奏背由梧回肇盤桓數日聲言欲駐兵於肇城蓋知該處
舊有總督衙門為控制兩省之地乃故為此說經該道等
勸回二月初方到省臣於初四日接到吏部公文當即派

員將關防齎送江南一面照會該夷水陸提督該提督仍
照覆無異詞臣以為從此或可稍釋其嫌乃二月二十邊
省城又有信來該夷復整備行糧明言將赴東江斯時也
各路賊氛咸知夷人將擄臣上天津必無暇顧及軍務矣
江南之賊分兩股一由南韶一帶而入竄擾樂昌一由惠
邊界而進將擾龍川福建之賊亦破大埔嘉應而攻興甯
臣思惠州一郡若該夷船由西而來江西建建逆匪由東
而至兩面受敵區區數千兵其何以濟乃決然久計與其
死於夷不如死於賊上游龍川為潮嘉入惠要區賊所必

爭之地灘高水淺賊可順流而下夷難迎流而上惟有親督重兵駐此或可兩全乃先飭卓興一軍為前敵馳赴潮嘉救援就近札調東莞紳士曾與夷戰勝之已革廣西臬司張敬修募勇前來以資後勁即親督海廷琛之勇及本標親兵五百名於二十四日啓行進紮龍川該夷遂不復來矣在軍營將及五旬督飭各軍進勦疊獲大勝克復大埔嘉應解圍興甯連平福建之賊平而江西之賊勢將由惠州下竄廣州臣乃於四月初十日回郡以便居中調度仍飭各軍節節堵截追勦逼賊由河源長甯折回連平出

韶州北路兩起賊匪各有數萬殲捦殆盡餘匪竄由湖南而去東路惠潮嘉一律肅清方臣回惠郡之日正卟嚕嘶到香港之時其於要進天津與否機密事一語探不出來惟知其擺隊進廣東省城人馬齊列城內外及船上礮聲聯環不絕此吧嗄嚹之故為揚氣也入城後不與各官一見紳士中如伍崇曜等亦不獲見與額爾金正月到省一樣惟時刻密布奸細來惠探聽防範臣署左右前後皆有細人暗伏即不能擄臣之身總思搶臣之摺藁該夷每以貲購密寄奏稿等件瓊州鎮之賀表越南國之謝表過省

門均被搶失近復有人假造臣密信與羅惇衍等內有僭
王在津敗之於前我等在粵擊之於後等語與該夷故
於夷船未到天津以前吧嗄嚦四路密布防臣愈嚴臣思
自天津議和後至今未曾與該夷搆一兵前有生擒夷人
二名亦向團練總局提還上年七八月間在粵夷酋照會
到臣有實深寅感之語雖力持不還城不通商之議仍派
紳士委員等往來省城籌議還銀交城以便早日通商嗣
以上海
欽差大臣桂良等咨送告示前來通飭各海口照舊通商柏貴

及粵海關監督恒祺等即與之通商該夷以有此示亦遂不理臣及至九十月大幫茶船上稅後臣始知悉亦未嘗再與攔阻何至恨臣之深若此直至正二月間人人皆知其為上年八月之奏於夷人詭計抉摘無餘並有懸賞三萬銀殺吧嗄禮之語該夷等咸知悉故貌為各釋前嫌實則記恨在心今若再有要件落該夷之手勢必更遭不測故

臣於二月二十四日登舟以後始奉到正月初一日

密寄一道飭將民夷互鬭之事迅速詳細具奏臣思年前十二月石井之戰羅惇衍等係身歷其境情形周悉業經據實

詳奏初一日之寄自係前摺未到茲接羅惇衍等來信知
所奏已奉到
硃批有辦理妥協之諭方幸稍慰
聖懷復何敢以臣一身之危險上煩
廑念三月間在龍川軍營先後奉到
密寄飭臣諭知柏貴勸令該夷赴上海與桂良等面議及開導
該夷無復再赴梧州等因臣適即差送與柏貴閱看而柏
貴已病重不能言語其時額爾金已回卟嚕嘶未到上海
所議有關大局之事吧嗄嚜不與聞此外無可與語者曾

據粵紳候選同知升用知府潘世榮密稟聞諸夷目柯露
輝云上海之議桂中堂欲以四事翻騰額欽差則一字不
改自臘月回來後亦不復再與桂中堂見面矣粵東賠銀
交城之事須進京後再議似此則該夷赴津舉動不惟粵
東無一點端倪可以具奏即上海亦未必有實在情形可
以奏者若徒以憤恨之詞屢煩
聖慮臣心實有所不安且恐摺奏尚未出境而已別起釁端矣
此臣以來將夷務奏報出於無可如何之實在情形也至
天生吧嗄嚦所以禍粵也不去吧夷粵難未已咸豐六年

夷釁實開於此夷今更肆行無忌筆難罄述即如柏貴故後撫即不准送出省城原欲新任廵撫進城既可恃為護符又得肆其挾制勞崇光於到任後馳書告臣曰西人議論多以為不宜入城然細思由梧州而來不到省祇有駐紮肇慶夷船一水可通與其使該夷挾之以來轉不成事不如長驅直入亦以無恐六月十三日午刻到任吧嗄禮等即於未刻進署其故作兇肆情狀甚於常時緣自畢承昭署篆後幾於無日不以索賠銀蓋夷樓二事相逼勒每會議則必邀畢承昭恒祺間或有將軍穆克德訥同坐輒

自朝至暮聲色俱厲畢承昭至無可如何時則對以充汝之量不過派兵把我看守否則將腦袋取去要銀則斷乎不能乃專心於蓋夷樓一事從前十三行舊址尚嫌狹隘必欲另添一處指出沙面地方須由水底疊基而起者但築基址估工即須二十六萬兩令粵海關於關稅項下將來應賠兵費款內先行陸續提給工匠畢承昭以水底築基成否莫定已發之銀統須該夷認帳令伍崇曜等與之舌戰堅不允從成則伊之業不成則帳不認復自十三日未刻以後議至夜深其勢不得不依他且須給與照會為憑

照會底稿又須吧嘎𠹭先改定然後可行其橫逆大類如是尤可惡者柏貴任内所用辦事家人皆與夷爲伍李小村日在門房一切公牘吧嘎𠹭無不知者外無所用其探聽内無所用其提防故亦相安於不覺然究竟緊要事機悉由臣惠州辦理城中多有不知者今則督撫兩符俱在城内夷人時刻窺伺臣已手函數千言縷陳大概情形密示勞崇光其於夷人慣入内室搜索公文密件將來
廷寄到省難保不索觀截搶尤囑令早爲之計至該夷在津如未就撫督臣王慶雲到粤可否一併駐紮省内應請

聖裁飭遵臣幸蒙
恩訓不可輕聽人言誤入省城故得駐紮惠州該夷兵船不能
遽到而於各路軍務又得在外布置指揮外寇土匪已勦
除十之七八正在該夷尋仇報復之際復蒙
逾格成全調任四川凡茲危疑震撼情狀已於謝
恩摺內附片密陳惟摺弁繞道行走到京尚需時日久煩
宸念合將片奏夷務情形再行縷述及自天津報到後省垣現
尚無事堪以仰慰
聖懷一併繕摺由驛六百里覆

奏伏乞

皇上聖鑒再臣前染微恙已漸醫痊本擬六月二十九日起身因連日風驟雨馳水漲溜急不能解纜且探聽夷人收我軍器之後如何舉動方能放心今水勢稍平夷務如故拜摺後即日登舟仍由閩浙江蘇山東一帶行走此摺係借用廣東陸路提督印信繕發合併聲明謹

奏奉

硃批覽奏詳細各情已悉

粵報到京遲久明白迴奏

奏為遵

旨明白迴奏事竊臣到京後恭閱邸抄咸豐九年九月十一日内閣奉

上諭黄宗漢等奏查明被擾各屬懇請分別緩徵銀米開單呈覽一摺此奏係書上年九月日期何以遲至經年始行奏到實屬不成事體著黄宗漢明白迴奏等因欽此臣跪誦之餘實深惶悚伏查向來各省錢穀事務據藩司查明通詳悉由撫臣核定主稿咨送督臣覆核

無異即會銜書奏仍將原稿送回撫署繕摺拜發此
案廣東清遠等州縣應行緩徵銀米一摺前廣東撫
臣柏貴於上年九月間何日會稿到臣距今日久臣
一時記憶不清廣東督署自有冊檔可查迨臣畫稿
後仍咨回撫署前撫臣柏貴於何日繕摺拜發亦必
一有案可查遲至經年始行奏到究由何處擱延是否吏
胥舞弊相應據實陳明請
旨飭下廣東督撫臣查明具奏一面將經手玩延之人從
嚴懲處以肅法紀為此恭摺具

奏伏乞

皇上聖鑒謹

奏

晉江黃尚書公全集

奏疏補編

晋江黄尚书公全集

男貽楫謹輯

姪貽杼恭校

奏疏補編

沿途採訪情形

奏為恭摺奏

聞仰祈

聖鑒事竊臣蒙

恩總制兩廣兼拜

欽差大臣之命詣
闕叩謝
天恩迭蒙
召見十一次
教誨成全有加無已跪聆之下欽感莫名年前二十八日
陛辭後即於新正初二日出都十一日在泰安府接准軍機
大臣密寄正月初九日欽奉
上諭一道並抄給閲看柏貴等原奏摺片初二日密寄駱秉章
羅惇衍等

諭旨二道祇領壹是十七日在郯城縣境接到軍機處咨交總
督廵鹽關防二顆敬謹封存齎赴廣東開用均經咨覆軍
機處在案二十二日自清江放舟南下連夜行走將渡江
阻風三日適聞有夷人直入蘇州投文之說臣即改坐江
船乘風駛入舟徒所有隨員僕從行李仍令俟風色平順
過江二十九日在常州接准江蘇撫臣趙德轍來函抄錄
嘆咪咈俄羅斯各夷酋照會大學士裕誠各件及該督撫
臣奏稿送臣酌覈籌辦並囑臣從容行走俟
批摺回後方出蘇境緣該夷到蘇後該省人心不免稍有疑慮

有謂即不赴滬就見或當在蘇與之理說意以爲有臣在此抵當該夷便不至與蘇爲難臣當與督臣何桂清再三商議上海非總辦夷務之地臣雖係專辦夷務之人而非遽辦夷務之時蓋未到粵省一切情形不知但據一面之詞何從籌議且現在既有柏貴署理不知如何與之議論如何具奏設或在滬在蘇接見該夷誅求稍有不遂則動多挾制不惟蘇省騷動於大局尤有關繫萬無在途籌辦之理且該夷此次照會係十二月二十七日所發意在上控葉名琛請另換

欽差大臣彼時粵省尚未欽奉
諭旨將葉名琛革職派柏貴署理今已奉到想二月廿七日來
滬之期未必果行即使如期而來惟有將臣已星馳赴粵
與之委婉開導令其回粵該夷儻有不遵亦不過以上天
津為藉口上海關務固為江南軍餉喫緊之地亦為各外
國貿易精華所聚現比粵東熱鬧料該夷斷不肯在此搆
難且誅該夷之心係痛恨葉名琛將其照會所請壅於上
聞故抄錄並進尚有希冀將來邀
恩之處刻下未必遽敢截留漕糧似無庸先自過慮與何桂清

反覆談論三日即解纜赴蘇見趙德轍亦以前說告之該
督撫臣意見相同二月初四日臣始由蘇而下初五日在
吳江舟次接到趙德轍來函並恭錄密寄該督撫
上諭一道大學士裕誠咨覆蘇省令其照覆各該夷酋等一件
臣恭閱之下仰見
聖明洞燭一一
俯如所擬令其赴粵聽候查辦該督撫臣即遵
旨照覆去後十一日臣在浙江接得江蘇藩司王有齡初九日
來禀以在滬夷目接到照會因夷酋未到尚無動靜現聞

甯波港口到有火輪船是否即該夷公使將赴上海亦未
得有確信溯臣於渡江後將赴常州二十七日在丹陽舟
次接准軍機大臣密寄正月二十日奉
上諭一道並將駱秉章所呈信函抄給閱看
諭知廣東近日情形該署督及將軍既並受挾制在官無可
用之兵即紳士鄉團無官兵為之援亦恐獨力難支著臣迅
迅速馳往豫籌妥辦所過地方如查有可帶之兵一面奏明
一面酌帶到粵後擇地駐紮安營不可輕入省城等因欽此
聖慮至為深遠臣當欽遵籌辦惟現在江南軍情大兵悉數圍

勦金陵西北兩面雖經圍住並開挖長濠防賊竄越而秣陵關為南路咽喉該逆併力死守必須此關攻破由南而西四面合圍斷其接濟方能告厥成功然賊勢至為披猖過常州時聞何桂清所談已慮兵力不敷圍攻而甯國之黃池灣沚忽為蕪湖賊匪竄踞又不得不抽調赴援臣察其情形甚為焦急殊難與議調兵況嘆咪咈各該夷酋果否於二月中旬來滬妄肆要求尚未可知更不便以調兵助粵使之藉為口實浙江則甯國衢州兩防均為緊急而衢州一帶聞係石逆自撫建傾巢而出賊匪數萬現正圍

攻江西之廣豐縣該縣與浙省衢州毗連撫臣晏端書已
令該鎮道帶兵數千赴援並防守常山又飛咨福興張芾
各調大兵合勦三衢為全浙門户亟當併力攻勦俾賊衆
不至犯浙方為至計此江浙各兵一時難調赴粵之實情
也臣現已飛咨閩浙督臣王懿德如漳泉一帶有可調之
兵先行調齊俟臣過彼一面帶往一面奏
聞否則惟有欽遵
諭旨俟入粵境即沿途調募惠潮嘉水陸兵勇先行擇地駐紮
並召集各處團練密籌攻勦以維持大局至駱秉章所呈

粵信係十二月初九日所發歷叙十一月間事該夷等既
蓄謀而來刦我大臣佔我城池則其迫脅將軍巡撫等勢
有必至者而其勒令收繳軍器出示安民以及與巡撫同
住一署搬入將軍衙門住宿皆欲藉地方官以為護符時
刻慮民殺害此則該夷膽怯非其勢兇也一切情形悉係
未經奉到
諭旨以前之事必須探訪正月間柏貴署任以後該夷如何迫
脅要求方可知其意之所極乃臣在蘇接閱王有齡抄來
在滬粵商家信及隨帶司員畢承昭等抄來各信不下二

十餘封皆與駱秉章所呈之信相似故無庸贅呈惟候補
知府楊從龍嘉應州人在江南大營差委先經派往廣東
提餉在省守候經年茲於年前十二月二十八日自香港
搭船正月初八日到蘇所遞夷務畧節聲叙尚屬清楚並
由滬抄來粵商二信係十二月初旬以後所發與各信有
小異者謹另繕摺片恭呈
御覽並附呈告示一紙該夷之慮及雇工解散可以見矣楊從
龍與揚州府知府郭志融皆精明幹練熟悉情形郭志融
曾在本籍清遠縣集團勦匪出力甫經服闋到京即蒙

簡放正在赴任時何桂清知臣將到留該二員以備差遣臣即
委楊從龍馳赴上海再行確探有無續到信息茲據回浙
稟稱正月二十八日到有火輪船一隻其人俱由澳門香
港等處而來非由省城動身者傳聞正月初九日已將葉
名琛坐船駛出香港口外又聞九十六鄉及各鄉有擬正
月十八日進攻省城之說此船即係十八日開行果否進
攻未及悉知各國夷船尚無開艙交易之信等語當即檄
委楊從龍等隨同赴粵另片奏
聞至近年以來粵東辦理夷務之得失及文武官員之賢否尤

當旁諏博訪以資治理臣稔知有告病回籍之陞任廣州府知府張百揆蕭山縣人實為結實可靠之員本擬隨帶前往迨札調來杭接見數次察其病軀實難跋涉詢以粵事言之頗詳頻年以來凡有可以防夷之策葉名琛固已費盡心力經費想法籌辦究難以制其死命即如駱秉章所奏香山東莞新安三屬民氣最强若暗為布置許以重賞令其密搗香港巢穴使該夷回顧不遑等情葉名琛亦曾用過此策徒覺有損於新安無能為害於該夷則以該夷之防守至嚴也所可惜者前年冬該夷已攻破外城而

入被我兵勇一鼓作氣驟然擊退稍覺膽寒省河兵船亦
漸退出維時紳士伍崇曜請於葉名琛乘此會議畧示安
撫數端便可息事通商葉名琛仍堅然不允此則不能無
恨於操之太蹙耳現在大局已形決裂該夷亦習見官紳
之激勵民團半屬虛張聲勢故辦理比前尤為棘手然舍
此亦更無良策臣惟有迅速遄征俟到粤後步步為營飛
調省中數賢員前來襄助官民一心相機辦理以期仰副
聖主委任之重所有沿途經過地方採訪情形抄呈稟信緣由
謹密摺由驛五百里馳

奏伏乞
皇上聖鑒再臣此摺係借用浙江廵撫關防拜發後即日由浙
起程合併聲明謹
奏奉
硃批另有旨

隨帶人員

再臣到粤後差委需員當經奏明隨帶前安徽布政使畢承昭等隨同前往並請俟行抵江浙再行酌調數員一併馳往均蒙

俞允茲查有江蘇揚州府知府郭志融江南大營委員候補知府楊從龍均籍隸廣東留浙補用知府徐慮善係廣東駐防俱熟悉粤省情形五品銜翰林院編修張庭學熟悉吏情曾於克復上海縣城案內著有勞績山東新城縣教諭于賢之曾在安徽軍營出力以上五員皆堪以隨帶除檄

飭各該員遵照郭志融于賢之二員隨同一併馳往張庭學楊從龍徐慮善三員密令改裝易服由滬搭坐海船先行到粵確探情形即分起由惠潮嘉一帶陸續迎前回稟以便豫籌酌辦並分咨吏部翰林院兩江總督江蘇浙江山東巡撫江南大營外理合附片具奏伏乞

聖鑒謹

奏奉

硃批知道了

到閩探訪各情

奏為恭摺奏

聞仰祈

聖鑒事竊臣於本年二月十四日在杭州省城拜發一摺由驛

五百里馳奏計已仰邀

慈鑒是日即由錢塘江放舟歷嚴州而至蘭谿迭據前途稟報

江西廣豐賊圍未解恐其旁竄浙境江山縣而河口鎮之

賊已竄入閩疆岑陽關失守浦城縣甚為危急臣若仍由

舟行則江山浦城均係必由之地是以改道由金華府城

靜妙齋

起旱歷處州溫州入閩之福甯福州沿途皆崇山峻嶺正當清明穀雨時節連日冒雨登陟險巇已極一日未敢少息至三月初九日方抵福州省城詢悉浦城業已失守松溪政和二縣亦相繼而陷並聞有一股賊匪向浙江之龍泉縣而去如果屬實大為可憂臣前摺以江西石逆自撫建傾巢而出匪黨數萬圍攻廣豐固料其注意全在於浙令因衢州鎮道饒廷選繆梓等防勦嚴密不得由三衢入浙乃分河口之賊連破岑陽浦城而窺伺龍泉該縣係處州府屬頻年以來處州之兵早已調派一空該匪果敢踰

越險阻迅疾而至深慮無以應之倘由此而下金華府屬悉皆平衍再順流而下則一葦直達錢塘江易易也臣聞此不勝焦急惟望閩省大兵迅圖克復浦城諸縣以斷其入浙後路庶不至再爲蔓延耳臣偕隨帶司員畢承昭等先後經由福甯府屬之福安甯德等縣其地方與政和縣毗連距賊蹤不過一百餘里幸各險隘正在調派兵勇前往守禦隨諄勸本地紳民齊心團練協力助勦居民尚未至十分驚惶臣前在途次接奉

寄諭經過地方如有可調之兵即一面調往一面奏

聞當因江浙之兵未便遽調業經奏明咨商閩省酌量調往乃咨文早發因道路梗塞遲到茲與督臣王懿德面商不特上游有警閩兵不能多調即該夷近在同城亦未便以調兵助粵使之藉為口實惟有密飭下游漳泉一帶與粵疆較近之營分共抽調二三百名以護送關防印信為詞隨行入粵一到潮州再行察看分別去留臣於過泉州家門時即邀親友囑為招募神射鎗手挑選精壯教練步伍以一人管帶五十名為率共豫備一二千名亦俟臣到潮察訪情形再行飛檄調往至臣此次赴粵辦理夷務自宜順

道採訪江浙福建各口情形及粵東近事途中先與隨帶
各員熟籌廣幾稍有頭緒茲查上海及福州夷商之開設
行户搭蓋樓房固已十倍於前貿賣至為熱鬧甯波厦門
次之推原其故絲觔出自江浙茶葉出自崇安商販之徒
皆樂於舍遠就近以省盤川關稅此即廣東不與兵搆怨
其盈虛消息之機已自可想况各該處地方官於該夷賃
地建樓等事與前定章程不符者亦一任所欲未嘗與較
若有招之使來者而廣東官民必與四口獨異未有不激
成事端者現在該夷既得隴復望蜀蓋其所謂隴者何在

蜀者何在臣於
召見時曾經慨乎其言之以為外夷之餉稅必旺收於粵閩方
為
國家之利否則得一步進一步伊於胡底葉名琛若早已見及此稍示羈縻亦不至決裂至此令既如此則其妄肆要求更無底止況臣在蘭谿泊舟時接到二月十五日滬信知該夷公使已到上海接閱江蘇督撫臣據大學士裕誠咨文轉為照會已知二月十七之期並無另派大員赴滬與之會議仍令回粵聽候臣查辦各公使尚默無舉動只

係聞有欲赴天津之說至近日滬洋所到火輪船內有浙江候補知府薛炳一員甫到據稱粵東業已通商其關稅仍交監督存庫不動各鄉團練並無勦夷之心等語臣聞之更為悵然迨抵福州省城即接到調補番禺縣現署增城縣黃光周專丁賫到本年二月十一日來稟所敘年內各情形與他處抄來之信無異其中亦云上年底已開艙該夷現仍盤踞省城民夷尚為相安與薛炳之言相似此則二月半以前之情形也查該夷所重在利既已脅令開艙則已得遂其欲而稅項仍令存庫不動分明以逸待勞

為將來誅求地步鄉團既無鬪志辦理尤十分棘手惟另
由福省商人處抄得粵東二月間兩信一云羅龍二紳及
各紳士會議暗中召募義勇及番禺九十三鄉團勇務殲
逆夷如各義勇中有臨陣被害者給卹銀二百兩被傷殘
廢者給養傷銀五十兩仍養其人終身一云文武官兵見
夷如虎諸事任聽所為並無戰心惟合省紳民不服必與
一戰方得結局現各處紳耆團練及勸捐軍餉以俟將來
舉行各等語果爾則必羅惇衍等各紳士於奉到
寄諭後欽遵激勵已有其機乎臣昨到杭州時捐給銀三百兩

奏明札委候補知府楊從龍徐慮善改裝易服搭坐火輪船先行赴粵原令其馳見羅惇衍等面投信函令其相機而動計此時當可抵粵該紳等再得臣及隨帶之粵紳郎中梁元桂等各信必益迅速遵

旨舉行使該夷知所懲創其前奏帶編修張庭學一員亦已令其由滬搭船赴粵並先在上海確探夷人此番背約犯順其意究竟何居該編修自前年臣奏派赴上海克復縣城之後往來滬上與各般商至為熟識若由華商暗向喚商處探訪亦可得其端倪自來禦夷之策務在揣得其情然

後可以制其死命令臣與張庭學約若探得確情即先行
飛信前來然後搭船赴粤距今多日未見由滬來信恐因
道路阻梗書信或有浮沈而將來到粤會晤果有確情再
行密摺具奏至臣前於二月十五日在錢塘江接准軍機
大臣密寄二月初七日欽奉
上諭一道並抄給閱看共十一件均已恭閱祇悉臣過蘇時未
曾洩漏調兵信息其
諭令與各該夷理論之處俟到粤後酌度機宜次第籌辦萬不
敢稍形怠忽致負

委任所有臣等業經改道行走及沿途探訪各緣由理合繕摺

續行密奏仰紓

廑念伏祈

皇上聖鑒再臣此摺係借用閩浙總督閩防拜發後即日由閩

起程合併聲明謹

奏奉

硃批知道了

隨帶人員

再臣到粵後差委需員先經奏明隨帶前任安徽布政使畢承昭等三員嗣於行抵江浙一帶復隨帶江蘇揚州府知府郭志融等五員均經附片具

奏在案查各員内惟藩司畢承昭編修張庭學教諭于賢之三員籍隸山東浙江其餘均係廣東本籍於聯鄉練勇各事宜自可藉資得力遇有地方政務尚覺差委之人玆臣由浙抵閩途次先後遇有病痊赴部之前任廣東雷瓊道蔡徵藩上年曾經督勦粵匪著有勞績服滿赴部曾經

卓異之前任廣東瓊州府知府林鴻年，前在雷瓊道任內深知其宅心醇正，辦事老成，於粤省情形甚為熟悉，又請咨赴浙之候補道卯景湘，歷經閩浙督臣王懿德等奏襄辦廈門、順昌等處剿務，均能得力，又浙江試用道劉齊昂前在閩省辦理團練防堵事宜，亦能諳悉。以上四員均堪隨帶赴粤，以備差委。除札飭各該員自備資斧，速即前往，並分咨吏部暨閩浙總督、浙江、福建、廣東巡撫外，理合附片具

奏伏乞

聖鑒謹

奏奉

硃批知道了

福州居民求變通錢法情形

再臣十二日在福州省城拜摺後本擬即日起程由泉漳一帶迅速入粵乃因省中居民每於臣出門時十百成群紛紛遞呈求為辦理當告以本地人例不應理民事此次欽差係為專辦夷務過各海口採訪通商事宜非辦地方公事也而愚民無知再三苦求當將各呈一閱不下數十張皆為錢法糧價而言曾經歷控各衙門有案現在省城內外每鐵制錢一百只當十文每米一升須錢六七百文貧民困苦已極當將原呈發還告以見地方官長即囑令上緊

設法辦理及見地方官長據稱早經籌畫定期搭用銅錢
平減糧價賑恤饑民無如經費十分支絀刻下又因上游
岑陽關浦城松溪政和各縣相繼失陷軍需緊急不免顧
此失彼是以未能如期應手現在仍復設法籌辦十三日
早辰臣正與紳士郭柏蔭等籌議各紳士續行倡捐以為
殷户勸以助賑恤之需未幾即聞城外南臺一帶有民人
千百為羣因日前該處海防廳辦理團練未能悉洽輿情
遂激成衆怒勢甚洶洶以錢法糧價為詞相率入城先至
前尚書廖鴻荃家嚷鬧將廖鴻荃拉至督署哀求變通錢

法平減糧價以救民命督臣　正興理諭適將軍臣　東純聞
知趕到臣得信較遲亦即邀集各紳士商民在旁設法解
散令兩書院山長郭柏蔭鄭元璧等係福州人口音相通
者先進督署隨同諸大吏妥為開導臣　隨後亦即踵至幸
東純前在副都統任內多年深得民心當即會同地方諸
大吏立時懸牌示悉許以本月二十一日起搭用銅錢三
成以後按月遞加加至五成而止並即倡捐糧石半賑恤
半平糶百姓見牌遂欣然而散並無持械搶奪情事在民
為饑餓所迫而起在官為經費不敷所致各有所失而亦

各有可原臣於十四日復出城赴南臺起事地方巡視已照常貿易並無一人再來遞呈此外亦未聞另有他說省城内外就今日而論暫為安靜惟是上游賊氛肆擾順流而下數日即可至省方將防堵之不暇豈堪内患迭作此次二十一日以後若地方官即照牌示而行不復失信或不至別有他虞臣目擊情形不敢不附片奏

聞伏祈

聖鑒臣為此稍延兩日拜摺後十五日即由福省起程南下謹

奏奏

硃批另有旨

請飭閩省整頓吏治

再督臣王懿德自任督撫以來閩省資其保障勤勞懋著通省紳民從前靡不感頌者近來公事十分棘手精神日形委頓此次因鄉愚無知壅擠至署乞抹不免氣憤填胸若再久於其任竊恐難以支撐閩省咸慮及此至閩省素稱瘠苦吏治之疲玩因循已極外匪內訌在在堪虞伏乞

隨時

嚴飭諸大吏認真用人多得賢有司相助為理庶可挽救於將來臣既有聞見不敢緘默滋咎謹據實附片密行奏

聞伏祈
聖裁謹
奏奉
硃批覽

粵東情形

奏為粵東大局已形決裂悉心體察惟早稻十分豐稔

堪以上慰

宸廑此外辦理尚無把握是以未敢遽奏現雖極力維持

目前稍為相安以後更難籌辦恭摺瀝陳仰祈

聖鑒事竊臣前在潮州暫駐兼旬地方匪類殊難放心居

民極力挽留兩省垣吏務各路軍務大局攸關不能

不望前速進五月初一日起程路過嘉應州知春間

州牧被戕後首要已經正法餘黨尚在勦捕沿途接

見官紳推有旨諭勸捐團練保衛地方許以從優奏獎並因疊接紳士羅惇衍等咨函知粵民捐貲練勇悉視官為舉動隨將在潮刊刷告示陸續印發示內首敘粵民從前之義舉今日地方之受害中間一段特以夷人在城為之計其利害得失反覆開導若知悔悟輸誠尚可施

聖朝寬大之仁倘負固不服必將與吾民聲罪致討各路軍營尤須士飽馬騰方能迅奏膚功而資以出力紳團從優速獎為鼓勵通省一見此示極為感奮羅惇

衍等所勸捐借大有起色省垣於五月初十日甫貼
一張未乾夷人偵知立即揭去聞於十六日由火輪
船飛寄二十一日可到天津故𠸄酋額爾金之見大
學士桂良及咈夷之照會所以有總督出示勦夷之
說也五月十六日 臣 到惠州即有省城紳士來見僉
名百數十人公遞一呈請進紮從化得就近與花縣
紳局一氣勦夷當諭以該夷前在江蘇投遞照會有
二月十七日赴滬會議之約因奉
旨飭令兩江總督照會該夷令其來粵聽候秉公查辦此

來須先查明前此起釁根由孰為曲直使之無所藉
口然後動兵至爾等居民慘受其害發出公憤必與
之攻剿正夷人之所畏
皇上俯順輿情斷不准官為阻退諸紳士感激涕零僉稱
該夷多年蓄意赴津而不果者總因廣東牽掣其後
葉前督如在恐
皇上不即褫革故必將其擄去一面迫令巡撫奏請改派
大臣如不得請必赴天津一面出示安[illegible]只與總督
為難勸人照常安業必保護其命產迨聞知十二月

初九日紳士許其光等大小四十餘人齊赴番禺縣屬之石井村即今省北屯兵之處與前番禺縣李福泰籌議團練候旨遵行從此不大聞有赴津之說及得旨以柏貴署理即欲與之議和該夷隨便搪塞總無一語著實惟一味挾官以制民收繳軍器造礮臺築城橋布置日加嚴密一面招集廣惠潮各勇色色俱備然後託為赴上海之說以懈我軍心迨聞知新總督於二月初頭過蘇額爾金於二月中旬啟行誅其心必

欲奏請

欽差大臣來粤者所以緩天津之設備必欲託為赴滬之

説者所以使廣東百姓知將來議勦議撫皆在上海

廣東可以相安無事並其用心之譎若此不然既敢

在城內擄去前督豈不敢在蘇州截留新督乎該夷

必不願在粤相議在此靜候無益不如即駐從化各

等語詢之大小各官亦皆以惠州水道直通省河淺

水火輪船杉板皆可到不如駐從化之為防也臣

仍堅持定見懔遵

諭旨多調兵勇在惠州駐紮暗與紳團助勦仍留作局外

調停之計適柏貴派紳士知府銜即補知縣世榮

來惠此人與在粵夷酋日日見面密告知臣五月初

三日有火輪船到探得四月十八日該夷已進天津

城臣心至為焦急即囑令該同知及此外紳士速即

多方設法由馬羽通事以及華商人等向夷商說臣

係面奉

諭旨而來有便宜行事大權若如前照會中所求各欵皆

可商量令其通知在津各酋欽遵前

旨回粵商辦即於五月廿七日接奉四月初七日
密諭二十日接奉四月初十日
密諭知大沽礮臺被占仍飭臣暫緩攻城候
旨遵辦並飭傳諭柏貴有無挽回補救之方臣當即一面
恭録傳諭柏貴一面密函飛知羅惇衍等詎該夷已
於四月二十二等日偵知羅惇衍等團練總局在省
東北一帶辦理防勦有榕樹頭一軍防勇未備即乘
虛進攻被各路壯勇會勦該夷挫折而心殊憤恨
時有報復之說各鄉團亦摩厲以須臣接羅惇衍來

信以讎怨已開勢難兩立且天津礮臺業被占踞
君父之憂不能不急自五月以來日夜皆有[illegible]勇到城攻
打時有斬獲復懸立重賞勾結內應能克復城池者
賞銀十萬生擒吧嗄嚁者數萬殺斃者數萬一面通
飭各縣各鄉設立團練局議定絕貿易斷接濟禁服
役各章程囑臣密飭各州縣暗中幫助各鄉局示之
以威方能有濟臣查該紳士等現在所為與欽奉
密諭已令譚廷襄與唊咈要約四月不退城五月中即與
兵攻打並絕沿海貿易之

旨相符當於名縣與見之時密令暗爲贊助並飭隨帶司
員廣東人梁元桂陳蘭彬郭志融等常川在總局隨
同諸紳士辦事臣復隨時致書密商無如該夷知衆
怒難犯任由挑戰堅匿不出亦不分天津之兵來援
據其勝勢前則省河礮船後則觀音山礮臺兩路齊
施北隊到城勢難久住故迭有攻打而終不能復城
吧嗄禮在城出入防護人馬數十內奸手無寸鐵亦
難以動手然究使該夷防不勝防知踞城難以久安
也水路則沿岸各村莊間或放火燒其小船吧嗄禮

氣忿已極即令封江省河自白鵞頭起至大沙頭凡夷船停泊之處概不許人船往來旱路亦節節戒嚴一時道路不通人心慌亂省門河南夷商均撤回香港澳門所有馬夫通事人等亦不知逃往何處無從計誘該夷回粵臣所遵

旨傳諭柏貴之話因道梗亦不能得其覆信且撫署防範柏貴恒祺蔡振武之夷兵約有二百餘名出入文信皆經搜查自省城至惠州水陸皆有人偵探並有謠言各路埋伏奸細作為盜竊欲搶入文夾板等件羅

愊衍等因臣尚未進紮從化時有函囑惠州最為奸細淵藪咸豐四年所屬十州縣其不為賊陷者一二上冬從夷破城現關在貢院者於該夷點卯時探悉惠州人有一千三四百名其頭目姓楊吧嗄𡁻時用此輩輪流到惠探測河道水勢淺深凡臣一舉動皆有奸細日日為其報信忽有一日南海舉人桂文燦向查街委員告知有楊姓自貢院出來在淡水勾結土匪陰謀不軌細查果有其事當即密飭淡水紳士查拏該匪固已遠颺矣臣之在惠也亦如燕巢幕上

幸蒙

恩諭如鄉團義憤業已舉行即多調兵勇嚴臣衙防其

報復

聖明洞燭奚先固已保護臣於萬里之外也遵即嚴飭水

陸各帶兵官將調募三千餘名兵勇時常操練以成

勁旅並札飭歸善博羅東莞三縣暗約沿岸各鄉團

如有匪船聯幫進入內河兩岸團練即合力圍勦各

鄉團練皆知踴躍用命惟是地方公事本年二月以

前各官羣聚城內則咸受制於夷三月以後因紳士

有集團攻勦之舉署總督柏貴署臬司蔡振武則被
羈城内署廵撫江國霖則託詞由西江而至廣西梧
州署藩司周起濱則馳往花縣鹽運司齡椿督糧道
王增謙則移駐佛山廣州府吴昌壽本在軍營南海
番禺兩首縣亦各散處一方各衙門案卷有先期攜
帶出城者有被該夷焚燬者書吏既無辦公之地幕
友亦多星散回家各屬州縣候上司批示遵行者半
年不能回覆省垣為首善之地刑政蕩然盜賊四起
百姓日在水深火熱之中真有不敢奏

聞者臣到惠以後惟周起濱追隨至今其自沸山來者因該夷時有赴佛之謠改裝易服旋即回□相貴於三月十一日即將關防送出省城兩省事務其已收未辦及續收公文積成箱篋移交過來百姓攔輿控告十之八九係人命强盜豈能同時並辦而握要以圖亦當使各屬知有新上司到匝月未見書吏幕賓來幸隨帶司員於派辦夷務防堵之外尚可以襄理文案馳書省城請一舊幕賓沈姓將起程來惠忽有夷兵數百名直到其家湧劫一空本身及兒子跟丁皆

被擄去廣協都司黃榮亮亦被擄禁不知如何贖回是否與臣為難皆未可知而紳士潘仕成之家亦被搶刼民間擄去數百人無非以銀贖回年前刼藩庫之銀說是原封不動俟約條議定歸還今已用罄矣各兵途遇值錢千百文者亦搶聞其兵餉已不繼此次釁端全由於吧嗔嘰夷商皆不以為然並無公攤兵費不知如何挪借而來專待中國賠項歸還臣幕友沈姓六月內已來就館詢其切實情形據稱該夷知下鄉格鬬道路險阻必不能勝安心以逸待勞紳

團一有舉動即殺百姓倍蓰焚燒房屋或一條街或半條街故意激民怨紳城內外已半為灰燼且各處俱挖地雷如果守不住要下船機關一動徒克復一塊焦土而已紳士因之而歇手衆鄉團益增忿恨此五月半後至六月半以前之實在情形也自六月十五十七日接到五月二十五二十七日先後

密諭知天津議撫已有端倪啖咈二國索賠兵費六百萬即在關稅項下扣抵抵完後再交還省城並飭將

大皇帝已允爾和好我等斷無與爾搆兵之理仍令約束

兵丁勿擾民間自可相安無事等因照會在粤夷酋
臣遵於六月二十日照會駐粤之唊咈水陸提督並
通行巡撫將軍都統粤海關監督藩臬二司暨羅惇
衍等團練總局眮於二十八日據羅惇衍等覆稱遵
即按兵不動約束各營壯勇不得入城滋事惟廣州
鄉團人衆倘夷人滋擾一時激於義憤或在城廂內
外及河面有斬殺夷人之事並非本局所為無從知
悉即無由禁止應由地方官設法辦理各等語所有
六百萬賠款交完後退還省城之約臣惟密信與柏

貴羅愷衍知之其各衙門公牘總以條款未到為詞
誠深知粵民浮動强悍自道光二十三年以後各省
皆與夷務惟廣東福延至今所爭首重在城一聞城
仍不交勢必譁然不靖是以未敢張揚乃該夷及隨
同赴津之奸細自津回來早已在香港誇耀並刻諸
新聞紙於六月内傳播到省噗夷條約刊有五十六
款在該夷亦自知城不退還不能服衆故此款内云
粵城賠銀另立專條堅定不移十二字而有一奸細
張彤雲曾經粵省懸萬銀賞格查拏者此次自津

回到香港戴水晶頂官會竟將交銀還城一節逢人
説項並云要再赴上海辦事此外兵船陸續回港到
處揚言定要報復自此而謠言四起矣有謂夷人既
占踞我城勢必抽税征租與官長共坐大堂審理詞
訟有謂夷人已將地基丈量清楚將來城內外及河
南地方任其指蓋洋樓棧房雖煨燼之地亦莫我有
矣有謂潮州瓊州若果與他馬頭內地又聽其行走
是盡廣東之利皆為夷人所漁非役於夷無以謀生
是不但有其地並欲有其民矣有謂唉與咈本屬水

火自開礮一年之久不能破城因藉重佛礮以有此城將來彼此互争池魚之殃民何以堪有謂關稅一經議減十年還不了六百萬將屆十年又起釁端則城永無還期矣與其將來受害不如乘此勦滅街談巷議不一而足人人皆有打鬼子之口而無打鬼子之力幸羅惇衍等顧全大局與臣懔遵疊奉

諭旨攻勦之舉既不能計出萬全則甯緩兵蓄威毋使有所藉口以貽害沿海地方無如好事之徒安心搆禍肆口罵羅惇衍等虎頭蛇尾虛糜民餉數十萬銀兩

撫議一到遂即按兵不動從此為夷人藐視矣其催
令臣督兵進勦匿名揭帖竟貼至臣署前並有用石
塊包揭帖於夜深時由牆外擲進者稔知為惠州奸
細所為近日夷兵自外國來者少多係僱本地土匪
打扮夷裝為聲勢此時廣東半屬匪巢若輩喜其有
事兩邊皆須僱募一聞議和遂造言挑釁並據南番
二縣密稟有一種慣包僱勇之人暗約三數千匪類
以滅夷復城為名冀圖起事臣一以鎮靜出之仍飛
飭南海番禺香山順德東莞新會六州縣加緊暗防

而究竟在粵夷人能否與臣共敦和好必須得其照
覆方能放心自六月二十日照會送去旬餘日杳無
回音且署巡撫江國霖因赴西江梧州一帶臣前奉
諭旨將其撤任業已恭錄行知因道路阻梗終未接到仍
以藩司署理巡撫其關防隨帶在途茲於六月十三
日接奉
諭旨知該司業經革職當即委員摘取印信適於二十二
日將關防繞道送來同日接柏貴來信知其病假已
滿因臣屢勸其力疾從公得以調停城内事宜故勉

强支持不復續假臣以甫經照會夷人與之和好須將關防徑送進城以釋夷人之疑即日將關防咨送柏貴接受延至七月初撫署夷兵尚未肯撤柏貴不能定期接篆而吧嗄嚉禮忽以臣照會内有仍希貴提督約束兵丁勿仍前殺害焚搶騷擾民間自可相安無事等語向柏貴說和議後頭一照會須寄與國王閱看有焚搶殺害一語恐伊國王責其在外騷擾百姓如實意和好須把此等字樣刪去柏貴即為加圅婉說將原照會於七月初五日送來並請先行出示

安民招商臣即先將照會刪改於初六日送去維時花縣局勇已不到城而省城左近尚有局外謝姓楊姓手下之勇夜間放火欲燒觀音山上兵房及火藥局彼此爭戰百姓無家可歸一聞和議有急速搬回者不免遭其波累臣當即出示飭令地方文武舖戶居民協同查拏假冒義勇無端挑釁之人先繕十張於初九日送交柏貴派弁張貼告示到省甫貼六張下四張即吊回不貼外間傳聞以自上冬至今所出之示悉係與之會銜會印此次臣單銜故不准貼人心

益增惶惑謂犬羊之性非報復一番總不足以快其
意況羅氏祖祠在省城内已毁爲平地順德縣城當
不能保旋據新安縣禀報該夷果於七月初三日大
夥到新安攻破縣城因西鄉沙井團勇進城擊退夷
心恨之本聲言十五日要攻香山因新安香山斷其
接濟極嚴物價十倍昂貴其貿易服役於香港者亦
該二縣爲多近已搬回十之五六皆因總局章程極
嚴如有不遵責其本鄉本族衿耆變其家産充作各
鄉局團練經費人心纔動又得地方官以威助之故

着有成效如是夷兵自津回來必先於該二縣洩忿迨被擊退乃復出示改為十九日攻沙井該鄉與東莞毗連素習械鬬民力既强民氣亦固遂與東莞各鄉聯絡一氣不告於紳不稟於官自捐自戰誓將與之決生死外間紛紛傳播以為乘此痛勦可望有退城之日矣正覘臣之是否阻遏臣自到惠兩月多方激勵幾見有如此之自動公憤者該夷既無照會到臣百姓亦不稟知官長此正起釁在彼報復在民與官無涉也信致羅惇衍等暗中鼓舞之順德香山亦

復聯絡一氣以俟其來可恨該夷知動公憤遂將告
示揭去屆期亦未見來臣恐香港即在新安境内百
姓一鼓作氣輕率而進斷難得手事在和議以後轉
使之有所藉口即派在惠差遣之知縣五福連夜赴
新安見各局紳令其誇奬鄉人該夷既已畏懼且蓄
威以待毋輕易進兵多傷我民各等語鄉民深為悦
服聽命五福即赴東莞一帶普為激勸二十二日臣
接得柏貴來書知夷兵於十七日撤回將軍衙門十
八日即接篆回任恒祺蔡振武於十九日亦皆回去

並將該夷照覆一件轉遞前來摘其要者如所云和
議已定貴大臣即咨行花縣總局嚴禁壯勇毋許仍
前狂悖再有誘揚擄捉以及殺害擾亂等弊本軍門
等果為愜意此後壯勇潛踪勿庸派兵從嚴除辦至
我國兵丁並未擾及民間自必照常約束不准生事
誠如來文從此中外相安即可永敦和好惟有二事
總須先辦一請再行出示曉諭中國各項人等照常
在我兩國及各國人處襄理文件買賣交易僱工服
役一切等事並聲明前此示禁撤銷倘有人藉端挾

制嚴行究辦二請飭令司道府縣各官回署供職各等語查臣照會内所稱咨會總局約束壯勇勿許再行進省滋事係照總局咨臣及巡撫衙門之語而該夷則添出許多惡話令亦不必與較惟柏貴因其夷兵在署受制九個月忽然眼界一清亦遂囑臣出示通商並將廣州府南番二縣及縣丞典史各員缺先行委員代理以彈壓地方且云此事以交城為第一要著斷不可令其久踞不知天津如何許以六百萬扣完後再行交還省城真為詫異即使五六年扣完

該夷未必有如此之愚亦未必有如此之膽等語臣即與司道兩縣熟商一聞和議各縣之徵收紳士之勸捐已屬兩難以後省北之局不撤則壯勇之口糧難繼撤則各鄉之團練可危該夷請官進城原欲挾官以制民百姓因官進城轉不懃夷而罵官且倉庫監獄難免該夷搶劫賣放此時各鄉局斷其接濟服役既如此齊心為向來所未有官若出示通商豈非迫民弛禁且非此更無以為退城關鍵況探聞於巡撫接印後該夷仍將鬼字街名挂於各里門查夜委

員燈籠各門兵丁號衣均欲令其一面漢字一面夷
字則其心尚不測當將暫緩出示通商情形函覆柏
貴並將中國人衆何鄉之人是何姓名在貴兩國及
各國襄理文件一切等事向未赴各衙門報明有案
無由知悉即無從曉諭本大臣自到粵以來本無出
示禁止自無庸再行出示撤銷至和議以後大小文
武各官除先經出差外其餘均應同城辦事已據司
道等稟稱業經飭令兩縣修理衙署完竣即行進城
等語於二十九日照覆該夷此又自六月下旬至七

月底之實在情形也自和議之說到城前辦夷務之紳士伍崇曜梁綸樞易景蘭曰乃陸續來惠見面大家皆知夷不退城百事敗壞當囑令回省與馬孖通事人等力向夷商陳說久不退城外省商人知粵東義憤必不甘休誰肯挾貲遠來一旦有事付諸一炬雖通商亦無商敢來令其以有害無利之言剖東於夷酋或稍可以挽回該紳等於回省後四處招邀馬孖及夷商人等正在議論間因有新安之戰及往攻香山順德之說竟不得准信回覆旬日來風聲稍靜

臣始得與柏貴往來信函專弁齎投反覆籌商仍令
伍崇曜等再與夷商切言爾國之意總要照福建舊
樣華夷並處爾等試看廣東民情能否如此即欲藉
官以制民粵民肯受制否各官即同城爾兩國之一
千兵長駐斷不能守此城以駁船護陸兵通盤合計
全年非五六十萬不敷兵費若一年扣六十萬盡供
兵費計亦拙矣況殺害之事斷無虛日該夷商急於
通商亦即與各夷酋言有一日吧嗄禮向伍崇曜說
從前六百萬即由爾父經手廣東富足之地若將六

百萬交清我們便退城伍崇曜等以此時粤東是何
情形軍餉不濟汝等知之六十萬且不能况六百萬
乎嗣據候補道蔡振武於八月初六日到惠面禀連
日因退城之事與伍崇曜及潘世榮等向吧嗄嚒啊
嚧嘩細探究竟汝等可否在此駐五六年吧嗄禮不
説實話啊嚧嘩云非先交現銀一半其餘一半忍利
分年扣完斷斷不能出城
欽差在上海無論如何説法總須有銀方能交城此話是
否確實尚難憑信而以大勢論唤咈共居此城地界

雖已分轄將來必不能相下而此時無銀到手俱不
肯撤回且察其窮蹙情狀亦若有挂欠許多口糧非
此並不能自了者而此時粵中萬難措手者即在於
此西北江軍需以及各路防勦經費每月非二十餘
萬不可紳士總局所需尚不在內臣到粵以來不但
勦撫兩窮並捐借亦兩絀各處請兵請餉之稟紛至
沓來藩鹽二庫所入不敷例支兵餉時有鼓譟之聲
山窮水盡度日如年更從何處措此鉅款坐視兵久
踞城垣民固不安即吏亦不能安夜長夢多弊端百

出更有不堪設想者為今之計第一策自是官紳民合力攻勦聚而殲旃方足以決人心而此後兵連禍結正不知何日為了結之期且羅惇衍等總局情形目前已形喫力此後大開戰場諸殷富能否毀家仗義捐借如前尚在不可知之數頻年軍需民力實形拮据稍有貲財之家遷徙已遠再聞戰無已時則更無回顧之理廣東鄉團足供宣威助勢而非有官兵打頭非為身家痛切欲其自告奮勇執干戈以衛社稷臣知其難也九十六鄉之著名實以四年紅頭之

匪欲滅其鄉經歷百餘載勢無兩存不得不於死中求生幸而獲存固已始願不及此也以之爲虛聲懾夷則可耳臣處此情形中心如擣現在道路稍通已一面邀羅惇衍等分撥一二人來惠面商決計大約三數日內即可前來一面令蔡振武馳書粵海關監督恆祺邀同伍崇曜等傳集各馬將華商人等問其有無善策可使該夷銀有著落城即退還爲兩全之計如有可轉之機即囑恆祺與伍崇曜來惠面議惟臣前因軍需羅掘已窮計無所施適欽奉

廷寄有飭令伍崇曜等捐輸之
旨即於七月間力向伍崇曜籌借費盡口舌指在關稅項
下抵還許以六釐行息方允代為借銀三十五萬兩
昨於初二日接其覆信已向各商人代借尚未能十
分定規必須有粵海關部印票方能給銀亦如其說
許之又擬於沿海沙田代為籌議章程照各鄉按畝
抽收作為捕費之法計可抽收十餘萬是刻下籌議
退城以及籌借軍需非該紳在此別無能肩其任者
前奉六月初六日

諭旨飭令伍崇曜潘仕成赴上海交桂良等差遣委用當
即欽遵飭知該二員潘仕成已據報七月初九日起
程伍崇曜因經手事件關係綦重據各官紳力求奏
懇
天恩俯念粵省情形喫緊准其緩赴上海則全省官紳士
民同深感幸至於粵東軍務現在用兵之地已不下
二十餘州縣蔓延渙散賊多兵少提督崑壽一軍自
四月間克復梧州後除裁減外現每月需銀四十餘
兩刻下仍在梧州正議與廣西臬司蔣益澧會勦而

大船不能仰攻須另換小船一百八十餘隻復請添僱陵勇六千名以護水營逐月又須增銀三萬餘兩西北江之費月需十三萬餘兩其著名巨寇如陳金釭練四苦等皆係咸豐四年紅頭匪首逃往廣西占踞西省之懷集賀縣仍復闌入東省肇慶府屬之高要封川德慶州廣甯開建巢穴在高山峻嶺之中攻勦數年不能得手時刻下竄窺伺各州縣城池現奏留丁憂知府沈保頤候補直隸州沈亨惠會同副將衛佐邦等督率各軍攻勦開建縣自上冬失守以後

無兵可以往攻現因署肇慶府史樸甫經克復封川
縣之漁撈當即飭令乘勝進攻以圖克復此西江之
大概情形也連州之城被西匪圍攻已占踞外城現
派署南韶鎮總兵勒福等帶兵赴援已疊獲勝仗指
日可以解圍陽山之含洸大灣藍山踞匪多年截途
打單貽害日久無有過而問者現派清遠英德陽山
三縣會勦仍由廣州府吳昌壽督辦此北江之大概
情形也此外若廉州府之靈山縣亦於上冬失守日
久未復現派高州鎮總兵慶寅帶兵前往會同該府

縣激勵團練迅圖克復惠州府之海豐縣紅黑旗會

匪互鬭現派該府海廷琛帶勇三千名前往劉□長

甯縣匪徒已由該縣會同從化龍門二縣會勦潮州

府之海陽揭陽二縣土匪滋事抗拒官兵現由海陽

縣募勇督勦潮州鎮總兵壽山標下得力之署都司

卓興守備李瑄芳及各兵勇俱會同該縣在楓洋等

鄉勦捕驟難撤回是以該鎮奉

旨飭令帶兵二千赴閩會勦不能登時起程旋據潮州道

若該鎮調回得力官兵出省

愈熾人心惶惑所關匪淺當即批令勒限一月
上緊勦滅即由該鎮速調起行至今限期已過賊勢
尚張不得不奏懇
恩施准俟楓洋等鄉稍為平靖即飭迅速赴閩其餘如佛
岡惠等州縣或剿或防不一而足誠如
聖諭各屬匪踪徧地即當迅籌布置次第肅清務使內患
悉平然後夷務可期就緒臣抵惠後正天津勦撫未
定之天紳團攻勦喫緊之際戰事歸諸羅惇衍等而
暗中帮助之一面籌防惠州不使之裏應外合即一面遵

旨次第布置汰其疲弱鼓其精鋭調派文武員弁督飭援
應一月以來頗有振作之機而各營皆以兵單為詞
稟請添調悉心體察以現在之兵勇禦現在之賊匪
堵則有餘剿則不足而此二十餘萬之月餉僅有伍
崇曜經手者每月有七八可望此外尚費籌畫更
何敢議添兵隨帶司員畢承昭仰蒙
簡放廣東布政使責令籌餉臣心實深銘感前因豫備赴
省與夷酋會商未能即行到任及續奉署理巡撫之
旨柏貴已經病痊應俟柏貴回任後方赴布政司新任而

該司已與各州縣多方設法所有可籌之欵皆須俟
夷兵退出省城然後得以辦理茲於七月二十六日
欽奉
嚴旨飭將夷務及土匪情形並
諭查名十詳細速奏毋得任意耽延臣聞
命之下實切悚惶際茲喫緊之時關係重大臣何敢任意
擱延惟下手之初百端蝟集夜以繼日實已不遑啟
處糊塗之見竊以四月二十二三以及六月十一等
日勒夷情形均經羅惇衍等六月十五日以前先後

具奏計已仰邀
聖鑒此外別無舉動至六月十八日以後天津撫議定
夷船先後退回香港若即彼此照會和好不致
別生枝節自應迅速奏
聞以紓
宸念無如在粵夷酋滿口和好滿心報復遲延一月有餘
和議迄未照覆迨照覆矣而一切舉動尚存叵測究
將如何退城非再探至旬餘日究莫知其底蘊是以
未能速奏伏乞

俯加體恤
格外鑒原不勝惶恐待
命之至現奉
飭調精於鑄造之廣東駐防紀世材已密函與柏貴傳知
將軍飭速進京其前
諭令查訊之已革布政使江國霖撤[illegible]任候補道蔡
振武拿問道俞文詔甫經先後來惠除將俞文詔發
交歸善縣監禁候訊外統俟訊有端倪再行具奏所
有粵東近日情形理合恭摺由驛密

奏伏乞

皇上聖鑒訓示謹

奏奉

硃批覽奏俱悉

青如

812.8
444
(14)

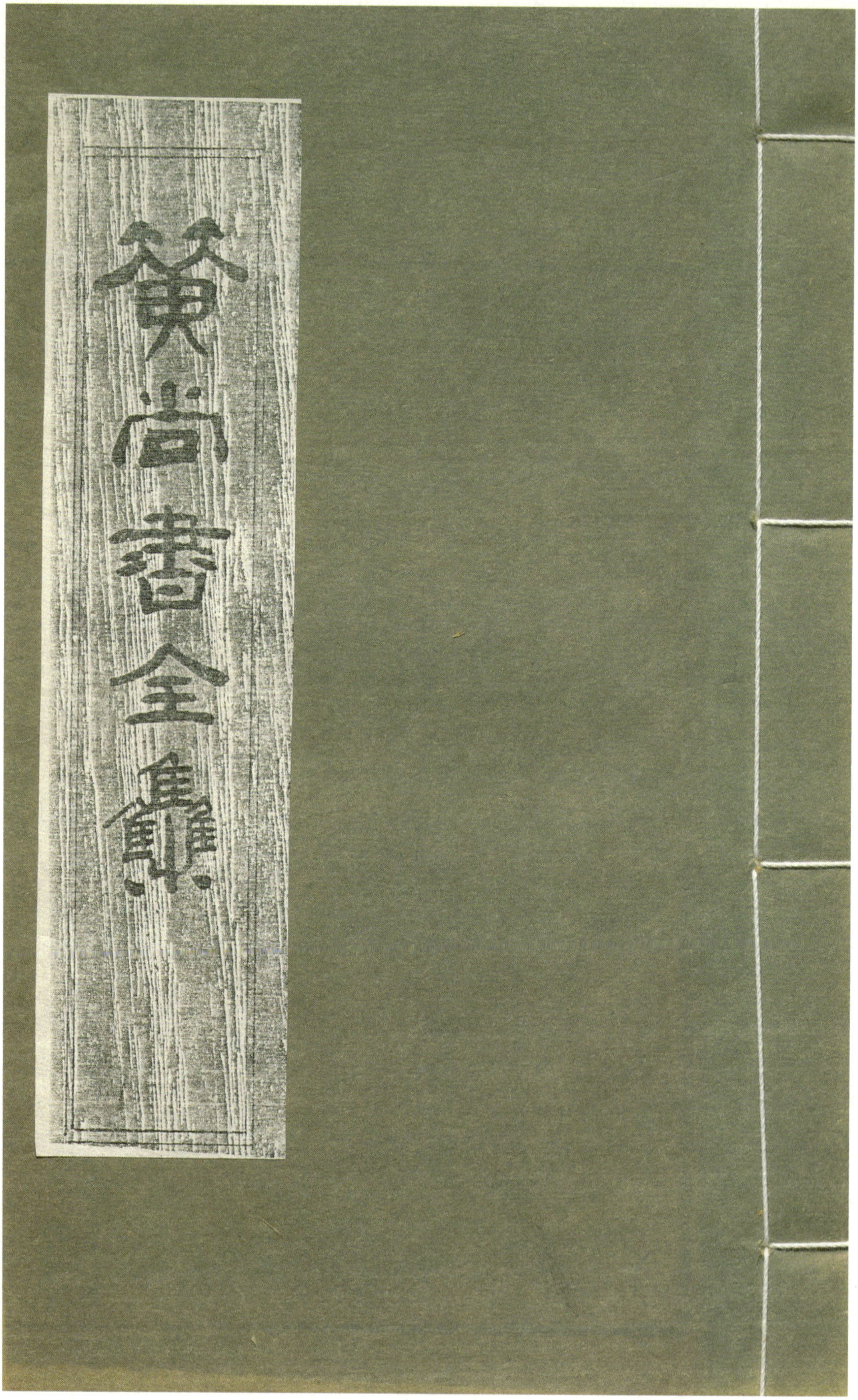
黃尚書全集

靜妙齋

晉江黄尚書公全集卷

男貽楫謹輯

姪貽杼恭校

中外章論

奏委督辦廣東保甲　　　　耆英　黄恩彤

調補雷瓊道　　　　耆英

保舉堪膺重寄　　　　吳文鎔

請將皖省徽郡歸浙管轄　　　　王茂蔭

請飭查辦徽州知府　　　　王茂蔭

奏委督辦廣東保甲　耆英　黃恩彤

再粵東民俗輕浮務本者少逐末者多且地廣人稠居民鮮有恒產惟藉傭工負販以資養贍一旦失業易至流而為匪加以近年裁撤壯勇多係獷悍之徒游手無歸動輙相率剽掠故盜風益熾而廣州一屬為尤甚節經臣等寬籌捕費嚴定功過特派文武大員督飭地方官弁懸賞購線設法兜拿計自臣等到任以來迄今共獲盜犯不下數千名其奏明正法者已有數百名此外題奏部覆照例誅遣者更難枚舉乃迭經懲創澆風仍未衰息往往乘間竊發

失事頻聞推原其故總由粵省五方襍處良莠不齊凡人
烟稠密之區與村落畸零之所稽查稍有未周奸宄即易
託足且內河外海港汊紛歧道路既隨處可通舟行復飄
忽無定此拿彼竄蹤緝殊難得手臣等再四講求設法挽
救惟有嚴保甲以治其本勤會哨以治其標蓋保甲之設
原為弭盜良規粵省歲一抽查未收實效皆因日久玩生
奉行故事自非遴委明幹大員認真查辦無以破除積習
查新任督糧道黃宗漢雖到粵未久而才敏心細於地方
公事極力講求其本任事務較簡應即委令會同藩臬兩

司各巡道妥議章程一面督飭委員並地方各官實力編
查按户造册責成公正紳耆及保正人等連環保衛如有
匪徒溷跡准其首報綑送酌予獎賞倘敢知情隱匿查出
治罪並於要隘蹊徑添設卡房多派兵役嚴密稽查則匪
類無地容身而村墟可期綏靖至各縣水路交界地方最
為逋逃淵藪各弁兵但知於本管地段梭織巡防而於交
界地面總未能協力同心加意巡哨臣等現在專派候補
知府蔣立昂盧端黼會同署廣州府知府劉開域隨同藩臬
嚴飭地方有司及營汛各將弁振刷精神於交界扼要處

所添設巡船各分地段勤加會哨晝夜查緝遇有盜船立
即不分畛域合力兜擒務期有案必破有犯必懲庶幾標
本並治水陸交嚴盜風或可少息倘各員弁因循怠玩並
不實力奉行及該管文武畏葸闒冗以致盜匪肆行無忌
惟有從嚴叅辦以昭儆戒臣等與司道悉心籌議意見相
同除飭將編查保甲及會哨各事宜妥定章程通行核實
遵辦外所有現辦緝捕情形臣等謹合詞附片奏
聞伏乞
聖鑒謹奏

調補廣東雷瓊道　耆英

奏爲海疆道缺攸關緊要遵
旨揀員調補以資治理恭摺奏祈
聖鑒事竊臣於本年正月初六日接准吏部咨開內閣奉
上諭廣東雷瓊道員缺緊要著該督撫于通省道員內揀員調
補所遺員缺著趙長齡補授欽此查雷瓊道一缺駐劄瓊州
管轄兩府十六州縣內則疊嶂層巒民黎雜處外則四面
環海直接夷洋海疆防範宜嚴黎境撫綏匪易必得才識
優長精明幹練之員隨時相機督辦方資整飭臣率同兼

靜妙齋

署藩司事臬司嚴于通省道員內逐加遴選非現居要缺
即人地未宜惟查有督糧道黄宗漢年四十一歲福建進
士由兵部司員洊升户科給事中俸滿截取奉
旨記名以繁缺道員用廿五年十二月簡放今職廿六年七月
十一日到任該員幹練有為才具明敏現任督糧道雖係
內地要缺惟駐紥省城究未若雷瓊道之孤懸海外民黎
襍處尤為難治該員到粤業經半載于地方吏治竭力講
求情形漸能熟悉以之調補雷瓊道可期勝任惟歷俸未
滿三年與例稍有未符而人地實在相需例得專摺奏請

合無仰懇

天恩俯准以該員黄宗漢調補雷瓊道缺實于海疆要缺有裨

如蒙

俞允該員係現任道員請調銜缺相當毋庸送部引

見亦毋庸核計叅罰所遺督糧道員缺遵

旨即以趙長齡補授臣謹恭摺具奏伏乞

皇上聖鑒訓示再兩廣總督係臣本任毋庸會銜合併陳明謹

奏

保舉堪膺重寄　　吳文鎔

奏為遵
旨保舉屬員仰祈
聖鑒事竊臣接准部咨道光三十年二月十四日奉
上諭直省司道府廳州縣以及營伍員弁内各督撫見聞所及
隨時察看自必知之最悉如查有才德兼優誠心任事確有
實據者着出具切實考語秉公具摺酌保數員候朕簡用其
有貪婪不法以刻為明或年老昏憒不能辦事者亦著據實
恭奏不准姑容等因欽此仰見

靜妙齋

皇上任賢去邪勤求郅治臣跪讀之下不勝欽感伏念為政首
在安民而安民必先察吏臣蒙
先
皇帝恩遇自編修用至卿貳外任封疆夙夜戰兢刻以察吏安
民為先務故於所屬大小各員時時留心考察其官聲平
常難期振作或年力衰頹不堪驅策者均經隨時
奏參不敢稍事姑容其才德兼優誠心任事堪膺保舉者今
實缺及候補曾經署事人員謹就臣察識所及臚舉實蹟
出具考語酌保數員伏候
採擇以冀仰副我

皇上旁求俊乂佐治安民之至意至藩臬兩司係統轄通省大
員尤關緊要查現任藩司汪本銓體用該備才識俱超應
務極明敏而復能精細率屬極嚴正而不失和平事無鉅
細罔不籌畫周詳現任臬司黄宗漢廉以持躬勇于任事
以誠懇待人以嚴明察吏實事求是詳慎精勤浙省諸務
積疲已久該司等均能實力挽回勵精求治就臣所見該
二員均可膺重寄除府廳知縣擬保四員另繕清單恭呈
御覽外所有藩臬兩司足膺保舉理合一併出具考語據實上
聞為此恭摺具

奏伏乞
皇上聖鑒訓示謹
奏
道光三十年五月初六日奉
硃批知道了單留覽欽此

三年十二月初八日 向榮片奏

再臣等正在繕摺間適接浙撫臣黃○○來函內云逆氛未熄正不難指日蕩平

但事關大局必須從長會商擬約臣親至要前往蘇杭二省面見再定籌辦閩中之議

等語臣等屢閱之下服其籌畫精詳議論直爽具見公忠体國之忱當籌

全臣親至要即行前往迎送妥議往返程途約計一月俟回營定議後再行宣

奏請 旨合并附片陳明謹奏 十二月十八日奉

硃批甚好知道了

王茂蔭

摺內稱江南四府信息不通

江南之池州太平二府現為

賊迹出没之區所有甯國徽州廣德三府州逼近賊氛防

堵極為緊要臣等相距較遠文報或阻或通籌餉撥兵悉

若鞭長莫及等語是徽甯廣二府一州該撫之不能遠顧

已可概見甯國廣德一路欽奉

諭旨令潘錫恩在籍團練當可無虞惟徽郡僻與浙省相錯處

請將皖省徽郡歸浙管轄　　王茂蔭

奏為敬陳管見恭摺奏祈
聖鑒事竊臣前見安撫福濟請餉摺内稱江南四府信息不通又見請防堵徽甯片奏内稱江南之池州太平二府現為賊迹出没之區所有甯國徽州廣德三府州逼近賊氛防堵極為緊要臣等相距較遠文報或阻或通籌餉撥兵悉苦鞭長莫及等語是徽甯廣二府一州該撫之不能遠顧已可概見甯國廣德一路欽奉
諭旨令潘錫恩在籍團練當可無虞惟徽郡僻與浙省相錯處

萬山中距廬最遠陸路既極崎嶇水路又不與江通而與

浙通故自來安省皆食淮鹽而徽郡獨食浙鹽蓋前人之

因地制宜已如此本年正月匪徒攻擾祁黟劫財物擄民

人其勢方熾一聞浙有援兵即至遂驚走退去是徽州有

事本省救援不及必賴浙以救之且徽處浙上游為浙之

西路門戶畧有疎虞順流而下以達於杭實有建瓴之勢

惟入徽之境率皆崇山峻嶺足可控扼能保徽州方能保浙

況蘇杭素稱富庶久為逆匪覬覦其所以不即攻擾者以

常鎮一路有向榮扼之上年擾及饒州本年擾及祁黟未

必非窺伺浙省之意臣愚以為為今之計似宜稍為變通以徽郡暫歸浙江統轄緩急相援可以藉浙之力保徽亦可藉徽之力保浙脣齒相依庶期得力又臣聞上年徽屬勸捐之錢集有數萬至今未聞奏報想文報尚有阻隔解運錢糧自更可知此福濟之請餉所以稱信息不通也若暫許由徽解浙即由浙省報撥實為甚便一俟軍務告竣即行改歸舊制以符定例似亦因時制宜之一法可否請

旨敕下安徽浙江各撫臣察看地勢情形酌量辦理之處伏乞

皇上聖鑒訓示謹

奏

咸豐四年四月初六日奉

上諭王茂蔭奏請將皖省徽郡暫歸浙江管轄一摺徽州據浙

上游為浙西屏蔽前次皖賊攻陷祁門竄赴黟縣並聲言欲

至屯溪查船經黄宗漢添派兵勇分路防堵祁黟賊匪旋即

聞風退竄茲據王茂蔭奏稱徽浙有脣齒相依之勢保徽即

以保浙並因徽郡距廬郡窵遠江路不通恐皖省控馭不及

欲請暫歸浙省管轄雖係因時制宜惟地勢情形仍須詳加

體察現在該逆雖暫舍祁黟而去亦恐復來竄擾黄宗漢平

日辦事認真不分畛域前已於嚴衢各屬節節設防刻下徽郡有無賊蹤著飭令該府達秀等隨時偵探飛速禀報遇有警急即著迅飭前派之將弁兵勇等出境進剿總以外援鄰封内保本境為第一要著其防剿一切事宜諒該撫自能籌畫萬全也至王茂蔭所請運解錢糧等款由徽解浙即由浙報撥等語亦著斟酌緩急並隨時知照福濟辦理原摺著抄給閱看將此由六百里加緊諭令知之欽此遵旨寄信前來

静妙齋

青女

請飭查辦徽州知府　　王茂蔭

奏為民捐徒費民患轉深勢恐激變恭摺具奏請
敕查辦事竊臣籍隸安徽歙縣徽州一府距廬最遠因安撫有信息不通之奏又春間有賊擾祁黟之事曾於四月奏請將徽郡暫歸浙撫管轄一則以徽處浙之上游必保徽方能保浙一則以上年歙縣勸捐集有制錢數萬不能解廬藉可解浙以供撥用乃近聞上年民捐之錢抵有九萬已交齊者七萬餘串又公議合郡鹽斤加價歸公收費二萬有餘又提取存典公項亦有數萬統計不下十數萬因經手

之人冒銷不可勝計現在均已成空乃復立續捐局用不肖紳衿數人按户誅求有不遵者或帶勇登門以擾之或鎖押牽連以逼之有老幼同繫者有棄房變産者數日之間集有三萬又聲稱要五十萬區區一邑何能堪此現在怨聲載道叫苦連天民情皇皇不可終日此患之在歙如此更有患之甚者捐輸所以練勇練勇所以保民乃正月賊至祁大洪嶺防勇先行逃散幸賊二月初一至黟黟之紳勇乘其夜雷電大作借浙援大至之聲威四起喊殺賊驚惶莫測虛實次早即退回祁旋退回安慶經此擾害宜

何如簡練義勇以為防守乃令所用防勇皆花會人不守要隘而駐祁黟之市鎮終日四出姦淫擄掠無所不至又復到處廣開花會以誘愚民花會向為歙休之毒今更移毒黟祁黟祁之人始受賊害今受勇害又受各勇開花會之害此患之在黟祁又如此現聞兩邑不勝其害羣起公憤有欲豎義旗以抗勇之議若果如此則徽必內亂內亂作必將引賊復來而徽難保即浙亦難保伏查花會久干嚴禁其術類燈繼〔謎〕以厚利誘人墮其中者至死不悟故又稱花燈蠹本惟閩廣有之自道光二十八年忽流入歙漸

以大盛延及於休因而傾家喪身者不知凡幾至三十年知府達秀激於衆論親拏數人懲辦風以頽息一時士民作為詩歌以稱頌之謂此毒可永除矣不意上年乃復熾蓋該府本中人非不可與為善無如信一李姓門丁唯言是聽而廪生潘炳照原名杭恩因疊有控告遂更今名素夤緣與李門丁結為兄弟見安省失守花會漸開遂説該府以聽開花會可以斂錢招勇有事可用該府信之而潘炳照遂與孜行之吳日富招攬無籍之人大書義練局為名而實以開賭場於是聞風起者數十處咸屬焉而收其

利祁難作正有事時矣該府急求二人而二人避匿不見
迨至該府另募勇千餘將赴祁二人聞勢已壯乃復出招
舊無賴陸續而行始未得賊走信則互相推諉逗遛不進
迨知二月初五六賊退已盡乃於初十復爭赴祁城將賊
所未擄之錢米衣物肆行搶劫以為功祁城左右數十里
以姦劫死者不計其數該府於十六日到祁見勇如此並
不一行懲辦自宜即行遣散乃他勇皆散而獨留花會之
勇為防堵以花會之目為統率約束無方費用無節加以
總局開銷日費錢數百串計月必萬數千串一年即十數

萬串賊滅無時民力有盡遂使外寇不至而民已有不聊
生之勢伏思
國家勸捐原不忍竭民之力果所捐爲報
國家之用即竭力亦所當然若以民捐之錢養勇即以所養
之勇害民竭良善之脂膏供無賴之魚肉賊不來而肆行
無忌賊一至而避匿無蹤則民命堪憐錢欵尤可惜當此
撥餉支絀之時似此捐數較鉅正可解供撥用豈可聽其
妄費夫防堵誠不可無然貴興團練而不可招募紳衿原
所宜用然必擇正人而力屏小人凡入徽境皆有險隘誠

就各該處訪本地之正人聯本地之義勇無事各安生理
有警互起救援則費省而守自固若誤以招募為團練用
小人而致正人不敢出則非徒無益而又害之如徽歙今
日其患有不可勝言者現在安徽巡撫軍務方殷並若難
長莫及惟浙江巡撫黄宗漢公正廉明莫與倫比極知徽
甯為浙大門户甯守可恃而徽守不可恃地方易守而人
不能守上年即發數十札以教達秀而不能聽撥大礮數
尊擡礮鳥鎗火藥等件以資之而不能用該撫春間一聞
祁賊之信立出發兵四路馳救告示萬數千張徧貼徽地

飭沿途豫備糧餉一時聲威遠振賊之驚走實賴其力徽

守無情形無不聞知第以隅省限於成例未便竟派員管

徽事今徽民實不堪命而防守浙亦兼資可否仰乞

天恩密敕黄宗漢迅委賢員潛馳赴徽先將前後捐數查定俾

無隱沒再與核算立除勒捐鎖押之威以安民心嚴拏花

會肆擾之勇以除民患去不肖之紳衿而延訪公正有才

之士與相勸捐帶勇扼要為防於以保徽即以保浙地方

生靈均為幸甚臣為惜捐款安民生保地方起見是否有

當伏乞

皇上聖鑒訓示謹密
奏
咸豐四年六月十三日奉
上諭前因王茂蔭奏請將皖省徽郡暫歸浙江管轄當經諭令
黄宗漢將該郡防剿事宜悉心籌畫未據該撫將辦理情形
覆奏本日復據王茂蔭奏稱徽州府知府達秀信任門丁李
姓並稟生潘炳照原名杭恩於捐輸團練多方擾累該處民
捐錢文不下十數萬因被經手人冒銷用盡乃復立續捐局
按户誅求怨聲載道所雇鄉勇多花會中人於祁門黟縣市

鎮姦淫搶掠兩邑之民羣起公憤欲竪義旗以抗勇請飭黄
宗漢就近查辦等語徽郡為浙省門户脣齒相依現在安徽
巡撫遠處廬州鞭長莫及王茂蔭所奏各情即著黄宗漢迅
派明幹之員前往徽州嚴密查辦該府達秀如不勝任即據
實參奏不得因隔省非其統轄稍存歧視原摺著抄給閲看
將此由四百里諭令知之欽此遵
旨寄信前來

請留浙撫任

張修育

奏為浙江地方緊要巡撫大吏未便更易敬陳管見仰祈
聖鑒事臣恭讀邸抄九月二十一日奉
上諭四川總督著黃宗漢補授欽此竊維地方大吏之升調為地擇人乾綱默運綦費權衡豈臣下所能窺見而地方情形有難易不同大吏更移有關係甚重者既有所見不敢不為我
皇上敬陳之查浙江一省素為財賦之區鹽務海疆均關緊要祇以民間元氣未充撫字之難甲于他省而州縣各官或

以畏事苟安因而釀事或以有事為榮因而生事則振作
裁衡抑為尤難黃宗漢自擢任浙江巡撫在任已久又籍
隸福建于該省吏治民風較為熟悉布置安戢亦易于合
宜四川地險人稠所處嘓匪滋事自軍務之興川勇之應
募在營者多是以連年安靖惟界連湖北防堵粵匪查拿
奸細為最要而較之浙江上接江南下通福建旁近安徽
又有輕重之殊臣愚昧之見升任浙江巡撫黃宗漢暫時
似未便更易是否有當伏乞
聖鑒謹奏奉咸豐四年九月二十四日奉

上諭給事中張修育奏浙江地方緊要巡撫大吏未便更易等語所奏殊屬非是黄宗漢在浙江巡撫任内辦理各路防堵督辦海運漕糧及緝拿各處匪徒悉臻妥協朕嘉其忠勤久欲畀伊兼圻重任是以于裕瑞撤任後授為四川總督該省界連黔楚調兵籌餉為總督一人專責較之浙江巡撫尚有總督兼轄者尤為煩劇乃該給事中既稱四川所慮者嘓匪防堵粤匪查拿奸細為最要又謂連年安靖與浙江有輕重之殊持論更屬自相矛盾朕簡任封疆大吏無不為地擇人權衡至當若紛紛奏請未便更易大吏尚復成何政體張修育著傳旨申飭欽此

克復上海縣城 節錄

怡良 吉爾杭阿

奴才等伏查劉逆竊踞上海因恃有洋涇浜接濟負嵎年餘實為覆載不容幸賴陞任浙江撫臣黄宗漢不分畛域籌餉添勇并訪薦翰林院庶吉士張庭學捐納花翎候選道楊坊會同嘉定縣知縣吴煦籌辦斷絕接濟咈囒哂提督嘜呢喃首先助順唊咭唎領事啊唎嘓經奴才吉爾杭阿以理開導亦允暫讓馬路地方聽憑官兵築墻紮營而咪唎嘡有房屋七處坐落墻外恐被賊燬又有阻撓奴才吉爾杭阿即將其房屋用價買回始行定議將盤踞陳家木橋

逆匪擊退晝夜赶築墻垣於十二月初八日移營駐紮洋
房七處雖皆被賊燒燬而火藥米糧無從接濟奴才等遂
得仰仗
天威督飭在事文武各官不避艱險轉戰半月以蕆厥功此皆
聖德汪洋化及外邦所致奴才等欣幸之餘益深欽服所有首
先登城擒斬逆首之員弁兵丁人等可否仰懇
皇上天恩先予從優鼓勵其餘在事文武容奴才等確核年餘
以來功績擇其尤為出力者酌量保奏除將應行撤兵善
後等事次第籌定另行具奏外謹將克復上海擒誅逆首

緣由會同臣向榮恭摺由六百里加緊馳奏伏乞

皇上聖鑒訓示謹

奏

查明奏報遲延　　　　樂斌

奏爲遵

旨查明督臣奏報遲延緣由恭摺由驛覆

奏仰祈

聖鑒事竊奴才於本年七月十二日承准

軍機大臣字寄咸豐六年六月三十日奉

上諭前因黄宗漢本年以來未見奏報諭令該督明白回奏迄今月餘未據覆奏黄宗漢身任總督地方尋常事件應奏者已屬不少況各省撥兵調餉關涉軍務者更當由驛馳奏乃

半年以來並無奏報實堪詫異該督平日尚能認真辦事並
非因循廢弛之人何以遲延貽誤若此是否該督近體患病
精力不支抑或别有意見樂斌近在同城諒必知其情節着
即查明據實具奏毋得代為掩飾將此由四百里諭令知之
等因欽此奴才跪讀之下仰見我
皇上曲宥臣工優加體恤之至意曷勝悚戴竊查該督臣黄宗漢
自上年到任後奴才見其精神充裕辦事尚覺認真誠如
聖諭非因循廢弛之人惟賦性素急遇事迫切求效卒之事以
速而難達輾轉遷宕愈致延緩且該督臣素有痰欝自本

入春以來因感受時氣以致舊疾復萌屢經延醫調治時
愈時發奴才於公見時窺其精神雖較前不無稍替而近
日聞其漏夜趕辦積壓案件其精力尚能勉支已可概見
川省地方遼闊督臣任重事繁不特夷務邊防在在均關
緊要而各省調兵撥餉尤廑
聖懷凡各邊防夷務及綠營事件應與奴才會銜者靡不和衷
共濟即時覈咨以便該督臣具
奏至督臣衙門專政之事奴才未便干預致嫌越俎況該督
臣身受

國恩蒙
聖主特達之知畀以封疆重任奴才揣其心志諒不敢别有意
見也奴才欽奉
諭旨查明據實具奏未敢稍為隱徇所有遵查緣由理合恭摺覆
奏伏乞
皇上聖鑒謹
奏咸豐六年八月初四日奉
上諭前因黄宗漢久未奏事諭令明白回奏並諭樂斌查明具
奏兹據該將軍奏稱該督素有痰欝之疾今春感受時氣以

致舊疾復發現在赶辦積壓案件精力尚能勉支等語黃宗
漢平日辦事尚屬認真乃半年以來於地方應奏事宜並關
涉軍務要件延擱不奏迨降旨令其明白回奏又不據實陳
明雖經樂斌查明該督素有痰疾現在赶辦案件尚非有心
積壓而封疆重任豈容以病軀久戀致令公務廢弛黃宗漢
著交部議處即行來京另候簡用欽此

靜妙齋

川省情形節錄　　曹澍鍾

再西蜀地形險要本為完善之區然邪教傳習蠱惑愚民競相謀為不軌暗中充斥閭閻已有年矣風氣惟川東最甚蔓延錦城雖兵丁差役亦多雜藏此輩氣燄之熾激之則立起變端容之則莫測後患蓋其時粵匪起事已難保不遺黨勾結也道光三十年仰蒙

天恩簡授臣以川東道時督臣徐澤醇公忠體

國遇事認真臣確查各情據實密稟因與公正紳商勸捐練勇為地方力圖強富以遏妖氛復出示曉諭勸傳倡首習

教之輩當堂攝以法律復開以自新之路由是內患全消
咸豐四五年間逆黨犯楚志在並圖川省每遣匪矙探立
被訪拏正法卒莫能逞其奸計自此蜀中之關鍵為益固
嗣後督臣裕瑞樂斌黃宗漢吳振棫相繼勵精圖治凡遇
地方不靖先事檄臣辦理無奸不破有犯必懲總以不動
聲色轉危為安從未有勞頓師旅虛靡帑項

正本清源疏 節錄

龍瑞圖

捐輸以助餉助餉以衛民民亦深知數亦無幾但立法者有條而奉法者未必無弊誠恐有不識時務之州縣乘其備芻茭可以飽囊橐借此大題目督民多捐捐得而另覓公件之要者如城池之類費一百不止報一千約畧支銷所捐之數而不足而後以所費稟為捐廉而所捐亦少許解之期享厚利而邀曠典巧為名利兼收之計而其他伎倆可想矣是軍餉之所獲有限而民之所費者已多矣故去年四川總督臣黄宗漢到川沿途諭屬員云今日百姓

靜抄齋

皆知餉以衛民即家有二百文錢者分捐一百亦所甚願
惟苦衿侵之胥役蝕之州縣復吞之斯不敢言而敢怒矣
信然到川一以察吏安民為事其風頓息官司凛而士民
歡仰見我
皇上知人安民也必如是而捐輸無弊矣必如是而捐輸可行
矣

請督辦川省團練　葉毓桐等

吏部主事葉毓桐户部員外郎何元普主事楊凝照范坦禮部郎中王達琮刑部郎中吳德澍員外郎何澤春主事劉正品康模賴朝舉工部主事吳鴻恩趙亮熙黃贊清等爲川省團練緊要公舉督辦大臣仰祈代奏事竊職等於上月恭讀

諭旨命四川辦理團練並令在京官員各抒所見各舉所知已據給事中趙樹吉酌保各員均蒙

簡派仰見

皇上軫念民依綏靖嚴疆至意凡籍隸斯土者無不感激涕零惟

該給事中所保督辦大臣李惺品學雖優但年逾七旬精神
難於周到現在逆匪李短搭搭藍大順等分股竄擾愈聚愈
多嘓匪鹽梟相繼蠭起且聞黔省逆首石達開有窺伺川疆
之意各州縣若再不認真團練恐地方悉被蹂躪其患較他
省尤為難除至團練經費全賴勸捐川省連年津貼捐輸民
力幾竭此時非有素得民心之大員倡率於上斷難望其急
公好義踴躍輸將查吏部侍郎黃宗漢前在四川總督任內
廉直忠勤輿情愛戴勸捐辦團著有成效全境悉臻安堵去
年春復奉

旨補授四川總督民間皆鼓舞歡欣引領而望以之督辦川省團
練民心既得自可衆志成城並於捐輸事宜大有裨益職等
為保衛鄉閭起見公同愳呈伏乞大人臺前據情代
奏實為德便謹呈經都察院據情入告奉
上諭都察院奏據四川省京官主事葉毓桐等以公舉侍郎黄
宗漢督辦川省團練等語赴該衙門呈請代奏一摺四川省
督辦團練前已簡派有人黄宗漢既非四川紳士爾（亦）非該省
現任之員葉毓桐等所請飭令督辦團練之處着不准行欽

青如齋

奉恭親王等諭指參黨援　許彭壽

奏爲遵
旨明白回奏事本月初一日恭親王等傳
旨命指出黨援諸人臣聞自載垣等專擅以來即非該管衙門稍
有干涉往往先期揣探意旨以上下其手並同事之人更指
不勝屈矣其中形迹最著莫如尚書陳孚恩去年七月
大行皇帝發下硃筆命諸臣會議巡幸熱河是否可行陳孚恩即
有竊負而逃遵海濱而處之語意存迎合載垣等當時會議
諸臣無不共聞自

大
行皇帝景馭上賓滿漢大臣中惟令陳孚恩先赴
行在是伊等為心腹於此可見至伊等平日保舉之人如侍郎成
琦太僕寺少卿德克津泰候補京堂富績又伊等蹤跡最密
者如侍郎劉崐黃宗漢外間皆嘖有煩言至于暮夜營求豈
肯令人知覺或請于查抄信札帳目內逐細檢查較有實據
大約外官為尤甚謹遵
旨迴奏伏乞
皇上聖鑒謹
奏

812.8
444
(15)

晉江黃尚書公全集卷

文鈔 序 跋 記 祭文 墓誌

誥授中憲大夫署浙江甯紹台兵備道台州府知府加一級松泉張君墓誌銘

貤贈朝議大夫户科給事中加一級前龍溪縣訓導退巖先兄墓誌

晉江黃尚書公全集卷

男貽楫謹輯

姪貽杼萘校

文鈔 序 跋 記 祭文 墓誌

壬子浙江武鄉試録前序

皇上御極之二年歲紀壬子舉行文武正科鄉試臣黃宗漢仰承恩命由甘肅藩司擢撫雲南調任浙江秋七月駪馳復任即值文闈九月中旬監臨竣事冬十月武場屆期臣循例

典試謹遵兵部條約派委嘉興協副將確勇巴圖魯臣田
大武監射率同布政使臣椿壽兼署按察使事鹽運使臣
麟桂提調署杭嘉湖道事湖州府知府臣晏端書監試知
府銜署西塘海防同知事杭州府總捕同知臣張玉藻進
學政臣吳鍾駿録取武生一千一百五十六名并准兼署
杭州將軍杭州副都統臣巴彦岱乍浦副都統臣穆克德
訥冊送領催前鋒馬甲武生五十八名合試之先騎射次
步射次技勇詳加考覈密記雙單好字號准入內場者六
百三名嚴密扃試第其甲乙得陳梓林等五十四人謹繕

試録恭呈
御覽臣聞古昔聖王奮武與揆文並重是以卿大夫三年
大比必退而以五物詢衆庶而諸侯歲獻貢士亦必試於
射宮是武科所昉雖在唐初而其制則由來舊矣我
朝重熙累洽
文治日隆譽髦之秀既賓興以禮之糾桓之選亦設科以
待之一時中雋之士鷹揚虎拜先後相望得人稱極盛焉
蓋二途不容偏廢而多士得以竝升其所以振興而鼓舞
之者無異道也兩浙襟江帶海東南巨鎮山川雄秀鍾毓

靈奇臣嘗陳梟是非兹復忝膺疆寄每於周覽形勢之餘
輒念古之名將若宋宗澤明戚繼光輩身膺閫外建立功
勳未嘗不憬然仰慕以為
朝廷倚畀攸資所賴有文事必有武備者如此其重也今
臣主試武闈亦惟本此意以期副
國家博選人材文武並進之至意是故外場之試必擇其
馬步兼優刀石並舉歷試堪憑方納鏢院觀其箭射則由
基飛衛之巧也觀其技勇則寶倸公孫之捷也觀其韜畧
則孫武穰苴之遺也必如是而乃為中式其有不能兼全

於此者概不錄焉夫儲材以期宣力者士之志也得人以
期衛國者臣之職也他日內之備員於宿衛外之倚任於
干城胥將於是乎在若夫容比禮節比樂凡在挾矢張弓
之士不異歌風肄雅之儒養氣練材克當重任以無負
聖天子設科取士之意尤臣所願與滿漢諸士共勗焉事既
竣例得颺言簡端臣謹拜手稽首而為之序

乙卯四川武鄉試錄前序

皇上御極之五年歲紀乙卯舉行文武鄉試臣監臨文闈竣事循例典試武闈移會四川提督臣萬福監射以署成緜龍茂道臣怡良為提調官以署成都府知府臣翁祖烈為監試官爰進四川學政臣鄭瓊詔取錄通省武生監生暨成都將軍臣樂斌副都統臣伊琫額錄送委前鋒馬甲等共二千三百一十四名悉心考校先試馬箭地毬次試步箭弓刀石各技勇詳加遴選密記雙單好字號挑進內場默寫武經合之外場人材弓馬嚴别去取審定甲乙得

士楊春芳等四十[illegible]名謹繕試録恭呈
御覽臣例得颺言簡端竊維武科之設權輿於唐而名臣
如郭子儀裴端服遂出其中宋詳制武科以策論為去留
以弓馬定高下外舍生稱武選士內舍生稱武儁士遂得
令狐挺輩能料元昊之事明臣劉大夏議曰天之賦人以
才絀於文者或優於武故古者奮武之治並於揆文必博
攬天下之人才始克舉天下之庶事詢以五物試於射宮
干城腹心由此其選也我
朝累洽重熙經文緯武俊髦之英試以經術已儲才於天

祿石渠而糾糾桓桓權奇倜儻者亦進之科舉俾無遺彥
襄斯
盛典敢弗慎歟蜀中夙稱巨鎮劍門之壯瞿塘之險岷江
漢水泱漭浩瀚峩眉玉壘磅礴鬱積炳靈毓秀名將疊生
駿烈豐功之昭著自岳鍾琪楊遇春後將帥偏裨禦侮宣
勞接踵而起良由
聖武布昭裁成激厲故得人方盛也臣於多士呈能兢兢
品次集衆而拔尤張侯以示的弓矢固而馳驟嫻既可以
觀德行技勇超而韜鈐熟亦即以驗智能非虎貔熊羆有

勇知方之士。小與於額揭曉後率同叩謝

天恩復傳集於庭示以科名之榮耀鼓其忠勇之悃忱一

一諄誨不憚周詳多士傾聆之下踴躍感奮咸有同袍同

澤之氣異日奮蹟鷹揚或得智深勇沈銘勳旂石以襄

聖天子蕩平之治此尤臣區區訓勉之心所冀望於無旣

者也維時官斯土者成都將軍統轄松建文武臣樂斌四

川全省提督臣萬福成都副都統臣伊琫額兼護建昌鎮

總兵臣慶齡川北鎮總兵臣伊薩布重慶鎮總兵臣皂陞

署松潘鎮總兵臣德恩四川布政使臣楊培署四川按察

使臣曹澍鍾署四川鹽茶道臣吳文錫署成緜龍茂道臣
怡昌建昌道臣鄂惠川北道臣田潤兼護川東道臣李莊
署永甯道臣吳春煥例得備書

廣東武鄉試錄後序

道光二十六年歲次丙午正科鄉試臣黄宗漢以廣東督
糧道充文闈提調官既竣事復謹隨同監臨兩廣總督臣
耆英主試廣東巡撫臣黄恩彤襄理武闈得士如額恭刊
試錄進呈
御覽臣例得綴言簡末竊聞之易曰弧矢之利以威天下
自古揆文奮武耀文德者未嘗不懋武功也洪維我
朝勁旅如林凡滿洲駐防人士皆以習騎射為根本每科
取士文場之後繼以武舉誠以文武勢無偏重而其制實

出於三代古聖王之治古者諸侯歲貢士於天子天子試
之射宫觀其志正體直比之樂節禮容為父鵠為子鵠為
君鵠為臣鵠將於是明人倫觀德行焉豈不法良意美與
粵東負山瀕海大氣磅礴獅岡虎嶂鵬嶺龍江時産奇傑
之才尤蓄義勇之氣是故吳霸之少着才勇而震服蠻夷
葉文保之好義知書而保障邑里何昌期則身先士卒陷
陣披靡李質則才兼文武募兵會勦至於麥鐵杖以驍勇
成其武烈龔鎮和以助戰垂其義勇葉正遇賊力戰人欽
忠義張恒專戎衛民史嘉忠烈之數人者或明大義而盡

忠報國或習戎韜而建業立功可謂盛矣況我
國家深仁厚澤廣被瀛壖海隅蒼生漸摩教化雖嶺表風
氣剛勁素稱強悍然往往發其天良激於忠憤野人咸知
敵愾武夫足備干城夫惟
醲化涵濡用能義氣振發也矧在瓌奇之士爭効馳驅飛
鞚以嫺其節正鵠以束其躬執技論力以養其勇習畧知
兵以蓄其才將見敦詩説禮允成異時將帥之資而緯武
經文益煥
昭代承平之象此則臣區區之心所期望於此邦人者甚

深爾

浙江海運全案初編序

咸豐二年壬子夏臣宗漢自甘藩恭拜

恩命巡撫滇南旋調浙江觸暑戒途七月抵清口南下而浙省元年漕糧杭嘉兩幫頭船甫挽運出江其最後者未離浙境途次督飭運弁催趲遄行憶前陳臬此邦起運漕粮不逾夏孟玆何濡滯至此葢元年兌漕較遲當起運而天旱遂巡旱甚運河舟膠不得進時部臣因豐工決口有咨令南糧變價之議而齊魯嗚鴻嗷嗷以待

詔下截南糧賑時漕臣擬截浙漕而兩江督臣則欲截湖

廣漕令析漕水次變價意見各歧久不決至議定北行天亦雨運道稍通時已七月矣而湖漕尚未離次允是護撫臣奏請湖漕變價藉留湖帮各船以濟新漕乃因價絀部議不行於是湖漕仍當起運臣宗漢莅任值大比之期未旬日即入闈監臨念漕事不置伏思

國家漕東南糧以實通倉官俸兵糈胥於是給歲額不可缺湖漕即起運必不能渡黃杭嘉兩帮即渡黃抵津而潞河冰凍必不能回空濟運況豐工一決再決微湖水漫百餘里漕船即入東境阻於水必不能如期抵淅若不早圖

舊漕既誤勢將貽誤新漕闈後以漕臣委粮道回浙提湖漕即准咨飭行奈霜降水涸船抵蘇河進退維谷新漕且廹届焦灼益甚深思熟慮變糶則價難贏剝運則費益鉅欲雇民船船無可雇欲配減船船亦不敷亟籌變通之法為補救之方莫如試行海運惟浙省雖屬海疆乍浦鐵板沙運米商船憚於停泊甯郡中隔三江五壩轉運愈艱既無出海之口辦理漕務又與江省懸殊故前人屢議海運而輒止乃博採旁詢得其要領揆時度勢握其樞機成算在胸遂飛章入

告於斯時也羣疑滿腹臣宗漢以一身主持之二三僚屬
以羣力襄成之仰賴
宸衷獨斷
諭旨准行而浙省海運之役以興於是遴委屬吏條議章
程海道則仍由滬瀆而以浙省漕糧往附之船隻則儘雇
甯波而以沙衛各船協濟之經費則支銷河運而以州縣
幫貴津貼之與蘇省往復咨商率各局僚采集議既和且
洽剋期舉行十二月起運正月開兑衆情咸奮事方及半
而安慶被陷之報至不數旬而江甯鎮江被陷之報又至

民樂

昇平二百年一旦風鶴迭警閭閻惶駭漕事頓廢不旬日而上海訛言商船星散漕事又幾廢維時外籌防堵內辦海運慮漕粮不足先採買以備充慮經費不敷豫籌款以墊用并力一心無懼無惑以堅厥成至四月而放洋蕆事荷聖天子威靈海若翊順屏翳宣勞礁石不驚玉粟靡黯軸艫飛於之罘帆檣萃於析津迄六月下旬全數抵倉交兌無缺此則臣宗漢所不敢預為計料於意中者也然使二年之漕不改行海運則先以無船誤即使雇民船配減船

持之以必行而粤匪竄入長江京口隔塞亦終以道梗誤

令以海運而轉避寇警俾全漕畢致

京師此誠

皇上如天之福又臣宗漢所不能不私為慶幸於意外者

也是役也援江省之成案定浙省之新章創而因同而異

自始事以迄終事公牘鱗積付之吏漕將有散佚因仿江

省海運全案之刻為浙江海運全案三年改道劉河將有

續編故列為初編云

浙江海運全案續編序

咸豐三年六月海運蔵事粤匪猶踞金陵揚鎮二城久為犄角之勢江路梗阻杭嘉兩帮漕船仍留滯黄河以北部議咸豐四年起運三年漕粮仍由海道抵津而八月五日上海縣匪徒起事城陷旬日間躪及嘉定寶山南滙青浦諸縣賊踪逼松江府城江省告急臣宗漢以上海為漕粮起運重地不可不急圖克復派撥兵勇駐紥東汶以保固松江門户使無竄越浙境旋經江省兵勇收復嘉定諸縣浙兵即由東汶進閔行鎮逐賊直抵滬城跨城東南為水

營江省大兵營於西北賊匪跧伏城内倚城東江岸列礮
臺數重以死拒滬瀆之運道不通臣宗漢若深焦急念自
軍興以來江廣諸省漕糧皆已改折正供愈缺浙漕不能
不貢
京師乃飛飭督防東浚署紹興府繆梓確查起運海口據
博諮上洋紳商旁詢海船耆舵進劉河出運之議恭疏以
聞得所請按劉河古為劉家港元海運記云至元二十九
年朱清等建言命千户殷明畧踏開生路自劉家港開洋
至崇明三沙放洋望東行入黑水大洋取成山轉至劉家

島聚艅到登州沙門島於萊州放大洋入界河其顛末皆有可稽明代以來海運不行港久淤塞江省前畺吏迭經濬治隨濬隨淤海口復有攔門沙舟行不便幸近年沙漸退僅存陰沙一片伏水中而內河淺狹不可不治遂咨商兩江督撫委員會勘由浙省籌借銀萬餘兩備疏濬太倉州知州蔡應斗鎮洋縣知縣李翰文實司其事匝月工竣

於是江浙漕運遵

旨改道劉河起運浙漕自三月開運至七月而抵津呈兑

又代粵東採辦十萬餘石自六月開運至九月而抵津畢

兑上海至太倉僅百里米八十餘萬石銀數十萬兩萃於
海濱滬匪之覬覦洋盜之潛伺胥於是在臣宗漢夙夜祇
愳遴委將弁派撥兵勇節節防維自始事迄終事無纖塵
之驚無秋毫之損豈臣宗漢區區之力所能臻此實仰賴
聖天子赫聲濯靈以卒斯役也凡運務事宜率皆循舊惟
改道劉河自咸豐四年起運咸豐三年漕糧始爰取一切
案牘彙爲續編附劉港圖說及濬河工冊付諸梓人以資
採擇

蘭山書院課藝序

萃列郡尤異儁妙之士於行省延碩師開精舍而惟程以排偶襞積應舉之文日課而月試之末矣然國家方以此取士不由其途雖有鉅材殊能磊磊然足備世用者奚自而進且八比文體雖近而所規摹者孔曾思孟之言旨奧而理邃自非貫穿羣經熟精儒先傳故卒不能以為工故其制閱數百年不變而卓犖非常之人亦往往出其中也甘肅踞雍州上游穹山洪河環抱吐吞誕育人才多厚重滈慤無浮偽之習即其所為文作色揣稱藻

繪芬郁或不逮東南諸省而根柢盤深殆有過之辛亥冬余分藩隴右公暇時詣蘭山書院課士論文並增賞火貲廣舍額以為之勸主講王舜臣農部循循善誘請業之士敦勉觀摩風格益上余因謂諸生讀聖賢書所學何事揚其華落其實循其末端其本毋役役於揣摹剽獵求悦時目以弋獲科第為務日相與尋繹古訓涵濡醞釀鬱積而光明異時出為世用因應無窮庶人知嚮學而不以儒為詬病高山仰止景行行止是所望於有志者歲元黓困敦夏五余拜

恩命持節撫真旋

調之江將去是邦農部出所選課藝見示遂弁數語勗

諸生以附古人贈處之義

五經補綱序

功令易用朱子本義書用蔡氏集傳詩用朱子集傳春秋初用胡氏傳後改用左氏傳禮記用陳氏集說故學者莫不童而習之然往往束髮受書久而莫得其條貫者則以世所誦習之本率皆首尾不具故也何者各經原本易本義舊有朱子五贊詩集傳舊前列綱領後列序辨書集傳亦前列序說後列小序並有朱子說書綱領亦稱朱子問答列序說前自朱子孫鑑序易本義蔡氏子杭表進書傳及元董氏真卿周易會通劉氏瑾詩傳通釋羅氏復詩傳

音釋董氏鼎尚書輯録纂疏鄒氏季友書傳音釋各本皆可攷見特輯録於說書綱領多所增入通釋於詩序辨說散入各篇耳蓋易贊及詩書綱領與書序說所以詳其源流舉其體要詩書小序則所以存古舊備參考皆為學者必讀之書其春秋左氏傳杜注舊有後序禮記陳氏集說舊有凡例亦各所以發其歸趣而今皆盡為坊本所刊落予見嘉靖十一年所刊書集傳雖猶存小序於後而綱領及序說皆已失去崇禎間汲古閣刻左傳注疏亦缺後序則其由來固已久矣我

朝內府刊易本義前列九圖後附五贊筮儀一依朱子原
本
欽定書經傳說彙纂詩經傳說彙纂皆存小序於後又就
朱蔡所輯綱領增而廣之
武英殿刊左傳注疏亦存杜氏後序在承學之士自可窺
其大全而坊本顧猶因陋就簡莫知諟正予嘗憫學者不
見古人之成書遂莫得各經之條貫會兼攝督學篆孝廉
伊生樂堯已就各本彙鈔成帙兒子貽楫因請刊補以惠
士林予固防務倥偬顧念為功不煩而各經皆可因是以

成完帙也爰允其請而梓之至春秋令雖改用左傳然胡
傳所輯綱領亦讀是經者所宜知故一併刋入名之曰五
經補綱云

岳母葉太夫人八十壽序

人情所最不能忘者莫如同行萬里之遥同處十年之久風霜閱歷甘苦與共即屬秦越寤寐相依姻義隆半子恩侔所恃出女宗之禮法致和氣於室家而更同行萬餘里同處十餘年如我岳母葉太夫人者乎昔我外王父廷瑞許公自福州遊幕來泉因家焉太夫人年十九歸我岳父贈資政惠齋公柔順端莊言笑不苟惠齋公貧而好施太夫人竭所有助之不少吝姑病足親侍湯藥不離左右十餘年如一日事姑壽逾九十人咸以孝婦

稱焉余家與惠齋公居同里爲各持家法恒少來往然其嘉言懿行則無不熟聞余少孤賴退巖先兄以養以教至於成人當日期以遠到故擇配殊苛媒氏及門悉拒之余時近弱冠矣有言及惠齋公者兄曰嘻此真吾弟婦也事遂就惠齋公爲市隱性樸誠既得壻喜甚每遇士人輒津津樂道人笑爲有譽壻癖余完婚後至公家見内外雍睦矩步繩趨與曩所聞悉合而登堂拜吾岳母太夫人則婾婉尊嚴有出言思擬議外者乙未余捷南宫與館選次年改官兵部假歸數月擬挈眷北上以内子善病

諸子皆劬余兄竊憂之為余計以為非太夫人翼而往不可余往道兄意太夫人曰諾遂自戊戌至京丙午至廣東糧道署丁未至雷瓊道署己酉至山東臬司署庚戌至浙江臬司署其間山川跋涉備極劬勞余不忍一日離太夫人太夫人亦不忍一日離余情豈異於母子乎太夫人有子三次三皆充弟子員就廣文官學醖品正風矩斯存盖積善之餘慶也抵浙之明年諸外弟以太夫人高年偕壻宦遊諸子不獲盡菽水之養因請回里時余雖不忍離太夫人太夫人雖不忍離余亦終無以謝

諸子之請也太夫人還鄉後余復由浙江而甘肅而重至浙江而四川而入都道路迢遞眷屬未嘗不從未嘗不回首故鄉遙祝太夫人之康健焉憶昔先兄教余嚴動靜云爲必規中正至諸經子史期於貫通口講指畫不間寒暑余因攻苦食少兄憂形於色謂讀書萬卷不能加餐一飯終凡材耳既恐余學荒又憐余質弱情摯心慈何殊顧復迨離兄遠官心恒鬱鬱而又得吾岳母太夫人親操家務誘掖諸兒俾得盡心公事余偶有謬誤太夫人必規正之詞婉而嚴余心服焉化偏去私歸於罔覺故余三

十歲前非得吾兄刻苦教訓不能成名三十歲後非得太夫人隨事維持無以盡職余既得視吾兄為嚴父又得視太夫人如慈母殆天憐少孤之人彌縫其闕使終身孺慕有寄乎然自太夫人歸後此境之不可得者將十年於茲矣客歲余持節赴粵道過里門展省太夫人見康健猶昔而荆布自守人幾忘為膺二品封者則惡奢崇儉素性然也惜余以星馳匆促不獲携眷南行使吾婦暫承膝下歡而余復不能久留鄉里皇華使臣又臨粵嶠近更將由粵而京由京而川矣今年五月初三日為太夫人

八旬設悅之辰愓賓外弟稱觴以祝余因詳叙所歷郵致以為喤引尚期太夫人他日壽晉期頤余亦歸家園率吾婦以次臚拜堂下同優游於化國舒長之日太夫人其肯然此言為進一觴否乎

敏果齋叢書跋

右敏果齋叢書余同年許信臣閣部所評校也閣部於書無所不讀經濟宏深曩同官京師昕夕過從每談論時務慮灼幾先嘗校刋紀效新書練兵實紀迴瀾紀要安瀾紀要武備輯要荒政輯要諸書多所評註皆為捄時良藥發明切當展卷了然閣部之用心可以見矣迨提學粵東復手輯鄉守外編一書由大府入

告得

旨刋發通行茲以卷帙較多居鄉士民尚有未及見者閣

靜妙齋

部因就是編中專取呂新吾先生鄉兵救命書金正希先生友助事宜兩種附以賀縣團練規條八則彙成一冊廣為分布尤屬簡便易行余自撫浙以來日與都人士講求團練適閣部以是書惠寄益有遵循迺刷印數千本劄行所部并郵寄梓鄉固知同仇敵愾海內同心讀此書當益奮然興也

引痘方後跋

右引痘方一卷種牛痘法詳且盡矣南北大都鳩資設局勸人引種而士夫之嗜善者更不難降身習藝躬執役以拯羣生余官京師時親攜乳子女就局引苗奏刀者為某太史不移晷而技畢未半月而功成長者無所謂辛勤而孺子不覺其經斯疾也既監司粵東粵之局如京師歲活嬰兒千萬計余心嘉其德之溥欲推而行諸天下久矣撫浙時軍書旁午不暇計然常欽欽在抱及前年奉命總制蜀中道長安聞有業此者則大喜曾囑同官致之

來蜀抵蜀乃聞此中亦有業此者苦於無徵或不嚴信于
時詢于衆得醫者馮生招之來詢其所由得則奉其師黃
生教載稚子受種于長安而來此也以引痘方進余閱之
喜甚亟欲倡諸蜀士民適一子一女子甫數齡俱在署遂
命馮生為引苗不移晷而技畢未半月而功成長者無所
謂辛勤而孺子不覺其經斯疾一如京師時也嗟乎蜀士
民其可以余為徵歟然信而不疑乎天之愛民甚矣尤愛
中國民痘疹為童稚最險關古今方書雖盡其能而談理
淵微醫之鈍者或不能喻于是以至簡至易之法牖其衷

于外裔而入於中國以保我赤子俾皆蕃祉老壽罔有夭札仰副

聖天子躋民仁壽之心豈謂善小而可弗為耶抑余聞古無是疾自新息侯南征交趾軍士溝之歸遂傳染為世大患然則是疾固由外至也以外至之方治外至之疾又何疑焉傳曰人之欲善誰不如我余同官暨蜀中鄉大夫士民苟能鳩資設局視南北大都則矜良嬰溥康濟功固不在創始者下矣爰書余所親驗者為勸彼醫家者流亦宜體余意毋秘密居奇為射利計則余其有厚望也夫

創建錦江風神廟記

動萬物者莫疾乎風風之有神鮮民愠阜民財以大塊之噫氣普美利於不言祀之所以報有功也蓉城向無專祠道光壬午春西大街不戒於火延燒數百家煙燄逼試院後墻風力甚猛聶蓉峰學使望空叩禱風立止火亦尋滅感其靈應塑風神像於龍王廟之左側顏以阜財鮮愠匾額迄今三十餘年矣咸豐乙卯余奉

命總制是邦夏秋之交苦淫雨禾稼盡偃為民請命靡神不舉求風神之專祠不可得亦無有以蓉峰學使之事告

者惟聞距東關數里雷祖廟有風神配饗像急率同官趨禱之首甫叩地霽輒開天蓋未返署而曈曈日出矣前督學何子貞太史驚其靈異因為述蓉峰學使事余始知神之有感斯應捷於影響不自今始而附祀之不足以昭虔敬也爰商之彥亭將軍捐廉以為之倡購浣棧亭後隙地鳩工庀材焉經始於丙辰之春三閱月而落成廟貌聿新神靈斯宅顧余涖茲朞年矣慙弗克以春風風人而養物成功未嘗不樂附君子之德以揚

聖天子之仁於無窮也後之聞而興起者知聖之時若不

爲北之凉而爲南之薰不爲北之喈而爲南之時於以鮮愠阜財法施於民禦災而捍患也是則余之所厚期也謹紀其顛末以告來者

福建會館增置祀業碑記

閩與粤接壤海舶往來為最多非有總會之所何以一道德而同風俗此會館所由設也廣州之有全閩會館自嘉慶己巳鄉先達陳望坡先生為粤東按察使與潘毅堂觀察經始其事丙子先生復來撫粤大工告成道光壬辰鄭雲麓先生為督糧道復與鄉人議重修之捐貲一萬一千餘金計修葺約費六千餘貲以餘金盡置祭産駸駸乎日新而富有矣癸卯林晴皐太史復為之倡義勸捐迄今十七載凡鄉人之宦于斯商于斯移家于斯以及貿于外洋

者踴躍捐輸多金令歲予以雷瓊兵備道攝梟司事與鄉
人復謀增置祀業以垂久遠將所置鋪户勒石載明噫自
辛丑紅夷之警廣州洋務非昔日之比矣而同人猶復慷
慨樂輸黽勉從事相與維持于不墜其事較之前人為尤
難其功較之前人為更鉅古所謂明德馨香孰有加大
于此者後有作者知前人之創造艱難令人之守成不易
將必有同心竭力以期可久可大者吾願後之視令猶令
視昔汲汲然相引而勿替也因為之勒諸貞珉昭示來許

濠鏡天后廟記

古者名山大川之祀五岳視三公四瀆視諸侯非遺海也蓋以海為百谷之王於天地間為最大故甯缺之而不敢褻耳唐祀南海尊之為王矣猶未以之配天也天之外海環之中國之在海内猶太倉之稊米是海之德廣大配天地故海之神亦當與后土富媼配享皇天上帝而不愧司馬溫公謂水德陰柔其神當為女子此海神所以稱天后也吾閩莆田梅花嶼英烈林夫人稟曹娥之純孝矢帝女之精誠應化東南溟

渤之間風濤巇險慘痛呼救靈之所感若響應聲十閩之人家尸而戶祝之若赤子之慕慈母焉俗呼之曰娘媽親之也神之在天猶水之在地無遠弗屆無微弗通其禦災捍患有功于民洵所謂撫我則后者故妃之不足而復后之尊之至也

國初平定臺灣神之功在社稷如九天玄女之助黃帝重洋絕域禱之立應豈僅若湘妃之于湘洛妃之于洛而已哉濠鏡

天后廟者相傳明時有一老嫗自閩駕舟一夜至澳化身

于此閩潮之人商于澳者為之塐像立廟并繪船形勒石
紀事迄今閩之漳泉粵之潮州飄海市舶相與禱祈報賽
為會于此道光辛丑吾泉同人捐題洋銀一千二百餘圓
買置澳門蘆石塘鋪屋一所歲收租息以供值年祀事而
答神休丁未余任雷瓊兵備道攝按察使事航海過此知
神之降福無疆而海船之祭必受福也因記之以垂不朽

壬子十一月戊辰祈雪文

普門瞻仰，萬姓帡幪，慈悲布護，全浙西東。頻年禱告，有感斯通。官紳士庶，久戴神功。奈何今歲，旱象蘊隆。自冬溯夏，七月之中。恒暘有咎，膏澤未充。滌滌山川，嗷嗷哀鴻。議蠲議撫，上達宸聰。何天不恤，蓄害滋叢。必守土者，不能和衷。畢箕弗協，刑賞弗公。召殃獲戾，曰僭曰蒙。天鑒爽德，咎在藐躬。百姓何辜，遭此困窮。遇災警惕，憂心忡忡。仰呼慈佑，籲請蒼穹。祥霙速渥，土膏其融。連宵達旦，遐邇皆同。春花播種，茂豫

靜妙齋

咸桐下尺上尺麥秀黍芃澍濡汪瀸壤叟轅童自令以始

永永綏豐

祭吳文節公文

維咸豐四年歲在甲寅春正月乙卯

誥授光祿大夫湖廣總督儀徵吳公授命於黃州事聞

帝嘉其節贈太子少保諭賜祭葬入祀昭忠祠予謚文節

詔下之日遠近含哀其年秋七月壬戌門下士浙江巡撫

黃宗漢即公舊治為位於杭之仙林寺率僚屬紳民設牲

醴幣帛之奠招魂而哭之嗚呼哀哉宗漢之獲見公也在

道光二十九年夏初將赴山東臬司任道出之江謁公於

節署時粵東大吏方以却夷人入城功晉爵穀蒲其措施

與前政所論列大歧道路傳聞是非各異公從容叩其詳謹臚舉見聞以先後時勢異同對公屢首肯宗漢之受知自此始矣公之居館閣也最久其任封疆也亦最久於閩於贛正己率屬政通人和不肅而成不嚴而治夫人而能言之也其始至浙也吏治積疲倉庫虧缺以實上聞請特命重臣查辦綜覈名實力矯前弊凡罷使司二去郡守二斥縣令六百僚相顧惕息無敢以絲粟饋踰年夏大水浙東西北郡無乾土集貲蠲賑數逾百萬民以無流亡海塘屢築屢圮最後幾以身殉工亦隨合此其察吏安民之

大者擢雲貴總督定回民之亂威名大著而楚南北殘破之後賊蹤去而復來

天子倚之俾公移鎮嗚呼使公早至兩湖賊勢猖獗當不至是即至是而文武將吏咸協力用命猶可圖也乃聞公初涖鄂渚權視事者卸符印亟解維去同事復意見不協公獨挈囊衣食宿城樓檄大小僚屬有不與城共存亡者斬以徇衆心始固克賊於武昌又克賊於巴河方期乘勝鼓進掃盪逆氛而孤軍無援致命遂志嗚呼其果受任危難倉卒一試耶毋亦前無所承遺之以重且艱耶其果孤

行一意奮不顧身耶毋亦旁無所倚驅之於危且殆耶可
哀也已公敭歷詞曹屢充典試提學分校之事又一主春
官試海內知名士多出其門逮任封疆尤以以人事君為
已任每屆考績別真偽嚴去取親故所弗徇也
先帝知其衡鑒之精卓越羣倫登薦牘者多任疆圻令之
漢陽葉制軍尤其卓卓著者
聖天子嗣位之初黜陟尤嚴飭自兩司以下胥歸保劾宗漢
行能無足算陳浙臬時纔兩月耳公薦之曰廉以持躬勇
於任事以誠懇待人以嚴明察吏實事求是詳慎精勤之

數語者平生所兢兢勉勵未敢自信亦不求人知何意侍
公未久即知之深信之篤若是嗚呼可稱於天下曰知己
矣自受公知遇以薦剡為箴銘益自濯磨令蒙
聖主忠勤正直之褒愧悚之下益感公之玉成宗漢者無
涯涘自維賦性顓真服官廿餘年凡舉主皆不敢循俗行
師生禮而其心悅誠服於公自度當在弟子之列憶辛亥
春以保舉入
覲將回任適公進秩滇黔北上途中班荊相與語獎勗備
至臨別時執宗漢手曰良晤當有時壬子由甘藩升滇撫

公正駐節滇南深幸良晤在即矣乃旋調任浙江相去更遠而尺素尚通也歲癸丑冦氛擾及江南浙省四面設防宗漢深慮一力難支忽聞公調任閩浙宗漢與兩省士民欣幸之情真所謂吾見夫子生死而肉骨之也奈何公不果行而又以死勤事哲萎靡憲懔乎繼軌之難不獨感私恩而流涕已也傾觴布奠言不盡意其詞曰

矯矯我公正氣所鍾清秋一鶚碧海孤峰起家詞苑獻納從容秩宗典禮弼教協中原隰周咨星軺歷使從事獨賢式膺畺寄閩嶠故鄉豫章古治春澤宜民秋霜察吏自來

兩浙霪潦洊災氓餐木屑水蕩蘆灰願身去位毋貽鴻哀
願身塞隄毋俾蟻潰百廢具興滇黔徙鎮邊醜甫平餘威
猶振誓掃楚氛盪為灰燼壁壘常堅樓船競進抗詞曾國
裂眥睢陽大星遽隕巨浪誰防魂遊八極白雲為鄉湖山
舊部士女盡傷忝步後塵時艱何補敬掃琳宮肅將桂醑
風義千秋清高萬古靈兮少留鑒是凄楚嗚呼哀哉尚饗

祭退巖家兄文

嗚呼我身誰植我行誰匡哀哀家兄艱苦備嘗飲食教誨朝夕靡遑三十六年友于孔彰在昔元聖破斧缺斨恩斯勤斯吾兄可當綜兄生平忠厚端方門庭之内整飭紀綱愛人若日律己如霜樂育弟子江漢秋陽式化閭里言表行坊根柢經籍作為文章公車屢上三逐槐黃珠遺滄海鐸東膠庠初膺閩郡旋調霞漳戊年歸省相聚一堂私心竊幸身其康强籌我旅費束我行裝策我報效冀我顯揚戒我浮躁勉我就將北行有日別緒正長竟宵達旦教誨

無方殷拳情別舉手為觴臨歧涕泣黯然神傷兄任龍溪我官曹郎黙祝兄壽栢翠松蒼再行乞假風雨對牀胡天不弔遽聞嫂喪比歲以來屢遭不祥四兄五兄相繼而亡鮮組歸田養痾還鄉及門弟子攀轅道旁去思詩集為兄宦囊哀惟我兄愴心斷腸既傷鴻案又悼鴈行氣血虧損二崇為殃一夕之間歸仙道場嗚呼哀哉天道茫茫七千里外供職如常不承菽水不侍藥湯平安書滯引領南望八十六日聞訃倉皇而今而後忍詠陟岡哀呼擗踊萬死莫償兄之返兮上界翱翔高恩厚誼何日能忘為位而哭

霜露凄凉神之格思視此馨香

誥授中憲大夫署浙江甯紹台兵備道台州府知府加一級松泉張君墓誌銘

咸豐三年冬署甯紹台道台州府知府張君終於四明官署其孤俊庚以閩南道梗奉君喪至杭州卜地西湖之濱將以某年某月某日葬君於鳳山門外四眼井以狀乞銘余與君為同鄉又同官京師淛江深知君之為人誼不容辭按狀君諱英偉字世倬號松泉泉之晉江人自高祖廷煌以名進士起家官丹徒知縣祀名宦孫曾相繼登高第擢顯官者效傳勿替里中稱為華仕世家焉曾祖文桔官

河南陳州府通判升陝西邠州直隸州知州有惠政教民
復興豳風蠶桑之利乾隆年間
特旨配祀先蠶事載陝西通志
誥授奉政大夫以子光憲孫慎德慎和由進士翰林歷官
觀察貴
累贈中憲大夫祖紹松國學生
誥授中憲大夫浙江甯紹台道父慎和乾隆乙未進士由
翰林出守溫州歷官甯紹台道兩浙江南盐法道
誥授中憲大夫母氏蔡生母氏蘇皆封恭人諸母氏楊貤

封太宜人君生於京師隨父宦浙後隨入都及長援例為工部司務歷升屯田司主事營繕司員外郎製造庫郎中俸滿銓授浙江台州府知府在任七年署甯紹台道以疾卒余於道光十五年應禮部試始識君於京邸及入詞館改兵曹歷諫垣居日下十餘年見君識量宏達肆應明敏晨夕過從甚相得也三十年陳臬來浙君守台州已三年矣浙人為余言君蒞任之始即訪有土匪為害地方率兵勇親往焚其巢穴獲匪首葉張連等五名論如律又拏辦黄巖太平私稅阻商之匪徒商民感之以除暴安良頌其

公堂台郡饑君即碾動倉穀賑卹窮黎全活甚衆嗣以未
奉上憲批准不得報銷遂獨力賠墊余聞而韙之是年有
仙居吳苑等聚衆滋事君會營帶兵往擒渠魁十餘名餘
衆解散海寇陳雙喜踞漁山伺劫商船君先捐廉募勇捕
獲數十名適閩浙各鎮會師攻剿遂平之咸豐元年臨海
前山王坑四等聚衆滋事君復親督兵勇毀穴擒渠如往
事余益信人之譽君無溢辭也及余撫浙又知君有堵剿
海門轟沈盜船擒獲盜首之事會甯紹台道需人署理即
檄君護斯篆余方以閩粵盜艇時入浙洋日與文武僚屬

譎求剿捕之方以冀肅清海澨而不圖君之遽長逝也嗚
呼惜哉君之先人嘗官甯紹台道越六十年重履父任回
憶定省庭闈時俛仰生感撫庭中嘉樹歎曰此吾兒時手
植今已扶疎垂蔭若此按部所至父老爭迎猶能述其先
德欣喜告語謂張公復來活我也君生於乾隆乙巳年四
月二十一日子時終於咸豐三年十一月二十七日子時
年七十　歲元配王恭人繼配尹恭人子二俊謙王恭人
出河南滑縣老岸鎮巡檢聞君訃以毀卒俊庚尹恭人出
女一字任□徐　孫三曰封曰圻曰印君與余交二十

年而余前後在浙君未嘗晉省一謁惟赴甘藩任時瀕行曾來送別二年冬因安徽調兵事急君親自督兵來省乃獲再晤嗚呼此可以知君矣軍興以來度支日絀於是官紳有捐輸之舉君臨終前數日上公牘自陳願罄生平廩俸所積以助餉又稱貸以益之事雖未果而君之志節豈不度越尋常萬萬哉君之善政若刱建養濟院捐置義塚救卹水灾尤卓卓表著者謳思在民固無待余言也銘曰澄波千頃君量汪洋虛堂一鏡君政循良仁以勇濟才以德彰霞城蔭遠月湖澤長矧繄先德舊憩甘棠浙東三郡

懷詠不忘劉馥嗣靖韋端傳康是父是子肯構肯堂鯨鯢
匿跡箕尾騰光靈旂昭格明聖湖傍崇封馬鬛宜祀桐鄉
寒泉秋菊式薦馨香

貤贈朝議大夫戶科給事中加一級前龍溪縣訓導退巖

先兄墓誌

兄名宗澄字心鑑號岵生晚號退巖少聰穎為先大父所鍾愛五歲入塾幼學以後先府君授之讀未弱冠十三經皆成誦通音訓童子試屢拔前矛廿一歲受知於恩雨堂夫子取古學第一入邑庠性嗜學講求經傳而外史漢及唐宋諸大家皆手抄成卷帙寢饋其中名家制義無所不讀尤得力於張京江儲中子二大家故其為文揮洒立就皆根柢經書力宗先正丁卯鄉薦詭得復失已巳丁先府

君憂嗚呼兄之所以事府君者宗漢幼未及知顧先嫡母嘗曰爾父治家嚴遇家人有過失鞭責不稍恕盛怒之下見此子便霽容泉俗元宵有燈市吾嫂嘗曰爾兄有一夕以父命出而觀燈歸稍遲見府君若有愠色不解衣而坐竟宵達旦惟聞嘆息聲則其視無形聽無聲於當年可知矣府君之没也家無植壠先大父遺有庶姑母未笄諸弟妹四人惟宗洽已授室次妹未笄宗源甫十一歲宗漢甫七歲十口之家嗷嗷待哺兄不以貧窶為累勵志於學先是府君設館於郡城南名曰麗澤居從游甚盛己巳三月

捐館諸世兄之在門者素稔兄之學行而師事之自是授徒四年歲脩百千錢支絀之狀至不堪言兄強自支持舌耕外不輕假貸於人而堂上菽水之奉備得吾母歡心壬申方容齋夫子科試錄取古學列一等癸酉肄業於鼇峯書院山長游彤卣先生見兄文深許之官師課屢列超等前王南陔廉訪官課拔第一院課外復受業於福州名進士林鳳岡師同學皆名下士兄館課輒第一師得意甚甲戌汪雨園夫子錄取觀風第一歲科試俱列一等前食廩餼丙子鄉試薦而不售自此文名隆起從學者遠來嚴立

課程為諸生講經義理法意旦亹亹不勌雖庸鈍者靡不心解下課必取上課所講求者試之其未能了然者復旁通曲喻以誘之聽講之士僉謂生平業師無能及之者課文章以心得為要剽竊之學所必黜尤重行誼端謹者愛之如子弟寒苦之士不計脩金樂得教育焉及門士至今感激不忘己卯杜生彥士黃生大任俱在塾與兄同時舉於鄉鄉人稱為盛事凡之房師為鄧萩原夫子嘗曰闈中得此卷知為宿學無疑呈荐時主司為何文安公王霞九夫子咸擊節句餘日俱置頭本後有荐魏公本唐卷者主

司定甲乙未決商諸蔽原師師以自己第二名舉人對主司曰是欲以衣缽相傳乎故兄得第二庚辰八月丁先嫡母憂兄哀毀骨立戒酒葷居宿於外迨辛巳冬畢先考妣窀穸事而後即安憶丁丑年宗漢生母棄世兄哀痛逾常喪塟俱如禮生母與諸母奉祀私室歲時忌辰兄致敬盡誠如事考妣然自辛巳迄甲午授徒又十餘年弟子日多科名尤盛每科領鄉薦者輒數名府幕潘仙根先生耳兄名厚幣敦請授其子恭祺讀時郡守為劉矗峯先生亦令其孫以文字來謁潘生回即領浙江鄉魁兄平居以讀書

立品四字題於廳事自為諸生以來跬步不入公門當道有以禮來者報以一刺而已三年館於府幕郡人或以官事屬兄正色拒之太守柬招兄屢辭未曾赴一讌太守輙語人曰如黃老師者真非公不至也則生平之持守亦可以見矣乙未選補福州訓導課士之法一如課徒士論翕服爭以文字請謁如林生錫賡於成進士後在京謂宗漢曰師之秉鐸吾郡也多所成就錫賡非得師教不及此時福州紳士採訪廿邑節孝共四千四百七十一名擬欲由學詳院題請旌表因格於邑庠不得行乃請諸兄兄不避

嫵謗諸其請與同事陳六山先生連衘通詳乃得蒇事中
有五孝婦尤可憫兄為咏歌其事刋于旌淑初編藩臺吳
荷屋先生以兄賢書至都門謂何文安公曰廉明諳練大
有吏才意欲以縣令薦舉兄固辭不就吳崧甫夫子視學
吾閩有書謂宗漢曰校官中如令兄者真可謂有守後為
鼇峯書院監院旋調龍溪縣訓導兄之官龍溪也樂於旌
淑如初尤以砥節勵行與諸生勖每月課四書文二五經
文一扃門而試備饔飧以飲食之定甲乙榜諸門以鼓勵
焉文風為之一變月課生獲雋者甚多如戴生玉昆亦以

第二名舉於鄉人尤異之諸生中有不安本分者不憚申斥而予以自新之路或非其罪而被人拖累看押在官則為請於同事與邑宰而免者若而人不得請則力爭之以文移告則擱諸案頭飭胥差来則麾之門外凡欲取諸生入學年分雖長官親來必以婉言並論極力維持數年中為諸生全其廉恥保其功名者無數其案由姓氏皆共見共聞至今漳人士能縷陳之若夫維正之供往往損已益人辭多受少禁家丁胥斗不得私索規費此皆其小者也宜乎漳郡守趙少愚先生謂並牧亭駕部曰黃公直聖

人也漳人士咸曰百年来無見此好官者於兄之告歸也攀轅不及咸歌詩以贈刋為樂泮去思集嗚呼綜吾兄一生毫不干預外事而於鄉邦利害攸關則又任之不辭如郡學

至聖先師牌位災燬紳士僉呈列憲兄為總司其事郡守議捐修洛陽橋甯福郊議修南門天后廟皆以兄為郡人所信服請董其事焉㖾夷之滋擾厦門也郡城戒嚴頒制軍飛飭到漳調吾兄来泉謁見時制軍曰老師望重鄉邦名利皆不為心余素知之一切事在外帮帮我們辦理兄

乃請於制軍各街巷添設栅門夜間為立支更法日間請派員在各城門盤詰奸細使面生可疑之人以及軍裝器械無從進城制軍如所請行後奉郡守劉委稽查南門寔力巡防晝夜無間郡人賴以安堵焉維時軍需浩大上憲有請富户捐輸之意兄以泉州民窮財盡為說又議採買倉穀及開浚城濠兄權於時勢恐有搔擾之虞不敢允諸事皆中止故兄之在鄉黨間雖無功德及人而排難解紛一出以忠厚至誠郡人士無賢不肖不謀而合曰是端人正士也其在家庭間尤篤友于之誼諸弟妹自失怙恃

後依兄嫂以立垂三十年飢寒則衣食之昏冠則長成之撫之以寬馭之以嚴以養以教至于子又生子取科名登仕宦而迄無傲容其待族人也無尔汝有無之分安本分者教誨如己子孤寡無告則月給之糧戚屬有以喪葬冠昏告者量力助之居恒每以吾黃氏起家由外太高祖母倪孺人之力祭田未充心何以安俸薪所餘自外太高祖母以及法石大宗集賢小宗皆充置產業與族人正祭器家廟之禮舉焉自辛丑在潼署季子貽槎無病而殤若懷悽愴神氣漸傷復以壬寅癸卯吾嫂楊太恭人及宗洽宗

源相繼而逝哀傷之過元氣虧癸卯三月歸里養痾醫藥罔效遂於甲辰二月廿四日巳刻淹然逝矣漳郡聞訃衆紳士自遠来唁公送匾額曰人倫師表又補送萬人傘以識其依戀之私僉名馳書都門謂宗漢曰欲以名宦請吾郡士大夫爲徵詩哀輓作者四百餘人爲詩七百餘首此非其立心制行卓卓可稱何以如是嗚呼痛哉宗漢於諸弟中受恩最爲深重遠宦京師未嘗有一日之養兄没已三年例不得奔喪終天抱恨無地自容道光二十五年十月恭逢

聖母皇太后七旬萬壽
恩典乃請諸朝以其官
貤贈兄為朝議大夫戶科給事中加一級嫂為太恭人令
夏將之任粵儲給修墓假回籍撫棺一哭奉吾兄及吾嫂
之靈合厝焉因揭其顛末泐諸石以示後云先世由靜齋
公基法石七傳至邦直公生高祖世熊公公生子三長即
曾祖樸園公公生子三次即吾祖毅亭公公生脩庭府君
余同父兄弟六人自嫡母紀太恭人出者兄及宗清宗洽
自諸母郭太恭人出者宗汀與生母鄭太恭人出者宗源

宗漢宗潢行二早卒宗漢以次子貽楫承繼宗汀行三亦
早卒兄以次子貽杼承繼宗洽行四從九品宗源行五從
九品宗漢行六道光乙未聯捷進士歷官翰林院庶吉士
兵部正郎掌四川道監察御史工科掌印給事中現任廣
東督糧道兄行居長嘉慶己卯科亞元丙戌大挑二等歷
任福州府龍溪縣訓導守城優獎記大功二次距生於乾
隆壬寅年十月廿二日子時享年六十三娶吾嫂楊恭人
為解元翰林廷勷公裔孫郡增生述曾公長女孝廉師程
公胞姊生子三長貽檀翰林院待詔娶祀生王義質公長

女邑廩生名覲光胞姊次　貽桴優敘即選訓導娶郡廩生王邦
翰公三女三　貽槎聘國學生李昌時公四女未婚而殤　貽檀以
三子　謀烈承其後女二長適邑庠生賴邦器公長子正炳次許
國學生李昌時公三子炳森未笄而殤男孫三　謀燾聘陳氏己
亥科舉人名錫圭次女　謀燕聘李氏名邦玖長女　謀烈聘鄭氏
名福鏞次女　貽檀出女孫五長許顏辛卯科舉人大挑二等候
選教諭名鴻儒四子四許林名維炯四子貽桴出茲以道光廿
六年五月廿四日酉時合塟兄嫂於晉江新門外龍首嶺嫂原
塟晉江塗門外山後鄉橫山坪前探穴不利卜遷于此母儀壼

範舊志咸遺其實即以原石藏焉不贅期服胞弟宗漢拭淚誌

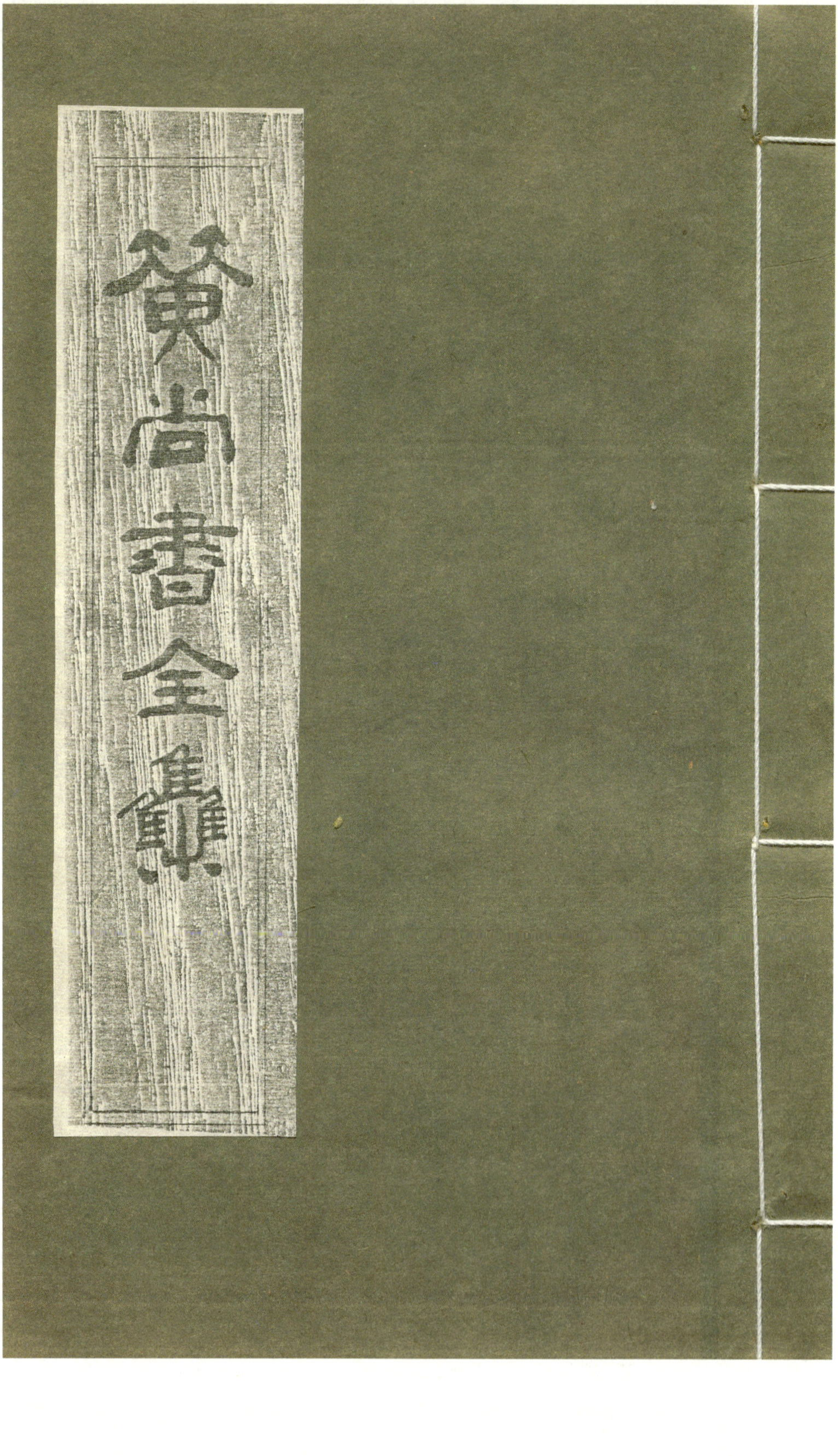
黃尚書全集

晉江黄尚書公全集卷

男貽楫謹輯

姪貽杼恭校

詩鈔

敬題陳忠愍公遺像

吳藹畦先生春江載酒圖

蔣念亭先生蜀闈道墨冊子

别灞上吏

過華陰

恭和南陵中丞監臨浙闈有作元韻

留别舒雲溪制府

夫子泉

賦鈔

潤徵柱礎賦

三復白圭賦

染人甚於丹青賦

擬傳武仲舞賦

鍾馗賦

鑄劍戟為農器賦

天船橫漢賦

業精於勤賦

夏雨雨人賦

人情為田賦

晉江黃尚書公全集卷

男貽楫謹輯

姪貽杼恭校

詩鈔

敬題陳忠愍公遺像

當年李壯烈，今日陳忠愍。吾郡挺人傑，名將匹翦頗。李公昔統軍，公實隨鞭弭。相望三十年，志事如接軫。心逾金石堅，身作星辰隕。但看後來事，運籌多隱忍。夷氛雖少戢，志士有餘憤。再拜瞻遺容，背裂鬚在吻。公乎佑吾民，靈爽終不泯。

吴藟畦先生春江載酒圖

海天二月風光好江邊桃柳覺春早何處艑船百斛來麴塵蹴起煙波浩先生家在江之側消受清閒殊自得不隱朝市隱林泉姓名魚鳥能相識回首高風迹已陳披圖猶得接音塵桑梓宅畔陶元亮菡萏湖邊賀季真愧余未識生平面無由風浴隨童冠令子昂昂雞樹姿唱酬紅藥時相見先人遺事感風木生綃妙繪圖一幅千秋占得四時春認取先生真面目

蔣念亭先生蜀闈遺墨冊子先生名作梅廣西灌陽人以進士官四川南川令忤上官意陷置大辟民感其惠建祠報祀至今不絕

蜀闈藍筆書西招屬鏤劍文采照江山煩寃悲阱陷文人命固窮

廉吏罪迺懢節使手無措異類望則饜赤日麗神霄未及覆盆暗
嗚呼祥刑世徧有蔣侯憾
漢纍持蜀節邊臣方請兵
詔書再三下獨以不可爭
聖念如轉圜大師罷遠征蠻觸一関畀疆圉靜不驚維
帝重封圻制遠如門庭昔賢太將牢迺致斯獄成
有文為不朽有子為不死京兆忝同官抗手賢公子持冊索歌詩
披之淚墮紙壽陽相君筆靦縷皆信史軍民哭失聲旁觀可知恥
歿已為明神天人無二理公子忠孝家建樹世濟美纛旗烏海頭

至今亦色喜此冊寶青箱半夜長虹起

別灞上吏

舊聞秦地山川好今日騎驢過灞橋清濁誰分涇渭水送迎空挽短長條為逢雅吏頻叉手豈道卑官但折腰此是詩人情盡處撲鞍風雪更無聊

過華陰

前人舉版尚看山我過名山恨未攀一宿匆匆古祠下雙輪碾月

出潼關

河作湯池嶽作城藩籬自古重西京願他關吏嚴防守此日中原

未息兵

恭和南陔中丞監臨浙闈有作元韻

斗牛躔度福星臨報
國肫然愛士心
慶牓初元盈亥紀賢書先路洽壬林旌麾再見觀風到桃李仍教
沐澤深傳語詁經諸俊彥由來稽古貴通今詁經精舍及三書院知名之士多中丞數年前都轉浙鹺時所識拔者
萬派朝宗效拱
宸溯從川廣達前津應試者萬餘人朱干

虞陛占風動（日盼廣西提音）金鐸尼山佐日新（近日中丞恭刊欽定四言韻文詳加註釋檄郡頒行各學以資化導愚民）握鏡懷冰嚴察吏搴癸湛玉溥安民棘闈灺盡三條燭校士餘閒校牘親登科先世媲同盟略分叨聯執友情（先子與封公辛酉同年）五十年來蘭誼洽兩番秋又桂枝榮楚天遙盼趨庭彥奎府齋瞻執秤平小許公文誇蓋代傳觀應使衆儒驚（公子前舉拔萃科今應本省鄉試）往歲頻聞籌節持（中丞屢主文衡）首將經訓勗鎡基越江源本三湘合衡岳雲看一片移東箭瓌奇輸貢日西疇豐稔告登時祇慙鞅掌風塵久妙詠無由和色絲

留别舒雲溪制府

小草曾經傍玉芝天涯宦轍憶分馳輸心早切煎茶地覿面難忘
待漏時何幸龍沙司筦鑰復親虎幄認旌旗椰乩判事無重省孤
負行臺季海知

湛露恭承下九霄持幢遠溯曲江潮酬知力愧排風翮惜别心如
捲雨蕉吳地繁華新寄重隴山層疊舊恩遥回頭試向邊關望銅
柱勳名百尺標

夫子泉

水環洙泗古橋邊舊井端推夫子泉户誦詩書原近聖人遵鄒

魯盡名賢源流不息同觀海晝夜如斯記在川昔日梅溪垂妙
咏高深道體悟魚鳶

潤徵柱礎賦 以萬木無聲待雨來為韻

淮南子妙悟窺天名言操券水溯雲生氣殊酒哭至人柱倚曾形不拔厚基壁礎雲蒸别著潛乎妙論惟慰滿兮農三由合來兮膚寸識自然之妙用何須洞石陰鞭昭不昧之靈機預擬山雲氣噴試看巨搆盈千合兆豐年綏萬當其雨之未降也榆社欣期桑林空祝崇朝何自灌壇三日奚來射谷息桂楯兮淋漓冀庭堦兮溟沐不信丹衣乍飾凌岡之玉女應披誰云青石初雕乎呂之月氏預卜豈畢星之好雨本來石號占星非桐木之成雲漫道水能生木

厥有柱礎置在墻隅水精構就鹵斥壓于天慶寺中草根
句咏靈波殿裏桂樹香敷豈真柱擅擎流最與龍門為近
本是水徵潤下應偕蟻穴同符黄初平叱石羊成起舞之
商羊能不賓太后績筐燕墜羣飛之燕石都無爾乃重陰
已合薄潤漸成彷飛雲之瑶石異承露之金莖想富媪之
四維道著陰陽之合煉媧皇之五色容消烟火之明李咸
用之礎咏呵雲猶望虹霓彩筆陸司空之柱求瀉酒依然
霖雨蒼生雙猊盤來不數丙丁火禁二龍應處須看卯酉
位名既濯枝之有象更潤物之無聲其因應也不違其鬱

蒸也預待其雨之計候也偏週其礎之經旬也不改盼到
青泙萬點遙連刻翠之輝看來紅雨一簾欲煥塗朱之采
神靈誰比馬湖乞子一卷金水相生交趾鑄銅千載扣荆
南之石鼓錯疑擊柱遙傳生堂上之水衣真覺浣紗猶在
彼夫豨出浴以雲徵魚噞喁以雨主傳幻化於破琴紀應
求於鳴鼓或占木鶴之飛或避山雞之舞孰若降地堪徵
擊天快覩彷彿殿標阿育布覆界之慈雲依稀迹履如來
散瀰天之法雨從此波添南浦響來擣練之碪多應簾捲
西山溼到明珠之柱

皇上治安化國民樂春臺上瑞則為卿聿奏庶徵則曰肅備來

試看十雨週時磐石苞桑之固況復五雲深處棟樑舟楫

之才豈徒海不揚波鯨堪作柱兵皆洗甲馬息銜枚也哉

三復白圭賦以斯言之玷不可為也為韻

伊南宮之賢士向東魯而從師德並臻於顏閔道用契夫宣尼銘勒金人懔三緘於周廟言同圭玷徵三復於衞詩高吟自警之篇功追睿聖默會無邪之旨頌記奚斯原夫儀歌抑抑恭著溫溫恐出言之易逝思朕舌之莫捫旨酒豆籩儼立監於左右會星圭璧爰寄興乎淇園譬如諸錯借他山莫患微瑕之不掩若使金銷眾口何誇吾舌之猶存繅采未施尚煩意匠雌黃日設徒費卮言是以覩珪璋之砥礪思輯懌乎言辭緬哲人之維戾勖小子以無知當

年面命耳提每慇懃而告誡此後長言永歎乃反覆而思
維遥遥若接語語相規如溯秋水之伊人歌白露而深矣
淺矣如永令朝於空谷咏白駒而縶之維之适於是往訓
時親遺編獨檢詞非倒峽之流雪有洪爐之點吹簧調舌
嗤出話之不然抵掌絕纓笑效顰之徒諂唯能言而有德
中比於蹇知不佞之為賢簡曽稱冉所以迴環洛誦袪衆
說之如流剴切磨礲恐廉隅之偶玷爾乃往復低徊沈吟
髣髴撫黄卷而情耽對青燈而意鬱韋編三絕之志尚口
兮乃窮賓筵三爵之歌願匪由而能勿若告往而知者切

如磋如若終身而誦之忮不求不失以惕厲無窮聯吟不惰丸戒甌曳箕懲揚簸陋漆園之妙論輪反為尻笑齊士之甘言脂誇炙轂爾音是尚徒取辨以禦人有玉於斯願待沽之自我唯有言之必慎以兄女而妻之等繪事之後加欲言詩而始可則見因時悉洽攸往咸宜慎爾出話敬爾威儀言豈浮誇願規模於賢聖言而多中識容貌之高卑從此對命書思奉琢圭而入覲傳宣出納作喉舌而汝為

皇上則圖書披風雅說陋荀揚論搜董賈士懷珍以待聘圭角

胥磨官受祿而不誣言尤獨寡將見羣工作礪敢擬臣哉

鄰哉

王言如綸共欽博也厚也

染人甚於丹青賦以題為韻

虞允源品重藝林行宗聖檢崇學校以興儲畐儒修之積漸錦待濯而生輝玉因磨而無玷性相近者習相遠理有固然形於外者誠於中功不可掩此教學相長不徒爭朱紫之榮而變化無窮更有甚丹青之染也原夫人之宜學也圖書炳煥載籍紛綸沐膏泳澤去偽歸真本先覺為後覺苟日新而又新含英咀華坐領青燈之味移形變質夢呑丹篆之晨須知素可化緇善薰陶於嚴師益友何啻白能受采通意義於慌氏鍾人若夫染采專官畫工妙品灑

五色於霞箋繡七襄於雲錦唯丹也輝生鶴頂彌呈煥爛之章唯青也黛撥螺鬟自溢淋漓之瀋近朱近墨有美必彰染蒼染黃增華已甚偉後起之人工奪自然之天稟然而鉛華易改藻繪徒虛過眼之烟雲已舊經時而光景不如孰與夫披華藝圃擷秀經畬縑緗炳若枕葄依于仁漸義摩新機不息耳濡目染舊習俱除三沐三薰丹勵臣心之始一深一淺青回火色之餘其始染也掇青華於墨瀋其既染也張鞶帨於詞壇其染之由漸而成似入三分之木其染之歷久不變真同九轉之丹丹雘塗彩青氈耐寒

丹經寫遍青簡披殘丹水探源濉渙溯文章之派青衿擢
秀膠庠增黼黻之觀乃知膏流有耀德潤唯馨澡身者甚
於摹色陶化者甚於寫形茹古涵今甚於婦官之掌故鎔
經鑄史甚於繪事之通靈充實而有光輝青映丹而英華
煥發絢爛仍歸平澹丹得青而符采匀停學以辨質文奪
朱常嚴於惡紫師不如弟子成益或屈於謝青方令
化洽文風
恩垂湛露
丹陛掄英青錢選句士心爭奪於濯磨儒品咸修夫幅度懷

丹漬墨畫成絺繡之才紆紫拖青共慶

昇平之遇渙

綵綸於雲牖遠超唐帝之垂裳摹燦爛於日華竊效李程而作

賦

擬傅武仲舞賦有序

楚襄王返自高唐心惓惓而不釋也於是徵清歌選妙舞為長夜之飲既乃進大夫宋玉而謂之曰寡人聞之陰氣既伏陽氣弗宣怫鬱莫達借舞以傳寡人既簡嫽妙集嬋娟陽阿競奏侑我華筵而心中猶鬱鬱然何也玉曰善哉問乎夫大王之所好乃鄭衛之樂也抑思所以進此若乎王曰然則何如盍為寡人賦之玉曰唯唯

延嘉賓兮敞華堂肆瓊筵兮酌玉觴旨酒陳兮豐肴薦鸞歌奏兮鳳舞張將醉未醉兮停桂席欲來不來兮出蘭房

於是絲管作鑼鍮薦金翠耀首芙蓉姤面踐文履以跼踖
曳輕裾而倩約迴秀項以俄延睇明眸而婉戀頃焉分行
鵠峙躡節蟬聯應角徵以徐疾循規矩而翩翻體欲迅而
彌緩勢欲斷而還連既俯仰兮合度亦顧盼以自憐繼焉
逸態鴻騫輕身燕接爍絳樹以齊芳貌瓊華之重疊搦纖
腰以連蜷抗修褏而戲摺羞迴雪以翩翩倏因風而跕跕
固千態與萬狀不暇賞於雙睫忽而若往若復若縱若橫
若離若合若拒若迎止有餘態動無遺情乃合體以駢奏
又同服而齊聲俄竚節而迴步羞與余兮目成豈不足使

耳目悅心志平暢幽懷於粉黛抒積愫於竽笙然而目接

嫺娵之容轉若昧姁媮之所以愜目也日聒絃管之音轉

若忘絲桐之所以快耳也蓋神阻於所厭志荒於所靡心

以蕩而思返樂以泆而漸弛凡滯伏而不信實慆淫之所

始今試卻鄭媛退巴姬棲神於廣大之域馳心於聖哲之

規考韶濩之遺軌酌雅鄭之異宜鑒般樂之無度沛汪濊

之隆施於以制怡蕩袪滯思屏妖蠱之容蠲紛孥之志步

干戚之休風企箾韶之故事陳清廟以竭歡協神人之一

致彼俗樂之日陳徒有懷而未遂也得與失為何如乎王

曰旨哉言乎寡人未之前聞也舉而行之楚國大治

鍾馗賦

客有問于主人曰夫未闡鬼神之秘者不足以詡宏通也未探靈異之跡者不足以恣雄詭也僕嘗考仁裕之新書稽開元之舊紀徵題記於唐臣溯畫圖於道子語不同於荒誕豈皆齊東野人事雖近於杳茫會說終南進士子亦嘗耳鍾馗之名而原其所以乎昔唐元宗麗宮晏暇鳳幄歡餘翠華返蹕烏兎犯輿召巫醫而雲集方殿閣之風徐裳分袍袖之藍靈祇未應蠱竊香囊之紫虛耗誰祛厥疾弗瘳協旄旗而入夢有人於此誓妖孽以能除繞殿過遮

頭角谽谺碧眸星閃烏帽風斜血污染指腥漬膠牙粽分鬼目輪幻雷車惆悵故山捷徑以登仕籍掃除餘孽奇功聊報天家麒麟未必圖形敢云邀寵獬豸何須識字但解驅邪帝乃命畫工繪神異頒輔臣表靈瑞儕鬱壘以分圖與神荼而並位宜書符以辟百邪允鑄鼎而驅羣魅任爾朝吞暮噬徒矜尺郭之威誰能食肉寢皮解衛聖躬之義此馗之事始於明皇而馗之名遍於大地也主人聞之囅爾而笑曰稽古徒肆其文多聞而疑不闕也讀書不明其義少見而取不嚴也夫終葵載於攷工象大圭之不屈中

楷詳於爾雅知新蔄之初添馗與葵同音取羊腸之徑達馗與夔並義等鼉鼓之聲恬中逵詠武夫之才見腹心之可托終葵紀商族之姓知教化之同漸是蓋如藥乂之誤為夜乂而見聞未廣蟛蜞之訛為蟛蜮而意義幾淹也且子謂鍾馗始於唐矣然而漢有李鍾馗而賢隨有楊鍾馗而猛喬鍾馗則舊署將才張鍾馗則素標清耿宗慤之妹鍾馗已著於六朝堯暄之名鍾馗競稱於兩省縱使以鬼神為字何為忽呈夢寐之形而皆屬開寶以前未必能使妖欃之靖予嘗考罵鬼之書而曼倩不詳其說矣按搜神

之記而令升未採其謠矣斯即謂靈威雷赫小醜煙銷魘
魅斂跡魍魎潛妖小妹風流佳壻則于歸何處新居露爽
仙鄉則所徙云遥子何惑奇談之忽忽而漫同衆口之囂
囂也哉客乃憮然有間曰僕黨清狂毋惑拘於所見也鄙
人固陋毋惑囿於所聞也今聆吾子之言行且影盟室暗
心息塵氛仿阮瞻無鬼之論讀黃帝祝邪之文傳信不若
傳疑敢謂鍾馗之異事人焉能事鬼且袪俗累之紛

鑄劍戟爲農器賦 以題為韻

將使六宇恬嬉，萬流景附。斟醲化以同風，掃祆氛而斂霧。塵清函夏，霜飛紫塞之鄣；屯撤防秋，月冷黃雲之戍。則莫如偃軍容，修農具，飭田功，扃武庫。立成器以為利，不分蘭錡之司；示天下不用兵，爰改葛盧之鑄。緊夫劍戟之為器也，巨闕銛鋒，勾矛閃爛，含光承影，寶鍔晶瑩，鉤釨鏝胡，冰鋋瀲灩。七星夜朗，秋澄寒水之波；雙翼朝屯，雪點精金之豔。蓋王者不得已而用，漫櫜魚服之弓；而聖人之大德曰生，早說虎賁之劍。于是弛乃戎行，隸之阡陌，隊裏雄師田

閭主伯荷戈易荷笠之徒觀稼息觀兵之役豈不使象弭終弢鮫函永釋大夏銷聲重英斂迹又何論百辟橫馳三鋒奮擲層霄不掩上騰踞虎之精一隊能當鹽說雍狐之戟且夫干將鏌鋣非不寶矣而不可以代鎡基也秦鎮越棘非不利矣而不可以職芟夷也乃命冶氏乃集工師秦鑪電掣越槖煙馳膏融雪沃扇動風遲銚兮鍋兮異其制鏵也銍也判其規衞生者還以謀生端立厚生之本無用者轉而有用聿成利用之資乃以新而求舊豈其敝而改為鑄鏑銷鋒休兵務農屬鞬甫卸緯耒相從更誰馬上爭

橫歸應隨犢始信匣中影幻化已為龍緣煙圍桑葉之村
山肩擔穩紅雨潤桃花之塢土脈犁鬆藉開衣食之源耒
孤寶氣重假陶鎔之力又策殊庸回憶歐冶鍊金缶尤制
器雷雨奏功蛟龍紀異腰間拂拭奇吻壯士之知眼底縱
橫畫鹽將軍之賜今也用謝征戟能呈郊遂厥農用八政
力乃逢年惟天生五材良能遷地彼金人銅柱以奚為豈
金城湯池之徒備此則顏氏子之庶幾雖聖人亦契其志
也方今
聖天子赤縣敷恩青徽遵路

昭七德而大定徵歌

綏萬邦而屢豐告裕長荐甲帳未忘

講武之隆規黛耜紺轅時切

觀田之首務固已農祥深悉繪豳風流火之章何須兵事侈陳

陋漢代長楊之賦

天船横漢賦 以天船横漢以普濟為韻

波澄霽宇影麗晴川渺渺析津之畔熒熒胃宿之躔豈行舟而罔水信成象之在天銀浦秋高用主下方舟楫金精氣散化為上界漪漣但看一水中分徑入狼弧之次試指九星横列裳依鵲渚之前維天有漢列宿為船相看夜夜不繫年年仙豈殊人始信坐真天上星原是客定應來自日邊不知刳木爭傳可借吳剛之桂料得抽蒲穩掛儼乘太乙之蓮爾乃泝煙嶠泊雲城綵纜方牽蜺旌蕩漾蓬窗乍啓霧牖分明隔浦檣移遥指酒旗之影中流楫擊疑聞

河鼓之聲何年秋水仙槎重看斗犯終古春潮野渡一樣舟橫耿耿宵明昭昭户案萬斛非輕羣星正煥匏瓜掩映不歌苦葉之章柳宿參差錯認垂楊之岸從此仙靈來往駕不返於臨河應知牛女追隨歌不興夫廣漢乃何以脈脈遐情迢迢遠水清漢欲波虛舟空艤不見參橫斗轉待渡卬須依然會少離多為期秋以徙令七夕橋成之會萬鵲俱髡幾曾一帆風飽之餘雙星共指而乃景麗秋三影留夜五光涵積水之濱源接元池之浦蘭橈過處應投天市之錢檜楫修成定斵月宮之斧形成共睹差同北斗南

箕道遠如通未隔東眉西普永夜高横一灣清麗駕遠漢而波恬亘重霄而秋霽暢好風濤無恙不爭挨舵於人間有誰離别方牽誤認歸航於天際河流清泚誰追星使而尋源帆影微茫許挾天仙而共濟

業精於勤賦 以業精於勤荒於嬉為韵

韓文公望重斗山，胸羅兵甲，旁搜遠紹，學本儒宗，提要鉤元，言為世法。一日者詔太學諸生而告曰：志士審基，賢人居業，將致辨夫醇疵，必先分夫勇怯。能勤有繼，發乎外而英華；唯精故明，說於中而浹洽。當夫螢窓雪案，墨稼筆耕，奇搜二酉，書擁百城，欲磨光以刮垢，期騰茂而蜚英，朝斯夕斯，習必有業，如磨如琢，理求其精。擬九仞於為山，雖覆簣而未止；譬百工之善事，必居肆而始成。使其蹉跎歲月，玩愒居諸，不崇實學，徒博虛譽，心幷營而紛若，行以利而

放於一暴十寒自荒其志寡聞淺見徒囿於墟何以契精蘊於道心靈源獨闢何以探精深於理窟塵翳都祛唯夫披圖史擴見聞功匪懈志不紛從吾所好罔或不勤無間於晦明風雨旁通乎卯索典墳勤於古而研精耽道勤於今而敬業樂羣勤於晝而揮戈日返勤於宵而繼晷膏焚勤于有功勉勉乎已千已百勤則不匱孳孳焉惜寸惜分溫故知新斯不迷於所往好學下問夫是以謂之文于焉本其學術發為文章精義入神匪幽弗澈精心抒理無隱不彰金以鎔而精粹玉以琢而精良唯君子之乾乾自强

不息彼良士之瞿瞿好樂無荒理豈膠於迹象疑直析夫毫芒溯堯舜之傳心惟精惟一陋荀楊之餘論不精不詳其精也不遺纖悉其勤也無間終初惟就將而罔倦乃義藴之畢抒三更燈火十載菑畬才兼八斗書富五車當一志而凝神思常儼若即適情而玩物藝亦游於手敏心靈想貫蝨而輪之候矜平躁釋追養雞若木之餘我

皇上聖由天縱德本生知世已臻於仁壽功直邁夫軒羲猶復單心宥密敬止緝熙念勤簡能勵匡勷於臣庶廣業崇德極效法於高卑　小臣簪毫

螭陛染翰

鳳池幸叨

醲化際遇

昇期固將儲材藝於周廷祇勤于德其敢濫笙竽於齊室含業

以嬉也哉

往來之熙攘上將脫而字

夏雨雨人賦以不崇朝而徧雨天下為韻

緬相業之敷施溥恩膏而曁訖窺已技以無他悅民情而莫不豈同負曝冬日暄妍豈比登臺春風披拂媲美惠人之政頌以三年儼如時雨之甘不私一物昔在管子輔佐桓公愛民念切定霸功崇往來之熙攘咸知仰托夫帡幪何以樂湛恩之汪濊何以頌厚澤之厖洪每當暍暑侵人炎威赫赫最喜良苗膏雨生意芃芃原夫垂天霢霂入夜瀟瀟應三旬而不足驗四氣之均調草色看時天街宿潤杏花賣後深巷明朝固已徵時若之雨暘人遵道路沐太

平之雨露人樂耕樵況乃夏扈趣耘之日夏畦荷插之時夏木陰陰鸝聲睍睆夏雲藹藹鱗影之而何地消煩方肅丙丁之令自天渥澤無愆甲子之期依旬而慰望三農孚占年滿拜賜則宜歌六月來是車隨雨既滂沱人胥欣忭祁祁詠而人稼大田雰雰歌而人耕禹甸氣和為醴萬物以嘉德大稱師羣黎胥徧惟雨膏之滋潤入人也深儼雨化之霑濡誨人不倦乃知德峻同天恩濃似澍必符好雨之懷乃協君人之度陋晉卿之夏日人盡畏威思傳說之甘霖人皆渴慕淪肌浹髓沛我澤以無私食德飲和祝公

田之先雨斯時也民風皞皞王道平平歡騰夏諺聲譜夏
絃其摩義而漸仁也如雨之循夫節候其沐膏而浴澤也
如雨之潤夫園田四序調和豈咨寒而咨暑羣生感戴將
如地而如天
皇上化洽熙春
仁周涵夏徵瑞應於三階
沛釀歌於九野曰雨曰雨賡
喜雨之宸章以人治人叶宜人於周雅彼說苑之遺編載危言
於伯着曾何知

聖恩浩蕩徧周乎日出之區
帝澤涵濡遠訖夫普天之下

人情為田賦以故人情者聖王之田為韻

將欲闡繹斟元勤民飭度好協雨風人遵道路必鉏莠以安良斯懷新而去故順人情之大竇敷治等於敷菑以理義為良田敏政通於敏樹繹聖言於禮運得宰制夫羣倫列日星而為紀肥家國以及民政若稽田必去稂而去秕思無越畔儼徂隰而徂畛莫疑舍己何芸而道自道須識因材必篤以人治人原夫品分十等生具七情心苗孕秀性地儲精既如禾而如米亦宜種而宜耕降本有恒原無分夫畛域發而皆中豈一任其縱横然而風氣別於五方

疆域殊乎九野或詐而夸或秀而雅情既區乎雨雨風風
田遂別夫中中下下牛羊或牧是豈山之性哉莠稗不如
詎為種之美者是以聖王之御世也以正人心以盡人性
以遂人之生以立人之命嚴非種之必鉏識迷途之當正
知望君如望歲具有新機以斯道覺斯民獨攬夫大柄將
一視以同仁豈踐形之唯聖爾田爾宅我理我疆既資生
而資始亦勿助而勿長其修禮以耕也含舊謀新之象其
陳義以種也含華吐穗之祥其講學以耨也如耘田而勤
培植其本仁以聚也如刈田而獲豐穰既是行而是訓遂

來享而來王斯時也民風皡皡民俗熙熙勸相擬八家之
井登髦趁三熟之時沃乃心田為仁在熟培其性地樹德
務滋天下長其長而親其親俾爾彌爾小人樂其樂而利
其利鼓之舞之
皇上恩濃似澍
德峻同天
祥徵履泰
道協乘乾統一世而飲和食德俾斯民咸鑿井耕田
正大見天地之情故人以為奥也

保合本中和之性亦民無能名焉

靜妙齋

晉江黄尚書公全集三十七卷（卷二三至卷二六）

[清] 晉江黄宗漢撰

厦門大學圖書館藏稿本

本册目次

福建文獻集成

續編 集部 六四

吴格 主编

八閩文庫
文獻集成
388

海峽出版發行集團
THE STRAITS PUBLISHING & DISTRIBUTING GROUP
福建人民出版社

八閩文庫

八閩文庫

文獻集成 390

福建文獻集成

吴格 主编

續編 集部 六六

海峽出版發行集團
THE STRAITS PUBLISHING & DISTRIBUTING GROUP
福建人民出版社

本册目次

晉江黄尚書公全集三十七卷（卷□兩浙輿頌至卷□告示）

［清］晉江黄宗漢撰

厦門大學圖書館藏稿本

黄尚書全集

題中客氣語及大人字樣均已節去統計約省數百字
詩中及注中有國 朝廷者均空二格寫 宣廟
空三格寫不必跳行以歸畫一 其有格頁
詩題中稱謂上款空一格寫詩中注中條可不空緣呈詩
時不可不如此寫 此刻時須改從簡質也
集中凡誤犯名諱在刻时尚須檢點或改寫滅字可耳
蘭舟記

晉江黃尚書公全集卷

男貽楫謹輯

姪貽杼恭校

監理詁經精舍試用訓導海鹽陳其泰

磬丹忱以報

墟一柱立東南之極於是

天子丕嘉乃績俾督西川行旃動而百吏趨華蓋移而千人唱

頌功德則郇侯膏雨贈詩歌則吉甫清風而況接鄧鄂之寵光

一

靜妙齋

晉江黄尚書公全集卷

男貽楫謹輯

姪貽杼恭校

兩浙輿頌

監理詁經精舍試用訓導海鹽陳其泰琴齋

維我　節帥晉江黄公之撫浙也罄丹忱以報

主下白屋而禮賢五雲覆牛斗之墟一柱立東南之極於是

天子丕嘉乃績俾督西川行旝動而百吏趨華蓋移而千人唱

頌功德則邵侯膏雨贈詩歌則吉甫清風而況接鄧鄂之寵光

忝鄒枚之末座推心置腹誼實重於邱山浹髓淪肌情更深於潭水如其泰若能嘿然乎猶憶重光閹茂之年適｜公陳臬之江之日外臺參佐論交舊識汪倫下里皇華傾聽忽邀師曠猥以疎蕪之筆札辱承賞鑒於鈞衡伯樂纔逢頓擅空羣之目鍾期既遇輒成流水之音蓋華衮以一字相褒則敝帚亦千金可享此與｜公文字因緣之始實其泰感恩知己之初也然猶以風憲自持參謀必慎雖欲表陳琳為記室尚未納郗超於帳中一自水乳交深雲泥分洽遂乃階前盈尺許太白之揚眉坐上三薰荀元公之握髮因權藩篆爰貢弓招徐孺子榻下陳蕃庚

杲之幕依王儉丨公之待 其泰 若厚矣中更離合辜負景光逞

遥開秦隴之藩鄭重送吳江之別去我今日判袂為難思丨公

隔年傾陽曷已幸而天從人願

九重復授麾幢地是昔遊兩浙重開幕府在 泰 仰大雲之庇方

欣召父回車而丨公篤舊雨之情早已山公折簡本田延年之

故吏陪庾太傅之胡牀為越石父之下交入平津侯之東閣時也

粵氛屢熾鄰境多虞烽警百端羽書千里親見我丨公上籌軍

國下拯黎甿治文書則頃刻百函紆計畫則焦勞五夜陶都督

之辛勤運甓劉太尉之慷慨吹笳心血全丹顛毛頓白亦欲少

二

攄一得冀贊大猷而涓滴自慙無補洪河之量纖埃所積難增泰華之高惟此冷抱冰霜間談風月懷鮮禰生之刺袖無高密之金庶幾鶴舞羊階鏺鐘免誚崔游楊館豢養知恩乃一公以是益契心知彌加眄飾優崇比於國士款洽過於家人漏轉軨轅曲盡平生之傾吐籌參帷幄每敎幾事之預聞此尤古人所謂恩重身輕下士所以感深涕隕者也今者驪歌欲發騶導遄行其泰慕昌黎之侍裴公久擬平淮紀績緬少陵之依嚴武媿難入蜀從行因思精舍實屢荷栽培多士皆傾誠感戴用率生徒之濟濟齊賡德政之洋洋其間郢曲巴吟雖非一致要是衢歌

巻祝具有同情爰削刻籐藁分四册並陳嗃矢繕進一函或者

伴琴鶴之輕裝彌見讀書本色問雪鴻之陳迹差傳愛士初心

至於春戀微忱攀依積願雖煙毫欲禿而軫結難宣意不盡言

祇惜今朝之折柳愛而勿翦請觀來日之甘棠

仁和吳受藻撰

帝重忠勤佐臣思正直良（今年春直扁額）御賜丨（公忠勤正）聖心眷倚故有是

命三年移節鉞丨（公於壬子秋莅浙任迄今三年）全蜀領封疆柳浦行旌

動樟亭驛鼓忙攀轅多涕淚述德賴篇章憶昔仁風扇頻流閩

澤長聲威馳繡斧屏翰固金湯浙丨（公曾任江藩臬）膏沮郇侯黍陰敷召

伯棠瞻韓齊仰望借寇屢徬徨果以輿情協旋教閩寄當油幢
覘赫赫幕府建煌煌轍迹經三至塗歌溢一方舊猷加肝飾新
政益周詳候值槐花放天貽桂子芳（公蒞浙適當大比為監臨焉）萬千人角
技十一罷觀光密勿重闈地平生古戰場求賢知為
國得士重書鄉既獲才能雋兼遴膂力強雕弓爭挽柘細葉妙
穿楊刀石聲訇磕千城志激昂鷹瞵俄頃展虎步一齊驤髦秀
全蒸鬰官聯更表坊（是秋即舉劾屬吏治術一新）風慤懲有位雷厲懍無荒
舉劾明於鏡糾彈肅似霜百僚從此憚庶績乃能康暇日呵騶
出平湖啓牖望田高橫葑草潦淺沒菰蔣（壬子秋旱湖水涸公撥款疏濬淤塞盡

通
赤壤層層剔清泉寸寸量遂看甦涸轍依舊度鳴榔都會誠
饒沃閭閻樂富昌熬波資海筴借箸整官綱鼎擬羹調傅毫噬
利析羊槃求清積課惠足恤疲商（浙鹺疲敝｜公加意整頓）處處闔休養家
家裕蓋藏中邦登壤賦大艑載艅艎始改江淮道初浮渤澥檣
鉞程行杳渺沙綫測徵茫籌唱津門斛舄飛浙右糧但期全漕
轉敢使
正供妨（初行海運全漕抵通）艱鉅真堪任旰宵總不遑春耕親犢駕秋汎
閱鱗塘肺石平爭訟心齋協雨暘（每逢暘雨愆期｜公輒率屬虔禱）百為原並
飭四境早周防忽遞金陵警羣驚粵寇狂烽煙連楚豫羽檄逼

吳閶訛比吟風鶴譁同奮臂螳犬牙憂錯處豕突奈披猖梟謂
盤根甚——公偏利器彰拊循謀獨裕捍禦策交襄匝野羅弋
仗摩空露劍鋩親兵來梓里——公有閩勇若千人勁旅起牙璋設籌防局勸諭團練
隨時調撥陣儘編鵝鸛威先懾虎狼聞賊陷金陵本欲分竄蘇杭因守禦嚴密遂不敢窺伺鉤
稽嚴保社譏察偏城廂省垣十門添設邏卒各以衿士二人領之遠堠樓櫓矗高臺
礟石磅新築礟臺於武陵驛潮移黃浦艦去歲曾檄——麟方伯赴滬瀆商備戰艦渡問翁溪
航今年又檄——黃廉使赴泗安備豫廣德一帶況接嚴灘險潛通皖水涼分難區畛
域禍卒彈倉皇賊竄祁門等縣嚴礮擾——公檄徐鐵孫太守出境防堵乃安謐如常月額頻籌餉
月解——向營兵餉六萬兩星趨屢趣裝屢辦軍裝諄諄勸勸諭唯唯樂輸將鈔仿

行交子泉憑鑄景王軍需勞細擘
國計賴胥匡用是鴻勲積因而駿烈揚功高存保障名重炳旂
常一德孚
堂陛
疇咨切廟廊
恩叨專益部去易別錢唐獨計依帡覆渾如倚棟梁又安稱樂
土鎮靜率戎行頌正興襦袴詩胡詠烏裳首途難挽旆中道各
持觴士有窮經彥膏容繼晷償一（公任藩臬時，捐經舍膏火，多士咸被澤焉）廉泉通
挹注化雨被汪洋戴德人同感銘心我詎忘菲葑緣偶采聲價

竟高翔壬子秋｜公試精舍士受藻以擬俏武闈鄉試錄序荷蒙采用自後屢以文字見賞雖未執贄請謁而知己之感銘刻不忘北面攜丹漆南豐爇瓣香自應居弟子敢說共門牆姓舫吳師典試八閩｜公座主而受藻以優行貢成均亦出｜姓舫師門下今日驪歌會分吟鳳管鏘顒言停晝轂且暫駐餘杭指顧三江近榮看六纛張是時銷鐵鏑早見洗銀潢富貴中書考巍峩使相堂東南推柱石坐鎮報當陽

張左鉞韻梅

古大臣功德在民當其去茲土也都人士必有發為謳思以永表遺愛若甘棠九罭寄褱周召詩人實為之始也吾浙自

晉江中丞蒞任後旬宣績懋四境清宴有汲長孺臥治之風東
南大罷實倚賴之無何粵氛不靖豬突豨勇免躁躪者不數省吾
浙介兩江之間窺伺尤甚卒能渠彌有階烽燧無驚者是固
聖天子之威靈抑非　公之靜鎮無以致此也籌防督運羽檄
千里夙夜惟勤若網在綱不動聲色而措於泰山之安所謂一
路福星者非與今者　朝廷命總督西川行旌在道攀轅之下
彌切去思謹獻里言六章惟期略罄愚忱無忝於風人思慕之
旨云爾
瞻拜軍門晝戟雄神州保障賴豐功蠶叢使節韋皐寄纓直遺

風趙鼎同玉壘烽烟清遠戍金甌名字貯深宮東南一柱擎
天力衹在從容坐鎮中
江淮南望起塵埃斥堠馳書日幾回梓里謾憂風鶴警柳營齊
募水犀來八州威望宣鄰郡三節
恩綸拜
帝臺多少巖疆慶高枕安危真仗濟時才
雲帆轉粟仿初唐瀚海通津策最良豈有千倉憂蠹朽憑教萬
斛駕龍驤官河計日程嬀緩
天庾輸供事可常百職効靈臣盡瘁叢祠今復炳

奎章

自昔埋輪莅此都黃車兩到識臯蘇

天書旌直頒金簡風節懷清比玉壺經舍衡才𪇆鶴俸公庭察

吏肅魚符請看棠樹成陰日遺愛應教徧聖湖

天語驚聞下　九重西川持節典優崇隆中勲待追諸葛河内人

思借寇公舊日兒童騎竹馬

清時遭際感雲龍魚鳥境僻封圻廣長此憂勤荅

聖衷

三峽風雲驛路遙繡衣指日上征軺題襟舊蹟思名郡聽鼓新

七　静妙齋

年夢早朝幸喜湖山遺澤永何時滄海戰塵消上游節制閭閻福還望台星下絳霄

律庵　賈　新滄初

天敎一德贊明良江夏家聲衍慶長奮藻舊誇龍虎榜（閩人舉進士自歐陽詹始與韓愈等同登第）鍾靈逸識尚書塘（塘在晉江縣唐刺史趙昌置後趙爲尚書民呼尚書塘）迴翔清要鄉材著節鉞東南偉績彰此日韜鈐資碩畫功名不讓李文襄

宣猷中外一詞臣政事文章萃此身職重西曹嫻武畧威行南海靖邊塵（曾任廣東糧道調雷瓊兵備道）愛民有術先除暴報國無他但率

真敬歷雄藩登大府姓名早已簡

楓宸

之江陳臬昔飛凫面帶霜威法不渝貪墨改圖懲簠簋閭閻無

恐息萑苻臬使時嚴治盜案廉來何暮心同感于後知興理豈誣爭看

旌麾重莅日黄童白叟盡歡呼

一生從未識苞苴六計崇廉永令譽庭際懸魚辭饋獻舟中有

鶴伴琴書貪泉不染初心在法簡嚴操舊習除風月可談金峻

却清卿手采問誰如

安危須仗出群才成句旁午軍書幕府開總為儲胥營畫不教風鶴

八 靜妙齋

起驚猜綢繆唇齒多深計上海嶶州等處無不有資籌策解散潢池絕禍胎布置周詳一聞土匪應時擒滅嗣後無敢竊發鞏固金湯如往昔長城真不動纖埃耿逆之亂賴李文襄防堵衢州全浙無恙王漁洋贈詩有纖塵不動浙江西之句

豈因武事廢修文不惜公餘課士般鶴俸屢分恩過渥雖寵惟望學知勤優獎士類於藩臬任登捐廉俸為詁經精舍膏火從來吏治緣儒術早有英聲著博聞樂育沚莪深戴德一時翹首企祥雲

忠勤正直格

天心四字褒崇震古今今年春欽賜忠勤正直匾額受任孔明期盡瘁習勞陶侃惜分陰事先端已精神審規切同寅氣象森德量勳名

俱第一要憑方寸答
高深
節旄指日向西川韓范威名震八埏叱馭王尊知奉職書圖德 登樓
裕重籌邊（籌邊樓在成都府治）攀轅那免瞻依切載道爭將政績傳霖雨
直教周四海豈應兩浙受恩偏
鄒在官東生
卿月文星照八垓贊襄早合位中台民因被澤思隨騎
帝命籌邊為借才如象瞿塘千尺上連雲棧道五丁開存驪定
筦尋常事要挽銀河試將材

九 靜妙齋

恩波久湛浙西東昔日霜臺位望隆察吏本來無積蠹活民早

已輯飢鴻疆圻

簡畀徽嘉會劍佩星辰引上公最是使車重莅處郊迎歡躍逮

兒童

愛民愛士一心殫棘院清宵坐漏殘席帽我原艱上第青袍

公自念單寒試官催竝文忠較關節人通孝肅難果是宣公知

貢舉科名龍武榜同看

不料刑天戮暫稽滿江波浪沸鯨鯢驚麈突處干戈逼唳鶴聲

中鼓角淒飛檄紛紜籌士馬汎舟絡繹拯黔黎南天一柱功誰

敵除是文成懾九谿

議兵議餉倍焦勞口熱孤虛話六韜虜以天人尊郭令史從地

虎說敖曹萑苻澤盡民風草鵝鸛軍排士氣豪十一郡中無一

寇依然耕鑿徧東皐

年年轉漕達

天閶百幅雲帆穩放洋一自疆臣殷擘畫遂令　畿甸足芻糧

和風早致川祇感駭浪能消颶母狂翠羽影纓

恩寵渥函關挽粟陋中唐

煌煌

十　淨妙齋

天語賁絲綸四字褒題
御墨新能以忠勤酬
黼座祇緣正直動
楓宸勲高當代思舟楫望重中朝仰鳳麟如水臣心尤可表丰
裁嶽嶽絶纖塵
西湖講舍共研經此是儀徵舊典型相士無私心有秤愛才隨
分眼常青韻慚沈約防譏蜺年愧終童尚昧鼷小草何緣登藥
籠龍門百尺仰元亭
荆襄控制是三巴天府由來沃塞誇一澇旱寒羣賊膽

九重特建柱臣牙功高隴蜀懷諸葛民擁旌麾拜仲華料得平

蠻歸使相

綸音旦晚聽宣麻

部民分賤敢攀躋遠送輪轅拜馬蹏愛日久依葵藿戀慈雲一

去雪霜淒淮夷待捷江之滸召伯今巡陝以西十丈摩厓銘待

勒問誰健筆副新題

樊梁生

神羊嶽嶽久簪毫臺省當年決事勞袖内彈文飛霹靂廷中

剛氣懾蕭曹盛名已識三司貴重寄真宜六纛操豈獨飲冰能

十二 靜妙齋

勵節忠勤正直荷
天褒
江南羣盜尚縱横脣齒相依堠火驚十郡士民工禦侮三年心
力瘁談兵茫茫窮海洪波息岌岌巖疆赤手擎博得閭閻休戰
伐果然坐鎮賴長城
轉漕東南計最殷治河三策阻前聞江通申浦開新瀆帆指丁
沽走白雲韓滉入朝先載米杜陵每飯不忘君正供
天庾都無闕此是重臣第一勳
忽聞

丹詔下
彤墀萬里夔門王節移益部地原稱最險武侯功在撫諸彝巡
邊馬擁歌來暮遵渚鴻飛動去思西望鄉雲原不隔溯源江水
擬投詩
朱孝起蓮鄉
昨日
天邊降
紫綸福星移照錦城闉
帝困天險思嚴武我為時艱惜寇恂小隊弓刀勞悵望大江波

十二 靜妙齋

浪祝安馴貂裘撲盡峩嵋雪珍重中流砥柱身

記得觀濤八月天星軺重駐曲江邊豈知竹馬臨郊日正及天

狼避矢年轉餉鄰封勞擘畫從薪曲突賴安全上蒼不為開元

輔艱鉅何緣界大賢

聖朝取士重公車南國文光射斗墟八座尊嚴秋蒞事三章約

束曉懸書風高瑣院聞鐘漏簾捲崇臺散吏胥百尺龍門清見底

天衢翹首幸何如

三吳秔稻舊稱良歲歲糧艘達

太倉一自妖狐覊斧鉞幾回飛鷁阻帆檣滄波曉渉天吳險紅

粒秋登

御廪藏飛輓不須勞

聖慮尚留韓滉在南方

武昌城下陣雲低又報金陵動鼓鼙唳鶴已聞風外警驚烏猶

穩月中棲侵晨畫角諸邊靜旁午軍書别墅攜不信憂時心力

瘁請看鬚鬢雪霜齊

執殳負未本同羣況值登陴事正殷報

國不妨家有甲連鄉安得士如雲旌旗日暖臨壇見刁斗霜清

隔縣聞莫獻郇模團字策隱憂誰為一使君分

吴越膏腴號上州百年盈縮理難周轉輸已奉南來檄豐歉應
煩内顧憂江上昔曾留魯肅（謂向軍門）關中今更用蕭侯馬騰士飽
須臾事奇策何須閫外收
名世原無赫濯功平生自信秪孤忠笑談便造蒼生福呼吸真看
御座通懷德林鷃爭革面輸邊金馬盡從風
詔書近日頻嘉許何止南黎頌至公
漠漠烟塵暗不開籌邊今日正需才風雲不動諸天静鵝鸛無
聲背水廻燕寢香消傳警枕金鑪夜久晝寒灰西湖山水多佳
日辛苦何曾一顧來

劍閣瞿唐萬里程東門祖帳送｜公行久依日月渾無覺臨别

江山有情此日章臯應再世何時白傳許重迎慈雲到處都

蒙福走馬行看蜀道平

張蔭棠

峩峩

中丞鎮撫兩浙仰報　國恩其力孔竭

帝眷維殷知人則哲

寵命頻加用表亮節

帝有厚眷其

十四　淨妙齋

恩無疆四字肇錫
天語煌煌臣衷益勵臣節用光榮如華衮千載留芳
昔丨公之來提刑是主今丨公之來位躋大府八物節堂六纛
旗羽吏肅民安廢修墜舉
繄惟淛省安堵無驚倚丨公之力黽夕經營防範維密鞏固金
城宵小絶跡安我編氓
守望相助自昔嘗聞惟丨公召募古制是循簡閲公務訓練丨
公勤鄉里永衛以報
聖君

軍餉是繼惟丨公釐思分俸交助以充度支諭彼豪富勸彼紳

耆

君恩可酬莫惜捐貲

維此漕糧時勤挽輸海波不興雲帆徑渡疇其策之賴丨公展布

天顔有喜神靈呵護

繄昔丨公精舍甫闢採蘭擷芷士沐其澤我丨公繼之人才斯

得東南士林咸蒙培植

公兼視學生徒祁祁文衡並掌玉尺親持門盈桃李化雨先施

驪駒將唱士羣誦之

公今抵蜀任雄節制思｜公之恩感｜公之惠民之望｜公一

如望歲入相可期舟楫並濟

仁和　蔣居仁菴墟

台躔允已炳詞曹功比擎天位望高甲帳宏開森羽衛辰巘遨

布擁星旄野無鴻鷴民安堵户靖狼烽士飲醪名世經綸超往

古旂常紀績慰賢勞

瑞靄欣覘五色紋奇謀坐鎮武兼文豐年有玉占雙穎遠海飛

帆度瓜雲秉節南來持正直建幢西去仰忠勤肅清中外舒懷

抱一炷香先靜夜焚

籌兼兵食切防維念懔居安更戒危勛業一時成砥柱關山萬
里駐旌麾官方已見書屏記士庶咸深廣廈思此日碑應題德
政即看劒閣勒銘辭
授鉞由來倚重臣文章經濟絕無倫共言裴度能專閫且喜韋
皋是後身浩浩江流涵德澤巖巖石棧迓車塵巖疆總制資雄
畧高閣他年好畫麟

盛湛華

崇班
寵擢冠朝簪

丹詔光華簡

帝心南國已霑甘澤渥西川齊盼福星臨懸崖叱馭精誠切遠

徼麾幢

眷畀深沓老攀轅留未得去思萬户播謳吟

頻年烽火徧江臯安堵全憑傑衛勞列戍屯兵堅壁壘運籌濟

餉裕泉刀百城震慴軍威肅四字

恩榮

帝語褒指日戢戈酬偉略定看麟閣紀功高

政兼寬猛治探原撫字幾忘露冕尊棠舍周巡民樂業蘭膏佐

讀士銘恩風馳碧澥千艘穩雲護金隄一綫存三載之江蒙德

化臨歧依戀跂龍門

春風一路送郵程到及江花照眼明玉壘關河通絶域節堂笳

鼓壯專城望隆韓范才堪副政本詩書俗易成

聖主求賢殷側席

綸扉應待佐

昇平

張景雲

憶昔霓旌駐方操節鉞權

皇恩三載沐
寵命
九重宣鎖鑰秦關寄麾幢蜀道連繼—公諱東政鎮撫賴安全
四字勒尊彝名臣執範垂忠勤倂旦奭正直邁皐伊朗鑒澄心
鏡芳聲溢口碑官方僚寀肅異地緬鴻儀
閫外兵權攝威聲仰一韓三軍歸節制兩淛荷綏安傳諭人心
慰聞名賊膽寒鈴轅閒鼓吹士卒盡臚歡
鄉團仍舊制協力衆心齊召募籌良策周防塞險谿同仇被組
練馘敵掃鯨鯢報　國申明誓師興聽鼓鼙

運海策良謀倉儲首
帝州挽輸神葛亮轉餉亟蕭侯誠達
天顏喜榮褒
聖眷優百神咸助順澤國遍懷柔
掌管監司置端從要隘爭虎符傳幾道魚鑰下重城郊堡旌旗
樹譙樓鼓角清周巡嚴日夜萬堞認縱橫
才識富京都文章一代儒毓材逢
盛世課士傍明湖碩望追羊杜芳型景白蘇春風長此憶末學
感恩殊

峻嶺闢蠶叢旌旄拜上公百蠻咸逖畧六纛總元戎委任山河
寄勳庸鼎鼐崇鹽梅先兆卜入
覲慰
宸衷

黄鵬超

靈秀鼇峰毓英賢獨出奇閩南欽拔萃江夏溯分支儒品龍門
列仙才鳳閣推史垣傳雅譽秘館播宏詞名世文章貴分曹政
績垂
帝心隆簡在

王事重監司青海勞敷治朱崖切望慈宣𪻺瞻露冕巡野迓雲旗炎甸歡聲動遐陬學愛遺

鸞音天上降多節浙中持聽訟棠曾舍安良莠不滋激揚功有賴審斷意無私化叶騶虞頌風清雀角詩育才捐鶴俸勸學仰鴻規雨澤方羣沐星軺忽遽移三台芒正燦九牧位皆卑尚繫黎元望難寬父老思旬宣成駿烈

綸綍下

龍墀綵旆仍臨此金鑣又蒞茲纔逢開棘院更得接襜帷鐵面今重覩冰心昔共知門多桃李種材作棟梁資虎士收尤廣鷹

賑字從查有手稿本

揚烈可追職勲戎政候典重武闈時盛德同周召隆勲並呂伊
霓旌欣再駐露布悵交馳豕突謀難測鴟張勢未衰跳梁憎小
醜守土集雄師召募丁奚應謨猷甲帳施厲兵精訓練聚橐善
防維雉堞辛勤察麟車子惠隨痌瘝常在抱晨夕亦忘疲堵禦
工籌畫編氓感撫綏沙蟲噬怯避社鼠息潛窺祈禱邀神貺賑
蠲念歲飢丹衷真匪懈素守復何虧頌令輿情協調元庶績熙
峻嶒昭直節卓犖顯殊姿杭郡恩初沛錢塘澤共貽閭閻深愛
戴寮屬肅威儀紀實
宸章錫褒忠

御翰披霖甘為竝傳日暖愛同袞
巽命光榮被升階福祿宜攀轅情倍篤秉鉞跡難羈蜀道新符
握吳山舊治離經綸留史册姓氏震華夷作楫懷前度和羹卜
後期錦江迎吉曜玉壘擁征麾法立伊誰繼膏流未有涯葵忱
抒短什聊以祝春祺
魯春澤菊如
一麾節鉞東南地道是玉皇香案吏丨黃公經濟利蒼生宏才
用輔
昇平治當年問俗輶軒來獄成明允法網開轉瞬屏藩授方伯

二十 靜妙齋

度支饒裕誠通才監臨久處人情熟吾杭士庶蒙其福常教覆
被廣深仁雨雨風風習櫛沐里社枌榆志成城門牆桃李憑持
衡愛士勤民皆真率合詞咸仰方風清清風兩袖昭廉潔上下
同僚俱心折詎料安危倚伏閒風聞鶴警江南說｜公之智謀
出如神｜公之神勇尤絕倫作鎮方州如安堵邊疆永淨無征
塵征塵未息四邊起訓練籌防有綱紀小醜跳梁何足云闔郡
生靈歌樂只一片歌成唱歎加全城保障頌聲譁君不見忠勤正
直懸綽楔
恩綸寵錫來

天家又不見東南西北四隅辦義勇糾桓俱精選纊挾茅檐德澤深蹤潛草竊威名顯靜能坐鎮動有方朝廷政治賴匡襄武林無損秀靈氣安居樂業仍農桑續馳清譽平章事業功名著持節何虞蜀道難攀轅未忍杭州去一曲驪歌感最深湖山回首雲沈沈今人遺愛未盡黍苗之澤甘棠陰六井雙隄事雖古一公之利濟可為伍倘膺錫命得重逢乎鼓之軒乎舞

胡鳳錦笑梅

卓爾一黄公氷壺玉尺撫浙東西三載考績

天語煌煌忠勤正直應運篤生本為社稷

丹詔晉恩開府蜀國將星改躔光擁天碧十一罷民咸被鴻澤

祖道攀轅何以報德

疇咎拜

命牙纛再來平倩之位伯思之才晉旗楊柳衣錦城開吳越沃壤政聲外恢皋牢萬有坐鎮上台霜肅渙號銀印銅牌烽火四警蒼頭眾排戢行梟藻干羽兩階

籌邊有樓統攝軍政虜狀同胸雷走游偵先聲奪人膽落梟獍閫境帖肰笳鼓無競暇豫從容人心底定上慰

宸憂褒嘉報稱竹帛勲多史書難竟蠡測管窺此賦百行
功成帷幄擢爵西川叱馭九折媲美先賢霓旌將發舊治留連
湖山戀戀未了因緣父老雨泣鞠腰紛然肌髓淪浹厚地高天
温公一去送者萬千抒情述德製斯頌焉

仁和馬文華煥卿

丹詔親頒下
九重新傳移節指巴東逖公鎮鑰留民望潞國精神簡
帝衷四字榮褒
宸翰錫三年寵荷

聖恩隆錦江波漲花溪暖一路春風棨戟中

甘棠餘蔭在湖濱藝圃尤霑敎澤均功勵蛾勤才拔俊俸分鶴料饋資貧柏臺舊績昭前軌桃李新陰接後塵此日去思碑在口攀留無計駐雙輪

新城　陳方潮仲甫

煌煌華胄閩嶠分支守義樂道説禮敦詩確乎不拔介爾自持翳古大臣具此風姿

初陳浙臬鐵面冰心繼開陝藩璞玉渾金簠簋修飭器量深沈朗然鏡照點塵勿侵

開府兩浙尊賢育才松柏心識蘭桂手栽小草扶榦奇花護胎
熙熙士庶如登春臺
蠢茲譽匪肆擾金陵大江南北變擾頻仍公運籌識公逞奇能
裕之
邏巡安撫兵戈不興
卓犖羣英集箋經地鳥篆探文鯁直識字祝頌新思鋪揚舊治
肅吏安民拜公之賜
報最勛高寵承
天子節轉兩川才雄萬里度式圭璋威宣弧矢有唐烏公公殊
相似

異典一時殊名千載繼文達後為天下宰熊虎揚威鳳鸞煥采
威武揚烈規模猶在
次公重來私心喜之懷英將去士民慕思既抒經略藨鎟文辭
後公侯者取法於斯

王　起研香

巍峩棨戟鎮南州燕寢凝香雨載優膏澤虎林遺偉烈勳名熊
軾總諸侯臣心捧
日驚殊寵
天詔書雲倚壯巘頌德恰宜冬愛煦錦江安穩送行舟

馬蹏聲裏盼雙旌古驛郵亭夕照明經濟此旹韋節度衣冠他
日魏文貞巴渝歌舞迎新節花柳湖山動别情轉瞬鯨鯢應就
勠鈴轅觴詠畣
昇平

仁和錢繼祖珊洲

夙負安邦策良哉社稷臣雄藩膺
特命治績憶超倫廉鎮曾膺牧奇才獨溯閩澤枯功被土杭俗多停喪|公為廉使時勸民營葬無主者捐廉助之理獄決如神境幻蛇牛辨風和雀鬭馴
羣奸剛懾伏三輔忽宣旬競立生前社思埋去後輪輿歌騰淛

水愷澤越函秦勢控金城日聲蜚紫塞辰
帝心終默簡吳會復周巡龍節潛揚艄騶車暗轉郫威權隆節
鉞掌執亟絲綸猷壯資方叔懽償借寇恂車纔楓睹下材置棘
闈甄多士觀光重三章約法新（公蒞任時適屆試期積弊概除）蒐羅全杞梓
芟削適荊榛從此儒林式咸知正路遵惠嘉沾藝苑學博勵成
均寂寂魚懸續陰陰黍護郇和甘關　國計早潦潔明禋韓范
行臺令嚴劉幕府賓禮帷村右顧户版室中詢納粟謀
天府飛芻易海濱積儲饒玉粒籌畫甚勞薪一自聞邊警諸艱
集此身鎮流堅砥柱作氣轉洪鈞訓練營團亟纏縣誼語申羽

書採驛堠鼙鼓厲城闉百隊齊防衛千郊善捐循匪躬常蹇蹇

軍服各振振視事時防甲披函夜待寅積勤常運甓志感合書

紳弭盜尤防變持原用濟貧義倉精勵俗陳粟願輸困杭省多貧戶

公勸民設廠施粥一時全活者甚夥赤手匡扶易蒼生補救匀化咸沾草木節自

秉松筠談月邀徐座遺浮陋庾塵四知終矢戒衆詠敢稽膚箴

已垂丹宸名逆動

紫宸為霖傳巨手濟險伏斯人賙疊欽

天語瘡痍慮蜀民候初逢暮臘脚共轉陽春兵法攻心密輿圖

出掌陳羊公姿綏帶諸葛度綸巾叱馭空奇阪攀轅感夙因使

青娛……

星光朗處一路福駢臻

仁和楊鴻元濬泉

星使賢勞記昔年始膺廉訪繼旬宣中丞曾任臬司兼攝藩篆柏臺究察風霜肅花甸循行雨露鮮赤子瞻依棠燕翼碧幢高建報鶯遷譽髦多少思棠蔭愛士曾分鶴俸錢中丞待士最優藩臬二任均捐廉以備精舍獎賞

帝念東南保障難福星再至庶民歡軍張赤幟千營固氣讋黄巾兩浙安粵氛起後東南俱受滋擾中丞勤勞防堵兩浙晏然同德同心忠藎著籌兵籌餉智謀殫功名赫濯垂青史武肅遺勳一例看

宸章煥發自天來五色雲光向日開績奏三年邀

帝眷

題留四字稱臣才（春間曾賜忠勤正直扁額）錦江重寄山河壯

紫軸榮褒節度材際會風雲誰與並盛名千古定爭推

明湖相送奴西東旌旆飛揚向蜀中司馬長卿紆素抱卧龍丞

相建奇功歌興來暮成都遍碑樹去思浙右同父老攀轅情共

切匊茲小草被春風（中丞月課疊次受知）

仁和陳　垣薇卿

中甫咸欽嶽降靈東西砥柱仗侯屏三年子產興輿誦一路鮮

于是福星雅度已覘圭璧重鴻猷會待鼎彝銘遝瞻瑞氣台垣耀

二十六　靜妙齋

寵錫綸綍出

紫廷

龍光三錫鑒公忠玉斧彤弓

寵命隆兵甲羅胸推小范詩書化蜀仰文翁黃旗紫蓋雙車駕

綬帶輕裘兩袖風父老攀轅情共切翹瞻山斗感帡幪

傅道瀛再州

火欲熱圻任棟梁煌煌

天語特褒揚西川共盼新猷布南國均霑惠澤長棨戟遥行登劍閣

絲綸疊荷佩金章莫言此地攀轅切來暮謳歌徧蜀疆

桃李春風慶得師量才玉尺本無私長城

倚畀蒙

心簡善政傳流載口碑浮海糧儲餘

日下沿江警報正星馳從容坐鎮民安堵具見頻年措置宜

韓范胸中富六韜憂紓

宵旰識功高籌防練勇嚴軍令助餉輸誠鼓士曹兩浙三年資保障

九重四字獎賢勞相携琴鶴同清獻節署森森肅羽旄

撫字之江德化深翕然稱誦在儒林姓名久向

屏風記條教堪為座右箴一路旌旗應直指六橋花柳尚關心臨

歧帳望龍門遝依戀徹忱寄詠吟

金汝霖

名鄉作東南障忽爾驪歌唱遝征秉節不踰三載久攀轅難
觧一方情猶懷前度旌初駐已見淵衷鏡並清鶴俸捐廉資雪
棠龍門監試具冰衡操嚴簠簋徽躬飭俗靖萑苻泯角爭樾蔭
重嘶撫浙棘闈親莅快登瀛主持風憲羣情屬懍冽霜容合座
傾運粟途先憂梗道安艫力自卹芸生驢軺莫俟千山繞鯨浪
應隨一葦平卻值公麽稽後討尤期防禦懾先聲屯雲効武威
靈赫計日繩能訓練精捍衞夙嚴罝兔選閭閻豈有吠厖驚吏

虞鄜廟軍需數特激紳耆義惆呈輸納效忠咸踴躍籌防建局
籍經營良由士庶懷風易見儲糧不日盈李晟天生資社稷
汾陽重鎮固干城
九重
聖哲原無員四字
褒題冀永貞諸葛鞠躬償素志陶公運甓勵丹誠功參運腕書
堪上諫著批鱗檻待旌
寵錫絲綸嘉直梗遂司督閫快還鶯東吳莫慰蓴鱸願西蜀應
看竹馬迎心版當終銘父母口碑胥解頌神明臨淮轍卧民情

二十八　靜妙齋

繫江海棠甘剛緒縈寸楮莫宣依戀隱辦香從此奉芳名

許等身康甫

皇帝御極之四年越十月

詔吾浙撫臣晉江黄公擢川督維時寒飈北奏華節西移

騶唱頻歌魚符甫奉牙璋四至爭鳴報德之紓膏雨三年齊下

感恩之淚甘棠官舍曾蔽東臬之年竹馬兒童再迓持幢

之日春臺一刻猶荷餘温夏屋萬間久叨厚庇固已輿歌路市

膜拜人多矣方公之來吾浙也階升廉問職重刑名獄讞棍

廳百吏奉為圭臬謀陳蒿室

人錫以都俞丹石銷寃明服更懷神獬黄沙決事齋居時懍
爽鳩詰經然荷栽培賞分鶴俸報績重留車轍蹟認鴻泥繼而
職署旬宣功資安攘畀屏翰維藩之任隆弓矢鈇鉞之權仰荷
溫綸宣猷秦隴進三旌之位彩焕中台膺八命之榮名高列岳
東西分陜雄藩資保障之功節鉞開疆表裏壯山河之色由是恭承
天眷特拜平章陋羊杜之風流邁范韓之經畧時當攘攘倍
周防露布遥馳風聲遠樹輸餉則申以大義防禦則奬以勤勞
是以章告
宸樞閫外歌為大樹威宣甲伏

青始齋

禁中倚若長城至於經畫

正供挽輸漕運𧏖户攷甲丁之法制溯江東開場絶庚癸之呼

惠行朔北正冀旄麾久駐棨戟常留而乃

寵命新頒晉令公為節度

皇猷丕煥錫山甫為諸侯韋皋為諸葛後身應享西蜀擁旄之

報朱穆有冀州遺愛宜受東都畫像之榮願立勒德之碑為結

因緣之想轉瞬入登黄閣上侍

紫庭又將

三錫以增榮豈羨八州之作督也哉爰為之序而繫以詩曰

詔書捧出五雲明迫促花驄別鳳城使節艱難貔虎地軍容燀
赫鸛鵝營錦江春色饒詩酒劍閣秋山靖甲兵節鉞三年資保
障螭碑勒頌待重賡
雄鎮開藩各一方虎符魚佩煥輝光蒼生涕淚同揮灑諸將肝
膈激昂星漢文章唐許國臚雲名第宋安陽忠勤正直孚
宸契曠古榮施孰頡頏
萬古風花簇錦輦蜺旌龍節快登壇雨朝元老推襄鄂一代名
臣重范韓東海魚龍平澤國西征貔虎策材官驪歌祖帳情何
極願祝

恩綸鼎錫丹持節西川拜
命隆大猷中外倚純忠頭銜貴壓唐三鎮
手詔榮叨漢上公彤珥仍飄雙暈翠錦韉遍踏九衢紅待逢西域
鐃歌奏
天語親褒第一功
校府徐泰遇
星軺祗許住三秋臥轍攀轅莫可留傳說甘霖遺善政趙衰冬
日炳嘉猷參天棠蔭今猶古翦水蒲帆發轉收十一邑民齊合十
祝｜公纔去便迴舟

吳楚欃槍夜吐芒妖星終避歲星方羣欽韜畧嫻龍虎豈獨文
章賽鳳凰雨淅封疆資保障一時户口靖蒼黄
天心契合深嘉許四字流傳百世芳
滄溟萬里轉雲帆器使羣僚選擇嚴儲蓄十年
天庾富輓飛一路海波恬乘風不費舟車苦尅日無煩歲月淹
翠羽輝煌耀元服
湛恩霑
横塘捍海魚鱗脩築隨時極有倫夕汐朝潮闢寤寐披星戴月
受風塵流奔竹箭無憂雨浪湧桃花不礙春閭里安居田畝穫

三十二 静妙齋

衣豐食足慰鄉民
儀型寀寀式儒林谷是虛懷水是心桒有媼公三吐
哺褮無楊震四知金雞鳴早共冊輪起燕息渾忘
玉漏沈
國事賢勞民事劇不將運甓惜分陰
猶記開藩秉臬時一般旰食與宵衣秋高霜冷烏
垣柏春暖風摇粉署薇幢擁行臺澄户版圖
空茂草鞠圜扉憐才更荷捐清俸繼晷焚膏
助下幃

鎖鑰西川重劍門特隆簡畀識
君恩宏開武庫威南服丕顯文謨殿大藩雅化原知比沭當棠
忱更足愧桓温和梅斟雉從今始積笏盈牀到子孫
仙風一路送朱旗仰見台垣福曜移迎歲嶺梅先吐蕚贈行隄
柳未垂絲歌應蜀道聞來暮碑擬吴山勒去思更有丨師恩忘
不得優垂青眼受丨公知
羅學澄頓首
冊詔輝煌下
紫扉

芝泥猶染

御香飛龍符喜建三年節蟒服新披一品衣仙仗即令催鼓角

崇轅無計挽旌旂

朝廷正作長城倚定有殊勲達

帝鑑

溯歷崇階

帝澤深錢江兩慶福星臨從頭

雨露邀

螭陛朊手風雷震虎林五色雲開

頒吉語一壺冰澈勵官箴但看肺腑酬

恩處知有丹忱矢到今

徽垣柏府持三載憂民兩鬢絲玉粒輓飛供正賦金甌奠

定荷

天知翠翎

寵錫雙飄重

寶翰

親書四字垂豈獨不驚風鶴處庇邀安枕共謳思

潼江遠隔瀏江流同此蒼生仰孰籌指日星軺移斗野宣風雲

三十三

仗下梁州關山有夢隨朱轟河嶽呈靈衛絳騶千載棠陰遺愛在
黃扉遥頌拜
宸旒
張蔭槃　矩卿
柱石東南鎮良臣百世師圖功勝擔荷捍患固藩籬潔止冰壺
抱方難鐵面欺宏勳儕旦奭鉅烈邁皋伊社稷膺隆倚黎元企
令儀一朝端
恩最渥閫外轂先推
寵拜

綸音美光騰翠軸披翔烏鳴畫戟衙纛下　冊坪鎖鑰蠶崖寄
旌幢鷲嶺移觴交金谷盛鞭指錦城迆邐葯奚由挽韓尖漫許
持庚郵中使節寅餞上春時鷄厲無雙士鶯遷第一枝孰留賢
刺史常覆我訊岸愛杜鐫心版褒羊溢口碑幾番勞措置賴以
濟囏危鄰邑欃槍逼巖疆羽檄馳軍書旁午至餉衆苦辛支慷
慨攄公憤殷勤勸富貲和衷疇敢拂掣肘豈容辭奈問孫吳選
非諳韜略奇裹糧供士素飽坐甲忍虛縻擾擾驚蛇豕桓桓擁虎
貔霜戈無赤刃月奏有紅旗飆每催輈客瓜多誤戍期脣親原
互救膜置詎輕遺利向操贏括瘡須剜肉醫倉黃敷政裕清白

三十四　淨妙齋

恐人知擊柝旋相促修矛未暇遲堅兵誇制梃重鎧肆跳陂召
募抒長策籌防酌舊規燕犀看繡簇冀馬望風嘶組練圜郊堡
艅艎習水嬉鵜膏縧劍拭鵲血韔弓滋礮演鴛鴦巧旗翩鳥隼
差擲營喧鼓角萑澤戢鵶鴟設險爻占坎成軍卦筮離控邊臨
蟂寨結陣比鵝兒勁扼蕪湖要雄屯婺驛逶運謀能中宵奈命
那孃疲器授材堪用衡操任勿疑蠢頑逢破膽俊傑盡伸眉豹
褭揮單騎狼煙靜四陲參連酬兕爵偏伍熟魚麗鯨掣貪何猒
熊咆隘莫窺聲威狂寇憚戴覆遠陬綏玉帳恬如此銅丸警若
斯夜巡闔鑰緊晨起簿書隨峻骨棱棱豎嚴懷贊贊思鷹揚旄

把呂狼跋鳥尊姬忭舞輿評洽廣明

帝曰咨焜煌

宸翰啟炳烺

聖謨垂正大侔居體勤劬守典司精忠盟皦日亮直况朱紼榮媲

麟袍字泥鈐蚪篆芝紋綾攤棐几墨寶動蘭楣業業求宣力諄諄懍

訓詞毋忘朝飲檗願效旭傾葵程梗河傳鯉塵銷海測蠡適帆

輸程總渤澥瞰琉璃鹽筴聯商舶盤鹹訊島夷千艘儲職內五

兩借封姨亥市晴開蜃丁沽夜走螭歲供登庾稟漕運達麋秠

張弛羣情協調停庶績熙俸錢捐獎勵夾佽剖妍媸戴席膏腴

二十五　靜妙齋

采匡經雅教施珍搜螢案切才揀鳳樓宜藜火燃劉閣芸香溢
董帷靈根加護惜偉器擢嶔崎絕學收殘燼詹言鄙漏卮觀摩
同決拾肮顡羨囊錐窗限催題燭枰敲賭墅棋蠅頭工寫牘鶴
滕喜研詩起艸類捫腹吟花慣撚髭毫鋒齊掃兔珠顆競採驪
拔欲雕蟲哂華應刻鵠嗤論文窮奧作鍊賦得津涯博士緘刀
布釁宮助脯資歡顏欣厦庇妙手快章摛速藻雲迷目霏瓊雪
沁脾英流歸講幄碩彥主皋比共仰裁成庿盛瞻淑艾私青衿
霑學誼黔首沐深慈品概欽三輔芳稱播九逵篠驂臨祖道征
旆帳班騅犀浦晨咵鐙雞坊暮轉麾橦華迎仗入椒雨隔簫吹

懋 賞作樊

錫

鴻已遵陵陸駒難詠縶維自今常景邑可慰調飢沽酒郫筒憶
淋鈴綺曲訾仙葩舒杖錫瑞鹿繞軿輜爐芋曾符契羹梅待整治
位還陪鼎鼒夢早兆龍鬉竹帛銘嘉乃琪旒德翼為崇階躋袞冕
懋賞過樽彝降宿躔逢昴生神象應箕泉山鍾秀氣閩越挺瑰
姿枚卜從俱吉丹忱念在兹台垣星朗耀牙纛振涼颸

仁和董慎言仁甫

天誕
熙朝瑞人稱
聖世祥三台輝赫赫六纛品堂堂旄鉞元勲奏簪纓懿範莊手

三十六 静妙齋

錫文吏治服裝字

儀標鸞鷟賡拜頌鴛鴦憶昔冠峩豸曾除俗飲羊口碑傳勿朽

肺石瀘毋涼隄念蘇公椰家思召伯棠果承新

錫命來撫舊封疆隼旟依前莅鸞鈴再聽鏘然犀澄吏治警馬飭

官常經[illegible]昭楨幹芟夷去莠稂請臚諸德政約舉詠篇章爾日

河艱運當時海不揚蜚芻煩盡勣率屬細籌商初仿江南策看

浮澥北航蜃消清絕島鹵集駛高檣萬里針程迅重洋錦幅張兕開供

玉食豐稔兆金穰喜協千倉祝

榮褒四字彰雀翎邀

寵賚燕翼衍餘慶欲捍雙門浪先修一綫塘指揮勤築護劈畫

飛羽檄 脫羽字

貴傍徨罔惜繆緡散惟敎畲揭將遺模追華信餘烈炳錢王蟻
穴功宜密魚鱗建本良百尋圍帶礪七郡輩金湯共說鯨瀾砥
胥徵雁户康子來趨力役辰告慰吾
皇往歲祲氛起鄰封毒霧颶連圻虞竄逸重鎮遏獮猖玉帳紆
謀慮丹襟切悚惶紛紜飛羽檄絡繹發牙璋旁午勞規度夷庚賴
保障咽喉嚴鎖鑰唇齒謹關防風鶴全忘警星狼竟息芒山川
同聚米策算等探囊河朔規堪緬關中制孔臧鄉團傳處處材
勇盡趫趫細柳軍原壯魁梧旅更强選兵儕白芍肅隊匹銀槍
豹畧知嫻習蜂屯早遂藏五花精訓練七萃並趨蹌甲仗森難

叩不遑 作不不

犯丁男鋭孰當干城資堵禦崧岳共瞻望餫饋期無缺鈎稽日
不遑感應侔纊挾唱詛俟沙量鳩鹄餐仁粟熊羆飫義漿搜牢
苛豈效儲偫願咸償劉晏輸通敏蕭何庶頡頏飽騰欣雨沐喜
躍比雷硠凫藻歡聲動鴻施愷澤滂|公真辛瘁著象料癸呼
忘預試調梅術來頒議莢方牢盆煩握筭鐺户自分場淄蠹先
祛害游梟敢逞狂經姟懲割匿均幹剖微茫般削書嚙管侵牟
計斥桑散飴充額課平準核頭綱酌劑錢盈朏權衡引短長敖
波誇雪潔設竈覩煙翔訓士西泠地聞名北斗光瑱闈監慎重
玉尺判低昂勵學欽圭臬儲材獻

廟廊幄曾施講院鑑共仰文昌羣彥甄鈞箭誰人任棟梁通經
師許鄭作賦邁王楊太傅裴胥被門生筍列行菰蘆叨夏庇桃
李煦春陽戩㲋劬躬理喧豗簿領忙精明符鏡照決斷勝刀鋩
判牘晨無倦傳餐夜未央訟教平雀鼠化克感蝻蝗頻上韓琦
疏時焚趙抃香寅恭虔保赤申佑格穹蒼鯁直欽神鬼調和驗
雨暘中孚波可涉大有歲無荒不盡宏猷普欣聞積弊匡雅裁
覘嶽嶽大度益汪汪銀手鋤奸果金心秉節剛糾繩貪必罰軫
恤視如傷簠簋箴彌謹脂膏潤莫嘗恩專霑霈澍操勵矢寒霜
至信通金石持修擬琥璜蘂鋪情㽞已條記愧非詳忽下

三十八 静妙齋

雙螭詔旋催一鶴裴將移卿月耀又見使星熿蛇鳥庚丁陣蠶
梟子午鄉麟圻歸節制爵鼸快超驤負弩聲馳蜀留韡愛表杭
去思謳待廳來暮頌看歐夢應刀州兆咸覃劍閣旁篠驂迎遠
堠梧鳳翽高岡待卜
黄扉贊行登
紫極裏
九重深倚畀
一德籍交相補衮昭臣職垂紳侍
帝閭前徽思赤舄碩望煥彤裳燮理侔姚宋訏謨軼杜房九瀛

錫

均戴澤兩浙亦承芳駿譽風行廣庬禧露自瀼鯫生忭覆兦抃

舞德洋洋

仁和董慎行敬甫

公之來撫吾浙也政通人和春臺化洽民康物阜夏甸懽騰固

已綱舉目張小廉大法已屬當軍書旁午運道艱辛丨公則保

障周乎東南雲帆轉乎遼海憂時髮白報

國心丹

天子錫以寵褒加之榮擢福曜將移夫全蜀慈雲徧蔭乎之江

人願留鞾民思卧轍謹臚德政條舉大端有如轉粟宣猷班星

三十九

静妙齋

此須另作一行

枯鮒甦既枯字

幟也鞏塘樹績捍雪浪也飭防固圍靖氛也練勇聲威鼓士氣也籌餉飽軍肇畫勞焉恤商裕課額羨充焉養士儲材備楩楠之選焉勤民誠感慶風雨之和焉擬繪為圖小技末工乎粉墨敬成長什千言用代夫丹青

巖巖晉江公秉軺撫全浙風骨凌雲霄冰心勵霜雪愛民民困除察吏吏弊剔春聲滿城野冬煦徧吳越憚瘡忘厥勞嘵嗂靡所恤丙照判莠稂子惠賑嬉危安良梏鮒甦鋤暴封狼戢人仰碩膚才政難縷指述東南財賦區歲歲供

王食

公惜河運艱不如海運捷粟登扆辰猷稷饋効丁力鱗次艑舶

排尾銜舳艫接艭犀露島激張颿雲帆疾蜚蜚挽臣藎攄豇納

天顔悅

鳳詔表忠勤

鸞綸獎正直焜燿四字褒輝煌雙羽錫餘杭夙瀕海早潮復晚

汐賴此一綫塘留為百世澤|公不憚辛瘁秝畫必詳悉形式

仿陂陀制宜究凹凸鯷堅波不揚鯒渚浪永息駑弱疲夫懲漁

便墨吏黜鏐繙萬貫輸薪木衆材飭虹隄固金湯雁户登衽席

妖徒媥祅氛熒孏久未熄民警鸛唳聲公探豹韜策緋札極精

四十　靜妙齋

籌□方帷幄操　脱方字

嚴戈鋋吏凛冽調發師百萬保障郡十一王弩勢雖張金甌罩
無缺鵝鸛聽指揮拂猥笑耳帖丙枕夜不驚庚鈴算早得芽蘖
弭害萌芭桑奏偉績時久際恬熙俗本偃兵革官兵數不盈鄉團
社可結｜公廼發餘財募使補軍額組練頓生輝旌旂喜變色
保甲編十家壯丁控千列白芀軍实張銀刀隊齊勒夏陣排五
花秋場舞萬葉雞黍勞猛士冕藻騰健卒軍威萬里揚軍餉一
朝給腹枵衆所慮掌畫計不失熊轅甲令頒虎旅癸呼寂劉晏
安足論蕭何莫能及籌方帷幄操勝果疆場決飽騰効嵩呼儲偫
喜山積投醪馮異謀饋粟寇恂烈猰貐歛吮磨鴻鵠穌沸鬱醝

相丁卯 亟 脱丁字

綱實利藪富賈每屬集食貨賴規稽牢盆貴精覈一公謂蠹不
除遂令肘日掣禺筴利可興苞苴賂不入功分紐丑勤困解租丁
亟管書單莫數桑論苛可斥雲屯万萬竈澄風靜羣苻慴納賦額
課充榷稅心計密卹商政既舉愛士志尤切白裘十丈溫杜廈
萬間闢不使青氊寒爰命絳帳設騷壇時雨霑縈棨和風拂毫
揮秋蚓鮮筆潤春蠶灑芝生探驪珠蘭膏逮鱣室桃李遞栽培
梗楠廣蒐擇恍游鄭公鄉儼入文翁邑士習導彬文民事酌緩
急纚風沐雨時憫暑咨寒日手牘聽漏判肩輿戴星出魚鑰視
重門鼉更警永夕下壺鳩含瓦陶侃勤運甓除蝗吏治清介咒

湇 作浮

農情協暘雨體黔黎饑渴慰蒼赤虎林治化湇鷲嶺政聲溢福
曜炳䆉圻懽雷殷雉堞芸生隸忭懞林總賀安謐惠政被西泠
精誠感
北闕
帝令督巴蜀民欲挽車轍飴叟攀轅留鯢童遮道立謂丨公涖
吾浙浙民目頻拭頋望超范韓美譽軼蘇白昔丨公擁豸冠棱
棱面如鐵心臺朗冰壺手稿定王律青草囹圄生赭衣康衢絕
清勤傳口碑幽隱伸肺石今丨公建蜺旌豐功著竹帛羣邪革
鴟音四境杜豕突智抱羨珠含清懷比玉潔芃黍慕郇公甘棠

賢良 服良字

式名伯咸仰溥鴻慈僉願駐龍節客曰一公將行會當奮雲翮蜀道匪崎嶇全川賴綏輯瞿塘釃化專棧道蹋塵滌天子嘉乃功俾之襄衮職委任託心膂出納司喉舌虎攫恩寵加夔颺忠智竭燮理矢丹忱訏謨贊紫極斠化鼎鼐調輔治權衡執柱石仰申楨江海資傳楫星宿三台明風度百寮懾紘綖暢仁風億兆躋壽域豈獨兩浙民世世食其德

杭府連自華書菜

朝廷授職求賢良雄藩重寄資贊襄

帝心簡在民具慶邊疆正復如海疆仰瞻儀象雲聚房術士告
我爲徽祥瑞氣盈盈光茫茫當有吉曜臨西羌繼聞一中丞荷
寵章榮膺
天命任保障吏治卓傑身其康雖云蜀道難何妨憶自節鉞駐餘
杭浙東浙西流芬芳始來主臬理裄楊濟以寬猛平譸張愛民
如子視如傷懍若秋風嚴若霜未幾三台高騰驤陞階鳴佩時
鏗鏘優優布政飭紀綱文武旬宣齊趨蹌
天子曰嘻唯汝臧滇南地僻民豪强屏翰有職疇勗勷道途迢
遞式遄行犇走

王事莫或遑旌麾星速出城廂觀者爭先如堵牆扶老攜幼塞
路旁思民父母弗忍忘知者識—公貌軒昂謂—公福祿正未
央吾儕小人引領望他日會應撫吾鄉明季大比開闈場呦呦
鳴鹿歆筐篚忽聞蜺節鎮一方郵程星馳下荊湘父老驚喜夙
願償郊迎重欲挈壺漿君子至止鳴鳳凰我亦振衣千仞岡太
平有象歲豐穰四境長此無寇攘粵西小醜肆虎狼計則狡獪
勢彼猖今冬猋掠破武昌明春攻擊逼漢陽所向靡敵民胥戕
大江南北咸驚惶劇慮齒寒由唇亡武林風氣尤孱尫矧聞賊
鋒莫敢當賴—公坐鎮無蹌踉訓練征繕謀豫防始謂師行裹

餱糧首重民食籌儲倉繼謂軍餉貴酌量剴諭閭閻樂輸將兵
其踴躍鼓其鏜有備無患尚徜徉但觀安撫德孔彰何必破斧
與缺斨儒生身列在膠庠爭自濯磨成圭璋｜公謂力學在仕匪
皇呫俾章句特粃糠又謂立品肅冠裳棫樸作人金玉相屆期
芳校必親嘗優加奬勵寓激揚湖濱精舍秘書藏儀徵相國庋
琳瑯｜公謂經義不可荒屢捐鶴俸計久長｜公尤事事求胥
匡搢紳先生無參商
天庾正供渡海航
國課充裕敦農桑旱潦失時時雨暘竭誠致敬為祈禳靜惟無

慭故得剛動則言表而行坊豐功偉績著旂常
天顏有喜錫　龍光忠勤正直懸公堂作紀實觀
語煌煌比閭晨夕一瓣香願留浙閩無促裝臨歧不勝意傍徨
祝｜公壽考捧盈觴我陟高山且翱翔送｜公無復遺筐筐召
伯遺事賦甘棠臚陳德政恥未詳碩膚播譽魚鱒魴勒去思碑
聲砰磅檢點詩囊贈行囊急就成篇倣柏梁

仁和朱允元克庵

懿夫輝澄八表歲星久則周天躔協九行卿月分矛喬采仰旬
宣之績懋艾物必豐領卭笮之疆巖芝銜特晉花開旌節百官

卯若作卯字

祖餞於湖濱雲擁麾幢闔屬攀留於道左賦別惜蘇公之去感
恩贈白傅之行頌美生申願殷惜寇同聲相應自古則然恭維我
夫子黄蘭誕雲紫薇捧日炊累萬物流決百疑負經天緯地之
宏才膺礪山帶河之重寄方其初來兩浙也炳英聲於驄馬直
指名高砥純節於羔羊明刑職總手如屈軼之草心為肺石之
函張蒼則律歷兼精胸操算術黄霸則寬嚴並馭首肅官方柱
勒烏蠻鑄兩甄之印若隊巡白僰威六詔而帖如洎乎綏靖滇疆
量移浙撫父老深藻鳧之怍兒童讙竹馬之迎下車而蕊牓標
題東西浙桂枝香吐小錄而花箋寫序文武闈竹箭材搜莫不

振彼雲逵榮兹月旦乃若米賊横騷於珠海妖徒竊據夫金陵

偵告虎林奸窺鳳嶺賴

夫子料量機密鎮理從容鼓舞屬僚俾合境宵安鶴警簫勺羣

黎願普天化洽鵝居銀刀之伎選跔揄後先偏伍鐵壯之鑰嚴

啟閉出入邏廵保甲周稽埽榷苻而跡靖鄉丁團練衛桑梓以

恍堅而且肅三仍五墨之官箴先六緊十雄之報最薦牘有冰

心之譽供輸無月額之虧遼海雲帆達紅陳於

天庾征函露布華亦仄於軍門泉刀遒

内府新頒弊消耒子畚鍤濬金湖舊壅法善撟流鵷俸清分徧

種執經之桃李鴻才蔚起盡成華
國之楩楠斯則游刃恢恢存神罜罜羅縷不紊石畫有方洗玉
宇而塵清奠金甌而功最宜乎沐
帝心之眷注秩卜升遷聆
天語之褒崇寵加節制苗疆險要撫綏
特簡予重臣藏務殷繁
倚畀獨專夫元老以涪江作湯沐千里鏡清以劍閣為屛垣百
城鈲建州分梁益宣猷而雪霽陰平曲奏巴渝按部而風欃鼓
吹行見西川報政拜

恩留郁閣之銘豈徒南國去思戴德立欒公之社兹當
鳳詔遙飛之日正蜺旌待指之期驂欲去而猶停騶將唱而未
發慈雲覆久風乍移而小草皆驚負笈程遙經待執而瓣香爰
爇驪歌三疊翠管十行忝居弟子之班篇申述德備寫軍民之
感碑勒崇勳計之攀轅徒緬薪傳於絳帳歡先捧轂永馳篆結
之丹忱看此時節使遄行覲
日誠瞻夫
闕下祝他日相公
予告福星載蒞乎江干爰獻缶吟先申喤引

四十六 淨妙齋

惟嶽降神篤生碩輔皝皝壯猷繩其祖武味腴飲醇涵今茹古薰

為和風潤為甘雨琛版飾躬繡衣垂跗

稟學家街揆才

天庭華蓋一柱文昌一星草封霜諫黍沛膏零明折庶獄慎簡祥

刑迺疆迺理為藩為屏

翼展九衢程摶萬里鼛鼓宣威牙璋奉從棨戟雲飄軺車星指

再履吳邦重臨淛水釃酒焚香歡迎舊吏

奸騟草竊狂寇披猖狼煙遨警虎纛高張公機默運痡掃欃槍

旄頭射落晝見當康沃以千里永固金湯

天子曰俞咨爾牧伯式撫是邦忠勤正直克奏厥猷余嘉乃績
畀爾險雄統茲繁劇晝角秋巡錦江春泊
公之來兮匪惟我私公之去兮實繫我思神功鑄物偉略匡時
凡我士族含甘吮滋捃摭萬一靡能畢辭

王麟書 松溪

浙省為東南重地轄十一府屬任劇地煩政殷職重
聖天子慎重人才
特簡公來蒞撫任自一公之浙報 國惠民整兵訓士雖古稱
李鄴侯白太傅蘇文忠不是過焉凡都人士孰不前歌後舞頌

四十七 静妙齋

公德沐—公惠戴—公恩於勿替哉今茲
詔語又以—公積勳日盛陞授川督—公之行有日矣銜佩—
公澤不能去懷敬為頌以獻
於鑠
景運天眷
皇清卓哉碩輔為
聖人生乾坤正氣八閩毓英具大經濟篤哉忠貞
嶻嶻八騶式來我邦昭牛斗分台星曜芒大人虎變偉績龍驤
式歌且舞民說無疆

錫

壤地臚歡官方奉矩徧浙東西頌賢公輔警我風雷惠我霖雨

何以媲之方叔吉甫

既公且明孰不服之既廉且貞孰不樂之道之以德化之牧之

齊之以禮約之束之

錫之予之

聖訓煌煌頌之祝之民隱彰彰斥堠不驚我界我疆保乂黎庶

非一公孰當

天子曰俞才大可用督茲西蜀萬里兼統文翁遺化曰維絃誦

武侯故區曰維耕種

河水洋洋丨公將行矣浙人愛丨公寤思縈矣前茲來暮歌為
成矣今茲去思徒為情矣」
龍旌虎節載移玉趾式展新猷上報
天子出總文武入膺燮理
聖主賢臣休哉喜起

陳福培

閩海輔臣生為古鳳凰挾忠抱義賀世鳴朝陽帡幪兩浙士庶
咸安堵統轄四境軍籍能主張忠勤正直上報
聖天子仰荷

宸眷赫赫瞻
天章十一郡中赤子爭感戴三千里外
丹詔重褒揚
帝謂巴蜀崎嶇任艱鉅咨汝老臣篤棐能贊襄記昔職媲臯蘇
陳臬事旋且藩開岳牧司封疆矧今撫視鹽漕籌　國帑更復
指麾韜畧賚軍糧方謂東南節鉞賴保障詎知西北帶礪資隄
防如唐裴李兼領節度使如宋韓范遙圖經畧方精神矍鑠不
減文潞國聲名鼎盛不讓汾陽王此志拳拳不敢辭跋涉此心
耿耿直欲凌風霜蠶叢鳥道山川踰險阻蜿旋龍節遠路增輝

煌口碑額頌爭立欒公社衢歌巷舞猶懷召伯棠錦城春色從
此滿天地武林德政從此留馨香願公此去仰體
重華意他年述職允為邦家光

杭府　汪綬之芍卿

次公懋績冠南邦兩浙重臨建節幢雲集户多輸稻蟹月明村
少吠花尨先機指示韜嫺六判牘躬親管下雙藉慰蒼生霖雨
望攀轅歌已遍之江
三載清釐積弊忙不惟裕課整鹺綱駿才八九陶鎔出虎旅三
千訓練詳稟輓飛芻蕭相國圖編籌海鄭開陽忠勤正直邀

宸鑒

奎藻榮褒姓氏香

優賢揚歷

主恩深勵翼恒留座右箴玉燭調和宣禹力金隄保障慰

堯心飲冰清操摹僚肅植檠芳型下士欽撫卹維勤登眺暫湖

山難得樂天吟

濟川才孰似一公賢遥指褒斜叱馭前新息五溪高立柱會昌

一品静籌邊雲飛隴首都成采月照峨眉别様圓定識功符枚

卜吉一綸扉入贊

峨眉作蛾字

命重宣

錢唐劉鍾祥乙葵

褎覆一州白少傅刺杭之績圖開八陣武鄉侯治蜀之猷仰鄉月於人間飛使星於天上鴻才丕展政績彌豐龍節頻移官階特晉一中丞之勳可謂偉矣

聖朝之遇可謂隆矣在昔憲府新遷名區甫蒞犀角東元稹之帶鼠牙歌召伯之民乎允共欽旬宣又效咸謂屏藩遽樹榮邀方伯之膺何幸旌旆復旋重識使君之面擅羊杜風流之譽文教聿興策范韓鎮撫之勳威名遠震迨西粤之干戈徧擾而北

門之鎖鑰尤嚴度禁雞鳴鎮雄關之百二守憑虎旅練勇士之三千倚道濟為長城稱葉公曰民望是以危雖同於燕幕殃未及於池魚衆可成城人咸安堵扞衛之功孰大於是然而既嫺武備兼秉文衡琢璧披金熊學道夙端師範仰山瞻斗韓昌黎丕振儒風而且屢經鶴俸之分用助鳳樓之造固選材之有識亦待士之彌優若夫錢鈔行而便民鹽筴正而利賈紅糧遞運飛雲渡遼海之舟碧浪永馴偃月疊平塘之石宏功並奏庶政兼修管仲為天下才子産號衆人母中丞殆兼而有之矣宜予

宸衷優眷

號衆人母　小註字

五十二　靜妙齋

錫

御額榮頒
諭奬數言
褒欽四字武穆王精忠之志字繡瑂旗嶶國公誠正之箴書陳
丹陛檻旌殿上表直節於朱雲甓運庭前勵勤心於陶侃
綸音寵錫知臣莫若
君經濟宏敷安
上以全下樹千秋之偉業真一代之名臣也今者節東西川鉞
麾南郡樓登六相榮卜他年堂訪十賢名齊此日計旌移而屈
指謀策贈而歎懷爰為握管之吟藉寫攀轅之意一篇序就聊

代召棠郇黍之歌七字詩成愧無謝草江花之句

淛水更番樹政聲忽蒙

特簡又西征錦江玉壘名都勝紅旆琱戈節帥榮酒進盈樽供

祖帳詩裁尺幅壯行旌兩章籍作芻荛獻桃李區區展寸誠

檢點行裝鶴與琴貞廉臣品自堪欽直旌金箸千秋節清徹冰

壺一片心馬首南瞻紅樹遶蛾眉西望碧雲深願公此去殊

勳建倍竭葵丹報國忱

杭府周篠昌仁甫

續武經文日移旌建節年

五十二 靜妙齋

恩光迴
北闕功蹟紀南天柱石之江倚襜帷蜀道牽使車明福曜制府
仰高賢屬吏攀轅集惼民祖帳先膏銘心版久德述口碑便昔
憶陳時臬初來理訟編省刑寬狴犴約法逐鷹鸇豸繡威能懾
鵷音過竝悛庭清堪止雀圄靜不吟蟬獄以咨繇治文還召伯
宣邅時同皡皡遵路正平平忽聽風鶩鶴難安俗獻豜喜逢專
閫寄重賴總師還翠幕張牙肅油幢秉鉞虔忠勤
天子詔正直老臣堅戰鼓鄰封急征符驛置連羽書忙判決籌
筆費憂煎倉卒艱輸餉昇平已撤弦何由供扉屨有備厲戈鋋

犀甲團精旅蛈囊倡俸錢坦懷申日勸學載聚雲填賦或招商
賈居看樂市廛崇朝嚴虎衛比屋罷鴻遷律演吳宮陣機參管
子篇健兒工拔幟奇智運關鍵食肉懲無畧多魚戒員愆綸巾
昭鎮定裘帶謝蹁躚細榔欣成壘甘棠息警煙湖仍稱樂土海
豈變滄田秋稼堆場圃春耕度陌阡雨風調玉燭士女詠金鈿
已釋倉黃慮猶為傑亦憐官方盟白水最課飭廉泉禹筴窮深
弊催科廣舊蠲粟芻津渡挽檣船佑帆懸遠道紓
宵旰恬波越次躔詎煩神製馬恰比疾飛鳶劉晏才原裕錢鏐
策更全銀濤生十五鐵弩挾三千捍禦廛黎庶劬勞竭胝胼凡

勗鵬騫
作表
騰

闗民瘼恤惟望凱歌旋蔀屋親依字康衢額駐軿洗兵將買犢
歸伍欲呼揵多士龍門託斯人馬帳搴菲材容砥礪大冶荷陶
甄採榦儲梁棟搜奇拔杞梗四時西子舫三載米家船佐讀膏
添盋論文筆似椽前游誇鳳觜後起勗鵬騫科第傳衣鉢熙攘
服誦絃如何登擊壤邃爾賦離筵兩浙般授轄三巴欲指鞭范
韓真節度諸葛況神仙歌舞渝童迓山川犵户聯崴嵋瓊瓊綮積
巫峽野花妍穲稏嗟來暮冠裳補化偏
綸音敷
德意。

枚卜重仔肩干羽苗頑率謨猷益贊鮮
聖明資碩輔橐矢頌垓埏
石綸藻 翰臣
曾憶秋風棨戟臨福星一路洽壬林蟾宮待主賓賢席虎節重
頒察吏箴浙水慈雲方浹澤巴山夜雨又儲霖乞留未遂攀轅
意子細棠歌溯自今
遼海雲帆展勝籌 京倉績邁韋蘇州防奸令甲歸編籍經武
庸丁克壯猷能使富民思卜式直教駭浪靖陽侯東南歲稔金
戈戢回首生成德莫酬

天語煌煌四字榮頌聲喜洽

主知明岳襄陽感懸旂勒陶武昌能運甓呈尺挺方規持玉整

箸標雅度勵金精去思不少銘遺愛誰似賢勞

帝謂旌

湖山猶是戀遲曛報

國心誠養士欣花護蕊珠嚴鎖鑰草裁書帶挹經芬觀風每想

鴻裁範雲露長叨鶴俸分肯使文翁私蜀治會承

丹詔轉川雲

孫玉檢

方召兼文武東南仗保釐屏藩深倚重酒醴洽
恩私詩競歌衣繡功原異繭絲蒼生剛被德又見節麾移
回首秦中路一公歸正兩年勞臣多閱歷
聖主重耆賢浙水波瀾靜湖山景物妍軍中韓范在
閫境賴安全
正慰東吴望旋頒
地闕恩
朝廷西顧重官職總師尊雪蒲巴山戍雲隨玉壘屯遥知安蜀
策諸葛許同論

論

惠培

御額恩頒拜

紫宸榮叨

天眷四方聞葵衷激勵常依

日草野遭逢等望雲遼海揚帆曾利運明湖樹幟轉難分民生

國計皆廑念願奏　昇平懇

聖君

衣錦何心戀故鄉中懷縈繞幾回腸焦勞夙夜連催鬢白撫卹軍

民感鬢蒼寵荷

伊舟傅楫

九重龍節降遥馳千里馬蹏香他時約畧杭州説更上高樓是海棠
記從詞館出蓬萊獨裕經綸濟世才福地久瞻鄉月滿錦城今
為使星開
恩承北闕欽麾鉞頌祝南山樂獻杯料得蜀人應共望知擕琴
鶴入春來
聽到驪歌無限情攀轅士庶竟同聲范韓經濟堪推讓羊杜風
徽詎改更心迹(跡)須知盟白水胸懷祇是為蒼生伊舟傅楫乘時用
雨露榮施
智燭明

五十六 静妙齋

青始齋

高望曾茶庵

鸑鷟周京美麒麟漢閣賢頭銜榮一品

恩遇答

重天祇為將移節因開餞別筵追隨門下士頌禱苑中仙駿惠

覃專久鴻猷布化全澤深心版佩德普口碑傳位望欽芝表稱

揚託藻牋文昌瞻斗極奎壁映台躔喬嶽崧靈降閩江異秀延

烏衣家世永黃絹妙才鮮杜曲尚書塢蕭齋學士氈魯侯芹早

擷竇氏桂新搴大道頻馳驥高臺合叩燕掄才搜鐵網邁價選

青錢玉筍班曾列紅綾餅快咽銀黃標體格金紫任腰纏乙照

頒朔作須翔

光藜耀寅清諫草虔批鱗仲介節逆耳得真詮温比冰壺潤明
如寶鏡懸賛襄銘竹帛供侍步花甎
天府新頒寵乘時利濟川雨懷郇黍膏風想召棠妍惠已蒼生
戴銘同白水漣科條陳井井旦夕勵乾乾澤被騶牙頌情消雀
角諐案無留草草牘刑或免蒲鞭陳梟吾杭日咸欽至德淵有
為蒸有守無黨亦無偏三尺樞機慎千行法律專驄從神赫耀
魚珮度蹁躚懍烈薑咀辣操持柏比堅揚清誇獬廌辟惡逐鷹
鸇虎猛懲胥吏革除飲市廛全區歸傑障方伯攝承宣先甲端
頒朔祈年重勞佃灾先紓比户瑞乃慶豐田饑穀忘鞍掌兵刑

五十七　静妙齋

刪裁 作刑

顔常接 作若

賴仔肩嘉哉喉舌寄岂矣腹心連調燮新猷布刑裁弊政治似
玆功卓卓遠異術戔戔文教崇醇正
皇衢啟蕩平撫民楓範著校士菲才憐講舍書千卷精廬屋數
椽儲英皆樸棫福地等瑯嬛適館鴻儀肅酬文鶴俸捐探驪欣
在乎薦鶚總殷拳淵博周秦攷經箋許鄭編升堂懷賈誼握筆
憶顔竣德並儀徵相恩周弟子員寄言諸秀士毋負此芳荃正
幸鴻裁覩何期別思牽絳旌移彩節翠蓋擁華軿杜母名昭若
羊公愛頌焉流風詩自紀遺蹟版爭鐫杏轡剛辭境瓜期又及年
聖人崇簡在長吏喜來旋淮海顔常接甘涼節再還遥臨西浙

梃字須查或係梴字

地爭逐北城邊節鉞勤專治經綸獨運權循良風縣邑帶礪徧
郊阡各有心香契伊誰腹笥便龍門期遂到雁塔快新聯棘置
重闈閱茶聽試院煎白袍看鵠立青眼得魚筌詎意承平久何
來逆未悛跳梁原比鼠跋扈竟同梃壘失金甌固城危鐵甕圓
驚魂隨警鶴瑣尾泣嗁鵑力孰三軍振機難七札穿蟲沙窮出
沒鵝鸛苦迍邅一公獨真神也民因得快然預防謀轉急師壯
氣超前援勦鼙鳴鼓書馳弩發弦雲屯充粟米霜利備戈鋋一
鼉安磐石重關慎鑰鍵城廂紛練勇步武整排仟狂絶聲猖犬
威如武獻豜豣幪周化宇護郵徧垓埏稱旨

五十八　靜妙齋

表式作工

龍顏喜書獻將畧先

宸題頒寶墨

温語寵金蓮忠表丹忱跡勤賡赤舄篇正還昭以的直更擬如

綎丕績應嘉乃臣心益勉旃傳家經史席餘蔭孝廉船靄散韶

光麗風和淑氣扇宗工權暫領哲匠法精研蹊已成桃李巖都

採杞梗一韓欽表式兩浙荷陶甄

鳳詔瑤階下

鸞章玉字填中丞勛倍永制府職新遷蜀道將迎駕杭州欲扣

舩柳枝攀岸側梅萼綻峯巔濟濟徒三百迢迢路幾千儀型推

郭李耆老祝眀籛從此膠庠侶咸壎翰墨緣歡欣騰燕雀鼎族
盛貂蟬脩史宜稱冠乘楂共慕騫汾陽留美政潞國來華顛令
聞馳佳頌徽才愧妙詮梅鹽邀
帝眷圖象繪凌煙

楊文杰 治園

忠勤昭品節正直表行藏
天寵功臣渥民歌大吏良為先徽德望不憚賦言詳北斗三台
映南箕四輔彰晉江懷砥柱閩海毓圭璋舉午家聲遠重中世
運祥龍旗揮赫赫麟趾步鏘鏘蘇頲箕裘永韋賢道義莊守身

五十九 淨妙齋

踰白壁立志繼青箱春到瓊枝秀天生玉樹芳品才無有素名
譽共推黃鸞沼芹分采蟾宮桂折香泥金書捷帖貢玉耀華堂
芸省
恩承父松廳職復當聯班清待漏歷級慶開坊風骨操青史冰
懷託皇囊規模韓與范謀斷杜偕房强挽千鈞弩堅齊百鍊鋼
內宣嘉偉績外擢振宏綱膏沐郇侯黍甘流召伯棠寸籌誇遠
到百族樂平康井井科條理謙謙態度光敷施皆盡善寬猛詎
相妨憶昔爲廉訪遥臨慰象望無慚冠獬豸媲美革羔羊肺石
頻伸屈心樞獨運剛勤師車下禹仁法網開湯彰癉麟披筆聲

雍口容作從

稱蟠有筐魚頭嚴諫牘象齒戒營贓處已心虛竹含辛性比薑
承宣權暫領屏翰化重張襟宇尤温厚衷懷倍激昂雍容論禮
讓懔烈戢豪强辰告謨猷焕寅同指臂裏凡茲勳卓越非等術
慙惶楚楚丰裁峻殷殷樂育方掄材搜〔擇〕鐵網課士勵金相舊制
譚經地新開選佛場翠浮嵐影麗綠罩柳陰涼講席陳幾管賓
筵設酒漿薪傳宗許鄭藜校備梁唐薦鶚期原切探驪願定償
千緡捐鶴俸圯石勒鴻章功並儀徵相英羅郡邑庠惟君神感
被幾輩喜倘徉詎意旌移燦因之旆遨颺使星辭勝境卿月照
他鄉口誦羊公德身輕陸賈裝東還同鄭產南國繼周行父老

辛 靜妙齋

如恬服安字

情交契兒童念莫忘其時來撫浙大任尚傳常報最雖無忝安嵇

詎不違優游馳帖版評騭雜縹緗豹闇移於越烏颿挂武昌

帝心崇簡命臣職勝封疆又幸中丞至重迎大道傍山河歸節

鉞帶礪奠苞桑專責寮儔選虛懷幕府商秋闈扃棘範試院闢

茶槍濟濟龍門躍翩翩鳳羽翔獎沿懲李代惠溥到槐忙水利

淤曾濬湖濱葦若塘脩翎娛白鷺蘇尾徧賴魴海鎮名樓建災

除古刹禳有為還有守時雨復時暘百廢功纔舉三軍寇忽攘

那堪氛擾惡竟爾勢披猖桀驁聲狺犬縱橫臂趁螳長江艘霧

集采石陣雲荒鵝鸛森嚴警蟲沙出沒狂牙旗屯玉壘羽檄逼

金閶首尾軍雖應咽喉要最防一韓奇撞算兩淛免罹殃足食
籌糧餉援師鍛斧斨大人彬虎變元老壯鷹揚翹日功成駿聞
風賊竄狼鄰封交護恤殷富急輸將飽德旌門額徽勞獎俠腸
潛州苗性格新邑莠民戕節度兼徽郡經綸贊上洋兵分排要
塞勇練衛城廂學澤周襄宇全區賴傑障籌邊趙宛國郤虜郭
汾陽四字膺
奎翰三宣補袞裳孝廉橋蔭梓暢茂稻抽秧掣引鹽徽課飛芻
海運糧文昌辰共耀武庫氣生芒師範駕鍼度人才鳳尺量菁
莪培比户桃李傍公牆

楓陛綸扉下梅霖爵秩長欽哉心膂命往矣股肱匡從此紳耆

侶咸稱福祿觴難行平蜀道別思動餘杭吉兆鑪中芋離情岸

側楊梨眉凝瑞靄艾髮待華霜錫福原何極蒙休正未央百齡

長壽佛一品尚書郎轡按桃花騎波恬葦葉航自慚蒲質弱雅

荷德音臧珍重調羹業承平佐

廟郎

陳寶綸

一代都俞治功資輔弼先取人期立政惟

聖必求賢駿業儕韓范鴻裁並許燕勛勷兼揆奮翊贊妙經權

歟德推稽古其能實授天鳳樓憑手造雁塔記名鐫寶器崇圭
璧良工擇梓楩樽彝剛備選衣鉢已爭傳領解珍纔護巍科捷
竟聯驥材嫺蹀躞鵬翮起蹁躚餅啖紅綾輭盤擎赤玉鮮
螭坳趨射策
鸞掖待分箋屈宋狂思挫王楊愧在前此才逢論斗有筆信如
椽博雅藏三篋雍容步八甎雷霆催腕底風雨聚毫巔賞渥冠
簪杏歸遲燭撤蓮使星占出次卿月奏移躔時臬頒符歲開藩
攝篆年吳山看節駐浙水述猷宣柏府明持讞徽垣預掌銓恤
刑存簡靜易俗革輕儇推賦勤綱紀維屛衛澗瀍膠庠恒振式

穜稑作稑

講舍廣陶甄遵路仍循轍探源直抵淵超羣收閬鶴入貢攬淮
蠙惡莠由培稼搴蓀更薙荃千旄招孑孑束帛陋戔戔採幹奇
搜谷投壺算足紙佐廩增廩膳繼晷昇膏煎攻苦銜朝夕回甘
味悅研家羅五雜組世比九方歎小別添離緒重來悟夙緣外
臺釣是東獨座責逾專轉漕徵穜稑盈倉富稻秈正供需急急
隱念切拳拳墉櫛輸京邸檣帆泛海船颿馳張愈迅駛駕奇遄
帝曰予嘉乃欽哉汝勉旃
奎章昭獎勸重任付仔肩粵嶠驚鳴鏑荊襄警控弦非辜傷躁
躪奚術挽顛連翻羨棲巖樂難令貼席眠驛騷情惕若蠢動勢

紛然羽騎中宵遞心旌徹夜懸戒嚴團義旅安堵奠民廛戔戟
偹鄉里城池寓陌阡協和消鼠雀除逐慎鷹鸇禦敵疑擒虎充
庖鮮獻薪忠誠當甲胄輯睦靖戈鋋商賈仍通市農甿總服田
園欄閒放鴨弄笛穩驅犍處處栽桑樹村村種木棉涵濡深婦
孺孕育暢魚鳶飽飯誇臣朔忘憂勝偓佺偶遭淫潦迫孰障怒
濤還荷鍚雲俄集成隄石可填理財財克裕酌用用斯便法制
籌交子規模仿貨泉果教流益遠況復弊胥蠲忽又
温綸降欣聞顯秩遷
醲恩施自厚

結駟作細

龍遇戴彌虔軺達歌同軌舟行卜濟川高瞻臨蜀棧俯視渺齊煙司馬威儀盛文翁教澤縣揚雄亭寂寂諸葛鼓鼘鼘劍閣危橫眷隧厓險扼咽闖遺南院令鎖握北門鍵邛竹疎抽勁橦華碎吐研萸漿羌薦掌蒟醬甫登筵善慧籠鸚鵡言愁訴杜鵑從禽豪較獵結駟尚游畋攬鈲背宜蓄驕奢習務捐建垣包晉楚觀效嫓黃顓訟獄咸衰息坤輿永蕩平尊周基定鼎佐漢力旋乾萊鄭勳垂史皋夔化被絃臚歡依土宇尸祝徧湖堧伏鉞巡岷右扶輪向

日邊

皇猷新
景運
學澤普垓埏
鐵庵 施朝幹庭午
留取甘棠三兩枝同僚偶與夙心期行香拜表為公事靜語多
同待漏時
月明樓閣在空虛除卻餘杭盡不如十萬夫家供課稅料錢多
少畝尚書
大紅旆引碧幢旌候騎刀鎗雪隊迎豈獨愛民兼愛客丹心緣

酒一時傾
莫嫌秋鬢數莖霜睡少偏知夜漏長自去年來多事故五千子
弟守封疆
杭城樓閣入青烟祖帳離聲咽管絃處處回頭盡堪戀
皇恩只許住六三年
弦抨赤羽火星流縱有天狼豈足憂軍府威容從道盛霓裳試
罷唱梁州
願留軒蓋少踟躕處處分鳴騶且緩驅能以忠貞酬重任呈豐萬
井盡歡娛

此數首疑是白未山居。則此其詩華向不如是。惜案上無白集可查。

嘉陵江近好遊春犀帶金章榮貴身為向兩川郵吏道昔時同醉是今辰

施朝幹

龍飛立極建元二年

埀裳祐篤

絜粢獻宜

道承宙合

法地因

天曦朗晲照斡轉璣圓四旹閏定九塞盟堅封章　陛奏

廟祭神經

基命劭德

正朝御筵

重光世濟匡弱扶顛市垣曜宿

器宇深淵　璇宮筍席　寶殿笫僊

獨褢機攝百物象妍

綿慶蒸乂鍾嶽聚賢離珠崑玉寸尺得焉益稷禹皋衡盬叔虢

鉅業丙魏將卿翦牧蹟晦秉姿寇招蕭目梧實奮留黍馨駒谷

夙植疏槐闈覿負竹而我—黃公上助

𡨕育為意少嫡孝奉慈幃束髮受傳賤姑取斯絳帳淑性金根
釋疑琹笙夏清墳史冬宜抗辯草聖巧量色絲羔執紛逐雜談
理幾澄心邈慮爵誰與縻岫阿恬適讓尊禮卑一旦超羣淩霄
貴遍知己殊懽忻致瑜璧易寔芥如妙同藍出福衆家辭無煩
力穡楚趙息游岱卬弔陟面欲韓瞻門陪李接榮逢庶常傲守
厥職洞論列英摩空巨笔投紙造樓惡極共　闕茂譽
皇京豪皆木刻踐履靜操鳴讌閒宋亢勸麗民日昃忘食
輦轂逸倫府書輝壁仕優歷外鯤化羽雯寓直引　見
勑自内庭乃推觀察累績表能丹箴組帶卿月使星

靜妙齋

特調陳事气聽耳聆武林初即來岀羅城白沙川映華信土増
牒謹慼慎熱審持平隱微頗惻切誠從横毀枝傷體秖勉脊刑嘉
甯溫處邑且勒銘儀真阮相鹵啓精舍翳莽戎盈畫圖高下伏
桓說經宗工多雜洪惟一夫子馳輕税駕肆設文戔猒飫墅稼
枇熟典非石磨名假資給廡銀薪火仰藉師訓獲遵矜才伐覇
比陛甘省敢云退藏匆孤
委任方伯騰驤雁人寥杳魚妾溪旁畫逍夕逘古亭短長尹隸
涇渭州唱伊凉驚傳振動騾駭羊亾遺官過問覆碣傾牆主安
流散綏睦蘭凭去思碑口翠永陰棠願回漢楚要畣

當陽弗周寒暑好音竟通

帝念東南孰利匪躬何虞凋弊尋恃發蒙

王曰於乎往哉女恭雨露潛領入雲路中骸染池浴默感竭忠

等漢俊及志克始終歲在困敦兹都再止葉瑟景炎夜寐早起

浮洛譎并扆青颻紫桐落舊存鞠抽新指縣首仁和堂坐有美

語本漆園制河謂此秦琵攸歔會謟以祀沈約霧運渠故寡恥

乃爲杜母其維孔邇晉階兵侍扇隨蓋張赤誠感 國

君明臣良形容顇廣暉吉貌莊潔身布被荷

寵岂鄺衣縞紈綺富具巾箱膳節飢飽淡可菜薑詠疲謝眺眠

六十七 浄妙齋

笑稽康曠歡讌頓賓佐盃觴嚴威霜侶屬僚悚惶纓懸甲弁載
催丁糧俠猶捕孟皋甚薄湯緣習鹹務奄稱阜商條規所律冣
服溫場必令歸號鱗次鳥翔水恐積垢飯每親嘗奈蒞對讀密
改分房萬言榮寫雨行燭煌左襃右裒梵求別觴交泰冥豫車
囊顧糠誚彼庸愚據位競祿酒滴糟牀寧亨肥犢禪悅躭餘鼓
吹侈足既異簡修盡難移俗諸若是者素餐黜之畝收農杷輶
采毛詩磻釣晚躍軻劒畏譏用豈唐老嘯莫途悲五辰擽手八
政遐施宅貽昆後勤慕佳兜端木解樂曲環連營射納丸矢户
充獸禽賞善誅徊叛滅功成男田婦紡爻弟敬兄斬盜驅賊倪

鑒黎情惠勞愛養遐近沛聲士靡結欝舉貢辱登生也陋居謹讚
盛治索想驢背效顰輿嗣不學則殆續集千字果賴鈞陶幸聞大義

敷文書院監院兼理詁經精舍試用訓導邵燮元步梅

在昔治隆河內寇恂遮道以請留澤溥臨淮侯霸攀轅而惜別
是以碑題阮畧盡是去思樹愛召公爭傳茇舍況乃望如慈父
母值烽煙四擾之秋職並古諸侯具保障一方之畧一旦送行
旌麾南國衛
寵命於西川都人士同上春臺雲恩久被上舍生叨依夏屋雨
化難忘此我一大中丞晉江黃公升授川督而經舍之士賦詩

贈行尤覺其長言不足也丨公以鉤河摘洛之才運緯地經天之業康成三禮幼號經神郄詵一枝早登翰苑改曹郎而雎鳩肅温臺諫而獬豸觸邪輦轂周巡

帝美鄭僑之救火輶軒歷民瞻賈孟之搴帷初觀察於海南招蜑户而習流軍整繼提刑於山左護行人而斂攘風清𤋮徽署與栢臺浙右則夙留遺愛仰碧幢與紅籥隴西則載建屏藩凡兹中外之宣猷具見文章之報最已洎乎位尊開府使節重經地控之江雄藩坐鎮時也木樨乍放槐子徽黄緗福星一道而來篠驂爭擁攬明月中秋之色棘院初㝡丨公以掄才為大典

攸關愛士本初心所尚袍齊立鵠盛供帳於鸞儀門許登龍謹
關防於魚鑰歐陽公之知貢舉蘇學士之催試官莫不令肅風
檐恩流雲榜所以士心悅服如游廣廈之中輿論交孚即在下
車之始也由是百廢具舉四維畢張知牧民在揆官首澄清夫
吏治知奉公由守法次約束夫幕僚知飛芻輓粟之上
寢心遼海而雲帆穩度知正筴置盆之下闢商力亭場而煙竈
蒙知石函湖水利宜興濬於葑草縱橫之日知鐵幢浦風波
最惡預防於濤頭擨捺之先以至暘雨僭而肅禱靈山曲直具
而平反冤獄其明決則案無留牘其清廉則庭有懸魚其鉏抑

豪强則威伸拔薙其籌儲倉穀則理喻求芻此蓋具海涵地負之才才大若量無不舉奮雷厲風行之氣氣肅若令出惟從故得絲懿美於在官為封疆所甚賴焉且夫有文事者有武備自古為難能坐言者能起行惟一公為最屬以金陵失守吳郡播遷遐瞻皖水而烽高旁瞰西江而燧舉斯時也風聲鶴唳訛到傳聞社鼠城狐憂深肘腋非有禦防之策則薦食堪驚非有鎮靜之功則繹騷曷已當斯任者可謂難矣乃一公則腹蘊智囊胸羅武庫內拊循而成城者衆志外設備而堅壁者四封其申渙號也手諭屢頒其決機宜也心兵默運其廣召募也識刀弩

手之遺意其勤團練也仿弓箭社之成規其講求守禦也降鈴
閣而躬禮紳耆其調遣戎行也下兵符而指麾裨弁其慎固關
鑰也門譙啟而布分邏卒其嚴明斥堠也碉堡立而創建礮臺
其和協股肱以聯為臂指也堵防屢遣夫大僚其破除畛域以
援救鄰封也奮旅還資夫賢守而且給行營之饟具戰士之裝
峙郊遂之芻茭權度支之金布莫不唱籌如檀道濟借箸賴張
子房卒使將士同心閭閻樂業犬牙相錯而兩浙獨固藩籬尨
吠無驚而萬民自安耕鑿｜公之勞也民之福也然而戎馬倉
皇之際最易廢者詩書軍書旁午之時問誰親乎儒術｜公 則

愛才若渴説士彌廿分月課之程喜論文於講舍給膏油之費
俾卒業於經窓諄諄焉裁成後進之意多娓娓焉樂育人材之
道廣此則卻轂之敦詩説禮未足相方祭遵之雅歌投壺奚能
獨擅洵乎化工殖物桃李已盡屬公牆大匠誨人杞楠乃悉成
利器矣今者
命承黻扆節建錦城忠勤荷
天語褒嘉早信
帝心之簡在教澤共湖波涵泳莫勝輿誦之闡揚固宜懷才者
感激而摛詞戴德者鋪陳而作頌雖八騶之未發而謠詠盈篇當

六纛之將移而謳思載道也已變元 柳湖下士幸隸帡幪槐市
徽員過蒙獎借俾監校於敦文之席心竊銘鐫適馳驅半月式
之秋躬叨器使至於任隆轉漕道出重洋實近歲所刱行需幹
材為調護而復采茲蒭菲遨泛蓬萊當全艘竝赴直沽趲行甚
疾幸成賦早登
天庾隕越無虞茲以針路初歸軨轅晉謁快覩麾幢之夾道專
闔益州恰逢珠玉之揮毫持韡浙水用綴言於簡末冀紓布其
悃私惟願|公益朗台星渥承
湛露頌途蜀而頭銜既晉總三江而

手詔行頒從則今茲之走送道旁即占來歲之趨迎麾下試盼因雲灑潤連圻多波及之恩彌欣徧雨崇朝小草荷滋培之澤

謹序

812.8
444
(18)

黄尚書全集

晉江黃尚書公全集卷

男貽楫謹輯

姪貽杼荼校

兩浙輿頌

道光庚戌春　壽臣夫子丈人始涖浙臬事　樂堯於課試

詁經精舍時　樂堯　獲蒙首賞其明年辛亥咸豐建元特開

恩榜夫子以署藩提調試事　樂堯　初望見顏色出闈呈

試作深荷鑒許榜發獲雋益復撫掌稱快是時夫子升

任秦藩比　樂堯　進謁已瀕行矣　夫子乃手出贐為北

上賚並屬當事集貲焉壬子夫子來撫浙癸丑樂堯報
罷南歸進謁深自愧負夫子顧寬慰之尋招入署俾授
公子貽梁貽橋經親炙一載餘禮意優渥今晉秩川督
於樂堯尤拳拳不置樂堯以親老道遠不獲從夫子
之任謹賦五律四章以志依戀雖於夫子勳德不能
窺見萬一亦以誦其所聞云爾　　錢唐伊樂堯遇羹
一代名臣硃諭恭述眷身親屬我公忠勤賜匾恭錄嘉驟
駿正直賜匾恭錄美紀總任重思由己誠乎鑒匪躬煌煌
天語在紀實硃諭恭述篤初終

往歲妖氛熾東南賴翰屏內綏巢穩燕外懾海澆螢君實真生
佛鮮于果福星鄉邦完不缺端仗奉　威靈
自坐春風久高深略許窺取人嚴一介繼日勤兼施家法布文
儉民瘼于虔慈愧難探美富汙豈敢阿私
道已隆交泰　恩還慶允升流膏周浙水建節向涪陵茇舍
猶爭愛門牆況近承追隨殊未得惟合訓銘膺
夫子文節制西川敬綴蕪詞聊申葵向恭求　鈞誨
修杭張敬生吉人
詔書傳播浙西東夾道歌呼遠近同江上使星初指蜀天邊霖

二　靜妙齋

雨久思一公塵清驛路旌旗煥地闢巖疆節鉞崇祖帳好隨諸
父老攀轅一例感怦懞

三年鎮撫古諸侯保障東南十四州令肅百城無墨吏官遷一
品足經猷關中轉餉蕭劉匹閫外論兵李郭儔心跡湛然何所
似冰壺在抱月當頭

鎖院爭看八節臨嚴持高鑰令森森大鈞徧許仁風被小草同
霑化雨深蠡郡論文邀說項鱣堂分席載銘心 公牆從此儕桃
李屏底門生愧賞音

春風巫峽道途賒共仰西行使者車險歷蠶叢兵氣肅勳高麟

閣 帝心嘉籌邊張詠才原裕鎮蜀韋皋業更加族看三台

明福曜—綸扉漏永聽宣麻

恭呈 壽臣節帥夫子大人誨政 沈偉田義民

五百昌期會天生社稷臣山川移鎖鑰雷雨助經綸 帝正

思韓范—公其駕渭莘臣時鳴鸑鷟代誌麒麟早射金門策

交推玉德珍登為廊廟器坐令世風醇傾耳鳴鑾奏關心化雉

馴日邊催按節風度表垂紳竹擁條侯至棠歌召伯旬湖山開

畫戟鼓角爽朱輪旁午森森令由庚蕩蕩遵烽煙騷不到帷幄

運如神借箸籌鄰壤移營扼要津動人名赫赫憂 國意逡逡

飛輓神倉粟潛移曲突薪萬家耕鑿慰一路管絃陳坂示登龍
峻恩叨挈鷺新不才供使令先德荷陶甄雪立門前影風揚座
右春譚兵狂脫帽設醴恕污茵英蕩雄移鎮前車拜及塵紫微
輝　北闕綠埜寄東門簇簇纛叢險依依雁沼淪汾陽廿四
考濡筆愧敷申

夫子大人拜四川節帥之　命恭賦八律錄呈　鈞誨

仁和　周玉麟改名蘭

經文緯武本天生濟世端推命世英周室蕃宣申甫重宋朝經
畧范韓名三年　恩許錢江住一路歌聽棧道平獨有士伸

知已感心旌直送錦官城
衣鉢淵源有自傳七閩蕊榜夜摩天鳳凰池入清華選獬豸冠
高獻替宣政肅海南留户頌刑平山右仰官賢宏功懋績垂輿
論生佛家家望久延
杭州昔日憶乘驄陳臬開藩兩載中博士羣知經術貴諸生分
受俸錢同文章北斗尊韓愈風雅西湖擬白公記得頌聲方滿
路伊涼一曲換悠悠
高牙大纛戟門開有腳陽春喜再來廣厦杜陵多士庇鎖闈坡
老試官催鈔胥鼓舞因捐俸弊竇關防為愛才八百孤寒齊感

戴況為小草受丨栽培

烽煙吳楚誓同仇江北江南戰鼓秋募勇保疆防已密犒師鄰

境餉頻籌金陵勝地猶難復申浦孤城尚未收正是軍書旁午

日丹心催白丨老臣頭

時事頻年處萬難丨福星所照衆心歡偏隅烽靖鋤姦易大海

帆回轉漕安籌畫本由兵甲富功名宜向鼎鐘看千秋聖

主賢臣頌四字天題綽楔刊

使車諭蜀此行忙桃竹橦花道路長兩浙湖山留有愛三川父

老久相望軍屯諸葛前營壘化啓文翁舊講堂早晚定看丨丨

綸閣拜更施霖雨濟時方

貢樹香分第一枝棘闈秋撤姓名知霑來丨化雨春常在潤到

廉泉惠早施丨門愧登龍邀首選途經退鷁負丨心期瓣香此

後縈夔府先借詩歌代唱驪

維我　壽臣夫子大人撫浙之三年旋奉　恩旨總制西

川　簡在自屢於　黼扆丨量移疊拜夫丨絲綸留霸　懋眷於　九

借恂倍繫去思於兩浙軼臯邁禹用酬

重共戀丨春暉載瞻丨整旆難忘丨冬愛咸切攀轅　裕

自愧庸愚極蒙丨栽植仰丨龍門之在望莫展別思誌

五　靜妙齋

鼇戴之孔深永懷｜厚澤蒸撰律四廿章藉表微忱

求斵誨　　杭州張光裕益川

擎天一柱鎮東南｜移節西川駕八騶兩浙羣黎霑｜德徧兼

圻重任拜　恩覃廣敷｜霖雨民蘇萬晝掃欃槍歲紀三巡

我｜師門忝依附驪歌聽唱別情含

無端西粵起紅巾哀到江南慘慘塵擊柝頻聞鄰告警止戈獨

見策如神｜固茲疆圉千秋績｜保我黎民一个臣蓋世｜勛

猷誰並美定看麟閣畫圖新

太息南人膽氣虛紛紛遷徙避鄉閭籌防｜公自操全局按堵

民仍奠厥居事到艱難|臣力藎|功成保障　聖憂舒|

忠勤正直　楓宸鑒　天子親頒四字書

房謀杜斷竭匡襄|偉烈頻敎紀太常捍海|績追錢武肅降

酋|望軼郭汾陽萬家依舊安耕鑿　一德維新慶拜賜留

有|仁聲丕播遠去思長自在錢塘

烽烟那復起之江十萬貔貅遠近懾太白自逢|卿月斂祝融

亦被|福星降|省垣多火患自公撫浙乃安　封疆屢警風傳鶴閭里誰驚戶

吠尨郭李戰功斯世有如|公鎮定竟無雙

舟楫天生|濟世才軌忽快遇大風來要知海運非平易全仗

六　靜妙齋

鴻猷妙化裁𣑯舉直憑千里駛｜奇勳獨荷　一人推羽儀

不厭　酬庸再疊拜　恩榮勝卜枚海運事竣賞戴花翎者再

九重雨露自　天多　聖諭褒嘉永不磨一代｜名臣安

社稷千秋｜偉績壯山河但糾士勇氣如貔虎不待軍威整鸛鵝

固守金甌無損缺范韓事業比如何

帝心簡在總封圻父老攀轅與願違借｜寇徒勞　雙闕奏

瞻｜韓莫遂萬民依奚須武備留金甲尚有｜文光映紫薇公

公在浙兼署學政遥羨兒童迎竹馬蜀都指日｜蒞旌旂

樗材幸不｜匠門遺暖到青氊｜蔭庇垂蒙｜公命主書院講席｜陶鑄

難忘｜君子德｜栽培倍繫小人思曲彈流水求知易｜恩重
如山欲報遲｜一樣陽春｜臨照遠寸心總自効傾葵
蜺旌耀出武林城萬口爭傳頌禱聲天上 使星移度遠人間
生佛具瞻誠閭閻歌舞當年｜澤香火因緣後日情我亦知｜
公難遽別甘棠遺愛在蒼生
甲寅仲冬 壽臣老前輩大父臺膺川督之 命自浙啓
行謹賦四律恭送 台旌敬求 鑒政 俞樾
策書鄭重下 深宮旌節花開兩地紅江左可能無謝傳蜀
中已見有文翁金甌名字從今定劍閣山川自昔雄欲借寇公

七 静妙齋

天未允廿棠留在浙西東
四郊烽火報平安誰識籌防事事難海上雲帆春轉漕（公奏開劉河口以海運）通軍中畫角夜登壇（秋間饑寗告警｜公調度得宜克臻靜謐）三千鐵弩陽侯
避（時海塘決口公督屬堵合）百萬金錢戰士歡（公每月解銀六萬赴金陵大營營中將士無不感泣）自
為東南支大局長城萬里莫輕看
錯節盤根總不辭丹忱自有
九重知領來
宸翰光千
尺（公春間蒙賜額褒嘉恩榮備至）
賜到天香桂一枝（公子錫賜孝廉）翠羽
珊冠邀異數虎符龍節許兼持從今蜀道如平地正是韋皋坐
鎮時

自顧雲泥分不侔此生何幸識荊州軍門每為書生啟講席偏

困下士留去冬承丨公諭定剡山講席千里来能依幕府一官深媿玷瀛洲

時樾亦將入都供職待丨公黃閣調元日越水吳山話舊游

甲寅嘉平上浣恭逢壽臣中丞公將大人榮赴西川督直指之任謹

呈詩二律即以敬恭酬送丨行之列聊寫平時向慕云爾

監敷文院候選教諭張錦江丰帆

卿雲覆浙剛三載江水同清懍四知利可薰心徵定力卸撫篆時尚餘

核外籌款鉅萬除分助各善舉外悉交後任蕭然行橐不名一錢事當棘手顯精思當寇氛漸逼又本省

昌化新城二縣滋事續又海水過塘塘工告急危疆頓使成安土前歲

鉅艱紛集公從容應之料量無遺悉臻安妥

八 靜妙齋

初聞寇警省中遷徙紛紛嗣後｜公防堵團練次第舉行漸歸安土文教偏敷尚武時公於羽書絡繹中每逢書院精舍各考課事必躬親評騭人才至公至當吾杭文風愈覺蔚起如此恬熙藉誰賜劇憐霜雪已盈髭公初莅浙時兩鬢未蒼三年來鬚髮已全白矣

聞道｜尚書欲別杭儒林官海共悽惶薦賢草起鐙前急公每逢奏稿從不假手於人日間接見各屬辦理公務一無安晷每至四鼓猶復挑鐙起草握管構思儼同寒素不特滿腹精神足徵福澤亦可想見冊敬君樂善之忱禮士車停道左忙公嘗云吾在輿中遇見各屬站班內如有校官必先下輿庶表率各員咸知禮士云嚴恪儼同師面目公嘗於接見門生下屬時丰裁嚴峻議論慷慨從不假人詞色慈悲終是佛心腸公於門生屬員中雖面加呵斥後仍復逾格矜全多方培植西川宰相迴翔地佇卜金甌姓字香

咸豐甲寅夏族人公請　壽臣節帥文公賜撰永康縣

文廟碑文一道十一月蒙發縣刊樹兩晉川之　命適

下謹賦五律四章奉謝即以送別藉申下悃伏乞　鈞誨

國子學正應寶時敏齋

一紙傳呼出星馳驛使臨廟堂留古字絲竹嗣元音足補前賢

闕前撫常文節公曾允作碑因去任不果同宣至聖心萬流齊仰化豈獨里人欽

三載巖疆住仇袍孰與同從容收衆策辛苦出孤忠攬鏡鬢晨

白飛書燭夜紅兵精兼食足事事慰　宸衷

忽奉　綸音下奇材杲出羣虎林餘愛日夔府望慈雲險詎

九　靜妙齋

蝨叢恃威應鼠輩聞時川中籌軍防亦長城極遙目惆悵立斜曛
委巷窮居士同深被澤歡有懷空慕藺無地得瞻韓夜氣沖牛
斗愁心惜羽翰敢投崔灝卷聊共去思看

大中丞壽臣黄老前輩年伯大人撫治吾浙凡屬沿海諸
省皆罹兵患而浙獨安堵如故由公保護之力也謹賦
七律四章以頌 盛德兼抒欽慕之忱云錄呈 鈞覽
敬求 斧政 張庭學

由來江夏重賢豪政府宏開擁節旄凡事持衡皆有準終朝運
甓不言勞公明允見民情協忠正榮邀 聖語褒獨使海邦

為樂土臚歡聲挾大江濤
信有湖山未了緣鸞車舊轍認從前將星近接三台炯卿月重
看兩度圓掃却烽烟民不警布來霖雨地無邊吳頭楚尾連疆
域海樣恩波一例宣
仁聲傳徧浙西東巷祝衢歌頌我
公海口潮來徵大澤湖心
月到想虛衷江山具仗維持力畿甸還資餽運功自古名臣誰
媲美唐之武肅宋文忠
風流前輩藉觀摩晉接崇階受益多兩世締交欣有託一心傾
企好非阿南陽事業宣論定北海賓朋笑語和千頃汪洋憑挹

取許人津逮有通波

甲寅仲冬　壽臣節帥由又榮膺川督之　命自浙啓

行謹呈七律六章恭送　旨旌敬求　鈞政

生員鄭黼昇熙臺

夙愛甘棠繞柏臺辛亥—公自浙臬陞任甘藩壬子夏秉撫浙江函關紫氣喜重來湖

山有幸邀旌節霖雨無私遍草萊西北旬宣紓　聖顧東南

保障待—公回乘軒晝夜兼程至望慰蒼生樂利開

斗野星臨甫駐軺龍門多士快舒翹鈔胥遍挖廉泉潤試卷匀

霑惠澤饒—公至浙即監臨秋闈捐廉一千分賞謄錄人等闈中硃卷俱得認真清繕多士均感節擁湖

邊重膏雨籌添海上正生潮（是年八月十八日為｜公五袠慶辰）庸材媿落孫山外未與羣仙會九霄（昇卷蒙薦）

漕河阻滯已經年（豐工開口後漕河阻塞湖屬各幫米船又多遲誤｜公因創議變通試行海運）海舶飛芻創議堅功到成時仍謹慎事當難處竟安全饑民飽德歡騰地　綸閣酬庸喜動　天翠羽影華膺　異數簪纓世美德門延（海運告竣蒙　恩賞戴花翎）

報道京江鐵鎖沈（癸丑二月間粵賊竄至江南金陵廣陵京口相繼被陷）紛馳羽檄眾憂深萬家靜鎮鱗編定四境操防雉戟森威望久經寒賊膽（皖省賊匪屢屢窺伺微寧意欲入浙聞｜公精練勁兵廣募壯勇嚴防浙境分撥鄰封至今賊竟不敢犯）公忠自足服人

十二[illegible]

心鄰畫赤子羣依附備豫重門已至今
錯節盤根利器彰勞分宵旰為安攘三年艱苦頭垂白一
紙恩綸額展黃公自防警以來旰宵籌畫寢食不遑鬚鬢頓白聖人嘉其篤棐特賜御書
忠勤正直扁額觀等語｜公益兢兢自矢感奮圖報上諭有作紀實福曜羣欣輝此土近兩年田禾豐
收民情安樂觀天象者以為歲星在浙蓋應｜公之撫浙也慈雲又欲庇他方九月二十一日奉旨
陛授川督祇因天意將綏蜀未許攀轅衆願償
自分雲泥隔萬層慚為食客客何能濫竽敢說參戎幕負米徒
知學擔簦昇於壬子鄉試後即入大府幕中襄理筆墨未得執鞭欣附託莫隨叱馭
向峻嶒昇以家貧親老不能遠從蜀而攀戀之念莫可言宣至待聽巴蜀賡碑遍｜黃閣

張君名字似須查補

宣猷叶允升

七律疊韻四章恭送　壽臣總制夫子節麾錄請　誨政

許之善

忠勤正直自天名身可扶危手定傾愛我一軍驚國士借

公三載作長城雄關紅旭朝迎節燕寢氷淵夜矢盟昨讀轅未示事宜

許態羆前臥道張侍御曾專摺奏留九重恩眷邁昌盈

阮隄疏柳蔭垂名惠政於今士女傾漕轉通渠親度地劉河海運事

柝巡隘巷眾成城省垣練事鴻嗷四野安新堵烏集千檣順舊盟

溫寗海艇投誠事

自昔黃巾避高密詁經湖上誦聲盈

十二　静妙齋

宿將廉頗負重名東南一樣帝心傾憑丹抗論（向營酌商事）
芝褒陞汎絳通情栗達城（月輸大營兵餉事）統轄渾忘疆界別（徽甯防堵事）
和衷但矢旦明盟旌旗此去長江近入耳歡騰奏凱盈
博得將軍揖客名攀轅淚為感恩傾獨寬禮數門深海（公時許晉謁）
略習軍容斗大城（現奉帶勇駐紮臨安）分俸本來非鶴意（善薪水未領）去思倘
亦戀鷗盟前驅諭蜀無多讓筆把如椽一握盈
咸豐戊午新正　壽臣節帥夫子大人奉　命總制兩廣
道出吳門維時潮館蘇藩幕中叩謁之餘敬呈七言八
首自慚荒陋屢荷　栽培迴溯　淵源敢忘厥自明知

武始二字須查

管窺蠡測莫盡　高深而區區獻曝之愚誠竊冀上承

鑒納云爾

新城陳方潮仟甫

舊從浙水駐旌麾柏府薇垣善創垂害馬風清羣秉正貪狼星

隕力持危宜民旾吏通心瀘校士分廉偏口碑遺愛甘棠誰得

擬名臣碩範許攀追

屏翰俄聞武始遷未能抛去意纏緜留將鶴料資膏火謝却鴛

班贈俸錢白傅戀民揮別淚坡翁守郡餞離筵虎林士女同聲

祝使節重臨任撫宣

聖恩仍許住杭州返旆西涼已早秋劍淬龍泉精月旦堂開鳳

十三　静妙齋

味溯風流糧艘度海新紓策鄰燧衝霄代運籌在郡依前六百
日川中又借武鄉侯
節帥移旌蜀道行驪歌重唱不勝情吏民祖道齊稱爵俊彥投
詩當報瓊真蹟泥鴻傳治譜隨身琴鶴問前程崎嶇歷盡三巴
路笑看壺漿到處迎
萬口爭呼黃次公公來何暮頌聲同亡羊有策籌彌補剔蠹無
私達聖聰綠女紅男依化日蠻花犵鳥被仁風　欽天欲溥
祥刑治　手詔　親書下梓潼
三公不顧效張溫持節歸來覲　至尊民瘼進陳頳尾詠

皇猷一密贊赤心存風高京兆稀鳴鼓霜肅刑曹理覆盆早晚

功臣枚卜吉宏紓經略答 天恩

無端鬼蜮肆要求 宵旰偏貽 聖主憂朝士連章交倚重老

臣挾策善懷柔九邊早佩文翁化百粵重宣方叔猷蠢爾外夷

看帖服作賓應不 大邦讎

憶昔西泠課士年每邀首拔受知偏敢矜沆瀣師門契惟願章

平世德延保障巖疆資郭李精神平格祝聃箋如何得慰鵬摶

望努力雲衢早著鞭

小詩四律恭呈 中丞𤣥前輩大人鈞鑒即求 誨政

俞樾蔭甫

輕裘坐鎮浙西東喜聽輿歌遂邇同小醜自膏三尺劍（時獲新城於潛滋事要犯正法）健兒爭挽六鈞弓手芟荊棘安民命力護苞桑慰
聖衷數十萬家俱按堵可知韓范在軍中

匡濟才優世共知籌防事事合機宜軍前遂舉平安火閫外高張吉利旗鬼蜮無形民不擾神羊有角吏難欺書生幸隸帡幪下好補中和樂職詩

欲識荊州未有因秋風來作掃門人玉堂舊許呼前輩石戶新容作部民樸畧語言詢細細艱難時事話頻頻知一公節鉞東

南日未改書生面目真

自憐家世本清寒索米長安事更難好語忽從天外至名山許

向剡中看書囊檢點心先喜講席優游意未安幸附龍門增十

倍幾回遥望五雲端

十五 靜妙齋

晋江黄尚書公全集卷

男貽楫謹輯

姪貽杼恭校

西川輿頌

五言一百韻敬送　壽臣督部[illegible]入—都

顧復初幼耕

韋張領節度威名讋猳遖趙范典益州清德炳彛史二三古賢

桀卓犖為時起偉人挺八閩星精下箕尾巍巍—江夏公落落

天下士䓢䓢瓊厓島渺渺濟河涘翼翼皋華蘭城湯湯淛江水軒

車飫敭歷　帝心鑒篤棐旋　命來帥蜀　帝曰欽往矣曰忠
勤惟爾曰正直惟爾古稱柱石臣爾功良不訾錫爾以奎章赫
弈字在紙民聞吾一公來未至先色喜吏聞吾一公來内省或
自鄙風聲之所被舊俗亦云洗蜀惟西南垂坤德大母美其山
銳然高其水清且駛奥産緐以育奥俗文而綺治後亂乃先古
語固如此　皇祚纘二百聖風四雲靡仁周道斯洽軌同路
已砥即令事撻伐國用需倍蓗劉晏算牢盆孔僅督闗市渠曰
朘吾民亦云不獲已何乃諸司牧侵漁以肥已妄持武鄉言誤
會尚嚴旨屏棄詩與書日夜事鞭箠譬諸彀强弓絃急不復弛

用三民尚生用五民其死刀砧肉蒼赤彼賊所為耳豈有毋衆
人而自食其子｜公迺問疾苦恕者接踵趾｜公乃布愷悌輸
者盈筐篚正稔顧吏言廉必自上始從今守官箴貪則必汝褫
向患民氣囂今何民氣弭乖心戾同室太和聯異體可知汝則
非彼民固知禮却視｜公所飡朝饔惟雨薑更視｜公所服夜
臥只布被黄金高於斗無汙乃｜公指白蔔懔如霜無冷乃｜
公繭東至于夔巫西至於越嶲南至於黔山北至於秦畤蕩然
天四碧朝陽麗華晷曩年冬之初衞藏有突豕都護來乞師
詔聽｜公行止｜公謂我衣冠豈為魚鼈使夷狄相攻殺彼俗

古不徙瑣碎渠足讐覊縻善所以致書與都護機宜洞原委果
然得安輯不煩一兵矢夜郎亦告警地本犬牙似里言鑒桒鼦
古訓戎虎兕輸粟及晉縣勞師戍鄭壘賊偵我軍鋋棄刀弄耒
粗屯戍旣有經征行亦有軌致武不黷威奬功不過侈六韜祕
金縢戈甲胸中偉隱然作長城不驚邑與匕至今酉山陽鰷亘
越千里邊吏但種榆將士弗訶苞自古盛明代天運或隙否鬼
方肆商葉華蟲吉蔦祉太原勞周宣石鼓文不剞潢池竊盜弄
迄茲逾數祀砲蒯蒙江淮麟符涸泥滓般憂方啓聖俌拂資羣
宰如丨公四五人開府秉斧錡狂焰不足滅將使鼎鼐理旗門

簇鼓靜星斗凝夜紫紅燭爛高華縱譚輒拊髀曠覽大形勢深
謀澈表裏橋上揫聞鵑天傾或憂杞戈船缺龍驤旄頭避牛梓
誰解　宵旰憂同抱尸素恥矧乃吏治偷大小率楛呰陶侃運
竹木景略籌屐履勤斂角四方時敘握百揆丨公才詎可量丨
公疾將成痡俛仰荷　恩眷未敢慕脫屣　朝廷徵偵丨
公　詔丨公朝玉卮去㴊民已悲去蜀民何恃犲心望騶牙
駑足妒騄駬大瀛騰波濤壺嶠迷赤只雲山萬重蔽行李一肩
倚一錢誓不攜萬金籯廩米去猶作夏屋廣為寒士庇猗嗟丨
公何往邦人哥几几顧丨公補媧天大圜覆蝨蟣願丨公恢禹

績坤輿奠流峙惟今晉江黄比昔贊皇李蒙曩客東洲話—公
每亹亹謂蒙當見—公此賢今有幾邪知兩年間兩賢别蜀邸
蜀人各思借我道又焉底惟餘—公政教一一皆可紀五雲麗
高衢躍秣萬流跋獨鳳翔中天方員隨所視泚筆爲此詩再拜
國有豸

紀政詩送　督部入都

當湖　朱鑑成著

咸豐四年秋歲甲寅卯月撫浙大中丞承　命移龍節秩晉
夏正卿尊適古連伯　敕下　帝曰咨壘臣爾獨越東南
重轉漕運河懸一髮海運百萬粟雲飄抵京　闕粤醜肆狂
突江浙壤相接籌饟奮士氣尺土竟無缺事繁章則稀惟汝不
自伐人不識汝忠汝勤天亦格圄或干予正汝直所別白錫汝
以四字紀實匪獎借惟汝慎初終欽哉其母忽一公時膺
寵命督蜀王程迫感涕捧　宸章叱馭過九折浙民悲思勞
蜀民生意勃小人笑拍肩君子手加額婦子走相告良嬰獲安

四　靜妙齋

宅｜尚書撫之江人傳大恩澤計程卸方舟逐日採郵卒｜公
過劍門關｜公經籌筆驛　國家有重臣百僚禮莫埒羣公養威
重輿從尤赫奕｜公行馮八匹｜公臥榻七尺菜根得至味珍
錯不聞咽乙卯四月朔官吏紛迎謁錦里爛朱旗露車看赤舄
偉矣天人姿修髯繞豐頰德威民志定顧盼羣僚懾惟蜀西南
徼萬里神京隔民命如草賤官威如火烈益以軍興後征輸五
倍益輸國民自甘飽吏是何籍鬱極或致憤沈吟慮草澤｜尚
書坐堂皇慨然手拍席　天王清淨土擾之誠可惜民氣剽
樸柔感孚非不易軍門晝洞開千人日來愬紅箋呈隱痛俯首

意脈脈｜尚書謂僚吏言取汝志逆勿謂紙色赤此是民間血
尚書斥言畢怨者罔不悅民歡聲騰雷吏愁心匪石生平秉毅
力孑孑途自擇汝習愚不移吾志誓已決叱去萬黃金十年地
一潔惟昔李開府黔產名世傑廉威昔類今指揮今勝昔不見
去年冬西招起大役　朱綸急星火立　命整行列三岩
野蕃地將軍當掃穴將軍最勇果捧　詔目眦裂請｜公備
芻茭待｜公飭戈戟｜尚書寂不動從容為開說蠻觸小有爭
以我為憑藉何易言西征　宣廟之中葉措餉三十萬出
師僅五百今需二千騎將軍東黃鉞非百萬莫支搜求應到骨

五

聖人柔遠心吾將書進芴愚臣茍有見敢卸遷延責果然
彤廷上　天威一語釋果然遐陬外棄兵終玉帛鎮靜固元
氣惟一公決大策楚北來乞師　詔下許經畫黔疆花苗闃
酉秀重險阨忠州有伏莽潛謀起肘腋惟一公神明用乾坤自
翕闢楚師不必濟須為繼餉船酉秀蜀之圍須防剝膚切雄虺
匿深林武競勿倉卒密遣一能吏兵端卽銷歇凡此烈烈功俱
無顯顯迹羣吏狃積習一公意亦不屑外安仍飭內塵牘理旦
夕士氣日漸伸不虞辱壘牒營制亦漸張靈鼙催校閱事煩章
則稀不伐仍如浙　帝微聞一公病　清問無由核久識

獨賢勞或稍息繁賾　詔許朝京師　温語深相浹│公
時勞致疾感涕心如結慷慨謂同官建樹吾原劣卒屬固少恩
化民亦未厭　盛朝終不棄愚臣敢自絶藥裹一去手遂與
梁州別小車殿上行壓裝石不積弗稱劉寵賢一錢終可革丙
辰冬之初月近哉生魄蒼涼萬山巔北去軒車轍綦客賀諸衢
玉注酒傾碧小民蠅聚闐環街淚滴赤三年借不能九關叫無
隙焚香跪攀轅聲高語喋喋明年再此日吾民慮陷辟父老為
民言尒曹望毋飲世不重清操　帝自憂杌隉前年│公去
淅淅人意豈愜吾福或勝人再許頌圭璧明年春風香篠驂逕

南陌嗚呼此天心蒼茫覆難射時事已如羹棖棟還如弈
皇帝大聖哲不鄙夷遐僻仍　命我一公來敉輯此疆場豈
無慶歷詩石介頌升斥當年張益州畫像傳肥瘠此日一黃晉
江民心思無斁汶江貼地流峨眉聳天接此詩紀此政終古同
赫赫

長句四章恭送壽昌夫子大人入都　洪縣黄　湘州

重臣啣　命入　皇都雲棧蒼涼雪影麤琴鶴有緣隨劍
舄煙波未許憶蓴鱸爭傳畫像方平記定有流民鄭俠圖二百
年來蜀開府廉威得似我｜公無

海内軍興計七年韋公旌旆倚籌邊精心讞獄矜民命殫力芻
茭節府錢官海波澄風始肅軍門宵靜月高懸生平一掬蒼生
淚灑徧西南萬里天

來何遲暮去何忙忍見羣黎泣道旁一任口碑傳信史何須手
筆見封章民思黄髮留難駐　帝鑒丹忱　眷更長江夏

七　静妙齋

黃童蒙拂拭畸零尤覺愧莊荒

誓欲依一公作壯遊陪騎瘦馬踏神州重闈衰白難輕出萬里飛黃未自由教養兼蒙如子舍蒼茫獨立數庚郵絲綸閣下紅薇省何日趨蹌伴白頭

壽臣制府奉　命回京全蜀士民愛戴不忘冕不揣固陋敬擬七絕八首恭頌　德政謹錄於左　梓潼縣舉人劉冕

奉　命來川矢至誠居心如與月同明酬知欲慰平生學報到梅花又起程

蜀民處處頌青天不獨潼江望眼穿曾記來時無幾日一回企

慕一流連

案牘形勞志不移安民課士總無私一饑一溺關生命十二時

中每繫思

大法小廉布化新明珠清玉比精神尚能借寇蒙一恩久甘雨

和風世世春

無使絲毫累衆生實心實政抵冰清囊中自備差夫費來往都

教絕送迎

琴鶴隨身張益州前賢留已過後賢留任他公府輝煌甚自訂

安眠結素秋

八 靜妙齋

士民戴德本無虛莠去良安萬口謦獨羨清風憑兩袖一肩行

李一肩書

恩詔由來自九天遮留無計淚連連封侯拜相尋常事第一勳

名不愛錢

壽臣制府大人蒞蜀年餘闔省士民口碑在道肆業錦

江書院耳聆　德教感戴尤深今當奉　命入都謹集

古句七律四章聊致區區之頌以申獻曝之忱

梁山縣生員　邵　湘

天許文星寄上頭彤幨早蓋古諸侯名高北斗星辰上節擁西

此首不入調故改之此
六[illegible]其一首自不寫古人
名字故改之下查而下
改也頌之

川品秩優堪信鯤鵬輕斥鷃不隨鵷鷺狎羣鷗巴人擊節渝童
舞長歌短詠迭相唱酬
政聲新溢路岐間案牘偏從到日閒照澈燃犀澄澈水清如冰
玉重如山功高周召應分陝治祖伊姜已駐顏仰荷斯文歸朗
鑒九霄雲路願追攀
惟丨公福壽兼勳德家寄閩山畫障中常念蒼生如赤子由來
勳業屬英雄多才自有雲霄望健思潛搜海嶽空想到化行風
土變一年容易又秋風
鳳啣丹詔出金門天下安危待一論臺畔鵷鸞爭送遠蹊成桃

九
靜妙齋

李豈忘言故鄉曾托長城庇｜公巡撫浙江生原籍亦隸｜幈幪此日難酬化育

恩勳業定應歸鼎鼐亨衢咫尺接　天閶

恭紀　督憲部大人黃公制蜀德政四言八首錄塵　鈞誨

羅江縣學增生　林瓊

蜀郡欣逢使節移隨車廿雨樂雍熙全川政教資籌畫億姓顛
連賴護持寢饋幾曾忘黼座憂勞原衹為邊陲我　皇當路
需賢急大廈憑將一木支

家山萬里溯南閩七葉書香列薦紳風憲即今賢節度先生不
愧古名臣忠勤國事原丹悃正直　綸音煥　紫宸澄敘

或是科廣類互名似宜補注

官方真個少靖共夙夜勵同寅

醇儒經濟在安邦宗範猶新志未降政繼潁川推第一才高江

夏羨無雙風清浙水穿無鼠澤被巴山吠絕尨海宇削平期指

顧制軍鼎力獨能扛

四年節使兩監臨育俊登賢鎖院沈午夜時嚴防草率辛勤多

費種花心才增五桂天香染恩溥三巴露湛深化雨春風頻惠

我口碑載道頌儒林

文宗兼理錄遺才福澤精神庶務該欲網沈珠搜海底放衙拈

管報花開金鉞玉尺均陶鑄蜀錦吳綾任翦裁自是旁求真念

切拔茅惟冀茹連來
九重温語勉居官政事文章一代觀　册陛承　恩邀
聖眷蒼生繫命似公難靈鍾河嶽懷周召瑞應臺衡屬范韓此
去盛京作霖雨治臻上理慶平安
琴鶴相隨到驛亭琴聲好共鶴聲聽人從錦水依卿月道出紋
江望福星一路頌聲宣化譜庶民想像繪丹青遥知麟閣書勳
日儘有詩聯列　御屛
當時政績首推黃姓字應留史册光鐵面猶存真老吏冰心不
改是循良萬家摩頂供生佛異地傾城爇瓣香遮道攀轅依斗

望重贍叔度任封疆

恭頌　部堂黄公治蜀德政　羅江縣職員　林佳鈺

九重温語賜名臣知是龔黄以後身事到眼前明似鏡民從頭

上奉如神愛遺淅水棠陰遠福被全川德化新循吏聲名天下

震　聖朝何幸得斯人

正直忠勤本素懷　龍章寵錫自天來蜀中利弊資籌畫試

院規條費剪裁獨秉冊心親庶務猶分青眼録遺才羣僚濟濟

聞風起都作生民撫字材

輶閣停驂接訟詞殷勤問訊夕陽時案無留牘餘恩遠野有鳴

紅 嫩俗移黎庶共欣親判早 朝廷從悔得卿遲年齡彌老
彌强健好樹功勲答 主知
星軺北指 禁城邊兩袖清風自泰然父老攀轅常繫念兒童
拍掌共稱賢輕舟渡海惟須石諸事焚香可告天但願我
皇優寵渥制軍依舊鎮西川
總督四川黄制府 福星公謍吟刋本
動地歡聲一月前千人插羽導花韉江東環泣攀生佛蜀國焚
香報上天公叔自然能執法黼皇何止重籌邊唐家節度曾留
久願祝仍過二十年唐韋南康治蜀二十一年

帝心簡在重封疆萬里台星倍有光紫氣未旋由　北闕薰風

如丨遣自南方（莅任時已屆首夏）申韓治術恩兼濟雞犬平安福更長

若使花鬘收樂進伊誰驃國古降王

分劍同轅要得情未伸獄訟意還爭黃鐘仰叩音隨應白玉重

燒論始平天上神明來曠世人間草木動先聲果然深抱如傷

隱（隱）禽鳥銜冤竝許鳴

春風拂物坐參衙圖寫希文敘不差丨奏狀豈容徐郡守薦才

應重賈長沙四知私絕無含垢八監言多各種花誰是劍南官

一個便齋談對日西斜

十二　靜妙齋

玉鈐篇熟裕兵韜金字牙符領蜀豪十校無人竽可濫日於署圃內閱

練數騎一錢不賞衣同寢初登校場僅加訓勞軍士歡如重賞雲開玉壘旌旗暖月

轉松山鼓角高軍士都知清節好長江水可酌分醪

天意人心兩並從憂民念即慰三農時久亢暘制府祈禱兩日雨下如注想因誠

動紅雲詔立遺週行黑水龍懸鏡寸心空萬象探丸大膽落餘

光謂去臘蒲江匪類靈山一事尤歡喜説遇明公曠典逢佛生典禮獨至制府

有放生禁屠之舉

四川制憲黃公德政錄

全蜀農民工商公頌

天降黃公到蜀川人民焚香達上天我朝早有黃公現以免四

坛州犯等字不典極矣 已官等字杜撰極矣 武會似會龍叩 此見三方在地之人不遠 吾不忍讀而收薄矣

此詩似須編置王嶼詩後

海受屈寃今因我蜀存正念降來黃公除奸殘代天巡狩鎮四海治國安邦律例嚴条奏多少壞州縣除去多少不正男貪官污吏心膽戰土豪惡棍難安然自古到今多制憲能豫黃公有幾員萬家生佛民霑感體國愛民效包官長生祿位家家敬祀典配享稱大賢為民常懷清勤慎無有絲毫事不關無事不理齊整頓無害不除盡掃完無人不服黃制憲無官不怕心膽寒鐵面冰心無私曲聖主御賜匾額懸忠勤正直四大字史書載定萬古傳一代名臣名千古不愧讀書立品男為官效學黃公樣大清一統萬萬年

恭頌　制府德政榮行　江北廳舉貢生監

除書　寵荷蜀西游福曜高懸照益州紫氣飛來閬嶂遶白雲迴望越山秋平心寬大恩黃霸用法嚴明想武侯恰好中天紅日現浮煙障霧一齊收

鄉環何計扣輪轅天地栽培再造恩欲濟衆生無量德肯教平世有煩冤修成福果施花雨種得心田蔭子孫輿頌口碑歌不盡頻來　丹詔出都門

仍攜琴鶴赴京華指日蜺旌近　帝家糾吏有心翻治譜生民無福駐行車秋風萬里征塵起雲棧千盤落照斜臥轍攀轅

留不得當空一現是曇花

從容報政計三年朞月如何便内遷知是金甌將卜相翻令玉壘歎無緣　恩承鳳闕雲千里人列台星舍幾躔輔弼端宜親　帝座行看燮理慶安全

壽臣制府入覲江北廳士紳製詩送行煦因繼作

王煦

望到慈雲住又行萬家涸溢錦江濱有心詣　闕留龔遂無力通天借寇恂祖道簞壺成畫活兒曹衣織入詩新只慚下里巴人曲此日爭扶大雅輪

十四

福庇西川一載餘桑麻雨外青詩書漸看雀鼠風將息可輔一
鳩麐化起徐諸葛臥龍勞案牘趙公攜鶴斷苞苴忠勤正直
天曾聳那不教人頌德與
來歲時人喜去人悲如此畫臣　帝所知公論自留親　日月
私心還望轉旌旗籌邊暗築樓三面慰路明操筆一枝今歲冬
乾盼霖雨此情誰與達　丹墀
麗疏敢獻野人芹去歲科場意感人乙卯科闈第三場畢｜制軍坐至公堂督理收卷與
文遞上｜公欣欣以手接入一親道範至今猶在春風中也鐵羽自慚鵬翮短論文若與
鼠鬚親中台星本無私照一聚塵疑青愛因既慨與情無念已

次公回首亦霑巾

靜妙齋

晉江黄尚書公全集卷

男貽楫謹輯

姪貽杼恭校

朋僚贈言

寄懷黄壽臣　　道州何紹基子貞

別來相視鬢霜侵，記著麻衣感不禁。（庚戌夏余銜恤居西湖淨慈寺，君時陳臬，隔日必來視我。）共濟有緣萍偶合，深譚無底酒頻斟。形忘爾我如同氣，迹判升沈總一心。莫怪山行不相報，恐君魂夢越遙岑。

忠勤正直帝攸褒，當代藎臣孰與曹。（君撫浙時，御賜"忠勤正直"扁額。）感遇

一　淨妙齋

君真魚得水陳書我媿鶴鳴皋目營四海懷同調肩荷全川念獨勞步向高峯看星象杞憂終夜首頻搔

去蜀入秦紀事書懷卻寄蜀中士民三十二首并敘（原二首 錄）

道光三十年春　皇上嗣服命中外大臣保舉人才以備破格錄用余時丁母憂回籍張筱浦少寇以登薦牘咸豐二年三月服闋七月入都蒙　召對於圓明園八月初六日　簡放四川學政初九日　召對於乾清宫　䛖詢家世外於諸經注疏正史綱鑑宋五子書及說文篆分之學并原籍道州被賊湖湘防堵情形由京至蜀沿途關河道路　温語諮諏靡不曲至跪聆占對晷移六刻始出九月出都十一月抵蜀於恭報到任摺内奉　硃批一切地方情形隨時訪察具奏蓋蜀中吏治積疲　聖明洞鑒久矣三年春歲考成都就試事力求整頓五月奏報考試情形奉　硃批汝能如是認真朕甚嘉悅嗣後出省按試有關係吏治民生及軍國要務者隨時上

卿四年夏秋間以南江縣鄭懷江寃獄及大吏需索陋規
河東土司安安氏安平康母子爭襲各案先後馳奏
欽差大臣前來查辦悉如所議平反辦結浙撫黄壽臣中
丞御賜扁額褒為忠勤正直者也茲特擢為川
督言官或以蘇杭保障奏留之上意重在蜀不之許
壽臣與其兄岵生孝廉先後出先文安公門下又與余五
弟子愚為兒女姻親素日講求經世之務與余最洽聞其
來為蜀人慶且共濟一方尤私相慶也壽臣以三月杪抵
蜀任於余所奏南溪縣廩生萬時恬被誣逆案及各州縣
錢糧津貼多徵少解之案俱奉
旨平反懲辦吏治一
清至五月廿四日余科試潼川完竣回省知於四月內因
縷陳時務十二事上責以肆意妄言由部議以私罪
降調矣六月八日交印於壽臣即移居中協閒署清釐解
部冊卷畢七月初一日出遊峨眉瓦屋匝月回省士民上
扁建祠立碑紛紛相屬壽臣率屬議勼資創立州堂書院
如學海堂詁經精舍之例欲以留余樂彥亭將軍亦謂民
望所歸殷拳挽響余念以舊學使作寓公於公私皆非便
決計去蜀入秦它日或入都補官或暫還鄉里從容再計

二　争少齋

也適壽臣屢有小恙不忍言別既定期九月十九日啓程
余於十八日獨先出城矣行途雨堠旅館寒鐙憶校閱之
辛勞念士民之感戀新雨舊雨相應相求悵惘盈懷拉雜
成詠得七言律三十二首因風寄與俾士民知我之不能
忘蜀人猶蜀人之不能我忘也咸豐五年歲在乙卯十月
廿一日道州蝯叟何紹基自敘於西安舊鎮署之翠竹艸
堂

濟時籌乏錦囊探恥作書生紙上談文字專司歸總握安危全局敢分擔將軍雅度成傾蓋制府深交慶盍簪促膝深譚惟國事心馳楚北與江南時事如此艱難何敢以學政不管地方置身事外樂彥亭將軍黃壽臣制府復撝謙訪度凡有關緊要之件多與參末議

風雨重陽夜夜聲到情深處欲忘情丹鉛乍醒三秋夢雲水難

寒五嶽盟贈策何堪別良友扳轅不忍見諸生籃輿又道游山去一笑翩然出錦城重陽來日日風雨余定期十九日啓程十八日坐竹兜子獨先出城住桂湖矣實與同官及士民難於面別也

苦雨喜晴作 乙卯六月廿六日贈黃壽臣　何紹基

風聲招不來雨聲麾不去三年遊漏天此漏未嘗遇我屋十餘閒笑啼環婦孺移榻時苦煩穎牆夜尤怖長街成斷港水急無處注何況窪下區波瀾沒荷芋南望新津橋北望趙家渡人有其魚殃田廬尚遑顧大府惻然感率屬禱以步一日清風生二日愁霖住三日大開朗初陽滿紅樹想見郊野中昂頭仰羲御

三　净妙齋

誠求宜獲應謳頌傳行路却聞渝涪閒仍多苦旱處米價日騰
躍民氣尚焦遽吴楚久用兵農器無時鑄吾蜀幸安晏徵索煩
財賦天時乃若斯每飯屢投箸

俚言七律四首敬呈　壽臣先生大中丞誨政

何秋濤顧船

平江尚舉桔槔烽倚柱相看是越中樽俎有人籌未雨斗牛無
孛見元功貔貅繞帳千行肅羊馬依牆四境同整頓乾坤須著
手天教韓范總軍戎浙省毗連三江｜先生未雨綢繆閭閻安堵心甚苦而功最大樽俎有人故斗牛無
孛非虛言也

詞垣諫職盡聲名風采由來重帝京先生初官翰林旋補御史所至有聲
東觀文章推格律西臺讜論動公卿始與策本千秋鑑道光中先生上
疏以兩廣羣盗為慮智燭先幾迴超流俗道濟人為萬里城今日吏吾知好在銀河
洗甲佇侍豪英晉桓彝見王導曰今見管夷吾吾無憂矣茲用其語
江閩接壤息烽烟煙現在江西流氛福建土匪俱已平定滬瀆俄看靖水仙上海亦
復黠賊敢窺也八百海波猶懾弩三千皆用浙省故實也流泯悉仰松
柯庇三江兩湖流民過境者設法令復故里輿頌先從梓里傳閩浙接界往來舊
識次山真有幸安人符節峙南天元次山詩云安人天子命符節我所持惟賢督撫不愧斯
言

憶從釋褐已瞻韓甲辰年濤會試獲雋始謁一先生於京邸每辱先施見古歡昭武邸中承藻翰乙巳夏濤寓邵武會館時漳郡吳孝廉病一先生手柬示濤令厚賙之具見仁人之言殷勤周至海王邨裏駐雕鞍濤初入刑部寓琉璃廠火神廟時蒙一先生辱臨寒舍誨以居官之道必勤習政事周洛博訪不可囿於一隅濤用此勤於進署皆一先生一言提撕之德郇廚厭飫窗將曙乙巳冬蒙先生召偕華少京鄭錫侯諸君子歡飲竟夕鄭璞洛嗟墨未乾己酉年一先生入都見濤所作道州何太夫人壽序濫蒙稱許並於稠人廣坐中數賞不置為奉板輿懷德惠不辭蕪句點臺端

長律二首恭贈　壽臣先生中丞同年大人郎請　勛誨

彭玉雯

一例封圻遺重臣惟公報　國獨忘身湖山未敢躭遊讌疆界

似有一字

何曾判主賓平望上海皆派兵勇堵剿威振百僚咸秉度恩周萬姓總懷仁
經綸四面推韓相千載何人足抗衡
謀國終須任老成未能足食敢言兵量沙只是尋常策輸粟纔
知緩急情曲冤從薪甘下坐春夏之交熊壁觀察欲於安慶立後路糧臺雯力持不允藉保無虞
排山倒海仗先聲公籌款甚鉅源源接濟并議三江分認兵糈按月起解免呼庚癸以顧大局誠一時勝算
也關中轉運功居首漢代蕭何有定評
壬子秋仲喜聞　壽臣憲公祖年大人移節秦關建牙淛
水敬呈八律用代雙絨錄請　鈞政　姚近寶發庵
天教耕鑿奠湖山特遣慈雲萬里還雨露有恩通　帝謂風霜

五　靜妙齋

無恙識公顏歡聲雷動香花擁輿氣秋高棨戟闈曾記餘杭諸
父老去思不盡馬蹄攀
治迹爭傳萬口稀思清望倍依依嚴霜朝肅烏臺柏卿月宵
圖畫省薇絳節顧留生佛駐繡裳竟遣我公歸明朝試盼旌旗
色喜氣遙連瑞靄霏
當年換骨秘同參舐鼎餘功秪自慙喜見鵷鸞翔闕北劇憐雞
犬滯淮南三生分早雲泥隔九轉丹砍砂汞涵我與蒼生偕受
福謳思一例拜恩覃　一
僵臥袁安四壁空八騶何幸列庭中趨承敢使摳衣肅款笑俄

鷺執手通觴俸瀕行留勺水鱣堂容我坐春風平生自信腰難
折一瓣心香竟屬公
福星移曜向幽卭小草經秋色漸摧負米詎能離色養吹簫無
計食嗟來仙霞嶺古閒炎瘴黯淡灘奔鬱怒雷遑計祖鞭須快
著緣知幕府正須才
珂鄉積習鎮堪憐問訊知公夢想牽馬上丸齊探赤白搶擄澤
中獸競鬬戈鋋械鬬民窮更苦妖氛熾會匪吏墨猶欣太守賢
泉守來錫蕃以廉潔聞且喜韋皋新建節經營生計策安全謂王春巖中丞
翩翩宸扆耀詞壇乍喜雙飛振羽翰林有清風栽共竹陔羅秀

六

色茁同蘭詞華夙許機雲並品望應齊軾轍看指顧秋高圓桂
魄扶搖萬里快鵬摶
秋山淺絳澹疑無點染雙旌入畫圖眼界舊遊開朔隴頭銜新
敕領西湖勛名望早追韓范風雅名還繼白蘇黍谷春回看轉
瞬陽和應許被枯株
恭讀　御賜　壽臣老前輩夫子四字扁額并　諭旨
子道詩以代頌跋　支清彥少鶴
九重詔下瑞烟浮　帝念勲臣德意流四字　龍章昭一德兩
朝魚水各千秋功名豈為危時絀福命終須偉業酬會向春明

誇美政臨風側耳聽衢謳時僕初出川補官都下（聽字重出）

敬觀御賜黃大中丞扁額恭賦四言詩一首并序

楊炳春

咸豐四年二月二日皇帝以浙江巡撫黃公藎誠克篤夙夜宣勞既整躬以率下彌坦白而無私用—申殊眷賜以御筆忠勤正直扁額諭曰不必作獎勵觀作紀實觀朕尤願汝慎終如始以成一代之名臣龍章炳曜天語煌煌不特為從來督撫所未有之曠典實為主聖臣良千載一時之盛事—公伏地祇領感激涕零謂臣涓埃未報何以當此初—公以直諫起家於宣宗成皇帝召對時有為國棟梁之器今聖上復有一代名臣之諭先聖後聖特達之知其揆一也炳春從事於此獲覩茲盛仰維聖天子宵衣旰食勤思宏濟之時迺眷念勞臣從容揮翰—褒一臣以勸諸臣凡百在位有能殫乃心力盡如—公之

七

竭誠報　國知蠢茲小醜不足平也用作四言歌詩一首
上以宣揚　聖主知人則哲之明下以發抒賢臣公爾
忘私之實
其詞曰
維
帝之聖篤念萬方藎臣是寶若室棟梁棟梁孰是曰—
中丞黃自—公撫浙治具畢張事無鉅細手提其綱以誠立榦
懇款精詳孜孜夙夜不敢怠遑嗟此粵寇蠢動披猖—公謀於
衆整飭戎行不分畛域越疆為防大江以南保障金湯曰惟—
公力貽我安康　天庾之供厥恃南糧運道滯阻載以海航神
鑒篤棐巨波不揚坦坦溟渤迅達神倉土寇作虐敢蔓於疆聲
色不動早扼其吭民畏—公毅厥罰用彰民悅—公仁豈弟慈

祥|公身在外|公心　帝旁心丹髮白鬢鬚皆蒼　帝
曰汝賢　賜額殊常忠勤正直惟汝克當一代名臣願副
予望|公拜稽首　寵命對揚　天語高揭惕厲敢忘益
慎終始冀答我　皇小臣何幸與瞻　奎章千載一時
帝聖臣良維　帝之聖若日月光照澈萬里如陛如堂凡百
敬位式|公者臧矢心精白懋績安攘上紓　宸顧　帝
治永昌臣用作歌以佑賡颺

甲寅冬日　壽臣制軍大人移節西蜀中敬賦俚言五十韻

原送行錄集呈　鈞誨

署富陽縣知縣陳鍾英

重任安危寄遐荒畏姓名祥麟千載見威鳳九霄鳴山谷家聲
舊徐陵器識宏閩江環秀氣嶺嶠鬱精英接武登　蓬苑鏘
音振佩珩朝衣趨曉漏　宮樹聽春鶯弱水回船引仙風緤
馬行溟池何浩瀚天路倍崢嶸碧海開元化青齊冠異聲冰銜
霜簡肅藻鑑玉壺瑩漸汰坤流濁頻邀　晉接榮屏藩資坐
鎮節鉞畀專征信美湖山擅重來竹馬迎風流元白陋威望范
韓并剴論驚流俗周諮逮野氓風猷雖赫濯德義愈淵閎芹藻
音懷好雀符患絕萌吹葭冰谷暖投壁海波平孰使潢池沸俄
然浩刼生草閒起狐兔江上走鯢鯨諸將方徵甲斯民久厭兵

縱教能克敵何以免吁庚卓見排羣議英謀蘊至誠從容籌轉
運指顧扼强勍職貢浮滄海軍儲濟上京非惟共休戚是篤
忠貞王儉紅蓮幕條侯細柳營旌旗都變色風鶴不聞驚謹慎
師諸葛英雄薄灌嬰箋書皆手答俊彥必心傾石可狂瀾障天
真一柱擘重門嚴鎖鑰鄭國尚欃槍　帝念酬庸切人思被
澤盈無圻膺　寵命萬里動行旌夜雨穿巴峽春風度錦城
驛樓籌筆迴溪水浣花瀠僕射軍容整龍驤將略精上游憑險
阻氛祲廓澄清斂閣勒銘速樓船破浪輕即看蒙竹帛終待領
鈞衡大樹陰將改甘棠詠欲賡鴻飛猶信宿蟻慕自分明遮道

難留寇攀轅盡識荆謳歌聲隱隱祖帳意怦怦下士嘶檣散一

明公幸玉成春江承空乏秋潦浩縱横綆短愁深汲淵危懍舊

盟翩翾隨鳥雀寥廓仰鵷鶵峻業雲天極長謡肺腑呈岷峨遙

在望因起故鄉情　鍾英籍隸楚南實居於巴蜀

欽帥壽臣制軍丈奉　命督兩粵經畧夷務　旌麾

過浙英以舊屬晉謁　根蒙　垂問所以慰藉之者甚

厚退賦七言律詩四首呈送　節轅恭請　誨政

衡山屬吏　陳鍾英

陶公威重領專征拜表方為嶺嶠行要使遐荒輸桂蠹肯令環

海駭氛鯨珠崖自昔紆籌策銅柱於今畏姓名公往曾覩窮雷瓊百萬
蒼黎應慰望東南從此有長城

霧毒風腥海氣昏欣看彩色上朝暾安危豈獨關南徼鎖鑰終
須仗北門市舶千帆覘浪靜旌麾萬騎罷雲屯老謀深算知無
匹益擧金甌答 至尊

忠勤曾此荷 恩褒公撫浙三年創行海運練兵籌餉力全大局御賜忠勤正直四字旋移節督蜀威惠久著帷幄還資擘畫勞萬古雲霄思葛亮十年旌節重韋皋

閩川箭激龍溪迅取道漳泉公鄉里也越嶠梯懸鳥道高見說 王師
本無戰不須壯士賦同袍粵東民氣甚固

虎嶂龍巖道路難雍容裘帶獨登壇聖朝聲教通蠻貊儒將風流繼范韓細柳千行開壁壘扶桑萬里靖波瀾功成旦晚歸朝日圖畫雲臺拭目看

戴丙輝 江蘇舉人

一代丨名臣應運生下風遥聽盡葵傾丨封章久著烏臺望丨使節旋膺豸繡榮百粵猺獞羣嚮化三秦綱紀允持平生民最是之江幸竹馬歡騰兩度迎

節鉞勳名蓋世高丨宣猷籌畫倍焦勞築塘海晏千秋丨績浙西海塘為民田保障丨公時親往履勘俾工歸完固民共賴之挽粟風恬萬頃濤浙漕兩年海運俱以妥速

竣事蒙聖諭優奬益丨公精神所感海若亦效靈也幾輩孤寒登夏屋丨公課書院及詁經精舍所拔皆知名士奬賞有加六師紀律肅秋毫鄰省告警丨公調兵募勇防堵嚴密不動聲色賊匪不敢犯境全浙得安丨忠勤正直洵無愧宸翰親書四字褒勳猷簡在帝心中寵畀兼圻錫命隆浙水萬家生佛奉浙人欲為丨公立長生祿位錦江千里丨慶雲同即覘丨調鼎金甌洽定卜圖形紫閣崇私盼丨蜺旌移駐近梓鄉亦得被丨春風自愧樗材未足論心傳猶得溯師門丨公出吳姓舫宗伯門下丙輝為丨宗伯門生門下士丨宗伯視學浙江丙輝隨在幕中時丨公陳臬浙省凡文章經濟耳熟能詳久深景仰重游葛嶺吳山勝

幸接｜光風霽月温賀等篤駘邀｜拂拭｜談揮麈尾仰謙尊

令春到浙謁｜公於節署承｜公畧分言情謙光倍至并為圖安硯之所從今蜀道程修阻眷戀臨

岐感｜昔恩

甲寅六月十八日　壽臣中丞招飲泠泉亭由韜光登北高峰絕頂並走謁精忠墳泛舟平湖秋月而歸時同游者會稽陶問雲先生錢塘伊遇羮海鹽陳琴齋鄭興臺中丞令似幼臣賦詩紀游錄呈誨正　楊炳春

鳳山門外聽松風松濤響處炎歊空閒以飛瀑奔玉虹闖谿投澗態不窮有亭翼然山之中下臨澄潭泉所宮坡昔判事爪留

鴻後七百載來髯翁髯與髯舊交誼融諸不髯亦臭味同餞髯

於亭繫雙驄壽翁與問翁皆髯時問翁建藩晉省即日解纜啓行提壺挈榼紛僕僮清游

不易毋匆匆染鬚眉綠萬竹叢韜光寺古可揚瞳歷數百級輿

而通僧出夢禪圖畫工竹葉生葦尤玲瓏能化堆垛為空濛二

十八字洗塵蒙劉梁而外推此公寺有夢禪畫韜光雨中山色卷筆妙仿髯石如卷末有姚伯昂先生補圖上題七絕一首詩畫並佳卷中題詠頗多石庵山舟兩鉅手外以姚為最龍首吐泉清瀜瀜

金蓮花豔蘋滋豐煉丹臺下蜥蜴蟲龍種腹漾硃砂紅天公欲

雨起豐隆想見頭角聳崖嶷寺後煉丹臺下泉注一小池中多蜥蜴腹如丹砂寺僧云祈雨置缽中交壇上雨後送歸池中掀髯談昔游崆峒壽翁曾游崆峒山五月披裘而上登峰不厭摩

十二 靜妙齋

層穹千二百級階升崇江潮海日歸牢籠返飲亭上氣益充以
古豪傑相磨礲意在掃盡伏莽戎耿耿一寸報國衷拜倒萬古
之精忠摩挲翠柏薫冊楓中有毅魄光熊熊晚向平湖泛船篷
遙如雅樂奏曲終歸途月漸開朦朧紀此游覽清且雄身來絕
頂霄可沖宵夢應淩恆岱崧

咸豐四年甲寅冬十月　壽臣大中丞夫子奉
簡命授為四川總督將行浙之官紳士民無不歌功頌
德願切攀轅　霄受知獨真感甚切敬賦五言百韻并
奚當高深耶以表誠懇云爾　馬昂霄雨峰

鍾鼎銘功績　綵綸荷　寵光揆文兼奮武飭紀並陳綱
内相經猷裕詞林學業昌丹忱思報　國素履勉為坊振策昭
肝膽輸誠効膂腸忠勤邀　帝簡正直炳　宸章駿德由
來積鴻勳歷可詳木天徽望重芸閣仰才良骨鯁匡兵署司鳩
任職方四能侔敬羽九伐繼蕭郎軍務參機密　朝端勵贊襄
乘驄臨岱北拂豸振遼陽東海威容肅南臺法律彰冰心盟白
簡鐵面紹青箱補衮何虞闕緘金弗炫長諫垣勤論駮封事效
言颺參政新風化監司慎典常鵲山觀理治犀帶仰輝煌鑒察
誠無蔽刑名亦號祥恩波敷兩浙法令飭餘杭摘發情奚遁哀

矜訓不忘克威兼克愛無虐亦無戕案牘親為理科條賴以張
仁能開網呂勢莫逞桁楊法密羅非雉恩周愛及魴殫心勤緝
捕市地設閑防見若冰壺朗心憑玉尺量廉隅持介石衡鑑澈
虛堂不受苞苴遺毋教幣帛將祝嗤侯氏酒清洗法官囊節自
持躬峻才九任事强報功憑薦牘入覲詠承筐感遇伸知已
動名達遠鄉旬宣膺牧伯儲備答　君王府庫盈征納湖山
賴保障屏翰分兩陝旗節鎮遐荒會見鶯遷速行看馬首驤謙
衷容採納　巽命授封疆經畧追韓范風規紹杜羊藩封擢
開府滇節轉吳羌紫綬膺殊遇紅旌看遠翔新猷誠卓卓大烈

本洋洋政自通常變名誰與頡頏下車臨試院剔弊正科場欲
使文風盛先將士顧償歌聲騰矮屋德澤沛虞庠考典從嚴肅
儒林共式臧愛才開曉霽察吏挾秋霜仁術先籌賑奇功在運
糧主謀經創作任事莫彷徨議論紛相擾艱難獨敢當黃河方
氾濫白海正蒼茫雖欲輸夫粟緣何達以航唱籌資補助乞糴
倍倉皇大力艘能挽焦思食不遑奏書陳激切決策倍堅剛濟
自儲舟楫謀同饋稻粱一途看接軫萬里順連檣月鏡平波浪
雲帆渡海塘饑民咸飽德都市復通商人免牂羊歎郊無碩鼠
傷金穰盈冀域玉粒溢　神倉　帝鑒垂欣賞　皇恩

下霈霧花翎榮首服　芝誥拜　天閶晳既舒鴻雁貪尤
絶虎狼𠟃河經手闢渤海息瀾狂自爾功非小咸知德不凉恩
威還並用覲大備親嘗苗格神同禹弓張武比湯才均歌兕肅
勇且奮鷹揚設險防交密安邊寇莫攘閭閻懷制梃士卒免同
裳敵幾臨三面功誠賴一匡赤心加訓練黔首保安康化並持
干羽勞同破斧斨報消烽火警聲息鼓鼙鎧召募勤無暇捐輸
勸更忙四方勞轉餉五夜不安牀烏合胥殲滅鴟雄盡恐惶種
能鋤莠秕火遂熄崐岡遺將旄麾白宣威鉞仗黃巖疆收壁壘
比户課農桑情更孚箕畢休能兆雨暘有求皆感應無歲不豐

穰憂樂同民庶精誠見禱穰禦菑兼捍患積善有餘慶卒物躬
先整臨民道在莊銓衡持藻鑑品望重圭璋廉可風寀忠能
達　廟廊　九重榮　賜額百世允流芳素志盟松柏奇
材任棟梁澤還霑小草德永戴甘棠總制升川左輿歌載路傍
材猶容枳棘身許列門牆厚意加培植深恩擬昊蒼諄詳蒙手
諭感佩久心藏志切攀轅想時深引領望謹將呈韻語聊以佐
行裝向自如葵日誠無獻桂漿風前欣逖聽還顧示周行
壽臣先生中丞文由甘藩膺　命撫浙道經維揚恭頌
二章錄呈　削正　　吳文鑄

十四

年來幾度聽驪鳴垂老多疎禮送迎舊部特教銜命往大猷

能展伏心清近知　帝念東南治佇公籌湖海平此去吳

山棠蔭在歡聲應已徧蒼生

忠悃由來肅政刑舍家有弟說曾經正欣舊雨同南服先生初奉撫滇

之命後改浙江忽畀鄰疆作使星想是艱難方待濟定知簡擢不

須停大江南北兼圻任好令扶藜拜典型

已未仲冬出京日由恭撰七律四首留呈　夫子大人

鈞誨　　張光裕

送別一棨麾已五年瞻依一函丈倍殷然談餘鯉對詩三百望

遠丨龍門路幾千寸草有心葵嚮日丨大鈞無量管窺天渾如赤子懷慈母盼切牽衣繞膝前

菲材何幸廁丨門牆朽鈍雕鎪沐丨澤長丨恩負如山鼇重戴報真無術蟻空忙瞻丨雲纔許螭坳接 裕教習期滿甫於十月引見 立雪偏殷鹿洞望驪唱已催猶躑躅音書竊盼丨鄭公鄉 公自粵入覲道出八閩梓里

青雲蹭蹬負丨深期寥廓天涯相是皮花縣願栽棠樹蔭 裕現以縣令待選 杏壇空植桂林枝自慙樗櫟常荒落多感芝蘭善護持 極承世兄昆玉相待甚優 一樣丨狄公門下士羨他星使赴滇池 壬子與顏雪廬學士同受

知於師舉優行現簡放雲南學政

東山道上盼征塵冀獲停鞭—德範親荒—陸莫覲千畝植推

袁還借一枝春立錐無地窮愁集戴笠如天—蔭庇均葵藿微

忱還自戀—師恩圖報百年身

壬戌嘉平捧檄西江出都吟成律句恭請　夫子大人

鈞誨　張光裕

一枝簽掣指章江鄰壤欣聯父母邦就　日祇堪瞻　鳳

闕五品以下引見各官皆改驗放讀書當不負雞窗勉為牧令求循蹟慨念

時艱抱熱腔引領絳帷頒槼訓漫教飛舄試鳧雙

策名四十未為遲伏櫪馳驅念在茲此去但求良吏事比來猶
是難民時庚申避寇迄今奔走纔定愁心遠道資何措蹇足鄉闈力已疲歷遇
鄉闈十六次屢薦屢備僅挑謄錄慙愧不才孤落嘖未能身到鳳凰池
多感鄉霄望眼穿雲程蹭蹬說年年從今函丈瞻依遠差冀猶
聲報最先造鳳空留韓洎紙聞雞緊著祖生鞭一肩行李衡寒
去難忘程門立雪天
故園戎馬尚縱橫家住邗溝喚癸庚杭州再陷未復眷屬流寓揚郡之泰州明月
二分兒女望西江一派友朋迎自憐客路勞薪狀又聽人家爆
竹聲去歲舟中度年今逐次又值臘底回首門牆猶在望時教千里效葵傾

十六

恭祝　壽臣節師年伯大人五旬晉六榮誕并誌拜　嘉

叩請　鈞政　饒軒

雷行令甲嶺雲開星見揚州使節來為我東南撐半壁如公將相應三台帆遊瘴海嗟塗炭石補媧天轉刼灰試上越王臺上望甘棠猶是昔時栽

老成謀國有權衡勦撫兼施本聖明鑾徽風行欣洗甲靈洲秋爽見長庚三多華祝如山立八月槎迴識海平要與斯民登壽域丈人以此協師貞

為愛年家譜末聯賈生前席禮加虔賦來鸚鵡當筵賞傍到樓

臺得月先有志未酬填海石分廉如訏出山泉此行毛羽猶嶄
鎩且待吹嘘送上天
遊子猶懷寸草暉況當李密戀重闈漫言芝籠供靈藥且喜綈
袍當舞衣烏鵲自憐三匝繞鶺鴒惟願一枝依會須赤舄開東
閣踏傍花陰對紫薇
里甸恭頌　壽翁文丈移督蜀中兼誌感私錄呈　鈞誨
林其年
帝遣星軺下百蠻老成丰采表峩冠在廷議論傳姚宋開
府功名配范韓愷澤初涵珠海潤清威再鎮雪山寒於今轉羨

十七　靜妙齋

西川路一道陽春竹馬懽

海水羣飛記大東礮車聲裏落沙蟲甘泉夜——對文書密下瀨晨裝部曲雄巨細才兼陶士行華夷望屬李師中由來十載封疆事早已分明契

主衷頻年入

覲是

恩榮定

念尚書舊履聲使節過門闕晝錦由閩入京

宮壺拜

賜話春明長途半記行邊路所經多舊治皓髮惟餘報

國情聽說携將琴鶴去宛然清坐老書生

孤生自分守松楸忽叩平津事遠遊飲啜全家知再造驊騮一

顧愧千秋編餘野史長槃泠錢到春風小草愁所祝昇平出——

公手願隨農丈獻田謳

里詞二首恭上　制府壽臣年伯丈大人即求　削政

廩生　邱晉昕

伏波橫海並樓船共仗——雄才掃蛋煙——儒將忠誠深粵嶠——

專征節鉞耀南天——龍韜日月珠光肅鮫室風雷玉帳傳百丈

羅浮山上石勒銘——勳績勝燕然

追憶周南——授訓年欽談——命世獲鑣聯——彤弓旅矢來

胥山拜纛前郎慶珠江濱渤靜敢期樗質——大鈞甄

十六　静步齋

綠水青山

顧愧千秋編餘野史長槳泠錢到春風小草愁所祝及平出—

公手願隨農丈獻田謳

里詞二首恭上　制府壽臣年丈又印求削政

庠生邱晉昕

伏波横海並樓船共仗—雄才掃蚤煙—儒將忠誠深粤嶠—

專征節鉞耀南天—龍韜日月珠光肅鮫室風雷玉帳傳百丈

羅浮山上石勒銘—勳績勝燕然

追憶周南—授訓年欣談——命世獲鑣聯——彤弓旐矢來

天上綠衣青山拜纛前即慶珠江溟渤靜敢期槖質—大鈞甄

門庭行末慚疎拙擬鐃歌奏凱旋

七律四章恭請　壽爵星使制軍　誨正

唐千鷺

十年重到粤江濱一星使光符月一輪萬里傾心迎活佛九重親口贊名臣（前撫浙時曾奉冊詔稱為一代名臣天下榮之）范公兵甲羅胸久裴相旌旗入眼新夷務民情兼國體天生龍馬顯精神

龍節擎來自日邊傾城婦孺喜相傳攘夷共倚周方叔仗義誰為魯仲連百萬瘡痍頻引領兩行文武幸隨肩凌空一柱標千古撑起東南半壁天

頻年中外殫勤勞，旋轉乾坤手自操。執法豈宜容馬謖，救時端合展龍韜。圖陳葛才原大（纍督四川，土人比之諸葛），甓運陶公氣更豪。難得一賢臣逢 聖主，長風萬里振鴻毛。

礟火星飛徹夜紅，江村鼓角徧西東。嗷鴻集野聲如沸，饑燕辭巢影盡空（羊城士庶遷徙一空）。敢效繞朝誇贈策，生憎魏絳説和戎。迂儒家有端溪石，要勒平番蓋世功。

里言一章

錢廷薰秋峴

不教封豕逼滘西，路連城賴以存（公撫浙時，探有賊踪，先保徽甯，使賊不敢犯浙境）。

太傅出原孚物望，温公事可對人言。瓊樓玉宇今看遠，劔閣珠

十九

江舊感恩更有虎林諸父老每逢使節共攀轅公由川督調任兩廣留駐十日戴醇士侍郎周雨亭廉訪俞雲史觀察王安伯部郎諸鄉老間日至江口敘別有挐舟遠送至薰與安伯至富陽始還

壽臣世兄同年將歸閩南賦此以贈行即呈雅正

彭蘊章

曾騰乍醒南柯夢東海閒尋舊釣磯垂老何堪重作別故鄉却喜送將歸明如秋月還虧闕𤅷到浮雲無是非軒蓋紅塵忙不了幾人白髮遂初衣

同治癸亥桂秋上浣　夫子大人南旋謹賦二律用誌景仰

伏乞　鈞政　趙亮熙

事業文章震昔年功成身退樂林泉錢塘江水流遺澤錦里春風被管絃（師撫浙督川惠政極多至今口碑不置）往日人呼驄馬史（當給諫時以敢言著）今朝歸泛釣魚船故園情景知無恙飽看青山閩海邊公門桃李

公門桃李荷春陰恩誼難忘樾蔭深（亮受師栽培最厚）幸列閑曹無冗務時親德教懔良箴秋風忽起思蓴興湖海猶存戀闕心萬里關山今送別鴻飛望錫指南鍼

癸亥桂秋九日　望雪夫子大人以同門趙寅臣水部詩扇命為補白即次原韻二律以誌高山景仰之思蔡東

周蘭

親奉龍韜憶往年京華邸第住平泉琴尊跌宕容歌嘯鐙火藏
脩勉誦絃棊局一枰遭劫著圖書萬卷壓歸船江湖魏闕孤忠
在暫把漁竿滄海邊
手栽桃李到成陰一第稍酬屬望深知我平生逾骨肉聆公片
語悲規箴故廬風雨三秋夢大海煙波萬里心願祝順風隨杖
履帆飛綫路指寅鍼
咸豐八年正月　壽臣仁兄大人揔制兩粤行將出都臨别
惓惓率成七律一首奉贈錄請吟正　趙光
聖主知人善任人海疆重鎮仗賢臣剛柔道恊綏邊靖忠直心存報

國真君撫浙時忠勤正直四字以賜御書從古羈縻須用衆各國貿易粵東昔用洋商具有深意祇今控制

在宜民粵中民氣固結團練精剽外夷畏慴越臺應慰來蘇望惆悵前遊卅載春光昔遊珠江今三十餘年矣

青妙齋

812.8
444
(19)

黄尚書全集

靜妙齋

考試雷瓊觀風告示

為示期觀風事照得問俗採風政治首崇乎學校文見道經
濟每發為詞章是以郡辟孝廉典高炎漢館招賢俊禮重公
孫緬稽郅隆多鍾碩彥而況
聖澤如春毓英才於𨻶澨粵邦多寶遍
文教於黎蒙者乎　本道出身科甲世業詩書壯歲弋名戎曺晉
職蓬山鑄字筆分雲漢之光柏寺彈章論挾風霜之氣去歲
欽承
恩命特簡儲糧今春渥荷

靜妙齋

緼綸權知秉臬茲復分藩瓊島輝節雷峯凡夫手挽雕弓弋飛鵰

於叢棘目空塵市超雄駿於崇階均所以紹黄戴之勳而肅

邊陲之令也然而衣冠者庶彙之尊儒士者四民之首海流

洋溢水有術必觀其瀾

國器甄陶金在鎔宜就乎礪矧海濱羣稱鄒魯嶺表夙號儒林

邱海聲名風高百粵寇蘇祠院教本三賢迨我

朝而鼎甲祥開屏藩位顯與夫名經高揭登選佛之場蕊榜紛

題躡梯仙之路亦復扶摇渤海馳騁康莊覩斯鵷行能無雀

躍　本道捧檄遥臨下車伊始探淵源於碧海購騏驥於金

臺將期隻手障濤瀾免百川之東下先使羣言歸斧藻指多
士以南行的於某月某日命題扃試諸子張軍一堂輯瑞陳
言去而後昌黎之論常昭晴習除而後仲郢之言不背代聖
賢立說語必準經疏孔孟遺篇丈即為教墨花亂灑春蠶食
葉之聲詞采驚譁驪領探（珠）之手行見竹箭佳材親登座上復
苓良藥滿貯囊中報瓊瑶贈縞紵都將鶴俸分來觴酒醴韻
筌簹還藉燕賓娛我他日者奎壁筐承盡入珊瑚鐵網絃歌
羽奏快聽金馬玉堂為此示諭雷瓊兩屬生童知悉屆期各
宜踴躍應考慎毋觀望特示

照得本道恭膺
簡命觀察是邦風土人情首宜知悉庶可戢暴懲奸俾良善共
享
昇平之福乃地方遼濶耳目難周清夜捫心慮忝厥職用特刊
刷諮詢錄多本發交該縣分發各鄉公正紳耆即將本内
後開各條逐一查明填註刻日送縣彙繳以資稽考務期
據寔查填不得舛錯瞞隱有負本道求治之心也切切並
將查填人姓名一併開列於後
計開

一查該鄉是何都圖是何土名如向有大土名及小土名一并開列再如省會城市以及大邑大鎮鋪戶稠密之處各將街名開列並查明段落方向注入後開各條內

一查該鄉在縣城何方係何司屬離城並司署均若干里

一查該鄉東南西北四面各與何鄉毗連如係別縣鄉村或隔河隔山相離均若干里

一查該鄉東南西北四面各河道道路是小是大是何土名上下左右均通何處與何縣交界

一查該鄉有無古蹟及古塔有關形勝者

一查該鄉有無險要偏僻為賊匪出沒之所

一查該鄉附近何汛若干里有無官設卡房如有設在何
處派差勇若干名
一查該鄉與附近有無巡船是否官設抑係民備
一查該鄉與附近有無餉渡如有共幾隻開擺何處渡主
何名是否每日開擺抑有定期
一查該鄉曾否設有約堡鄉正副如有是何姓名有無功
名
一查該鄉現在地保何名是否官充抑係各鄉輪當
一查該鄉有無牌頭甲長如有是何姓名

一查該鄉更練共有幾人是何姓名

一查該鄉曾否設有澳甲如有是何姓名

一查該鄉出產何物

一查該鄉有庵廟幾處設在何方所祀何神内住是道是僧是女尼各若干人

一查該鄉有無墟市鋪面何日墟期墟長是何姓名如無墟市係往何處買賣再墟市中有無牙行何人代為交易

一查該鄉向作何項事業營生有無外出者

一查該鄉有無出海採捕船隻如有共若干隻船是何名

一查該鄉是否一姓抑係雜姓各若干家共若干家何姓丁多何姓丁少何姓最强何姓最弱何人是何姓房族長

一查該鄉有無紳衿如有是何姓名是何官職並有無現在何處出仕者

一查該鄉何人最為孝順父母和睦兄弟如有是何姓名

一查該鄉衿耆何人最為公正講讓息爭約束子弟為鄉黨所推重者

一查該鄉有無勤苦讀書之人如有是何姓名

一查該鄉有無樂善好施之人如有是何姓名

一查該鄉有無苦守貞節之婦女如有是何姓氏現年若干歲伊夫何名有無子嗣守節已若干年

一查本近鄉有無忤逆父母干犯尊長及欺凌兄弟之人如有是何姓名

一查本近鄉有無外來游棍並結盟拜會之人如有是何姓名

一查本近鄉有無游手好閒並尋衅滋事好勇鬥狠之人如

有是何姓名

一查近本鄉有無唆訟滋事慣作呈狀之人如有是何姓名

一查該鄉有無窩留賊匪並誘拐婦女幼孩之人如有是何姓名

一查近本鄉有無竊賊如有是何姓名

一查近本鄉有無强盜如有是何姓名

一查近本鄉有無爛崽如有是何姓名

一查近本鄉有無沙棍如有是何姓名

一查近本鄉有無擄人勒贖匪徒如有是何姓名

一查本近鄉有無打單訛詐匪徒如有是何姓名

一查本近鄉有無搶奪兇詐匪徒如有是何姓名

一查本近鄉有無攔河私抽往來船隻之人如有是何姓名

一查本近鄉有無逃回遣軍流徒人犯如有是何姓名

一查本近鄉有無匪館烟館及番攤賭館標厰如有係何人
在何處開設

一查本近鄉有無作鳥鎗手之人如有是何姓名

一查本近鄉有無與別鄉械鬥如有係何事起衅與何鄉滋
鬥是何人主謀

欽命分巡雷瓊兵備道前署按察使黄　示令將本道捐廉並
商同守令籌款爲賓興公項傳集紳士酌議規條勒石示
諭永遠遵行
一瓊郡賓興之舉專爲文舉人及拔優貢公車而設別項
不得動支
一道光二十八年十月初七日將三千千錢交近郡城當
商收領每年一分生息算至道光三十年會試後十月初
七日支息一次以後則三年一支其利上之利概不取離
城遠之當商及本錢少者免領

一此項每年所得息將八成與文會試二成與拔貢各按每科人數多少均分

一北闈中式及留京者雖未在本籍起文但經入會場一體給領

一計文會試三年一支外所有二成與拔貢共存錢一百八十千由該監院移送瓊山縣仍發原商領回生息其息錢每三年一算仍歸併十二年拔貢生均分

一何科有優貢

廷試則視會試人數多少如是科每名會試領錢若干優貢減

半。

一凡拔優貢只頭一次准領

一此項催收發給歸瓊臺監院管理每會試後由本道札飭該監院於八月間諭知領錢之當鋪預備現錢盡十月初七日解交瓊山縣由縣查收一面稟知本道一面移送書院俟各會試到院具領每錢一千准抽六文與監院以為紙張之用俟領完後將何名下何月日具領分別造册。稟報本道查覈

一凡逢

恩科會試則統計三年之息以年半歸
恩科年半歸正科
一凡會試及拔貢俱以進場爲斷故須俟試後查明實係
入場者方准給領
一凡拔貢有事故未應
廷試將其名下錢額仍存當商俟補試後給領
一凡優貢有本年不入京後補
廷試者當與下屆會試之人統算補試者仍得其半
一試後有留京但查確係入場准其父兄子弟來領仍取

同會試之人具結以防冒混
一拔優貢已屆六年不補試將所存之項添給與本年會
試者均分其遲至六年後即補試亦不准支
一寄籍瓊屬之舉人拔優貢如查明實有田廬墳墓距今
在三十年以上者亦一體給領
道光二十八年十月　　日示
欽加一品銜瓊州府知府林鴻年
升任萬州知州瓊山縣知縣劉斯增
前署樂會縣知縣劉典臣

署瓊州府教授莫瓊林
董事紳士瓊臺掌教吏部文選司正郎丙戌進士雲茂琦
闔屬紳士雲南即用知縣丁未進士楊文熙
雁峯掌教前饒平縣教諭舉人蔡藩
前雁峯掌教舉人邱對勤
瓊臺監院前石城縣教諭韓煥彝
雁峯監院前署湖南澧州直隸州州判吳儁暨
舉貢生監等仝敬立

欽命廣東分巡雷瓊兵備道兼管水利驛務加十級紀錄十次

黄　為剴切曉諭事照得遂溪海康徐聞縣素稱安謐與廣韶惠潮等府不同乃自去冬以來搶刼之案屢見迭出内業經破獲者有之未經破獲者亦有之盜勢漸張實堪痛恨現在將交冬令正捕務吃緊之時防範稍有未周宵小即易竊發查該縣地處海濱誠恐洋盜登岸伺刼并土匪勾通洋盜作線分肥近海各當鋪及殷實店户居民深為可慮必須力為整頓以戢奸宄而靖地方令已札飭雷州府督率各該縣妥議章程實力查拏惟是著名巨匪積慣窩家其

平日必有影黨往來贓物出入斷難瞞鄉黨之耳目故官
弁查訪不若民間聞見之真兵役緝拏不若民間綑送之
易合亟剴切曉諭為此示仰該縣屬紳士耆老居民人等
知悉嗣後務將該縣所立章程逐一遵辦仍於無事之時
該紳耆等查明孰為盜匪孰為窩家或赴本縣密禀指引
兵役捦拏或督率子弟捕獲送案一經審定具詳罪應立
決者賞花銀叄拾圓應監候者賞花銀弍拾圓應外遣軍
流者賞花銀壹拾圓應擬徒者賞花銀伍大圓如有被刼
之案該紳耆等亦即確訪盜影住址姓名或密禀本縣指

引兵役拴拏或督率子弟捕獲送案亦按其應得罪名照
前給賞所有賞銀俱由本道捐廉給發或該紳耆等賫該
縣公文親赴本道衙門領回或將銀發交該縣當堂給該
紳耆等具領悉從其便如有不願領銀者本道當書給匾
額以示嘉獎如獲犯多名勤勞懋著並當稟請
院憲賞給匾額倘本籍紳衿獲盜并即開報職名詳請咨
部議叙以上鼓勵諸條决不食言茍士民人等不知自愛或
私運米穀接濟盜船或容留匪徒探報消息定即嚴拏到
案照例究懲并先在犯事地方枷號示衆斷不稍寬須知

被盜既痛等剥膚捕盜即事關切已本道此舉係為該紳
耆等保全身家該紳耆等非為本道出力乃為身家出力
即使各出花紅亦遠勝於被掠况不須解囊反可得賞何
樂而不為至世俗之見如恐黨羽挾嫌報復儘可將黨羽
併拏如恐差役索規刁難儘可將差役指控諸無顧慮不
必遲疑庶幾事前除惡務盡盜源自清事後無匪不殲盜
風自息從此閭閻安堵匪類潛踪本道實有厚望焉其各
踴躍從公切勿觀望自悞勉之切切特示

欽命山東等處提刑按察使司按察使兼管通省驛傳事務加
十級紀錄十次黄 為懸賞曉諭事照得前年各處捻幅
匪徒滋事當經
撫憲暨前臬司嚴行拏辦之後地方較為安靖而舊染既深
尚餘逸犯潛逃他境若仍查拏緊嚴該匪徒自知所畏懼
革面洗心别圖生計倘稍形鬆懈難保不故智復萌為行
旅居民之害本司莅任以來一以緝捕為急務必使淨絶
根株掃除醜類然後可以安枕無虞第四鄉遥遠耳目既
恐難周狡黠之徒往往彼拏此竄漏網又多因思各鄉士

民耳目最為切近從前著名捻幅首夥如復潛回勾結萌
蘖其間平日必有見聞與其被刼被傷控究於後何如同
心同力獲解於先即力不能制儘可雇人帮捕本司現就
原定賞格銀兩擇要加增果能拏獲送官必當照格給賞
決不食言已札飭各地方牧令會同營汛隣封不分畛域
派撥幹練兵役購覔眼線設法偵緝協同兜拏官與民果
聯為一體匪類復何所施其伎倆現交嚴冬尤為喫緊合
亟出示曉諭為此示仰該州縣軍民人等知悉自示之後
爾等不論城鄉市鎮不論士農工商各宜守望相助共保

身家尤宜彼此不分同深仇澤一家有警四隣齊應協心
幇捕送官訊究一經審寔各按罪名之重輕分給賞項之
多寡爾等自保身家不傷貲費亦何所憚而不為查拏既
嚴匪徒定知憚懾斷不敢恃强報復如或當場拒捕即時
格殺照例勿論慎毋畏首畏尾養癰貽患以致噬臍莫及
茲將詳奉
撫憲批准章程懸格於後咸使聞知以示信賞
一兵役士民拏獲總捻幅首賞銀叁伯兩　一拏獲散捻
幅首賞銀壹佰兩　一拏獲捻幅夥匪罪應斬梟者賞銀

捌拾兩　一拏獲捻幅匪罪應免死擬遣者賞銀叁拾兩
一拏獲捻幅匪罪應尋常外遣軍流者賞銀拾兩　一指
引作線者按上賞項減半給賞　一兵役士民殲斃捻幅
匪一名如死係罪應斬梟者賞銀肆拾兩免死減遣者賞
銀拾伍兩尋常外遣軍流者賞銀伍兩　一兵役眼線如
被捻幅匪拒殺者賞家屬養贍銀壹百伍拾兩拒傷成篤
者賞養傷銀壹百兩成廢者伍拾兩金刃鎗火傷者拾兩
一拏獲捻幅匪窩家如所窩係總捻幅首賞銀叁百兩所
窩係散捻幅首賞銀壹百兩所窩係捻幅夥匪罪應斬梟

者賞銀捌拾両所窩係罪應遣軍流者賞銀拾両　一文
武生監及舉貢職員拿獲鉅匪送官者或賞加職銜或拔
補營弁詳請
奏明獎賞
以上賞格銀両已檄飭各州縣封貯官庫如有應領當堂
發給不准假手書役致有侵蝕尅扣等弊尚其協力舉行
除暴安良以義為利俾地方永遠肅清本司有厚望焉其
各凜遵毋違特示

浙江巡撫黄　諭紳士軍民人等知悉照得逆匪洪秀全等由廣西肆擾兩湖近復竄入大江沿江各省人心不免震動但該匪迭經
欽差大臣剿戮追捡首犯死亡過半脅從亦多解散現離巢穴愈遠勢已窮蹙難支指日大兵合剿定當悉數殲除且查逆氛所犯皆係地當孔道易來易去不敢深入最可恨者土匪揑造流言恐嚇居民希冀富室播遷乘機搶刼鎮江一帶多有甫出城闉即被擄掠一空者墮其術中後悔無及殊可憐也吾浙山海為界形勢險阻水路則閘座橋梁

層層可以攔截山路則重關疊嶂處處可以嚴防賊兵進
有入坎之凶退有觸藩之困况本部院數月以來力行保
甲以查奸細截留漕米以實倉儲挑選精兵以時操演團
練鄉勇以備干城製造礮械以資利用與文武各官晝夜
勞心豫防不虞既詳且備凡各居民人等務當安心守業
鎮靜如常雞犬無驚守望相助斷不可驚惶徙避以致失
業流離　　　　心者立即嚴拏懲治以絶
奸宄而靖　　　　子休戚相關惟願吾民室
家保聚不忍其蕩析離居為此諄諄告誡切勿輕去其鄉

有此遷徙之貲儘可團練義勇以防土匪自能使内訌不

作外患不侵衆志成城萬家安堵計莫善於此者萬一不

信良言攜帶輜重遠出中途致有損失豈非自貽伊戚耶

慎之毋違特諭

撫浙使者黄　諭閩省紳耆知悉照得編查保甲專為盤詰奸宄而設前人良法美意至今而漸成具文者固由於地方官之奉行不力亦由於各居民習聞其法而不深究其意致未能協力同心守望相助也本部院下車以來節經嚴飭各屬舉行保甲並委各道府節節抽查嗣恐該居民人等未克實力奉行又經出示曉諭在案查盤詰奸宄原所以保全良善若全賴官為稽察深恐耳目未周爾居民同鄉共井朝暮相見彼此均所素識即各家親友來往亦必知其姓氏儻有面生可疑之人出入其間或言語不同或

形蹤詭祕務須詳細盤詰一面告知董事委員送交地方
官嚴訊究辦至庵觀寺院客寓岑樓尤須加意稽察毋任
藏奸蓋衛民之道莫善於民自相衛各紳耆必當剴切勸
諭使居民處處偵緝時時留心則奸宄自無容匿之所一
里安即一鄉安一鄉安即一邑安即闔省無不皆安俾守
土之官藉衆人之力以為力合衆人之心以為心衛我民
生即以守我疆土務使安平康樂寓於保受和親於諸紳
耆實有厚望焉特此手諭

行杭嘉湖寧紹五府紳士捐輸局

本部院籌防八閲月心勞力竭皆為諸紳民所共諒自維受
恩深重即捐糜其奚報而無米為炊巧者且難況拙者乎浙東西
之防本有七八處近自上洋滋事沿海州縣俱請兵請餉請器械
前來幾於全省戒嚴除本省防務前經用至五十萬外今則防所
日添經費日大以後每月需費十萬況江甯南營揚州北營鎮江
水營委弁來省催餉者日日踵至計須起解五十五萬丁課難征
藩運司庫儲將罄辛勤籌畫本部院心血亦枯撤防既有所不忍
接濟又無從取資仰屋而嘆輒喚奈何所望仁人君子鑒此苦衷

廣為勸諭已書捐者速令繳銀未書捐者速行報効源源接濟庶
幾大營兵勇不至有潰散之虞本省防維自益屬藩籬之固彼三
城之逆既已漸形窮蹙而上嘉之匪亦復屢次創懲
天心厭亂轉禍為福定在目前若使經費不敷捐輸莫濟則變生
肘腋實有不堪設想者本部院難宣諸口都人士早喻於心合亟
佈告諸紳宿迅即作速催收普勸以濟眉急千萬千萬毋延

欽差大臣兵部尚書兼都察院右都御史總督兩廣等處地方提督軍務兼理糧餉隨帶加三級紀錄十次黄為剴切曉諭事照得粵東民風素稱驍勇忠義之氣甲於他省道光年間辦理夷務商民捐貲禦侮紳士實力勵勸不折一兵不發一矢中外綏靖

宣宗成皇帝念其翊戴之功喜動於中有粵東百姓近年深明大義有勇知方難得十萬之衆利不奪而勢不移之旨

諭令宣布朕言俾家喻戶曉益勵急公向工之心共享樂業安居之福煌煌

天
語照耀人間合省民心至今感奮咸豐四年土匪滋事九
十六鄉紳民首倡義舉百十餘戰環衛省垣各府州
縣亦皆能於本鄉團練克復城邑義聲所著遠近咸
知本部堂前在諫垣曾以粵東夷務盜風之流弊慷
慨客陳受知
成
廟觀察此邦自丙午迄己酉歷督糧雷瓊兩道並權臬篆
四載於玆其於夷人申議進城之舉皆先後目擊情
形故能深悉該紳民之尚義可嘉愛之有如子弟而
該紳民亦知其推誠相與戴我真如父兄雖五内抱

慙未克沛雨膏於芃黍而一經去此尚思戒剪伐於
甘棠嗣以陳臬魯邦開藩秦隴每懷舊治時切眷
懷令
上御極之初下詔求賢幸列剡章迭蒙
召對由屏藩而開府移滇節於之江三年撫浙仰邀
宸翰特頒嘉其忠勤正直勉為一代名臣
恩深眷篤千載一時迨總制西川暫權京兆中外渥膺
重寄無弗以國計民生為念以興利除弊為先茲復恭承
恩命授為欽差大臣總督兩粵昔年舊壤仗節重臨白叟

黃童歡迎道左蠻花犵鳥又到舟前風景不殊情形
頓異查粵省現有潯梧股匪窺伺西江清遠餘氛跳
梁北路肇慶各屬客匪藉口復雠殺掠尤慘而夷人
妄借細端遽開大釁不思我
朝懷柔厚恩輕背萬年和好舊約辱我官吏据我城池
燬壞我墩臺擾害我黎庶流離顛連情狀慘不可言
本部堂一經入境蒿目時艱難安寢饋夫英夷之来
中國原為貿易計耳既為貿易計則當各安其業各
營其生庶彼此均獲美利胡乃甫書免戰頓動干戈

藉彼匪徒陰為詭計遂詡詡然趾高氣揚自謂善於
用武乎豈知順天者昌逆天者亡在我
朝示無外之仁不屑與較在該夷肆無厭之請妄意要
求跡其種種背謬非惟神人所共憤實為天地所不
容況乎彼客我主彼寡我衆彼則隔數萬里重洋勢
不能傾國以偕來入吾城者真夷能有幾千我則軌
里連鄉人稠户密一呼百諾千萬衆可立至其主客
之勢衆寡之形固顯而易見者自前年來搆患以來羊
城內外華夷房屋半為灰燼商賈民人日事播遷城

中鬼哭人啼悽慘至不堪聞該夷舍安樂之地居此

危城日夜憂虞畏首畏尾豈不知衆怒之難犯一有

不測聚而殲旃豈不知假夷之難恃一有異心委而

去之此中安危之機成敗之數固不待智者而决也

粤省與外國人通商二百餘年矣花旂官商向來安

分謹守不恃富強華民歡悦各夷矜式

天朝寶深為嘉尚其餘各國亦均公平交易毫無相欺苟

非唉夷無端啟釁兇𣩵迫人上干天怒下失人和十

三行洋樓何至一片瓦礫玉石俱焚衆商人豈肯斷

議夷：夷字應改作漢字

絕買賣至二三年之久不開艙故各國之貨物阻滯
資本損折寔唤夷階之厲也各國咸痛心疾首於該
夷該夷之勢亦孤矣且舊日與咈囒西實相仇讎今
日與咈囒西轉為和睦者原欲借其力以進城既進
城矣必將背其說以欺咈咈豈終受其愚弄而不之
悟自來棄信蔑義之人終至於衆叛親離而後止惜
乎未有以利害得失之說為該夷正告之使之熟計
遍籌翻然改悔也本部堂親承
聖訓爰率精兵勁旅星馳抵粵該夷果能聞風向化革面

洗心尚可稍示

聖朝寬大之仁羈縻勿絶倘意始終怙惡負固不服必將

聲罪致討與吾民滅此朝食凡爾紳民身家所繫即

本部堂職守攸關惟有開誠布公信賞必罰宣

皇風而馴異類申

天討以快人心期於内外肅清黎民樂利爾百姓爲家爲

國亦宜好義急公捐貲以助軍需練勇以禦外侮同心

協力攻匪保良圖一勞永逸之規籌久安長治之計

本部堂宅心公正斷不攘衆力以爲已功上年腊月

奉

命之後蒙

恩召見十一次已將粵民忠義悃忱上達

天聽歷屆捐貲練勇剿除土匪著有成效者亦俱詳細陳

明所有前此遺漏未經奏明請獎者現已一面專摺

籲懇

恩施准其補奏一面札行司道亟查各屬案據補行核詳

以憑一併奏獎自今以始凡有捐貲出力者一有成

數立即具摺奏聞凡有練勇出力者一有成效亦即

隨時請奬不准稍有玩延其或以前誤從匪類墮入
迷途者能早悔悟歸誠亦無難宥其既往如能殺賊
立功並可同邀奬敘統俟大功告成所有閩省大小
紳商士庶更當奏懇
殊恩普律優奬並加增文武舉人歲科額數以昭激勸二
百年累洽重熙總毋忘食德服疇之舊澤億萬姓同
仇敵愾庶以報戴高履厚之
隆恩本部堂愛民如子嫉惡若仇當兹下車伊始尤以攘
外安内為首務為此示諭閩省紳商士庶人等知悉

自示之後各屬紳民急宜固結團練直如指臂之聯
絡努力輸將共奮功名之路急公向上有勇知方以無
負
先朝褒嘉諭旨以仰體方今
聖天子廷寄諸大紳糾集團練衆志成城為國宣力之
密旨本部堂實有厚望焉切切速速毋違特示
右諭通知

青

812.8
444
(20)

黄尚書全集

關防詐僞告示

爲關防詐僞事照得本督部堂自通籍以來由
詞館歷諫垣外任監司服官二十餘年潔己奉
公兢兢自矢内無慚於衾影外見信於輿情是
以上邀
特達之知畀以封圻重任

御書忠勤正直匾額

特頒恩賜

天語煌煌

諭令勿作獎勵觀作紀實觀尤願慎終如始以成一

代名臣聞

命之下彌切感惶兹復渥臂

重寄節制全川鐵面猶存冰心不改蒞任以後訪知

川省情弊昕夕弗遑首以詰奸戢暴察吏安民

嚴行整頓矢公矢慎克儉克勤以期上荅

主知下慰民望至於本督部堂籍隸十閩家山萬里

縹緗舊業清白傳家世受

國恩踵武已開七葉家無私積遺羸惟有一經子弟

供職讀書絕少隨來任所生平擇交取友力防
請託書函事必躬親權無旁落凡利所當興弊
所當去一一潛心諮訪從不寄耳目於人幕友
之招延必慎悉屬廉能家丁之指使無多不干
公事科房書吏文武弁兵如有在外招摇立予
責革懲治關防維密約束胥嚴惟是川疆幅幁

遼闊六省毘連人類不齊五方雜處恐有不肖
之徒妄生猜測或假稱桑梓故舊或冒認宗戚
親朋或妄述師友淵源或謬託同年世好不惟
詐騙小民寖至招搖屬吏聽者不察其偽若輩
即售其奸除飭屬訪拏外合行出示曉諭為此
示仰閤省軍民人等知悉本督部堂實心任事

但知為
國為民執法無私不復議親議故倘有前項奸棍潛
匿地方捉影捕風招摇撞騙無論來者何人爾
等立即稟明所在官司嚴拿解轅重究如或有
所聞見扶同隱徇抑或信彼僉壬致被愚弄一
經察出定與同科决不稍事姑容慎勿視同弁

髦各宜凛遵毋違特示

嚴飭禁革押保店奏稿並通札

奏為川省押保店名目實為民害現已嚴行查禁

誠恐日久懈生請

諭令永遠禁革

飭部嚴定處分以除弊政而固民心恭摺附驛奏祈

聖鑒事竊查例載內外大小問刑衙門設有監獄除

監禁重犯外其餘干連並一應輕罪人犯即令

地保保候審理如有不肖官員擅設倉鋪所店

等名私禁輕罪人犯及致淹斃者該督撫即行

指參照律擬斷等語乃 臣素聞川省民情浮動

命盜之案甲於天下兼之五方雜處詞訟繁多

各該有司每於前項輕罪人犯及干連人證一

時騶無妥保即交城内附近衙署之飯店保領
由官派差看管名曰押保店此等飯店半係衙
門書差開設凡人證一入押保店内原案書差
即串通店家視為奇貨先索酒飯再議使費一
有不遂所欲即百般凌虐勒索且斗室擁擠拘
押幽閟荼毒甚於牢獄案延數載莫結詐贓自

數十千至數百千不等被寃之户因此破家殞
命者有之更有無良之地方官將案内婦女濫
發押保聽其混雜不分污辱備至閙有情急自
盡者其為民害實非淺鮮此誠各省所罕見而
川省則滔滔皆是習以為常受害者控告到官
本官徇庇書差不為嚴究或赴上司控訴上司

又袒護屬吏不予追求由是民冤無從伸而民
害日以熾如成都府為通省發審總局所有委
審案內提質人證自數名至數十名不等彼皆
籍隸外屬省城並無親故可以具保向亦發交
成華兩縣押保店交差看守候質其受害之狀
竟有難以言語形容者昨據署成都府知府翁

祖烈以該員來川年久深知押保店有害於民
前歷署各知府任内曾經飭屬禁革未能盡絕
本年二月委署首郡察知省城押保店為害尤
甚現在督飭成華兩縣將向設之各押保店嚴
行封禁並飭所屬一體查辦臣到川時該府面
回前情即與臣平日所聞無異抵任以來批閱

呈詞千有餘張大半遭此淩虐可勝髮指因思
欲除此弊首在清釐積案及現審詞訟官司速
結一案小民速除一害所收呈詞有由臣親提
督審者有批省城司道分提者有勒限各府廳
州縣速結者曉諭具呈之人總為爾民除押保
店之虐然後即安當經通飭嚴革去後乃兩月

有餘審結之案固已不少各屬稟覆前來其中有切實禁革者亦有陽奉陰違者臣如此身先勞勸昕夕勤求力為破除情面發伏摘奸何以不能一律滌除推原其故緣嚴究書差則本官自有處分上司查辦逾（愈）嚴屬吏之諱匿逾（愈）深即委員往查亦不無徇情瞻顧代為揜飾積重難

返自古歎之是欲認真禁革應請將以前之處
分准予寬免庶以後之整頓責令力行其中如
有始終徇庇即將本官與書差並治倘實係失
於覺察即行查出究報書差仍比照凌虐罪囚
律加等科罪官則准照自行訪拏例免議如此
暫為分別覈辦各官既知慚感又顧考成必能

實力查禁從前之積壓拘幽可以革除淨盡矣

臣又慮立法之初靡不令行禁止迨日久懈生

又將復蹈故轍合無仰懇

天恩俯准將以前各案審係有心護庇者官差並治

無心失察者寬免處分

飭令永遠禁革此後再有前項押保店名目貽害斯

民者應如何從嚴酌加處分之處
敕部擬議具奏恭候
欽定纂爲川省則例俾資遵守如蒙
諭旨允行臣侯奉
旨後即敬謹謄黄通頒各廳州縣懸匾於堂楹廳事
立碑於大道通衢官遵謹懔民咸聞知則全川

感戴

聖恩實同再造矣是否有當謹恭摺附驛馳奏伏乞

皇上聖鑒訓示謹

奏

爲札飭嚴禁事照得本督部堂蒞任川省訪聞

各廳州縣城内設有押保店無論何項詞訟案

内人證率交押保店看管其開設押保店者皆
係本衙門書差人等凡人證一入押保店店戶
通同書差視為奇貨先索酒食再議使費一不
遂其所欲即百般凌虐勒索地方官漠不加察
一案交保並不即時審理任其斗室擁擠拘押
幽閟荼毒甚於牢獄甚有將案內婦女亦皆濫

發押保聽其混雜不分污辱備至往往有情急
自盡者其為民害實非淺鮮昨據民人具控成
華兩縣押保差役索擾之案已批飭從重究辦
並飭將押保店名目永為禁革矣恐省外未能
周知合亟札飭為此札仰該道府廳州縣遵照
立刻飛飭各州縣將向設押保店一體禁革仍

責成該府廳州隨時確查將所屬有無復押保店之處按月具報一次以備查考其直隸廳州責成該管巡道稽查具報自此次通飭之後倘敢陽奉陰違一經察出或再有控告押保店害民者即惟該管道府廳州是問官則立掛彈章役則從重治罪斷不稍宥懍之切切此札

嚴飭舉行團練

為札飭事照得上年疊奉

諭旨敕令舉行團練當經前任督部堂通飭欽遵辦

理在案茲本督部堂到任後查閱各廳州縣有

業經稟辦團練之處僅將章程申送並無團丁

簿冊或止一稟塞責章程簿冊俱無已屬參差

甚有未據具禀者更不成事合行札飭爲此札
仰該道府廳州迅即轉飭所屬查明一州一縣
共有若干團一團共有若干人是否人人操練
得用限一月内各造簡明清册具文申齎來院
以憑查考至未經辦理團練之處務須飭令趕
緊勸諭居民認真舉辦亦依限造册報查均勿

稍涉率忽切切此札

附鼓勵團練告示

為鼓勵團練保衛身家事照得川省風氣剛勁民力整齊團練一事實為他省之冠自來名將起自田間者代有傳人本部堂由浙江移節來川自廣元入境以後沿途率團迎接見其老幼

大小皆能執殳荷戈情形極為踴躍川北如是
其餘各府州縣自亦相同聞上年江津蒲江匪
徒巨案地方官帶兵捕勦皆藉團練之力協同
合圍立時殲擒殆盡貴州桐梓縣逆匪逼近川
疆我川省東南各州縣齊團堵禦該匪不敢竄
入皆其明驗本部堂恤民疾苦時切痌瘝下車

以來凡有貪官污吏蠹役玩書即已撤參懲創
民間詞訟或親提嚴訊或提省委審或勒限催
結時時以民為重深恐吾民身受冤屈覆盆莫
伸廢寢忘餐孳孳圖治一片急紓民困之意諒
爾士民必久有聞見誠以
朝廷設官所以為民官與民固應視如一家疾痛休

戚刻刻相關不容漠視耳現在隣氛未靖伏莽
堪虞額設官兵征調已多或有事故深慮兵力
不敷玆已諭令三標中軍添募新兵五千與在
營各兵一體操演以補兵力之不足如遇土匪
竊發立時遣往捕拏第恐道路窵遠趨赴需時
且此處有事兵已前往別處或亦有警即覺赴

援稍遲不如鄉團近在咫尺可以一呼立聚故
為爾民籌畫安全惟有力行團練實為上策在
爾等自上年奉文後固已到處舉行何煩本部
堂示諭誠恐日久懈生其中或至有名無實用
再重申教令俾爾永遠遵依為此示仰闔省紳
耆軍民人等知悉爾等務須各就本地認真辦

理如何團如何練悉照爾各邑章程妥為布置
總以聲勢聯絡心力交齊為第一要著團宜聚
而不宜散宜密而不宜疎技藝固貴嫻熟尤在
精而不在多如千人中練得一二百能戰之士
即萬人中可得一二千有事之時戰手奮勇前
驅餘衆宣威助勢則聲氣壯匪氛自靡矣更宜

彼此相顧勿存畛域之見一團有匪鳴鑼集捕
隣團聞聲響應往救匪類如敢拒捕准予格殺
勿論向來鄉團擒殺渠魁往往為弁兵冒濫掩
功不得獎勵本部堂深知其弊此後鄉團如實
在緝匪禦暴著有勞績必查明何團在事出力
何人首先上前立予優獎決不使弁兵攘奪冒

至鄉團各保本鄉專以協濟兵力不得調遣出
境果有膂力超衆志切同仇之人願備本部堂
調遣者准團首來轅報名聽候考驗調遣其平
日由紳耆團首教練操習仍須官為稽查閱視
如有假公濟私尋仇報復等事定干誅戮倘官
吏書差藉端勒派需索或擅行征調以及捏故

誣害等情許赴本部堂衙門喊稟立予提究嚴
懲總期官民聯為一氣上下同心共志盡力攻
匪保良縱有强暴斷不敢冒死而來也爾等各
宜仰體本部堂諄諄訓示之苦衷實力團練切
勿畏難苟安始勤終怠有厚望焉切切毋違特
諭

嚴飭捐輸津貼不得多征少解

為通飭事照得逆匪頻年滋擾各省辦理攻勦
調兵征餉絡繹不絶籌欵供支數逾億萬
國帑日形支絀不得不藉資民力以為接濟川省
地廣賦輕民多好義上年勸捐監照出糶倉穀
並連年捐輸軍餉按糧津貼等事無不踴躍急

公輸將恐後各丞倅牧令身受
朝廷恩典當此軍需孔亟度支告匱之時宜如何
廣為勸諭實力經收俾捐款可期速解籌撥藉
以擴充稍伸報効微悃乃本督部堂風聞各廳
州縣收解捐輸實心任事潔清自愛者固不乏
人竟有不肖官紳將已收捐項報解一半其餘

留作地方公舉浮冒開銷者至按糧津貼非藉
加平火耗任意浮征即藉兵差夫馬託詞勒派
或假逃亡遷徙畸零小户為由代懇免征或以
地瘠民貧征不足數為詞瓜分肥己種種弊端
不勝枚舉夫捐輸津貼糈餉攸關以閭閻竭力
輸將之項為若輩取攜自便之資蠹國病民實

堪痛恨本督部堂沿途採訪已經得悉大概下車以後接據各屬紳民呈控侵吞捐項浮收津貼者不一而足雖一面之詞未必盡實有牧民之責者果皆潔己奉公毫無沾染該紳民豈敢憑空誣揑訐告本官若不嚴行查禁何以懲貪墨而肅官方合亟札飭為此札仰該司即便移

行各道府直隸廳州轉飭所屬州縣務將捐輸
津貼分別妥為勸諭實力經收不得藉端侵呑
冒蝕多征少解前次已征未解限一月內立即
清釐完繳並此後續收銀兩一有成數立即批
解司庫以備報撥仍查明該紳糧等或大衆踴
躍輸將或一人獨自報効應得何項議叙及應

加中額學額若干之處照例詳請核辦經此次
通飭之後倘各廳州縣狃於積習仍有前項弊
端一經訪察得寔(實)或被告發定即嚴參懲辦斷
不姑容各道府直隸廳州有督率之責倘或扶
同徇隱(隱)一併白簡從事各宜懍遵毋貽後悔切
切特札

嚴飭清理詞訟稽察佐雜書差

為通飭事照得地方司牧各官身膺民社理宜勤於所事潔己愛民乃川省各廳州縣於詞訟則任意拖延於盜匪則聽其縱逸佐雜擅受佯作不知書差搕索曲為庇縱更有藉端勒派違例科斂假公濟私肥其囊槖置民瘼於不顧視

政事為具文以致民不聊生紛紛上控該管道
府廳州莫不袒護屬吏遇有百姓控訴非予駁
飭即仍批回地方官一奉批發置之高閣不審
不辦工司亦不催問間有赴控司院批發府道
親提者府道又多方徇庇不肯據實推求每每
化大為小化有為無或抑勒賄和或模棱了事

百姓寃抑因以日深吏治如斯尚可問乎本督
部堂每逢出署攔輿遞呈者每次不下數百張
若再不受理民寃更何由伸故不憚煩勞每詞
必詳加查閱除事涉瑣細或原審並無屈抑者
飭令回籍將原呈發還外其有關係重大或告
涉官吏書差以及侵吞捐餉勒派肥己者現已

次第提省親審督究次亦批發各道府就近提
訊勒限結報矣第上司綜領所屬事務較多豈
能代各州縣逐案審結查各廳州縣本有例設
循環號簿登註自理案件按月具報無如皆奉
行故事並不從實登明官之勤情無由知悉合
亟札飭為此札仰該司道府廳州縣即便遵照

並飭所屬將以前未結之案未獲之犯各各總
開一冊(冊)呈送各上司查核如遇有上控之案可
以按冊(ㄥ)覈對以覘其積壓之久暫應緝之多寡
並於每(每)屆半月將審結幾起案拏獲若干匪摘
敘簡明案由開列清摺兩箇並將佐雜有無擅
受書差有無擡索以及該地方有無因事派斂(斂)

民財之處據實聲敘具稟專差送呈前半月之
摺盡本月底到後半月之摺盡下月望到以憑
稽稽覈如有遲逾記過一次本督部堂痌瘝在抱
一意為民各地方官以及該管工司務期仰體
遵行同臻上理經此次通飭之後倘仍有前項
事蹟或經訪聞或被告發本督部堂惟有白簡

從事並將失察之該管上司一併參咨斷不肯
姑容不肖劣員以殃害我黎民也切切此札

嚴飭各營操練兵丁

為札知事照得營兵之設原以禦（禦）寇衛民固可百年不用不可一日不掭盖（蓋）欲臨陣克敵全在預練精純道光十年曾經前任琦督部堂通飭挑選精兵另造一冊（冊）練習技藝以偹（備）調用並令將所挑各兵花名數目造冊報查在案立法本

屬至善迄後各鎮協營竟視為具文並不遵照
舉辦僅止川北鎮屬城口太平兩營間或造冊
申報殊屬廢弛現在隣氛未靖川兵屢次征調
過多存營之兵亟應講求技藝以期人人得用
合行查照舊章札飭為此札仰該鎮將等即便
轉飭所屬限文到日在於本營馬步戰守各兵

內按現存數目挑其年力精壯者約計可得若干名另造一冊立定日期由管兵員弁逐一加緊訓練其各兵平時所習器械無論槍箭刀矛各盡其長總須練一藝可恃一藝之功能兼習者更佳該鎮將等仍隨時輪流抽閱分別優劣以覘勤惰果能大小相維認真將事使各兵悉

成勁旅一遇調遣則平時有備所向自無不克
捷如有老弱疲兵即行革除另挑强壯之人補
足兵額一面由各營將挑倫(備)操練兵數按月造
冊(冊)呈查本督部堂係為未雨綢繆起見該鎮將
等切勿仍前因循是為至要切切特札

請禁販運黑鉛奏稿並通飭

奏為請禁販運黑鉛以斷接濟恭摺附驛馳

奏仰祈

聖鑒事查自粵匪滋事以來皆因接濟不斷故蔓延數省轉戰經年迄未得休該逆所恃以抗拒官兵者全仗鎗礮之利其火藥鉛彈悉由擄掠而

得但該逆竄擾省分絶少產鉛之區若無奸匪
接濟鉛斤該逆即擄得火藥亦無所施其伎倆
查私販硝磺例有明禁黑鉛則任聽客商販運
向無例禁之文即難保無牟利之徒藉資賊匪
查得貴州各屬皆有鉛廠雲南昭通府屬之梅
子沱鎮雄州屬之老彝良會澤縣屬之者海廠

及川省雷波榮經冕甯等廳縣之龍頭盤龍獅
子山各厰則銅鉛兼產向來挖鉛者半歸官買
半歸商銷客商赴厰辦鉛由該管衙門請票註
明斤數運至敘州府銅關驗入行店發商行銷
鉛斤到敘均係零星折兌一票不能全賣一商
又由各行店另填店票交商運至渝關點驗放

行赴夔關納稅轉運下楚現值逆氛未靖黑鉛
有關軍火四川水路直達湖北陸路直通湖南
該商等販運鉛斤實在運至何處發賣無從知
悉昨據江安縣查明自上年七月至本年四月
過關黑鉛計有三百餘萬斤之多比較往年加
增數倍黑鉛僅供攙打錫器之用並非日用必

不可少之物邇年東南數省多故百工歇業逃
亡需用黑鉛之處甚少何以銷路轉較往年暢
旺其為奸商藉販運之名貪圖厚利暗濟賊匪
情弊顯然況赴店承買即使實係真商而既買
之後沿途輾轉銷售究其歸宿或仍為接濟匪
用
實亦無從稽查在賊匪短缺米糧尚可到處搶

掠短少鉛丸斷難就地搜刮揚湯止沸不如釜
底抽薪是查禁黑鉛誠為斷絕接濟之一端於
民生仍屬無礙於軍務不無裨益查川省各廠
地產鉛無多所出黑鉛以黔省為最滇省次之
該兩省通商鉛斤皆由川江運往下游臣愚以
為白鉛一項無關軍火應照常仍聽商人行運

其黑鉛一項除官支採辦接供鼓鑄亦應照常辦理外其餘通商黑鉛無論在廠在店一律嚴禁不准出境分飭各廠員及水陸各州縣暨各關隘口會同營汛實力查拏如有抗違私販立予獲案審照私販硝磺例加等定罪仍照鹽法務須人鹽並獲以杜妄拏訛詐等弊地方文武查

拏不力以及兵役得賄故縱一經發覺官則糾
叅役則重治有能拏獲私販多名者亦准照拏
獲私鎖例請奬如此酌量辦理庶賊匪鉛子無
人接濟縱有火器亦不足畏勢必易於撲滅俟
軍務告竣之後仍准照舊販運如蒙
俞允除川省各關口已經臣分飭嚴禁查拏不得私

行縱放外應請

敕下雲南貴州各巡撫轉飭各地方廠員一體查照

嚴禁一面出示曉諭俾各商遵照停貿則來源

絕而流亦易遏臣為斷絕接濟起見商之藩臬

兩司意見相同茲據會詳請奏前來是否有當

理合恭摺附驛具

奏伏乞

皇上聖鑒訓示遵行謹

奏

再飭嚴禁販運黑鉛

為再行嚴飭事照得黑鉛為軍火所必需近年以來隣省逆氛未靖各處商賈裹足不前而鉛觔銷路獨形暢旺是必有奸民圖利販運出境暗濟賊用所關實非淺鮮本督部堂洞悉情弊

前經奏奉

諭
旨嚴行禁止由司通飭欽遵在案各該地方文武
諒必知謹慎從事實力奉行誠恐發令之初若
輩奸商貪心未泯仍復潛行販售或賄通衙門
蠹役縱放或指稱貨物射影欺瞞盤詰稍疎即
多偷漏是欲杜其流弊全在認真稽[稽]查如能有
犯獲懲則私[和]販絕而接濟亦絕矣合再嚴行札

飭為此札仰該司道等即便轉飭各廳州縣及
各關各廠員弁遵照前次通飭嚴窑（密）查拏如有
奸商抗違潛販黑鉛者立予拘案審照私販硝
磺例加等治罪兵役敢于放縱從嚴究辦勿稍
姑容務使牟利之徒畏法而不敢犯隣境賊匪
永絕接濟之資實于軍務大有裨益倘敢視為

具文並不遵

旨辦理茍且偷安因循怠玩竟任私販售賣未能嚴

查杜絕本督部堂耳目甚長一經訪聞立將該

地方官及各關各廠員弁飛疏糾參該管上司

徇隱迴護不行據實揭報並參不貸仍責成該

管府廳州將所屬地方及關廠各員弁有無失

察縱放私ム鉛按月稟報一次以備稽考毋違特札

嚴禁空身行走不得帶刀告示

為嚴禁事照得川省民情素稱强悍睚眦細故動輙鬬毆爭角之間即行白刃相向故人命案件甲於各省本督部堂披閱各屬招詳每每起釁甚微一經互鬬即拔防身尖刀肆行砍戳當此光天化日之下一人空身出門如趕集探親

等等道路絕無戒心誠復何所顧慮乃必帶刀防身以為遇事逞兇之具且因帶刀之便而殺人因殺人而論抵一死於傷一死於法是一人之帶刀實已關係乎兩命亟應嚴行禁止以戢兇風為此示仰闔省軍民人等知悉爾等平日空身出門行走不許再帶防身尖刀責成各該

處鄉約保甲團首耆民互相告誡務使父禁其子兄禁其弟家主禁其奴雇每於出入之時先行嚴加搜檢勿使再行帶刀而出其無父兄家主管束者即責成約保稽查嚴為勸勉該地方官朝夕出署因公下鄉隨時隨便密加查察如有不遵禁令仍復帶刀行走者即予拏住當場

責懲如二次有犯即比照帶刀匪徒之例從重

究治如此嚴禁庶兇風可以漸息民命克以保

全將見賣刀買犢之淳風可復見於今日矣本

督部堂深有厚望焉切切毋違特示

嚴飭開檢之案必須先行□□不得率行詳檢

為札飭事照得人命重情無論謀故鬭毆及官□

縊自戕溺水跌斃等等地方官一□具報即應

詳鞫致死根由帶領刑仵親身馳詣如法相驗

親填圖格以憑核審乃本督部堂聞知川省各

廳州縣於人命案件並不親身驗報往往濫委

佐雜代驗在佐雜人員相驗素非諳練又係代勞之事執肯認真一任刑仵書差通同作弊隱匿傷痕揑報挪改不一而足該管官慢不加察依樣通詳及至屍親執傷控告訊問不實因前非親驗不敢自信即以屍親狡執非檢不明等詞詳請開檢又有當時私埋後經發覺之命案

無不以為日已久屍身腐爛無憑相驗請予開
檢者自四月至今半年之中竟至八起之多深
堪詫異要知拆骸蒸骨為人命中盡頭道路苟
有一綫餘地即不可行在實係被殺之真命案
已有抵償之兇死者受此磨刼已覺難以瞑目
萬一人命不真並無抵償之犯而使屍骨枉遭

拆蒸彼飲恨九原者何以甘乎故輕於檢不如詳
於驗而其要則尤貴乎細審果能虛衷研鞫將
致死之實情細細審出則凡可不必檢者即不
難據供定案保全死者之屍骸其有實在非檢
不明者既有審定供情則胸有成竹一經啓檢
供傷互証若合符節非但自己可以信心抑且

可以折服兇犯及屍親之心而死者亦不致枉受折蒸之慘今閱所詳請檢各起僅皆約畧審問並未細鞫供情蓋由于官之才具平庸幕復識見淺陋一案到手但知顢頇具詳而案情之真與假與開檢後之能定案與否未之思也此與草菅人命者有何異哉除逐案批飭細審另

詳外合亟札飭為此札仰該司即便通飭各屬
此後人命案件務令地方官親往相驗不得濫
委佐雜代驗臨驗之時必須詳加辨認不得避
穢惡臭任憑刑仵喝報其有應由分駐佐貳衙
門相驗者即責成該佐貳官遵照辦理毋得率
忽追相驗之後如有屍親執傷控告及未經報

私

官先行私埋之案總宜先將致死之由詳細審

訊推究水落石出必須得有十分把握而非啓

檢不能定案者方准錄敘供詞詳請開檢倘再

濫委代驗及草率請檢者定即嚴行揭參決不

寬貸仍飭將如何遵辦緣由稟報查考毋違

嚴飭命盜各案逃犯勒限緝獲
專
為札飭事照得地方有司官弭盜緝兇是其專
責故命案兇犯脫逃盜案首夥不獲例有按限
參處之條其情節較重犯逃無獲者尤有專案
特參之法使各地方官果能自顧考成一遇具
報命盜要案立即認真嚴緝何至兇徒遠颺無

如該員等率皆因循怠玩不肯振刷精神視開
叅為具文以勒限為故事每於事前捐加級紀
以作護身之符即遇叅限屆滿重干吏議自知
原捐級紀例准抵銷有所恃而不恐甚有明知
捕役玩塌亦竟徇庇縱延此等惡習實堪痛恨
若不嚴行懲創何以整捕務而肅官方合亟札

飭為此札仰該司即便遵照查明各屬詳報情

重命盜未經破獲各案未叅者立予詳請嚴叅

勒緝已叅者計其原勒限期如已逾違即行續

請嚴叅懲（懲）處庶該地方官等有所畏懼各知講

求緝捕凡有逃兇逃盜可期次第就（就）獲懲（懲）辦斯

兇暴戢而閭闔（闔）安於吏治亦大有起色矣札到

該司迅即遵辦勿稍徇延是為至要仍一面會
同藩司移知各道飛飭所屬將未經破獲各逸
犯勒限於奉文一月内悉數弋獲究報勿再玩
愒從事視札飭為具文切切此札

各屬拏獲盜匪解赴該管道府廳州覆訊

為通飭事照得地方匪徒橫行搶劫大為閭閻之害前任督部堂裕　因各州縣遇有盜案每因解費無出往往不拏不辦隨經通飭各屬凡有盜劫匪徒嚴拏獲犯一經訊明即將罪應斬絞立決重犯立予就地正法錄供詳辦其罪應

斬絞監候者亦由地方官審擬不必解勘等因
奏奉
諭旨允准辦理原欲地方官破除諱飾積習遇有盜
匪認真懲辦起見各地方官應如何激發天良
從實審究以期盜息民安乃本督部堂風聞各
地方官自有此通飭以後一遇具報盜刼拏獲

人犯到案差役指為正盜官亦謂為正盜及提
訊不認又不肯虛衷鞫訊動輒加以嚴刑或裝
木籠或上綳架或用香火焚炙或用海椒煙薰
百般非刑逼供被拏者受刑不過只求速死為
快遂亦誣服招承地方官即信為真盜詳請就
地正法其實真正盜匪仍然在逃未獲推原其

故蓋因盜匪與差役無不通氣差役奉票承緝
於真盜則護庇之每以不相干之小偷乞丐假圖
以真盜之名搪塞充數既可銷案免責兼可圖
領賞資地方官漫不加察祗冀獲犯藉免處分
因而逼供濫殺不顧草菅人命言念之下痛恨
殊深合亟通飭為此札仰該司即便通飭各屬

此後拏獲盜犯必須悉心細鞫不得僅憑捕役指（指）拏即信以為真酷刑拷逼其罪應斬絞立決之犯審定後即解赴該管府廳州親提訊明如果確係正盜毫無疑義即錄供飛稟來院聽候批示奉批之後距郡甚近者即會（會）營派兵將犯人解赴犯事地方正法距郡稍遠者即在郡城

處決使衆共見共聞以昭烱戒其直隸廳州挐
獲盜犯解由該管巡道親訊照辦該管上司遇
有犯人翻供亦應切實研詰勿被狡供倖脱一
俟軍務告竣仍照定例招解本督部堂慎重民
命不欲地方官妄殺無辜故不憚諄諄飭諭其
實在兇匪仍必須盡殺無赦倘地方官或有任

意諱匿不拏不辦者察出立即嚴參不貸札到
該司即日由五百里飛行通飭遵照仍飭將遵
辦緣由報查毋違

嚴禁非刑

為通飭嚴禁事照得折獄之道貴得其情而得情之法全在問刑之官虛衷研鞫苟能設法推求何患真情不露或命盜重案犯多刁猾狡口支飾萬不得已必須拷訊者亦自有應用之刑具若任意濫用非刑即行嚴參治罪誠以三木

之下何求不得故特定嚴叅之例所以欽恤民
命也乃本督部堂風聞川省問刑各官不善問
而善拷拷之不能得供竟有用香火燒爇焚炙
犯人胸背等處或用海椒燒煙薰其口鼻以逼
供詞者慘酷之形無異炮烙殊屬可駭如炙薰
之下果能得其真情雖為不枉已屬非刑凌虐

萬一犯人因痛若難忍信口成招則吉網羅拑寃難再雪既無視民如傷之見復垂哀矜勿喜之言吏議縱逃冥誅能免乎本督部堂深顧問刑諸官共法于公治獄之仁勿效俊臣入甕之酷合亟札飭嚴禁為此札仰該司道府廳州縣遵照嗣後審理大小案件務宜細心鞫審其有

應行拷訊人犯亦宜依法拷訊毋得再用香火
焚炙海椒燒薰恣意濫刑草菅人命自此次通
飭之後如仍有前項非刑逼供情弊一經訪聞
或被告發立即飛章嚴參決不寬貸誓不寬貸
切切毋違特札

嚴禁籠禁逼供及未經審實匪徒濫行籠斃（獘）

為通飭嚴禁事照得問刑衙門例有應用刑具匪棍犯罪律有一定刑章故凡濫刑拷訊及非法致斃（獘）者有嚴參治罪之例

功令何等森嚴乃本督部堂聞知川省各屬俱設有木籠多架每遇審問命盜案件未得實情祇（祇）

因供詞狡展即行收入木籠使其不能起坐淩
虐甚於刑拷犯人折磨難堪不能不供招承認
又有拏獲匪類並非積慣案犯亦無確鑿證據
但憑誣扳混拏亦即收入籠內斷其水火數日
之間即令瘐斃俱名為裝籠子此種非刑實為
他省所未有夫犯人狡不供招果能虛衷熬審

何患不得真情若以籠禁逼供即使真情斯得

已非明正典刑倘係誣服妄承致令覆盆難雪

或因逼供而籠斃無罪更為大干

天和至於究悉匪棍如（獲到）果審實情無可原罪應大辟

屢經欽奉

諭旨即予就地正法儘可將該犯正法通衢俾人人

咸知炯戒其罪不至死者或遣或軍均有例定
刑法何得禁斃〔樊〕籠中致蹈草菅人命之咎即謂
兇惡匪棍視死如歸但予立決尚不足以示儆
惕必須令其痛極難受庶餘匪怵目驚心或亦
捄〔救〕時之見然何得施諸未經審實未至窮兇之
犯況聞玩書蠹役無不與匪相通故凡真正匪

黨渠魁雖經裝籠書役仍暗中接濟飲食不使即時畢命其入籠即斃(弊)者大抵皆鼠竊狗偷之輩書役素無交情遂亦漠視不顧且更有懷(懷)挾私讐詐贓未饜(饜)妄指平民為匪類慫慂本官裝籠者其情尤為可惡本督部堂所痛心疾首者在是即如撤任合州滎牧因審訊命案將案證

裝籠逼供前署內江縣張令因差役挾嫌妄稟
民人奪犯籠斃（弊）無辜實屬大干法紀現已嚴查
叅辦此外各屬之任意裝籠未經發覺者正恐
不少合亟札飭為此札仰該司即由四百里通
飭各屬此後審案不得復有裝籠逼供情事拏
獲匪類如非窮兇極惡之徒及未經審實之犯

亦不得濫行籠斃（弊）本督部堂爲矜恤民命起見
各該地方官如敢藐玩不遵復蹈前轍一經覺
察或被告發定即照例嚴參治罪决不寬貸仍
飭將如何遵辦緣由據實稟報查考（毋違）此札

嚴飭裁汰白役

為嚴飭裁汰事照得各衙門差役本有一定額數如於經制衙役額增幫役之外尚有多留者即為白役該管官濫給白役牌票例應降革處分綦嚴正身衙役私帶白役例有一定之罪今本督部堂風聞川省各地方官衙門著名繁劇

之缺差役多至數千名即事簡缺分亦皆有數
百之多此等充當差役之人盡係無業游民一
經註名卯簿即藉衙門為護身符或包攬詞訟
或窩庇匪徒或教供扳害藉事開花或設計生
方嚇詐財物論其行為舉動實與光棍無殊而
平日之武斷鄉曲欺壓平民則又不堪屈指迨

一票入手恣意婪搕稍不遂欲淩虐隨之間有
告發敗露者該管官又自顧考成無不多方迴
護化捏縱有一二究辦者而百姓之身家早已
破蕩矣是以禁革冗役特嚴其例無如地方官
皆倚差役為爪牙莫不陽奉陰違任情濫設竟
有尋常詞訟案件傳喚人證一票註差五六名

及七八名者以致鄉愚受其荼毒言之實堪痛
恨合亟通飭裁汰為此札仰該司等即便通飭
各屬查明本衙門經制衙役若干名額增幫役
若干名開具姓名造冊二本以一本申齎來院
一本申送該管道府廳州存案如有事繁之各
廳州縣果因額役幫役實係不敷差遣必得稍

為加增者亦著將加增若干名附列姓名於冊
後其餘冊內無名者悉予裁汰開除令其自尋
生業仍編入保甲交屬約束該地方官於傳喚
尋常詞訟每票止准派差一二名不得再行多
派凡入冊有名差役責成該管官嚴行稽查倘
有舞弊婪贓情事即行嚴辦毋許庇縱自此次

裁汰之後遇有控告差役不法之案經本督部
堂查係冊內無名之差即係縱用白役定將該
管官嚴予叅處決不寬貸入冊各役有病故斥
革另補者每屆三箇月造報一次不得遺漏稽
延又聞各屬佐雜衙門亦有數百差役更堪詫
異併仰該管印官飭令照依裁汰將實存額設

弓兵差役造具清冊由該印官申院備查有犯
即將該佐雜及印官一併嚴參本督部堂為剔
蠹安民起見各該地方官務宜激發天良認真
裁汰查辦切勿視為具文是所至囑至各屬民壯
一項原為保衛地方而設若不知技勇及以老
弱充數地方官例有處分應飭令各募年强力

壯之人隨時照例操演技藝務期嫻熟勿荒於嬉本督部堂巡閱過境親加考驗遠處調考如有技勇生疎者即將該管官照例叅懲仍飭將如何遵辦緣由先行稟報查考毋違此札

嚴禁差役通匪庇匪

為札飭嚴拏事照得啯嚕匪徒大為民害節經前督部堂嚴拏懲辦本督部堂到任後亦經諭飭文武各官整頓緝捕嚴行查拏乃其風猶未能淨推原其故由於差役平日護庇匪徒所致查各衙門差役皆係無業游民庇匪漁利乃其

慣技甚有勾通匪類魚肉鄉愚及影同擾害者
鄉閭團衆每遇匪徒竊發皆恐關礙於差役遂
致觀望不前不肯實力拏捕而地方官又復多
方袒護不肯實力懲創因而匪風日熾良善不
安言之深堪痛恨本督部堂深知其弊亟思力
挽頽風除剗切示諭團民人等悉力嚴拏外合

行札飭為此札仰該府廳州遵照務宜督飭所
屬密加稽察本管各差役無論現在值班供役
與下班之人如有庇匪通匪情事即行嚴拏到
案分別情節輕重立予執法懲辦如有不法情
重者或即就地正法或予立斃杖下總不使稍
有輕縱庶差役知所畏懼痼習或可漸除即圖

民人等亦不復存畏首畏尾之見遇匪皆肯盡
力捕拏矣札到即該府廳將發去告示轉發所屬用篾
笆裱貼結實遍懸各鄉場曉諭遵行自此通飭
之後如再有差役庇匪通匪之事一經訪聞或
被告發定將該管官嚴行參辦併將該管上司
嚴參不貸仍飭將遵辦緣由及懸示處所具報

查考毋違此札

附告示

為剴切曉諭嚴拏事照得啯嚕匪徒大為民害節經前督部堂嚴拏重懲本督部堂到任後亦經諭飭文武各官整頓緝捕嚴行查拏乃其風猶未能淨推原其故由於差役之庇匪幫護已

深以致團眾之出力觀望不前要知地方文武衙門查拏匪徒原屬責無旁貸而兵役無多不能到處分布匪徒則隨地皆可竄發若必待地方官得差〔信〕拏早則一二日遲則三四日匪已遠遁何如團民之隨時隨地可以一呼而聚況川省團眾之齊心聞於天下值此隣氛未靖匪徒

思逞該團民等果於無事之日嚴加稽察有事之時合力圍拏一團有警隣團共應誠能衆心合一自可罷吠無警除通飭各屬嚴密查拏並嚴查庇匪之差役懲辦外合行出示曉諭為此示仰各處團民人等知悉嗣後若有㗰匪聚衆滋擾或打劫人家財物或以搜烟為由在途攔

搶該團民等立即鳴鑼集眾實力擒拏一團鳴
鑼隣團一齊幫捕倘該匪等不服拘擒持械拒
捕許該團民等登時格殺照例勿論該團眾等
平日仍宜嚴編保甲實力稽查如查有某團潛
匿匪類即時拏獲投憑大眾三面質証明白果
係真正啯匪准該團眾等就地懲處即在附近

塚堆掩埋仍於三日内將格殺及懲處之人開
具事由姓名由團衆同具公呈報官其呈即令
本處約差齎投毋庸該團民等親遞以免往返
跋涉地方官據報立案不得有意吹求如有屍
親妄控不得准理或有刁徒詐冒屍親或另有
衙役藉端搕索及勾串庇縱者許團衆人等拏

稟立即斃之杖下如其持仗拒捕亦許格殺勿
論此外更有一等無業游匪三五成羣在於偏
僻處所或立或坐四向瞭望伺有過客即行剝
搶衣物該團民等亦各留心訪察先行驅逐毋
使存留境內或竟拴（搶）拏送官以安行旅自示之
後該團民等務須遵照辦理勿再觀望不前自

受其害如有懷挾私仇妄殺無辜及將鼠竊狗偷小賊擅行致斃者一經查實定將起意為首與幫同下手之人按例從嚴懲辦各宜凜遵毋違特示

嚴禁獄卒老犯虐詐同因

為通飭嚴禁事查各府廳州縣設立監獄羈禁人犯如有在監年久自號牢頭串通禁卒挾制同因嚇詐淩虐等項例應問擬重辟法令何等森嚴各該管獄有獄之官宜如何嚴加稽察有犯必懲今本督部堂訪得川省各監獄每遇人

犯進監之時派管監獄之家丁即串通禁卒與
在監年久之老犯向新收人犯勒索使費名曰
鋪監錢自數十千至數百千不等係家丁禁卒
老犯瓜分稍不遂意老犯與禁卒即將新犯百
計淩虐詐索必期滿其慾壑而後已故往往有
犯罪入監即至傾家破產賣妻鬻子者甚有不

肖之管獄官從中染指分肥之事實屬大干法

紀現在查出西昌縣老犯串通家丁嚇詐同因

一案業經檄飭嚴訊究辦合亟通飭嚴禁為此

札仰該司道府廳州即便遵照通飭各屬嚴飭

管獄官將鋪監錢名目立予禁革查明如有前

項情弊即行據實具稟將家丁禁卒老犯按例

嚴行懲辦所有該管官以前失察處分准予奏
請寬免如敢徇情隱庇匿不舉報一經查出或
被告發並此次通飭之後復有犯前事者定將
該管獄有獄各官均照溺職例參革倘有貪婪
染指之員亦必照枉法律叅究决不寬貸仍飭
將遵辦緣由稟報察奪並於月報内添入此條

将每月有無監獄索詐等事造入册内按月報
查毋違此札

嚴禁大夥販賣私鹽告示

為嚴禁大夥私販以肅鹽法事照得鹽以引行

稅從引出實為

國課攸關若私販充斥官引滯銷即於課稅有礙

本督部堂查得川省地方各處皆有私販攜帶（攜帶）

器械百十為羣興販無引私鹽肆無顧忌甚有

聚眾打搶鹽店傷斃人命之事從前私販之多
由於奸商高擡市價貧民艱於買食舍貴趨賤
梟販人等因而得以乘機販私嗣後將商鹽價
值大為平減各商均已不敢擡價病民而私販
仍不能絕殊屬藐法查大夥販賣私鹽或倚眾
拒捕律應問擬重罪

國法何等森嚴該私販等各有家室既係小有貲
本何業不可營貿乃必販賣私鹽以身試法爾
等或因私鹽利厚趨之若鶩或因黨羽衆多不
畏拏捕要知犯法而圖厚利必因圖利而獲巨
禍人衆而竟拒捕必因恃衆而喪身命況論捕
私之人州縣有差役營汎有兵丁民間有團練

該私販等夥黨雖多若集兵役民團之力倍衆
以拏未有不悉就誅捦擒者如有持仗拒捕且准
格殺勿論縱或當時逃走而四處偵緝豈能日
久躲藏現在搶刦刼鹽店各犯及温江等處窩窩藏
販私各案均已破穫獲嚴行懲懲治爾等私販本亦
不難集衆拏辦因念爾等既未滋事皆係自食

其力之人若能知悔改業仍是良民不忍驟予
悔
捕拏用特指明利害先行明白告誡除飭屬嚴
拿外合再出示嚴禁為此示仰私販人等知悉
爾等須知販私乃犯法之事非貿遷之道無論
挑負重擔往來道路肩趾不停勞苦已甚而且
擔驚受嚇一時雖得僥倖日久必要敗事何如

另作他圖（圖）可以全身養家況爾等年力精壯不
論何項生理皆可獲（獲）利此後務各棄（棄）舊謀新别（别）
尋生業切勿再蹈前非致貽身家性命之憂如
其不知改悔（悔）仍敢結黨成羣攜（攜）帶器械大夥販
賣則是教而不改無足憫惜定當厚集衆力痛
予捕拏從嚴懲辦決不姑寬（寬）本督部堂令出必

行勿謂言之不預也懔之慎之毋違特示

嚴禁浪費米糧告示

為嚴禁浪費米糧以裕民食事照得民以食為先食以米為貴古者耕三餘一耕九餘三原以年歲豐嗇無常旱潦莫測若不未雨綢繆難免臨渴掘井故必日用有節庶可凶歉無虞人之於米糧所繫甚大豈可稍有浪費哉本督部堂

莅任後訪得川民不惜五穀且有糜費多端正在飭屬查禁間即接據有人聯名呈稱伊等籍隸川中家居畒畝於稼穡之艱難市井之情形最為熟悉川省產米本廣近年因烤酒熬糖以及染坊洗漿等事將米糧耗費過多是以前次雨澤愆期栽插不時正恐秋收歉薄米價即陡

然騰貴其實並無凶荒之象皆緣牟利之徒罔
知惜祿户鮮蓋藏所致懇請通飭示禁前來本
督部堂查染色洗漿不過取衣服之鮮明煮酒
熬糖僅可供口腹之嗜好既非必需之用即不
當任意濫費除稟批示並通飭各屬訪查外合
行出示嚴禁為此仰閤屬軍民諸色人等知悉

自示之後爾等開設醩（醩）房糖房之家從前有以
大麥芋麥糂米釀酒者以紅茗芋麥白米熬糖
者開設染（染）坊之户有以白米調漿刷染者洗漿
衣服以米磨粉和匀者務念粒米顆粟為養命
之所需黃粱白黍亦物力之維艱切勿惟利是
（圖）圖仍前作損食之浪費當思生財有道從兹存

惜福之恆心則天和時順家慶年豐永無旱澇
之災咸亭飽煖之福本督部堂係為爾民足衣
足食起見倘敢陽奉陰違暴殄浪棄由地方官
訪查得實差喚到案從重枷責以示懲儆其團
首約保及一切在官人役如遇所管團甲暨里
隣內有前項浪費米糧之戶祇許赴該管衙門

稟呈聽候官爲查明辦理以杜栽誣搕索之弊

倘有挾嫌妄稟以及書差私行拘拏藉端詐擾

亦即嚴行治罪勿稍寬貸各宜懍遵毋違特示

812.8
444
(21)

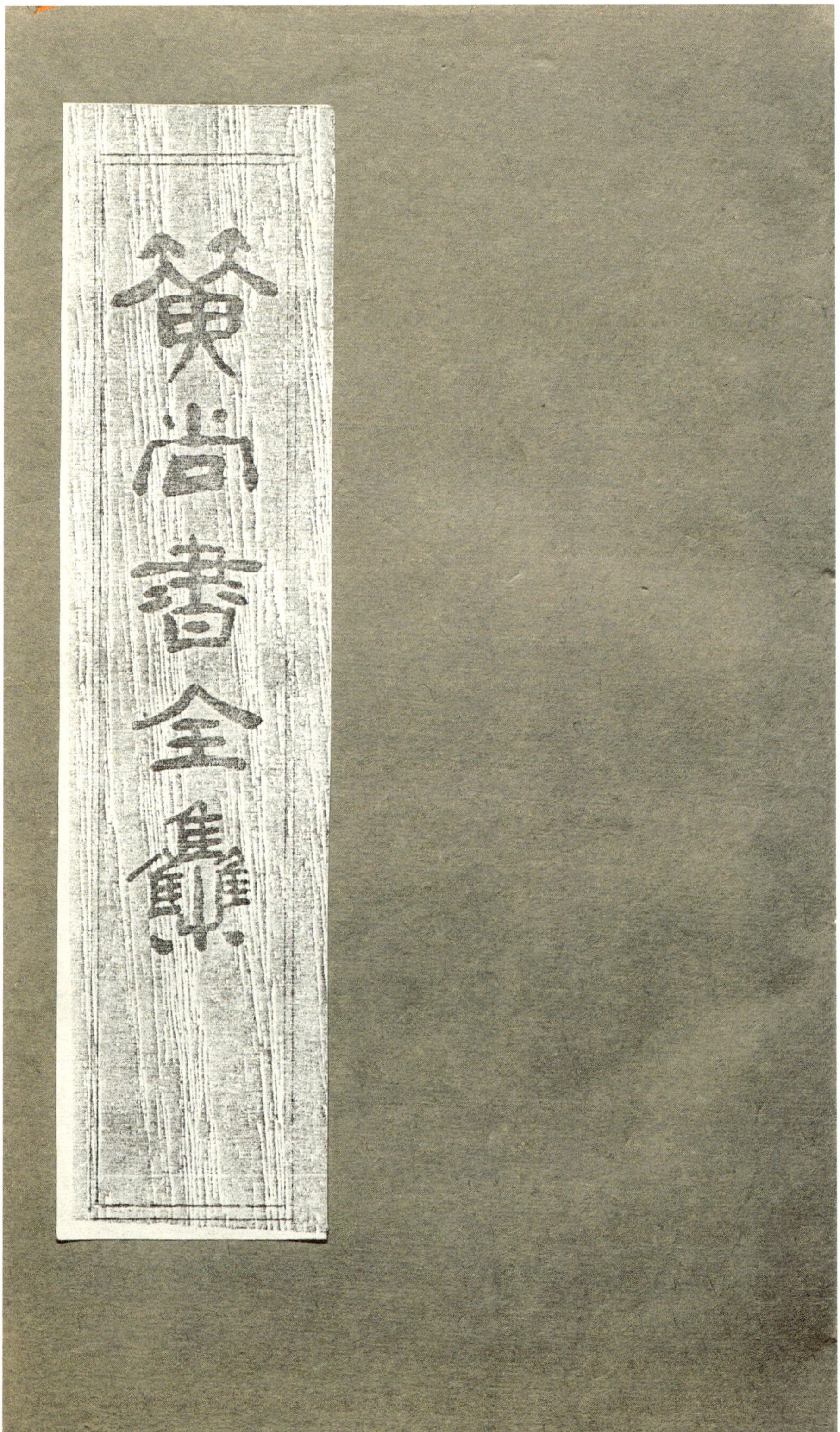
黄尚書全集

為嚴禁事照得内地民人於近番處所偷越深
山砍伐樹木每致引惹邊衅是以例有明禁犯
必嚴懲本督部堂查得龍安府屬之平武石泉
二縣界連生番樹木叢茂聞有商販人等深入
番地佃當番民山場伐取木植沿河散放任其
漂流而下以致各處匪徒藉端聚集詐稱受雇

護送漂木沿河撈木勒贖甚至搶刦滋事擾害
閭閻是漂木實為聚匪之由而沿河地方亦因
之不靖若不嚴行禁止何以除匪惡而靖邊陲
除札飭平武石泉二縣查明現在番地伐木之
各商販悉行勒令退佃回歸内地並飭沿河一
帶各州縣嚴拏撈木匪徒務獲究辦外合行出

示嚴禁爲此示仰該商販人等知悉爾等既係

各有資夲儘可另尋貿易皆能獲利營生何得

深入番地伐取木植自干律究況爾等伐木漂

放每被匪徒撈取勒贖動輒涉訟所費不貲計

算所獲利息亦屬有限何苦負罪行險覔此蠅

頭微利自今以後爾等永遠不准復入番地伐

木所有番地木植只准番人自行伐賣紮筏運
出不得沿河散放漂流該商販等自向番人買
取售賣應聽其便倘敢再行私入番地伐取樹
木一經拏獲即行照例加重治罪决不姑寬本
督部堂言出法隨爾等慎毋以身嘗試自貽噬
臍之悔各宜凛遵毋違特示

咸豐五年七月　初一　日稿

剴切曉諭嚴拿事照得啯嚕匪徒大為民害節經前督部堂嚴拏重懲本督部堂到任後亦經諭飭文武各官整頓緝捕嚴行查拏乃其風猶未能净推原其故由於差役之庇匪帮獲已深以致團衆之出力觀望不前要知地方文武衙

門查拏匪徒原屬責無旁貸而兵役無多不能
到處分布匪徒則隨在皆可竄發若必待地方
官得信差拏早則一二日遲則三四日匪已遠
適何如團民之隨時隨地可以一呼而聚況川
省團衆之齊心甲於天下值此隣氛未靖匪徒
思逞該團民等果於無事之日嚴加稽察有事

之時合力圍拏一團有警隣團共應誠能衆心
合一自可龐吠無驚除通飭各廳州縣嚴密查
拏並嚴查庇匪之差役懲辦外合行出示曉諭
為此示仰各處團民人等知悉嗣後若有啯匪
聚衆滋擾或打刦人家財物或以搜烟為由在
途攔搶該團民等立即鳴鑼集衆實力擒拏一

團鳴鑼隣團=一齊帮捕倘該匪等不服拘拴持
械拒捕許該團民等登時格殺照例勿論該團
衆等平日仍宜嚴編保甲實力稽查如查有某
團潛匿匪類即時拏獲投憑大衆三面質証明
白果係真正啯匪准該團衆等就地懲處即在
附近塚堆掩埋仍于三日内將格殺及懲處之

人開具事由姓名由團衆同具公呈報官其呈
即令本處約差賫投毋庸該團民等親遞以免
往返跋涉地方官據報立案不得有意吹求如
有屍親妄控不得准理或有刁徒詐冒屍親或
另有衙役藉端擡索及勾通庇縱者許團衆人
等拏稟立即斃之杖下如其持械拒捕亦許格

殺勿論此外更有一等無業游匪三五成羣在
于偏僻處所或立或坐四向瞭望伺有過客即
行剥搶衣物該團民等亦各留心訪察先行驅
逐毋使存留境内或竟捻拏送官以安行旅自
示之後該團民等務須遵照辦理勿再觀望不
前自受其害如有懷挾私仇妄殺無辜及將鼠

竊狗偷小賊擅行致斃者一經查實定將起意
為首與帮同下手之人按例從嚴懲辦各宜凜
遵毋違特示
咸豐五年七月　日稿

為關防詐僞事照得本督部堂自通籍以來由
詞館歷諫垣外任監司服官二十餘年潔已奉

公兢兢自矢内無慚于衾影外見信于輿評是

以上邀

特達之知畀以封圻重任

御書忠勤正直匾額

特頒恩賜

天語煌煌

諭令勿作獎勵觀作紀實觀尤願慎終如始以成一
代名臣聞
命之下彌切感惶茲復渥膺
重寄節制全川鐵面猶存冰心不改蒞任以後訪知
川省積弊昕夕弗遑首以詰奸戢暴察吏安民
嚴行整頓矢公矢慎克儉克勤以期上答

主知下慰民望至于本督部堂籍隸十閩家山萬里
縹緗舊業清白傳家世受
國恩踵武已開七葉家無私積遺籯惟有一經子弟
供職讀書絶少隨來任所生平擇交取友力防
請託書函事必躬親權無旁落凡利所當興獘
所當除一一潛心諮訪從不寄耳目於人幕友

之招延必慎毖屬廉能家丁之指使無多不干
公事科房書吏文武弁兵如有在外招摇立予
責革懲治關防維密約束胥嚴惟是川疆幅幀
遼濶六省毘連人類不齊五方襍處恐有不肖
之徒妄生猜測或假稱桑梓故舊或冒認宗戚
親朋或妄述師友淵源或謬托同年世好不惟

詐騙小民寖至招搖屬吏聽者不察其僞若輩
即售其奸除飭屬訪拿外合行出示曉諭為此
示仰閤省軍民人等知悉本督部堂實心任事
但知為
國為民執法無私不復議親議故倘有前項奸棍潛
匿地方捉影捕風招搖撞騙無論來者何人爾

等立即稟明所在官司嚴拏解轅重究如或有
所聞見扶同隱狥抑或信彼僉壬致被愚弄一
經察出定予同科決不稍事姑容慎勿視同弁
髦各宜凛遵毋違特示
咸豐五年七月　　　日稿
為嚴禁事照得川省民情素稱強悍睚眦細故

動輙鬥毆爭角之間卽行白刃相向故人命案
件甲於各省本督部堂披閱各屬招詳每々起
衅甚微一經互鬥卽拔防身尖刀肆行砍戳當
此光天化日之下一人空身出門如赶集探親
等々道路絕無戒心誠復何所顧慮乃必帶刀
防身以為遇事逞兇之具且因帶刀之便而殺

人因殺人而論抵一死於傷一死於法是一人
之帶刀實已關係乎兩命亟應嚴行禁止以戢
兇風為此示仰闔省軍民人等知悉爾等平日
空身出門行走不許再帶防身尖刀責成各該
處鄉約保甲團首耆民互相告誡務使父禁其
子兄禁其弟家主禁其奴雇每於出外之時先

行嚴加搜檢勿使再行帶刀而出其父兄家主
管束者責成約保稽查嚴為勸勉該地方官朝
夕出署因公下鄉隨時隨便密加查察如有不
遵禁令仍復帶刀行走者即予拏住當場責懲
如二次有犯即比照帶刀匪徒之例從重究治
如此嚴禁厥兇風可以漸息民命克以保全將

見賣刀買犢之淳風可復見於今日矣本督部
堂深有厚望焉切切毋違特示
咸豐五年八月　日稿
為嚴禁大夥私販以肅鹽法事照得鹽以引行
税從引出實為
國課所攸關若私販充斥官引滯銷即于課税有

碍本督部堂查得川省地方各處皆有私販攜
帶器械百十為群興販無引私鹽肆無顧忌甚
有聚衆打搶鹽店傷斃人命之事從前私販之
多由於奸商高抬市價貧民艱於買食舍貴趨
賤梟販人等因而得以乘機販私嗣後將商鹽
價值大為平減各商均已不敢抬價病民而私

販仍不能絶殊屬藐法查大夥賣私盐或倚衆
拒捕律應問擬重罪
國法何等森嚴該私販等各有家室既係小有貲
本何業不可營貿乃必販賣私盐以身試法爾
等或因私盐利厚趨之若鶩或因黨與衆多不
畏拏捕要知犯法而圖厚利必因貪利而獲巨

禍人衆而竟拒捕必因恃衆而喪身命況論捕

私之人州縣有差役營汛有兵丁民間有團練

該私販等夥黨雖多若集兵役民團之力倍衆

以拏未有不悉就誅擒者如有持仗拒捕且准

格殺勿論縱或當時逃走而四處偵緝豈能日

久躲藏現在搶刼塩店各犯及溫江等處窩藏

販私各案均已破獲嚴行懲治爾等私販本亦
不難集衆拏辦因念爾等旣未滋事皆係自食
其力之人若能知悔改業仍是良民不忍驟予
捕拏用特指明利害先行明白告誡除飭屬嚴
拿外合再出示嚴禁爲此示仰私販人等知悉
爾等須知販私乃犯法之事非貿遷之道無論

挑負重担往來道路肩趾不停勞苦已甚而且
擔驚受嚇一時雖得僥倖日久必要敗事何如
另作他圖可以全身養家況爾等年力精壯不
論何項生理皆可獲利此後務各棄舊謀新別
尋生業切勿再蹈前非致貽身家性命之憂如
其不知改悔仍敢結黨成群攜帶器械大夥販

賣則是教而不改無足憫惜定當厚集衆力痛予捕拏從嚴懲辦決不姑寬本督部堂令出必行勿謂言之不預也凜之慎之毋違特示

咸豐五年八月　日稿

為嚴禁浪費米糧以裕民食事照得民以食為先食以米為貴古者耕三餘一耕九餘三原以

年歲豐嗇無常旱澇莫測若不未雨綢繆難免
臨渴掘井故必食用有節庶可凶歉無虞人之
於米粮所繫甚大豈可稍有浪費哉本督部堂
蒞任後訪得川民不惜五穀且有糜費多端正
在飭屬查禁閒即接據有人聯名呈稱伊等籍
隸川中家居畎畝於稼穡之艱難市井之情形

歲為熟悉川省產米本廣近年因烤酒熬糖以
及染坊洗漿等事將米糧耗費過多是以前次
雨澤愆期栽插不時正恐秋收歉薄米價即陡
然騰貴其實並無凶荒之象皆緣牟利之徒罔
知惜祿户鮮蓋藏所致懇請通飭示禁前來本
督部堂查染色洗漿不過取裳服之鮮明煮酒

熬糖僅可供口腹之嗜好既非必需之用即不
當任意濫費除稟批示並通飭各屬訪查外合
行出示嚴禁為此示仰閤屬軍民諸色人等知
悉自示之後爾等開設糟坊糖坊之家從前有
以大麥芋麥糙米釀酒者以紅茖芋麥白米熬
糖者開設染坊之户有以白米調漿刷染者洗

漿衣服以米磨粉和匀者務念粒米彩粟為養
命之所需黃粱白黍亦物力之維艱切弗惟利
是圖仍前作損食之浪費當思生財有道從兹
存惜福之恆心則天和時順家慶年豐永無旱
潦之災咸享飽煖之福本督部堂係為爾民足
衣足食起見倘敢陽奉陰違暴殄浪棄由地方

官訪查得實差喚到案從重枷責以示懲儆其
團首約保及一切在官人役如遇所管團甲暨
里隣内有前項浪費米糧之户只許赴該管衙
門稟呈聽候官為查明辦理以杜栽誣擡索之
弊倘有挾嫌妄稟以及書差私行拘拏藉端詐
擾亦即嚴行治罪弗稍寬貸各宜凜遵毋違特

示

咸豐五年八月　　日稿

為鼓勵團練保衛身家事照得川省風氣剛勁民力整齊團練一事實為他省之冠自來名將起自田間者代有傳人本督部堂由浙江移節來川自廣元入境以後沿途率團迎接見其老

幼大小俱能執殳荷戈情形極為踴躍川北如
是其餘各府州縣自亦相同聞上年江津瀘江
匪徒巨桊地方官帶兵捕剿該籍團練之力協
同合圍立時殲擒殆盡貴州桐梓縣逆匪逼近
川疆我川東南各州縣齊團堵禦該匪不敢竄
入皆其明驗本督部堂恤民疾苦時切痌瘝下

車以來凡有貪官污吏蠹役玩書即已撤參懲
創民間詞訟或親提嚴訊或提省委審或勒限
催結時時以民事為重深恐吾民身受寃屈覆
盆莫伸廢寢忘餐孳孳圖治一片急紓民困之
意諒爾士民久之必有聞見誠以

朝廷設官所以衛民官與民固應視一家疾痛休

戚刻刻相關不容漠視耳現在隣氛未靖伏莽
堪虞額設官兵征調已多或有事故深慮兵力
不敷茲已諭令三標中軍添募新兵五千與在
營各兵一體操演以補兵力之不足如遇土匪
竊發立時遣往捕拏第恐道路窵遠趨赴需時
且此處有事兵已前往別處或亦有警即覺赴

援稍遲不如鄉團近在咫尺可以一呼立聚故
為爾民籌畫安全惟有力行團練實為上策在
爾等自上年奉文後固已到處舉行何煩本督
部堂示諭誠恐日久懈生其中或至有名無實
用再重申教令俾爾永遠遵依為此示仰闔省
紳耆軍民人等知悉爾等務須各就本地認真

辦理如何團練（如何）悉照爾各邑章程妥為布置總以聲勢聯絡心力交齊為第一要着團宜聚而不宜散宜密而不宜疎技藝固貴嫻熟尤在精而不在多如千人中練得一二百能戰之士即萬人中可得一二千有事之時戰手奮勇前驅餘衆宣威助勢則聲氣壯而匪氛自靡矣更宜

彼此相顧勿存畛域之見一團有匪鳴鑼集捕鄰團聞聲響應往救匪類如敢拒捕准予格殺勿論向來鄉團捦殺渠魁往〻為弁兵冒濫掩功不得獎勵本督部堂深知其弊此後鄉團如實在緝匪禦暴著有勞績必查明何團在事出力何人首先上前立予優獎決不使弁兵攘奪

冒功至鄉團各保本鄉專以協濟兵力不得調
遣出境果有膂力超衆志切同仇之人願備本
督部堂調遣者准團首來轅報名聽候考驗調
遣其平日由紳耆團首教練操習仍須官為稽
查閱視如有假公濟私尋仇報復等事定干誅
戮倘官吏書差藉端勒派需索或擅行征調以

及捏故誣害等情許赴本部堂衙門喊稟立予
提究嚴懲總期官民聯為一氣上下同心共志
盡力攻匪保良縱有强暴斷不敢冒死而來也
爾等各宜仰體本部堂諄諄訓示之苦衷實力
團練切勿畏難苟安始勤終怠有厚望焉切切
毋違特示

咸豐五年九月　　　日稿

為宣布

恩典鼓勵樂輸事咸豐五年十月十二日准

兵部火票遞到

戶部洛開本年九月二十一日奏稱咸豐三年

正月欽奉

特旨令臣部查明捐數較多省分酌加鄉試中額捐
數較多之各廳州縣酌加學額當即會同禮兵
二部將捐銀最多山陝二省按數議加中額一
次嗣於三月間大學士等會議申勸捐輸摺内
復請按數酌加作為永遠定額四月間臣羅惇
衍前在刑部侍郎任内奏請各省援例報捐均

歸捐輸核算一體酌加中額學額臣部於議覆
捐內聲明嗣後各省勸捐請給各項職銜有照
常例銀數酌加四分之一及請歸籌餉事例之員
照新例銀數酌加四分之一者除給以本身應
得獎敘外仍准統計該省暨各廳州縣捐數按加
中額學額或給以一次或永為定額由該督撫

奏明辦理如僅數例定銀數衹准給以應得職
銜官階不得托名勸捐歸併捐輸核算援請加
額等因先後均奉
旨依議欽此欽遵通行各直省在案本年乙卯科鄉
試業據各督撫奏請臣等會同禮兵二部覆准
舉行其未經加額省分及已加額而仍有隨時

續捐者自可遵照辦理惟捐資原宜量力不能
盡屬有盈或一省暨各廳州縣捐數足敷加額
而格於例外酌加章程不得同邀
曠典未免向隅臣等公同商酌擬請嗣後各省辦理
加額之案除地方官及外省商民捐數不計外
所有本地紳民從前勸捐之款無論捐輸援例

俱准歸併核算並不必限定酌加四分之一銀
數一體准其補請加廣中額或給以一次或永
為定額仍照奏定章程分別辦理庶中外報効
之忱更形踴躍再八旂加額前次未經議及亦
應請一律照辦臣等為激勸捐輸起見是否有
當謹

奏等因奉

旨依議欽此欽遵由驛飛咨到川查我川省士民素

稱急公好義自軍興以来凡捐輸津貼無不踴

躍争先屢經奏請優叙並廣額在案惟從前所

捐之銀於本身得有議叙外非加四分之一者

不得將其銀數再行併算廣加中額學額今准

前因所有本地紳民勸捐各案無論捐輸以及
循例報捐各項雖捐資之本人業已得邀優叙
仍准將所捐之銀歸併核算統計通省並駐防
各廳各州各縣捐銀若干俱一體准其補請加
廣中額學額或永為定額實
聖恩逾格之

鴻施亦士庶難逢之

曠典除咨明

成都將軍
提督學院並行司速即查照辦理外合亟曉諭

為此示仰閤省紳士軍民人等知悉凡在食毛

踐土蒙

國家深仁厚澤雖田賦至輕之地亦不忍遽議加

賦二百餘年豢養之恩至優極渥當此軍餉浩

繁庫儲支絀之時當力圖報効既得身邀

寵錫復可額數廣增世代光榮鄉邦普慶真所謂一

舉而數善備也何幸如之務各欽遵

聖諭踴躍輸將是所厚望諄切特示

咸豐五年十一月　　　日稿

為再行剴切曉諭事照得團練之法近之可以
消弭匪遠之可以威外寇實為我民保衛身家之
第一要著前經明切出示鼓勵諭令民間實力
舉行切勿畏難苟安因循不辦今聞各屬業已
次第辦理自應從此一氣振興務期各有成效
不可虛應故事庶匪徒不至竊發即有蠢動亦

不難立時拿獲將見衆志成城閭閻永臻安謐
矣該團衆等務須聲勢聯絡心力合同遇有匪
擾互相援應帮拿匪徒如敢拒捕准予格殺勿
論凡格殺之匪祇須團衆公同看明所殺者實
是匪徒殺者並無挾私妄殺情事即行掩埋附
近塚堆由團衆出具公禀報官立案不必請官

相驗如有屍親出頭妄控藉搕地方官不准問
殺匪之人專將妄控之屍親嚴加懲處以杜刁
詐之風昨有郫縣紳粮來轅呈控匪徒馮二明
拒殺團民王有忠報官相驗該縣勒派團上夫
馬等費錢三十餘千又因欲將馮二明擬辦紅
衣差役復向團上派索鮮費業經本督部堂飭

令郫縣立將馮二明訊明就地正法毋庸復辦
紅衣招解并嚴處派費之差役其團上所花相
驗費錢三十餘千著落該縣賠繳發還團民收
回又日前華陽縣團民龍先發等格殺匪徒劉
帽頂吳四帽頂差役串挾屍親赴縣控告該縣
朱令立時親訊將團衆獎勵省釋將屍親差役

嚴懲又團民鍾永烈等格殺匪徒傅華瀚屍親
傅華道等聽信傅來賓刁唆藉屍捏控擡索多
次亦經該縣將傅華道等嚴行懲治即將團民
一概釋放辦理甚為妥善本督部堂一心為民
如家人父子之相親見此盜風日熾必欲將各
匪類捦殺罄盡以奠地方肅清總不肯使我團

民受一絲一毫拖累該團衆務宜共體此心以
後一遇匪徒儘管放心捦殺不必稍存顧忌之
見如有差役勒派使費及屍親挾詐控累者許
該團衆據實告官請究倘地方官不為究治爾
等即赴本督部堂衙門喊控定當立刻查辦本
督部堂言出令行決不爾欺各宜凜遵毋違切

切特示

咸豐五年十二月　　日稿

為愷切曉諭事照得川東沿江一帶地方素為
盜賊出没之區前經本督部堂嚴飭查拏而各
屬具報攔江搶刼之案仍復不絕凡從水路來
者行李咸有戒心各處山陬水陸均已編聯保

甲如果牌人等能於平日嚴密稽察將素來為
匪之人與窩匪之家查訪明白指名報官拏獲
或即由該牌甲齊團獲送嚴行懲處則匪類無
可託足窩主不敢容留何至復有過客被刼之
事今查巴縣屬之對乂石大佛寺江北廳屬之
銅鑼峽飛鵞磧海馬磧唐家沱長壽縣屬之連

子磧扇沱場忠州屬之石鼓峽羊肚溪等處均
有匪徒時在各該地方河下搶劫客船每於得
贓之後携至長壽之扇沱場各窩主家中俵分
現已分飭沿江各廳州縣會同各營汛無分疆
界實力查拏在案合再出示曉諭為此示仰該
處團首保甲人等知悉爾等務各協力同心預

先探明賊匪縱迹一俟兵差到境速即齊集團
衆會合圍拏該匪等倘敢持仗拒捕准予格殺
勿論勿得徒以驅逐了事一面清查保甲將平
素窩匪之家切實查明確據拴獲送官究治其
向無村落之單居獨戶本係附于各甲各團即
責成該團甲細密查訪不得遺漏倘有明知故

縱及狥情隱庇者即惟該團首甲長是問鄉場市鎮有窩留匪徒匿不舉發者一經破案即照一家有犯九家連坐之法嚴行懲辦決不寬恕本督部堂時時刻刻存除匪安良之心爾等團首保甲務各仰體遵行以期宄暴悉殲江行肅靖是為至要毋違特示

咸豐六年五月　　　日稿

812.8
444
(22)

圖書在版編目（CIP）數據

福建文獻集成續編. 集部. 第七輯 : 9册 / 吴格主編. -- 福州 : 福建人民出版社, 2024. 12. --（八閩文庫）. -- ISBN 978-7-211-09694-7

Ⅰ. K295.7

中國國家版本館CIP數據核字第2025TG4955號

福建文獻集成續編·集部（第七輯）

主　　編：吴　格
責任編輯：趙遠方
裝幀設計：張志偉
美術編輯：陳培亮
出版發行：福建人民出版社
電　　話：0591-87533169（發行部）
網　　址：http://www.fjpph.com
電子郵箱：fjpph7221@126.com
地　　址：福建省福州市東水路76號
郵政編碼：350001
經　　銷：福建新華發行（集團）有限責任公司
印刷裝訂：雅昌文化（集團）有限公司
地　　址：深圳市南山區深雲路19號
開　　本：787毫米×1092毫米　1/16
印　　張：293.75
版　　次：2024年12月第1版第1次印刷
書　　號：ISBN 978-7-211-09694-7
定　　價：4500.00元（全9册）